Cuidado e Cidadania

DESAFIOS E POSSIBILIDADES

Tânia da Silva Pereira
Guilherme de Oliveira
Antônio Carlos Mathias Coltro
COORDENADORES

CUIDADO E CIDADANIA

DESAFIOS E POSSIBILIDADES

GZ
EDITORA
Rio de Janeiro
2019

1ª edição – 2019

Presidente do Conselho Editorial
Nelson Nery Costa

Diagramação
Olga Martins

CIP – Brasil. Catalogação-na-fonte.
Sindicato Nacional dos Editores de Livros, RJ.

C973

Cuidado e cidadania: desafios e possibilidades / coordenação Tânia da Silva Pereira, Guilherme de Oliveira, Antônio Carlos Mathias Coltro. - 1. ed. - Rio de Janeiro: GZ, 2019.

652 p.; 24 cm.

Inclui índice

ISBN 978-85-9524-069-8

1. Direitos humanos. 2. Direitos fundamentais. I. Pereira, Tânia da Silva. II. Oliveira, Guilherme de. III. Coltro, Antônio Carlos Mathias. IV. Título.

19-59006

CDU: 342.7

Av. Erasmo Braga, 299 – sala 202
CEP: 20020-000 – Rio de Janeiro – RJ
Tels.: (0XX21) 2240-1406 / 2240-1416 – Fax: (0XX21) 2240-1511
contato@editoragz.com.br
www.editoragz.com.br

Impresso no Brasil
Printed in Brazil

APRESENTAÇÃO

Neste volume – o oitavo da série que se dedicou ao Cuidado – o tema que organiza as várias contribuições é a Cidadania.

Como seria de esperar, tendo em conta a elasticidade de um conceito que assume muitas caras consoante o tempo histórico e a sociedade em questão, os textos incidem sobre múltiplos aspetos da vida comunitária. Pode dizer-se que a maioria dos artigos incide sobre as (1) relações entre o indivíduo e o Estado – o Estado nos seus aspetos essenciais de legislador, aplicador da justiça e prestador de cuidados. Alguns textos referem-se às (2) relações entre os indivíduos – indivíduos naturalmente integrados em um grupo familiar ou em comunidades mais vastas e impessoais, de que esperam apoios indispensáveis. Outros artigos refletem preocupações sobre formas de (3) solidariedade entre as nações – pois solidariedade significa viver *in solidum*, isto é, "em um mundo só".

1. Relações entre os indivíduos e o Estado

Há debates sobre o Cuidado e a Cidadania que implicam todas as pessoas, que reclamam uma atenção renovada dos poderes públicos.

Refiro-me, desde logo, ao desempenho do poder judiciário e à sua tendência para desvalorizar a identidade e a singularidade dos cidadãos que servem. Hoje, sabemos que a justiça das crianças ainda não tem competência para as ouvir, a justiça penal não tem meios para distinguir aqueles que devem ser presos daqueles que precisam de tratamento, a justiça comum tropeça em preconceitos marialvas, etc. Ou seja, continua a ser necessário fazer esforços para "personalizar" a aplicação da justiça quando a dimensão da tarefa e a falta de meios humanos vai fazendo o sistema ceder à despersonalização individual e à indiferença perante o sofrimento.

Este movimento anda associado ao nascimento da *soft law* e da promessa de uma *customização* das normas e das soluções jurídicas.

Os "sistemas alternativos" e a *soft law* trazem a solução? Em parte. Mas também há riscos associados ao retraimento do Estado, da lei e da justiça tradicionais. São os riscos do Estado mínimo que se limita a registar os acordos privados – um Estado tabelião – que acabará por perder o jeito de promover a igualdade e de travar a injustiça. Para além de que o sistema mais "informal" pode ficar mais vulnerável ao aprisionamento pelos mais poderosos.

Reclama-se dos poderes públicos, também, uma política de habitação. Hoje, são conhecidos os efeitos do urbanismo – os bons efeitos de um bom desenho e os maus efeitos da persistência das rotinas. A vida familiar, o rendimento escolar, as cifras do crime, a prosperidade económica, dependem do modo como se organiza a cidade[1] – contra ou a favor de uma cidadania plena.

As relações de consumo são objeto de reflexão, em favor de um cuidado redobrado com os que mais precisam – isto é, afinal, igualdade. O tema justifica-se porque o consumismo

---

1 Veja-se, por exemplo, HUNTINGTON, Clare. *Failure to flourish. How law undermines family relationships*. New York: Oxford University Press, 2014. p. 180-2.

entre os cidadãos e a concorrência entre os produtores generalizam práticas cada vez mais agressivas e formas de persuasão subliminares.

Por outro lado, generaliza-se o uso da inteligência artificial com as vantagens reais que se esperam; mas há lugar para prestar atenção aos desvios técnicos, à proteção dos dados pessoais e às "decisões equivocadas e discriminatórias".

É natural, ainda, que se aprofundem as discussões sobre o papel das mulheres, sobre o seu empoderamento do ponto de vista da consolidação dos seus direitos fundamentais, e também sobre o seu desempenho como cuidadoras tradicionais.

Vários autores sublinham também as necessidades especiais de grupos vulneráveis[2] – as crianças, os doentes, algumas minorias e os idosos – para quem as políticas públicas nunca se mostram suficientes.

Desde logo, parece fundamental fazer um inventário crítico dos vários estatutos setoriais, confrontando os níveis de proteção respetivos e fazendo sobressair "o Cuidado como valor jurídico".

Para as crianças, notam-se esforços para encontrar alternativas à institucionalização, através da Lei nº 13.509/2017, que abre o caminho para o "apadrinhamento". Portugal fez essa busca de uma forma nova de "acolhimento familiar duradouro" – o "apadrinhamento civil"[3] – mas o instituto não tem tido a divulgação e a utilização que se esperava.

Aprecia-se o movimento no sentido da relevância da família afetiva e, especificamente, as modalidades extrajudiciais de estabelecimento da filiação socioafetiva – querendo significar, naturalmente, uma amplificação dos mecanismos protetores familiares e o fomento da cidadania.

Através da análise das teses do Superior Tribunal de Justiça, sublinham-se várias manifestações do interesse da criança, ou seja, do cuidado.

Procura-se melhorar as leis da Publicidade no sentido de uma intervenção responsável, que promova ideias e práticas saudáveis.

Sublinha-se o direito à educação como um direito fundamental, sobretudo para crianças e adolescentes, para censurar as "poupanças" de tempos de crise que permitem alijar responsabilidades que são inalienáveis.

Para os doentes, salienta-se a noção mais ampla de "direito à saúde" para que a cidadania também signifique diminuição do sofrimento e prestação de cuidados em direção a uma vida digna.

Discutem-se as vantagens da investigação translacional – encurtar o tempo de desenvolvimento dos novos fármacos, para que estes cheguem mais depressa à prática clínica, é com certeza útil; mas será que este resultado se obtém à custa da segurança dos participantes nos ensaios? Se for assim, então a vantagem será para a indústria farmacêutica, que torna os procedimentos mais baratos.

---

2 Sem prejuízo de, hoje em dia, certa corrente de pensamento emergente procura evitar a identificação de grupos de vulneráveis – que tem riscos potenciais de discriminação – para considerar todos os indivíduos como vulneráveis e dependentes das relações sociais e das instituições – cfr. *The Vulnerability and the Human Condition Initiative*. Disponível em: http://web.gs.emory.edu/vulnerability/.

3 Lei nº 103/2009, de 11 de setembro, e Lei nº 121/2010, de 27 de outubro, que regulamenta a primeira.

Relativamente às pessoas que se identificam com um género diverso daquele sob que estão registadas, têm-se verificado progressos tanto no Brasil como em Portugal.[4] Encarada a questão como um tema que releva dos direitos fundamentais, os procedimentos tendem a simplificar-se; mas restam problemas para debater, designadamente quanto aos menores de dezoito anos, quanto aos familiares dos interessados, quanto aos casos de arrependimento e – no Brasil – quanto à generalização de um regime uniforme.

No que respeita aos idosos, a preocupação fundamental é o risco de exclusão – afinal, a negação pura e simples da cidadania. O esquecimento e a solidão resultam da prática instalada do *ageism*[5] – a atitude social que desvaloriza o sofrimento e as pretensões dos mais velhos a uma vida melhor, porque dá por assente que o avanço na idade só pode trazer sofrimento e resignação.

2. Relações entre os indivíduos

Na esfera privada – da relação entre os indivíduos – são abordados temas fulcrais como o tema das consequências dos abusos e traumas da infância, designadamente "a incapacidade de desenvolver a cidadania na vida adulta". Como não ponderar este assunto, depois de se saber que os traumas de infância produzem reflexos psicológicos, intelectuais, biológicos e até genéticos?[6]

Mencione-se, ainda, a questão do "abandono afetivo", que se pode integrar no problema mais amplo da viabilidade de ações de responsabilidade civil dos filhos contra os pais.

Mas não há abandono afetivo apenas de crianças – também se pratica relativamente a idosos. O que justifica largamente uma reflexão sobre o "lugar do outro" e, em geral, sobre a banalização do sofrimento e da solidão.

Por fim, é especialmente oportuno apreciar o valor do testamento como um meio de promover o cuidado e a solidariedade. É um instrumento muito antigo que poderia renovar-se, sob condição de o sistema se tornar mais flexível, por exemplo, dando ao autor da sucessão a liberdade para diferenciar as quotas dos herdeiros legitimários ou para fazer discriminações positivas em função das necessidades dos sucessores[7].

3. Solidariedade entre os Estados

A "crise da imigração" na Europa veio destacar o problema das relações entre os Estados – do cuidado e da solidariedade que reciprocamente se devem. Dificilmente se pode encontrar uma outra área em que a cidadania tenha desaparecido para milhares de pessoas.

---

4 Lei nº 38/2018, de 7 de agosto.

5 Já se traduziu para língua portuguesa por "idadismo". Cfr. O meu *O direito da saúde e as pessoas idosas*, «Lex Medicinae», ano 15, nº 29, 2018, p. 5-20.

6 ZHAO, Roseanne. *Child abuse leaves epigenetic marks.* National Human Genome Research Institute, 2013. Disponível em: https://www.genome.gov/27554258/child-abuse-leaves-epigenetic--marks/.

7 Cfr o meu *Notas sobre o Projeto de Lei nº 781/XIII (Renúncia recíproca à condição de herdeiro legal) Draft* 2018. Disponível em: http://www.guilhermedeoliveira.pt/resources/Notas-sobre-a-renúncia-à-condição-de-herdeiro.pdf.

Desapareceu seguramente nos países de origem, e é reconhecida com dificuldade nos países de destino. É preciso analisar os instrumentos de cuidado disponíveis; e sobretudo, é necessário conhecer as razões das reticências – razões culturais e económicas que hão de mostrar, em cada comunidade, onde passa a linha do equilíbrio, a linha de fronteira onde o acolhimento se pode transformar em rejeição violenta.

Há muitos anos, os colegas organizadores do Brasil promoveram a série sobre o Cuidado. As instituições brasileiras reconheceram o valor do conceito; e as portuguesas, mais tímidas, perceberam do que se tratava. Mas eu julgo que não se podia imaginar que, subitamente, o estado social havia de se tornar mais pálido, os nacionalismos mais agressivos e a solidariedade mais esporádica. Deste modo, o Cuidado ganhou ainda mais relevância. Um "muito obrigado" para eles!

Coimbra, abril de 2019

Guilherme de Oliveira

PREFÁCIO

As pesquisas relativas ao *Cuidado*, iniciadas a partir de 2005, acompanharam a sua vinculação à vulnerabilidade, à responsabilidade, à sustentabilidade e à afetividade.

Os estudos sobre o *Cuidado* não são recentes; encontramos suas raízes históricas nas atividades exercidas pelas mulheres. Cabia aos homens repelir o que era perigoso e às mulheres manter a manutenção e continuidade da vida. Sempre lhes coube criar os recém-nascidos, promover o crescimento e o desenvolvimento das crianças, encarregar-se dos doentes, dos idosos, dos moribundos. Alerta Marie Françoise Colliere: "a história das mulheres foi escrita por homens que sempre decidiram sobre o que podia ser transmitido".[1]

Referindo-se aos "Terapeutas de Alexandria" Jean Yves Leloup ensina que no Egito antigo se tratava de uma comunidade que dirigia sua atenção ao ser em todas as dimensões: corpo, alma e espírito.

Para Fílon de Alexandria "o Terapeuta é um tecelão, um cozinheiro. Ele cuida também do corpo, cuida também das imagens que habitam em sua alma, é um psicólogo. O terapeuta cuida também de sua ética, isto é, que vigie sobre seu desejo afim de se ajustar ao fim que fixou para si. Este cuidado ético pode fazer dele um ser feliz, "são "e simples (não dois, não dividido em si mesmo), isto é, um sábio.[2]

Na vasta bibliografia relativa ao tema, merece especial referência a obra de Martin Heidegger com a obra *Ser e Tempo.* Ao se referir à "cura" como "fenômeno ontológico- existencial básico" o autor evoca o processo de constituição ontológica do ser humano identificando a *presença* (*dozein*) como a construção do modo de ser, sua existência e sua história.[3] Indica, ainda, que, "quando se quer acentuar as realizações concretas do exercício da *presença*, utiliza-se a palavra cuidado e seus derivados".[4]

Leonardo Boff, ao se reportar ao pensamento de Heidegger, reconhece que "o cuidado se encontra na raiz primeira do ser humano, antes que ele faça qualquer coisa. Se fizer, ela virá acompanhada do cuidado como um modo-de-ser essencial, sempre presente e irredutível à outra realidade anterior. É uma dimensão frontal, originária, ontológica, impossível de ser totalmente desvirtuada".[5] Adverte, ainda, o autor que "o cuidado serve de crítica à nossa civilização agonizante e também de princípio inspirador de um novo paradigma de convivialidade".

O mesmo autor, ao participar da primeira obra do Projeto Cuidado, aponta serem *Justiça* e *Cuidado* "as pilastras sobre as quais se sustenta a morada humana (*ethos* em grego) e que produzem a possível felicidade e o suficiente bem-estar para todos".[6]

---

1 COLLIERE, Marie Françoise. Invisible Care and Invisible Women as helth Care-provide. *International Journal of Nursing Studies,* nº 23(2) 1986, p. 103

2 LELOUP, Jean-Yves. *Cuidar do ser: Filon e os Terapeutas de Alexandria.* Petrópolis: Vozes, 2005. p. 52.

3 HEIDEGGER, Martin. *Ser e tempo.* Petrópolis, Vozes, 2005. p. 309.

4 HEIDEGGER, Martin. Op. cit., p. 313.

5 BOFF, Leonardo. *Saber cuidar: ética do humano, compaixão pela terra*. Petrópolis: Vozes, 2003. p. 33/34.

6 BOFF, Leonardo. Justiça e Cuidado: Opostos ou Complementares. *In:* PEREIRA, Tânia da Silva Pereira; OLIVEIRA, Guilherme. *O Cuidado como valor jurídico*. Rio de Janeiro: Forense, 2008. p. 11.

Dentre os estudiosos brasileiros sobre o tema também merece referência especial Vera Regina Waldow, a qual, partindo da enfermagem, considera que o cuidado confere humanidade às pessoas. Ao propor uma releitura do cuidado, ele deixa de ser uma atividade técnica e rotineira, passando a ser um processo interativo, existencial, estético e transformador. Ao expor sobre as suas fundamentações filosóficas, a autora conclui que "o cuidado se dá, primeiramente, de duas formas: como uma expressão de sobrevivência e como uma expressão de interesse e carinho. Na verdade, a primeira forma não deixa e incluir o ser, estar no mundo, a busca da preservação, de ocupar seu espaço e buscar sua identidade. A segunda forma em que o ser expressa interesse e carinho, o cuidado o faz em relação a outro ser e passa e se relacionar com ele".[7] Conclui a mesma autora: "o cuidado `humano` é uma atitude ética em que seres humanos percebem e reconhecem os direitos uns dos outros. Pessoas se relacionam numa forma a promover o crescimento e o bem-estar da outra. Assim se pode questionar qual é a ´tica que impera atualmente".[8]

René A. Spitz, em suas investigações sobre crianças no primeiro ano de vida, busca um ponto de partida para a compreensão das forças e condições que fazem do homem um ser social. Conclui que "a capacidade do ser humano para estabelecer relações sociais é adquirida na relação mãe-filha".[9]

Para Mayroff, "o cuidar é um processo que envolve desenvolvimento; cuidar é ajudar a crescer e a se realizar e para isso, existe um padrão comum: ao cuidar experiencia-se o outro ser de forma a considerá-lo com capacidades e necessidades de crescer. (...) "O outro ser humano é respeitado como ser independente, assim como são respeitadas as suas necessidades as quais são satisfeitas com devoção. Para a autora este conceito se explica como uma espécie de compromisso para com o outro. No processo de ajudar o outro a crescer, a ideia é que esse ser venha a cuidar também de algo ou alguém, assim como de si mesmo".[10]

Mais recentemente, cabe menção especial a obra de Maria Teresa Martín Palomo intitulada *Cuidado, vulnerabilidade e interdependências: Nuevos retos políticos*, publicada na Espanha e premiada em 2014. Reportando-se a Juan Tronto (1993:135) a autora sintetiza a relação de vulnerabilidade e autonomia ao afirmar que "a vulnerabilidade desmente o mito de que somos sempre cidadãos autônomos e potencialmente iguais. Assumir a igualdade entre os humanos implica deixar de lado e ignorar importantes dimensões da existência humana. Ao longo de nossas vidas, nós atravessamos graus variados de dependência e independência, de autonomia e vulnerabilidade".[11]

Nosso maior desafio nesta obra é vencer mais uma etapa nos estudos sobre o *Cuidado*, desta feita vinculado ao exercício da *cidadania*, reconhecida como fundamento da República Federativa do Brasil pelo art. 1º, II da Constituição Federal de 1988.

---

7 WALDOW, Vera Regina. *O cuidado na saúde: as relações entre o eu, o outro e o cosmo.* Petrópolis: Vozes, 2004. p. 131.

8 WALDOW, Vera Regina. *Cuidar: expressão humanizadora da* enfermagem. Petrópolis: Vozes, 2006. p. 61

9 SPIDTZ, René. *O primeiro ano de vida*. Trad. Erothildes Millan Barros da Rocha. São Paulo: Martins Fontes, 1987. p. 221.

10 MAYROFF, M. *On caring*. New York: Harper, 1971, *apud* WALDOW, Vera Regina. *Cuidar: expressão humanizadora da* enfermagem. Petrópolis: Vozes, 2006. p. 36.

11 PALOMO, Maria Teresa Martín. Centro de Estudios Políticos y Constitucionales, Madrid, 2016. Prêmio "Juan José Linz", 2014. p. 163

Em se tratando de cidadania, desde logo é possível inferir-se circunstância envolvida tanto com aspecto inerente aos integrantes da comunidade quanto à própria nacionalidade, aspectos em que tanto é necessário ter em conta questões de ordem social, quanto de natureza política e, considerando-se na moldura própria umas e outra, dar-se o relevo indispensável a nuances psicológicas e antropológicas, em análise que, sobretudo e como se percebe, possui enfoque multidisciplinar.

A própria significação inerente à cidadania nos remete a um conceito amplo e com "(...) um conteúdo de pertença igualitária, representada pelos direitos e deveres dos cidadãos em uma comunidade política, formada por histórias sociais singulares, que possibilitam ao indivíduo tornar-se sujeito e autor da sua própria história, pela participação ativa e responsável com o desenvolvimento social", conforme Dirce Stein Backes, Marli Stein Backes e Alacoque Lorenzini Erdmann,[12] e do qual resulta o conteúdo humanista que nela se envolve e a relevância resultante de seu estudo e a adequação de reunir em uma coletânea textos de autores diversos e que também se dedicam ao exame de temas diversificados, mas todos envolvidos com a cidadania e sob o enfoque do cuidado.

Considerada a moldura evidente e ampla que o último possui, por conta de tratar-se de circunstância a ser considerada no âmbito de inúmeras situações próprias à vida, inequivocamente surge o seu entrosamento com a cidadania, mas em cenário no qual a família e o quanto a ela importa é objeto de pesquisa.

Se a Constituição Federal de 1988 elevou a dignidade da pessoa humana à condição de fundamento da República, permitindo o sistema constitucional vigente e conforme seu art. 5º, § 2º, a consideração principiológica de situações outras, resultantes dos direitos e garantias decorrentes do quanto nela inscrito, obviamente o *Cuidado*, já reconhecido como um valor jurídico, admite, na prática cidadã, uma mudança do olhar orientador do trato que se dá às entidades familiares e suas circunstâncias.

Essa a postura necessária a se adotar como corolário das mudanças havidas e a que se viu submetido o grupo social nos seus vários estratos, a partir de 1988, inclusive como exercício da cidadania e cuja observância ao próprio Poder Público incumbe respeitar, nas atribuições que constitucionalmente lhe são conferidas.

Tais mudanças indicam que o concreto exercício da cidadania produz efeitos, dando-se isto em setores vários, implicando o fato, outrossim, em expressa manifestação de como o cuidado se exterioriza, em prática da qual decorrem resultados efetivos e necessários, tanto em relação ao que o dia a dia nos manifesta, quanto a como podemos nos comportar como cidadãos.

Na presente obra, os autores procuraram priorizar, a partir dessa perspectiva, temas atinentes ao exercício da autodeterminação humana e às vulnerabilidades, abordando questões relacionadas a saúde, gênero, criança, adolescente e idoso. Além disso, foram analisados, sob a ótica do cuidado e da cidadania, questionamentos atuais referentes a tutela jurídica dos animais, desafios decorrentes do avanço tecnológico, atuação do Poder Público, testamento, dentre outros.

Sem dúvida que o entrosamento entre *Cuidado* e *Cidadania* caracteriza circunstância a ser levada em conta, principalmente em função dos resultados que podem advir, em proveito

12 BACKES, Dirce Stein; BACKES, Marli Stein; ERDMANN, Alacoque Lorenzini. Promovendo a cidadania por meio do cuidado de enfermagem. *Rev. Bras. Enferm.*, Brasília 2009 maio-jun; 62(3): 430-4.

da comunidade, sob o aspecto social. Como escrito por Mia Couto, *"Há coisas que são resolvidas por governos. Há coisas que nenhum governo é capaz de resolver. Seremos nós, com o tempo que nos for concedido, que resolveremos. Por via da nossa cidadania em construção"*.

Agradecemos, mais uma vez, à nossa companheira Livia Teixeira Leal que, além de nos presentear com um primoroso texto, nos proporcionou um efetivo auxílio na uniformização e revisão dos textos, cuidando para que a nossa obra reflita o compromisso e o respeito de todos nós.

Tânia da Silva Pereira

Antônio Carlos Mathias Coltro

SOBRE OS COORDENADORES E AUTORES

Alexandre Morais da Rosa
Doutor em Direito (UFPR). Professor da UFSC e UNIVALI. Juiz de Direito (TJSC).

Álvaro Villaça Azevedo
Doutor em Direito. Professor Titular de Direito Civil, Regente de Pós-Graduação e ex-Diretor da Faculdade de Direito da Universidade de São Paulo – USP. Professor Titular de Direito Romano, de Direito Civil e ex-Diretor da Faculdade de Direito da Universidade Presbiteriana Mackenzie, em São Paulo. Advogado e ex-Conselheiro Federal e Estadual da Ordem dos Advogados do Brasil. Parecerista e Consultor Jurídico.

Ana Carolina Brochado Teixeira
Doutora em Direito Civil pela UERJ. Mestre em Direito Privado pela PUC Minas. Especialista em Direito Civil pela Escuola di Diritto Civile – Camerino, Itália. Professora do Centro Universitário UNA. Pesquisadora do Centro de Estudos em Biodireito – CEBID. Advogada.

Ana Carvalho
Licenciada em Direito pela Faculdade de Direito da Universidade do Porto. Mestre em Direito Tributário e Fiscal pela Universidade do Minho. Doutoranda em Direito Público pela Faculdade de Direito da Universidade Nova de Lisboa. Investigadora colaboradora do Centro de Investigação Jurídico-Económica (CIJE) e do Centro de Investigação e Desenvolvimento sobre Direito e Sociedade (CEDIS). Juíza dos Tribunais Administrativos e Fiscais, atualmente a exercer funções no Tribunal Administrativo e Fiscal do Porto.

Ana Maria Iencarelli
Psicóloga e Psicanalista de Criança e Adolescente. Pós-graduada em Psicologia Clínica pela Sorbonne, Diplôme d'Études Superieures Spécialisées, Unuversité René Descartes, Paris V. Psicanalista pela International Psychoanalytical Association, Londres. Docente e Didata de Psicanálise. Professora e coordenadora da disciplina "Relação Médico-Paciente" na Faculdade de Medicina da Universidade do Grande Rio, de 1998 a 2004. Presidente da ABRAPIA de 2001 a 2007. Co-autora dos livros: Cuidado e Vulnerabilidade, Vida e Morte, Dignidade Humana, Cuidado e Responsabilidade, 80 anos de Direito na UERJ, Cuidado e Afetividade, Cuidado e Direito de Ser, e A Invisibilidade das Crianças e Mulheres vítimas da Perversidade da Lei de Alienação Parental – Pedofilia, Violência e Barbarismo. Autora: Abuso Sexual, uma tatuagem na alma de meninos e meninas, 2ª Edição. Agente de Cidadania pelo Instituto A Voz do Cidadão. Presidente da OSCIP – Vozes de Anjos".

Andreza Cássia da Silva Conceição
Graduada em Direito pelo Centro Universitário UNA. Pesquisadora do CEBID PUC-Minas. Integrante do Conselho Assessor da Revista Brasileira de Direito Civil – RBDCivil. Advogada.

Antônio Carlos Mathias Coltro
Desembargador do TJSP. Presidente do IBDC. Ex-Presidente do TRE-SP e do IBDFAM-SP. Mestre em Direito (PUC-SP). Presidente do Instituto Brasileiro de Direito Constitucional.

Arruda Alvim

Livre-Docente e Doutor em Direito pela Pontifícia Universidade Católica de São Paulo – PUCSP. Professor Titular do Mestrado e Doutorado em Direito na Pontifícia Universidade Católica de São Paulo – PUCSP. Desembargador aposentado do Tribunal de Justiça de São Paulo – TJSP. Parecerista e consultor jurídico em âmbito nacional e internacional. Advogado.

Atahualpa Fernandez

Membro do Ministério Público da União/MPU/MPT/Brasil (Fiscal/Public Prosecutor). Doutor (Ph.D.) Filosofía Jurídica, Moral y Política/ Universidad de Barcelona/España. Postdoctorado (Postdoctoral research) Teoría Social, Ética y Economia/ Universitat Pompeu Fabra/Barcelona/ España. Mestre (LL.M.) Ciências Jurídico-civilísticas/Universidade de Coimbra/Portugal. Postdoctorado (Postdoctoral research)/Center for Evolutionary Psychology da University of California/Santa Barbara/USA. Postdoctorado (Postdoctoral research)/ Faculty of Law/ CAU- Christian-Albrechts-Universität zu Kiel/Schleswig-Holstein/Deutschland. Postdoctorado (Postdoctoral research) Neurociencia Cognitiva/ Universitat de les Illes Balears-UIB/España; Especialista Direito Público/UFPa./Brasil. Profesor Colaborador Honorífico (Associate Professor) e Investigador da Universitat de les Illes Balears, Cognición y Evolución Humana / Laboratório de Sistemática Humana/ Evocog. Grupo de Cognición y Evolución humana/Unidad Asociada al IFISC (CSIC-UIB)/Instituto de Física Interdisciplinar y Sistemas Complejos/UIB/España; Independent Investigator and Theoretician.

Carlos Alberto Ferri

Doutorando em Direito pela FADISP-SP. Mestre em Direito pela Universidade Metodista de Piracicaba, Unimep. Professor e Coordenador-Adjunto no Centro Universitário Adventista de São Paulo (Unasp-EC) e pesquisador do grupo de pesquisa "A efetividade da função socioambiental da propriedade". Advogado. Conciliador Judicial e membro da comissão de Direitos Humanos da OAB/Campinas. Autor e coautor de livros e artigos jurídicos. E-mail: carlos.ferri@ucb.org.br.

Carlos Eduardo Gomes Ribeiro

Advogado com atuação na área criminal e membro da Comissão do Jovem Advogado e da Comissão de Direitos e Prerrogativas da 132ª Subseção de Praia Grande da Ordem dos Advogados do Brasil, Seção São Paulo, (2016 / 2018).

Carlos Jesus Gil

Geógrafo. Investigador colaborador no Instituto de Psicologia Cognitiva e Desenvolvimento Humano e Social (FCT-UC)/Portugal. Colaborador e membro dos corpos sociais da Plataforma PAJE - Apoio a Jovens (EX) acolhidos. Autor publicado em diversas antologias da lusofonia.

Cristina Aparecida Faceira Medina Mogioni

Juíza de Direito do Estado de São Paulo. Ex-Procuradora do Estado de São Paulo. Professora do Curso FMB na disciplina de Direito Administrativo. Ex-professora da Instituição Toledo de Ensino, em Bauru, na mesma disciplina.

Débora da Silva Vicente
Promotora de Justiça. Coordenadora do Centro de Apoio Operacional das Promotorias de Justiça de Tutela Coletiva de Proteção à Educação do Ministério Público do Estado do Rio de Janeiro. Pós-graduanda em Administração Pública, Nível de Especialização, do Programa FGV Management. Mestranda do Programa de Pós-Graduação em Educação da Universidade Federal Fluminense - PPG Educação – UFF.

Dora Rocha Awad
Advogada pela Fundação Armando Álvares Penteado (FAAP) e graduada em Letras pela Universidade de São Paulo (USP). Coordenadora do Café com Mediação. Mediadora da CAMITAL (Câmara Ítalo Brasileira de Mediação e Arbitragem) e CRP (Conselho Regional de Psicologia). Mediadora certificada pelo ICFML. Julgadora em competições de nacionais e internacionais de mediação (MOOTs). Autora do blog advogadascolaborativas.com.br e awadgestaodeconflitos.com.br Mediadora privada e advogada. Sócia na Awad Gestão de Conflitos.

Everaldo Augusto Cambler
Graduado em Direito pela Pontifícia Universidade Católica de São Paulo. Mestre e Doutor em Direito pela mesma universidade. Professor assistente doutor do programa de graduação em Direito da Pontifícia Universidade Católica de São Paulo, professor e cocoordenador do Curso de Especialização em Direito Imobiliário no curso de extensão e especialização em Direito do COGEAE da Pontifícia Universidade Católica de São Paulo. Professosr Titular da Faculdade Autônoma de Direito de São Paulo - FADISP dos cursos de Graduação e Pós-Graduação (Mestrado e Doutorado). Autor de diversos artigos e livros. Árbitro da Câmara de Mediação e Arbitragem da Sociedade Rural Brasileira. Presidente da Comissão de Direito Imobiliário do Instituto dos Advogados de São Paulo – IASP. É sócio do Escritório Arruda Alvim & Thereza Alvim Advocacia e Consultoria Jurídica, atuando como advogado, consultor jurídico e parecerista nas áreas de Direito Civil, Obrigações, Contratos, Responsabilidade Civil, Direito das Coisas e coordenando o núcleo de Direito Imobiliário.

Fernanda E. Nöthen Becker
Mestre em Direito (UFSC). Analista jurídico (TJSC).

Gabriele Bortolan Toazza
Mestre em Ciências Jurídicas especialidade em Direito Civil pela Faculdade de Direito da Universidade de Lisboa – FDUL (revalidado pela Universidade de São Paulo – USP). Pós-graduada em Direito das Famílias e Sucessões, Direito Contratual da Empresa e Direito Aplicado. Advogada. gabrielebt@hotmail.com.

Guilherme Calmon Nogueira da Gama
Desembargador do Tribunal Regional Federal da 2ª Região (RJ-ES). Mestre e Doutor em Direito Civil pela Universidade do Estado do Rio de Janeiro (UERJ). Professor Titular de Direito Civil da UERJ (Graduação e Pós-Graduação) e do IBMEC/RJ. Professor Permanente do Programa de Pós-Graduação Stricto Sensu da Universidade Estácio de Sá (RJ). Ex-Conselheiro do Conselho Nacional de Justiça e ex-Diretor Geral da Escola da Magistratura Regional Federal da 2ª Região. Membro da Academia Brasileira de Direito Civil (ABDC), do Instituto dos Advogados do Brasil (IAB) e do Instituto Brasileiro de Direito de Família (IBDFAM). Coordenador de Pesquisa da EMARF, UNESA, UERJ e IBMEC.

Heloisa Helena Barboza

Doutora e Livre Docente em Direito pela UERJ. Doutora em Ciência pela ENSP/FIOCRUZ. Professora Titular de Direito Civil da UERJ. Procuradora de Justiça (aposentada). Advogada. Parecerista.

Irene Vicente Echevarría

Doctoranda en Estudios Avanzados en Derechos Humanos en la Universidad Carlos III de Madrid donde además está contratada como personal investigador. Irene es responsable de Relaciones Internacionales del Instituto de Derechos Humanos "Bartolomé de las Casas" de la misma universidad. Pertenece a los grupos de investigación Derechos Humanos, Estado de Derecho y Democracia y al Grupo de Estudios Feministas de su universidad. Sus principales líneas de investigación son los Derechos Humanos de grupos vulnerables como las personas con discapacidad, la ética feminista del cuidado, la autonomía relacional y los estudios feministas de la discapacidad. Su tesis doctoral pretende ser un análisis de las lógicas opresoras que se esconden detrás de las relaciones de dependencia y la propuesta de un sistema de derechos y tratamiento de la dependencia emancipador para todas las personas que intervienen en dichas relaciones.

Isabel Restier Poças

Licenciada em Direito pela Universidade Católica Portuguesa - Porto, Pós-graduada em Direito do Património Cultural pela Faculdade de Direito da Universidade de Lisboa. Advogada.

João Pedro Gaspar

Doutor (PhD) Psicologia da Educação/Universidade de Coimbra/Portugal. Mestre (Sc.M.) Geociências /Universidade de Coimbra/Portugal. Investigador Instituto de Psicologia Cognitiva e Desenvolvimento Humano e Social(FCT-UC)/Portugal; Centro de Estudos Interdisciplinares do Século XX (FCT-UC); Laboratório Interdisciplinar de Pesquisa e Intervenção Social (PUC/RJ – Brasil) Centro do Direito da Família (UC – Portugal). Supervisor de equipas técnicas e educativas. Mentor e coordenador da Plataforma PAJE – Apoio a Jovens (Ex)acolhidos.

Jorge Gracia

Licenciado em Direito pela Universidad de Zaragoza (Espanha). Doutor em Sociologia do Direito e Instituições Políticas pela Universidad de Zaragoza. Investigador colaborador do Centro de Investigação Interdisciplinar da Escola de Criminologia da Universidade do Porto – Crime, Justiça e Segurança e do Laboratorio de Sociologia Jurídica da Universidad de Zaragoza. Professor convidado equivalente a Professor Auxiliar da Escola de Criminologia da Faculdade de Direito da Universidade do Porto. Docente colaborador da Universitat Oberta de Catalunya (Espanha) e do Máster en Derechos Fundamentales da Universidad Carlos III (Madrid, Espanha).

José Carlos Teixeira Giorgis

Desembargador aposentado (RS). Mestre em Direito (PURGS). Advogado especialista em Direito de Família e Sucessões. Professor de pós-graduação (RS). Autor de obras jurídicas. Articulista.

Juliana Lopes Ferreira

Advogada. Mestra em Direito pela Universidade Federal do Estado do Rio de Janeiro (UNIRIO). Consteladora familiar e Mediadora de Conflitos pelo Tribunal de Justiça do Estado do Rio de Janeiro (TJRJ). Membro da Associação Práxis Sistêmica. Membro do Instituto Brasileiro de Direito de Família (IBDFAM). Membro do Núcleo de Mediação e Conciliação da Universidade Federal do Rio de Janeiro (NUMEC/UFRJ).

Kátia Regina Ferreira Lobo Andrade Maciel
Titular da 2ª Procuradoria de Justiça da Infância e da Juventude do Ministério Público do Estado do Rio de Janeiro. Mestre em Direitos Fundamentais e Novos Direitos pela UNESA. Professora do Curso de Pós-graduação de Direito da Infância e Juventude do Instituto de Educação e Pesquisa do Ministério Público do Rio de Janeiro. Professora do Curso de Pós-graduação de Direito das Famílias e das Sucessões da Pontifícia Universidade Católica do Rio de Janeiro (PUC-RJ).

Lauro Luiz Gomes Ribeiro
Promotor de Justiça, Mestre em Direito das Relações Sociais pela PUC/SP e doutor em Direito Constitucional pela PUC/SP. Professor.

Lígia Zotini Mazurkievwicz
Pesquisadora sobre o futuro e fundadora do Voicers. Professora universitária, formada em administração de empresas pela Escola de Administração e Gestão filiada à Fundação Getúlio Vargas (FGV/ESAGS). Mestra em Global Talent Management pela Pontifícia Universidade Católica de São Paulo (PUC/SP) e pela Universidade de Wuhan da China (WHU/CH). Experiência de 15 anos na indústria da tecnologia, head de marketing para CyberSecurity e para Cloud na IBM/LATAM e diretora de negócios digitais na AAXIS Global.

Livia Teixeira Leal
Doutoranda e mestre em Direito Civil pela Universidade do Estado do Rio de Janeiro (UERJ). Pós-graduada pela Escola da Magistratura do Estado do Rio de Janeiro (EMERJ). Professora Substituta de Direito Civil da Faculdade Nacional de Direito – UFRJ. Professora Convidada da PUC-Rio. Monitora Acadêmica da EMERJ. Autora do livro "Internet e morte do usuário: Propostas para o tratamento jurídico post mortem do conteúdo inserido na rede", publicado pela Editora GZ. Advogada.

Lúcia Helena Polleti Bettini
Doutora e Mestre em Direito do Estado pela Pontifícia Universidade Católica de São Paulo - PUC-SP. Professora da Universidade Presbiteriana Mackenzie – UPM na Faculdade de Direito e no Centro de Comunicações e Letras – CCL. Professora da Escola de Direito da Universidade Municipal de São Caetano do Sul – USCS. Sócio-Membro do IBDC. Advogada em São Paulo.

Lucia Maria Teixeira Ferreira
Mestre em Direito Civil pela UERJ - Universidade do Estado do Rio de Janeiro. Pós-Graduada em Sociologia Urbana pelo Departamento de Ciências Sociais da UERJ. Procuradora de Justiça aposentada do Ministério Público do Estado do Rio de Janeiro. Membro da IAPP- International Association of Privacy Professionals. Consultora Jurídica e Pesquisadora especializada em Direito Civil e Novas Tecnologias. Associada ao IBDFAM – Instituto Brasileiro de Direito de Família.

Marcelo Santoro Pires de Carvalho Almeida
Advogado. Doutorando em Direitos Fundamentais e novos Direitos.

Maria de Fátima Freire de Sá
Doutora em Direito pela UFMG e Mestre em Direito pela PUC Minas. Professora no Programa de Pós-Graduação (Mestrado e Doutorado) em Direito e na Graduação em Direito da PUC Minas. Pesquisadora do Centro de Estudos em Biodireito – CEBID. Advogada.

Marília Campos Oliveira e Telles

Advogada Colaborativa e Mediadora. Formada em Artes Cênicas pela USP. Especialista em Direito de Família e Sucessões pela Escola Paulista de Direito – EPD. Membro do Instituto Brasileiro de Direito de Família – IBDFAM, da IACP – International Academy of Collaborative Professionals e do CBAr – Comitê Brasileiro de Arbitragem – no GEMEP – Grupo de Mediação Empresarial. Diretora do IBPC – Instituto Brasileiro de Práticas Colaborativas. Participante do grupo Famílias no Século XXI do Instituto Sedes Sapientiae/SP. Coordenadora da obra conjunta "Problemas da Família no Direito", autora de artigos jurídicos e contos de ficção.

Marly Fernandez

Doutora (Ph.D.) Humanidades y Ciencias Sociales/ Universitat de les Illes Balears- UIB/España. Postdoctorado (Postdoctoral research) Filogènesi de la moral y Evolució ontogènica/ Laboratório de Sistemática Humana- UIB/España; Mestre (M. Sc.) Cognición y Evolución Humana/ Universitat de les Illes Balears- UIB/España. Mestre (LL.M.) Teoría del Derecho/ Universidad de Barcelona-UB/ España. Investigadora da Universitat de les Illes Balears - UIB / Laboratório de Sistemática Humana/ Evocog. Grupo de Cognición y Evolución humana/Unidad Asociada al IFISC (CSIC-UIB)/ Instituto de Física Interdisciplinar y Sistemas Complejos/UIB/España.

Nuria Belloso Martín

Catedrática de Filosofía del Derecho en el Departamento de Derecho Público de la Facultad de Derecho de la Universidad de Burgos – UBU – (España). Desde 2011 es Directora del Departamento de Derecho Público. Miembro de la Junta de Personal Docente e Investigador – JPDI – de la Universidad de Burgos. Miembro del Consejo de Gobierno de la Universidad de Burgos. Ha sido Presidenta del Comité de Ciencias Jurídicas y Económicas para la evaluación de Complementos Retributivos Individuales para el Personal Docente e Investigador de la Universidad del País Vasco – UNIBASQ –. Especialista en Mediación Civil y Mercantil. Representa a la Universidad de Burgos en la Conferencia de Universidades para el Estudio de la Mediación y el Conflicto – CUEMYC -. Directora del Curso de Especialista en Mediación Familiar de la UBU, desde el año 2002. Ha participado en varias ediciones de programas de movilidad docente en el marco de la AECI en Universidades de Brasil. Colabora con Universidades de Latinoamérica y Centroamérica (Brasil, Argentina, México), impartiendo cursos de Maestría y de Doctorado, y participando asiduamente en Congresos Internacionales en el ámbito latinoamericano. Responsable académica del Programa de movilidad internacional Erasmus con varias Universidades entre las que cabe destacar la Università degli Studi di Catania (Italia) y la Universidad de Lusíada (Portugal) para los Grados en Derecho, Doble Grado en Derecho y en Administración y Dirección de Empresas y en Grado en Ciencia Política y Gestión Pública. Ha dirigido una veintena de Tesis Doctorales. Investigadora invitada del Centro de Estudios Sociológicos de la Universidad de Coimbra (CES (Portugal). Es miembro del Grupo de Investigación Ordenación Territorial y Urbanística, Medio Ambiente y Desarrollo Sostenible – ORDITER – de la Universidad de Burgos.

Osório Corrêa de Paiva Filho

Bacharel em Direito pela Universidade Veiga de Almeida e Pesquisador.

Pedro Caetano de Carvalho

Filósofo e Juiz de Direito aposentado. Ex-membro da Ordem dos Clérigos Regulares Teatinos. Autor de diversas publicações sobre família, criança e adolescente.

Renata Vieira Carbonel Cyrne
Promotora de Justiça. Coordenadora do Grupo de Atuação Especializada em Educação e Subcoordenadora do Centro de Apoio Operacional das Promotorias de Justiça de Tutela Coletiva de Proteção à Educação do Ministério Público do Estado do Rio de Janeiro. Pós-graduanda em Administração Pública, Nível de Especialização, do Programa FGV Management.

Rennan Thamay
Pós-Doutor pela Universidade de Lisboa. Doutor em Direito pela PUC/RS e Università degli Studi di Pavia. Mestre em Direito pela UNISINOS e pela PUC Minas. Especialista em Direito pela UFRGS. Professor Titular do programa de graduação e pós-graduação (Doutorado, Mestrado e Especialização) da FADISP. Professor da pós-graduação (lato sensu) da PUC/SP. Professor Titular do Estratégia Concursos e do UNASP. Foi Professor assistente (visitante) do programa de graduação da USP e Professor do programa de graduação e pós-graduação (lato sensu) da PUC/RS. Presidente da Comissão de Processo Constitucional do IASP (Instituto dos Advogados de São Paulo). Membro do IAPL (International Association of Procedural Law), do IIDP (Instituto Iberoamericano de Derecho Procesal), do IBDP (Instituto Brasileiro de Direito Processual), IASP (Instituto dos Advogados de São Paulo), da ABDPC (Academia Brasileira de Direito Processual Civil), do CEBEPEJ (Centro Brasileiro de Estudos e Pesquisas Judiciais), da ABDPro (Associação Brasileira de Direito Processual) e do CEAPRO (Centro de Estudos Avançados de Processo). Advogado, árbitro, consultor jurídico e parecerista. E-mail: rennan.thamay@hotmail.com.

Ricardo Calderón
Doutorando e Mestre em Direito Civil pela Universidade Federal do Paraná – UFPR. Pós-graduado em Direito Processual Civil e em Teoria Geral do Direito. Coordenador de curso de pós-graduação da Academia Brasileira de Direito Constitucional. Diretor Nacional do IBDFAM. Professor de cursos de pós-graduação e graduação. Advogado. calderon@calderonadvogados.com.br.

Rodrigo Cardoso Fernandes
Advogado. Professor Convidado do Curso de Pós-graduação de Direito Especial da Criança e do Adolescente da Universidade do Estado do Rio de Janeiro (UERJ). Professor Titular de Prática Processual Civil da Universidade Candido Mendes - Campus Tijuca. Professor da Pós-Graduação de Direito Imobiliário da Universidade Candido Mendes - Campus Jacarepaguá. Advogado responsável pelo setor Cível do Escritório Modelo - FUCAM, do Campus Tijuca da Universidade Candido Mendes (2011/2014).

Rosângela Maria de Azevedo Gomes
Advogada. Doutora em Direito Civil pela UERJ. Mestre em Direito da Cidade pela UERJ. Professora Titular de Direito Civil do IBMEC. Professora Associada de Direito Civil da UERJ (Universidade do Estado do Rio de Janeiro) e UNIRIO (Universidade Federal do Estado do Rio de Janeiro). Professora Adjunta de Direito Civil da FAA (Fundação Arcoverde). Professora dos cursos de Pós-Graduação da AGU e INOREG.

Rosângela Martins Alcantara Zagaglia Paiva

Defensora Pública. Doutora pelo Programa de Pós-Graduação da Faculdade de Direito da UERJ na área Transformações do Direito Privado, Cidade e Sociedade, linha de pesquisa Direito Civil. Doutora pelo Programa de Pós-Graduação da Universidad del Museo Social Argentino. Professora Adjunta da Graduação e da Pós-Graduação em Direito Especial da Criança e do Adolescente da Faculdade de Direito da UERJ. Professora da Graduação/EAD da UNESA, em Direito da Criança e do Adolescente.

Ruth Barbosa

Filósofa, consteladora familiar pelo Instituto Bert Hellinger Brasil Central de São Paulo (IBHC/SP). Especialista em constelação familiar e organizacional certificada internacionalmente pelo Institut für Systemische Psychotherapie, Aufstellung und Beratung – München (ISPAB). Master no modelo de validação humana pelo Institute Virginia Satir of Germany (IVSG). Membro da Associação Práxis Sistêmica.

Sávio Bittencourt

Procurador de Justiça – MPRJ. Professor da FGV/EBAPE. Graduado em Direito pela Universidade Federal Fluminense. Mestre em História pela Universidade Severino Sombra e Doutor em Ciências pela Universidade Federal do Rio de Janeiro.

Sérgio Roxo da Fonseca

Bacharel em direito pela UERJ. Professor livre docente da Faculdade de Direito da Universidade Estadual Paulista. Procurador de Justiça do Ministério Público de São Paulo.

Sofia Miranda Rabelo

Advogada familiarista. Doutora em Direito Privado pela PUC Minas. Mestre em Direito pela UFMG. Vice-Presidente do Instituto dos Advogados de Minas Gerais - IAMG. Membro da Academia Brasileira de Direito Civil - ABDC, da Associação Brasileira de Direito Processual - ABDPRO e da International Society of Family Law – ISFL.

Sónia Rodrigues

Psicóloga especialista nas áreas Clínica e Social com especialidades avançadas em Psicoterapia e Psicologia Comunitária. Doutorada pela Faculdade de Psicologia e de Ciências da Educação da Universidade do Porto. Licenciada e Mestre pela mesma faculdade- Investigadora FPCEUP_Univ. Porto e IPCDHS_Univ. Coimbra. Autora de artigos em revistas científicas, capítulos de livros especializadas e de comunicações em conferências, nacionais e internacionais. Supervisora de equipas técnicas e educativas. Membro do board da EUSARF Academy.

Tânia da Silva Pereira

Advogada especializada em Direito de Família, Infância e Juventude. Mestre em Direito Privado pela UFRJ, com equivalência em Mestrado em Ciências Civilísticas pela Universidade de Coimbra (Portugal). Professora de Direito aposentada da PUC/Rio e da UERJ.

Tatiana Rocha Seixas

Bacharel em Direito. Especialista em Direito Especial da Criança e do Adolescente. Professora do Curso de Pós-graduação de Direito Especial da Criança e do Adolescente da Universidade do Estado do Rio de Janeiro (UERJ). Funcionária Pública do Tribunal de Justiça do Estado do Rio de Janeiro. Membro do IBDFAM.

Thays Itaborahy Martins

Assistente social graduada pela Universidade Federal de Juiz de Fora (UFJF). Graduanda em Direito pela Universidade Federal Rural do Rio de Janeiro (UFRRJ/ITR). Pós-graduanda em Direito da Criança, Juventude e Idosos pela Universidade Cândido Mendes (UCAM).

Vitor Almeida

Doutor e Mestre em Direito Civil pela Universidade do Estado do Rio de Janeiro (UERJ). Professor Adjunto de Direito Civil da Universidade Federal Rural do Rio de Janeiro (ITR/UFRRJ). Professor de Direito Civil da PUC-Rio. Professor dos cursos de especialização do CEPED-UERJ e EMERJ. Professor convidado da Escola Superior de Advocacia Pública da PGE-RJ. Vice-Diretor do Instituto Brasileiro de Biodireito, Bioética e Sociedade (IBIOS). Advogado.

SUMÁRIO

O *Nudge* como concretização de uma sociedade do Cuidado

Alexandre Morais da Rosa
Fernanda E. Nöthen Becker

SUMÁRIO: 1. Introdução. **2.** Como o Cuidado e o Nudge se aproximam. **3.** A economia comportamental como fundamento do Cuidado. **4.** O Nudge e a sociedade do Cuidado. **5.** Conclusões.

1. Introdução

A proposta aqui formulada buscou demonstrar que o *Nudge* é, fundamentalmente, uma expressão do Cuidado como estratégia de políticas públicas. A partir do conceito de Cuidado, e do *nudge* como arranjo da escolha, podemos entrever neste novo móvel da economia comportamental uma expressão econômica e pragmática daquele. Trata-se do valor jurídico do cuidado em dimensões práticas, conducentes à concretização de uma sociedade do Cuidado. Diversos países se beneficiam da chamada arquitetura da escolha, por cujo arranjo é possível extrair a melhor escolha, com efeitos previdenciários, na saúde, economia pública, dentre outros. Isso porque, como há muito questionado, o ideal do *homo economicus* não se sustenta diante das descobertas da economia comportamental. O sujeito racional deveria se pautar por uma racionalidade tal que o levasse a escolher, no mínimo, o melhor para si. Entretanto, a economia comportamental destacou-se por demonstrar que todos operamos dois sistemas mentais distintos, com a predominância do sistema irreflexivo em detrimento do sistema racional, e que a grande maioria escolhe e vive com base ou movida por influxos pouco sistemáticos e racionais. Acolhendo postulados da psicologia, compreende e identifica que cada um abriga forças que fazem sentido em seus próprios contextos apenas, e levam o indivíduo a más escolhas, que num contexto coletivo têm impacto social importante, o que justifica a temática aproximada ao Cuidado.

Se o Cuidado se justifica em um sentido de proteção do vulnerável, tal panorama demonstra uma vulnerabilidade que, em termos sociais, pode ser verdadeira epidemia, com impactos na saúde e previdência social de um país. As más escolhas individuais resultam de um misto de educação, possibilidades intelectuais individuais, somada às características de reação à propaganda, escassez, necessidades primárias em que satisfações imediatas são fortes componentes. Felizmente, o *nudge,* com fundamento na economia comportamental, demonstra que é possível destacar padrões desses comportamentos, a fim de influenciá-los a escolhas que visem o cuidado como bem e valor maior, especialmente diante do fato que as más escolhas têm, muitas vezes, impactos coletivos.

A realidade de que o ônus das más escolhas ou da imprevisão acaba por não ser individual, mas coletivo, sustenta, em última análise, a máxima do dever de Cuidado e empresta-o para interesse da economia – o daquele que deverá administrar situações de escassez de recursos e necessidades infinitas. Ter-se-á, em maior ou menor medida, de lidar com essas consequências, e tal percepção assoma, cada vez mais, como interesse dos governos. Nesse contexto, surge o Cuidado como valor jurídico e o *Nudge* como uma expressão dele. Ou seja, se escolhas individuais podem afetar o coletivo, o *Nudge* propõe, então, que se elabore uma "arquitetura da escolha", termo que o define propriamente. A arquitetura da escolha é Cuidado, sobretudo em se tratando de políticas públicas, e sua economia um meio de concretizar uma sociedade do cuidado em seu sentido ontológico e prático. O Cuidado sai da esfera das relações individuais, para se alocar na economia comportamental, com significativa contribuição à temática da cidadania e sociedade.

Por meio do *nudging,* alterações no contexto e ambiente da escolha podem provocar as pessoas a escolher o melhor para si e para outros, com reflexos positivos futuros para a sociedade, expressando-se como medida de cidadania. O que se entrevê do *nudging*, seus fundamentos, é o princípio e o valor maior do cuidado, comprovando tanto sua necessidade como medida de sustentação da sociedade, como suas próprias vantagens econômicas. É antever a consequência das escolhas, desenhando incentivos por aqueles que calcularem os custos de uma má escolha, de impacto sempre social, em um sistema que vise à escolha que acarretará o cuidado, de si e do outro.

O *nudging* expressa-se, assim, como a plena atividade do cuidado projetado e presente, buscando um percurso social na sociedade sistemática que favoreça a melhor escolha. O dever de cuidado implica, também, o dirigir a própria existência visando não provocar dano a outrem, nem a si mesmo, justificado, no mínimo, porque invariavelmente precursor de danos coletivos. Assim, ações como a inversão da opção de doador, em que é necessário manifestar quando não se quer doar órgãos, ao contrário de se manifestar quando se quer, dá uma ideia da temática e seu poder prático para o próprio exercício da cidadania, bem assim meio ambiente, poupança pública e saúde. Como também propõe os autores da teoria, o *Nudge* emerge de possíveis dicotomizações ideológicas, de viés político, para expressar-se como resultado do Cuidado projetado na engenharia dos sistemas que fazem acontecer a sociedade.

2. Como o Cuidado e o *Nudge* se aproximam

O convite é investigar o Cuidado sob prismas diversos, com o destaque de que este texto dialoga com o anterior[1] escrito nesta coletânea, em que se principiou o pensar o que é Cuidado, de maneira que aqui se resgate algumas dessas ideias. Para além do pensamento moderno, pode-se entrever o Cuidado como fundamento

1 MORAIS DA ROSA, Alexandre; NÖTHEN BECKER, F. E. . O sujeito do cuidado em face do sujeito homo economicus. *In*: Tânia da Silva Pereira; Guilherme de Oliveira; Antônio Carlos Mathias Coltro (Org.). *Cuidado e o Direito de Ser - Respeito e Compromisso*. Rio de Janeiro: G/Z Editora, 2017, v. 1. p. 1/20.

basilar de uma ética e legislação que constituem o arcabouço normativo ocidental:[2] o código legislativo hebreu, a Torá (do hebraico, "instrução"), cujos princípios destinam-se à responsabilidade nas relações interpessoais. Nesse mesmo sentido, Moliner e Paperman[3] escrevem que *"a ética do cuidado está associada a uma forte ideia de responsabilidade, na maioria das vezes relativa às relações interpessoais, sem considerar sua pertinência nas relações entre entidades coletivas"*.

O Cuidado como responsabilidade, então, nesse código ético-legislativo imiscui-se como fundamento principal, a exemplo da prescrição do livro *Shemot:*[4] *"Quando encontrares o boi do teu inimigo, perdido, devolvê-lo-ás"*. Ou seja, o cuidado com o outro, bem assim com o que é seu fundamentam a ação correta, com forte perspectiva prática, uma vez que tal regra tem o condão de suscitar a diminuição das perdas econômicas, e mesmo das disputas conducentes a guerras internas. Naturalmente, trata-se de um princípio de ação, aplicável não apenas a semoventes, mas de uma ética na relação com o outro.

Assim é que a origem da estrutura jurídica de nosso ordenamento erige-se a partir de significantes que compreendem o Cuidado. A relevância se dá ante a constatação de que o *codex* hebreu funda a ideia de norma constitucional, em que as "dez palavras" são o embrião da noção moderna de Estado de Direito. Isso porque, com a instrução base do código dos dez mandamentos, inaugura-se a ideia de limite institucionalizado imposto à ação humana, ainda, que, naturalmente, com o iluminismo, tenha se concretizado o processo do deslocamento da autoridade divina para a humana, temporal. De toda forma, mesmo outrora a participação divina era da ordem inspiracional, que é, então, substituída para a inspiração da história e do pensamento, estes ainda, porém, ligados, como a primeira, à fonte legislativa. Não difere, pois, assim, da atuação das cortes de justiça modernas, e a garantia com base na noção do que "está escrito" sofreu apenas o influxo e a sofisticação das revoluções do pensamento que lhe sobrevieram.

Depreende-se o Cuidado também das prescrições em relação ao cuidado com os estrangeiros, cuidado com os pais, idosos, órfãos e viúvas, prisioneiros de guerra, no direito do trabalho (descanso semanal, não retenção do salário, dentre outras),[5] família (regras de casamento, divórcio, relações entre ascendentes e descendentes, dentre outras), indenização e reparação por danos,[6] meio ambiente – de modo que se pode destacar o

---

2 ABRAHAM, Marcus; PEREIRA, Vitor Pimentel. A Influência da Torá nas Instituições Jurídicas Brasileiras. *Revista do Instituto Histórico e Geográfico Brasileiro - IHGB*, Rio de Janeiro, a. 176 (466): 15-40, jan./mar. 2015.

3 MOLINIER, Pascale; PAPERMAN, Patricia. Descompartimentar a noção de cuidado?. *Revista Brasileira de Ciência Política*, nº 18, p. 43-57, 2015. p. 47.

4 TORÁ, *A lei de Moisés*. São Paulo: Sêfer, 2001, שמות, Shemot, 23.4.

5 Idem, 20:8-11 e ויקרא, Vayikrá, 19:13.

6 Cabe aqui referência à tão citada e tão incompreendida regra "e darás olho por olho" – que se trata, na verdade, de um parâmetro de indenização financeira, ou seja "darás o quanto valha o olho, quando um olho for ferido", tratando-se, também, de regra de restrição, em que alguém que tenha o olho ferido, não poderá requerer o relativo aos dois olhos, e assim por diante.

nascedouro da instituição de uma sociedade do cuidado, que tem por objetivo seu pleno funcionamento a partir do adimplemento desses postulados nas condutas individuais.

Nesse sentido, é interessante notar que o Cuidado tem conteúdo de justiça e de responsabilidade, demovendo seu conceito de eventual noção sentimental ou emocional, que não é um conteúdo que o justifique, embora possa acompanhá-lo. José Roque Junges,[7] menciona que o Cuidado surge na tradição literária antiga romana pela palavra latina *cura* – cuidado, atenção, interesse – e, até Martin Heidegger, a visão é romântica e existencialista; somente a partir de Heidegger é que se tem uma fundamentação antropológica para o conceito, que, aliás, é ponto central de seu sistema filosófico:

> O cuidado torna-se um modo de ser do ser-aí (Dasein); recebe o status de categoria ontológica. Heidegger distingue entre Besorgen (em inglês taking care of) e Fürsorge (em inglês Care for). O primeiro corresponde à preocupação pelas necessidades e carências do outro; o segundo identifica-se com a solicitude pelas pessoas, por grupos humanos, pela natureza etc. o primeiro nos remete à sobrevivência e à finitude do ser humano; o segundo supera e transcende a ansiedade da preocupação, desenvolvendo as potencialidades da solicitude que caracterizam o ser humano.

Para Heidegger,[8] o cuidado localiza-se antes de qualquer atitude e situação do ser, de modo que se encontra em toda atitude e situação deste. Está na raiz do ser humano, como um modo-de-ser essencial, numa dimensão ontológica, originária: está na substância e constituição humanas. Sem o cuidado, deixa-se de ser humano. É a partir do cuidado que surge a historicidade, corporeidade do homem. Portanto, pode-se concluir que o cuidado é o proto-princípio, o material básico original do princípio da dignidade da pessoa humana.

Aqui se procurou demonstrar, no entanto, que é da normativa judaica que se extrai o nascedouro do princípio da solidariedade, dignidade da pessoa humana, cuja cunhagem conceitual é aprimorada com o desenvolver do pensamento humano. A noção de Cuidado está imbricada na própria manutenção social, advinda da responsabilidade diante do outro. A dizer, a preservação de tais princípios busca preservar justiça no âmbito das relações do homem com o semelhante, com a natureza, com a sociedade. Trata-se de princípios éticos basilares.

Portanto, tais instruções são para a convivência humana como o princípio da gravidade é para toda a matéria viva. Veja-se, assim, o Cuidado como nota lógica, em um sentido de justiça social, para ampliar seu significado para além daquele mais óbvio e material, o cuidar da enfermagem, das relações médico-paciente, etc. Cuidar significa a manutenção da vida, individual quanto social, fundado na identificação de um sen-

---

7 JUNGES, José Roque. Ética do Cuidado. *In:* BARRETO, Vicente de Paulo *et al. Dicionário de filosofia do direito*. São Leopoldo: Unisinos, 2006. p. 175/176.

8 HEIDEGGER, M. *Ser e tempo*, parte I. Petrópolis: Editora Vozes, 1989. p. 243/300.

tido profundamente relacional, o que se pode extrair da instrução[9] *"não porás pedra de tropeço na frente de um cego"*. A proposta inicia na literalidade, mas progride para aplicação no contexto de cuidado, como princípio basilar. Ou seja, naquilo que outrem seja "cego", no que não lhe seja possível ver, há o dever de cuidado, em um sentido de manutenção da vida. As interações sociais envolvem demanda e satisfação, assim, inseridos em relações de interação, o valor do Cuidado significa o proceder baseado na verificação das consequências da ação no outro e em relação ao mundo natural.

O Cuidado enquadra-se, assim, como derivante do que se consignou ser um dos fundamentos da República – a dignidade da pessoa humana.[10] A dignidade no sentido filosófico ou jurídico apresenta múltiplos conteúdos, e é concebida também como conceito em desenvolvimento. A formulação legal presente na Declaração de Direitos Humanos vincula-se à ideia kantiana[11] de que o homem é um fim em si mesmo, e jamais pode ser instrumentalizado. É atributo do patrimônio imaterial do homem, e constitui expressão da condição humana.[12]

A tais prescrições assomam o seu oposto: a trágica história de ruptura desse dever-ser, ao longo das eras. A herança dos abusos e violências constitui a luta pelo estabelecimento de uma ética universal, que são fundamento dos direitos humanos. A partir da normativa internacional pode-se entrever uma noção de ética universal, produto da própria história da dor e sofrimento. Nesse prisma, os direitos humanos são direitos ao "não-mal", de modo que se poderia falar, com Badiou,[13] na construção de uma ética universal, que é coordenada por direitos humanos e ações humanitárias tendo em vista um homem universal, que se reconhece mediante o reconhecimento coletivo do mal que lhe é feito. A partir dessa observação, Badiou fala da impossibilidade de uma ética universal, pois toda humanidade se faz na identificação de situações singulares e não nas coletivas.

E é nas situações singulares, ou seja – no âmbito relacional – que a noção de Cuidado se insere, daí advindo a responsabilidade, segundo Moliner e Paperman,[14]

---

9 TORÁ, *A. lei de Moisés*. São Paulo: Sêfer, 2001, אַרְקִין, Vaykrá, 19:14.

10 PEREIRA, Tânia da Silva. O "Cuidado" chega ao Superior Tribunal de Justiça (Decisão Comentada). *In:* PEREIRA, Tânia da Silva, OLIVEIRA, Guilherme de (Coord.). *Cuidado e Responsabilidade*. Rio de Janeiro. Atlas, 2011. p. 372.

11 SARLET, Ingo Wolfgang. Princípio da Dignidade Humana no direito constitucional. *In:* TORRES, Ricardo Lobo; KATAOKA, Eduardo Takemi; GALDINO, Flavio (Orgs.) *Dicionário de Princípios Jurídicos*. Rio de Janeiro: Elsevier, 2011. p. 330/331.

12 Esse desenvolvimento da noção de cuidado foi elaborado pelos autores em: MORAIS DA ROSA, Alexandre; NÖTHEN BECKER, F. E. . O sujeito do cuidado em face do sujeito homo economicus. *In*: Tânia da Silva Pereira; Guilherme de Oliveira; Antônio Carlos Mathias Coltro. (Org.). *Cuidado e o Direito de Ser - Respeito e Compromisso*. 1ed.Rio de Janeiro: G/Z Editora, 2017, v. 1. p. 1/20.

13 BADIOU, Alain. Ética: um en*saio sobre a consciência do mal*. Rio de Janeiro: Relume Dumará, 1995. p. 24-28.

14 MOLINIER, Pascale; PAPERMAN, Patricia. Descompartimentar a noção de cuidado?. *Revista Brasileira de Ciência Política,* nº 18, p. 43-57, 2015. p. 48 e 50.

para quem *"a relação cria a responsabilidade, ela compreende (no sentido de conter) a exigência de uma resposta [...]"*. A dificuldade, entretanto, sustentam os autores, está no reconhecimento das relações que existam: quando saberei que participo da perpetração das cadeias de exploração e violência ligada ao cultivo de bananas, por exemplo? No Brasil, aliás, cabe a menção ao cultivo das castanhas-de-cajú.[15] Agir em uma perspectiva do cuidado é procurar perceber, em todas as circunstâncias, a existência de relações com o outro, o que *"[...] é central nas questões de justiça levantadas pela perspectiva do cuidado"*.[16] Portanto, é possível concluir que o Cuidado contém, em si, um dever de atenção com relação ao outro. Tal postulado pode não suscitar maiores consequências, mas basta pensar no "não ver" que fortalece toda ação de violência moral ou física. As possibilidades do Cuidado, desde suas raízes aqui exploradas, abrem um universo extenso, o que exige uma modificação do próprio olhar. Isso é responsabilidade em face das possíveis relações instauradas, a todo e qualquer momento em sociedade.

Com Moliner e Paperman[17] *"desenvolver as potencialidades do conceito de cuidado implica repensar o que nos liga e prende a diversos outros, quer sejam particulares, grupos ou comunidades maiores ou menores"*. O desafio de descobrir as relações existentes, e, nessa medida, as responsabilidades advindas. Essa ideia se dá no paradigma de "sistemas", em que as noções de sistema na biologia e física são alocadas para a ecologia.[18] Nessa ótica, todos estão vinculados e afetam-se mutuamente, em uma noção de "rede". Embora diversas políticas e atitudes sob esse mote possam não correspondê-lo em suas intenções interiores, é fato que as consequências de ações individualistas, opostas ao cuidado, em última análise atingem a coletividade. O que se sustenta aqui é a aproximação do cuidado não apenas da filosofia, psicologia, sociologia, assistência social, medicina, mas, inclusive, da economia, em que o *nudging* é expressão fidedigna dessa possibilidade.

No sentido do Cuidado demonstrado acima, de verificação de relações a que o indivíduo possa estar adentrando e a responsabilidade advinda, a aproximação aqui proposta com o *Nudge* se dá, exatamente quando a criação deste pressupõe o descobrir de relações e de como levar as pessoas à melhor escolha nesse contexto. Isso é Cuidado, a aposição de uma arquitetura das escolhas no sentido de proteção do indivíduo e deste em relação à sociedade. E a justificativa da importância da temática se sustenta quando se verifica que o fundamento do cuidado se encontra nas descobertas da economia comportamental.

---

15 Disponível em: http://www.tst.jus.br/web/trabalho-infantil/programa/-/asset_publisher/y23X/content/reportagem-denuncia-exploracao-de-criancas-na-extracao-da-castanha-de-caju. Acesso em: 06 mar. 2019.

16 MOLINIER, Pascale; PAPERMAN, Patricia. Descompartimentar a noção de cuidado?. *Revista Brasileira de Ciência Política*, nº 18, p. 43-57, 2015. p. 50.

17 MOLINIER, Pascale; PAPERMAN, Patricia. Descompartimentar a noção de cuidado?. *Revista Brasileira de Ciência Política*, nº 18, p. 43-57, 2015. p. 48 e 53.

18 CAPRA, Fritjof. *Ponto de Mutação, O*. Editora Cultrix, 1998.

3. A economia comportamental como fundamento do Cuidado

O Cuidado compreende a proteção do outro que se encontre em situação de vulnerabilidade, com fundamento em noção de justiça, como visto a partir de suas remotas raízes na legislação hebreia. Ocorre que tal vulnerabilidade não se restringe às situações normalmente assim entendidas – vulnerabilidade econômica, social, educacional, de gênero. Uma das grandes descobertas da economia comportamental, a fissura na noção de *homem racional* demonstra uma das grandes vulnerabilidades – a volatilidade da ação humana, sua fácil manipulação. E a verificação de que a grande maioria de nós simplesmente é vulnerável, decide mal e contra si (e os outros), característica do funcionamento mental em que a maioria dos humanos opera, inaugura uma ampliação maior da necessidade do Cuidado, como dito, "não porás tropeço na frente de um cego".

A economia comportamental vem justamente demonstrar que nossos pontos-cegos são maiores e mais frequentes que o Direito e as noções tradicionais da Economia Clássica o advogavam. Suas descobertas, aproximadas do que a psicanálise sustentava, derroga parte considerável das conclusões em economia, porque muitas baseadas na noção do homem racional – o *homo economicus*; *"o homem racional da economia e da teoria de decisão estatística faz escolhas ótimas, num ambiente minuciosamente especificado e nitidamente definido"*.[19] Sabe-se, porém, que tal ambiente artificial não é de reprodução real. Ainda, percebeu-se, mesmo o escolher o melhor para si, a que se deveria ser impelido pela inata característica do egoísmo, não é característica comum. Sim, escolhe-se mal, e contra si mesmo, constatação evidenciada pela psicanálise, que lhe atribui considerável lógica própria.

O fundamento da percepção do *Nudge* e, também, do Cuidado, assim, pode ser localizado nessas evidências da economia comportamental, e na categorização e descoberta de que nossas mentes operam em dois sistemas, dois modelos de pensamento, em abordagem inaugurada por Kahneman e Tversky.[20] Um automático (intuitivo) e outro deliberado (controlado). A despeito de suas inúmeras divergências epistemológicas, tais modelos teóricos convergem no sentido de reconhecer que o raciocínio

---

19 MARCH, James Gardner; SIMON, Herbert Alexander. *Teoria das Organizações*. Tradução de Hugo Wahrluch. 2ª ed. Rio de Janeiro: Fundação Getúlio Vargas, 1972, p. 193. Ainda, ressaltam James Gardner March e Herbet Alexander Simon que o modelo do "[...] homem racional impõe ao mecanismo de escolha três condições extremamente importantes. Com efeito, pressupõe-se: i) que tôdas as alternativas de escolha sejam *dados*; ii) que tôdas as consequências associadas a cada uma das alternativas sejam conhecidas (seja quanto à certeza, risco ou incerteza); iii) que o homem racional possua uma completa classificação por ordem de utilidade (ou função cardinal) de todos os possíveis conjuntos de consequências". (MARCH, James Gardner; SIMON, Herbert Alexander. *Teoria das Organizações*. Tradução de Hugo Wahrluch. 2ª ed. Rio de Janeiro: Fundação Getúlio Vargas, 1972. p. 194).

20 KAHNEMAN, Daniel. *Rápido e Devagar: duas formas de pensar*. Tradução de Cássio de Arantes Leite. Rio de Janeiro: Objetiva, 2012. p. 12.

consciente, deliberado, controlado e calculado – através do qual nossas decisões seriam tomadas a partir da análise cuidadosa das opções disponíveis – não é o único modo operacional da nossa mente/cérebro. Mas que, pelo contrário, pensamentos frequentemente emergem de modo automático/involuntário (intuitivo), sem que saibamos indicar os caminhos (a cadeia ordenada de pensamentos ou operações cognitivas) percorridos para se chegar a eles, conformando comportamentos, convicções, sentimentos e, até mesmo, decisões e julgamentos.[21] Assim é que, o Cuidado como uma noção ontológico-fundamental, pertencente à constituição do ser, funda-se no entendimento da limitação que nos constitui a todos, portanto, cegos em diversos pontos ou momentos, daí seu fundamento básico.

Morais da Rosa, em sua obra,[22] traz o *Nudge* em intersecção com o processo penal, a partir do qual aborda a teoria, pontuando o aspecto não-racional que derroga o mito do homem econômico. Afirma que *"[...] as diversas formas como decidimos a nossa vida e a existência dos outros está cravejada de aspectos não racionais"*. Segundo registra:

> As contas mentais são separadas e conseguir acionar o gatilho do compartimento correto é uma atividade que pode ser apreendida, inclusive por *Nudges*. A nossa capacidade cognitiva limitada impede o armazenamento de todos os artigos, princípios, doutrinas e jurisprudência que tomamos contato ao longo da vida e, por isso, precisamos criar mecanismos de evocação. Em cada jogo processual a imensidão de indicadores precisa ser associada a uma narrativa com sentido. Para isso se criam padrões, *standards*, que funcionam como atalhos mentais que produzem resultados associativos imediatos, automáticos, sem reflexão acurada, enfim, heurísticas. A atividade decisória é facilitada por estes mecanismos de categorização e generalização, associados a padrões de crenças, valores e emoções adquiridos pela experiência. Mas isso pode gerar erros sistemáticos graves, denominados vieses.

O que são, afinal, os *Nudges*? Em 2017, o prêmio Nobel de Economia foi concedido ao professor Richard Thaler por seu trabalho na área da economia comportamental com a teoria dos "Nudges", que, literalmente, significa "cutucada", com um significado de "dar um empurrão". Trata-se da verificação de como pequenos "empurrões", ou seja, pequenas intervenções podem auxiliar pessoas a tomar decisões diferentes. Alguns exemplos do uso dessa teoria compreendem a inversão da declaração de doação de órgãos, em que o silêncio pressupõe a doação, e não o contrário, o que tem por efeito aumentar o número de doações, mas está presente em uma infinidade de situações.

Daí a necessidade premente de "empurrar" para a melhor escolha, num contexto em que a economia comportamental já identificou disposições comuns, erros, ou

21 WOJCIECHOWSKI, Paola Bianchi; MORAIS DA ROSA, Alexandre. *Vieses da Justiça: como as heurísticas e vieses operam nas decisões penais atuação contraintuitiva*. Florianópolis: EModara- EMais, 2018. p. 34.

22 MORAIS DA ROSA, Alexandre. *Processo penal conforme a teoria dos jogos*. Florianópolis: EMais, 2019. p. 59.

formas de autoengano, compartilhadas por todos. Trata-se do otimismo e do excesso de autoconfiança, quando as pessoas são irrealmente otimistas, contra evidências reais, atitude que pode explicar quantidade significativa de riscos individuais assumidos. Aqui, o *Nudge* poderá beneficiar-nos da seguinte forma: *"[...] if people are reminded of a bad event, they may not continue to be so optimistic"*[23]. No mesmo sentido, opera a característica de aversão a perdas, em que *"[...] loss aversion operates as a kind of cognitive nudge, pressing us not to make changes, even when changes are very much in our interests"*,[24] demonstrando o forte papel da inércia. Porém, aversão à perda não é a única razão para a inércia, mas também o fenômeno chamado *status quo bias,* ou, o viés da situação consolidada, em tradução livre, a tendência de permanecer na mesma situação. Também o *framing* atua como propulsor enganoso de escolhas, a saber, *"the Idea is that choices depend, in part, on the way in wich problems are stated"*. Em tradução livre, a ideia de que escolhas dependem, em parte, no modo em que os problemas são apresentados; o *framing* funciona em razão da tendência das pessoas de serem passivos e não pensarem muito.[25] Essas características demonstram a falibilidade humana, e, tanto a necessidade do Cuidado, quanto do *Nudge.*

Assim, considerando que a maioria dos indivíduos não poupa, não faz previsão para aposentadoria – para citar os maiores problemas das más escolhas com impactos coletivos –, o *Nudge* como expressão do Cuidado situa-se na demonstração do cuidado aproximado ao ciclo social, em que tal expressão em relação ao outro é mais "lucrativa" do que o contrário. O *Nudge* se insere na área da economia comportamental, que compreende o estudo da psicologia na análise da tomada de decisão por trás de um resultado econômico. Ao contrário da economia clássica, a economia comportamental compreende como variáveis o comportamento irracional, não lógico, o que aproxima seus resultados da realidade. É utilizada para situações individuais, assim como tendências sociais mais amplas, ou mercados financeiros.

Não é fácil a análise de quais dessas situações é possível "dar um empurrão" para a melhor escolha dentre possíveis. Mas a arquitetura da vida social não é tão mutável quanto a velocidade da vida moderna possa fazer parecer. Norbert Elias[26] traz seu

---

23 Tradução livre: "se as pessoas são lembradas de um mau acontecimento, talvez não continuem a ser tão otimistas". THALER, Richard H.; SUNSTEIN, Cass R. *Nudge*: improving decisions about health, wealth, and hapinness. Yale University Press, New Haven e London, 2008. p. 34/36.

24 Tradução livre: "aversão a perdas opera como um tipo de empurrão cognitivo, pressionando-nos a não fazer mudanças, mesmo quando mudanças são necessárias em nosso próprio interesse". Idem, p. 37.

25 Idem, p. 40.

26 ELIAS, Norbert. *A sociedade dos indivíduos*. Zahar, 1994. p. 13: "O atacadista de papel não pode, subitamente, transformar-se num mecânico, ou o desempregado num diretor de fábrica. Menos ainda pode qualquer deles, mesmo que o queira, tornar-se cortesão, cavaleiro ou brâmane, salvo na realização de desejo de um baile a fantasia. Cada qual é obrigado a usar certo tipo de traje; está preso a certo ritual no trato com os outros e a formas específicas de comportamento, muito diferentes do dos moradores de uma aldeia chinesa ou de uma comunidade de artesãos urbanos

olhar para essa certa previsibilidade de lugares, e de atores, e da limitação, afinal, de modificações. A partir da caracterização de nichos de passeio, em que se transita repetidamente, e do modo como se consome, se se relaciona, e se escolhe, afinal, pode dar uma ilustração mais animada à arquitetura das escolhas, e da previsibilidade de nossas vidas.

O Cuidado no sentido de derivação fundamental do outro em mim, tem fundamento não apenas em uma noção moral, mas em razão da consequência coletiva dos impactos de seu sofrimento. É, sobretudo nesse aspecto que o *Nudge* imbrica-se com o cuidado – pois sabe-se que o peso de más escolhas impactará coletivamente seu custo. A importância dessa solução não deve ser objeto de menoscabo; ela é entendida quando se sabe a respeito da continuidade de sistemas ou regimes que não constatam ou não agem de acordo com o fato desses impactos coletivos, que apenas se perpetuam em sua crescente cronicidade.

Disso se pode extrair a dissociação da ideia do cuidado de algum fundo moral, de cunho afetivo, do mecanicismo de uma noção econômica, cuja ação é justificada quando haja efeitos, ainda que não pela justiça da ação em si. Essa dicotomização, no entanto, é mais amparada em falsas noções internas. Mas serve, todavia, para incluir um critério de decisão, aí onde o argumento ético erige-se com razão: até que ponto, diante da escassez, o cuidado se mantém possível? Não em termos ideais e abstratos, mas nas situações cotidianas? A saber, o investimento sob a adoção de uma perspectiva do cuidado será despendido apenas quando aqueles negativos impactos coletivos ocorram, ou quando os impactos forem individuais? Trata-se de ângulo retórico de visão, e dilemas como tais devem ser sopesados no caso prático e concreto. Não obstante, justamente o conteúdo da noção de cuidado implica um baluarte defensivo contra possíveis efeitos deletérios de uma escolha face à situação de escassez – uma decisão que privilegie o cuidado.

O Cuidado, expressão ontológica da constituição do *ser humano,* reverbera na noção do chamado *paternalismo libertário*, termo cunhado pelos idealizadores do *Nudge.*[27] Seus autores o alcunham aquele termo de "novo movimento", em que os dois vocábulos guardam contradição aparente. Por quê? Em breves linhas, Thaler e

---

do começo da Idade Média. A ordem invisível dessa forma de vida em comum, que não pode ser diretamente percebida, oferece ao indivíduo uma gama mais ou menos restrita de funções e modos de comportamento possíveis. Por nascimento, ele está inserido num complexo funcional de estrutura bem definida; deve conformar-se a ele, moldar-se de acordo com ele e, talvez, desenvolver-se mais, com base nele. Até sua liberdade de escolha entre as funções preexistentes é bastante limitada. Depende largamente do ponto em que ele nasce e cresce nessa teia humana, das funções e situação de seus pais e, em consonância com isso, da escolarização que recebe".

27 THALER, Richard H.; SUNSTEIN, Cass R. *Nudge:* improving decisions about health, wealth, and happinness. Yale University Press, New Haven e London, 2008. p. 5/6.

Sustein[28] argumentam que *"[...] quando usamos o termo libertário para modificar a palavra paternalismo, queremos dizer simplesmente preservar a liberdade"*. Quanto ao paternalismo, em sua visão, sustentam que se trata de *"[...] tentar influenciar as escolhas de uma maneira que melhorará os seletores, conforme julgado por eles mesmos"*. Isso porque, segundo os autores, péssimas escolhas são fundadas em falta de atenção, de informações e de habilidades cognitivas e auto-controle, o que é característica, em algum ponto, de todos nós:[29]

> Libertarian paternalism is a relatively weak, soft, and nonintrusive type of paternalism because choices are not blocked, fenced off, or significantly burdened. If people want to smoke cigarettes, to eat a lot of candy, to choose an unsuitable health care plan, or to fail to save for retirement, libertarian paternalism will not force them to do otherwise – or even make things hard for them. Still, the approach we recommend does count as paternalistic, because private and public choice architects are not merely trying to track or to implement people's anticipated choices. Rather, they are self-consciously attempting to move people in directions that will make their lives better. They nudge.

Nesse ponto, é preciso esclarecer por exemplos do que se trata. Continuam os autores, que o *Nudge*, o "empurrão", *"[...] é qualquer aspecto da arquitetura de escolha que modifique o comportamento das pessoas de uma maneira previsível, sem proibir quaisquer opções ou mudar significativamente seus incentivos econômicos"*. Para tanto, para configurar um *nudge*, *"[...] a intervenção deve ser fácil e barata de evitar. Incentivos não são comandos. Colocar as frutas ao nível dos olhos conta como cutucada [*nudge*], já banir* junk food não".

Em resumo, o chamado paternalismo libertário assume que seres humanos possuem comprovadas limitações, em variados graus, e que é possível "corrigir o encanamento", no contexto de um fluxo de escolhas em que gatilhos (os *Nudge*) possam, de certa forma, "lembrá-las" do que seria uma melhor escolha. Para ilustrar, as imagens de pessoas doentes nas caixas de cigarro é um exemplo. A proposta dos autores faz sentido se assumirmos que circulamos em diversos contextos em que nossa inclinação para más-escolhas já consiste em uma espécie de *Nudge* maléfico, a exemplo dos doces na fila do caixa do supermercado. Pode-se afirmar que se trata de artifícios de manipulação do livre-arbítrio.

---

28 Idem. Tradução livre.

29 Idem. Tradução livre: O paternalismo libertário é um tipo de paternalismo relativamente fraco, suave e não intrusivo, porque as escolhas não são bloqueadas, protegidas ou significativamente sobrecarregadas. Se as pessoas querem fumar cigarros, comer muitos doces, escolher um plano inadequado de assistência médica ou não poupar para a aposentadoria, o paternalismo libertário não os forçará a fazer o contrário - ou até mesmo dificultarão as coisas para eles. Ainda assim, a abordagem que recomendamos não conta como paternalista, porque arquitetos de escolha privados e públicos não estão apenas tentando rastrear ou programar as escolhas antecipadas das pessoas. Ao contrário, eles estão conscientemente tentando levar as pessoas a direções que melhorem suas vidas. Eles "cutucam" – they *nudge*.

É interessante perceber, aos que assumem o homem como sujeito econômico racional, que sempre decide a seu próprio favor, que o livre-arbítrio defendido pelos libertários é quase um fetiche. Na verdade, a defesa acirrada do livre-arbítrio "livre" não deixa de ser paternalista, ou – "vamos cuidar para que todos sejam livres" –, ainda que esse exercício resulte em tragédia, em algum ponto, de custos coletivos, sempre. Nesse contexto libertário o argumento-chave é: a tragédia importa quando assuma um custo social. O *Nudge* é uma "correção do encanamento" de um contexto em que se sabe, um fluxo de escolhas negativas irá afluir. O livre-arbítrio compreende responsabilidade, e, quanto aos libertários, pode-se perceber que as pessoas, de um modo geral, num ou noutro nível, estão satisfeitas em simplesmente terceirizar seu poder de escolha. Porém, também isso é um ato de livre-arbítrio.

É interessante notar que as demandas que as populações dirigem aos seus governos são de cunho paternalista, em sua grande maioria. Espera-se que o governo seja provedor de um ambiente em que se possa garantir saúde, educação, condições econômicas. Ainda se parcela da população seja empurrada ao crime e à mendicância, ainda ali espera-se que o governo proveja teto e alimentação, vestimenta e saúde de forma minimamente razoável, dentro dos padrões que a dignidade da pessoa humana recomenda. Thaler e Sustein reconhecem que aplicações importantes do *paternalismo libertário* são muito mais direcionadas e utilizáveis pelos governos, e beneficiam ambos os partidos, republicanos ou democratas; uma política pública comum, sem se comprometer com ambos os lados de maneira integral.[30]

A teoria *Nudge* é uma das facetas da proteção que o Cuidado propõe – é, pois, sua concretude, sua realização no mundo prático, quando governos e autoridades perceberam os benefícios do cuidado, ou, de um "empurrão" na direção de boas escolhas. A maneira de operar os *nudges,* os incentivos (literalmente, cutucadas), se dá no conceito alcunhado por seus autores de "arquitetura da escolha". Assim, a aproximação da economia ao cuidado tem sua expressão no *Nudge.*

4. *Nudge* e a sociedade do Cuidado

Se o *Nudge* compreende uma "cutucada", um "empurrão" para boas escolhas, atuando como espécie de lembrete, ou alocação de primeiras e melhores opções àquele que vai decidir, haverá um confronto em algum grau com os lucros de outrem. Isso porque, no mercado em sentido geral, é evidente a influência para consumo de produtos e serviços que prejudiquem, em algum nível, algum aspecto da vida humana. Em uma época que se discutem temas relacionados à maior concretização da liberdade de escolha (legalização de drogas, aborto, etc.), a arquitetura de escolhas do *Nudge,* no contexto já visto do paternalismo libertário, poderá soar contraditória.

30 THALER, Richard H.; SUNSTEIN, Cass R. *Nudge:* improving decisions about health, wealth, and happinness. Yale University Press, New Haven e London, 2008. p. 14/15.

Mas não é, sobretudo na ótica aqui desenvolvida, do Cuidado. Políticas de lembrete quanto à proteção para relações sexuais, a própria educação sexual, não deixa de ser uma espécie de *nudging*. Uma tentativa de levar à melhor escolha. Entretanto, é certo que a política contra o fumo, por exemplo, foi bem-sucedida na geração dos anos 80, se observada a quantidade de fumantes em confronto com os da atual geração. Ou seja, o *Nudge* funciona. Os lembretes e propaganda massiva antifumo surtiram seus efeitos. O que significa que o contrário também é bem-sucedido.

Assim é que o *Nudge* é potencialmente bem aplicado no setor público, que, em última análise, custeará nossas más escolhas em saúde e economia. Alguns estudos também aplicam a utilização dessa ferramenta como combate à corrupção,[31] ao trabalho à condição análoga à de escravo,[32] para incentivo a empresários cumprirem leis trabalhistas,[33] em políticas de fomento à doação de órgãos,[34] e para prevenção do suicídio,[35] dentre outros.

Como ferramenta de combate à corrupção, Costa menciona a possibilidade de inclusão de *nudges* em etapas sensíveis de processos decisórios, *"[...] mediante a utilização de lembretes morais associados aos processos administrativos decisórios e pela manipulação das normas sociais descritivas"*.[36] Coibir trabalho escravo foi a proposta de Silva, Rodrigues e Tibaldi, em que a Lei Bezerra, Lei nº 14.946/13 e a "lista suja" enquadram-se como *Nudges* ao representarem incentivo à erradicação de trabalho escravo, *"[...] qual seja, a publicidade de lista com o nome das empresas que tenham feito uso de trabalho escravo contemporâneo [...]"*, o que tem por finalidade *"[...] impedir que estas recebam financiamentos públicos, e, ainda, pode ser concebida como desestimulador de tal prática, haja vista que reflete na credibilidade da empresa"*[37].

---

31 COSTA, Natalia Lacerda Macedo. "Nudge" como abordagem regulatória de prevenção à corrupção pública no Brasil. *Revista de Informação Legislativa,* v. 54, nº 214, p. 91-111, 2017.

32 SILVA, Amanda Carolina Souza; RODRIGUES, Débhora Renata Nunes; TIBALDI, Saul Duarte. Nudges e políticas públicas: um mecanismo de combate ao trabalho em condição análoga à de escravo. *Revista Brasileira de Políticas Públicas*, v. 8, nº 2, 2018.

33 FRANCO, Claudia Regina Lovato; TABAK, Benjamin Miranda; BIJOS, Leila. A lei no 14.946/2013 (lei bezerra): um nudge para incentivar empresários do setor de confecção da indústria paulista a cumprirem as leis trabalhistas. *Revista de Direito Brasileira,* v. 16, nº 7, p. 346-362, 2017.

34 CIOATTO, Roberta Marina; PINHEIRO, Adriana de Alencar Gomes. Nudges como política pública para aumentar o escasso número de doadores de órgãos para transplante. *Revista Brasileira de Políticas Públicas,* v. 8, nº 2, 2018.

35 TANGERINO, Davi de Paiva Costa; CABRAL, Gabriel; OLIVE, Henrique. Políticas públicas em suicídio: do paternalismo clássico ao paternalismo libertário e nudging. *Revista Brasileira de Políticas Públicas*, v. 8, nº 2, 2018.

36 COSTA, Natalia Lacerda Macedo. "Nudge" como abordagem regulatória de prevenção à corrupção pública no Brasil. *Revista de Informação Legislativa*, v. 54, nº 214, p. 91-111, 2017. p. 103 e 107.

37 SILVA, Amanda Carolina Souza; RODRIGUES, Débhora Renata Nunes; TIBALDI, Saul Duarte. Nudges e políticas públicas: um mecanismo de combate ao trabalho em condição análoga à de escravo. *Revista Brasileira de Políticas Públicas,* v. 8, nº 2, 2018. p. 280.

Cioatto e Pinheiro citam, no Brasil, a iniciativa que isenta doadores de medula óssea (em que pese não seja um órgão) de taxa de inscrição em concursos públicos federais.[38] A respeito do delicado tema acerca do suicídio, e a possibilidade de intervenção na esfera individual da vontade, Tangerino e Cabral mencionam a notável redução de suicídios mediante colocação de barreiras de qualquer espécie em locais sensíveis, em diversos locais no mundo, assim como a manutenção de linhas telefônicas de ajuda.[39] Os autores mencionam a forte discussão em torno do tema, quanto aos limites de intervenção em relação ao sujeito que intenta tirar a própria vida, porém as noções de Cuidado aqui vistas remetem à necessidade de medidas quanto ao tema, especialmente diante do que a economia comportamental revela, pois o suicídio pode representar uma escolha momentânea, de impulso.

Uma sociedade do cuidado concebe a necessidade de políticas públicas que incentivem boa alimentação, em face de seus impactos na saúde pública e previdência social e mesmo na economia, em relação a afastamento por doenças ou desempenho. Daniel e Monroy,[40] em constatação que não se restringe à Colômbia, mencionam os maus hábitos alimentares deste país, e experiências bem-sucedidas relativas ao tema, relativas à diminuição de tamanho de embalagens, o que pode ser observado em vários *junkie foods* no Brasil, mas não se conhece se há relação com medida de cuidado da saúde pública ou, meramente, intenção de lucro:

> Son múltiples los nudges que pueden diseñarse para modificar los malos hábitos alimenticios entre la población. Así, por ejemplo, los behavioralistas han encontrado que en presencia del mismo tipo de alimentos, cuando los recipientes en los que se disponen tales alimentos son de mayor tamaño, las personas tienden a consumir más del mismo alimento (Wansink, 1996), ello no solo cuando parecen ser poco saludables, sino cuando no tienen buen sabor (Wansink & Kim, 2005). Esta idea sugiere que introduciendo cambios en los tamaños de los empaques de los alimentos, es posible disuadir comportamientos alimenticios poco saludables (alimentos grasosos o azucarados en empaques más pequeños) y simultáneamente incentivar el consumo de otros alimentos más saludables (alimentos a base de fruta en empaques más grandes).

As possibilidades de efetuar arranjos na arquitetura da escolha abrem um amplo universo para a concretização de uma sociedade do cuidado. Nessa dimensão, o cuidado pode conferir os limites e a dimensão ética necessária à aplicação dos *Nudges*

---

38 CIOATTO, Roberta Marina; PINHEIRO, Adriana de Alencar Gomes. Nudges como política pública para aumentar o escasso número de doadores de órgãos para transplante. *Revista Brasileira de Políticas Públicas*, v. 8, nº 2, 2018. p. 377.

39 TANGERINO, Davi de Paiva Costa; CABRAL, Gabriel; OLIVE, Henrique. Políticas públicas em suicídio: do paternalismo clássico ao paternalismo libertário e nudging. *Revista Brasileira de Políticas Públicas*, v. 8, nº 2, 2018.

40 MONROY, C.; DANIEL, A. Nudges y decisiones inconscientes: sesgo de statu quo y políticas públicas en Colombia. *Desafíos*, v. 29, nº 1, p. 211-247, 2017. p. 226.

em políticas públicas, e, por que não, ser um baluarte em relação a seu uso por parte de entidades privadas. Nesse ponto, cabe mencionar a questão ética abordada por Daniel e Monroy, em que os autores criticam o caráter "onipresente" que os *Nudges* podem assumir, passando inadvertidamente pelas pessoas, que não têm consciência de porquê estariam tomando determinada decisão.[41] O problema de tais esquemas, na arquitetura da escolha, se dá, numa ótica do Cuidado, quando representem desvantagem para o indivíduo, do ponto de vista especialmente de seu bem-estar futuro. Contudo, tais armadilhas já estão presentes na propaganda abusiva, e em uma série de expedientes agressivos especialmente para mover o consumo.

Isso porque a economia comportamental comprova que o imediatismo prevalece em nossas escolhas, quando normalmente o sistema rápido de pensamento, instintivo, tem lugar de destaque. Em um aspecto psicanalítico, Freud falava do Princípio do Prazer,[42] em relação ao qual o amanhã e suas consequências desvanecem, como um dia-do-nunca: nunca chegará, e o ego luta para manter o agradável em preponderância. Com efeito, Freud contrapõe o princípio do prazer ao princípio da realidade, e constitui-se da teoria arcabouço da economia comportamental.

Sem dúvidas, trata-se de um campo perigoso em se tratando de uma economia do cuidado. Mas pontos-chave podem ser facilmente estabelecidos: alimentação, saúde, previdência social. Em resumo, como dito, escolhas que apontem para vantagens futuras, de modo que se pode conceituar mediante excludente: o que não implique desvantagem futura, seria uma matéria legitimada a receber um *Nudge.*

Daniel e Monroy[43] apontam para o risco de o *Nudge* se tornar em mecanismo de manipulação oculta, e os limites disso. Nesse sentido, a disposições de certa arquitetura de escolhas (*Nudge)* pode, sim, interferir na iniciativa privada, a exemplo de um restaurante que deva incentivar comida "saudável". Os limites da arquitetura da escolha representam discussão acerca dos limites e efeitos de sua implementação e devem ser discutidos quando se trate de implementá-los via legislação, notadamente em relação ao fato de que sempre se pode arranjar outro modo de obtenção do objeto desejado, ou as empresas orquestrarem um modo de burla no sistema. Com Roth,[44] cabe destacar o seguinte raciocínio:

> Para refletir sobre como devemos julgar se relaxar a proibição de um mercado antes proibido melhora ou piora a situação, vamos concentrar essa pergunta, hipoteticamente, nos mercados de narcóticos, como o crack. Vamos supor também que estamos todos de acordo

41 MONROY, C.; DANIEL, A. Nudges y decisiones inconscientes: sesgo de statu quo y políticas públicas en Colombia. *Desafíos,* v. 29, nº 1, p. 211-247, 2017. p. 234.

42 FREUD, Sigmund; STRACHEY, James. *Além do princípio de prazer*. Rio de Janeiro: Imago, 1975.

43 MONROY, C.; DANIEL, A. Nudges y decisiones inconscientes: sesgo de statu quo y políticas públicas en Colombia. *Desafíos,* v. 29, nº 1, p. 211-247, 2017. p. 239.

44 ROTH, Alvin E. *Como funcionam os mercados*: a nova economia das combinações e do desenho de mercado. São Paulo: Portfolio-Penguin, 2016. p. 242/243.

> que o crack é uma droga que causa vício, que compromete a saúde do usuário e não tem uso medicinal – ou seja, é uma droga que ninguém quer ver sendo usada por ninguém.
> Já sabemos que a guerra contra as drogas não fez o crack sumir do mercado; por isso não devemos comparar a possibilidade de legalizá-lo apenas com o objetivo inatingível de eliminá-lo. Tampouco temos que pensar em legalizá-lo de uma forma não regulamentada – por exemplo, permitindo que seja vendido nas escolas. Assim, as escolhas que temos de considerar estão entre os extremos.
> Em vez disso, temos que levar em conta perdas e ganhos. Legalizar o crack, mesmo de uma forma bem regulada, muito provavelmente aumentaria o número de viciados. Isso seria ruim. Poderia também diminuir o número de crimes, e não apenas pela legalização da posse e talvez da venda, mas também vindos da necessidade de interagir com criminosos para obter a droga, e ainda a criminalidade originada pela existência de uma mercadoria que gera um enorme fluxo de dinheiro controlado por métodos criminosos para conquistar e conservar sua fatia de mercado. Se o aumento do vício for enorme e a redução da criminalidade for pequena, a maioria concordaria que tornamos uma situação ruim pior ainda. Mas, se o aumento do número de viciados for pequeno e a redução do crime for enorme, eu pelo menos julgaria que fizemos uma boa escolha. É claro que, mesmo que estivéssemos de acordo sobre a forma de avaliar os resultados de tal experiência com a legalização do crack, podemos não concordar em absoluto se uma experiência assim seria desejável, ou mesmo ética, dependendo das nossas convicções, possivelmente diferentes sobre qual seria o provável resultado.

Daí que deve haver necessária ponderação na estipulação de uma economia do cuidado, sobretudo tendo em vista resultados futuros com maior impacto coletivo. Uma exceção a tais considerações se dá quanto a alimentação infantil, quando restrições seriam justificáveis, pois a alimentação infantil fornecerá melhor estrutura para a vida adulta, independentemente das (más) escolhas que o adulto eleja. Quanto a aspectos ocultos, cabe a apresentação dada ao *Nudge* por Gault e Pérez:[45]

> Uma nueva corriente en el horizonte de las reformas gubernamentales busca afectar el comportamiento de las personas para inducirlas a tomar mejores decisiones. El *gobierno conductual* asume que no se puede modificar efectivamente el comportamiento de las personas sólo con mecanismos racionales, como los incentivos, sino que es necesario inducir cambios de comportamientos inconscientes. Es necesario crear "arquitecturas de decisión" para aprovechar positivamente las fuerzas inconscientes de la mente humana, con el fin de motivar comportamientos más racionales. Asimismo, una de las críticas más recurrentes para los instrumentos basados en afectación de comportamientos inconscientes es la necesidad de cierta opacidad en su diseño y aplicación como necesaria para implementar los *nudges* de manera efectiva.

A crítica se dá quanto a um governo conductual, que conduza, e a necessidade de que isso se dê de forma "opaca". Entretanto, os autores elencam resultados bem-

---

45 ARELLANO GAULT, David; BARRETO PÉREZ, E. Fernanda. Gobierno conductual: nudges, cambio de comportamiento inconsciente y opacidad. *Foro internacional*, v. 56, nº 4, p. 903-940, 2016. p. 1.

-sucedidos na linha da economia do cuidado que aqui se propugna, que não impactam se não positivamente, não havendo crítica a ser feita quanto aos resultados:[46]

> Sistema de pensiones de autoinscripción. En 2012 se implementó este sistema en empresas de gran escala. En los primeros seis meses aumentaron las tasas de participación entre 61 y 83%. El objetivo principal fue atacar el poder de la inercia; los trabajadores inscritos automáticamente pueden dejar el sistema de pensiones en cualquier momento.
> Registro de donadores de órganos. Una de las principales razones de su éxito es que las personas pueden inscribirse como donantes al renovar su licencia de conducir; también un simple cambio en el mensaje que las personas recibieron ayudó a tener 100 000 donantes adicionales registrados en 2013: "Si usted necesitara un trasplante de órganos, ¿aceptaría usted uno? Si es así, por favor, ayude a los demás".
> Recordatorios con la imagen de los vehículos que no han pagado sus impuestos y que al mismo tiempo muestra que otras personas pagan a tiempo. Esto aumentó las tasas de pagos usando normas sociales e incentivos individuales; ayudó a aumentar los pagos de impuestos entre 40 y 49% de 2011 a 2012.

Entretanto, há, ainda outro aspecto a ser considerado. Sustein, Thaler e Balz[47] afirmam que "*los arquitectos de decisiones pueden forzar a los sujetos a tomar sus proprias decisiones. Llamamos a este enfoque "elección necesaria" o "elección imperativa*":

> Um buen ejemplo em el que la elección imperativa tiene um atractivo considerable es la donación de órganos. De acuerdo a Johnson, algunos países han adoptado uma política de acptación predeterminada para la donación de órganos, llamada "consentimiento presunto". Esta estratégia claramente maximiza el número de personas que (implícitamente) acepta disponer de sus órganos. Sin embargo, algunos objetan estruendosamente tal política, sintiendo que el gobierno no debería presumir nada sobre sus órganos. Un compromisso efectivo es la elección imperativa. Por ejemplo, el Illinois, cuando los conductores van a renovar su licencia de conducir, y a tomarse la fotografia nueva, deben contestar a la pregunta "¿Desea ser um donante de órganos?" antes de obtenerla. Esta política ha producido um 60% de donantes, comparado al promedio nacional de 38%. Además, al ser la opción explícita, la família del donante fallecido probablemente reclamará menos".

46 ARELLANO GAULT, David; BARRETO PÉREZ, E. Fernanda. Gobierno conductual: nudges, cambio de comportamiento inconsciente y opacidad. *Foro internacional*, v. 56, nº 4, p. 903-940, 2016. p. 925.

47 Tradução livre: "Um bom exemplo em que a escolha imperativa tem uma atração considerável é a doação de órgãos. Segundo Johnson, alguns países adotaram uma política de aceitação predeterminada para doação de órgãos, denominada "consentimento presumido". Essa estratégia maximiza claramente o número de pessoas que (implicitamente) concordam em descartar seus órgãos. No entanto, alguns se opõem fortemente a tal política, sentindo que o governo não deve presumir nada sobre seus órgãos. Um compromisso efetivo é a escolha imperativa. Por exemplo, Illinois, quando os motoristas vão renovar sua carteira de motorista, e tirar a nova foto, deve responder à pergunta "Você quer ser um doador de órgãos?" antes de obtê-lo. Esta política produziu 60% dos doadores, em comparação com a média nacional de 38%. Além disso, sendo a opção explícita, a família do doador falecido provavelmente reivindicará menos". In: SUNSTEIN, Cass R.; THALER, Richard H.; BALZ, John P. Arquitectura de decisiones. *IUS ET VERITAS*, v. 22, nº 44, p. 386-401, 2012. p. 44.

No caso, pode-se compreender a compulsoriedade na escolha porque há, em jogo, um princípio maior na questão da doação de órgãos: a vida, que prevalece a qualquer outro princípio relacionado ao falecido. O Cuidado compreende esse princípio, e deve se configurar como relação ética na concepção de políticas públicas, sempre com vistas às consequências de uma decisão. O Cuidado como valor deve permear a ação humana, sobretudo em todos os âmbitos que tenham reflexos em outros indivíduos.

Com efeito, com Stein,[48] o cuidado é a marca da condição humana no sentido existencial do ser-aí, significando que o homem não é mais exterior ao mundo, dele não se aparta em uma posição de observador; o mundo se dedica ao cuidado e o ser é aquele que dedica cuidado ao mundo, na maneira de uma rede de atenções tanto em relação ao passado como ao futuro no presente, e o *Nudge* pode inserir o Cuidado e sua lógica ética nos sistemas que condicionam atualmente a vida e a escolha humana.

5. Conclusões

Falar a partir da categoria do Cuidado exige que se permita acolher outras nuances, normalmente tão contrastantes com a lógica individualista com que o Direito se depara. Aqui se procurou um resgate original do tema, a partir de uma leitura desde o fundamento primeiro do sistema jurídico ocidental. Em uma sociedade carente de recursos – e não só dos financeiros –, Cuidado é um valor que pode nortear a atuação. O que se procurou propor é que o Cuidado pode ser concretizado mediante a utilização dos *Nudges*, ou seja, a utilização do ferramental da economia comportamental para que se viabilizem boas escolhas a favor do indivíduo.

Pode-se elencar como uma das maiores demandas da existência humana a necessidade de previsão, e a consequente necessidade de escolha. Ambas dependem de fatores individuais, mas também ambientais, e são mutuamente influenciadas entre si. Basicamente, é a capacidade de prever (e para isso é necessário informação) que condicionará a ação – a escolha, propriamente dita. Nem todos dispõem da mesma quantidade e qualidade de informações, ou tampouco de habilidade para lidar com elas. Disso se seguem as escolhas infelizes, ou *irracionais,* que não são exclusivas de poucos, mas representam o grande contingente social. A economia comportamental destacou-se por demonstrar a predominância do sistema irreflexivo em detrimento do sistema racional, e que a grande maioria escolhe e vive com base ou movida por influxos pouco sistemáticos e racionais.

Nesse contexto, o *Nudge* é uma ferramenta promissora. Desde as constatações de que o sistema mental operante mais proeminente é o intuitivo, de pouca reflexão, pode-se perceber a importância de uma arquitetura de escolhas que direcione o indivíduo a boas escolhas, especialmente com vistas a longo prazo. Dado que o ser

48 MORAIS DA ROSA, Alexandre. *Decisão Penal*: A Bricolage de Significantes. Rio de Janeiro: Lumen Juris, 2006. p. 183/184.

humano tem a tendência de pensar apenas no agora, e não fazer previsões, o Cuidado pode fornecer a legitimidade necessária para sistemas que orientem, lembrem ou conduzam a escolhas ótimas.

O critério do impacto coletivo também é fator de legitimação, assim como se se tratar de crianças, ou idosos, pessoas que careçam de proteção. Em um contexto de crescente valorização do lucro e do econômico com vieses egoístas, tão díspares e distantes do Cuidado, o *Nudge* surge como uma utilização correta da ciência econômica. O Direito não se alheia desse processo, antes, dele toma parte, assim como as políticas públicas, que contemplam cada vez mais a perspectiva de um incentivo, via sistemas, das melhores escolhas.

A economia comportamental quebrou a ficção do sujeito do nosso tempo, assim entendido o *homo economicus*, uma instância que contabiliza sua esfera de vida, sofreu uma ruptura, quando também participa de uma vida virtualizada – que é possível editar. Quem ele é (mostra ser) no virtual, que é distante, que é programado, que é tão limpo, uma versão idealizada, é um personagem executado, mas, e depois, dispositivos à parte, o sujeito que resta é insatisfatório, porque não foi construído, senão amalgamado com os produtos que a cultura oferece. Uma junção interdependente. Nesse entendimento, é mister aproveitar o fato de uma sociedade cuja vida perpassa os sistemas para operá-los a favor do indivíduo, e isso é uma perspectiva do Cuidado.

A economia comportamental revela, assim, um ser humano intrínseca e constitutivamente vulnerável, cuja vulnerabilidade vai além das já conhecidas – trata-se da vulnerabilidade constitutiva do *homo sapiens,* em que a predominância do sistema não reflexivo, de resposta rápida e reação tem predominância ao sistema do pensamento racional. Não por outra razão escolhe-se tão mal, em termos de saúde, com impactos na saúde pública, previdência e economia, quanto em termos de aplicação de recursos, desperdícios. O Direito do Consumidor, embora sob outras premissas, já assume a vulnerabilidade deste face às grandes forças de produção. Assim, o Cuidado é a justificativa fundamental para, ciente dessa vulnerabilidade, as políticas públicas encetarem ações que compreendam uma arquitetura a ser elaborada em favor das melhores escolhas.

O *homo economicus* é concebido como um centro, em que se processam as entradas e saídas, e dada a fatalidade das crises econômicas, que se define ainda mais em razão do poder de compra. O fenômeno da junção entre direito e economia não será demovido, dada a predominância dos mercados especialmente em nações periféricas, dependentes da volatilidade do capital móvel, que condiciona suas próprias instituições; a proposta, portanto, é a de expor e compreender o mecanismo que colonizou o Direito e as relações (conforme visto, se dão num contexto de cálculo, em que são contabilizadas), para saber operá-lo, dado que realidade, e através dele se poder manter nichos em que o cuidado permaneça como norte das relações.

Em um tempo de extremos, em que a solidariedade, a dignidade e outras conquistas basilares são fortemente ameaçadas por antigos *slogans* da segurança e capital, como se pertencêssemos às antigas *hordas,* o Cuidado erige-se como necessidade primeira num contexto de solidariedade e cidadania. Antigos discursos, antigos fantasmas, e o circo social é tão alimentado por antigos inimigos. E, a necessidade de se contabilizar também colonizou o afeto e as relações, o que se pode perceber das decisões, como se a economia afetiva individual do sujeito pudesse se traduzir por uma contabilidade financeira – em que a perda afetiva fosse recuperável por essa via.

É sintomática essa concepção de uma sociedade em que o cuidado também se contabilizou. O desafio perene é erigir-se como sujeito que se dá conta disso, que percebe as engrenagens e a realidade, e saiba neles operar, e, com isso, possa apenas demonstrar com mais veemência, por suas ações, que a realidade da necessidade do cuidado como valor é um ativo necessário, primordial. Assim é que, a inserção do Cuidado na engrenagem dispositiva das políticas públicas e da economia encontra sua melhor expressão no *Nudge*.

Tutela jurídica dos animais

Álvaro Villaça Azevedo

SUMÁRIO: 1. Generalidades. **2.** Proteção dos animais. **3.** Legislação estrangeira. **4.** Legislação Nacional. **5.** Jurisprudência Nacional. **6.** Conclusão.

1. Generalidades

Os animais foram tratados como "coisa", "bens" móveis, que têm locomoção própria, sendo conhecidos como semoventes.

Como seres vivos sensíveis têm eles que merecer um tratamento mais humanitário, regulamentando-se mais apuradamente, com mais cuidados, seu direito à proteção e tratamento condigno. E isso, em todas as áreas do Direito principalmente, constitucional, penal e civil, e no âmbito da bioética e do biodireito.

Em 1983, arrematando seu entendimento, sobre as considerações, que se devem aos animais, o filósofo, Tom Regan (1938-2017) publicou seu Livro *The case for animal right*, em defesa da ética animal, ao invés de tão somente tratar os animais porque são sensíveis ou que sofrem dor, sustenta que os animais pertencem a uma categoria de direitos, devendo ser considerado como sujeito de uma vida com valor próprio.[1]

Também concebe Alfredo Domingues Barbosa Migliore[2] que os grandes primatas têm personalidade jurídica, em trabalho aprovado com distinção.

Todavia, discordo, tão somente, quanto a esses citados autores terem, respectivamente, cuidado dos animais ou como "sujeitos" ou com "personalidade jurídica". Uma vez que a palavra sujeito designa-se à pessoa e personalidade é relativa à condição de pessoa.

A não ser que se refira a eles como titulares de direito, cujo exercício depende da atuação de seu dono, que lhe supre a capacidade de agir por si só.

Em geral, todos os elementos da natureza sofrem sejam animais ou outros.

A natureza em geral é viva, também os vegetais e os minerais. Todos merecem os cuidados do ser humano, que se diz digno.

Atualmente, como sempre foi necessário, é preciso que o ser humano e os outros animais se protejam e se preservem no meio ambiente, para que exista vida harmônica e digna. São cuidados recíprocos que se trocam e que se devem.

---

1 REGAN, Tom. *A tutela jurídica dos animais no Direito Civil contemporâneo*, Parte 2. Disponível em: https://zoek.officieledekendinakingen.nl/stb-2011-345.html. Acesso em: 3 jun. 2018.

2 MIGLIORE, Alfredo Domingues Barbosa. *Personalidade jurídica dos grandes primatas*, em Concurso de dissertação de mestrado na FDUSP. p. 82.

Tudo merece proteção, o ser humano e a demais natureza, obras de Deus que precisam ser respeitadas no mundo ecológico: as florestas, as águas, os peixes e as aves, a terra, o ar para que possam dar condições de coexistência de todos.

O direito, como vida humana em sociedade, é um somatório de cuidados que devem ser preservados, no interesse coletivo.

O ser humano tem de deixar de poluir para ter direito à vida, sendo o único responsável pelo cuidado dos demais da natureza e que tem consciência do que degrada e do que destrói, pisando em tudo e acumulando o lixo de sua atividade devastadora, em desrespeito a tudo.

2. Proteção dos animais

Tratando, agora, só dos animais não humanos, eles são titulares do direito à vida, que têm como seus representantes os seres humanos, que devem batalhar por seus direitos, assegurando-os como seres viventes.

Esses animais têm, portanto, capacidade de direito, podendo ser destinatários da proteção normativa, adquirindo direitos, mas sem poder exercê-los, por si, porque não têm capacidade de fato, de exercício por si.

Aos animais, cuidados se lhe devem, porque dedicam afeição e protegem os seres humanos, quando bem cuidados por eles.

3. Legislação estrangeira

Mencione-se, nesse passo, a evolução traçada por Fernando e Rafael Speck de Souza,[3] da legislação sobre o tema.

Primeiramente, em 1988, a inclusão do parágrafo 285, no Código Civil austríaco (ABGB), prevendo que "os animais não são coisas, estão protegidos por leis especiais".

Dois anos após, em 1990, a modificação do parágrafo 90, incluído no Código Civil alemão (BGB), resolvendo-se que aos animais aplicam-se "as normas vigentes para coisas, no que couber, salvo disposição em contrário". E que eles não são coisas, aplicando-se-lhes o direito das coisas, quando essas normas não conflitarem com a legislação especial da proteção dos animais, já em sua Lei Fundamental de 1949, conhecida como Constituição de Bonn, em que a Alemanha garantiu a dignidade dos animais.

Pela Lei de 4 de outubro de 2002, a Suíça considerou, em seu Código Civil, no art. 641, inciso II, que os "animais não são coisas". Ressalta, em seu Código das Obrigações, que o dono do animal tem direito de indenização pelo "valor de afeição" em casos de morte, ou ferimento do animal de companhia.

---

3 REGAN, Tom. *A tutela jurídica dos animais no Direito Civil contemporâneo*, Parte 3. Disponível em: https://zoek.officieledekendinakingen.nl/stb-2011-345.html. Acesso em: 4 jun. 2018.

Pela Lei de 19 de maio de 2011, que só teve vigência a partir de 1º de janeiro de 2013, a Holanda fez incluir o art. 2 a no Livro 3 de seu Código Civil, com objetivo de implementar obrigações relativas à saúde e bem-estar dos animais.

Em 2015, o Código Civil francês foi alterado pela Lei 2015-177, incluindo-se nele o art. 515-14, para constar que os animais são seres vivos dotados de sensibilidade, embora submetidos ao regime de bens.

Portugal, ao seu turno, criou, em 2016, uma figura jurídica, distinta das pessoas e das coisas, dizendo que os animais são "seres vivos dotados de sensibilidade".

E, em 29 de janeiro de 2017, a Constituição Política da cidade do México redefiniu o *status* jurídico dos animais "destinatários de tratamento digno e respeito à vida e à integridade física, sendo sujeitos de consideração moral" (art. 13, B, 1).

Destacam esses autores citados, que o próximo País a reformular o estatuto jurídico dos animais é a Espanha, informando que a Câmara Baixa do Parlamento espanhol aprovou, por unanimidade, mudanças no seu Código Civil, para que os animais sejam reconhecidos como seres vivos.

4. Legislação Nacional

Em 27 de janeiro de 1978, o Brasil foi signatário da Declaração Universal dos Direitos dos Animais, da Unesco, embora não tenha sido ratificada pelo Congresso Nacional, daí não integrar-se em nosso ordenamento jurídico; entretanto vale como uma Carta de Princípios e de Recomendações. Assim, "todo o animal tem o direito de ser respeitado", não podendo o ser humano exterminar os outros animais ou explorá-los, violando direitos, devendo colocar seus conhecimentos a serviço dos animais, que têm "o direito à atenção, aos cuidados e à proteção".

Essa declaração protege o animal de maus-tratos e atos cruéis. Se tiver que morrer a morte deve ser instantânea, sem dor e sem angústia.

Condena, ainda, o abandono do animal como um ato cruel e degradante.

Entre outros dispositivos, essa Declaração assevera que os direitos dos animais devem ser defendidos por leis, como os direitos humanos.

Essa Declaração, proclamada por assembleia da UNESCO, em Bruxelas, Bélgica, em 1978, é um marco de referência que deve ser seguido pelo Brasil, também seu signatário, tendo sido aprovada por Resolução da ONU.

Nossa legislação, adiante examinada, acaba considerando esses princípios, quer no âmbito do direito civil, quer no do direito penal, ressaltando o seu cunho ético.

Nossa Constituição Federal de 1988, por seu art. 225, impõe ao Poder Público "proteger a fauna e a flora, vedadas, na forma da lei, as práticas que coloquem em risco sua função ecológica, provoquem a extinção de espécies ou submetam os animais a crueldade".

Também, o Decreto Federal nº 24.645, de 10 de julho de 1934, à época do Governo de Getúlio Vargas, é um instrumento de grande importância para a tutela dos animais, que, entendo, não chegou a ser revogado pelo Decreto nº 11, de 18 de janeiro de 1991, editado por Fernando Collor de Mello, mesmo porque aquele é equiparado a lei, não podendo ser revogado por este último mencionado decreto.

Mesmo com posição contrária a essa revogação, a polêmica deixou de existir, já que o Decreto 761 de 19 de fevereiro de 1993 revogou esse citado Decreto 11/1991.

Ainda assim, o artigo 3º desse último revogado Decreto considerava maus tratos contra qualquer animal o abuso ou crueldade, colocando-o em lugar insalubre ou que lhe impedissem de respirar, movimentar-se, descansar ou privá-lo de ar ou luz, e, ainda, trabalhar excessivamente contra suas forças.

A Lei das Contravenções Penais, Decreto nº 3.688, de 3 de outubro de 1941, sempre na mesma tônica de coibir os maus tratos aos animais, que foi revogada pela Lei 9.605, de 1998, que posteriormente tratou da matéria como crime e não como contravenção (a crueldade contra animais).

Essa, Lei de Crimes Ambientais citada, de 12 de fevereiro de 1998, veda a prática abusiva, os maus tratos, a agressão física ou mutilação de animais silvestres, domésticos ou domesticados, nativos ou exóticos (art. 32, punido esse crime com pena de detenção, de três meses a um ano, e multa).

Lembre-se, nesse passo, da proteção à fauna, pelo Decreto 5.197, de 3/01/1967; das normas reguladoras sobre o estabelecimento e funcionamento de jardins zoológicos, pela Lei 7.173, de 14/12/1983; da proibição da pesca de cetáceos nas águas territoriais brasileiras, de proteção às baleias, cominando pena de reclusão de dois a cinco anos e multa; da promulgação da Convenção Interamericana para proteção e a conservação das Tartarugas Marinhas, concluída em Caracas, em 1º de dezembro de 1996; da promoção e fiscalização da defesa sanitária animal, por ocasião de rodeio, pela Lei 10.519, de 17/07/2002, legislação que merece atualização; entre outras providências a destacar, sempre, o princípio humanitário em defesa dos animais.

A Lei Arouca, nº 11.794, de 8 de outubro de 2008, que regulamentou o inciso VII de § 1º do art. 225 da Constituição Federal, estabeleceu procedimentos par o uso científico dos animais, limitando seu sofrimento.

Muitas leis estaduais, do Estado de São Paulo, em proteção dos animais foram editadas: a Lei 11.977, de 25 de agosto de 2005 (instituiu o Código de Proteção aos Animais do Estado); a Lei 12.916, 16 de abril de 2008 (Lei Feliciano); a Lei 15.316, de 23 de janeiro de 2014; a Lei 15.566, de 28 de outubro de 2014; a Resolução CFMV nº 1.027, de 10 de maio de 2013; além de Projetos de Leis Federais, como o 6069, de 2013, o 5244, de 2013, o 3142, de 2012, o 2004, de 2011, o 7199, de 2010 (alterando a pena do art. 32 da Lei 9.605/1998); o 2833, de 2011; o 3676, de 2012 (instituindo o Estatuto dos Animais); o 1058, de 2011 (sobre guarda dos animais de estimação em casos de dissolução litigiosa de sociedade matrimonial; o 6602-A de 2013; bem como o Projeto de Lei do Senado 236 (objetivando de Reforma do Código Penal brasileiro).

Também, não são poucos os julgados de nossos Tribunais, partindo dos mais recentes.

O Tribunal de Justiça de São Paulo[4] julgou competente o juízo da 3º Vara de Família e Sucessões do Foro Regional do Jabaquara-SP, para decidir em ação de guarda de animal doméstico adquirido na constância de relacionamento amoroso, contra entendimento do juiz da 1ª Vara Cível do Foro Regional do Jabaquara, que suscitou esse incidente, quando recebeu dita ação, sob fundamento de que "não se trata de ação autônoma, mas sim ligada a ação de reconhecimento e dissolução de união estável (em Vara de Família).

Pautou esse Juízo que o CC de 2002 trata os animais como objetos destinados a circular riquezas (art. 445, § 2º), para garantir dívidas (art. 1.444) ou em caso de Responsabilidade Civil (art. 936), concluindo que a relação afetiva existente entre seres humanos e animais não foi regulada pelo mesmo diploma. Declara, ainda, que a notoriedade desse vínculo afetivo é tamanha que, em recente pesquisa do IBGE constatou-se que há mais cães de estimação do que crianças em lares brasileiros.

Essa ação foi, então, distribuída corretamente, por dependência, à aludida 3ª Vara da Família e Sucessões, que declinara sua competência do feito, sob alegação de que o mesmo se referia a propriedade e/ou posse de semovente. Essa Vara de Família foi, assim, julgada competente para julgar referida ação.

Decidiu-se, desse modo, que as visitas devem ser estabelecidas no interesse das partes, não do animal, pois o afeto tutelado é o das pessoas.

Levou-se em consideração nesse julgado o exposto em outro caso do mesmo Tribunal de São Paulo,[5] com a ementa admitindo a regulamentação de visitas de animal de estimação, que havia sido negada em primeira Instância.

Nesse acórdão[6] citou-se julgado do STJ reconhecendo que a impossibilidade jurídica do pedido só é reconhecida contra a proibição do pedido, não em caso de inexistência de norma que ampare a pretensão, relativa à proteção de animais.

Citou-se, mais, nesse julgado, decisão do Tribunal de Justiça do Rio de Janeiro,[7] que, embora admitindo posicionamento não pacífico, fixou regime de visitas envolvendo animal de estimação.

No citado caso do TJSP, ingressou-se com Recurso Especial, que foi indeferido, daí o agravo[8] em REsp, a que foi dado provimento para conversão em Recurso Especial, versando também sobre proteção animal.

Foi, em seguido, julgado referido REsp 17.13167-SP ao qual negou-se provimento, por maioria de votos.

---

4 TJSP, Conflito de Competência 0026423-07.2017.8.26.0000-SP, Rel. Des. Issa Ahmed, j. 04.12.2017.

5 TJSP, 5ª Câm. de Dir. Priv , Apelação Cível 1000398-81. 2005. 8.26.0008, Rel. Des. J. L. Mônaco da Silva, j. 20.04.2016, v.u.

6 STJ, 3ª Seção, REsp 11.513-DF, Rel. Ministra Laurita Vaz, j. 28.03.2007, DJ 07.05.2007, p. 274.

7 TJRJ, 22ª CC, Apelação Cível 0019757-79.2013.8.19.0208, Rel. Des. Marcelo Lima Buhatem, j. 27.01.2015.

8 STJ, Agr. em REsp nº 1.174.178-SP, Rel. Min. Luis Felipe Salomão, j. 16.11.2017.

Sobre, ainda, pedido de guarda de cão de estimação, julgou o Tribunal de Justiça de Minas Gerais,[9] no sentido de ela continuar com o varão, dado que o cão era mais apegado a ele, sendo que a retirada do seu lugar poderia até levá-lo a adoecer.

Outro julgado importante, o do Superior Tribunal de Justiça,[10] em ação penal, por cometimento de efetivo maus-tratos a animais ("Rinhas de Galo").

Por sua vez, o Supremo Tribunal Federal,[11] por seu Tribunal Pleno, declarou a inconstitucionalidade da Lei Estadual 7.380, de 1998, do Estado do Rio Grande do Norte, que cuidava de atividades esportivas com aves das raças combatentes – "Rinhas" ou "Brigas de Galo", inadmissível por tratamento cruel a aves.

Outro caso semelhante[12] em que foi declarada inconstitucional a Lei 11.366, de 2000, coibindo "brigas de galo".

Julgado significativo nesse sentido de proteção dos animais é do Supremo Tribunal Federal[13] que, com fundamento no inciso VII, do art. 225 da CF, veda a crueldade contra os animais. Esse processo foi contrário, diretamente, à "farra do boi".

Também, no mesmo sentido, contra a prática da "briga de galos" como manifestação cultural, salientou o STF[14] que essa prática foi caracterizada como criminosa, tipificada na legislação ambiental, sendo considerada "conduta atentatória à Constituição da República, que veda a submissão de animais a atos de crueldade, cuja natureza perversa, à semelhança da "farra do boi" (RE 153.531-SC), não permite sejam eles qualificados como inocente manifestação cultural, de caráter meramente folclórico. Precedentes".

Em destaque final, cito o acórdão do Tribunal de São Paulo,[15] em que, por apelação do Ministério Público, foram condenadas duas pessoas, por roubar e por terem colocado animal doméstico dentro do congelador.

5. Conclusão

É preciso, cada vez mais, que se coíbam esses atos de crueldade, que merecem cuidados especiais, que malgrado a legislação, já existente, não consegue eliminar essas desumanidades.

---

9 TJMG, Proc. 1.0694.02.006976-1/001, Rel. Des. Manuel Saramago, j. 13.04.2004.

10 STJ, Corte Especial, AP. 680-MT, Rel. Min. Laurita Vaz, j. 16.10.2013, DJ 29.10.2013.

11 STF, ADI 3776, Rel. Min. Cezar Peluso, j. 14.06.2007, publ. 29.06.2007, DJ 29.06.2007.

12 STF, Tribunal Pleno, ADI 2514, Rel. Min. Eros Grau, j. 28.06.2005, DJ 09.12.2015; LEX STF 27/42 a 47, nº 324, 2005.

13 STF, 2ª Turma, RE 153531, Rel. Min. Francisco Rezek, Rel. p/ acórdão Min. Marco Aurélio, j. 03.06.1997, DJ 13.03.1998.

14 STF, Tribunal Pleno, ADI 1856, Rel. Min. Celso de Mello, j. 26.5.2011, Dje-198, publ. 14.10.2011.

15 TJSP, 16ª Câm. De Direito Criminal, Apelação 0006440-46.2011.8.26.06.42-de Ubatuba, Rel. Des. Guilherme de Souza Nucci, j. 1.9.2015.

Muitos juristas têm escrito em apoio à proteção dos animais, dos quais ressalta o saudoso amigo do Largo de São Francisco (FDUSP), Antonio Junqueira de Azevedo[16] que elogia os cuidados que se devem aos animais não humanos, asseverando que "A natureza como um todo é um bem. E a vida o seu valor [...]".

O ser humano é cruel e se diverte com o sofrimento dos animais e com a devastação da natureza.

Se Deus fez pensar e lhe deu a consciência para julgar a si próprio, é para que ele tenha o maior cuidado de cuidar de todos os seres menos racionais.

A alma é o sentido da vida, existe em todos os animais, humanos ou não humanos, que buscam cuidados e carinhos para salvarem-se da brutalidade das perversões, que marcam a existência.

Se é verdade que o ser humano deve depurar sua alma, seu espírito, vivendo, é mais ainda que a vivência e a convivência devem ser amorosas, consistentes e dignas.

O ser humano precisa sair da escuridão, ganhar a luz, que ilumina os bons, para ser um deles à imagem de Deus.

Purificar, cuidar e sanar é responsabilidade humana, é dever divino exercido em nome dos outros seres vivos, devendo todos cuidar da natureza, nossa morada neste mundo.

Agosto de 2018.

16 Caracterização jurídica da dignidade da pessoa humana, in Revista USP, São Paulo, nº 53, pp. 90 a 101, março/maio 2002.

Medidas e políticas de proteção ao idoso em Portugal e Espanha – Vulnerabilidade e direito ao cuidado

Ana Carvalho

Jorge Gracia

Isabel Restier Poças

Sumário: 1. Introdução: vulnerabilidade, risco e velhice. **2.** Panorama sobre a proteção das pessoas idosas vulneráveis no ordenamento jurídico português. **3.** Panorama sobre a proteção das pessoas idosas vulneráveis no ordenamento jurídico espanhol. **3.1.** Análise do modelo de acompanhamento das pessoas idosas. **3.2.** A Ley de Dependencia como uma forma de proteção das pessoas idosas vulneráveis. **4.** Breves conclusões.

1. Introdução: vulnerabilidade, risco e velhice

A vulnerabilidade constitui um conceito complexo que precisa, para a sua adequada compreensão, de ir além do senso comum. A que nos referimos quando falamos em vulnerabilidade ou grupos vulneráveis? Para a CEPAL,[1] a vulnerabilidade "é resultado da exposição ao risco, acrescentando à incapacidade para o enfrentar a inabilidade para se adaptar ativamente".

Num primeiro momento, parece referir-se à ideia de fragilidade física enquanto resultado de alguma característica biológica ou psicológica do indivíduo. Consequentemente, a idade constitui aqui um fator essencial. A velhice (pelo menos nalguns casos) ou a infância tornam-nos seres potencialmente vulneráveis. Juntamente com essa dimensão física ou biológica, é preciso referirmo-nos também a uma dimensão socioeconómica. A posição social dos indivíduos na infância e na velhice determina, em grande medida, o seu grau de vulnerabilidade. De acordo com Gustavo Busso, a vulnerabilidade surge da interação entre um conjunto "de fatores internos e externos que convergem num indivíduo, lar ou comunidade num tempo e num espaço determinados". Assim sendo,

> as condições de falta de defesa, fragilidade e desamparo, em combinação com a falta de respostas e as fragilidades internas podem conduzir a que o indivíduo, o lar ou a comunidade sofram uma deterioração no seu bem-estar como consequência de estarem expostos a certos tipos de risco.[2]

---

1 CEPAL-ECLAC, *Vulnerabilidad Sociodemográfica: viejos y nuevos riesgos para comunidades, hogares y personas*. Brasilia, Brasil, ONU, LC/R.2086, 22 abril, 2002. p. 3.

2 BUSSO, Gustavo (2001). *Vulnerabilidad Social: nociones e implicancias de políticas para América Latina y el Caribe a comienzos del Siglo XXI.* Trabajo presentado al Seminario Internacional sobre las diferentes expresiones de la vulnerabilidad social en América Latina y el Caribe. CEPAL/CELADE. Santiago de Chile Disponível em: https://docplayer.es/1715443-Vulnerabilidad-social-nociones-e--implicancias-de-politicas-para-latinoamerica-a-inicios-del-siglo-xxi.html Acesso em: 3 mar. 2019.

Portanto, a vulnerabilidade possui também uma dimensão política e económica que pode acrescentar ou limitar a vulnerabilidade que afeta determinados grupos sociais.

Este alargamento da vulnerabilidade, percecionada como maior propensão ao dano (físico, psicológico ou social), quer quantitativamente (grupos especialmente afetados), quer qualitativamente (grupos cujos elementos sofrem as consequências agravadas de certas situações), está estreitamente ligado ao conceito de risco. Aliás, os grupos vulneráveis são essencialmente *grupos em risco.* E se esse risco se concretizar passam a estar *em perigo* de sofrer um dano social como, por exemplo, no caso das pessoas idosas, a pobreza, a exclusão social, a falta de cuidados necessários ou a violência.

De facto, até os anos 70, a tradição teórica no campo da gerontologia social atribuía a causa dos problemas na velhice à dificuldade de adaptação individual ao envelhecimento, à reforma ou ao declínio físico. Todas estas questões eram assumidas, até certo grau, como desenvolvimentos inevitáveis no Estado e na economia que geram desigualdade na velhice. Mas, a partir dessa data, vários autores, especialmente anglo-saxónicos, abordaram a construção social da dependência na velhice.[3] O foco de atenção vai-se deslocando para a análise do mercado de trabalho e do sistema de reforma, e a relação destes com o empobrecimento dos idosos. Os sistemas de previdência social e a reforma obrigatória significaram para os idosos, a aplicação de políticas, benefícios e serviços sociais segregativos, enquanto a aposentação - embora dependa da posição económica e de emprego anterior – significa, na maioria das vezes, uma redução substancial no rendimento. Na ausência desta análise da relação estrutural entre os idosos e o resto da sociedade, as políticas sociais não conseguem resolver o problema sério e persistente do empobrecimento dos idosos. Os baixos rendimentos são aceites como uma característica natural dos idosos, enquanto que estes são configurados como um fardo social.[4]

Nesse contexto sociopolítico e económico, paralelo ao progressivo envelhecimento demográfico e ao aumento do interesse científico e académico em relação à velhice e ao envelhecimento, o Direito começou a abordar a questão, embora talvez muito depois de outros saberes. Nesse sentido, e especialmente nos Estados Unidos (e em outros países anglo-saxónicos, o conceito de *Elder Law* foi desenvolvido e entendido como uma nova especialização jurídica formada por todas as questões de interesse relativas aos idosos, sejam elas questões de Direito de Família, Direito da

---

3 Ver, entre outros, ESTES, Caroll. L. *The aging enterprise*. Jossey-Bass, San Francisco, 1979; PHILIPSON, Chris. *Capitalism and the Construction of Old Age*. McMillan, Londres, 1982; PHILIPSON, Chris. *Reconstructing old age: new agendas in social theory and practice*. Sage, Londres, 1998; TOWSEND, Peter. The Structured Dependency of the Elderly: A Creation of Social Policy in the Twentieth Century. *Ageing and Society,* 1981, nº 1, pp. 5-28; WALKER, Alan. Towards a political economy of old age. *Ageing and Society,* nº 1, 1981, pp. 73-94.

4 WALKER, Alan. Op. cit., p. 90.

Segurança Social (Previdenciário) ou Direito Tributário.[5] Embora em alguns ordenamentos jurídicos existam normas específicas como é o caso do *Estatuto do Idoso* no Brasil,[6] o tratamento jurídico das pessoas idosas não é diferente nos seus aspetos essenciais relativamente aos demais cidadãos, sendo-lhes reconhecidos os mesmos direitos. Portanto, em relação às pessoas idosas, diferentemente dos menores, não existem enquanto categoria jurídica, pelo menos no que diz respeito às ordens jurídicas portuguesa e espanhola, objeto deste capítulo. Desta forma, se excetuarmos questões que têm a ver com a vida laboral[7] temos uma situação de igualdade formal que, todavia, tem sido historicamente compatível com situações de desigualdade material e discriminação provocadas de forma indireta.[8] De facto, ao referirmo-nos à construção social da vulnerabilidade das pessoas idosas, é inevitável falar na discriminação que as afeta como grupo, que se caracteriza por não ser muito visível e ter tendência a tornar-se natural. Essa discriminação dirigida aos idosos é conhecida como idadismo. Por causa dos estereótipos negativos que moldam a perceção da velhice, os idosos sofrem discriminação da sociedade por causa da sua idade avançada, bem como pelo funcionamento discriminador dos modelos dominantes de política económico-social para as pessoas idosas.[9]

Por outro lado, se nos focarmos numa abordagem específica de direitos humanos, no caso das pessoas idosas, podemos falar de uma condição física e biológica que, como acontece no caso das crianças, as coloca numa situação de inferioridade nas relações sociais. Obrigaria, portanto, a uma proteção especial acrescida, no entanto, não vinculada ao valor de igualdade, mas, ao valor da solidariedade ou fraternidade.

---

5 DURÁN AYAGO, A. *Nuevos escenarios en la protección internacional de adultos en* ALONSO PÉREZ, M.; MARTÍNEZ GALLEGO, E. M.; REGUERO CELADA, J. (coord.). *Protección Jurídica de los Mayores.* Madrid: La Ley, 2014. p. 448.

6 CARVALHO, Ana. O Estatuto do Idoso no Brasil. *In*: MONTE, Mário *et al.* (org.). *Direito na Lusofonia. Cultura, direitos humanos e globalização.* Braga: Escola de Direito da Universidade do Minho, 2016. p. 29/36 e PEREIRA, Tânia da Silva. Cuidado e Afetividade na Velhice: a importância da convivência familiar e social para o idoso. *In*: PEREIRA, Tânia da Silva; OLIVEIRA, Guilherme de; COLTRO, Antonio Carlos Mathias (org.). *Cuidado e Afetividade.* São Paulo, Atlas, 2017. p. 609/638.

7 Cf. CARVALHO, Ana. The prohibition of age discrimination in labour relations: international and legal framework in USA, EU and Portugal. In TREZUBOV. Ye. S. (org). *Legal education. Civil society. Equitable state. Collection of papers of the VI (XIII) International scientific conference of students and junior researchers.* Kemerovo: Kemerovo State University, 2012. Disponível em: http://uf.kemsu.ru/files/Sbornik_trudov_UF_2012.pdf. Acesso em: 19 fev. 2019.

8 BARRANCO AVILÉS, María del Carmen. Envejecimiento y discapacidad. *In:* CUENCA GÓMEZ, P. *Estudios sobre el impacto de la convención internacional sobre los derechos de las personas con discapacidad en el ordenamiento jurídico español.* Madrid: Dyckinson, 2010. p. 580.

9 CARVALHO, Ana Sofia; GRACIA, Jorge. Os maus-tratos a idosos em contextos familiares Proposta para uma abordagem ecológico-crítica. *In*: PEREIRA, Tânia da Silva; OLIVEIRA, Guilherme de; COLTRO, Antonio Carlos Mathias (org.). *Cuidado e Afetividade.* São Paulo: Atlas, 2017. p. 45/76.

No seio da *sociedade idadista* os direitos das pessoas idosas encontram-se continuamente expostos a violações, quer por preconceitos, mitos, estereótipos, quer simplesmente pelo desconhecimento dos traços que caraterizam este período da vida. Partindo da teoria das capacidades desenvolvida por Sen e Nussbaum, especialmente na versão desta última autora,[10] evidencia-se a pertinência de todas as nações chegarem a "um consenso social no que diz respeito a que tipo de atendimento é suficientemente essencial para as pessoas idosas para contarem com um direito básico que apenas poderia ser limitado na emergência mais extrema". No entanto, a filosofa norte-americana admite que "uma vez que nenhuma nação tem deliberado em profundidade acerca dos direitos dos idosos, tal ideia não existe".[11] De facto, ainda não temos uma Convenção Internacional que poderia permitir uma *mudança de paradigma* que viesse substituir a conceção historicamente predominante das pessoas idosas enquanto *objetos de direitos* para passarem a ser vistas como *sujeitos de direitos*.[12]

Assim, neste artigo pretendemos analisar comparativamente, alguns elementos de proteção das pessoas idosas, especialmente do ponto de vista da sua vulnerabilidade, no ordenamento jurídico português e espanhol.

2. Panorama sobre a proteção das pessoas idosas vulneráveis no ordenamento jurídico português

A pessoa humana viva tem o estatuto jurídico de pessoa jurídica (cf. nº 1 do artigo 66º do Código Civil,[13] doravante C.C.), consistindo a personalidade jurídica na "aptidão para ser titular autónomo de relações jurídicas".[14] Esta afirmação básica e simples não é descabida de intencionalidade. Na verdade, dada a existência de diversas capacidades mentais e físicas, vemos, no dia-a-dia, alguns serem tratados não como sujeitos

---

10 A autora explica que fala em capacidades no intuito de ressaltar a eleição e a iniciativa. Assim "as pessoas têm direito não apenas a uma satisfação passiva, mas, a um conjunto de oportunidades para escolherem". Deste modo, "a diferença de outros planeamentos baseados na ideia de um contrato social para beneficio mútuo, a abordagem das capacidades tem como ideia-base que as políticas sobre direitos fundamentais devem respeitar a igual dignidade humana de todos os cidadãos, independentemente da sua atual produtividade económica, e portanto, independentemente de resultar economicamente vantajoso colaborar com eles". NUSSBAUM, Martha C. Vejez y capacidades humanas. *In*: NUSSBAUM, Martha C. & LEVMORE, S. *Envejecer con sentido*. Barcelona, PAIDOS, 2018. p. 261/278.

11 NUSSBAUM, Martha C. Op. cit., p. 277.

12 RODRÍGUEZ-PIÑERO, Luis. *La discriminación por razón de edad: perspectivas Internacionales*, Huenchuan, Los derechos de las personas mayores en el siglo XXI: situación, experiencias y desafíos. CEPAL, ed. Sandra, Ciudad de México, 2012. p. 104.

13 Nos termos deste artigo, a personalidade adquire-se no momento do nascimento completo e com vida.

14 PINTO, Carlos. *Teoria Geral do Direito Civil.* 4. ed. Coimbra: Almedina, 2005. p. 201.

de direito,[15] mas como verdadeiros objetos de direito,[16] o que não é compatível com o seu estatuto jurídico de pessoa, devendo ser tomadas medidas nesta matéria.

À personalidade jurídica "é inerente a capacidade jurídica ou capacidade de gozo de direitos"[17] – cf. artigo 67º do C.C.[18] Além da capacidade de gozo de direitos, a pessoa tem também a capacidade de exercício dos mesmos, também chamada capacidade de agir, que se traduz na "idoneidade para actuar juridicamente, exercendo direitos ou cumprindo deveres, adquirindo direitos ou assumindo obrigações, por acto próprio e exclusivo ou mediante um representante voluntário ou procurador, isto é, um representante escolhido pelo próprio representado".[19]

Para dar resposta a situações em que a pessoa maior de idade veja a sua capacidade diminuída, nomeadamente por situações físicas ou mentais e não possa exercer por si só os seus direitos e cumprir os seus deveres, atualmente o sistema português prevê um regime de acompanhamento. Este regime assume muita importância, nomeadamente porque há situações e doenças associadas ao envelhecimento que implicam uma perda de capacidade para o autogoverno, o que implica um estado de vulnerabilidade da pessoa idosa, devendo tal questão ser devidamente acautelada pelo ordenamento jurídico.

Com efeito, o artigo 138º do C.C. dispõe que

> O maior impossibilitado, por razões de saúde, ou pelo seu comportamento, de exercer, plena, pessoal e conscientemente, os seus direitos ou de, nos mesmos termos, cumprir os seus deveres, beneficia das medidas de acompanhamento previstas neste Código.

O preceito

> evita referir anomalias psíquicas, surdez-mudez e cegueira; ficam as razões de saúde, a indagar e a valorar pelo Tribunal. As razões comportamentais podem abranger o alcoolismo, a tóxico-dependência ou a prodigalidade. Também aqui qualquer enumeração, que seria sempre insuficiente ou delicada (pense-se na dependência de jogos de vídeo, na adesão a seitas ilegais com práticas perigosas para o próprio ou a radicalização político-militar), surge dispensável. Também não se vê como exigir "habitualidade" ou "durabilidade": tudo depende de cada situação.[20]

---

15 PINTO, Carlos. Op. cit., p. 193 – "Sujeitos de direito são os entes susceptíveis de serem titulares de direitos e obrigações, de serem titulares de relações jurídicas. São sujeitos de direito as pessoas, singulares e colectivas".

16 PINTO, Carlos. Op. cit., p. 189 – "Objeto da relação jurídica é aquilo sobre que incidem os poderes do titular activo da relação".

17 PINTO, Carlos. Op. cit., p. 220.

18 Nos termos deste artigo, a capacidade jurídica consiste na possibilidade de ser sujeito de quaisquer relações jurídicas, salvo disposição legal em contrário.

19 PINTO, Carlos. Op. cit, p. 221.

20 Da situação jurídica do maior acompanhado – Estudo de política legislativa relativo a um novo regime das denominadas incapacidades dos maiores, p. 117/118. Disponível em: http://www.smmp.

Por exemplo,

> em muitas doenças mentais, inclusivamente em situações graves como a esquizofrenia ou a doença bipolar, observa-se um curso flutuante, com períodos de exacerbação, onde a capacidade de governar a sua pessoa e bens pode estar seriamente comprometida, e períodos de estabilização, onde a doença pode não interferir decididamente e de um ponto de vista médico com a capacidade de gestão do próprio e do seu património.[21]

Parece assim ter sido ultrapassada a não inclusão das situações em que a capacidade diminuída era transitória, o que consubstanciava uma dificuldade da anterior legislação vigente em Portugal nesta matéria.

"O acompanhamento é apresentado como um benefício e nunca como uma sujeição",[22] é decidido pelo Tribunal, após audição pessoal e direta do beneficiário, e ponderadas as provas, nos termos do artigo 139º do Código Civil. Entende-se que "(...) apenas o Tribunal pode optar pelo acompanhamento, seja qual for o seu grau. (...) O juiz deve ter um contacto com o visado; se este não puder falar e /ou não se puder deslocar ao Tribunal, o juiz visitá-lo-á onde quer que esteja. Esse contacto é decisivo (...)",[23] o que se veio a prever especificamente no nº 2 do artigo 897º do Código de Processo Civil (doravante C.P.C.), que assim dispõe: "Em qualquer caso, o juiz deve proceder, sempre, à audição pessoal e direta do beneficiário, deslocando-se, se necessário, ao local onde o mesmo se encontre".

O acompanhamento destina-se a assegurar o bem-estar, a recuperação, o pleno exercício de todos os direitos do maior necessitado e o cumprimento dos seus deveres nos termos do nº 1 do artigo 140º do Código Civil. Não deve ter lugar sempre que o seu objetivo se mostre garantido através dos deveres gerais de cooperação e assistência que no caso caibam, consagrando-se assim a regra da supletividade, prevista no nº 2 do artigo 140º do Código Civil. Têm-se aqui em vista,

> em primeira linha, os artigos 1674º e 1675º do Código Civil; mas, admite-se que eles possam resultar de outra fonte; seria ideal que estivessem em causa as situações das pessoas que vivam em economia comum (Lei nº 6/2001, de 11 de maio) e em união de facto (Lei nº 7/2001, de 11 de maio); infelizmente, os competentes regimes não consagram expressamente os deveres de cooperação e de assistência, embora se chegue lá pela boa-fé.[24]

---

pt/wp-content/uploads/Estudo_Menezes-CordeiroPinto-MonteiroMTS.pdf. Acesso em: 17 fev. 2019.

21 MARQUES, Sofia; VIEIRA, Fernando. Proteção da autonomia na incapacidade — novas exigências ao regime jurídico português. *Julgar*, nº 34, 2018. p. 67/68.

22 Da situação jurídica do maior acompanhado. Op. cit., p. 117/118.

23 Da situação jurídica do maior acompanhado. Op. cit., p. 117/118.

24 Da situação jurídica do maior acompanhado. Op. cit., p. 119.

Segundo Diogo Leite de Campos, os deveres de assistência e cooperação integram *o ser para com os outros*, traduzindo a comunhão de vida, a disponibilidade constante de cada um para com os outros, colocando em comum a vida, o tempo e o espaço, no fundo *ser com os outros*.[25]

Sobre o dever de auxílio, este é parte integrante do conceito de cooperação, na aceção dada pelo artigo 1672º do Código Civil, pelo que um dos desdobramentos do dever de cooperação, a par da assunção das responsabilidades inerentes à vida familiares por ambos os cônjuges, é a obrigação de socorro e auxílio mútuo. No que concerne a esta obrigação, uma primeira distinção de ordem literal cumpre ser feita, reportando-se o socorro às situações de crise, urgentes e anómalas, e os auxílios mútuos às adversidades do quotidiano, como a doença ou as vulnerabilidades decorrentes da velhice. O dever de cooperação traduz ainda a obrigação de zelar pela vida e saúde do familiar, implicando uma postura ativa, de prevenção e proteção face àquele.[26]

Quanto ao dever de assistência, este tem uma natureza patrimonial, correspondendo à obrigação de prestação de alimentos e à obrigação de contribuição para os encargos familiares (neste último caso, será necessária a coabitação dos familiares, pertencentes ao mesmo agregado familiar).[27]

Uma questão a pensar, em geral, é a das consequências jurídicas da violação dos deveres de auxílio e assistência. Embora se possa pensar, desde logo, em responsabilidade civil e criminal, nem sempre a violação dos deveres em relação a ascendentes ou equiparados se afigura tão líquida, não sendo sequer debatida doutrinalmente, como lembra Andreia Mendes.[28] Nesta matéria e para reflexão posterior, é importante ter por base, desde logo, a Lei nº 61/2008, de 31 de outubro, permitindo a aplicação das regras gerais da responsabilidade civil às relações conjugais, verificada a rutura do vínculo, em razão da violação de deveres familiares, nos termos do artigo 1792º do Código Civil, assim como a criminalização da violação da obrigação de alimentos.

Deve-se problematizar ainda a questão relacionada com o uso abusivo da figura da gestão de negócios em nome da pessoa com capacidade diminuída, quando poderia ser importante fixar medidas próprias de acompanhamento. Cumpre perguntar: será que com o atual regime jurídico as pessoas necessitadas de apoio ficarão à mercê dos seus familiares atendendo ao regime supletivo do acompanhamento?

---

25 CAMPOS, Diogo. Eu-Tu: o amor e a família (e a comunidade) (eu-tu-eles). *In: Comemorações dos 35 anos do Código Civil e dos 25 anos da reforma de 1977*. Volume I. Coimbra: Coimbra Editora, 2004. p. 47.

26 MENDES, Andreia. *Direito ao Envelhecimento – perspectiva jurídica dos deveres familiares relativamente a entes idosos*. Dissertação de Mestrado em Direito Judiciário, Braga, 2012, p. 60. Disponível em: http://repositorium.sdum.uminho.pt/bitstream/1822/20662/1/Andreia%20Joana%20Morris%20Mendes.pdf. Acesso em: 17 fev. 2019.

27 MENDES, Andreia. Op. cit., p. 64.

28 MENDES, Andreia. Op. cit., p. 73.

O Conselho Superior de Magistratura chamou a atenção para o facto de que a supletividade prevista

> parece esquecer a posição jurídica daqueles que se relacionam juridicamente com o necessitado de assistência, quer familiares quer terceiros contratantes.
> Por outro lado, tal supletividade não pode fazer esquecer que, muitas vezes, não são cumpridos aqueles deveres de cooperação e de assistência, sem que a generalidade da sociedade e especificamente, as instituições de segurança social e os tribunais (aqui em sentido lato) se apercebam desse incumprimento.
> Os conflitos e divergência de interesses dentro de cada família, muitas vezes agudizados pela existência de património mais ou menos elevado e pelo aumento do período de vida dos cidadãos, melhor serão resolvidos em sede judicial, onde, com a calma do tempo e com a seriedade do profissionalismo, se acautelam e garantem os direitos do beneficiário do acompanhamento.[29]

O nº 1 do artigo 141º do C.C. prevê que o acompanhamento é requerido pelo próprio ou, mediante autorização deste, pelo cônjuge, pelo unido de facto, por qualquer parente sucessível ou, independentemente de autorização, pelo Ministério Público. Este consentimento poderá ser suprido pelo Tribunal, nos termos do nº 2 do mesmo artigo, o que nos parece uma solução razoável atendendo a que haverá casos em que o maior não o poderá prestar atendendo à sua incapacidade de facto.

O acompanhante, maior e no pleno exercício dos seus direitos, é escolhido pelo acompanhado ou pelo seu representante legal, sendo designado judicialmente (nº 1 do artigo 143º do C.C.).

Aqui importa também ter em consideração que o artigo 156º, nº 1 do C.C. permite que o maior, prevenindo uma eventual necessidade de acompanhamento, celebre um mandato para a gestão dos seus interesses, com ou sem poderes de representação. Neste caso, no momento em que é decretado o acompanhamento, o tribunal aproveita o mandato, no todo ou em parte, e tem-no em conta na definição do âmbito da proteção e na designação do acompanhante (nº 3 do mesmo artigo).

Na falta de escolha, o acompanhamento é deferido à pessoa cuja designação melhor salvaguarde o interesse imperioso do beneficiário (nº 2 do artigo 143º do C.C.), nomeadamente à pessoa indicada pela instituição em que o acompanhado esteja integrado [nº 2, al. g) do mesmo artigo], podendo ademais ser designados vários acompanhantes com diferentes funções, especificando-se as atribuições de cada um (nº 3 do referido artigo).

29 Parecer do Conselho Superior de Magistratura sobre a proposta de Lei nº 110/XIII que estabelece o regime do maior acompanhado, em substituição dos institutos da interdição e da inabilitação, pp. 34 e 35. Disponível em: https://www.parlamento.pt/ActividadeParlamentar/Paginas/DetalheIniciativa.aspx?BID=42175. Acesso em: 17 fev. 2019.

O artigo 145º é o artigo mais importante deste regime, traduzindo a mudança de paradigma e instituindo a regra básica da proporcionalidade, assente no *minimum* necessário.[30] Passamos agora a transcrevê-lo:

> Artigo 145º
> Âmbito e conteúdo do acompanhamento
> 1. O acompanhamento limita-se ao necessário.
> 2. Em função de cada caso e independentemente do que haja sido pedido, o tribunal pode cometer ao acompanhante algum ou alguns dos regimes seguintes:
> a) Exercício das responsabilidades parentais ou dos meios de as suprir, conforme as circunstâncias;
> b) Representação geral ou representação especial, com indicação expressa, neste caso, das categorias de atos para que seja necessária;
> c). Administração total ou parcial de bens;
> d) Autorização prévia para a prática de determinados atos ou categorias de atos;
> e). Intervenções de outro tipo, devidamente explicitadas.
> 3. Os atos de disposição de bens imóveis carecem de autorização judicial prévia e específica.
> 4. A representação legal segue o regime da tutela, com as adaptações necessárias, podendo o tribunal dispensar a constituição do conselho de família.
> 5. À administração total ou parcial de bens aplica-se, com as adaptações necessárias, o disposto nos artigos 1967º e seguintes.

Na interpretação deste artigo deve-se ter em conta que

> Mau grado a opção pelo regime do acompanhamento, não há como evitar a substituição, pelo poder parental, pela tutela ou por representações seletivas: recordamos os deficientes profundos, as pessoas em coma dépassé ou os dementes terminais; insistir, aí, num "mero acompanhamento" seria uma fachada dispensável.
> (...) A administração de bens pode ser útil quando esteja em causa a gestão complexa de patrimónios.
> (...) Nas intervenções de outro tipo podem conter-se, de acordo com as realidades atuais, o acesso a informação bancária, a intervenção para certas operações bancárias ou mobiliárias e a guarda de objetos valiosos ou preciosos.
> (...) Em todos os casos, como é da natureza das coisas, cabe ao tribunal decidir, sempre com a maior prudência.[31]

Com efeito, caberá à prática judiciária o desafio de moldar todos os dias as medidas de suprimento da incapacidade de maiores, apuradas as especificidades de cada situação. Os julgadores devem apreciar os pontos exatos em que o beneficiário necessita de acompanhamento.

Extremamente importante é também o artigo 147º do C.C. que prevê que o exercício pelo acompanhado de direitos pessoais e a celebração de negócios da vida

---

30 Da situação jurídica do maior acompanhado. Op. cit., p. 123.

31 Da situação jurídica do maior acompanhado. Op. cit., p 123.

corrente são livres, salvo disposição da lei ou decisão judicial em contrário, sendo pessoais, entre outros, os direitos de casar ou de constituir situações de união, de procriar, de perfilhar ou de adotar, de cuidar e de educar os filhos ou os adotados, de escolher profissão, de se deslocar no país ou no estrangeiro, de fixar domicílio e residência, de estabelecer relações com quem entender e de testar. Este preceito pretende acolher com visibilidade os termos da Convenção de Nova Iorque de 2007.[32]

3. Panorama sobre a proteção das pessoas idosas vulneráveis no ordenamento jurídico espanhol

Antes de mais, importa sublinhar que as menções às pessoas idosas que a legislação espanhola faz são escassas. Não há uma definição pelo sistema jurídico do que é a velhice, mas, apenas uma regra que indica a idade legal de reforma e que frequentemente serve como referência para considerar uma pessoa como idosa.[33] No entanto, podemos fazer algumas considerações acerca de alguns aspetos relevantes para as pessoas idosas dentro dessa proteção geral aplicada aos grupos vulneráveis.

Em concreto, nesta panorâmica acerca da proteção das pessoas idosas na ordem jurídica espanhola, iremos focar-nos apenas em dois aspetos: a) análise do modelo de acompanhamento (proibição e interdição), entendido como uma forma de proteção especialmente relevante para as pessoas idosas, b) uma sucinta abordagem da *Ley de Dependencia*, como fonte de proteção da vulnerabilidade que advém da dependência física e da necessidade de cuidados. Certamente, estes tópicos não abrangem todas as modalidades de proteção das pessoas idosas presentes no ordenamento jurídico espanhol,[34] mas abordam alguns dos elementos essenciais nesta matéria permitindo uma visão global do assunto.

---

32 Da situação jurídica do maior acompanhado. Op. cit., p. 124.

33 TORTOSA, Juan Muñoz. *Personas Mayores y Malos Tratos*. Madrid: Pirámide, 2004.

34 Nomeadamente, a proteção das pessoas idosas vítimas de crime e, em particular de violência doméstica e maus-tratos ficam fora desta sucinta análise panorâmica. A idade avançada, dependendo das circunstâncias concorrentes em cada caso, pode implicar a consideração das pessoas idosas como vítimas especialmente vulneráveis ou, na terminologia empregue pela *Ley 4/2015, de 27 de abril, del Estatuto de la víctima del delito,* vítimas com necessidades especiais de proteção (Artigo 23). Nos casos de Violência Doméstica contra os idosos, as especiais necessidades de proteção que devem ser avaliadas em cada caso, provêm tanto do facto da vulnerabilidade enquanto característica individual presente em alguns idosos (*ex.* artigo 23 1. a), quanto da natureza do crime de violência doméstica (*ex.* artigo 23 1. b. 3º). - SUMALLA, Josep María Tamarit (2017). *Una lectura victimológica del Estatuto jurídico de las víctimas*, Cuadernos penales José María Lidón, núm. 13/2017, Bilbao, p. 115-138; GRACIA Ibánez, J. *El maltrato familiar hacia las personas mayores. Un análisis sociojurídico*. Zaragoza: Prensas Universitarias de Zaragoza (PUZ), 2012; CARVALHO, Ana Sofia; GRACIA, Jorge. *Os maus-tratos a idosos em contextos familiares Proposta para uma abordagem ecológico-crítica. In:* PEREIRA, Tânia da Silva; OLIVEIRA, Guilherme de; COLTRO, Antonio Carlos Mathias (org.). *Cuidado e Afetividade.* São Paulo: Atlas, 2017. p. 45-76.

3.1. Análise do modelo de acompanhamento das pessoas idosas

A capacidade jurídica no direito positivo espanhol é inseparável da pessoa e nada mais é do que a expressão da igualdade e dignidade da mesma, como decorre do artigo 10º da Constituição Espanhola. A modificação judicial da capacidade de agir, que, em princípio se presume plena para qualquer pessoa maior de idade (*vid.* artigo 322º do Código Civil Espanhol), é concebida como uma limitação ou suspensão da mesma e a sua declaração só pode ser feita por sentença judicial em virtude das causas estabelecidas por lei. O processo de modificação da capacidade de agir é, portanto, um instrumento para proteger a pessoa nos seus aspetos pessoais e patrimoniais.

A própria lei estabelece as causas pelas quais se pode incapacitar uma pessoa (artigo 200º CC), entendendo como tais – *as doenças ou deficiências permanentes de carácter físico ou psíquico, que impeçam a pessoa de governar-se a si mesma"*. Como assinalam[35] ao optar por esta fórmula flexível, a incapacidade virá determinada não necessariamente pela doença ou deficiência, mas, pelos efeitos que em cada caso, produz na pessoa, sendo a impossibilidade de se autogovernar, o seu fundamento básico. Por outras palavras, a velhice, inclusivamente em idades avançadas, não significará necessariamente que os pressupostos da incapacidade se verifiquem, se o processo de envelhecimento não estiver associado a essa doença ou deficiência permanente, que impeça o autogoverno da pessoa idosa. A idade avançada da pessoa não é, portanto, um facto determinante, apesar de ser certo que a idade, juntamente com a doença (pelo menos, com certas doenças) pode configurar uma causa de incapacidade.[36] Muitas dessas pessoas protegidas por esta via, são pessoas idosas e, portanto, é incontornável falarmos neste tópico quando falamos da proteção das pessoas idosas na ordem jurídica.

Em termos gerais, a própria pessoa supostamente incapaz e certos membros da família (cônjuge ou pessoa em situação equiparável, ascendentes, descendentes e irmãos), bem como o Ministério Público, têm legitimidade ativa para solicitar a incapacidade. Qualquer pessoa ou instituição pode informar o Ministério Público, que formalizará o pedido na base dessa situação de alegada incapacidade. Especialmente aqueles que, por causa dos seus cargos públicos ou autoridades, tiverem conhecimento especial da possível causa de incapacidade de uma pessoa, são obrigados a fazer tal pedido. O Ministério Público, será sempre parte destes processos (quer como requerente da declaração, ou como um defensor da pessoa alegada como incapaz, ou no exercício das suas funções de salvaguarda do interesse da mesma).

---

35 SERRANO, L. Gásquez; SERRANO, M. M. Mendez. Tratamiento Jurídico de la discapacidad desde la perspectiva del Derecho Civil. *In: Régimen Jurídico de las personas con discapacidad en España y en la Unión Europea*. Granada: Comares, 2006. p. 109.

36 GETE-Alonso; CARMEN, Maria, del; NAVAS, Susana. La situación jurídica de las personas mayores. *In:* BLÁSQUEZ, Diego Martin. *Los derechos de las personas mayores. Perspectivas sociales, jurídicas, políticas y filosóficas*. Dykinson, 2006. p. 46.

Quanto à sentença que encerra o procedimento, deve conter pelo menos uma série de pronúncias básicas: extensão e limites da incapacidade, tutela ou curatela a que o incapaz está sujeito, pronúncia sobre a necessidade de internamento e nomeação das pessoas que irão ajudá-lo ou representá-lo. A este respeito, devemos também ter em mente que o julgamento de incapacidade não produz o efeito de *res judicata*, de modo que, se a causa da incapacitação desaparece total ou parcialmente, pode tornar-se sem efeito ou modificar-se a incapacidade.[37]

As instituições tutelares no sistema jurídico espanhol são fundamentalmente três: tutela, curatela e defensor judicial. Na maioria destes casos, recorre-se a um processo de modificação da capacidade de agir que implica a tutela da pessoa cuja capacidade de agir foi modificada judicialmente.

Tanto as pessoas físicas, como as pessoas jurídicas podem ser nomeadas como tutores. O Código Civil Espanhol estabelece uma ordem de precedência para a nomeação de guardiões ou tutores (artigo 234º), mas que pode ser alterada pelo juiz em benefício dos incapazes. No caso do exercício da tutela por uma pessoa jurídica, o artigo 242º do Código Civil Espanhol estabelece duas exigências: tal pessoa jurídica não deve ter fins lucrativos e entre os seus objetivos deve encontrar-se a proteção dos incapazes.

Caso não possa constituir-se a tutela com alguma das pessoas nomeadas no artigo 234º Código Civil Espanhol, esta função e o cargo de tutor recaem na entidade pública responsável pelo acompanhamento das pessoas idosas numa situação de abandono. Na prática, esta nomeação de uma entidade pública como tutor *ex lege,* não cria muitos problemas nas Comunidades Autónomas onde se constituíram entidades tutelares públicas, pois o propósito destas instituições é a assunção do cargo tutelar das pessoas em perigo. Todavia, nos casos em que não existem, é preciso nomear uma entidade pública com competência de ação social em geral, o que supõe de facto que, em alguns casos, as obrigações decorrentes do cargo sejam simplesmente formais.

Em todo o caso, devemos ter em conta que em Espanha convivem diferentes modelos de organismos tutelares, dependendo das Comunidades Autónomas. Assim sendo, além do modelo público, existe um segundo modelo baseado no exercício da tutela comum através de entidades privadas, nas quais a administração delega o serviço tutelar por entender que é um bom modo de exercê-lo, articulando uma colaboração privada na gestão dos recursos públicos. A estes deveríamos adicionar um terceiro modelo, misto, que ocorre quando num mesmo território convivem entes públicos dedicados ao serviço tutelar com entes privados.

O tutor de uma pessoa incapaz (quer seja pessoa física, quer jurídica) é obrigado a assegurar a tutela e, em particular, a obter alimentos, promover a aquisição ou recuperação da capacidade do beneficiário, assim como, a sua melhor inserção na sociedade. Ademais, deve informar anualmente o juiz sobre a situação jurídica da pessoa beneficiária e prestar contas anuais de sua administração (artigo 269º Código Civil Espanhol).

37 SERRANO, Laura Gázquez; SERRANO, María De La Mar Mendez, Op cit., p. 110.

Enquanto que na tutela o adulto é representado pelo tutor, no caso da curatela trata-se, não de substituir o consentimento da pessoa, mas, simplesmente de assistir ou completar a sua capacidade. A figura do defensor judicial, por sua vez, responde à necessidade de substituir temporariamente o tutor, o curador ou os pais, quando por algum motivo, eles não desempenhem as suas funções e nos demais casos previstos na lei. Todas elas - com exceção da curatela – configuram-se essencialmente como instituições de substituição. No entanto, a curatela é uma instituição que, na prática, está "viciada" e que se configura, nos poucos casos em que se lhe recorre, como uma substituição do incapaz limitada a determinadas áreas do seu interesse. Estas áreas são apenas as patrimoniais, sendo na prática mais um tipo de tutela parcial, do que um instrumento com a clara função de apoio que potencialmente poderia ser.

Neste ponto, é necessário também fazer menção à chamada guarda de facto. No caso de pessoas idosas presumivelmente em situação de ver a sua capacidade de agir judicialmente modificada (anteriormente denominados incapazes presumidos) e que convivem com familiares, à margem dos cuidados pessoais que lhes são fornecidos, é frequente que um familiar disponha de assinatura na caderneta de poupanças, em contas bancárias, autorização implícita ou explícita de administração de bens ou mesmo poderes relativos à administração dos mesmos. As pessoas submetidas à guarda de facto costumam ser idosos dependentes que, por carecerem de condições materiais e afetivas necessárias, são integrados numa família sem que existam vínculos de parentesco, ou idosos cuja capacidade de agir, pelas suas condições, deveria ser modificada judicialmente, ainda que na realidade não o tenha sido. Em última análise, o guardião de facto exerce as funções de guarda em benefício da pessoa presumidamente incapaz, sem ter qualquer poder sobre a mesma e sem quaisquer formalidades legais. Esta figura encontra-se sucintamente regulada nos artigos 303º e seguintes do Código Civil Espanhol, no sentido de ser uma situação necessariamente provisória, mas, que pode gerar alguns efeitos que devem ser protegidos. Ainda que do exposto anteriormente possa parecer que nos encontramos perante uma figura residual, na vida quotidiana de muitos idosos dependentes ou fragilizados e seus cuidadores, a guarda de facto está muito presente. Com efeito, a maioria dos guardiões de facto desconhece a existência desta figura e a sua condição de tais, assim como, que se trata de uma situação temporária e a sua obrigação de informar o fator determinante da guarda, ao Ministério Público.

Finalmente, na ampliação do papel da autonomia da vontade neste âmbito, ocupam um papel principal a regulação da *autotutela* e, como complemento desta, o denominado mandato preventivo. Trata-se de facilitar, através destas instituições, a adequada planificação para o futuro dos interesses do indivíduo, sejam de índole patrimonial ou estritamente pessoal ou familiar. A regulação da autotutela parte do artigo 223º do Código Civil Espanhol, após a sua reforma realizada pela *Ley 41/2003, de 18 de noviembre, de protección patrimonial de las personas con discapacidad y de modificación del Código Civil, de la Ley de Enjuiciamiento Civil y de la Normativa Tributaria con esta finalidad*. Por esta via, a pessoa que preveja poder ver-se submetida a um processo de incapacidade pode, anteriormente e ainda em plena posse de suas faculdades, por escritura pública, nomear uma pessoa como seu possível tutor, ou até mesmo excluir deste cargo determinadas pessoas, assim como estabelecer, dentro dos limites legais, as disposições que considerar convenientes em face de uma possível incapacidade. As faculdades da pessoa que exerça a autotutela estendem-se para além da designação da pessoa que exercerá o cargo de tutor (ou da exclusão de alguma pessoa em concreto) à organização *in toto* do exercício da tutela tanto no seu aspeto pessoal, como patrimonial.

A disposição de autotutela, obviamente, só produz efeito quando o juiz competente declara a incapacidade do sujeito. Esta declaração deve constar de uma sentença judicial, na qual se terá em conta a vontade contida no documento notarial de autotutela para se proceder à nomeação do tutor. As disposições do auto tutelado vinculam, portanto, o juiz, desde que não violem regras do *ius cogens* e que este considere que permanecem atuais, por não serem contrárias ao benefício do já incapaz. A assunção da tutela é um dever, devido ao interesse público que rege na matéria. Mas pode dar-se o caso de, aos familiares a quem incumbiria o exercício da tutela, faltar idoneidade ou não a exercerem adequadamente.

Em suma, no sistema legal espanhol, a figura tutelar mais utilizada na prática, é a tutela, face a outras possibilidades como a curatela que, apesar de ser uma figura de assistência que não substitui a vontade da pessoa, mas, a complementa e canaliza, é bem menos utilizada na prática. Em qualquer caso, até agora, e antes da reforma, o sistema espanhol tem-se caracterizado por ser bastante rígido e inflexível na sua aplicação prática.

Neste sentido, temos que recordar que este aspeto do ordenamento jurídico espanhol, de que aqui só fazemos um breve esboço, foi objeto de reforma procurando a sua adaptação à Convenção sobre os Direitos das Pessoas com Deficiência (CDPD).[38] Sendo assim, a CDPD tem marcado uma linha de vanguarda na qual devíamos avançar, e obriga também a uma certa pedagogia, quer entre as famílias, quer entre os juristas. Entre as famílias, porque há uma tendência vincada para um protecionismo excessivo que acaba por não deixar qualquer espaço para a pessoa incapaz; entre os juristas, que tendem a exigir uma capacidade plena sem compreender que, para algumas questões e negócios jurídicos, seria bastante uma capacidade imperfeita, desde

38 A Convenção, adotada em Nova Iorque em 2006 e ratificada por Portugal e Espanha, representa, para muitos autores, uma autêntica revolução na matéria que "costuma sintetizar-se na passagem do modelo de substituição na tomada de decisões, que parte da configuração tradicional do sistema de incapacidade, a um novo modelo de apoio ou assistência na tomada de decisões que trata de tornar real a igualdade das pessoas com deficiência no exercício da sua capacidade jurídica"- GÓMEZ, Patricia Cuenca. El sistema de apoyo en la toma de decisiones desde la Convención Internacional sobre los Derechos de las Personas con Discapacidad: principios generales, aspectos centrales e implementación en la legislación española, *REDUR* 10, diciembre, 2012, pp. 61-94. Disponível em: http://www.unirioja.es/dptos/dd/redur/numero10/cuenca.pdf. Acesso em: 6 set. 2018.

que assistida e suficiente.[39] Deste ponto de vista, a CDPD implica uma mudança social e de mentalidade, não apenas uma alteração jurídica.

3.2. A *Ley de Dependencia* como uma forma de proteção das pessoas idosas vulneráveis

Outro aspeto a ressaltar no tratamento das pessoas idosas vulneráveis centra-se nas normas e políticas que visam a proteção das mesmas quando estão dependentes e, portanto, precisam de cuidados prolongados. Novamente, embora, nem todas as pessoas idosas se encontrem nessa situação, a velhice pode colocá-las nessa condição da qual pode provir uma situação de especial vulnerabilidade, não apenas física, mas, também social.

No ordenamento jurídico espanhol, a *Ley 39/2006 de Promoción de la Autonomia personal y Atención a las Personas en Situación de Dependencia* (doravante, LAPAD) veio regular os principais aspetos relacionadas com o atendimento das pessoas em situação de dependência de forma sistematizada e integrada. Desta forma, a LAPAD "constitui um promissor avanço para um sistema de proteção social como o espanhol, em que os mecanismos de cobertura face à dependência eram escassos, insuficientemente integrados e pouco coerentes".[40]

A LAPAD estabelece um direito subjetivo de titularidade universal, que garante um conjunto de prestações e serviços para as pessoas que são reconhecidas como dependentes. É composto, além desse direito, regulado pela legislação vigente, por um conjunto de prestações económicas (vinculadas a um serviço, aos cuidados familiares, ou à assistência pessoal) e serviços (vinculados à prevenção das situações de dependência, à ajuda domiciliária, teleassistência, Centros de dia e de noite e atendimento em lares). Tudo isto se integra no *Sistema para la Autonomía y Atención a la Dependencia* (SAAD) e encontra-se ligado ao grau de dependência no qual se encontra o sujeito titular do direito. A determinação deste grau exige uma resolução da administração pública que determine quais os serviços ou prestações que correspondem a cada indivíduo.[41]

Aliás, a LAPAD tem como objetivo principal o reconhecimento de um novo direito de cidadania em Espanha, universal, subjetivo e perfeito: o direito à promoção da autonomia pessoal e ao atendimento das pessoas dependentes. Tal objetivo é alcançado

39 LORA-TAMAYO, Manuel. Comparezcan las personas con discapacidad, *Notario,* 80, 2018. p.7/8.

40 LARA, António Jiméne. La atención a la dependencia: situación actual y perspectivas, *Panorama Social*, 26, 2017, p. 25. Disponível em: http://sid.usal.es/idocs/F8/ART21850/jimenez_lara.pdf. Acesso em: 6 set. 2018.

41 ASIS, Rafael de. Las situaciones de dependencia desde un enfoque de derechos humanos. *In:* AVILÉS, Miguel Angel Ramiro; GÓMEZ, Patricia Cuenca (eds.). *Los derechos humanos, la utopía de los excluídos*. Madrid: Dyckinson, 2010. p. 166.

através do SAAD. O sistema configura-se como uma rede de utilização pública que integra, de maneira coordenada, centros e serviços públicos e privados (artigo 6º da LAPAD).

Uma vez finalizado o procedimento de reconhecimento e avaliação da situação de dependência do solicitante, o *Programa Individual de Atención* (PIA), determina o tipo de intervenção mais adequado às necessidades, escolhido entre os serviços e prestações constantes da lei.

Ademais, nesta sucinta panorâmica, importa destacar que a LAPAD foi aprovada há mais de uma década, sendo o tempo, entretanto decorrido, um período adequado para uma avaliação crítica da mesma. Será que a implementação do SAAD conseguiu realmente atingir os seus importantes e ambiciosos objetivos? A pergunta é complexa e a resposta precisa provavelmente de uma maior reflexão e de uma análise mais aprofundada e técnica.

Para uma avaliação correta dos efeitos da LAPAD, devemos ter ademais em conta a complexa estrutura administrativa e política do Estado em Espanha e a correspondente divisão de competências entre as Comunidades Autónomas e o Estado Central. A LAPAD é uma lei de âmbito estadual que estabelece o enquadramento geral básico nesta matéria, mas, a competência dos serviços sociais e dos sistemas de saúde, que deverão fornecer uma parte importante dos serviços previstos na norma, cabe a cada uma das Comunidades Autónomas. A igualdade no exercício deste direito justifica a competência do Estado Central na regulação da matéria, estabelecendo um enquadramento legal de base, coordenando o sistema e garantindo, ao mesmo tempo, um nível mínimo de proteção às pessoas reconhecidas como dependentes. Todavia, este nível, segundo prevê a LAPAD, pode ser melhorado por cada Comunidade Autónoma, o que gera algumas desigualdades dependendo do grau de desenvolvimento do Sistema em cada território. Na verdade, apesar de ser, talvez, a solução mais lógica e efetiva, uma vez reconhecido este direito social, o legislador não quis integrar o financiamento da sua implementação como um novo risco a ser integrado no já existente sistema de Segurança Social, o que gerou algumas incertezas logo desde o princípio.[42]

Além da complexidade de competências, o certo é que a LAPAD foi uma lei aprovada em tempos de estabilidade económica. No entanto, a crise de 2008 e as políticas de austeridade afetaram gravemente o cumprimento dos objetivos da lei e a consolidação da mesma no Sistema.[43] Desta forma, o Estado veio reduzir as verbas dedicadas à gestão da dependência por causa da crise e, por seu turno, as Comunidades

---

42 ZÁRATE, Bélen. La dependencia diez años después de la Ley 39/2006: un derecho social problemático que olvidó a la familia como sujeto cuidador, *Persona y derecho*, vol. 75, 2017, p. 180. Disponível em: https://www.unav.edu/publicaciones/revistas/index.php/persona-y-derecho/article/view/8058. Acesso em: 6 set. 2018.

43 Para uma análise mais pormenorizada desta evolução, *vide* IBÁÑEZ, Jorge Gracia, Vulnerabilidad e inseguridad. El derecho a la atención de las personas en situación de dependencia. *In:* BETRÁN Raúl Susín; BENEITEZ, María José Bernuz (coords.). *Seguridade(s) y derechos inciertos*. Zaragoza: Prensas Universitarias de Zaragoza, 2014. p. 229/260.

Autónomas, neste contexto socioeconómico, não conseguiram construir um catálogo homogéneo de serviços em todo o território nacional.[44] Isto levou alguns autores a afirmar que o sistema espanhol de dependência é, no fundo, mais do que um sistema único, um conjunto de 17 Sistemas[45] relativamente coordenado.[46] Como conclui Belén Zárate, neste momento, dado o grau de desenvolvimento do SAAD ser dependente numa Comunidade Autónoma e não noutra, acaba por levar a tratamentos legais diferentes e direitos de conteúdo diverso. Uma das piores consequências desta paralisação do sistema, agravada pela crise económica, tem sido a existência do chamado "limbo da dependência": aliás, um conjunto de pessoas reconhecidas como dependentes pelo próprio sistema, mas, que ficam à espera de receber efetivamente as prestações. Segundo a *Asociación Estatal de Directoras y Gerentes de Servicios Sociales de España*, baseados nos dados estatísticos do SAAD, atualmente existem 320.000 pessoas com pleno direito às prestações ou serviços que ainda se encontram numa desesperante "lista de espera". Quase 40% das pessoas atendidas são dependentes com grau II ou III (Dependentes Severos ou Grandes Dependentes); no total perfazem 124.600 pessoas.[47] Muitas delas, especialmente pessoas idosas em situação de dependência grave, morrem sem receber a prestação ou o serviço que lhe foi reconhecido. Segundo o documento anteriormente citado, os dados oficiais constantes dos últimos relatórios da Comissão para análise da situação do SAAS, derivada da Conferência de Presidentes, reconheciam que tinham ocorrido mais de 40.000 falecimentos de pessoas que, embora reconhecidas como dependentes com direito a prestações ou serviços, nunca beneficiaram das mesmas.[48]

Podemos concluir assim, que a LAPAD criou enormes expetativas na população em Espanha, mas, muitas delas, depois de mais de uma década, ainda estão por cumprir. Apesar dos avanços, o Sistema de Atendimento à Dependência em Espanha, que deve proteger muitas pessoas idosas e seus familiares cuidadores de situações de vulnerabilidade associadas à dependência, deve ser revisto e a lei efetivamente implementada.

---

44 ZÁRATE, Bélen. *La dependencia diez* años después de la Ley 39/2006. p. 203.

45 É o número de Comunidades Autónomas existente em Espanha.

46 GALLEGO, Vicente Marbén. Actores sociales y desarrollo de la Ley de Dependencia en España, *Revista Internacional de Sociología* 70 (2), 2012, p. 390. Disponível em: http://revintsociologia.revistas.csic.es/index.php/revintsociologia/article/view/428/451. Acesso em: 6 set.2018.

47 ASOCIACIÓN ESTATAL DE GERENTES Y DIRECTORAS DE SERVICIOS SOCIALES, *Informe de seguimiento del Pacto de Estado por el Sistema de Autonomía y Atención a la Dependencia*, Madrid, 2017. Disponível em: https://www.directoressociales.com/documentos/documentos-dependencia.html. Acesso em: 22 ago. 2018.

48 Ministerio de Sanidad y Servicios Sociales (IMSERSO). Tabela inserida nos documentos da Comissão de análise do SAAD cit. *In*: ASOCIACIÓN ESTATAL DE GERENTES Y DIRECTORAS DE SERVICIOS SOCIALES, *Informe de seguimiento del Pacto de Estado*. Disponível em: https://www.directoressociales.com/documentos/documentos-dependencia.html. Acesso em: 22 ago. 2018.

4. Breves conclusões

Não podemos associar diretamente velhice e vulnerabilidade. É preciso reconhecer, no entanto, que a velhice é uma das circunstâncias que pode conduzir à vulnerabilidade social. Assim, o regime jurídico aplicável às pessoas idosas é da maior importância para evitar os efeitos negativos desta eventual vulnerabilidade, Este entendimento, relaciona-se com o aprofundamento do Direito do Idoso (Elder Law), bem como com o desenvolvimento doutrinal e normativo dos Direitos Humanos das Pessoas Idosas.

Nesse sentido, são de especial interesse as medidas de proteção às pessoas idosas adotadas em Portugal e Espanha, das quais demos um panorama.

Relativamente a Portugal foi instituído o regime jurídico do acompanhamento para dar resposta a situações, nas quais a pessoa maior de idade vê a sua capacidade diminuída, nomeadamente por situações físicas ou mentais e não pode exercer por si só os seus direitos e cumprir os seus deveres. Este regime assume muita importância, nomeadamente porque há situações e doenças associadas ao envelhecimento que implicam uma perda de capacidade para o autogoverno, o que implica um estado de vulnerabilidade da pessoa idosa, devendo tal questão ser devidamente acautelada pelo ordenamento jurídico. Igualmente importante, é a previsão na lei do exercício pelo acompanhado de direitos pessoais e a liberdade de celebração de negócios da vida corrente.

Quanto a Espanha, a proteção das pessoas idosas é feita inserindo-os na proteção geral aplicada aos grupos vulneráveis. Dentro desta proteção, ressaltam o modelo de acompanhamento (proibição e interdição), e a *Ley de Dependencia* como fonte de proteção da vulnerabilidade que advém da dependência física e da necessidade de cuidados. Quanto ao primeiro, em virtude da existência de Comunidades Autónomas, convivem diferentes modelos de organismos tutelares, pelo que, além de um modelo público, há um segundo modelo baseado na tutela comum, através de entidades privadas e um terceiro de natureza mista. A segunda, tem como objetivo principal o reconhecimento de um novo direito de cidadania em Espanha, universal, subjetivo e perfeito: o direito à promoção da autonomia pessoal e ao atendimento das pessoas dependentes e estabelece o enquadramento geral básico nesta matéria, sendo que, a competência dos serviços sociais e dos sistemas de saúde, que deverão fornecer uma parte importante dos serviços previstos na norma, cabe a cada uma das Comunidades Autónomas.

A importância dos regimes jurídicos existentes em Portugal e Espanha decorrem da implementação efetiva da Convenção sobre os Direitos das Pessoas com Deficiência (Nova Iorque, 2006), tendo ambos sido dos seus primeiros signatários e constituem formas de concretização do sentido lato do direito ao cuidado.

São ambos passos no sentido de que se possa assegurar a dignidade da pessoa idosa, que esperamos sejam os primeiros, de muitos para que a mesma se concretize em pleno e de um modo eficaz.

Quando a Cidadania do Amanhã é comprometida ou obstruída na infância

Ana Maria Iencarelli

Sumário: 1. Introdução. **2.** Discussão. **3.** Privação Materna e Exposição ao Impacto de Extremo Estresse. **4.** Retratação e Cidadania. **5.** Conclusões.

1. Introdução

A Cidadania é o conjunto de regras e leis que regulam e favorecem nosso convívio social, nosso viver com. Nosso primeiro grupo de pertencimento é a família que é o desdobramento da díade mãe-bebê. Como o crescimento celular, quando cada célula se multiplica e se diferencia, assim é o crescimento social dos humanos. Se, perde em velocidade em relação ao crescimento celular, ele ganha em experiência pela modalidade da repetição continuada, que irá se expandindo e se aprimorando a cada vivência. A cidadania é um aprendizado, essencialmente, experiencial. A cidadania nos fornece a vivência do existir no mundo. Assim sendo, enquanto aprendizado por vivência, a Cidadania é submetida às experiências de aquisição do código de ética e do código moral, inicialmente no âmbito da família, durante a infância.

Quando algo se interpõe ao processo natural de aquisição destes códigos dentro da família, processo que segue as fases do desenvolvimento cognitivo, linguístico e mnêmico, a capacidade de cidadania é comprometida ou obstruída. O comprometimento ou a obstrução ficam na dependência da gravidade das experiências de transgressão a que a criança é submetida, por figura familiar, a quem ela ama e obedece. A Exposição ao Impacto de Extremo Estresse tem no fator repetição a bifurcação entre o comprometer e o obstruir. Os abusos na infância, sejam eles físicos ou sexuais, estão diretamente relacionados com a possibilidade deficitária ou com a incapacidade de desenvolver a cidadania na vida adulta porque estas experiências permeiam a formação do caráter. Será o fator repetição que encaminhará para o comprometimento ou a obstrução da capacitação de Exercício de Cidadania.

O Cuidado, conceito psico-jurídico, embora amplo, refere-se à atitude amorosa e responsável que reza a Cidadania, neste tomo. Temos um vulnerável, a criança, que precisa receber o cuidado de qualidade para que aceda à cidadania na idade adulta. A Cidadania é um processo que é construído ao longo do desenvolvimento da criança, depois do adolescente, para assumir a forma jurídica do convívio em grupos, menores e maiores, para atingir a sociedade.

O Cuidado é objeto de estudo na Psicanálise, porquanto como o bebê humano nasce muito incompleto e deficiente para sua sobrevivência, autores como Bolwby,[1]

---

1 BOWLBY, J. *Les soins materneles et la santé mentale*. Organisation Mondial de la Santé, 1950.

que se dedicou ao estudo da relação dos Cuidados Maternos com a Saúde Mental, Spitz,[2] que definiu o conceito de Hospitalismo em crianças cuidadas, mas, abandonadas pelas suas mães, Winnicott,[3] que relacionou a privação materna à delinquência juvenil, e, entre nós, a neurocientista Pâmela Silva, que tem foco neste tema, a Privação Materna e a Depressão,[4] se debruçaram sobre a sua necessidade e a importância da sua qualidade.

Bowlby afirma que a saúde mental está inscrita na mente desde cedo através dos cuidados maternos. Para ele, que escreveu 3 Tomos sobre a relação mãe-bebê, Apego, Separação e Perda, está nesta relação o nascedouro de várias doenças mentais que aparecem na idade adulta, pela deficiência de sustentação afetiva inicial.

Spitz definiu como Hospitalismo o quadro que leva a criança à depressão, ao desprendimento à vida, podendo levar à morte, observado em crianças que estavam em afastamento da mãe, chegando a contrariar o instinto de preservação pela recusa ao alimento, ao contato humano, num processo de se deixar morrer.

Winnicott, pediatra e psicanalista trabalhou com adolescentes delinquentes e afirma uma correlação entre a Privação Materna e o aparecimento da delinquência juvenil, pela ausência de aprendizagem de códigos sociais e morais que são ensinados na relação materna.

Pâmela, pesquisadora neurocientista, se interessa pela associação da Privação Materna e a Depressão. Seus estudos comprovam uma tendência à depressão, ideias de suicídio, em consequência da Privação Materna precoce.

A vulnerabilidade da criança é um fator fundamental para este estudo e as consequências que a ausência de cuidado ou o maltrato produzem. Assim, Teicher nos oferece pesquisas que demonstram sequelas que advêm de marcas em atrofias de estruturas cerebrais nobres por exposição ao impacto de extremo estresse, maltrato por abusos físicos e sexuais, e que são detectadas nas imagens de ressonância magnética, assim como em traçados de exame de Eletroencefalograma, que vem apontando para uma incidência de um tipo de epilepsia nestas crianças expostas ao impacto de extremo estresse.

E ainda, a vulnerabilidade da criança tem especificidades relativas às diversas fases do desenvolvimento cognitivo e linguístico. Assim o esboço de um código de convívio com o outro irá se completando à medida que os recursos cognitivos forem se desenvolvendo.

---

2 SPITZ, R. *De La naissance à la parole*. Paris: Payot, 1968.

3 WINNICOTT, D. *De la pédiatrie à la psychanalyse*. Paris: Payot, 1969. Winnicott, pediatra e psicanalista trabalhou com adolescentes delinquentes e afirma uma correlação entre a Privação Materna e o aparecimento da delinquência juvenil, pela ausência de aprendizagem de códigos sociais e morais que são ensinados na relação materna.

4 CARPES, P. *Privação Materna e depressão*. Dissertação de Doutorado, UNIPAMPA, Campus de Uruguaiana. R.S. 2018.

O desenvolvimento será responsável pela aquisição da capacidade de empatia. É preciso que alguém, afetivamente preferencial, estimule o processo de aquisição da atitude de se colocar no lugar do outro. Sem esta aprendizagem a empatia consegue se desenvolver, suficientemente.

No campo do Direito, Sormani,[5] quando escreve seu capítulo no livro "A invisibilidade de crianças e mulheres vítimas da perversidade da lei de alienação parental", nos chama a atenção para "o crescente laxismo penal decorrente do falso determinismo sociológico" com a onda de explicações, em geral psicológicas, para o crime, como se o criminoso fosse sempre vítima de um sistema sociológico. Para este autor, este falso determinismo de matriz marxista que tenta encontrar explicações para os crimes, transferindo a responsabilidade para o meio, é acrescido da ideia de que as leis são produtos de grupos com interesses próprios, e se todos são culpados, todos são inocentes. Acrescento, aqui, que a Psicanálise ofertou esta linha de pensamento porque isto faz parte do trabalho terapêutico, levar o paciente à compreensão de comportamentos que lhe causam prejuízo de algum tipo. No entanto, isto não se aplica à criminologia, como tem sido aplicado. Uma coisa é a compreensão terapêutica que pode acontecer, outra coisa, distinta, é a responsabilização por atos criminosos.

2. Discussão

Cuidado e Cidadania. Quando a cidadania será dificultada ou obstruída pela má qualidade do cuidado ou pela sua ausência, ou substituição por uma perversão perpetrada ao longo da infância?

Precisamos refletir sobre as condições que preparam a mente da criança para o processo de aquisição de cidadania, que começa de maneira simples e adquire, gradativamente, complexidade. Tomamos como fundamento da nossa reflexão, a condição biopsicossocial da criança para avaliarmos a possibilidade ou impossibilidade da aquisição de uma noção consistente e verdadeira de cidadania, quando há precariedade, dubiedade ou perversão na raiz deste processo de aprendizagem.

A Primeira lei é binária: pode ou não pode. E é sempre aprendida, majoritariamente, pelo "não pode": não pode bater no outro, não pode tomar o brinquedo do outro, não pode quebrar alguma coisa do outro. O "pode" vai sendo aos poucos descoberto, mas quase sempre como limite do "não pode". Apesar de muito simples, esta é a lei que vai reger a cidadania, e o sistema de leis de uma maneira geral.

Mas, para que esta lei simples seja internalizada, faz-se necessário que todo um arcabouço de regras seja, ininterruptamente, experimentado. Não se consegue consistência se há variações de regras, de humores, de figuras parentais transgressoras.

5 SORMANI, G. P. C. A revolução cultural e a relativização do caráter abjeto da pedofilia: conexões a serem estabelecidas e iluminadas. *In:* A Invisibilidade de Crianças e Mulheres Vítimas da Perversidade da Lei de Alienação Parental "Pedofilia, Violência e Barbarismo".

Sendo a infância, a fase em que o desenvolvimento cognitivo e o linguístico, os dois eixos que dizem respeito à futura cidadania, se fazem apenas e tão somente através da experiência, só através de um processo coerente de avanço em conceitos experimentais, levando ao pensamento por operação e não mais por percepção.

Como já assinalamos, o bebê-homem nasce com muitas incompletudes, que o impelem a ter necessidade de dois alimentos: o nutricional e o afetivo. O homem nasce muito frágil e com inúmeras dependências de um adulto que lhe seja especial. O leite e o afeto que lhe são oferecidos através dos cuidados básicos, são sua única possibilidade de continuar existindo. O afeto é a fonte fundamental de coesão e estruturação mental saudável e da saúde como um todo. E o cuidado é a expressão deste afeto de qualidade. Por isto ele se apega a uma pessoa preferencial que o alimente nestes dois aspectos. A experiência afetiva com esta pessoa, que depois, gradativamente, vai sendo multiplicada, permitirá seu pleno desenvolvimento. O afeto como cuidado tecerá os alicerces de que precisa para crescer. Seu desenvolvimento cognitivo, pela precariedade de estruturas e suas funções, se dará pela experiência. Movimentos espasmódicos e repetitivos se selecionam na busca pela intencionalidade, se combinando de maneira cada vez mais ampla. Por ensaio e erro o bebê vai aprimorando seus movimentos e conseguindo cada vez mais o resultado que deseja. A experiência é a base de todo o desenvolvimento cognitivo.

A primeira fase é o período sensório-motor, de 0 a 18 meses, o funcionamento é puramente empírico, as aquisições se sucedem por repetição e depois por combinação de movimentos. É a intencionalidade experimentada nos movimentos, originalmente, espasmódicos que atesta o nascimento da inteligência. Repetir o movimento para obter determinada sensação, tátil, auditiva ou visual.[6]

A infância, portanto, é a fase do raciocínio concreto. Ou seja, até os 11 anos, mais ou menos, a criança só consegue raciocinar através da experiência, sempre usando a repetição como critério de qualidade na aquisição de qualquer conhecimento. O pensamento lógico se amplia com a possibilidade, a partir dos 11/12 anos, do período das operações abstratas, para se completar em torno dos 15/16 anos. Só então o adolescente é capaz de prescindir, totalmente, do estímulo concreto para raciocinar.[7]

O desenvolvimento linguístico também é embebido de afeto. Os sons se seguem ao choro, única comunicação inicial, e vão sendo selecionados pela audição dos fonemas da língua-mãe do bebê. As palavras são afetos ou estados. Palavra-frase, depois as combinações de mais de uma palavra, como no desenvolvimento cognitivo, são selecionadas por ensaio e erro. Mas todas as palavras são concretas, experienciais.[8] De par com o desenvolvimento cognitivo e linguístico, a memória se expande: pessoas,

---

6 PIAGET, J. La *naissance de l'intelligence chez l'enfant*. Neuchâtel, Delachaux et Niestlé. Paris, 1968.

7 PIAGET, J. *Les mécanismes perceptifs*. Paris, 1975.

8 CHOMSKY, N. *Le langage et la pensée*. Paris: Payot, 1968.

objetos, lugares e, por último, tempo. Por isto, uma criança de 3/4 anos é capaz de relatar um abuso sexual sofrido contando quem, como e onde.

Durante toda a infância este processo é investido porque é preciso adquirir uma boa memória para as exigências da aprendizagem escolar e a aprendizagem experiencial para a vida. Por isso, a alegação de falsas memórias na infância, não tem também como se instalar se não há um conhecimento experimental.

A memória tem um funcionamento que vai adquirindo organização ao longo da infância. Nos primeiros anos, dos 03 aos 10/12 anos, as operações mnêmicas vão se tornando cada vez mais precisas. Para isso a organização no armazenamento/resgate precisa ser repetida à exaustão. De par com o desenvolvimento cognitivo e linguístico, a memória se expande: pessoas, objetos, lugares e, por último, tempo. Por isto, uma criança de 3/4 anos é capaz de relatar um abuso sexual sofrido contando quem, como e onde. Durante toda a infância este processo é investido porque é preciso adquirir uma boa memória para as exigências da aprendizagem escolar e a aprendizagem experiencial para a vida. Por isso, a alegação de falsas memórias na infância, não tem também como se instalar se não há um conhecimento experimental.[9] O esquecimento, sob a forma de recalcamento, mecanismo de defesa do ego, entra em ação para evitar a morte psíquica quando o trauma é muito intenso. O esquecimento/recalcamento é grave, e muito comum quando a criança não é acreditada e permanece sofrendo um trauma cumulativo (continuado).

O esquecimento, sob a forma de recalcamento, mecanismo de defesa do ego, entra em ação para evitar a morte psíquica quando o trauma é muito intenso. O esquecimento/recalcamento é grave, e muito comum quando a criança não é acreditada e permanece sofrendo um trauma cumulativo (continuado).

Portanto, o desenvolvimento da criança está pautado na experiência, no seu mundo concreto que se amplia com a escolaridade, mas sempre necessitando do que passa pelos seus sentidos. A experiência de violência, de qualquer ordem, causa uma instabilidade no organismo em desenvolvimento, acionando o medo como sistema de alerta de sobrevivência.

Considere-se ainda que em consonância com o desenvolvimento cognitivo, linguístico e da memória, a sua inserção social lhe demanda um sistema de regras e leis de convívio, que vai sendo adquirido ao longo da infância. Através do convívio, primeiro familiar e depois escolar, também pela experiência concreta, a criança aprende este conjunto de regras que formará aos poucos seu código de ética, seu código moral, simples como sua maneira de raciocinar.

É neste terreno, ainda em desenvolvimento, que ela inicia sua concepção e experiência de Poder. A violência da transgressão pela violação de seu corpo, embaralha todos os rudimentos fundamentais de seu código de ética de convivência familiar. Este

---

9 MAZET, Ph.; HOUZEL, D. *Psychiatrie de l'enfant et de l'adolescent*. Vol. 1. Paris: Maloine S. A. Éditeur, 1979.

é um obstáculo para a boa formação de uma ética e uma moral adequadas à vida de cidadania. ao azo desejado.

E o armazenamento de tudo que vai sendo adquirido por experimentação, vai construindo a memória, vai construindo o conhecimento. Cognição, linguagem, memória, são feitas das experiências concretas. É preciso pontuar aqui que esta necessidade de materialidade caminha de par com a enorme capacidade imaginativa, mas em vetores postos, ou seja, a cognição se amplia em oposição à capacidade imaginária. De tal maneira que a criança aprende muito cedo a distinguir o real do imaginário. Aos 3, 4 anos a criança é capaz de diferenciar a realidade da fantasia e responder a questões, "quem", "o que", "onde", e aos 4 anos, além destas questões o "quando", sobre algo que lhe aconteceu.[10]

3. Privação Materna e Exposição ao Impacto de Extremo Estresse:

Nascemos em precariedade sob vários aspectos. Necessitamos de um adulto que nos alimente com nutriente e afeto, que nos higienize, que nos adormeça, que nos estimule com o sorriso. Enfim, alguém que nos conduz no *Processo de Humanização.* Por isso, a Privação Materna tem implicação na *saúde* e na *doença mental.* A *Cidadania* faz parte deste caminho guiado pela maternagem que leva um bebê ao humano, capaz de exercer a *Cidadania.*

A Privação Materna é a primeira das condições que empurram a criança para a não aquisição da cidadania.

Medo. Sistema de alerta à ameaça de ordem física, sexual e psicológica, de resposta sistêmica. A única das quatro angústias básicas do ser humano, desde a época das cavernas, que não foi solucionada. A fome, o frio, e a dor, angústias que tiveram solução, mesmo que em se considerando a desigualdade de sistemas econômicos que se instalaram ao longo dos séculos. No entanto, o medo é a angústia que permanece.

O medo, a angústia que não conseguimos "resolver" como as outras, é o mecanismo de alerta, em várias intensidades, que entra em ação quando se desenha uma ameaça à sobrevivência. Ele tem a função dupla de proteger a vida e de evitar a morte. Referimo-nos aqui à morte corporal e à morte psíquica. O medo como defesa tem rápida resposta por estar implicado na ameaça à vida. Busca a fuga, o enfrentamento com embate, ou a submissão, como última opção de sobrevivência psíquica.

O neologismo alienação parental, entre nós, transformado em lei, conjuga Violência, Poder e Medo. É a nova forma de violência contra a mulher e a criança, é a vivência do Poder que esmaga a vulnerabilidade, é a prática da exacerbação da sensação de medo agudo que se torna crônico. Cunhado com o propósito de defender pedófilos/ofensores, promovendo a perda de guarda da mãe e seu afastamento, com

---

10 CHILDHOOD. *Escuta de Crianças e Adolescentes em Situação de Violência Sexual* - Aspectos Teóricos e Metodológicos. Ed. UCB. Brasília, 2015.

o rompimento da vida da criança, tem efeitos deletérios pela sua característica predadora de afeto, de continuidade, e, sobretudo, de adversidade nefasta da maturação de estruturas e funções cerebrais, desrespeitando assim o desenvolvimento infantil. Como preceito dogmático, a perda da guarda da mãe por alegação da prática de alienação parental, avançou sobre a advertência e a multa, previstas na lei, e se tornou protagonista, e, com celeridade espantosa.

Mesmo convivendo, com os vários níveis atuais de morte apontados pela Ciência, que incluem até o que a Medicina denomina de zona cinzenta, estados de coma irreversíveis, com morte relativa a determinados conceitos de funções vitais, faz-se necessário refletir sobre a morte psíquica, e seus vários estados, por vezes, também irreversíveis, mesmo que a vida biológica se mantenha.

A exposição continuada ao impacto do extremo estresse produz repercussões psicopatológicas da ordem do estresse pós-traumático deixado nos soldados que foram à guerra. Quando a guerra era, essencialmente, a exposição à morte e às mortes. As conhecidas "neuroses de guerra", que abrangiam desde uma leve irritabilidade com certos ruídos, até quadros persecutórios invalidantes, têm correspondência nas sequelas instaladas nas crianças que sofrem abuso sexual incestuoso.

É uma forma nova de violência de gênero. O ataque devastador à maternidade e à maternalidade da mulher. Lamentável que os operadores de justiça não se deem ao trabalho de ler a etiologia de um pseudoconceito que não foi aceito pelas organizações mundiais de saúde. Que não se interessem por saber a etiologia desta estratégia. Gardner era ele mesmo pedófilo e se suicidou quando soube que o FBI tinha iniciado uma investigação baseada nas denúncias de abuso sexual de crianças feitas contra ele.[11]

É do conhecimento de especialistas e também de leigos que maus tratos físicos, sexuais e emocionais, durante o desenvolvimento infantil, tenham relação com dificuldades emocionais e problemas psiquiátricos na vida adulta. O sistema límbico responde por esta função de processar as emoções. No entanto, estudos e pesquisas,[12] evidenciam que não se restringe ao desenvolvimento psicológico apenas. Não muito difícil de entender, os abusos sexuais intrafamiliares perpetrados a uma criança, também danificam estruturas e funções cerebrais que estão em desenvolvimento.

O ingrediente Medo, protagonista da exposição ao impacto do extremo estresse que ocorre na vivência do abuso, é apontado como relacionado à atrofia de estruturas cerebrais, tais como o hemisfério esquerdo, o hipocampo e a amígdala, e a já conhecida relação com o sistema límbico, apontado como responsável pelo processamento

---

11 IENCARELLI, A. Violência, Poder e Medo, A letalidade psíquica da lei de alienação parental. *In: A Invisibilidade de Crianças e Mulheres Vítimas da Perversidade da Lei de Alienação Parent*al – Pedofilia, Violência e Barbarismo. Florianópolis: Conceito Editorial, 2019.

12 TEICHER, M. *Wounds that time won't heal*: the neurobiology of child abuse. Vol.2. Dana Press. Duetto Editorial, 2000, p. 50/67.

das emoções. O hipocampo é tido como de importância na função da memória verbal e na memória emocional. A amígdala está relacionada ao conteúdo emocional da memória, principalmente sentimentos de medo e reações agressivas.

Violência e medo parecem emanar da mesma estrutura cerebral. E, como o corpo da criança está em crescimento, faz-se necessário considerar que este crescimento sofre alterações de hipertrofia ou de atrofia fisiológica, o que acarreta alteração da função que esta estrutura exerce.

Se, a principal função da amígdala é filtrar e interpretar informações relacionadas com a sobrevivência e necessidades emocionais prementes do indivíduo, o que desencadeia as reações agressivas por proteção e preservação da vida, temos o medo protagonizando a resposta ao impacto de extremo estresse. E, na sequência, a violência reativa.

Vítimas de incesto, para além das sequelas psicológicas já conhecidas que se processam por conta do sistema límbico, têm uma acentuada incidência de anormalidades nos traçados de EEGs (eletroencefalogramas), configurando quadros de Epilepsia de Lobo Temporal, com um percentual considerável entre grupo de pessoas que sofreram abusos precoces. Irritabilidade, ansiedade, impulsividade, delinquência, abuso de substâncias, impulsos automutiladores, pensamentos ou tentativas suicidas, são alguns dos comportamentos relacionados ao efeito do abuso precoce sofrido, físico ou sexual. Lembrando que além das alterações de estruturas cerebrais, a superexposição ao extremo estresse, também os neurotransmissores que inibem e atenuam a excitabilidade elétrica sofrem uma redução, permitindo assim que a atividade elétrica seja excessiva, o que pode desencadear crises, inclusive, convulsivas.

Outro aspecto pouco estudado se refere à questão endocrinológica das crianças vítimas de abuso sexual continuado. Como se observa, a maior incidência de penetração nas atividades sexuais entre adultos e crianças é a penetração anal digital. O dedo indicador ou o dedo médio são, muito frequentemente, usados para praticar atos libidinosos com meninas e meninos porque não deixam as famosas e ainda demandadas em juízo, "provas materiais". A penetração anal digital não rompe hímen nem deixa sêmen. Este, por vezes é deixado sim no reto, principalmente de bebês porque se mistura nas fezes das fraldas. Também sem possibilidade de comprovação de materialidade porquanto não se tem notificação nenhuma das ocorrências com bebês. Só temos constatações através de Operações da Polícia Federal, que restam em sigilo. Apenas a notícia destas imagens e vídeos feitos com bebês encontrados pelos policiais nas páginas da pornografia infantil da internet. Portanto, nenhuma contabilização. Só a indignação dos que são obrigados a ver por serviço.

A massagem feita por via anal em órgãos internos da criança também não são contabilizados nem estudados. Mas, não é difícil pensar que um dedo de um adulto em relação às dimensões do corpo das crianças de 2, 4, 6 anos, alcança glândulas como a próstata nos meninos e os ovários por fricção ao útero nas meninas, estimulando-as na produção precoce de hormônios sexuais que fazem parte do crescimento hormonal que se faz, portanto, anômalo. Não encontramos literatura desta questão.

Temos apenas a hipótese, e a observação empírica de precocidades glandulares. Não há como obter provas materiais desta prática tão frequente. Não nos é possível capturar impressões digitais dos dedos indicador e médio de um adulto no canal anal de uma criança.

É necessário que haja uma confluência de conceitos e funcionamento que transbordam a questão das sequelas psicológicas, para que se possa compreender os diversos vetores do desenvolvimento infantil. Um olhar sobre o desenvolvimento cognitivo, incluindo algo sobre a aquisição da memória, e o desenvolvimento linguístico.

É neste terreno, ainda em desenvolvimento, que ela inicia sua concepção e experiência de Poder. A violência da transgressão pela violação de seu corpo, embaralha todos os rudimentos fundamentais de seu código de ética de convivência familiar. E, isto, é impeditivo para a aquisição de respeito à Lei. Este é um obstáculo para a boa formação de uma ética e uma moral adequadas à vida de cidadania.

Ocorre que, apesar de sua lógica fisiológica, todas as alterações carecem de pesquisas entre nós. Sofremos da deficiência de estudos científicos que sigam padrões objetivos. O comportamento humano pode ser objetivado. Com o advento do dogma da alienação parental, por exemplo, temos a impressão que o abuso sexual intrafamiliar acabou, contrariando os escores brasileiros de pedofilia. Há que se ter a curiosidade científica de saber que efeitos fisiológicos, psicológicos, e sociais são promovidos pelo impacto do extremo estresse continuado do abuso sexual intrafamiliar.

A realidade hoje é que os conhecimentos científicos pesquisados e evidenciados ao longo de muito tempo estão sendo ignorados. A insensibilidade está instalada banindo por completo o mais simples bom senso. Parece haver intencionalidade na atitude de punir a mãe que denuncia um abuso ou violência, e a criança que revelou uma questão incestuosa. O ataque à maternidade e à infância, promovido pela lei de alienação parental é indelével. A criança relata um abuso sexual intrafamiliar, fornece detalhes, descreve, pormenorizadamente, aspectos e momentos da prática sexual de um adulto, e é, sistematicamente, desqualificada.

O título dado à criança de "Sujeito de Direito" não lhe é conferido porque sua voz não é reconhecida. As teorias, os estudos, as pesquisas, o conhecimento e a experiência de especialistas que fazem Ciência, não são considerados.

4. Retratação e Cidadania

É a Violência que subverte a ordem da realidade. Para uma mente em formação, que busca, rigorosamente, os dados de cada conhecimento, este é um momento de destruição.

É o Poder absoluto, déspota e cruel, que obstrui a estruturação de algum Código de Ética, quando a regra de certo e errado é rasgada por alguém que a criança ama, obedece, depende, e, sobretudo, se identifica. A primeira lei é desorganizada e fica impedida de construir uma estruturação, porquanto é demolido o critério da igualdade, da repetição uniforme, da classificação e da seriação das regras.

É o Medo que vai permanecer. Ele não é o parceiro adequado para constituir a o fundamento da lei. Medo de sofrer punição, medo de fazer a mãe ser espancada, presa ou morta, as ameaças do abusador, medo da culpa auto atribuída, medo de perder os privilégios dados na sedução do abusador, medo de lembrar o segredo que lhe persegue diuturnamente, medo de esquecer e soltar uma informação do segredo. Como desenvolver um Código de Ética sob a égide do medo. Como classificar? A experiência do álbum de figurinhas que classificava e seriava, permitindo a aprendizagem de regras rígidas e claras que compunham o roteiro da sofisticação cada vez maior para que, ao cabo do desenvolvimento cognitivo, conseguisse se apossar de um longo e complexo código de leis. Como fazer uma seriação de atitudes sócio-afetivas mais desejáveis ou menos aceitáveis?

A deformação instalada, em seu esboço de código moral, pela prática da transgressão essencial do abuso sexual incestuoso, promove o desvio da aquisição do que seria este processo. Há uma fenda na compreensão e no cumprimento de uma regra, de uma lei. A sexualidade deformada de um adulto é permitida mediante sedução e intimidação, eficazmente, misturadas. Somente esta condição, fazer em segredo algo proibido, em associação com alguém que tem em sua figura a definição de protetor, é capaz de fazer obedecer esta lei. Ou seja, apenas em submissão absoluta, única condição, ocorre uma possibilidade de obediência à regra, à lei. E esta não é uma condição de consistência para um processo de aquisição de um código de leis, nem mesmo simples. Por este prisma, também não se tem perspectiva, portanto, de cidadania.

Ao revelar um abuso sexual intrafamiliar, a criança se depara com algo muito diverso de seu tão sonhado desejo de descanso. É punido com a Privação Materna prescrita pela Lei de Alienação Parental. Entregue, judicialmente, ao pai, como tem sido de praxe, na maioria das vezes com aparato policial de armas em punho, esta criança sente um Medo muito maior. Ao pensar que iria começar a organizar um esboço daquela regra inicial e simples, "pode" e "não pode", ela encontra a punição, acompanhada da perda da mãe, do seu animal de estimação, do seu quarto, dos seus pertences, do seu lugar de referência. Este é o resultado de seu esforço para organizar *certo* e *errado.* Pela sua imaturidade, acaba por sucumbir. Precisa desistir. Inicia-se o processo de adaptação ao abuso sexual incestuoso. E rapidamente, por economia psíquica, ela faz a Retratação. Exigida pelo abusador, almejada pelos operadores de justiça que então se sentem convencidos de que "acertaram".

Esta, a *Retratação,* é a dimensão mais destruidora da possibilidade de aceder à cidadania:

> O processo de adaptação à situação de abuso sexual incestuosos tem na presença do abusador seu elemento patrocinador. Uma vez que muitas vezes relatado e não escutado pelas pessoas que detêm o Poder decisório, a criança adere à desistência. Este é um momento que inicia uma longa degradação de sua autoconfiança. Conhecendo a verdade, mas sendo

> obrigada a desistir dela por uma questão de sobrevivência psíquica, e, por vezes, física, a criança abre mão da realidade. A retratação de uma revelação de abuso sexual incestuoso traz graves danos psíquicos permanentes. A mistura de sedução e intimidação, a sucumbência ao medo das ameaças feitas pelo pai abusador, associada à crença de que, assim, está protegendo a mãe, empurra a criança para se desdizer no que foi uma coragem ter revelado. Esse estrago não conseguimos ainda dimensionar.[13]

A *Retratação* é uma mentira que passa a ser mostrada como uma verdade. Mas a criança sabe que é falsa. É o ato de oficializar a mentira, de operar uma cisão na mente, a despeito das situações psicóticas, quando a mente se desprende da realidade e adere à não realidade delirada ou alucinada. Sendo que aqui, é para manter a sobrevivência psíquica. Esta operação de cisão tem um custo muito alto, e para diminuir um pouco o peso dela, a criança, muitas vezes, adere à identificação com o agressor. Reside aqui, nesta identificação com o agressor, a possibilidade de trilhar o mesmo caminho, ou seja, de vir a repetir na vida adulta o comportamento de cunho abusivo, de qualquer tipo com outros vulneráveis ou maus fracos. É o jogo de opressor e oprimido que é aprendido por experiência concreta.

Não se acede à cidadania pela leitura da Declaração de Direitos Humanos, ou assistindo a uma Palestra sobre nossa Carta Magna, ou sobre o novo Código Penal Civil. A Cidadania é uma atitude interiorizada, que, podemos afirmar, em certa medida independe da Letra da Lei. Se, por um lado, necessitamos do ordenamento escrito de regras, limites, direitos e deveres de uns para com os outros, é na subjetividade que a verdadeira lei que rege a relação com o outro e com os outros, está inscrita.

Portanto, ouso dizer que a cidadania nasce e se desenvolve de par, no compartilhamento, com a Empatia. Nascem juntas, Cidadania e Empatia, trocando e se retroalimentando, do simples "não". É a negativa, os primeiros "não pode" que inauguram esta capacidade que deve se tornar, pouco a pouco, complexa, relativizando e seriando importâncias, conferindo existência ao não eu.

Quando Spitz definiu as fases do desenvolvimento afetivo da criança em 3 Organizadores, o sorriso como resposta social, a angústia do 8º mês como o medo protetor do estranho, e o "não" como a identificação com o adulto interditor, brilhantemente, ele nos trouxe uma linha de reflexão que, iniciando na busca do contato social, dimensiona, grosseiramente, o temor ao outro desconhecido para caminhar na direção da busca do poder sobre o outro pela interdição.

Segundo Spitz o aparecimento do primeiro sorriso, em torno dos 3 meses, é a primeira resposta social que o bebê passa a usar para interagir com as pessoas do seu entorno. O segundo momento se refere ao início da consciência rudimentar da vulnerabilidade, ou seja, o bebê tem uma noção simplória do perigo diante do estranho, daquele que não é a sua mãe, a sua figura preferencial. A criança responde com o cho-

---

13 IENCARELLI, A. Abuso Sexual, uma tatuagem na alma de meninos e meninas. 2. ed. São Paulo: Zagodoni Editora, 2019, p. 119/120.

ro e o pedido de colo assegurador da mãe. O terceiro momento do desenvolvimento afetivo é a fase do "não", quando, adquirindo maior mobilidade, seja engatinhando seja andando, a criança começa a ouvir muito "não pode". A criança se identifica com este adulto que a interdita destes movimentos e objetos "perigosos" para ela, e passa a dizer "não" para todos do seu entorno. Estes três momentos do desenvolvimento, são organizadores da mente da criança. E está aqui, o nascedouro da mais simples cidadania. Partindo da limitação que lhe é importa pela mãe/ambiente, a criança tem sua primeira experiência de um protocódigo.

Também o desenvolvimento da linguagem obedece a regras linguísticas que se iniciam na nomeação de pessoas afetivamente cruciais, mãe e pai, objetos concretos, palavra-frase, que relata sucintamente um desejo ou uma ação, (por exemplo, "aua" quer dizer: estou com sede e quero água), para depois aprender os advérbios e as conjunções que constroem os pensamentos simples. Também em relação à linguagem, a aquisição dos códigos contidos na comunicação vai se complexando à medida que a cognição também acede etapas mais complexas de pensamento.

A cognição, sempre sob a égide do pensamento concreto, partindo do raciocínio sensório-motor, caminha no sentido do pensamento de raciocínio lógico, e acede à possibilidade de realizar classificações e seriações, tão indispensáveis à formação de um ordenamento social.

Este conjunto de vetores deve, no seu dinamismo, seguir com relativa harmonia para que a capacidade de pensar possa contemplar um código cada vez mais amplo e complexo.

Os Cuidados Maternos têm importância crucial na saúde mental do ser humano. Segundo Bowlby, além do medo do estranho, do não familiar, o bebê sofre da ansiedade da separação da mãe. São dois comportamentos interligados, mas distintos. Tanto os Cuidados Maternos, sua presença, ausência ou quando há a figura da mãe substituta, quanto o Medo diante do estranho, têm sido estudados por vários autores. A correlação da ausência de mãe com doenças mentais na vida adulta. Há décadas que são estudados os efeitos da ausência materna em crianças abrigadas por abandono.[14] No entanto, estes estudos não contemplam a nova forma de abandono afetivo forçado da mãe pela punição baseada na crença da alienação parental. Hoje, temos uma quantidade de crianças que estão crescendo proibidas, judicialmente, dos cuidados maternos. Esta é uma situação de abandono afetivo materno forçado consequente do caráter coercitivo e punitivo da lei de alienação parental que desenha uma equação com a situação da criança abrigada. Sendo que aqui, ela passa a entender que o pai abusador tem Direito à explorar, por violência física ou sexualmente, seu corpo.

Quando pensamos em aquisição de um código de convívio social, de exercício de cidadania, precisamos considerar que, como ele não vem pronto, ele é fruto, ao longo da infância, das experiências das relações afetivas e sociais, nos deparamos com

---

14 SPITZ, René. *De la naissance à la parole, la première anée de la vie de l'enfant*. Paris: P.U.F., 1968.

um obstáculo. Como ter um código internalizado quando a vivência experienciada foi de desfalque de cuidados maternos associada à prática da transgressão vivida pelas crianças vítimas de abusos sexuais incestuosos? Não é possível esperar que uma mente em desenvolvimento, com seus recursos ainda em crescimento e em processo de maturação, que esta mente operacionalize um ordenamento de regras e leis que é permeado pela *empatia.* Se a experiência deixou o saldo de que não houve escuta, não houve crédito, não houve solidariedade, não houve respeito pela sua integridade física, mental e moral, como esperar que esta criança possa fazer uso de um código justo que inclua o outro e ela mesma na vida adulta?

A cidadania fica comprometida ou obstruída quando as experiências da infância consistiram na exposição ao impacto do extremo estresse, violência física e sexual.

5. Conclusões

Escolhemos este segmento de crianças por se tratar, atualmente, de uma tendência dogmática que tem sua maior incidência entre a população das camadas socioeconômicas mais favorecidas entre nós. Sabemos que o abuso sexual intrafamiliar atinge todas as classes socioeconômicas, mas, é na chamada "elite intelectual" que esta perversão assume proporções mais desastrosas por causa da proximidade com o Poder constituído, acessível a estas classes mais privilegiadas. Portanto, entendemos que temos a perspectiva de, por força da engrenagem social, termos estas crianças vitimadas pela transgressão intrafamiliar, em postos de gestão, direção, governança, como profissionais liberais, como Operadores de Justiça, enfim, em lugares sociais de onde repetirão a conduta transgressora, na micro sociedade, a família, ou na macro sociedade. Ou, teremos, como nos casos mais gravemente afetados, estes postos vagos pela invalidez causada pelos maiores traumas nestes mais debilitados.

A Jurista, Juíza do Tribunal Superior Constitucional de Portugal, Maria Clara Sottomayor,[15] observa o vício de raciocínio circular da tese engendrada por Gardner, defensor da Pedofilia como benéfica para a criança.[16] Segundo Sottomayor, nos casos em que há queixa de abuso sexual incestuoso, não provado, a guarda é invertida para o pai, desrespeitando o melhor interesse da criança, qual seja, desrespeitando ser a mãe a pessoa de referência para a criança, assim como os danos que resultam da separação, desconsiderando ainda o Tribunal que o arquivamento do processo-crime não significa uma presunção de que a mãe mentiu, nem que há abusos, efetivamente,

15 SOTTOMAYOR, Maria Clara. *Regulação das Responsabilidades Parentais em Casos de Divórcio.* Coimbra: Almedina, 2011. A autora, em seu artigo "A "Alienação Parental" como Estratégia Defensiva de Agressores sexuais de Crianças", republicado no livro A Invisibilidade de Crianças e Mulheres Vítimas da Perversidade da Lei de Alienação Parental – Pedofilia, Violência e Barbarismo", p. 109.

16 GARDNER, R. *True and false accusation of child sex abuse.* New Jersey: Creative Therapeutics, 1992, p. 24/25.

praticados que nunca chegam a provar-se.[17] Clara Sottomayor chama a atenção para "a falta de neutralidade e de rigor na investigação dos crimes quando o suspeito é o pai."

Esta lei da alienação parental virou uma pandemia porque dá celeridade aos processos das varas de família, que se interpõem ao curso que deveria ser pela via da Infância e Juventude. Não há investigação nem do abuso do pai alegado, nem da alienação parental gritada pelo pai para se defender do abuso. Uma, duas, três, quatro, psicólogas, ou mais, fazem séries de entrevistas intermináveis, levando à exaustão da criança, e usando o olhômetro em sistema de tortura de acareação. Quando fazem uma sala de espelhos, o pai está atrás do espelho e a criança sabe. A experiência de lei que fica como saldo para a criança é que ela não tem crédito, não é respeitada na dor de ter seu corpo violado por alguém que ela ama e obedece, que pode fazer uma "lei" paralela.

Um dos grandes danos para estas crianças, que não são poucas, considerando-se a crescente onda de pedofilia, sendo o Brasil um dos primeiros no ranking mundial, é que não há como elaborar um código de conduta, não há como seguir um conjunto de regras, quaisquer que sejam. Para esta grande quantidade de crianças, que tiveram a infância cedida à perversão e falsificação, à inversão de valores, mas, que têm a perspectiva de ocupar lugares e cargos na sociedade futura, pelo pertencimento à classe social e econômica dominantes, a uma chamada elite intelectual, a única maneira de obedecer uma lei, ficou tatuado, é em situação de opressão, em mistura perversa de sedução e medo. O critério do medo obstrui o acesso à reflexão, ao respeito, fundamental ao convívio com o outro. Esta não é a condição, minimamente, básica pera se formar um código de conduta que haja cidadania.

A prática banalizada de afastar a mãe, rompendo, sumariamente, o vínculo afetivo visceral materno, porque não se logrou a comprovação da ocorrência do abuso sexual em provas materiais, tem deixado como saldo o *Maternicídio*, a obstrução e proibição do exercício da maternidade. Pelo lado da criança, temos a *Privação Materna,* estudada por vários autores, quadro de sequelas conhecidas e reconhecidas nas crianças que foram abandonadas por suas mães, e restam nos abrigos. Os danos são, absolutamente, equivalentes.

Gardner, o inventor do termo que se aproveita das emoções do luto pelo final de um projeto a dois, uma relação amorosa que finda e seus dois componentes buscam "o culpado", escreve: "as atividades sexuais entre adultos e crianças fazem parte do repertório natural da sexualidade humana, porque a pedofilia é benéfica para a criança, porque a torna sexualizada, e faz com que ela anseie pelas experiências sexuais, que redundarão na preservação da espécie".[18]

A pandemia de alienação parental está condenando uma legião de mães que são devastadas e perdem tudo como pessoa, inclusive sua capacidade econômica e

---

17 SOTTOMAYOR, Maria Clara. Op. cit.

18 GARDNER, R. Op. cit.

financeira. Passam a ser um peso para a sociedade. A pandemia de alienação parental está condenando uma legião de crianças que, evidentemente se adaptam à situação de violência, e crescem na transgressão e na perversão dos abusos. Serão incapazes para o exercício da cidadania.

Assim,

1. Considerando, que entre os 7/12 anos, o desenvolvimento cognitivo é processado em operações por raciocínio concreto, sem prescindir da ação dos sentidos que são responsáveis pela visão de mundo nesta fase, ou seja, sem poder se destacar dos objetos perceptíveis, que a criança dá os primeiros passos no pensamento lógico, entre os 11/12 anos,

2. Considerando que esta aquisição do pensar lógico permitirá à criança fazer classificações e seriações, dos 7 aos 12 anos ainda dentro do raciocínio concreto, operações fundamentais no processo para a aquisição de conhecimento, e para a elaboração de qualquer código social,

3. Considerando que a memória da criança é experiencial, e também percorre o raciocínio concreto,

4. Considerando que o código rudimentar de regras de convívio afetivo e social se amplia através da progressiva organização mental, através das experiências concretas vividas pela criança,

5. Considerando que a condição de transgressão da exposição ao impacto do extremo estresse, violências físicas e sexuais, é incompatível com um código que respeite critérios claros e consistentes,

6. Considerando que a punição executada, a *Privação Materna Judicial,* nascedouro de doenças mentais, é, também, desorganizadora do processo de formação de caráter, trazendo, precocemente, para a criança a experiência da crueldade e da perversão,

Podemos afirmar que a Cidadania fica, severamente, comprometida ou obstruída, na ocorrência da Privação Materna, quando a criança se desenvolve em ambiente transgressor, quando ela cresce exposta ao impacto do extremo estresse, enfim, quando Direitos Humanos são violados na Infância.

O testamento como exercício do cuidado e da cidadania

Antônio Carlos Mathias Coltro

> *"Êste novo testamento/ revoga o ante passado / Porém se, a cada momento, / como até aqui se tem dado, // eu continuar a fazê-os, / não deixo nada a ninguém, / nem reinados, nem castelos.../ Governem-se com o que têm" (Branquinho da Fonseca (1905), "Testamento". Em Presença, nº 14/15).*

1. O testamento, como expressão em vida do derradeiro alvitre do testador, representa tanto a demonstração sobre a possibilidade de se dispor sobre o quanto seja pretendido para depois da morte, dentro do permitido e lícito, quanto a indicação de uma das formas pelas quais pode se dar o exercício da cidadania, sem desconsiderar tratar-se de viva demonstração da prática do cuidado, já que no exercício da liberdade que a lei confere a todos e segundo os limites por ela própria impostos, aquele que elabora o ato de última vontade pode, exercitando o que o progresso do individualismo lhe confere, estabelecer o que entenda preciso, tanto a respeito de seus bens, quanto sobre aspectos outros que tenha como recomendável deliberar.

Tem-se notícia de atos com características testamentárias nas Sagradas Escrituras, como quando Jacó, regulando a ordem de suceder entre seus filhos, dá uma dupla parte à José, em relação ao concedido a seus irmãos, em benefício de seus netos [1].

No Egito, autores divergem quanto à existência do instituto. Na Índia, como na Legislação Mosaica, encontra-se desconhecimento quanto ao uso. Posteriormente às reformas de Sólon, em Atenas e à guerra do Peloponeso, em Esparta, é que se conhece da sucessão por testamento.

O vocábulo testamento possui origem etmológica debatida, pois, "Enquanto alguns acreditam que tenha sua origem no verbo *testari* (testar, ser testemunha), pois a declaração de vontade fazia-se perante testemunhas, outros querem ver a sua formação na expressão *testatio mentis*, esclarecendo as *Institutas que testamentum era quod estatio mentis* (2.10)", como leciona o mesmo Arnoldo Wald [2], que observa ter significado ele, na Antiguidade, "[...] qualquer pacto, ou seja, declaração de vontade unilateral ou bilateral, sendo dinsônimo de decreto, diploma, estatuto" [3]

No Direito Romano, anteriormente à Lei das XII Tábuas, surgiram as primeiras formas de testamentos: a – *in calatis comitiis* – realizado em tempo de paz, frente às Assembléias Patrícias; b – *in procinctu* – em tempo de guerra, perante o exército pron-

---

1 Manoel Ubaldino de Azevedo – 1965, Saraiva, SP, Testamentos, – p. 15

2 Dreito Civil Civil, Direito das Sucessões, 2009, SP, 14ª.ed., reformulada com o concurso de Guilherme Calmon Nogeuira da Gama e João Ricardo Brandão Aguirre

3 Direito..., vol. cit., p. 129, nº 2

to para a batalha. Ambas a formas eram destinadas aos patrícios, dela não podendo fazer uso os plebeus.

Sob o aspecto filosófico da liberdade de testar, Arnoldo Wald observa, que,

> "Desde Platão, tem sido objeto de controvérsias o direito de testar, como projeção da propriedade após a morte do titular, havendo quem visse na faculdade de dispor dos bens *mortis causa* um reconhecimento, no plano material, da imortalidade da alma" e, muito embora tenham se oposto a tal

Possibilidade,

> "[...] os arautos da Revolução Francesa (Robespierre, Mirabeau) e pelos defensores das idéias socialistas, o instituo da sucessão testamentária mantém-se e perdura no direito contemporâneo, embora com certas restrições, seja em favor de herança legítima ou necessária, seja através de uma intervenção oblíqua e indireta do Estado, que, por meio do Imposto de Transmissão, arrecada parte da fortuna deixa pelo *de cujus*", também conforme Wald [4].

Talvez a maior razão às oposições à prática testamentária seja o mau uso do testamento, cumprindo observar, com Vitali, citado por Orosimbo Nonato [5], não justificar o mau uso de um direito, a sua proscrição.

Mirabeau, um dos opositores da sucessão testamentária, pedia não a extinção do direito, mas sua restrição, havendo, ao fim de sua vida, feito o próprio, o que serve a indicar a importância de tal instituto.

2. A partir da Lei das XII Tábuas, puderam os plebeus testar, sem que houvesse a intervenção da Assembléia.

Denominou-se tal testamento *"PER AES ET LIBRAN"* e fundava-se na MANCIPAÇÃO, consistindo numa venda ficta da sucessão feita ao futuro herdeiro (*familiae emptor*) pelo testador (*familiae venditor*), ante o oficial público (*libripens* – porta-balança), perante cinco testemunhas (*antestata*), que não podiam ser menores, surdos, mudos, funcionários, mulheres, assim como o ato deveria ser ininterrupto. Muitas destas exigências, como veremos, permaneceram até os dias de hoje.

3. Testamento mais simples, posterior ao *per aes et libran*, foi criado pelo Pretor romano, Nesta nova forma, houve a substituição do oficial público e do futuro herdeiro, por mais duas testemunhas, motivo pelo qual denominou-se *"TESTAMENTUM CUM SEPTUM TESTIBUS"*.

---

4 Direito Civil ..., mmo. vol., p. 125, nº 1

5 Orosimbo Nonato – ob. Cit. – Prefácio,

A aquisição da herança por tal testamento efetivava-se com a apresentação do indivíduo, com o testamento, ao Pretor ou ao presidente da Província, e lhe era então, concedida a *bonorum possessio secundum tabulas*.

4. Em 439, foi o testamento romano modificado por Teodósio II e Valentiniano II, que unindo todas as espécies, organizaram e criaram uma forma única, que foi mantida por Justiniano nas Novelas 18 e 115, e chamou-se *"TRIPERTIUM"*. Houve também a confirmação do testamento de viva voz (NUNCUPATIVO), ante sete testemunhas.

A seguir, surgiram o testamento PÚBLICO (*CORAM PRINCIPI*, se aprovado pelo Imperador ou Príncipe, e *APUD ACTA*, quando aprovado pela Autoridade Judiciária), e o PARTICULAR (solene, menos solene, privilegiado).

5. Na Idade Média o testamento caiu em desuso e no Direito Canônico foi restabelecido, denominado então *ad pias causa*. Equiparava-se ao pecado mortal morrer sem testamento e, assim, os herdeiros procuravam suprir tal acontecimento com legados às Instituições Religiosas. Tais práticas foram adotadas pelas Ordenações Afonsinas. Tal situação teve a oposição de Pombal e Mello Freire, havendo leis que as proibiram, sendo, com a morte de Pombal, revogadas.

Consoante Orosimbo Nonato, "Em *res derelicta* não se converte o patrimônio com a morte do respectivo titular", acrescentando que o entendimento diverso se constituiria, "[...] como diz Voirin, ´um trouble social`: as exigências de ordem no consórcio civil fazem da sucessão uma necessidade, associando-se a "[...] esse fundamento social", a "[...] base na lógica jurídica, discursando ao propósito Lopes da Costa:

> ´A transmissão das obrigações *causa mortis* tem um fundamento social e um fundamento jurídico que o reflete. O primeiro é que a solidariedade humana não se pode reduzir únicamente ao espaço, mas tem necessáriamente que abranger o tempo.
> Ninguém pode afirmar que viverá o necessário para levar a termo a missão que o destino lhe impôs. A sua atividade, entretanto, irá provocar o aparecimento de uma série de relações, que a morte não poderia eliminar, se que a mais profunda anarquia dissolvesse a ordem moral, a ordem jurídica e a ordem econômica.
> O outro fundamento é que o patrimônio individual constitui uma universalidade, um conjunto indivisível de direitos que passam ao sucessor universal sem que, nesse deslocamento de seu centro de atração, percam a universalidade que é o seu traço definido" (Da Responsabilidade do Herdeiro e dos Direitos do Credor da Herança, no. 3)`" [6].

Para Ana Lúcia Alves Feliciani,

> "Entre os antigos, o direito de propriedade deitava suas raízes na religião, ´tendo-se estabelecido para efetivação de um culto hereditário, não podia extinguir-se ao cabo da vida curta

6 Estudos zôbre sucessão Testamentária, vol.I, Revista Forense, RJ, 1957, pp. 17/18, nº 1

> do indivíduo`. 1 A religião determinava que os bens e o culto de cada família seriam inseparáveis, enquanto o cuidado dos sacrifícios, ou seja, as oferendas sobre o túmulo passavam sempre àquele a quem a herança revertia, qual seja, ao herdeiro. 2 Isso porque a religião doméstica era ´hereditária, de varão em varão, a propriedade igualmente o era`" [7].
> "Preleciona Alfredo Di Pietro que a sucessão hereditária sempre esteve ligada em Roma à família, a ponto de o termo família equivaler ao patrimônio hereditário transmissível (*Derecho Privado Romano,* p. 346)" [8], na alusão de Ney de Mello Almada, acrescentando, que, "[...] a sucessão testamentária teve importância memorável devido ao fator religioso, pois a nomeação de herdeiro destinava-se a assegurar a manutenção do culto dos ancestrais" [9] e acentuando: "Patrimônio, família e religião eram valores conaturais ao processo de vida do romano, certo que a eleição de um sucessor correspondia a um dever a um só tempo político e místico, porquanto a hereditariedade era envolta em misticismo ou daquilo que há de mais poderoso sobre as almas, como salienta Fustel de Coulanges" [10].

Refere a autora antes invocada, ademais, advir o sentido do vocábulo *Sucessão*, do,

> "[...] latim succedere, significa "vir depois". Eduardo de Oliveira Leite ensina que ´a palavra 'sucessão' tem duplo sentido na linguagem jurídica. Em sentido próprio (ou restrito) ela designa a transmissão de bens de uma pessoa em decorrência de sua morte. Como transmissão, a sucessão estabelece uma ligação entre duas pessoas`, o autor da herança, também denominado de cujus, e o sucessor. Em sentido lato, sucessão designa o ato pelo qual uma pessoa toma o lugar de outra, substituindo-a no campo das relações jurídicas, havendo apenas alteração de sujeitos, mantendo-se o bem jurídico [11], importando, tanto para essa doutrinadora, quanto para o presente trabalho, o primeiro de tais sentidos, determinando o Código Civil, em seu art. 1.786, que, *A sucessão dá-se por lei ou por disposição de última vontade*, sendo óbvia a alusão, a segunda parte do dispositivo, à figura do testamento!".

Indica a doutrinadora, mais, sobre referir John Gilissen que a literatura jurídica da época clássica em matéria sucessória, é "[...] quase exclusivamente consagrada ao testamento, não se ocupando senão muito acessoriamente da sucessão *abintestato"* [12].

Em sentido amplo, dá-se a sucessão quando ocorre a mudança de sujeito no direito, o que se verifica na mesma ocupação da coisa largada.

A idéia de *sucessão*, escreveu Lacerda de Almeida (*Sucessões,* pág. 10),

> "que está toda na permanência de uma relação de direito que perdura e subsiste a despeito da mudança dos respectivos titulares, encontra-se, frequentemente, no *Direito das*

7 Testamento por meio eletrônico: É possível? Https://seer.ufrgs.br/revfacdir/article/view/71046/40312

8 Sucessões, Malheiros, SP, s/data, p. 207, nota de rodapé nº 3

9 Op. Cit., p. 208

10 Ob. Ref., pp. 208/209, nº 1

11 Loc. Cit., p. 31

12 Testamento por meio eletrônico: É possível? Https://seer.ufrgs.br/revfacdir/article/view/71046/40312

> *Coisas*, onde a tradição a opera; no *Direito de Família*, quando a morte do marido transmite à mulher o pátrio-poder sobre os filhos e, principalmente, no *Direito das Obrigações*, onde aparece nos institutos da *cessão* e *sub-rogação*, sem falar da transmissão das obrigações de sujeito indeterminado, onde se manifesta clara a relação de sucessão" [13].

Observe-se, ante a referência ao pátrio-poder, denominar-se ele, no atual Código Civil, como *poder-familiar* (art. 1.630. Os filhos estão sujeitos ao poder familiar, enquanto menores), alterada, pois, a anterior denominação do instituto, assim. Tornando, todavia, ao tema de que ora se trata, infere-se dispor o mesmo Código sobre duas formas de sucessão *causa* mortis e que são a legítima e a testamentária.

6. A primeira de tais formas consiste na decorrente da mera imposição da norma legal, pois e como anotado por Tartuce, "[...] o legislador *presume* a vontade do morto, ao trazer a ordem de vocação hereditária que deve ser observada no caso de seu falecimento sem testamento" [14].

Quanto à testamentária e segundo o mesmo autor, representaria, no âmbito sucessório, "[...] a principal forma de expressão e exercício da autonomia privada, da liberdade individual, como típico instituto *mortis causa*", aludindo a Itabaiana de Oliveira, para quem, "[...] a testamentificação é uma das faculdades resultantes do direito de propriedade" e "A palavra vem de *testatiomentis*, que significa a *atestação da vontade*, a confirmação daquilo que está na mente do autor da herança. Além de constituir o cerne da modalidade sucessão testamentária, por ato de última vontade, o testamento também é a via adequada para outras manifestações da liberdade pessoal" [15].

7. No adequado conceito de Paulo Nader, "[...] testamento é modalidade de negócio jurídico unilateral, personalíssimo, formal, revogável, *mortis causa,* cujo objeto é a destinação de bens, para pessoas físicas ou jurídicas, respeitada a quota dos herdeiros necessários, ou disposição de natureza não econômica, expressamente admitida em lei"[16], estando em tal definição os elementos que o compõem e ora se passa a referir.

Quanto à sua natureza como negócio jurídico unilateral, desde logo se reconhece dever o ato amoldar-se ao em lei previsto para sua elaboração, possuindo característica especial, em que a capacidade ativa ocorre a partir dos dezesseis anos, idade em que se inicia a capacidade ativa testamentária.

Se há quem afirme sobre a natureza contratual do testamento, por sua eficácia – pese a condição unipessoal – depender da aceitação do legatário ou herdeiro, de

---

13 Estudos..., cit., nota nº 6, p. 18, nº 2

14 Direito Civil, vol. 6, Direito das Sucessões, 12ª ed., 2019, GEN-Forense, p. 156, nº 2.1

15 Direito Civil..., cit., vol. Ref., p. 381, nº 3.1

16 Curso de Direito Civil, vol. 6, Direito das Sucessões, Forense, RJ, p. 203.

outra parte entende-se que a essência do contrato está no encontro das duas vontades, que determina o acordo e isso é absolutamente ausente na vontade que é uma transação legal unilateral, em tradução livre a Francesco Degni, a que alude Paulo Nader, no original italiano [17].

Completando, anota Nader: "O hiato entre as duas declarações de vontade não descaracteriza a natureza de contrato, pois este não pressupõe que aquelas se verifiquem na mesma data. O fato de o testamento ser revogável não inviabiliza a tese, pois o mandato admite a revogação unilateral e constitui modalidade contratual".

Adverte o escritor referido por último, sobre abarcar a palavra *testamento*, no direito sucessório, duplo sentido: "[...] a) o negócio jurídico pelo qual alguém dispõe de seus bens *mortis causa* ou emite declarações de conteúdo não-patrimonial; b) instrumento que contém a declaração de última vontade, ou seja, o título comprobatório do negócio jurídico" [18], sendo que no quanto aqui expõe ter-se-á em conta o testamento conforme a primeira significação.

Como decorrência do antes mencionado e, como fato natural dando-se o óbito de determinada pessoa, ocorre relevante efeito jurídico, resultante da extinção de sua personalidade jurídica e conforme Mairan Gonçalves Maia Júnior, em seu extraordinário trabalho de doutorado, dá-se o fenômeno da sucessão, em que,

> "[...] há o ´ingresso de um sujeito na posição que outro ocupava`, ou seja, há efetiva assunção da posição jurídica anteriormente exercida pelo sucedido. Como diz Itabaiana de Oliveira: ´Sucessão é a continuação em outrem de uma relação jurídica que cessou para o respectivo sujeito`" [19]. Afinal e consoante o brocardo, *viventes non datur hereditas.*

A sucessão *causa-mortis* é a resultante da lei, enquanto a testamentária é a resultante da vontade do testador, e será objeto do olhar destas notas.

Ambas as formas são alvo de críticas, sendo certo, conforme Pacifi-Mazzoni [20], a que se refere Orozimbo Nonato, reunir a testamentária o maior número de opositores, tendo ao próprio Platão repugnado a idéia de que a vontade do homem, manifestada em vida, produzisse efeitos após sua morte.

Se a sucessão entre pessoas vivas pode ser onerosa ou gratuita, na decorrente da morte do titular do direito ela é gratuita.

Entre os romanos era, sob certa forma, uma "vergonha" o indivíduo falecer sem testamento e, da mesma para o Direito Canônico equiparava-se tal fato a pecado mor-

---

17 Curso..., cit., mmo. vol., p. 203, nº 67.3

18 Op. Cit., p. 203, nº 67.1

19 Sucessão Legítima, Thomnson Reuters-RT, SP, 2018, p. 95

20 Estudos..., cit., Orozimbo Nonato, Prefácio

tal [21], podendo-se concluir de tais informes a importância que já àquela época assumia o testamento.

No que tange ao fundamento do direito de testar, assinala Maria Helena Diniz constituir-se a possibilidade de dispor dos bens por tal meio, em "[...] corolário do direito de propriedade, como assevera Silvio Rodrigues, pois a norma jurídica completa a extensão desse direito, permitindo a seu titular, com uma amplitude maior ou menor, ditar o destino de seus bens após o seu falecimento" [22].

Não obstante as críticas que lhe façam e mercê de suas qualidades, que poderão ser percebidas no curso do trabalho, o testamento continua sendo adotado por grande parte das legislações modernas, o que serve como argumento para os que ainda assim continuam discutindo sua viabilidade.

8. Se o CC de 2002 eventualmente alterou as circunstâncias a serem consideradas para a efetivação de documento com tal teor, o fato é que não obstou sua concretização, prestando-se a própria razão norteadora de tal possibilidade a justificar ser possível aferir, em hipótese tal e uma vez mais, a materialização do *cuidado*, em viés outro e pelo qual ele se pode manifestar, demonstrando, na moldura ampla em que a *cidadania* se manifesta, o que se objetiva no cenário que neste artigo se procurará apresentar.

Quanto ao *cuidado* e pelo relevo merecido por tal circunstância e o espectro amplo que lhe pode ser atribuído, assinale-se ser tratado, hoje, como real *valor jurídico*, principalmente em momento no qual se percebe – e é muito clara tal constatação -, que o direito está se transformando, com especial atenção no que toca às pessoas e as circunstâncias a elas próprias, com relevo quanto à sua dignidade, consoante apontado e de maneira a não deixar dúvidas, pelo Prof. Guilherme de Oliveira, da Universadede de Coimbra [23].

Voltando ao quanto se vinha referindo e respeitante ao testamento e apese as críticas dos contrários a tanto, respeitou o legislador a possibilidade que dele se valham os que assim desejarem, manifestando a vontade para após a morte, a teor, aliás, do lembrado por Moreira Alves, citado por Ana Elisa da Silva: "O testamento é o testemunho justo de nossa mente feito de forma solene para que valha depois de nossa morte) (Ulpiano) (*Liber singularis regularum,* XX)" [24].

Conforme Carlos Maximiliano, apoiado em Endemann, "*Testamento* é um ato unilateral, de última vontade, gratuito e solene, contendo disposições

21 Manoel Ubaldino de Azevedo, 1965, Saraiva, SP, p. 18

22 Curso de Direito Civil Brasileiro, 6, Direito das Sucessões, 25ª. ed., 2011, Saraiva, SP, p. 199, nº 1-A

23 Pósfácio em O cuidado como valor jurídico, Forense, 2008, RJ, coordenação do próprio juntamente com Tânia da Silva Pereira

24 O Testamento e seus Elementos Constitutivos – Um Estudo Sobre a Manifestação de Vontade do Testador, em http://www.conteudojuridico.com.br/artigo,o-testamento-e-seus-elementos-constitutivos-um-estudo-sobre-a-manifestacao-de-vontade-do-testador,29894.html

patrimoniais ou providências de caráter pessoal ou familiar, exequíveis depois da morte do prolator" [25].

Aponta constituir, "[...] um ato, isto é, sem ser lavrado este, com todos os requisitos legais, a última vontade não tem eficiência; não se lhe obedece, não se cumpre"[26], acentuando Maria Helena Diniz, ao examinar as restrições à possibilidade de dispor, enfeixarem-se dois postulados, sendo o primeiro o da *autonomia da vontade* e o segundo inerente à *sobreposição da ordem pública*, que restringe tal liberdade[27], com isto indicando não ser ela absoluta, devendo observar-se o quanto a lei determina no referente ao espectro admitido para a elaboração do ato de última vontade.

É possível indicar, relativamente às características que lhe são próprias, as da *unilateralidade*, por dependente apenas da vontade de seu autor, que basta a conferir-lhe valia, sendo manifestação *personalíssima* e de *eficácia contida*, a não admitir a intervenção de terceiros quanto ao seu conteúdo e só produzir efeitos depois da morte do seu autor, admitida, ademais, sua *revogação*, pelo próprio e até sua morte, exigida, também e para sua validade, a *solenidade e formalidade* prescritas em lei consoante a espécie escolhida por quem o faz, não se submetendo, por fim, a ônus da parte de quem por ele seja beneficiado, por caracterizar-se em ato gratuito, sem implicar contraprestação daquele que é por ele beneficiado e em relação a quem, inclusive, o encargo que por hipótese se tenha estabelecido não tem o condão de entender-se como ônus que a ele se atribua.

Quanto a isso, aliás e como referido Por Orosimbo Nonato, em seus *Estudos sobre a Sucessão Testamentária* [28], com apoio em Tito Fulgêncio, a liberalidade estaria na parte que excede ao encargo estipulado.

No tocante ao aspecto formal, aliás, mencione-se ser ela *ad solenitatem*, pertinente, pois, à validade do documento e não com fim simplesmente probatório, sendo que o requisito formal implica em, se descumprido, na invalidação do ato, sem ensejo a eventual suprimento, na nota de Coelho da Rocha e Paulo Nader, sendo que, ressalvado o testamento nuncupativo, a teor do art. 1.896, onde previsto, que, "As pessoas designadas no art. 1.893, estando empenhadas em combate, ou feridas, podem testar oralmente, confiando a sua última vontade a duas testemunhas. Parágrafo único. Não terá efeito o testamento se o testador não morrer na guerra ou convalescer do ferimento".

Aluda-se, ainda e quanto à circunstância formal, o referido por Orosimbo Nonato, sobre valer o formalismo, na espécie, "[...] como garantia e salvaguarda [...]" da faculdade de testar [29].

---

25 Direito das Sucessões, 1942, Liv. Ed. Freitas Bastos, RJ/SP, vol. I, p. 354, nº 282

26 Direito das Sucessões, cit., mmo. vol., p. 355

27 Curso..., ref., vol. Cit., p. 201, alínea B

28 Estudos sobre Sucessão Testamentária, 1ª. ed., 1957, RJ, Revista Forense,vol. 1, § 14, p. 198

29 Estudos sobre Sucessão Testamentária, 1ª. ed., 1957, RJ, Revista Forense,vol. 1, § 148, p. 198

Outro aspecto da manifestação de última vontade representada pelo testamento diz respeito à possibilidade ser o ato ou alguma de suas cláusulas ser objeto de revogação pelo testador, dispondo o Digesto, segundo Paulo Nader: "[...] a vontade do defunto é variável até o último momento de sua vida" [30], para o que não é necessário justificativa, exceto quanto ao disposto no art. 1.609, III

Dúvida não há, outrossim e quanto ao fato de a admissão da sucessão testamentária se constituir, sob certa nuance, em uma manifestação, a mais, de respeito à dignidade da pessoa humana, como, "[...] qualidade intrínseca e distintiva reconhecida em cada ser humano que o faz merecedor do mesmo respeito e consideração por parte do Estado e da comunidade", na invocação a Ingo Sarlet [31], pois, como ora se refere, com isto respeita-se o direito de o testador deliberar o que tenha apropriado quanto a seus bens e para após a sua morte.

Somente se observados os requisitos estabelecidos em lei o testamento produzirá os efeitos que lhe são próprios, pois e ainda segundo Maximiliano, "Só se protege a vontade acorde com a lei: quando se quer e exprime o que a norma permite, o que é lícito, possível e compatível com os bons costumes, enquadrada na forma preestabelecida e subordinada a condições ou modalidades não repelidas pelos textos positivos" [32].

Na publicação *Os testamentos e a história da família*, de Margarida Durães, acentua-se, mais:

> "Os especialistas, conscientes da importância da aprendizagem, apresentam de forma simples, nos manuais de preparação para a morte, os passos que devem ser dados para se viver correctamente e se alcançar uma morte santa. As obras onde estão incluídos destinam-se a uma grande divulgação" encontrando-se nestes manuais "o tratamento de assuntos muito diversificados: morte, juízo, inferno, paraíso, vida, pecado, corpo, mundo, agonia, enfermidade, confissão, penitência, extrema-unção, testamento. Em suma, o que deve o cristão fazer para alcançar boa – morte ..." [33].

Como publicado por Daniel Menah e de apropriada referência, sobre o conceito de Testamento,

> "[...] (do latim *Testamentum*, de *Testor* = atestação da mente ou da vontade; ou de *testis* = testemunho) o Dicionário Jurídico Referenciado o define como ´*Ato personalíssimo, unilateral, solene e revogável, pelo qual alguém, segundo as prescrições da lei, dispõe total ou parcialmente de seu patrimônio para depois de sua morte, ou nomeia tutores para os seus filhos, ou reconhece filhos naturais, ou faz declarações de última vontade.*` Das definições

30 Curso..., igual vol., p. 206, nº 67.4.4

31 A eficácia dos direitos fundamentais. 2ª ed., 2001, Porto Alegre, Livraria do Advogado

32 Esta e as anteriores citações extraídas de Direito das Sucessões, 1942, Liv. Freitas Bastos, RJ, 2ª. Ed., v. I, 2ª ed., ps. 354/355, nº 282

33 Cf. Em https://repositorium.sdum.uminho.pt/bitstream/1822/3364/1/testamentos.pdf,

clássicas, encontram-se a de MODESTINO (*Legítima manifestação de nossa vontade, para vigorar depois de nossa morte*), a de ULPIANO (*Testamento é a justa manifestação de nossa mente, feita de modo solene e vale depois de nossa morte*). Também faz-se notável a definição do autor PONTES DE MIRANDA (*Testamento é o ato pelo qual a vontade de alguém, declarada para o caso de morte, cria, transmite ou extingue direitos*)"[34].

Consoante Eduardo Rehder,

"Primitivamente o testamento não era conhecido. O princípio, nas civilizações antigas, era de que toda propriedade estava ligada ontologicamente à família e, por meio da religião, não se podia afastar dela. Na própria Roma, antes da Lei das XII Tábuas, a questão apresentava-se obscura" [35].

Ainda na doutrina de João José Valeriano da Silva, é possível verificar a ratificação do acima citado, advertindo esse doutrinador:

"Nem sempre a lei e os costumes admitiam o testamento, existindo legislações que puniam aqueles que pretendiam instituir herdeiros que não previstos em lei, como por exemplo na legislação chinesa, aquele que elaborasse um testamento contrariamente à legislação era punido com oitenta golpes de bambu(1). A criação do testamento coube aos romanos quando a *hereditas* (herança civil) era deferida por meio de testamento" [36].

Segundo Coelho da Rocha, referido em *Os testamentos e a história da família*, é o testamento "[...] um instrumento que promove o trabalho e a economia, suscita o amor e a gratidão permitindo a perpetuação da memória e recordação do testador" [37].

Pelo interesse e oportunidade, pede-se licença para transcrever interessante comentário publicado em Prof. Raphael – *Historia magistra vitae est*. Cícero (106-43 a.C.), sob o título *O Significado do Testamento em Roma* [38] e onde consta o seguinte:

"Em certas sociedades, o ritual do leito de morte e as últimas palavras possuíam grande importância. Em Roma, isso foi substituído pelo testamento, no qual se manifestava o "in-

34 A história do testamento, in https://danielmenah.jusbrasil.com.br/artigos/207294322/a-historia-do-testamento

35 Evolução Histórica do Testamento, em https://eduardorehdergalvao.jusbrasil.com.br/artigos/151841231/evolucao-historica-do-testamento

36 A sucessão testamentária no direito civil brasileiro, http://lex.com.br/doutrina_27348725_A_SUCESSAO_TESTAMENTARIA_NO_DIREITO_CIVIL_BRASILEIRO.aspx

37 Instituições de Direito Civil Português, Coimbra, vol. II, 1857, p. 465. 2

38 Cf consta na publicaçãp, VEYNE, Paul. O Império Romano. In: ARIÈS, Philipe & DUBY, Georges (diretores da coleção). *História da Vida Privada*. Volume 1: Do Império Romano ao ano mil / organização de Paul Veyne. Tradução de Hildegard Feist. São Paulo: Companhia das Letras, 1990, p. 43, em http://sou-cesar.blogspot.com/2017/11/o-significado-do-testamento-em-roma.html

> divíduo social", e também pelo epitáfio, em que se manifestava o "indivíduo público" (apesar disso, as últimas palavras do imperador Augusto foram bem destacadas por Suetônio; conheça-as aqui). Assim, neste dia de finados, selecionei uma citação sobre o significado do testamento entre os romanos. O autor, Paul Veyne (1930-) é um dos maiores especialistas na civilização romana da atualidade:
>
> ´A leitura pública do testamento era o acontecimento público do momento, pois as disposições e heranças não eram tudo e o testamento adquiria valor de manifesto. O costume de designar ‹herdeiros substitutos›, que não tocariam num centavo (a não ser que o herdeiro principal recusasse a sucessão), permitia escrever todos os nomes próprios que o testador quisesse, cada qual aquinhoado com uma fração teórica da herança, que dava a medida da estima do defunto em relação a cada um deles. O falecido também podia insultar post mortem aqueles a quem havia detestado secretamente e reconhecer os valores: os nobres tinham o hábito de deixar um legado aos grandes escritores do momento. Plínio, então um orador célebre, que ia a todas as aberturas de testamento, observava com satisfação que sempre lhe legavam a mesma soma destinada a seu rival e amigo, o orador Tácito (ele não mente, e os epigrafistas encontraram um testamento em que é nomeado). A política imiscuía-se: um senador sempre tido como homem sério perdeu tal reputação por causa de seu testamento, no qual tecia loas a Nero (evidentemente para evitar que lhe anulassem o testamento e confiscassem a sucessão); outros, ao contrário, insultavam os todo-poderosos ministros do soberano e até se referiam em termos pouco amenos ao próprio imperador, quer se chamasse este Nero ou Antonino Pio... Um testamento era algo tão grandioso, do qual todos se orgulhavam tanto, que muitos dificilmente resistiam ao desejo de iniciar a leitura depois de beber, para agradar de antemão os legatários e se fazer estimar`".

Em publicação espanhola do *Concilio Legal del Sida de Chicago* [39], intitulada *Testamentos y Poderes Generales,* verifica-se o seguinte:

> "1) ¿Qué es un testamento? El testamento es un documento legal que le permitirá hacer por lo menos tres cosas importantes: Poner a alguien a cargo de sus propiedades (todos sus bienes) después de que usted fallezca. Esta persona es llamada su albacea. Decidir quien hereda su dinero y sus bienes después de su fallecimiento. Nombrar a un guardián para sus hijos menores. Es importante saber que el testamento entra en vigor después del fallecimiento. En otras palabras, si usted ordena en su testamento que todos sus enseres domésticos habrán de ir a su hermana, ella no los recibirá hasta después de que usted fallezca. El hacer un testamento no significa que usted ha cedido el control de nada mientras viva. Sencillamente quiere decir que usted ha hecho preparativos para cuando deje de existir".

Voltando aos aspectos próprios ao testamento, Juliana Gontijo, em elaborado trabalho denominado *Sucessão Testamentária* [40], também aborda elementos aqui considerados, ressaltando:

---

39 180 North Michigan Avenue, Suite 2110 Chicago, Illinois 60601 (312) 427.8990. In https://legalcouncil.org/wp-content/uploads/2017/12/El-HIV-Testamentos-y-Poderes-Generales.pdf

40 https://www.gontijo-familia.adv.br/2008/paginas/Material%20didatico/Sucessoes%20-%20sucessao%20testamentaria.pdf

"Tratando-se de declaração unilateral de última vontade, insta colocar em realce inexistência de partes, além do próprio testador. O herdeiro instituído, assim como o legatário são meros beneficiários, que não participam da formação do negócio testamentário. O tabelião, o comandante, apenas reproduzem o que lhe diz o testador, sem participar do negócio jurídico. As testemunhas também ouvem, lêem e assinam em sinal de que tudo está conforme às declarações do testador' [41].

Adverte a douta professora e articulista ser necessária a *capacidade* do testador, sem que a ulterior incapacidade interfira na valia do ato [42], incidindo, no caso, o art. 1.860 do Código Civil: *Além dos incapazes, não podem testar os que, no ato de fazê--lo, não tiverem pleno discernimento. Parágrafo único. Podem testar os maiores de dezesseis anos.*

Mairan Maia Júnior, remetendo-se a Santiago Dantas, menciona, que, "[...] ao menor úbere já se reconhece a capacidade testamentária, porque ele, embora ainda imaturo para os negócios, já tem o discernimento moral e a integridade afetiva que lhe permitirão dispor de seus bens segundo os seus sentimentos" [43], acrescentando o primeiro de tais doutrinadores não bastar que o testador tenha a idade mínima necessária ao exercício da capacidade aqui aludida, sendo "Indispensável que possua também pleno discernimento quanto ao negócio jurídico que pratica e seus efeitos. Discernimento significa capacidade de análise, juízo, entendimento. Advém do verbo discernir: perceber bem, avaliar com clareza, perceber a diferença, ter discernimento"[44].

Ou seja e também sob tal circunstância é necessário ao testador a prática do cuidado, como cautela, atenção, inerente ao aspecto sob alusão, incidindo, ademais, o contido no art. 1.861 do CC [45].

O TJRGS afirmou, a respeito, o seguinte: "4. É descabida a pretendida anulação dos negócios jurídicos (doações e testamento) quando não restou comprovada a incapacidade do testador

---

41 Loc. Cit. Nota 17

42 Art. 1.861. A incapacidade superveniente do testador não invalida o testamento, nem o testamento do incapaz se valida com a superveniência da capacidade.Superior Tribunal de Justiça STJ – RECURSO ESPECIAL : resp 1583314 MG 2016/0040289-2

Civil. Processual civil. Procedimento de jurisdição voluntária de confirmação de testamento. Flexibilização das formalidades exigidas em testamento particular. Possibilidade. Critérios. Vícios menos graves, puramente formais e que não atingem a substância do ato de disposição. Leitura do testamento na presença de testemunhas em número inferior ao mínimo legal. Inexistência de vício grave apto a invalidar o testamento. Ausência, ademais, de dúvidas acerca da capacidade civil do testador ou de sua vontade de dispor. Flexibilização admissível. Divergência jurisprudencial. Ausência de cotejo analítico.

43 Sucessão..., ref., p. 149

44 Sucessão..., cit., p. 149

45 Art. 1.861. A incapacidade superveniente do testador não invalida o testamento, nem o testamento do incapaz se valida com a superveniência da capacidade.

para os atos da vida civil, no momento da sua realização, tendo o médico que o atendeu afirmado que ele não apresentava demência ou comprometimento mental, apesar dos problemas de saúde que enfrentava. Preliminar desacolhida e recurso desprovido. (Apelação Cível Nº 70074423591, Sétima Câmara Cível, Tribunal de Justiça do RS, Relator: Sérgio Fernando de Vasconcellos Chaves, Julgado em 29/08/2018)".

Não bastando isso, também decidiu a referida Corte:

"APELAÇÃO CÍVEL. SUCESSÕES. 1. Cuidando-se de pedido de anulação de testamento público, deve ser robusta e estreme de dúvidas a prova produzida para o efeito de afastar a higidez desta modalidade de testamento, que desfruta de presunção de legalidade, ante a fé pública dada pelo Tabelião quanto à capacidade do testador e demais requisitos para a validade do ato. Jurisprudência do TJRS. 2. Competindo à parte autora a comprovação dos fatos constitutivos de seu direito, consoante o art. 373, inc. I, do CPC, e, no caso, deixando a demandante de comprovar, a contento, a alegada falta de discernimento da testadora no momento da lavratura do testamento, é de ser mantida a sentença que julgou improcedente o pedido. 3. Não há regra indicando expressamente que o art. 228 do CCB, que traz o rol daqueles que não podem ser admitidos como testemunhas em processo judicial tanto é assim que o referido dispositivo legal está situado no Título V do Código Civil, denominado Da Prova – é aplicável às testemunhas instrumentárias, cuja função se cinge a presenciar a declaração de livre vontade do testador, diferentemente das testemunhas ouvidas em processos judiciais, que prestam depoimentos, cujo teor serve como prova. Contudo, mesmo que se entendesse a regra do art. 228 do CCB também incide sobre as testemunhas instrumentárias, não há prova inconteste de que uma das testemunhas é parente afim do legatário (que é neto da testadora) e de que a outra possui relação de amizade íntima com ele. NEGARAM PROVIMENTO. UNÂNIME. (Apelação Cível Nº 70077310704, Oitava Câmara Cível, Tribunal de Justiça do RS, Relator: Luiz Felipe Brasil Santos, Julgado em 19/07/2018)".

9. No Brasil colonial pode-se aludir, com Maria Beatriz Nizza da Silva, referida por Rafael Antonio Deval, que, "[...] homens e mulheres, no fim do período colonial, temendo uma morte inesperada, tomavam as suas precauções antecipadamente e procuravam um tabelião para registrar as suas decisões quanto à recompensa daqueles que os tinham ajudado nas suas enfermidades e velhice" [46], tratando o CC de 2002, do tema sucessório, na sequência do direito familial, pela íntima ligação existente entre ambos os assuntos.

Interessante referir, como o autor por último aludido e no local já indicado, que, "a disposição das últimas vontades não era restrita à questão patrimonial, mas aquele que testava também procurava indicar os cuidados para com a proteção de sua alma, bem como, acerca de seu funeral e dos serviços religiosos posteriores, situação esta que tirava do testamento um caráter estritamente patrimonial".

---

46 Autonomia privada e as disposições testamentárias no direito brasileiro, em https://www.direitonet.com.br/artigos/exibir/8338/Autonomia-privada-e-as-disposicoes-testamentarias-no-direito-brasileiro

10. É preciso, todavia e no âmbito do quanto se menciona, que o testador tenha capacidade testamentária ativa, a qual e como adverte Mairan Gonçalves Maia Júnior, não é reconhecida em relação às pessoas jurídicas ou coletivas [47], assinalando:

> "O testamento, como negócio jurídico unilateral e produto do exercício da capacidade testamentária ativa, submete-se aos princípios gerais regulamentadores dos negócios jurídicos em geral e, portanto, é regido pelas regras da parte geral do Código Civil, no que compatível com sua natureza e finalidade. Por essência, como meio veiculador de disposições de última vontade, sua eficácia encontra-se condicionada à morte do testador, momento a partir do qual produz efeitos".
>
> Adiante, observa: "A capacidade testamentária ativa exige que o titular possua a capacidade de exercício para realizar o negócio jurídico, nos termos da lei. Como aduz Beviláqua: ´São capazes de testar todas aquelas pessoas a que a lei não retira essa faculdade`" [48].

Conforme o art. 1.857 do CC e como regra geral, "Toda pessoa pode dispor, por testamento, da totalidade dos seus bens, ou de parte deles, para depois de sua morte". Mas, a teor dos parágrafos do dispositivo, "A legítima dos herdeiros necessários não poderá ser incluída no testamento" e, "São válidas as disposições testamentárias de caráter não patrimonial, ainda que o testamento somente a elas se tenha limitado".

Dessarte e de acordo com Rafael Antonio Deval, "É na sucessão testamentária, que se verificam traços da autonomia da vontade, na transmissão patrimonial por efeito morte, pode ser considerada como uma fonte voluntária da vocação sucessória, em ato expresso pela manifestação formal e unilateral do testador" [49].

Mas e conforme Rolf Madaleno, referindo-se a Zeno Veloso, citados ambos por Deval, "[...] o testamento é um negócio jurídico, basicamente patrimonial; sendo ato de última vontade em que o disponente dá destino a seus bens, sem ficar impedido de albergar na cédula testamentária decisões sobre outras relações de cunho extrapatrimonial".

Seguindo, ressalta o último desses autores:

> "A sucessão testamentária norteada basicamente por dois princípios que se entrelaçam e complementam o da *livre disposição* com o da submissão do testador que tenha herdeiros necessários, *as normas de ordem pública*, com o escopo de preservar a legítima dos entes ligados por laços de sangue, ao mesmo tempo em que respeita a pessoa e a liberdade relativa de dispor do testador.
>
> Face os princípios acima indicados, e também pelo fato de ser derivado da autonomia da vontade do testador, é possível afirmar que o testamento é ato essencialmente unilateral, espontâneo e revogável, observando-se que, que pelo fato de ser derivado da autonomia

47 Sucessão Legítima, 2018, Thomson Reuters – RT, SP, pp. 147-148

48 Sucessão..., cit., p. 148

49 Autonomia..., ref.

da vontade, pode ser alterado a qualquer momento, prevalecendo aquele que for firmado por último, antes do passamento do testador, sendo à disposição de última vontade com que a pessoa determina o destino de seu patrimônio para depois da sua morte, desde que observada à forma a solenidades indicadas pela legislação civil aplicável ao caso, com a finalidade de dar validade e garantir a lisura e transparência das declarações de última vontade do testador"[50] .

Álvaro Villaça, ao referir –se à consideração de negócio jurídico própria ao testamento, indaga se "pode o testador inserir condição de que havendo dúvidas poderão ser elas resolvidas por juízo arbitral? Evitando-se discussões judiciais? Poderia, nesse caso, o testador inserir essa cláusula arbitral como condição em pacto antenupcial?".

Respondendo, assevera não verificar impossibilidade nisso, porquanto "[...] o testador, sendo livro na determinação de sua vontade, pode oferecer por testamento um pacote, que pode ou não ser aceito pelo beneficiário" [51].

O tema já foi objeto de apreciação pelo TJSP, entendendo-se diversamente, consoante trecho da menta do julgado, de que foi rel. o Des. Roberto Maia:

"INSTITUIÇÃO DE JUÍZO ARBITRAL. IMPOSSIBILIDADE. AUSÊNCIA DE CONVENÇÃO. (a) Arbitragem. Forma de solução de conflitos que pressupõe convenção das partes, não podendo ser imposta por terceiro (artigo 5º, inciso XXXV, da CF e artigo 3º da Lei nº 9.307/1996). É nula a cláusula do testamento que obriga os sucessores a se valerem de juízo arbitral. No acordo de partilha, não se nota que era da vontade das partes estatuir uma cláusula compromissória (artigo 4º, caput e § 1º). (b) Multa aplicada pelo juízo a quo. Mantida. Caráter protelatório dos segundos embargos de declaração opostos pelos ora apelantes contra a sentença, na vã tentativa de alterar o resultado do julgamento. Recurso não provido" [52].

Em nota de rodapé, cita o acórdão o quanto segue e, que, pelo interesse, se tem como adequado referir:

"Sobre tal assunto, curiosa é a passagem extraída do livro de Carlos Alberto Carmona, a respeito de cláusula de arbitragem no testamento de George Washington: ´George Washington, ao elaborar seu testamento, expressou o desejo de que nenhuma disputa dele decorresse; porém, previdente, manifestou vontade no sentido de que 'todas as disputas (se infelizmente alguma surgir) deverão ser decididas por três homens imparciais e inteligentes, conhecidos pela sua probidade e discernimento; dois serão escolhidos pelos litigantes, cada um deles tendo o direito de escolher um, e o terceiro será escolhido por estes dois'. E prosseguia: 'Estes três homens assim escolhidos, não limitados pela Lei ou por construções legais, declararão seu entendimento sobre a intenção do Testador; e tal decisão será, para todos os fins,

50 Autonomia..., cit.

51 Curso de Direito Civil, VII, Direito das Sucessões, Saraiva, SP, 2019, p. 56, 1

52 Apelação nº 9281671-30.2008.8.26.0000, 10ª Câmara de Direito Privado, julgada em 11.04.2014

> tão vinculativa para as partes como se tivesse sido exarada pela Suprema Corte dos Estados Unidos. CARMONA, Carlos Alberto. Arbitragem e Processo. 3ª edição, São Paulo: Atlas: 2009, página 109'".
>
> Continuando, anota-se que, "A sucessão testamentária (que, em última análise, também é prevista em lei; igualmente, neste sentido, é legítima) toma por base as disposições de última vontade feitas em testamento pelo autor da herança. Não é, exatamente, como alguns dizem, a vontade de um morto que se vai cumprir. Morto não tem vontade. Trata-se da vontade de um vivo, para depois da morte. A vontade foi do vivo; os efeitos ocorrem com o falecimento dele", como citado por Zeno Veloso [53].

Desse exemplo prático e inclusive por inexistir qualquer proibição a respeito, extrai-se a adequação da possibilidade enunciada por Villaça Azevedo e com a qual aquiesce Francisco Cahali em detalhado artigo sobre o assunto e ondo refere existir, na Espanha, expressa disposição quanto à questão e mencionando:

> "Ausente previsão no Código Civil e na legislação processual, já no início dao Século XX (1918) encontravam-se precedentes no *Tribunal Supremo* e Resoluções da *Dirección General de Los Registros y del Notariado*, debatendo a respeito da arbitragem testamentária, na busca de sua identificação e regime jurídico. Assim é que a *Ley de Arbitrage de Derecho Privado* de 22.12.1953, em seu art. 5º fez previsão expressa da arbitragem estabelecida por disposição testamentária. Seguiu-se, então, outra Lei de Arbitragem (Ley 36/88), de 05.12.1988, estabelecendo em seu art. 7 a possibilidade de se determinar a arbitragem em disposições de última vontade" [54].

Na sequência e apontando doutrina sobre tal aspecto e tecendo considerações a respeito, apresenta perspectiva concernente à tal, referindo:

> "A realidade é mito mais criativa que a imaginação, pelo que ousamos apresentar esta primeira reflexão apenas vislumbrando a efetividade do juízo arbitral imposto por disposição de última vontade" [55]. Na sequência assinala: "Quem sabe a falta de atenção de doutrinadores, aliada à ausência de um regime jurídico próprio, tenham contido a ampla utilização da arbitragem testamentária", quanto a que, "[...] a existência de testamento , e, pois, a obrigatoriedade nestes casos de inventário judicial, não impede nem retira a eficácia e rendimento da arbitragem testamentária" [56].

Pese o decidido no precedente antes mencionado, a doutrina indica e segundo ora se entende com razão, a possibilidade de o juízo arbitral incidir também em rela-

---

53 Testamentos. Noções gerais; formas ordinárias; codicilo; formas especiais. Publicado no sítio eletrônico do Professor Flávio Tartuce: http://www.flaviotartuce.adv.br/artigosc/zeno_testamento.doc, acesso em 16.10.2015, às 20h19".

54 Ensaio sobre a arbitragem testamentária no Brasil com paradigma no direito espanhol, Revista de Arbitragem e Mediação, RT, SP, coord. Arnoldo Wald, Ano 5, nº 17, abr.jun./2008, pp. 54 e segtes.

55 Loc. ref., p. 70

56 Idem, p. 69

ção ao testamento, até por inexistente proibição a tanto, do que se depreende sobre sua possibilidade, até por conta do "vazio normativo", como refere Francisco Cahali [57], para quem,

> "O Código Civil e a Lei 9.307/96 nada falam a respeito da arbitragem testamentária. Assim, o primeiro desafio é sustentar a sua viabilidade diante do vazio normativo.
>
> Estamos inclinados a admitir a arbitragem testamentária em nosso sistema informativo, com os contornos similares àqueles previstos na Espanha.
>
> Inexistente previsão há de se verificar se existe restrição para a arbitragem assim determinada.
>
> Pelo direito sucessório, respeitada a legitima, é facultado ao testador impor condições ou encargos a serem cumpridos pelos herdeiros instituídos e legatários (CC, arts. 1.897 e 1.938) 20. Ao beneficiário, resta submeter-se à restrição ou renunciar à herança.
>
> Extrai-se do regime jurídico da arbitragem espanhola, que a arbitragem estamentária representa um encargo ao sucessor. O gravado com ela, resta juridicamente obrigado a ter determinada conduta em caso de litígio, ou seja, a imposição obriga o cumprimento pelo beneficiário.
>
> Possível onerar-se bens da herança, necessário verificar eventual ilicitude da restrição. Daí, então, vamos à Lei 9.307/96 buscar algum impedimento à instituição da arbitragem por disposição de última vontade.
>
> E então nos deparamos com a seguinte questão: a arbitragem tem seu pilar de sustentação na autonomia da vontade.
>
> E assim também é no direito estrangeiro, pois é da essência do instituto ser voluntária a opção pela alternativa na solução do conflito.
>
> Na disposição testamentária, ao contrário do que se construí como base da arbitragem – acordo entre as partes, a sua instituição se propõe seja feita por imposição de terceiro – o testador".

Seguindo em sua exposição, anota o mestre, ainda, que, aceita a herança pelo dela beneficiário, vem ela acompanhada pelos ônus que a integram, com o que e, "[...] mesmo ausente a previsão em nosso sistema, ... a instituição ...... em ato unilateral, pelas peculiaridades, não nos parece violação à lei de Arbitragem [...]".

Em verdade,

> "Aberta a sucessão, com o falecimento, opera-se de imediato a transmissão e já se defere aos sucessores o acervo (tanto que até podem ceder os direitos hereditários), assim, a herança pertence aos sucessores, porém no caso gravada com a convenção. E a partir de então a arbitragem vincula os herdeiros aos quais ela foi prevista.
>
> O momento em que o beneficiário aceita a herança é o exato instante em que o convênio arbitral adquire força obrigatória .
>
> Aceito o quinhão ou legado gravado, fica então o sucessor juridicamente obrigado a ter determinada conduta; no caso, submeter-se ao Juízo arbitral.

57 Ensaio..., cit.,

> Assim, a manifestação de vontade pela solução arbitral é indireta. Ao se aceitar a relação jurídica oferecida, no caso titularidade a herança, estar-seá aceitando também a previsão de arbitragem que nela se contém" [58].

Corolário do quanto até aqui referido, tem-se como perfeitamente admissível a adoção da arbitragem imposta em testamento, independente da inexistência de regra expressa quanto a isto.

Posto isso e tornando ao testamento e prosseguindo na alusão aos seus aspectos característicos, afora o quanto já mencionado, é adequado referir-se, que, embora Cunha Gonçalves tivesse como sua principal característica "[...] a disposição de bens para depois da morte", ele próprio advertia, que, "Todavia, em face do moderno conceito do testamento, pode-se dizer que é inexata a definição que apresenta como elemento essencial daquele ato a disposição de bens, ou a instituição de herdeiro" [59].

Demais disso e segundo Carlos Roberto Gonçalves [60], o testamento se constitui em declaração não-receptícia de vontade, uma vez que os beneficiários não participam do ato, podendo inclusive dele não saber, advertindo Paulo Nader não ser o ato atingido por vício em consequência do princípio da reserva mental, pois, como ressalta, "O ato é unilateral, sem qualquer tipo de participação do futuro herdeiro; daí a impossibilidade de eventual reserva mental [61] fulminar de nulidade o negócio jurídico. Regina Ghiaroni conclui neste sentido: ´Sendo o testamento ato unilateral, não-receptício, o fato de o beneficiário ter conhecimento da reserva

---

58 Ensaio... ref.

59 Tratado de Direito Civil, 2ª. ed.Portuguesa e 1ª. brasileira, SP, Max Limonad, sem data, vol. IX, tomo II,

60 Direito Civil Brasileiro,

61 "Conforme Maristela A. Dutra, em artigo intitulado Reserva mental no CC de 2012 e no direito alienígena, "[...] o artigo 110 do Código Civil é categórico ao afirmar que a manifestação de vontade subsiste, ainda que o seu autor haja feito a reserva mental de não querer o que manifestou, salvo se dela o destinatário tinha conhecimento.
A conceituação de Nelson Nery Júnior . acerca de reserva mental é a de ser a emissão de uma declaração em que não se quer o conteúdo, bem como o resultado e, diz o autor, tendo por único objetivo enganar o declaratário.
Segundo Vicente Ráo ensina, a reserva mental é vontade particular não declarada, justamente por não querer declará-la, e intencionalmente ocultada, fazendo com que se acredite que o apresentado exteriormente é o que se quis. Mas na verdade o que o declarante com reserva mental deseja é que o resultado seja o que está oculto em sua mente e não o efetivamente declarado. Orlando Gomes, preceitua: "Na reserva mental oculta-se vontade contrária à declarada. O declarante mantém na mente o verdadeiro propósito – *propositum in mente relentum* – e o propósito oculto não deixa de ser oculto por ter sido comunicado a terceiro", realçando, assim, a divergência entre a vontade declarada e o verdadeiro propósito, sendo que esse fica internalizado na mente do agente". In http://www.ambito-juridico.com.br/site/?n_link=revista_artigos_leitura&artigo_id=19781&revista_caderno=7

mental não o invalidará, já que a vontade do instituído é absolutamente irrelevante para o aperfeiçoamento do ato'" [62].

A circunstância de ser o testamento ato personalíssimo advém da necessidade de só poder ele ser feito pelo próprio testador, não podendo ser realizado por representante legal ou mandatário investido de poderes especiais, participando do ato, assim, salvo se não souber ou não puder assinar, hipóteses em que um dos testemunhantes o fará por ele, mediante registro pelo Tabelião, no ato.

A unipessoalidade do ato impede que duas ou mais pessoas testem em um único ato, aludindo Paulo Nader, uma vez mais, a que, "No Direito Romano eram comuns os *testamenta conjunta*, especialmente entre os cônjuges, para o favorecimento de terceira pessoa, além dos *testamenta recíproca,* quando um instituía a favor do outro" [63].

Nosso Código Civil proíbe o testamento conjuntivo, denominado como de mão comum e que é feito por mais de uma pessoa, em instrumento único, simultâneo, recíproco ou correspectivo, resultando a proibição do entendimento de que, assim agindo, os testadores estariam ferindo a regra que impede o contrato sobre herança de pessoa viva, nos termos do art. 426 do Código Civil [64].

Ocorre o simultâneo quando os testadores beneficiam outra pessoa, enquanto no recíproco cada um determina o outro como o beneficiário, herdando o sobrevivente.

Já o correspectivo é aquele no qual as cláusulas têm sentido de retribuição a outras correspondentes e tanto ele quanto as demais formas antes mencionadas são nulos de pleno direito, já que admití-los implica afronta ao postulado na unipessoalidade testamentária e risco a liberdade plena do testador.

Quanto à reciprocidade testamentária, sua proibição não interfere na possibilidade de um testador favorecer outra pessoa e ser por ela beneficiado em ato da mesma natureza, pela segunda elaborado.

No referente à revogabilidade, em qualquer momento o testador poderá revogar o ato que houver determinado no testamento, uma vez que, conforme já enunciara Ulpiano em seu *Digesto*, "[...] a vontade do defunto é variável até o último momento de sua vida", sendo que a revogação, como o ato revogado, ocorrerá por outro, exclusivo de quem testou e independente de motivar a razão da revogação, que não incidirá, conforme o art. 1.609, inciso III [65], em relação ao reconhecimento de filho havido fora do casamento e que se houver feito no ato de última vontade e que se não sujeita à dita revogação, que tanto poderá alcançar todo o ato a que se refere, quanto apenas parte dele.

---

62 Curso..., cit., vol. ref., p. 204, nº 67.4.1

63 Curso de Direito Civil, Sucessões, vol. 6, Forense, RJ, p. 205, nº 67.4.2

64 Art. 426. Não pode ser objeto de contrato a herança de pessoa viva.

65 Código Civil, Art. **1.**609. O reconhecimento dos filhos havidos fora do casamento é irrevogável e será feito:
III – por testamento, ainda que incidentalmente manifestado;

O testamento será considerado como caduco, se o beneficiário vier a falecer antes do testador, implicando a destruição do ato, por outro lado, em sua revogação, também, enquanto o fato de o autor do testamento dispor dos bens a que nele se referiu, estará retirando a eficácia do documento, que perde, na advertência de Paulo Nader, a característica que lhe é própria, como ato de derradeira manifestação de vontade.

Se o testamento posterior não houver revogado o anterior, mas simplesmente o complementar, isto deverá ser levado na devida consideração, quando do falecimento do testador e interpretação de sua vontade.

Quanto à integridade do testamento, inclusive, ninguém poderá a tanto opor-se enquanto vivo o testador, sendo isto possível em até cinco anos, a partir do registro do documento, observado o quanto o Código Civil determina sobre as razões para tanto.

11. Encaminhando as referências aqui feitas ao seu término, sem possibilidade de abordar as formas de testamento indicadas no Código Civil, ante os limites editorias a serem seguidos e destinando-se o quanto ora mencionado a uma rápida "passagem" pelos aspectos relevantes quanto ao tema, uma vez que o espaço concedido para tanto a isto aconselha, pede-se licença para, após ter sido referido o *valor do cuidado*, obviamente ligado ao assunto (por conta dos objetivos a que a prática testamentária permite e a possibilidade de definir a partilha de bens, conforme a moldura legal admite e prevenir eventuais conflitos), seja em relação a questões pessoais, quanto patrimoniais de interesse do testador e eventualmente do próprio leitor, de forma genérica e específica e que acabam por caracterizar, conforme a sentido que se atribua à terminologia do vocábulo [cuidado], *interesse, atenção, preocupação* e situações outras a tais equiparadas, passa-se a uma rápida digressão sobre a cidadania, entrelaçando-a, por fim, àquele outro aspecto.

Como início é apropriado referir-se o quanto alinhavado a respeito por Getúlio Costa Neto, referindo-se à *Evolução histórica do conceito de cidadania e a Declaração Universal dos Direitos do Homem* [66] e observando, oportunamente:

> "O conceito de cidadania, assim como o Direito, se renova constantemente diante das transformações sociais, do contexto histórico vivenciado e principalmente diante da mudança de paradigmas ideológicos. Por tal razão é possível afirmar que cidadania não é uma idéia estática, mas dinâmica. Neste sentido, destaca-se:
>
> *´O conceito contemporâneo de cidadania se estendeu em direção a uma perspectiva na qual cidadão não é apenas aquele que vota, mas aquela pessoa que tem meios para exercer o voto de forma consciente e participativa. Portanto, cidadania é a condição de acesso aos direitos sociais (educação, saúde, segurança, previdência) e econômicos (salário justo, emprego) que permite que o cidadão possa desenvolver todas as suas potencialidades, incluindo a de participar de forma ativa, organizada e consciente, da construção da vida coletiva no Estado democrático`".*

66 http://www.ambito-juridico.com.br/site/?n_link=revista_artigos_leitura&artigo_id=13959

Em sua origem latina, o vocábulo advém de *civitas* (cidade), caracterizando a expressão máxima do direito, cuja existência tem por objetivo justamente os cidadãos, alcançando ela tanto os direitos, quanto os deveres que todos têm, concernindo a expressão, como corolário e inclusive exatamente ao indivíduos que observa os deveres que lhe são impostos e defende os direitos que possui.

Comentando sobre o Ministério Público e cidadania, Hugo Nigro Mazzilli, aludindo ao conceito que a expressão possui, anota ser ela empregada, ainda, "[...] em sentido mais amplo, para significar não só os direitos típicos associados ao regime político, em particular aqueles ligados ao exercício da democracia, como também o conjunto de todos os direitos básicos (e não somente os direitos políticos) e as correspondentes obrigações, de que são titulares todas as pessoas sujeitas às leis do Estado – cidadãos ou não, nacionais ou estrangeiras" [67]

Acresce considerar, outrossim, envolver o conceito tanto os direitos sociais, quanto os civis e políticos de que os cidadãos podem se valer, encartando-se o pertinente à sucessão no quanto previsto acerca da transmissão de bens de uma pessoa a seus herdeiros, quando morrer, aspecto a que e como é lógico, o testamento está evidentemente ligado, se o *de cujus* tiver deixado.

Tornando à referência feita ao cuidado e tendo-se em conta o que ele representa, como valor jurídico que é e a que se atribui a condição de verdadeiro *princípio*, segundo permitido pela própria Constituição Federal, no art. 5o, § 2º e, que, na circunstância de que se cuida pode ser tido como enquadrado na *dignidade da pessoa humana*, como fundamento republicano a que a mesma Carta alude e *é associado à cidadania,* quanto à observância e cumprimento dos deveres que o Estado impõe a todos e os correspondentes direitos decorrentes.

Em outras palavras, o que se pretende afirmar é que, se o cidadão pode, valendo-se do testamento, estabelecer o que anseia quanto ao seu patrimônio (a disposição de última vontade substitui a legítima, com a qual não concorre, no campo patrimonial) e também no tocante a aspectos pessoais relativamente a seus descendentes, no âmbito de dimensões básicas da vida de cada um e de forma geral manifestando, assim, uma das nuances que a prática do *cuidado* permite, cumprindo aos sucessores, após sua morte, atender ao que tiver deliberado no exercício da cidadania [68] que lhe era própria e corresponde, quanto aos herdeiros, no dever de cumprir sua última vontade, conforme seus estritos termos.

---

67 Revista Justitia, http://www.revistajustitia.com.br/artigos/32abca.pdf

68 "A cidadania é o conjunto de atributos dos cidadãos que compõem uma sociedade organizada sob a forma de direitos e deveres reconhecidos; uma das conquistas mais importantes da História", segundo Aline Ouriques Freire Fernandes, em A construção da cidadania como instrumento para o exercício dos direitos e garantias do indivídulo, *in* Revista do Curso de Direito da FSG, Caxias do Sul, ano 3, nº 6 jul./dez. 2009, p. 9-23. http://www.google.com.br/url?sa=t&rct=j&q=&esrc=s&source=web&cd=1&ved=2ahUKEwjFhbiqs6XhAhXhD7kGHWGCCjQQFjAAegQIAhAC&url=http%3A%2F%2Fojs.fsg.br%2Findex.php%2Fdireito%2Farticle%2Fview%2F213%2F178&usg=AOvVaw0TVtGRx1CSz5p9C1LbwYxx

Afinal e conforme antigo, mas ainda atual julgado do TJSP, de que foi relator o Des. Pedro Chaves, "[...] se a vontade do testador é manifestada na forma da lei e também se à lei se adaptam o dispositivo e o conteúdo do testamento, a vontade do testador dever cumpridamente observada" [69].

69 Acórdão do TJSP, Revista dos Tribunais, vol. 149, p. 172

Diferença entre o discurso e a ação

Arruda Alvim

É óbvio que *discurso* é diferente de *ação* que o suceda. Cria o discurso expectativa de que aquilo que se pregou irá acontecer. Pode-se dizer que o discurso é um projeto e que a ação é, ou deveria ser, a sua realização. O que se pretende sublinhar agora é que, conquanto diferentes, a situação socialmente desejável é que entre o discurso e a ação haja correspondência. A situação de não correspondência é tanto mais grave quando o sujeito do discurso deve ser também o sujeito da ação. O ideal da vivência humana seria o de que ao discurso correspondessem ações que dessem concretude às promessas nesse contidas, pois essas promessas geram expectativas de que aquilo que se diga, pregue, venha ocorrer. O diálogo deve ser animado pela boa-fé, pela transparência, pela ausência de reservas mentais, e deve carregar sempre atributos, tais como lealdade e a confiança que deve provocar no ouvinte.

Mas não é assim que comumente tem ocorrido entre nós. E essa não correspondência tem sido gritante entre nós, inclusive por parte de governantes. É claro que não se incluem todos os governantes e políticos, mas um número tristemente apreciável.

Em épocas em que as *ações* se distanciam muito do *discurso*, geram-se frustações *severas*, havendo uma perda de fé na comunidade em que se vive, um colapso na crença em relação ao futuro, como ainda uma perda de rumos individuais. O Brasil, nos últimos anos, ressente-se dessa ausência de conexão entre discursos e ações, especialmente na arena política. Pois, na política os discursos são *macro discursos*, com imenso espectro de abrangência, impacto forte e quando falsos provocam danos imensos. O número de brasileiros que se muda do país é muito grande.

Os últimos dois períodos presidenciais foram exemplo de como não se deve agir na área política, pois os políticos devem ser homens de respeitabilidade; devem ser dignos de ocupar cargos de governo. Ter respeitabilidade não é afirmar que se é respeitável, mas ser reconhecido como tal por parcela expressiva das pessoas. Isto sem falar em escândalos de proporções históricas e desmoralizadoras do grupo que os praticou, respingando em todos os próximos, e derretendo o prestígio do país na área internacional. Escândalos julgados sem discrepâncias como tais e punidos pela Justiça brasileira.

O silêncio tumular pode-se prestar a ser outra forma cínica de enganação, quando existe um dever moral de enfrentar certos assuntos e uma expectativa de que isso viesse a ser sido feito. Ao lado desse dever moral, até pragmaticamente é preciso enfrentar. Esse dever moral, se realizado, com algum êxito, auxiliaria parcialmente na sobrevivência da agremiação ou agremiações de onde se originaram as pessoas que cometeram esses ilícitos gravíssimos. As manifestações dos que são próximos, integrantes da mesma agremiação, dos muitíssimos que foram condenados no episódio do Mensalão e da Lava Jato, não existem, silenciam de forma absoluta. Seria como se não existisse o fato. Sobre os fatos que levaram a tais condenações não se manifestam, possivelmente, com a vã e ingênua esperança de que, nada se falando, *nunca*, se poderia esquecer o assunto.

A Lava Jato foi antecedida pelo Mensalão.

A Petrobrás, depois de ausência de lucro durante um lustro, veio ter agora um lucro de 28,5 bilhões.

Foram dois dos mais vergonhosos assaltos sofridos por um país. Não foram crimes individuas, senão que envolveram diversas pessoas e possivelmente planejamento.

Ao lado de nada efetivamente ter sido feito para obstar, apurar verdadeiramente esses crimes, a gestão econômica do país foi catastrófica, deixando-se em torno de treze milhões de desempregados e afundando o país numa recessão, sem crescimento ou com crescimento medíocre.

Acreditamos que essa dualidade de macros acontecimentos ilícitos tenha sido única, ou seja, a prática de ilícitos penais contra uma das maiores empresas do mundo, ao lado de uma gestão econômica destrutiva da economia do país.

E paralelamente a isso, um discurso insistente, alavancado ideologicamente na defesa indefensável desses dois últimos governos. Esse discurso é arrogante, insolente e animado por ódio permanente. E, o pior de tudo, é que essa ênfase truculenta encobre a mentira que se revela na conduta.

A concepções que combatem o capitalismo que seduziram ao longo do tempo número imenso de intelectuais, que estudaram o sistema teoricamente, mas não conseguem enxergar a sua execução ou realização prática brutalmente fracassada. Fracassada da perspectiva humana e economicamente, quando a teoria se dispunha a solucionar igualitariamente os problemas econômicos, e isso não aconteceu em nenhum país onde foi praticado o comunismo.

Há inequívoca comprovação histórica de que na Idade Contemporânea é o capitalismo o único sistema de regência da economia que pode produzir os bens necessários ao homem. Todas as outras tentativas revelaram-se insucessos retumbantes. De um modo geral, pode-se dizer que a esquerda, especialmente a radical, padece de genuína cegueira ideológica, animada por uma pretensão arrogante e insolente. É ainda movida por ódio permanente. O autor destas linhas sempre viveu em sintonia com a Doutrina da Igreja Católica e afirma que os direitos sociais são elementos essenciais às sociedades contemporâneas. Estes --- os direitos sociais – devem ser preservados, incentivados e protegidos, porque representam Justiça Social, mas sem destruição de parte da sociedade.

Na América Latina há hoje país em que se exerce essa prática amaldiçoada de combate cego ao capitalismo, ao lado de não fornecer solução alguma. A Venezuela teve redução de 15% do seu PIB em 2018 e deverá cair ainda mais 8% em 2019. Prevê o Fundo Monetário Internacional que deverá a Venezuela registrar uma queda de 68% nos próximos cinco anos. E, o que é pior, é que os discursos das lideranças conseguem embair parte da opinião pública.

Os que podem levar um país a esse destino devem ser marginalizados, pois esse destino configurará um quadro de infelicidade geral.

É o que se espera não venha a continuar acontecendo no Brasil.

A convergência entre o discurso e a ação deve existir, ser permeada pela boa fé, de que o que discursa deve provocar credibilidade e confiança legítima no seu interlocutor ou interlocutores, ou, mesmo que não haja interlocução, naqueles o escutam.

Um outro aspecto próximo do cuidado de que se cogita aqui é aquele que devem ter homens que ocupam posições de governo; em menor escala professores e outros.

O que uma pessoa que ocupa cargos no governo diz tem um efeito num espectro muito amplo e com grande profundidade. Quanto mais alta a posição, maior a abrangência e o impacto. Por isto, devem essas pessoas ser muito cuidadosas com o que dizem, evitando críticas ou polêmicas sobre o que disseram. Se esse cuidado não for observado, haverá desgaste da autoridade; conforme a reiteração, desgastes crescentes. O falar de uma autoridade envolve uma forma de ação, pois provoca reações na sociedade.

Cidadania, Cuidado e Poder Judiciário

Atahualpa Fernandez
Marly Fernandez

> *"Los irreflexivos nunca dudan. Su paciencia consigo mismos es ilimitada. De la cabeza se sirven sólo para sacudirla. Tan seriecitos advertirán de los peligros del agua a los pasajeros del barco que se hunde. Bajo el hacha del asesino, se preguntarán si no es también él un ser humano. Su acción consiste en vacilar. Su sentencia favorita: no está listo para sentencia".*
>
> *- B. Brecht*

O que implica existir politicamente? O que significa afirmar a condição de cidadão? Como se "cuida" da cidadania? É um processo automático? Quais os valores e fatores que possibilitam dito processo? Implica este "cuidar" o fato de que não se pode falar de cidadania se esta não se materializa nas próprias humanas condições do processo experiencial de que surge, assegurando a cada indivíduo liberdade e igualdade de oportunidades reais em uma sociedade fraterna? Quais são os elementos que influem para que valores como a cidadania, cuidado ou compromisso solidário não se convertam em tópicos sem efeitos reais?

Para os partidários do modelo republicano, o conceito de cidadania engloba os elementos da liberdade e da igualdade, passando pelo reforço da fraternidade.[1] Segundo a ideia republicana, "existir" como cidadão, ter cédula de cidadania plena, significa ter liberdade real e dispor de condições materiais de existência[2] para exercitar a capacidade (real) de resistir à interferência arbitrária de outros: não somente do próprio Estado, senão também de todos os demais agentes sociais.[3] Esta possessão

---

1 Desafortunadamente, na atualidade, a fraternidade parece olvidada (DOMÈNECH, A. *El eclipse de la fraternidad, una revisión republicana de la tradición socialista,* Barcelona: Ed. Crítica, 2004), a igualdade "se queda en una pura proclama formal de los países supuestamente civilizados y la libertad se entiende de una manera totalmente egoísta, sin reciprocidad y sin denunciar la falta de condiciones materiales para ejercerla". WARK, J. *Manifiesto de derechos humanos*, Barcelona: Ediciones Barataria, 2011.

2 Aliás, foi o republicano Robespierre quem por primeira vez falou de "direito à existência". Defendia de forma inigualável que a sociedade deve garantir a todos os seus membros, como primeiro direito, o de existir material e socialmente.

3 Autores republicanos tão díspares como Aristóteles e Robespierre, ou Cicero e Kant compartiam, ao menos, duas convicções: 1) as pessoas que não dispõem do "direito à existência" garantida devido à falta de propriedades não são cidadãos por direito próprio (*sui iuris)*, senão que vivem a mercê dos demais. Estas pessoas não são capazes de cultivar ou inclusive de exercer suas virtudes cívicas, já que tal dependência a outro grupo as sujeita a um regime alheio (*alieni iuris)*, fazendo delas, portanto e a todas luzes, "sujeitos alienados"; 2) a liberdade republicana pode estender-se a muitos (a democracia plebeia preconizada pelos republicanos democratas) ou a uns poucos (a forma plutocrática dos republicanos oligárquicos), mas sempre se baseia na propriedade e na in-

da liberdade, fundamental para a cidadania, requer não apenas a ausência de interferência por parte dos demais nos espaços em que elegemos e tomamos decisões relevantes para o desenvolvimento de nossas vidas, mas também a ausência de controle não justificado; quer dizer, ausência de dominação: o essencial da liberdade como "não dominação" é que não exista interferência de uma vontade arbitrária.

Nada obstante, como os melhores defensores de algo não costumam recomendar seu emprego para qualquer coisa, senão que aconselham seu uso limitado às circunstâncias para as quais está indicado, esta constatação vale sem fissuras para a cidadania. Por quê? Porque o exigir que o indivíduo disponha das condições e das bases de sua existência material garantidas (independência material) para exercitar sua liberdade implica (sobretudo) uma ética do cuidado, uma «práxis ética» comprometida com as circunstâncias do "outro concreto" que sempre há de levar-se a cabo à luz do respeito das singularidades e das necessidades de cada ser humano.[4]

---

dependência material que dela se deriva. Tal liberdade não pode sustentar-se se a possessão da propriedade é tão desigual e tão polarizada em sua distribuição que um punhado de indivíduos se encontra em posição de desafiar à república. Esta elite sempre superará com êxito, de não quebrar esta situação, qualquer oposição da cidadania, até o ponto de impor sua própria concepção do bem público.

---

4 Rememoremos: Talvez a autora que, no âmbito da filosofia e da ciência política, melhor elaborou e precisou um modo de pensar distinto é Seyla Benhabib (BENHABIB, S. The Generalized and Concrete Other: The Kohlberg-Gilligan Controversy and Moral Theory. *Praxis International,*1986, 38-60; Benhabib, S. *Critique, Norm and Utopia. A study of the Foundations of Critial Theory*. New York: Columbia University Press, 1986), com sua teoria do "outro concreto", como resposta ao "outro generalizado" da moderna ética universalista. Esta última operaria baixo a ideia de que as normas racionais são as suscetíveis de contar com o assentimento de todos, mas entendidos não em sua concreta e distinta existência pessoal e corporal, senão como modelo único e uniforme de pessoa, como seres abstratos, que, ademais, refletem "el ser masculino y marginan las peculiaridades personales de la mujer". Por contra, a ética do "outro concreto" parte de que o razoamento moral sempre há de levar-se a cabo à luz da real existência e a conexão com as pessoas, não fazendo abstração desse lado existencial. Somente assim se respeita o ser peculiar e as necessidades de cada ser humano. Não é o de Benhabib um questionamento radical do princípio de universalização, senão a constatação de sua necessária complementação com a tomada em consideração da existência real das pessoas implicadas no caso, a fim de que a abstração não signifique imposição de um único padrão de humanidade e racionalidade a efeitos do razoamento moral, em concreto do padrão masculino. Em suas palavras, "el reconocimiento de la dignidad y valor del otro generalizado es una condición necesaria, pero no suficiente para definir el punto de vista moral de las sociedades modernas. En este sentido, el otro concreto es un concepto crítico que designa los limites ideológicos del discurso universalista" BENHABIB, S. Feminism And The Question Of Postmodernis. *Praxis International*, Vol. 11, No. 2, July 1991, 137-150. A resposta resumida, portanto, seria uma ética do cuidado (*care*), em contraposição a uma ética cuja reflexão moral consiste na eleição imparcial e racional de princípios e na aplicação destes. Tais princípios ou regras teriam caráter e alcance geral e servem para outorgar direitos ou obrigações com esse mesmo alcance, devendo estar também hierarquizados esses direitos a fim de poder ponderar, de modo objetivo e neutral, seu respectivo peso em caso de conflito. Distintamente, para a ética do cuidado o que conta por encima da aplica-

Desse modo, ao adotar uma concepção republicana da liberdade cidadã se entenderá rapidamente que às perguntas antes formuladas somente podem ter uma resposta possível: sem a garantia do direito aos meios materiais de existência (do direito mais essencial de existência material) não pode existir liberdade/autonomia e o cuidado da cidadania se converte em mera expressão para descrever um fenômeno sem qualquer significado absoluto. De fato, para a concepção republicana de cidadania, esta supõe a garantia de uns mínimos materiais aos indivíduos; ou, para dizê-lo em termos negativos, sem independência material não há cidadania. Não é livre o indivíduo que trabalha em situação análoga à escravidão ou de trabalho degradante, não é livre o trabalhador assalariado ("escravo a tempo parcial", segundo a definição de Aristóteles, logo retomada por Adam Smith e por Marx), não é livre a mulher submetida ao *pater familias*, não é livre o homossexual ao que se lhe nega a plena igualdade de direitos.

A liberdade é o principal fator por meio do qual se manifesta uma cidadania plena e ativa; uma sociedade fundada na não dominação e na igualdade material (ainda que aproximada) permite que seus membros formulem seus próprios objetivos, desenvolvam suas próprias habilidades e levem a cabo as ações que lhes converterão em indivíduos únicos, com uma individualidade separada e autônoma. E se estamos de acordo em que ter cédula de plena cidadania é ter voz e voto nas deliberações comuns, ter condições e capacidade para resistir à interferência arbitrária de outros, devemos reconhecer que a cidadania afeta a individualidade dos seres humanos, indivíduos de carne e osso, cada um com seu nome e sua firma, com sua estrutura genética singular, sua personalidade e caráter, sua forma particular de caminhar pelo mundo, de sorrir, mirar e sofrer: "uno más uno más uno más uno más uno..." (J. Wark).[5]

ção de qualquer princípio ou norma abstrata é a apreciação do contexto de cada conflito e a consideração das pessoas implicadas, fazendo prevalecer o elemento afetivo e emocional, e a vontade de ajuda sobre a frialdade e o distanciamento de qualquer princípio ou regra.

---

5 WARK, J. *Manifiesto de derechos humanos,* Barcelona: Ediciones Barataria, 2011. Por certo que essa individualidade deve ser entendida como um conceito disposicional: exerço ou pratico minha individualidade quando sou livre, e sou livre quando disponho de condições materiais de existência para exercitar a capacidade (real) de resistir à interferência arbitrária de outros e, em igual medida, para resistir (como o homem *enkratico* de Aristóteles) à interferência arbitrária do "inimigo" que todos nós levamos dentro. Quer dizer, usufruo de minha individualidade quando não estou baixo a mão ou potestade de ninguém, quando ninguém poderá – faça de fato ou não – imiscuir-se caprichosamente em meus planos de vida. Não é livre neste sentido ou está minguado em sua autonomia quem, podendo ser interferido por outros, não se vê interferido de fato, por exemplo, por pura casualidade, debilidade ou artimanha: desfruto dessa «não interferência» só pela muito contingente razão de que, estando rodeado de agentes que me dominam (agentes com poder de interferência arbitrária), sou demasiado cauteloso, renuncio impotentemente a satisfação de alguns de meus desejos e necessidades ou sou muito "astuto" e cuido de manter-me afastado ante a ameaça de problemas. Desse modo, se tenho que pedir permissão a X para poder viver cotidianamente, minha existência material depende de X; se dependo de outra pessoa para poder

A diferenciação (individualidade) sem propriedade (meios materiais), o cuidado do sujeito concreto e a integração (inclusão), ao abrigo do véu de um discurso puramente formal sobre a justiça social, rompe a cidadania em fragmentos e desata, de um lado, a dominação de uns poucos e, de outro, a dependência, e muitas, muitas vezes, a insignificância de muitos. Para ser operativas ou, melhor dito, autênticas, cidadania, cuidado e liberdade devem estar baseadas na condição fundamental do direito à existência material. Ninguém pode negar a verdade evidente, ainda que silenciada com frequência, de que sem vida, nenhum outro valor é sustentável. As pessoas forçadas a um estado "infra-humano" no mundo real são escravas de condições de miséria ou de submissão que anula toda possibilidade de liberdade cidadã.

E quando falamos de falta de meios materiais de existência, de situação de escassez material, estamos falando de ausência de autonomia, de dependência, de subordinação ou de servidão, sem que ninguém se digne a prestar atenção (ou o devido cuidado) à evidência de que todos os demais direitos, junto com o da dignidade humana, derivam do direito básico da existência material de seus membros. Um direito de todo ponto inalienável, como o direito a não ser objeto ou propriedade de outro. Esta classe de direitos que são inalienáveis precisamente porque não são direitos puramente instrumentais, senão *direitos constitutivos* do próprio ser humano como titular de vontade soberana: direitos que habilitam publicamente a existência do "in-divíduo" digno, separado, livre e autônomo, quer dizer, que afiançam e confirmam sua existência como cidadão.

Há algo que possa resultar mais desgarrador e nocivo, em termos comunitários, do que uma situação em que não está garantida a existência material de algumas pessoas e suas possibilidades de viver de acordo com seus próprios planos de vida? Há algo mais atentatório à liberdade, à ética do cuidado e à cidadania que umas circunstâncias de existência que permite a uns poucos afortunados fazer que a vida seja miserável para muitos desafortunados?

A toda evidência que não. E é muito provável que a maior dificuldade que impede a construção de uma sociedade materialmente justa, igualitária e fraterna que fomente o sentimento de cidadania plena e ativa entre os indivíduos proceda da completa falta de cuidado dos valores comuns: toda proposta de afirmação da cidadania sem responsabilidade e compromisso ético compartidos pode resultar destrutiva, degradante e desmoralizante. Não é possível projetar uma situação anelada se não vai acompanhada de valores partilhados que deem suporte à ação e que estejam cuidadosamente presentes em cada obrar. Compartir o que se quer alcançar é lograr o compromisso de todos. Sem um verdadeiro cuidado e/ou compromisso conjunto com

sobreviver, não sou plenamente livre. Por isso não tem sentido falar de cuidado e/ou de liberdade se o indivíduo não dispõe das condições e as bases de sua existência material garantidas (sem independência material); quer dizer, se os indivíduos não podem articular seus planos de vida, se não podem levá-los à prática de uma maneira efetiva, qualquer ética do cuidado resulta impraticável e a liberdade uma quimera.

os valores da tradição republicana, a cidadania jamais se converterá em um poderoso instrumento de firmação da liberdade política de governar e ser governado, da liberdade – "política" também – de governar a própria vida, condição necessária da individualidade, de um existir separado, autônomo e não dependente.

E nem cabe objetar, aqui, que a cidadania, conceitualmente falando, está limitada somente a canalizar determinadas atitudes mentais de conduta, sem as quais perderíamos de vista os valores expressados pelos direitos democráticos. Não parece ser este o caso e nem tampouco padece a cidadania deste tipo de restrição. A justificativa para a cidadania está no fato de que se deve concebê-la como um mecanismo por meio do qual se consubstancia e se expressa a necessidade de liberdade e autonomia não em abstrato, senão em uma sociedade que necessita ser transformada e constituída pelo *cuidado* e pela *inclusão* de todos os indivíduos na qualidade de verdadeiros cidadãos, isto é, como *sapiens* autônomos e independentes, como verdadeiros seres individuais, emancipados e libertos de toda e qualquer barreira social, econômica, política ou de classe.

Significa que tanto no âmbito da atuação política, institucional ou social, a cidadania destina-se a produzir a cuidadosa incorporação na sociedade civil – quebrada em decorrência de uma intensa polarização da vida social e econômica – dos indivíduos mais desfavorecidos, com a consequente desaparição, eliminação ou afrouxamento das barreiras que os impedem de ocupar e participar dos espaços públicos, dissolvendo ou acabando com os eventuais vínculos de dominação e de não liberdade – enfim, dos grilhões que os submetem aos caprichos arbitrários e/ou interesses injustificados de qualquer agente social e do próprio Estado. Dito de outro modo, que uma boa e justa sociedade terá de ser também e necessariamente "cuidadosamente inclusiva", dar espaço para que indivíduos livres e iguais, procedentes de todos os seus rincões, possam gastar suas vidas de forma digna.[6]

Sobra dizer que a ideia de justiça em uma sociedade decente não implica ausência de desníveis e assimetrias, já que os indivíduos são sempre ontologicamente diferentes; mas significa e implica, isto sim, a ausência de exploração de uns sobre outros,

6 Claro que esta *"inclusão"* só é possível se tomamos como premissa uma ideia de direito fundamentada, entre outras coisas, em uma moral de respeito mútuo, ou seja, de que somos nós mesmos quem outorgamos direitos morais a todo o homem, com vistas a viabilizar a própria vida social. Com isto, o aparente mistério de que existam direitos que não foram outorgados se soluciona da maneira mais simples: todos os direitos, inclusive os fundamentais, têm que ser outorgados a seus portadores, só que já não são outorgados nem por atos particulares, nem pela lei e tampouco em função de premissas religiosas ou metafísicas, senão por nós mesmos ao conceber-nos baixo uma moral de respeito recíproco e uma ética do cuidado. Não há direito que não seja outorgado para resolver os problemas a ele relacionados. Isto implica, entre outras coisas, uma concepção de Estado segundo a qual este não pode "atuar" como "estado mínimo", senão com o dever de desenvolver uma função positiva: a de prover as bases materiais mínimas de uma vida respeitável, assegurando e promovendo a identidade, a liberdade e a autonomia de todos os indivíduos-cidadãos.

a eliminação efetiva de interferência arbitrária nos planos de vida de uns sobre outros e a assunção valores consensuais e compartidos. Tratar com cuidado aos indivíduos não necessariamente entranha um trato idêntico: não exige em absoluto que todos recebam uma porção igual do bem, qualquer que seja, que a comunidade política trate de subministrar, senão mais bem a direitos ajustados às diversas condições. É a "consideração", o cuidado e o respeito pelo ser humano que devem ser mantidos por igual. A autêntica cidadania, para ser plena e não cair na versão vulgar e perversa da caridade[7] somente pode dar-se por meio do respeito, do cuidado e do reconhecimento do outro, porque a condição básica para ser um bom cidadão é receber o reconhecimento, o cuidado e o respeito que se lhe deve e outorgá-lo aos demais. Ademais, requer a cuidadosa e harmônica integração da diferenciação (individualidade), da propriedade (meios materiais) e da integração (inclusão social).[8]

Assim as coisas, a afirmação (republicana) da cidadania mostra, com claridade, a iniludível chamada de um valor que, em última instância, nos permite exercer nossas melhores capacidades e demonstrar nossa valia como seres humanos: a liberdade despida de toda pretensão de embalsamar a vida humana ou do desejo de relativizá-la como um fetiche baixo o controle e o domínio "do outro". E a melhor via para a consecução desta chamada é a da articulação do republicanismo democrático com a ética do cuidado: com seus peculiares talantes de modelos ético e político abertos aportam vias e estratégias essencialmente úteis para tomar a cidadania como um poderoso instrumento de afirmação individual e, muito particularmente, para assimilar os câmbios formais e materiais da dinâmica fluída e contingente em que se produz, reproduz e desenvolve a liberdade humana ante as mais variadas circunstâncias e caprichos de um entorno em que o descuido, a depravação e a perigosa manipulação da ideia de cidadania são sempre uma possibilidade.

Agora: dado que ao Poder Judiciário cabe a tarefa de dizer a justiça no caso concreto, qual o papel dos juízes como mecanismo institucional de proteção e cuidado

---

7 Não percamos de vista o mal que há na caridade: a caridade é a antítese dos direitos humanos. A cidadania é pisoteada pela caridade e sua forma cristã de humanitarismo, donde as espórtulas de «aceitação», «tolerância» e «redenção» se oferecem de forma seletiva ou são impostas desde o exterior de maneira caprichosa, contingente e temporal. A caridade, pelo geral, só beneficia ao doador, quase sempre em algum tipo de ato público interessado, e ofende a humanidade daqueles que se encontram no lado receptor: sua humanidade resulta maltratada pela dependência forçosa de outras pessoas. A caridade, enfim, como uma questão de imagem e sutil forma de perversão da noção de respeito e reconhecimento, "degrada a quien la recibe y enaltece a quien la dispensa"(-George Sand).

8 Recordemos que a presença e a aceitação do "outro" na convivência é o fundamento biológico do fenômeno social e qualquer coisa que destrua ou limite a presença e a aceitação do "outro", desde a competição até a cooperação, passando pela manipulação ideológica, destrói ou limita o fato de se dar o fenômeno social – e, portanto, humano -, porque aniquila ou empobrece o processo biológico que o gera e o sentimento de que estamos desenhados pela seleção natural para entender-nos uns aos outros. MATURANA, H. *Emoções e linguagem na educação e na política*. Belo Horizonte: Ed. UFMG, 2002.

da cidadania? Como deve atuar o Poder Judiciário quando a prioridade em um mundo altamente "Disneyficado" deve consistir em proteger e cuidar da individualidade frente a utilização e/ou manipulação de princípios e normas abstratas para qualquer coisa como se fosse uma espécie de remédio universal? Que ética corresponde aos processos judiciais? Não é o momento de transladar o foco da cidadania a uma ética judicial que afete sobretudo a individualidade dos seres humanos, indivíduos de carne e osso, cada um com seu nome e sua firma, com sua estrutura genética singular, sua personalidade e caráter, sua forma particular de caminhar pelo mundo, de sorrir, mirar e sofrer?

Vejamos por partes.

Os juízes estão habilitados para decidir sobre a liberdade e o patrimônio das pessoas: detêm o poder, constitucionalmente outorgado, de "dizer o direito" no caso concreto. Sejam os que atuam individualmente ou como integrantes de um órgão colegiado, os juízes são elementos do conjunto dos chamados decisores normativos, que se caracterizam porque no exercício de suas funções tomam decisões que os sujeitos a quem vão dirigidas estão na obrigação de acatar, independentemente de qual seja sua opinião acerca das mesmas. O poder normativo de que dispõem, quer dizer, de julgar e executar suas decisões, de acordo com o ordenamento jurídico, constitui uma das garantias do Estado de Direito; um poder de uma importância decisiva, tanto para a salvaguarda da condição de cidadão titular de direitos e deveres como, e muito especialmente, para preservar a credibilidade e a estabilidade institucional do Estado democrático.

Com efeito, do Poder Judiciário se esperam muitas tarefas: que defenda nossa liberdade, que nos proteja frente aos abusos dos poderes públicos, que condene a ação delitiva, que inviabilize qualquer forma de trabalho indigno, que promova a igualdade entre os indivíduos, que tutele a quem ainda não há nascido, que ponha fim a uma sociedade ou vínculo matrimonial de quem se embarque nestas decisões tão íntimas e pessoais, enfim, que atue como agente construtor de uma comunidade de homens livres e iguais, unidos por uma comum e consensual adesão ao direito e em pleno e permanente exercício de sua cidadania. E por aí poderíamos seguir avançando.

Esta reduzida mostra das inúmeras atribuições institucionais que cabem aos membros do Judiciário põe de manifesto a importância que têm como agentes de um Poder desenhado para inviabilizar, em um entorno social repleto de assimetrias e desigualdades, qualquer tipo de dominação e interferência arbitrária recíprocas e, na mesma medida, de permitir, estimular e garantir a titularidade e o exercício de direitos de todo ponto inalienáveis e que habilitam publicamente a existência dos cidadãos como indivíduos plenamente livres.[9]

---

9 Uma observação paralela acerca da noção de liberdade: o liberalismo entende por liberdade somente a liberdade negativa, e esta é definida de tal maneira que uma pessoa é livre quando está livre de coerção, quer dizer, que não há ninguém nem tampouco uma lei que lhe ponha impedimentos. De liberdade positiva se fala, em câmbio, quando uma pessoa tem a capacidade e a oportunidade de atuar, ou seja, que o Estado não somente deve proteger, senão também ajudar o indivíduo, criar oportunidades para que possa ajudar-se a si mesmo. Para citar um exemplo que se

Por outro lado, as regras e garantias processuais constituem o instrumento através do qual o Estado viabiliza a realização e a eficácia dos chamados "direitos materiais" cumprindo seu dever de tutela jurídica decidindo; regras e garantias cuja finalidade é assegurar os direitos que, negativamente, impedem o ser humano do esquecimento de si próprio – enquanto entidade livre, separada e autônoma -, e, positivamente, que o afirmam no seu ser e, assim, no seu valor, dignidade e cidadania. E ante o que poderíamos chamar *a dúvida* sobre o elemento humano no jurídico, entre as questões que envolvem a forma pela qual o Estado opera a jurisdição, o problema cardinal parece ser, hoje mais que antes, a *eleição* de meios e mecanismos processuais úteis, fiáveis, adequados e funcionais para a árdua tarefa de dizer a justiça no caso concreto de forma rápida, legítima e eficaz, dirigidos a gerar discursos jurídicos (decisões) materialmente justos, racionalmente controláveis e com potencial capacidade de consenso para a solução de determinados problemas práticos relativos aos vínculos sociais relacionais elementares através dos quais os humanos constroem estilos aprovados de interação e estrutura social.

Daí porque, em tema de interpretação e tomada de decisão jurídica, o grande dilema (inclusive para os gurus da hermenêutica e da argumentação jurídica) parece que já não é tanto o da convicção ideológica, dos prejuízos, das preferências pessoais, do subjetivismo inconsistente ou das convicções íntimas do juiz, enquanto mediador. É o de que o cidadão, destinatário do ato imperativo do Estado, que no processo jurisdicional é manifestado pela decisão, possa participar de sua formação por meio de

encontra em Hayek: no primeiro caso, um indivíduo que cai em um abismo do qual é incapaz de sair é livre neste sentido porque não há ninguém que o impeça de sair; já no caso de liberdade positiva, nosso hipotético sujeito precisamente não seria livre neste sentido se não pode sair, ainda que ninguém o impeça – falta-lhe a capacidade e a oportunidade de atuar. O direito proíbe, por exemplo, matar a outro indivíduo se não é em circunstâncias muito extremas, e isso supõe uma restrição óbvia de meus cursos de ação, supõe uma interferência. Mas dita interferência não é arbitrária, senão que está justificada pela proteção geral da liberdade dos cidadãos. Assim que não pode implicar uma violação de minha liberdade mais que em um sentido muito primário. Tampouco seríamos verdadeiros cidadãos se o direito consentisse a alienação de nossa liberdade, isto é, se, ponhamos o caso, reconhecesse validez pública a um contrato civil privado, "livremente" subscrito – coacti volunt -, por meio do qual uma parte se vendesse à outra em qualidade de escrava, participando do preço. Certamente que o fato de que a lei limite nossa capacidade de eleição, proibindo a alienação voluntária da própria liberdade é uma interferência. Mas bem sabemos que não nos molestam as interferências como tais, senão somente as interferências arbitrárias. As interferências legais não arbitrárias não somente não diminuem ou restringe em nada a liberdade, senão que a protegem e ainda a aumentam. Sem inalienabilidade legal da própria pessoa – para seguirmos no exemplo dado -, não há liberdade, nem há dignidade, e nem, se bem observado, existências políticas individuais, autônomas e separadas. Trata-se, em síntese, de uma concepção robusta de liberdade, aqui entendida em seu sentido republicano-democrático, como "não interferência arbitrária", ou seja, como um aparato histórico-institucional que imponha ao Estado a obrigação de assegurar e de promover a liberdade necessária para que o indivíduo possa autoconstituir-se com plena dignidade, e que, em igual medida, garanta ao mesmo plena capacidade para resistir à interferência arbitrária não somente do próprio Estado, senão também de si mesmo e de todos os demais agentes sociais.

eficazes (adequadas e acessíveis) medidas de controle e em simétrica igualdade de oportunidades; ou, o que é o mesmo, de que a todo indivíduo interferido em seus planos de vida por uma decisão judicial deve ser assegurado a plena e efetiva capacidade/oportunidade para exercer um controle estrito e prioritário sobre o *por quê, como, de quê forma* e com que *limites* o Estado-juiz atua para resguardar e tutelar direitos, para negar pretensos direitos, para impor obrigações e/ou assegurar o cumprimento de deveres. Em síntese, é tornar efetiva a *"vigilância cidadã"* (republicana), que trata de evitar que o abuso de autoridade e/ou a marcada disposição para projetar a própria subjetividade no mundo por parte dos magistrados aniquile a segurança jurídica e degrade a justiça à dinâmica enlouquecida de puro *"imperium"*.

Esta a boa notícia, o ideal em que deixamos fluir sem restrições a crença popular, abarrotada de imagens, acerca da prudência, da imparcialidade, da racionalidade, da neutralidade e/ou da objetividade associadas intimamente à figura do juiz, *"acaso con mayor intensidad que respecto de cualquier otro* ícono *circulante en el imaginario de nuestra cultura"*.[10]

A má notícia, a outra cara da moeda (melhor dito, o real), é que não são poucos os irreflexivos julgadores que olvidam que no mundo não há mais que seres humanos individuais e não categorias abstratas, que não são raras as retorcidas vaidades e interesses pessoais e/ou corporativos que intervêm no mercado da justiça, que a aplicação da norma é feita por um primata que é (ou ao menos deveria ser) responsável pela decisão e que tem o dever de intentar equilibrar a dupla exigência de respeitar a lei e de cuidar e respeitar a vida das pessoas, e que a justiça e a ordem de Direito têm que estar ao serviço dos cidadãos e não os cidadãos ao serviço destas.

Embora a noção moderna de administração judiciária passe pela tentativa de prestigiar a função do Judiciário, não cabe a menor dúvida de que, nos dias que correm, alguns magistrados costumam adotar uma atitude frente ao Direito que viola sistematicamente alguns valores, princípios e/ou normas (morais e jurídicas) destinados não somente à resolver conflitos atuais e do futuro imediato, senão também, e prioritariamente, à proteção do indivíduo enquanto cidadão. Ciclicamente, determinados julgadores perdem de vista a exigência e a responsabilidade ética que têm de criar e manter, por meio de seus comportamentos e conhecimentos, a credibilidade na qual deve descansar a inabalável confiança dos cidadãos acerca de sua atividade.

Tampouco acudir ao sentido comum constitui um obstáculo para perceber que o atual modelo jurisdicional não atende rigorosamente às exigências morais, jurídicas e sociais provocadas pela crescente onda expansionista do Direito e que justificam a "aparência" (ainda que ilusória) de um conteúdo decente do que entendemos por Estado de Direito. Para começar, o modelo vigente não parece dispor de mecanismos

10 KENEDDY, D. *Izquierda y derecho. Ensayos de teoria jurídica crítica,* Buenos Aires: Siglo Veintiuno Ed., 2010.

adequados para resolver a dificuldade de *como* a irracionalidade[11] do julgador pode deixar de dar argumentos às interpretações mais disparatadas e aos resultados interpretativos (decisões) mais improváveis. Um problema que amiúde estimula nos agentes do direito (especialmente em alguns juízes) a tendência a olvidar que a "mecânica" aplicação de valores, princípios e normas abstratas não melhoram a concretização da justiça, senão que a empioram, que a interpretação de qualquer norma implica sempre um juízo (humano) de valor e que há um espaço entre os valores, os princípios, as normas e a decisão concreta em que intervém um indivíduo que deve ser responsável pela toma de suas decisões, um animal humano, demasiado humano. É algo óbvio, mas às vezes as coisas óbvias passam desapercebidas.

Ademais, dado que o Poder Judiciário, para bem ou para mal, participa da configuração dos assuntos públicos (entendidos conscientemente como questão judicial) e que é disparatado ou ao menos estúpido intentar eliminar a relação de vinculação,

---

11 A fantasia hiperracionalista de demonstrar que todas nossas ações (e interpretações) se baseiam em premissas exclusivamente racionais é incoerente e devemos abandoná-la (FRANKFURT, H. *On truth*, New York: Alfred A. Knopf, 2006). Nossos desejos, nossos prejuízos e nossas emoções intervêm sempre em maior ou menor medida em todo o processo de interpretação e de tomada de decisão em concreto, ou, para ser mais preciso, a articulação co-constitutiva da afetividade e da razão intervêm em toda a interpretação (compreensão), justificação e aplicação de uma vontade alheia, sobretudo naqueles domínios em que o "caso concreto", o "caso da vida real", surge ao intérprete com uma variedade e uma multiplicidade desconcertantes. As normas jurídicas não possuem representação de valor. As normas possuem somente palavras. Quais os valores e significados que devem ser ligados a estas palavras são problemas vinculados à tarefa dos intérpretes; e o intérprete estabelecerá sempre aquilo em que ele mesmo crê. Nenhuma lei é fruto de uma verdade estabelecida, senão expressão da "vontade pública", sempre sujeita à interpretação. Os textos se interpretam e quem os interpretam (assim como quem os escrevem) são seres humanos de carne e osso, que somente podem compreendê-los à luz de seus prejuízos e outros conhecimentos, que é o que fazem ao intentar desentranhar seus significados colocando suas palavras "em outras palavras": o que um sujeito (juiz) interpreta ou opina não passa de projeções emergente de seus estados mentais e, como tal, somente expressa a medida de sua visão, não a medida das coisas. Nossas mentes funcionam com (e reagem aos) significados, e não somente com informações. O intérprete-leitor, injetando elementos de subjetividade, altera as palavras originais do texto, buscando encontrar para o resultado de sua interpretação uma fundamentação/justificação («*post hoc*») dirigida a convencer de que sua postura é melhor que qualquer outra. E isso não é algo opcional no processo de leitura/ interpretação; não é algo que possamos eleger não fazer quando examinamos séria e cuidadosamente um texto. O único modo de entender um texto é lendo, e o único modo de lê-lo é interpretando, a saber, pondo suas palavras em outras palavras, e o único modo em que é possível fazer tal coisa é tendo outras palavras que colocar em lugar das originais, e único modo de ter essas outras palavras é havendo vivido, quer dizer, tendo prejuízos, desejos, necessidades, aspirações, crenças, perspectivas, visões do mundo, opiniões, preferências, aversões e todos os demais traços que fazem humanos aos seres humanos. Em síntese, a entranhada suposição da racionalidade jurídica é equivocada, não somente porque os agentes reais do direito não são tão racionais como se pretende (e tampouco funcionam como se o fossem), senão também pelas circunstâncias de que: (*i*) simplifica ao extremo, artificializa e distorce a análise dos múltiplos fatores e influências, inatas e adquiridas, que condicionam nossas interpretações e nossas decisões; e (*ii*) elude a evidência de que a razão não cria valores, "sino que se configura en torno a ellos y los lleva hacia nuevas direcciones".

integridade e responsabilidade dos juízes com o sistema de fontes do Direito dimanante da Constituição, parece um enorme «sem-sentido» dedicar tempo e energia mental para buscar explicações e reflexionar sobre o aberrante e grotesco que é o chamado "ativismo judicial". Primeiro no puro plano do valor justiça – certamente não o único, mas porventura o que hoje em dia sobreleva a todos os demais. Logo nesse plano, é de uma ligeireza infantil sem limites inferir que a via capaz de realizá-la seja conferir ao magistrado uma latitude de poderes que faça entrar a sua discricionariedade naquele reino confuso do arbítrio, do palpite, do sentimento anárquico e da intuição irrefletida. Pelo que respeita ao valor segurança, e ainda na presença de "métodos" nesta loucura, é então patente a todas as luzes que o espectro do "ativismo" o compromete em uma medida incomportável.

Se a isto juntarmos que o uso descuidado do poder, reduzindo a interpretação, a justificação e a aplicação da norma a puras operações subjetivas, desvinculadas e caprichosas faz de todo o modo entrar o Direito no perigoso reino do «tudo vale», parece existir motivos de sobra para repugnar sem contemplação esta forma de mediocridade de ideias que cai por seu próprio peso, curiosamente enaltecida por juristas orgulhosos não somente de suas improvisações intelectuais, senão também de sua estupidez sem paliativos.

Chegado a este ponto, caberia perguntar: no que se refere a uma ética do cuidado, é de fato imprescindível assegurar ao cidadão plena capacidade para vigiar, controlar e participar legitimamente da formação da decisão judicial por meio de eficazes medidas (processuais e metodológicas) de controle? É realmente inegociável a necessidade de afastar qualquer tipo de ativismo judicial que, por sua própria natureza, socava qualquer possibilidade de controle e reduz à mera liturgia elementos considerados como fundamentais para o exercício e o cuidado da cidadania? A resposta só pode ser afirmativa.

Segundo a ideia (republicana) de liberdade desenvolvida anteriormente, a possessão da liberdade requer não somente a ausência de interferência por parte dos demais nos espaços em que elegemos e tomamos decisões relevantes para o desenvolvimento de nossas vidas, senão também a ausência de controle não justificado, quer dizer, a ausência de dominação: o fundamental da liberdade como "não dominação", insistimos, é que não exista interferência de uma vontade "arbitrária".

Para dizê-lo de um modo mais simples: uma interferência não será arbitrária ou causa de dominação na medida em que seja exercida baixo o controle estrito e prioritário dos sujeitos interferidos. A interferência não arbitrária – isto é, a interferência que o interferido tem a capacidade de controlar – não constituirá forma alguma de diminuição ou negação da liberdade como não dominação do sujeito interferido. Isso se deve a que a interferência arbitrária requer, pelo menos, a possibilidade de interferir à vontade e com impunidade. Se posso pôr freio a certo tipo de interferência que se me exerce ou se posso fazer que aos sujeitos que interferem lhes resulte demasiado custoso interferir em minha vida – até o ponto de que deixe de ser racional para eles continuar interferindo –, então o fato de que eu permita tal interferência não significa que esteja sendo dominado.[12]

Por conseguinte, não está minguado em sua liberdade, nessa mesma acepção da palavra, quem se vê interferido por outros de maneira que *"não"* são arbitrárias. A liberdade republicana, à diferença da liberdade liberal, puramente negativa, consiste em que ser livre é não estar baixo a mão ou potestade de ninguém, quando ninguém (Judiciário incluído) poderá – faça de fato ou não – interferir a seu arbítrio em nossos planos de vida.

Perguntaremos outra vez: É possível que a falta de cuidado e a interferência praticada pelo Poder Judiciário possa vir a constituir uma forma de dominação ou interferência arbitrária nas vidas daquelas pessoas que, em termos normativos, saiam perdendo em decorrência desse provimento (decisão)?

A resposta a esta pergunta é muito simples: quando a intromissão do Estado-juiz é conduzida de forma tal que outorga ao cidadão uns níveis de controle e de resistência sobre a forma em que a intervenção estatal tem lugar (ou garante ao indivíduo a capacidade de controle e resistência sobre a forma como interpreta e aplica o direito) não haverá dominação nos termos a que nos estamos referindo. E o argumento é igualmente simples: serei controlado por instâncias alheias na medida em que o Poder Judiciário tenha arrojado uma decisão que interfira em minha vida à vontade (ou seja, sem nenhum controle) e a um custo intolerável (isto é, com certo grau de impunidade pelo mau, desenfreado, imoderado, descuidado e/ou desvinculado uso de um poder do Estado).

Por isso a exigência de que todos os julgamentos sejam públicos e fundamentadas todas as decisões; de que é a publicidade e a motivação que asseguram racionalidade/objetividade (ainda que aproximadas) e, desse modo, mais segurança às decisões: não só decisões dotadas de autoridade, senão também de razões. E isto vale principalmente para a administração da justiça. A responsabilidade do magistrado, em mãos de quem está depositado o cuidado, a vida e o destino de uma comunidade, se converte cada vez mais na obrigação ou no dever de justificar suas decisões. A base para o uso do poder por parte do juiz reside na aceitabilidade de suas decisões e não na posição formal de poder que possa ter. A responsabilidade (e a obrigação) de oferecer justificação corresponde à responsabilidade de maximizar o controle público da decisão, sendo que sua representação (da justificação) é sempre também um meio para assegurar, sobre uma base racional, a existência da certeza/segurança jurídica na sociedade.

É através da justificação (de sua fundamentada, racional e razoável vinculação ao ordenamento jurídico) como o magistrado, enquanto mediador *"na"* comunidade e *"para a"* comunidade da ideia de Direito e da justiça que o fundamenta, manifes-

12 Suponhamos que permito a alguém guardar a chave de meu carro ou esconder meus cigarros. Quando esse alguém atue de acordo com dita permissão, que eu lhe outorguei, pode que interfira em minha vida, mas em nenhum caso sua interferência constituirá uma forma de dominação ou interferência arbitrária.

ta as limitações habituais de suas capacidades pessoais e intelectuais, impede que a deslealdade institucional e os impulsos de duvidosa virtude se diluam nos excessos de uma abstração, neutralidade e/ou imparcialidade arrogantes e caprichosas, e inviabiliza que o cinismo e a estupidez humana se imponham por encima do cuidado moral e individual que devem reservar a seus congêneres verdadeiramente humanos.

Mas não é isto tudo.

Outro problema, não menos inquietante, é que também no contexto da justificação não são raras as decisões com uma enorme lista de ingredientes esotéricos, dispostos como algo que arroja porções a uma caldeira enquanto pronuncia um conjuro, e que vêm elegantemente envolvidas em uma linguagem sofisticada e atraente que permite que creiamos toda classe de argumentos associados aos seus fundamentos e suas consequências. Uma realidade que, por sua gravidade, deveria levar a enfrentar-nos com a questão dos defeitos cognitivos que afetam as decisões judiciais, isto é, de avaliar em que medida estão influídas ou determinadas por prejuízos ou processos inconscientes e perguntar se bastam as ferramentas da racionalidade argumentativa e a insistência na qualidade argumentativa da motivação da decisão para garantir a sacrossanta noção de racionalidade.

Apesar de que desde as filas da teoria da argumentação já se fez ver que não é tão relevante a origem da decisão como a qualidade dos argumentos (válidos, sólidos, coerentes e consistentes) que a sustentam,[13] há um novo (e deliberadamente ignorado) reto para a teoria da decisão judicial proposto pelos últimos avanços na psicologia cognitiva a partir dos estudos pioneiros de Herbert Simon, primeiro, e, mais tarde, de autores tão decisivos como Daniel Kahneman, Amos Tversky, Richard Thaler, Gerd Gigerenzer ou, entre os juristas, Cass Sunstein. Um reto, estritamente vinculado a uma ética do cuidado, que desmantela a crença, amplamente divulgada, admitida e

13 Nota bene: Não discutiremos aqui a desesperada e arbitrária distinção que tem sido utilizada, no âmbito da argumentação jurídica, para estabelecer que uma coisa é o processo mental ou o conjunto de fatores capazes de explicar as causas, influências e/ou circunstâncias como foi concebida ou gerada uma conclusão ou decisão («contexto de descoberta») e outra o conjunto de regras, critérios e argumentos mediante o qual se justifica dita conclusão ou decisão («contexto de justificação»). Em minha opinião, *descoberta* e *justificação*, na prática e/ou desde um ponto de vista operativo, não são dois atos separados e estanques, senão que constituem um processo unitário, um *continuum*, compondo uma indivisível e solidária unidade hermenêutica. O ponto essencial é que, neste caso, uma concepção que seja «aproximadamente correta» (não distinção) é mais útil para analisar o fenômeno da interpretação que outra que seja «exatamente errônea» (distinção): uma conclusão ou decisão pode ser perfeita em termos epistêmicos, analíticos e/ou argumentativos, mas isto não exclui em absoluto a subjetividade, a realidade da experiência pessoal dependente das características do entorno e os condicionantes neurológicos e psicológicos (processos mentais internos dos que não somos conscientes, não temos acesso e que regem uma porção imensa da vida mental) que afetam sem dúvida o agente jurídico que a produziu. Uma espécie de "racionalidade impura" ou "quase racionalidade" que implica um compromisso do juízo entre intuição, emoção e razão, e também entre diferentes variáveis socioculturais ou pistas informativas procedentes do contexto em que se produz a conclusão ou decisão.

compartida do juiz que aplica o Direito à base de observar com objetividade os fatos ou de valorar de modo igualmente objetivo, racional e desinteressado as provas dos fatos, assim como de sopesar as alternativas normativas para esses fatos fazendo gala das virtudes que a ética judicial predica para um "bom juiz", começando por umas esquisitas neutralidade e imparcialidade.

Resumindo, no que ao cuidado da cidadania se refere, é uma hipocrisia própria dos acomodados compartir o legalismo e/ou o moralismo abstrato, formal e descuidado tão distante da realidade que deixa fora o sujeito concreto. A melhor forma de pensar sobre a justiça é ter em conta a história, as circunstancias pessoais e a subjetividade das avaliações implicadas em cada caso. O que importa, por encima da aplicação de qualquer valor, princípio ou norma abstrata é a apreciação do contexto de cada conflito, a consideração das pessoas implicadas e a vontade de, a partir da letra fria, estática e fixa das normas como geradoras de expectativas seguras, humanizar a frialdade e o distanciamento de qualquer valor, princípio ou regra, tornando-os compassivos: "Todo el mundo merece ser escuchado y la manera en que los ciudadanos perciben sus desdichas no puede ser ignorado".[14]

Há que aprender a escutar cuidadosamente a versão de cada indivíduo porque ajuda a contextualizar a injustiça cometida, reforça o cuidado e aumenta a responsabilidade com relação à tomada de decisão. E embora a justiça seja o mais importante dos valores sociais, sua excessiva abstração e religiosa universalidade resultam inadequadas porque assumem a existência de uma racionalidade plena e uniforme em todos os casos e para todos os seres humanos que não têm nada que ver com a realidade, onde a irracionalidade e a percepção idiossincrásica de valores são a regra. Assim, e somente assim, se garantirá aos cidadãos o direito aos meios materiais de existência, isto é, o cuidado do direito mais essencial de existência material.

Por certo – e aqui concluímos – que cada um lê a realidade através de suas pequenas obsessões e que pode pensar ou predicar o que quer (inclusive rechaçar a revisão de suas crenças sobre a base da evidência), mas, para qualquer que tenha uma diminuta inquietude sobre a necessidade de cuidar/afirmar a cidadania e os inescrutáveis fenômenos que movem o Judiciário, talvez seja útil recordar algumas trivialidades:

1. que os labirintos dos tribunais continuam estando entre os lugares mais inseguros do País e que impetrar uma ação judicial, na grande maioria das vezes, representa para o cidadão (pela enraizada, sórdida e "caconômica"[15] morosidade da justiça) uma verdadeira suspensão/negação de sua dignidade;

---

14 SHKLAR, J. *Los rostros de la injusticia*. Barcelona: Herder, 1990.

15 Segundo Gloria Origgi, a "caconomia" [ou *"Kakonomia"*, palavra que procede de uma voz grega, *Kakos* (pior, mau), com a que se vem a designar "economia do pior" ou "economia do medíocre"] descreve um estranho tipo de situação em que há uma muito difundida predileção pelos intercâmbios medíocres que se mantêm ao menos enquanto ninguém se queixe da situação: algo

2. que a democracia depende em grande medida de que os cidadãos tenham confiança na integridade, no sentido comum, na honradez e na pouquidade "de baixo rendimento crônico" (estupidez) de seus juízes;

3. que se necessita uma dose importante de má-fé ou de deliberada ignorância para negar o infesto que pode chegar a ser o mau e/ou desenfreado uso do poder em um Estado que, no que se refere principalmente à cidadania, parece estar fora de controle; e

4. que se desatendemos ao dever moral de «cuidar da cidadania» deixaremos que nos enganem como uns crédulos facilmente influenciáveis e não seremos capazes de perceber que a ilusória aparência de legitimidade de qualquer exercício do poder na Administração da Justiça põe em perigo nossa segurança enquanto cidadão baixo o império da lei.

Nessun dorma!

---

assim como uma silenciosa preferência pela mediocridade ou pelas normas que regulam os intercâmbios da pior maneira possível. Os mundos caconômicos são mundos em que a gente não somente convive com o escasso rigor próprio e alheio, senão que espera realmente que esse seja o comportamento geral: confio em que o outro não cumprirá plenamente suas promessas porque quero ter a liberdade de não cumprir eu as minhas e, ademais, não sentir-me culpado por isso. O que determina que este seja um caso tão interessante como estranho é o fato de que em todos os intercâmbios de natureza caconômica ambas as partes parece haver estabelecido um duplo acordo: por um lado, um pacto oficial pelo qual os dois intervenientes declaram ter a intenção de realizar um ou mais intercâmbios com um elevado nível de qualidade e, por outro, um acordo tácito pelo qual não somente se permitem rebaixar essa suposta qualidade, senão que coincidem inclusive em esperá-las. Deste modo, ninguém se aproveita do outro, já que a *Kakonomia* se acha regulada pela mútua assunção de um resultado medíocre (ou serôdio), ainda que alguns se aventurem a afirmar publicamente que o intercâmbio teve em realidade um alto nível de qualidade. Em suma, uma típica e cotidiana relação jurídica processual. ORIGGI, G. Kakonomics. *In:* BROCKMAN, J. (Ed.). *This Will Make You Smarter.* New York: HarperCollins Publishers, 2012.

[illegible]

[illegible] pela exclusão social, como pela constatação da importância decisiva de comportamentos individuais no estado de saúde das pessoas.

Cuidados com a saúde: pressuposto para uma vida digna e cidadã

Carlos Eduardo Gomes Ribeiro
Lauro Luiz Gomes Ribeiro

1. Introdução

O propósito que nos anima no presente estudo é destacar a importância a ser atribuída ao direito à saúde e, como consequência, à vida na perspectiva da dignidade da pessoa humana e sem perder de vista o corolário desta dignidade que é o direito à busca da felicidade.

Neste contexto, também será pontuada a questão do direito à saúde da pessoa encarcerada e daquela acometida de transtorno ou sofrimento psíquico (antigo "doente mental"), com destaque para o papel a ser ocupado pelo próprio paciente, seus familiares, a sociedade e o Estado a partir da proposta antimanicomial de atendimento em meio aberto.

A opção por uma atenção a estes dois segmentos – pessoas encarceradas e com transtorno psíquico – decorre de sofrerem com múltiplas exclusões sociais, máxime se considerarmos a condição de mulheres e negras nestas condições.

2. Conceito de Saúde

Para principiarmos a discussão, é importante definirmos do que iremos tratar quando nos referimos ao direito à saúde. E é imprescindível observarmos que este direito à saúde deve ser lido tanto na perspectiva individual como coletiva, esta última relacionada à saúde pública.

Lembramos a ideia platônica de saúde sempre atrelada ao campo da alma e a correspondente necessidade de uma relação adequada entre ela (alma) com o corpo. Assim, o estado de equilíbrio interno do indivíduo e dele com a organização social e a natureza é sinônimo de saúde para a antiguidade grega.

Dando um grande salto no tempo, os últimos anos do século passado revelam uma concepção da saúde pública fortemente influenciada tanto pelo parcial fracasso das políticas estatais de prevenção, que falharam na missão de superar os limites impostos pela exclusão social, como pela constatação da importância decisiva de comportamentos individuais no estado de saúde das pessoas.

Por outro lado, o predomínio do modelo neoliberal ocasionou um natural encolhimento do papel do Estado na sociedade em favor dos grupos e associações, aumento a responsabilidade individual.[1] É dizer, o Estado passa a ter os olhos voltados para a equação econômica do custo/benefício, virando as costas para os dados epidemiológicos, comprometendo, consequentemente, todo o trabalho preventivo que sempre foi muito importante para o trato da saúde pública.

Neste período ocorre uma importante inovação disruptiva na concepção de saúde, abandonando-se a ideia de ausência de doença que prevaleceu durante toda a denominada "era terapêutica" dos anos 30, para uma concepção mais ampla, abandonando a centralidade do indivíduo para se voltar ao todo, ao conjunto da coletividade, ao meio ambiente e às interações sociais, o que significa dizer que para o indivíduo ser saudável o meio onde vive e as pessoas com quem se relaciona também precisam ostentar boas condições de salubridade.

Exemplo bastante simples, mas explicativo disto: o tratamento a ser dispensado para uma pessoa diabética e hipertensa que tenha uma vida saudável, em ambiente de praia, com vida social também bastante alegre será diferente daquele outro, com a mesma patologia e que more sozinho, em ambiente inóspito, sem contatos sociais, sem atividade física ou outros fatores positivos de uma vida saudável.

Podemos apontar como um dos grandes fatores de mudança do entendimento do que vem a ser a saúde pública foi a eliminação de judeus e outras minorias na II Guerra Mundial durante o Holocausto nazista, o que culminou com a criação oficial da Organização Mundial de Saúde/OMS, em 1948, agência especializada nesta área e vinculada à ONU.

Entre nós, um marco para o avanço no cuidado com a saúde se deu por intermédio do movimento sanitarista dos anos 80 que criticava o modelo assistencial-privatista da saúde implementado e buscava apresentar propostas para um sistema público que contemplasse a todos os brasileiros. Para isto contribui, decisivamente, a VIII Conferência Nacional de Saúde de 1986, que contou com ampla participação social e cujo relatório final serviu de base para o capítulo da saúde no texto constitucional de 88.

Por se tratar de um bem coletivo, o direito à saúde não pode ficar restrito a um único indivíduo. É de interesse de toda sociedade que a integralidade dos seus membros tenha acesso amplo aos serviços de saúde de maneira que o funcionamento do sistema de atenção à saúde se constitui em um interesse difuso a ser tutelado e fiscalizado através de todo instrumental de proteção existente.

1 Exemplo disto ocorreu com a organização dos cuidados com a AIDS: prevaleceu a ideia de que a proteção contra a doença é responsabilidade individual e que os grupos – de doentes ou de portadores do vírus ou de familiares ou amigos deles –devem organizar a prestação dos cuidados de saúde, cabendo ao Estado, subsidiariamente, a responsabilidade pelo controle da qualidade do sangue, fator importante, mas, certamente, não o único.

É fato que a responsabilidade estatal tanto a partir do texto constitucional como da legislação infraconstitucional não se limita à disponibilização de serviços de saúde, como vaga em hospital, realização de cirurgias, nele incluída a oferta de medicamentos e insumos (p.ex. fraldas geriátricas); alcança o dever de regulamentação, fiscalização e controle de todas e quaisquer ações e serviços de saúde, todos considerados de relevância pública, mesmo se prestados por particular.

O conceito de saúde que seja adequado não é encontrado em nenhum de nossos textos constitucionais.

Adota-se, na atualidade, o consagrado no preâmbulo do documento de constituição da Organização Mundial de Saúde (OMS): a saúde é "um estado de completo bem-estar físico, mental e social e não somente ausência de afecções e enfermidades",[2] concepção que se aproxima do sentido original da palavra "saúde", do latim salute, que significa salvação, conservação da vida, cura, bem-estar.

A ideia de saúde, portanto, não está limitada à cura ou tratamento de doenças, pois ao conceito agregaram-se demais elementos independentes, como a alimentação, o meio ambiente, o saneamento básico, o transporte, o lazer (art. 3º da Lei nº 8.080/90 – Lei Orgânica da Saúde) e a garantia de uma vida saudável deve se desenvolver através de políticas públicas voltadas aos cuidados primários da população, conforme preconiza a Declaração de Alma-Ata (1978), formulada por ocasião da Conferência Internacional sobre Cuidados Primários de Saúde.

Como há interesse de toda a coletividade na saúde, ela deve participar das discussões e, de fato, há espaço para isto, especialmente dentro do Sistema Único de Saúde (SUS) que pressupõe um controle social e uma gestão participativa, o que se dá através dos Conselhos e Conferências de saúde.[3]

Por tais características, a saúde está diretamente atrelada ao direito à vida *(STF, RE 271.286-AgR).*

3. Proteção legal do direito à saúde

No plano internacional, dentro do sistema "onusiano", é preciso apontar a Declaração Universal dos Direitos Humanos, de 1948, que, como anota Yuval Noah Harari, "talvez seja o que há de mais próximo que temos de uma Constituição global".[4]

---

2 Este conceito amplo de saúde também é encontrado no art. 3º da Lei Orgânica de Saúde (Lei nº 8.080/90): "Art.3º Os níveis de saúde expressam a organização social e econômica do País, tendo a saúde como determinantes e condicionantes, entre outros, a alimentação, a moradia, o saneamento básico, o meio ambiente, o trabalho, a renda, a educação, a atividade física, o transporte, o lazer e o acesso aos bens e serviços essenciais".

3 A participação comunitária na gestão do SUS vem disciplinada, basicamente, pela Lei nº 8.142/90.

4 HARARI, Yuval Noah. *Homo Deus* – Uma breve história do amanhã. São Paulo: Companhia das Letras, 2016. p. 31.

A Declaração preconiza no art. 25 que toda pessoa humana tem direito a um padrão de vida capaz de assegurar, para si e sua família, saúde e bem-estar, alcançando todas as fases da vida, do nascimento à velhice.

A ela se somam, exemplificativamente, o Pacto Internacional de Direitos Econômicos, Sociais e Culturais, (PIDESC) de 1966, internalizado entre nós pelo Decreto legislativo 226/91 e promulgado pelo Decreto 591/92; Convenção sobre a Eliminação de todas as formas de Discriminação Racial (art. 5º, "e", IV) – promulgada pelo Decreto 65.810/69 -, a Convenção sobre a Eliminação de todas as formas de Discriminação contra a Mulher (art. 11, "f" e 12) – promulgada pelo Decreto 4.377/02 –; na Convenção sobre os Direitos da Criança (art. 24), promulgada pelo Decreto 99.710/90; a Convenção Americana de Direitos Humanos (Pacto de São José da Costa Rica), internalizada pelo Decerto legislativo 27/92 e promulgada pelo decreto 678/92 (arts. 4º e 5º; o Protocolo Adicional à Convenção Americana sobre Direitos Humanos em matéria de Direitos Econômicos, Sociais e Culturais (Protocolo de São Salvador), internalizado pelo Decreto legislativo 56 e promulgado pelo Decreto 3.321 (art. 10).

Em nosso ordenamento jurídico, a constitucionalização da saúde como direito fundamental de todos e um dever do Estado é uma das inovações trazidas pela CF/88.

A Constituição Federal trata da saúde principalmente a partir do Título VIII – da "Ordem Social" –, no capítulo da Seguridade Social que "compreende um conjunto integrado de ações de iniciativa dos poderes públicos e da sociedade, destinadas a assegurar os direitos relativos à saúde, à previdência e à assistência social" (art. 194).

Está localizada no art. 6º, dentro dos direitos sociais e como tal, é um direito prestacional (de segunda geração ou dimensão) e de realização progressiva, sendo sua proteção mais detalhada nos arts. 196 a 200. A ele também se referem, dentre outros, o art. 7º, IV, (que trata das garantias do trabalhador), o art. 23, II (que fala da competência material comum e solidária da União, Estados, Distrito Federal e Municípios no cuidado da saúde e assistência pública), o art. 24, XII (que dispõe sobre a competência legislativa concorrente da União, Estados e Distrito Federal sobre proteção e defesa da saúde), o art. 30, VII (que trata da prestação pelo Município, com a cooperação técnica e financeira da União e do Estado, de serviços de atendimento à saúde da população), o art. 227, "*caput*" (que cuida da responsabilidade da família, da sociedade e do Estado para com a saúde da criança, do adolescente e do jovem, com absoluta prioridade), seu §1º (atribui ao Estado o dever de promover programas de assistência integral à saúde da criança, do adolescente e do jovem), e também dos arts. 55 (que trata da destinação de percentual do orçamento da seguridade social para o setor de saúde), 74 e 75 (que cuidam da contribuição para a saúde), 77 (custeio da saúde) e 79 (que criou o Fundo de Combate e Erradicação da Pobreza), todos do ADCT. Indiretamente, as referências são infindáveis, como p.ex. a garantia de um meio ambiente ecologicamente equilibrado, "bem de uso comum do povo e essencial à sadia qualidade de vida" (art. 225).

A concretização deste direito se dá através de um Sistema Único de Saúde (SUS). Dele trata, em linhas gerais, o art.198 da CF/88, que inicia atestando que todas as ações e serviços de saúde integram um Sistema Único, compreendido por uma rede regionalizada e hierarquizada, com vistas ao adequado atendimento à população em geral.

Todos os entes federativos – União, Estados, Distrito Federal e Municípios – participam deste sistema único e são solidariamente responsáveis por esta prestação de serviços e ações inerentes à proteção, recuperação e promoção da saúde, na linha do que dispõe o art.23, II da CF/88, reiteradamente reconhecido pela jurisprudência.[5]

Em razão da sua natureza constitucional, o SUS assume a condição de uma autêntica garantia institucional fundamental o que lhe outorga o "*status*" de limite material à reforma constitucional e está protegido contra qualquer retrocesso que possa advir de eventuais medidas tendentes a aboli-lo ou esvaziá-lo, formal e materialmente, até mesmo quanto aos princípios que o alicerçam.

Sua estruturação constitucional significa que a efetivação do direito à saúde deve ocorrer de conformidade com os princípios e diretrizes pelos quais ele foi constitucionalmente instituído, especialmente entre os arts. 198 a 200 da CF/88.

Por ser o sistema ÚNICO, todos os serviços e ações de saúde, sejam públicos ou privados, devem seguir e desenvolver-se a partir das mesmas políticas e diretrizes, ainda que divididas nos níveis nacional, regional, estadual e municipal.

Estas diretrizes do sistema estão elencadas nos três incisos do artigo 198: descentralização; atendimento integral e participação comunitária, ao que se acrescenta a gratuidade.

A estruturação do sistema se dá através de um emaranhado legislativo (leis, resoluções, atos normativos secundários do Ministério da Saúde, ANVISA etc.), destacando-se, pela importância, a citada Lei Orgânica da Saúde (LOS) – n. 8.080/90.

Ela foi regulamentada bem depois pelo Decreto 7.508/11 naquilo relativo ao planejamento da saúde, à assistência à saúde e à articulação interfederativa dos gestores.

Veio em boa hora porque deu organização e transparência ao emaranhado normativo do SUS e por ele é possível entender a articulação necessária entre os entes da federação, o processo de hierarquização e descentralização através das Regiões de Saúde; falhou ao não regulamentar o financiamento.

De uma forma geral, o Sistema foi bem idealizado, embora sua operacionalização seja dificultada pelas dimensões continentais de nosso país, com grande desigualdade social e diferenças culturais, além de estar contaminado pela corrosiva corrupção.

Em apertada síntese, podemos descrever o funcionamento do assim: conta com vários tipos de unidades de saúde, que atendem situações específicas, de acordo com o nível de complexidade e gravidade. A porta de entrada é a UBS (unidade básica de saúde), onde se faz o atendimento ambulatorial, de baixa complexidade, com con-

---

5 STJ, 1ª Seção, REsp 1203244/SC, Rel. Min. Herman Benjamin, j. 09.04.2014, DJ 17.06.2014 (decidido pelo rito de recurso repetitivo); STJ, 2ª Turma, REsp 771.537/RJ, Rel. Min. Eliana Calmon, j. 15.09.2005, DJ 03.10.2005.

sultas agendadas, exames e procedimentos mais simples. Para casos de média complexidade, que dependem de médicos especialistas, p.ex., o atendimento é feito nas UPAs (unidades de pronto atendimento), concebidas para intermediarem o atendimento entre a UBS e o hospital, dando maior agilidade ao sistema. Por fim, a alta complexidade, que são os casos que envolvem risco de vida, internações, cirurgias etc., dependem de alta tecnologia e têm alto custo, é atendida nos hospitais, a partir de encaminhamento feito pelas unidades ambulatorial ou de média complexidade.

4. Da atenção à saúde e o dever de tolerância

O cuidadoso tratamento dispensado pela Constituição Federal deixa a salvo de dúvidas a magnitude do direito à saúde.

Entretanto, à par das mazelas já conhecidas na efetivação deste direito, em especial dois segmentos sociais sofrem ainda mais, em razão de múltiplas características e serão objeto de nossa preocupação a seguir: as pessoas encarceradas e aquelas com transtorno mental.

Antes de tratarmos deles é importante registrar um ponto que é fundamental no trato de temas que envolvem segmentos sociais discriminados, que é o da *tolerância*.

Veio proclamada, em termos mundiais, em 1995, pela Conferência Geral da UNESCO ("Declaração de Princípios sobre a Tolerância"), onde é definida como "a harmonia na diferença" e como "o sustentáculo dos direitos humanos, do pluralismo (inclusive o pluralismo cultural), da democracia e do Estado de Direito".

Todavia, a Declaração toma o cuidado de advertir que "praticar a tolerância não significa (...) renunciar às próprias convicções", mas, ao contrário, um dos efeitos virtuosos dessa atitude positiva em relação a terceiros, o que trará como resultado a aceitação e o respeito pela diversidade humana e pela multiculturalidade dos povos, evitando a exclusão, a marginalização, a violência e a discriminação contra os grupos vulneráveis, como o são os tratados a seguir.

5. Da atenção à saúde das pessoas encarceradas

Quanto ao grupo social dos encarcerados, (condenados e provisórios), e, consequentemente sob responsabilidade do Estado, vejamos:

5.1. Da Constituição

Já em seu preâmbulo, nossa Carta Magna traz o objetivo maior "(...) para instituir um Estado Democrático, destinado a assegurar o exercício dos direitos sociais e individuais (...)", principiando pelos Direitos Fundamentais, que, em seu artigo inaugural, tem como alicerce, entre outros, "a dignidade da pessoa humana"!

Nas palavras de Cury,

> o direito a saúde é o principal direito fundamental social encontrado na Lei Maior brasileira, diretamente ligado ao princípio maior que rege todo o ordenamento jurídico pátrio: o princípio da dignidade da pessoa humana – razão pela qual tal direito merece tratamento especial.[6]

Seguindo a lição de Meirelles Teixeira,[7] destaca-se em nossa Constituição, tida como Cidadã, quatro grupos de Direitos (liberdades) individuais: i) Direitos *fundamentais*; ii) Direitos *políticos*; iii) Direitos *sociais*; iv) Direitos ou garantias *institucionais*.

Em sua definição, assim leciona sobre os direitos sociais:

> 3.3. Direitos Sociais – são, como já vimos, os direitos a prestações positivas do Estado, ou que este impõe a particulares, tendo em vista criar aquelas condições concretas para o exercício efetivo das liberdades: direitos à instrução, à educação, à formação profissional, à assistência social (...).[8]

Pois bem, seguindo por este caminho, com foco nos direitos sociais, o TÍTULO VIII, Da Ordem Social, CAPÍTULO II, DA SEGURIDADE SOCIAL, Seção II, traz em seu artigo 196: "A saúde é direito de todos e dever do Estado, garantido mediante políticas sociais e econômicas que visem à redução do risco de doença e de outros agravos e ao acesso universal e igualitário às ações e serviços para sua promoção, proteção e recuperação".

Deste modo, ao cidadão, independentemente de sua situação social e cultural, lhe é garantido o "CUIDADO" à saúde.

Entendemos necessário frisar, pela sua relevância, que mais que o Estado, através de seus diversos órgãos inerentes ao dever de cuidado, a sociedade, como um todo, também é responsável, na dicção do inciso III, do artigo 198, destaco:

> Art. 198. As ações e serviços públicos de saúde integram uma rede regionalizada e hierarquizada e constituem um sistema único, organizado de acordo com as seguintes diretrizes: (...) III – participação da comunidade.

Ou seja, a sociedade, como um corpo vivo que forma nossa nação, tem o dever de participação, não lhe sendo permitido escusar-se da obrigação em razão de acreditar que, por ter delegado ao Estado o dever de CUIDADO, isenta-se!

Aos encarcerados, numa análise mais detida, lhe é garantido, nas "palavras" da Constituição, em seu artigo 5º, XLVII, *"e"*, que não haverá *"penas cruéis"*.

---

6 CURY, Ieda Tatiana. *Direito fundamental à saúde*: evolução, normatização e efetividade. Rio de Janeiro: Lumen Júris, 2005. p. XVII.

7 TEIXEIRA, J. H. Meirelles. *Curso de Direito Constitucional*. Maria Garcia (org.). Florianópolis: Conceito Editorial, 2011. p. 629.

8 Ibidem, p. 631.

Mais que isso, somando-se a este, no mesmo artigo, inciso XLIX, a Constituição Federal determina, literalmente, que *"é assegurado aos presos o respeito à integridade física e moral".*

Ora, não é favor, não é discricionariedade, e sim, na visão do Constituinte, além da garantia de CUIDADO com a saúde dos cidadãos, quanto aos encarcerados, levando-se em conta sua condição hipossuficiente de *"custodiado do Estado"*, está garantido: não passará *"penas cruéis"*, e mais, tem assegurada sua *"integridade física e moral".*

Nossa Lei maior foi clara, positiva e impositiva no sentido de que, mesmo tidos por muitos como *"escória da sociedade"*, estes seres humanos são dignos de direitos, de CUIDADOS com a saúde física e mental.

Em que pese o dever de ser, na prática, não é o que se vê.

5.2. Da Lei de Execução Penal (LEP)

A Lei nº 7.210 de 11 de julho de 1984, que disciplina e norteia a execução penal, e por consequência a normatização no tratamento a ser dispensado aos encarcerados (condenados e provisórios), em sua exposição de motivos, já assevera: "21. O Projeto torna obrigatória a extensão, a toda a comunidade carcerária, de direitos sociais, econômicos e culturais de que ora se beneficia uma restrita percentagem da população penitenciária, tais como segurança social, saúde, trabalho remunerado sob regime previdenciário, ensino e desportos".

Pois bem, para efetivar esses direitos, a LEP elenca de forma clara e objetiva as disposições relativas à esses CUIDADOS, vejamos:

> Art. 10. A assistência ao preso e ao internado é dever do Estado, objetivando prevenir o crime e orientar o retorno à convivência em sociedade.
> – Parágrafo único. A assistência estende-se ao egresso:
> Art. 11. A assistência será:
> (...) II – à saúde;

Nem poderia ser menos, trata-se de seres humanos, cidadãos, levados ao cárcere, sentenciado ao cumprimento de sua pena, mas que ainda mantem seu direito à saúde, ao tratamento humanitário e respeito à sua integridade física e mental.

A pena, além do objetivo punitivo, tem por finalidade maior, a nosso juízo, a ressocialização do delituoso, propiciando sua reinserção na sociedade.

Seguindo na leitura da LEP, seu artigo 14 é evidente: *"Art. 14. A assistência à saúde do preso e do internado de caráter preventivo e curativo, compreenderá atendimento médico, farmacêutico e odontológico". (destaquei)*

Mais ainda, o § 2º estabelece: "Quando o estabelecimento penal não estiver aparelhado para prover a assistência médica necessária, esta será prestada em outro local, mediante autorização da direção do estabelecimento".

E não sem tempo, (muito atrasadamente) a Lei nº 11.942, de 27 de maio de 2009, acrescentou o § 3º ao mesmo artigo, dispondo que será assegurado acompanhamento médico à mulher, principalmente no pré-natal e no pós-parto, extensivo ao recém-nascido.

Da mesma forma, infelizmente, o atendimento à mulher (extensivo ao recém-nascido) está bem aquém do necessário. Há relatos que até mesmo um absorvente tem que ser fornecido pela família das encarceradas, imagine-se o atendimento mínimo e necessário ao *CUIDADO* da saúde da mulher.

Frise-se, pela importância, que o legislador instituiu que o *CUIDADO* à saúde dos detidos se estendem em carácter preventivo e curativo, ou seja, no melhor dos mundos, todo cidadão preso, sob custódia e responsabilidade do Estado, teria acesso aos cuidados preventivos, *v.g.*, alimentação adequada, atividade física, exames médicos periódicos, entre outros, e ainda, quando necessitado, deve ser assistido médica, fármaco e odontologicamente.

Depreende-se ainda que, caso não disponível dentro do estabelecimento prisional, toda a assistência deve estar ao alcance do encarcerado, assistindo-lhe o direito de ser disponibilizado atendimento na rede pública de saúde.

No entanto, o encarceramento nas condições atuais do sistema penitenciário, de modo geral, por si só é fator de agravamento do quadro de saúde das pessoas presas.

Por meio da Portaria nº 2.048/2009, o Governo Federal criou normas de implementação para atuação à saúde no sistema penitenciário, e o Conselho Nacional de Política Criminal e Penitenciária, através da Resolução nº 07/2003, recomendou a adoção de um elenco mínimo de ações de saúde que deve (deveria) ser implantado nos sistemas penitenciários dos Estados, dentre elas a prevenção e controle da tuberculose, doenças sexualmente transmissíveis e AIDS, hanseníase, entre tantas.

Veja-se, mais recentemente, em relação à saúde prisional, foi editada a Portaria Interministerial nº 1, de 02 de janeiro de 2014, instituindo a Política Nacional de Atenção Integral à Saúde das Pessoas Privadas de Liberdade no Sistema Prisional (PNAISO) no âmbito do Sistema Único de Saúde (SUS), com o objetivo essencial de promover o acesso das pessoas presas à Rede de Atenção à saúde.

Nas palavras do Dr. Rodrigo Roig,[9] complementa-se:

> Ainda no que se refere à proteção da saúde das pessoas presas, impende destacar, na mesma linha do julgamento do Recurso Extraordinário 592581 pelo Supremo Tribunal Federal (que entendeu ser possível o Poder Judiciário determinar obras emergenciais à direitos fundamentais), que o Juízo da Vara de Execuções pode e deve determinar a realização de cirurgias e intervenções médicas. Pois se encontra em risco o direito fundamental à saúde.

---

9 ROIG, Rodrigo Duque Estrada. *Execução Penal*: teoria crítica. 4ª ed. São Paulo: Saraiva Educação, 2018. p. 169.

Na mesma linha de reflexão, o doutrinador Marcão,[10] vejamos:

> A realidade nos mostra, entretanto, que os estabelecimentos penais não dispõem de equipamentos e pessoal apropriados para os atendimentos médicos, farmacêuticos e odontológicos. A penitenciária não vem proporcionando benefícios aos presos, mas sim, lhes possibilitando cada vez mais degradações.[11]

Mais ainda, na lição do douto jurista Bitencourt,[12] vejamos:

> As deficiências de alojamento e de alimentação facilitam o desenvolvimento da tuberculose, enfermidade por excelência das prisões. Contribuem igualmente para deteriorar a saúde dos reclusos as más condições de higiene dos locais, originadas na falta de ar, na umidade e nos odores nauseabundos. Mesmo as prisões mais modernas, onde as instalações estão em nível mais aceitável e onde não se produzem graves prejuízos à saúde dos presos, podem, no entanto, produzir algum dano na condição físico-psíquica no interno já que, muitas vezes, não há distribuição adequada do tempo dedicado ao ócio, ao trabalho, ao lazer e ao exercício físico.

Abrindo um pequeno espaço para a *"tuberculose" (TB)*, referida por Bitencourt, colacionamos publicação do Ministério da Saúde sobre a População Privada de Liberdade (PPL):

> É notável que o sistema prisional seja um ambiente potencialmente transmissor da TB. A incidência da doença na PPL é maior do que na população geral. Em 2014, a PPL representou aproximadamente 0,3% da população brasileira e contribuiu com 7,8% dos casos novos de TB notificados no país. Ainda são mais frequentes nesse grupo populacional as formas resistentes da doença, relacionadas ao tratamento inadequado e à detecção tardia.[13]

Afrontando (sem nenhum constrangimento) as normas estabelecidas, na realidade, o que vemos, entretanto, é que, mesmo a população de um modo geral, não conta com a assistência à saúde, que de uma forma desumana é legada à própria sorte quando busca *"socorro"* na rede pública.

Não é incomum relatos de *"vítimas"* que acabam por morrer nas filas do SUS[14] – quanto mais os intramuros, relegados à sorte de poderem ser vistos e assistidos, e mais, por muito relevante, com a conivência da sociedade (em larga escala).

---

10 MARCÃO, Renato. *Curso de execução penal.* 14ª ed. São Paulo: Saraiva, 2016. p. 56.

11 BITENCOURT, Cezar Roberto. *Falência da Pena de Prisão*: causas e alternativas. 2ª ed. São Paulo: Saraiva, 2001. p. 157.

12 Ibidem, p. 158.

13 MINISTÉRIO DA SAÚDE. Secretaria de Vigilância em Saúde. *Tuberculose:* populações vulneráveis [Internet]. 2015 [citado 2016 fev 26]. Disponível em: http://portalsaude.saude.gov.br/index.php/o-ministerio/principal/leia-mais-o-ministerio/743-secretaria-svs/vigilancia-de-a-a-z/tuberculose/l2-tuberculose/11941-viajantes-tuberculose

14 Sistema Único de Saúde.

No entanto, no caso dos encarcerados, eles são totalmente hipossuficientes. A outra parcela da sociedade, bem ou mal, não recebendo atendimento via Estado, podem, eventualmente, se socorrer de uma terceira via, ou seja, amigos, parentes, rede privada, etc.

Já os detidos estão entregues aos "cuidados" do Estado, que lhe nega o mínimo necessário, restando-lhes destino incerto.

Nas palavras do Dr. João Conrado, o diagnóstico é solar:[15]

> Inegavelmente, a prisão está em crise. Isto pode ser facilmente constatado com a reflexão sobre o grau de cumprimento, no sistema penitenciário, dos direitos humanos assegurados aos presos em diversos tratados e na própria Magna Carta. Há uma distância brutal entre o que seria o tratamento minimamente digno e aquele implantado na pratica das prisões. Certamente, caso fossem respeitados os direitos humanos dos condenados, o número de rebeliões reduziria drasticamente, chegando a níveis aceitáveis.

O Estado não consegue efetivar tais direitos.

O legislador da Execução Penal foi além, "assegurando" ainda, enfaticamente:

> Art. 40 – Impõe-se a todas as autoridades o respeito à integridade física e moral dos condenados e dos presos provisórios.
>
> Art. 41 – Constituem direitos do preso:
>
> (...)
>
> VII – assistência material, à saúde, jurídica, educacional, social e religiosa;

Em tempo, o legislador não deixou de agasalhar, aos de melhor condição econômica, a possibilidade de serem atendidos por médico particular, de sua confiança, o que, certamente, se limita a uma parcela insignificante do universo carcerário: "Art. 43 – É garantida a liberdade de contratar médico de confiança pessoal do internado ou do submetido a tratamento ambulatorial, por seus familiares ou dependentes, a fim de orientar e acompanhar o tratamento".

No entanto, mesmo em face das garantias e direitos dos encarcerados aos CUIDADOS de saúde, no mundo real o que detectamos é um total desrespeito, ambientes superlotados, anti-higiênicos, insalubres, o que foi bem explicitado pelas declarações apresentada pelo senhor, então Ministro da Justiça, José Eduardo Cardozo, que afirmou serem os presídios brasileiros *"masmorras medievais"*. E completou sua constatação:

---

15 CONRADO BLUM, João, Júnior. *Direitos humanos para presos?*. Edição João Conrado Blum Jr. Ponta Grossa – PR, 2018. p. 47.

> O ministro da Justiça, José Eduardo Cardozo, disse que "preferia morrer" a ficar preso no sistema penitenciário brasileiro. "Do fundo do meu coração, se fosse para cumprir muitos anos em alguma prisão nossa, eu preferia morrer", afirmou. A declaração foi dada nesta terça-feira (13) durante almoço organizado por um grupo de empresários em um hotel do Brooklin, na Zona Sul de São Paulo.
>
> Cardozo afirmou também que os presídios no Brasil "são medievais" e "escolas do crime". "Quem entra em um presídio como pequeno delinquente muitas vezes sai como membro de uma organização criminosa para praticar grandes crimes", afirmou[16].

5.3. Dos Tratados

Dentre os inúmeros tratados internacionais que o Brasil ratificou, em relação aos encarcerados, o conhecido como *Regras de Mandela*[17] é a nosso ver o que mais se aproxima do ideário do "CUIDADO" com a saúde dos presos, trazendo a síntese dos demais tratados.

O Conselho Nacional de Justiça, em publicação de 2016, editou tais regras, destacando em sua apresentação, vejamos:

> Ao longo de 55 anos, os Estados usaram as "Regras Mínimas para o Tratamento de Presos" como um guia para estruturar sua Justiça e sistemas penais. Ocorre que essas regras nunca tinham passado por revisão até o ano passado, quando, finalmente, em 22 de maio de 2015, as Nações Unidas oficializaram novo quadro de normas, incorporando novas doutrinas de direitos humanos para tomálas como parâmetros na reestruturação do atual modelo de sistema penal e percepção do papel do encarceramento para a sociedade. Editaramse, pois, as chamadas Regras de Mandela.

Pois bem, já na apresentação dos trabalhos, assim ficou registrado: "No Brasil, ações inclusivas ainda não são bem compreendidas e tampouco assimiladas como estratégias de Governo no enfrentamento dos disparates perfilados no âmbito da segurança, habitação, saúde, educação e reinserção social".

Destacamos das Regras de Mandela:

> "A Assembleia Geral, (...)
> Consciente de que, na sua Resolução nº 68/190, levou em consideração as recomendações do grupo de especialistas quanto às questões e regras das Regras Mínimas para o Tratamento de Reclusos que haviam sido identificadas para revisão, nas seguintes áreas: b) Serviços médicos e de saúde (Regras 2226; 52; 62; e 71; par. 2),

16 Disponível em: http://g1.globo.com/sao-paulo/noticia/2012/11/ministro-da-justica-diz-que-preferia-morrer-ficar-preso-por-anos-no-pais.html.

17 CONSELHO NACIONAL DE JUSTIÇA. *Regras de Mandela*: Regras Mínimas das Nações Unidas para o Tratamento de Presos /Conselho Nacional de Justiça, Departamento de Monitoramento e Fiscalização do Sistema Carcerário e do Sistema de Execução de Medidas Socioeducativas, Conselho Nacional de Justiça. 1ª ed. Brasília: Conselho Nacional de Justiça, 2016.

Em síntese, tais regras, entre outras, trazem os seguintes deveres:

> i) (...) alimento com valor nutricional adequado à sua saúde e resistência, de qualidade, bem preparada e bem servida; ii (...) acesso a água potável sempre que necessitar; iii (...) serviços médicos...; iv (...)devem usufruir dos mesmos padrões de serviços de saúde disponíveis à comunidade...; v) (...) serviço de saúde incumbido de avaliar, promover, proteger e melhorar a saúde física e mental dos presos...; vi) (...) equipe interdisciplinar, ...

Tais regras não podem ser ignoradas pelo Estado, em comunhão com a sociedade, haja vista que, aos intramuros não há outra opção que não a de serem por ele assistido.

Não há como *"reclamar ao bispo".*

No entanto, é sabido que nem o Estado e nem a sociedade, conseguiram assimilar que tais cidadãos, em que pese sua situação de *"cumprimento de pena",* também são merecedores de tratamento humano, não só em relação ao CUIDADO de sua saúde (física e mental), assim como serem vistos como passíveis de atendimento socioeducativo no sentido da ressocialização, com vistas à sua reinserção na sociedade, oportunizando sua recuperação.

5.4. Da realidade fática

Mesmo em face de todos os tratados, leis e normas que disciplinam a matéria, na realidade, no dia a dia, não é o que se vê.

Inicialmente, cabe destacar que a sociedade, de modo geral, entende e se manifesta no sentido de que *"bandido bom é bandido morto", "direitos humanos são para os humanos direitos", "se quer defender, leva pra casa",* além de outros chavões, são cotidianamente expressos em redes sociais, imprensa sensacionalista e conversas de bar.

Neste sentido, é mister que o Estado, representado pelos seus diversos órgãos afetos ao tema, se sente *"protegido"* e *"desculpado"* quando deixa de cumprir com suas obrigações em relação aos *"intramuros".*

Sinteticamente, entendemos que uma boa parte (maioria)[18] da sociedade tem a concepção de que o autor de ato ilícito penal (até mesmo ao que ainda sem formação da culpa), após ser *"despejado"* no sistema penitenciário, basta, tem-se que o problema foi resolvido.

Quanto à esta concepção dos *"cidadãos de bem"* em relação à criminalidade e à política criminal, não é o caso de se discorrer no presente estudo, no entanto, afeta a relação do Estado versus encarcerados no que diz respeito aos *CUIDADOS* da saúde dos mesmos.

---

18 Disponível em: https://noticias.uol.com.br/cotidiano/ultimas-noticias/2016/11/02/no-brasil--57-concordam-que-bandido-bom-e-bandido-morto-diz-datafolha.htm. Acesso em: 10 jan. 19.

Em relação ao *CUIDADO* à saúde, tanto a preventiva quanto à curativa, sofrem os mesmos efeitos.

Aspectos da realidade dos presídios, onde não existe respeito às normas e leis protetoras aos *CUIDADOS* inerentes à condição humana dos encarcerados, justificados pelo "princípio da reserva do possível" como forma de se restringir, ou até isentar, a responsabilidade estatal.

Mais que isso, o Estado tem guarida no *"repúdio"* da sociedade em face dos *"criminosos"*, que, estando eles intramuros, pronto, assunto resolvido.

Nem se atentam que, a despeito de todos os direitos e garantias que lhes são negados, negligenciados, ignorados, estes mesmos, *"cidadãos do mal"*, um dia voltam para sociedade, e em que condições? O que lhe foi impingido além do cumprimento de pena? Quais os ensinamentos que adquiriram pela omissão do Estado?

Não, bandido bom não é *"bandido morto"*, e sim, por responsabilidade de todos, do Estado através de seus agentes públicos e da sociedade, através dos *"cidadãos de bem"*, "BANDIDO BOM É BANDIDO RESSOCIALIZADO", recuperado, egresso do sistema penal, melhor do que entrou.

5.5. Conclusões

Bem em tempo, já me encaminhando para as conclusões desta pequena reflexão sobre as condições de saúde dos encarcerados, fui surpreendido com a notícia da sentença prolatada pelo Juízo da Fazenda Pública de São Paulo, em processo que tramita na capital, da Ação Civil Pública,[19] de autoria do Ministério Público de São Paulo, havendo ainda apensamento de ação civil pública conexa proposta pela Defensoria Pública em face do Estado de São Paulo e do Município de Osasco, sendo julgados os dois processos.

Em seu relatório, o Digníssimo Magistrado assim se pronunciou:

> O MINISTÉRIO PÚBLICO DO ESTADO DE SÃO PAULO, qualificado na inicial, ajuizou ação Ação Civil Pública em face de FAZENDA DO ESTADO DE SÃO PAULO, ante a vulnerabilidade a doenças da população carcerária e a grande ineficiência do atendimento à saúde desta população custodiada, não obstante haver dever constitucional, legal e infra-legal do Estado neste sentido, aliado ao fato da necessidade de se diminuírem as complexas transferências de presos para atendimento fora das unidades prisionais, requer, no prazo de 365 dias, que a ré implante nas unidades prisionais do Estado de São Paulo o modelo de assistência à saúde preconizado pela Portaria Interministerial 1.777/2003 do Ministério da Saúde.

Depreende-se das palavras do magistrado a conclusão inevitável a que devemos chegar quanto aos cuidados inerentes aos encarcerados, frise-se,

19 TJSP, Foro Central, Fazenda Pública/Acidentes, 1ª Vara de Fazenda Pública, Processos 0013115-12.2012.8.26.0053 e 0060018-19.2012.8.26.0405, j. 23.01.2019.

> (...) ante a vulnerabilidade a doenças da população carcerária e a grande ineficiência do atendimento à saúde desta população custodiada, não obstante haver dever constitucional, legal e infra-legal do Estado neste sentido, (...).

Prosseguindo, foi mais eloquente:

> Com efeito, o direito à saúde situa-se na categoria dos direitos humanos, fundamentais e universais, estando consagrado na Constituição Federal, em seus artigos 1º, inciso II e 5º, caput, como corolário, respectivamente, da promoção da dignidade da pessoa humana e da inviolabilidade da vida e também previsto expressamente em seu artigo 196 com acesso universal e igualitário, sem qualquer ressalva, como dever do Estado, tendo por finalidade garantir o mínimo existencial, que é a principal razão da organização social ter se pactuado sob o manto estatal, configurando-se, assim, como inegável conquista civilizatória, não passível de retrocessos.
> Tal direito está ainda previsto expressamente à população carcerária nos artigos 14 e 41, inciso VII, da Lei de Execuções Penais, o que seria inclusive desnecessário, ante, repita-se, a sua natureza constitucional de direito fundamental de fruição universal e igualitária.

E sentenciou:

> Ante o exposto, nos termos do artigo 487, inciso I, do CPC, JULGO IMPROCEDENTE a ação em relação à Municipalidade de Osasco e PARCIALMENTE PROCEDENTE em relação à Fazenda do Estado de São Paulo, que deverá, no prazo máximo de 01 ano, independentemente da adesão voluntária dos municípios, dar cumprimento efetivo e total à sua própria norma infra-legal que trata da promoção da saúde da população carcerária (Deliberação CIB nº 62/2012), (...).

Localizando este processo no espaço, o mesmo foi distribuído em 2012, julgado em 2019, com prazo para cumprimento de 365 dias!

A conclusão não poderia prescindir de um fato tão atual, tão relevante e tão caseiro como este, o tratamento do Estado e da sociedade dispensado aos "encarcerados" caminha à passos de cágado, infelizmente.

"A justiça é como as serpentes: Só morde os descalços".

Monsenhor Óscar Arnulfo Romero, arcebispo de San Salvador. 1980.[20]

6. Da atenção à saúde das pessoas com transtorno psíquico

Como tivemos oportunidade de analisar em outro estudo,[21] desde a antiguidade a loucura sempre esteve associada a questões espirituais e religiosas e, por isto,

---

20 GALEANO, Eduardo H. 1940. *De pernas pro ar*: a escola do mundo ao avesso. Tradução de Sergio Faraco. Porto Alegre, RS: L&PM Editora, 2013.

21 ANDRADE, Adriano *et. al. Interesses Difusos e Coletivos*. Vol. 2. 2ª ed. Rio de Janeiro: Forense, São Paulo: Método, no prelo.

tratada com exorcismo e bruxarias e não como uma questão de saúde, o que só veio acontecer a partir do séc. XVIII, com o reconhecimento da doença mental, dando início à própria psiquiatria. Ainda assim, o "louco" era alguém indesejado, sem discernimento e que precisava ficar confinado em suas casas ou em manicômios/hospícios. Foi um período marcado pela dominação e hierarquização do médico em relação ao paciente/doente, prevalecendo a proposição hospitalocêntrica elaborada pelo médico francês Philippe Pinel.

No mundo, no pós-segunda guerra mundial e o ressurgimento do debate sobre os direitos humanos, esta concepção hospitalocêntrica e o excesso de medicalização da loucura fez com que os hospitais psiquiátricos fossem comparados a verdadeiros campos de concentração e passassem a ser denunciadas todas as formas de violência praticadas contra estes doentes, buscando resgatar-lhes a condição de cidadãos.

No Brasil, a política pública de saúde mental também foi por bom tempo concentrada na internação psiquiátrica. Na década de 80 passaram a surgir as primeiras propostas e ações para a reorientação da assistência a estas pessoas, influenciadas pela experiência de Franco Basaglia, na Itália.

Essa triste parte da história, brasileira é contada por Daniela Arbex, na obra "Holocausto Brasileiro", onde retrata as barbáries cometidas no maior hospício brasileiro, conhecido por Colônia, localizado na cidade mineira de Barbacena, com o "genocídio" de sessenta mil internos mas que, sabidamente, esta realidade se espraiava por todo o país, como é relatado pela autora na parte final da obra.

Arbex traça um paralelo das tragédias vividas em Colônia com outros massacres, como do Carandiru, Candelária, Vigário Geral, Favela da Chatuba e conclui: "ontem foram os judeus e os loucos, hoje os indesejáveis são os pobres, os negros, os dependentes químicos, e, com eles, temos o retorno das internações compulsórias temporárias. Será a reedição dos abusos sob a forma de políticas de saúde pública?"[22]

Uma reforma psiquiátrica, verdadeira inovação disruptiva, ocorreu a partir dos anos 90, quando passamos a adotar o modelo de atendimento baseado no tratamento ambulatorial, através de serviços de base comunitária, abandonando-se o tratamento com internação em hospitais com características asilares. Estes doentes passaram a ser denominados pessoas com sofrimento psíquico, com transtornos mentais ou usuários dos serviços de saúde mental que bem retrata sofrimento psíquico a que são impostos.

A mudança baseia-se na adoção dos princípios contidos no documento intitulado "A reestruturação da atenção psiquiátrica na América Latina: uma nova política para os serviços de Saúde Mental", que ficou conhecido como "Declaração de Caracas", que marca as reformas na atenção à saúde mental nas Américas e que nosso país aderiu em 1990 alterando o modelo tradicional que não permitia uma atenção descentralizada, comunitária, participativa, contínua e preventiva. Nesse mesmo período, a Assembleia Geral da Organização das Nações Unidas adota, em dezembro de 1991,

22 ARBEX, Daniela. *Holocausto Brasileiro*. São Paulo: Geração Editorial, 2013. p. 255.

os "Princípios para a Proteção dos Enfermos Mentais e para a Melhoria da Atenção à Saúde Mental".

Na atualidade, a rede de atenção à saúde mental está integrada no SUS e atua de forma articulada e comunitária voltada a uma assistência à saúde eficaz.

Importante marco é a Lei 10.216/01 (conhecida como Lei da Reforma Psiquiátrica), de forte viés antimanicomial, que estabelece um tratamento humanitário a estes pacientes, em ambiente fora do hospital. No mesmo ano, com a III Conferência Nacional de Saúde Mental, consolida-se a reforma psiquiátrica como política de governo, valorizando-se os CAPS (Centro de Atenção Psicossocial) como modelos substitutivos aos manicômios. Também se expandem os Serviços de Residências Terapêuticas (SRT) e os Centros de Convivência. Iniciou-se uma agressiva redução de leitos psiquiátricos.

Entretanto, na prática o que se viu foi a redução dos leitos psiquiátricos sem a expansão dos serviços extrahospitalares, resultando, àqueles com transtorno mais severo, na falta de vagas em hospitais psiquiátricos e também na falta de atendimento alternativo, levando à desassistência na área da saúde mental.

7. Do cuidado e do afeto na redução de dano

Afora o aparato estatal posto à disposição da população para atendimento à saúde mental, a atenção a estes pacientes envolve a questão do afeto e do cuidado. Neste espaço entra a família, em parceria com a sociedade e o Estado.

Não é nosso propósito adentrar na discussão das relações familiares intestinas, algumas vezes conflituosas quando há um componente estranho, como o é um transtorno mental de um de seus integrantes, p.ex. causado pelo abuso no uso de entorpecentes.

Apenas realçamos que para o direito, tanto o cuidado como o afeto[23] são valores inafastáveis, indispensáveis e inatos nas relações familiares, uma vez que é lá o lugar natural dessa prática da identidade entre os seus integrantes.

Ainda no âmbito da família, o cuidado decorre de obrigação constitucionalmente estabelecida, em igualdade de condições, entre os cônjuges (a "despatriarcalização" com o surgimento de uma concepção democrática de "família") e sua prole (art. 226 e 227), também tratada no Código Civil (p. ex. arts. 1.583 a 1.590 e arts.1.630 a 1.638), no Estatuto da Criança e do Adolescente (em inúmeros dispositivos), no Estatuto do Jovem (p. ex. arts. 3º, 17,36,37), no Código Penal (p. ex. arts. 133, 135 e 136) e no

23 Neste tema vale lembrar os julgamentos tanto do STJ (REsp 1.159.242, Rel. Min. Nancy Andrighi, no qual se previu o pagamento de indenização por omissão no dever de cuidar da prole), como no STF (no RE 898.060, com repercussão geral reconhecida, entendeu que a existência de paternidade socioafetiva não afasta a responsabilidade do pai biológico). O julgamento do STJ recebeu interessante análise crítica na doutrina: ESSER, Carolina Diamantino e PENNA, Iana Soares de Oliveira. O RESP 1.159.242 – SP: A necessidade de um espaço de não direito na modernidade líquida. *Revista da Faculdade de Direito – UFPR*, Curitiba, vol. 59, nº 3, p. 109-131, 2014.

Estatuto da Primeira Infância – Lei n.13.257/16, que regula políticas públicas para os seis primeiros anos completos da criança (p.ex. arts. 13, 14, §§1º, 3º e 5º).

Desta forma, é dever da família e de cada um de seus membros, prestar assistência e cuidado entre si e ao seu integrante enfermo.

O cuidado e afeto também devem ser tratados em outra seara, qual seja no ambiente público.[24] Nos referimos ao dever de cuidado que vai além da família, para alcançar a sociedade e o próprio Estado.

Cuidado e afetividade guardam direta relação com alteridade, com as carências e necessidades dos outros. O cuidado pode decorrer de um dever jurídico (p.ex. contratual – plano de saúde) como de um dever ético, tema tratado na bioética e no biodireito, juntamente com os princípios da beneficência, autonomia e outros.[25]

A sociedade *é, de alguma forma, corresponsável pela efetivação do direito à saúde de seus membros, tanto no plano da saúde de todos como de cada um. Com ela vem o correspondente dever* de cuidado decorrente, na essência, do princípio constitucional da solidariedade, estampado no art.3º, I. No plano infraconstitucional vale lembrar que a sociedade participa da gestão do sistema SUS.

Interessante parceria estabelecida entre a família, sociedade e Poder Público ocorre em relação ao apoio no tratamento de pacientes usuários de álcool e droga, que muitas vezes passam a sofrer de transtorno psíquico.

Nos referimos a "redução de danos", que consiste em um conjunto de políticas, programas e práticas (um repertório de cuidado) cujo objetivo é reduzir os danos que são associados ao uso de drogas psicoativas em pessoas que não podem ou não querem parar de usa-las; por definição, redução de danos foca na prevenção aos danos, ao invés da prevenção do uso de drogas. Incluem-se nas estratégias de prevenção, p.ex., a recomendação do não compartilhamento de instrumentos e a utilização de materiais descartáveis.

Redução de danos complementa outras medidas que visam diminuir o consumo de drogas como um todo e beneficia as pessoas que usam droga, suas famílias e a comunidade.

O início destas intervenções caracterizou-se por ações na área da saúde; atualmente este conceito foi ampliado, para também alcançar o reconhecimento do direito à cidadania e à dignidade da pessoa humana, como direitos humanos fundamentais.

---

24 Disto tratam Madalena Junqueira Ayres e Lucia Maria Teixeira Ferreira, no artigo "A Atuação do Ministério Público na Tutela Coletiva do Direito à saúde à luz dos princípios do cuidado e da afetividade: um olhar a partir da política de humanização do sistema único de saúde – SUS". *In:* PEREIRA, Tânia da Silva; OLIVEIRA, Guilherme de; COLTRO, Antonio Carlos Mathias (org). *Cuidado e Afetividade*. São Paulo: Atlas, 2017. p. 291-322.

25 Para um aprofundamento do tema da saúde no âmbito da Bioética e o Biodireito, sugerimos, dentre outros: NEVES, Maria do Céu Patrão; OSSWALD, Walter, Lisboa. *Bioética Simples*. Lisboa: Verbo, 2007 e DINIZ, Maria Helena. *O Estado Atual do Biodireito*. 10ª ed. São Paulo: Saraiva, 2017.

Estas práticas, iniciadas em 1926, na Inglaterra,[26] com a publicação do Relatório Rolleston, têm como alvo principal a socialização política de usuárias de drogas, buscando transformá-los em protagonistas da própria história, desenvolvendo-lhes o auto-cuidado com a saúde e a busca por seus direitos.

Como se percebe, este enfrentamento parte do individual para alcançar o coletivo – a preocupação com a saúde pública é imanente, sendo exemplo a preocupação com a disseminação do HIV entre e a partir de pessoas que usam droga – e neste trabalho participam organizações da sociedade civil, entidades religiosas e os familiares dos usuários, além da RAPS (rede de atenção psicossocial) disponível no SUS.

As pessoas envolvidas com a "Redução de Danos" aceitam as pessoas como elas são e evitam julgar comportamentos. Procuram exercer e estender a compaixão também aos pais, mães e demais parentes dos usuários que acabam atingidos pelo flagelo do uso das drogas.

Enfim, um dos principais objetivos a serem alcançados, é o resgate da cidadania não só do usuário de drogas, mas de seus familiares. Referimos à cidadania a partir da conceituação trazida por Hannah Arendt, que é do direito a ter direitos, a ser reconhecido como pessoa em qualquer local onde se encontre.

Infelizmente, em razão de uma histórica omissão do Poder Público em promover uma saúde pública de qualidade, a atenção ao usuário de drogas foi relegada para a justiça, segurança pública e instituições religiosas, o que contribuiu ainda para a disseminação de uma cultura que associa o uso de drogas à criminalidade, promovendo práticas e modelos de exclusão e separação do indivíduo da sociedade.

8. Direito à busca da Felicidade

Como um fecho para tudo o que procuramos externar em relação ao direito à saúde, com especial foco em alguns segmentos sociais excluídos e sem perder de vista a sociedade como um todo, nos parece interessante uma referência ao direito fundamental implícito, corolário do princípio da dignidade da pessoa humana, que é o direito à busca da felicidade, ainda pouco debatido e que começa a ser descoberto.

Leciona Fábio Comparato *que "A 'busca da felicidade' (...), é a razão de ser desses direitos inerentes à própria condição humana. Uma razão de ser imediatamente aceitável por todos os povos, em todas as épocas e civilizações".*[27] Ninguém almeja uma vida de infelicidade.

Este direito à felicidade (consagrado na Declaração de Independência americana, de 1776, e na Declaração dos Direitos do Homem e do Cidadão, de 1789), teve seu reco-

---

26 A primeira iniciativa comunitária, surgiu na Holanda em 1984, como reivindicação de usuários de drogas injetáveis, que preocupados com os elevados índices de Hepatite B entre si, por conta do compartilhamento de seringas, demandaram ações do governo para a contenção da epidemia, e a partir de então foi criado o primeiro programa de distribuição e troca de agulhas e seringas.

27 COMPARATO, Fábio Konder. *A afirmação histórica dos direitos humanos. 7ª ed.* rev. e atual. São Paulo: Saraiva, 2010. p. 62.

nhecimento pelo STF, na área da saúde, à pessoa com deficiência, tetraplégica, vítima de um tiro, como um direito fundamental decorrente da dignidade humana.[28]

Mais recentemente, nossa Corte Constitucional teve oportunidade de revisitar este tema, em voto do Min. Celso de Mello na ADO 26, que trata da criminalização da homofobia, mas que traduz bem o sentido e abrangência deste direito em geral.

Deste julgado destacamos os seguintes excertos: "a ausência de efetiva reação estatal às injustas agressões praticadas contra grupos sociais vulneráveis e a recusa do Poder Público a enfrentar e superar as barreiras que inviabilizam a busca da felicidade por parte de homossexuais e transgêneros vítimas de inaceitável tratamento discriminatório, traduzem omissão que frustra a autoridade do Direito, que desprestigia o interesse público, que gera o descrédito das instituições e que compromete o princípio da igualdade; "o direito à busca da felicidade – que se mostra gravemente comprometido quando o Estado, muitas vezes influenciado por correntes majoritárias, omite-se na formulação de medidas destinadas a assegurar a grupos minoritários (...), a fruição de direitos fundamentais – representa derivação do princípio da dignidade da pessoa humana, qualificando-se como um dos mais significativos postulados constitucionais implícitos"; "Em uma ordem social racional, de acordo com a teoria iluminista, o governo existe para proteger o direito do homem de ir em busca da sua mais alta aspiração, que é, essencialmente, a felicidade ou o bem-estar. O homem é motivado pelo interesse próprio (sua busca da felicidade), e a sociedade/governo é uma construção social destinada a proteger cada indivíduo, permitindo a todos viver juntos de forma mutuamente benéfica".

9. Conclusão

A ideia central consiste no reconhecimento de que o direito à saúde, considerado seu sentido mais abrangente do que a mera ausência de doença (*"um estado de completo bem-estar físico, mental e social e não somente ausência de afecções e enfermidades")*, embora sendo de todos, para alguns segmentos sociais discriminados – encarcerados e com transtorno psíquico – representa importante alicerce para que se alcance o postulado constitucional da busca da felicidade, consectário da dignidade da pessoa humana e para sua construção é indispensável o auxílio, através do cuidado e do afeto, da família e da sociedade, ao lado de todo o aparato do serviço público de saúde.

Representa a construção ou reconstrução de uma cidadania que ainda não foi conquistada ou foi abandonada/retirada e que precisa ser reconhecida e respeitada.

---

28 Afirmou o Min. Relator, Celso de Mello: *"(...).*Conclui-se que a realidade da vida tão pulsante na espécie imporia o provimento do recurso, a fim de reconhece ao agravante, que inclusive poderia correr risco de morte, o direito de buscar autonomia existencial, desvinculando-se de um respirador artificial que o mantém ligado a um leito hospitalar depois de meses de estado de coma, implementando-se, com isso, o direito à busca da felicidade, que é um consectário do princípio da dignidade da pessoa humana*"* (STA 223-AgR, Rel. p/ac. Min. Celso de Mello, julgamento em 14-4-08, informativo 502).

As alterações na Lei de Introdução às Normas de Direito Brasileiro pela Lei 13.655/18 e sua implicação com o Cuidado e a Cidadania sob a ótica do Direito Público

Cristina Aparecida Faceira Medina Mogioni

Sumário: 1. Introdução. **2.** Cuidado e Cidadania. **3.** O Princípio da Motivação. **4.** O Princípio da Segurança Jurídica. **5.** Casos retirados da jurisprudência do Supremo Tribunal Federal. **6.** Conclusão.

1. Introdução

A Lei de Introdução às Normas do Direito Brasileiro está consubstanciada no Decreto-lei nº 4.657/42, o qual sofreu várias alterações de conteúdo no decorrer dos anos, além de alteração da sua ementa pela Lei nº 12.376/2010, passando de "Lei de Introdução ao Código Civil Brasileiro" para "Lei de Introdução às Normas do Direito Brasileiro".

Nada obstante, mesmo ao tempo em que o Decreto-lei em referência era denominado de Lei de Introdução ao Código Civil Brasileiro, sabia-se que se tratava de norma de sobredireito e, portanto, aplicável não somente ao Direito Civil, mas a todos os demais ramos do Direito.

Recentemente, o Decreto-lei nº 4.657/42 sofreu considerável modificação pela Lei 13.655/18 para incluir disposições sobre segurança jurídica e eficiência na criação e na aplicação do direito público.

Assim é que foram incluídos os artigos 20 a 30 no diploma legal original, com a sobredita finalidade, que vale a pena repisar: incluir disposições sobre segurança e eficiência na criação e na aplicação do direito público.

Em palestra ocorrida na Escola Paulista da Magistratura, um dos principais mentores da alteração legislativa, o Professor Carlos Ari Sundfeld esclareceu que a lei surgiu para abordar novos temas, resolver problemas que a Lei de Introdução não tratava especificamente, com vistas a atender aos anseios do Direito Administrativo Contemporâneo.[1]

Segundo o Professor, a lei visou a dar resposta unificada aos problemas comuns na Administração Pública, independentemente da esfera de governo, e, por consequência, abrangendo as atividades controladora e judicial, na medida em que se trate de matéria administrativa, ou seja, de normas cuja aplicação primária seja da Administração Pública.

E quanto à opção por introduzir tal disciplina na LINDB, ele destacou que, por sermos um Estado Federativo, onde cada ente da federação tem autonomia e, en-

---

1 Palestra ocorrida na Escola Paulista da Magistratura, em 22/08/2018, referente ao Curso sobre "As decisões judiciais conforme as alterações da Lei de Introdução às Normas do Direito Brasileiro".

tão, legisla para si, era necessário que a disciplina fosse inserida numa norma de sobredireito.

Esclarecida a razão pela qual a lei surgiu, e longe da pretensão de analisá-la em sua inteireza, é preciso dizer qual o propósito do estudo.

Considerando o tema mãe da obra sob a coordenação dos eméritos Professores, Tânia da Silva Pereira, Guilherme de Oliveira e Antônio Carlos Mathias Coltro, Cuidado e Cidadania, o intento desse singelo estudo é o de destacar as principais alterações da lei em apreço e como elas interagem com o cuidado e a cidadania.

2. Cuidado e cidadania

Sobre a terminologia do cuidado, Gabriel Perissé ensina que "procede do latim *cogitare*, 'pensar', 'conceber', 'preparar', sendo que *cogitare* decompõe-se em *co* + *agitare*. *Agitare* era a insistência do *agere* ('agir')".[2]

Segundo o Novo Dicionário Aurélio da Língua Portuguesa, cuidado apresenta os seguintes significados: "1) Atenção; 2) Precaução, cautela; 3) Diligência, desvelo, zelo; 4) Encargo, responsabilidade, conta; 5) Inquietação de espírito; 6) Pessoa ou coisa que é objeto de desvelos; 7)Pensado, imaginado, meditado; 8) Previsto, calculado, suposto".[3]

Conforme Roberta Tupinambá:

> Com relação à terminologia do cuidado, muitos estudiosos entendem que esta palavra é derivada do latim – 'cura'. Outros afirmam que advém de *cogitare-cogitatus,* cujo sentido é o mesmo de 'cura' – mostrar interesse, ter atenção, atitude de desvelo, preocupação, com trato.[4]

É da mesma autora a conclusão seguinte:

> A atitude (cuidado) seria uma fonte geradora de atos. Localizar-se-ia o cuidado antes mesmo de uma atitude humana; em uma situação de fato.[5]

Enfim, cuidado parece indicar uma atitude voltada a uma coisa ou a uma pessoa, uma atitude de se ocupar de algo ou de alguém, e mesmo que a ocupação seja momentaneamente voltada a algo, o interesse real do cuidado será o alguém.

---

2 Disponível em: palavraseorigens.blogspot.com/2011/02/quem-cuida-vive-pensando.html. Acesso em: 01 mar. 2019.

3 FERREIRA, Aurélio Buarque de Holanda. *Novo Dicionário Aurélio da Língua Portuguesa*. 2. ed. Rio de Janeiro: Editora Nova Fronteira. p. 507.

4 TUPINAMBÁ, Roberta. O Cuidado como Princípio Jurídico nas Relações Familiares. *In: Cuidado como Valor Jurídico.* Rio de Janeiro: Editora Forense, 2008. p. 362.

5 TUPINAMBÁ, Roberta. Op. cit., p. 363.

Do ponto de vista de alocação do cuidado dentro do sistema jurídico brasileiro, certeira a abordagem de Roberta Tupinambá, ao considerá-lo como um princípio decorrente da dignidade da pessoa humana, ao se referir ao disposto no artigo 5º, §2º, da Constituição *Federal (Os direitos e garantias expressos nesta Constituição não excluem outros decorrentes do regime e dos princípios por ela adotados, ou dos tratados internacionais em que a República Federativa do Brasil seja parte)*, para, então, concluir "que o próprio texto constitucional prevê a possibilidade de se cogitar novos princípios que decorrem dos direitos e garantias preceituados em sua própria sistemática".[6]

E quanto à cidadania, palavra derivada do latim *civitas*, que significa "conjunto de direitos atribuídos ao cidadão", igualmente é na Constituição Federal que seu fundamento normativo máximo se faz presente, a começar do preâmbulo, quando os representantes do povo brasileiro externam seu intento de instituir um Estado Democrático, haja vista a intrínseca relação entre democracia e cidadania.

E essa intrínseca relação entre democracia e cidadania acaba por se tornar mais evidente no artigo 1º da Carta Magna, ao tratar dos princípios fundamentais, instituindo que:

> Art. 1º A República Federativa do Brasil, formada pela união indissolúvel dos Estados e Municípios e do Distrito Federal, constitui-se em Estado Democrático de Direito e tem como fundamentos:
>
> I – a soberania;
>
> II – a cidadania;
>
> III – a dignidade da pessoa humana;
>
> IV – os valores sociais do trabalho e da livre iniciativa;
>
> V – o pluralismo político. (grifo não no original)
>
> Parágrafo único. Todo o poder emana do povo, que o exerce por meio de representantes eleitos ou diretamente, nos termos desta Constituição (grifo não no original).

É na democracia que a cidadania pode ser exercida em sua plenitude, seja no aspecto formal, relacionado à escolha dos governantes, à possibilidade de votar e ser votado, seja no aspecto substantivo, como conjunto de valores relacionados à dignidade da pessoa humana.

Na feliz sintetização de Diogo de Figueiredo Moreira Neto:

> "É sempre útil retomar, à luz dos recentes progressos da ciência jurídica, as cambiantes e fascinantes relações entre a **cidadania,** em toda a sua extensão de seu conceito juspolítico, e alguns temas hipersensíveis no discurso contemporâneo, como o são os indicados no título e subtítulo deste ensaio.
>
> ....

---

6 TUPINAMBÁ, Roberta. Op. cit., p. 372.

> A conceituação mais antiga remete a **democracia** ao **diálogo,** como método ou técnica social de busca do consenso e da prevalência da vontade da maioria nas decisões coletivas, envolvendo notadamente os processos de escolhas de governantes e de definição formal do direito.
>
> .....
>
> Porém, em plano conceptual mais elevado, a **democracia** pode ser entendida como um conjunto de **valores** coerentes com a importância e a dignidade da **pessoa humana** – hoje universalmente reconhecida como **direitos humanos** – por lhe serem essenciais e indisponíveis. São, pois, esses valores que devem prevalecer nas relações entre os homens, notadamente nas relações políticas e, por isso, concebida como um **conceito filosófico.**
>
> Contém-se, portanto, na abordagem filosófica, **o sentido substantivo da democracia,** significando – mais do que um simples método de decisão coletiva e, em particular, de escolha de governantes e da lei que deve nos reger – **uma exigência de resultados coerentes com os valores que a informam.** Esta é a visão que inspirou Giovanni Sartori, possivelmente um de seus maiores teóricos, a afirmar que "a democracia é uma abertura de crédito ao homo sapiens". [7]

Em conclusão, considerando o cuidado como valor jurídico, eis que derivado do princípio constitucional da dignidade da pessoa humana, e afirmado o aspecto substancial da cidadania como relacionado ao mesmo princípio, há como que uma relação umbilical entre ambos, a ponto de ser possível afirmar que cidadania sem cuidado não se concretiza plenamente.

E o cuidado, como valor jurídico, é passível de ser aferido em várias passagens da alteração da LINDB, sobretudo quando impõe o dever de motivação às decisões proferidas nas esferas administrativa, controladora e judicial, relacionadas à atuação primária da Administração Pública, de sorte a indicar suas consequências jurídicas e administrativas, assim como quando estabelece a irretroatividade de novas interpretações das orientações gerais de forma a preservar e as situações plenamente constituídas.

E a cidadania revela-se ao mesmo tempo nas matérias destacadas, haja vista que o conhecimento dos motivos das referidas decisões e as consequências delas advindas são, sem a menor dúvida, obsequiosos à democracia.

Explicitar as razões das decisões, indicar suas consequências jurídicas e administrativas e, também, impedir que novas interpretações de orientações gerais sejam retroativamente aplicadas são atitudes de cuidado que garantirão aos cidadãos ter conhecimento de quais são seus direitos e de como exercerá seus deveres.

3. O princípio da motivação

Celso Antônio Bandeira de Mello destaca que o fundamento constitucional da obrigação de motivar está implícito, entre outros artigos constitucionais, no art. 1º, II, que se refere à cidadania como um dos fundamentos da República e explica:

7 NETO, Diogo de Figueiredo Moreira. Cidadania e Administração de Resultado: O Direito Administrativo e o Controle Prospectivo no Planejamento e nas Ações do Estado. *Revista de Direito e Política,* Volume XII. São Paulo: Editora Letras Jurídicas, 2007. p. 16.

> É que o princípio da motivação é reclamado quer como afirmação do direito político dos cidadãos ao esclarecimento do 'porquê' das ações de quem gere negócios que lhes dizem respeito por serem titulares últimos do poder, quer como direito individual a não se assujeitarem a decisões arbitrárias, pois só têm de se conformar às que forem ajustadas às leis.[8]

A motivação dos atos administrativos, especificamente, é a exposição dos motivos, ou seja, é a explicitação dos pressupostos de fato e de direito que levaram a Administração Pública a praticar o ato.

Para Maria Sylvia Zanella Di Pietro:

> Motivo é o pressuposto de fato e de direito que serve de fundamento do ato administrativo.
>
> Pressuposto **de direito** é o dispositivo legal em que se baseia o ato.
>
> Pressuposto **de fato,** como o próprio nome indica, corresponde ao conjunto de circunstâncias, de acontecimentos, de situações que levam a Administração a praticar o ato...
>
> Não se confundem **motivo** e **motivação** do ato. Motivação é a exposição dos motivos, ou seja, é a demonstração, por escrito, de que os pressupostos de fato realmente existiram. Para punir, a Administração, por escrito, de que os pressupostos de fato realmente existiram.[9]

A motivação, pela doutrina majoritária, é exigida tanto na prática dos atos vinculados, como dos atos discricionários.

Sabe-se que o ato vinculado é aquele que não deixa qualquer margem de atuação para a autoridade administrativa, haja vista que a lei regulou todos seus elementos, competência (sujeito), objeto, forma, motivo e finalidade, de modo objetivo. Apenas para ilustrar, sirva de exemplo a concessão de licença gestante à servidora grávida.

Sabe-se que o ato discricionário é aquele que deixa certa margem de liberdade de atuação ao administrador público, para decidir, diante de uma situação concreta, qual é o melhor conteúdo para o ato, dentre as soluções legais possíveis. Assim, por exemplo, a escolha da pena que melhor reprima o servidor faltoso configura exemplo de ato discricionário.

Certamente que a motivação é, em regra, obrigatória tanto nos atos vinculados quanto nos atos discricionários e, aliás, quanto a estes últimos é ainda mais necessária, já que somente com a exposição dos motivos é possível aferir se a Administração Pública praticou o ato dentro da legalidade, sem arbitrariedade, sem excessos, sem favoritismos, sem perseguições, etc.

A motivação, inclusive, permite a que as esferas controladoras e judicial possam analisar os atos administrativos à luz da legalidade.

---

8 MELLO, Celso Antônio Bandeira de. *Curso de Direito Administrativo*. 30ª ed. São Paulo: Malheiros Editores Ltda, 2013. p. 115/116.

9 PIETRO, Maria Sylvia Zanella di. *Direito Administrativo*. 30ª ed. Rio de Janeiro: Forense, 2017. p. 251.

Na feliz síntese de Maria Sylvia Zanella Di Pietro:

> Entendemos que a motivação é, em regra, necessária, seja para os atos vinculados, seja para os atos discricionários, pois constitui garantia de legalidade, que tanto diz respeito ao interessado como à própria Administração Pública; a motivação é que permite a verificação, a qualquer momento, da legalidade do ato, até mesmo pelos demais Poderes do Estado.[10]

A LINDB, em seu artigo 20, assim dispõe:

> Art. 20. Nas esferas administrativa, controladora e judicial, não se decidirá com base em valores jurídicos abstratos sem que sejam consideradas as consequências práticas da decisão.
> Parágrafo único. A motivação demonstrará a necessidade e a adequação da medida imposta ou da invalidação de ato, contrato, ajuste, processo ou norma administrativa, inclusive em face das possíveis alternativas.

A motivação aparece no parágrafo único do art. 20 da LINDB, mas não se restringe à decisão proferida na esfera administrativa, alcança também as esferas controladora e judicial, determinando que se demonstre a necessidade e a adequação da decisão tomada.

Quer dizer, é preciso explicitar a razão ou razões de embasamento da decisão, mostrando a imprescindibilidade de tomada de posição e a melhor escolha frente às alternativas possíveis.

E em termos de motivação, não se pode invocar valores jurídicos abstratos sem que sejam consideradas as consequências práticas da decisão (art. 20 "caput").

Afasta-se, portanto, a possibilidade de que as decisões públicas sejam baseadas em retóricas, mas se baseiem em normas e evidências. O produtor da decisão, seja ele a autoridade administrativa, o órgão de controle, como, por exemplo, o Tribunal de Contas ao analisar um contrato administrativo, ou mesmo o Poder Judiciário, quando invocado a aferir a legalidade de um ato administrativo _ tomado o ato administrativo em sentido amplo _ está obrigado a indicar fundamento normativo que não se resuma em invocar princípios ou valores jurídicos fluidos e genéricos, a par de descrever o resultado previsível daquilo que decidiu.

Na difícil tarefa de interpretar uma norma legal, a fim de verificar se, em concreto, ela se teve por violada, não basta que se faça uma singela subsunção do fato à norma, é preciso mais, é preciso que o intérprete leve em consideração quais serão as consequências de sua decisão.

À guisa de exemplo, se uma dada autoridade realiza um contrato administrativo de obra pública e o Tribunal de Contas, ou mesmo o Judiciário, no exercício do controle de legalidade, verifica vício que indica restrição indevida à competitividade

10 PIETRO, Maria Sylvia Zanella di. Op. cit., p. 251.

na precedente licitação, impondo sua invalidação, ao tempo em que a obra pública já está em adiantado estágio de execução, deverá fundamentar sua decisão não apenas no princípio da legalidade e da competitividade, mas na norma que restou violada, a fim de que reste estreme de dúvidas de que, na situação concreta o vício de legalidade ficou comprovado e, além disso, considerar qual será a consequência prática da invalidade, acaso decretada.

Relativamente à invalidação dos atos administrativos, o Professor Carlos Ari Sundfeld, na palestra já referida, bem esclarece que não existe nulidade de pleno direito no Direito Administrativo, o que fica bastante claro no artigo 21, ao impor que a decisão invalidatória indique "suas consequências jurídicas e administrativas" e, "quando for o caso, as condições para que a regularização ocorra de modo proporcional e equânime e sem prejuízo aos interesses gerais, não se podendo impor aos sujeitos ônus ou perdas que, em função das peculiaridades do caso, sejam anormais ou excessivos".

A invalidação é uma decisão constitutiva, já que se volta à retirada de um ato administrativo (considerado em sentido amplo) do mundo jurídico.

No entanto, o ato administrativo praticado e, principalmente, quando já deflagrou efeitos, dificilmente comporta invalidação sem danos à ordem jurídica.

Daí porque se afirma que os efeitos da invalidação realmente importam e, nesse sentido, é que a lei se preocupou em determinar que a invalidação descreva as suas consequências jurídicas e administrativas, além das condições para que a regularização ocorra dentro da razoabilidade esperada.

4. O princípio da segurança jurídica

O princípio da segurança jurídica, ainda que não expressamente mencionado na Constituição Federal, nela se encontra implícito em toda e qualquer disposição que se refira ao Estado Democrático de Direito.

É da essência do Estado Democrático de Direito a garantia de que vigore uma dada certeza sobre quais reações surgirão das atuações humanas.

A segurança jurídica envolve justamente a previsibilidade daquilo que poderá ocorrer concretamente se configurada dada situação de fato.

Sobre tal princípio, lapidar é o ensinamento de Celso Antônio Bandeira de Mello:

> Ora bem, é sabido e ressabido que a ordem jurídica corresponde a um quadro normativo proposto precisamente para que as pessoas possam se orientar, sabendo, pois, de antemão, o que devem ou o que podem fazer, tendo em vista as ulteriores consequências imputáveis a seus atos.
>
> ...
>
> Esta 'segurança jurídica' coincide com uma das mais profundas aspirações do Homem: a da segurança em si mesma, a da certeza possível em relação ao que o cerca, sendo esta uma busca permanente do ser humano.[11]

11 MELLO, Celso Antônio Bandeira de. Op. cit., p. 127.

As atuações infracionais, por exemplo, poderão desencadear as punições correspondentes, sejam as previstas em normas administrativas, civis ou penais.

Se a contratação deve se dar, como regra, após a realização da licitação, a autoridade administrativa que dispensar a licitação fora das situações previstas em lei, sabe, desde logo, que pode responder pelo crime previsto no artigo 89 da Lei nº 8.666/89, sujeitando-se à pena de detenção, de três a cinco anos, e multa, além de poder ser responsabilizada por eventual improbidade administrativa, a teor do que estabelece o artigo 10,VIII, da lei nº 8.429/92, podendo se sujeitar às imposições do seu art. 12, II, isolada ou cumulativamente, considerada a gravidade da situação, quais sejam: ressarcimento integral do dano, perda dos bens ou valores acrescidos ilicitamente ao patrimônio, se concorrer esta circunstância, perda da função pública, suspensão dos direitos políticos de cinco a oito anos, pagamento de multa civil de até duas vezes o valor do dano e proibição de contratar com o Poder Público ou receber benefícios ou incentivos fiscais ou creditícios, direta ou indiretamente, ainda que por intermédio de pessoa jurídica da qual seja sócio majoritário, pelo prazo de cinco anos.

Almiro do Couto e Silva, eminente Professor gaúcho que dispensa apresentação, fez exaustivo e substancioso estudo sobre a segurança jurídica, inclusive com análise do direito comparado, sendo pertinente destacar alguns trechos:

> A segurança jurídica é entendida como sendo um conceito ou um princípio jurídico que se ramifica em duas partes, uma de natureza objetiva e outra de natureza subjetiva. A primeira, de natureza objetiva, é aquela que envolve a questão dos limites à retroatividade dos atos do Estado até mesmo quando estes se qualifiquem como atos legislativos. Diz respeito, portanto, à proteção ao direito adquirido, ao ato jurídico perfeito e à coisa julgada. Diferentemente do que acontece em outros países cujos ordenamentos jurídicos freqüentemente têm servido de inspiração ao direito brasileiro tal proteção está há muito incorporada à nossa tradição constitucional e dela, expressamente cogita a Constituição de 1988, no art. 5°, inciso XXXVI.
>
> A outra, de natureza subjetiva, concerne à proteção à confiança das pessoas no pertinente aos atos, procedimentos e condutas do Estado, nos mais diferentes aspectos de sua atuação. Modernamente, no direito comparado, a doutrina prefere admitir a existência de dois princípios distintos, apesar das estreitas correlações existentes entre eles. Falam os autores, assim, em princípio da segurança jurídica quando designam o que prestigia o aspecto objetivo da estabilidade das relações jurídicas, e em princípio da proteção à confiança, quando aludem ao que atenta para o aspecto subjetivo. Este último princípio (a) impõe ao Estado limitações na liberdade de alterar sua conduta e de modificar atos que produziram vantagens para os destinatários, mesmo quando ilegais, ou (b) atribui-lhe conseqüências patrimoniais por essas alterações, sempre em virtude da crença gerada nos beneficiários, nos administrados ou na sociedade em geral de que aqueles atos eram legítimos, tudo fazendo razoavelmente supor que seriam mantidos. [12]

---

12 SILVA, Almiro do Couto e. O princípio da segurança jurídica (proteção à confiança) no Direito Público Brasileiro e o direito da Administração Pública de anular seus próprios atos administrativos: o prazo decadencial do art. 54 da Lei do Processo Administrativo da União (lei n° 9.784/99). *Revista da PGE do Rio Grande do Sul*, Cadernos de Direito Público, v. 57, dez. 2003, p. 37/38.

Na LINDB a preocupação com o princípio da segurança jurídica é notada principalmente nos artigos 23 e 24, ao se referir à alteração de interpretação ou nova orientação de norma de conteúdo indeterminado, e à revisão das orientações gerais.

> Art. 23. A decisão administrativa, controladora ou judicial que estabelecer interpretação ou orientação nova sobre norma de conteúdo indeterminado, impondo novo dever ou novo condicionamento de direito, deverá prever regime de transição quando indispensável para que o novo dever ou condicionamento de direito seja cumprido de modo proporcional, equânime e eficiente e sem prejuízo aos interesses gerais.

O dispositivo em referência parece se dirigir a certo aspecto da discricionariedade administrativa, ocorrente quando a lei descreve situação que remete a conceitos vagos, fluidos, imprecisos, não redutíveis à objetividade plena.

A título de exemplo sobre o conceito indeterminado, tem-se a infração prevista no art. 132, V, da Lei 8.112/90, que instituiu o regime jurídico do servidor público federal, e que estabelece como passível de demissão o servidor que praticar conduta escandalosa na repartição (art. 132, V).

Conduta escandalosa é conceito vago, indeterminado, fluido, inclusive variável no tempo e no espaço.

O que se considerava conduta escandalosa em tempo pretérito não serve de parâmetro para os dias de hoje. E, também, no espaço, o conceito muda de figura. Certamente que uma piada com termos chulos proferida por um professor do ensino infantil possa ser considerada prática de conduta escandalosa, mas se dirigida a alunos universitários dentro de um justificável propósito de enquadramento da piada no contexto da aula, nada significa em termos de infração disciplinar.

Enfim, havendo alteração de interpretação sobre conceito indeterminado, há de ser previsto regime de transição, a fim de que a nova interpretação seja observada sem prejuízo ao interesse geral.

Tem-se, aqui, uma modulação dos efeitos da nova interpretação, estabelecendo-se um regime de transição, a fim de que a interpretação agora vigente seja cumprida de modo obsequioso ao princípio da razoabilidade e proporcionalidade, de modo a preservar os interesses gerais.

O artigo 24 da LINDB funda-se, igualmente, no princípio da segurança jurídica, preservando a validade das decisões sobre questão administrativa proferidas conforme as orientações gerais da época.

Vale transcrever o dispositivo em pauta:

> Art. 24. A revisão, nas esferas administrativa, controladora ou judicial, quanto à validade de ato, contrato, ajuste, processo ou norma administrativa cuja produção já se houver completado levará em conta as orientações gerais da época, sendo vedado que, com base em mudança posterior de orientação geral, se declarem inválidas situações plenamente constituídas.
>
> Parágrafo único. Consideram-se orientações gerais as interpretações e especificações contidas em atos públicos de caráter geral ou em jurisprudência judicial ou administrativa majoritária, e ainda as adotadas por prática administrativa reiterada e de amplo conhecimento público.

A Lei do Processo Administrativo Federal, Lei nº 9.784/99, já invocava o princípio da segurança jurídica, no "caput" do artigo 2º, e, em seu parágrafo único, inciso XIII, estabelecia a observância do critério *de "interpretação da norma administrativa da forma que melhor garanta o atendimento do fim público a que se dirige, vedada aplicação retroativa de nova interpretação".*

A partir da inclusão, na LINDB, da vedação à aplicação retroativa de nova interpretação geral, a questão assume maior amplitude, eis que abrange toda a Administração Pública, seja qual for a esfera de governo, além de vincular as autoridades controladoras e a judicial.

Como as orientações gerais, quanto ao aspecto do conteúdo, assemelham-se às leis, nada mais correto de que sejam editadas para produzirem efeitos para o futuro, ou seja, "ex nunc", jamais "ex tunc".

Se a Administração Pública estabelece determinada orientação geral, ou se o Tribunal de Contas e o Poder Judiciário, por meio de sua "jurisprudência", consolida determinado entendimento, a ponto de servir de balizamento para a atuação primária da administração pública, não faz sentido reverter tais orientações gerais para atingir situações já consolidadas ao tempo em que o entendimento consubstanciado em atos públicos de caráter geral _ para usar os termos da lei _ era outro.

Haveria verdadeira surpresa para o administrador público ou mesmo para o particular envolvido na relação de administração caso fosse admitida a mudança de interpretação de orientação geral para atingir o passado.

A preocupação em preservar as situações consolidadas segundo a interpretação vigente é comumente tratada na doutrina.

Novamente Celso Antônio Bandeira de Mello expõe com maestria:

> Por força mesmo deste princípio (conjugadamente com os da presunção de legitimidade dos atos administrativos e da lealdade e boa-fé), firmou-se o correto entendimento de que as orientações firmadas pela Administração em dada matéria não podem, *sem prévia e pública notícia,* ser modificadas em casos concretos para fins de sancionar, agravar a situação dos administrados ou denegar-lhes pretensões, de tal sorte que só se aplicam aos casos ocorridos depois de tal notícia.[13]

Motivar e garantir a segurança jurídica são, certamente, atitudes de cuidado e obsequiosas à cidadania, indubitável o resguardo à dignidade da pessoa humana, aos direitos dos cidadãos, os quais terão conhecimento das razões, dos porquês, dos motivos das decisões proferidas, nas diversas esferas de atuação, administrativa, controladora e judicial, além de poderem contar com a proteção de que não serão retroativamente atingidos por mudanças de orientações gerais.

---

13 MELLO, Celso Antônio Bandeira de. Op. cit., p. 128.

A jurisprudência pátria já se debruçou sobre o dever de motivação, assim como sobre o princípio da segurança jurídica, haja vista que, não raras vezes, a Administração Pública e até órgãos de controle fazem tábula rasa desses imperativos normativos.

Adiante serão destacados alguns casos que foram analisados pelo Supremo Tribunal Federal, a quem coube recolocar os trens nos trilhos, garantindo, entre outros, os princípios da motivação e da segurança jurídica. Os casos são anteriores, por óbvio, à modificação da LINDB.

5. Casos retirados da jurisprudência do Supremo Tribunal Federal

O primeiro acórdão é relativo ao Mandado de Segurança nº 24.268-0, julgado pelo Tribunal Pleno em 05.02.2004, em que a situação de fato se referiu ao cancelamento de pensão especial pelo Tribunal de Contas da União que havia sido concedida há vinte anos.

Confira-se a ementa:

> Mandado de Segurança. 2. Cancelamento de pensão especial pelo Tribunal de Contas da União. Ausência de comprovação da adoção por instrumento jurídico adequado. Pensão concedida há vinte anos. 3. Direito de defesa ampliado com a Constituição de 1988. Âmbito de proteção que contempla todos os processos, judiciais ou administrativos, e não se resume a um simples direito de manifestação no processo. 4. Direito constitucional comparado. Pretensão à tutela jurídica que envolve não só o direito de manifestação e de informação, mas também o direito de ver seus argumentos contemplados pelo órgão julgador. 5. Os princípios do contraditório e da ampla defesa, assegurados pela Constituição, aplicam-se a todos os procedimentos administrativos. 6. O exercício pleno do contraditório não se limita à garantia de alegação oportuna e eficaz a respeito de fatos, mas implica a possibilidade de ser ouvido também em matéria jurídica. 7. Aplicação do princípio da segurança jurídica, enquanto subprincípio do Estado de Direito. Possibilidade de revogação de atos administrativos que não se pode estender indefinidamente. Poder anulatório sujeito a prazo razoável. Necessidade de estabilidade das situações criadas administrativamente. 8. Distinção entre atuação administrativa que independe da audiência do interessado e decisão que, unilateralmente, cancela decisão anterior. Incidência da garantia do contraditório, da ampla defesa e do devido processo legal ao processo administrativo. 9. Princípio da confiança como elemento do princípio da segurança jurídica. Presença de um componente de ética jurídica. Aplicação nas relações jurídicas de direito público. 10. Mandado de Segurança deferido para determinar observância do princípio do contraditório e da ampla defesa (CF art. 5º LV) (grifei).

Muito embora a questão de fundo mais expressiva tenha sido o descumprimento ao devido processo legal durante o trâmite do procedimento administrativo que culminou com o cancelamento da pensão da beneficiária, notadamente pela ausência de observância do direito à defesa e ao contraditório, o acórdão também destaca a necessidade da motivação e o princípio da segurança jurídica.

O voto condutor foi o do Ministro Gilmar Mendes, que assim se referiu quanto à motivação:

> Sobre o direito de ver os seus argumentos contemplados pelo órgão julgador (Recht auf Berücksichtigung), que corresponde, obviamente, ao dever do juiz ou da Administração de a eles conferir atenção (Beachtenspflicht), pode-se afirmar que envolve não só o dever de tomar conhecimento (Kenntnisnahmepflicht), como também o de considerar, séria e detidamente, as razões apresentadas (Erwägungspflicht) (Cf. Dürig/Assmann, in: Maunz-Dürig, Grundgesetz- Kommentar, Art. 103, vol. IV, nº 97).
> É da obrigação de considerar as razões apresentadas que deriva o dever de fundamentar as decisões (Decisão da Corte Constitucional -- BVerfGE 11, 218 (218); Cf, Dürig/Assmann, in: Maunz-Dürig, Grundgesetz-Kommentar, Art. 103, vol. IV, nº 97) (grifei).

E relativamente ao princípio da segurança jurídica, com destaque a ser subprincípio do Estado de Direito:

> Impressiona-me, ademais, o fato de a cassação da pensão ter ocorrido passados 18 anos de sua concessão – e agora já são 20 anos.
> Não estou seguro de que se possa invocar o disposto no art. 54 da Lei nº 9.784, de 1999, (Lei nº 9.784, de 29.1.1999: "Art. 54. O direito da Administração de anular os atos administrativos de que decorram efeitos favoráveis para os destinatários decai em cinco anos, contados da data em que foram praticados, salvo comprovada má-fé. § lº No caso de efeitos patrimoniais contínuos, o prazo de decadência contar-se-á da percepção do primeiro pagamento. § 2º Considera-se exercício do direito de anular qualquer medida de autoridade administrativa que importe impugnação à validade do ato.") — embora tenha sido um dos incentivadores do projeto que resultou na aludida lei -, uma vez que, talvez de forma ortodoxa, esse prazo não deva ser computado com efeitos retroativos.
> Mas, afigura-se-me inegável que há um "quid" relacionado com a segurança jurídica que recomenda, no mínimo, maior cautela em casos como o dos autos. Se estivéssemos a falar de direito real, certamente já seria invocável a usucapião.
> ....
> Considera-se, hodiernamente, que o tema tem, entre nós, assento constitucional (princípio do Estado de Direito) e está disciplinado, parcialmente, no plano federal, na Lei nº 9.784, de 29 de janeiro de 1999, (v.g. art. 2º).
> Como se vê, em verdade, a segurança jurídica, como subprincípio do Estado de Direito, assume valor ímpar no sistema jurídico, cabendo-lhe papel diferenciado na realização da própria idéia de justiça material" (grifei).

O segundo acórdão refere-se ao direto à nomeação dos candidatos aprovados dentro do número de vagas previstas no edital, em que o STF alterou sua jurisprudência anterior, eis que entendia existir mera expectativa de direito à nomeação.

O aresto é fortemente fundamentado no princípio da segurança jurídica, além de se referir também ao dever de motivação acaso ocorra situação excepcional a afastar o direito à nomeação no caso concreto.

A ementa é bastante explicativa, valendo transcrever:

> RECURSO EXTRAORDINÁRIO. REPERCUSSÃO GERAL. CONCURSO PÚBLICO. PREVISÃO DE VAGAS EM EDITAL. DIREITO À NOMEAÇÃO DOS CANDIDATOS APROVADOS. I. DIREITO À NOMEAÇÃO. CANDIDATO APROVADO DENTRO DO NÚMERO DE VAGAS PREVISTAS NO EDITAL. Dentro do prazo de validade do concurso, a Administração poderá escolher o momento no qual se realizará a nomeação, mas não poderá dispor sobre a própria nomeação,

a qual, de acordo com o edital, passa a constituir um direito do concursando aprovado e, dessa forma, um dever imposto ao poder público. Uma vez publicado o edital do concurso com número específico de vagas, o ato da Administração que declara os candidatos aprovados no certame cria um dever de nomeação para a própria Administração e, portanto, um direito à nomeação titularizado pelo candidato aprovado dentro desse número de vagas. II. ADMINISTRAÇÃO PÚBLICA. PRINCÍPIO DA SEGURANÇA JURÍDICA. BOA-FÉ. PROTEÇÃO À CONFIANÇA. O dever de boa-fé da Administração Pública exige o respeito incondicional às regras do edital, inclusive quanto à previsão das vagas do concurso público. Isso igualmente decorre de um necessário e incondicional respeito à segurança jurídica como princípio do Estado de Direito. Tem-se, aqui, o princípio da segurança jurídica como princípio de proteção à confiança. Quando a Administração torna público um edital de concurso, convocando todos os cidadãos a participarem de seleção para o preenchimento de determinadas vagas no serviço público, ela impreterivelmente gera uma expectativa quanto ao seu comportamento segundo as regras previstas nesse edital. Aqueles cidadãos que decidem se inscrever e participar do certame público depositam sua confiança no Estado administrador, que deve atuar de forma responsável quanto às normas do edital e observar o princípio da segurança jurídica como guia de comportamento. Isso quer dizer, em outros termos, que o comportamento da Administração Pública no decorrer do concurso público deve se pautar pela boa-fé, tanto no sentido objetivo quanto no aspecto subjetivo de respeito à confiança nela depositada por todos os cidadãos. III. SITUAÇÕES EXCEPCIONAIS. NECESSIDADE DE MOTIVAÇÃO. CONTROLE PELO PODER JUDICIÁRIO. Quando se afirma que a Administração Pública tem a obrigação de nomear os aprovados dentro do número de vagas previsto no edital, deve-se levar em consideração a possibilidade de situações excepcionalíssimas que justifiquem soluções diferenciadas, devidamente motivadas de acordo com o interesse público. Não se pode ignorar que determinadas situações excepcionais podem exigir a recusa da Administração Pública de nomear novos servidores. Para justificar o excepcionalíssimo não cumprimento do dever de nomeação por parte da Administração Pública, é necessário que a situação justificadora seja dotada das seguintes características: a) Superveniência: os eventuais fatos ensejadores de uma situação excepcional devem ser necessariamente posteriores à publicação do edital do certame público; b) Imprevisibilidade: a situação deve ser determinada por circunstâncias extraordinárias, imprevisíveis à época da publicação do edital; c) Gravidade: os acontecimentos extraordinários e imprevisíveis devem ser extremamente graves, implicando onerosidade excessiva, dificuldade ou mesmo impossibilidade de cumprimento efetivo das regras do edital; d) Necessidade: a solução drástica e excepcional de não cumprimento do dever de nomeação deve ser extremamente necessária, de forma que a Administração somente pode adotar tal medida quando absolutamente não existirem outros meios menos gravosos para lidar com a situação excepcional e imprevisível. De toda forma, a recusa de nomear candidato aprovado dentro do número de vagas deve ser devidamente motivada e, dessa forma, passível de controle pelo Poder Judiciário. IV. FORÇA NORMATIVA DO PRINCÍPIO DO CONCURSO PÚBLICO. Esse entendimento, na medida em que atesta a existência de um direito subjetivo à nomeação, reconhece e preserva da melhor forma a força normativa do princípio do concurso público, que vincula diretamente a Administração. É preciso reconhecer que a efetividade da exigência constitucional do concurso público, como uma incomensurável conquista da cidadania no Brasil, permanece condicionada à observância, pelo Poder Público, de normas de organização e procedimento e, principalmente, de garantias fundamentais que possibilitem o seu pleno exercício pelos cidadãos. O reconhecimento de um direito subjetivo à nomeação deve passar a impor limites à atuação da Administração Pública e dela exigir o estrito cumprimento das normas que regem os certames, com especial observância dos deveres de boa-fé e incondicional respeito à confiança dos cidadãos. O princípio constitucional do concurso público é fortalecido quando o Poder Público assegura e observa as garantias fundamentais que viabilizam a efetividade desse princípio. Ao lado das garantias de publicidade, isonomia, transparência, impessoalidade, entre outras, o direito à nomeação representa também uma garantia fundamental da plena efetividade do princípio do concurso público. V. NEGADO PROVIMENTO AO RECURSO EXTRAORDINÁRIO (grifos não no original).

Interessante notar que a cidadania igualmente foi tratada na decisão. Considerou-se que a necessidade de realizar concurso público como regra à admissão de pessoal na Administração Pública é uma conquista da cidadania.

E de fato assim é.

O concurso público cumpre importante papel de conferir igualdade de oportunidade de acesso aos cargos e empregos públicos, afastando-se critérios de escolha sub-reptícios, escusos, secretos, subjetivos, pessoais, etc.

Nesse sentido, a inserção da regra do concurso público é também expressiva do cuidado. Cuidado na escolha, cuidado na oportunidade de concorrer, cuidado com o interesse geral, enfim.

6. Conclusão

A alteração sofrida na "Lei de Introdução às Normas do Direito Brasileiro", pela Lei nº 13.655/18, inserindo disposições sobre segurança e eficiência na criação e na aplicação do direito público, notadamente no que se refere à motivação das decisões sobre matéria administrativa e à segurança jurídica para impedir que novas interpretações de ordem geral sejam retroativamente aplicadas para atingir situações consolidadas, propicia o resguardo ao Estado Democrático de Direito, no qual se inserem a cidadania e a dignidade humana como uns dos seus fundamentos basilares.

O direito à motivação das decisões em matéria administrativa, seja ela proveniente do exercício mesmo da função administrativa, seja do exercício das atividades controladora e judicial, sobretudo quando justifica a escolha feita dentre as variadas opções legais disponíveis, indicando que o caminho trilhado é o melhor para todos os envolvidos na relação jurídico-administrativa, denota cuidado no trato com a sociedade e com os cidadãos que dela fazem parte.

Decisões motivadas são reverentes à cidadania, à democracia, ao Estado de Direito.

O mesmo vale para a observância do princípio da segurança jurídica, igualmente implicado com a cidadania, a dignidade humana, o cuidado.

A estabilidade das relações jurídicas, a certeza razoável sobre as reações às ações humanas, a impossibilidade de retroativamente atingir situações consolidadas segundo a ordem jurídica então vigente, aspirações de cidadania, respeitantes à dignidade humana e, igualmente, atinentes ao cuidado.

Cuidado, cidadania, motivação, segurança jurídica, valores de patamares equivalentes, estrelas de uma mesma constelação de valores, intrinsicamente ligados ao Estado de Direito, e sobretudo ao Estado Democrático de Direito, e, por consequência, reverentes à dignidade humana.

O cidadão como protagonista dos meios adequados de solução de conflitos

Dora Rocha Awad
Marília Campos Oliveira e Telles

"Ninguém me fará calar, gritarei sempre
que se abafe um prazer, apontarei os desanimados,
negociarei em voz baixa com os conspiradores,
transmitirei recados que não se ousa dar nem receber,
serei, no circo, o palhaço,
serei médico, faca de pão, remédio, toalha,
serei bonde, barco, loja de calçados, igreja, enxovia,
serei as coisas mais ordinárias e humanas, e também as excepcionais"
- Carlos Drummond de Andrade

1. Introdução

Por muitos anos, a busca por uma solução para conflitos interpessoais foi feita, predominantemente, via propositura de uma ação perante o Poder Judiciário. Atualmente, tanto no Brasil quanto em outros países, existe o denominado "sistema multiportas" que oferece diferentes procedimentos para a solução de uma controvérsia.

Nesse contexto, tem-se como meios adequados (ou alternativos) de solução de conflitos a conciliação, a mediação, a arbitragem, a negociação (direta ou assistida) e as práticas colaborativas – num rol não exaustivo.

Dentre os meios adequados, a arbitragem possui essência diferente dos outros por não ser auto compositivo, mas heterocompositivo – um terceiro (árbitro) é quem decide pelas partes. Assim, não há o protagonismo dos envolvidos na resolução da lide, pois os advogados que falam e se manifestam pelas partes. Também se difere por desenvolver-se exclusivamente na esfera privada. A arbitragem no Brasil foi disciplinada pela Lei nº 9.307/96, bem antes da abertura das "multiportas" e dos setores de conciliação, mantendo-se sempre como um método paralelo. O Estado não oferece arbitragem aos cidadãos. Em função disso, apesar da arbitragem ser um meio alternativo ao Poder Judiciário, não será objeto de análise nesse trabalho.

Conforme a natureza e o tipo de conflito, cada um desses meios mostra-se mais adequado e justo. Casos de família, por exemplo, são muito diferentes dos empresariais – o que exige outro tipo de abordagem/procedimento. Importante salientar que a característica comum a todos os meios supracitados é a efetiva participação dos envolvidos na busca pela melhor solução, conforme os interesses e necessidades envolvidas. Não se delega (pelo menos não completamente) a um terceiro a solução do problema, mas se utiliza de seu apoio e auxílio técnico para chegar ao consenso.

Nessa seara cada indivíduo responsabiliza-se pelo que propõe e pelo que aceita como razoável para o seu caso. Até porque consenso não significa concordância integral, unanimidade, mas soluções com as quais seja possível conviver, acomodando os interesses e possibilidades em jogo.

A cidadania, como exercício dos direitos e deveres do cidadão, se mostra em completa compatibilidade com os meios adequados de solução de conflitos, uma vez que representam o acesso à justiça – justiça em sentido amplo. O direito do cidadão de obter, por meio de um leque de opções, o procedimento/meio mais adequado para tratar sua controvérsia é um exercício de cidadania.

Desse modo, o Estado precisa garantir que tais meios estejam ao alcance de todos via políticas públicas. Disponibilizar os serviços do Poder Judiciário é uma das formas de garantir cidadania e acesso à justiça, mas não a única. É preciso que o sistema multiportas esteja pronto e operante para que todos tenham acesso a ele e possam, efetivamente, ter suas controvérsias solucionadas da melhor maneira, isto é, da maneira mais adequada, efetiva e duradoura.

Nas palavras de William Ury "o desafio não é eliminar conflitos, mas transformá-los. É mudar o modo como lidamos com nossas diferenças – em vez de conflitos antagônicos e destrutivos, solução de problemas de forma conjunta e pragmática. Não devemos subestimar a dificuldade dessa tarefa, que, no entanto, é o que há de mais urgente no mundo de hoje".[1]

2. Os meios adequados de solução de conflitos

Os meios adequados de solução de conflitos formam o sistema multiportas. Isso significa que, quando há uma lide entre pessoas (ou grupo de pessoas, ou entre empresas) há diferentes procedimentos para solucioná-la, isto é, diferentes portas de entrada. Assim, seja via Estado ou pela via privada, o melhor método e/ou técnica será o mais adequado e compatível com a natureza da controvérsia, de acordo com a disposição das partes envolvidas.

1 FISHER, Roger; PATTON, Bruce; URY, William. *Como chegar ao sim*. Como negociar acordos sem fazer concessões. 3ª ed. Rio de Janeiro: Solomon Editores, 2014.

Os meios adequados, por algumas décadas, foram denominados de meios alternativos de solução de conflitos – MASCs. A origem de tal nomenclatura tem duas explicações diferentes que podem ser vistas de modo complementar.

A primeira explicação é que tais métodos são alternativos ao modo mais antigo de solução de conflitos interpessoais – o diálogo direto entre as pessoas envolvidas. A segunda é que são alternativos à ação judicial – o meio mais utilizado e conhecido no Brasil para solução de disputas. Com a mudança da legislação processual civil, Humberto Theodoro Júnior declarou que "a mediação e a conciliação, de técnicas alternativas, passam a compor um quadro de soluções integradas, de modo que, uma vez proposta a demanda, haveria a possibilidade de escolha da técnica mais adequada para o dimensionamento de cada conflito".[2]

Desta forma, para a solução de controvérsias o caminho é possibilitar aos cidadãos o uso de vários mecanismos distintos, sendo que no caso concreto se apresentará qual é o mais eficiente e adequado para o caso específico de acordo com as variáveis presentes e com a urgência.

Como já mencionado, os meios adequados mais conhecidos e utilizados são: a negociação (direta ou assistida), a conciliação, a mediação e as práticas colaborativas. O uso deles vem sendo difundido nas últimas décadas, pois a experiência nos faz perceber que cabe à pessoa concluir o que é melhor para si, assumindo sua posição como protagonista da sua história. As escolhas devem ser feitas diante de opções conhecidas e validadas, dentro de um processo que lhe permita examinar, avaliar e decidir baseado em seus interesses, necessidades e valores, objetivos e subjetivos, pensando em benefícios mútuos.

2.1. *Negociação*

A negociação direta "é o planejamento, a execução e o monitoramento, sem a interferência de terceiros, envolvendo pessoas, problemas e processos, na transformação ou restauração de relações, na solução de disputas ou trocas de interesses. Em qualquer circunstância busca se um acordo de ganhos mútuos"[3]. É fundamentalmente uma habilidade interpessoal. Trata-se de um método auto compositivo, uma vez que as pessoas buscam conjuntamente um resultado que atenda aos interesses de todas, mas sem, necessariamente, ajuda de um terceiro.

Existe também a negociação assistida. Pode ser feita por um facilitador de diálogo ou por um (ou vários) advogado (s) que representam seus clientes e transacionam diretamente.

---

2 THEODORO JÚNIOR, Humberto. *Novo CPC fundamentos e sistematização*. Rio de Janeiro: Forense, 2015. p. 223/224.

3 VASCONCELOS, Carlos Eduardo de. *Mediação de Conflitos e Práticas Restaurativas*. São Paulo: Método, 2012.

A cooperação é a base da negociação bem-sucedida. É preciso incluir os interesses da outra parte e escutar seu ponto de vista para tentar alcançar o consenso e, consequentemente, um acordo. Segundo William Ury, "qualquer método de negociação pode ser razoavelmente avaliado segundo três critérios: deve produzir um acordo sensato, caso um acordo seja possível; deve ser eficiente; e deve melhorar – ou, pelo menos, não piorar – o relacionamento entre as partes".[4]

2.2. Conciliação

A conciliação é muito utilizada no âmbito do Poder Judiciário, tradicionalmente era conduzida por juízes e, com o advento da Lei nº 9099/95 que instituiu os Juizados Especiais Cíveis (JECs), passou também a ser realizada por conciliadores, em geral estudantes de Direito.

> A conciliação é um procedimento mais célere e, na maioria dos casos, restringe-se a uma reunião entre as partes e o conciliador. Trata-se de mecanismo muito eficaz para conflitos em que inexiste entre as partes relacionamento significativo no passado ou contínuo a futuro, portanto, preferem buscar um acordo de forma imediata para por fim à controvérsia ou ao processo judicial. Está mais fortemente ligada ao Judiciário, pois, na maioria dos países latinos, a conciliação tem previsões legais contidas nas leis processuais.[5]

Interessante apontar que, no entanto, a atuação e a formação destes conciliadores, voluntários em sua maioria, só foi regulamentada quinze anos depois, por meio da Resolução nº 125/2010 do Conselho Nacional de Justiça.

Esta Resolução é a que marca a abertura das "multiportas" e o início da Política Judiciária Nacional de Tratamento Adequado de Conflitos, ampliando o acesso dos cidadãos à Justiça, através destes outros meios que permitem sua efetiva solução, até mesmo com participação direta das pessoas, sem necessidade de contratação de advogado (nos Centros Judiciários de Solução de Conflitos – CEJUSC e no caso dos Juizados Especiais Cíveis nas demandas cujo valor da causa não ultrapasse vinte salários mínimos).

2.3. Mediação

Já a mediação de conflitos é utilizada no âmbito do Poder Judiciário, assim como nos CEJUSCs (Centro Judiciário de Solução de Conflitos e Cidadania) e também na área

---

4 FISHER, Roger; PATTON, Bruce; URY, William. *Como chegar ao sim*. Como negociar acordos sem fazer concessões. 3ª ed. Rio de Janeiro: Solomon Editores, 2014.

5 BRAGA, Adolfo; SAMPAIO, Lia Castaldi. *O que é mediação de conflitos*. São Paulo: Brasiliense, 2007. p. 18.

privada. A mediação pode ser caracterizada como um método "em que um terceiro independente e imparcial coordena reuniões conjuntas ou separadas com as partes envolvidas em um conflito. Seu objetivo, entre outros, é o de estimular o diálogo cooperativo entre elas para que alcancem a solução dos conflitos em que estão envolvidas".[6]

"A principal vantagem da mediação diz respeito à postura protagonista dos envolvidos em relação ao desfecho da controvérsia, elemento apto a permitir a elaboração de ajustes condizentes com a realidade das partes e tendentes a serem cumpridos voluntariamente".[7]

Na mediação o acordo é um dos resultados possíveis, porém em alguns casos não há acordo, mas outras conquistas são obtidas, como por exemplo a melhora (e até restabelecimento) da comunicação entre as partes envolvidas. O acordo não é o único objetivo, mas sempre há expectativa que se chegue a isso.

Também não se atribui culpa – não há jogo de culpa, mas assunção de responsabilidades pelos atos e decisões tomadas. É o exercício da autonomia e do protagonismo perante os problemas. "Embora estejamos sujeitos a acidentes, cada um de nós é o protagonista, o ator principal do próprio enredo: nem sempre temos condições de determinar as circunstâncias, mas sempre somos capazes de escolher como reagir a elas".[8]

Desenvolver as competências conversacionais é o um dos desafios e objetivos para o mediador. Costuma-se dizer que não é preciso concordar com o outro, mas é necessário ouvir. E ouvir na modalidade "escuta ativa" em que todos os sentidos são ativados e os ruídos externos excluídos para que haja total atenção à fala do outro. Ouvir os relatos sem julgar, sem interromper e com ajuda de um profissional neutro torna o diálogo na mediação qualitativamente bem diferente dos que ocorrem em outros contextos. Outro importante desafio é desenvolver a empatia entre as pessoas. Colocar-se no lugar do outro, "calçar os sapatos" da outra parte é uma conquista que o mediador pode orgulhar-se. Há técnicas para que isso aconteça, e o mediador precisa ser muito bem preparado para vencer as resistências e bloqueios naturais de todos os que estão envolvidos em conflitos.

Costuma-se atribuir à mediação os conflitos em que as partes envolvidas possuem relação continuada – seja de negócios ou pessoal. Isto porque a mediação costuma melhorar não só a comunicação, mas também as relações interpessoais. Ela restaura o passado e aprimora o futuro.

---

6 SAMPAIO, Lia Castaldi. Verbete "Mediação – conceito, princípios e escolas". *In:* LAGRASTA NETO, Caetano; SIMÃO, José Fernando; BENETI, Sidnei Agostinho. *Dicionário de Direito de Família*. São Paulo: Atlas, 2015.

7 TARTUCE, Fernanda. Verbete "Mediação civil". *In:* LAGRASTA NETO, Caetano; SIMÃO, José Fernando; BENETI, Sidnei Agostinho. Op. cit.

8 URY, William. *Como chegar ao sim com você mesmo*. Rio de Janeiro: Sextante, 2015.

2.4. Práticas Colaborativas

Nesse contexto de uso do diálogo como ferramenta essencial, nasciam as Práticas Colaborativas, na década de 1990, nos Estados Unidos. Stuart Webb, advogado cansado de longas e infrutíferas batalhas judiciais, propôs a um grupo de advogados que passassem a trabalhar de forma efetivamente colaborativa e não litigiosa.

As Práticas Colaborativas são um método não adversarial de resolução de conflitos em que cada cliente é representado por um advogado devidamente capacitado nesta técnica e, juntos, todos assinarão um Termo de Participação com o objetivo de negociar com transparência e com o compromisso de não litigar durante todo o procedimento, sob pena de interrupção do processo com a retirada dos profissionais. Os advogados comprometem-se a recorrer ao Poder Judiciário apenas para homologar acordos ou tomar medidas legais previamente acordadas entre os clientes no que diz respeito à matéria que está sendo negociada. Desta forma os clientes encontram campo para conversarem com a necessária confiança, tendo ambos advogados como aliados na construção de um acordo que beneficie a todos.

Neste método há a oportunidade de constituir uma equipe multidisciplinar, trazendo um psicólogo especialmente habilitado para atuar como *coach*, um técnico dos clientes e/ou dos filhos, atuando como porta voz da prole, de forma neutra. Esta função não se confunde com a de um terapeuta, na medida em que traz especificidades para auxiliar o cliente diretamente nas questões provenientes do conflito. Da mesma forma, é possível ter na equipe profissional um consultor financeiro, que também atuará de forma imparcial, colhendo as informações dos clientes e ajudando na construção de cenários econômicos.

> A prática colaborativa representa uma mudança de paradigma na resolução de conflitos. Enquanto o advogado litigante (do processo contencioso) vê a outra parte e seu advogado como adversários que devem ser combatidos e derrotados, o advogado colaborativo estabelece uma parceria com a outra parte no sentido de querer sua colaboração para que seja possível fazer um acordo frutífero para ambos.
> Outro aspecto importante que evidencia a mudança de paradigma em comparação ao processo judiciário é que no processo colaborativo as pessoas envolvidas no conflito têm o tempo que necessitam para tomar as decisões relacionadas ao acordo a ser feito. Como não há prazos processuais preclusivos, as decisões são tomadas no momento em que estejam maduras, pois isto garantirá um bom acordo.
> Esse procedimento depende, essencialmente, de uma postura colaborativa por parte de todas as pessoas envolvidas no processo. Desse modo, ouvir o outro e considerar seu ponto de vista, oferecer mais de uma opção para cada questão apresentada, dar o tempo necessário para amadurecimento de ideias e ser transparente quanto ao que se pretende no processo são as posturas essências para os envolvidos.
> Como já mencionado, trata-se de um novo modo de resolução de conflitos. Assim, traz novos desafios para os profissionais e clientes. É preciso deixar de lado o espírito litigioso e acolher o diálogo, pois é isso que permitirá a elaboração de um bom acordo, e isso que significa fazer justiça.[9]

9 Disponível em: https://advogadascolaborativas.com.br/2015/03/04/o-que-sao-praticas-colaborativas/. Acesso em: 02 mar. 2019.

3. Política Judiciária Nacional de Tratamento Adequado de Conflitos

3.1. Expressão de cuidado e cidadania

A Política Judiciária Nacional de Tratamento Adequado de Conflitos foi instituída pelo CNJ (Conselho Nacional de Justiça) em 2010 pela Resolução 125.

> A Exposição de Motivos da Resolução 125 deixa claro que o inciso XXXV do artigo 5º da Constituição, que literalmente trata apenas do acesso ao Poder Judiciário, deve ser interpretado como garantia de acesso à justiça por qualquer meio adequado de solução de conflitos, como a mediação e a conciliação. Assim, alarga-se o conceito de acesso à justiça, compreendendo os meios alternativos, que se inserem em um amplo quadro de política judicial.[10]

O 1º artigo da Resolução já menciona a preocupação em dar uma solução adequada à natureza e peculiaridade do conflito. Assim, de início fica evidente a preocupação e o cuidado com os cidadãos envolvidos em situações conflituosas. Cuidado que se traduz numa "efetividade de uma participação em diálogo com vistas a preparar uma solução que seja justa, seja capaz de eliminar todo resíduo de insatisfação".[11]

Ao apresentar como atribuição dos tribunais a instalação dos CEJUSCs (Centros Judiciários de Solução de Conflitos e Cidadania), a Resolução 125 coloca os cidadãos sob o cuidado do Estado para que recebam a solução mais adequada para seus conflitos.

Os marcos regulatórios que regem os meios consensuais de resolução de conflitos também representam um cuidado com o cidadão, uma vez que o legislador coloca os mecanismos adequados como parte da legislação vigente. Assim, a partir do novo Código de Processo Civil e da Lei de Mediação, a mediação e a conciliação entram oficialmente no rol de opções de resolução de conflitos.

A professora Ada Pellegrini Grinover denominou de "minissistema brasileiro de métodos consensuais de solução judicial de conflitos" esse conjunto formado pela Resolução 125/2010 do CNJ, a Lei de Mediação e o novo Código de Processo Civil, muito embora atualmente os processualistas já o considerem como um sistema integral.

Importante destacar em que aspectos os meios adequados e a Política Judiciária Nacional de Tratamento Adequado dos Conflitos dizem respeito ao cuidado e à cidadania. Em dois principalmente. O primeiro deles é que nesse sistema – também conhecido como multiportas – o cidadão tem diferentes opções de caminho para resolver sua lide. Desse modo pode considerar as características envolvidas e suas condições pessoais, ou seja, dependendo da natureza da questão há opção mais compatível e, por isso, melhor para buscar. Quem busca de forma autônoma a melhor opção de resolução para seu conflito, dentre vários, é porque está inserido numa rea-

10 CINTRA, Antonio Carlos de Araújo; DINAMARCO, Cândido Rangel; GRINOVER, Ada Pellegrini. *Teoria Geral do Processo*. São Paulo: Malheiros, 2012.

11 Idem.

lidade de democracia e respeito ao cidadão. O segundo aspecto é que todos os meios consensuais usam o diálogo como ferramenta primordial. Assim, ao eleger tais meios o Estado se coloca como um ente que respeita a autonomia de cada um e, ao mesmo tempo, responsabiliza-o pelo caminho escolhido. A possibilidade do uso da conversa na resolução de conflitos demonstra um avanço e respeito pela cidadania de todos.

Com o Sistema de Resolução de Conflitos pode-se notar uma mudança no campo da tradição da resolução de disputas, com o deslocamento do foco, antes exclusivamente na lei e nos fatos, para os interesses e necessidades das partes a partir da narrativa delas. Desta forma, estas mudanças também apontam para a ideia de uma cidadania global, pois propõem uma ampla conversa sobre as tendências em resolução de disputas e, por extensão, de exercício de cidadania.

3.2. Pacificação social e acesso à justiça

O objetivo maior do Estado com a Política Judiciária Nacional de Tratamento Adequado dos Conflitos é a pacificação social. A experiência já demonstrou que o Poder Judiciário resolve a demanda, mas não o conflito e tampouco gera pacificação social.

> O poder estatal, hoje, abrange a capacidade de dirimir os conflitos que envolvem as pessoas (inclusive o próprio Estado), decidindo sobre as pretensões apresentadas e impondo as decisões (...) O que distingue a jurisdição das demais funções do Estado (legislação, administração) é precisamente, em primeiro plano, a finalidade pacificadora com que o Estado a exerce (...) Afirma-se que o objetivo síntese do Estado contemporâneo é o bem comum e, quando se passa ao estudo da jurisdição, é lícito dizer que a projeção particularizada do bem comum é a pacificação com justiça (...). Vai ganhando corpo a consciência de que, se o que importa é pacificar, torna-se irrelevante que a pacificação venha por obra do Estado ou por outros meios, desde que eficientes.[12]

4. Noção de cidadania

A cidadania é o conjunto de direitos e deveres exercidos por um indivíduo que vive em sociedade, no que se refere ao seu poder e grau de intervenção no usufruto de seus espaços e na sua posição em poder nele intervir e transformá-lo.[13] Há muito cidadania deixou de ser simplesmente o direito de votar e ser votado. Cidadania é muito mais que isto. É ter educação de qualidade, saúde, informação, poder de participação na condução das políticas públicas e igualdade de oportunidades.

---

12 CINTRA, Antonio Carlos de Araújo; DINAMARCO, Cândido Rangel; GRINOVER, Ada Pellegrini. Op. cit., p. 33.

13 PENA, Rodolfo F. Alves. "O que é cidadania?". *Brasil Escola*. Disponível em: https://brasilescola.uol.com.br/o-que-e/geografia/o-que-e-cidadania.htm. Acesso em: 02 mar. 2019.

A expressão da cidadania frequentemente está associada ao campo do Direito, em que existe uma série de legislações voltadas para os direitos e deveres que o cidadão possui, sempre direcionada para um agir, para uma conduta positiva de participação. Se, no campo do direito, somos todos cidadãos, na prática, isso ocorre? A reflexão direta é: somos todos cidadãos? Infelizmente, nem todos. Existem muitos indivíduos que legalmente possuem cidadania, mas que não dispõem de condições sociais, estruturais e materiais para exercê-la.

"Pendurar as leis tão alto de forma que nenhum cidadão possa lê-las (como fazia Dionísio, o tirano) é uma injustiça equivalente a enterrá-las em fileiras e fileiras de tomos eruditos, coleções de opiniões e julgamentos divergentes, registros de costumes, etc., e também numa língua morta, de modo que o conhecimento da lei do país seja acessível apenas àqueles que fizeram dele seu estudo profissional",[14] já alertava Hegel em sua Filosofia do Direito.

Existem muitos autores no âmbito da Filosofia e das Ciências Sociais, como Henri Lefebvre, Theodor Adorno e muitos outros, que se portam de maneira crítica diante da ideia de que todos os indivíduos são cidadãos. Primeiramente, porque muitos são excluídos socialmente em função das desigualdades geradas pelo sistema capitalista de produção. Em segundo lugar, porque ocorre, muitas vezes, a reificação – isto é, a coisificação, a transformação do ser em mercadoria – da figura do cidadão na sociedade contemporânea.

A cidadania formal significa, conforme o direito internacional, indicativo de nacionalidade, de pertencimento a um Estado-Nação, por exemplo, uma pessoa portadora da cidadania brasileira. Já na ciência política e sociologia, o termo adquire sentido mais amplo. A cidadania substantiva é definida como a posse de direitos civis, políticos e sociais. Essa última forma de cidadania é a que nos interessa.

A compreensão e ampliação da cidadania substantiva ocorrem a partir do estudo clássico de T.H. Marshall – *Cidadania e classe social*, de 1950 –, que descreve a extensão dos direitos civis, políticos e sociais para toda a população de uma nação. Esses direitos tomaram corpo com o fim da Segunda Guerra Mundial, após 1945, com o aumento substancial dos direitos sociais por meio da criação do Estado de Bem-Estar Social (*Welfare State*), que estabeleceu princípios mais coletivistas e igualitários. Os movimentos sociais e a efetiva participação da população em geral foram fundamentais para que houvesse uma ampliação significativa dos direitos políticos, sociais e civis, alçando um nível geral suficiente de bem-estar econômico, lazer, educação e político.

O conceito de cidadania esteve e está em permanente construção. É um referencial de conquista da humanidade por meio daqueles que sempre buscam mais direitos, maior liberdade, melhores garantias individuais e coletivas e não se conformando frente às dominações, seja do próprio Estado, seja de outras instituições.

---

14 MORRIS, Clarence (org). *Os grandes filósofos do direito*. São Paulo: Martins Fontes, 2002. p.320.

Nos países ocidentais, a cidadania moderna constituiu-se por etapas. T. H. Marshall afirma que a cidadania só é plena se dotada de todos os três tipos de direito: 1. Civil: direitos inerentes à liberdade individual, liberdade de expressão e de pensamento; direito de propriedade e de conclusão de contratos; direito à justiça que foi instituída no século XVIII; 2. Política: direito de participação no exercício do poder político, como eleito ou eleitor, no conjunto das instituições de autoridade pública, constituída no século XIX; e 3. Social: conjunto de direitos relativos ao bem-estar econômico e social, desde a segurança até ao direito de partilhar do nível de vida, segundo os padrões prevalecentes na sociedade, que são conquistas do século XX.[15]

4.1. Responsabilidade e cidadania

Segundo o Dicionário de Filosofia,[16] pessoa é o homem em suas relações com o mundo ou consigo mesmo.

> No sentido mais geral (porque essa palavra foi aplicada também à Deus), [pessoa significa] um sujeito de relações. É possível distinguir as seguintes fases deste conceito: 1ª) função e relação-substância; 2ª) auto relação (relação consigo mesmo); 3ª) hetero relação (relação com o mundo). Aqui, nos interessa justamente a consideração da pessoa como unidade individual, sujeito de direitos civis e políticos e, em geral, membro de um grupo social. "O homem é pessoa porque, nos papéis que desempenha, é essencialmente definido por suas relações com os outros.[17]

Como destaca Aristóteles na "Ética a Nicômaco", Livro V,

> A justiça é a virtude perfeita porque é o exercício da virtude perfeita; e é perfeita num grau especial, porque quem a possui pode praticar sua virtude em relação a outros e não apenas a si mesmo; pois há muitos homens que podem praticar a virtude em seus assuntos privados, mas não podem fazê-lo em suas relações com o outro. É por isso que aprovamos o dito de Bias, "o posto revela o homem", pois no posto a pessoa é colocada em relação com outros e se torna um membro da comunidade.[18]

Neste sentido da pessoa que vive em sociedade – hetero relação – é que destacamos a relevância de se buscar a melhor forma para lidarmos com conflitos. O desafio é tornar cada um protagonista de sua resolução, responsável por suas deci-

---

15 CAMARGO, Orson. Conceito de Cidadania. *Brasil Escola*. Disponível em: https://brasilescola.uol.com.br/sociologia/cidadania-ou-estadania.htm. Acesso em: 02 mar. 2019.

16 ABBAGNANO, Nicola. *Dicionário de filosofia*. 4 ed. São Paulo: Martins Fontes, 2000.

17 Ibidem, p. 763.

18 ARISTÓTELES. Ética a Nicômaco, Livro V. *In:* MORRIS, Clarence (org.). *Os grandes filósofos do direito*. São Paulo: Martins Fontes, 2002.

sões e consequências e participante ativo da criação de soluções. Chegando, inclusive, a propor composições temporárias que possam ser experimentadas para verificar sua eficácia e aplicabilidade, com ajuda de profissionais para poder dialogar e transigir com a outra parte envolvida na controvérsia.

Deste modo o objetivo do cidadão deixaria de ser a busca de uma solução dada por um terceiro, a autoridade judicial, decidindo "quem tem razão", mas ao se colocar em relação ao outro, no âmbito do seu sistema, seja familiar, comunitário, escolar ou mesmo empresarial, tendo a pessoa pleno conhecimento da situação, possa ela ser capaz de criar caminhos que coloquem fim àquele conflito.

Ao pensarmos na ideia de comunidade podemos constatar que a busca por métodos adequados de solução de conflitos tem como objetivo maior a pacificação social e a ideia de uma convivência saudável e respeitosa.

No livro "Como chegar ao sim" encontramos uma precisa definição de acordo: "Um acordo sensato pode ser definido como aquele que atende aos interesses legítimos de cada uma das partes na medida do possível, resolve imparcialmente os interesses conflitantes, é duradouro e leva em conta os interesses da comunidade".[19] Precisa a definição, pois a medida do acordo é o possível, atendendo aos interesses das pessoas e também de seu contexto social, o meio em que vivem.

Tendo no horizonte a noção da comunidade e das relações, podemos verificar a evolução nos norteadores da resolução de controvérsias, a princípio baseados na lei e, consequentemente, nas concessões e barganhas possíveis dentro desta moldura. Neste cenário judicial temos o Estado com o monopólio da justiça, distanciando os indivíduos que, representados por advogados, não participam diretamente da resolução de seu conflito.

Historicamente, a partir da segunda metade do século XX – não coincidentemente depois de duas guerras mundiais e durante a Guerra Fria – a resolução passa a ser baseada nos interesses das partes (notadamente com a Escola de Negociação de Harvard e a popularização do método de negociação) e surge a percepção de que os direitos são complementares e buscam acomodar os interesses dos cidadãos, na perspectiva de que é possível buscar uma situação "ganha/ganha", com participação direta dos interessados que resgatam sua função de autoria.

Com a chegada do terceiro milênio, vemos a resolução de controvérsias ser cada vez mais customizada, com o Desenho de Sistemas de Disputas e os "Mixed Modes". Ou seja, o enfoque passa a ser baseado em quatro pilares: a prevenção do conflito, evitar sua escalada, resolvê-lo e manter as relações entre as partes envolvidas. A ideia é que se possa refletir sobre a forma de lidar com um possível conflito, antes mesmo que venha a existir – o que nos parece até óbvio: combinar as regras do jogo antes de jogar. As partes envolvidas atuam como coautoras das soluções, criando alternativas e tomando decisões.

---

19 FISHER, Roger; PATTON, Bruce; URY, William. *Como chegar ao sim*. Como negociar acordos sem fazer concessões. 3ª ed. Rio de Janeiro: Solomon Editores, 2014.

Os métodos baseados no diálogo trazem de volta os clientes, isto é, as partes envolvidas, ao centro da mesa, de onde foram afastados geográfica e linguisticamente, a partir do momento em que contratavam um representante legal e assinavam uma procuração nomeando um profissional que falava em seu lugar, por meio de petições redigidas em linguagem jurídica.

A negociação, a mediação, a conciliação e as práticas colaborativas permitem o uso de uma linguagem acessível, privilegiando a comunicação oral, possibilitando a participação e compreensão efetiva das pessoas. Assim, todas as decisões tomadas ao longo do procedimento – qualquer um deles – será como base uma vasta gama de informações. A denominada decisão informada é um diferencial dos meios adequados de solução de conflitos. Quanto melhor preparado for o advogado que assessora as partes, mais eficiente o uso dos métodos, uma vez que ele estudará junto com o cliente, trazendo seu conhecimento e colaborando na criação de novos cenários. O advogado será o grande parceiro e, tendo consciência de que o ator principal é o cliente, cabendo a ele, portanto, o papel de protagonista, o ajudará a identificar os diversos valores que estão sendo debatidos, refletir sobre suas preocupações, sobre o que poderá ser um consenso e sobre o que não é possível transigir. O trabalho colaborativo entre mediador, clientes e advogado alavanca a qualidade do diálogo, possibilitando a elaboração de uma composição sob medida e, para além disto, como pacificador o advogado ainda tem uma excelente oportunidade de ser um bom homem, como disse Abraham Lincoln.[20]

4.2. Autonomia – exercício de cidadania plena

Cidadania implica vivermos em sociedade, na construção de relações, na mudança de mentalidade, na consciência e reivindicação dos direitos, mas também no cumprimento dos deveres. Isto não se aprende com teorias, mas na luta diária, nos exemplos e principalmente com a educação de qualidade, grande propulsora para que o indivíduo possa desenvolver suas potencialidades e conscientizar-se de seu papel social que pode e deve fazer a diferença na construção de uma sociedade mais justa, livre e solidária.[21]

Segundo José Murilo de Carvalho,

> nos países em que a cidadania se desenvolveu com mais rapidez, inclusive na Inglaterra, por uma razão ou outra, a educação popular foi introduzida. Foi ela que permitiu às pessoas tomarem conhecimento de seus direitos e se organizarem para lutar por eles. A ausência de uma população educada tem sido sempre um dos principais obstáculos à construção da cidadania civil e política.[22]

---

20 Tradução livre de "As a peacemaker the lawyer has a superior opportunity of being a good man". Disponível em: https://quod.lib.umich.edu/l/lincoln/lincoln2/1:134.1?rgn=div2;view=fulltext. Acesso em: 17 fev. 19.

21 Disponível em: https://www.politize.com.br/por-que-e-importante-cidadania/. Acesso em: 02 mar. 19.

22 CARVALHO, José Murilo. *Cidadania no Brasil*. Rio de Janeiro: Civilização Brasileira, 2001. p.11.

O papel da advocacia nesta mudança também não é pequeno. Temos que insistir na construção de uma advocacia resolutiva:

> aquela baseada em análises objetivas de probabilidade de êxito, identificação apropriada de interesses reais das partes, criação de valor em razão de abordagens integrativas, auxílio com a escolha procedimental adequada baseada em critérios objetivos referentes aos diversos processos de resolução de disputas e apoio às partes no desenvolvimento de competências emocionais que permitam o distanciamento de escolhas baseadas em paixões ou posições irracionais.[23]

Este advogado atua proativamente e deve ser muito mais curioso e aberto às questões que envolvem o meio em que vive, consciente de seu papel emancipador, que possibilita o efetivo exercício da cidadania por seu cliente (estando o próprio advogado consciente de sua atuação como cidadão que exige o respeito por seus direitos e cumpre seus deveres), que passa a trabalhar em conjunto pela resolução do conflito.

Como Hegel apontou na sua Filosofia do Direito, ainda no início do século XIX, "numa comunidade ética, é fácil dizer o que o homem deve fazer, quais são os deveres que ele deve cumprir a fim de ser virtuoso; ele tem apenas de seguir as regras bem conhecidas e explícitas de sua própria situação" (...) "Quando um pai indagou sobre o melhor método para educar seu filho na conduta ética, um pitagórico respondeu: 'Faça dele um cidadão de um Estado com boas leis'"[24]. Isto é, seria natural exigir dos cidadãos que participassem ativamente se lhes fossem garantidos seus direitos e espaços de participação pelo Estado. No entanto atualmente temos de um lado cidadãos que tomam consciência de seus direitos e dos acessos para garantir seu cumprimento, por exemplo através da Lei do Consumidor (de 1990) e dos Juizados Especiais Cíveis (criados em 1995), que permitiram o acesso direto das pessoas, porém de outro lado temos um Poder Judiciário que não tem estrutura suficiente para atender a esta demanda, que tem como meta extinguir ações em andamento, dando resposta ao cidadão, mas passou a utilizar-se da conciliação e da mediação como medidas para "desafogar o Judiciário" e não como meios adequados de resolução de conflitos. Assim hoje vivemos este momento de crise, com o Judiciário lotado, clientes insatisfeitos e advogados desconfiados, todavia uma oportunidade que nos convoca a buscar soluções.

Exemplo disto é a plataforma consumidor.gov.br, disponibilizada pela Secretaria Nacional do Consumidor do Ministério da Justiça (SENACOM/MJ) para o público em 2014, reunindo em um único espaço a possibilidade de o cidadão resolver diretamente com as empresas o seu problema e ainda contribuir para a construção de políti-

23 AZEVEDO, André Gomma; WALD, Arnoldo de Paula. *Escritórios devem aposentar grupos contenciosos e criar setores resolutivos*. Disponível em: https://www.conjur.com.br/2018-mai-13/opiniao-escritorios-aposentar-grupos-contenciosos. Acesso em: 17 fev. 19.

24 MORRIS, Clarence. Op. cit., p. 314.

cas públicas. A participação das empresas na plataforma é voluntária e só é permitida àquelas que aderem formalmente ao serviço, mediante assinatura de termo no qual se comprometem em conhecer, analisar e investir todos os esforços disponíveis para a solução dos problemas apresentados. A plataforma Consumidor.gov é um canal público alternativo para solução de problemas de consumo, com interlocução direta entre consumidores e fornecedores, pois além de ampliar o acesso do consumidor, outro objetivo é que o portal contribua para o aprimoramento das relações de consumo no Brasil.

Por outro lado, cabe considerar a crítica feita pelo geógrafo Milton Santos – em sua obra *O Espaço Cidadão*[25] – onde afirma que "Em lugar do cidadão formou-se um consumidor, que aceita ser chamado de usuário", ou seja, na visão do professor o processo de produção e reprodução capitalista transformou o indivíduo em consumidor e as relações de cidadania em disputas pelo espaço da cidade.

4.3. Forma de cuidado, mas não (ainda) de cidadania plena

Se de uma parte entendemos que a utilização da conciliação, mediação, negociação e práticas colaborativas emancipa o cidadão, tornando-o protagonista na criação de soluções, de outra concordamos que um litígio judicial possa ser entendido como um meio de resolução de conflito – mas que deveria ser a exceção, não a regra. No entanto, os números demonstram que nossa sociedade ainda engatinha neste sentido, conforme os dados apresentados no relatório "Justiça em Números 2018", do Conselho Nacional de Justiça, que utilizamos a seguir.[26]

Em média, a cada grupo de 100.000 habitantes no Brasil, 12.519 ingressaram com uma ação judicial no ano de 2017. A conciliação, política permanente do CNJ desde 2006, apresenta lenta evolução. Em 2017 foram 12,1% de processos solucionados via conciliação. Apesar de o novo Código de Processo Civil tornar obrigatória a realização de audiência prévia de conciliação e mediação, em dois anos o índice de conciliação cresceu apenas 1 ponto percentual. O dado positivo é o crescimento na estrutura dos CEJUSCs em 50,2% em dois anos – em 2015 eram 654 e em 2017, 982. Na próxima edição do Relatório Justiça em Números será possível contabilizar a conciliação na fase pré processual, o que deve apresentar resultados mais alvissareiros.

Se tomarmos como amostragem os Juizados Especiais, que recebem causas de menor valor financeiro e prescindem da contratação de advogado em algumas, na fase de conhecimento o índice de conciliação foi de 16%, sendo de 18% na Justiça Estadual e de 10% na Justiça Federal. São índices baixos se considerarmos que em TODAS as ações houve, necessariamente, uma audiência de tentativa de conciliação.

No 1º grau, o alcance de acordos em conciliação foi de 13,8%, montante certamente insatisfatório, porém, considerando que houve intervenção de advogado,

---

25 SANTOS, Milton. O *espaço cidadão*. 7ª ed. São Paulo: EDUSP, 2014.

26 *Justiça em Números 2018*: ano-base 2017/Conselho Nacional de Justiça. Brasília: CNJ, 2018.

portanto um trabalho prévio da parte em conflito de buscar um representante, contratá-lo e reunir a documentação necessária para propositura de uma ação, é um bom indicativo. No 2º grau, a conciliação é praticamente inexistente, apresentando índices muito baixos em todos os segmentos de justiça. As sentenças homologatórias de acordo representaram, em 2017, apenas 0,7% do total de processos julgados. Neste caso, arriscamos imaginar que as pessoas querem uma solução e não necessariamente participar da sua construção. O fato de não haver praticamente conciliação em 2º grau mostra como as partes apostam em uma decisão judicial que lhes seja favorável, ainda que baseada em decisão anterior que poderá vir a ser modificada. E, além disso, contam a possibilidade de manter uma decisão provisória por anos a fio, manejando o conflito com as ferramentas do processo civil, tais como recursos, embargos e agravos.

Hegel afirmou que "um processo legal, em si mesmo um meio, começa a ser algo externo a seu fim e em contraste com ele. Esse longo curso de formalidades pode se converter num mal, e até mesmo num exercício da injustiça, e por esta razão impõe-se às partes o dever de submeter-se ao simples processo de arbitragem (diante de um tribunal de árbitros) e à tentativa de conciliar suas diferenças de maneira amigável a fim de que elas possam ser protegidas contra os processos legais e seu abuso".[27] Ou seja, que as pessoas possam ter uma solução que verdadeiramente resolva seu problema e não apenas encerre a ação judicial – como é o objetivo dos meios adequados de resolução de conflitos.

Arriscamos ainda algumas considerações a respeito destes números um tanto desanimadores: a conciliação e a mediação ainda são pouco conhecidas para maioria da população e o próprio CNJ só começou a medir os acordos obtidos a partir da entrada em vigor do novo Código de Processo Civil, em 2015, que tornou obrigatória a audiência prévia, que deve acontecer antes da apresentação da resposta/defesa/contestação.

Assim como a população em geral, os advogados militantes também desconhecem os meios adequados de resolução de conflitos e permanecem trabalhando da mesma forma de sempre, ajuizando ações judiciais para defender os interesses de seus clientes. Ainda há uma grande resistência por parte da advocacia em levar casos para mediação, tanto pelo receio de transmitir uma imagem de fragilidade, pois subsiste a crença que só busca acordo quem tem dúvidas quanto ao seu êxito em uma demanda, até imaginando que perderiam honorários se o fizessem. Felizmente os cursos jurídicos no Brasil começam a oferecer disciplinas de negociação, mediação e arbitragem, formando os novos bacharéis com este conhecimento e não apenas preparados para litigar, qualquer que seja sua atuação profissional, seja como advogados, juízes, promotores, etc. Há no horizonte uma tendência a recuperar a figura do advogado como solucionador de problemas, colocando seu cliente como protagonista e para tanto indicando-lhe os melhores meios para alcançar uma solução eficiente, o mais célere possível e financeiramente proveitosa, que não necessariamente será uma ação judicial.

---

27 MORRIS, Clarence. Op. cit., p. 321.

Em sua maioria os magistrados tampouco prestigiam a mediação e a conciliação; no Fórum Central de São Paulo, o maior da América Latina, apenas 12% designam audiências, muitas vezes alegando falta de estrutura.[28] "É pena que os juízes togados não deem à conciliação a importância que deveriam dar e, mesmo quando a promovam, façam-no de forma mecânica e tão artificial, que mais parece o cumprimento de um ritual para se chegar mais rapidamente ao fim do processo e à sentença", afirma Carreira Alvim.[29] E arremata "No dia em que os juízes entenderem que a função conciliatória é tão eficaz quanto à jurisdicional, talvez ela se mostre mais eficaz, cumprindo o seu efetivo papel de via alternativa na resolução de conflitos".[30]

E mais uma ponderação, esta de caráter subjetivo: uma vez que o mediador atua como agente de realidade, perguntando e interagindo com todos os envolvidos em uma disputa, as partes se deparam, muitas vezes, com um espelho, tendo que assumir responsabilidades, o que nem sempre é agradável. Além disso, há que se sopesar que as pessoas têm sua capacidade reduzida frente à dor, ao sofrimento, geralmente causado pelo conflito que está sendo objeto do litígio, e assim acabam buscando soluções rápidas e lineares, quando nós, mediadores, vamos na contramão, propondo uma imersão, reflexão, criação de opções, enfim, pedindo mais tempo, contato com o conflito e com as pessoas envolvidas.

Daí a necessidade de mediadores bem formados e preparados para sua atuação, capazes de manejar a pauta produtivamente, abordando temas menos tensos e de benefícios mútuos a princípio, motivando a presença das partes, estimulando sua participação, atuando com ética e responsabilidade.

É preciso atenção a este ponto pois foi criado todo aparato da política nacional de resolução de conflitos através do sistema multiportas e, muitas vezes, quem abre a porta para o cidadão não está efetivamente preparado para atende-lo. Ainda que o mediador/conciliador tenha concluído o imprescindível curso de capacitação a própria Resolução 125, em seu Anexo I, esclarece tratar-se de transmissão de "informações teóricas gerais sobre a conciliação e a mediação, bem como vivência prática para aquisição do mínimo de conhecimento que torne o corpo discente apto ao exercício da conciliação e da mediação judicial"[31] (grifamos).

---

28 Dados apresentados pelo Professor e Desembargador Carlos Alberto Salles no I Congresso Internacional de Mediação Empresarial GEMEP/ CBAr, "Mediação empresarial 360º", realizado na AASP – Associação dos Advogados de São Paulo, no dia 25/10/2017. Anotação das autoras.

29 SIMÃO, Lucas Pinto. Os meios alternativos de resolução de conflitos e o dever/poder de o juiz incentivar a conciliação e a mediação. *Âmbito Jurídico*, Rio Grande, XIX, nº 147, abr 2016. Disponível em: http://www.ambitojuridico.com.br/site/?n_link=revista_artigos_leitura&artigo_id=17104&revista_caderno=21. Acesso em: 01 fev. 2019.

30 ALVIM, J. E. Carreira. *Juizados Especiais Federais*. Rio de Janeiro: Forense, 2002. p. 33/34.

31 Disponível em: http://www.cnj.jus.br/images/atos_normativos/resolucao/resolucao_125_29112010_11032016150808.pdf. Acesso em: 01 mar. 2019.

No entanto, hoje o Poder Judiciário tem mais conciliadores e juízes leigos voluntários do que magistrados! São 18.168 magistrados (4%) e 19.026 conciliadores, juízes leigos e voluntários (4,24%). Se os mediadores trabalham de forma voluntária, como exigir reciclagem e aprimoramento? O fato que precisa ser trazido à tona é que o Poder Judiciário ainda não deu a importância devida a esta função, preferindo adotar o trabalho voluntário a investir no desenvolvimento da carreira do mediador profissional.

5. Conclusões

O direito reflete a imagem da sociedade e é permanentemente reconstruído a partir das novas necessidades. Claro está que a cidadania plena ainda não está efetivada no Brasil.

Nosso desejo é transformar o direito, no seio de uma sociedade menos desigual, competitiva e paternalista, que busca no Poder Judiciário uma autoridade que decida "quem está certo". Queremos um judiciário que trabalhe pela emancipação do cidadão, oferecendo ferramentas e recursos para que todos tenham acesso à resolução de conflitos e à informação, conhecendo seus direitos e as formas disponíveis para exercê-los.

Não é fácil. Pelo contrário, é muito trabalhoso ir contra a correnteza e conclamar as pessoas para colocarem a mão na massa, para participarem de discussões, disporem de seu tempo, em meio à sociedade de consumo, que propagandeia que é possível ter e terceirizar tudo, até mesmo a solução dos seus problemas.

Porém nós acreditamos no poder do diálogo e da palavra para educar, adultos e crianças, e transformar a humanidade, agindo de forma empática, ao reconhecer que o outro padece como eu, pois geramos o mundo a partir da convivência e não somos capazes de existir por nós mesmos. Assim, uma vez que o outro é imprescindível para minha sobrevivência, importa estabelecermos relações de qualidade e confiança e, para tanto, reconhecer o protagonismo de cada pessoa em cada situação, inclusive de conflito, para seu manejo adequado.

No arquipélago da Terra do Fogo há uma tribo indígena que fala o dialeto Yámana que tem a palavra MAMIHLAPINATAPAI, que significa o entendimento silencioso entre duas pessoas que estão pensando ou desejando a mesma coisa, mas nenhuma se atreve a expressá-la.[32] Que através da promoção do diálogo, utilizando os métodos adequados de resolução de conflitos, possamos ter o atrevimento de nos expressar e de escutar o outro pois, talvez, assim encontraremos um desejo em comum.

Somos seres interdependentes, os conflitos fazem parte da existência e para viver precisamos ter confiança no outro. E, oras, bolas, o mundo seria mais pobre sem

---

32 SANDERS, Ella Frances. *Lost in translation*: um compêndio ilustrado de palavras intraduzíveis de todas as partes do mundo. Ubatuba, SP: Livros da Raposa Vermelha, 2018.

as suítes para cello de Bach, o teatro de Shakespeare, as cores de Van Gogh ou o corpo em movimento de Baryshnikov! Desta forma, que possamos tomar as rédeas de nossas vidas e juntos, com coragem e boa fé, assumindo nosso protagonismo e responsabilidade, construamos soluções pacificadoras que acomodem os interesses de todos, pensando coletivamente no futuro. Afinal, se o produto da mediação é a paz, não há melhor cuidado para com a cidadania.

SP, verão de 2019.

Guarda e adoção: O exercício da cidadania nas teses do Superior Tribunal de Justiça do Brasil

Everaldo Augusto Cambler

1. Aspectos preliminares

O Superior Tribunal de Justiça do Brasil (STJ), em uma iniciativa muitíssimo louvável, faz publicações periódicas, nas quais apresenta um conjunto de teses relativamente a determinadas matérias, elaboradas pela sua Secretaria de Jurisprudência, com os julgados do Tribunal sobre questões selecionadas.

Dentre essas matérias, foram elaboradas teses acerca dos temas Guarda e Adoção,[1] examinados, como não poderia deixar de ser, sob o viés legislativo infraconstitucional próprio, qual seja, o Código Civil e o Estatuto da Criança e do Adolescente – Lei nº 8.069/90. O presente trabalho propõe o exame de algumas dessas teses, as mais significativas sob a ótica do autor, a demonstrar a evolução do Direito brasileiro em face da realidade social do país.

Em um momento histórico, no qual o tecido social apresenta tantos paradoxos em uma nação de dimensões continentais, com realidades regionais tão divergentes, os tribunais, em especial o STJ, enfrentam o desafio de interpretar e aplicar o Direito de forma concomitante, integrada e coletiva. As teses sobre guarda e adoção, elaboradas pelo STJ, servem como paradigma magistral para melhor compreendermos o atual estágio da cidadania na realidade social brasileira, sob a ótica da jurisprudência, fonte secundária do Direito tão prestigiada na atualidade.

2. Guarda

O regime jurídico da guarda estabelecido no Código Civil (Lei n° 10.406, de 10 de janeiro de 2002), na passagem em que trata da proteção da pessoa dos filhos, foi substancialmente alterada pela Lei nº 11.698, de 2008, que, sem extinguir a guarda unilateral, deu novo regulamento ao tema ao instituir e disciplinar a guarda compartilhada, conforme hoje previsto nos arts. 1.583 e 1.584 do diploma civil.

---

1 Para acesso a todas as teses sobre guarda e adoção, conecte-se com o link: http://www.stj.jus.br/SCON/jt/toc.jsp?edicao=EDI%C7%C3O%20N.%2027:%20ESTATUTO%20DA%20CRIAN%C7A%20E%20DO%20ADOLESCENTE%20-20GUARDA%20E%20ADO%C7%C3O.

Maria Alice Zaratin Lotufo esclarece que os conceitos de guarda e poder familiar não se confundem, embora aquela possa ser considerada um atributo deste (cf. art. 1.634, II, CC), podendo, inclusive, constituir um direito autônomo. Isto porque, "(...) juntamente com o direito que pai e mãe têm de tê-los [os filhos] em sua companhia e guarda, adquirem a responsabilidade não só pela criação, educação, desenvolvimento físico e psicológico, como também pelos atos praticados pelos filhos e que causem danos a terceiros".[2] Em sendo assim, a guarda pode desvincular-se do poder familiar, transferindo-se do pai ou da mãe ou de ambos para outra pessoa.

Seja unilateral ou compartilhada, a guarda é exercida pelos pais, considerando-se os óbvios laços de afetividade que unem os progenitores aos seus filhos. Nada obstante, visando a preservação dos interesses da criança *e em função de* situações peculiares, o deferimento da guarda pode ser concedida aos avós ou a terceiros, como enfatiza Silvio de Salvo Venosa: "A guarda poderá ser deferida aos avós, tios ou quaisquer outros parentes da criança ou adolescente, ou até mesmo a outra pessoa, desde que haja ambiente familiar compatível".[3]

2.1. Deferimento da guarda aos avós

O § 5°, do art. 1.584, do CC, com a redação data pela Lei nº 13.058/14, sem expressamente fazer menção aos avós, permite que, em se verificando que o filho não deva permanecer sob a guarda do pai ou da mãe, ou de ambos, o juiz deverá deferi-la a quem demostrar compatibilidade com o exercício das responsabilidades a ela inerentes, *in verbis:* "Se o juiz verificar que o filho não deve permanecer sob a guarda do pai ou da mãe, deferirá a guarda a pessoa que revele compatibilidade com a natureza da medida, considerados, de preferência, o grau de parentesco e as relações de afinidade e afetividade".

Ao comentarem esse artigo, Nelson Nery Jr e Rosa Maria de A. Nery evidenciam a eventual inconveniência da guarda dos menores caber aos pais, nos seguintes termos: "Havendo razões que revelem a inconveniência de os menores permanecerem sob a guarda dos pais, o juiz poderá deferi-la a outra pessoa que não os separandos. (...)".[4]

Da mesma forma que no diploma civil, o Estatuto da Criança e do Adolescente (ECA), já previa essa possibilidade, em caráter extraordinário: "Excepcionalmente, deferir-se-á a guarda, fora dos casos de tutela e adoção, para atender a situações peculiares ou suprir a falta eventual dos pais ou responsável, podendo ser deferido o direito de representação para a prática de atos determinados" (art. 33, §2º, Lei nº 8.069/90).

---

2 LOTUFO, Maria Alice Zaratin. *Curso avançado de Direito Civil – Direito de Família*. São Paulo. Revista dos Tribunais, 2002. p. 268. Coordenador: Everaldo Augusto Cambler.

3 VENOSA, Silvio de Salvo. *Código Civil interpretado*. Comentário nº 5 aos arts. 1.618-1.619. 2ª *ed.* São Paulo, Atlas, 2011. p. 1.686.

4 NERY JR., Nelson; NERY, Rosa Maria de A. *Código Civil comentado*. Comentário nº 3 ao art. 1.584, p. 1.808. 11ª *ed.* São Paulo: Revista dos Tribunais, 2014.

A tese nº 12 com relação ao deferimento da guarda de criança ou adolescente aos avós, do STJ – "É possível o deferimento da guarda de criança ou adolescente aos avós, para atender situações peculiares, visando preservar o melhor interesse da criança" -,[5] reflete precisamente o necessário cuidado com a preservação do interesse do menor, diante da inconveniência ou impossibilidade dos menores permanecerem sob a guarda dos pais.

Fernando Loschiavo Nery, ao explanar sobre essa tese do STJ, esclarece que

> ...o deferimento da guarda dos netos aos avós pressupõe a existência de atenção ao princípio do melhor interesse da criança, não apenas quanto ao aspecto de identificar melhores condições financeiras para assistência material atendendo às necessidades básicas do petiz, mas principalmente quando corroboradas provas que demonstrem a convivência, a aliança de afeto e carinho do neto com a pessoa do avô, assegurando, desse modo, apenas a regularização da situação fática na qual o ancião já vem sendo provedor dos alimentos, da educação, do plano de saúde, etc.[6]

O acórdão exarado no REsp n. 1186086 – RO revela a especial propriedade da tese supra, ao precisar que:

> (...) 3. Como sói acontecer em processos dessa natureza, vale dizer, onde se controvertem direitos da criança e do adolescente, o princípio do maior interesse é, de fato, o vetor interpretativo a orientar a decisão do magistrado. 4. Para fins de fixação de tese jurídica, deve-se admitir, de forma excepcional (art. 33, §1º, primeira parte c/c §2º, do ECA) o deferimento da guarda de menor aos seus avós que o mantêm e, nesta medida, desfrutam de melhores condições de promover-lhe a necessária assistência material e afetiva, mormente quando comprovado forte laço de carinho, como ocorreu na espécie.[7]

Nessa linha de pensar, Gustavo Ferraz de Campos Monaco, contudo, adverte quanto à necessidade de serem redobrados os cuidados para a aplicação do princípio do melhor interesse da criança, porquanto "Já se afirmou que o princípio do melhor

---

5 As decisões que serviram de paradigma para a tese são as seguintes: Acórdãos: STJ, 3ª Turma, REsp 1186086/RO, Rel. Min. Massami Uyeda, j. 03.02.2011, DJe 14.02.2011; STJ, 3ª Turma, AgRg no REsp 532984/MG, Rel. Min. Vasco Della Giustina (Desembargador Convocado do TJ/RS), j. 18.05.2010, DJe 07.06.2010; STJ, 4ª Turma, REsp 945283/RN, Rel. Min. Luis Felipe Salomão, j. 15.09.2009, DJe 28.09.2009; STJ, 3ª Turma, REsp 993458/MA, Rel. Min. Nancy Andrighi, j. 07.10.2008, DJe 23.10.2008; Decisões Monocráticas: STJ, 3ª Turma, REsp 1368066/DF, Rel. Min. Ricardo Villas Bôas Cueva, j. 20.09.2013, publ. 02.10.2013.

6 NERY, Fernando Loschiavo. A guarda dos netos e a relevância da figura dos avós na família contemporânea. *In:* ARRUDA ALVIM; ARRUDA ALVIM, Thereza; CAMBLER, Everaldo Augusto; ARRUDA ALVIM, Angélica (coord.). *Teses jurídicas dos tribunais superiores*, nº 5. Vol. 6, Tomo III. São Paulo: Revista dos Tribunais, 2017. p. 1.027.

7 STJ, 3ª Turma, REsp 1186086/RO, Rel. Min. Massami Uyeda, j. 03.02.2011, DJe 14.02.2011.

interesse da criança presta-se, muito facilmente, a aproximações tendenciosamente falsas, na medida em que se confundem, também muito facilmente, as categorias de interesse e direito da criança".[8]

Destarte, a guarda de menor pleiteada por avós é, em caráter peculiar, deferível, desde que pautada na convivência afetiva e saudável, perfeitamente apta a assegurar o bem-estar *físico e espiritual* do menor, afastada essa hipótese quando assentada em fins exclusivamente financeiros ou previdenciários, como veremos no tópico seguinte.

2.2. Indeferimento de guarda aos avós para fins exclusivamente financeiros ou previdenciários

A tese nº 13 sobre o indeferimento da guarda de criança ou adolescente aos avós para fins exclusivamente financeiros ou previdenciários, do STJ – "Não é possível conferir-se a guarda de criança ou adolescente aos avós para fins exclusivamente financeiros ou previdenciários" -,[9] repele a concessão da guarda aos avós ou a terceiros diante de argumentos estritamente econômicos, como a dificuldade financeira dos pais ou a existência de parentes em melhor situação pecuniária.

Deveras, a existência de laços afetivos deve ser o norte permanente para a concessão da guarda, que não pode ser retirada dos pais e concedida aos avós sem a demonstração de uma situação fática excepcional, distinta do mero interesse no recebimento do favor previdenciário. Na expressão de João Luiz Lessa Neto, "Deve, em verdade, ficar demonstrada uma situação fática excepcional, que permita a retirada da guarda dos pais, não sendo o mero interesse no recebimento de pensão em caso de morte do ancestral suficiente".[10]

Espelhando esse entendimento, reproduzimos as premissas do acórdão de relatoria do Ministro Paulo de Tarso Sanseverino:

> 1 – Pedido de guarda formulado pelos avós paternos com fins meramente previdenciários.
> 2 – Reconhecimento pelas instâncias de origem da regularidade da situação da criança, que

---

8 MONACO, Gustavo Ferraz de Campos. Revisitando o conceito de figura primária de referência: guarda de filhos no Direito Civil e no Direito Internacional privado brasileiro. *In:* DELGADO, Mário Luiz; ALVES, Jones Figueiredo (coord.). *Os grandes temas de Direito Civil nos 15 anos do Código Civil*, nº 5. Homenagem ao Prof. Álvaro Villaça Azevedo. São Paulo, Editora IASP, 2017. p. 494.

9 As decisões que serviram de paradigma para a tese são as seguintes: Acórdãos: STJ, 3ª Turma, REsp 1297881/MG, Rel. Min. Paulo de Tarso Sanseverino, j. 13.05.2014, DJe 19.05.2014; STJ, 4ª Turma, AgRg no Ag 1281609/PE, Rel. Min. Luis Felipe Salomão, j. 26.10.2010, DJe 04.11.2010; STJ, 3ª Turma, AgRg no Ag 1207108/RJ, Rel. Min. Vasco Della Giustina (Desembargador Convocado do TJ/RS), j. 21.10.2010, DJe 10.11.2010; Decisões Monocráticas: STJ, 3ª Turma, REsp 1230341/AM, Rel. Min. Ricardo Villas Bôas Cueva, j. 20.09.2013, publ. 01.10.2013.

10 LESSA NETO, João Luiz. Comentários à tese nº 13 do STJ. *In:* ARRUDA ALVIM; ARRUDA ALVIM, Thereza; CAMBLER, Everaldo Augusto; ARRUDA ALVIM, Angélica (coord.). *Teses jurídicas dos tribunais superiores*, nº 5. Vol. 6, Tomo III. São Paulo: Revista dos Tribunais, 2017. p. 1.034.

> reside normalmente com seu pai. 3 – Tentativa de desvirtuamento do instituto da guarda regulado pelo art. 33, e seus parágrafos, do Estatuto da Criança e do Adolescente (ECA). 4 – Doutrina e jurisprudência acerca do tema. 5 – RECURSO ESPECIAL DESPROVIDO.[11]

Em vista disso, sob pena de desvirtuamento do instituto da guarda, deve ser indeferido o pedido formulado pelos avós objetivando a concessão da guarda para fins meramente financeiros ou previdenciários.

3. Adoção

A adoção, na clássica acepção de R. Limongi França, consubstancia um "instituto de proteção à personalidade, em que essa proteção se leva a efeito através do estabelecimento, entre duas pessoas – o adotante e o protegido adotado – de um vínculo civil de paternidade (ou maternidade) e de filiação".[12] Por sua vez, Maria Helena Diniz, utilizando elementos contemporâneos, assim a conceitua:

> A adoção é o ato jurídico solene e irrevogável pelo qual, observados os requisitos legais previstos na Lei nº 8.069/90, arts. 39 a 52-D, alguém estabelece, independentemente de qualquer relação de parentesco consanguíneo ou afim, um vínculo fictício de filiação, trazendo para sua família, na condição de filho, pessoa que, geralmente, lhe é estranha, importando seu estado civil (ECA, art. 42), sexo ou nacionalidade (adoção singular). Se a adoção se der por marido e mulher ou por companheiros (adoção conjunta), bastará que um deles tenha completado dezoito anos e que haja comprovação da estabilidade da família (ECA, art. 42, §2º).[13]

Do sistema do Código Civil de 1916 se dessumia o nítido caráter negocial (bilateral e solene) que a adoção recebia do ordenamento, ainda que as partes devessem aderir ao esquema preestabelecido em lei,[14] sendo os adotados, quando menores, representados pelos seus pais. Essa natureza contratual, todavia, foi modificada com o advento da Constituição de 1988, que passou a exigir, além do encontro de vontades, a assistência do Poder Público nos termos da lei infraconstitucional.[15]

---

11 STJ, 3ª Turma, REsp 1297881/MG, Rel. Min. Paulo de Tarso Sanseverino, j. 13.05.2014, DJe 19.05.2014.

12 FRANÇA, R. Limongi. *Instituições de Direito Civil.* 4ª ed. atualizada. São Paulo, Saraiva, 1996. p. 352.

13 DINIZ, Maria Helena. *Código Civil anotado*. Anotação ao art. 1.618, p. 1.186. 16ª ed. São Paulo: Saraiva, 2012.

14 Em razão dessa predeterminação, Orlando Gomes identificava uma natureza híbrida, uma verdadeira instituição de base contratual. GOMES, Orlando. *Direito de família*. Rio de Janeiro: Forense, 1991. p. 351).

15 "Art. 227, § 5º, CF: A adoção será assistida pelo Poder Público, na forma da lei, que estabelecerá casos e condições de sua efetivação por parte de estrangeiros".

Antes do advento da Lei nº 8.069/1990 (Estatuto da Criança e do Adolescente – ECA), a adoção civil vinha regulada pelo Código Civil de 1916 e pelo Decreto nº 17.943-A, de 12 de outubro de 1927, que consolidou as leis de assistência e proteção a menores. Na sequência, a Lei nº 3.133/1957,[16] não somente atualizou o instituto da adoção prevista no Código Civil de 1916, como também serviu de origem para a adoção simples, que conviveu com a adoção plena, posteriormente reguladas pela Lei nº 6.697/1979 («Código de Menores» – arts. 27 a 37).[17]

As duas formas de adoção (simples e plena) conviveram com a adoção regulada pelo Código Civil de 1916, pois o "Código de Menores" previa sua aplicação aos menores até dezoito anos de idade, em situação irregular, e entre dezoito e vinte e um anos, nos casos expressos em lei (art. 1º, incisos I e II).

A Lei nº 12.010/2009 procurou aperfeiçoar a sistemática prevista no ECA e no diploma civil, alterando e revogando dispositivos do Código Civil e estabelecendo a irrevogabilidade da adoção e a preferência pela família biológica (art. 39, §1º, do ECA).[18] Quanto aos maiores de 18 anos, a única referência encontrada no Código Civil de 2002 torna a adoção dependente da assistência do poder público e de sentença constitutiva, aplicando-se, no que couber, o ECA, *in verbis*: "Art. 1.619. A adoção de maiores de 18 (dezoito) anos dependerá da assistência efetiva do poder público e de sentença constitutiva, aplicando-se, no que couber, as regras gerais da Lei nº 8.069, de 13 de julho de 1990 – Estatuto da Criança e do Adolescente".

3.1. A observância do cadastro de adotantes não é absoluta

Para a adoção de crianças e adolescentes, estabelece o art. 50, "*caput*", do ECA que a autoridade judiciária manterá, em cada comarca ou foro regional, dois registros: um, de crianças e adolescentes em condições de serem adotados; outro, de pessoas interessadas na adoção. Por conseguinte, o passo inicial para aqueles que pretendem realizar uma adoção é o requerimento de inscrição no registro de pessoas interessadas.

Como regra, a ordem de inscrição dos pretendentes à adoção deve ser obedecida. Entretanto, a tese nº 1 do Superior Tribunal de Justiça evidencia o caráter não absoluto da observância do cadastro de adotantes, nos seguintes termos: "A observância do cadastro de adotantes não é absoluta, podendo ser excepcionada em prol do princípio do melhor interesse da criança".[19]

---

16 Expressamente revogada pelo art. 2.045 do Código Civil de 2002.

17 A Lei nº 6.697/1979, que expressamente revogou o Decreto nº 17.943-A, de 12 de outubro de 1927, foi, por sua vez, revogada pelo art. 267 do ECA.

18 "Art. 39, § 1º: A adoção é medida excepcional e irrevogável, à qual se deve recorrer apenas quando esgotados os recursos de manutenção da criança ou adolescente na família natural ou extensa, na forma do parágrafo único do art. 25 desta Lei".

19 As decisões que serviram de paradigma para a tese são as seguintes: Acórdãos: STJ, 3ª Turma, HC 294729/SP, Rel. Min. Sidnei Beneti, j. 07.08.2014, DJe 29.08.2014; STJ, 4ª Turma, HC 279059/RS,

Carlos Alberto Dabus Maluf e Adriana Caldas do Rego Freitas Dabus Maluf exemplificam algumas dessas exceções, admitidas em prol do princípio do melhor interesse da criança:

> Como regra geral, deve-se obedecer a ordem de inscrição dos pretendentes à adoção. Esta, entretanto, pode ser quebrada quando ocorrer motivo relevante: como a existência de parentesco entre o adotante e o adotado; ou mesmo, uma relação de afetividade e afinidade entre as partes, quando a criança já se encontra com o pretendente à adoção por muito tempo, como prevê o art. 28, §3º, do ECA; quando a criança desejada pelo interessado à adoção não corresponder à criança disponível à adoção.[20]

Corroborando essa linha de pensar, veja-se a ementa do acórdão de relatoria do Ministro Massami Uyeda:

> Recurso especial – Aferição da prevalência entre o cadastro de adotantes e a adoção intuitu personae – Aplicação do princípio do melhor interesse do menor – Verossímil estabelecimento de vínculo afetivo da menor com o casal de adotantes não cadastrados – Permanência da criança durante os primeiros oito meses de vida – Tráfico de criança – Não verificação – Fatos, que, por si, não denotam prática de ilícito – Recurso especial provido.[21]

Diante, portanto, de motivos relevantes e que militem em prol do melhor interesse do menor, a ordem de inscrição dos pretendentes à adoção pode ser preterida.

3.2. Acolhimento institucional ou familiar temporário

O Estatuto da Criança e do Adolescente, em seu art. 98, prevê a aplicação de medidas de proteção à criança e ao adolescente sempre que os direitos reconhecidos no estatuto forem ameaçados ou violados por ação ou omissão da sociedade ou do Estado; por falta, omissão ou abuso dos pais ou responsável; em razão de sua conduta (incisos I a III).

Verificada qualquer uma dessas hipóteses, a autoridade competente poderá adotar, dentre as medidas relacionadas no art. 101 do ECA, o acolhimento institucional ou a inclusão em programa de acolhimento familiar (incisos VII e VIII, com a redação

---

Rel. Min. Luis Felipe Salomão, j. 10.12.2013, DJe 28.02.2014; STJ, 3ª Turma, REsp 1172067/MG, Rel. Min. Massami Uyeda, j. 18.03.2010, DJe 14.04.2010; Decisões Monocráticas: STJ, 4ª Turma, MC 022118/SP, Rel. Min. Marco Buzzi, j. 12.12.2013, publ. 16.12.2013.

20 MALUF, Carlos Alberto Dabus; MALUF, Adriana Caldas do Rego Freitas Dabus. Comentários à tese nº 1 do STJ. *In:* ARRUDA ALVIM; ARRUDA ALVIM, Thereza; CAMBLER, Everaldo Augusto; ARRUDA ALVIM, Angélica (coord.). *Teses jurídicas dos tribunais superiores*, nº 5. Vol. 6, Tomo III. São Paulo: Revista dos Tribunais, 2017. p. 845.

21 STJ, 3ª Turma, REsp 1172067/MG, Rel. Min. Massami Uyeda, j. 18.03.2010, DJe 14.04.2010.

dada pela Lei nº 12.010/2009). Em outras palavras, diante de situações graves, que justifiquem o afastamento da criança e do adolescente do convívio familiar, como, por exemplo, violência doméstica, pais dependentes químicos, o magistrado determinará o encaminhamento do menor às instituições que executam programas de acolhimento institucional, governamentais ou não, obedecidas as instruções constantes do Guia de Acolhimento, expedido pela autoridade judiciária (cf. art. 101, §3º, do ECA), ou, quando possível, o acolhimento familiar, que intenta reproduzir um ambiente familiar.

Contudo, o próprio legislador abona o caráter provisório e excepcional dessas medidas, utilizáveis como forma de transição para a reintegração familiar ou colocação em família substituta, *in verbis*: "O acolhimento institucional e o acolhimento familiar são medidas provisórias e excepcionais, utilizáveis como forma de transição para reintegração familiar ou, não sendo esta possível, para colocação em família substituta, não implicando privação de liberdade" (art. 101, §1º, ECA).

A tese nº 3 sobre o acolhimento institucional ou familiar temporário, do Superior Tribunal de Justiça, admite que, mesmo nos casos de adoção irregular ou "à brasileira", salvo diante de evidente risco à higidez física ou mental da criança ou do adolescente, o acolhimento nestes casos *são preferíveis àqueles,* nos seguintes termos: "O acolhimento institucional ou familiar temporário não representa o melhor interesse da criança mesmo nos casos de adoção irregular ou "à brasileira", salvo quando há evidente risco à integridade física ou psíquica do menor",[22] entendendo-se por adoção irregular ou de fato quando o menor passa a ser criado como integrante da família, sem a observância dos requisitos legais de adoção e sem o registro público; enquanto que a denominada adoção "à brasileira" corresponderia ao registro civil de criança, mediante declaração fraudulenta realizada junto ao registro público, efetuada por aqueles que não originaram biologicamente o infante.

Destarte, a tese do STJ evidencia a função supletiva do acolhimento institucional ou familiar, porquanto, como giza Paulo Lôbo,

> Por suas próprias limitações temporais e de finalidades, ambas as espécies realizam em grau menor os princípios de proteção integral da criança e, especialmente, do melhor interesse, quando se confrontam com a realidade fática, de intensa afetividade, da posse do estado de filiação e da consolidação da parentalidade, até mesmo quando decorrente de adoção irregular.[23]

---

22 As decisões que serviram de paradigma para a tese são as seguintes: Acórdãos: STJ, 3ª Turma, HC 298009/SP, Rel. Min. Nancy Andrighi, j. 19.08.2014, DJe 04.09.2014; STJ, 3ª Turma, HC 294729/SP, Rel. Min. Sidnei Beneti, j. 07.08.2014, DJe 29.08.2014; STJ, 3ª Turma, HC 265771/SC, Rel. Min. Paulo de Tarso Sanseverino, j. 25.02.2014, DJe 10.03.2014; STJ, 4ª Turma, HC 279059/RS, Rel. Min. Luis Felipe Salomão, j. 10.12.2013, DJe 28.02.2014; Decisões Monocráticas: STJ, 4ª Turma, MC 022118/SP, Rel. Min. Marco Buzzi, j. 12.12.2013, publ. 16.12.2013; STJ, 3ª Turma, HC 268943/SP, Rel. Min. João Otávio de Noronha, j. 26.04.2013, publ. 30.04.2013.

23 LÔBO, Paulo. Comentários à tese nº 3 do STJ. *In:* ARRUDA ALVIM; ARRUDA ALVIM, Thereza; CAMBLER, Everaldo Augusto; ARRUDA ALVIM, Angélica (coord.). *Teses jurídicas dos tribunais superiores*, nº 5. Vol. 6, Tomo III. São Paulo: Revista dos Tribunais, 2017. p. 870.

O acórdão exarado no HC 265771/SC revela com especial propriedade a tese supra, ao precisar, em sua ementa: "Habeas corpus. Busca e apreensão de menor. Destituição liminar de guarda. Determinação de acolhimento institucional. Possível prática de adoção "à brasileira". Convívio com família socioafetiva. Ausência de indícios de maus tratos, negligência ou abuso. Melhor interesse do infante. Ordem concedida".[24]

Logo, o desprestígio ao acolhimento institucional ou familiar temporário deve ser admitido em face do melhor interesse da criança e do adolescente nos casos de adoção irregular ou "à brasileira", salvo quando há evidente risco à integridade física ou psíquica do menor.

3.3. Possibilidade de adoção póstuma

O art. 42 do ECA, em seu §6º (renumerado pela Lei nº 12.010/09), admite a adoção póstuma pelos maiores de 18 (dezoito) anos, independentemente do estado civil, nos seguintes termos: "A adoção poderá ser deferida ao adotante que, após inequívoca manifestação de vontade, vier a falecer no curso do procedimento, antes de prolatada a sentença". Dois requisitos, portanto, exsurgem da lei para o reconhecimento da adoção póstuma: o processo de adoção em curso e a inequívoca manifestação de vontade do adotante.

A tese nº 4 sobre a possibilidade de adoção póstuma, do Superior Tribunal de Justiça – "É possível a adoção póstuma quando comprovada a anterior manifestação inequívoca do adotante"-,[25] confere interpretação extensiva ao dispositivo de lei, na medida em que reconhece a possibilidade de substituição da exigência do processo instaurado por elemento que evidencie o propósito de adotar, bem como assente a presença de inequívoca manifestação de vontade do adotante no modo de viver com o adotado, reveladora da filiação socioafetiva e o conhecimento público dessa condição.

A propósito, conclui Ronaldo Vieira Francisco:

> Por conseguinte, a adoção póstuma poderá ser admitida, presentes os requisitos gerais da adoção, e inexistentes as vedações, se provada a inequívoca manifestação de vontade do

---

24 STJ, 3ª Turma, HC 265771/SC, Rel. Ministro Paulo de Tarso Sanseverino, j. 25.02.2014, DJe 10.03.2014.

25 As decisões que serviram de paradigma para a tese são as seguintes: Acórdãos: STJ, 3ª Turma, REsp 1328380/MS, Rel. Min. Marco Aurélio Bellizze, j. 21.10.2014, DJe 03.11.2014; STJ, 3ª Turma, AgRg no REsp 1418648/PE, Rel. Min. Ricardo Villas Bôas Cueva, j. 27.03.2014, DJe 08.04.2014; STJ, 3ª Turma, REsp 1326728/RS, Rel. Min. Nancy Andrighi, j. 20.08.2013, DJe 27.02.2014; STJ, 3ª Turma, AgRg no AREsp 032122/RS, Rel. Min. Massami Uyeda, j. 20.09.2012, DJe 02.10.2012; STJ, 4ª Turma, AgRg no Ag 1332402/RJ, Rel. Min. Raul Araújo, j. 15.05.2012, DJe 13.06.2012; Decisões Monocráticas: STJ, 4ª Turma, AREsp 107299/DF, Rel. Min. Marco Buzzi, j. 06.10.2014, publ. 10.10.2014; STJ, 4ª Turma, AREsp 374495/DF, Rel. Min. Luis Felipe Salomão, j. 05.09.2013, publ. 25.09.2013.

> adotante falecido, servindo de prova dessa intenção a existência de filiação socioafetiva. Isso porque se compreende como inequívoca manifestação de vontade do adotante falecido, na adoção post mortem, a convivência pública, estável e indubitável da posse do estado de filho.[26]

Nesse mesmo sentido, no REsp n. 1.326.728/RS, a Rel. Ministra Nancy Andrighi assim argumentou:

> 1. A adoção póstuma é albergada pelo direito brasileiro, nos termos do art. 42, § 6º, do ECA, na hipótese de óbito do adotante, no curso do procedimento de adoção, e a constatação de que este manifestou, em vida, de forma inequívoca, seu desejo de adotar. 2. Para as adoções post mortem, vigem, como comprovação da inequívoca vontade do de cujus em adotar, as mesmas regras que comprovam a filiação socioafetiva: o tratamento do adotando como se filho fosse e o conhecimento público dessa condição. 3. Em situações excepcionais, em que demonstrada a inequívoca vontade em adotar, diante da longa relação de afetividade, pode ser deferida adoção póstuma ainda que o adotante venha a falecer antes de iniciado o processo de adoção.[27]

Desse modo, deve-se admitir interpretação extensiva ao art. 42, § 6º, do ECA, de maneira a possibilitar a substituição da exigência do processo instaurado por elemento que evidencie o propósito de adotar, bem como reconhecer a presença de inequívoca manifestação de vontade do adotante no modo de viver com o adotado, reveladora da filiação socioafetiva e o conhecimento público dessa condição.

3.4. Adoção feita por casal homoafetivo

O Código Civil de 2002, em seu art. 1.514, estabelece que "O casamento se realiza no momento em que o homem e a mulher manifestam, perante o juiz, a sua vontade de estabelecer vínculo conjugal, e o juiz os declara casados". Por sua vez, a Constituição Federal, em seu art. 226, §3º, reconhece a união estável[28] como entidade familiar entre o homem e a mulher, *in verbis*: "Para efeito da proteção do Estado, é reconhecida a união estável entre o homem e a mulher como entidade familiar, devendo a lei facilitar sua conversão em casamento".

---

26 FRANCISCO, Ronaldo Vieira. A socioafetividade atuante como prova da manifestação inequívoca da vontade na adoção póstuma. *In:* ARRUDA ALVIM; ARRUDA ALVIM, Thereza; CAMBLER, Everaldo Augusto; ARRUDA ALVIM, Angélica (coord.). *Teses jurídicas dos tribunais superiores*, nº 5. Vol. 6, Tomo III. São Paulo: Revista dos Tribunais, 2017. p. 884.

27 STJ, 3ª Turma, REsp 1.326.728/RS, Rel. Min. Nancy Andrighi, j. 20.08.2013, DJe 27.02.2014.

28 Cumpre lembrar que o art. 1.723 do Código Civil somente reconhece como entidade familiar a união estável existente entre o homem e a mulher: "É reconhecida como entidade familiar a união estável entre o homem e a mulher, configurada na convivência pública, contínua e duradoura e estabelecida com o objetivo de constituição de família".

Ainda, o Estatuto da Criança e do Adolescente (ECA), em seu art. 42, §2º, na redação dada pela Lei nº 12.010, de 2009, expressamente prevê que, para a adoção conjunta, é indispensável o estado de civilmente casados dos adotantes ou a manutenção de união estável, nos seguintes termos: "Para adoção conjunta, é indispensável que os adotantes sejam casados civilmente ou mantenham união estável, comprovada a estabilidade da família".

Diante dos parâmetros fixados na Constituição e na legislação infraconstitucional, em face da existência de um relacionamento homoafetivo – assim definida por Álvaro Villaça Azevedo: "união homoafetiva ou homossexual é a convivência pública, contínua e duradoura entre duas pessoas de mesmo sexo, com o intuito de constituição de família"[29] – a adoção acabava sendo pleiteada por um dos parceiros, significando dizer que, embora a criança ou o adolescente vivesse em um ambiente homoafetivo, somente possuía vinculo jurídico com uma das pessoas, sofrendo, portanto, todas as consequências resultantes desse estado de coisas.

Enfrentando tal situação e levando em conta o princípio da preponderância dos interesses do menor, o Ministro Luis Felipe Salomão relatou acórdão, reconhecendo a inexistência de óbice à adoção feita por casal homoafetivo, desde que a medida represente reais vantagens ao adotando, nos seguintes termos:

> 1. A questão diz respeito à possibilidade de adoção de crianças por parte de requerente que vive em união homoafetiva com companheira que antes já adotara os mesmos filhos, circunstância a particularizar o caso em julgamento. 2. Em um mundo pós-moderno de velocidade instantânea da informação, sem fronteiras ou barreiras, sobretudo as culturais e as relativas aos costumes, onde a sociedade transforma-se velozmente, a interpretação da lei deve levar em conta, sempre que possível, os postulados maiores do direito universal. (...) 4. Mister observar a imprescindibilidade da prevalência dos interesses dos menores sobre quaisquer outros, até porque está em jogo o próprio direito de filiação, do qual decorrem as mais diversas consequências que refletem por toda a vida de qualquer indivíduo. (...).[30]

O alerta do julgado quanto à comprovação de que a medida represente reais vantagens ao adotando, já vinha delineado na obra de Débora Vanessa Caús Brandão, com o seguinte teor: "Em nossa obra já defendíamos, em 2012, que a adoção por pessoa homossexual depende da comprovação real perante o Poder

---

29 AZEVEDO, Álvaro Villaça. *Direito de família – Curso de Direito Civil*. São Paulo: Atlas, 2013. p. 175.

30 STJ, 4ª Turma, REsp 889852/RS, Rel. Min. Luis Felipe Salomão, j. 27.04.2010, DJe 10.08.2010. Em relação às uniões homoafetivas, Luís Felipe Salomão destaca duas decisões do STJ, uma que reconhece a possibilidade jurídica de ação declaratória de união homoafetiva (REsp 820.475/RJ), outra que autoriza o casamento civil entre pessoas do mesmo sexo (REsp 1.183.378, de 25.04.2011), *in Direito Privado – teoria e prática. 2º ed.* Rio de Janeiro, GEN – Forense, 2014. p. 615.

Judiciário de que o adotante reúne todas as condições necessárias para a plena educação da criança ou do adolescente".[31]

A tese nº 14 a respeito da ausência de óbice à adoção feita por casal homoafetivo, do Superior Tribunal de Justiça – "Não há óbice à adoção feita por casal homoafetivo desde que a medida represente reais vantagens ao adotando"-, reflete de modo objetivo esse entendimento, seguido em diversos outros julgados.[32]

Vale gizar que o Supremo Tribunal Federal, ao julgar a ADI 4.277 e a ADPF 132, em acórdão relatado pelo Ministro Ayres Britto, equiparou as uniões estáveis homoafetivas às uniões estáveis heteroafetivas, consolidando as decisões proferidas em sede infraconstitucional, que atestaram eficácia e juridicidade às uniões estáveis homoafetivas.

Considerando o descompasso entre os textos normativos e o direito derivado de sua fonte mediata, Arthur Deucher Figueiredo sugere que "Um bom caminho, segundo pensamos, mostra-se no sentido de alteração constitucional e legislativa, de modo a incorporar tal evolução inconteste e excluir a margem de apreciação discriminatória ainda existente. Felizmente, o STJ cumpriu seu papel".[33]

Dessarte, de maneira a melhor compatibilizar o sistema jurídico em relação à inexistência de óbice à adoção feita por casal homoafetivo, sempre em prestígio ao melhor interesse do adotando, medida salutar se consubstancia na alteração constitucional e legislativa, medida essa acolhedora da nova realidade derivada das transformações sociais.

4. Conclusões

1. A guarda de menor pleiteada por avós é, em caráter peculiar, possível, desde que pautada na convivência afetiva e saudável, perfeitamente apta a assegurar o bem-estar físico e espiritual do menor.

2. A concessão da guarda aos avós para fins exclusivamente financeiros ou previdenciários não deve ser deferida, especialmente considerando que os laços de afetivi-

---

31 BRANDÃO, Débora Vanessa Caús. Uniões homossexuais – o estado da arte na jurisprudência brasileira. *In:* HIRONAKA, Giselda Maria Fernandes Novaes; TARTUCE, Flávio; SIMÃO, José Fernando (coord.). *Direito de família e das sucessões – temas atuais*. São Paulo, GEN – Método, 2009. p. 378.

32 As decisões que serviram de paradigma para a tese são as seguintes: Acórdãos: STJ, 3ª Turma, REsp 1281093/SP, Rel. Min. Nancy Andrighi, j. 18.12.2012, DJe 04.02.2013; STJ, 4ª Turma, REsp 889852/RS, Rel. Min. Luis Felipe Salomão, j. 27.04.2010, DJe 10.08.2010; Decisões Monocráticas: STJ, 3ª Turma, REsp 1217688/PR, Rel. Min. Paulo de Tarso Sanseverino, j. 08.10.2014, publ. 13.10.2014; STJ, 3ª Turma, REsp 1195862/SP, Rel. Min. Massami Uyeda, j. 06.11.2012, publ. 16.11.2012; STJ, SE 004525/EX, Rel. Min. Cesar Asfor Rocha, j. 25.06.2010, publ. 02.08.2010.

33 FIGUEIREDO, Arthur Deucher. Comentários à tese nº 14 do STJ. *In:* ARRUDA ALVIM; ARRUDA ALVIM, Thereza; CAMBLER, Everaldo Augusto; ARRUDA ALVIM, Angélica (coord.). *Teses jurídicas dos tribunais superiores*, nº 5. Vol. 6, Tomo III. São Paulo: Revista dos Tribunais, 2017. p. 1.049.

dade devem sempre nortear os liames familiares, base da sociedade (art. 226 da CF) e da cidadania, laços esses que jamais poderão ser substituídos por bens materiais, derivados do luxo e da riqueza.

3. Diante de motivos relevantes e que militem em prol do melhor interesse do menor, a ordem de inscrição dos pretendentes à adoção pode ser preterida.

4. O desprestígio ao acolhimento institucional ou familiar temporário deve ser admitido em face do melhor interesse da criança e do adolescente nos casos de adoção irregular ou "à brasileira", salvo quando há evidente risco à integridade física ou psíquica do menor.

5. Deve-se admitir interpretação extensiva ao art. 42, § 6º, do ECA, de modo a possibilitar a substituição da exigência do processo instaurado por elemento que evidencie o propósito de adotar, bem como reconhecer a presença de inequívoca manifestação de vontade do adotante no modo de viver com o adotado, reveladora da filiação socioafetiva e o conhecimento público dessa condição.

6. De maneira a melhor compatibilizar o sistema jurídico em relação à inexistência de óbice à adoção feita por casal homoafetivo, sempre em prestígio ao melhor interesse do adotando, medida salutar se consubstancia na alteração constitucional e legislativa, medida essa acolhedora da nova realidade derivada das transformações sociais.

Diversidade de gênero, cuidado e cidadania

Guilherme Calmon Nogueira da Gama

Sumário: 1. Noções introdutórias. **2.** Construção do gênero. **3.** Direitos humanos e direitos fundamentais de gênero. **4.** Julgados paradigmáticos. **5.** Julgamento do Supremo Tribunal Federal. **6.** Atuação do Conselho Nacional de Justiça. **7.** Nota conclusiva.

1. Noções introdutórias

No julgamento realizado pelo Supremo Tribunal Federal acerca da Ação Direta de Inconstitucionalidade n° 4.275 no ano de 2018, houve definição de várias questões relacionadas ao tema da diversidade de gêneros, seus contornos a respeito dos direitos humanos, dos direitos fundamentais, dos direitos da personalidade e dos direitos de família. A questão da diversidade de gêneros – na perspectiva da concretização dos valores democráticos e humanistas – sempre foi permeada de aspectos relacionados à cidadania e, porque não dizer, ao cuidado na perspectiva do respeito e consideração com o outro, à luz do valor máximo do ordenamento jurídico brasileiro da dignidade da pessoa humana.

Algumas balizas e certos parâmetros acerca da aplicação das normas jurídicas do ordenamento brasileiro, inclusive em matéria de registro público – referentes à modificação do nome e/ou gênero no assento de nascimento (ou casamento) lavrado no Cartório de Registro Civil das Pessoas Naturais – foram fixados no referido julgamento do Supremo Tribunal Federal, mas ainda assim há pontos importantes que remanescem, sendo oportuno proceder à análise da regulamentação feita pelo Conselho Nacional de Justiça após o julgamento do STF, entre outros aspectos a considerar.

A circunstância de a pessoa se autoreconhecer e se identificar como pertencente a gênero diverso daquele que consta formalmente do assento registral (de nascimento ou de casamento) não somente envolve questões relacionadas à cidadania e seus desdobramentos, mas também se vincula ao tema do cuidado nas relações privadas. Como deve ser o tratamento do tema na perspectiva dos menores de dezoito anos de idade (crianças e adolescentes), ou mesmo nos casos de pessoas que, por causa temporária ou duradoura, não possam praticar todos os atos da vida civil? E, com a mudança e alteração do prenome e do gênero no registro civil, que considerações precisam ser feitas a respeito dos terceiros, como no exemplo do cônjuge (ou companheiro) e dos filhos (e outros parentes) da pessoa transexual?[1]

---

1 GAMA, Guilherme Calmon Nogueira da; NUNES, Marina Lacerda. Cuidado e a esfera existencial inclusiva da pessoa com deficiência. *In:* PEREIRA, Tânia da Silva; OLIVEIRA, Guilherme de; COLTRO, Antônio Carlos Mathias (coords.). *Cuidado e o direito de ser:* respeito e compromisso. Rio de Janeiro: GZ Editora, 2018. p. 215.

O nível de cidadania de uma nação é passível de ser mensurado através do grau (maior ou menor) de proteção que é conferido aos cidadãos, não sendo suficiente a inserção de normas jurídicas positivadas na legislação, sem a sua efetividade ou eficácia social. A nível internacional e mundial é atual o enfrentamento do tema da identidade de gênero como direito humano, sendo ainda hoje travadas muitas batalhas a respeito da igualdade de gênero e respeito à orientação sexual das pessoas neste planeta.[2] Toda pessoa é integrada por vários elementos que a individualizam e diferenciam de outras, sendo que a sexualidade é um dos aspectos de maior relevância e, ao mesmo tempo, objeto das maiores controvérsias jurídicas.[3] Como se sabe, a autonomia é a qualidade que melhor caracteriza a pessoa humana, pois ela pode ser efetivamente protagonista de sua própria história de vida, realizando suas escolhas e assumindo as consequências delas, sempre com consideração a respeito dos interesses das demais pessoas, especialmente aquelas que a se vinculam por laços familiares ou de outra ordem.

Este trabalho tem por objetivo tecer considerações e reflexões a respeito dos direitos humanos, direitos fundamentais e direitos da personalidade referentes a pessoas transexuais sob o enfoque da cidadania e do cuidado, na perspectiva de trilhar caminho hermenêutico que proporcione a apresentação de solução para algumas das polêmicas em torno do tema sob o enfoque do Direito brasileiro. Cuida-se de proposta ambiciosa, especialmente na quadra histórica do sistema jurídico brasileiro, permeada por uma atuação cada vez maior do sistema de justiça no Brasil, naquilo que vem sendo denominado de ativismo judicial, ou seja, a atuação do Poder Judiciário no sentido de, sob o manto de realizar a interpretação das normas conforme a Constituição Federal, "ampliar as latitudes do expansionismo judicial, prestigiando a democracia na medida em que, sem excluir do ordenamento o texto legal concretizado pelo Poder Legislativo, atender aos princípios insertos na Carta Maior", gerando uma criação judicial fundada na vontade dos destinatários das normas.[4]

Devido à inafastabilidade da jurisdição, o ativismo judicial é uma realidade verificada no Direito brasileiro, revelando-se em certos casos fundamental para o exercício pleno e efetivo da cidadania das pessoas, consoante a visão de que o Poder Judiciário deve zelar e buscar o atendimento aos interesses dos cidadãos (jurisdicionados) na concretização dos direitos humanos e direitos fundamentais, ainda que atuando de modo mais abrangente do que tradicionalmente fazia em tempos mais remotos.

Nessa toada se insere o fenômeno da constitucionalização do Direito Civil, além da busca de identificação das conexões da dignidade da pessoa humana no âmbito

2 CUNHA, Leandro Reinaldo da. Identidade de gênero sob a atual perspectiva dos tribunais superiores. *Revista dos Tribunais*. v. 986, dez. 2017. p. 114.

3 CUNHA, Leandro Reinaldo da. O posicionamento da Corte Interamericana de Direitos Humanos quanto à identidade de gênero. *Revista dos Tribunais*. v. 991, maio 2018. p. 228.

4 BITTENCOURT, Cristina Ripardo. Ativismo judicial no Supremo Tribunal Federal: desafio institucional. Dissertação de Mestrado defendida no PPGD da UNESA. Rio de Janeiro: UNESA, 2018. p. 88.

das relações privadas, bem como da concretização dos direitos humanos e dos direitos fundamentais também nas relações intersubjetivas. No cenário contemporâneo do Direito Civil brasileiro, reconhece-se a presença da cláusula geral de tutela da pessoa humana que, alicerçada no valor e princípio fundamental da dignidade da pessoa humana (art. 1°, III, da Constituição Federal), se fundamenta, entre outros aspectos, na vulnerabilidade que é inerente às pessoas humanas, sendo que em alguns casos, tal vulnerabilidade é exacerbada, daí a necessidade de uma tutela diferenciada, como se verá no caso das pessoas transexuais e transgêneros. Como já se afirmou em doutrina, as pessoas transexuais são exemplos de pessoas marginalizadas na sociedade desde as mais priscas eras.[5]

O direito ao nome integra a personalidade da pessoa humana, sendo que o nome civil é o sinal exterior consoante o qual a pessoa é individualizada na família, na sociedade e no Estado. Assim, há a designação da pessoa pelo seu nome, sendo tema diretamente relacionado ao registro civil no âmbito do Estado brasileiro. O art. 16, do Código Civil, expressamente reconhece o direito ao nome como direito da personalidade, compreendendo o prenome e o sobrenome (ou apelidos de família).

A esse respeito, o prenome da pessoa é, em regra, definitivo e imutável, ressalvadas as hipóteses excepcionais que autorizam sua alteração, como por exemplo no caso de a pessoa ser exposta a situações vexatórias, ser conhecida por apelidos públicos e notórios, haver o estado de posse de fato de nome[6] ou ainda como medida de proteção à testemunha ameaçada em determinados crimes. A imutabilidade do prenome se fundamenta no princípio da segurança jurídica, gerando estabilidade das relações com a pessoa identificada pelo seu prenome, além dos apelidos de família. Reconhece-se, pois, que há efeitos do uso do nome civil na esfera jurídica da pessoa, mas também no âmbito de suas relações com outras pessoas no campo social.

O direito à identidade integra o rol dos direitos da personalidade e, da mesma forma que o direito ao nome, também decorre da necessidade de individualização da pessoa em sociedade e, ao se associar ao nome da pessoa, se traduz no nome civil e/ou nome social. O direito à identidade abarca a faculdade de a pessoa expressar sua verdade pessoal, ou seja, da maneira quem de fato é nas suas dimensões física, moral e intelectual.[7] A identidade da pessoa deve ser condizente como ela se identifica e se apresenta socialmente, de modo a receber o tratamento social em consonância com

5 VALADARES, André Luiz Ferreira. A retificação de registro civil de transexuais: uma análise à luz do princípio da dignidade da pessoa humana. *In:* FERRO JÚNIOR, Izaías Gomes (Coord.). *O registro civil das pessoas naturais.* Salvador: Editora JusPodivm, 2018. p. 562.

6 GAMA, Guilherme Calmon Nogueira da. *Direito Civil*: Parte Geral. São Paulo: Atlas, 2006. p. 35.

7 FERREIRA, Derick do Nascimento. "Chame-me pelo meu nome": proteção de pessoas trans no campo dos direitos da personalidade e de família. Monografia. Rio de Janeiro: Faculdade de Direito da UERJ, 2018. p. 31.

sua identidade de gênero.[8] A identidade de gênero, em associação ao sexo, gênero e orientação sexual, compõe a sexualidade como um dos direitos humanos, direitos fundamentais e direitos da personalidade da pessoa, sendo impossível dissociar a pessoa da sua sexualidade.[9]

Tais considerações também são pertinentes quando compreendidos os direitos à identidade e ao nome como espécies de direitos fundamentais que, por sua vez, se baseiam no princípio da dignidade da pessoa humana, por serem direitos inerentes a todas as pessoas e imprescindíveis para a existência de uma vida digna. Os valores jurídicos do cuidado e da cidadania fundamentam e reforçam a importância da concretização dos direitos à identidade e ao nome da pessoa humana.

Além disso, toda pessoa humana tem direito ao seu próprio estilo de vida que, a seu turno, abrange os direitos à intimidade, à privacidade, à honra e à imagem como inseridos nas noções de direitos fundamentais e direitos da personalidade (Constituição Federal, art. 5°, X). O direito à privacidade envolve o modo de viver de cada pessoa, em público ou perante o público.[10]

O princípio e, ao mesmo tempo, valor máximo do ordenamento jurídico brasileiro da dignidade da pessoa humana é o fundamento maior do direito à identidade de gênero social da pessoa, de modo a garantir o direito da personalidade em razão da sua privacidade, intimidade, honra e imagem e, por isso, autoriza a mudança do prenome e do gênero como consectário da cláusula geral da tutela da pessoa humana, de estatura constitucional. Deve-se considerar que, de modo majoritário, a doutrina considerava possível a mudança do estado de homem para mulher ou vice-versa com a consequente alteração registral apenas quando houvesse a cirurgia de mudança de sexo associada ao tratamento hormonal.[11] Em momento oportuno será abordada a questão da desnecessidade da intervenção médico-cirúrgica para o efetivo reconhecimento do direito à mudança do prenome e do gênero no registro civil.

Desde o nascimento da pessoa, o Direito reconhece o sexo como elemento de identificação da pessoa natural e, por isso, passa a constar do assento de nascimento a referência ao sexo da pessoa com base na aparência dos órgãos genitais externos identificados no recém-nascido.[12] Contudo, o gênero não se reduz aos elementos anatômicos da pessoa. A atividade registral no Brasil é o "berço da cidadania dos brasileiros", eis que a certidão de nascimento – extraída do assento registral respectivo – é o primeiro documento que permite a identificação da pessoa com a chancela do

---

8 OLIVEIRA, Andrea Luisa de. Os direitos da personalidade à luz da aquisição de uma nova identidade: a proteção do nome social aos sujeitos transgêneros. *Revista de Direito Privado*. v. 75. mar. 2017. p. 38.

9 CUNHA, Leandro Reinaldo da. Identidade de gênero... Op. cit., p. 115.

10 TAVARES, André Ramos. *Curso de Direito Constitucional*. 12ª ed. São Paulo: Saraiva, 2014. p. 542.

11 OLIVEIRA, J. M. Leoni Lopes de. *Direito Civil*: Parte Geral. 2ª ed. Rio de Janeiro: Forense, 2018. p. 71.

12 OLIVEIRA, J. M. Leoni Lopes de. *Direito Civil*: Parte Geral. Op. cit., p. 184.

Poder Público.[13] O sistema de registro público se fundamenta na ideia de assegurar a publicidade, a segurança, a autenticidade e a eficácia dos atos e negócios jurídicos em geral, à luz do art. 1°, da Lei n° 8.935/94. E, em relação às atividades do Ofício de Registro Civil das Pessoas Naturais, há o importante papel de promover o registro e a publicidade de fatos e atos jurídicos mais importantes na vida de qualquer pessoa, tais como o nascimento, o casamento, a separação formal, o divórcio, a morte, declaração de ausência e colocação da pessoa em regime de curatela, entre outros.

Este trabalho objetiva realizar estudo sobre os direitos da pessoa transexual na esfera registral, especialmente à luz dos últimos acontecimentos verificados no Direito brasileiro quanto à construção do gênero, à mudança do prenome e do sexo registrais e aos aspectos mais relevantes detectados a partir do julgamento do STF a respeito do tema com repercussão na normativa baixada pelo CNJ dirigida aos Cartórios de Registro Civil de todo o Brasil.

2. Construção do gênero

A sociedade tradicionalmente reproduziu o sistema binário para identificação do gênero – quem apresenta genitália feminina deve ser mulher, ao passo que quem apresenta genitália masculina deve ser homem. Contudo, a transexualidade rompe com o sistema binário, apresentando sua clara insuficiência à luz da realidade dos acontecimentos. A transexualidade é uma "experiência identitária, caracterizada pelo conflito com as normas de gênero".[14]

Conforme orientação doutrinária, considera-se transexual a pessoa que sente pertencer ao sexo oposto ao seu sexo biológico e, em razão de tal circunstância, adota comportamento social em função deste sentimento, buscando ter acesso aos meios e mecanismos disponíveis para compatibilizar seu corpo com o do sexo que considera ser o seu: "é o caso do homem que se sente mulher e da mulher que se sente homem".[15] Tal descompasso entre o sexo morfológico (ou físico) e o psicológico (ou psíquico) é considerado disforia de gênero e, por isso, normalmente a pessoa se socorre dos procedimentos médicos e psicológicos no âmbito do denominado processo transexualizador.[16]

A formação do gênero da pessoa humana é socialmente construída, sendo que na atualidade a teoria "queer" busca desconstruir a denominada hegemonia heteros-

---

13 VALADARES, André Luiz Ferreira. A retificação de registro civil. Op. cit., p. 565.

14 BENTO, Berenice. *O que é transexualidade.* 2ª ed. São Paulo: Brasiliense, 2012. p. 17.

15 BARBOZA, Heloisa Helena. Disposição do próprio corpo em face da bioética: o caso dos transexuais. *In:* GOZZO, Débora; LIGIERA, Wilson Ricardo (Coord.). *Bioética e direitos fundamentais.* São Paulo: Saraiva, 2012. p. 138.

16 DUFNER, Samantha Khoury Crepaldi; AZEVEDO, Cléber José de. A disforia de gênero e o processo transexualizador na busca da identidade e dignidade do transexual. *Revista dos Tribunais.* v. 963, jan. 2016. p. 93.

sexual e, por isso, tenta incorporar novas identidades de gênero.[17] Nesta perspectiva, rompe-se o modelo binário heterossexual/homossexual no sentido de não se reconhecer a sexualidade baseada na visão hegemônica-heterossexual em relação ao que seria subalterno-homossexual. Uma das colocações mais frequentes a esse respeito é a de que o gênero é uma construção social, tal como se identifica na identificação de que, antes mesmo do nascituro vir ao mundo, cria-se a expectativa do gênero que a criança vai ter a partir da revelação do seu sexo biológico pelo médico (nos exames pré-natais) e, assim, já se perquire um nome condizente com o gênero masculino ou feminino, inicia-se a compra do enxoval do menino ou da menina, etc... A identidade de gênero revela-se como a maneira com que a pessoa se vê como do gênero masculino ("macho") ou do gênero feminino ("fêmea"), ou em certos casos mais raros, como de ambos os gêneros ou de nenhum deles.

A sexualidade compreende as noções conceituais de sexo (de natureza física ou fenotípica – genitália externa e aspectos cromossomiais), de gênero (de cunho cultural), orientação sexual (relacionado à atratividade sexual) e identidade de gênero (vinculada à ideia de percepção ou pertencimento da pessoa a certo gênero).[18] O sexo da pessoa humana não mais se vincula àquele que foi declarado quando do seu nascimento, pois deverá ser sempre reanalisada a percepção da pessoa sobre a sua existência, seu sentimento de pertencimento a determinado gênero, seus desejos íntimos, além da experiência e convivência em sociedade e, por isso, deve ser analisado seu estado psíquico para identificação do seu gênero.[19] Aqui se insere claramente as noções de autonomia, de cidadania e de cuidado como referências seguras a fundamentar o encaminhamento da solução para as questões controversas que se apresentem sobre o tema.

O gênero é construído ao longo da existência da pessoa natural. Os elementos objetivos que o compõem são o sexo anatômico (ou morfológico) representado pela genitália externa e o sexo cromossômico (ou genético), correspondendo aos cromossomos XX para as mulheres e XY para os homens. Os elementos subjetivos são o sexo psicológico – o sentimento de pertencimento ao gênero masculino ou ao gênero feminino – e o sexo psicossocial – o comportamento como homem ou mulher na sociedade.[20] Em regra os elementos objetivos e subjetivos do gênero acabam coincidindo em significativa parte das situações concretas; contudo, há casos nos quais os elementos sexuais da pessoa não apresentam a mesma coincidência comparativamente às outras pessoas, a ensejar o reconhecimento da transexualidade com a possibilidade da alteração do sexo anatômico (ou não), mas demonstrando a divergência entre os elementos do gênero.

---

17 OLIVEIRA, Andrea Luisa de. Os direitos da personalidade à luz da... Op. cit., p. 51.

18 CUNHA, Leandro Reinaldo da. Identidade de gênero... Op. cit., p. 116.

19 MORAES, Maria Celina Bodin de. *Na medida da pessoa humana.* Rio de Janeiro: Renovar, 2010. p. 123.

20 OLIVEIRA, J. M. Leoni Lopes de. *Direito Civil*: Parte Geral. Op. cit., p. 184.

Também revela-se importante a distinção entre a questão da identidade de gênero e o tema da orientação sexual da pessoa. Este se vincula ao instinto e sentimento de atração sexual da pessoa, normalmente relacionados ao relacionamento afetivo. A pessoa pode ser atraída por gênero distinto do seu, pelo mesmo gênero ou por mais de um gênero, daí a consideração como heterossexual, homossexual ou bissexual. A noção conceitual de identidade de gênero não se confunde com a orientação sexual, portanto, sendo clara a existência de pessoas transexuais atraídos tanto por pessoas que se identificam como pertencentes ao seu mesmo gênero – homossexuais -, quanto por pessoas do outro gênero – heterossexuais.[21]

O heterossexual é a pessoa que sente atração por pessoas do outro gênero, referindo-se tanto aos homens quanto às mulheres. O homossexual não possui conflito com sua identidade de gênero, diversamente do que ocorre com a pessoa transexual. O homossexual possui desejos sexuais e afetivos com pessoa do seu mesmo gênero, não se vendo como do gênero oposto, aplicando-se tanto aos homens quanto às mulheres. O intersexual (normalmente designado hermafrodita) é a pessoa que apresenta um dado de natureza genética, física ou anatômica que possibilita que haja uma desconformidade fenotípica de modo a não haver clareza na definição à conceituação binária "homem/mulher", "seja por apresentar estrutura genital que não autoriza sua alocação em um dos grupos, ou em face da presença de aspectos de genitália condizentes com os dois conceitos".[22] O bissexual, na visão mais contemporânea, é a pessoa que possui os órgãos reprodutores de um sexo (masculino ou feminino), mas sente atração por pessoas do mesmo sexo, mas também por pessoa do outro sexo.

Também deve ser feita a distinção entre a transexualidade e a travestilidade. As pessoas transexuais objetivam seu reconhecimento social pelo sexo e pelo prenome com que se identificam, ao passo que os travestis "transitam entre os dois gêneros, mas sem a vontade de serem reconhecidos socialmente pelo gênero do qual se travestem".[23]

A identidade de gênero se revela na hipótese de como a pessoa se vê em um determinado gênero e, consequentemente, como ela se apresenta socialmente com tais performances do gênero diferente do seu biológico. Há a percepção do pertencimento, sensação ou percepção pessoal quanto ao gênero diverso do seu biológico. A transexualidade ou a travestilidade se insere no contexto de um processo de instauração social de uma identidade do sujeito.

A transexualidade corresponde ao anseio da pessoa se autoreconhecer como pertencendo ao gênero oposto ao sexo anatômico que ela apresenta quando nasceu. No caso do transexual, não é indispensável que a pessoa passe pela cirurgia de trans-

---

21 CUNHA, Leandro Reinaldo da. Identidade de gênero... Op. cit., p. 118.

22 CUNHA, Leandro Reinaldo da. *Identidade e redesignação de gênero:* aspectos da personalidade, da família e da responsabilidade civil. Rio de Janeiro: Lumen Juris, 2015. p. 29.

23 VALADARES, André Luiz Ferreira. A retificação de registro civil... Op. cit., p. 573.

genitalização ou mesmo que ela passe a ingerir hormônios de modo a permitir a transformação do corpo de maneira que se garanta a identidade de gênero, e tal aspecto foi objeto de cuidadosa análise pelo Supremo Tribunal Federal no julgamento da ADI n° 4.275, como será mais adiante visto. A transexualidade não é uma escolha ou opção da pessoa e, por isso, não pode ser ignorada e se manter invisível para o Direito.

Sob a perspectiva terminológica, é preciso fazer a clara distinção entre os cisgêneros e os transgêneros. Os primeiros correspondem às pessoas cuja identidade de gênero se revela em conformidade com o gênero que lhes é atribuído em razão da sua anatomia. Logo, são cisgêneros as pessoas que, por revelarem na sua composição cromossômica os genes "XY", se identificam como do gênero masculino, ou se a composição for de genes "XX", do gênero feminino. Os transgêneros, ao revés, são as pessoas nas quais se identifica a desconformidade entre o gênero que lhes é atribuído com o nascimento e aquele ao qual elas entendem pertencer.

Não se revela correto o emprego da expressão "transexualismo" para designar a transexualidade, pois esta não é mais vista como uma patologia, a despeito da previsão da Classificação Internacional de Doenças (CID) no sentido da sua classificação como transtorno de identidade de gênero sob o código F64.0. Na Resolução n° 1.955/10, o Conselho Federal de Medicina afirmou que a pessoa transexual é portadora de desvio psicológico permanente de identidade sexual, "com rejeição do fenótipo e tendência à automutilação e/ou autoextermínio". A visão patológica da transexualidade restringe a amplitude do tema em debate, eis que as pessoas não podem ser resumidas ao seu sexo anatômico e, além disso, não podem ser excluídas socialmente em razão de se autoreconhecerem do gênero diverso do sexo anatômico e biológico[24]. De certa forma, a manutenção do viés patológico da transexualidade pela Medicina e outras áreas do conhecimento humano é reflexo do estereótipo hegemônico heterossexual, em clara violação aos aspectos referentes à cidadania das pessoas transgêneros.

A identidade de gênero não pode ser restrita ao caráter biológico, anatômico, psicológico e sexual da pessoa, mas analisada de modo conjunto. No caso da pessoa transexual há ainda uma visão deveras preconceituosa, em clara afronta ao texto constitucional que assegura como um dos objetivos da República brasileira a promoção de todos, sem qualquer tipo de preconceito de origem, raça, sexo, cor, idade e quaisquer outras formas de discriminação (CF, art. 3°, IV). E, como se sabe, parcela significativa da discriminação, da marginalização e do preconceito com as pessoas transgêneros se vincula ao reconhecimento da identidade de gênero com as restrições impostas às mudanças registrais e documentais.

A IV Jornada de Direito Civil, promovida pelo Conselho da Justiça Federal, já havia editado o Enunciado n° 276, de modo a interpretar a regra do art. 13, do Código Civil, no sentido de admitir a realização das cirurgias de transgenitalização, com a consequente alteração do prenome e do sexo no assento registral. Contudo, tal aspecto já

---

24 VALADARES, André Luiz Ferreira. A retificação de registro civil... Op. cit., p. 572.

se revelava insuficiente e incompleto, especialmente em se considerando os avanços do reconhecimento dos direitos humanos e fundamentais relacionados à identidade de gênero da pessoa transexual.

3. Direitos humanos e direitos fundamentais de gênero

Até algum tempo atrás costumava-se qualificar os direitos do homem como uma relação entre a pessoa – titular do direito – e o Estado nacional, que deveria respeitar os direitos humanos no plano internacional e interno. Os direitos da personalidade, por sua vez, são considerados no plano privado, vale dizer, nas relações entre os sujeitos particulares na dimensão da proteção dos bens jurídicos de índole existencial, tais como a vida, a honra, a integridade físico-psíquica, o nome, entre outros. Assim, enquanto os direitos humanos teriam relações de Direito Público como objeto, constituindo os direitos em relação à essencialidade material da pessoa (direito à vida, às partes do corpo, à liberdade, direito de ação, etc...), os direitos da personalidade abrangeriam os aspectos intelectual e moral da pessoa humana (abarcando os direitos à honra, ao nome, à identidade, à imagem, à privacidade, à liberdade de religião e consciência, etc...).[25] Tal visão, atualmente, se revela defasada até em razão do redimensionamento da análise das questões que se situam entre as esferas do público e do privado, sendo mais atual a orientação segundo a qual os direitos humanos, os direitos fundamentais e os direitos da personalidade se aproximam por seu conteúdo e substância, sendo mais classificados e diferenciados quando vistos sob o prisma do Direito Internacional, do Direito Constitucional e do Direito Civil, respectivamente.

No plano internacional há alguns documentos que são frequentemente referidos como importantes na temática da identidade de gênero e suas repercussões em matéria de direitos humanos com reflexo nos ordenamentos jurídicos internos de vários Estados.

A Convenção Americana sobre Direitos Humanos (Pacto de São José da Costa Rica) contém vários preceitos fundamentais a respeito do tema. O art. 1, da Convenção, prevê o compromisso de todos os Estados Partes de respeitar os direitos e liberdades reconhecidos no texto convencional, garantindo o livre e pleno exercício a toda pessoa que se sujeite à sua jurisdição, sem haver discriminação por motivo de "raça, cor, sexo, idioma, religião, opiniões políticas ou de qualquer outra natureza, origem nacional ou social, posição econômica, nascimento ou qualquer outra condição social". O art. 11.2, da Convenção, prevê a proteção da honra e da dignidade da pessoa humana, não podendo ser vítima de ingerências arbitrárias ou abusivas em sua vida privada, na sua de sua família, em seu domicílio ou em sua correspondência, nem de ofensas ilegais à sua honra e reputação. O art. 18, da Convenção, assegura o direito ao nome, de modo a assegurar o direito a um prenome e aos nomes de seus pais (ou ao de um deles), devendo a lei assegurar a todos tal direito, inclusive de adoção de nomes fictícios, se

25 GAMA, Guilherme Calmon Nogueira da. *Direito Civil*: Parte Geral. Op. cit., p. 29.

for necessário. O art. 24, da Convenção, ao tratar da igualdade perante a lei, garante às pessoas a igual proteção da lei, sem discriminação de qualquer espécie.

Em pronunciamento formal e muito importante, a Corte Interamericana de Direitos Humanos respondeu a uma consulta da Costa Rica, através da Opinião Consultiva OC n° 24, datada de 24/11/2017, estabelecendo os seguintes aspectos na temática relacionada à identidade de gênero:

a) Admitiu a possibilidade de mudança do nome por quem apresenta desconformidade entre sua identidade de gênero e o que foi consignado ao nascer nos seus documentos, bem como a mudança do gênero nos seus documentos;

b) De modo a permitir tais mudanças (de nome e de gênero), é prescindível a realização de qualquer procedimento cirúrgico prévio, a ensejar o pedido de alteração mesmo sem a cirurgia de transgenitalização;

c) Revela-se suficiente a manifestação do interessado na mudança do nome e do gênero com base na autodeterminação, não sendo necessária a apresentação de documentos médicos e psicológicos neste sentido;

d) Orientou-se no sentido de que o procedimento para fins de mudança do nome e do gênero seja realizado de modo confidencial, célere e gratuito, para reduzir os obstáculos quanto à obtenção das alterações desejadas;

e) Recomendou-se a prevalência da via administrativa para o procedimento de mudança do nome e do gênero, evitando-se a via judicial.

Toda pessoa é titular do direito de ter sua humanidade preservada, garantida, respeitada e protegida, sendo tal perspectiva essencial como fundamento dos direitos humanos previstos em tratados e convenções internacionais, tais como a Declaração Universal dos Direitos do Homem da ONU e a Convenção Americana de Direitos Humanos da Costa Risca. Assim, a Corte Interamericana, na resposta à Consulta formulada pela Costa Rica, deixou claro que a orientação sexual e a identidade de gênero são categorias asseguradas na Convenção Americana, sendo proibido a qualquer ordenamento jurídico que contemple ato, atividade ou prática discriminatória, não admitindo norma, decisão ou instituto do Direito interno que possa diminuir ou restringir direitos de qualquer pessoa por tais motivos.[26] A Opinião Consultiva n° 24/2017 se baseou no fundamento da dignidade da pessoa humana, nos princípios da autonomia das pessoas e do livre desenvolvimento da personalidade, além da proteção da inviolabilidade da privacidade individual e familiar como bases para a resposta dada à Costa Rica. Tais aspectos remetem, ainda, para a noção dos valores da cidadania e do cuidado nas relações intersubjetivas referentes à identidade de gênero.

Antes mesmo da resposta à consulta acima referida, o Conselho de Direitos Humanos das Organizações das Nações Unidas já havia adotado os princípios da Yogyakarta em Carta aprovada em 2006, de modo a orientar os Estados nacionais a

26 CUNHA, Leandro Reinaldo da. O posicionamento da Corte Interamericana... Op. cit., p. 235.

aplicarem, nas suas legislações internas, as normas internacionais de direitos humanos relativas à orientação sexual e à identidade de gênero. O enfrentamento contra a visão reducionista da orientação sexual e da identidade de gênero já se fez presente nas Conferências Internacional sobre População em 1994 (Cairo) e Mundial sobre as Mulheres em 1995 (Pequim).[27] A Corte Europeia de Direitos Humanos já reconhecera há algum tempo a possibilidade da mudança do gênero, tendo fundamento no direito à intimidade da pessoa, ao considerar que o não reconhecimento do sexo externo ou social colocaria o sujeito em permanente violação de sua privacidade.[28] Mas também o fundamento da mudança do gênero pode ser o direito à identidade sexual e o direito à não discriminação.

Na direção sugerida pelos organismos internacionais de direitos humanos, alguns órgãos públicos no Brasil já tinham iniciado o emprego de medidas e providências voltadas ao reconhecimento da identidade de gênero. Assim, o Ministério da Educação baixou a Portaria n° 1.612/2011, no sentido de reconhecer o direito do estudante de utilizar seu nome social, em se tratando de transexuais e travestis, no âmbito das suas relações no meio estudantil. O Conselho Federal de Psicologia, através da Resolução n° 14/2011, passou a admitir o uso do nome social aos profissionais transgêneros de Psicologia, com sua inserção na carteira profissional de identificação.

O Ministério da Saúde, através da Portaria n° 2.803/2013, no âmbito do Sistema Único de Saúde, passou a tratar do processo transexualizador, de modo a estabelecer normas no sentido da mudança anatômica do transgênero. O Conselho Nacional de Combate à Discriminação e Promoção dos Direitos de Lésbicas, Gays, Bissexuais, Travestis e Transexuais aprovou as Resoluções ns. 11/2014 e 12/2015 para cuidar da identidade de gênero e do nome social em boletim de ocorrência nas delegacias de polícia e do tratamento social nas instituições de ensino em todos os níveis, respectivamente. É também reconhecida a possibilidade de utilização do nome social no CPF, conforme Instrução Normativa n° 1.718/2017, da Secretaria da Receita Federal, e quanto à identificação dos servidores públicos na Administração Pública Federal (Decreto n° 8.727/2016).

Tais medidas decorrem de um processo social gradativo de busca de implementação das providências administrativas voltadas ao reconhecimento da identidade de gênero, em clara tentativa de concretização das normas sobre direitos humanos e direitos fundamentais. Todavia, tais mudanças no âmbito do Poder Executivo não se fizeram acompanhar de providências normativas que poderiam ter sido adotadas pelo Poder Legislativo federal no Brasil, o que motivou a judicialização de algumas questões, seja sob a perspectiva individual (em ações autônomas), seja sob a perspectiva

---

27 VIANA, Igor Campos. Supremo Tribunal Federal: entre o importante avanço para a cidadania trans no Brasil e a permanência de uma visão essencialista do gênero. Disponível em: http://sxpolitics.org/ptbr/8257-2/8257. Acesso em: 13 set. 2018.

28 RIVERA, Julio César. *Instituciones de Derecho Civil:* Parte General. Tomo II. 3ª ed. Buenos Aires: Abeledo Perrot, 2004. p. 49.

macro (em ação direta de inconstitucionalidade). É dever do Poder Público, em todas as esferas, dar efetiva tutela à população mais vulnerável, assegurando que as minorias tenham condições de não apenas titularizar, mas efetivamente exercer prerrogativas e faculdades relacionadas à obtenção de uma vida digna com base nos parâmetros de civilidade e cidadania previstos no ordenamento jurídico brasileiro.[29]

A condição de transexual da pessoa não pode ser considerada qualificação que possa diminuir ou denegrir a imagem, a honra, a reputação da pessoa e, por isso, não se revela possível invocar qualquer uma das hipóteses de erro essencial quanto à pessoa do cônjuge para se pleitear a anulação do casamento. Do contrário, haveria evidente retrocesso no tratamento jurídico das questões relacionadas às pessoas transgêneros. Assim, também nas questões relacionadas ao Direito de Família é fundamental reconhecer a eficácia social dos direitos ao nome e à identidade de gênero, sob pena de violação às normas de direitos humanos e de direitos fundamentais.

4. Julgados paradigmáticos

Antes do julgamento da ADI n° 4.275 em 2018, o Poder Judiciário brasileiro já havia se pronunciado sobre alguns temas relacionados aos reflexos jurídicos decorrentes das questões de gênero das pessoas transgêneros, sendo que em alguns dos julgados houve expressa referência à regra do art. 4°, da LINDB, segundo a qual o magistrado tem o dever de apreciar as questões que lhe são submetidas a julgamento, não podendo se furtar a tal dever sob o fundamento da inexistência de norma legal que regule a hipótese. Trata-se da noção inerente à coesão e harmonia do sistema jurídico que não permite a ausência de solução para casos submetidos à jurisdição. Assim, cabe ao magistrado encontrar os preceitos normativos aplicáveis ao caso sujeito à sua apreciação, utilizando-se dos parâmetros aplicáveis, inclusive – e principalmente - das normas constitucionais.

Assim, o Superior Tribunal de Justiça, no julgamento do Recurso Especial n° 1.043.004/RS, sob a relatoria do Ministro Marco Buzzi, considerou que "as pessoas que passaram por procedimento de redesignação sexual têm direito à alteração do prenome e do gênero no registro civil de nascimento". Tal julgado, à época da sua ocorrência, representou um primeiro marco na evolução da interpretação judicial sobre as normas do sistema jurídico brasileiro, mas ainda assim exigiu a prévia passagem pelo procedimento cirúrgico para permitir a alteração do prenome e do gênero no assento registral da pessoa. Em outro julgado do STJ, desta feita no Recurso Especial n° 1.008.398/SP, sob a relatoria da Ministra Nancy Andrighi, deu-se provimento ao recurso para deferir a alteração do prenome e do sexo do transexual redesignado, sob o

29 CUNHA, Leandro Reinaldo da. Identidade de gênero... Op. cit., p. 117.

fundamento central da dignidade da pessoa humana, superando a visão patologizante da transexualidade.[30]

Posteriormente no ano de 2017, o mesmo Superior Tribunal de Justiça passou a entender que a cirurgia de transgenitalização não é necessária para permitir a mudança do prenome e do gênero no registro civil, dispensando-se o procedimento cirúrgico, conforme julgado da 4ª Turma do STJ no julgamento do Recurso Especial n° 1.626.739, sob a relatoria do Ministro Luis Felipe Salomão.[31] Tal julgado revelou a consideração da efetividade das normas constitucionais que asseguram os direitos fundamentais, entre os quais a liberdade, a igualdade, o bem estar dos cidadãos, além do valor máximo da dignidade da pessoa humana, protegendo a humanidade da pessoa e suas características essenciais como elemento nuclear do Estado brasileiro.[32]

Ainda submetido ao crivo de outro tribunal superior – desta feita o Tribunal Superior Eleitoral -, o tema do impacto das pessoas transexuais e travestis no sistema de cotas destinadas ao gênero feminino pela Lei Eleitoral foi objeto de expresso pronunciamento na apreciação da Consulta n° 0604054-58.2017.6.00.0000. Assim, em março de 2018 o TSE respondeu afirmativamente a consulta para reconhecer que as mulheres transexuais e travestis podem concorrer na cota destinada às mulheres pela Lei Eleitoral, além de também haver admitido o emprego do nome social pelas pessoas transgêneros na sua identificação como candidato nas eleições, mesmo sem ter ocorrido a retificação do nome civil. Como constou do voto do relator da Consulta, a resposta do TSE envolve o emprego de ação afirmativa de modo a proteger "a identidade de gênero feminina e não do 'sexo biológico' feminino", o que se mostrou fundamento acertado em torno do tema da construção do gênero.[33]

5. Julgamento do Supremo Tribunal Federal

Em julgamento encerrado no início de 2018, o Supremo Tribunal Federal brasileiro definiu a Ação Direta de Inconstitucionalidade n° 4.275 e o Recurso Extraordinário n° 670.422/RS e, assim, apresentou algumas conclusões que a seguir serão expostas na apreciação do tema. Concluiu-se no sentido da solução de autorizar a retificação do registro civil do nome e do gênero dos transexuais e travestis, sem necessidade de

---

30 BUNCHAFT, Maria Eugenia. Transexualidade no STJ. *Revista Novos Estudos Jurídicos – Eletrônica.* v. 21, n° 1, jan.-abr. 2016, p. 366. DOI: 10.14210/nej. v 21 n 1. p. 343-376.

31 Neste caso, a Quarta Turma do STJ considerou que a dignidade da pessoa humana deve prevalecer sobre concepções puramente biológicas e retrógradas, dando maior ênfase aos direitos fundamentais, entre os quais o direito à felicidade, à intimidade e à privacidade. VALADARES, André Luiz Ferreira. A retificação de registro civil... Op. cit., p. 580.

32 CUNHA, Leandro Reinaldo da. Identidade de gênero... Op. cit., p. 123.

33 IOTTI, Paulo. STF e TSE fazem história ao afirmar a cidadania de transexuais e travestis. Disponível em: http://justificando.cartacapital.com.br/2018/03/02/stf-e-tse-fazem-historia-ao-afirmar-cidadania-de-transexuais-e-travestis/. Acesso em: 13 set. 2018.

submissão da pessoa à prévia cirurgia de transgenitalização, não sendo indispensável a apresentação de laudos médicos e psicológicos que sugerissem a "mudança de gênero", devendo ser observado o procedimento administrativo para tanto.

O julgado do STF se baseou na técnica da interpretação conforme a Constituição da norma prevista no art. 58, da Lei n° 6.015/73, a respeito da imutabilidade do prenome, mas que comporta exceções. No mesmo julgamento estabeleceu-se que não é cabível a adição da expressão "transexual" no assento civil do registro público quando houver atendimento ao requerimento de retificação do prenome e do gênero.

Os votos proferidos no julgamento das duas demandas no STF não foram necessariamente idênticos nas conclusões a respeito dos principais aspectos definidos. No âmbito do reconhecimento do direito à mudança do prenome e do gênero dos transexuais e travestis, independentemente de cirurgia de transgenitalização, o julgamento foi unânime no sentido da sua admissibilidade. Contudo, na questão referente à retificação registral sem necessidade de laudos médicos e psicológicos, houve dois votos contrários (vencidos) que consideraram ser indispensável a apresentação de tais documentos para a retificação registral; no entanto, prevaleceu a orientação no sentido da dispensa de tais documentos técnicos para haver a mudança registral. E na questão relativa à desnecessidade da demanda judicial – sendo suficiente o procedimento administrativo –, houve quatro votos contrários à solução apresentada, ao se considerar necessário o processo judicial; prevaleceu, contudo, a tese da desnecessidade do processo judicial, sendo suficiente o procedimento administrativo perante o Ofício do Registro Civil das Pessoas Naturais.

Em voto considerado paradigmático a respeito do tema, o Ministro Luiz Edson Fachin observou que "a pessoa não deve provar o que é e o Estado não deve condicionar a expressão da identidade a qualquer tipo de modelo, ainda que meramente procedimental". Um dos principais fundamentos no julgamento do STF foi o reconhecimento do direito indissociável de retificação do prenome e do gênero em decorrência da cláusula geral da dignidade da pessoa humana que tutela de forma integral e unitária todos os seres humanos, independentemente do gênero a que eles se autoreconheçam.

O Ministro Celso de Mello, no voto proferido no julgamento do STF, invocou os Princípios de Yogyakarta (de Direito Internacional) para considerar que "toda pessoa tem o direito de ser reconhecida, em qualquer lugar, como pessoa perante a lei e que a identidade de gênero, autodefinida pelo próprio interessado, constitui parte essencial de sua personalidade e um dos aspectos básicos de sua autodeterminação, dignidade e liberdade", não podendo ser obrigado a se sujeitar a procedimentos médicos ou terapia hormonal como requisito para o reconhecimento jurídico da sua identidade de gênero.[34]

34 VELOSO, Patrícia; SOARES, Laila; JESUS< Geicielly de. Mudança do nome e retificação do gênero no registro civil. Disponível em: https://anoreg.org.br/site/2018/07/13/artigo-mudanca-do-nome-e--retificacao-do-genero-no-registro-civil-por-patricia-veloso-laila-soares-geicielly-de-jesus. Acesso em: 13 set. 2018.

O pedido inicial havia sido formulado tendo como base o direito dos transexuais, mas no julgamento o STF considerou que o resultado deveria abranger todos os transgêneros, incluindo os travestis, os não binários, as *drag queens* e os *crossdressers*.

O julgamento do STF se revela de grande importância sobre a questão pois, à luz da Constituição Federal (art. 102, § 2°), ele passa a ter força de lei com efeito vinculante e eficácia *erga omnes*, não podendo ser desconsiderado pelos demais órgãos do Poder Judiciário e por todos os órgãos que integram a Administração Pública, com claros reflexos nas relações entre particulares também.

De modo acertado, o STF considerou que a mudança do prenome e do gênero no registro civil não pode ser condicionado à prévia intervenção cirúrgica, mas sim à constatação de que a pessoa se trata de transexual. Como já se expôs em doutrina, "condicionar a alteração pretendida pelo transexual em seus documentos à realização de um processo transgenitalizador, impondo a realização de vaginoplastia ou uma neofaloplastia"[35] representa desconhecer o que é a transexualidade e a identidade de gênero, impondo restrições desarrazoadas à implementação dos direitos humanos e fundamentais vinculados à dignidade da pessoa humana. Há uma série de razões que podem motivar a pessoa transgênero a não pretender se submeter à intervenção cirúrgica, inclusive questões de ordem financeira (não ter como arcar com os custos da cirurgia e dos demais procedimentos técnicos), como também questões referentes à possibilidade de perda da sensibilidade para a atividade sexual (como relatos comprovados da perda do prazer sexual como decorrência da transgenitalização).

O julgamento do STF se revelou importante avanço para o tratamento jurídico do tema referente à mudança do prenome e do gênero no assento registral da pessoa transgênero, mas não teve o condão de resolver algumas questões ainda polêmicas, tais como o estado das pessoas menores de 18 anos de idade ou das pessoas maiores com relativa incapacidade. Da mesma forma, o julgado não teve como cuidar da eficácia da alteração registral em relação a terceiros, como se verifica no caso do cônjuge e dos filhos (e mesmo outros descendentes) da pessoa transexual.

6. Atuação do Conselho Nacional de Justiça

Após o julgamento do STF na ADI n° 4.275, a Corregedoria Geral do Conselho Nacional de Justiça baixou o Provimento n° 73, de 28.06.2018, de modo a regulamentar a averbação da alteração do prenome e gênero nos assentos de nascimento e casamento de travestis e transexuais no Cartório de Registro Civil de Pessoas Naturais. O presente item objetiva analisar o conteúdo das normas baixadas pela Corregedoria do CNJ, especialmente naquilo que não foi objeto de julgamento pelo STF em controle concentrado de constitucionalidade – até em razão dos limites da jurisdição constitucional que, por óbvio, não pode abranger aspectos mais específicos.

35 CUNHA, Leandro Reinaldo da. Identidade de gênero... Op. cit., p. 119.

Nos termos do referido Provimento, toda pessoa com mais de 18 anos de idade poderá requerer ao Oficial do Registro Civil de Pessoas Naturais a alteração e a averbação do prenome e do gênero a fim de adequá-los à identidade autopercebida da pessoa requerente (art. 2°, *caput*). Contudo, a alteração do nome civil não compreende a alteração dos nomes de famílias ou sobrenome (art. 2°, § 2°). Após a alteração do prenome e/ou do gênero, poderá haver desconstituição de tal alteração na via administrativa somente mediante autorização do juiz corregedor permanente do Cartório de Registro Civil de Pessoas Naturais ou na via judicial (art. 2°, § 3°). Verifica-se, assim, que a normativa do CNJ somente reconhece o direito à identidade de gênero por quem já completou 18 anos de idade – e, por isso, atingiu a maioridade civil -, pressupondo que para formular o requerimento a pessoa esteja com a plena capacidade de fato no contexto do regime da capacidade civil. Ao menos sob o aspecto da regulamentação feita pelo CNJ, estão excluídos de tal prerrogativa os menores de 18 anos de idade e as pessoas relativamente incapazes por outro motivo que não a idade. Tais exclusões, a princípio, contrariam toda a trajetória que, em matéria de capacidade civil, o Direito vem passando na separação das dimensões existencial e patrimonial que envolvem aqueles que o sistema jurídico considera incapazes de fato (Código Civil, arts. 3° e 4°). O exemplo do tratamento dado pelo Estatuto da Pessoa com Deficiência (arts. 6°, 84 e 85) a esse respeito vem a demonstrar certa defasagem do Provimento n° 73/2018 do CNJ em relação ao percurso que o Direito Civil tem realizado ao tratar do regime das incapacidades. A previsão contida no Provimento, no entanto, não tem o condão de excluir a possibilidade de as pessoas consideradas relativamente incapazes se valerem da via judicial para obtenção de provimento jurisdicional favorável à alteração do prenome e do gênero no assento registral, até em razão da avaliação do caso concreto no qual se pode já identificar que se trata de transgênero e, portanto, tem direitos ao nome e à identidade de gênero, com fulcro na principiologia constitucional e nos tratados e convenções internacionais. É certo que, relativamente à pessoa do menor absolutamente incapaz (atualmente a única hipótese de absoluta incapacidade no regime do Código Civil e da legislação em geral), a regra é a da impossibilidade de mudança do prenome e do gênero no registro civil até mesmo em razão de presunção legal de imaturidade e ausência de discernimento suficiente para tanto. Contudo, não se pode peremptoriamente afirmar no sentido da inadmissibilidade de autorização judicial da mudança do prenome e do gênero mesmo em relação ao menor absolutamente incapaz, porquanto é factível a identificação de situação evidente de transexualidade que, portanto, deve merecer o tratamento condigno pelo sistema jurídico nacional. Quanto às pessoas consideradas relativamente incapazes por outro motivo que não a idade, também deve ser reconhecida a possibilidade da via judicial para obtenção do reconhecimento do direito ao nome e à identidade de gênero, sendo apenas excepcionada a via administrativa, tal como prevê o Provimento do CNJ.

Com base no art. 4°, do referido Provimento, no exercício da sua autonomia privada, a pessoa poderá requerer ao Oficial do Registro Civil das Pessoas Naturais a retificação do assento registral quanto à sua identidade, seja em relação ao prenome, seja em relação ao gênero, seja em relação a ambos, declarando sua vontade de proceder à adequação da sua identidade civil. E, para tanto, a pessoa não precisa obter prévia autorização judicial ou comprovar a realização de cirurgia de redesignação sexual e/ou tratamento hormonal ou patologizante (art. 4°, § 1°), sendo desnecessária a apresentação de laudo médico ou psicológico. O Provimento n° CG 16/2018, da Corregedoria Geral da Justiça de São Paulo, prevê que, ao confirmar a manifestação de vontade da pessoa quanto à alteração do prenome, do sexo ou de ambos, o Oficial de Registro Civil deverá cientificar a parte requerente de que o novo prenome será imutável dentro do sexo a que corresponder, e sua posterior alteração somente poderá ser promovida mediante decisão judicial; e havendo alteração do sexo registral, nova alteração do sexo fundada na condição de transgênero somente poderá ser realizada mediante decisão do Juiz Corregedor Permanente (art. 6°, I e II, do Provimento n° 16). A previsão contida no ato normativo da Corregedoria Geral vinculada ao Tribunal de Justiça de São Paulo, ao tratar da informação que deve ser prestada pelo Oficial do Registro Civil à pessoa transgênero sobre a imutabilidade do novo prenome e que nova alteração do gênero deverá ser submetida ao crivo do Juiz Corregedor, revela-se pertinente e adequada à luz do sistema jurídico brasileiro e, desse modo, compatibiliza a hipótese de reconhecimento da identidade de gênero aos demais casos de mudança de prenome no âmbito do sistema registral.

O Oficial do Registro Civil deverá realizar a identificação da pessoa requerente e proceder à conferência dos documentos originais relativos à identificação da requerente (art. 4°, § 2°). Entre os documentos obrigatoriamente exigidos, encontram-se a certidão de nascimento ou de casamento, o registro geral de identificação, a identidade civil nacional, o passaporte, o CPF, o título de eleitor, a cópia da carteira de identidade social (se houver), o comprovante de endereço e as certidões de distribuidores e tabelionatos de protestos (art. 4°, § 6°). A título de documentos facultativos, é possível a apresentação de laudo médico, parecer psicológico e/ou laudo de realização da cirurgia de transgenitalização (art. 4°, § 7°). Nos termos do referido Provimento, a circunstância de haver ações judiciais em andamento ou débitos pendentes em nome da pessoa requerente não são empecilhos para se proceder à averbação das alterações, sendo apenas comunicado aos juízos e repartições competentes que houve a retificação pelo Oficial do Registro Civil (art. 4°, § 9°). Tais previsões constantes do Provimento do CNJ se compatibilizam perfeitamente com o julgado do STF no sentido da dispensa de documentos técnicos que comprovem a transexualidade e, ao mesmo tempo, preservam os interesses dos terceiros com quem a pessoa que tem seu prenome e gênero registrais alterados, sob a perspectiva da comunicação das alterações realizadas aos órgãos competentes.

Ainda, nos termos do Provimento n° 73/2018, a alteração registral terá caráter sigiloso, não podendo a informação a seu respeito constar das certidões dos assentos registrais, ressalvada a solicitação feita pela pessoa requerente ou por determinação judicial (art. 5°). Tal previsão também se revela em perfeita consonância com os princípios constitucionais aplicáveis, especialmente para evitar a perpetuação da discriminação e do preconceito contra a pessoa transexual. Assim, não haverá qualquer informação nas certidões do registro civil que houve alteração do prenome e do gênero, muito menos no campo das observações de tais documentos.

Em caso de suspeita de fraude, falsidade, má fé ou vício de vontade ou simulação acerca do desejo real da pessoa requerente, o Oficial do Registro Civil das Pessoas Naturais poderá recusar a proceder à alteração do assento registral, encaminhando o requerimento ao juiz corregedor permanente do Cartório para solução na esfera administrativa (art. 6°). Cuida-se de hipótese de instauração do procedimento de dúvida, tal como previsto no art. 14, do Provimento CG n° 16/2018, da Corregedoria Geral do Tribunal de Justiça de São Paulo, mas que não ficou tão claro na normativa do Provimento do CNJ. De fato, a solução alvitrada pela Corregedoria Geral da Justiça de São Paulo se revelou mais adequada e coerente com o sistema de registro público que foi instaurado pela Lei n° 6.015/73 e, por isso, subsidia a melhor interpretação e aplicação do art. 6°, do Provimento n° 73/2018, da Corregedoria Geral da Justiça do CNJ.

Com o deferimento do requerimento na esfera administrativa quanto à retificação do prenome e/ou do gênero no assento registral, o Oficial do Cartório de Registro Civil comunicará a alteração de modo oficial aos órgãos expedidores da identidade civil (RG e ICN), do CPF, do passaporte e do título eleitoral, de modo que tal informação passe a constar dos arquivos dos órgãos responsáveis pela expedição dos documentos já existentes (art. 8°). Verifica-se que tal medida visa resguardar a segurança jurídica e a estabilidade das relações jurídicas em geral, eis que há repercussão da mudança do prenome e do gênero no assento registral relativamente a terceiros, tal como já ocorreria em outras situações de alteração do prenome nos casos expressamente admitidos na Lei n° 6.015/73 e outras leis especiais[36].

Com a mudança do prenome e/ou gênero no assento registral da pessoa requerente, se já houver descendentes anteriores à alteração, a mudança do prenome e/ou gênero do ascendente no registro civil de nascimento ou casamento dos descendentes dependerá da concordância destes quando forem relativamente incapazes ou plenamente capazes, e de ambos os pais quando forem absolutamente incapazes por força de serem menores de 16 anos de idade (art. 8°, § 2°). Em se tratando de pessoa casada, a pessoa transgênero dependerá da anuência de seu cônjuge para alteração do prenome e/ou do gênero no assento de casamento (art. 8°, § 3°). Caso haja discordância do descendente ou de seu cônjuge para retificação dos respectivos assentos de nascimento e de casamento, a questão deverá ser submetida ao crivo judicial com base na possibilidade do suprimento judicial de vontade daquele que se recusa a autorizar a alteração do assento registral (art. 8°, § 4°).

Constata-se, portanto, que a Corregedoria Geral do CNJ buscou não apenas dar condições de viabilizar o cumprimento do julgamento do STF na ADI n° 4.275, mas foi além para permitir a compatibilização dos interesses da pessoa transgênero com os interesses das outras pessoas com as quais a primeira tenha contato na vida em sociedade, tanto sob a vertente das relações de natureza patrimonial, como também nas relações de natureza existencial.

---

36 CASTRO, Pilar Jimenez. O transexualismo e o direito de alterar o registro civil. Disponível em: www.conteudojuridico.com.br. Acesso em: 13 set. 2018.

7. Nota conclusiva

O capítulo histórico referente à efetivação dos direitos humanos e fundamentais das minorias ganhou importante contribuição do Poder Judiciário, em especial do Supremo Tribunal Federal, na questão referente ao reconhecimento dos direitos das pessoas transgêneros quanto à alteração do prenome e do gênero no âmbito do assento registral de nascimento e/ou de casamento. Devido ao princípio da inafastabilidade da jurisdição, o sistema de justiça brasileiro vem atuando de modo intenso para dar concretude aos direitos humanos e fundamentais das pessoas sob a perspectiva da proteção das minorias.

Ainda há um caminho a ser percorrido nas questões referentes à identidade de gênero das pessoas transexuais e demais transgêneros, mas sem dúvida as contribuições dadas pelo Poder Judiciário – aí incluídos os vários órgãos jurisdicionais, especialmente o STF e o CNJ – já se revelam deveras importantes no trajeto da efetivação dos direitos ao nome e à identidade das pessoas, independentemente da sua condição. Os valores do cuidado e da cidadania consistem em referenciais seguros para o encaminhamento das soluções das questões ainda pendentes, mesmo após o julgamento da ADI n° 4.275 e a edição do Provimento n° 73/2018, do CNJ.

Desse modo, por exemplo, deve ser tratado o tema da situação relacionada aos menores de 18 anos de idade e aos relativamente incapazes por outro motivo que não a idade, no que tange à titularidade e ao exercício autônomo dos direitos ao nome civil (e também social) e à identidade de gênero. A solução, alvitrada no curso deste trabalho, é a de se considerar possível o reconhecimento da identidade de gênero, viabilizando tal admissão levando em consideração a própria distinção atual entre as situações jurídicas existenciais e as situações jurídicas patrimoniais, de modo que o regime das incapacidades somente seja invocado para as últimas, mas não para as primeiras, ao menos como regra. Desse modo, compatibilizam-se os princípios constitucionais da dignidade da pessoa humana, do livre desenvolvimento da personalidade da pessoa humana, com outros princípios de igual estatura, tais como os da segurança jurídica e da estabilidade das relações jurídicas em geral. Assim, não se pode, *a priori*, afirmar peremptoriamente que as pessoas incapazes não podem exercer o direito à identidade de gênero.

A questão referente aos interesses dos terceiros, sob o aspecto da responsabilidade patrimonial, especialmente quanto à identificação do novo prenome da pessoa, se revela preservada com base na comunicação que deverá ser feita aos juízos e repartições nas quais seja relevante a informação quanto à alteração feita no registro civil das pessoas naturais. A questão mais polêmica quanto à eficácia das mudanças relativamente a terceiros diz respeito aos registros de casamento do transexual e de nascimento de seus filhos. A respeito deste tema, a solução apresentada no Provimento n° 73/2018, da Corregedoria Geral do CNJ, especialmente no art. 8°, §§ 2°, 3° e 4°, parece ser consentânea com os princípios aplicáveis à espécie, pois ainda que haja discordância do cônjuge da pessoa transgênero ou de seu descendente, poderá haver o suprimento judicial do consentimento, tal como se verifica em situações assemelhadas no Direito Civil brasileiro. Assim, prestigia-se a autodeterminação da pessoa, mas também se considera a presença do interesse de outra pessoa que pode ter sua esfera jurídica afetada em razão da alteração do prenome e do gênero do requerente.

Outro tema ainda pendente diz respeito ao requerimento de nova mudança de prenome e de gênero após já ter sido feita a alteração no registro civil por requerimento formulado anteriormente. Em outras palavras: será possível uma segunda mudança de prenome e de gênero no assento registral? A esse respeito, o Provimento n° 73/2018, da Corregedoria do CNJ, somente prevê a possibilidade de desconstituição da alteração na via administrativa mediante autorização do Juiz Corregedor Permanente do Cartório de Registro Civil, ou na via judicial. De todo modo, a previsão somente admite que haja o retorno ao prenome e ao gênero anteriores à alteração. Já o Provimento CG n° 16/2018, da Corregedoria do Tribunal de Justiça de São Paulo, admite que possa ser novamente alterado o prenome desde que "mediante decisão judicial", bem como permite nova alteração do gênero "mediante decisão do Juiz Corregedor Permanente". Ou seja: para mudança do prenome deverá ser adotado o procedimento de jurisdição voluntária sob o crivo, portanto, da atividade jurisdicional. Relativamente à nova mudança de gênero, a segunda alteração pode ser feita desde que haja deferimento do Juiz Corregedor Permanente em procedimento administrativo, não se exigindo a via da jurisdição propriamente dita. Trata-se de haver maior formalidade para a segunda alteração de modo a evitar futuros questionamentos feitos por terceiros que poderiam ser prejudicados com a nova alteração de prenome ou de gênero, mas principalmente quanto ao nome civil que é mais utilizado para identificação da pessoa nas relações jurídicas negociais que ela possa fazer parte. Desse modo, a solução alvitrada pela Corregedoria Geral de São Paulo se revela mais adequada – comparativamente ao Provimento do CNJ - e deve, assim, ser o referencial a respeito do tema.

Há, ainda, outro ponto importante acerca dos transgêneros que, porventura, não se reconheçam como pertencentes a qualquer dos dois gêneros na lógica binária – masculino e feminino –, ou que se reconheçam pertencentes a ambos os gêneros. Será possível a alteração do gênero para completa supressão ou, ao revés, acréscimo do outro gênero no assento registral? Estas polêmicas ainda merecerão maior amadurecimento e reflexão no Direito e, por isso, o tema ainda está permeado por um "ponto e vírgula", e não um "ponto final".

Conclui-se, assim, que o valor do cuidado, compreendido como uma atitude de ocupação, preocupação e responsabilização com o outro, permeado pela cidadania, fundamenta o direito à identidade de gênero em relação às pessoas transgêneros. Como se sabe, a solidariedade constitucionalmente assegurada objetiva a proteção e promoção das pessoas quanto à sua existência digna, justa e igualitária, sem qualquer tipo de exclusão ou marginalização social. A condição jurídica das pessoas trangêneros, na quadra atual do Direito brasileiro, revela a efetiva e direta incidência das normas constitucionais de direitos humanos e de direitos fundamentais nas relações privadas, possibilitando o reconhecimento do direito à identidade de gênero sem o viés paternalista que marcou períodos pretéritos na história da República brasileira.

Apadrinhamento, convivência comunitária e cidadania

Heloisa Helena Barboza
Vitor Almeida
Thays Itaborahy Martins

"Quem tem padrinho, não morre pagão".[1]

Sumário: 1. A efetividade dos direitos fundamentais da criança e do adolescente e o apadrinhamento. **2.** Contornos jurídicos do apadrinhamento e o direito à convivência comunitária. **3.** Efeitos jurídicos do apadrinhamento. **4.** Apadrinhamento, cuidado e melhor interesse de crianças e adolescentes: desafios e efetividade. **5.** Considerações finais: em busca da efetividade do apadrinhamento.

1. A efetividade dos direitos fundamentais da criança e do adolescente e o apadrinhamento

A trajetória de afirmação dos direitos das crianças e dos adolescentes somente se consolidou em fins do século passado após árduo e pedregoso percurso. O seu reconhecimento como *sujeitos de direitos* titulares de direitos fundamentais inerentes às demais pessoas, mas peculiares à sua fase de desenvolvimento, é o epítome de toda travessia de visibilidade e proteção especial, efetiva e prioritária de seus direitos, exigida por sua situação de vulnerabilidade. A Convenção Internacional sobre os Direitos da Criança, aprovada pela ONU em 20 de novembro de 1989, que consagrou a doutrina da proteção integral no plano internacional, foi ratificada no Brasil pelo Decreto 99.710, de 21 de novembro de 1990. Como se infere do seu preâmbulo, a Convenção de 1989 teve como objetivo efetivar a proteção especial à criança.[2] Desse modo, foram reconhecidos, no âmbito internacional, direitos próprios e inerentes à criança, que deixou de ocupar o papel de apenas *parte integrante* do complexo familiar, para ser um *membro individualizado* da família que, em virtude de sua falta de maturidade física e psíquica, necessita de proteção e cuidados especiais, inclusive da devida proteção legal, tanto antes, quanto após seu nascimento.[3]

Nessa linha, passa a criança a ter direito à vida, a um nome, à nacionalidade, a preservar sua identidade, à liberdade de expressão e opinião, devendo ser ouvida em todo processo judicial que lhe diga respeito, à liberdade de pensamento, consciência,

---

1 Provérbio português.

2 Nos termos do seu art. 1: "Para efeitos da presente Convenção considera-se como criança todo ser humano com menos de dezoito anos de idade, a não ser que, em conformidade com a lei aplicável à criança, a maioridade seja alcançada antes".

3 V. ALMEIDA, Vitor. Personalidade, titularidade e direitos do nascituro: esboço de uma qualificação. *Revista OAB/RJ | Edição Especial - Direito Civil*, v. 01, p. 01-45, 2018. p. 12-13.

de crença, de associação, enfim, tem reconhecida a dignidade inerente e os direitos iguais e inalienáveis de todas as pessoas humanas.

Os princípios básicos da Convenção Internacional sobre os Direitos da Criança, na época ainda em discussão na ONU, foram introduzidos no texto constitucional de 1988, sendo o art. 277 reconhecido na comunidade internacional como a síntese da mencionada Convenção.[4] O Estatuto da Criança e do Adolescente (Lei nº 8.069, de 13 de julho de 1990)[5] concretizou e expressou os novos direitos da população infanto-juvenil, que põem em relevo *o valor intrínseco da criança* como ser humano e a necessidade de especial respeito a sua condição de *pessoa em desenvolvimento*.[6]

A adoção, em sede constitucional, da doutrina da proteção integral veio reafirmar *o princípio do melhor interesse da criança*, já existente em nossa legislação e que encontra suas raízes na Declaração Universal dos Direitos da Criança, adotada pela ONU em 20 de novembro de 1959.[7] Os *direitos* da criança e do adolescente estabelecidos em sede constitucional (art. 227 da CR) como *dever* da família, da sociedade e do Estado, assegurar-lhes, com *absoluta prioridade*, o direito à vida, à saúde, à alimentação, à educação, ao lazer, à profissionalização, à cultura, à dignidade, ao respeito, à liberdade e à convivência familiar e comunitária, além de colocá-los a salvo de toda forma de negligência, discriminação, exploração, violência, crueldade e opressão. Os arts. 4° e 5°, do ECA, com ligeiras alterações de redação, repetem a fórmula constitucional.

A *garantia constitucional de absoluta prioridade* apresenta dessa forma feição de ponderação já efetuada pelo legislador constituinte, que faz prevalecer em caso de colisão, em princípio, os interesses da criança e do adolescente, chegando o Estatuto a enumerar os casos em que se deve observar tal prioridade, que atinge políticas públicas em geral, a saber: (*a*) primazia de receber proteção e socorro em quaisquer circunstâncias; (*b*) precedência de atendimento nos serviços públicos ou de relevância pública; (*c*) preferência na formulação e na execução das políticas sociais públicas; (*d*) destinação privilegiada de recursos públicos nas áreas relacionadas com a proteção à infância e à juventude (art. 4°, par. único, do ECA).

Razoável, por conseguinte, afirmar-se que a doutrina da proteção integral, de maior abrangência, não só ratificou o princípio do melhor interesse da criança como

---

4 PEREIRA, Tânia da Silva. *Direito da Criança e do Adolescente*: uma proposta interdisciplinar. Rio de Janeiro: Renovar, 1996. p. 23/25.

5 Para fins do presente trabalho, denominado simplesmente de ECA.

6 Cf. TEPEDINO, Gustavo. A tutela constitucional da criança e do adolescente: projeções civis e estatutárias. *In:* SARMENTO, Daniel; IKAWA, Daniela; PIOVESAN, Flávia (Orgs.). *Igualdade, Diferença e Direitos humanos*. Rio de Janeiro: Lumen Juris, 2008. p. 865/886.

7 "Pode-se afirmar que, antes mesmo da Constituição Federal de 1988, o *princípio do melhor interesse da criança*, como orientador da solução dos conflitos envolvendo menores, estava consagrado". BARBOZA, Heloisa Helena. O Princípio do Melhor Interesse da Criança e do Adolescente. *In: Anais do II Congresso Brasileiro de Direito de Família* - A família na Travessia do Milênio, Belo Horizonte, 2000. p. 201/213.

critério hermenêutico e de ponderação de interesses, de natureza constitucional, com feição de cláusula genérica que em parte se traduz através dos direitos fundamentais da criança e do adolescente expressos no texto da Constituição Federal. Efetivamente, a não observância das diretrizes do Estatuto fere os direitos fundamentais da criança e do adolescente, devendo, por conseguinte, ser observadas em todos os casos.

Nessa direção, indeclinável a preocupação com a efetividade e a concretude dos direitos fundamentais, sob pena de torná-los meras declarações vagas. Não basta, portanto, admitir ou reconhecer a existência de direitos. Como salienta Norberto Bobbio, "o problema fundamental em relação aos direitos do homem, hoje, não é tanto o de *justificá-los*, mas o de *protegê-los*".[8] O primeiro passo para que se alcance tal proteção é sem dúvida passar da teoria à prática, do direito somente pensado para o direito realizado. Com isso, novos institutos devem ser forjados para que os direitos sejam efetivamente protegidos. O direito à convivência comunitária, nesse contexto, se sobressai, uma vez que na realidade brasileira, de acordo com o Cadastro Nacional de Crianças Acolhidas (CNCA) do Conselho Nacional de Justiça (CNJ), mais de 46 (quarenta e seis) mil crianças e adolescentes se encontram em situação de acolhimento em quase 4 (quatro) mil entidades acolhedoras credenciadas junto ao Poder Judiciário de todo o país. No entanto, de todo esse contingente somente cerca de 7 (sete) mil crianças se encontram cadastradas para adoção, ou seja, podem ser adotadas uma vez que os pais biológicos perderam definitivamente o poder familiar.[9]

Diante desse cenário desolador, indispensável enfrentar formas de assegurar efetivamente o direito à convivência familiar e comunitária, estampado no art. 227 da Constituição de 1988, e reiterado no art. 4º do ECA. É direito da criança e do adolescente ser criado e educado no seio de sua família e, excepcionalmente, em família substituta, conforme determina o art. 19 do ECA. No entanto, nem sempre é possível a manutenção de crianças e adolescentes em suas famílias de origem ou em famílias substitutas, sendo o acolhimento familiar ou institucional a realidade até a fase adulta para parcela significativa da população infanto-juvenil acolhida, especialmente adolescentes que dificilmente retornarão à família natural ou serão inseridos em outros núcleos familiares. Não há dúvidas quanto a não ser o acolhimento, seja familiar ou institucional, o espaço ideal para os infantes, mas esse acaba sendo a única opção em diversas situações após a destituição do poder familiar e a ausência de familiares próximos ou pessoas que convivam e tenham afinidade.

Em razão dessa situação, há algum tempo já se formulam estratégias de ação para a promoção e defesa do direito de crianças e adolescentes à convivência familiar e comunitária. O Conselho Nacional dos Direitos da Criança e do Adolescente já incentivava, em 2006, dentre as ações de reordenamento dos serviços de Acolhimento

8 BOBBIO, Norberto. *A Era dos Direitos*. Trad. de Nelson Carlos Coutinho; apresentação de Celso Lafer. 9. reimp. Rio de Janeiro: Elsevier, 2004. p. 23.

9 Disponível em: http://www.cnj.jus.br/noticias/cnj/84494-cnj-servico-entenda-a-diferenca-entre--adocao-apadrinhamento-e-acolhimento. Acesso em: 08 mar. 2019.

Institucional, a elaboração de parâmetros para a criação de Programas de apadrinhamento de crianças e adolescentes institucionalizados.[10]

Em 2011, nas orientações técnicas para os serviços de acolhimento de crianças e adolescentes, mais uma vez se verifica o incentivo aos Programas de Apadrinhamento Afetivo ou similares que deveriam "ser estabelecidos apenas quando dispuserem de metodologia com previsão de cadastramento, seleção, preparação e acompanhamento de padrinhos e afilhados por uma equipe interprofissional, em parceria com a Justiça da Infância e Juventude e Ministério Público". De acordo com a respectiva nota técnica, nos "Programas de Apadrinhamento Afetivo devem ser incluídos, prioritariamente, crianças e adolescentes com previsão de longa permanência no serviço de acolhimento, com remotas perspectivas de retorno ao convívio familiar ou adoção, para os quais vínculos significativos com pessoas da comunidade serão essenciais, sobretudo, no desligamento do serviço de acolhimento".[11]

Percebe-se, dessa forma, que os Programas de apadrinhamento no Brasil surgem de ações estratégicas no âmbito da reformulação e reconfiguração do sistema de acolhimento de crianças e adolescentes e, mesmo sendo anteriores, ganham impulso com a Lei nº 12.010/2009, que aperfeiçoou a sistemática prevista para garantia do direito à convivência familiar a todas as crianças e adolescentes. O apadrinhamento nasce, portanto, a partir de ações governamentais pontuais decorrentes da necessidade de promoção do direito à convivência comunitária de crianças e adolescentes acolhidos e com nítido viés assistencialista, uma vez que se tratava de programas para preencher as demandas dos infantes que os acolhimentos não conseguiam atender.

Finalmente, o Programa de apadrinhamento foi regulamentado por força da Lei nº 13.509/2017, que incluiu o art. 19-B à Lei nº 8.069/1990, que dispõe sobre o Estatuto da Criança e do Adolescente (ECA). De acordo com o *caput* do dispositivo

---

10 Segundo consta no documento: "Apadrinhamento: Programa, por meio do qual, pessoas da comunidade contribuem para o desenvolvimento de crianças e adolescentes em Acolhimento Institucional, seja por meio do estabelecimento de vínculos afetivos significativos, seja por meio de contribuição financeira. Os programas de apadrinhamento afetivo têm como objetivo desenvolver estratégias e ações que possibilitem e estimulem a construção e manutenção de vínculos afetivos individualizados e duradouros entre crianças e/ou adolescentes abrigados e padrinhos/madrinhas voluntários, previamente selecionados e preparados, ampliando, assim, a rede de apoio afetivo, social e comunitário para além do abrigo. Não se trata, portanto, de modalidade de acolhimento". BRASIL. Presidência da República. Secretaria Especial dos Direitos Humanos. Conselho Nacional dos Direitos da Criança e do Adolescente. Plano Nacional de Promoção, Proteção e Defesa do Direito de Crianças e Adolescentes à Convivência Familiar e Comunitária. Brasília, DF: CONANDA, 2006. Disponível em: https://www.mds.gov.br/webarquivos/publicacao/assistencia_social/Cadernos/Plano_Defesa_CriancasAdolescentes%20.pdf. Acesso em: 17 fev. 2019.

11 BRASIL. Presidência da República. Conselho Nacional dos Direitos da Criança e do Adolescente e Conselho Nacional de Assistência Social. Orientações Técnicas: Serviços de Acolhimento para Crianças e Adolescentes. Brasília, DF, 2009. Disponível em: http://www.mds.gov.br/webarquivos/publicacao/assistencia_social/Cadernos/orientacoes-tecnicas-servicos-de-alcolhimento.pdf. Acesso em: 17 fev. 2019.

mencionado, infantes em programa de acolhimento institucional ou familiar podem participar de programa de apadrinhamento, que consiste em estabelecer e proporcionar vínculos externos à instituição ou à família acolhedora para fins de convivência comunitária e colaboração com o seu desenvolvimento nos aspectos social, moral, cognitivo, educacional e financeiro, nos termos do seu § 1º.

Os Programas de apadrinhamento são instrumentos de efetivação dos princípios constitucionais da solidariedade e da corresponsabilidade, que visam proporcionar à criança e ao adolescente vínculos de afinidade e de cuidado com pessoas dispostas a participar do seu desenvolvimento, que não querem ou não podem adotar, mas podem colaborar com o processo educacional e de qualificação profissional do afilhado.

O presente trabalho resulta de estudo teórico, realizado através de pesquisa bibliográfica e documental, com o objetivo de examinar o apadrinhamento como um direito de crianças e adolescentes em situação de acolhimento, que instrumentaliza o direito fundamental à convivência comunitária, constitucionalmente estabelecido, indispensável para a construção da identidade e subjetividade durante o período infanto-juvenil, bem como efetiva o dever de cuidado, assegurando o respeito à dignidade dessas pessoas em desenvolvimento.

2. Contornos jurídicos do apadrinhamento e o direito à convivência comunitária

A Lei nº 13.509/2017 incluiu o art. 19-B à Lei nº 8.069/1990, que dispõe sobre o Estatuto da Criança e do Adolescente. De acordo com o *caput* do dispositivo mencionado, infantes em programa de acolhimento institucional ou familiar podem participar de programa de apadrinhamento, que consiste em estabelecer e proporcionar vínculos externos à instituição ou à família acolhedora para fins de convivência comunitária e colaboração com o seu desenvolvimento nos aspectos social, moral, cognitivo, educacional e financeiro, nos termos do seu § 1º.

O ECA prevê que se a criança ou o adolescente estiver em situação de risco (art. 98), o juiz pode determinar as medidas protetivas previstas no art. 101, dentre as quais, se destacam o acolhimento institucional (inciso VII) e familiar (inciso VIII). Com base no direito à convivência familiar (art. 19) que confere primazia a família natural ou extensa e, excepcionalmente, a colocação em família substituta, o § 4º do art. 19-B determina que o perfil de crianças e adolescentes sujeitos ao programa de apadrinhamento seja daqueles com remota possibilidade de reinserção familiar ou colocação em família adotiva.

Dados do Conselho Nacional de Justiça demonstram que no Brasil os índices de adoção tardia são ainda insignificantes.[12] Em razão de tal cenário, em regra, as crianças

12 Tribunais de Justiça de diferentes Estados criaram campanhas de incentivo à adoção tardia. Disponível em: http://www.cnj.jus.br/noticias/cnj/88250-tribunais-produzem-videos-para-estimular-a-docao-de-criancas-e-adolescentes. Acesso em: 07 mar. 2019.

aptas a serem apadrinhadas têm idade mais avançada, possuem irmãos e, não raras vezes, são pessoas com deficiência ou portadoras de doenças crônicas – condições que, infelizmente, resultam, quase sempre, em chances remotas de adoção. Desse modo, apesar de o ideal ser a colocação da criança ou do adolescente em núcleos familiares por meio da adoção, na hipótese de as demais possibilidades restarem descartadas, como a família extensa, a guarda e a tutela, a regulamentação do programa de apadrinhamento é salutar na medida em que permite, em casos excepcionais, o atendimento do direito à convivência comunitária, possibilitando que as crianças ou adolescentes acolhidos tenham encontros com seus "padrinhos" ou "madrinhas" em datas especiais e comemorativas, por exemplo.

A convivência familiar[13] e comunitária[14] faz-se essencial para todas as pessoas, em especial para aquelas que se encontram em processo de formação e desenvolvimento, como é o caso de crianças e adolescentes. Não à toa, tal questão encontra-se afirmada na CR/88 em seu art. 227, assim como no ECA, em seus arts. 4º e 16, V, e, de modo específico e destacado, em todo capítulo II do Título II.

Segundo Ana Carolina Brochado Teixeira e Marcelo de Mello Vieira, o "direito à convivência familiar ainda está em construção" e "sua abrangência vai muito além da identificação com o instituto da guarda. Trata-se de um direito complexo, cujos meandros merecem ser explorados de forma mais cuidadosa pelos juristas brasileiros".[15] Nessa linha, defendem os autores que:

> O Direito à Convivência Familiar deve ser compreendido como um direito de toda população infanto-juvenil, independentemente de origem, etnia ou classe social (princípio da não discriminação), à formação e manutenção de vínculos, buscando assegurar que as crianças

13 "[...] Podemos conceituar a convivência familiar como o direito fundamental de toda pessoa humana de viver junto à família de origem, em ambiente de afeto e de cuidado mútuos, configurando-se como um direito vital quando se tratar de pessoa em formação (criança e adolescente)". MACIEL, Kátia Regina Ferreira Lobo Andrade. Direito fundamental à convivência familiar. *In:* MACIEL, Kátia Regina Ferreira Lobo Andrade (coord.). *Curso de direito da criança e do adolescente*: aspectos teóricos e práticos. 6º ed., rev. e atual. conforme Leis nº 12.010/2009 e 12.594/2012. São Paulo: Saraiva, 2013. p. 128.

14 Segundo Kátia Regina Ferreira Lobo Andrade, "[...] a criança e o adolescente, com o passar dos anos, ampliam os seus relacionamentos e passam a viver experiência próprias fora do âmbito familiar que lhe auxiliarão no incremento da personalidade e do caráter. Neste ponto, a convivência escolar, religiosa e recreativa deve ser incentivada e facilitada pelos pais. Estes espaços complementares do ambiente doméstico constituem pontos de identificação importantes, inclusive para a proteção e o amparo do infante, mormente quando perdido o referencial familiar. Na comunidade, ainda, a criança e o adolescente poderão desenvolver os seus direitos como cidadão". MACIEL, Kátia Regina Ferreira Lobo Andrade. Direito fundamental à convivência familiar. *In:* MACIEL, Kátia Regina Ferreira Lobo Andrade (coord.). *Curso de direito da criança e do adolescente*: aspectos teóricos e práticos. 6º ed., rev. e atual. conforme Leis nº 12.010/2009 e 12.594/2012. São Paulo: Saraiva, 2013. p. 128.

15 TEIXEIRA, Ana Carolina Brochado; VIEIRA, Marcelo de Mello. Construindo o direito à convivência familiar de crianças e adolescentes no Brasil: um diálogo entre as normas constitucionais e a Lei nº 8.069/1990. *Civilistica.com*. Rio de Janeiro, a. 4, nº 2, 2015. p. 28/29.

> e os adolescentes façam parte de uma família, o que não se resume a ter os nomes dos genitores na certidão de nascimento. É fazer com que eles sintam que pertencem àquele núcleo familiar, integrando e participando ativamente das rotinas e dos rituais da família, sendo, também, respeitados em sua condição peculiar de pessoa em desenvolvimento e sua autonomia (princípios da participação e da autonomia progressiva). É, também, o direito de viver em um ambiente saudável, livre de situações ou de pessoas que possam obstaculizar o seu processo de amadurecimento, incluindo a preservação do contato com os familiares e outras pessoas, desde que tal relação seja benéfica à criança.[16]

À luz dos preceitos estatutários, a doutrina idealiza verdadeira estrutura piramidal do direito à convivência familiar, na medida, em que o legislador estabeleceu uma ordem de preferência que pode ser visualizada como patamares ou degraus de uma pirâmide que se afunilam, com base na excepcionalidade da medida adotada, insistindo nos esforços necessários para manutenção da criança e do adolescente na sua família de origem e só quando esgotada essa possibilidade se dar a adoção das demais medidas previstas em lei.[17] A partir da redação original do ECA, os autores acima citados visualizavam cinco degraus da estrutura da pirâmide do direito à convivência familiar:

> [...] mais larga, colocaram a família natural (comunidade formada pelos pais e filhos), sendo que só quando fosse impossível manter a criança nessa família natural é que se permitiria avançar para o segundo patamar, no qual estaria a família substituta biológica ampliada: avós, tios e demais parentes. Não havendo parentes aptos, a criança ou adolescente poderia ser inserida em família substituta não consanguínea brasileira, sem qualquer laço de afinidade (terceiro degrau). Não devendo a criança permanecer com os genitores e inexistindo possibilidade de colocação em família ampliada ou família substituta não consanguínea, deveria se avançar ao quarto degrau, à colocação em família substituta estrangeira residente fora do país. Finalmente, esgotadas as alternativas, se chegaria ao ápice da pirâmide valorativa, ou seja, a criança ou o adolescente seria encaminhado a uma instituição de acolhimento.[18]

---

16 TEIXEIRA, Ana Carolina Brochado; VIEIRA, Marcelo de Mello. Construindo o direito à convivência familiar de crianças e adolescentes no Brasil: um diálogo entre as normas constitucionais e a Lei nº 8.069/1990. *Civilistica.com*. Rio de Janeiro, a. 4, nº 2, 2015. p. 19.

17 Nelson Nery Júnior e Martha de Toledo Machado identificaram a ordem de preferência imposta pela lei e idealizaram a "[...] estrutura valorativa em forma de pirâmide, que vai da base ao topo numa linha de crescente excepcionalidade, na medida em que a pirâmide se afunila: quando se discute onde a criança deve crescer e ser criada, na base está a família natural (entidade formada pelos pais biológicos); no topo, o abrigo da criança em instituição de acolhimento". NERY JÚNIOR, Nelson; MACHADO, Martha de Toledo. O Estatuto da Criança e do Adolescente e o Novo Código Civil à luz da Constituição Federal: Princípio da Especialidade e Direito Intertemporal. Disponível em: www.tj.rs.gov.br. Acesso em: 13 fev. 2013.

18 TEIXEIRA, Ana Carolina Brochado; VIEIRA, Marcelo de Mello. Construindo o direito à convivência familiar de crianças e adolescentes no Brasil: um diálogo entre as normas constitucionais e a Lei nº 8.069/1990. *Civilistica.com*. Rio de Janeiro, a. 4, nº 2, 2015. p. 20.

Com a promulgação da Lei nº 12.010/2009, chamada Lei da Adoção, dois novos patamares foram incluídos na ordem legal piramidal do direito à convivência familiar e comunitária. Com a introdução do parágrafo único no artigo 25 do ECA, se a criança ou o adolescente não puder mais conviver com sua família natural, deve-se buscar inseri-la na família extensa, que foi conceituada como "aquela que se estende para além da unidade pais e filhos ou da unidade do casal, formada por parentes próximos com os quais a criança ou adolescente convive e mantém vínculos de afinidade e afetividade".[19] Após a tentativa de colocação na família extensa, depara-se com o terceiro grau que consiste na família substituta com a qual a criança ou o adolescente tenham algum vínculo de parentesco, de afetividade ou afinidade. Esses laços devem ser considerados pelo juiz ao apreciar um pedido de inserção em família substituta, "já que a relação existente pode amenizar os efeitos do afastamento da criança dos pais (art. 28, § 3º da Lei nº 8.069/1990) e também minimizar tais efeitos indesejáveis previstos quanto à prioridade da colocação dos grupos de irmãos na mesma família substituta (art. 28. §4º da mesma lei)".[20]

De fato, a convivência familiar e comunitária faz-se fundamental no processo de desenvolvimento de crianças e adolescentes, pois a família é lócus privilegiado de socialização e educação. Ela é responsável pelas primeiras experiências de cuidado, proteção e construção de vínculos das crianças e adolescentes. Enquanto a comunidade constitui-se em rede de apoio e solidariedade, também promovendo o fortalecimento de vínculos e contribuindo para a construção da identidade das crianças e adolescentes a partir de seu contexto sócio cultural.[21]

---

19 Desse modo, "[...] a ideia até então consolidada de família extensa foi alterada, tendo passado a exigir não só o vínculo de parentesco, mas também o liame de convivência e de afinidade e afetividade, ou seja, exigiu-se a presença de todos os elementos para a sua configuração. Ela é a segunda modalidade de família para melhor efetivar o Direito à Convivência Familiar porque conseguiria, em teoria, atenuar os efeitos da separação da família natural, já que o afastamento do lar, ainda que provisório, costuma ser traumático, e se presume que a adaptação da criança será mais fácil na casa daqueles com quem já se tem laços consolidados". TEIXEIRA, Ana Carolina Brochado; VIEIRA, Marcelo de Mello. Construindo o direito à convivência familiar de crianças e adolescentes no Brasil: um diálogo entre as normas constitucionais e a Lei nº 8.069/1990. *Civilistica.com*. Rio de Janeiro, a. 4, nº 2, 2015. p. 22.

20 TEIXEIRA, Ana Carolina Brochado; VIEIRA, Marcelo de Mello. Construindo o direito à convivência familiar de crianças e adolescentes no Brasil: um diálogo entre as normas constitucionais e a Lei nº 8.069/1990. *Civilistica.com*. Rio de Janeiro, a. 4, nº 2, 2015. p. 25.

21 "A criança e o adolescente devem participar da vida diária da comunidade e ter a oportunidade de construir laços de afetividade significativos com a mesma. Deve-se propiciar sua participação nas festividades e demais eventos da comunidade, além da utilização da rede socioassistencial, de educação, saúde, cultura, esporte e lazer disponíveis na rede pública ou comunitária. No acesso a atividades culturais, esportivas e de lazer deve-se observar o interesse, as habilidades e grau de desenvolvimento da criança e do adolescente. Sendo possível, deve-se propiciar que esse acesso não seja realizado sempre de modo coletivo, ou seja, com várias crianças e adolescentes do serviço frequentando as mesmas atividades nos mesmos horários, a fim de favorecer também a interação com outras crianças/adolescentes da comunidade". BRASIL. Presidência da República.

No entanto, o grupo familiar pode ou não se mostrar capaz de desempenhar tais funções de cuidado, proteção, socialização e educação. O contexto familiar é determinado pela realidade macroeconômica, social e cultural em que cada família está inserida, ou seja, a forma como cada família desempenhará suas funções encontra-se associada às suas experiências, condições de vida e às possibilidades que lhe são ofertadas, ao seu acesso a direitos, políticas públicas, possibilidade de protagonismo e autonomia na busca de resolubilidade frente às situações que lhe são impostas. Tudo isso, dentro de uma sociedade que está em constante movimento e transformação. Tais fatores contribuem para que a capacidade de cuidado e proteção de cada família seja relativa.

As transformações no seio familiar foram intensas nas últimas décadas,[22] especialmente pela sua atual feição calcada na afetividade[23] e na democratização de suas relações. Modificou-se a vocação da família contemporânea, que deixou de ser uma instituição em si mesma, para se tornar funcionalizada ao livre desenvolvimento da personalidade de cada um dos seus membros.[24] Por isso, como a família não é algo fixo nem, necessariamente, harmônico, no seio familiar as crianças e adolescentes também podem vivenciar experiências de violência, negligência, abandono, entre outras violações de direitos, em suas diversas faces. Muitas são as situações que levam a vivência de violência e violação de direitos nas relações intrafamiliares. Dentre elas, a reprodução de comportamentos observados e vivenciados pelos genitores quando também eram crianças e adolescentes.[25]

No entanto, quando a família se mostra incapaz de ofertar a devida proteção às crianças e adolescentes, cabe ao Poder Público intervir, avaliando as possibilidades da manutenção das crianças e adolescentes na família de origem e não sendo possível, recorrendo à família extensa, excepcionalmente à família substituta ou mesmo à comunidade. Apenas após esgotados todos esses recursos,

---

Conselho Nacional dos Direitos da Criança e do Adolescente e Conselho Nacional de Assistência Social. Orientações Técnicas: Serviços de Acolhimento para Crianças e Adolescentes. Brasília, DF, 2009. Disponível em: http://www.mds.gov.br/webarquivos/publicacao/assistencia_social/Cadernos/orientacoes-tecnicas-servicos-de-alcolhimento.pdf. Acesso em: 17 fev. 2019.

---

22 Cf. BARBOZA, Heloisa Helena; ALMEIDA, Vitor. Família após a Constituição de 1988: Transformações, sentidos e fins. *In:* EHRHARDT JR. Marcos; CORTIANO JUNIOR, Eroulths (orgs.). *Transformações no Direito Privado nos 30 anos da Constituição*. Belo Horizonte: Fórum, 2018. p. 609/623.

23 BARBOZA, Heloisa Helena. Perfil Jurídico do cuidado e da afetividade nas relações familiares. *In*: PEREIRA, Tânia da Silva; OLIVEIRA, Guilherme de; COLTRO, Antônio Carlos Mathias (Org.). *Cuidado e Afetividade*. Projeto Brasil/Portugal - 2016-2017. São Paulo: Atlas, 2016. p. 175/191.

24 Cf., por todos, BODIN DE MORAES, Maria Celina. A nova família, de novo - Estruturas e função das famílias contemporâneas. *Pensar* (UNIFOR), v. 18, p. 587-628, 2013.

25 V. GUERRA, Viviane Nogueira de Azevedo. *Violência de pais contra filhos*: a tragédia revisitada. 7º ed., São Paulo: Cortez, 2011; e, COSTA, Liana Fortunato; ALMEIDA, Tânia Mara Campos de (orgs.). *Violência no cotidiano*: do risco à proteção. Brasília: Universa: Liber Livro, 2005.

deve-se recorrer ao encaminhamento das crianças e adolescentes aos serviços de acolhimento.

Conforme determina o art. 101, § 1º, do ECA, o acolhimento institucional e o acolhimento familiar de crianças e adolescentes são medidas provisórias e excepcionais, utilizáveis como forma de transição para a reintegração familiar ou, não sendo esta possível, para colocação em família substituta. 'Provisórias' e 'excepcionais' são palavras-chaves neste dispositivo, para a compreensão do papel dos serviços de acolhimento, em que pese não expressarem a realidade observada no Brasil.

Qualquer pessoa maior de 18 (dezoito) anos pode ser padrinho ou madrinha, desde que não esteja inscrito no cadastro de adoção e cumpra os requisitos exigidos pelo programa de apadrinhamento escolhido por eles. Tais exigências são necessárias para resguardar as crianças e adolescentes e evitar burla ao Cadastro Nacional de Adoção. O apadrinhamento volta-se precipuamente à finalidade de promover vínculos afetivos seguros e duradouros entre os acolhidos e as pessoas da comunidade que se dispõem a colaborar com o seu desenvolvimento (apadrinhamento afetivo).

É importante destacar que o apadrinhamento não se confunde com as demais formas de colocação em família substituta. Desse modo, a guarda continua a ser exercida pelo responsável pela instituição de acolhimento ou pela família acolhedora, ou seja, o padrinho e a madrinha não possuem a guarda do afilhado.

Além do apadrinhamento afetivo, a Lei nº 13.509/2017 previu a possibilidade do chamado apadrinhamento financeiro, por meio do qual, pessoas jurídicas também podem apadrinhar crianças e adolescentes a fim de colaborar financeiramente para o seu desenvolvimento (art. 19-B, § 3º).

Os programas de apadrinhamento podem ser executados por órgãos públicos ou por organizações da sociedade civil desde que apoiados, nos termos do § 5º do art. 19-B, pela Justiça da Infância e da Juventude. Na hipótese de violação das regras estabelecidas pelo programa de apadrinhamento, o § 6º do art. 19-B determina a imediata notificação à autoridade judiciária competente, pelos responsáveis pelo programa de apadrinhamento e serviço de acolhimento.

O apadrinhamento é ato voluntário e sua disciplina legal atende à doutrina da melhor proteção da criança e do adolescente, encampada pela Constituição em seu art. 227, bem como concretiza os princípios da participação na vida da comunidade local e de pessoas no processo educativo que regem as entidades que desenvolvem os programas de acolhimento institucional e familiar (art. 92, incisos VII e IX), além de serem instrumentos de efetivação dos princípios constitucionais da solidariedade e da corresponsabilidade, como antes destacado.

Como se constata, o apadrinhamento se apresenta como importante instrumento de promoção do direito da criança e do adolescente à convivência comunitária. No entanto, sua configuração legal mais se aproximou da tentativa de regulamentar os programas de apadrinhamento que serviam como ação estratégica na reordenação do sistema de acolhimento, pouco abordando o regime legal e os efeitos jurídicos decorrentes de tal instituto.

3. Efeitos jurídicos do apadrinhamento civil: distinções necessárias

A figura do apadrinhamento civil ainda é desconhecida de boa parte da comunidade jurídica, que ainda não despertou para a necessidade de análise mais aprofundada da nova figura e, sobretudo, a definição de possíveis efeitos jurídicos. Em primeiro lugar cumpre observar que, embora implique uma situação de convivência de fato com a criança ou adolescente, o apadrinhamento é distinto das modalidades de colocação em família substituta previstos no art. 28, do ECA, no que respeita a seus pressupostos, forma de constituição e efeitos.

No que tange aos pressupostos, basta lembrar que o apadrinhamento se destina, como já salientado, à criança ou adolescente em programa de acolhimento institucional ou familiar, enquanto a colocação em família substituta, que é feita mediante guarda, tutela ou adoção, constitui medida excepcional que deve assegurar ao infante convivência familiar e comunitária, em ambiente que garanta seu desenvolvimento integral, conforme arts. 19 c/c 28 do ECA. As diferenças também se verificam quanto à forma de constituição e efeitos, como revela breve exame dos referidos institutos.

A guarda tem por fim regularizar a posse de fato, podendo ser deferida, liminar ou incidentalmente, nos procedimentos de tutela e adoção, exceto no de adoção por estrangeiros. Além disso, obriga a prestação de assistência material, moral e educacional à criança ou adolescente, conferindo a seu detentor o direito de opor-se a terceiros, inclusive aos pais, e à criança ou adolescente a condição de dependente, para todos os fins e efeitos de direito, inclusive previdenciários. Salvo expressa e fundamentada determinação em contrário, da autoridade judiciária competente, ou quando a medida for aplicada em preparação para adoção, o deferimento da guarda de criança ou adolescente a terceiros não impede o exercício do direito de visitas pelos pais, assim como o dever de prestar alimentos, que serão objeto de regulamentação específica, a pedido do interessado ou do Ministério Público (art. 33, §§ 1º, 3º e 4º, do ECA).

Igualmente não se deve confundir o apadrinhamento civil, especialmente em sua feição afetiva, com a adoção. Como já dito, trata-se de um programa voltado para crianças e adolescentes que vivem em situação de acolhimento ou em famílias acolhedoras, com o objetivo de promover vínculos afetivos seguros e duradouros entre eles e pessoas da comunidade que se dispõem a ser padrinhos e madrinhas. Por sua vez, de acordo com o ECA, a adoção constitui uma das modalidades de colocação em família substituta (art. 28, ECA). É medida excepcional e irrevogável,[26] à qual se deve recorrer somente quando esgotados os recursos de manutenção da criança ou do adolescente na família natural ou extensa (art. 39, § 1º). O vínculo de adoção constitui-se por meio de sentença, que atribui a condição de filho ao adotado, com os mesmos direitos e

26 O Superior Tribunal de Justiça estabeleceu que, em situações de adoção unilateral, a irrevogabilidade da adoção prevista no art. 39, parágrafo 1º, do ECA pode ser flexibilizada, tendo em vista o melhor interesse do adotando. STJ, REsp 1.545.959-SC, Rel. Min. Ricardo Villas Bôas Cueva, Rel. para acórdão Min. Nancy Andrighi, j. 06.06.2017, publ. 01.08.2017.

deveres, inclusive sucessórios, desligando-o de qualquer vínculo com pais e parentes, salvo os impedimentos matrimoniais (art. 41).[27] Logo, o apadrinhamento não se confunde com a adoção, eis que não estabelece qualquer vínculo de parentesco, nem se submete aos mesmos requisitos legais para a mesma.

Igualmente difere do instituto da tutela, que consiste no encargo conferido a alguém para que dirija a educação da pessoa do menor, defenda todos os seus interesses, preste-lhe alimentos e administre seus bens, cumpra enfim os deveres que normalmente cabem aos pais (arts. 1.740 e 1.741, CC/2002). A tutela é instituída quando os pais são falecidos ou ausentes, ou decaíram do poder familiar (art. 1.728, CC/2002).

Igualmente não se confunde o apadrinhamento civil com o chamado apadrinhamento religioso. Etimologicamente, padrinho e madrinha possuem significado de origem religiosa, que indica as pessoas que exercem a função de segundo pai e de segunda mãe, no sentido de "proteger, favorecer, defender",[28] sobretudo, na falta do pai e da mãe. O vínculo do apadrinhamento é, nesse sentido, uma relação espiritual de proteção. A figura do padrinho/madrinha não é exclusiva do Catolicismo, mas também existe em religiões afro-brasileiras.

O apadrinhamento afetivo possui efeitos jurídicos próprios, diferentes dos que decorrem da relação de filiação. Seu principal objetivo é o desenvolvimento de crianças e adolescentes em acolhimento familiar ou institucional, por meio do estabelecimento de vínculos afetivos significativos, duradouros e individualizados, que possa constituir uma rede de apoio afetivo, social e comunitário para além do acolhimento, especialmente como preparação, encaminhamento e acompanhamento no momento de sua reinserção social.

O ECA procura impedir que o apadrinhamento seja uma forma de burlar o Cadastro Nacional de Adoção (CNA), ao permitir que possam ser padrinhos e madrinhas somente pessoas maiores de 18 (dezoito) anos, não inscritas nos cadastros de adoção (§2º, art. 19-B). No entanto, cabe indagar se, à luz do princípio do melhor interesse da criança e do adolescente, não seria possível permitir a adoção *intuitu personae*,[29] em situações excepcionais, após verificado o estabelecimento de vínculo

---

27 Segundo Caio Mário da Silva Pereira, a adoção é "o ato jurídico pelo qual uma pessoa recebe outra como filho, independentemente de existir entre eles qualquer relação de parentesco consanguíneo ou afim". PEREIRA, Caio Mário da Silva. *Instituições de direito civil*: direito de família. 24º ed., Rio de Janeiro: Forense, 2016, p. 462. Sobre adoção, cf. BARBOZA, Heloisa Helena. Reconstruindo a adoção: comentários ao acórdão no REsp. 220.623/SP. *In:* FRAZÃO, Ana; TEPEDINO, Gustavo. *O Superior Tribunal de Justiça e a reconstrução do direito privado*. São Paulo: Revista dos Tribunais, 2011. p. 491-511.

28 FERREIRA, Aurélio Buarque de Holanda. *Novo Aurélio Século XXI*: o dicionário da língua portuguesa. 3º ed., rev. e ampl., Rio de janeiro: Nova Fronteira, 1999.

29 O Superior Tribunal de Justiça já se manifestou favoravelmente a admissibilidade da adoção *intuitu personae*, com base no entendimento de que a observância da preferência das pessoas cronologicamente cadastradas para adotar criança não é absoluta, pois há de prevalecer o princípio do

do menor com o padrinho, obviamente, não cadastrado no CNA. Apesar da legítima preocupação do legislador com a eventual burla ao cadastro, não se deve menosprezar o fato de as crianças e adolescentes apadrinhadas, em regra, terem pequenas chances de adoção. Assim sendo, impedir a adoção em tal hipótese, mesmo quando verificado o preenchimento do melhor interesse do menor, não parece atender aos desígnios constitucionais.

Nesse passo, a adoção *intuitu personae*, apesar de resistência de parcela da doutrina em admiti-la,[30] parece ser o instrumento adequado para garantir o direito à convivência familiar como alternativa ao acolhimento de crianças e adolescentes que não tem chance real de ingressar numa família substituta pelo Cadastro de Adotantes, que exige, na maior parte dos casos, perfil específico do adotando. Nestes casos, a autoridade da lista deve ceder, em determinadas circunstâncias, em favor do superior interesse do infante.

Outra questão que emerge dentre os possíveis efeitos do apadrinhamento é a possibilidade de configuração do parentesco socioafetivo. Tal hipótese dificilmente ocorrerá durante a infância ou adolescência em razão do tempo necessário para o preenchimento dos requisitos da posse de estado de filho, que servem de parâmetros razoáveis para se verificar a paternidade socioafetiva. Aliás, nada seria mais natural em razão do liame de afetividade e afinidade, que decorre da relação de apadrinhamento.

A filiação socioafetiva encontra fundamento no afeto, que se exteriorize na vida social. De início houve certa resistência à admissão desse critério de parentesco, em razão da inerente instabilidade das relações afetivas. Os questionamentos cessam, todavia, quando são considerados os elementos que compõem a socioafetividade: o externo (o reconhecimento social) e o interno (a afetividade). É um fato apreendido pelo direito. Seu reconhecimento judicial, por meio de sentença,[31] ou extrajudicial, na forma do Provimento nº 63, de 14 de novembro de 2017, do Conselho Nacional

melhor interesse do menor, norteador do sistema protecionista da criança (STJ, 4ª Turma, REsp 1628245/SP, Rel. Min. Raul Araújo, j. 13.12.2016, publ. 15.12.2016; STJ, 4ª Turma, REsp 1.567.812/SC, Rel. Min. Raul Araújo, j. 25.10.2016, publ. 05.12.2016; STJ, 3ª Turma, HC 298.009/SP, Rel. Min. Nancy Andrighi, j. 19.08.2014, publ. 04.09.2014; STJ, 3ª Turma, HC 294.729/SP, Rel. Min. Sidnei Beneti, j. 07.08.2014, publ. 29.08.2014; STJ, 4ª Turma, HC 279.059/RS, Rel. Ministro Luis Felipe Salomão, j. 10.12.2013, publ. 28.02.2014; STJ, 3ª Turma, REsp 1.347.228/SC, Rel. Ministro Sidnei Beneti, j. 06.11.2012, publ. 20.11.2012; STJ, 3ª Turma, REsp 1172067/MG, Rel. Min. Massami Uyeda, j. 18.03.2010, publ. 14.05.2010; STJ, 3ª Turma, REsp 837.324/RS, Rel. Ministro Humberto Gomes de Barros, j. 18.10.2007, publ. 31.10.2007.

30 V. PEREIRA, Tânia da Silva. Adoção. *In:* PEREIRA, Rodrigo da Cunha. *Tratado de Direito das Famílias*. Belo Horizonte: IBDFAM, 2015. p. 394/395.

31 Nesse sentido, o parcialmente superado Enunciado do CJF (V Jornada de Direito Civil) nº 519: "O reconhecimento judicial do vínculo de parentesco em virtude de socioafetividade deve ocorrer a partir da relação entre pai(s) e filho(s), com base na posse do estado de filho, para que produza efeitos pessoais e patrimoniais".

de Justiça, autoriza a passagem do fato para o Direito, permitindo, assim, a regular produção de efeitos existenciais e patrimoniais, mesmo em face de terceiro. Tal formalização, portanto, é condição para sua eficácia jurídica, exigindo-se prova de sua existência.[32] O elemento externo (*socio*) traduz o interno (*afetivo*), que pode assim ser identificado objetivamente, em geral mediante a aferição dos requisitos típicos das relações fundadas no afeto: *tractatio, reputatio e nominativo*, que configuram a denominada "posse do estado de filho".[33] A filiação socioafetiva é uma relação de fato, construída ao longo do tempo, com base no afeto objetivamente externado, e, por isso, apesar do apadrinhamento em si não criar o vínculo de parentesco, nada impede que a dinâmica da vida permita, desde que caracterizados os elementos necessários, à futura existência de um parentesco socioafetivo, a depender da própria intensidade do afeto amalgamado entre padrinho e afilhado.

Tais questionamentos, por óbvio, não alcançam o denominado apadrinhamento financeiro, uma vez que se destinam a pessoas jurídicas que desejam colaborar financeiramente para o desenvolvimento de crianças e adolescentes em situação de acolhimento (art. 19-B, § 3º). Os efeitos de tal espécie de apadrinhamento são bem mais restritos e se limitam ao dever de prestar assistência financeira nos termos do acordo do respectivo programa de apadrinhamento. Tais contribuições, verdadeiros atos de liberalidade, tem natureza jurídica de doação.

O apadrinhamento civil na recente experiência brasileira em muito se difere do regime legal português do apadrinhamento civil. No direito português, o apadrinhamento civil é figura relativamente recente, tendo sido criada por meio da Lei nº 103, de 11 de setembro de 2009,[34] e, posteriormente, regulamentada pelo Decreto-lei nº

32 O Provimento nº 63/2017 do CNJ corrobora tal entendimento ao prever no art. 12: "Suspeitando de fraude, falsidade, má-fé, vício de vontade, simulação ou dúvida sobre a configuração do estado da posse de filho, o registrador fundamentará a recusa, não praticará o ato e encaminhará o pedido ao juiz competente nos termos da legislação local".

33 Segundo Luiz Edson Fachin: "Ademais, a tradicional trilogia que a constitui (nomen, tractatus e fama) mostra-se, às vezes, desnecessária, porque outros fatos podem preencher o seu conteúdo quanto à falta de algum desses elementos. É inegável, porém, que naquele tríplice elenco há o mérito de descrever os elementos normais que de modo corrente demonstram a presença da posse de estado". FACHIN, Luiz Edson. *Da paternidade*: relação biológica e afetiva. Belo Horizonte: Del Rey, 1996, p. 68. No mesmo sentido, a lição de José Bernardo Ramos Boeira: "Entretanto, a doutrina reconhece em sua maioria que, o fato de o filho nunca ter usado o patronímico do pai, não enfraquece a 'posse de estado de filho' se concorrem os demais elementos – trato e fama – a confirmarem a verdadeira paternidade. Na verdade, esses dois elementos são os que possuem densidade suficiente capaz de informar e caracterizar a posse de estado" BOEIRA, José Bernardo Ramos. *Posse de estado de filho*: paternidade socioafetiva. Porto Alegre: Livraria do Advogado, 1999. p. 63.

34 A Lei Portuguesa nº 103, de 11 de setembro de 2009, aprovou o regime jurídico do apadrinhamento civil, alterando o Código de Registro Civil, o Código do Imposto sobre o Rendimento das Pessoas Singulares, a Lei de Organização e Funcionamento dos Tribunais Judiciais e o Código Civil Português. Disponível em: https://dre.pt/web/guest/pesquisa/-/search/489737/details/normal?q=Lei+n.%C2%BA%20103%2F2009%2C%20de+11+de+setembro. Acesso em: 10 mar. 2019.

121, de 27 de outubro de 2010, com modificações da Lei 141, de 08 de setembro de 2015,[35] como alternativa à institucionalização ou à adoção de crianças e jovens.[36] Cabe breve incursão na legislação portuguesa de modo a diferenciar os propósitos legislativos e os estatutos aplicáveis, tendo em vista que muito se diferem os institutos, apesar da nomenclatura semelhante. O art. 2º da Lei nº 103/2009 define o apadrinhamento civil como:

> [...] uma relação jurídica, tendencialmente de carácter permanente, entre uma criança ou jovem e uma pessoa singular ou uma família que exerça os poderes e deveres próprios dos pais e que com ele estabeleçam vínculos afectivos que permitam o seu bem-estar e desenvolvimento, constituída por homologação ou decisão judicial e sujeita a registo civil.

Pretendeu-se, assim, que o apadrinhamento civil corresponda a um vínculo afetivo entre padrinhos e afilhados, sem que, contudo, se crie um vínculo semelhante ao de filiação, na medida em não se pretende que se dissolvam os laços com a família biológica.

Muito se discute na doutrina portuguesa a natureza jurídica da relação estabelecida entre padrinhos e afilhados. Para alguns o apadrinhamento configura verdadeira relação familiar,[37] enquanto para outros enquadra-se como relação *parafamiliar* ou quase familiar.[38] Independente da discussão travada, inegável que o "apadrinhamento civil cria uma relação jurídica nova no direito português e que acresce aos institutos da

---

35 A Lei Portuguesa nº 141, de 08 de setembro de 2015, aprovou o Regime Geral do Processo Tutelar Cível, e procede à primeira alteração à Lei n.º 103/2009, de 11 de setembro, que estabelece o regime jurídico do apadrinhamento civil. Disponível em: http://www.pgdlisboa.pt/leis/lei_mostra_articulado.php?nid=2428&tabela=leis&so_miolo=. Acesso em: 15 mar. 2019.

36 A proposta da referida lei coloca como principal objetivo "promover a desinstitucionalização [...], bem como encontrar novas formas de colocação definitiva de crianças e jovens, que se acrescentem ao regresso à família biológica e à adopção, pois que estas duas soluções conhecidas não têm sido suficientes para evitar que as crianças e os jovens permaneçam internados demasiado tempo em instituições de acolhimento". Assim, este instituto foi "criado *ex novo* pelo legislador, que pretendeu delinear e instituir uma nova figura parafamiliar, com vista a resolver um problema já antigo: o drama das crianças e jovens institucionalizados ou em vias de institucionalização". PASSINHAS, Sandra. O apadrinhamento civil: uma nova figura no Direito Português. *Revista Fórum de Direito Civil – RFDC*, nº 1, 2012. p. 168.

37 Jorge Duarte Pinheiro afirma que "[...] a exigência de intervenção estatal para constituição e revogação do vínculo, a duração (que ultrapassa o período de menoridade do afilhado) e a finalidade de integração familiar (do afilhado junto dos padrinhos) permite considerar o apadrinhamento civil uma nova relação familiar inominada (a par da filiação por consentimento não adoptivo)". PINHEIRO, Jorge Duarte. *O direito da família contemporâneo*. 3º ed., Lisboa: AAFDL - Associação Académica da Faculdade de Direito de Lisboa, 2011. p. 772.

38 Ana Rita Alfaiate e Geraldo Rocha Ribeiro entendem "que o apadrinhamento constitui uma relação jurídica quase-familiar, porquanto os laços de solidariedade que lhe subjazem se mantêm para lá da maioridade do afilhado, sendo mais que um mero instituto de suprimento da incapacidade por menoridade". ALFAIATE, Ana Rita; RIBEIRO, Geraldo Rocha. Reflexões a propósito do apadrinhamento civil. *Revista do CEJ*, nº 1, Almedina, 2013, p. 120.

tutela e da adopção restrita, aproximando-se, apesar de tudo, mais da figura da tutela, uma vez que não se estabelece qualquer relação jurídica de filiação".[39]

De acordo com a Lei portuguesa, podem apadrinhar pessoas maiores de 25 anos, previamente habilitadas (art. 4º). Pode ser apadrinhado qualquer criança ou adolescente, desde que o apadrinhamento civil apresente reais vantagens para ele e desde que "não se verifiquem os pressupostos da confiança com vista à adopção, a apreciar pela entidade competente para a constituição do apadrinhamento civil". A criança ou o adolescente, menor de 18 anos, que esteja se beneficiando de uma medida de acolhimento em instituição ou de outra medida de promoção e proteção; que se encontre numa situação de perigo confirmada em processo de uma comissão de proteção de crianças e jovens ou em processo judicial; ou que, para além dos casos previstos nas alíneas anteriores, seja encaminhada para o apadrinhamento civil por iniciativa de determinadas pessoas ou entidades, pode ser contemplada pelo programa de apadrinhamento (art. 5º). A Lei proíbe, ainda, vários apadrinhamentos civis, salvo se os padrinhos forem da mesma família (art. 6º). A disciplina das relações entre pais e padrinhos são regidas, consoante art. 9º da Lei nº 103/2009, pelos princípios do mútuo respeito; da preservação da intimidade da vida privada e familiar, do bom nome e da reputação do afilhado; e da cooperação na criação de condições adequadas ao bem-estar e desenvolvimento do apadrinhado.

Inegável que o apadrinhamento civil português traz amplos efeitos jurídicos aos envolvidos, sendo caracterizado como relação de caráter tendencialmente permanente e afetiva entre uma criança ou adolescente e uma pessoa singular ou família que exerça os poderes e deveres próprios dos pais. Tal amplitude se depreende do art. 7º da Lei nº 103/2009, que estabelece as responsabilidades parentais dos padrinhos, o que corresponde, pelo menos em parte, ao conteúdo do poder familiar no direito brasileiro.[40] Com efeito, os padrinhos exercem a guarda fática da criança ou do adolescente afilhado, mas a lei assegura aos pais biológicos direitos de acesso físico e informacional do filho, nos termos do art. 8º da referida lei.

No que tange aos alimentos, a lei portuguesa considera os padrinhos ascendestes em 1º grau do afilhado para efeitos de obrigação de prestar alimentos, mas são precedidos pelos pais deste em condições de satisfazer esse encargo, nos termos do

---

39 ALFAIATE, Ana Rita; RIBEIRO, Geraldo Rocha. Reflexões a propósito do apadrinhamento civil. *Revista do CEJ*, nº 1, Almedina, 2013. p. 117.

40 "Art. 7º: Exercício das responsabilidades parentais dos padrinhos: 1 - Os padrinhos exercem as responsabilidades parentais, ressalvadas as limitações previstas no compromisso de apadrinhamento civil ou na decisão judicial. 2 - São aplicáveis, com as necessárias adaptações, os artigos 1936.º a 1941.º do Código Civil. 3 - Se os pais da criança ou do jovem tiverem falecido, se estiverem inibidos do exercício das responsabilidades parentais ou se forem incógnitos, são ainda aplicáveis, com as devidas adaptações, os artigos 1943.º e 1944.º do mesmo Código. 4 - As obrigações estabelecidas nos artigos referidos no número anterior são cumpridas perante as entidades que constituem o vínculo de apadrinhamento civil. 5 - É aplicável, com as necessárias adaptações, o disposto nos artigos 2.º a 4.º do Decreto-Lei n.º 272/2001, de 13 de Outubro".

art. 21 da Lei nº 103/2009. Cuida-se de hipótese de responsabilidade alimentar subsidiária. Em direção inversa, o mesmo dispositivo no item 2 determina que o afilhado é considerado descendente em 1º grau dos padrinhos para o efeito da obrigação de prestar alimentos, mas é precedido pelos filhos destes em condições de satisfazer o encargo.

O legislador português estabeleceu que o vínculo de apadrinhamento civil é hipótese de impedimento matrimonial entre padrinhos e afilhados, mas previu causa de dispensa pelo registrador civil, desde que haja sérios motivos que justifiquem a celebração do casamento, ouvidos os nubentes. A sanção prevista para o caso de descumprimento do impedimento é a incapacidade de receber do seu consorte qualquer benefício por doação ou testamento (art. 22º, Lei nº 103/2009).

Como já dito, o modelo brasileiro de apadrinhamento muito se distancia do instituto português, notadamente em relação à extensão dos seus efeitos. Importa destacar que o apadrinhamento no Brasil não concede a guarda aos padrinhos. As crianças e adolescentes permanecem ema acolhimento familiar ou institucional, sendo permitido aos padrinhos a visitação em datas comemorativas e que os afilhados passem os finais de semana e as férias com seus padrinhos.

Como o apadrinhamento não constitui relação de parentesco não há que se cogitar, inclusive, por falta de previsão legal, em obrigação alimentar recíproca entre padrinhos e afilhados. Embora o apadrinhamento possa consistir em colaboração financeira para o desenvolvimento do afilhado, de forma algum isso se traduz em dever de prestar alimentos, visto que somente devem ser observadas as regras do programa, mas principalmente por não haver obrigação legal de prestá-los, em razão da inexistência de parentesco.

Em relação aos impedimentos matrimoniais, o art. 1.521 do CC/2002 estabelece o rol de hipóteses nas quais o casamento é proibido. As justificativas para a proibição do casamento nas situações enumeradas no dispositivo mencionado repousam em razões de natureza moral e médica. A doutrina nacional é enfática em afirmar que o rol é taxativo e, portanto, não admite interpretação extensiva.[41] Assim sendo, o apadrinhamento não se enquadra em qualquer das hipóteses de impedimento matrimonial. Em razão da vulnerabilidade de adolescentes em situação de acolhimento, mereceria atenção e debate a possibilidade de casamento entre padrinho/madrinha e afilhada/o.[42]

A rigor, o apadrinhamento não chega a configurar uma entidade familiar e não cria qualquer vínculo familiar entre padrinhos e afilhados. Por conseguinte, não es-

---

41 TEPEDINO, Gustavo; BODIN DE MORAES, Maria Celina; BARBOZA, Heloisa Helena. *Código Civil interpretado conforme à Constituição da República*. Rio de Janeiro: Renovar, 2014. p. 34.

42 Cabe mencionar que a Lei nº 13.811, de 12 de março de 2019, modificou a redação do art. 1.520 do CC/2002 para suprimir as exceções legais permissivas do casamento infantil. Na atual redação: "Art. 1.520. Não será permitido, em qualquer caso, o casamento de quem não atingiu a idade núbil, observado o disposto no art. 1.517 deste Código".

tabelece os direitos e deveres decorrentes do parentesco, sejam existenciais ou patrimoniais, como o direito a alimentos e à sucessão, salvo de natureza testamentária. No entanto, como se discorrerá a seguir, a ausência de vínculo familiar não impede que se exija o dever de cuidado dos padrinhos em relação aos afilhados com base no princípio constitucional do melhor interesse de crianças e adolescentes e, mais especificamente, nos seus direitos fundamentais, notadamente o direito à convivência comunitária.

Desse modo, embora não haja uma responsabilidade parental dos padrinhos em relação aos afilhados e nem deveres decorrentes de vínculo de parentesco, o apadrinhamento impõe o dever genérico de cuidado e os deveres específicos decorrentes do compromisso de apadrinhamento. O ato de apadrinhar é ancorado na solidariedade social e na responsabilidade perante a pessoa em desenvolvimento, integrante de grupo a quem é constitucionalmente atribuída proteção especial em razão de sua vulnerabilidade.[43]

4. Apadrinhamento, cuidado e melhor interesse de crianças e adolescentes: desafios e efetividade

O acolhimento de crianças e adolescentes, seja ele institucional ou familiar, deve ser ofertado pelo Estado e integra a política pública de assistência social. De acordo com a Política Nacional de Assistência Social (PNAS),[44] o acolhimento de crianças e adolescentes afastados do convívio familiar pode ocorrer através dos Serviços de Acolhimento Institucional ou do Serviço de Acolhimento em Família Acolhedora, ambos integram a Proteção Social Especial de Alta Complexidade da Política Nacional de Assistência Social e têm suas especificidades regulamentadas pela Tipificação Nacional de Serviços Socioassistenciais.[45]

O acolhimento é uma medida de proteção (art. 98, ECA), como já dito, para crianças e adolescentes que se encontram em situação de risco pessoal e social, resultante da vivência de violações de direitos, e cujas famílias encontrem-se temporariamente impossibilitadas de cumprir sua função de cuidado e proteção.

Tanto nos serviços de acolhimento institucional quanto no serviço de acolhimento em família acolhedora, as equipes técnicas e de cuidadores devem buscar favorecer

---

43 Cf. BARBOZA, Heloisa Helena; ALMEIDA, Vitor. A tutela das vulnerabilidades na legalidade constitucional. *In:* TEPEDINO, Gustavo; TEIXEIRA, Ana Carolina Bochado; ALMEIDA, Vitor (orgs.). *Da dogmática à efetividade do Direito Civil*: Anais do Congresso Internacional de Direito Civil Constitucional - IV Congresso do IBDCIVIL. Belo Horizonte, MG: Fórum, 2017, p. 37/50.

44 BRASIL. Ministério do Desenvolvimento Social e Combate à Fome. Política Nacional de Assistência Social, Brasília, 2005. Disponível em: https://www.mds.gov.br/webarquivos/publicacao/assistencia_social/Normativas/PNAS2004.pdf. Acesso em: 14 fev. 2019.

45 BRASIL. Ministério do Desenvolvimento Social e Combate à Fome. Tipificação Nacional de Serviços Socioassistênciais, Brasília, 2013. Disponível em: https://www.mds.gov.br/webarquivos/publicacao/assistencia_social/Normativas/PNAS2004.pdf. Acesso em: 12 fev. 2019.

o convívio familiar - salvo decisão judicial em contrário – e comunitário, bem como, proporcionar que os acolhidos utilizem os serviços disponíveis na comunidade local. Por isso, preferencialmente as crianças e adolescentes devem ser acolhidos nas suas comunidades de origem ou, na ausência dos serviços, em comunidades próximas. Por igual motivo, os acolhidos que possuem vínculos de parentesco devem ser atendidos pela mesma unidade.

O acolhimento deve contribuir para a prevenção do agravamento de situações violadoras de direitos e da ruptura de vínculos, buscando, sempre que possível, reestabelecer e manter vínculos familiares e comunitários. Ambos os serviços dependem de decisão judicial para a inclusão de uma criança ou adolescente na rede de acolhimento; o serviço de acolhimento institucional, por sua vez, também permite o acesso através de requisição do Conselho Tutelar.[46]

Os serviços de acolhimento devem se articular com os demais serviços das políticas públicas setoriais disponíveis no território, assim como, com os demais órgãos do sistema de garantia de direitos, desenvolvendo um trabalho em rede e que englobe não apenas as crianças e adolescentes, mas também suas famílias e a comunidade, considerando o melhor interesse da criança e do adolescente, como princípio orientador na interpretação da lei ou mesmo para dirimir os conflitos existentes.

O ECA, desde 2009, através da Lei 12.010/09, prevê a preferência para a inclusão de crianças e adolescentes afastadas do convívio com a família, em serviço de acolhimento familiar à sua inclusão em serviço de acolhimento institucional, nos termos do seu § 1º do art. 34.[47] Cabe a União apoiar a implementação de serviços de acolhimento em família acolhedora como política pública, que, segundo o § 3º do art. 34, deve dispor de equipe que organize o acolhimento temporário de crianças e de adolescentes em residências de famílias selecionadas, capacitadas e acompanhadas que não estejam no cadastro de adoção.[48] A pessoa ou o casal cadastrado no programa de acolhimento familiar poderá receber a criança ou adolescente mediante guarda, observado o disposto nos arts. 28 a 33 do ECA.[49]

O acolhimento familiar é adequado ao atendimento de crianças e adolescentes cuja avaliação da equipe técnica indique possibilidade de retorno à família de origem,

---

46 Nesse caso, a autoridade competente deverá ser comunicada, conforme previsto no art. 93 do ECA.

47 "Art. 34. [...] § 1º A inclusão da criança ou adolescente em programas de acolhimento familiar terá preferência a seu acolhimento institucional, observado, em qualquer caso, o caráter temporário e excepcional da medida, nos termos desta Lei. (Incluído pela Lei nº 12.010, de 2009)".

48 "Art. 34. [...] § 3º A União apoiará a implementação de serviços de acolhimento em família acolhedora como política pública, os quais deverão dispor de equipe que organize o acolhimento temporário de crianças e de adolescentes em residências de famílias selecionadas, capacitadas e acompanhadas que não estejam no cadastro de adoção".

49 "Art. 34. [...] § 2º Na hipótese do § 1º deste artigo a pessoa ou casal cadastrado no programa de acolhimento familiar poderá receber a criança ou adolescente mediante guarda, observado o disposto nos arts. 28 a 33 desta Lei. (Incluído pela Lei nº 12.010, de 2009)".

nuclear ou extensa, uma vez que seu objetivo é contribuir para a desinstitucionalização de crianças e adolescentes. Porém, observa-se que as instituições de acolhimento acabam sendo protagonistas e sua realidade mostra a expressiva presença de crianças e adolescentes que entram no serviço e, depois de descartadas as possibilidades de reintegração familiar, são cadastradas para adoção, embora, em razão de seu perfil (cor/raça, idade, desenvolvimento intelectual, deficiência/doença, entre outros) acabam por permanecer na instituição até completar a maioridade, como observado acima.

Nesse contexto, pensar em convivência familiar e comunitária de crianças e adolescentes afastados do convívio familiar torna-se um desafio para as instituições de acolhimento, ao passo que se constituem em princípios a serem seguidos pelas mesmas, conforme disposto no ECA (art. 92, I, II, VII e IX). As próprias instituições são responsáveis pela normatização e organização do seu regimento interno, assim como da participação dos acolhidos em atividades realizadas por pessoas da comunidade ou ofertadas pela mesma, dentro e fora da instituição. As regras de gestão e de convivência devem ser construídas de forma coletiva e com a participação dos acolhidos, a fim de assegurar sua autonomia.

No entanto, em que pese a participação de pessoas da comunidade no processo educativo de crianças e adolescentes afastados do convívio familiar e a participação dos mesmos na vida da comunidade local constituírem-se em princípios a serem adotados pelas instituições de acolhimento, faz-se essencial que tais atividades, mesmo que periódicas e/ou por um tempo pré-estabelecido, sigam sua proposta, e que a mesma seja exposta às crianças e adolescentes, contribuindo para que os possíveis vínculos criados não sejam rompidos inesperadamente, vitimando novamente quem já sofrera tantos outros rompimentos. Assim, contribui-se para que as crianças e adolescentes afastados do convívio familiar não entendam os vínculos afetivos e de pertencimento como algo frágil e passível de rompimentos repentinos.[50] Ou seja, tais experiências não agregam benefícios às crianças e adolescentes e muitas vezes podem produzir prejuízos para sua formação, autoconhecimento e autonomia, comprometendo seu desenvolvimento integral. A estabilidade das suas relações e mesmo do ambiente em que se encontram, assim como, o tempo de convivência, são indispensáveis para a construção e manutenção dos vínculos afetivos e de pertencimento.

Em consonância com tais questões, documentos como as *Orientações Técnicas: Serviços de Acolhimento para Crianças e Adolescentes* e o *Plano Nacional de*

---

50 "Visitas esporádicas daqueles que não mantêm vínculo significativo, e frequentemente sequer retornam uma segunda vez ao serviço de acolhimento, expõem as crianças e adolescentes à continuidade de vínculos superficiais. Esses podem, inclusive, contribuir para que não aprendam a diferenciar conhecidos de desconhecidos e tenham dificuldades para construir vínculos estáveis e duradouros, essenciais para o seu desenvolvimento". BRASIL. Presidência da República. Conselho Nacional dos Direitos da Criança e do Adolescente e Conselho Nacional de Assistência Social. Orientações Técnicas: Serviços de Acolhimento para Crianças e Adolescentes. Brasília, DF, 2009. Disponível em: http://www.mds.gov.br/webarquivos/publicacao/assistencia_social/Cadernos/orientacoes-tecnicas-servicos-de-alcolhimento.pdf. Acesso em: 17 fev. 2019.

Convivência Familiar e Comunitária[51] oferecem parâmetros para a efetivação da convivência comunitária, assim como, para a criação de projetos de apadrinhamento de crianças e adolescentes acolhidos.

Os programas de apadrinhamento devem prever formas de cadastramento, seleção, preparação e acompanhamento de padrinhos e afilhados; a ser realizado por uma equipe interprofissional, em parceria com a Justiça da Infância e Juventude e o Ministério Público, ressaltando a responsabilidade de cada um na garantia da efetivação dos direitos fundamentais das crianças e adolescentes acolhidos e prezando pela qualidade dos vínculos que serão formados entre padrinho e afilhado. Mesmo que a criança ou adolescente tenha sua história marcada por perdas e rupturas, o estabelecimento de relações de confiança com alguém que lhe seja referência pode ser crucial no desenvolvimento de sua capacidade de estabelecer relações afetivas estáveis, duradouras e fortalecidas.

Para adolescentes em iminência de completar 18 (dezoito) anos e que necessitarão ser desligados do serviço de acolhimento, um padrinho afetivo constitui-se em figura ativa de apoio, orientação, fortalecimento de vínculo e construção de relações de cuidado. Não apenas para estes, mas para crianças e adolescentes acolhidos, em geral, e em especial para aqueles que atendem ao perfil preferencial para inclusão em programas de apadrinhamento, a convivência comunitária se faz essencial e salutar à sua formação pessoal e social.

As crianças e adolescentes acolhidos necessitam dos mesmos cuidados e da mesma proteção ofertada aos que permanecem no seio de uma família. Esse ônus seria caro ao Estado se ele sozinho tivesse a obrigação de cumpri-lo, pois, por mais aconchegantes e similares a um lar que as instituições possam ser, e por mais atenciosos que sejam os cuidadores e a equipe técnica, as relações de responsabilidade não possuem a obrigatoriedade de ir além de suas atribuições funcionais. Ou seja, para fora dos portões da instituição de acolhimento ou da família colhedora, a construção de uma vida autônoma envolve grandes desafios, desde os mais corriqueiros, como a aquisição de documentação civil, por exemplo, aos mais complexos, como economia doméstica e orçamento familiar, e o serviço de acolhimento, com toda sua amplitude não é autossuficiente ao ponto de sanar todas as necessidades dos acolhidos.

Como cada criança ou adolescente possui suas particularidades, ofertar atenção individualizada que o auxilie no enfrentamento das demandas do cotidiano, potencializando seu protagonismo e autonomia, requer uma atenção para além daquela que o serviço de acolhimento, por si só, dá conta de ofertar, por isso, o papel e a responsabilização da sociedade nesse processo se faz essencial, como preconiza a CR/1988 e o ECA.

---

51 BRASIL. Presidência da República. Secretaria Especial dos Direitos Humanos. Conselho Nacional dos Direitos da Criança e do Adolescente. Plano Nacional de Promoção, Proteção e Defesa do Direito de Crianças e Adolescentes à Convivência Familiar e Comunitária. Brasília, DF: CONANDA, 2006. Disponível em: https://www.mds.gov.br/webarquivos/publicacao/assistencia_social/Cadernos/Plano_Defesa_CriancasAdolescentes%20.pdf. Acesso em: 17 fev. 2019.

Através do apadrinhamento, padrinhos e madrinhas podem contribuir no processo de formação da identidade do afilhado, fortalecendo sua autonomia e protagonismo. Sua atuação complementar ao que é ofertado pelo serviço de acolhimento, constitui-se em ponto de apoio ao acolhido, favorecendo a compreensão e busca de resolubilidade das questões cotidianas, compartilhando experiências e vivenciando momentos.

O apadrinhamento constitui-se em uma estratégia para o fortalecimento da convivência comunitária de crianças e adolescentes afastadas do convívio familiar, pois possibilita e vivência vínculos individualizados e duradouros, aliando a participação na vida comunitária com as experiências de convívio familiar e promovendo a ampliação do repertório social e cultural das crianças e adolescentes apadrinhadas.

Nesse sentido, o apadrinhamento constitui-se em um vínculo jurídico (não familiar) para a promoção do desenvolvimento integral da criança ou do adolescente acolhido, contribuindo para a materialização destes enquanto sujeitos de direitos, a partir da promoção da convivência familiar e comunitária. O apadrinhamento se estabelece como uma possibilidade de construção de laços de afeto, proteção e fortalecimento de vínculos, proporcionando às crianças e adolescentes acolhidos, a garantia da efetivação de seus direitos fundamentais, reforçando a sociedade e o poder público como corresponsáveis pela sua efetivação.

Com efeito, a noção de cuidado se destaca no apadrinhamento, uma vez que é fundamental o envolvimento e a responsabilidade dos padrinhos e madrinhas para sua efetividade. Segundo Heloisa Helena Barboza, o cuidado consiste em práticas, ações e atitudes do dia-a-dia, "por definição, uma atitude em relação ao outro, 'um modo-de-ser mediante o qual a pessoa sai de si e se centra no outro com desvelo e solicitude'"[52]. A concepção de cuidado integra o "ser-no-mundo" e permite que o ser humano construa o próprio ser, a autoconsciência e a própria identidade. Na forma do cuidado, "o ser-no-mundo permite a vivência do valor inerente às coisas, isto é, daquilo que tem importância e definitivamente conta, que irradia e se conecta com tudo e com todos, e a partir do qual emerge a dimensão de alteridade, reciprocidade e complementariedade".[53]

Reconhecido como valor implícito do ordenamento jurídico, o cuidado vincula as relações de afeto, de solidariedade e de responsabilidade não só familiar, pois é indispensável identificar o cuidado dentre as responsabilidades do ser humano como pessoa e como cidadão. Nesse sentido, o cuidado conduz a compromissos efetivos e ao envolvimento necessário com o outro, como norma ética da convivência. Dessa forma, o dever de cuidado se sobressai nas relações de apadrinhamento, que embora não se configurem como de família, exigem um efetivo compromisso do pa-

52 BARBOZA, Heloisa Helena. Paternidade Responsável: o Cuidado como dever jurídico. *In:* PEREIRA, Tânia da Silva; OLIVEIRA, Guilherme de (Org.). *Cuidado e Responsabilidade*. São Paulo: Atlas, 2011. p. 85/96.

53 Ibidem, p. 85/96.

drinho/madrinha com o afilhado, de modo a permitir que a criança e o adolescente tenham vínculos externos duradouros à instituição para fins de convivência familiar e comunitária e colabore com seu desenvolvimento nos aspectos social, moral, físico, cognitivo, educacional e financeiro.

Cabe frisar que a Convenção Internacional sobre os Direitos da Criança confere bases constitucionais ao cuidado como valor, que constitui um componente significativo das regras vigentes no ordenamento jurídico brasileiro, em especial nas relações com crianças e adolescentes, ainda que fora do campo do direito de família, como se inscreve o apadrinhamento. A presença do cuidado como valor pode ser identificada em diversos direitos fundamentais consagrados pela Constituição da República, e constitui a base dos direitos fundamentais da criança e do adolescente, indicados no artigo 227 da Lei Maior.[54]

Diante desse cenário, o apadrinhamento se revela como ferramenta valiosa para promover o direito constitucional à convivência comunitária e o dever de cuidado. Apesar da original feição assistencial, a atual regulamentação consagra o Programa de Apadrinhamento como um instrumento hábil para a criação de vínculos externos à instituição para fins de convivência familiar e comunitária, propiciando desse modo à criança e ao adolescente a oportunidade de obter efetiva colaboração material e socioafetiva para o seu desenvolvimento. Nestes termos, é razoável entender que o apadrinhamento, embora tenha feição legal de uma possibilidade ou faculdade,[55] transforma-se na verdade num direito de crianças e adolescentes em acolhimento institucional ou familiar, na medida em que pode concretizar de modo mais amplo o melhor interesse dos infantes acolhidos. É dever do Poder Público, portanto, desenvolver os programas de apadrinhamento como forma de assegurar a convivência comunitária em sua mais plena e benéfica extensão.

5. Considerações finais: em busca da efetividade do apadrinhamento

O apadrinhamento é um Programa destinado à criança e ao adolescente que se encontrem em acolhimento institucional ou familiar, recentemente regulamentado pelo ECA, o qual está a exigir maior atenção da doutrina, dos Tribunais, do Poder Público e da sociedade em geral. Se é inegável que a institucionalização de crianças e adolescentes constitui um problema em qualquer sociedade contemporânea, ainda quando realizada transitoriamente, enquanto se buscam outras alternativas de alocação dos infantes, por outro lado não há dúvidas de que o acolhimento,

54 PEREIRA, Tânia da Silva. O cuidado como valor jurídico. *In:* PEREIRA, Tânia da Silva *et al* (coords.). *A ética da convivência familiar e sua efetividade no cotidiano dos tribunais*. Rio de Janeiro: Forense, 2006. p. 237.

55 Observe-se a redação do art. 19-A do ECA: "Art. 19-B. A criança e o adolescente em programa de acolhimento institucional ou familiar *poderão* participar de programa de apadrinhamento" (sem grifo no original).

em qualquer de suas modalidades, não é a melhor solução para uma pessoa em desenvolvimento.

Embora seu perfil esteja legalmente delineado, muito falta para a melhor compreensão do alcance jurídico e social do apadrinhamento. No que se refere ao primeiro campo, apresentam-se no presente trabalho algumas das primeiras reflexões sobre um instrumento jurídico que, se bem aplicado, poderá ser de grande valia para que se propicie, através de um meio simples e prático, o direito à vida comunitária assegurada constitucionalmente à criança e ao adolescente. Para que isso se efetive, ou seja, se torne uma realidade, é indispensável, porém, não apenas que se divulgue amplamente o apadrinhamento, suas modalidades e principalmente os procedimentos para sua constituição, como também se analisem de modo mais profundo seus contornos jurídicos para que se estabeleçam de modo claro e preciso seu alcance e limites, vale dizer, seus efeitos existenciais e patrimoniais, que eventualmente venham a se produzir.

Por ser um Programa legalmente regulamentado, não há previsão de efeitos jurídicos diretos de qualquer natureza[56], mas certamente alguns poderão surgir tanto no âmbito existencial, de que é exemplo o estabelecimento de uma relação socioafetiva apta a gerar o vínculo de parentesco, como no âmbito patrimonial em virtude da eventual nomeação do afilhado como herdeiro testamentário ou legatário do padrinho. Observe-se que tais efeitos não são próprios, isto é, não decorrem necessariamente do apadrinhamento, mas são situações que podem resultar da convivência com o padrinho, atendidos que sejam os requisitos legais ou doutrinários/jurisprudenciais para tanto. Por tal motivo, a contribuição material feita por pessoa física ao afilhado não tem natureza de alimentos, por não existir em tal hipótese fundamento para a obrigação alimentar, que apenas tem cabimento diante de expressa previsão legal.

Embora as situações mencionadas sejam mais complexas, outras são mais viáveis, quando se tem em vista o melhor interesse do afilhado. Este o caso do direito de visita do padrinho, mesmo havendo o entendimento no sentido de que a manutenção de contato com a criança ou adolescente dependerá de decisão dos adotantes ou dos responsáveis, caso surja a possibilidade de colocação em família substituta ou reintegração familiar. Mesmo havendo recomendação às equipes técnicas da instituição de acolhimento de prepararem a criança ou adolescente, para evitar uma ruptura traumática do apadrinhamento[57], o contato com o padrinho não deve ser negado ou

56 Nesse sentido é expresso o Programa de Apadrinhamento do Poder Judiciário do Estado do Rio de Janeiro – *Apadrinhar*: amar e agir para realizar sonhos. 1 ed. 4. reimp. Rio de Janeiro: Coordenadoria Judiciária de Articulação das Varas de Infância, Juventude e Idoso, p. 12. Disponível em: http://infanciaejuventude.tjrj.jus.br/informacoes/docs/cartilha-apadrinhamento.pdf. Acesso em: 21 janº 2019.

57 *Idem*, p. 13.

preterido, se assim exigir o melhor interesse do menor, ainda que concretizada a reintegração à família original ou substituta.[58]

Um dos objetivos do Programa de Apadrinhamento do Poder Judiciário do Estado do Rio de Janeiro[59] merece destaque, por tratar de tema raramente trazido à pauta de debates sobre infância e adolescência: a reinserção social do infante acolhido. Como ali registrado, espera-se que através do investimento material e da oportunidade de constituição de um suporte afetivo e uma rede de apoio comunitário se possa proporcionar às crianças e adolescentes acolhidos desenvolvimento saudável, "além da oportunidade de quebrarem o ciclo da exclusão e da invisibilidade social, possibilitando a conscientização e a construção de uma base mais sólida de cidadania".

À luz do princípio do melhor interesse da criança e do adolescente, mais do que contribuir para uma "base mais sólida de cidadania", o apadrinhamento tem importância vital para aquele que sai do regime de acolhimento, pois o padrinho será o rosto conhecido, a mão amiga, o braço que ampara, enfim a voz que orienta e consola o recém-adulto na dificílima tarefa de reinserção social.

O apadrinhamento merece, como se constata, todo incentivo e apoio a sua efetivação, pois sem uma saudável e sólida reinserção social não haverá cidadania.

Rio de Janeiro, março de 2019.

---

58 Nesse sentido dispõe o ECA, em seu art. 39, § 3º, ao tratar da adoção: [...] § 3º Em caso de conflito entre direitos e interesses do adotando e de outras pessoas, inclusive seus pais biológicos, devem prevalecer os direitos e os interesses do adotando.

59 Mencionado na nota 56.

La opresión en el cuidado: hacia un análisis unificado

Irene Vicente Echevarría

Sumario: 1. Introducción. **2.** Explotación. **3.** Marginación y carencia de poder. **4.** Violencia. **5.** Imperialismo cultural. **6.** Respuestas parciales. **7.** Propuestas.

1. Introducción

El cuidado es un término contestado hasta la extenuación, al que se ha presentado como don, castigo, cárcel, del que se han buscado alternativas, y al que se ha intentado revitalizar. Ninguna de estas opciones satisface a las personas involucradas. La búsqueda de soluciones exige aunar fuerzas entre quieres participan en las relaciones de dependencia, entre las cuales el cuidado ocupa un papel fundamental. Aunar fuerzas supone construir categorías de análisis que reconcilien las posturas enfrentadas en estas relaciones.

Con ese objetivo de reconciliar posturas propongo utilizar la herramienta propuesta por Iris Marion Young - las cinco caras de la opresión - y procurar de este modo una respuesta única frente a las lógicas opresivas que habitualmente caracterizan a las relaciones de cuidado en nuestras sociedades, tal y como se ha puesto de manifiesto tanto desde los estudios feministas como desde los estudios del ámbito de la discapacidad y la dependencia en general.

Lo que sostendré es que es el sistema social, económico y cultural en el que se desarrollan las relaciones de cuidado - lógicas opresivas - el que convierte el cuidado en práctica tirana, es decir, son los elementos externos en los que convive la forma actual de cuidado los que fundamentalmente lo tornan opresivo, no las prácticas de cuidado en sí. En definitiva, el problema no son los cuidados, sino la organización injusta y los roles asignados a las partes en las relaciones.[1]

El cuidado tal y como es concebido actualmente en nuestra sociedad "explota a ambas partes, quien recibe cuidado y cuidadora. El cuidado arruina las relaciones entre las personas y tiene como resultado oportunidades de vida frustradas en ambos lados de la ecuación del cuidado".[2]

La configuración actual del cuidado ha sido objeto de un sinfín de análisis y estudios que han venido principalmente de parte de algunos feminismos y de los estudios de la discapacidad, así como de los movimientos sociales de las personas con discapacidad. Escojo estas corrientes o enfoques - feminismos y discapacidad - frente al cuidado no solo porque sin duda son quienes han elaborado unas observaciones

---

1 GARCIA-SANTESMASES, A. Anudando luchas: la vida, los cuidados y la asistencia sexual. *Viento Sur* 152 (2017):103-111.

2 BRISENDEN, S. A charter for personal care. *Progress*, 16, 1989.

más potentes del mismo sino porque provienen de la voz de las protagonistas de estas teorías, las mismas participantes de las relaciones de cuidado y dependencia: mujeres y personas con discapacidad.

Las cinco caras de la opresión descritas por Young y clasificadas en: explotación, marginación, violencia, carencia de poder e imperialismo cultural nos servirán para demostrar que el cuidado necesita ser reformulado sin caer en enfrentamientos entre estos grupos.

Como señala Iris Marion Young "los intentos de teóricas, teóricos y activistas por descubrir una descripción común o las causas esenciales de la opresión de todos estos grupos, ha llevado con frecuencia a disputas nada fructíferas sobre quienes son aquellas personas cuya opresión es más fundamental o grave",[3] del mismo modo las críticas en torno al cuidado se han venido llevando a cabo enfrentando a unas y otras – mujeres y personas con discapacidad - en vez de aunar fuerzas y reconocerse como aliadas. Por tanto, utilizando las cinco caras de la opresión propuestas por Young demostraré lo inservible del actual sistema de cuidado sin necesidad de jerarquizar las opresiones de un grupo frente al otro. Lo que vengo a sostener con Young es que "muchos grupos diferentes son oprimidos en nuestra sociedad, y que no puede asignarse prioridad causal o moral a ninguna forma particular de opresión".[4]

Al pluralizar las categorías de opresión, dirá Young, la teoría social puede evitar los efectos de exclusión y simplificación que produce tal reduccionismo. El instrumento que Young nos presenta sirve para determinar si individuos y grupos están oprimidos o no y nos resulta tremendamente útil en lo que a las relaciones de cuidado respecta porque no nos obliga a jerarquizar la opresión reduciéndola a una manifestación concreta que nos permita compararlas.[5]

Además, el colectivo puede ser oprimido y privilegiado a su vez incluso dentro de las mismas relaciones, en el caso que nos ocupa no cabe duda de que en las relaciones de cuidado ambas partes son oprimidas en ocasiones y en otras privilegiadas de la relación. Así, las personas con discapacidad son la parte privilegiada y opresora en determinados aspectos del mismo modo que las mujeres cuidadoras lo son en otros.

El análisis conjunto de las partes que intervienen en las relaciones de cuidado puede ayudar a desarrollar propuestas mutuamente beneficiosas,[6] que dejen de entender a las partes en la relación -persona cuidada y cuidadora- como sujetos enfrentados pues, "la división tradicional entre las la cuidadora y la persona que recibe

---

3 MARION YOUNG, I. *La justicia* y la política de la diferencia. Trad. Silvina Alvarez. Ediciones Catedra, 2000. p. 73.

4 Idem, p. 76.

5 Idem, p. 76/77.

6 HUGHES, B. Love's Labours Lost? Feminism, the Disabled People's Movement and an Ethic of Care. *Sociology*, 39(2) (2005): 259–275.

cuidado no logra captar las dinámicas en las relaciones de cuidado",[7] no logra atender al enemigo común, las lógicas opresivas y externas que ya se mencionaron.

Abunda la literatura en la que cada parte -persona cuidada y cuidadora- se enfrentan, en la que unas y otras visiones se enfrentan y se reconocen mutuamente como quien ejerce la opresión, incluso respecto a la incompatibilidad entre los intereses de un grupo y otro.[8]

Las alianzas entre movimientos son necesarias pues los análisis teóricos sobre el cuidado de ambos enfoques se combinan a la perfección para hacer frente al objetivo común, denunciar lo inservible del actual modelo de tratamiento de la dependencia. Esta denuncia deberá desembocar en una transformar posterior del sistema social, económico y cultural en el que se desarrolla el cuidado. La principal muda cultural debe recaer sobre la concepción actual de la condición humana[9] que presenta al sujeto moral como aquel autónomo e independiente, de acuerdo con esta lógica, las relaciones de dependencia y cuidado son degradadas y recluidas al ámbito de lo privado por no encajar con su sujeto moral ideal. Siguiendo esta línea vemos como "las partes involucradas en las relaciones de cuidado son perpetuamente invalidadas porque el valor del cuidado es medido contra el sujeto masculino, adulto y autónomo el cual no solicita ni proporciona cuidado. Ser una cuidadora o una persona cuidada –hombre, mujer, con o sin discapacidad en cualquier rol- es encontrarse defectuoso, ser otro en relación al sujeto masculino de la modernidad".[10] De acuerdo con esta lógica todas aquellas que reciben y dan cuidado son oprimidas, presentadas como cuerpos gastados que pueden ser desechados, es decir, enviadas a los márgenes de la verdadera comunidad humana donde conviven los sujetos válidos, pues "el cuidado es uno de esos aspectos reprimidos y excluidos de la cultura occidental pues trata sobre flujos, fluidos, multiplicidad, diferencia, ritmo, encarnación, límites transitorios, contingencia y lo materno". [11] La escisión entre los espacios público y privado ha supuesto principalmente que los derechos, desarrollados siguiendo el patrón de un ciudadano concreto - aquel al que se considera física y moralmente autónomo - , no hayan llegado a quienes no son autónomas y por otro lado que las cuestiones que desde esta lógica consideramos exclusivas de los sujetos dependientes hayan sido escasamente reguladas, cuando no de forma errónea y siempre, tardíamente.

A partir de aquí comenzaré a categorizar los tipos de opresión sufridos por quienes participan en las relaciones de cuidado. Las categorías a utilizar, como ya he señalado, constituyen las cinco caras de la opresión planteadas por Iris Marion Young.

7 HERRING, J. *Caring and the Law*. Hart Publishing, Oxford and Portland, Oregon, 2013. p. 30.

8 SHAKESPEARE, T. *Help y Disability*: Rights and Wrongs. Birmingham: Venture Press, 2000.

9 BARRANCO, M.C. *Condición Humana y Derechos Humanos*: algunas claves filosóficas para un modelo contemporaneo de derechos. Madrid: Dykinson, 2017.

10 HUGHES, B. Love's Labours Lost?... Op. cit., p. 265.

11 Ibídem.

2. Explotación

De acuerdo con Young, podemos definir explotación como la transferencia de resultados del trabajo de un grupo social en beneficio de otro. Young dedica especial atención a la explotación derivada del género, pues para ella "la opresión de las mujeres consiste, en parte, en una transferencia, sistemática y no recíproca de poderes de las mujeres a los hombres"[12] y reconoce entre estas transferencias sistemáticas las energías sexuales y de crianza. La explotación es la opresión de clase y de género más significativa en términos marxistas, Engels afirmó que entre el hombre y le mujer existe una división del trabajo, el hombre aparece como el patrono mientras la mujer es simplemente los medios de producción y los hijos, las labores de cuidado, y el resto del trabajo doméstico constituye el producto del que el hombre se apropia. Para Engels, el primer antagonismo de clase "coincide con el desarrollo del antagonismo entre el hombre y la mujer en la monogamia; y la primera opresión de clases, con la del sexo femenino por el masculino".[13]

El cuidado, como vemos, es fácilmente identificable como la forma en la que las mujeres experimentan explotación, se trata en estos términos del conjunto de actividades "en las cuales se consumen sus energías y su poder en beneficio de los hombres, liberándolos para que se ocupen de los trabajos más importantes y creativos, reforzando su estatus o el ambiente que los rodea".[14]

Las primeras críticas hacia el cuidado en estos términos surgen como reacción al cambio de paradigma que presentan las políticas de dependencia llevadas a cabo a partir de los años ochenta en toda Europa, en España podemos encontrarlo a partir de la Ley 13/1982, de integración social de minusválidos. Estas primeras críticas son desarrolladas principalmente en Reino Unido y surgen como oposición al nuevo enfoque político que supone, tras el cierre masivo de las instituciones donde hasta el momento se habían recluido a las personas con discapacidad, que el cuidado y la dependencia se lleven a cabo en la comunidad, esto es, en el ámbito familiar.[15]

Para este conjunto de críticas es fácil interpretar comunidad como familia y familia como mujer lo que manifiesta que estas nuevas políticas han sido desarrolladas sin atender a la división sexual del trabajo de cuidados por el cual la mujer es la responsable y garante de la atención a las personas en situación de dependencia. La oposición a cuidado en la comunidad de este grupo puede resumirse en la siguiente sentencia de Janet Finch "rechazamos las llamadas políticas del cuidado en la comunidad que dependen de la contribución sustancial y constante del trabajo no remunerado de las mujeres en el hogar mientras que al mismo tiempo las excluye del mercado laboral

12 MARION YOUNG, I., La justicia y la política de la diferencia... Op. cit., p. 89.

13 FRIEDERICH, E. El origen de la familia, la propiedad privada y el estado. Madrid: Alianza Editorial, 1987. p. 36.

14 MARION YOUNG, I. La justicia y la política de la diferencia... Op. cit., p. 91.

15 FINCH, J. Community care: developing non-sexist alternatives. *Critical SocialPolicy* 9 (1984): 6–18.

y refuerza su dependencia económica y personal de los hombres".[16] En esta misma línea Elizabeth Wilson afirmará que "la comunidad es una maleta ideológica para una ideología conservadora y reaccionaria que oprime a las mujeres en silencio confinándolas a la esfera privada sin ni siquiera mencionarlas",[17] es fácil entender con Wilson, Flich y otras[18] que el cuidado en la comunidad representa para las mujeres un riesgo a sus avances emancipatorios, puesto que lo conseguido hasta ahora se ha hecho al margen de la participación del hombre en las tareas de cuidado o de la aceptación de la dependencia como una cuestión política.

En esta línea, se argumenta también que a pesar de toda la provisión estatal y de que el cuidado sea provisto por cuidadores profesionales pagados mientras la familia siga siendo el escenario de los cuidados comunitarios y la familia continúe viéndose como institución donde se desarrollan las opresiones y desigualdades de las mujeres no se cuestionará su explotación, por eso Man Walker destaca dos elementos importantísimos, para desarrollar una organización no sexista del cuidado en la comunidad: 1. A través de la expansión de los servicios de cuidado domiciliario y, 2. Retando las actitudes masculinas con respecto al cuidado.[19] En relación a la falta de provisión estatal, Carol Brown desarrolló el llamado patriarcado público, afirmando que quien obtiene beneficio de que las tareas de cuidado hayan quedado asignadas a las mujeres es el estado, que externaliza así sus obligaciones.[20]

En resumen, el cuidado en la comunidad es visto amenaza para las oportunidades de las mujeres sin discapacidad y por tanto como fuente de explotación debido a la carga de atención que representan las personas en situación de dependencia[21] pero, por razones externas o como las habíamos denominado, las lógicas opresivas en las que se desarrollan las relaciones de cuidado.

De este modo el cuidado empieza a considerarse como un acto de opresión y no un simple acto de amor como se deriva de dialécticas esencialistas -que serán presentadas más tarde- y las respuestas en ocasiones demostraron un fuerte insensibilidad hacia las personas en situación de dependencia "autoras como Dalley (1988) Finch (1984) and Ungerson (1987) cuestionaron la suposición de que cuidar era trabajo de las mujeres y presentaron la asfixia a la libertad y aspiraciones de las mujeres que esto representaba. Para ellas, la solución pasaba por continuar con la provisión de cuidados

---

16 Idem, p. 6.

17 WILSON, E. Women, the "community" and the "family". 1982. In: WALKER, A. Op. cit., p. 55.

18 Veasé también: MCINTOSH, Mary. Feminism and Social Policy. *Critical Social Policy* 1, 1981 y DALLEY, Gillian. *Ideologies of Caring,* Houndmills, Basingstoke. Hampshire and London: Macmillan, 1996.

19 WALKER, A. *Community Care*: the Family, the State and Social Policy. Oxford, 1982, Blackwell/Martin Robertson.

20 BROWN, Carol. *Mother, fathers and children*: from private to public patriarchy, 1981.

21 DAVY, L. *People with Intellectual Disability and the Relational Self*: Redrawing the Moral Boundaries of Personal Autonomy. University of Sydney, 2017. p. 20.

colectivas" esto es, la reinstitucionalización.[22] Desde aquí se presentó la idea de persona cuidada como carga, criticada desde los estudios de la discapacidad y es la razón del fuerte antagonismo entre ambos análisis.

En la actualidad la literatura feminista del cuidado está desarrollando teorías transnacionales del cuidado en las que se combina la explotación de género con la raza "la naturaleza de género del trabajo de cuidado y su potencial opresor hacia los individuos que trabajan como proveedores de cuidado, muchas de ellas sujetos transnacionales y racializados".[23]

3. Marginación y carencia de poder

En el siguiente apartado desarrollaré el análisis conjunto de dos de las caras de opresión de Young, estas son, marginación y carencia de poder. La razón de este tratamiento conjunto se deriva de las similitudes de entre ambas formas de opresión, en concreto la reducción de ambas a formas de injusticia comunes como son la falta de desarrollo de capacidades y con ello de toma de decisiones. Su tratamiento conjunto evitará la repetición de ideas.

Comenzaré definiendo ambas caras de opresión de acuerdo con su creadora y presentando sus puntos de encuentro para justificar así el tratamiento conjunto.

Para Young, la marginación es una de las formas más peligrosas de opresión, es la forma a través de la cual "una categoría completa de gente es expulsada de la participación útil en la sociedad, quedando así potencialmente sujeta a graves privaciones materiales"[24] reconoce además la autora dos elementos dentro de la marginación: privaciones materiales y bloqueo de oportunidades de ejercer capacidades. "Aunque la marginación implica claramente importantes cuestiones de justicia distributiva, conlleva además la privación de condiciones culturales, prácticas e institucionales, para el ejercicio de las capacidades en un contexto de reconocimiento e interacción".[25] La marginación, dirá Young es injusta porque bloquea las oportunidades de ejercer las capacidades en modos socialmente definidos y reconocidos.

La carencia de poder designa a aquellas personas con pocas oportunidades para desarrollar y usar sus capacidades. Así para Young las injusticias principales asociadas a la carencia de poder son: inhibición en el desarrollo de nuestras capacidades, falta de poder en la toma de decisiones y exposición a un trato no respetuoso. El elemento común a ambas categorías es la obstrucción en el desarrollo de las capacidades que

22 SHAKESPEARE, T. *Disability Rights and Wrongs.* 2006, Routledge. p. 147.

23 KELLY, Christine. Building Bridges with Accessible Care: Disability Studies, Feminist Care Scholarship, and Beyond. *Hypatia* vol. 28, nº 4, Fall 2013.

24 MARION YOUNG, I. La justicia y la política de la diferencia... Op. cit., p. 94.

25 Idem, p. 95.

sin duda es importante para el caso que nos ocupa, las formas de opresión que se generan dentro de las relaciones de cuidado.

Dentro de los estudios de la discapacidad y del movimiento de las personas con discapacidad el cuidado ha sido extensamente contestado, para este campo teórico cuidado significa infantilización, dependencia, exclusión, marginación social y entornos institucionalizados.[26]

Para poder entender el cuidado en estos términos opresivos debemos tener presente el sistema que lo genera, pues el cuidado como práctica inscrita en un determinado sistema -capacitista en este caso- oprime a las personas con discapacidad de la misma forma a través de la cual lo hace todo el sistema, marginándolas y desempoderándolas.

El cuidado está desarrollado en base a un modelo medico de tratamiento de la discapacidad, así podemos sostener que "el concepto de cuidado está fuertemente enredado con el modelo médico que tradicionalmente ha informado y estructurado la forma en la que el cuidado es proporcionado: centrado en la cura y la rehabilitación, y el mantenimiento de las necesidades de dependencia de las personas con discapacidad en lugar de la personalidad y las perspectivas de los individuos que están siendo cuidados".[27] Este modelo supone, en términos muy sucintos, que las personas con discapacidad a causa de sus características individuales no tienen nada que aportar a la sociedad y en la medida en la que no sean normalizadas se les imposibilita desarrollarse y adquirir ningún tipo de competencias funcionales, otras lo harán en su lugar en tanto ellas no estás capacitada.

Es fácil entender, por tanto, que elección y control son términos enfrentados al de cuidado "para cada persona con discapacidad, las palabras "elección" y "control" son de suma importancia. Estas son las palabras, no el cuidado, que deben sustentar todas las políticas y estrategias que afectan a nuestras vidas".[28] Resulta por tanto un concepto que aleja a las personas con discapacidad de la posibilidad de controlar sus vidas "El concepto de cuidado muestra a muchas personas con discapacidad como herramientas a través de las cuales otros han sido capaces de dominar y manejar nuestras vidas".[29]

Para este conjunto de críticas el cuidado debe ser remplazado por políticas de apoyo y vida independiente, pues ven el cuidado, como un instrumento irremediablemente vinculado con políticas opresoras. El origen de la dependencia no se encuentra en las condiciones individuales sino en el conjunto de estructuras sociales (de las que participa el cuidado) que desempoderan y generan dependencia.

---

26 HUGHES, B. Love's Labours Lost?... Op. cit.

27 DAVY, L. People with Intellectual Disability and the Relational Self... Op. cit., p. 76.

28 WOOD, R. "Care of Disabled People" Disability and Social Policy, 199-202, p. 201.

29 Idem, p. 199.

No podemos negar que el cuidado ha sido el lugar de las opresiones y el desempoderamiento de las personas con discapacidad, la cuestión reside en si podemos lograr un cuidado que promueva la autonomía, la independencia y se aleje de lógicas desempoderadoras.

4. Violencia

Young afirma que "lo que hace de la violencia una cara de la opresión es menos el conjunto de actos particulares en sí, a pesar de que éstos son a menudo absolutamente horribles, que el contexto social que los rodea y que los hace posibles y hasta aceptables"[30] y continua afirmando que "la opresión de la violencia consiste no solo en la persecución directa, sino en el conocimiento diario compartido por todos los miembros de los grupos oprimidos de que están predispuestos a ser víctimas de la violación, solo en razón de su identidad de grupo. El solo hecho de vivir bajo tal amenaza de ataque sobre si misma o su familia o amigos priva a la persona oprimida de libertad y dignidad, y consume inútilmente sus energías".[31]

El contexto del cuidado posibilita y legitima los actos de violencia contra las partes involucradas en la relación. Estos actos de violencia en algunas ocasiones incluso se institucionalizan y sistematizan, pensemos en las violencias ejercidas en contextos residenciales de cuidado y como el hecho de vivir bajo tal posibilidad de violencia conlleva un deterioro de las posibilidades de respuestas de las personas oprimidas.

Las relaciones de cuidado en tanto sigan inscritas en el ámbito de lo privado, espacio al que no permean los derechos seguirá siendo un espacio seguro en el que ejercer violencias. Sostengo con Pié Balaguer que "la sectorización de la vulnerabilidad alimenta formas de cuidado problemáticas"[32] por las que no solo la persona cuidada o dependiente se ve afectada, también quien lleva a cabo las tareas de cuidados.

Eva Feder Kittay nos presenta dos elementos que pueden concurrir en toda relación de dependencia, estas son: desigualdad en el poder y esfuerzo en la dominación, para la autora la desigualdad de poder es endémica a las relaciones de dependencia sin embargo no toda desigualdad de poder va acompañada de dominación. "La persona trabajadora de la dependencia está bien situada para abusar de la carga vulnerable"[33] pero también "la carga puede ser abusiva en formas que ni siquiera lo pretende y la trabajadora de la dependencia esta privada de las vías usuales para hacer frente al daño".[34] Nos encontramos por tanto antes dos formas distintas de violencia según

30 MARION YOUNG, I. La justicia y la política de la diferencia... Op. cit., p. 107.

31 Idem, p. 108.

32 BALAGUER, Asun Pié. "La piel de los cuidados" en M.A., Angelino. *Mujeres intensamente habitadas.* Ética *del cuidado y discapacidad.* p. 17.

33 KITTAY, E. *Love´s Labour*, Routledge, New York and London, 1999. p. 34.

34 Ibídem.

quien sea la receptora u emisora de la misma. De un lado la violencia, que se ejerce sobre la persona cuidada, derivada de la especial situación de vulnerabilidad en la que se encuentra y provocada por el deseo de mantener los privilegios y la abyección que provoca sobre quienes la cuidan. De otro lado, nos encontramos con la violencia ejercida sobre la persona que cuida y derivada de la tiranía que en ocasiones puede ejercer la persona cuidada, invocando falsas necesidades o beneficiándose de los nexos de afecto creados entre ella y quien la cuida.

La dependencia derivada[35] de la que es objeto la persona encargada del cuidado es un catalizador perfecto para que se ejerza violencia sobre ella, que puede provenir como vimos de la persona cuidada, pero también de aquellas otras personas de las que dependen económicamente, el proveedor familiar, el estado, o el cliente.

5. Imperialismo cultural

Con imperialismo cultural entendemos aquel proceso a través del cual "los rasgos dominantes de nuestra sociedad vuelven invisible la perspectiva particular de nuestro propio grupo al tiempo que estereotipan nuestro grupo y lo señalan como el otro"[36] prosigue Young "los productos culturales también son expresión de la perspectiva e interpretación de los grupos dominantes respecto de los hechos y elementos de la sociedad".[37]

Podemos por tanto presentar el cuidado como producto cultural a través del cual se estereotipa al grupo y se le concibe desde la otredad. Las personas participantes de las relaciones de cuidado son definidas desde fuera de sí mismas, esto es, desde el cuidado.

El cuidado como producto de unas determinadas lógicas sociales, económicas y culturales construye las identidades tanto de las mujeres como de personas con discapacidad. Diversas autoras vendrán a sostener que es a partir de un cuidado, desarrollado dentro de una lógica liberal, que se constituye la categoría mujer y persona con discapacidad, diremos en términos beauvorianos no se nace mujer o persona con discapacidad, sino que, a través del cuidado, se llega a serlo.

Vemos, en primer lugar de la mano de Hilary Graham "que debido a que la mayoría de las cuidadoras son mujeres, la identidad femenina se moldea por su participación en el cuidado, en términos de labor, pero también en términos de ser la persona que cuida de otras emocionalmente".[38] El cuidado, podemos decir, por tanto, se convierte en la característica definitoria de la identidad femenina al

35 Para profundizar en este termino veasé Martha Fineman.

36 MARION YOUNG, I. La justicia y la política de la diferencia... Op. cit., p. 103.

37 Ibídem.

38 SHAKESPEARE, T. Disability Rights and Wrongs Op. cit., p. 147.

mismo tiempo que, por oposición no cuidar se convierte en una característica definitoria de la masculinidad.

En esta línea Gillian Dalley dirá que la naturaleza preocupada (*caring about*) de la mujer justifica las tareas de cuidado (*caring for*) que ella lleva a cabo.[39] Esencializando la naturaleza pasiva de las mujeres se obtienen no solo cuidados en la esfera privada, sino que cuando participa de la esfera pública casi siempre la mujer lo haga en sectores feminizados relacionados con el cuidado, incluso cuando racionaliza sus elecciones profesionales las mujeres buscan, *trabajar ayudando a la gente*. En definitiva, imitando las relaciones de cuidado del interior de los hogares.

El cuidado no solo constituye un proceso a través del cual se crea el género o través del cual emerge la categoría mujer sugiere que la identidad de una mujer emerge a través del cuidado[40] también la identidad de la persona con discapacidad es creada a través de él. En esta línea se manifiesta Tom Shakespeare cuando sostiene que "no es solo sobre la mujer, también las personas discapacitadas son construidas a través de ideas sobre el cuidado",[41] hasta el punto de que el cuidado aparece como un ejemplo de antroprofagía social, en el sentido de asimilación y normalización de las personas receptoras del mismo,[42] pues la vigilancia del cuidado (*the vigil of care*) aparece como una tecnología disciplinaria que a través de su discurso y teoría fabrica e inscribe a aquellos que reciben cuidado.[43]

El cuidado aparece además como disciplina, como micro políticas del control social[44], a través del cual se traspasa poder desde los pacientes a los profesionales, esto viene a significar que tanto el poder de definirse como de resolver las cuestiones relativas al cuidado se realizan lejos de la persona con discapacidad.

Un análisis conjunto de este discurso viene a sostener que tanto las mujeres como las personas con discapacidad son sujetos constituidos por las micro tecnologías del poder que operan a través del discurso del cuidado, del mismo modo que la feminización del cuidado en una cultura dominada por el imaginario masculino hace de las relaciones de cuidado y de aquellos a los que envuelve en subordinados.[45]

En línea con lo anterior podemos sostener que "la auto desvalorización es otra característica de los oprimidos. De tanto oír de sí mismos que son incapaces, que no saben nada, que no pueden saber, que son enfermos, indolentes, que no producen en

---

39 DALLEY, D. Ideologies of caring... Op. cit.

40 HUGHES *et al.* Love's Labours Lost?... Op. cit., p. 261.

41 SHAKESPEARE, T Disability Rights and Wrongs. Op. cit., p. 147.

42 HUGHES, Bill. The Constitution of Impairment: Modernity and the aesthetic of oppression. *Disability & Society*, 14:2, 155-172, 1999. p. 157.

43 FOX, N. The Ethics and Politics of Caring: Postmodern Reflections.

44 Idem.

45 HUGHES *et al.* Love's Labours Lost?... Op. cit., p. 261.

virtud de todo esto, terminan por convencerse de su 'incapacidad'".[46] Shakespeare habla del impacto del "cuidado colonizador" y dice que este socaba la auto representación de aquellos que son marginados por la sociedad del cuidado. Además sostendrá Shakespeare, el discurso del cuidado construye al otro.[47]

De acuerdo con esto afirmamos que el discurso del cuidado performa tanto a las mujeres como a las personas con discapacidad, construyéndolas como lo otro subordinado por su papel fundamental en las relaciones de dependencia y cuidado pues "ambas partes involucradas – independientemente del sexo, género o estatus social- son construidas como 'el otro femenino' y por tanto marginadas en la gran escena de cosas producto del imaginario masculino".[48]

6. Respuestas parciales

Desde uno y otro grupo -mujeres y personas con discapacidad- se ha tratado de responder a las deficiencias ya mostradas que la configuración actual de las lógicas en la que se construye el cuidado genera. En este epígrafe sostendré que estas respuestas han sido parciales y solo han servido para responder a las opresiones de uno u otro colectivo.

El conjunto de alternativas puede resumirse en dos, las derivadas de los principios de vida independiente y las derivadas de la ética del cuidado.

El primer grupo, el informado por los principios de vida independiente propone alternativas al cuidado tales como help, support o assitance[49] pues, como se vio el concepto de cuidado es una herramienta a través de la cual otros han podido manejar y dominar las vidas de las personas con discapacidad.[50]Con este cambio de denominación lo que se pretende logar principalmente es proyectar una visión más aséptica de la acción de cuidar. Para el movimiento de vida independiente tomar en consideración elementos emocionales convierte a la acción de asistencia más fácilmente en una relación desigual, de ahí que, las alternativas que proponen sean menos personales y más contractuales.

Desde estas perspectivas se lleva a cabo una crítica radical a la vinculación entre cuidados y afecto, pues desde su punto de vista la existencia de esta vinculación imposibilita prestar atención a las estructuras de poder y desigualdad, que como se vio más arriba desemboca en opresiones.

Demandar asistencia personal en vez de cuidados significa para el movimiento de personas con discapacidad hablar desde los derechos en vez de desde la caridad o

46 FREIRE, Paulo. Pedagogía del oprimido., Siglo XXI Editores, 2007, p. 19.

47 SHAKESPEARE, T. *Help*... Op. cit., p. 19/20.

48 HUGHES, B. Love's Labours Lost? ... Op. cit., p. 262.

49 SHAKESPEARE, T. *Help*... Op. cit.

50 WOOD, R. Care of Disabled People... Op. cit.

el amor, significa optar por una ética de la justicia que garantice que las personas con discapacidad controlen la relaciones y tengan unas mínimas garantías sobre la forma en la que este se llevará a cabo.

De otro lado, la propuesta proveniente de la ética del cuidado sostiene que es imposible aislar la tarea de cuidado de su componente emocional y presentan los elementos que componen el cuidado como uno tangible o material al que podríamos denominar trabajo y otro de carácter inmaterial, la emoción. El cuidado siempre tiene lugar entre dos seres humanos entre los cuales se establece una relación y por lo tanto cuidar requiere de algo más que el mero uso instrumental del cuerpo de quien cuida.

El enfrentamiento fundamental entre ambas alternativas deriva de las consideraciones distintas de la condición humana, el primer grupo sigue presentando la autonomía y la independencia como el elemento central de la configuración del ser humano, mientras que para el segundo grupo este término debe ser sustituido por el de interdependencia. La independencia que quieren alcanzar los primeros se obtiene a partir de la remoción de barreras sociales y culturales – tales como el cuidado - que desempoderan y discapacitan, para el segundo grupo siempre habrá sujetos para los que la simple remoción de barreras no sea suficiente y precisen que les sean cubiertas determinadas necesidades de cuidado en términos más puramente emocionales que materiales.

En otras palabras, desde la ética del cuidado no puede pensarse en formas alternativas al cuidado capaces de asegurar la realización de todas aquellas necesidades ya sean materiales o emocionales, mientras que desde el movimiento de vida independiente las virtudes del cuidado son incompatibles con el principio de autonomía que es central en las estrategias políticas del movimiento de la discapacidad.[51]

Para el MVI no existe ningún elemento en el cuidado que no pueda contenerse dentro de otras formas – *help, support, assistance* - y deba preservarse, para la ética del cuidado esto responde a modelos masculinizados de entender la autonomía "el movimiento de personas con discapacidad ha adoptado una interpretación pragmática y materialista del cuidado que es conmensurable con la ética masculina y las idealizadas nociones masculinas de autonomía".[52]

"Yo creo no solo que la dependencia es inseparable de la existencia humana, sino que también muchas personas con discapacidad tienen necesidades que inevitablemente generan formas de dependencia continua que exceden de las típicas dependencias limitadas en el tiempo".[53]

"El movimiento de vida independiente fue en gran medida desarrollado por adultos con discapacidades físicas que querían una mayor elección en sus condiciones de

51 DAVY, L. *People with Intellectual Disability and the Relational Self*: Redrawing the Moral Boundaries of Personal Autonomy, University of Sydney, 2017. p. 20.

52 HUGHES, B. Love's Labours Lost?... Op. cit., p. 263.

53 SHAKESPEARE, T. Disability Rights and Wrongs... Op. cit., p. 145.

vida, tanto como acceso al empleo ordinario y oportunidades de ocio".[54] Así, o bien no se han fijado en la discapacidad intelectual o psicosocial o cuando lo han hecho ha sido desde modelos heredados de estas lógicas de la discapacidad física, sirva de ejemplo el modelo de prótesis cognitiva.[55] En relación a los anterior vemos que, "las personas con discapacidad intelectual están infrarrepresentadas en la investigación ya sea como participantes o sujetos, y sus necesidades, intereses y experiencias son marginadas por las teorías dominantes. Sostengo que esto es a causa de modelos dominantes de discapacidad desarrollados en los estudios de la discapacidad que conceptualizan la autonomía como un atributo del individuo".[56]

Para tener cabida en este modelo se exigen al menos determinadas capacidades lingüísticas y de auto representación (se debe poseer un nivel de agencia, comunicación e independencia) que en muchos casos también son excluyentes para las personas con discapacidad intelectual. El nivel y la forma de apoyo que precisan las personas con discapacidad intelectual y psicosocial demuestra que la propuesta que proviene del MVI es insuficiente.

De otra parte, las alternativas desarrolladas desde la ética del cuidado resultan insuficientes, su perspectiva centrada casi en exclusiva en la perspectiva de las cuidadoras refuerza estereotipos de las personas con discapacidad como carga pasiva "mucho se ha escrito en la literatura sobre el cuidado acerca del aislamiento de las cuidadoras; las desventajas personales y económicas de las cuidados y de las lagunas de reconocimiento de las cuidadoras"[57] y sobre todo lo garantiza que el cuidado se realice a través de una lógica de derechos ni que se garantice su voluntad, lo que deja a las personas receptoras de cuidados a merced de la buena voluntad de sus cuidadoras.

7. Propuestas

La búsqueda de alternativas pasa sin duda por reconfigurar las ideas que en torno a la dependencia y la condición humana conservamos, escuchando además lo que uno y otro movimiento - feminismo y discapacidad - tienen que decirnos. Las experiencias de las protagonistas de las relaciones de cuidado nos explican la insuficiencia del sistema de cuidado.

---

54 Ibídem.

55 Silvers Anita, Francis Leslie. Justice through Trust: Disability and the "Outlier Problem" in Social Contract y Arstein-Kerslake, Anna. An empowering dependency:exploring support for the exercise of legal capacity en Scandinavian Journal o Disability Research, DOI:10.1080.

56 DAVY, L. *People with Intellectual Disability and the Relational Self*: Redrawing the Moral Boundaries of Personal Autonomy. University of Sydney, 2017, p. 73.

57 HERRING, J. Caring and the Law.... Op. cit., p. 30.

Del análisis unificado de las opresiones que genera el cuidado podemos aprender que debemos desarrollar una versión del cuidado no sexista,[58] esto es, que tenga perspectiva feminista y no olvide que los cuidados en la comunidad sin más desarrollo, terminan significando cuidado como responsabilidad de las mujeres. De otro lado, debemos desarrollar una versión del cuidado que elimine el abuso, el paternalismo y promueva la autonomía de las personas con discapacidad.

Reconfigurar la condición humana nos obliga a alejarnos de representaciones de la dependencia basadas en lógicas masculinas y que sirva para empoderar a ambos grupos pues "un sistema que pongo adecuada atención a las relaciones de dependencia debe ser uno que busque empoderar a la trabajadora de la dependencia con respeto a sus propios intereses y, en la medida de lo posible disminuya la dependencia de la dependiente también".[59]

Algunas voces están proponiendo "análisis postfeminista de la constitución de las partes en la pareja del cuidado que puede ayudar a construir una mutuamente beneficiosa ética del cuidado".[60]

58 FINCH, J. Community care: developing non-sexist alternatives. *Critical SocialPolicy*, 9, 6–18, 1984. p. 7.

59 KITTAY, Eva. *Love´s Labor: Essays on Women, Equality, and Dependency.* Routledge, Thinking Gender, 1999. p. 37.

60 HUGHES, B. Love's Labours Lost?... Op. cit., p. 256/260.

Conceito de Criança e seus Direitos: Implicações para o Sistema de Proteção Infantil

João Pedro Gaspar
Sónia Rodrigues
Carlos Jesus Gil

"Atrás de uma criança que acredita em si mesma, está uma família que acreditou primeiro."

- Mathew L. Jacobson

1. Conceito de Criança e seus Direitos: Implicações para o Sistema de Proteção Infantil

Os sistemas de proteção infantil implementados em cada país encontram-se íntima e forçosamente ligados à própria noção do que deve ser a proteção à infância nessa sociedade, logo intrinsecamente dependentes da forma como na mesma são encarados os direitos da criança e, em última análise, do modo como a própria criança é vista no momento histórico e no contexto geográfico determinados, visão essa que surgirá sempre de um encontro das esferas cultural, política, económica e religiosa vigentes.

O conceito de criança afeta a perceção dominante sobre os direitos das crianças e a forma como estas devem ser defendidas/protegidas do que lhes é adverso. A formalização desses direitos repercute-se no modo como são criados e evoluem os sistemas de proteção à criança e nas políticas sociais de proteção infantil.

Ainda que este desenvolvimento não seja exclusivamente diacrónico, a compreensão de como evoluiu o conceito de criança e as implicações que essa evolução teve na visão dos seus direitos permitem compreender melhor os mecanismos que no presente são usados em nome da proteção infantil, e ajudam a encarar de modo mais claro os desafios que o futuro da proteção à criança coloca.

2. O Conceito de Criança e a sua Evolução

Só desde final do século XIX o estudo científico da criança tem preocupado os investigadores das ciências sociais, e apenas nas décadas de 60 e 70 do século passado surgiu a preocupação com a história da infância. O facto da criança apenas se ter constituído como objeto de estudo tão recentemente reflete as dificuldades, por parte do adulto, em ver a criança numa perspetiva histórica, o seu reduzido papel social até ao século XX, bem como nos aclara da falta de interesse a que este tópico estava votado.[1]

A existência da infância para além da sua condição biológica, enquanto conceito social próximo do que lhe atribuímos atualmente, é segundo alguns autores,[2,3] relativamente recente na história da humanidade. De forma gradual, no ocidente, com o advento da modernidade (entre os séculos XVI e XVII), a infância passa a ser considerada uma fase do ciclo de vida. O "sentimento de infância" nasce ligado à dinâmica das novas cidades e a uma nova conceção da própria família Inicialmente, esta mudança acontece apenas nas classes privilegiadas. Na Europa do século XVIII, fruto das sucessivas mudanças decorrentes da expansão comercial, do advento da industrialização, do desenvolvimento científico-tecnológico e da urbanização, a família torna-se cada vez mais nuclear e afastada da vivência comunitária. Surge a necessidade de uma maior e mais alargada escolarização, e o pensamento pedagógico passa a ver a criança como sujeito de necessidades e objeto de expectativas e cuidados. Porém, a preocupação com a educação da criança continua a centrar-se na formação do adulto de amanhã.[4]

A conceção contemporânea da infância resulta de um novo olhar sobre a criança, à luz do romantismo, que a vê como um ser inocente, puro e frágil,[5,6] e introduz o amor e a felicidade como elementos centrais da vivência familiar.[7] No entanto o reconhecimento da infância enquanto fase do ciclo de vida e categoria social, por si só, não conferiu direitos à criança.[8] Até ao século XX, a relação entre o adulto e a criança continuou centrada na autoridade paterna, mantendo-se o valor da criança dependente da sua "utilidade" para o adulto. Prevalece, paralelamente, uma visão paternalista (na política e na família) que vê a criança como um ser vulnerável, indefeso e sem capacidades para decidir ou agir autonomamente, que precisa do adulto e do estado para

---

1 OLIVEIRA, Z. M. R. *Educação infantil: fundamentos e métodos*. 4ª ed. São Paulo: Cortez, 2008.

2 ARIÈS, P. *História social da criança e da família*. 2ª ed. Rio de Janeiro: Editora Guanabara, 1981. Disponível em: edisciplinas.usp.br/pluginfile.php/347615/mod_resource/content/1/História%20social%20da%20criança%20e%20da%20fam%C3%ADlia,%20Aries.pdf.

3 TUCKER, N. Boon or burden? Baby love in History (cover story). *History Today*, 1993, (43)9, 28-35. Disponível em: http://search.ebscohost.com/login.aspx?direct=true&db=asn&AN=9309150034&lang=pt-br&site=ehost-live&scope=site.

4 GASPAR, J. P. *Os desafios da autonomização* – estudo compreensivo dos processos de transição para diferentes contextos de vida, na perspectiva de adultos e jovens adultos ex-institucionalizados. Porto: Euedito, 2015.

5 CASCARDI, M.; BROWN, C.; SHPIEGEL, S.; ALVAREZ, A. Where have we been an where are we going? A conceptual framework for child advocacy. *SAGE Open*, 5 (1), 2015.

6 HEYWOOD, C. *Uma história da infância*: Da idade média à época contemporânea no ocidente. Porto Alegre: Artmed, 2004.

7 MAGALHÃES, T. *Abuso de crianças e jovens*. Lisboa: Lidel, 2010.

8 NASCIMENTO, C. T.; BRANCHER, V. R.; OLIVEIRA, V. F. A construção social do conceito de infância: Uma tentativa de Reconstrução Historiográfica. *Linhas*, 9(1), 04-18. Florianópolis, 2008. Disponível em: www.periodicos.udesc.br/index.php/linhas/article/download/1394/1191.

uma efetiva defesa e proteção. Uma visão que defende como absolutamente essencial o advento de políticas públicas de proteção infantil com a mesma filosofia acolhida.[9]

Ao longo do século XX, a Psicologia deu uma contribuição notável para a compreensão da natureza e do desenvolvimento normativo da criança, nos seus diversos estádios, e da forma como as vivências, aprendizagens, relações e experiências (incluindo as traumáticas) afetam esse percurso. O contributo da Psicologia traduziu-se num melhor entendimento do comportamento infantil e da forma como se processa ao longo do crescimento a evolução das capacidades e competências motoras, de solução de problemas, raciocínio conceptual, aquisição de linguagem, juízo moral e construção da identidade. Tornou-se possível perceber o papel da qualidade dos vínculos precoces, da negligência, da falta de estimulação, dos maus-tratos físicos e sexuais e da forma como estas vivências afetam o desenvolvimento da criança. Em paralelo, a medicina veio contribuir para a diminuição da mortalidade infantil e para a prevenção, controle e tratamento de diversas doenças. Com a identificação, por Caffey, da síndrome do Shaken Baby, o relacionar da sua etiologia com o comportamento dos pais por Silverman e a utilização por Kempe do termo "síndrome da criança batida" (the battered child syndrome), inicia-se o reconhecimento médico do abuso de crianças. Gradualmente, passa a ser possível intervir na prevenção dos maus-tratos e abusos, identificando crianças em risco e trabalhando com as famílias.[10] É também relativamente recente o interesse de disciplinas como a sociologia, a história e a ciência jurídica sobre a criança.[10]

Ainda que seja consensual a existência de várias culturas da infância que variam de acordo com o momento histórico, segundo alguns autores,[11, 12, 13] a evolução do conceito de infância não se deu de uma forma linear, dado que em cada época se pode observar uma grande diversidade de formas no modo como é encarada a criança em função das suas características, da sua condição de nascimento e de outras circunstâncias externas. Estas diferentes variáveis podem afetar o modo como uma criança é vista pelo adulto de cultura para cultura, e o modo como uma determinada sociedade encara os direitos da criança e a sua proteção.

3. Da Criança Objeto à Criança Sujeito de Direito e da Proteção à Participação

Da mesma forma que interesses morais e sociais e teorias educacionais e científicas condicionaram a visão da infância ao longo do tempo e numa determinada so-

---

9 CASCARDI, M.; BROWN, C.; SHPIEGEL, S.; ALVAREZ, A. Op. Cit.

10 NASCIMENTO, C. T.; BRANCHER, V. R.; OLIVEIRA, V. F. Op. cit.

11 DEMAUSE, L. *Historia de la infancia*. Madrid: Alianza Editores, 1994.

12 HEYWOOD, C. Op. cit.

13 KUHLMANN JR., M. *Infância e educação infantil: uma abordagem histórica*. 7ª ed. Porto Alegre: Mediação, 1998.

ciedade, os mesmos fatores moldaram a génese e evolução da ideia de proteção da criança.[14]

Questões como a participação das crianças na vida social e os métodos de socialização e estratégias disciplinares (incluindo o castigo físico), são vistas de maneira diferente de cultura para cultura[15,16] Também a forma como se organizam os sistemas públicos de proteção à infância varia, mesmo nos dias de hoje, de sociedade para sociedade, ao ritmo das mudanças no pensamento humano, influenciadas por fatores sociais, culturais, religiosos, políticos, económicos e científicos.[17, 18, 19] Os sistemas de proteção à infância apresentam diferentes características e prioridades, tendo por base os interesses nacionais de cada país, dando resposta às necessidades criadas pelos problemas gerados como consequência de mudanças sociais.[20]

Numa perspetiva sócio-histórica,[21] as primeiras práticas de assistência à infância visavam exclusivamente a manutenção da sobrevivência da criança enquanto esta não era minimamente competente para assegurar, autonomamente, o seu sustento. O valor atribuído pela religião cristã à vida humana conferiu à Igreja um papel pioneiro na proteção infantil, baseado na caridade, que se prolongou desde a antiguidade até ao final da idade média.

A ideia de um "sistema de proteção infantil" nasce na sequência das mudanças ocorridas na visão tida sobre a infância entre os séculos XV e XIX, nas sociedades ocidentais. Os primeiros organismos públicos que visam a proteção infantil surgem fruto de políticas que enfatizam a responsabilidade social em questões como a salvaguarda da igualdade de oportunidades na educação, o controle social e a prevenção da criminalidade Com o advento do pensamento humanista, a criança passa a ser vista como um ser inocente, frágil, a um tempo vulnerável, incompetente e incapaz de decidir por si, que deve ser educado para se desenvolver e ser um adulto produtivo e integrado, crescendo o sentimento de proteção para com a criança e de obrigação da sociedade em evitar abusos.

---

14 HAMALAINEN, J. The origins and evolution of child protection in terms of the history of ideas, *Paedagogica Historica*, 52(6), 734-747, 2016.

15 MAGALHÃES, T. Op. cit.

16 TUCKER, N. Op. cit.

17 CASCARDI, M.; BROWN, C.; SHPIEGEL, S.; ALVAREZ, A. Op. cit.

18 COLLINS, T. M. A child's right to participate: Implications for international child protection. *The International Journal of Human Rights*, 21(1), 14-46, 2017.

19 HAMALAINEN. Op. cit.

20 MCCALL, R. B.; GROARK, C. J. Research on Institutionalized Children: Implications for International Child Welfare Practitioners and Policymakers. *International Perspectives in Psychology Research, Practice, Consultation*, 4, (2), 142–159, 2015.

21 DEMAUSE, L. Op. cit.

Em consequência da primeira guerra mundial, o número de crianças órfãs ou em condições de pobreza extrema inspirou a primeira tentativa de instituir uma diretiva internacional na área dos direitos da criança, a Declaração de Genebra sobre os Direitos da Criança, de 1924, que enuncia a necessidade de garantir uma proteção especial à criança. Da mesma forma, no final da segunda guerra mundial, os horrores a que foram sujeitas as crianças durante o conflito armado e as provações que estas passaram no pós-guerra, voltam a despoletar uma preocupação internacional com o respeito pelos seus direitos e a consciência da necessidade de criar organismos que contribuíssem para a sua proteção, resultando na criação da UNICEF (Fundo das Nações Unidas para a Infância) em 1946. Seguiu-se-lhe a Declaração dos Direitos da Criança, adotada a 20 de Novembro de 1959 pela Assembleia Geral das Nações Unidas, reconhecendo que a criança, por motivo da sua falta de maturidade física e intelectual, tem necessidade de uma proteção e cuidados especiais.

Tanto na Europa como nos EUA, os sistemas de proteção infantil passam a fundamentar a sua atuação no conhecimento científico, centrando-se na garantia da segurança do "menor" e no sancionamento dos pais negligentes ou abusadores,[22, 23] aspirando a prevenir os problemas das crianças com base em intervenções elaboradas a partir da noção de desenvolvimento normativo da criança e dos conceitos de negligência, maus-tratos físicos e abusos sexuais, crianças em perigo e parentalidade, introduzidos pela psicologia e pela medicina. Segundo Hamalainen, a "ciência da criança" contribuiu para a sua "estandardização", criando critérios para classificar as crianças face a um padrão considerado normal. A psicologia do desenvolvimento, a psicologia clínica, a medicina, o direito, a ciência política, as ciências da educação e a sociologia, com o apoio da estatística, afirmam a importância da infância enquanto etapa do ciclo vital, analisam as causas dos maus-tratos e estudam as suas consequências na idade adulta. Estas explicações científicas permitem fundamentar a proteção infantil enfatizando o percurso individual de vida de cada indivíduo, por contraposição ao padrão normativo estabelecido, esquecendo as causas sociais destes fenómenos, afastando a família e centrando os problemas apenas na criança/"menor", orientando a prevenção e o tratamento para a retirada do seu contexto familiar e consequente institucionalização da criança ou integração em AF.

Gradualmente, o reconhecimento da multiplicidade e complexidade dos problemas e necessidades da criança leva a que esta passe a ser vista como um ser completo, complexo e biopsicossocial, exigindo a diferenciação do conhecimento que orienta a intervenção no campo da proteção da criança e um enfoque sistémico que preconiza uma intervenção de ajuda, procurando as causas dos problemas e do abuso também no seu contexto familiar e envolvendo, sempre que possível, a família no trabalho de

---

22 GILBERT, N.; PARTON, N.; SKIVENES, M. *Child protection systems: International trends and orientations.* New York: Oxford Press, 2011.

23 MYERS, J. E. B. A short story of child protection in America. *Family Law Quarterly*, 42(3), 499-463, 2008.

proteção. Os sistemas de proteção passam a centrar-se nos serviços de apoio à família.[24] Com origem nos EUA, a filosofia do *"Permanency plan"* prioriza e defende que a preservação familiar deve ser a regra na proteção da criança em situação de risco, afastando o perigo potencial e potencializando os fatores de proteção ou compensatórios.[25] Mesmo em situações de perigo, a separação da criança da sua família passa a ser vista como uma medida temporária, visando a reunificação logo que a situação de perigo seja removida ou, caso tal não seja possível, a integração da criança numa nova família.

Com a aprovação da Convenção sobre os Direitos da Criança (CDC), em 1989, também pela Assembleia Geral das Nações Unidas,[26] com caráter vinculativo para os Estados que a adotaram, e que Portugal ratifica em 1990 (Decreto do Presidente da República nº 49/90 de 12 de Setembro), regista-se uma viragem importante na construção e consolidação da visão da criança e no reconhecimento internacional dos seus direitos. À exceção dos EUA, todos os países do mundo ratificaram a CDC,[27] pelo que os conteúdos dos seus 54 artigos e os seus princípios orientadores (não descriminação, superior interesse da criança, direito da criança à vida, sobrevivência e desenvolvimento e respeito pelas opiniões da criança), vertidos na legislação da maioria dos países signatários, enquadram os sistemas de proteção à infância de cada um desses países no respeito pelos direitos da criança.[28,29]

Assim, os sistemas de proteção nacionais gradualmente adotam como base política fundamental os direitos da criança, focando-se na promoção e melhoria do seu desenvolvimento e bem-estar,[30] assumindo uma abordagem interdisciplinar que integra as perspetivas sociológica, psicológica, médica e biológica, evitando reducionismos,[31] e exigindo uma maior especialização organizacional dos sistemas de acolhimento e dos profissionais que os integram.[32] Embora o processo de globalização e o papel das organizações internacionais que visam promover a nível mundial o respeito pelos direitos da criança contribuam para salientar aspetos partilhados pelas crianças, estas

---

24 HAMALAINEN. Op. cit.

25 MAGALHÃES, T. Op. cit.

26 UNICEF, *A convenção sobre os direitos da criança*. 2004. Disponível em: http://www.unicef.pt/docs/pdf_publicacoes/convencao_direitos_crianca2004.pdf.

27 UN, *List of participants signatories of the Convention on the Rights of the Child*. United Nations Treaty Collection/ Depositary/ Status of treaties, Treaty Series, Vol. 1577, 2018. Disponível em: https://treaties.un.org/doc/Publication/MTDSG/Volume I/Chapter IV/IV-11.en.pdf

28 CASCARDI, M.; BROWN, C.; SHPIEGEL, S.; ALVAREZ, A. Op. cit.

29 COLLINS, T. M. Op. cit.

30 GILBERT, N.; PARTON, N.; SKIVENES, M. Op. cit.

31 PROUT, A. Reconsiderar a nova sociologia da infância. *Cadernos de Pesquisa*, 2010. *40*, 141, pp. 729-750. Coimbra: FPCEUC. Disponível em: https://estudogeral.sib.uc.pt/bitstream/10316/11781/1/tese%20versao%20reformulada%20final2.pdf

32 HAMALAINEN. Op. cit.

assumem cada vez mais diferentes identidades,[33] pelo que só dando voz à própria criança se pode perceber o seu imaginário comum e a forma como lê o seu quotidiano e dá sentido ao mundo.[34, 35] O sistema de proteção, no respeito pelos direitos da criança, deve desdobrar-se e desmultiplicar-se para responder às necessidades específicas e particulares de cada criança e promover os seus direitos.[36]

Numa ótica pós-moderna, o reconhecimento de que não existe "a infância" ou "a criança" mas, em função das suas vivências e dos diferentes olhares dos adultos, uma multiplicidade de crianças e de infâncias que se constituem como atores sociais com voz própria,[37] exige que os sistemas de proteção se orientem para a criança,[38] garantindo o direito da criança a ser ouvida nos assuntos que a afetam individualmente e na definição de políticas sociais de proteção à infância. Um sistema de proteção que consagre o direito da criança a ser ouvida e à sua participação nos assuntos que lhe dizem respeito reconhece o valor da sua perspetiva.[39, 40] Neste sentido, um sistema de proteção infantil pensado e concebido pelos adultos para responder às necessidades que se acredita serem as das crianças deixa de ser aceitável.[41] Num sistema de proteção moderno não basta a mudança da legislação de forma a consagrar a sua ação em função da salvaguarda dos direitos da criança. Ouvir a criança deve constituir, igualmente, um princípio fundamental.[42]

Neste novo paradigma advoga-se como essencial ouvir a criança e conferir-lhe o poder, até aqui reservado aos adultos, de participar nas decisões que lhe dizem respeito, de acordo com o seu nível de desenvolvimento e capacidade de compreensão.[43] Não é suficiente zelar pela proteção, prevenção e promoção dos direitos mais básicos da criança, importa contar com a sua efetiva participação, equilibrando as questões que asseguram a sua proteção com a audição da sua vontade, atendendo ao seu superior interesse.

---

33 SARMENTO, M. J. A globalização e a infância: impactos na condição social e na escolaridade. *In:* R. GARCIA, L.; FILHO, A.L. (Org.) *Em defesa da educação infantil*. pp: 13-28. Rio de Janeiro: DP&A, 2001.

34 KUHLMANN JR., M. Op. cit.

35 NASCIMENTO, C. T., BRANCHER, V. R.; OLIVEIRA, V. F. A construção social do conceito de infância: Uma tentativa de Reconstrução Historiográfica, 2008. *Linhas*, 9(1), pp 04-18. Florianópolis. Disponível em: www.periodicos.udesc.br/index.php/linhas/article/download/1394/1191.

36 HAMALAINEN, J. Op. cit.

37 DAHLBERG, G.; MOSS, P.; PENCE, A. *Qualidade na educação da primeira infância: perspectivas pós-modernas*. Porto Alegre: Artmed, 2003.

38 GILBERT, N.; PARTON, N.; SKIVENES, M. Op. cit.

39 CASCARDI, M.; BROWN, C.; SHPIEGEL, S.; ALVAREZ, A. Op. cit.

40 GILBERT, N.; PARTON, N.; SKIVENES, M. Op. cit.

41 COLLINS, T. M. Op. cit.

42 HAMALAINEN, J. Op. cit.

43 CASCARDI, M.; BROWN, C.; SHPIEGEL, S.; ALVAREZ, A. Op. cit.

À luz da CDC procura-se, nos dias de hoje, conseguir a reconciliação entre a dicotomia proteção/participação, alicerçando o equilíbrio entre os direitos da criança e a sua manifesta necessidade de proteção no valor intrínseco e dignidade da criança e no facto de todos os direitos serem interdependentes.[44, 45, 46, 47]

O objetivo principal dos sistemas nacionais de proteção à infância é proteger a criança da violência, e a responsabilidade de cada Estado é conseguir estabelecer um sistema compreensivo de proteção à infância.[48, 49] As suas intervenções podem ser muito diferenciadas (prevenir, identificar, reportar, referenciar, investigar, tratar, intervir, realizar follow-up, executar funções de cariz jurídico e definir/aplicar/avaliar medidas), tendo em conta a perspetiva única de cada país e o seu contexto histórico, recursos disponíveis e fatores sociais e culturais. No entanto, é primordial que os sistemas de proteção sejam integrados, com componentes e serviços multidisciplinares que coordenem a intervenção entre os seus vários sectores e articulem a ação das diferentes entidades no terreno, colocando sempre a criança no centro.

Leis, políticas, gestão, recursos, monitorização, recolha de dados e fiscalização devem complementar os serviços de prevenção, proteção, resposta social e assistência, respeitando o estipulado pela CDC, incluindo medidas de proteção social à infância, assegurando os direitos da criança e o seu bem-estar.[50]

Trata-se de assumir uma nova conceção dos sistemas de proteção à infância como efetivos instrumentos de promoção dos direitos das crianças, contando com a participação da criança na definição dos problemas, na formulação das medidas e na avaliação das respostas, numa perspetiva de melhoria constante, ouvindo as crianças em todas as etapas e questões que lhe dizem respeito e considerando a sua opinião em conjunto com as dos adultos.

Esta nova perspetiva do que deve ser um sistema de proteção implica, antes de mais, a mudança da própria sociedade e da sua visão sobre a criança para que, gradualmente, se possa aspirar a que qualquer criança se afirme, de forma integral, como cidadão/ã e como verdadeiro sujeito de direitos.

---

44 CASCARDI, M.; BROWN, C.; SHPiEGEL, S.; ALVAREZ, A. Op. cit.

45 COLLINS, T. M. Op. cit.

46 CONSELHO DA EUROPA/ COUNCIL OF EUROPE. Council of Europe Strategy for the Rights of the Child (2016-2021). 2016. Disponível em: https://rm.coe.int/168066cff8.

47 UNICEF. *A convenção sobre os direitos da criança,* 2004. Disponível em: http://www.unicef.pt/docs/pdf_publicacoes/convencao_direitos_crianca2004.pdf.

48 COMISSÃO EUROPEIA/EUROPEAN COMMISSION. *Coordination and cooperation in integrated child protection systems: Reflection paper*. 2015. Disponível em: https://ec.europa.eu/anti-trafficking/eu-policy/coordination-and-cooperation-integrated-child-protection-systems-reflection-paper_en.

49 CONSELHO DA EUROPA/ COUNCIL OF EUROPE. *The best interests of the child – A dialogue between theory and practice.* 2016. Edited by Milka Sormunen. Disponível em: https://rm.coe.int/1680657e56.

50 SARMENTO, M. J. Op. cit.

4. Onde entra a inteligência social e o seu real préstimo

Na fase – chamemos-lhe assim – atribulada que vivemos, que vivem as sociedades de toda a ecúmena, urge aprender a viver com os outros. É fundamental a existência de quem ensine; mais ainda: é condição *sine qua non* que todos os que ainda não "sabem" queiram aprender e façam vigorosamente por isso!

Mas então, o que é que cada um tem de saber, de aprender para poder viver e sentir conforto em sociedade? Desde logo, e convocando todas as suas faculdades racionais, emocionais e criativas, aprender a comungar os desígnios comuns. Caso estes não existam de facto, por exemplo em questões espirituais, religiosas, culturais, e se, depois de aturada deliberação ainda for aquela a sociedade vista como a melhor para si, imbuir-se de respeito, estima por todos os princípios que não sendo os seus são as linhas orientadoras do universo humano do convívio que vai ter – conviver = viver com.

Cada pessoa deve, desde que capaz, convocar as inteligências cognitiva, emocional, criativa e pô-las ao serviço da sua própria integração saudável na sociedade que respira e partilha. Portanto, aqueles três tipos de inteligência ao serviço deste quarto, a inteligência social. Se é de há pouco a sua entrada na comunidade, se sempre lá permaneceu, não importa, em qualquer dos casos deve é estar permanentemente atenta às mudanças que o tempo vai trazendo e, conjuntamente com os outros *sócios* capazes, tudo fazer para que o bem comum, a harmonia e a sustentabilidade do agregado de indivíduos, juntamente com as sinergias que criam, continuem no caminho trilhado, o qual só pode ser o da saúde do todo e de cada um. Saúde, de uma perspetiva absolutamente holística.

Quando o indivíduo, mobilizando os tipos de inteligência que não a social, mas que lhe são fundamentais, pois somente com aquelas faculdades poderá alcançar de modo satisfatório ou mesmo brilhante esta outra, tão própria do ser necessariamente gregário que somos, portanto quando o indivíduo recorre àquelas ferramentas da mente, articulando através da inteligência cognitiva saberes e competências já do seu acervo (as quais pode e deverá sempre ir aumentando), conjugando tudo isso com um saber lidar com emoções da mais variada tipologia, virtudes proporcionadas pela Inteligência emocional, quando tal acontece assiste-se ao derrubar de obstáculos até aí intransponíveis, propiciadores de fragmentação social. Na posse destas qualidades, o *sócio* labora idoneamente no sentido da coesão social, de uma justiça genuinamente para todos, de uma universal igualdade de oportunidades. Dizemos que é um indivíduo socialmente inteligente. É alguém munido de inteligência social, algo tão importante e ainda tão negligenciado nas demais sociedades, sejam elas do primeiro, do segundo, do terceiro mundo... dos mundos que, sendo por nós regidos, existirem.

Temos que, portanto, quanto maior for a inteligência social de um indivíduo, maior a sua capacidade de integração em sociedade... por mais *estranha* que esta lhe pareça. Mais cedo ou mais tarde será sócio, como os outros.

Urge, então, trabalhar efetiva e empenhadamente estas questões. Devemos fazê-lo logo a partir de casa, se a possibilidade existe; devemos continuá-lo, e acentuadamente, nas escolas, dos níveis mais baixos aos mais avançados, que estas necessidades são também elas dinâmicas. Caso um Lar não o seja verdadeiramente, mas tão só um espaço físico e de relações mas desconhecedor de qualquer tipo de funções parentais, há impreterivelmente que sinalizar o mesmo e intervir com vista à supressão da profunda lacuna.

Uma criança ou um jovem desprovido da noção das realidades que aqui fazemos assomar, e que vê igualmente ausentes as ferramentas com que – como qualquer indivíduo – não nasceu, se não alvo dos cuidados de que necessita e merece, será sempre alguém a sentir-se estrangeiro no próprio país, estranho na cidade natal e de criação.

O acesso à progenitura genômica e a cidadania

José Carlos Teixeira Giorgis

1. Notas iniciais

A convivência é emblema da natureza humana, timbre e base da estrutura comunitária, irradiação de valores; e os seres humanos acham vantajoso viver em comunidades, mas os seus desejos, contrariamente aos das abelhas na colméia, permanecem amplamente individuais, daí a dificuldade em vida social e a necessidade de governo.[1]

A sociedade humana se distingue das demais sociedades animais pela imponderabilidade e relativismo das relações intersubjetivas, eis que em seu seio as regras de organização podem ser desrespeitadas, exatamente pela existência de predicado que o torna diverso ao contexto zoológico: a possibilidade de raciocinar, de pensar, de poder escolher. Portanto, o homem exige proteção e garantia de determinados direitos, expressos em normas e princípios que lhe assegurem a circunspeção social, mas que ainda lhe atribuam igual número de deveres.

Entre os direitos fundamentais têm apoteose os direitos da personalidade, considerados essenciais para a proteção do homem, que o preservam de ameaças e atentados, e que formam o mínimo necessário e imprescindível, sem o que sua dignidade se veja despida de qualquer merecimento concreto. No âmbito jurídico, o exercício de algum direito tutelado pressupõe um sujeito que dele disponha, como titular ou beneficiário: é *a pessoa,* que na tradição romana, como uma máscara, fazia ressoar as vozes dos atores nos espaços artísticos e que, posteriormente, obteve o sentido de *representação* na cena jurídica, como uma investidura; e para alcançá-la era preciso o preenchimento de três estados, o de família, *o de cidadania* e o de liberdade.Desta forma, o termo tem abrangência biológica, física, filosófica, moral, psicológica e jurídica.

Para Teixeira de Freitas, pessoa é o ente suscetível de aquisição de direitos, noção que não é centrípeta, mas irradiadora; e tal aptidão é reconhecida pela ordem jurídica a alguém seja para exercer direitos e contrair obrigações, como define Clóvis,[2] ou a suscetibilidade de ser titular de direitos e obrigações jurídicas;[3] assim, a personalidade

1 RUSSEL, Bertrand. *O Poder.* Rio de Janeiro: Zahar Editores, 1979. p. 127.

2 SANTA MARIA, Jose Serpa de. *Direitos da personalidade e a sistemática civil geral.* São Paulo: Julex Livros Ltda., 1987. p. 21.

3 DE CUPIS, Adriano. *Os direitos da personalidade*. Lisboa: Livraria Morais Editora, 1961. p. 13.

individualiza, eis que suas características são próprias de determinado ser, distintivas dos outros, e como qualidade, emite direitos, é fonte de bens e garantias. Schettini Filho ministra que o ser humano entra na composição do universo nele inscrevendo seu próprio destino, razão porque não podem os indivíduos se sentirem pessoas sem terem uma *nítida vinculação com a história*, elo que se estabelece com o *conhecimento das próprias origens,* eis que saber de onde se veio ajuda a programar o para onde se vai, e além disso, modifica, em cada pessoa, a forma de se comportar: a consciência do começo, desenvolvimento e fim transmite a visão necessária das fronteiras da vida, é um processo que, em determinado segmento, é visto e sentido como vida e morte.[4]

A construção da personalidade de cada pessoa necessita de referências identificadoras; ou seja, o indivíduo conhece-se, auto identifica-se, como leciona Vale e Reis,[5] daí ser frequente que psicólogos, juristas e sociólogos refiram, no processo de formação e especialmente no fim da adolescência, uma *curiosidade saudável e não patológica* relativamente à proveniência, admitindo-se, ainda, que a impossibilidade de satisfazê-la é de tal forma prejudicial na consolidação da personalidade que não se deva discutir outros instrumentos senão os que permitam satisfazer tal anseio.

Tudo conflui para um dado apriorístico: a tutela dos valores da dignidade da pessoa humana vê-se necessariamente confrontada com a necessidade de considerar o desejo, e não mero capricho, de cada homem na descoberta de si próprio, pressuposto da definição de seu rumo.[6]

Assim, por exemplo, o menor tem direito de conhecer as próprias origens, acentuava Pietro Perlingieri,[7] não apenas as genéticas, mas também as culturais e sociais, pois o patrimônio genético – de acordo com a concepção pela qual a estrutura se adapta às funções- não é totalmente insensível, no seu futuro, às condições de vida nas quais a pessoa opera.

Como se disse o *direito à descoberta da progenitura* é uma das questões mais sensíveis que doutrina e tribunais vem tratando, o que faz flagrar-se de maneira implícita ou diluída nas legislações modernas, especialmente nas Cartas Constitucionais, essa reverência a *um direito fundamental à própria identidade e à família*, aqui se inserindo o direito de acesso às fontes para que tal indagação possa ser respondida; e, ainda, o exame e proteção de determinados institutos como o sigilo, a reserva e a privacidade, além dos expedientes instrumentais de averiguação.

Conhecer-se é também a essência do ser humano. Esse sentimento, todavia, não se satisfaz com uma introjeção que vá desvelando as fibras do organismo, dissecando cada parte como para juntar depois as peças e inteirar-se do conteúdo desbravado.

---

4 SCHETTINI FILHO, Luiz. *Compreendendo o filho adotivo.* 3. ed. Recife: Edições Bagaço, 1998. p. 155.

5 VALE e REIS, p. 14.

6 Idem, p. 16.

7 PERLINGIERI, Pietro. *Perfís do Direito Civil. Introdução ao Direito Civil Constitucional.* Rio de Janeiro: Renovar, 1999. p. 177.

Ao contrário, a pessoa humana almeja mais após cumprir sua viagem interna: quer saber sua origem, como apareceu, de onde veio, quem são seus ancestrais como ainda situar-se num lugar e descobrir seu ninho, vozes e jeitos, logrando a certeza sobre quem a agasalha.

Não é sem razão que o Superior Tribunal de Justiça[8] decreta que caracteriza violação ao princípio da dignidade da pessoa humana *cercear o conhecimento da origem genética*, respeitando-se, por conseguinte, a *necessidade psicológica* de se conhecer a verdade biológica, com o que adere à noviça doutrina brasileira e sua linhagem europeia.

A esse respeito muito se deve à notória influência no pensamento pátrio do jurista lusitano Paulo Otero,[9] cuja obra tornou-se obrigatória aos lidadores do direito às origens, indicando rumo ao aludir que a identidade humana abrange duas dimensões, uma absoluta e individual; outra relativa e relacional. Segundo ele, quando a Constituição reconhece a identidade pessoal como garantia daquilo que torna cada pessoa como indivíduo singular e irredutível está estabelecendo duas dimensões. Em primeiro, a identidade pessoal tem uma dimensão absoluta ou individual, pela qual cada pessoa tem uma identidade definida por si própria, expressão de caráter único, indivisível e irrepetível de cada ser humano, sendo por isso uma realidade singular dotada de uma individualidade que a distingue das demais. E também uma dimensão relativa ou relacional, aonde cada pessoa tem sua identidade igualmente definida em função de uma memória familiar conferida por seus antepassados, assumindo aqui especial destaque os respectivos progenitores, podendo-se falar num direito à historicidade pessoal. Embora alguns veredictos reconheçam proeminência da filiação sociológica, não é menos verdade que cresce nas nações modernas, como abona também Paulo Otero, se fortalece a admissão da pesquisa da ancestralidade para a prevenção das doenças hereditárias, ou até mesmo para satisfazer mera curiosidade a respeito da paternidade, o que se adotará mais adiante.

A recente imigração de práticas europeias tende a mudar o cenário vigente; e no soslaio estrangeiro já se aceita a possibilidade de investigar-se a paternidade mesmo quando há um pai registral anunciado; ou em casos de parentesco irrevogável.

Considera-se, assim, o direito ao conhecimento das origens genéticas como a faculdade que deve ser reconhecida a todo o ser humano de, sem entraves injustificáveis, aceder à identidade dos respectivos progenitores e, eventualmente, ver essa ligação biológica reconhecida juridicamente.

A pessoa pressupõe uma singularização relativamente a todos; a identidade individualizadora constitui pressuposto para o reconhecimento a todo o ser humano de uma dignidade autônoma, eis que o indivíduo se conhece e auto identifica-se quando

---

8 STJ, 3ª Turma, REsp 833.712/RS, Rel. Min. Nancy Andrighi, j. 17.05.07.

9 OTERO, Paulo. *Personalidade e Identidade Pessoal e Genética do Ser Humano: Um Perfil Constitucional da Bioética*. Coimbra: Almedina, 1999. p. 55/80.

constrói sua identidade; e tal acontece a partir do acesso ao patrimônio biológico dos progenitores, pois tal informação lhe permite encontrar fiáveis pontos de referência de natureza genética, somática ou fisiológica; lembra-se que as dúvidas acerca das próprias origens, que por vezes surgem numa certa fase da vida, em geral durante a puberdade, podem acarretar graves consequências no equilíbrio físico-psicológico e na evolução da personalidade.[10]

Para o autor português, tudo conflui para um dado apriorístico: a tutela dos valores da dignidade da pessoa humana vê-se necessariamente confrontada com a necessidade de considerar o desejo – e não mero capricho – de cada homem na descoberta de si próprio, pressuposto da definição de seu rumo.[11]

Em todas as dimensões do direito à historicidade individual, se vão pressupostas inúmeras variações, por exemplo, nos conceitos de ascendência, que representa na perspectiva naturalística e necessidade de aceder à identidade daquele que, de alguma forma contribuiu biologicamente para a formação de outro ser, ainda que isso tenha sido apenas, a criação de condições necessárias à gestação; e se tal se deu em outros campos, sempre clamou pela intervenção do direito.[12]

Lembra Otero que a historicidade pessoal compreende, além do direito a saber a forma como foi gerado, o concreto direito de cada ser humano a conhecer a identidade de seus progenitores, daí resultando dois principais efeitos: o de se considerar proibida e inconstitucional qualquer regra de anonimato do doador do material genético, sem que esses sejam reduzidos na sua dignidade a uma simples ficha de arquivo; e a constatação que a historicidade pessoal envolve a proibição de privação deliberada da família e que cada ser tem o direito a um pai e uma mãe, enquanto expressão de um *ambiente familiar normal*, ou seja, *um direito à biparentalidade biológica.*[13]

A ascendência genética, também observa Maria Christina de Almeida,[14] constitui um componente do livre desenvolvimento da personalidade e, conjugado com o princípio da dignidade da pessoa humana, viabiliza a realização da esfera da vida íntima, oferecendo importantes pontos de conexão para compreensão e crescimento das individualidades: é que a psicologia explica a natural vinculação do ser humano com a origem, podendo-se verificar que isso é *mais acentuado nas pessoas adotadas*, em que há uma necessidade de identificação do passado, seja para nele mirar-se, seja

10 VALE e REIS, Rafael Luís. *O Direito ao Conhecimento das Origens Genéticas.* Coimbra: Coimbra Editora, 2008. p. 15.

11 Ibidem, p. 16.

12 Ibidem, p. 18.

13 OTERO, Paulo, Op. cit., p. 71/74, ressaltando-se que a obra do jurista lusitano aborda especialmente a filiação oriunda da procriação artificial, tanto que afasta a possibilidade de homossexuais e solteiros ao direito de acesso a ela, trabalhando com os conceitos de *família normal e a biparentalidade.*

14 ALMEIDA, Maria Christina. *DNA e estado de filiação à luz da dignidade humana.* Porto Alegre: Livraria do Advogado, 2003. p. 81 e 99.

para com ele romper; e a ausência desta oportunidade, não raro, desencadeia uma regressão comportamental, que pode ser interpretada como um esforço para retornar às origens, em busca de um renascimento para construir a ligação com a nova realidade familiar, necessidade que, insatisfeita, pode trazer reflexos no desenvolvimento do ser humano.

O direito à identidade genética tem a ver com o *direito fundamental* de toda e qualquer pessoa de saber de suas origens que institui como um dos pilares do Estado brasileiro o princípio da dignidade da pessoa humana (CF 1º III), pois a partir do momento em que se garante a alguém o acesso aos dados sobre sua origem genética, ele é capaz de se perceber na sua inteireza como ser humano, tendo a possibilidade de desenvolver livremente sua personalidade: esse direito, além de protegido constitucionalmente, é um direito inato, absoluto, imprescritível e, entre outras características, irrenunciável, um verdadeiro direito de personalidade.[15]

Assim também pensa Eliza Cerutti,[16] para quem o conhecimento da origem genética, dos genitores e da própria história são aspectos de insofismável relevância na formação da personalidade do ser humano, que embora acolhido e amado numa família socioafetiva, deve ter assegurado o direito de integrar sua personalidade com o descobrimento de suas origens.

Daí aludir Vale e Reis, baseado na afirmação que o homem se distingue dos outros animais pela *consciência que tem de si mesmo*, que o direito à ascendência genética é a faculdade que deve ser reconhecida a todo o ser humano, sem entraves injustificáveis, de aceder à identidade dos respectivos progenitores e, eventualmente ver essa ligação biológica reconhecida juridicamente; ou uma manifestação do pós-modernismo no direito de família, como sugeria Erick Jayme.[17] A busca da filiação é uma garantia constitucional, e a descoberta da ascendência se inscreve entre os direitos da personalidade, como se disse anteriormente: a declaração da paternidade é um selo que tutela a pessoa desamparada ou prole em gestação.

E, como acentuado, entre os direitos de personalidade insere-se o *direito à identidade*, e aí o *direito à identidade genética*, que se constrói com base nos direitos à intimidade e privacidade e no princípio fundamental da dignidade da pessoa humana, presentes na Constituição e componentes do direito à identidade pessoal, em observância às dimensões individual e relacional de um indivíduo singular, o que se consubstancia na possível identificação da matriz biológica do sujeito o que lhe confere a *prerrogativa sobre os bens biológicos que o identificam entre eles o conhecimen-*

---

15 GOZZO, Débora. O direito fundamental à intimidade x o direito fundamental à identidade genética. *Direito das Famílias*. Organização de Maria Berenice Dias. São Paulo: Revista dos Tribunais, 2009. p. 437.

16 CERUTTI, Eliza. A ancestralidade genética como desdobramento dos direitos da personalidade. *Família Contemporânea: uma Visão Interdisciplinar*. Coordenação de Ivone M. Cândido Coelho de Souza. Porto Alegre, IBDFAM: Letras e Vida, 2011. p.66.

17 VALE; REIS. Op. cit., p. 13.

to de sua origem, o que encontra lastro na Declaração Internacional sobre os Dados Genéticos Humanos (artigo 3º) e na Declaração Universal sobre o Genoma Humano e Direitos Humanos (Unesco, art. 7º).[18] Em síntese, esse direito à historicidade consagrado com a descoberta da origem biológica não implica, como ocorre com o adotado, de uma origem sobre outra (biológica x socioafetiva) ou até na desconstituição da filiação jurídica, mas tão somente no conhecimento da origem genética e nada mais.[19]

A identidade inaugura o elenco dos direitos de cunho moral, exatamente porque se constitui no elo entre o indivíduo e a sociedade, pois o nome e os sinais identificadores da pessoa são os elementos básicos de associação de que dispõe o público para o relacionamento normal nos núcleos familiar, sucessório, negocial, comercial e outros, cumprindo-lhes duas funções: a individualização da pessoa e a de que não seja confundida com outra, sendo lembrada mesmo ausente ou estando distante, missão que é completada pela imagem e pela voz, elementos gerais que facilitam a localização e percepção de seu estado ou condição[20]. O bem jurídico tutelado é a identidade, atributo inato da personalidade humana, recebendo a proteção, além do nome que é direito essencial, também seus acessórios (pseudônimo, alcunha, etc.)[21].

2. O acesso à progenitura

2.1. Direito Comparado

O direito ao conhecimento da origem ganha especial referência no direito estrangeiro especialmente quando se cuide da situação dos adotados, razão de destaque maior neste texto.

Aliás, os ordenamentos jurídicos estrangeiros despertaram mais cedo para a consagração legal do direito que se assegura ao adotado de conhecer suas origens, constatando-se no mundo dois tipos de legislação: as que exigem a invocação de uma justa causa para o atendimento da medida excepcionando-se todavia a busca de dados clínicos e genéticos e apenas esses, excluindo, como se verá o ensejo de mera curiosidade, como acontece no direito norte-americano e suíço; e os países que permitem o acesso livre aos registros do adotado.

---

18 VASCONCELOS, Camila. LUSTOSA, Kátia. MEIRELLES, Ana Thereza. ARANHA, Anderson Vieira. GARRAFA, Volnei. *Direito ao conhecimento da origem biológica na reprodução humana assistida: reflexões bioéticas e jurídicas*. Revista Bioética. V.22, nº 3-2014. Brasília: Conselho Federal de Medicina, 2014, p. 513/514.

19 Idem, p. 514/515.

20 BITTAR, Carlos Alberto. *Os direitos da personalidade.* Rio de Janeiro: Forense Universitária, 1999. p. 124/125.

21 Idem, p. 125.

A partir de 1989 consolida-se no Tribunal Federal Constitucional da Alemanha (*Bundesverfassungsgericht*) o entendimento de que as pessoas têm um direito constitucional ao conhecimento das origens biológicas, fundado no direito geral de personalidade, mas não um direito absoluto, podendo ceder a outros valores, como o casamento e a família, o que consta no art. 6º da Lei Fundamental da nação, aceitando-se a manutenção do segredo sobre a identidade da família biológica quanto tal seja imposto para a tutela da família adotiva; embora isso, a tendência no direito alemão vai no sentido de recusar o segredo sobre as origens genéticas.

O Código Civil alemão prevê a adoção e o direito, como no Brasil, do adotado consultar seus registros e obter certidões para se inteirar da identidade dos pais biológicos; antes disso só os adotantes e os representantes legais podem exercer tais atributos.

A Lei sobre Adoção inglesa, de 1976, depois de proibição inicial, passou a permitir que o adotado, aos 18 anos, tenha direito à consulta dos registros primitivos do nascimento, pedido que só podia ser recusado por razões de interesse público, direito que também têm os que tenham idade núbil (16-18 anos). Lei de 2002 aceita que o adotado adulto possa investigar seus registros e obter cópias.

Na Espanha as informações sobre o adotado dependem de um regime de publicidade restrita explica e os registros atendidos por autorização judicial.

Na Itália as informações relativas à identidade dos pais biológicos podem ser fornecidas aos pais adotantes, quando exerçam o poder familiar, sob autorização judicial, apenas quando ocorram graves e comprovados motivos, e precedida a informação de adequada preparação e assistência ao menor; ao responsável pelo hospital ou presídio sanitário que tenham alegado os pressupostos da necessidade e da urgência em vista de grave perigo para a saúde do menor; quanto ao adotado que tiver 25 anos, idade bastante criticada pela doutrina, que aconselha o final da adolescência, pode ter acesso às informações que tratam de sua origem.

A França regula o parto anônimo (*accouchement anonyme*); na adoção vigora o sigilo, eis que transcrição não refere a filiação natural. O Código de Família estabelece que, por ocasião do parto, a mãe pode demandar que seja preservado o segredo de sua identidade sendo o *accouchement sous x* um importante instituto de combate ao aborto e ao infanticídio, garantindo à parturiente o acesso aos recursos médicos sem a necessidade de identificação, havendo hoje muita pressão para mudar as regras de segredo...

Na Bélgica tanto o adotado como seus pais adotivos podem ter acesso à identidade dos pais biológicos, assim como terceiro com legítimo interesse.

Em Portugal, a Organização Tutelar de Menores dispõe o sigilo dos registros, podendo o tribunal, por solicitação do Ministério Público, autorizar a consulta dos autos referidos. O dispositivo, de 2003, reformara regra anterior que somente autorizava o exame dos processos quando o adotado fosse confiado a instituições ou fosse abandonado, e o adotante concordasse com a revelação aos pais naturais. O Código Civil ordena que a identidade do adotante não pode ser revelada aos pais naturais do adotado, salvo se declarar expressamente que não se opõe a esta revelação; e que os pais naturais do adotado podem se opor, mediante declaração expressa, a que sua identidade seja revelada ao adotante. O direito constituído assegura ao adotado o direito de conhecer o conteúdo dos documentos registrais, desta forma se inteirando da identidade da sua progenitura, embora o regime jurídico não defina a idade.

2.2. Direito brasileiro

Em âmbito territorial, como já sublinhado, os primeiros fundamentos do direito ao adotado conhecer suas historicidade se encontram na Carta Magna, quando estabelece que é dever da família, da sociedade e do Estado assegurar à criança, ao adolescente e ao jovem, com absoluta prioridade, o direito à vida, à saúde, à alimentação, à educação, ao lazer, à profissionalização, à cultura, à dignidade, ao respeito, à liberdade, à convivência familiar e comunitária, além de colocá-los a salvo de toda forma de negligência, discriminação, exploração, violência, crueldade e opressão (CF, 227); ainda tem residência nos direitos de personalidade, onde ressaltam invioláveis a intimidade, a vida privada, a honra e a imagem das pessoas (CF 5°, X).

A busca das origens do adotado lhe assegura o acesso à informação, resguardado o sigilo da fonte quando necessário ao exercício profissional (CF 5º XIV); e lhe concede o *habeas data* quando lhe seja negado o conhecimento de informações relativas à pessoa do impetrante, constante de registros ou bancos de dados de entidades governamentais ou de caráter público (CF 5º LXXII, *a*); também garante o direito de receber dos órgãos públicos informações de seu interesse particular, prestadas no prazo legal, sob pena de responsabilidade, salvo aquelas cujo sigilo seja imprescindível à segurança da sociedade e do Estado (CF 5º XXXIII), bem como do direito de petição aos Poderes Públicos em defesa de direitos (CF 5º XXXIV, *a*) e o direito de obtenção certidões em repartições públicas, para defesa ou esclarecimento de situação de interesse social (CF 5º XXXIV, *b*); ainda o adotado que pesquise judicialmente suas origens parentais tem assegurado o segredo de justiça que representa exceção ao princípio da publicidade e em defesa de sua intimidade (CF 5º LX).

No campo material, além das ingerências das normas relativas à adoção (CC 1618 a 1629) e regras relativas ao poder familiar (CC 1630 a 1639), o direito é iluminado pelas prescrições relativas às relações de parentesco, especialmente as que dizem com a filiação e reconhecimento de filhos (CC 1591 a 1617), lembrando-se que o direito de busca das origens também se ancora nos direitos da personalidade protegidos pelo código material (CC 11 a 21).

A legislação instrumental segue as normas gerais para o regular desenvolvimento do processo e do procedimento, mas de modo peculiar à proteção do direito ao segredo de justiça, próprio do direito de família, e seus preceitos (CPC 189).

Contudo, a relevância jurídica tem maior sede em dispositivos da Lei nº 8.069/90 (ECA), microssistema protetivo da criança e do adolescente, especialmente os arts. 3º, 6º, 17 e 18, com ênfase ao que *determina filho socioafetivo tem direito de conhecer sua origem biológica, bem como de obter acesso irrestrito ao processo no qual a medida foi aplicada e seus eventuais incidentes*, após completar 18 (dezoito) anos, ingresso que também poderá ser deferido ao adotado menor de 18 (dezoito) anos, a seu pedido, assegurada a orientação e assistência jurídica e psicológica (ECA 48 § único).

Também o Decreto nº 2.429/97, que promulgou a Convenção Interamericana sobre Conflito de Leis em Matéria de Adoção de Menores, de La Paz (1984); o Decreto nº 3.087/99 que promulgou a Convenção Relativa à Proteção de Crianças e à Cooperação em Matéria de Adoção Internacional de Haia, 1993; Decreto que cria o Conselho Nacional dos Direitos da Criança e do Adolescente e regulamentação (Decreto nº 408/91 e Resolução nº 77/2020; etc.

O Supremo Tribunal Federal[22] teve ensejo de se manifestar sobre os direitos da criança, o direito ao nome e questões de filiação, embora o tenha feito em ocasião vestibular à modificação do Estatuto da Criança e do Adolescente que constitui o objeto sob exame.

Na ocasião, ao se manifestar sobre a legitimidade do Ministério Público para ajuizar uma ação de investigação de paternidade, reiterou diversas garantias constitucionais, especialmente o direito à dignidade, pressupondo reconhecer seu legítimo direito de saber a verdade sobre sua paternidade, decorrência lógica do direito à filiação (CF 226, §§ 3º, 4º, 5º e 7º; 227, § 6º); que o direito ao nome se insere no conceito de dignidade da pessoa humana e traduz a sua identidade, *a origem de sua ancestralidade*, o reconhecimento da família, razão pela qual o estado de filiação é direito indisponível em função do bem comum maior a proteger, derivado da própria força impositiva dos preceitos de ordem pública que regulam a matéria (ECA 27); que a Lei nº 8560/92 expressamente assegurou ao Ministério Público desde que provocado pelo interessado e diante de evidências positivas, a possibilidade de intentar a ação de investigação de paternidade, garantia que encontra limite no direito da criança e do Estado em ver reconhecida, se for o caso, a paternidade.

Em outro aresto a Suprema Corte[23] adverte que não devem ser impostos óbices de natureza processual ao exercício fundamental à *busca da identidade genética, como natural emanação do direito de personalidade de um ser*; e que a coisa julgada não pode prevalecer sobre o *direito de uma pessoa conhecer suas origens*.

Neste sentido, as Jornadas de Direito Civil da Justiça Federal, que abrigam na discussão de questões polêmicas juristas, magistrados, doutos e professores, cunharam verbete, sublinhando que a *restrição da coisa julgada, oriunda de demandas reputadas improcedentes por insuficiência de provas, não deve prevalecer para inibir a busca da identidade genética pelo investigado* (Enunciado 109).

O Superior Tribunal de Justiça, embora no exame de investigações de paternidade em que se discutia a prevalência ou não filiação biológica sobre a socioafetiva, tem re-

---

22 STF, 2ª Turma, RE 248869-SP, Rel. Min. Mauricio Correa, j. 7.8.2003.

23 STF, Pleno, RE 363.889, Rel. Min. Dias Toffoli, j. 02.06.2011.

afirmado a natureza do estado de filiação e a possibilidade de declaração da parentalidade, mesmo sem adentrar, especificamente, às consequências do reconhecimento.

Assim, também declarou que o reconhecimento do estado de filiação constitui direito personalíssimo, indisponível e imprescritível; não pode ser invocado óbice como argumento para negar o direito do recorrido à sua ancestralidade, pois, afinal, todo o embasamento relativo à possibilidade de investigação da paternidade, na hipótese, está no valor supremo da dignidade da pessoa humana e no direito do recorrido à sua identidade genética.[24]

Em outro evento, sobre ação negatória de paternidade, asseverou que o art. 18 do ECA trata apenas do direito que todos, e o adotado, em especial, tem de conhecer a origem biológica, não trazendo qualquer disciplina a respeito de direitos correlatos, como o de alterações no assento de Registro Civil.[25]

Ainda nessa mesma seara, após se reiterar que o direito ao reconhecimento ao estado de filiação é personalíssimo, indisponível, além de imprescritível, o Tribunal salienta que caracteriza violação deste último princípio constitucional cercear o conhecimento da *origem genética, respeitando-se, por conseguinte, a necessidade psicológica* de se conhecer a verdade biológica.[26]

Em ação de declaração de ascendência avoenga, após reconhecer a legitimidade dos netos para o pleito, o Tribunal disse que os direitos da personalidade, entre eles o direito ao nome e ao conhecimento da origem genética são inalienáveis, vitalícios, intransmissíveis, extrapatrimoniais, irrenunciáveis, imprescritíveis e oponíveis *erga omnes*, pois os netos, assim como os filhos, possuem direito de agir, próprio e personalíssimo, de pleitear declaratória de relação de parentesco em face do avô, ou dos herdeiros se pré-morto daquele, porque o direito ao nome, à identidade e à *origem genética* estão intimamente ligados ao conceito de dignidade da pessoa humana; ainda, que o direito à busca da ancestralidade é personalíssimo e, dessa forma, possui tutela jurídica integral e especial, nos moldes dos arts. 5º e 226 da CF/88. E arremata que a jurisprudência alemã já abordara o tema, adotando a solução ora defendida, em julgado proferido em 31/1/1989 e publicado no periódico jurídico *Neue Juristische Woche*;[27] ainda, considerou inviável, em sede de recurso especial, modificar o acórdão recorrido, que entendeu desnecessária a realização de novo exame de DNA, tendo em vista que a análise do tema demandaria o reexame do conjunto fático-probatório, procedimento vedado, nos termos da Súmula nº 7/STJ, acentuando que consectário do princípio da dignidade humana o *reconhecimento da ancestralidade biológica* como direito da personalidade, podendo a ação de investigação de paternidade e de nulida-

24 STJ, 3ª Turma, REsp 1401719-MG, Rel. Min. Nancy Andrighi. J. 8.10.2013; no mesmo sentido REsp 1274240-SC.

25 STJ, 3ª Turma, AgRg no REsp 1231110-RS, Rel. Min. Sidnei Beneti, j. 11.10.2011.

26 STJ, 3ª Turma, REsp 833.712-RS, Rel. Min. Nancy Andrighi, j. 17.07.07.

27 STJ, 4ª Turma, REsp 807849-RJ, Rel. Min. Nancy Andrighi j. 6.8.2010.

de de registro ser julgada procedente mesmo que tenha sido construída uma relação socioafetiva entre o filho e o pai registral.[28]

Em outro precedente, ao examinar a natureza da adoção e a possibilidade de o adotado ter acesso à sua ancestralidade, lecionou que a adoção é um estado de ficção jurídica e que o filho adotivo ajuíza ação declaratória de paternidade objetivando o *conhecimento de sua origem genética*, ou seja, o estabelecimento da paternidade biológica, providência admitida pela jurisprudência predominante nos casos em que pais registrais pretendam desconstituir o registro de nascimento do filho registrado.[29]

Essas decisões encontram eco também nas cortes estaduais.

Em Minas Gerais, no caso em que a mãe se recusou no ato de registro do filho, foi advertida de que seu direito à intimidade não pode sobrepujar o direito ao estado de filiação e o *direito à origem genética* de seu filho.[30] A justiça de Santa Catarina também sintoniza com o entendimento de que, como é indisponível o *direito ao conhecimento da origem genética,* o juiz, com fulcro no art. 130 do CPC, pode determinar a ouvida de testemunhas não arroladas pelas partes ou relacionadas a destempo, em observância ao princípio processual da verdade real, pois o direito ao conhecimento da ascendência biológica pode ser exercido a qualquer tempo, ainda que atingida a maioridade civil.[31]

O Tribunal de Justiça de São Paulo, em pedido de reserva de bens em inventário postulado por filho adotivo que investigava a paternidade em relação ao inventariado, entendeu que, além de ser viável a ação declaratória pelo adotado para apurar seu parentesco com o falecido, também era cabível a medida acauteladora para garantir o quinhão, referindo-se a lição de Pontes, para quem o filho adotivo não deixa de ser filho de seu pai ou mãe naturais, pois o parentesco civil não apaga o natural.[32] O Tribunal de Justiça do Paraná, em ação de investigação, declarou que que eventual relação de afeto estabelecida com o pai registral não obsta o *reconhecimento da filiação genética*, máxime quando não comprovado, devendo ser reconhecida a paternidade biológica.[33] O Tribunal de Justiça do Rio Grande do Sul assevera que é direito natural do homem a identificação de sua ascendência, afirmando inexistir cobertura de coisa julgada quando ação anterior foi decidida sem o exame genético,[34] e proclamou que, embora o reconhecimento da paternidade seja ato irrevogável, atingindo tão somente quem efetuou a anotação (pai registral e não a filha que não participou do ato), não

---

28 STJ, 3ª Turma, AgRg EDcl no REsp 236958-CE, Rel. Min. Ricardo Villas Bôas Cueva, j. 18.02.2014.

29 STJ, 3ª Turma, AgRg no REsp 28836-RS, Rel. Min. Massami Uyeda, j.15.12.2011.

30 TJMG, AC 10188120084051001, j. 28.8.2013.

31 TJSC, 4ª CDC, AGI 526584, Rel. Des. Ana Paula Caixeta, j. 22.4.2009. Referência ao CPC/73, hoje art.370.

32 TJSP, 6ª CDP, AGI 223.248.4/2, Rel. Des. Ernani de Paiva, j. 28.2.2002.

33 TJR, 12ª CC, AC 815631-4, Rel.Des. Clayton Camargo, j. 1.2. 2012.

34 TJRS, 2ª CE, AC 70005745625, Rel. Des. Ícaro Carvalho de Bem Osório, j. 14.04.2003.

se pode arguir contra a mesma tal argumento para impedir que busque um direito de personalidade, que lhe é inalienável, qual seja a investigação acerca de sua *origem genética;*[35] ou que o direito ao conhecimento da origem genética tem sua sede no direito de personalidade, de que toda pessoa humana é titular. Não se deve confundir o *direito de personalidade ao conhecimento da origem genética,* sem outros efeitos jurídicos, com o direito ao reconhecimento da filiação;[36] também se reafirmou, no mesmo sentido, que o direito ao conhecimento da origem genética tem sua sede no direito de personalidade, de que toda pessoa humana é titular; ainda, o Tribunal sulino lecionou que o direito de conhecer a sua origem genética decorre do princípio constitucional da dignidade da pessoa humana.[37] Enfim, é *direito indisponível do menor de tentar conhecer sua ascendência genética.*[38]

3. Ações de estado e declaratórias de parentalidade ou ancestralidade

A tradição lusitana costuma denominar *ações de filiação* as que visem à declaração da inexistência de um vínculo de filiação natural ainda não reconhecido pela ordem jurídica; há, ainda, *ações de impugnação de perfilhação, de paternidade ou maternidade presumidas*, em que o autor procura que o tribunal não só declare a inexistência de uma relação natural, como extinga sua projeção no mundo jurídico, etc.

Para Rosa Maria de Andrade Nery,[39] chamam-se ações de estado as que tratam de preservar, alterar ou reconhecer o estado individual, familiar ou político de alguém, merecendo esses casos a intervenção do Ministério Público, pois dito estado influencia a tramitação dessas ações pelo interesse público que elas contêm. Sublinha, ainda, que o estado individual da pessoa destaca sua identidade como entidade distinta do estado civil de família e cidadania, sendo o *direito à identidade* um direito de personalidade inato, daí se compreendendo que a noção de estado civil é bem diferente da posição jurídica da pessoa natural considerada em si mesma e diretamente amparada pelo ordenamento jurídico; assim, o estado de família denota uma relação entre parentes ou cônjuges, enquanto o estado individual da pessoa reflete seu próprio direito à identidade, amparado *erga omnes*, sendo pautado pelos elementos que se ligam à individualidade do sujeito; afirma, ainda, que o estado de família é estável, mas não imutável, significando que a estabilidade somente pode ser modificada na forma da lei e não pela livre vontade dos interessados.[40] Recorda a autora que, em virtude do

---

35 TJRS, 8ª CC, AGI 70044262517, Rel. Des. Luiz Felipe Brasil Santos, j. 01.12.2011,

36 TJRS, 8ª CC, AC 7005271625, Rel. Des. Luiz Felipe Brasil Santos, j.18.4.2013.

37 TJRS, 7ª CC, AC 70049877335, Rel. Des. Sandra Brisolara Medeiros, j. 12.12.2012.

38 TJRS, 8ª CC, AGI 700504775546, Rel. Des. Ricardo Moreira Lins Pastl, j. 13.09.2012.

39 NERY, Rosa Maria de Andrade. *Manual de direito civil.* Família. São Paulo: Revista dos Tribunais, 2013. p. 128.

40 Ibidem, p. 129.

avanço das técnicas de engenharia genética e por causa do conhecimento cada dia mais crescente que a ciência tem acerca de *identidade biológica das pessoas*, as ações de estado têm apresentado contornos distintos dos tradicionais.

A doutrina internacional cogita de ações de estado que não geram consequências jurídicas, pois manejadas por quem deseja *apenas conhecer os dados sobre sua identidade biológica*, sem romper os laços familiares com o marido de sua mãe que o registrou; ou como uma criança gerada por meio de transferência de embriões que almeja saber quem é sua mãe biológica, sem com isso impugnar sua maternidade, embora, neste caso, segundo Rauscher, não se resolva o conflito, mas se crie uma *nova tensão,* admitindo-se, como a justiça germânica, que o sujeito tem direito de saber os fatos a respeito de sua filiação, eis que direito derivado do direito de personalidade; e que a filiação possa ser objeto de *pretensão de informação*, fora da ação de estado, quando a criança não conhece o pai biológico e a mãe esconde sua identidade.[41]

Embora se pense que o direito ao *conhecimento das origens genéticas* tenha se desvelado a partir de decisões do Tribunal Federal Constitucional Alemão tomadas somente em fins da década de oitenta, Vale e Reis[42] noticia que a existência dele começara a ser defendida naquele país ainda nos quarenta do século XX, quando se questionou em pleno regime nazista se tal garantia devia se sobrepor ao brocardo *pater semper incertus est*; e como o Código Civil de 1900 não permitia o estabelecimento de qualquer relação familiar entre o pai e o filho extramatrimonial (a pretensão só poderia ser declarada de forma incidental em ação de alimentos), mas o regime tinha interesse em tais investigações para distinguir os indivíduos da raça ariana dos de sangue espúrio, o Tribunal Supremo do Reich decidiu pela aplicação analógica das regras dos processos de estado à ação de determinação da paternidade. Findo o regime nacional-socialista, dita ação passou a ser encarada com desconfiança em vista do desvio, passando-se a fundamentá-la no interesse do filho nascido fora do casamento na declaração da paternidade, mas como decorrência de seu *direito de personalidade*. Após 1945, dita ação passou a ter maior acolhida, agora também abrigada na dignidade da pessoa humana, não apenas nela, mas como uma *subespécie* do direito geral de personalidade, seguindo-se julgados seminais que influíram em outros tribunais da comunidade europeia, antes aqui relacionados, repercutindo também no direito brasileiro através dos tambores lusitanos e diligência erudita de alguns pesquisadores.

Em textos pioneiros, Paulo Luiz Netto Lôbo[43] ministra que o estado de filiação decorrente da estabilidade dos laços afetivos construídos no cotidiano de pai e filho

---

41 NERY, Rosa Maria de Andrade. *Manual de direito civil.* Família. São Paulo: Revista dos Tribunais, 2013. p. 131.

42 VALE; REIS. Op. cit., p. 39/40.

43 LÔBO, Paulo. Direito ao estado de filiação e direito à origem genética: uma distinção necessária. *In:* PEREIRA, Rodrigo da Cunha (Coord.). *Afeto, ética, família e o novo Código Civil*: anais do IV Congresso Brasileiro de Direito de Família. Belo Horizonte: Del Rey/IBDFAM, 2004. p. 523-524. Também inserido o texto em *Temas Atuais de Direito e Processo de Família*. 1ª Série. Rio de Janeiro: Lumen Juris, 2004. p. 323-345.

constitui fundamento essencial da atribuição de paternidade ou maternidade, *o que nada tem a ver com o direito de a pessoa conhecer sua origem genética*, eis que são duas situações distintas, *tendo a primeira natureza de direito de família* e, a segunda, *de direito de personalidade,* e onde as normas de regência e os efeitos jurídicos não se confundem nem se interpenetram.

E, com autorizado magistério, o jurista afirma que, para garantir a *tutela do direito de personalidade não há necessidade de investigar a paternidade*, pois o objeto do conhecimento das origens genéticas é assegurar o *direito de personalidade*, no caso, o direito à vida, pois os dados da ciência atual apontam para que cada indivíduo saiba a história da saúde de seus parentes biológicos próximos para a prevenção da própria vida, não havendo, então, precisão de atribuir a paternidade a alguém para se ter o direito da personalidade de conhecer, por exemplo, os ascendentes biológicos paternos de quem foi gerado por fertilização heteróloga, ou do que foi adotado; exemplos que demonstram o equívoco em que laboram decisões *que confundem investigação de paternidade com direito à origem genética*; em contrapartida, toda pessoa humana tem o direito inalienável ao estado de filiação quando não o tenha. E apenas nessa hipótese a origem biológica desempenha papel relevante no direito de família, como fundamento no reconhecimento da paternidade ou da maternidade, *cujos laços não se tenham constituído de outro modo* (*adoção*, inseminação artificial heteróloga ou posse de estado), sendo *inadmissível que sirva de base para vindicar novo estado de filiação, contrariando o já existente*.

Em outro ensejo, assevera que a Constituição abandonou a primazia da origem genética ou biológica para fixar a filiação, quando desconsiderou qualquer traço da família patriarcal e exclusivamente matrimonializada, *quando equiparou aos filhos naturais os filhos adotados* e quando atribuiu prioridade absoluta à convivência familiar; assim, fazer coincidir a filiação com a origem genética é transformar um fato cultural em determinismo biológico, o que não contempla suas dimensões existenciais. O direito ao conhecimento da origem genética não está coligado necessária e exclusivamente à presunção de filiação e paternidade, pois sua *sede é o direito de personalidade*, que toda pessoa é titular, na espécie direito à vida, pois as ciências biológicas têm ressaltado a insuperável relação entre as medidas preventivas de saúde e ocorrências de moléstias em parentes próximos, além de integrar o núcleo da identidade pessoal, que não se resume ao nome; é assim, forte e razoável que alguém possa pretender *investigar sua ancestralidade, buscando sua identidade biológica pela razão de simplesmente saber-se de si mesmo*, alertando-se que o estado de filiação deriva da comunhão efetiva que se constrói entre pais e filhos, independentemente de serem parentes consanguíneos, colhendo a verdade da filiação no viver e não em laboratório: portanto, não se deve confundir *o direito de personalidade à origem genética com o direito à filiação, seja genética ou não.*[44]

---

44 LÔBO, Paulo. *Direito civil.* Famílias. São Paulo: Saraiva, 2008. p. 224/225.

Assim, concorrem para a distinção já consagrada entre estado de filiação e origem genética uma sucessão de fatos e posições, fortalecidos pelas normas da Constituição de 1988, a eclosão da socioafetividade, a desbiologização da filiação, as técnicas de reprodução assistida, a autoridade do exame pelo DNA e o projeto Genoma, além das mutações sociais que desembocam na atividade jurídica.

Também Cristiano Chaves de Farias e Nelson Rosenvald,[45] em adequada pedagogia, ensinam que no campo da investigação de parentalidade almeja-se o reconhecimento do *estado de filiação*, não havendo prevalência necessária do laço biológico, podendo se estabelecer a condição paterno-filial por força de um *vínculo genético ou socioafetivo, a depender do caso concreto*; de outra banda, no âmbito da investigação de origem ancestral, o objetivo é mais simples e o objeto cognitivo do processo mais estreito: *tão somente estabelecer a origem genética de alguém*, independentemente de ter sido, ou não, estabelecido um vínculo filiatório, direito de personalidade derivado de uma *necessidade psicológica*, entendimento já sufragado pela jurisprudência ao caracterizar como violação ao princípio da dignidade da pessoa humana cercear o direito de conhecimento da origem genética, respeitando-se, por conseguinte, a necessidade psicológica de se conhecer a verdade biológica.[46]

Com isso, ainda registram os doutrinadores, é preciso distinguir a *ação de investigação de parentalidade* da *ação de investigação de ancestralidade (ascendência genética)*, demandas distintas, fundadas em diferentes causas de pedir e trazendo consigo diferentes pedidos, *tendendo à produção de diferentes efeitos jurídicos*; ou seja, uma assegura o direito de personalidade ao conhecimento da origem genética e outra garante o estado de filiação.

Na ação de investigação de parentalidade busca o autor o reconhecimento da filiação, ou seja, um pai e uma mãe, reconhecidos por decisão judicial que estabelece uma relação de parentesco, *com todos os seus efeitos pessoais* (nome e registro) e *patrimoniais* (alimentos, herança), portanto, uma relação de direito de família, com escopo de obter um estado de filiação imprescritível e inalienável.

Na ação de investigação da ancestralidade genética a pessoa *já tem uma relação paterno-filial* (ou seja, já tem um genitor) estabelecida a partir de hipóteses não biológicas (como a adoção ou a filiação socioafetiva), pretendendo obter o reconhecimento de sua origem ancestral em relação ao seu progenitor biológico. Aqui não se persegue a formação de uma relação filiatória ou alteração da relação paterno-filial, nem requerer alimentos ou herança de seu ancestral, mas apenas ver *declarada sua ascendência genética, fundando-se o pedido em exercício do direito de personalidade* (desatrelado de uma relação de família), embora ainda imprescritível e inalienável, como acontece quando o *filho adotivo* ou o filho socioafetivo, exercitando o direito de personalidade,

45 FARIAS, Cristiano Chaves de; ROSENVALD, Nelson. *Direito das famílias*. Rio de Janeiro: Lumen Juris, 2008. p. 535/536.

46 STJ, 3ª Turma, REsp 833.712-RS, Rel. Min. Fátima Nancy Andrigui, j. 17.05.2007.

pleiteia investigar sua procedência genética; também releva sublinhar a possibilidade do manejo da ação de ancestralidade por quem não tem pai (ainda não estabeleceu qualquer vínculo paterno-filial) e *que, já maior e capaz, não pretende buscar o reconhecimento de seu estado de filiação, mas tão só ver reconhecida a sua ancestralidade para fins de tratamento de saúde, sem desejar qualquer vínculo paterno-filial com um genitor* que, durante toda a sua vida, ou se negou a conhecê-lo ou não travou qualquer contato afetivo.[47]

De um lado existe uma verdade biológica, comprovável por meio do exame laboratorial que permite afirmar, com certeza quase absoluta, a existência de um *liame biológico* entre duas pessoas; de outro lado, há uma verdade que não mais pode ser desprezada, o *estado de filiação*, que decorre da estabilidade dos laços construídos no cotidiano do pai e do filho, e que estabelece o fundamento essencial da atribuição da paternidade ou da maternidade, realidades que não se confundem ou conflitam, pois o direito de conhecer a origem genética, a própria ascendência familiar, é um preceito fundamental, um *direito de personalidade,* individual, personalíssimo, que é o direito de filiação, cujo exercício não significa inserção numa família: uma coisa é vindicar a origem genética, outra é investigar a paternidade que deriva do estado de filiação independentemente da origem biológica.[48]

Nessa senda, Maria Berenice Dias[49] distingue a *ação declaratória da ascendência genética*, que abriga o direito de conhecer a própria ascendência genética com resguardo em direito de personalidade, demanda que pode ser ajuizada mesmo que exista um registro em nome de outrem, o que não afasta a busca da verdade biológica por se tratar de uma ação de estado e assim imprescritível; e a *ação declaratória da filiação socioafetiva*, que realça a vivência familiar a partir do princípio da proteção integral e reconhecimento da posse de estado de filho.

Restam convalidadas, pois, as ações declaratórias de parentalidade e ancestralidade como instrumentos para estabelecer a filiação e a história genômica, impondo-se examiná-las com respeito ao tema dissertado.

Nesse sentido, para o Tribunal do Rio Grande do Sul, em outra decisão aceitava possibilidade de conhecimento ante o *direito ao acesso à progenitura*,[50] não se gerando os efeitos pessoais e patrimoniais próprios, apenas para obter a declaração que satisfizesse a *curiosidade do autor*, sem outras eficácias, ante a reconhecida irrevogabilidade da adoção.

---

47 FARIAS, Cristiano Chaves de; ROSENVALD, Nelson. Op. cit., p. 535-537. No mesmo sentido: FARIAS, Cristiano Chaves; SIMÕES, Thiago Felipe Vargas. *Reconhecimento de filhos e ação de investigação de paternidade.* Rio de Janeiro: Lumen Juris, 2010. p. 168/170.

48 DIAS, Maria Berenice. *Manual de direito das famílias*. 8. ed. São Paulo: Revista dos Tribunais, 2011. p. 363/364.

49 Ibidem, p. 403/404.

50 TJRS, 7ª CC, AC 70014442743, Rel. Des. Maria Berenice Dias, j. 26.04.2006.

Comentando o então vigente dispositivo material, Paulo Lôbo[51] dizia que o desligamento da família de origem apenas deixava um resíduo da relação de parentesco anterior, relativamente aos impedimentos matrimoniais, vedação que intenta evitar o incesto, da mesma forma como algumas legislações têm feito com os doadores anônimos de material genético para a inseminação artificial (sêmen, óvulo), nada tendo a ver com a relação do parentesco, com seu complexo de direitos e deveres, que é *totalmente extinto*, não havendo de cogitar-se de parentes consanguíneos originários na adoção plena de ambos os pais; e que a extinção de tal vínculo ressalta a opção que fez o direito brasileiro para a família socioafetiva e para a filiação fundada na afetividade, pouco importando sua origem. Ainda o magistério do autor renova que o direito que o adotado tem de conhecer sua origem biológica tem a natureza de direito da personalidade, que é inato, personalíssimo, individual, e nada tem a ver com a relação de família e que, por essa razão, *não é dado ao filho que foi adotado vindicá-lo em investigação de paternidade, porque esta tem por fito assegurar pai (ou mãe) a quem não o tem.*[52]

Assim, o Superior Tribunal de Justiça afirma que a possibilidade de ajuizamento da investigação de paternidade pelo filho adotado não representa desconsideração à irrevogabilidade preceituada no instituto, pois a adoção se mantém inalterada; e, embora a lei determine o desaparecimento dos vínculos jurídicos com os pais e parentes, evidentemente persistem os laços naturais, daí a ressalva quanto aos *impedimentos matrimoniais*, havendo a hipótese ainda de existir *respeitável necessidade psicológica de se conhecer os verdadeiros pais*;[53] no mesmo sentido decidiu a Corte que não há restrição legal ao ajuizamento da demanda investigatória e declaração do estado de filiação, embora se mantenha a irrevogabilidade da adoção e desligamento do adotado de todo vínculo com pais e parentes.[54]

Como apregoado a meditação anterior apenas serve como um repositório histórico, mas que acentua alguns efeitos que vão iluminar a denominada ação declaratória de ascendência genômica ou genética, com o que se acessa à progenitura, com efeitos específicos.

Acentuou-se a noção, existente em diversos países e com denominações próprias da lei local, de uma demanda em que a partir de uma relação paterno-filial firmada sem vínculos biológicos pretende-se a *pesquisa histórica do contexto genético do autor, sem que disso redunde outra consequência que o estabelecimento de uma linha de ancestralidade que se prestará para coibir os impedimentos matrimoniais e a*

---

51 LÔBO, Paulo. *Código Civil comentado.* Direito de família. Relações de parentesco. Direito patrimonial. São Paulo: Atlas, 2003. v. XVI. p. 173.

52 LÔBO, Paulo. *Código Civil comentado.* Direito de família. Relações de parentesco. Direito patrimonial. São Paulo: Atlas, 2003. v. XVI. p. 173.

53 STJ, 3ª Turma, REsp 127.541, Rel. Min. Eduardo Ribeiro, j. 28.08.2000.

54 STJ, 4ª Turma, REsp 220623-SP, Rel. Min. Fernando Gonçalves, j. 03.09.2009.

prevenção de moléstias hereditárias, além de responder a curiosidade do agente; ou seja, o autor tem uma paternidade decorrente da socioafetividade, como acontece na adoção, na fertilização heteróloga e na adoção à brasileira.

Hoje, contudo, em relação ao adotado, *torna-se desnecessária a investida investigatória* nos termos formais de hábito, pois o estatuto menorista possibilita a consulta dos autos da ação e incidentes pelo adotado maior ou menor, resolvendo-se a indagação no âmbito de um procedimento regular e sem apego ao contraditório, impondo-se concluir, como faz a doutrina atual, que a ação de investigação de paternidade apenas terá veneração quando *os nomes dos pais biológicos não constarem em processo de colocação em família substituta, pois em situação oposta não há o que investigar.*[55]

Anote-se, ainda, a utilização da Lei 8.560/92 sobre a averiguação oficiosa pelo Ministério Público e procedimento cominado no artigo 102§ 4º do ECA; neste caso, havendo pai registral socioafetivo e ante a irrevogabilidade da adoção cabe a propositura da *ação declaratória de ancestralidade genômica*, pois diversamente dos casos anteriores há, aqui, um *suposto pai.*

A ação declaratória de ancestralidade genômica tem raízes fincadas nas *ações prejudicais* do direito romano, e sua natureza é a de uma *ação meramente declaratória.*

As *ações prejudiciais* romanas diziam com o estado da pessoa, sendo assim tidas procedentes, acabava *prejudicada* a causa contrária e principal, sendo um de seus fundamentos a declaração de um determinado direito desconhecido ou presente.

A legislação italiana também cogita de uma *tutela di mero accertamento*, conceituada por Andrea Proto Pisani[56] como a hipótese em que o provimento jurisdicional buscado pelo autor seja uma sentença de mero acertamento, limitando-se o autor a pedir ao juiz a declaração se determinado direito existe ou não, sendo a necessidade da tutela satisfeita tão somente com a autoridade da coisa julgada,

O novo Código de Processo Civil, no art. 19 o preceito contigo no art. 4º dos diplomas anteriores excluindo dele o parágrafo único, que está previsto no art. 20, onde comanda ser admissível a ação *meramente* declaratória, ainda que tenha ocorrido a violação do direito.[57]

Sustenta-se, pois, com genuflexão à tradição dos direitos romano e germânico e apoio em entendimentos de Chiovenda, Liebman, Buzaid, Ovídio, Marinoni, Mitidiero e Didier Jr., ser possível uma *ação meramente declaratória* na forma recomendada por suas fontes e doutrinas originais, ou seja, acomodando-se na simples e pura de-

---

55 ROSSATO, Luciano Alves; LÉPORE, Paulo Eduardo; CUNHA, Rogério Sanches. *Estatuto da Criança e do Adolescente.* 6. ed. São Paulo: Revista dos Tribunais, 2014. p. 215.

56 PISANI, Andrea Proto. *Lezioni di diritto processuale civile.* Nápoles: Casa Editrice Dott. Eugenio Jovene, 2002. p. 135/137. A ação de mero acertamento está prevista no código processual daquele país no art. 2909.

57 Redação Final do Substitutivo da Câmara de Deputados ao Projeto de Lei do Senado nº 166, de 2010 (nº 8.045, de 2010, daquela Casa).

claração sobre a existência ou inexistência da relação jurídica e direitos pleiteados, desencarnada de efeitos constitutivos, condenatórios ou executivos, admitindo-se, excepcionalmente, a cogitação dos últimos, quando se cuide de violação de obrigação, como sustentado por Teori Zavascki e seguidores.

Ensina Gustavo Tepedino[58] que a atribuição do *estado de filho* pode se dar das seguintes maneiras: a) presumida; b) mediante reconhecimento voluntário; c) *mediante reconhecimento judicial através das ações de estado*.

No caso, cuida-se de uma das espécies de ação de estado, a ação declaratória de ancestralidade genética promovida pelo adotado que, sublinhe-se desde logo, já há *constituído* um *estado de filiação*; e frente ao princípio da imutabilidade da adoção sacramentado na lei, torna-se inócua e ilógica a demanda para admitir efeitos patrimoniais ou pessoais, como na ação de investigação de paternidade própria ajuizada contra suposto pai sem vínculo de socioafetividade, ou seja, *pretender-se declarar e constituir o que já está declarado e constituído.* Quanto aos *efeitos* que são almejados nessa ação meramente declaratória, além do reconhecimento da identidade genética feito pela declaração judicial, inserem-se na trindade já avalizada pelos tribunais estrangeiros e nacionais: satisfação da curiosidade psicológica, controle dos impedimentos matrimoniais e função preditiva em relação às doenças hereditárias, temas que serão especificamente referidos quando do exame da consulta feita pelo adotado.

Em conclusão, renove-se o que já foi dito antes: a ação de declaração de ascendência genética somente tem razão de existir *quando os nomes dos pais biológicos não constarem do processo de colocação em família substituta*, pois em situação oposta *não haveria o que investigar.*[59]

Um dos casos concretos de uso da ação meramente declaratória aconteceu no episódio que determinou a morte do jornalista Vlademir Herzog, em que os representantes da viúva e dos filhos do finado, Drs. Heleno Cláudio Fragoso, Sérgio Bermudes, Marco Antonio Rodrigues Barbosa e Samuel Mac Dowell de Figueiredo, ajuizaram dita demanda perante a Justiça Federal, expondo que, embora a prisão ilegal, as torturas impostas ao preso e sua morte pudessem gerar a obrigação de indenizar os familiares, em decorrência de danos materiais e morais que os fatos acarretaram, os autores tinham interesse tão só *na declaração da existência de uma relação jurídica entre eles e a União Federal*; e, ao invés de postularem a condenação da suplicada, pediam, apenas, que o juiz *declarasse a responsabilidade* daquele ente público pelos tristes acontecimentos e a obrigação de reparar os danos resultantes.[60]

---

58 TEPEDINO, Gustavo. Disciplina jurídica da filiação na perspectiva civil-constitucional. *In: Temas de direito civil*. 3. ed. Rio de Janeiro: Renovar, 2004. p. 454.

59 ROSSATO, Luciano Alves; LÉPORE, Paulo Eduardo; CUNHA, Rogério Sanches. *Estatuto da Criança e do Adolescente*. 6. ed. São Paulo: Revista dos Tribunais, 2014. p. 215.

60 HERZOG, Clarice. *Caso Herzog:* a sentença, íntegra do processo movido por Clarice, Ivo e André Herzog contra a União. Rio de Janeiro: Salamandra, 1978. p. 32/33.

Com habitual propriedade, Paulo Lôbo[61] recorda o precedente do Tribunal Constitucional alemão pronunciado em 1994, quando reconheceu o direito ao conhecimento da origem genética, mas *sem efeitos sobre a relação de parentesco*; narra, ainda, que o direito espanhol, ao aceitar excepcionalmente a revelação do doador de material fecundante, *expressamente exclui qualquer tipo de direito alimentar ou sucessório entre o indivíduo concebido e o genitor biológico*; também o direito argentino não admite o reconhecimento nem ação de filiação do filho adotado contra a família de origem, mas acolhe saber quem é a mãe e o pai biológicos, *sem fim de parentesco* (Código Civil, arts. 327-328); na França, a legislação prevê a solução criativa de uma *ação para fins de subsídios*, que permite a qualquer criança, sem paternidade estabelecida, reclamar subsídios para sua manutenção de todos os homens que tiveram relação sexual com sua mãe no período da concepção, sem atribuição de parentesco, em virtude de terem assumido risco para geração da criança (CC, art. 342), o que foi ainda sufragado na Lei nº 2.002/93, que permitiu o acesso a suas origens das *pessoas adotadas* e *pupilos do Estado*, sem efeito sobre o estado civil e filiação, alimentos, sucessão ou poder familiar, além, como já abordado, regras sobre o *parto anônimo*, não constando o nome da mãe no registro da criança, por opção daquela.

O direito às origens, consoante ainda o jurista, finca suas raízes no direito de personalidade e especificamente no direito à vida, pois as ciências biológicas têm ressaltado a insuperável relação entre as medidas preventivas de saúde e *ocorrência de doenças em parentes próximos,* além de integrar o núcleo pessoal, que não se resume apenas ao nome, mas também *saber-se de si mesmo.*[62]

Tal entendimento é o que prevalece na doutrina brasileira, inventariando-se entre os *efeitos* oriundos da descoberta da historicidade familiar, seja através da ação declaratória de ancestralidade com eficácia meramente declaratória, seja através da consulta derivada do dispositivo estatutário, apenas consequências que se relacionam com a *necessidade íntima de conhecer as origens, a prevenção de doenças hereditárias* e a preocupação com os *impedimentos matrimoniais.*

Assim, Heloisa Helena Barboza,[63] ao pontuar sobre o direito de conhecimento das origens em relação às crianças e adolescentes, alude que, quando o interessado for adulto, não existe dúvida quanto à possibilidade da pesquisa genética para *fins médicos*, com fundamento no direito à saúde e preservação da vida; e que, não bastassem a natureza jurídica do direito à identidade genética e o fundamento francamente constitucional, a admissão da descoberta do vínculo não é novidade no ordenamento brasileiro; por conseguinte, o reconhecimento de um direito à identidade genética,

61 Ibidem, p. 226.

62 Ibidem, p. 224, referindo também posição de Giselda Maria Fernandes Novaes Hironaka sobre a *curiosidade* da pessoa em conhecer sua historicidade.

63 BARBOZA, Helena Heloisa. Direito à identidade genética. *In:* PEREIRA, Rodrigo da Cunha (Coord.). *Família e cidadania*: o novo CCB e a *vacatio legis.* Belo Horizonte: IBDFAM/Del Rey, 2002. p. 386/387.

que não gera parentesco e seus *temidos efeitos* patrimoniais, em nada afronta nossos tradições jurídicas.

Também Maria Berenice Dias,[64] depois de anotar que a adoção gera vínculos de socioafetividade e que a declaração da paternidade não surte efeitos registrais e benefícios de caráter econômico, reconhece seus reflexos para satisfazer a *mera curiosidade*, seja em respeito ao direito de conhecer a *origem biológica*, ou mesmo para *efeitos médicos*, sendo indispensável obter a declaração de paternidade genética *sem desconstituir a filiação gerada pela adoção;* ainda, Rolf Madaleno[65] sintetiza que a investigação biológica se presta apenas para atender uma *necessidade psicológica* de quem quer conhecer seus ancestrais, prestando-se também para *preservar impedimentos matrimoniais* e garantir a vida e saúde do filho e de seus pais biológicos em caso de *grave doença genética*; e Belmiro Pedro Welter,[66] também com precisão, situando o direito de conhecer no âmbito dos direitos de personalidade, resume que, se o filho investigar a paternidade ou maternidade biológica, obterá os seguintes resultados: a) se o filho não tiver um pai, a investigação poderá alcançar *todos os efeitos jurídicos*; b) se o filho já tiver um *pai afetivo*, os efeitos servirão apenas para atender à *necessidade psicológica* de conhecer a ancestralidade, ou *preservar impedimentos matrimoniais*, ou a saúde e a vida, em caso de grave doença genética.

Assinala Adriana Maria de Vasconcelos Feijó[67] que, se tratando do reconhecimento do direito à identidade biológica, as consequências advindas deste direito não são necessariamente aquelas advindas do estado de filiação (nome, alimentos, guarda, direito de visita, sucessão, dentre outras), defendendo alguns autores que o direito ao conhecimento apenas seria possível e excepcionalmente com a finalidade de evitar o incesto e propagação de doenças hereditárias, esquecendo que se cuida de direito fundamental baseado nos princípios da dignidade da pessoa humana, igualdade e proteção integral à criança e adolescente, independentemente dos riscos de incesto e transmissão de patologias genéticas.

Insiste a autora em afirmar que a situação jurídica entre o concebido e seus pais socioafetivos (adoção, fertilização heteróloga e posse de estado de filho) *não será atingida pelos efeitos de eventual decisão destinada a assegurar a identidade genética.*

A eclosão somente desses efeitos, como dito de forma iterativa, deriva de que a investigação de paternidade, neste peculiar caso, se defronta com uma paternidade já

---

64 DIAS, Maria Berenice. *Manual de direito das famílias*. 8. ed. São Paulo: Revista dos Tribunais, 2011. p. 503.

65 MADALENO, Rolf. *Repensando o direito de família.* Porto Alegre: Livraria do Advogado, 2007. p. 138. No mesmo sentido, Id. *Novos horizontes no direito de família.* Rio de Janeiro: Forense, 2010. p. 98-99.

66 WELTER, Belmiro Pedro. *Igualdade entre as filiações biológica e socioafetiva.* São Paulo: Revista dos Tribunais, 2003. p. 188.

67 FEIJÓ, Adriana Maria de Vasconcelos. *A prova pericial no DNA e o direito à identidade genética.* Caxias do Sul: Plenum, 2007. p. 104/105.

estabelecida e, como legalmente o pai não pode adotar o próprio filho, é um despropósito admitir-se que *alguém tivesse, simultaneamente, dois vínculos de filiação com a mesma pessoa.*[68]

4. Efeitos da ação de acesso à progenitura

4.1. Satisfação de curiosidade psicológica

A maioria das pessoas de nossa cultura busca respostas prontas para suas dificuldades, esclarecimentos definitivos para suas dúvidas, afirma Luiz Schettini Filho,[69] e, mais que isso, dão-se ao trabalho de elaborar suas próprias respostas e se acalmam com soluções alheias, imaginando ter resolvido as questões que as angustiam. Quem desiste de perguntar, desiste de uma das essencialidades humanas, eis que as respostas existencialmente ricas e produtivas são derivadas dos questionamentos e das perguntas provenientes da verdadeira necessidade de viver com proficiência: perguntar é verdadeiramente mais importante que responder, a pergunta que emerge da vivência angustia, direciona e aponta para a resposta pessoal da experiência.

A antropóloga Cláudia Fonseca,[70] sustentada por experiência no magistério e autora de obras de erudição, interessou-se pela *busca das origens* e passou a escutar os que frequentavam a Associação Filhos Adotivos do Brasil, obtendo importantes informações oriundas dos encontros entre os membros da entidade, bem como cumprindo lateralmente investigações de campo sobre o tema. Obteve, então, que, em regra, os pais adotivos *escondiam* do filho, ou deixavam de mencionar, o fato de que era adotado; confrontados com a verdade, ainda se furtavam a qualquer discussão e muitos insistiam em negar a adoção feita, às vezes até à morte, podendo-se supor (como os integrantes da Associação tinham mais de quarenta anos) que, do temor que dedicavam aos pais adotivos, esperassem até o falecimento deles para começar a busca sobre suas famílias de origem. Já os adolescentes ou jovens adultos recebiam um choque enorme quando alguém lhes lançava, em forma de ofensa, que ele era apenas um filho adotado.[71] Submetendo-se à *curiosidade* que dormia oculta num subconsciente repleto de indagações, arremata, cedeu à realidade do *querer saber*, escondida atrás de uma vida cheia de amor, companheirismo e cumplicidade dos pais adotivos, imprescindíveis para sua felicidade, contudo, insuficientes para o *prefácio de sua história pessoal.*

---

68 VELOSO, Zeno. *Direito brasileiro da filiação e paternidade.* São Paulo: Malheiros, 1997. p. 169.

69 SCHETTINI FILHO, Luiz. *Compreendendo o filho adotivo.* 3. ed. Recife: Bagaço, 1998. p. 125.

70 FONSECA, Cláudia. Direito às origens: segredo e desigualdades no controle de informações sobre a identidade pessoal. *Revista de Antropologia,* Porto Alegre, v. 53, n. 2, p. 493-526, 2010. p. 493.

71 FONSECA, Cláudia. Direito às origens: segredo e desigualdades no controle de informações sobre a identidade pessoal. *Revista de Antropologia,* v. 53, n. 2, p. 493-526, 2010. p. 493

Observam Sylvia B. Nabinger e Verônica Petersen Chaves[72] que há crianças criadas por seus verdadeiros pais e que não têm qualquer inquietude acerca de suas origens, e outras que não conhecem seus genitores e que passam a vida com angústias irremediáveis a respeito, como acontece no caso de abandono, quando a criança, em algum momento, se questiona sobre sua verdade biológica, ou seja, em *um verdadeiro pai* ou *uma verdadeira mãe*, os quais são difíceis de serem nomeados. O Superior Tribunal de Justiça ao entender possível a investigatória, embora a irrevogabilidade da adoção, ressalva quanto aos impedimentos matrimoniais e ainda a *respeitável necessidade psicológica de se conhecer os verdadeiros pais.*[73]

4.2. Prevenção de doenças genéticas

Com apoio no ordenamento lusitano, Vale e Reis[74] diz que o acesso à informação genética, enquanto conjunto de dados relativos às características hereditárias de um indivíduo e revelados a partir das investigações efetuadas sobre o seu material genético, está garantido, ali, pela Lei de Informação genética pessoal e de saúde, consignando-se em outra legislação extravagante que a informação genética deve ser objeto de medidas legislativas e administrativas de proteção reforçada em termos de acesso, segurança e confidencialidade; e que, independentemente dessa garantia, pode o indivíduo, *por razões de saúde, necessitar obter de seu progenitor informações de natureza genética* que não estejam ainda disponíveis, ou relativamente às quais aquele não possa se considerar titular para efeitos de acesso, defendendo o doutrinador uma *ação declarativa* ou uma *ação de informação pessoal* destinada a obter do progenitor conhecido ou outra pessoa singular ou coletiva a facultar as informações de que seja portador e cuja exigência seja razoável, no sentido de tornar efetivo aquele direito.

As ciências biomédicas conheceram progresso inusitado nos últimos anos, contribuindo para o bem estar da humanidade; e as novas tecnologias nesse campo levam ao questionamento sobre suas repercussões na vida e no futuro, porque o acelerado crescimento de determinadas técnicas acaba gerando ambiguidade entre a confiança cega no progresso científico e o temor sobre a sobrevivência do homem e do planeta, pois as descobertas não produzem apenas efeitos em algumas pessoas, mas tendem a ser cada vez mais apropriadas por todos, integrando-se no mercado e sendo reclamados pela maioria.

---

72 NABINGER, Sylvia Baldino; CHAVES, Verônica Petersen. A origem como herança. A equipe de adoção como memória do adotado no contexto do judiciário. *Juizado da Infância e da Juventude.* Conselho de Supervisão de Juízes da Infância e da Juventude, Tribunal de Justiça do Rio Grande do Sul e Corregedoria-Geral da Justiça. Porto Alegre: Departamento de Artes Gráficas do TJRS, a. III, n. 5, p. 61-69, 2003. p. 63.

73 STJ, 3ª Turma, REsp 127.541-RS, Rel. Min. Eduardo Ribeiro, j. 10.04.2000.

74 VALE E REIS, Rafael Luís. *O direito ao conhecimento das origens genéticas.* Coimbra: Coimbra, 2008. p. 119/124.

Nas ações declaratórias de estado, como a investigação de paternidade e ascendência genética, a prova pericial é uma das mais prestigiadas, por habilitar o edito judicial através de pessoas capacitadas, que auxiliam com seus conhecimentos específicos, mostrando dados técnicos e científicos, principalmente através do DNA, aonde se encontram inscritas as informações hereditárias.

A partir da descoberta que o DNA contém o código genético abre-se campo imenso de possibilidades de investigação e extrema esperança para a cura das doenças genéticas.

No caso do Brasil, além das diversas normas constitucionais (dignidade humana, direito à vida, livre expressão da atividade intelectual e científica, propriedade intelectual, condições para remoção de órgãos, tecidos e substâncias humanas para fim de transplantes, ambiente ecologicamente equilibrado, etc.), referem-se à Lei nº 8.974/95, que regula o dispositivo constitucional sobre a fiscalização e uso das técnicas de engenharia genética; à Lei nº 9.279/96, sobre a propriedade industrial; à Regulação do Conselho Nacional de Saúde nº 466, de 12 de dezembro de 2012; além de Instruções Normativas da Comissão Nacional de Biossegurança, da Medida Provisória nº 2.1.26-11 (2001), sobre o acesso ao patrimônio genético, etc.

A meta inicial dos projetos de pesquisa objetivava o estabelecimento de uma *cartografia dos genes*, sua localização, posição e distância entre eles nos cromossomas humanos mediante a sequenciação das bases, com a confecção de vários *mapas* genéticos ou físicos; e a situação dos *genes responsáveis por enfermidades*, obtida através também da sequência de fragmentos de DNA medicamente relevantes.

A Declaração Universal sobre o Genoma Humano e os Direitos do Homem (UNESCO, 1997) proclamou que o genoma humano e as informações nele existentes constituem *patrimônio comum da humanidade*, como antes já afirmara no Relatório Mundial sobre a Ciência, de 1993, que todo *conhecimento pertence à humanidade*, condenando-se a *privatização da ciência*.

A maior parte da atenção tem-se voltado para os benefícios médicos do projeto. Os genes defeituosos perturbam os processos de fabricação de proteínas do corpo, causando aos seres humanos cerca de *cinco mil doenças conhecidas*, almejando-se, então, que a descoberta sobre a base genética das doenças aumentará; não apenas desordens devidas a um único gene, mas também doenças multifatoriais, como o câncer e as doenças coronarianas, em que a *predisposição genética desempenha um papel*; daí agora disponíveis novos testes de diagnóstico que detectam se um indivíduo *tem genes defeituosos que potencialmente desencadearão doenças nessa pessoa ou contribuirão para as desordens genéticas na progenie*. Até recentemente, os cientistas haviam se limitado a lidar com as consequências biooquímicas da doença e *não com sua origem genética*. Agora, pensa-se em criar técnicas de *terapia genética para corrigir, eliminar ou substituir genes com defeito*. A meta é a *prevenção e o tratamento de doenças com um componente genético*. Como talvez decorra algum tempo de espera entre a disponibilidade comercial de testes para diagnósticos e a capacidade para *prevenir ou tratar desordens genéticas*, recomenda-se que se estabeleçam *ser-*

viços de aconselhamento genético no sentido de ajudar indivíduos e famílias a compreenderem e administrarem seus *distúrbios genéticos e informá-los acerca das decisões quanto à reprodução com base em prováveis riscos para prevenir e tratar doenças genéticas.*[75]

Para a geneticista Mayana Zatz[76] tem importância o código genético que, *grosso modo*, contém uma série de instruções para a montagem do organismo e que vai dirigir o seu desenvolvimento; conhecem-se algumas peças que, se não estiverem montadas de determinados jeitos, podem dar origem a doenças, mas, em outras situações, a existência de uma peça defeitusa não basta, ela predispõe à doença ou aumenta a possibilidade de contraí-la; todavia, para que a doença se manifeste influem outros fatores, produzidos em geral pelo ambiente; ou é a interação entre diversas peças e sua relação com o modo de vida que dão origem a males ainda tão difíceis de curar.

Culmina a pesquisadora brasileira em registrar que as pesquisas nacionais buscam fazer o mapeamento dos genes responsáveis por várias doenças – mais de vinte genes já foram encontrados – e descobrir quais são suas funções a partir de genealogias com doenças genéticas, pesquisas que não são simples, pois, às vezes, os genes estão ligados a algumas moléstias, onde um defeito é suficiente para causar uma patologia.[77]

As doenças gênicas mais conhecidas, causadas por mutações de genes específicos são: a *anemia falciforme*, que provoca anemia e crises de dor e isquemia devido à mutação da molécula que transporta o oxigênio; *hemofilia*, que causa sangramentos incontroláveis; *fibrose cística*, que origina pneumonias frequentes e alterações das glândulas determinadas por mutação da proteína que transporta o cloreto nas células; *acondroplasia*, que causa o nanismo, em vista de mutação da proteína da cartilagem de crescimento; *distrofia muscular*, que diminui a força muscular; *Coreia de Hungtington*, doença neurológica que causa movimentos involuntários e depois dificuldades na fala, no andar e pensar; *fenilcetonúria*, que, por carência de uma enzima que transforma o aminoácido fenilalanina, provoca retardo mental e problemas neurológicos; *doenças multifatoriais*, causadas por diversos gens sob influência do ambiente; *cardiopatias congênitas*, oriundas de defeitos da formação do coração e vasos sanguíneos; *pé torto congênito*, desvio do pé a corrigir-se por cirurgia; *anencefalia* (cérebro incompleto) e *espinha bífida* (medula espinhal aberta), devidas à má formações do sistema nervoso central; *lábio e palato fendido*, formação incompleta do céu da boca e/ou do lábio; etc.[78] Acrescente-se a *polipose familial do colo*, que se caracteriza pelo desenvolvi-

---

75 CLAGUE, Julie. O conhecimento genético como mercadoria. O projeto genoma humano, mercados e consumidores. Ética e Engenharia genética. *Revista Concilium*, Rio de Janeiro: Vozes, n. 275, p. 13-24, 1998. p. 14.

76 ZATS, Mayaba. *Genética*: escolhas que nossos avós não faziam. São Paulo: Globo, 2011. p. 105/106.

77 Ibidem, p. 113/114.

78 Conti, que se baseou em informações da Unidade de Genética Clínica do Instituto da Criança da Universidade de São Paulo.

mento de tumores retais malignos; e o *câncer de mama*, causado por mutações dos genes BRCA 1 e 2.[79]

Segundo o Projeto Ghente,[80] os distúrbios genéticos se classificam em: a) *monogênicos*, quando causados por mudanças ou mutações que acontecem na sucessão do DNA de um único gene e que compreendem as doenças anemia falciforme, distrofia miotônica, distrofia muscular de Duchene (quedas frequentes, fraqueza dos músculos do quadril e hipertrofia da musculatura das pernas), doença de Huntington (doença degenerativa e distúrbio neuropsiquiátrico, com nício na meia idade), doença de Tay-Sachs, fenilcetonúria, fribrose cística, hemofilia, talassemia familiar (redução da hemoglobina no sangue de uma criança que pode sobreviver até 12 anos à base de transfusões) e síndrome de Marfan; b) *cromossômicas,* constituídas por alterações estruturais e numéricas no conjunto de cromossomas de um indivíduo, abrangendo as síndromes de Down, Criduchato (miado de gato), Klinefelter, Turner (baixa estatura, infantilismo sexual e tórax em escudo), Wolf-Hirschhorn, do XYY e trissomias; c) *multifatoriais* (ou poligênicas), devidas a fatores ambientais e mutações em genes múltiplos, abarcando Alzheimer, má formação congênita, cardiopatias congênitas, alguns tipos de câncer, diabetes mellitus, hipertensão arterial, defeitos que também são associados com características hereditárias, como padrões de impressão digital, altura, cor dos olhos e cor da pele.

Conforme ainda referida instituição,[81] para diagnóstico de ditas doenças genéticas usam-se métodos como o *rastreamento* através de modernos equipamentos de pesquisa, também se realizando *testes genéticos,* como o citogenético, DNA e metabólico; utilizando ainda, como registrado alhures, o *aconselhamento genético*, que consiste num conjunto de informações dado à família com relação ao risco de uma recorrência, prognóstico e possíveis tratamentos de uma determinada doença. Como se vê, o desenvolvimento de uma medicina preditiva permitirá fazer *predições* quanto à possibilidade de que alguém venha a desenvolver alguma moléstia com base nessas formas de diagnose explicitadas e assim prever se um ser humano, filho de outro que tenha desenvolvido uma doença genética, talvez vá desenvolvê-la no futuro, podendo-se, conforme o caso, manipular o meio ambiente para tentar reduzir a evolução da doença[82].

4.3. Controle de impedimentos matrimoniais

Chamam-se impedimentos matrimoniais as circunstâncias que impossibilitam a realização de determinado casamento, situações de fato ou direito, especificadas

---

79 DINIZ, Maria Helena. *O estado atual do biodireito*. São Paulo: Saraiva, 2001. p. 449.

80 PROJETO GHENTE. Disponível em: http://www.gente.org. Acesso em: 9 mar. 2015.

81 Ibidem.

82 LORA ALARCÓN, Pietro de Jesús. *Patrimônio genético humano e sua proteção na Constituição Federal de 1988.* São Paulo: Método, 2004. p. 149.

em lei, que vedam a realização do matrimônio, eis que ausentes alguns requisitos, o que não se deve confundir com *incapacidade*[83] Segundo Carlos Roberto Gonçalves,[84] visam a preservar a *eugenia* (pureza da raça) e a moral familiar, ao obstar o casamento entre parentes consanguíneos, por afinidade ou *adoção*; também a *monogamia*, evitando que casem pessoas já casadas, bem como uniões enraizadas em algum crime, e se distribuem em três categorias: impedimentos resultantes do parentesco, resultantes de casamento anterior e de crime (CC, art. 1.512, I a VII). Aqui interessa os impedimentos que proíbem o casamento entre ascendentes e descendentes, seja o parentesco natural ou civil; entre irmãos, unilaterais, bilaterais e colaterais até o terceiro grau[85], ou seja, os casos de consanguinidade, eis que o congresso sexual entre pessoas aparentadas caracteriza o *incesto*, embora, como se tenha referido alhures, eram comuns as uniões entre pais, filhos irmãos, etc., entre os grupos promíscuos do início da civilização.

A razão desse veto diz especialmente com a descendência nessas relações, em que a linhagem pode se comprometer de defeitos e outras anomalias noticiadas pela literatura médica, mas, ainda, porque tais convívios ofendem a moralidade e conduzem a uma eugenia decadente.

A descoberta da ancestralidade genômica pelo filho adotivo controla, pois, a possibilidade de ocorrência de alguma união incestuosa.

5. Conclusão

A personalidade de cada pessoa necessita de referências identificadoras. A historicidade pessoal compreende o direito de conhecer a origem biológica, o que, em regra já se deduz da presunção da paternidade. Sucede, contudo, que há circunstâncias, como na adoção, filiação socioafetiva, filiação oriunda de fertilização heteróloga, posse de estado em que se pode declarar a origem biológica sem afetar o estado de filiação já constituído, ou seja estabelecido a partir de hipóteses não biológicas e que se procede através de uma ação declaratória de ascendência genética ou de acesso à progenitura, com sede no *direito de personalidade*, motivada por curiosidade psicológica, para prevenir doenças hereditárias e controlar impedimentos matrimoniais Essa ação é *meramente* declaratória, sem os efeitos de uma investigatória de paternidade habitual. E que se distingue da ação declaratória de investigação de parentalidade que busca um estado de filiação com todos os efeitos pessoais (nome, registro) e patrimoniais (alimentos, herança, portanto relação de *direito de família.*

---

83 GONÇALVES, Carlos Roberto. *Direito civil brasileiro*. Direito de família. São Paulo: Saraiva, 2005. v. VI. p. 52.

84 Ibidem, p. 53.

85 Recorda-se o DL 3.200/41, que passou a aceitar o casamento entre colaterais de terceiro grau, desde que observados os requisitos de dita legislação: é o casamento avuncular, entre tio (tia) e sobrinha (sobrinho).

[illegible]

3 [illegible] community, Berrett-Koehler Publishers, 2015.

O *soft law* como paradigma emergente da sociedade contemporânea

Juliana Lopes Ferreira
Lígia Zotini Mazurkievwicz
Ruth Barbosa

Sumário: 1. Considerações iniciais. **2.** Pensamento Sistêmico **3.** Soft law como novo paradigma jurídico. **4.** Estado cuidador e o direito do Ser de ser. **5.** Considerações Finais.

1. Considerações iniciais

Thomas Kuhn apresenta, em uma perspectiva histórica, a evolução da ciência como um processo de construção de paradigmas, que surgem através de revoluções científicas provocadas pela crise da própria ciência, quando o conhecimento padrão existente começa a fracassar ao tentar resolver um novo tipo problema.

Kuhn afirma que "rejeitar um paradigma é sempre decidir simultaneamente aceitar outro e o juízo que conduz a essa decisão envolve a comparação de ambos os paradigmas com a natureza, bem como sua comparação mútua".[1] Uma mudança paradigmática demanda a desconstrução de alguns entendimentos previamente estabelecidos para construção de uma nova estrutura conceitual baseada em uma visão de mundo com crenças e valores decorrentes da prática científica emergente.

Como elementos constituintes dessa estrutura conceitual se encontram as premissas ou pressupostos que, segundo Maria Vasconcellos, sustentam a ideia de paradigma vinculada à ciência porque "é a ciência que embasa o viver em nossa cultura".[2] Paradigma é, nesse sentido, um conjunto de conceitos, técnicas, valores e crenças compartilhados que servem como modelo de análise para problemas científicos em geral.

Para Fritjof Capra e Ugo Mattei, acompanhar a evolução do pensamento na Ciência e no Direito é observar suas similaridades, pois como áreas do conhecimento humano, interagem mutuamente ao longo da história, sendo perceptível a evolução das leis da natureza com a evolução das leis humanas.[3]

O paradigma da ciência moderna surge com os filósofos da revolução científica do século XVII, como Bacon, Newton e Descartes, que precisaram separar corpo e mente para estudar a ciência sem o protecionismo da Igreja.

---

1 KUHN, Thomas S. *A estrutura das revoluções científicas.* São Paulo: Perspectiva, 2013. p. 103.

2 VASCONCELLOS, Maria José Esteves de. *Pensamento Sistêmico: O novo paradigma da ciência.* São Paulo: Papirus, 2002. p. 101/129.

3 CAPRA, Fritjof; MATTEI, Ugo. *The ecology of law: toward a legal system in tune with nature and community.* Berrett-Koehler Publishers, 2015.

Se por um lado a ciência avançou, por outro, gerou a fragmentação do pensamento que, segundo as palavras do físico David Bohm, "despedaça as coisas como se elas fossem independentes umas das outras", o mesmo que "pegar um relógio, esmagá-lo e reduzi-lo a fragmentos, em vez de desmontá-lo e examinar suas partes".[4]

Os pressupostos básicos que constituem a base do pensamento moderno são: a estabilidade, em que se entendem os fenômenos como previsíveis e reversíveis, quase sempre em uma relação causal, entrando em pleno vigor ou determinismo; a objetividade, referindo-se a uma realidade única, na qual o cientista é um mero observador da natureza, descobrindo e descrevendo seus mecanismos e; a simplicidade, o ato de separar e cortar, analisar para classificar fatos e coisas. Na busca pela simplicidade, unificamos o que é diferente, dando origem ao que chamamos de pensamento reducionista.[5]

Observamos essas premissas no direito quando nos deparamos com a ideia de sociedade sustentada por uma ordem jurídica única, da qual o jurista faz uso para aplicar a lei a um caso concreto de forma objetiva, como se o jurista estivesse fora dessa relação socio-jurídica.

A conduta humana reduzida à observação de normas jurídicas é um reflexo da simplicidade, que moldou o direito a uma racionalidade hermenêutica, sendo ele um conjunto de regras abstratas e estudado de forma neutra (universalidade do método). Nesse sentido, da mesma forma que algumas questões foram excluídas de indagações científicas (gosto, aroma, cor, beleza), outros debates também foram excluídos do direito (ética, valores, justiça, moral, sentimentos).[6]

A estabilidade está presente na interpretação da lei, com base em deduções lógicas e lineares, no determinismo dos fenômenos jurídicos, que são previsíveis, controláveis e reversíveis, sendo um retrato fiel desse pensamento a rotina forense que "amarra os juristas com regras pré-determinadas"[7] sobre procedimentos e conteúdo, transformando o labor jurídico "em uma linha de produção mecanizada"[8] para o operador do direito.

Durante séculos, a ideologia dominante no direito tradicional, também chamada de *hard law* por suas características compulsórias e estanques (núcleo duro), representou uma sociedade marcada pela exclusão, com um corpo jurídico hierarquizado em descompasso das demandas sociais; poder em suas relações de disputa e em sua dicotomia entre o lícito e o ilícito; capital, sendo a propriedade privada para desenvolvimento da natureza, homem na exploração e acúmulo dos infindáveis recursos naturais e da força de trabalho humana.

---

4 BOHM, David. *Diálogo – comunicação e redes de convivência*. São Paulo: Palas Athena, 2005. p. 98/99.

5 VASCONCELLOS. Op. cit.

6 CAPRA, Fritjof; MATTEI, Ugo. Op. cit.

7 MARMELSTEIN, George. *O direito fora da caixa*. Salvador: Juspodvim, 2018. p. 26.

8 Idem.

Certo é que a antiga estrutura prevalece nos dias atuais, mas a cada dia surgem novos contextos e problemas não mais solucionáveis com os instrumentos existentes tal qual ocorreu com a ciência moderna. A ciência moderna evidencia a crise e rompe seus próprios limites com o surgimento da física quântica (Planck, 1900), da teoria da relatividade (Einstein, 1905/1915), do princípio da incerteza (Heisenberg, 1927), da termodinâmica dos fenômenos irreversíveis (Prigogine, 1951/1967), dentre tantos outros que inauguram um novo paradigma na ciência.

Sobre essa ciência em crise, Santos afirma que "um conhecimento baseado na formulação de leis tem como pressuposto meta-teórico a ideia de ordem e de estabilidade do mundo, e a ideia de que o passado se repete no futuro",[9] sendo certo que as descobertas teóricas do século XX inauguraram novas premissas que desafiaram a estabilidade e o positivismo lógico daquela época.

Disfuncional na ciência e no direito, a crise paradigmática do pensamento mecanicista mostra-se cada vez mais escancarada nas últimas décadas: o colapso ambiental que exige uma visão complexa e sistêmica do globo; a politização da Justiça; problemas políticos, entre outros, tornam-se cada vez mais jurídicos colocando em dúvida a objetividade/imparcialidade dos órgãos julgadores; a escalada de conflitos, com mais desentendimentos, processos e inefetividade de decisões judiciais, pois fica em evidência a realidade do processo distanciada da realidade social, por sua vez dinâmica e multifocal.

As tendências do futuro com as novas tecnologias também apresentam desafios ao direito tradicional, que não encontra em si mesmo instrumentos adequados para o tratamento de questões, tais como a inteligência artificial e a biotecnologia.

A disrupção tecnológica poderá ser suprida por novos marcos regulatórios, afirmam alguns autores,[10] mas os desafios ao direito tangenciam diversas áreas e se revelam em debates centrais, tais como: *blockchain* e a tecnologia dos *bitcoins*; limite do uso de células troncos; desemprego e aumento da automação em locais de trabalho; criação de impostos sobre informação e demais conjecturas.

Dentro desse contexto, o próprio impacto da tecnologia no exercício profissional jurídico causa posicionamentos contraditórios. O operador do direito começa a ser substituído por máquinas que exercem com mais precisão e eficiência o enlace entre procedimentos e conteúdos jurídicos, inclusive no que diz respeito à intuição jurídica, um complexo processo de tomada de decisão baseada na capacidade do profissional em reconhecer padrões.[11]

Todo trabalho realizado por máquinas é um trabalho desumano. E agora que as máquinas vêm assumindo o trabalho mecanizado no campo jurídico, tornamo-nos

---

9 SANTOS, Boaventura de Souza. *Um discurso sobre as ciências.* São Paulo: Cortez, 2008. p. 30.

10 BENNET, Lyria Moses. How to think about law, regulation and technology: problems with 'technology' as a regulatory target. *Innovation and technology*. UNSW Law Research Paper, p. 1-20, 2013. Disponível em: https://ssrn.com/abstract=2464750. Acesso em: 15 jan. 2019.

11 HARARI, Yuval Noah. *21 lições para o século 21.* São Paulo: Companhia das Letras, 2018.

livres para pensar e reinventar o profissional do direito. Afinal, ao que parece, ficam para trás o operador do direito e a máquina jurídica rudimentar que ele operava. Qual perfil o jurista constrói para se colocar a serviço do direito do futuro nessa sociedade em transformação?

Nas próximas seções veremos como a perspectiva sistêmica permeia a construção de uma nova forma de estar no mundo e como o soft law pode ser considerado um representante desse paradigma, contendo em si o cuidado como propulsor do desenvolvimento humano.

2. Pensamento Sistêmico

O pensamento cartesiano absorvido pelo direito reproduziu o sistema jurídico como uma máquina, aplicando normas hierarquizadas aos fatos concretos do cotidiano, de forma abstrata, previsível e constante, sem nenhuma influência previa de seus intérpretes. Nesse sentido, *hard law* significa operar o direto aplicando a lei, com base em fatos, partes e provas, de forma litigiosa, do ponto de vista somente dos processos, sem conexão direta com as raízes que levaram à falência das relações humanas.

Com a chegada da crise paradigmática, a estrutura do pensamento moderno começa a ruir. E nas fissuras da antiga estrutura surge uma nova estrutura paradigmática, gerando um novo processo de transformação a reverberar nas diversas áreas do conhecimento e, principalmente, em nós.

Beck e Cowan ensinam que "os problemas que nos surgem na transição para o século XXI só podem ser resolvidos por soluções que eles próprios criam. O padrão repete-se a si próprio: novos tempos exigem novos pensamentos",[12] sendo o próximo sistema de pensamento, o próximo degrau na escala da complexidade do pensamento humano, de evolução espiral.

Os expoentes que inauguram um novo paradigma na ciência trazem, por meio de suas descobertas e teorias, novos pressupostos que nos levam a pensar o mundo como partes interconectadas e interdependentes: a instabilidade, a intersubjetividade e a complexidade.[13]

A lógica da desordem, dinâmicas caóticas, incertezas e assimetrias são temas que diversas áreas da ciência utilizam como referências da instabilidade e nos facilitam a compreensão do porquê de um sistema não se comportar tal qual determinado.

Ao dispor sobre complexidade, Morin explica que "é um tecido (*complexus*, o que é tecido junto) de constituintes heterogêneas inseparavelmente associadas",[14] uma

---

12 BECK, Don E.; COWAN, Christopher C. *Dinâmica da Espiral. Dominar valores liderança e mudança.* Lisboa: Instituto Piaget, 2001. p. 40.

13 VASCONCELLOS. Op. cit.

14 MORIN, Edgar. *Introdução ao pensamento complexo*. Porto Alegre: Sulina, 2006. p. 13.

espécie de "tecido de acontecimentos, ações, interações, retroações, determinações, acasos, que constituem nosso mundo fenomênico".[15]

A intersubjetividade é a negação do conhecimento objetivo. Ao divulgar que a presença de um observador altera a forma pela qual um átomo se comporta, Heisenberg incluiu o entendimento de uma realidade multifocal à visão científica, pois é impossível a observação objetiva. Diante disso, nossa visão de mundo é composta por diferentes perspectivas sobre o que é real e, a partir daí, ocorrem a construção e a validação do conhecimento com a participação de várias áreas, uma ecologia dos saberes.

O pensamento sistêmico é, como muitos estudiosos reconhecem, o atual paradigma da ciência. Von Bertalanffy é um dos primeiros autores a trazer a abordagem sistêmica como novo paradigma, ao criar, na primeira metade do século XX, a teoria geral dos sistemas, definindo sistema como "um complexo de elementos em interação",[16] conceito que se assemelha ao utilizado por Bohm, referindo-se ao sistema como uma articulação de partes conectadas, "mutuamente interdependentes" - devido aos "seus significados e existência".[17]

Um corpo é um sistema tal qual a sociedade, ilustrada através do funcionamento de uma empresa quando seus departamentos funcionam em conjunto, pois isoladamente eles não possuem utilidade. Morin contextualiza o sistema "como paradoxo: considerado sob o ângulo do todo, é uno e homogéneo; considerado sob o ângulo dos constituintes, é diverso e heterogéneo".[18]

Humberto Maturana e Francisco Varela desenvolveram, por sua vez, uma teoria do conhecimento que leva em consideração as questões não tão sólidas como se pensa que são em um mundo continuamente construído coletivamente por todos, trazendo a autopoiese como forma de organização de todo ser vivo. Os autores consideram que todos os seres vivos, como unidades autônomas (especificam o que é próprio de sua natureza), caracterizam-se por se produzirem de modo contínuo, sendo a organização autopoeiética uma forma de autorregulação. As interações dessa unidade (em dinâmica interna ou com o meio) resultam em mudanças na sua própria estrutura.[19]

Todo esse processo - que pode gerar mudanças estruturais - resulta em uma forma particular de ser no mundo, pois é essa estrutura que determina como a interação entre as pessoas e o mundo que cada um configura para si. No caso dos sistemas sociais humanos, as mudanças estruturais ocorrem nos domínios da linguagem, que

15 Idem.

16 BERTALANFFY, Ludwig von. *Teoria Geral dos Sistemas: fundamentos, desenvolvimento e aplicações.* Petrópolis, RJ: Vozes, 2015. p. 84.

17 BOHM, David. *O pensamento como sistema.* São Paulo: Madras, 2007. p. 29.

18 MORIN, Edgar. *O método. 1. A natureza da natureza.* Portugal: Publicações Europa-America, 1977. p. 102.

19 MATURANA, Humberto, VARELA, Francisco. *De máquinas y seres vivos. Autopoiesis: la organización de lo vivo.* Santigo de Chile: Editorial Universitaria, 1998.

vão além da descrição das circunstâncias e das pessoas, porque "somos na linguagem, num contínuo ser dos mundos linguísticos e semânticos que geramos com os outros".[20]

Nesse sentido, o processo de desenvolvimento humano se dá pela forma como interagimos com o outro em um processo contínuo de aprendizado social, como explicam os autores:

> A coerência e harmonia nas relações e interações entre os integrantes de um sistema social humano se devem à coerência e harmonia de seu crescimento dentro dele, numa contínua aprendizagem social que seu próprio operar social (linguístico) define e que é possível graças aos processos genéticos e ontogenéticos que lhes permitem sua plasticidade estrutural.[21]

Segundo Capra e Mattei, o primeiro jurista a iniciar o processo de abertura dessa racionalidade jurídica hermética é François Gény. Levando em consideração o aprendizado social, Gény define o direito "na dinâmica dos atos e das instituições humanas, e não em objetos ideais",[22] ressaltando a subjetividade do intérprete e criticando o monopólio da lei.

No entanto, ainda não há uma mudança paradigmática geral no tocante ao direito. Para Unger, há dois desdobramentos possíveis para o direito na pós-modernidade, a metáfora do círculo vicioso e a metáfora da espiral. A primeira narra um retrocesso histórico, do qual partiríamos de práticas costumeiras à criação do Estado de direito com suas normas gerais e autônomas e retornaríamos a uma lógica tribal, cuja ordem é imposta por seu líder, sem liberdades individuais. Chegaríamos ao fim do Estado de direito incentivados "pelas tendências do bem-estar na sociedade pós-liberal".[23]

A segunda possibilidade para o direito do futuro é a metáfora da espiral, na qual "a liberdade individual poderia ser salva da destruição do Estado de direito e harmonizada com a reafirmação de interesses comunitários",[24] pois os problemas que envolvem poder e liberdade, resolvidos até então pelo Estado de direito, passariam a contar com novos mecanismos: pluralidade de grupos (dispersão do poder) e diferentes formas de hierarquia, por exemplo.

Sem cair nas armadilhas da crise, subvertendo as premissas do pensamento sistêmico para perpetuar o discurso hegemônico do norte global ou confundindo-as com as práticas místicas do antigo paradigma holístico, Capra e Mattei apresentaram o di-

20 MATURANA, Humberto, VARELA, Francisco. *A árvore do conhecimento: as bases biológicas do entendimento humano.* Tradução Jonas Pereira dos Santos. São Paulo: Editorial Psy, 1995. p. 253.

21 Idem, p. 224.

22 BILLIER, Jean-Cassien; MARYIOLI, Angla. *História da filosofia do direito.* Tradução Maurício de Andrade. São Paulo: Manole, 2005. p. 271.

23 UNGER, Roberto Mangabeira. *O direito na sociedade moderna* – contribuição à crítica da teoria social. Rio de Janeiro: Civilização brasileira, 1979. p. 247.

24 Idem.

reito como processo de construções coletivas autônomas, mantenedoras da estabilidade de uma nova ordem ecojurídica.

Esse novo ecossistema jurídico é sustentado por três pilares: soberania da comunidade, acompanhando a ideia da pluralidade de grupos autônomos, autossustentáveis e conectados em rede – do local ao global; a desconexão entre direito e poder, desafiando a hierarquia de normas, a criação normativa *top-down* e dando visibilidade à diversidade de narrativas e por fim; as propriedades generativas, elevando a propriedade como bem comum em evolução.[25]

O pensamento sistêmico no direito vai entender o direito além de um sistema de normas teóricas ou práticas. Ele traz em si a adequação do sistema normativo a uma realidade social, orientada pelo objetivo maior de desenvolvimento auto-organizado e autossustentável do ser humano.

Tal entendimento apresenta afinidade ao que Warat chama de eco cidadania: sociedade autônoma, digna e cuidadora do mundo[26] e ao que Hans Jonas denomina "ética do futuro", que significa agir de forma a assegurar a vida na Terra, inclusive das próximas gerações.

O que iremos abordar a seguir é um exemplo prático discutido:[27] *soft law*.

3. *Soft law* como novo paradigma jurídico

Comumente o termo *soft law* é conhecido no âmbito do direito internacional para se referir à flexibilidade pela qual os Estados negociam e se organizam através de resoluções, códigos de conduta ou recomendações não equiparadas ao direito formal hierarquizado e sancionador. Sem tradução precisa para o português, seu significado se aproxima a "direito flexível", um contraponto às normas duras do *hard law*.

Utilizado com reservas, *soft law* ainda é um marco jurídico negado por alguns autores como Prosper Weil ao afirmar sobre o conteúdo vago e a forma indefinida do *soft law*, considerando-o uma falácia por não existirem outras compreensões além do direito/não direito. Para Jan Klabbers, o *soft law* deve ser descartado por inconsistências em sua origem e por não se constituir em práticas jurídicas ou estatais consolidadas.[28]

Há mais críticas a respeito da *soft law*. Desde a excessiva liderança anglo-saxônica à legitimidade no processo de elaboração das regras (pode ser realizado qualquer

---

25 CAPRA, Fritjof; MATTEI, Ugo. Op. cit.

26 WARAT, L. A. *Introdução geral ao direito III: o direito não estudado pela teoria jurídica moderna*. v. 2. Porto Alegre: Sergio Antonio Fabris Editor, 1997. p. 69.

27 HAOCAI, Luo; GONGDE, Song. Balance and Inbalance in Human Rights Law. *In:* WEI, Zhang. *Human Rigths and Good Governance*. Leiden: Brill Nijhoff, 2016. p. 180/196.

28 KLABBERS, Jan. *The Concept of Treaty in International Law*. Netherlands: Kluwer Law International, 1996. p. 157/164.

grupo de pessoas – organizações governamentais ou não governamentais, instituições, associações), embora a adesão ao documento seja o fator determinante para consolidação de sua legitimidade.

A maioria dos questionamentos foram superados e cederam espaços para novas divergências: se *hard law* e *soft law* são complementares ou antagônicos, se *soft law* pode ser considerado uma das fontes do direito internacional ou um elemento que compõe o processo de criação das normas, dentre outros. Embora exista uma miríade de significados sobre *soft law*, certo é que não há dúvidas sobre sua existência e permanência no universo jurídico.

Um dos pais fundadores do termo *soft law*, Dupuy atribui-lhe caráter de fenômeno social, afirmando que representa uma criação normativa contemporânea, não unicamente relacionado ao ramo do direito internacional, mas estudado a partir dele por surgir nas mudanças estruturais das relações entre os Estados, após a II Guerra Mundial.[29]

Dentre as razões para esse acontecimento encontram-se a criação e ampliação de organizações não governamentais (locais e globais), oportunizando uma estrutura de cooperação permanente e contínua para seus Estados-membros negociarem questões políticas, econômicas e sociais.

Ainda como razões, encontram-se a inclusão das perspectivas socio-jurídicas dos Estados componentes das organizações internacionais, bem como a necessidade de consensos jurídicos aplicáveis e ajustáveis a cada novidade proveniente do rápido desenvolvimento econômico e tecnológico global das últimas décadas.[30]

Evans considera *soft law* como instrumentos de caráter não vinculativo utilizados nas relações internacionais contemporâneas pelos Estados e organizações internacionais,[31] ou seja, entendimentos e diretrizes constituídos pelas referidas organizações, a partir das negociações entre seus Estados-membros, que aderem o texto, cujo as regras não são de cumprimento obrigatório.

Essa característica não vinculativa facilita "o desenvolvimento de ideias compartilhadas de negócios globais, com grande possibilidade de flexibilidade quando das incertezas dos negócios pactuados",[32] fazendo com que esse processo de interação entre os entes gere possibilidade de mudanças na percepção dos interesses de cada um sobre um determinado assunto.

---

29 DUPUY, Pierre-Marie. Soft Law and the International Law of the Environment. *Michigan Journal of International Law*. Lansing, v. 12, n. 2, p. 420-435, 1990. Disponível em: http://repository.law.umich.edu/mjil/vol12/iss2/4. Acesso em: 15 jan 2019.

30 Idem.

31 BOYLE, Alan. Soft Law in International Law-Making. *In*: EVANS, Malcolm. *International Law*. 4. ed. New York: Oxford University Press, 2014. p. 118/136.

32 GREGORIO, Fernando da Silva. Consequências sistêmicas da soft law para a devolução do direito internacional e o reforço da regulação global. *Revista de Direito Constitucional e Internacional*. São Paulo, v. 95, pp. 299-309, 2016.

Ademais, segundo Shelton *apud* Gregório, os instrumentos de *soft law* têm os procedimentos de adoção, alteração e revisão mais rápidos, tornando-se mais adequados às questões que necessitam de revisões reiteradas.

Enquanto para alguns *soft law* ainda apresenta aspectos imprecisos, para outros, oferece aspectos multifacetados: *soft law* como instrumento regulatório e não norma jurídica; como etapa prévia à criação da norma jurídica tradicional; como fonte de direito; como opinião pública internacional; como norma de natureza interdisciplinar, pois versa sobre questões jurídico-políticas, econômicas ou morais.

Além do direito internacional, *soft law* se faz presente em outros ramos do direito como arbitragem internacional, ambiental e empresarial, caracterizando por abordar aspectos políticos, jurídicos, éticos, econômicos e sociais. Ainda se estende por diversas modalidades: conteúdo aberto de enunciados, inclusive com viés principiológico; conteúdo que dispõe sobre métodos alternativos de conflitos (arbitragem, conciliação e mediação), atos entre os Estados ou de organizações não governamentais que não sejam obrigatórios e instrumentos produzidos por organizações objetivando diretrizes de comportamento sociais (códigos de conduta), protocolos, guia de boas práticas.

São conhecidos exemplos de *soft law:* a Declaração Universal dos Direitos Humanos (DUDH), a conferência da Organização das Nações Unidas (ONU) sobre o meio ambiente e desenvolvimento (ECO-92), os padrões adotados pela *International Organization for Standardization* (ISO), as recomendações da Organização para a Cooperação e Desenvolvimento Econômico (OCDE), entre outros, temas que denotam a real importância do *soft law*.

Para os juristas Haocai e Gongde, os direitos humanos constituem um importante princípio para a política e governança, devendo o Estado assumir a responsabilidade de respeitar e proteger os direitos humanos, de forma que as relações entre o Estado e seus cidadãos sejam juridicamente reguladas.[33] Para a proteção integral dos direitos humanos[34] é necessário o equilíbrio entre as normas jurídicas e as garantias institucio-

---

33 HAOCAI, Luo; GONGDE, Song. Balance and Inbalance in Human Rights Law. *In:* WEI, Zhang. *Human Rigths and Good Governance*. Leiden: Brill Nijhoff, 2016. p. 180/196.

34 Termo que expressa uma visão integral/sistêmica dos direitos humanos, conforme dispõem os autores ao observarem as imbricações dos aspectos que os direitos humanos representam no desenvolvimento da cidadania. No original: "The respect and protection of human rights constitutes a basic goal of legal development, and since human rigths laws lies at the 'core' of modern law, the failure to respect and protect rights such as civil rights, political rights, economic, social and cultural rights, rights to life and development rights induced by unbalanced human rights law will not only damage the goals of human rights protection and legal development, but also prevent citizens from achieving the development and freedom they should enjoy". O respeito e a proteção dos direitos humanos constituem um objetivo básico do desenvolvimento legal e, como os direitos humanos estão no 'núcleo' do direito atual, a falha em respeitar e proteger direitos como direitos civis, políticos, econômicos, sociais e culturais, direitos à vida e direito ao desenvolvimento de direitos induzidos por normas jurídicas não apenas prejudicarão os objetivos da proteção dos direitos humanos e do desenvolvimento legal, mas também impedirão os cidadãos de alcançarem o desenvolvimento

nais, um equilíbrio alcançado entre a proteção provida pelo Estado e a demanda por direitos expressadas por seus cidadãos.

Dentre outros fatores, uma característica fundamental para existência desse equilíbrio é um sistema legal composto por diferentes conteúdos e formas de normas jurídicas adequadas ao dinamismo e à complexidade da engenharia social dos direitos humanos em sua efetividade: princípios gerais, normas jurídicas substantivas, procedimentais, públicas, privadas, nacionais e internacionais, ou seja, constante presença e interação entre *hard law* e *soft law*.

O pensamento sistêmico reflete na estrutura do *soft law,* na medida em que observamos a complexidade do viver contemporâneo no tratamento de questões globais, como a preservação do meio ambiente e o aquecimento global; a intersubjetividade a partir da visão diversificada de seus interlocutores, resultando em uma visão sistêmica das situações-problema; a capacidade de adaptação e celeridade que os instrumentos da *soft law* apresentam aos cidadãos do mundo, acompanhando o avanço da ciência e da tecnologia em tempo real.

Se não bastasse, o *soft law* atende ao rompimento do tradicionalismo jurídico ao desconectar o poder e a violência das normas duras, elaborando um conjunto de regras não vinculativas e de livre adesão; ao legitimar as comunidades e reconhecer como instrumento do *soft law* todo conjunto normativo produzido por instituições ou grupo de pessoas reunidas para aquele dado fim; ao proporcionar mudanças no curso da história na criação e desenvolvimento de novos direitos; além de adentrar no universo do cuidado e da ética nas relações humanas, a partir de suas primeiras declarações (DUDH) e de suas orientações principiológicas que dão o tom das relações humanas locais-globais.

No *hard law,* as máquinas podem e vão performar melhor do que humanos, já no *soft law*, humanos utilizarão a tecnologia para se libertarem de processos repetitivos, para se dedicarem a uma Justiça mais qualitativa e menos quantitativa, mais humana e menos burocrática.

Feitas essas considerações, entende-se que *Soft law* significa co-criar a Justiça com os indivíduos e organizações, prevenindo relações humanas que possam se comprometer e trabalhando com conceitos de ética e moral aplicadas não só ao processo, mas ao desenho social das relações tendo como viga central o cuidado, que veremos a seguir.

4. Estado cuidador e o direito do Ser de ser

Um novo paradigma emerge e novos rumos começam a ser traçados pela sociedade atual. A escassez do Estado Arrecadador produz o fim de sua própria existência e, em seu lugar, o nascimento do Estado Cuidador.

---

e a liberdade de que deveriam gozar (tradução nossa). *In:* HAOCAI, Luo; GONGDE, Song. Op. cit., p. 181.

Em outras palavras, segundo Amit Goswami, a crise econômica das últimas duas décadas demonstra o fim de um sistema econômico falido. O Estado Cuidador surge na linha do que o autor chama de um novo paradigma econômico, que oportuniza visibilidade e utilização de tecnologias para uma vida digna, justa e sustentável, a partir de novas dinâmicas econômicas: economia 4.0, digital, circular, compartilhamento, de acesso ou, simplesmente, *soft economy*.[35]

A partir da transição da *hard economy* (modelo hierárquico concorrencial) para a *soft economy* (modelo horizontal cooperativo), acompanhamos o surgimento do pensamento sistêmico a reverberar nas demais áreas do conhecimento, com a *soft medicine* e a já apresentada *soft law*.

Assim, o Estado passa a cuidar além da sobrevivência do indivíduo, pois promove condições dignas de vida como a renda básica de cidadania, onde o Ser pode desenvolver sua potencialidade e se abrir no mundo com o outro.

Na filosofia, os estoicos já diziam que não nos banhamos duas vezes na mesma água e no mesmo rio. Toda realidade é um fluxo. A nossa vida é um fluir da existência.[36] A filosofia cartesiana tirou a filosofia de dentro de nós com o "penso, logo existo". Para Descartes, a filosofia precisaria ser tão exata quanto a matemática.

O Ser humano é temporalidade. Somos uma existência temporal. Para Santo Agostinho, o tempo é alguma coisa interior, onde o Ser se distende ao passado pela memória e se estende ao futuro pelos desejos.[37]

Não somos um ser totalizados nos nossos nascimentos, ou seja, não nascemos prontos. Somos seres históricos. Nunca diremos coisas eternas e definitivas. Nós vamos nos desdobrando em maneiras de existir. O Ser humano em primeiro lugar é um processo de acontecer. E em que linha estamos nesse acontecer?

Em ser e tempo, há apenas um só ser: nós. A estrutura ontológica do Ser é referida por Heidegger como um Ser aberto ao mundo, aos outros, ao cuidado.[38] O destino do *Ser-aí* é ser cuidador, um zelador do mundo, sendo o "Ser temporal" a abertura mais profunda do Ser humano, pura abertura diante da claridade.

O Ser aberto traz contido em si três dimensões, o Ser presente, que é estar presente, face a face, face ao outro; o Ser passado, que se estende como memória, pois temos em nós o ter sido; o Ser futuro, pois temos em nós o por vir.

Heidegger amplia o conceito de tempo de Santo Agostinho ao afirmar que somos uma existência temporal e de relações (eu-tu). Essa relação em algum momento se torna lei, uma constituição: algo genérico e imperfeito para definirmos nossas relações. E dentro de certos critérios, as relações atuais redefinem essa lei, pois somos seres em progresso.

---

35 GOSWAMI, Amit. *Economia da Consciência*. Aleph: Goyo, 2015.

36 PEGORARO, Olinto A. *Sentidos da história*. Rio de Janeiro: Vozes, 2011.

37 AGOSTINHO, Santo. *Confissões*. São Paulo: Companhia das Letras, 2017.

38 HEIDEGGER, Martin. *Ser e Tempo*. Petrópolis: Vozes, 2009.

Essa existência com o outro pode ser compreendida no princípio eu-tu desenvolvido por Buber, "estou numa autêntica relação com ela; pois ela atua sobre mim, assim como eu atuo sobre ela"[39] e, ainda, "Entre eu e tu não há fim algum, nenhuma avidez ou antecipação; (...) Todo meio é um obstáculo. Somente na medida em que todos os meios são abolidos, acontece o encontro".[40] Assim, nos domínios da linguagem, o aprendizado é um processo constante e recíproco entre nós.

Mas será que é tempo o que falta para percebermos e vivermos as coisas que recebemos? Então, nascemos. Criança com curiosidade para saber das coisas. Adultecemos e entramos em um fechamento ou desinteresse. Mas todo Ser humano está em um processo de acontecer. O passado (memórias) e o futuro (desejos) encontram-se em nós no presente. Qual é nosso desejo? O que nós queremos?

Essas questões se encontram no âmago do cuidado essencial. Segundo, Boff *apud* Heiddeger: "o cuidado é subjacente 'a tudo que o ser humano empreende, projeta e faz...; cuidado subministra preliminarmente o solo em que se move toda a interpretação do ser humano'".[41]

Ser aberto ao cuidado, como nos explica Boff, faz parte da dimensão ontológica do Ser: "não se trata de pensar e falar sobre o cuidado como objeto independente de nós, mas de pensar e falar a partir do cuidado como é vivido e se estrutura em nós mesmos. Não temos cuidado. Somos cuidado".[42]

E nós sempre cuidamos. Tínhamos normas para cuidar. Antigamente a pessoa com deficiência era isolada, escondida e não tinha desenvolvido as suas habilidades, por exemplo. Àquela época, a pessoa com deficiência não era cuidada como Ser. Como integrante de um novo paradigma, o cuidar se compreende melhor e se irradia, a partir de nós.

Mas, ainda que sejamos um processo de acontecer – seres temporais, observamos pessoas deixando de acontecer. Pessoas na não existência, como Neon, que solicitou judicialmente alteração de nome de batismo e sexo em seu registro civil, encontrando-se compelida a pedir ao Estado o reconhecimento de si como Ser.

Nascida no interior de Minas Gerais e de origem humilde, a designer Neon Cunha se reconheceu menina desde criança e relata a angústia de viver um papel social imposto e da submissão à doença para encontrar-se reconhecida.

Por isso, na ação judicial de retificação de registro civil, Neon requer o direito de retificar seu nome em cartório sem ser submetida a exame médico para atestar a denominada patologia clínica "disforia de gênero". Assim, Neon nos diz que "eu preciso

39 BUBER, Martin. *Eu e tu*. São Paulo: Centauro, 2001. p. 48/49.

40 Idem.

41 BOFF, Leonardo. *Saber cuidar: ética do humano* – compaixão pela terra. Petrópolis: Vozes, 2014. p. 101.

42 Idem, p. 100.

ficar mendigando que os outros permitam que eu seja quem eu sou. (...) Eu converso sobre não querer ser patologizada. Eu não sou doente".[43]

Em pedido alternativo, caso não lhe fosse permitida a alteração nominal, a Neon requereu ao Estado o direito à morte assistida, tendo em vista encontrar-se em situação de não existência: a morte existencial. Em sede de sentença, Neon tem seu direito reconhecido segundo o entendimento de que a identidade de gênero é autodefinida por cada pessoa, à luz do princípio da dignidade da pessoa humana.[44]

Nesse sentido, seguiu o julgamento histórico da Ação Direta de Inconstitucionalidade (ADI) de nº 4275 pelo Supremo Tribunal Federal (STF), em 2018, no qual se pode extrair o entendimento do direito do Ser de ser (o que ele quiser). Em decisão, o STF reconheceu o direito à substituição de prenome e sexo diretamente no registro civil, sem a necessidade de realização de procedimento cirúrgico de redesignação de sexo, de laudo de terceiros (caso Neon) ou de ação judicial.

Conforme o voto do relator, para o Ministro Marco Aurélio: "[s]urge relevante a autonomia da vontade, na vivência desimpedida do autodescobrimento, condição de plenitude do ser humano"[45] ao reconhecer o direito pleiteado a partir do princípio da dignidade humana, da teoria do desenvolvimento da personalidade e da Convenção Europeia dos Direitos Humanos.

O Ministro Celso de Mello, através de seu voto, nos traz que a autodeterminação do gênero "traduz um essencial direito humano realidade a ser reconhecida pelo STF"[46] e, por sua vez, reconhece que "o direito ao reconhecimento da identidade de gênero resulta consagrado (...) nos Princípios de YOGYAKARTA, que constituem postulados básicos, acolhidos pela comunidade internacional"[47] e apresentados em forma de documento no Conselho de Direitos Humanos da ONU.

Os demais entendimentos da Corte seguem desse modo, reverenciando o princípio basilar da dignidade da pessoa humana da CF/88 e assegurando o direito humano e constitucional ao livre desenvolvimento da personalidade, conforme a Corte Interamericana de Direitos Humanos e outros organismos internacionais.

---

43 *"Minha história: Neon Cunha, 44 — Mulher ou a Morte"*, Folha de S. Paulo, 30 de julho de 2016. Disponível em: https://www1.folha.uol.com.br/cotidiano/2016/07/1797087-transexual-pede-morte-assistida-se-nao-puder-mudar-nome-e-genero.shtml Acesso em: 10 fev. 2019.

44 *"Pela primeira vez, mulher trans pode mudar de gênero sem avaliação médica"*, Folha de S. Paulo. 31 de outubro de 2016. Disponível em: https://www1.folha.uol.com.br/cotidiano/2016/10/1827866-pela-primeira-vez-mulher-trans-pode-mudar-genero-sem-avaliacao-medica.shtml. Acesso em: 10 fev. 2019.

45 Supremo Tribunal Federal. Ação Direta de Inconstitucionalidade n. 4275. Reqe: Procuradora-Geral da República. Intdo: Presidente da República. Intdo: Congresso Nacional. Rel. Min. Marco Aurélio. Brasília, DF, 01 de março de 2018. DJe n. 09.03.2018. Disponível em: http://redir.stf.jus.br/estfvisualizadorpub/jsp/consultarprocessoeletronico/ConsultarProcessoEletronico.jsf?seqobjetoincidente=2691371. Acesso em: 10 fev. 2019.

46 Idem.

47 Idem.

5. Considerações Finais

O desafio deste início de século não passa somente em desenvolver máquinas e economia ou, ainda, progredir o direito. O pensamento sistêmico se apresenta como uma nova etapa na evolução em espiral da consciência humana reverberando através da *soft economy*, *soft law*, *soft medicine* e nas mais diversas áreas da sociedade. Na atualidade, já temos a tecnologia para resolver grande parte dos problemas humanos, o que precisamos desenvolver é humanidade como qualidade do Ser Humano.

O maior desafio que temos como humanidade nas próximas décadas é desvelarmos o cuidado a partir de nós. É desenvolver uma nova forma de nos expressarmos como indivíduos e como sociedade, algo menos competitivo e individualista e mais humanizado e conectado com o todo no qual devemos estar comprometidos.

Com as diversas expressões do Ser no caminhar da evolução humana, podemos perceber sinais reais de mudança rumo à nova realidade em atual processo de criação por todos nós: pessoas cada vez mais preocupadas com o Ser no lugar do Ter, movimentos de trocas e de serviços de uso no lugar de propriedade, cada vez mais pessoas vivendo de acordo com seus talentos, com vidas mais baseadas em Ecossistemas do que em "Egossistemas".

Sendo assim, quando todas as organizações jurídicas se comprometerem com o *soft law,* novo paradigma emergente da sociedade contemporânea, não trataremos apenas sobre Futuro do Direito, mas principalmente sobre o Direto do Futuro, que está imerso em um universo complexo de humanos e máquinas e cuja a implantação da inovação é uma conquista de ecossistemas que aprendem, planejam e se comprometem com seu amadurecimento social futuro.

Os profissionais criam atitudes para reformular seu perfil e adequá-lo a uma concepção mais humana de Justiça, passando a trabalhar prioritariamente para as pessoas e com as pessoas, elegendo o cuidado como valor jurídico maior. Nesse aspecto, o *soft law* pode ser compreendido como instrumento dessa transição paradigmática que aqui encontra seu foco no desenvolvimento humano e suas relações. Quando a evolução tecnológica encontrar a evolução humana, *soft law* será recompensa de uma humanidade sutilizada e realmente desenvolvida.

Cuidado social com a educação: análise de práticas do Poder Público que afrontam a cidadania de estudantes do ensino fundamental, em cotejo com medidas judiciais pertinentes que assegurem este direito

Kátia Regina Ferreira Lobo Andrade Maciel
Débora da Silva Vicente
Renata Vieira Carbonel Cyrne

1. Notas Iniciais

O ambiente escolar é um dos mais potentes instrumentos de socialização e de atuação individualizadora dos seres humanos em processo de formação da personalidade, tendo papel relevante no desenvolvimento cognitivo e das competências socioemocionais do indivíduo, bem como na superação de suas vulnerabilidades sociais. A convivência comunitária do indivíduo no meio escolar lhe agrega inúmeros benefícios, em especial quando o aluno se encontra na fase da puberdade,[1] por se encontrar em um ritmo intenso de transformações biopsicossociais. Esta etapa de vida lhes confere, também, maior independência no ir e vir da escola e em suas atividades no meio social, ou seja, podem exercer maior autonomia em comparação aos anos iniciais de sua trajetória escolar.

A escola é o grupo social, ainda, que mais tempo mantém contato sistematizado com indivíduos em desenvolvimento, possuindo, por isso, elevada carga preventiva e proativa na formação da pessoa humana e, deste modo, encerra consigo objetivos específicos que visam desenvolver as capacidades do aluno: a adaptação à família e aos demais grupos sociais; a mobilização para o trabalho e necessidades da sociedade; motivação para uma participação ativa, como cidadão, na própria comunidade.[2]

Como cediço, a cidadania, fundamento do Estado Democrático de Direito (art. 1º, II da CF), compreende o pertencer à comunidade, o que a assegura ao homem a sua constelação de direitos e o seu quadro de deveres. Sendo multidimensional,

---

1 O início da puberdade marca a passagem da infância para a adolescência. Para a Organização Mundial da Saúde a adolescência compreende dos 10 (dez) aos 19 (dezenove) anos e a pré-adolescência a fase da vida compreendida entre os 10 e 14 anos de idade.

2 NOVAES, Maria Helena. *Psicologia Escolar*. Petrópolis: Vozes, 1980. p. 14/15.

o conceito moderno de cidadania para Barreto[3] abrange o direito à educação, direito fundamental social, de igualdade de chances, de resultados e de solidariedade a que se vinculam. Relacionando a solidariedade sobretudo à assimetria entre direitos e deveres, o filósofo conclui que os direitos fundamentais e os sociais são usufruídos solidariamente porque sustentados por deveres de solidariedade.

A corresponsabilidade ou cooperação no cuidado do direito fundamental à educação é aspecto indispensável para a consecução da verdadeira cidadania e, por isso, é efetuado entre a família, as escolas, a sociedade civil, mais intensamente pelo Poder Público, notadamente porque os alunos que estão fora da escola muito fortemente passarão ao estágio de vulnerabilidade social. Por esta razão, o inadimplemento deste direito público subjetivo de estudar, pela omissão do Poder público em não oferecer ou ofertar irregularmente o ensino obrigatório, ensejará a adoção de mecanismos judiciais visando responsabilizar os entes negligentes.

Trata-se do denominado cuidado social do Estado, entendido este como o apoio proporcionado pelo Poder Público com a finalidade de ajudar adultos e crianças nas atividades da vida cotidiana. Incorporando elementos pessoais, afetivos, normativos e morais específicos, a socialização do cuidado implica em haver matéria de interesse público nas questões relativas à dependência, vulnerabilidade, carência, total ou parcial, ou temporal de autonomia das pessoas, conforme Palomo.[4]

Entendendo ser um enorme desafio do século XXI que o cuidado se incorpore à teoria política, Palomo assevera que, com seu reconhecimento, o cuidado pode vir a ser uma premissa fundante de uma autentica sociedade democrática. Diz ela:

> El ejercicio de la cidadania implica ciertas obligaciones a cargo de las instituicione publicas para que éstas den respuesta a los compromissos de participación de los derechos conferidos em tanto que membros de uma comunidade política. La extensión de la cidadania, como modo de inclusión a la mayoria de los habitantes, há sido posible com la incorportaión de los derechos sociales a este principio gracias, fundamentalmente, al desarrollo de los Estados de Bienestar. [...} El como entender y dar respuesta a las diferentes necessidades de cuidado constituye uno de los retos políticos que más centralidade tiene em las sociedades modernas. [...] El reconocimiento de que todos seres humanos necessitamos atención y cuidado no debe sin embargo oscurecer el hecho de que ciertas personas tienen necesidad de uma atención especial de la que depende den buena medida ela mantenimiento de sus vidas.[5]

Observando-se o exercício do direito de pré-adolescentes, adolescentes e jovens brasileiros de frequentarem a escola pública, no entanto, nota-se que, lamentavel-

3 CIDADANIA. *In:* BARRETTO, Vicente de Paulo (Coord.). *Dicionário de Filosofia do Direito*. São Leopoldo: UNISINOS, Rio de Janeiro: Renovar, 2009. p. 126.

4 PALOMO, Maria Teresa Martin. *Cuidado, vulnerabilidade e interdependências. Nuevos retos políticos.* Madri: Centro de Estudios Políticos y Constitucionales, 2016. p. 150.

5 PALOMO, Maria Teresa Martin. Op. cit., p. 180.

mente, milhares deles estão inseridos em situações de progressivas e variadas vulnerabilidades por ausência de estruturas mínimas para exercerem o seu indispensável e fundamental direito à educação. A insuficiência da oferta de vagas, a carência de profissionais, as deficiências na formação dos professores, escassez de matéria didático, abandono e evasão escolar, assim como a distorção idade-série elevadas são fatores que contribuem para que estes alunos deixem a escola em busca de uma inserção precoce no mercado de trabalho ou de encontro ao mundo da violência.

De fato, os dados atuais do Censo Escolar da Educação Básica do Ministério da Educação (MEC)[6] apontam para um afastamento cada vez mais progressivo do alunado, na faixa etária da pré-adolescência e adolescência, que deveria estar concluindo o ensino fundamental e ingressando no ensino médio. A estatística demonstra que estas crianças, adolescentes e jovens não estão estudando e nem exercendo qualquer atividade laborativa ou de aprendizagem e, quando estão matriculados, frequentam aulas com distorção idade-série em razão de evasão escolar ou de reprovação.[7]

Ao nos depararmos com reiteradas violações perpetradas pelo Estado no que concerne aos supremos preceitos constitucionais que asseguram às meninas e aos meninos brasileiros o direito à educação gratuita, contínua, permanente, de qualidade, perto de sua residência, não há como não emergir o sentimento de indignação. Diante da afronta constitucional do direito básico de estudantes de tornarem-se cidadãos na plenitude de sua concepção, a atuação pronta e imediata do sistema de garantias de direitos infanto-juvenil deve se fazer presente, objetivando restaurar o pleno exercício da cidadania de seres humanos que se encontram em processo de formação e desenvolvimento biopsicossocial, notadamente daqueles que dependem da rede pública de ensino para permanecerem nos bancos escolares.

Tendo como cenário estas transgressões e distorções de um direito fundamental tão relevante para crianças e adolescentes, traz-se à lume algumas práticas engendradas pelo Poder Público[8] que, sob o pretexto de salvaguardar os interesses estatais, não assume a sua parcela de competência constitucional de cuidar da educação e a transfere para outros entres federativos. Discorre-se, ainda, sobre o histórico de in-

---

6 Notas Estatísticas – Censo Escolar 2017. Brasília-DF, janeiro de 2018. A pesquisa foi realizada pelo Instituto Nacional de Estudos e Pesquisas Educacionais Anísio Teixeira (Inep). Nas redes públicas municipais e estaduais, são mais de 1,7 milhão de estudantes com dois anos ou mais anos de atraso escolar nos anos iniciais e quase 3 milhões de alunos nos anos finais do ensino fundamental.

7 No Brasil, há mais de 35 milhões de estudantes matriculados no ensino fundamental e no ensino médio. Desses, mais de7 milhões vão à escola, mas estão em situação de distorção idade-série, ou seja, têm dois ou mais anos de atraso escolar. São quase 5 milhões de estudantes no ensino fundamental e mais de 2 milhões no ensino médio. Panorama de distorção idade-série no Brasil da UNICEF. Disponível em: https://nacoesunidas.org/unicef-7-milhoes-de-estudantes-brasileiros-tem-dois-ou-mais-anos-atraso-escolar/. Acesso em: 21 fev. 2019.

8 O presente artigo enfoca os mecanismos adotados pelos Poderes Legislativo e Executivo do Estado do Rio de Janeiro, no período de 1987 até 2017, voltados para a municipalização e a terminalidade da segunda etapa do ensino fundamental.

tensa descontinuidade de serviço público essencial de ensino, através de meandros ilegais de terminalidade de turmas, em prejuízo da população estudantil desta faixa etária, levando milhares de estudantes de baixa renda que dependem do ensino público a situações de intensa vulnerabilidade intelectual e, consequentemente, social. A terminalidade da oferta do ensino fundamental pelo Estado do Rio de Janeiro e a denominada "municipalização" dessa etapa, portanto, é o pano de fundo das reflexões trazidas neste artigo.

2. A educação e a cidadania de crianças, adolescentes e jovens nos direitos humanos

Todas as pessoas têm o direito à instrução gratuita pelo menos nos graus elementares e fundamentais, proclama a Declaração Universal dos Direitos do Homem.[9]

O direito à educação que todo ser humano merece deve inspirar-se nos princípios de liberdade, moralidade e solidariedade humana. As pessoas aspiram que, por meio dessa educação, lhes sejam proporcionados o preparo para subsistir de uma maneira digna, para melhorarem o seu nível de vida e serem úteis à sociedade. O direito à educação compreende o de igualdade de oportunidade em todos os casos, de acordo com os dons naturais, os méritos e o desejo de aproveitar os recursos que possam proporcionar a coletividade e o Estado.[10] A Declaração dos Direitos da Criança[11] foi enfática ao estabelecer:

> **A criança tem direito à educação, que deve ser gratuita e obrigatória, pelo menos nos graus elementares**. Deve ser-lhe ministrada uma educação que promova a sua cultura e lhe permita, em condições de igualdade de oportunidades, desenvolver as suas aptidões mentais, o seu sentido de responsabilidade moral e social e tornar-se um membro útil à sociedade. **O interesse superior da criança deve ser o princípio diretivo de quem tem a responsabilidade da sua educação e orientação**, responsabilidade essa que cabe, em primeiro lugar, aos seus pais. A criança deve ter plena oportunidade para brincar e para se dedicar a atividades recreativas, que devem ser orientados para os mesmos objetivos da educação; a sociedade e **as autoridades públicas deverão esforçar-se por promover o gozo destes direitos**. [g.n.]

Uma vez reconhecida que a educação é direito de todos e dever do Poder Público, inadmissível que os Estados Partes da comunidade internacional de direitos humanos estabeleçam discriminações e exclusões na área do ensino. Tendo como base a necessidade de afirmação deste princípio foi promulgada a Convenção Relativa à Luta con-

---

9 Resolução 217 A (III) da Assembleia Geral das Nações Unidas, de 10 de dezembro de 1948.

10 Declaração Americana dos Direitos e Deveres do Homem, aprovada pela Resolução XXX, da IX Conferência Internacional Americana, realizada em abril de 1948, na Cidade de Bogotá.

11 Adotada pela Assembleia das Nações Unidas de 20 de novembro de 1957.

tra as Discriminações na Esfera do Ensino que indica como esta exclusão se processa e os meios de impedi-la:[12]

> Artigo I – Para os fins da presente Convenção, **o termo "discriminação" abarca qualquer distinção, exclusão, limitação ou preferência** que, por motivo de raça, cor, sexo, língua, religião, opinião pública ou qualquer outra opinião, origem nacional ou social, **condição econômica ou nascimento, tenha por objeto ou efeito destruir ou alterar a igualdade de tratamento em matéria de ensino, e, principalmente**: **a) privar qualquer pessoa ou grupo de pessoas do acesso aos diversos tipos ou graus de ensino; b) limitar a nível inferior à educação de qualquer pessoa ou grupo; c)** sob reserva do disposto no artigo 2 da presente Convenção, instituir ou manter sistemas ou estabelecimentos de ensino separados para pessoas ou grupos de pessoas; ou d) de impor a qualquer pessoa ou grupo de pessoas condições incompatíveis com a dignidade do homem. [g.n.]

Por este Tratado, ratificado pelo Brasil, se tem nítida a preocupação dos Estados membros de assegurarem a igualdade de tratamento no âmbito escolar, proibindo que haja afastamento ou privação de qualquer pessoa ou grupo de pessoas do acesso aos diversos graus de ensino, especialmente aqueles que, de alguma forma, se encontram em qualquer situação de vulnerabilidade que demande o cuidado social do Estado.

Portanto, a educação como direito de toda a pessoa e dever de todos deverá orientarse para o pleno desenvolvimento da personalidade humana e do sentido de sua dignidade e deverá fortalecer o respeito pelos direitos humanos, pelo pluralismo ideológico, pelas liberdades fundamentais, pela justiça e pela paz. A educação, ainda, deve capacitar todas as pessoas para participar efetivamente de uma sociedade democrática e pluralista, conseguir uma subsistência digna, favorecer a compreensão, a tolerância e a amizade entre todas as nações e todos os grupos raciais, étnicos ou religiosos e promover as atividades em prol da manutenção da paz.[13]

Consagrada a Doutrina da Proteção Integral pela Convenção sobre os Direitos da Criança,[14] a relação entre a cidadania infanto-juvenil e o direito à educação alcan-

---

12 Convenção Relativa à Luta contra as Discriminações na Esfera do Ensino, adotada em 14 de dezembro de 1960 pela Conferência Geral da organização das Nações Unidas para a Educação, a Ciência e a Cultura. Ratificada pelo Brasil pelo Decreto nº 63.223, de 6 de setembro de 1968. Disponível em: http://www2.camara.leg.br/atividade-legislativa/comissoes/comissoes-permanentes/cdhm/comite-brasileiro-de-direitos-humanos-e-politica-externa/ConvRelLutContDiscEsfEns.html. Acesso em: 17 fev. 2019.

13 Art. 13.2. do Protocolo Adicional (Protocolo de San Salvador) à Convenção Americana sobre Direitos Humanos (Pacto de São José da Costa Rica), adotada e aberta à assinatura na Conferência Especializada Interamericana sobre Direitos Humanos, em San José de Costa Rica, em 22.11.1969. Adesão pelo Brasil em 25.09.1992 e promulgação pelo Decreto nº 678, de 6.11.1992. Semelhante redação há no art. 13.1. do Pacto Internacional de Direitos Econômicos, Sociais e Culturais adotado pela Resolução nº 2.200A, da Assembleia Geral das Nações Unidas, de 16.12.1966, que foi ratificado pelo Brasil em 24.01.1992.

14 Adotada pela Resolução XLIV da Assembleia Geral das Nações Unidas, de 20.11.1989 e ratificada no Brasil em 24.09.1990.

ça maior solidez quando se afirma em seu preâmbulo que a criança deve estar plenamente preparada para uma vida independente na sociedade e, para tanto, deve ser educada com os ideais proclamados na Carta das Nações Unidas, especialmente com espírito de paz, dignidade, tolerância, liberdade, igualdade e solidariedade. Especialmente no artigo 28 se enfatiza o dever dos Estados de tornar a informação e a orientação educacionais e profissionais disponíveis e acessíveis a todas as crianças e adotar medidas para estimular a frequência regular às escolas e a redução do índice de evasão escolar.

Dando sequência às responsabilidades assumidas pelos Estados Partes signatários deste documento, o art. 29 proclama que a educação da criança deverá estar orientada no sentido de desenvolver a personalidade, as aptidões e a capacidade mental e física da criança em todo seu potencial; imbuir na criança o respeito aos direitos humanos e às liberdades fundamentais, bem como aos princípios consagrados na Carta das Nações Unidas; imbuir na criança o respeito aos seus pais, à sua própria identidade cultural, ao seu idioma e seus valores, aos valores nacionais do país que reside, aos do eventual país de origem, e aos das civilizações diferentes da sua; preparar a criança para assumir uma vida responsável numa sociedade livre, com espírito de compreensão, paz, tolerância, igualdade de sexos e amizade entre todos os povos, grupos étnicos, nacionais e religiosos, e pessoas de origem indígena e imbuir na criança o respeito ao meio ambiente.

3. Dimensões do direito à educação

Incorporada ao direito pátrio no art. 227 da Constituição da República a proteção integral das crianças, adolescentes e jovens assegurou a estes todos os direitos fundamentais e sociais inerentes à pessoa humana, estabelecendo que devem ser exercidos com absoluta prioridade, mandamentos constitucionais incorporados pelas disposições do art. 4º~~, do art. 7º~~ e do art. 100, parágrafo único, II, da Lei nº 8.069/90 (Estatuto da Criança e do Adolescente) e desdobrados pelas disposições do art. 1º, §1º e do art. 7º, da Lei nº 12.852/2013 (Estatuto da Juventude), bem como do art. 3º, do art. 5º e do art. 16, da Lei nº 13.257/16 (Lei da Primeira Infância).

Proteção integral e prioridade absoluta são, então, metaprincípios basilares no arcabouço principiológico do direito à educação que, associados ao postulado normativo do superior interesse, proclamado na Convenção dos Direitos da Criança, em seu art. 3º, devem orientar a interpretação dos princípios educacionais específicos explicitados pelo art. 206, CRFB.

Assim, é preciso reconhecer que os princípios educacionais específicos apontam que o cumprimento do mandamento constitucional que assegura o direito à educação a todos os cidadãos brasileiros, com prioridade absoluta às crianças, adolescentes e jovens e, de modo obrigatório dos 4 aos 17 anos de idade, não se esgota na oferta formal de matrículas ou na mera frequência do aluno à unidade de ensino durante todo o ano letivo.

Ao contrário, eles apontam no sentido da existência de dimensões de garantia e efetividade do direito à educação, sem a promoção e observância de qualquer uma das quais ele restará inevitavelmente violado.

Não há dúvidas de que o ensino será ministrado em igualdade de condições para o acesso e permanência na escola (art. 206, I, CRFB), exigência ratificada pelas disposições do art. 53, inciso I, do ECA, e do art. 3º, inciso I, da Lei nº 9.394/1996 (Lei de Diretrizes e Bases da Educação Nacional).

No entanto, o livre acesso à educação não pode ser considerado, por si só, suficiente para garantia do direito. Mais do que a democratização do acesso, é preciso que sejam asseguradas condições de permanência adequadas aos estudantes, assim consideradas aquelas que atentem à sua diversidade socioeconômica, étnico-racial, de gênero, cultural e de acessibilidade. Por esta razão o ECA impôs ao Poder Público, aos dirigentes de escolas e aos pais e responsáveis, conforme disposições dos seus art. 54, §3º, art. 56, inciso II, e art. 129, inciso V, o cumprimento de deveres que possuem importância ímpar para que sejam efetivamente asseguradas. Obrigações de idêntica natureza também foram impostas pela LDB aos mesmos destinatários, *ex vi* do disposto nos art. 5, §1º, I, II, III, §2º, art. 6º, art. 12, VII, VIII.

Para além de acesso e permanência, o processo educacional deve permitir a participação ativa dos sujeitos de direitos no processo ensino-aprendizagem e no ambiente em que ele se desenvolve, uma vez que regido pelo princípio da gestão democrática (art. 206, VI, CRFB e art. 3º, VIII da LDB).

Não há que se olvidar, ainda, de que a finalidade última do direito à educação está na garantia de uma efetiva aprendizagem, com especial destaque para a necessidade de realização da trajetória do aluno ao longo da carreira escolar na idade certa, o que só se dará por meio de uma educação de qualidade (art. 206, VII, CRFB e art. 3º, IX da LDB), expressão do efetivo cuidado social.

Embora frequentemente menos destacadas, a participação do aluno na vida da comunidade escolar e a sua efetiva aprendizagem sempre estiveram presentes na legislação infraconstitucional brasileira, conforme se verifica nas disposições dos art. 53, IV, do ECA, art. 3º, XIII, art. 4º, IX, art. 13, III, art. 14, II, da LDB e, ainda, nas disposições dos art. 12, da Lei nº 12.852/2013, art. 27 e art. 28, I, II, V, VIII, XII, da Lei nº 13.146/2015, e art. 4º, II, parágrafo único, da Lei nº 13.257/2016. Neste sentido:

> **A educação, face à emergência da criança-cidadão precisa desenvolver processos participativos que garantam ao grupo infantil a inserção das suas opiniões e ações no âmbito dos seus diversificados campos de ação, nomeadamente no espaço escolar.** O que está em questão é **a educação como um dos direitos fundamentais para o exercício da cidadania na infância, não só apenas como conjunto de normas e regras que disciplinam o assunto, mas a reflexão sobre cidadania na infância e sua relação com a educação.** Uma vez que cidadania implica uma lógica que define direitos e determina deveres é, por isso, fundamental desenvolver mecanismos e estratégias que favoreçam a ascensão desse processo, pautada pelo florescimento de um clima de inoculação dos valores cívicos, respeito, tolerância, **protagonismo infantil**, autonomia e responsabilidade. Embora os propósitos do discurso pater-

> nalista continuem a prevalecer no quotidiano de muitas crianças, inviabilizando o usufruto dos direitos de liberdade e participação, ceifando-lhes a oportunidade de fazer extrapolar a criatividade e dinamismo, tão característicos desta fase do desenvolvimento humano, a verdade é que, num ponto conciliador, sem chegar ao ponto de uma extrema autonomia ou um exacerbado protecionismo, sob um ponto de vista potencialmente conciliador, **as crianças são consideradas cidadãs ativas e por isso têm o direito de fazer escolhas informadas, de tomar decisões relativas à organização dos seus quotidianos e/ou partilhar a tomada de decisões dos adultos.** [g.n.][15]

Acesso, permanência, participação e aprendizagem[16] se revelam, desse modo, dimensões do direito subjetivo à educação a serem individualmente atendidos pelo Poder Público, das quais depende a sua efetividade, uma vez que somente a partir do somatório e da concretização de todos e de cada um desses elementos se poderá concluir por uma educação socialmente qualificada.

A identificação dessas facetas se revela de extrema importância na medida em que permite ao Poder Público o reconhecimento da necessidade da estruturação de políticas públicas individualizadas e bem definidas, que atendam a cada uma delas. Exsurge daí a identificação de ações administrativas prioritárias a serem adotadas pe-

---

15 ROSSI, Roberto de. *Direitos da Criança e Educação: construindo e ressignificando a cidadania na infância.* Londrina, 2008. p. 94/95.

16 CF – "Art. 206. O ensino será ministrado com base nos seguintes princípios: I – igualdade de condições para o acesso e permanência na escola; II – liberdade de aprender, ensinar, pesquisar e divulgar o pensamento, a arte e o saber; III – pluralismo de ideias e de concepções pedagógicas, e coexistência de instituições públicas e privadas de ensino; IV – gratuidade do ensino público em estabelecimentos oficiais; V – valorização dos profissionais da educação escolar, garantidos, na forma da lei, planos de carreira, com ingresso exclusivamente por concurso público de provas e títulos, aos das redes públicas; VI – gestão democrática do ensino público, na forma da lei; VII – garantia de padrão de qualidade; VIII – piso salarial profissional nacional para os profissionais da educação escolar pública, nos termos de lei federal. Estas dimensões foram incorporadas no art. 53 do ECA e no art. 3º da LDB: Art. 53. A criança e o adolescente têm direito à educação, visando ao pleno desenvolvimento de sua pessoa, preparo para o exercício da cidadania e qualificação para o trabalho, assegurando-se-lhes: I – igualdade de condições para o acesso e permanência na escola; II – direito de ser respeitado por seus educadores; III – direito de contestar critérios avaliativos, podendo recorrer às instâncias escolares superiores; IV – direito de organização e participação em entidades estudantis; V – acesso à escola pública e gratuita próxima de sua residência. Art. 3º O ensino será ministrado com base nos seguintes princípios: I – igualdade de condições para o acesso e permanência na escola; II – liberdade de aprender, ensinar, pesquisar e divulgar a cultura, o pensamento, a arte e o saber; III – pluralismo de ideias e de concepções pedagógicas; IV – respeito à liberdade e apreço à tolerância; V – coexistência de instituições públicas e privadas de ensino; VI – gratuidade do ensino público em estabelecimentos oficiais; VII – valorização do profissional da educação escolar; VIII – gestão democrática do ensino público, na forma desta Lei e da legislação dos sistemas de ensino; IX – garantia de padrão de qualidade; X – valorização da experiência extra-escolar; XI – vinculação entre a educação escolar, o trabalho e as práticas sociais; XII – consideração com a diversidade étnico-racial; XIII – garantia do direito à educação e à aprendizagem ao longo da vida."

los gestores públicos para que a sociedade possa progredir para muito além do caminho da universalização do acesso.

Cabe às instituições de controle a atividade fiscalizatória de cada uma das políticas a serem implementadas de modo a verificar sua compatibilidade e aderência, consideradas as especificidades do território, com resultados estabelecidos como metas a serem alcançadas. Caberá especialmente ao Ministério Público[17] atuar de modo a fomentar e monitorar as ações administrativas que devem refletir o cumprimento das estratégias destinadas a garantir acesso, permanência, participação e aprendizagem.

4. A corresponsabilidade e o regime de colaboração na oferta do ensino.

A nova ordem constitucional marca a mudança do Federalismo clássico ou dualista, caracterizado por uma rígida separação de atribuições entre os entes federados, sem exigência de qualquer cooperação ou interpenetração de ações administrativas, para o Federalismo Tripartite ou Cooperativo, com ampliação do rol de competências comuns e concorrentes dos entes federados, com mitigação ou entrelaçamento de suas esferas de autonomia e estabelecimento de uma relação de interdependência entre as ações destinadas a concretização de fins comuns.

No campo da garantia do direito à educação o Federalismo Cooperativo se revela na redação do art. 23, caput, inciso V e parágrafo único, do art. 211, caput, e §§1º a 4º, todos da CRFB, que fixam a exigência de construção de um imprescindível regime de colaboração entre os entes federados, capaz de permitir a execução de ações integradas no sentido de assegurar a manutenção e desenvolvimento do ensino em todos os seus níveis, etapas e modalidades e de afastar quaisquer possibilidades de adoção de comportamentos administrativos omissivos ou competitivos. Tais desideratos se mostram ainda mais patentes ante a redação do art. 214, da Lei Maior que, em 2009,[18] definiu de modo claro a estrutura e objetivos do sistema nacional de educação:

> Art. 214. A lei estabelecerá o plano nacional de educação, de duração decenal, com o objetivo de articular o sistema nacional de educação **em regime de colaboração** e definir diretrizes, objetivos, metas e estratégias de implementação para assegurar a manutenção e desenvolvimento do ensino em seus diversos níveis, etapas e modalidades **por meio de ações integradas dos poderes públicos das diferentes esferas federativas que conduzam** a: I – erradicação do analfabetismo; II – universalização do atendimento escolar; III – melhoria da qualidade do ensino; IV – formação para o trabalho; V – promoção humanística, científica e tecnológica do País. VI – estabelecimento de meta de aplicação de recursos públicos em educação como proporção do produto interno bruto. [g.n.]

---

17 O Ministério Público, como guardião da ordem jurídica, do regime democrático e dos interesses sociais e individuais indisponíveis, cabe a função de zelar pelo efetivo respeito dos Poderes Públicos e dos serviços de relevância pública aos direitos assegurados na Constituição Federal, promovendo as medidas necessárias à sua garantia (art. 127 e 129, II da CRFB c/c art. 201, V, VIII, 208 e 210, I do ECA).

18 Conforme Emenda Constitucional nº 59/2009.

Denominado pela doutrina de *tripé-educacional,*[19] a pré-escola, o ensino fundamental e o ensino médio compõem a definição de educação básica[20] obrigatória,[21] de acordo com o inciso I, do art. 4º da LDB.

A educação infantil, primeiro ciclo da educação básica, é dever exclusivo dos Municípios (art. 221, §2º da CF) e possui notória relevância especialmente na complementação dos cuidados da família trabalhadora para com seus pequenos que não têm com quem ficar. Esta etapa divide-se em creches e pré-escolas (art. 30 da LDB).

Noutra extremidade da educação básica obrigatória encontra-se o ensino médio, de competência exclusiva dos Estados, na forma disposta na Lei Maior (art. 221, §3º).

No longo período educacional entre a educação infantil e o ensino médio está fincado o ensino fundamental, que atinge faixas etárias bastante diversificadas, como a infância, a pré-adolescência e a juventude,[22] em relação ao qual o texto constitucional de 1988[23] e a LDB estabeleceram responsabilidade concorrente dos Estados e Municípios do que, por evidente, exsurge essencial o ajuste das ações administrativas destes entes às imposições da ordem constitucional, limitando-as aos seus campos de atuação exclusiva e concorrente, sem descurar, portanto, do dever de operarem em regime de colaboração, de modo a conferir maior racionalidade, efetividade e eficiência ao serviço de ensino fundamental.

No que se refere aos Estados-membros, a LDB acrescenta à sua responsabilidade concorrente o atributo do *equilíbrio* entre as ações administrativas ou esforços praticados por eles e por seus municípios, ao apontar, em seu art. 10, inciso II, que lhes compete definir, com os Municípios, formas de colaboração na oferta do ensino fundamental, as quais devem assegurar a *distribuição proporcional das responsabilidades*, de acordo com a população a ser atendida e os recursos financeiros disponíveis em cada uma dessas esferas do Poder Público. Note-se, assim, que, embora exista autonomia na organização da oferta do ensino pelos entes federados, as ações ad-

---

19 ISHIDA, Válter Kenji. *Estatuto da Criança e do Adolescente*. Doutrina e jurisprudência. 19. ed. rev, ampl. e atual. Salvador: JusPODIVM, 2018. p. 238.

20 Expressão criada pela Emenda Constitucional nº 53/2006.

21 A Emenda Constitucional nº 59/2009 alterou a redação do art. 208, I da CF e ampliou a educação obrigatória, antes restrita ao ensino fundamental, a todas as etapas da educação básica (desde a pré-escola até o ensino médio).

22 Indivíduos adultos também podem cursar os anos do ensino fundamental, em especial sob a modalidade de Educação de Jovens e Adultos.

23 Art. 211, [...] § 2º **Os Municípios** atuarão **prioritariamente no ensino fundamental** e na educação infantil. §3º: "**Os Estados** e o Distrito Federal **atuarão prioritariamente no ensino fundamental** e médio". § 4º **Na organização de seus sistemas de ensino**, a União, **os Estados**, o Distrito Federal e os **Municípios definirão formas de colaboração, de modo a assegurar a universalização do ensino obrigatório.** [g.n.]

ministrativas desenvolvidas para tanto devem estar vinculadas e condicionadas aos ditames no §2º do art. 8º da LDB.[24]

O Plano Nacional de Educação,[25] de que trata o texto constitucional no art. 214 acima transcrito, aprovado e em vigor, desafia Estados e Municípios no sentido de garantirem especialmente a universalização do acesso e do padrão mínimo de qualidade do ensino fundamental, sem descuidarem, ainda, dos deveres de conclusão do ciclo de alfabetização infantil até o 3º ano, do aumento da taxa de alfabetização de jovens de 15 (quinze) anos ou mais e da erradicação do analfabetismo absoluto e redução do analfabetismo funcional.[26]

E mais. No sentido da universalização do acesso às etapas da educação básica as disposições do art. 208, §3º, CRFB conferem ao Estado e aos Municípios a obrigação de recensear e promover a chamada de crianças e adolescentes em idade de escolarização obrigatória, por meio de mecanismos de busca ativa previstos nas estratégias 1.15, 2.5, 3.9, 8.6 e 9.5 do Plano Nacional de Educação – Lei Federal nº 13.005/2014.

Em suma, o cuidado social do Poder Público no que se refere ao ensino fundamental brasileiro está assentado em ditames constitucionais claros de corresponsabilidade e cooperação, dos quais não pode o gestor público se descurar, por se tratar de direito subjetivo.

5. A ausência de cuidado social com a educação no contexto das políticas públicas do Estado do Rio de Janeiro

A despeito de farta e sólida responsabilidade desenhada pela Magna Carta aos Estados de proporcionar o ensino fundamental, a edição dos textos legais e normativos a seguir narrados em ordem cronológica revela comportamento reiterado do Estado do Rio de Janeiro, ao longo de anos, no sentido de promover a gradual, completa e indevida transferência da responsabilidade pela oferta do atendimento escolar na segunda etapa do ensino fundamental aos Municípios Fluminenses.

Com efeito, em 1987 a Secretaria de Estado de Educação do Rio de Janeiro publicou a Resolução SEE nº 1.411, instituindo o "PROMURJ – Programa de Municipalização do Ensino de 1º Grau do Estado do Rio de Janeiro", vinculado ao gabinete do Secretário de Estado de Educação e coordenado por um Conselho Diretor.

Não obstante o advento da Ordem Constitucional de 1988 e no intuito de conferir nova estatura legal às suas ações, o Estado editou a Lei Estadual nº 2.332/1994, que autorizou o Poder Público a "instituir o Programa de Municipalização da Educação Pré-

24 Art. 8º A União, os Estados, o Distrito Federal e os Municípios organizarão, em regime de colaboração, os respectivos sistemas de ensino. [...] § 2º Os sistemas de ensino terão liberdade de organização nos termos desta Lei. [g.n.]

25 Lei Federal nº 13.005/2014.

26 Arts. 1º e 8º e Metas 2, 3, 5, 7, 9 e 10.

Escolar e de Ensino Fundamental", que teve por objetivo 'autorizar' a transferência gradual e progressiva aos municípios, pelo Estado, da responsabilidade por encargos e serviços relacionados a esta etapa da educação básica. Com fundamento nesta Lei de 1994, foi editado o Decreto Estadual nº 21.288/1995, que dispôs sobre a celebração de "convênios" relativos à execução do Programa de Municipalização da Educação Pré-Escolar e do Ensino Fundamental.

Importa observar dois aspectos em relação à Lei Estadual nº 2.332/1994 e ao Decreto Estadual nº 21.288/1995: primeiramente, os diplomas normativos não limitam sua abrangência a qualquer dos segmentos do ensino fundamental, preconizando, portanto, uma transferência "gradual e progressiva" da integralidade dessa oferta aos municípios; em segundo lugar, ambos textos legais não indicam qualquer medida de compensação, aos municípios, pelo ônus excessivo provocado pela absorção integral das responsabilidades pela oferta do ensino fundamental.

No mesmo sentido foi editado o Decreto Estadual nº 24.150/1998 que, no intuito de "estabelecer normas para a formalização da Municipalização do ensino fundamental", impõe aos Municípios a assunção de "compromissos" exclusivamente relacionados ao ressarcimento de eventuais despesas de pessoal ou danos ao patrimônio público que viessem a ser suportados pelo Estado.

No ano de 2005 foi publicada a Lei Estadual nº 4.528, que fixou as diretrizes para a organização do Sistema de Ensino do Estado do Rio de Janeiro e que, sobre o regime de colaboração entre Estado e Municípios para a oferta do ensino fundamental, assim dispôs:

> Art. 61 – O Estado, através das escolas de sua rede pública, deverá, no prazo de três anos, a contar da data da publicação desta Lei, cessar a oferta de educação infantil. (Veto derrubado pela ALERJ D.O. P.II, de 12.08.2005) (texto declarado inconstitucional pelo TJRJ na REP INCO nº 49/2007) (texto sofreu nova redação pela Lei Estadual nº 5.311/2008)
>
> Art. 62 – O Estado, através das escolas de sua rede pública, deverá, no prazo de dez anos, a contar da data de publicação desta Lei, suspender a oferta de ensino fundamental nas séries iniciais até a quarta ou equivalente. (Veto derrubado pela ALERJ D.O. P.II, de 12.08.2005) (texto declarado inconstitucional pelo TJRJ na REP INCO nº 49/2007)
>
> Parágrafo único – As escolas ou classes multiseriadas deverão ser extintas progressivamente, no prazo estabelecido no caput deste artigo. (Veto derrubado pela ALERJ D.O. P.II, de 12.08.2005) (texto declarado inconstitucional pelo TJRJ na REP INCO nº 49/2007)
>
> Art. 63 – O ensino fundamental de 5ª até a 8ª série, ou equivalente, deverá constituir-se em oferta equilibrada entre Estado e Municípios, sendo que o seu atendimento será realizado preferencialmente pelos Municípios, cabendo ao Estado priorizar o ensino médio, conforme estabelece a Lei nº 9.394/96. [...]
>
> Art. 65 – O Estado poderá disponibilizar instalações escolares que estejam ociosas aos Municípios onde se encontrem localizadas, ficando a cargo destes sua manutenção e conservação.
>
> Parágrafo único – As instalações escolares integralmente ocupadas com alunos e que passem para os municípios serão disponibilizadas pelo Estado e mantidas e conservadas pelos municípios.

Tendo por fundamento as disposições acima, em especial a redação original do art. 61, e o teor do art. 62, da Lei Estadual nº 4.528/2005, a Secretaria de Estado de Educação editou a Resolução SEEDUC nº 3.700/2007 que, estabelecendo normas e procedimentos para a matrícula relativa ao ano letivo de 2008, deixou de apresentar, no seu anexo de metas, a oferta de vagas para a educação infantil e para o primeiro segmento do ensino fundamental.

Importa anotar que as disposições dos art. 61, caput, art. 62, caput, e parágrafo único, da Lei Estadual nº 4.528/2005, e a Resolução SEEDUC nº 3.700/2007 foram objeto de arguição de inconstitucionalidade nos autos da Representação de Inconstitucionalidade nº 49/2007 (Processo nº 2007.007.00049). No ano de 2008, estas disposições legais em comento foram declaradas inconstitucionais pelo Órgão Especial do Egrégio Tribunal de Justiça do Estado do Rio de Janeiro, ao fundamento de que compete ao Estado a oferta "de ensino gratuito em todos os níveis de escolaridade, e, concomitantemente com os seus Municípios, relativamente ao ensino fundamental, imperativos desatendidos pela legislação acoimada de inconstitucional".

A redação do art. 61, caput, da Lei Estadual nº 4.528/2005, a despeito de já haver sido declarada inconstitucional pelo TJRJ, sofreu nova redação determinada pela Lei Estadual nº 5.318/2008 que, acrescentando-lhe, ainda, o seu parágrafo primeiro, assim dispôs:

> Art. 61. O Estado, através das escolas de sua rede pública, deverá, até o ano de 2010, nos termos do Programa de Municipalização do Ensino do Estado do Rio de Janeiro – PROMURJ – Resolução SEE nº. 1.411/03 de dezembro de 1987, cessar a oferta de educação infantil, realizando, a partir da publicação desta Lei, o planejamento gradativo de encerramento das atividades nesta etapa da educação básica. Parágrafo único – O planejamento a que se refere o caput deste artigo contemplará ações que objetivem impedir qualquer prejuízo no processo político-pedagógico à comunidade escolar.

O Plano Estadual de Educação,[27] por sua vez, quanto aos objetivos e metas para a oferta do ensino fundamental, prevê:

> 1.11 OBJETIVOS E METAS
>
> 4. Garantir o acesso e viabilizar a permanência do aluno no Ensino Fundamental obrigatório de qualidade, com duração de nove anos, planejando em regime de colaboração com os municípios, no prazo de 10 (dez) anos, a partir da publicação deste Plano, a progressiva transferência das matrículas dos anos iniciais do Ensino Fundamental para a rede municipal, conforme o que estabelece a Lei Estadual nº 4.528/2005 (art.62).

No contexto das ações direcionadas à chamada "reestruturação" da rede estadual de ensino trazidas ao público, pela SEEDUC, apenas ao final do ano letivo de

27 Lei Estadual nº 5.597, de 18 de dezembro de 2009.

2016, foram editadas as Resoluções SEEDUC nº 5.532, de 28 de julho de 2017, que "Regulamenta as ações para a adequação da oferta de educação básica em escolas da Secretaria de Estado de Educação e dá outras providências" e a de nº 5.549, de 23 de agosto de 2017, que "Estabelece critérios para a municipalização do ensino fundamental da rede estadual de ensino e dá outras providências". Merecem destaque, na redação das Resoluções em comento, os seguintes dispositivos:

> Resolução SEEDUC nº 5.532/2017
>
> Art. 1º – Estabelecer as normas e os procedimentos que serão observados nas ações de adequação da oferta de Educação Básica adotadas no âmbito das unidades escolares da Secretaria de Estado de Educação.
>
> Parágrafo Único – Para efeitos desta Resolução, consideram-se como ações de adequação da oferta de Educação Básica presencial em unidades escolares da Secretaria de Estado de Educação aquelas referentes às absorções de turnos, absorções e/ou terminalidade de cursos e absorção total de unidades escolares. [...]
>
> Art. 16 – As unidades escolares indicadas nos estudos para sua absorção total comporão lista de prédios escolares a serem oferecidos à Municipalização a partir do ano subsequente, a ser encaminhada à Coordenação de Integração Municipal, podendo ocorrer a assunção da oferta do Ensino Fundamental – Anos Finais por parte da Prefeitura.
>
> Parágrafo Único – No caso de recusa da municipalidade e não havendo interesse para fins da educação básica, a Secretaria de Estado de Educação tomará as providências necessárias para o encaminhamento do imóvel escolar à Secretaria de Estado de Fazenda e Planejamento, que decidirá sobre sua utilização.
>
> Art. 17 – As unidades escolares com oferta exclusiva do Ensino Fundamental – Anos Finais, incluídas no critério do artigo 10, Inciso I, da presente Resolução, nos casos em que não houver outra unidade escolar estadual na mesma área de abrangência, comporão lista de prédios escolares a serem oferecidos para municipalização, incluindo a municipalização desta etapa de ensino, a partir do ano subsequente, a ser encaminhada à Coordenação de Integração Municipal.
>
> Parágrafo Único – Quando a reestruturação envolver municipalização de escolas que integram a rede pública estadual, a transferência da respectiva unidade escolar deverá ser precedida de negociação entre as partes, a qual deverá ser posteriormente formalizada mediante acordo, convênio ou outro instrumento similar com a Administração Municipal, em que conste a devida afirmação da capacidade de absorver a demanda de alunos oriundos da rede estadual.
>
> Resolução SEEDUC nº 5.549/2017
>
> Art. 1º – O Programa Estadual de Municipalização do Ensino Fundamental – PROMURJ objetiva assegurar e promover a transferência gradual e progressiva da prestação do ensino fundamental do Estado para os Municípios que o integram, por meio de ação conjunta dos respectivos Poderes Executivos, em atendimento às determinações constitucionais e legais pertinentes.
>
> Art. 2º – O PROMURJ observando-se o caso, será efetivado mediante a celebração de Convênio entre o Estado do Rio de Janeiro, por intermédio da Secretaria de Estado de Educação – SEEDUC, e os Municípios interessados.
>
> Art. 3º- O processo de municipalização importará na transferência dos alunos do Ensino Fundamental das unidades escolares da rede estadual para a gestão municipal, que poderá ser formalizada:

> I – De forma total, com a transferência de todos os alunos do ensino fundamental da unidade escolar estadual para a gestão municipal; e
>
> II – De forma parcial, com a transferência parcial dos alunos do ensino fundamental da unidade escolar estadual para a gestão municipal.
>
> Art. 4º – A municipalização do ensino também ocorrerá por meio de absorção da demanda, nas hipóteses em que o Município passe a atender, progressivamente, as séries dos anos finais do Ensino Fundamental.
>
> Parágrafo Único – O processo de municipalização por absorção da demanda independe de formalização de convênio ou qualquer instrumento, bastando a comunicação entre as partes no sentido de que a demanda será efetivamente absorvida pelo município.

A Lei Estadual nº 7.517/2017, neste sentido, determinou que todos os contratos de convênio para a municipalização dos CIEPs disponham sobre a assunção educação integrada e em tempo integral", conferindo aos Municípios convenentes a obrigação de manter oferta dessa natureza.

Finalmente, em 02 de outubro de 2017 foi editada a Lei Estadual nº 7.703, que dispôs sobre "a cessão de uso de bens imóveis a municípios, em decorrência da municipalização do ensino público fundamental", que veda a devolução, ao Estado do Rio de Janeiro, de bem imóvel estadual cedido aos municípios em decorrência da "municipalização" do ensino fundamental enquanto vigente o convênio respectivo, desde que mantida a destinação específica do equipamento público para prestação do serviço educacional.

É possível analisar através dos dados oficiais disponíveis no Portal Inep[28] e Portal Educacenso[29] a evolução da oferta de vagas no ensino fundamental pelas redes públicas de ensino no território do Estado do Rio de Janeiro nos últimos anos e, sobretudo, identificar a intensidade do esforço promovido tanto pelo Estado quanto pelos Municípios fluminenses.

Os números sistematizados na tabela abaixo demonstram a sensível redução do número de matrículas ofertadas pela rede estadual de ensino, na etapa do ensino fundamental, no período compreendido entre os anos letivos de 2007 e 2017, o que coloca em evidência o desequilíbrio de esforços empreendidos por ambas as esferas federativas para o cumprimento dos desideratos constitucionais.

28 Disponível em: http://portal.inep.gov.br/web/guest/resultados-e-resumos. Acesso em: 21 fev. 2019.

29 Disponível em: http://matrícula.educacenso.inep.gov.br/. Acesso em: 21 fev. 2019.

TOTAL DE MATRÍCULAS NO ENSINO FUNDAMENTAL ANOS INICIAIS E FINAIS – ERJ, 2007-2017				
REDES / ANOS LETIVOS	ESTADUAL		MUNICIPAL	
	AI	AF	AI	AF
2007	138.004	345.663	935.600	482.786
2008	113.738	347.393	907.933	494.082
2009	88.303	346.467	880.405	502.320
2010	68.194	335.712	860.169	470.365
2011	45.275	319.540	835.327	461.251
2012	27.176	284.114	813.030	476.091
2013	10.855	261.624	797.007	477.782
2014	5.240	235.632	764.700	471.641
2015	3.030	203.452	735.661	468.859
2016	2.221	177.008	704.995	456.057
2017	1.463	153.603	700.724	455.370

Como resultado dos esforços no sentido de expansão do processo de "municipalização" do ensino fundamental, o Estado extinguiu no período em análise nada menos que 136.541 vagas nos anos iniciais do ensino fundamental, uma redução da ordem de 98,94% das vagas existentes em 2007.[30] As redes municipais também promoveram uma diminuição da oferta de 234.876 novas vagas no mesmo período ou da ordem de 25,10% em relação ao início da série histórica.

Dessa forma, resta evidente o absoluto grau de comprometimento da oferta de matrículas nos anos iniciais do ensino fundamental no território do Estado do Rio de Janeiro entre os anos de 2007 e 2017, com redução do total de 371.417 vagas.

Neste sentido, é importante destacar que, se em 2007 a rede estadual de ensino respondia pelo percentual de 12,85% e as redes municipais pelo percentual de 87,15% da oferta total de vagas nos anos iniciais do ensino fundamental, no ano de 2017 essa diferença sofreu significativo aprofundamento, de modo que, atualmente, a rede estadual de ensino responde por apenas 0,21% e as redes municipais pelos 99,79% restantes da oferta total de vagas nesta etapa e segmento de ensino.

Da mesma maneira, os números também indicam queda considerável na oferta de vagas pela rede estadual de ensino nos anos finais do ensino fundamental no mesmo período.[31] Com efeito, observa-se a extinção de 192.060 vagas, ou 55,56%

30 Fonte: Portal INEP, "Resultados e Resumos". Dados sistematizados pelo MPRJ EM MAPAS em 01/11/2017.

31 Fonte: Portal INEP, "Resultados e Resumos". Dados sistematizados pelo MPRJ EM MAPAS em 01/11/2017.

da oferta no período de 2007 e 2017 na rede de ensino do Estado. No que tange às redes municipais, ao longo do mesmo período foram extintas 27.416 matrículas, uma redução de 5,68% em relação àquelas ofertadas em 2007. A redução total da oferta de vagas nos anos finais do ensino fundamental no período examinado foi da ordem de 219.476 vagas.

Assim como o que foi verificado em relação aos anos iniciais, o grau de esforço da rede estadual e das redes municipais de ensino para com o atendimento educacional nos anos finais do ensino fundamental sofreu variação significativa, de modo que é possível afirmar que, se em 2007 a rede estadual de ensino respondia pelo percentual de 41,72% e as redes municipais pelo percentual de 58,28% da oferta de vagas nos anos finais do ensino fundamental, no ano de 2017 essa diferença sofreu aprofundamento, de modo que a rede estadual de ensino passou a responder por apenas 25,23% e as redes municipais pelos 74,77% restantes da oferta de vagas nesta etapa e segmento de ensino.

Tendo por consideração a oferta de vagas em toda a etapa do ensino fundamental, tanto pela rede estadual quanto pelas redes municipais de ensino, no mesmo período, chega-se à conclusão de que no ano de 2007 o Estado do Rio de Janeiro respondia pelo percentual de 25,43% e os Municípios pelo percentual de 74,57% da oferta de vagas nos anos iniciais e finais do ensino fundamental. Essa diferença atingiu, no ano de 2017, proporções alarmantes uma vez que o Estado passou a responder por apenas 11,83% e os Municípios por todos os 88,17% restantes da oferta de vagas nesta etapa de ensino.

É possível afirmar, então, que, em 2017, todos os 92 Municípios eram responsáveis pela oferta integral dos anos iniciais do ensino fundamental, sendo certo que a rede estadual de ensino passou a ser responsável por parcela insignificante desta oferta apenas nos Municípios de Angra dos Reis, Campos dos Goytacazes, Rio de Janeiro e Volta Redonda, quando relacionada a outras modalidades de ensino diversas do ensino regular, como a educação indígena e a educação nos sistemas prisional e socioeducativo.

Outros 28 Municípios[32] ofertavam integralmente as vagas nos anos finais do ensino fundamental. Dos 65 demais Municípios fluminenses, 07 se encontravam, por ocasião da edição da Resolução SEEDUC nº 5.549/2017, em processo de "municipalização" gradativa e integral da oferta de vagas nos anos finais do ensino fundamental – Maricá, Petrópolis, Piraí, Rio das Flores, Rio das Ostras, São João da Barra e Volta Redonda, enquanto em razão da edição do ato normativo em questão outros 05 assumiram o compromisso de iniciar essa absorção gradativa e integral a partir do ano le-

32 São eles: Armação dos Búzios, Araruama, Areal, Arraial do Cabo, Carapebus, Casimiro de Abreu, Comendador Levy Gasparian, Engenheiro Paulo de Frontin, Guapimirim, Iguaba Grande, Itatiaia, Japeri, Macaé, Mangaratiba, Paracambi, Pinheiral, Porto Real, Quatis, Quissamã, Rio de Janeiro, Santa Maria Madalena, São José do Vale do Rio Preto, Santo Antônio de Pádua, São Francisco do Itabapoana, Saquarema, Seropédica, Silva Jardim e Tanguá.

tivo de 2018 – Cordeiro, Itaguaí, Nilópolis, Paty do Alferes e São Fidélis, e os restantes ainda analisavam proposta de "municipalização" formulada pela SEEDUC.

É patente, portanto, e injustificável o desequilíbrio de esforços entre Estado do Rio de Janeiro e Municípios fluminenses no sentido do cumprimento de suas responsabilidades constitucionais concorrentes em relação às ações de desenvolvimento e manutenção do ensino fundamental, o que revela, como já se destacou, violação a disposições constitucionais e legais de natureza cogente e em pleno vigor.

Feitas essas considerações, é forçoso anotar que um dos pontos cruciais da análise dos números e gráficos lançados acima reside na constatação de que, ao longo do período histórico em exame, o Estado do Rio de Janeiro promoveu a extinção real de 465.832 matrículas em todas as etapas da educação básica, com destaque para a extinção de 328.601 matrículas na etapa do ensino fundamental, sendo 136.541 nos anos iniciais e 192.060 nos anos finais.

Outro ponto de absoluta importância para a análise reside na constatação de que, na mesma direção, os Municípios fluminenses também reduziram em 191.403 o número total de vagas para o atendimento educacional nas suas etapas de obrigação constitucional exclusiva ou concorrente. No tocante à etapa aqui enfocada, o ensino fundamental, os municípios deram causa à redução de 262.292 vagas, sendo 234.876 vagas no primeiro e de 27.416 no segundo segmentos.

Já não bastasse a flagrante ilicitude da iniciativa do ente político estadual, ao pretender eximir-se do cumprimento de um dever jurídico que lhe compete, avultam, já numa perspectiva estritamente fática, as desastrosas consequências daí decorrentes, na seara do serviço público em questão.

6. Do enfrentamento da terminalidade do ensino fundamental pelo Ministério Público do Rio de Janeiro

Sendo inaceitável que o Estado efetive retrocessos na concretização de direitos fundamentais infanto-juvenis, buscando gradualmente se desincumbir de seu dever constitucional de prestar o ensino fundamental sob o manto da discricionariedade da administração pública, fez-se necessário o controle judicial desta política pública deficitária, ante o caráter programático das regras inscritas no texto da Carta Política.[33] Com ensina Silveira:[34] [...] *no ordenamento jurídico brasileiro os direitos educacionais*

33 [...] não pode converter-se em promessa constitucional inconsequente, sob pena de o Poder Público, fraudando justas expectativas nele depositadas pela coletividade, substituir, de maneira ilegítima, o cumprimento de seu impostergável dever, por um gesto irresponsável de infidelidade governamental ao que determina a própria Lei Fundamental do Estado. (RTJ 175/1212-1213, Rel. Min. Celso de Mello).

34 SILVEIRA, Adriana Aparecida Dragone. *O Direito à Educação de Crianças e Adolescentes: Análise da atuação do Tribunal de Justiça de São Paulo* (1991-2008). Disponível em: http://www.teses.usp.br/teses/disponiveis/48/48134/tde-26012011-144259/pt-br.php. Acesso em: 21 fev. 2019.

receberam proteção jurídica diferenciada, com especificação do seu conteúdo e formas de exigibilidade ao considerar o ensino obrigatório como direito público subjetivo.

Reconhecida a educação como um direito público subjetivo e sendo do interesse da sociedade que crianças e adolescentes cursem o ensino obrigatório,[35] o Ministério Público do Estado do Rio de Janeiro ingressou com Ações Civis Públicas visando reestabelecer o acesso e a permanência dos alunos nas salas de aula da segunda etapa do ensino fundamental, apontando as estratégias do Poder Público estadual que colidem com as normas constitucionais inerentes ao seu dever de educar, ferindo a cidadania daqueles sujeitos de direitos. Deferidas as tutelas de urgência para a manutenção das turmas municipalizadas ou finalizadas, o Estado recorreu. A questão, então, tem sido alvo de apreciação do TJRJ que vem sedimentando a posição de manter a oferta da segunda etapa do ensino fundamental nas mãos de seu obrigado constitucional: o Estado:

> AGRAVO DE INSTRUMENTO. **AÇÃO CIVIL PÚBLICA. EXTINÇÃO DE VAGAS NA REDE ESTADUAL DE ENSINO FUNDAMENTAL. SUPOSTA MUNICIPALIZAÇÃO. DECISÃO QUE CONCEDE TUTELA DE URGÊNCIA**. INSURGÊNCIA DO RÉU. – **Cuida-se de Agravo de Instrumento, interposto no curso de Ação Civil Pública, contra decisão que deferiu tutela de urgência para que o Estado se abstenha de extinguir vagas na rede pública de ensino, sob pretexto de "municipalização" da educação fundamental.** – Preliminar de perda de objeto rejeitada, por falta de comprovação de reversão da referida política. – Suspensão da execução da liminar que não impede o processamento do feito, mas apenas o cumprimento do comando exarado. – **No mérito recursal, a plausibilidade do direito se configura a partir da comprovação de que o recorrente vem progressivamente eliminando vagas no ensino fundamental, sem demonstração de proporcional atendimento da demanda pela rede municipal. Com efeito, a prestação do ensino público fundamental é obrigação concorrente dos Estados e Municípios, com vistas à universalização e estímulo do ensino obrigatório. Arts. 208, §§1º e 2º, e 211 da CRFB/1988.** – **O perigo na demora caracteriza-se, à toda evidência, pela aludida violação ao direito subjetivo dos cidadãos e comprometimento imediato da oferta de vagas no ensino público fundamental. – Ora, o acesso ao ensino público deve ser estimulado mediante a abertura de novas vagas e aprimoramento dos serviços, jamais pela supressão das possibilidades já existentes, sob pena de violação flagrante ao princípio da vedação ao retrocesso social. – Discricionariedade administrativa que não se traduz em arbitrariedade, sendo necessária a adoção de medidas proporcionalmente menos restritivas, de modo a assegurar a eficiência e a continuidade do adequado serviço público essencial, postura que justifica a intervenção judicial**. [...] RECURSO CONHECIDO E DESPROVIDO. (Agravo de Instrumento n° 0034422-69.2018.8.19.0000, 15ª Câmara Cível, Relatora Des. Maria Regina Fonseca Nova Alves, j. **30.01.2019**). [g.n.]
>
> **AGRAVO DE INSTRUMENTO. AÇÃO CIVIL PÚBLICA. DECISÃO QUE CONCEDEU A TUTELA DE EVIDÊNCIA, NOS TERMOS DO ARTIGO 311 DO NCPC. NEGA-SE PROVIMENTO AO RECURSO. Trata-se de agravo de instrumento, em ação civil pública, interposto pelo Estado do Rio de Janeiro em face de decisão que deferiu a tutela de evidência, nos termos do artigo 311, parágrafo único, do Código de Processo Civil, a fim de condenar o Estado na obrigação de**

35 §§1º e 2º, do art. 208, da CRFB, e inciso VIII e §1º, do art. 308, da CERJ.

fazer consistente na manutenção da oferta de ensino fundamental no Colégio Estadual Rubens Farrulla, e restabelecimento de turmas extintas, no ano letivo de 2017. A controvérsia reside no fato de o Estado do Rio de Janeiro estar extinguindo turmas do segundo segmento do ensino fundamental no Colégio Estadual Rubens Farrulla, assim como a turma de correção de fluxo da unidade escolar, em processo de terminalidade/municipalização de vagas escolares no ensino fundamental. [...] Deve-se notar que, no caso em questão, se busca garantir a efetividade do Direito Social à Educação, com a garantia de vagas no ensino fundamental para a demanda da região. Assim dispõe o art. 211 da CRFB/1988: Art. 211. A União, os Estados, o Distrito Federal e os Municípios organizarão em regime de colaboração seus sistemas de ensino. [..] § 2º Os Municípios atuarão prioritariamente no ensino fundamental e na educação infantil. 3º Os Estados e o Distrito Federal atuarão prioritariamente no ensino fundamental e médio. 4º Na organização de seus sistemas de ensino, a União, os Estados, o Distrito Federal e os Municípios definirão formas de colaboração, de modo a assegurar a universalização do ensino obrigatório. **Observa-se, pelo texto constitucional, que a responsabilidade pelo ensino fundamental é concorrente. Dessa forma, verifica-se, em cognição sumária, não ser admissível que o Estado se desonere da prestação do ensino fundamental, passando tal encargo ao Município. Soma-se a isso, o pressuposto do perigo de dano, consistente na falta de atendimento regular às crianças que se inserem na fase do ensino fundamental, violando seus direitos à educação, expressos na Constituição Federal e artigos 1º, 3º, 4º, 5º e 7º, todos da Lei nº 8.069/1990 Estatuto da Criança e do Adolescente.** Verifica-se que, segundo estudo trazido pelo Ministério Público (index 108, fl. 112): [...] fazendo uma estimativa do percentual populacional para cada faixa chegamos a um valor aproximado de 33.154 crianças entre 11 e 14 anos no município de São João de Meriti. Essa faixa corresponde àquela esperada nas matrículas dos Anos Finais do Ensino Fundamental. Assim, todos os indicadores apresentados, que foram construídos para estimar a situação do acesso à educação no município em questão, utilizaram essa estimativa populacional para seus cálculos. Assim, em números, aproximadamente 13% das crianças em idade escolar estão fora do seu nível correspondente (index 108, fl. 114). Outrossim, **o estudo indica que qualquer ação que envolva a restrição da oferta de educação para um determinado grupo populacional, em especial, para a etapa de ensino onde a evasão e a distorção idade-série passar a ocupar o rol de preocupações dos professores, alunos, gestores e sociedade em geral, é preocupante e injustificada. Neste diapasão, observa-se que há grave risco de dano à população pela supressão de oferta de vagas, notadamente de turmas do segundo segmento do ensino fundamental. Ademais, não há que se falar em violação ao princípio da separação dos Poderes, tampouco invasão do Poder Judiciário na esfera da discricionariedade da Administração Pública, vez que a má prestação do dever constitucional autoriza a intervenção do Poder Judiciário, quando provocado, com o fim de assegurar sua efetivação. Sendo assim, diante da presença dos requisitos previstos no artigo 300 do NCPC, e considerando que os direitos de crianças e adolescentes munícipes de São João de Meriti devem ser tratados com prioridade, está a se impor a manutenção da tutela deferida, ressalvando-se apenas tratar-se de tutela de urgência.** (Agravo de Instrumento nº 0034391-49.2018.8.19.0000, 26ª Câmara Cível – Relator Des. Arthur Narciso de Oliveira Neto, j.**13.12.2018**). [g.n.],

AGRAVO DE INSTRUMENTO. AÇÃO CIVIL PÚBLICA. AGRAVO CONTRA DECISÃO QUE DEFERE A TUTELA PROVISÓRIA DE URGÊNCIA, PARA DETERMINAR QUE SE ABSTENHA O ESTADO DE PROCEDER À EXTINÇÃO DAS TURMAS DE 9º ANO DO ENSINO FUNDAMENTAL DA ESCOLA ESTADUAL PROFESSOR ALFREDO MAURÍCIO BRUM, SOB PENA DE MULTA DIÁRIA E PESSOAL NO VALOR DE R$10.000,00 (DEZ MIL REAIS). PROCESSO DE MUNICIPALIZAÇÃO DO ENSINO FUNDAMENTAL. [...] PROVA CARREADA AOS AUTOS QUE DEMONSTRAM A **AUSÊNCIA DE PERMISSIVO LEGAL QUE DESONERE O ESTADO DO DEVER DA PRESTAÇÃO**

DO ENSINO FUNDAMENTAL. APLICAÇÃO DO ART. 211, § 4º, DA CONSTITUIÇÃO FEDERAL. OBRIGAÇÃO SOLIDÁRIA DOS ENTES DA FEDERAÇÃO EM GARANTIR O ACESSO DIGNO À EDUCAÇÃO. VIOLAÇÃO AO PRINCÍPIO DA DIGNIDADE DA PESSOA HUMANA E À PROTEÇÃO INTEGRAL DA CRIANÇA E DO ADOLESCENTE. PRESENÇA DOS REQUISITOS LEGAIS PARA A ANTECIPAÇÃO DOS EFEITOS DA TUTELA, NA FORMA DO ART. 300 DO NCPC/15, **RISCO À SEGURANÇA DAS CRIANÇAS E ADOLESCENTES QUE ESTUDAM NA REFERIDA LOCALIDADE. DECISÃO AGRAVAGA QUE SE MANTÉM. DESPROVIMENTO DO RECURSO.** (Agravo de Instrumento nº 0044268-47.2017.8.19.0000, 11ª Câmara Cível, Relator Des. Luiz Henrique Oliveira Marques, j. **13.06.2018).** [g.n.]

AGRAVO DE INSTRUMENTO. AÇÃO CIVIL PÚBLICA. TUTELA PROVISÓRIA SATISFATIVA. CABIMENTO. LIMITES RESTRITOS DO PRESENTE RECURSO. **ENSINO FUNDAMENTAL E SEU PROCESSO DE MUNICIPALIZAÇÃO. DESACERTOS.** 1. **Trata-se de agravo de instrumento manejado contra decisão que, em sede de ação civil pública que traz controvérsia referente ao processo de municipalização do ensino fundamental, deferiu tutela provisória com o que foram determinadas manutenção e reabertura de turmas, restabelecimento de horário integral, etc.** [...] 4. Nessa perspectiva, dentro dos limites do possível, em um primeiro olhar, característico de uma cognição perfunctória, temos que o autor-agravado tem razão e que, por isso, **a decisão deve ser mantida, sobretudo porque não parece haver um permissivo para que o agravante se desonere do ensino fundamental, com a força numa desacertada interpretação da CRFB, de tal sorte que onere uma única esfera federativa.** 5. **Negado provimento ao recurso.** (Agravo de Instrumento nº 0066021-60.2017.8.19.000, 4ª Câmara Cível, Relator: Des. Antônio Iloízio Barros Bastos, j. **07.02.2018**). [g.n.] [36]

No que tange às Leis e Resoluções retro mencionadas, editadas pelo Estado com o fito de eximir-se do cuidado social de assegurar a segunda etapa do ensino fundamental, o *Parquet* fluminense propôs, também, Representação por Inconstitucionalidade, cuja Ementa da Decisão proferida pelo Órgão Especial do TJRJ é a seguinte:

Representação por Inconstitucionalidade proposta pelo Procurador-Geral de Justiça em face da Lei nº 2.332 de 05/10/1994 e do art. 63 da Lei nº 4.528, de 28/03/2005, e, por arrastamento, de outros diplomas legislativos, todos do Estado do Rio de Janeiro. A C O L H I M E N T O P A R C I A L, para declarar a inconstitucionalidade formal e material da Lei nº 2.332 de 05/10/1994 por ofensa aos artigos 37, §6º, 205 e 208, VII, §§ 1º e 2º da Constituição Federal, bem como dos artigos 112, §1º, inciso II, alínea "d" c/c art. 145, inciso VI, alínea "a", 308 e 316, caput e inciso II, da Constituição Estadual. Também do item 4 dos Objetivos e Metas para a Educação Básica do Anexo da Lei nº 5.597/2009; do art. 2º da Lei nº 7.703/17; do Decreto 24.150/98; da Resolução SEEDUC nº 5549/17 e artigos 12, II, 13, parágrafo único, II, 16 e 17; e, da Resolução SEEDUC nº 5.532/17. Improcedência quanto aos demais textos legais. **PROCEDÊNCIA PARCIAL DO PEDIDO.** (OE-TJRJ – Direta de Inconstitucionalidade nº: 0023985-66.2018.8.19.0000-Relator: Desembargador Otávio Rodrigues, j. **05/11/2018**). [g.n.]

36 Convém consignar que 3 (três) recursos, já apreciados pelo TJRJ, foram parcialmente providos (AIs nºs 0005686-41.2018.8.19.0000, 0034440-90.2018.8.19.0000 e 0034700-70.2018.8.19.0000). Até o fechamento deste artigo, ainda pendiam 7 (sete) julgamentos de Agravos de Instrumento sobre o mesmo tema.

7. Notas finais

A Lei maior de 1988, na esteira dos documentos internacionais de Direitos Humanos, assegurou ser dever de todos assegurar a primazia do direito à educação para crianças, adolescentes e jovens. Para o exercício deste direito foi erigido o princípio da cooperação ou da solidariedade entre vários atores estatais, expressão do cuidado social do Estado.

O microssistema infanto-juvenil de 1990, por sua vez, vincula o direito à educação à preparação para o exercício da cidadania. A Lei diretiva da educação de 1996, de igual modo, prescrevendo ser a educação dever da família e do Estado, regula a sua finalidade ao preparo para o exercício da cidadania e qualificação para o trabalho e reafirma tal objetivo ao tratar da educação básica. Dispõe que o ensino tem por finalidades desenvolver o educando, assegurar-lhe a formação comum indispensável para o exercício da cidadania e fornecer-lhe meios para progredir no trabalho e em estudos posteriores.

O acesso ao ensino obrigatório e gratuito constitui, assim, um aspecto inarredável da cidadania e, por via de consequência, a ausência de sua oferta ou sua oferta irregular pelo Poder Público importa em violação de um direito público subjetivo culminando na responsabilidade da autoridade competente omissa.

No Estado do Rio de Janeiro, lamentavelmente, os órgãos do poder executivo e legislativo que deveriam zelar pelo incremento de todas as dimensões da educação de seus adolescentes e jovens, estão apartando estes alunos dos bancos escolares através de uma denominada reestruturação da rede estadual, eufemismo que, na realidade, se consubstancia em injustificadas extinções de turmas e transferência indevida de competência aos municípios.

Através da exposição do amplo e incontestável panorama normativo trazido à colação no presente artigo e ante a judicialização do tema pelo Ministério Público, a qual caminha por eliminar os mecanismos de terminalidade/municipalização do ensino fundamental, se chega à conclusão lógica e inafastável de que todos e quaisquer movimentos legiferantes ou administrativos tendentes a eximir Estados e Municípios do dever de prestar tal serviço público se afigura atentatório às normas internacionais e à ordem jurídica brasileira, sobretudo aos preceitos do Federalismo Cooperativo e ao regime de colaboração em matéria educacional.

Por ferir à dignidade e à cidadania de crianças, adolescentes e jovens, cabe, portanto, às instituições de controle do próprio Estado, à sociedade e às famílias a tarefa de opor-lhes a resistência necessária, em busca da urgente e efetiva concretização do direito à educação.

Propostas para a tutela das vulnerabilidades nas relações de consumo

Livia Teixeira Leal

"As pessoas e os grupos sociais têm o direito a ser iguais quando a diferença os inferioriza, e o direito a ser diferentes quando a igualdade os descaracteriza".

- Boaventura de Sousa Santos[1]

1. A vulnerabilidade do consumidor e as hipervulnerabilidades nas relações de consumo

Os seres humanos apresentam diferenças entre si por sua própria natureza – cada sujeito possui o seu DNA, a sua impressão digital, que o individualiza perante os demais. Na relação em sociedade, as diferenças biológicas podem se intensificar, adquirindo novos significados, e outras diferenças podem surgir, demandando o desenvolvimento de mecanismos para que a convivência entre os indivíduos se opere de forma harmônica.

No direito, o reconhecimento das desigualdades humanas e os reflexos da barbárie observada ao longo da Segunda Guerra Mundial levaram à construção de um sistema de proteção que reconhece um feixe de direitos inerentes à própria condição de pessoa humana, capaz de proteger o indivíduo de qualquer tratamento que desconsidere tal condição.[2]

No Brasil, foi a Constituição da República, de 1988, que incorporou de forma mais expressiva esse sistema, reconhecendo-se como norte de todo o sistema jurídico a cláusula geral de tutela da dignidade da pessoa humana, contida no seu art. 1º, III, o que gerou reflexos significativos também no direito privado. A migração, para o

---

1 SANTOS, Boaventura de Sousa. *Reconhecer para libertar*: os caminhos do cosmopolitanismo multicultural. Rio de Janeiro: Civilização Brasileira, 2003. p. 56.

2 A dignidade humana se baseia no pressuposto de que "cada ser humano possui um valor intrínseco e desfruta de uma posição especial no universo", possuindo dupla dimensão: uma interna, que corresponde a este valor intrínseco próprio do indivíduo, e uma externa, relacionada aos seus "direitos, aspirações e responsabilidades, assim como os correlatos deveres de terceiros". Será "desumano", portanto, tudo aquilo que puder reduzir o indivíduo à condição de objeto. BARROSO, Luís Roberto. *A dignidade humana no direito constitucional contemporâneo*: a construção de um conceito jurídico à luz da jurisprudência mundial. 1. reimpr. Belo Horizonte: Fórum, 2013. p. 14 e 62.

âmbito privado, de princípios constitucionais promoveu uma releitura de todo o sistema jurídico, com a funcionalização dos institutos jurídicos aos valores e princípios constitucionais.[3]

Nesse contexto, os principais institutos do direito privado passam a ser (re)interpretados a partir da centralidade da Constituição, havendo um redirecionamento dos conceitos de uma perspectiva centrada no patrimônio e na abstração para outra racionalidade que se baseia no valor da dignidade da pessoa.[4]

Um dos pontos de reconhecimento dessas desigualdades vai constituir justamente na identificação das vulnerabilidades humanas, que se operam de diferentes formas em cada indivíduo.

Ressalta Heloisa Helena Barboza que todos os seres humanos são vulneráveis, na medida em que podem ser atingidos em seu complexo psicofísico, mas os seres humanos diferem-se em relação à vulnerabilidade, devendo receber tratamentos diferenciados de acordo com os formatos e as peculiaridades desta. Deste modo, para fins de tratamento jurídico, deve-se identificar as "situações substanciais específicas" em que haja um desequilíbrio expressivo, para que sejam delineadas normas específicas de proteção de grupos que se encontrem em situações de vulnerabilidade potencializada, capazes de promover o reequilíbrio dessas relações por meio de uma tutela jurídica direcionada.[5]

---

3 "O reconhecimento da possibilidade de os direitos fundamentais operarem sua eficácia nas relações interprivadas é, talvez, o cerne da denominada constitucionalização do Direito Civil. A Constituição deixa de ser reputada simplesmente como uma carta política, para assumir uma feição de elemento integrador de todo o ordenamento jurídico – inclusive do Direito Privado. Os direitos fundamentais não são apenas liberdades negativas exercidas contra o Estado, mas são normas que devem ser observadas por todos aqueles submetidos ao ordenamento jurídico. A eficácia dos direitos fundamentais nas relações interprivadas se torna inegável, diante da diluição de fronteiras entre público e privado". FACHIN, Luiz Edson; RUZYK, Carlos Eduardo Pianovski. Direitos fundamentais, dignidade da pessoa humana e o novo Código Civil: uma análise crítica. *In:* SARLET, Ingo Wolfgang (org.). *Constituição, direitos fundamentais e direito privado.* 3ª ed. Porto Alegre: Livraria do Advogado, 2010. p. 105.

4 "No plano das relações civilísticas, a matriz personalista e solidarista do projeto constitucional impõe a revisitação dos tradicionais institutos (propriedade, autonomia privada, família, formações sociais) em função do pleno desenvolvimento e da dignidade da pessoa". PERLINGIERI, Pietro. *O direito civil na legalidade constitucional.* Tradução Maria Cristina de Cicco. Rio de Janeiro: Renovar, 2008. p. 162.

5 BARBOZA, Heloisa Helena. Vulnerabilidade e cuidado: aspectos jurídicos. *In:* PEREIRA, Tânia da Silva; OLIVEIRA, Guilherme de (coord.). *Cuidado e vulnerabilidade*. São Paulo: Atlas, 2009. p. 107 e 111.
"A vulnerabilidade como categoria jurídica insere-se em um grupo mais amplo de mecanismos de intervenção reequilibradora do ordenamento, com o objetivo de, para além da igualdade formal, realizar efetivamente uma igualdade substancial". KONDER, Carlos Nelson. Vulnerabilidade patrimonial e vulnerabilidade existencial: por um sistema diferenciador. *Revista de Direito do Consumidor*, vol. 99, p. 101 – 123, Mai – Jun / 2015.

A doutrina vem sinalizando a importância de se diferenciar a vulnerabilidade existencial e a vulnerabilidade patrimonial, para fins de definição dos contornos científicos desses conceitos, evitando-se, assim, sua mera invocação teórica, sem força normativa efetiva, e buscando a utilização dos instrumentos jurídicos adequados.[6]

Carlos Nelson Konder associa a vulnerabilidade existencial à maior suscetibilidade de o sujeito ser lesionado na sua esfera extrapatrimonial e a vulnerabilidade patrimonial a uma posição de inferioridade contratual, que envolve uma ameaça de lesão precipuamente patrimonial, com efeitos somente indiretos à personalidade.[7]

Não obstante a necessária diferenciação entre as duas espécies de vulnerabilidade, pode-se recair na dificuldade de distinguir as situações jurídicas patrimoniais das existenciais, sobretudo nas hipóteses que envolvem tanto elementos de patrimonialidade quanto de extrapatrimonialidade – as chamadas situações jurídicas dúplices.

Nesse sentido, a doutrina vem indicando dois fatores para que seja tal distinção: o relativo ao interesse (o que é) e o funcional (para o que serve). A análise funcional, baseada na síntese dos efeitos essenciais da situação jurídica, deve ser realizada em concreto, considerando-se sob qual finalidade ela serve melhor para o cumprimento dos objetivos constitucionais.[8] Assim, as situações jurídicas patrimoniais devem desempenhar uma função social, diante de sua instrumentalidade indireta para a realização da dignidade da pessoa humana, podendo, nesses casos, a autonomia privada sofrer limitações em face de interesses coletivos. Já as situações jurídicas existenciais não podem ser instrumentalizadas a um interesse social ou coletivo, por constituírem manifestações diretas da personalidade do indivíduo.[9]

No âmbito do Direito do Consumidor, a Lei nº 8.078/90 – Código de Defesa do Consumidor (CDC) – estabelece uma presunção de vulnerabilidade de todos os con-

6 KONDER, Carlos Nelson. Vulnerabilidade patrimonial e vulnerabilidade existencial: por um sistema diferenciador. *Revista de Direito do Consumidor*, vol. 99, p. 101 – 123, Mai – Jun / 2015.

7 "(...) a *vulnerabilidade existencial* seria a situação jurídica subjetiva em que o titular se encontra sob maior suscetibilidade de ser lesionado na sua esfera extrapatrimonial, impondo a aplicação de normas jurídicas de tutela diferenciada para a satisfação do princípio da dignidade da pessoa humana. Diferencia-se da *vulnerabilidade patrimonial*, que se limita a uma posição de inferioridade contratual, na qual o titular fica sob a ameaça de uma lesão basicamente ao seu patrimônio, com efeitos somente indiretos à sua personalidade. Diante disso, a intervenção reequilibradora do ordenamento no caso de vulnerabilidade patrimonial costuma ser viabilizada com recurso aos instrumentos jurídicos tradicionalmente referidos às relações patrimoniais, como a invalidade de disposições negociais e a reponsabilidade, com imposição da obrigação de indenizar". KONDER, Carlos Nelson. Vulnerabilidade patrimonial e vulnerabilidade existencial: por um sistema diferenciador. *Revista de Direito do Consumidor*, vol. 99, p. 101 – 123, Mai – Jun / 2015.

8 PERLINGIERI, Pietro. *Perfis do direito civil*. Tradução Maria Cristina De Cicco. 3ª ed. Rio de Janeiro: Renovar, 2007. p. 94.

9 TEIXEIRA, Ana Carolina Brochado; KONDER, Carlos Nelson. Situações jurídicas dúplices: controvérsias na nebulosa fronteira entre patrimonialidade e extrapatrimonialidade. *In:* TEPEDINO, Gustavo; FACHIN, Luiz Edson. *Diálogos sobre direito civil*. Vol. IIII. Rio de Janeiro: Renovar, 2012.

sumidores (art. 4º, I), reconhecendo-se que esse desequilíbrio pode se operar em diversas esferas, seja no âmbito técnico, jurídico, informacional, fático, ambiental etc.[10] Nesse âmbito, cabe destacar que a chamada sociedade de consumo foi decorrência da Revolução Industrial, com a produção de bens em larga escala,[11] e a consequente despersonalização do contratante, com o desenvolvimento de formas também massificadas de contratação, que muitas vezes inviabilizam a discussão das cláusulas por ambas as partes, situação que, somada à detenção do controle dos meios de produção pelos fornecedores, gera uma situação de inferioridade para o consumidor.[12]

A identificação dessas vulnerabilidades no campo consumerista decorreu, portanto, em um primeiro momento, de uma desigualdade negocial,[13] atrelada ao aspecto patrimonial. Na Constituição da República, a defesa do consumidor é elencada como direito fundamental (art. 5º, XXXII) e também como um dos princípios da ordem econômica (art. 170, V), sendo o consumidor reconhecido pelo sistema constitucional,

---

10 "A doutrina tradicionalmente aponta a existência de *três modalidades de vulnerabilidade*: *técnica* (ausência de conhecimento específico acerca do produto ou serviço objeto de consumo), *jurídica* (falta de conhecimento jurídico, contábil ou econômico e de seus reflexos na relação de consumo) e *fática* (situações em que a insuficiência econômica, física ou até mesmo psicológica do consumidor o coloca em pé de desigualdade frente ao fornecedor). Mais recentemente, tem se incluído também a vulnerabilidade *informacional* (dados insuficientes sobre o produto ou serviço capazes de influenciar no processo decisório de compra). (...) A despeito da identificação in abstracto dessas espécies de vulnerabilidade, a casuística poderá apresentar novas formas de vulnerabilidade aptas a atrair a incidência do CDC à relação de consumo. Numa relação interempresarial, para além das hipóteses de vulnerabilidade já consagradas pela doutrina e pela jurisprudência, a relação de dependência de uma das partes frente à outra pode, conforme o caso, caracterizar uma vulnerabilidade legitimadora da aplicação da Lei nº 8.078/90, mitigando os rigores da teoria finalista e autorizando a equiparação da pessoa jurídica compradora à condição de consumidora". STJ, 3ª Turma, REsp 1195642/RJ, Rel. Min. Nancy Andrighi, j. 13.11.2012, DJe 21.11.2012.

11 A Revolução Industrial foi um período histórico de transformações econômicas e sociais, iniciando-se no século XVIII, que incluiu novos processos de manufatura, com a transição de um sistema de produção artesanal e agrário para um sistema de cunho industrial, através das fábricas, que implementou o modo de produção capitalista, calcado na produção em massa. PAZZINATO, Alceu Luiz; SENISE, Maria Helena Valente. *História Moderna e Contemporânea*. 6ª ed. São Paulo: Ática, 1997. p. 89.

12 CALIXTO, Marcelo Junqueira. O princípio da vulnerabilidade do consumidor. *In:* BODIN DE MORAES, Maria Celina (coord.). *Princípios do direito civil contemporâneo*. Rio de Janeiro: Renovar, 2006. p. 315/317.

13 Observa Cláudia Lima Marques: "Considere-se, pois, a importância dessa presunção de vulnerabilidade jurídica do agente consumidor (não profissional) como fonte irradiadora de deveres de informação do fornecedor sobre o conteúdo do contrato, em face hoje da complexidade da relação contratual conexa e seus múltiplos vínculos cativos (por exemplo, vários contratos bancários em um formulário, vínculos com várias pessoas jurídicas em um contrato de plano de saúde) e da falta de clareza deste contrato, especialmente os massificados e de adesão". BENJAMIN, Antonio Herman V.; MARQUES, Claudia Lima; BESSA, Leonardo Roscoe. *Manual de direito do consumidor*. 5ª ed. São Paulo: Revista dos Tribunais, 2013. p. 102.

nas palavras de Marcelo Junqueira Calixto, como "ente fundamental do próprio sistema econômico".[14]

Permeada por certa controvérsia é a diferença entre vulnerabilidade e hipossuficiência. Alguns autores entendem que ambas as expressões são sinônimas, estando compreendidas no conceito de hipossuficiência alguns grupos de consumidores, como os idosos, as crianças e os adolescentes, e pessoas doentes, que deveriam receber tratamento diferenciado na própria legislação consumerista, como ocorre no caso da inversão do ônus da prova. A expressão "hipossuficiência" estaria, assim, vinculada a tais hipóteses, em um viés processual, que não se restringiria à relação de consumo.[15] Outros autores, por outro lado, como Antonio Herman Benjamin, apontam que a hipossuficiência pode ser físico-psíquica, econômica ou meramente circunstancial e representa um *plus* em relação à vulnerabilidade.[16] Também na visão de Sérgio Cavalieri Filho os dois conceitos não se confundem, indicando a hipossuficiência qualquer situação de superioridade do fornecedor que reduz a capacidade do consumidor.[17]

Na realidade, a hipossuficiência é mencionada em uma única oportunidade no CDC, do qual pode ser retirado o seu conteúdo. O art. 6º da lei, em seu inciso VIII, prevê como direito do consumidor "a facilitação da defesa de seus direitos, inclusive com a inversão do ônus da prova, a seu favor, no processo civil, quando, a critério do

14 CALIXTO, Marcelo Junqueira. Op. cit., p. 319.

15 BARBOZA, Heloisa Helena. Vulnerabilidade e cuidado: aspectos jurídicos. *In:* PEREIRA, Tânia da Silva; OLIVEIRA, Guilherme de (coord.). *Cuidado e vulnerabilidade*. São Paulo: Atlas, 2009. p. 110. Também nesse sentido: CALIXTO, Marcelo Junqueira. O princípio da vulnerabilidade do consumidor. *In:* BODIN DE MORAES, Maria Celina (coord.). *Princípios do direito civil contemporâneo*. Rio de Janeiro: Renovar, 2006. p. 326; e ANDRADE, Gustavo Henrique Baptista. A vulnerabilidade do consumidor: para além da hipossuficiência. *Revista Fórum de Direito Civil – RFDC*, Belo Horizonte, ano 5, nº 13, p. 11-32, set./dez. 2016. p. 22.

16 "*Vulnerável* é todo consumidor, *ope legis*. *Hipossuficientes* são certos consumidores ou certas categorias de consumidores, como os idosos, as crianças, os índios, os doentes, os rurícolas, os moradores de periferia. Percebe-se, por conseguinte, que a hipossuficiência é um *plus* em relação à vulnerabilidade. Esta é aferida objetivamente. Aquela, mediante um critério subjetivo, consumidor a consumidor, ou grupo de consumidores a grupo de consumidores. A hipossuficiência pode ser físico-psíquica, econômica ou meramente circunstancial". BENJAMIN, Antonio Herman V.; MARQUES, Claudia Lima; BESSA, Leonardo Roscoe. *Manual de direito do consumidor*. 5ª ed. São Paulo: Revista dos Tribunais, 2013. p. 270/271.

17 "*Hipossuficiência* é também um conceito jurídico indeterminado cujo conteúdo há de ser fixado pelo juiz em face do caso concreto. Não se confunde com *vulnerabilidade*, embora integre suas características. Todo consumidor é vulnerável, mas nem todo consumidor será hipossuficiente. O Código utilizou aqui o conceito de hipossuficiência em seu sentido mais amplo para indicar qualquer situação de superioridade do fornecedor que reduz a capacidade do consumidor – de informação, de educação, de participação, de conhecimentos técnicos e de recursos econômicos". CAVALIERI FILHO, Sergio. *Programa de direito do consumidor*. 4ª ed. São Paulo: Atlas, 2014. p. 381.

juiz, for verossímil a alegação ou quando for ele hipossuficiente, segundo as regras ordinárias de experiências". Desse modo, a hipossuficiência encontra-se atrelada à lógica de inversão do ônus da prova, sendo identificada como a vulnerabilidade que viabiliza o manejo desse instrumento processual com o fim de reequilibrar no processo relações desiguais.[18]

Já a ideia de hipervulnerabilidade vem sendo vinculada a uma espécie de vulnerabilidade qualificada, indicando situações de "consumidores portadores de deficiência física, doenças específicas, precária situação econômica e que, por isso, são merecedores de atendimento e informações especiais".[19]

Na jurisprudência, a hipervulnerabilidade do consumidor já foi reconhecida em hipótese de publicidade enganosa, que afirmava que determinado produto possuía propriedades curativas para o câncer e outras doenças. Neste caso, o desequilíbrio entre fornecedor e consumidor estaria potencializado pela vulnerabilidade informacional agravada ou potencializada pela condição de saúde do consumidor.[20] O Superior Tribunal de Justiça já se pronunciou também expressamente a respeito da hipervul-

---

18 "No caso da hipossuficiência, presente no artigo 6º, VIII, do CDC, a noção aparece como critério de avaliação judicial para a decisão sobre a possibilidade ou não de inversão do ônus da prova em favor do consumidor". MIRAGEM, Bruno. *Curso de direito do consumidor.* 4ª ed. São Paulo: Revista dos Tribunais, 2013. p. 114.

19 CAVALIERI FILHO, Sergio. *Programa de direito do consumidor.* 4ª ed. São Paulo: Atlas, 2014, p. 53. Como observa Bruno Miragem, "o reconhecimento de presunção absoluta da vulnerabilidade a todos os consumidores não significa, contudo, que os mesmos serão igualmente vulneráveis perante o fornecedor". MIRAGEM, Bruno. *Curso de direito do consumidor.* 4ª ed. São Paulo: Revista dos Tribunais, 2013. p. 115.

20 RECURSO ESPECIAL. DIREITO DO CONSUMIDOR. AÇÃO INDENIZATÓRIA. PROPAGANDA ENGANOSA. COGUMELO DO SOL. CURA DO CÂNCER. ABUSO DE DIREITO. ART. 39, INCISO IV, DO CDC. HIPERVULNERABILIDADE. RESPONSABILIDADE OBJETIVA. DANOS MORAIS. INDENIZAÇÃO DEVIDA. DISSÍDIO JURISPRUDENCIAL COMPROVADO. 1. Cuida-se de ação por danos morais proposta por consumidor ludibriado por propaganda enganosa, em ofensa a direito subjetivo do consumidor de obter informações claras e precisas acerca de produto medicinal vendido pela recorrida e destinado à cura de doenças malignas, dentre outras funções. 2. O Código de Defesa do Consumidor assegura que a oferta e apresentação de produtos ou serviços propiciem informações corretas, claras, precisas e ostensivas a respeito de características, qualidades, garantia, composição, preço, garantia, prazos de validade e origem, além de vedar a publicidade enganosa e abusiva, que dispensa a demonstração do elemento subjetivo (dolo ou culpa) para sua configuração. 3. A propaganda enganosa, como atestado pelas instâncias ordinárias, tinha aptidão a induzir em erro o consumidor fragilizado, cuja conduta subsume-se à hipótese de estado de perigo (art. 156 do Código Civil). 4. *A vulnerabilidade informacional agravada ou potencializada, denominada hipervulnerabilidade do consumidor, prevista no art. 39, IV, do CDC, deriva do manifesto desequilíbrio entre as partes.* 5. O dano moral prescinde de prova e a responsabilidade de seu causador opera-se in re ipsa em virtude do desconforto, da aflição e dos transtornos suportados pelo consumidor. 6. Em virtude das especificidades fáticas da demanda, afigura-se razoável a fixação da verba indenizatória por danos morais no valor de R$ 30.000,00 (trinta mil reais). 7. Recurso especial provido. STJ, 3ª Turma, REsp 1.329.556 / SP, Rel. Min. Ricardo Villas Bôas Cueva j. 25.11.2014, DJe 09.12.2014.

nerabilidade de portadores de doença celíaca, ou seja, que apresentem sensibilidade ao glúten.[21]

Dos exemplos mencionados, pode-se verificar que a hipervulnerabilidade decorreria de situações em que houvesse não apenas um risco patrimonial, mas também uma ameaça à própria existência digna da pessoa. Na visão de Carlos Nelson Konder, a ideia de hipervulnerabilidade poderia gerar o equívoco de se pensar em tais hipóteses sob uma perspectiva puramente quantitativa em relação à vulnerabilidade, devendo-se considerar, por outro lado, a natureza das situações jurídicas ali contidas, a fim de se conferir a tutela jurídica adequada.[22]

Desse modo, o reconhecimento de uma hipervulnerabilidade deve perpassar pelo reconhecimento de uma vulnerabilidade existencial, que deve ser considerada juntamente à vulnerabilidade patrimonial do consumidor.[23] A vulnerabilidade existencial pode decorrer de situações diversas, como determinadas condições sociais, de saúde, dentre outras. Contudo, no presente estudo, optou-se por indicar situações já reconhecidas em leis especiais, a fim de analisar como as normas relativas à proteção do consumidor irão dialogar com as normas específicas de proteção decorrentes da vulnerabilidade existencial de determinados grupos, considerando-se o papel integrador da Constituição da República.[24] Será, então, abordada a vulnerabilidade do

---

21 "5. Para que a informação seja correta, clara e precisa, torna-se necessária a integração entre a Lei do Glúten (lei especial) e o CDC (lei geral), pois, no fornecimento de alimentos e medicamentos, ainda mais a consumidores hipervulneráveis, não se pode contentar com o standard mínimo, e sim com o standard mais completo possível. 6. O fornecedor de alimentos deve complementar a informação-conteúdo "contém glúten" com a informação-advertência de que o glúten é prejudicial à saúde dos consumidores com doença celíaca". STJ, Corte Especial, EREsp 1515895 / MS, Rel. Min. Humberto Martins, j. 20.9.2017, DJe 27.9.2017.
Fora do âmbito consumerista, já reconheceu o STJ, ainda, a hipervulnerabilidade de coletividade indígena desprovida de assistência médico-odontológica (STJ, 2ª Turma, REsp 1064009 / SC, Rel. Min. Herman Benjamin, j. 4.8.2009, DJe 27.4.2011.), e de deficientes físicos, sensoriais ou mentais, para fins de fornecimento de próteses (STJ, 1ª Seção, REsp 931513 / RS, Rel. Carlos Fernando Mathias (Juiz Federal convocado), Rel. p/ acórdão Min. Herman Benjamin, j. 25.11.2009, DJe 27.9.2010).

22 KONDER, Carlos Nelson. Vulnerabilidade patrimonial e vulnerabilidade existencial: por um sistema diferenciador. *Revista de Direito do Consumidor*, vol. 99, p. 101 – 123, Mai – Jun / 2015.

23 "Necessária, por conseguinte, a existência simultânea de uma tutela geral (abstrata) da pessoa humana, ontologicamente vulnerável, não só nas relações econômicas, como as de consumo, mas em todas as suas relações, especialmente as de natureza existencial, e a tutela específica (concreta), de todos os que se encontrem em situação de desigualdade, por força de circunstâncias que potencializem sua vulnerabilidade, ou já os tenham vulnerado, como forma de assegurar a igualdade e a liberdade, expressões por excelência da dignidade humana". BARBOZA, Heloisa Helena; ALMEIDA, Vitor. A tutela das vulnerabilidades na legalidade constitucional. *In:* TEPEDINO, Gustavo; TEIXEIRA, Ana Carolina Brochado; ALMEIDA, Vitor (coord.). *Da dogmática à efetividade do Direito Civil*: Anais do Congresso Internacional de Direito Civil-Constitucional – IV Congresso do IBDCIVIL. Belo Horizonte: Fórum, 2017. p. 39/40.

24 "Do ponto de vista da teoria da interpretação, mostra-se imprescindível que a pluralidade de fontes normativas não acarrete a ruptura do sistema, disperso em lógicas setoriais, em detrimento

consumidor criança/adolescente, do consumidor idoso e do consumidor com alguma deficiência.

2. A vulnerabilidade do consumidor criança/adolescente

A Lei nº 8.069/90 (Estatuto da Criança e do Adolescente – ECA), na esteira do art. 227 da Constituição da República,[25] reconhece a criança e o adolescente como efetivos sujeitos de direitos, apontando como dever da família, do Estado e da sociedade a observância e a promoção dos seus direitos fundamentais, como corolário da sua proteção integral. A legislação brasileira identifica como criança a pessoa de até 12 anos de idade e adolescente aquela entre 12 e 18 anos, resguardando sua proteção integral nos diversos setores, inclusive no mercado de consumo.

Como pessoas em condição peculiar de desenvolvimento, às crianças e aos adolescentes é conferido tratamento diferenciado no âmbito mercadológico, buscando-se evitar que os fornecedores de produtos e serviços possam de algum modo estimular formas de consumo que sejam prejudiciais ao seu desenvolvimento sadio. A sua hipervulnerabilidade decorre justamente dessa especial condição, na medida em que esses indivíduos se encontram em processo de formação de sua personalidade, apresentando, portanto, uma vulnerabilidade existencial que deve ser considerada.

No âmbito consumerista, ressalta-se a relevância da participação crianças e adolescentes na determinação de hábitos de consumo dos adultos,[26] o que acaba por

da unidade essencial ao próprio conceito de ordenamento. Nessa perspectiva, há de se criticar a preferência linguística pela expressão microssistema para designar núcleos normativos que, a despeito de suas características estatutárias e multidisciplinares, não podem ser interpretados de maneira autônoma, apartado dos valores comuns ao sistema jurídico, o qual, embora aberto e plural, mostra-se necessariamente unitário, no âmbito do qual a Constituição da República se situa em posição hierárquica superior e prevalente. Em outros termos, para que se construa dogmática consentânea com a noção de sistema, revela-se imprescindível a utilização de teoria da interpretação única e não formalista, em que cada norma infraconstitucional seja aplicada conjuntamente com os princípios constitucionais. A reunificação do sistema só pode ser compreendida com a atribuição de papel proeminente e central à Constituição". TEPEDINO, Gustavo. Editorial. *Revista Brasileira de Direito Civil – RBDCivil*, v. 5, jul./set. 2015.

25 CRFB, Art. 227: É dever da família, da sociedade e do Estado assegurar à criança, ao adolescente e ao jovem, com absoluta prioridade, o direito à vida, à saúde, à alimentação, à educação, ao lazer, à profissionalização, à cultura, à dignidade, ao respeito, à liberdade e à convivência familiar e comunitária, além de colocá-los a salvo de toda forma de negligência, discriminação, exploração, violência, crueldade e opressão. (Redação dada Pela Emenda Constitucional nº 65, de 2010) (...)

26 O documentário "Criança, a alma do negócio" retrata a influência infanto-juvenil nos hábitos de consumo da família e a forma como as mensagens publicitárias são direcionadas a esse público. Disponível em: http://criancaeconsumo.org.br/noticias/crianca-a-alma-do-negocio-assista-gratis/. Acesso em: 9 jul. 2018.

contrastar com a sua vulnerabilidade frente ao mercado publicitário.[27] Com efeito, os filhos possuem inegável influência na escolha dos produtos consumidos pela família, o que acentua ainda mais os riscos do direcionamento publicitário, demandando, ainda, dos pais um controle maior no exercício da autoridade parental em relação aos produtos dirigidos aos filhos.

Além disso, não se pode ignorar a dificuldade da criança em diferenciar a informação publicitária da informação propriamente dita.[28] Assim, pode ser considerada abusiva uma propaganda comercial que leve a criança crer que apenas adquirindo aquele produto poderá ser aceita em um grupo de amigos,[29] na medida em que desconsidera a sua condição de pessoa em desenvolvimento, fazendo-a adquirir uma percepção e expectativa que não condizem com a realidade.

A Resolução nº 163/2014 do CONANDA prevê como abusivo o direcionamento de publicidade e de comunicação mercadológica à criança e ao adolescente com a intenção de persuadi-la para o consumo,[30] o que deve ser conjugado com o CDC que, em seu art. 37, § 2º, identifica como publicidade abusiva aquela que de algum modo

---

27 "Neste sentido, se os apelos de marketing são sedutores aos consumidores em geral, com maior intensidade presume-se que o seja em relação às crianças e adolescentes. Estes se encontram em estágio da vida em que não apenas permite que se deixem convencer com maior facilidade, em razão de uma formação intelectual incompleta, como também não possuem, em geral, o controle sobre aspectos práticos da contratação, como os valores financeiros envolvidos, os riscos e benefícios do negócio". MIRAGEM, Bruno. *Curso de direito do consumidor*. 4ª ed. São Paulo: Revista dos Tribunais, 2013. p. 117/118.

28 Conforme determina o caput do art. 36 do CDC, "a publicidade deve ser veiculada de tal forma que o consumidor, fácil e imediatamente, a identifique como tal".

29 "O público infantil, que vem se colocando na posição de consumidor cada vez mais precocemente, é atingido pela publicidade de modo mais fácil, sendo seduzido sem possuir as ferramentas necessárias para diferenciar as informações publicitárias das informações propriamente ditas. Não é admissível que uma publicidade destinada a crianças faça-as acreditar que somente através da compra de uma boneca é possível ser socialmente aceita em um grupo de amigas. A publicidade de hoje vende princípios, como no caso acima, ser popular. O princípio da veracidade aqui é fortemente violado, assim como o direito a uma informação correta, no caso, condizente com a realidade". KRETZMANN, Renata Pozzi; LEMOS, Carina Zin. O princípio da identificação da publicidade como meio de proteção do consumidor. *In:* PASQUALOTTO, Adalberto; ALVAREZ, Ana Maria Blanco Montiel (org.). *Publicidade e proteção da infância*. Porto Alegre: Livraria do Advogado, 2014. p. 172.

30 Resolução n. 163/2014 do CONANDA, Art. 2º Considera-se abusiva, em razão da política nacional de atendimento da criança e do adolescente, a prática do direcionamento de publicidade e de comunicação mercadológica à criança, com a intenção de persuadi-la para o consumo de qualquer produto ou serviço e utilizando-se, dentre outros, dos seguintes aspectos: I – linguagem infantil, efeitos especiais e excesso de cores; II – trilhas sonoras de músicas infantis ou cantadas por vozes de criança; III – representação de criança; IV – pessoas ou celebridades com apelo ao público infantil; V – personagens ou apresentadores infantis; VI – desenho animado ou de animação; VII – bonecos ou similares; VIII – promoção com distribuição de prêmios ou de brindes colecionáveis ou com apelos ao público infantil; e IX – promoção com competições ou jogos com apelo ao público infantil. (...)

se aproveite da deficiência de julgamento e experiência da criança[31] Dessa forma, a publicidade que tenha por escopo persuadir a criança ou o adolescente ao consumo, aproveitando-se de sua condição de pessoa em desenvolvimento, representa uma violação dos direitos do público infanto-juvenil, devendo acarretar a responsabilização dos que promoveram sua veiculação.[32]

O Superior Tribunal de Justiça, ao analisar publicidade referente a produtos da linha "Gulosos", identificou como publicidade abusiva de alimentos dirigida à criança o condicionamento da aquisição de um relógio infantil, apresentado como o destaque da propaganda veiculada pelo meio televisivo, à compra de cinco produtos da marca. O caso, que caracteriza hipótese de venda casada, envolveu contexto de *marketing* que utilizava ou manipulava o universo lúdico infantil, estimulando o consumo dos produtos daquele fabricante, na medida em que a criança era estimulada pela possibilidade de adquirir o relógio.[33]

A influência da publicidade em relação à alimentação infantil mostra-se como questão especialmente relevante, que deve ser considerada no que se refere às relações de consumo envolvendo crianças e adolescentes. Deve, nesse sentido, ser afastada a comunicação mercadológica que incentive o consumo de alimentos impróprios

---

31 CDC, Art. 36: A publicidade deve ser veiculada de tal forma que o consumidor, fácil e imediatamente, a identifique como tal. Parágrafo único. O fornecedor, na publicidade de seus produtos ou serviços, manterá, em seu poder, para informação dos legítimos interessados, os dados fáticos, técnicos e científicos que dão sustentação à mensagem.
CDC, Art. 37: É proibida toda publicidade enganosa ou abusiva. (...) § 2° É abusiva, dentre outras a publicidade discriminatória de qualquer natureza, a que incite à violência, explore o medo ou a superstição, se aproveite da deficiência de julgamento e experiência da criança, desrespeita valores ambientais, ou que seja capaz de induzir o consumidor a se comportar de forma prejudicial ou perigosa à sua saúde ou segurança. § 3° Para os efeitos deste código, a publicidade é enganosa por omissão quando deixar de informar sobre dado essencial do produto ou serviço.

32 "Toda a lógica do sistema consumerista em termos de proteção à criança frente à publicidade se resume ao respeito de sua condição de hipervulnerável, a qual decorre de sua deficiência de julgamento, inexperiência, condição de pessoa em desenvolvimento, etc." OLIVEIRA, Thaynara de Souza; CARVALHO, Diógenes. A proteção do consumidor-criança frente à publicidade no Brasil. *Civilistica.com*. Rio de Janeiro, a. 3, nº 1, jan.-jun./2014. Disponível em: http://civilistica.com/a-protecao-do-consumidor-crianca-frente-a-publicidade-no-brasil/. Acesso em: 08 abr. 2018.

33 PROCESSUAL CIVIL. DIREITO DO CONSUMIDOR. AÇÃO CIVIL PÚBLICA. VIOLAÇÃO DO ART. 535 DO CPC. FUNDAMENTAÇÃO DEFICIENTE. SÚMULA 284/STF. PUBLICIDADE DE ALIMENTOS DIRIGIDA À CRIANÇA. ABUSIVIDADE. VENDA CASADA CARACTERIZADA. ARTS. 37, § 2º, E 39, I, DO CÓDIGO DE DEFESA DO CONSUMIDOR. 1. (...). 2. A hipótese dos autos caracteriza publicidade duplamente abusiva. Primeiro, por se tratar de anúncio ou promoção de venda de alimentos direcionada, direta ou indiretamente, às crianças. Segundo, pela evidente "venda casada", ilícita em negócio jurídico entre adultos e, com maior razão, em contexto de marketing que utiliza ou manipula o universo lúdico infantil (art. 39, I, do CDC). 3. In casu, está configurada a venda casada, uma vez que, para adquirir/comprar o relógio, seria necessário que o consumidor comprasse também 5 (cinco) produtos da linha "Gulosos". Recurso especial improvido. STJ, 2ª Turma, REsp 1558086/SP, Rel. Ministro Humberto Martins, j. 10.3.2016, DJe 15.4.2016.

ou prejudiciais ao desenvolvimento do infante, considerando-se o direito à alimentação adequada como direito fundamental da criança e do adolescente, nos termos do art. 4º do ECA.

O Código Brasileiro de Autorregulamentação Publicitária, em seu Anexo H, ao tratar da propaganda comercial de alimentos, refrigerantes, sucos e bebidas assemelhadas, prevê que, quando o produto for destinado à criança, a publicidade deverá abster-se de qualquer estímulo imperativo de compra ou consumo, salvo em campanhas educativas, de cunho institucional, que promovam hábitos alimentares saudáveis.

Ressalta-se que também é considerada abusiva qualquer prática negocial do fornecedor que se aproveite da fraqueza ou ignorância do consumidor, decorrente, dentre outras hipóteses, da sua idade,[34] de modo que há a proteção da criança e do adolescente não apenas no campo publicitário, mas também em relação a qualquer conduta no mercado de consumo que desconsidere a hipervulnerabilidade de tais indivíduos.

Questão recente, que vem gerando debates no que se refere à proteção da criança e do adolescente diante do mercado de consumo e do desenvolvimento tecnológico, diz respeito aos brinquedos conectados à Internet.[35] Trata-se de uma variedade de produtos capazes de interagir com o usuário infante de forma inteligente – não apenas por meio de repetição simples de frases ou músicas em uma gravação, como os produtos tradicionais, mas sim de forma interativa. Assim, pode-se pensar em bonecos e ursinhos que respondem ao que é falado pela criança, reproduzindo uma resposta individualizada, por meio de microfones e sistemas de reconhecimento de voz.

Em 2015, uma empresa chamada *Elemental Path* anunciou o lançamento de uma linha de brinquedos inteligentes chamada de *CogniToys*, apresentando um dinossauro verde falante, com um supercomputador integrado, capaz de reconhecer e interpretar comandos de voz de forma conectada à Internet e à nuvem, dando respostas de acordo com a idade da criança.[36] Apesar de a ideia parecer ser interessante inicialmente, a comercialização e o utilização desse tipo de produto vêm sendo questionadas pelas fragilidades ainda existentes no que se refere à segurança e à privacidade dos usuários.

No início de 2017, a Agência Federal de Redes, *Bundesnetzagentur*, responsável pelas telecomunicações na Alemanha, alertou sobre possíveis falhas de privacidade na boneca falante *Cayla*, fabricada pela empresa *Genesis Toys*, e orientou que os

---

34 CDC, Art. 39. É vedado ao fornecedor de produtos ou serviços, dentre outras práticas abusivas: (...) IV – prevalecer-se da fraqueza ou ignorância do consumidor, tendo em vista sua idade, saúde, conhecimento ou condição social, para impingir-lhe seus produtos ou serviços.

35 Valor Econômico. *Disney aposta forte em internet "vestível" e brinquedos conectados*. 2015. Disponível em: http://www.valor.com.br/empresas/4081076/disney-aposta-forte-em-internet-vestivel-e-brinquedos-conectados. Acesso em: 22 mar. 2018.

36 EXAME. *Supercomputador Watson é o cérebro deste dinossauro falante de brinquedo*. Disponível em:http://exame.abril.com.br/tecnologia/supercomputador-watson-e-o-cerebro-deste-dinossauro -falante-de-brinquedo/. Acesso em: 08 abr. 2018.

pais desativassem o brinquedo interativo.[37] Foram apontados alguns problemas de segurança, como o fato de uma pessoa que esteja utilizando a mesma rede poder se conectar ao brinquedo e falar com a criança por meio dele. De fato, invasores mal-intencionados podem utilizar esse recurso como forma de ter fácil acesso à criança ou ao adolescente, sem a intermediação ou vigilância dos pais. Há, ainda, riscos de que o brinquedo conectado via *bluetooth* ou *wi-fi* possa se transformar em um espião dentro do quarto da criança, enviando seus dados sem o consentimento dos pais, e há preocupações relacionadas à possível utilização de propagandas nos brinquedos, que podem ser feitas de forma implícita.[38]

A possibilidade de dano é potencializada por essa espécie de "invasão" de um dispositivo coletor de dados justamente no local mais íntimo e que deveria ser de maior proteção para o infante. Além disso, quando uma criança ou um adolescente utiliza um computador ou um telefone celular, por exemplo, há minimamente uma ideia dos potenciais riscos da utilização do aparelho, como o acesso a páginas inadequadas ou a possível interação com pessoas desconhecidas. Contudo, quando se presenteia a criança com um brinquedo, ou seja, um produto direcionado ao público infanto-juvenil, a percepção a respeito de tais riscos se torna mais dificultosa, de modo que o dever de informação do fornecedor se torna especialmente importante na comercialização desse tipo de produto.

Em dezembro de 2016, o Conselho dos Consumidores da Noruega publicou o relatório *#Toyfail,* que apontou violações relacionadas à privacidade e à segurança em brinquedos que se conectam à Internet. Foi constatado que as empresas reivindicam licenças amplas para usar e distribuir dados de voz de crianças, sem identificar e restringir adequadamente os propósitos para os quais essas informações poderiam ser usadas, além de não comunicarem aos usuários alterações potenciais nos termos de uso.

Observou-se, também, que os termos são geralmente vagos sobre a retenção de dados, e que alguns brinquedos transferem informações pessoais para um terceiro comercial, que se reserva o direito de usar essa informação para praticamente qualquer propósito, não relacionado à funcionalidade dos brinquedos. Além disso, foram relatadas falhas na segurança, na medida em que qualquer pessoa consegue conectar-se

---

37 BBC. *Autoridades alemãs fazem alerta contra boneca que pode ser hackeada para espionar crianças*. Disponível em: http://www.bbc.com/portuguese/internacional-39007610. Acesso em: 22 mar. 2018.
ISTOÉ. *Alemanha proíbe boneca conectada à internet por risco de espionagem*. Disponível em: http://istoe.com.br/alemanha-proibe-boneca-conectada-a-internet-por-risco-de-espionagem/. Acesso em: 22 mar. 2018.

38 A Resolução 163/14 do CONANDA prevê a necessidade de um cuidado especial às características psicológicas do adolescente e sua condição de pessoa em desenvolvimento em relação à publicidade e à comunicação mercadológica dirigida a ele (art. 3º, II). Conforme estabelece o art. 36 do CDC, "a publicidade deve ser veiculada de tal forma que o consumidor, fácil e imediatamente, a identifique como ta". O fato de a publicidade poder ser feita por meio da fala do brinquedo, de modo a dificultar a sua identificação, é, sem dúvida, um risco para a criança.

ao brinquedo por meio de um telefone celular, podendo falar com a criança e ouvi-la à distância através do brinquedo, e foram verificadas indicações publicitárias, como o fato de o brinquedo falar para a criança o quanto ela deseja ir à *Disney*.[39]

Foi, ainda, apresentada, em dezembro de 2016, uma reclamação com pedido de providências perante a *Federal Trade Commission,* por organizações que defendem os direitos do consumidor, que também apontaram problemas existentes nos brinquedos conectados.[40]

Sob esse aspecto, deve-se observar que o CDC é aplicável às relações de consumo realizadas na internet, como ressalta o art. 7º, XIII da Lei nº 12.965/14 – Marco Civil da Internet. O art. 10 do CDC, com viés preventivo, estabelece que o fornecedor não poderá inserir no mercado de consumo produto ou serviço que sabe ou deveria saber apresentar alto grau de nocividade ou periculosidade à saúde ou segurança, e, caso o produto já esteja em circulação, deve comunicar o fato imediatamente às autoridades competentes e aos consumidores, mediante anúncios publicitários.

Em se tratando de produto potencialmente perigoso à saúde ou segurança, o fornecedor tem o dever de informar, de forma clara e ostensiva, a existência de riscos, que não podem extrapolar os considerados normais e previsíveis. Trata-se de direito básico do consumidor a informação adequada e clara sobre os diferentes produtos e serviços, com especificação correta sobre os riscos que apresentem (art. 6º, III).

Indaga-se, assim, se os riscos existentes quanto à segurança nos brinquedos conectados exacerbariam o que seria considerado normal, ou se as deficiências ainda existentes seriam suficientes para que fossem retirados de circulação, em prol da garantia de proteção integral das crianças e adolescentes.

Não obstante toda a dificuldade que esse dilema apresenta, certo é que não se pode negar a imprescindibilidade de transparência das informações e dos termos de uso do produto, de modo a viabilizar de fato a manifestação de um consentimento livre e esclarecido por parte dos pais que adquirem o produto. Em termos de privacidade, deve ser reforçado o controle dos indivíduos sobre a forma como os dados estão sendo coletados e tratados, bem como sobre quem realiza o gerenciamento dessas informações.[41]

A regulação estatal e o dever de informação adquirem relevo, portanto, no que se refere à proteção especial da criança e do adolescente no mercado de consumo.

---

39 NORWEGIAN CONSUMER COUNCIL. *#Toyfail: An analysis of consumer and privacy issues in three internet-connected toys*. Dez. 2016. Disponível em: https://consumermediallc.files.wordpress.com/2016/12/toyfail_report_desember2016.pdf. Acesso em: 8 abr. 2018.

40 Disponível em: https://epic.org/privacy/kids/EPIC-IPR-FTC-Genesis-Complaint.pdf. Acesso em: 8 abr. 2018.

41 ATZORI, Luigi *et al. The Internet of Things:* A survey. Comput. Netw. (2010). Disponível em: https://www.researchgate.net/publication/22257 1757_The_Internet_of_Things_A_Survey. Acesso em: 9 abr. 2017. Sobre o tema, ver ainda: LEAL, Livia Teixeira. *Internet of toys*: os brinquedos conectados à internet e o direito da criança e do adolescente. *Revista Brasileira de Direito Civil – RBDCivil*, Belo Horizonte, vol. 12, p. 175-187, abr./jun. 2017.

No caso de produtos e serviços direcionados a esses grupos, assim, deve o fornecedor considerar a sua situação peculiar de desenvolvimento, de modo a serem afastadas práticas abusivas, que possam prejudicar a sua formação, ou que se aproveitem da sua deficiência de julgamento.

Deve-se considerar, desse modo, que no caso de crianças e adolescentes a vulnerabilidade existencial decorrente do fato de se encontrarem em fase de formação de sua personalidade deve ser considerada além da vulnerabilidade patrimonial relativa aos aspectos patrimoniais no mercado de consumo. Em tais situações, não basta, assim, que a tutela jurídica seja direcionada ao reequilíbrio de relações negociais; é preciso que sejam afastadas quaisquer condutas dos fornecedores de produtos e serviços que sejam prejudiciais ao desenvolvimento infanto-juvenil.

3. A vulnerabilidade do consumidor idoso

Também ao idoso, considerado a pessoa com idade igual ou superior a 60 anos,[42] é conferido tratamento especial, sendo os direitos dessa parcela da população regulados pela Lei nº 10.741/03 – Estatuto do Idoso. O art. 230 da Constituição da República determina o dever de amparo às pessoas idosas, assegurando sua participação na comunidade, sua dignidade e bem-estar e o direito à vida. O idoso se encontra no grupo dos que têm sua vulnerabilidade potencializada como decorrência do avançar da idade, devendo ser discriminado positivamente, para resguardo de sua dignidade.[43]

De acordo com dados de 2014 do Instituto de Pesquisa Econômica Aplicada (IPEA), os idosos formam o único grupo etário que deverá apresentar taxas de crescimento crescentes até 2050 no Brasil. Além disso, a população idosa também tende a envelhecer, elevando-se o número de indivíduos com 80 anos ou mais, que poderá atingir 20% dos idosos até 2050, representando 13 milhões de indivíduos.[44]

Pérola Melissa Vianna Braga observa que a Lei n° 10.741/2003, em seu art. 8º, determina que o envelhecimento constitui um direito social, de modo que "a proteção ao envelhecimento não é direito somente daquele que já envelheceu, mas também um elemento de segurança jurídica que atinge a sociedade como um todo". Além dis-

---

42 Lei nº 10.741/03, Art. 1º É instituído o Estatuto do Idoso, destinado a regular os direitos assegurados às pessoas com idade igual ou superior a 60 (sessenta) anos.

43 "(...) o idoso se encontra no grupo dos que têm a vulnerabilidade potencializada, inscrevendo-se para fins de elaboração e aplicação das leis, na categoria dos vulnerados, ou seja, daqueles que se encontram, por força de contingências, em situação de desigualdade, devendo ser discriminado positivamente para resguardo de sua dignidade". BARBOZA, Heloisa Helena. O princípio do Melhor Interesse do Idoso. *In:* PEREIRA, Tânia da Silva; OLIVEIRA, Guilherme de (coord.). *O Cuidado como valor jurídico*. Rio de Janeiro: Forense, 2008. p. 61.

44 CAMARANO, Ana Amélia. Perspectivas de crescimento da população brasileira e algumas implicações. *In: Novo regime demográfico:* uma nova relação entre população e desenvolvimento?. Rio de Janeiro: IPEA, 2014. p. 195.

so, ao considerar o direito ao envelhecimento como um direito personalíssimo, a lei reconhece que envelhecer é inerente à condição humana.[45]

Nessa esfera, podem ser ressaltados os aspectos referentes à saúde, que se intensificam conforme o avançar da idade. É garantido ao idoso o direito à vida e à saúde, mediante "políticas sociais públicas que permitam um envelhecimento saudável e em condições de dignidade" (art. 9º). Este dever do Estado envolve o acesso ao Sistema Único de Saúde, o fornecimento de medicamentos e outros recursos relativos ao tratamento, habilitação ou reabilitação, o atendimento domiciliar nos casos em que o idoso não puder se locomover, dentre outros.

A Lei 8.842/94, que dispõe sobre a Política Nacional do Idoso, determina como objetivo essencial assegurar os direitos sociais do idoso, criando condições para promover sua autonomia, integração e participação efetiva na sociedade. A Política Nacional de Saúde do Idoso, por sua vez, foi instituída pela Portaria GM/MS 1.395, de 1999, revisada pela Portaria GM/MS 2.528, estabelecendo diretrizes para a definição de programas, planos, projetos e atividades em prol do envelhecimento saudável e da manutenção da capacidade funcional da pessoa idosa. Pode-se verificar, assim, que as normas de tutela dos direitos do idoso têm como escopo a promoção de um processo de envelhecimento que permita aos idosos uma efetiva inclusão nos diversos setores da sociedade, viabilizando sua integração de forma ativa e com maior autonomia possível, o que também encontra aplicabilidade nas relações de consumo, quando o consumidor possuir 60 anos ou mais.

Na visão de Bruno Miragem, a vulnerabilidade do consumidor idoso está relacionada principalmente a dois aspectos: "a) a diminuição ou perda de determinadas aptidões físicas ou intelectuais que o torna mais suscetível e débil em relação à atuação negocial dos fornecedores; b) a necessidade e catividade em relação a determinados produtos ou serviços no mercado de consumo".[46] Nota-se, desse modo, que o avançar da idade gera necessidades específicas, que acarretam maior vulnerabilidade do idoso.

No que concerne à saúde, importa asseverar a importância da previsão da bula quanto às peculiaridades da posologia e das possíveis contraindicações do medicamento para idosos. Estes, assim como as crianças, possuem peculiaridades concernentes à idade, que demandam uma atenção especial que seja capaz de protegê-los em sua situação de maior vulnerabilidade. Deve ser integrado, assim, ao dever geral de informação pelo fornecedor a observância de um dever adicional, vinculado às especificidades do idoso, na medida em que determinados medicamento podem gerar reflexos especialmente para essa parcela da população.

O mesmo raciocínio mostra aplicável em relação à alimentação do idoso, na medida em que esses produtos devem conter as informações necessárias, de forma acessível, para que a pessoa idosa, que geralmente acaba por possuir maiores restrições

---

45 BRAGA, Pérola Melissa Vianna. *Curso de Direito do Idoso*. São Paulo: Atlas, 2011. p. 63.

46 MIRAGEM, Bruno. *Curso de direito do consumidor*. 4ª ed. São Paulo: Revista dos Tribunais, 2013. p. 119.

alimentares, possa identificar com facilidade quais alimentos ela pode ou não consumir, de acordo com as suas especificidades.

Buscando impedir eventuais abusos pelas operadoras de planos de saúde, o Estatuto do Idoso veda, em seu art. 15, § 3º, a discriminação do idoso nos planos de saúde pela cobrança de valores diferenciados em razão da idade. Em relação a essa disposição, o Superior Tribunal de Justiça já se manifestou de modo a permitir o reajuste das mensalidades pelas administradoras dos planos de saúde, desde que haja previsão contratual expressa, sejam observadas as normas expedidas pelos órgãos governamentais reguladores e não sejam aplicados percentuais que onerem excessivamente ou discriminem o idoso, devendo haver justificativa contábil que fundamente o ajuste.[47]

Outro ponto em que se ressalta a vulnerabilidade do idoso é a questão atinente ao crédito consignado, previsto pela Instrução Normativa 28/2008, do INSS,[48] que foi criado de modo a reduzir os juros dos empréstimos feitos aos idosos, mas que pode acarretar prejuízos a esses indivíduos, por poderem ocasionar um comprometimento de sua renda.[49]

O problema referente a essas contratações de empréstimos financeiros com pagamento consignado em folha refere-se à sua utilização como decorrência das necessidades essenciais do idoso ou como recurso para o atendimento de necessidades de familiares ou amigos próximos, o que pode, aliado ao déficit informacional por parte das Instituições Financeiras, acarretar o superendividamento do idoso.

Nesses casos, há um dever acentuado de lealdade, informação e colaboração por parte da Instituição Financeira, que deve considerar as condições do idoso de adimplir o contrato sem o comprometimento de necessidades vitais, orientando-o a evitar o consumo irresponsável de crédito e o superendividamento.[50]

---

47 "TESE para os fins do art. 1.040 do CPC/2015: O reajuste de mensalidade de plano de saúde individual ou familiar fundado na mudança de faixa etária do beneficiário é válido desde que (i) haja previsão contratual, (ii) sejam observadas as normas expedidas pelos órgãos governamentais reguladores e (iii) não sejam aplicados percentuais desarrazoados ou aleatórios que, concretamente e sem base atuarial idônea, onerem excessivamente o consumidor ou discriminem o idoso". STJ, 2ª Seção, REsp 1.568.244 / RJ, Rel. Min. Ricardo Villas Bôas Cueva, j. 14.12.2016, DJe 19.12.2016.

48 A Instrução Normativa 28/2008, do INSS estabelece critérios e procedimentos operacionais relativos à consignação de descontos para pagamento de empréstimos e cartão de crédito, contraídos nos benefícios da Previdência Social

49 "Um dos problemas mais comuns envolvendo idosos e relações de consumo está relacionado ao crédito consignado, que foi criado pelo governo brasileiro visando a reduzir os juros dos empréstimos feitos aos idosos, mas que acabou desencadeando endividamento dessa parcela da população, além de pessoas mal-intencionadas, incluindo familiares, ao fazerem uso desse benefício para obterem para si vantagens econômicas, quase sempre sem que o idoso saiba ou exercendo pressão emocional para que faça o empréstimo". PINHEIRO FILHO, João Corrêa. O *direito do idoso*. São Paulo: Nelpa, 2015. p. 154/155.

50 "Por fim, cumpre lembrar em relação ao consumidor idoso, as recentes contratações de empréstimos financeiros com pagamento consignado em folha, permitidos pela autarquia responsável pelos

O consumidor idoso também deve receber especial proteção em relação à publicidade, considerando que o avançar da idade gera necessidades diversas que podem ser objeto de exploração por parte dos fornecedores, como no caso de produtos que prometem retardar o envelhecimento ou curar determinadas doenças mais comuns em indivíduos mais velhos.

O fornecedor deve observar, ainda, outros direitos garantidos pela legislação especial. O art. 20 do Estatuto do Idoso, por exemplo, prevê a garantia do direito a educação, cultura, esporte, lazer, diversões, espetáculos, produtos e serviços que respeitem a peculiar condição de idade da pessoa idosa, dispondo a Lei nº 12.933/13 sobre o benefício do pagamento de meia-entrada para estudantes, idosos, pessoas com deficiência e jovens de 15 a 29 anos comprovadamente carentes em espetáculos artístico-culturais e esportivos.

Também constitui norma de proteção do idoso no mercado de consumo a prioridade no atendimento nos estabelecimentos comerciais, estabelecendo o art. 3º, § 1º, inciso I do Estatuto do Idoso que a garantia de prioridade compreende o atendimento preferencial imediato e individualizado junto aos órgãos públicos e privados prestadores de serviços, o que inclui os fornecedores no âmbito do mercado de consumo.

Desse modo, nos casos em que o consumidor é pessoa idosa, deve-se considerar a vulnerabilidade existencial decorrente do avançar da idade, por meio da integração das normas de proteção do consumidor com as normas direcionadas à tutela das relações estabelecidas pelo idoso. A participação dos mais velhos no âmbito do mercado de consumo deve ser viabilizada por meio de um especial dever de informação por parte do fornecedor que proporcione as condições necessárias para que os direitos do idoso sejam preservados sem que seja retirada deste a autonomia para a escolha dos produtos e serviços que desejar contratar.

---

benefícios e proventos de aposentadoria da Previdência Social. Trata-se, também, nesses casos, de uma contratação em que deve se ter em conta a vulnerabilidade agravada do idoso, em especial frente à realidade social dos baixos valores pagos pela Previdência Social, que fazem do recurso ao empréstimo consignado em folha de pagamento, muitas vezes, uma necessidade do consumidor idoso para atendimento de despesas ordinárias pessoais ou ainda, em vista da taxa de juros favorecida, como recurso para o atendimento das necessidades de parentes ou amigos próximos. Aqui se reforçam os deveres de lealdade, informação e colaboração entre o consumidor idoso e a instituição financeira que realiza o empréstimo, em vista de suas condições de adimplir o contrato sem o comprometimento de necessidades vitais, assim como a se evitar o consumo irresponsável de crédito e o superendividamento. Nesses casos, portanto, a vulnerabilidade agravada do idoso será critério para interpretação das circunstâncias negociais e do atendimento, pelo fornecedor, do dever de informar, considerando o direito básico do consumidor à informação eficiente e compreensíve". MIRAGEM, Bruno. *Curso de direito do consumidor*. 4ª ed. São Paulo: Revista dos Tribunais, 2013. p. 122.

4. A vulnerabilidade do consumidor com deficiência

A Lei nº 13.146/15, que instituiu o Estatuto da Pessoa com Deficiência – EPD, buscou regulamentar a Convenção sobre os Direitos das Pessoas com Deficiência, internalizada pelo Brasil através do Decreto nº 6.949/09, visando assegurar e a promover, em condições de igualdade, o exercício dos direitos e das liberdades fundamentais por pessoa com deficiência, buscando à sua inclusão social e cidadania.

O art. 2º do EPD aponta como pessoa com deficiência "aquela que tem impedimento de longo prazo de natureza física, mental, intelectual ou sensorial, o qual, em interação com uma ou mais barreiras, pode obstruir sua participação plena e efetiva na sociedade em igualdade de condições com as demais pessoas". O escopo do EPD perpassa, portanto, pela eliminação de barreiras sociais e institucionais que possam de algum modo agravar as limitações naturais já existentes.[51]

O foco para a tutela das vulnerabilidades específicas atinentes à pessoa com deficiência é a ideia de autonomia,[52] com a superação do paradigma da integração social pelo modelo social, que se traduz na inclusão radical e plena, por meio da efetiva participação da sociedade.[53] Em outras palavras, não cabe mais à pessoa com deficiência buscar se integrar à sociedade, mas sim é dever desta promover as condições para que aquela possa participar em igualdade de condições com as demais pessoas. O

---

51 "Assim, para alcançar seu principal objetivo que é o de garantir a inclusão participativa da pessoa com deficiência, propôs aos Estados signatários a mitigação das barreiras sociais e institucionais que se prestam apenas ao agravamento daquelas limitações naturais". MENEZES, Joyceane Bezerra de. O direito protetivo no Brasil após a convenção sobre a proteção da pessoa com deficiência: impactos do novo CPC e do estatuto da pessoa com deficiência. *Civilistica.com*. Rio de Janeiro, a. 4, nº 1, jan.-jun./2015. Disponível em: http://civilistica.com/o-direito-protetivo-no-brasil/. Acesso em: 08 abr. 2018.

52 "Nesse sentido, indispensável promover a autonomia da pessoa com deficiência para decidir sobre sua própria vida e, para isso, se centrar na eliminação de qualquer tipo de barreira, para que haja uma adequada equiparação de oportunidades. Isso provoca o empoderamento da pessoa com deficiência que passa a tomar suas próprias decisões e assumir o controle do seu projeto de vida". BARBOZA, Heloisa Helena; ALMEIDA, Vitor. A tutela das vulnerabilidades na legalidade constitucional. *In:* TEPEDINO, Gustavo; TEIXEIRA, Ana Carolina Brochado; ALMEIDA, Vitor (coord.). *Da dogmática à efetividade do Direito Civil*: Anais do Congresso Internacional de Direito Civil-Constitucional – IV Congresso do IBDCIVIL. Belo Horizonte: Fórum, 2017. p. 47.

53 "O Estatuto da Pessoa com Deficiência, na linha da Convenção dos Direitos da Pessoa com deficiência, de envergadura constitucional, substituiu o paradigma da integração social pelo modelo social, que se traduz na inclusão radical e plena, que exige efetiva participação da sociedade nesse processo e que essa se modifique, para atender às necessidades de todos seus integrantes. Para alcançar o objetivo central do EPD, é essencial que as pessoas com deficiência sejam reconhecidas como pessoas humanas de igual valor e competência para contribuir para o desenvolvimento social, com independência e voz para atuar em igualdade de condições na vida de relações". BARBOZA, Heloisa Helena; ALMEIDA JUNIOR, Vitor de Azevedo. Reconhecimento e inclusão das pessoas com deficiência. *Revista Brasileira de Direito Civil – RBDCivil*, Belo Horizonte, vol. 13, p. 17-37, jul./set. 2017. p. 36/37.

tratamento jurídico destinado às pessoas com deficiência no mercado de consumo deve considerar, assim, a necessidade de promover a autonomia e a participação desse grupo, por meio da remoção de obstáculos à sua participação como efetivos consumidores.

É nesse sentido que o Superior Tribunal de Justiça, reconhecendo a vulnerabilidade do consumidor com deficiência, já decidiu, em ação coletiva, que as Instituições Financeiras possuem o dever de adotar o método braile nos ajustes bancários com pessoas com deficiência,[54] como forma de viabilizar a compreensão e a autodeterminação do contratante com deficiência em relação às condições da contratação.

---

54 "(...) 2. Ainda que não houvesse, como de fato há, um sistema legal protetivo específico das pessoas portadoras de deficiência (Leis nºs. 4.169/62, 10.048/2000, 10.098/2000 e Decreto nº 6.949/2009), a obrigatoriedade da utilização do método braille nas contratações bancárias estabelecidas com pessoas com deficiência visual encontra lastro, para além da legislação consumerista in totum aplicável à espécie, no próprio princípio da Dignidade da Pessoa Humana. 2.1 A Convenção Internacional sobre os Direitos das Pessoas com Deficiência impôs aos Estados signatários a obrigação de assegurar o exercício pleno e equitativo de todos os direitos humanos e liberdades fundamentais pelas pessoas portadoras de deficiência, conferindo-lhes tratamento materialmente igualitário (diferenciado na proporção de sua desigualdade) e, portanto, não discriminatório, acessibilidade física e de comunicação e informação, inclusão social, autonomia e independência (na medida do possível, naturalmente), e liberdade para fazer suas próprias escolhas, tudo a viabilizar a consecução do princípio maior da Dignidade da Pessoa Humana. 2.2 Valendo-se das definições trazidas pelo Tratado, pode-se afirmar, com segurança, que a não utilização do método braile durante todo o ajuste bancário levado a efeito com pessoa portadora de deficiência visual (providência, é certo, que não importa em gravame desproporcional à instituição financeira), impedindo-a de exercer, em igualdade de condições com as demais pessoas, seus direitos básicos de consumidor, a acirrar a inerente dificuldade de acesso às correlatas informações, consubstancia, a um só tempo, intolerável discriminação por deficiência e inobservância da almejada "adaptação razoável". 2.3 A adoção do método braille nos ajustes bancários com pessoas portadoras de deficiência visual encontra lastro, ainda, indiscutivelmente, na legislação consumerista, que preconiza ser direito básico do consumidor o fornecimento de informação suficientemente adequada e clara do produto ou serviço oferecido, encargo, é certo, a ser observado não apenas por ocasião da celebração do ajuste, mas também durante toda a contratação. No caso do consumidor deficiente visual, a consecução deste direito, no bojo de um contrato bancário de adesão, somente é alcançada (de modo pleno, ressalta-se), por meio da utilização do método braille, a facilitar, e mesmo a viabilizar, a integral compreensão e reflexão acerca das cláusulas contratuais submetidas a sua apreciação, especialmente aquelas que impliquem limitações de direito, assim como dos extratos mensais, dando conta dos serviços prestados, taxas cobradas, etc. (...) 3.1 No caso, a relutância da instituição financeira demandada em utilizar o método Braille nos contratos bancários de adesão estabelecidos com pessoas portadoras de deficiência visual, conferindo-se-lhes tratamento manifestamente discriminatório, tem o condão de acirrar sobremaneira as inerentes dificuldades de acesso à comunicação e à informações essenciais dos indivíduos nessa peculiar condição, cuja prática, para além de consubstanciar significativa abusividade contratual, encerrar verdadeira afronta à dignidade do próprio grupo, coletivamente considerado. (...) 6. A sentença prolatada no bojo da presente ação coletiva destinada a tutelar direitos coletivos stricto sensu – considerada a indivisibilidade destes – produz efeitos em relação a todos os consumidores portadores de deficiência visual que litigue ou venha a litigar com a instituição financeira demandada, em todo o território nacional. Precedente da Turma. 7. Recurso especial parcialmente provido". STJ, 3ª Turma, REsp 1315822 / RJ, Rel. Min. Marco Aurélio Bellizze, j. 24.3.2015, DJe 16.4.2015.

Nota-se que o parágrafo único do art. 6º do CDC determina que a informação adequada e clara sobre os diferentes produtos e serviços deve ser acessível à pessoa com deficiência e o art. 43, § 6º do CDC estabelece que as informações existentes em cadastros, fichas, registros e dados pessoais e de consumo arquivados sobre ele devem ser disponibilizadas em formatos acessíveis, inclusive para a pessoa com deficiência.[55] Desse modo, há uma especial preocupação do legislador em relação à garantia do direito à informação às pessoas com deficiência, devendo ser eliminada qualquer barreira à possibilidade de acesso do consumidor deficiente à informação.

Também o Supremo Tribunal Federal já se manifestou a respeito da constitucionalidade das previsões contidas nos arts. 28, § 1º e 30, caput, da Lei nº 13.146/2015, que vedam a cobrança de valores adicionais de qualquer natureza nas mensalidades, anuidades e matrículas de alunos com deficiência pelas escolas particulares.[56]

---

55 CDC, Art. 6º São direitos básicos do consumidor: (...) III – a informação adequada e clara sobre os diferentes produtos e serviços, com especificação correta de quantidade, características, composição, qualidade, tributos incidentes e preço, bem como sobre os riscos que apresentem; (...) Parágrafo único. A informação de que trata o inciso III do caput deste artigo deve ser acessível à pessoa com deficiência, observado o disposto em regulamento. (Incluído pela Lei nº 13.146, de 2015)
CDC, Art. 43. O consumidor, sem prejuízo do disposto no art. 86, terá acesso às informações existentes em cadastros, fichas, registros e dados pessoais e de consumo arquivados sobre ele, bem como sobre as suas respectivas fontes. (...) § 6º Todas as informações de que trata o caput deste artigo devem ser disponibilizadas em formatos acessíveis, inclusive para a pessoa com deficiência, mediante solicitação do consumidor. (Incluído pela Lei nº 13.146, de 2015)

56 "AÇÃO DIRETA DE INCONSTITUCIONALIDADE. MEDIDA CAUTELAR. LEI 13.146/2015. ESTATUTO DA PESSOA COM DEFICIÊNCIA. ENSINO INCLUSIVO. CONVENÇÃO INTERNACIONAL SOBRE OS DIREITOS DA PESSOA COM DEFICIÊNCIA. INDEFERIMENTO DA MEDIDA CAUTELAR. CONSTITUCIONALIDADE DA LEI 13.146/2015 (arts. 28, § 1º e 30, caput, da Lei nº 13.146/2015). 1. A Convenção Internacional sobre os Direitos da Pessoa com Deficiência concretiza o princípio da igualdade como fundamento de uma sociedade democrática que respeita a dignidade humana. 2. À luz da Convenção e, por consequência, da própria Constituição da República, o ensino inclusivo em todos os níveis de educação não é realidade estranha ao ordenamento jurídico pátrio, mas sim imperativo que se põe mediante regra explícita. 3. Nessa toada, a Constituição da República prevê em diversos dispositivos a proteção da pessoa com deficiência, conforme se verifica nos artigos 7º, XXXI, 23, II, 24, XIV, 37, VIII, 40, § 4º, I, 201, § 1º, 203, IV e V, 208, III, 227, § 1º, II, e § 2º, e 244. 4. Pluralidade e igualdade são duas faces da mesma moeda. O respeito à pluralidade não prescinde do respeito ao princípio da igualdade. E na atual quadra histórica, uma leitura focada tão somente em seu aspecto formal não satisfaz a completude que exige o princípio. Assim, a igualdade não se esgota com a previsão normativa de acesso igualitário a bens jurídicos, mas engloba também a previsão normativa de medidas que efetivamente possibilitem tal acesso e sua efetivação concreta. (...) 7. A Lei nº 13.146/2015 indica assumir o compromisso ético de acolhimento e pluralidade democrática adotados pela Constituição ao exigir que não apenas as escolas públicas, mas também as particulares deverão pautar sua atuação educacional a partir de todas as facetas e potencialidades que o direito fundamental à educação possui e que são densificadas em seu Capítulo IV. 8. Medida cautelar indeferida. 9. Conversão do julgamento do referendo do indeferimento da cautelar, por unanimidade, em julgamento definitivo de mérito, julgando, por maioria e nos termos do Voto do Min. Relator Edson Fachin, improcedente a presente ação direta de inconstitucionalidade". STF, ADI 5357 MC-REF / DF, Rel. Min. Edson Fachin, j. 9.6.2016.

Reconheceu-se, assim, a importância de políticas inclusivas no âmbito das escolas, inclusive das particulares, de modo a promover a universalização do acesso ao ensino, com o empoderamento desses grupos hipervulneráveis.[57] No caso em questão, a cobrança de valores diferenciados acabaria acarretando uma discriminação dos alunos com deficiência, devendo o ônus das adaptações ser pulverizado por toda a sociedade.

Além dessas hipóteses, outras situações podem ser apontadas como instrumentos para a inclusão das pessoas com deficiência no âmbito do mercado de consumo, como a construção de rampas de acesso nos estabelecimentos comerciais, o acesso aos meios de transporte, a prioridade no atendimento, além da opção de acessibilidade também na contratação eletrônica, por meio de sites da Internet, que devem fornecer opções para pessoas com deficiência.

A Lei nº 10.098/2000, que estabelece normas gerais e critérios básicos para a promoção da acessibilidade das pessoas portadoras de deficiência ou com mobilidade reduzida, passou a prever em seu art. 12-A, após as alterações promovidas pelo EPD, que os "centros comerciais e os estabelecimentos congêneres devem fornecer carros e cadeiras de rodas, motorizados ou não, para o atendimento da pessoa com deficiência ou com mobilidade reduzida".

Ressalta-se, por fim, que as adaptações razoáveis de que tratam o art. 3º, VI do Estatuto da Pessoa com Deficiência[58] incluem os produtos inseridos no mercado de consumo, que devem trazer opções para pessoas com deficiência, inclusive como forma de promover sua autonomia. O art. 74 do EPD garante, por exemplo, à pessoa com deficiência acesso a produtos e serviços de tecnologia assistiva que maximizem sua autonomia, mobilidade pessoal e qualidade de vida.

Na interpretação e aplicação das normas de proteção ao consumidor, deve-se considerar, portanto, a necessária inclusão da pessoa com deficiência no mercado de consumo, viabilizando sua participação e promovendo sua autonomia nos diversos setores.

---

57 "Inserido no processo mais amplo de democratização da escola, voltado para universalização do acesso ao ensino, o sistema educacional inclusivo contrapõe-se a persistentes mecanismos de exclusão de indivíduos e grupos considerados fora dos padrões homogeneizadores da escola. De maneira ampla, as políticas inclusivas, inspiradas no direito à diferença, são indicadas como meios para empoderar indivíduos e grupos socialmente vulneráveis, em decorrência de questões de gênero, etnia, religião, deficiência, em respeito ao seu direito à diferença". KONDER, Carlos Nelson. O direito à educação inclusiva de pessoas com deficiência em estabelecimentos de ensino particulares: análise à luz da Lei nº 13.146/2015 e da ADI nº 5.357-MC. *Interesse Público – IP*, Belo Horizonte, ano 19, nº 106, p. 33-49, nov./ dez. 2017. p. 36.

58 EPD, Art. 3º, VI – adaptações razoáveis: adaptações, modificações e ajustes necessários e adequados que não acarretem ônus desproporcional e indevido, quando requeridos em cada caso, a fim de assegurar que a pessoa com deficiência possa gozar ou exercer, em igualdade de condições e oportunidades com as demais pessoas, todos os direitos e liberdades fundamentais.

5. Propostas para a tutela das vulnerabilidades nas relações de consumo

A vulnerabilidade, em seu sentido comum, é uma característica intrínseca à realidade humana. Todos os indivíduos são em menor ou maior grau vulneráveis, sendo reconhecida e tutelada a dignidade da pessoa humana como eixo norteador do ordenamento jurídico brasileiro, com o escopo de impedir qualquer tratamento em relação ao indivíduo que desconsidere sua condição humana.

Contudo, alguns indivíduos possuem uma vulnerabilidade acentuada em razão de fatores diversos, merecendo tratamento jurídico que considere suas especiais necessidades. No campo consumerista, a existência de uma desigualdade negocial entre o consumidor e o fornecedor levou ao reconhecimento de uma presunção de vulnerabilidade do consumidor que constitui a base de toda a normativa expressa no CDC.

A tutela jurídica direcionada ao reequilíbrio das relações de consumo, entretanto, mostra-se insuficiente em alguns casos, nos quais, somada à vulnerabilidade patrimonial, pode ser observada uma vulnerabilidade existencial significativa, consubstanciada na maior suscetibilidade de o indivíduo ser atingido em sua esfera extrapatrimonial, o que passou a ser identificado como hipervulnerabilidade.

A ideia de hipervulnerabilidade, por outro lado, não pode ser considerada sob uma perspectiva puramente quantitativa em relação à vulnerabilidade, devendo-se identificar a natureza das situações jurídicas, a fim de se conferir a tutela jurídica adequada. Assim, o reconhecimento da hipervulnerabilidade deve perpassar pela análise da vulnerabilidade existencial, que deve ser considerada juntamente à vulnerabilidade patrimonial do consumidor.

Como grupos hipervulneráveis podem ser apontados a criança e o adolescente, o idoso e a pessoa com deficiência, que possuem estatutos próprios de proteção, que delineiam normas específicas com o escopo de tutelar as especiais vulnerabilidades desses indivíduos. Tais normas devem ser integradas às normas de proteção do consumidor, para que seja conferido tratamento jurídico que considere as diversas vulnerabilidades desses grupos.

Deve haver, assim, a necessária harmonização das normas de proteção aos direitos do consumidor com as normas específicas de proteção daqueles que possuem uma vulnerabilidade existencial potencializada, de maneira a se promover a integração sistemática que viabilize a tutela das diferentes vulnerabilidades presentes nas relações de consumo.

Cuidado e Cidadania: Desafios e Possibilidades. A Publicidade infantil

Lúcia Helena Polleti Bettini

1. Introdução

O Cuidado, como princípio e valor jurídico, se apresenta como um dos grandes instrumentais de concretização da Cidadania e consequente efetividade dos direitos fundamentais e dignidade humana que lhe é inerente, no presente artigo será direcionado o estudo para a Publicidade comercial, especialmente a publicidade infantil.

Desde os anos 1980 que a Publicidade brasileira vem sofrendo modificações com a intenção de proteção de todos os agentes envolvidos, desde os responsáveis pela comunicação publicitária, como às pessoas que são por ela afetadas, consumidores em potencial, e, também ao meio ambiente. A lógica do 'vale tudo' encontrada nos anúncios da época, que acompanhava o modelo de crescimento dos Estados capitalistas, qual seja, de crescer a qualquer custo, foi sendo aos poucos substituída por um crescer sustentável e, com isso, o Cuidado passa a acontecer na Publicidade comercial.

O sistema misto de regulação da Publicidade presente no Brasil, que vem por meio de normas éticas, a autorregulamentação publicitária, e normas jurídicas, especialmente na Constituição e Código de Defesa do Consumidor, irão positivar os limites à atividade e os Cuidados com as pessoas, o que se apresenta como um imperativo a ser aplicado.

Diante dessas limitações, acompanhando aos demais Estados que são democráticos de direito, nos últimos anos, em razão do crescente aumento de doenças em crianças, que antes eram praticamente exclusivas dos adultos e na condição de idosos, que são decorrentes de uma alimentação inadequada, do sedentarismo imposto pela era da informação, que gera desequilíbrio nutricional e alimentar, o Cuidado com a proteção integral da criança e do adolescente vem sendo descrito não só pelas normas jurídicas e normas éticas publicitárias, mas também, especialmente pelos tribunais que reafirmam a imperatividade do Cuidado com esse público, sujeitos de direitos especiais, que necessitam de toda atenção nessa fase da vida para que a Cidadania aconteça.

Por meio do conceito de publicidade e propaganda, elaborado pela própria classe publicitária na autorregulamentação publicitária, que não se limita à oferta de produtos e serviços, mas inclui a promoção de instituições, conceitos e ideias, apresenta-se estudo e sugestão de política com a intenção de ajudar os responsáveis diretos pela educação das crianças e adolescentes, os pais ou responsáveis e Estado, neste processo que tem por uma das suas grandes missões, o preparo para o exercício da Cidadania e desenvolvimento integral da personalidade humana. O afastamento das doenças e consequente vida digna pode e deve ser implementada por hábitos saudáveis que se perderam na sociedade de massa ou era da informação, dentre eles a boa alimentação e a prática de atividades físicas que serão alguns dos conceitos estimulados pela Publicidade.

2. Cuidado e Publicidade: Sistema Misto de Regulação

As discussões que envolvem o Cuidado e a Publicidade Comercial não são recentes, pois elas apareceram concomitantes com o processo de redemocratização do Estado brasileiro no final dos anos 70 e início dos anos 80. Esse é o recorte que precisamos realizar para enxergar essa rota de transição ocorrida também com a comunicação publicitária. Toda comunicação é influenciada por essa alteração que deixa de lado o autoritarismo e, portanto, a ausência de atenção com os receptores das informações,[1] que eram, até aquele momento, reconhecidos como meros receptáculos das informações, e que irão ganhar com essa modificação o *status* de sujeitos,[2] sujeitos de direitos e obrigações que participam ativamente de todo processo comunicativo.

Na Publicidade Comercial o que vigia nos anos 70 e início dos anos 80 era o modelo de crescimento adotado por muitos países que influenciava diretamente a comunicação, crescer a qualquer custo, portanto, para expandir, a regra era comunicar, afetar intencionalmente e determinar o consumo de produtos e serviços, sem grandes limitações, sejam éticas ou jurídicas. Ou seja, a dinâmica da dominação apresentada em diversos outros setores, aqui também se apresentava com toda força e os receptores ou destinatários das mensagens publicitárias não eram pensados na comunicação, não havia qualquer preocupação ou cuidado com esse público. Era muito comum que as empresas, hoje denominadas fornecedores pelo Código de Defesa do Consumidor, na oferta de produtos ou serviços, apresentassem não só a oferta como também a empresa, imantada de mentiras ou de meias verdades, sem nenhuma preocupação

1 Há várias teorias de comunicação massiva e vamos adotar aqui a posição de David K. Berlo que entende que a recepção sempre leva a interações, sendo os receptores, apesar de chamados a participar de forma massiva, trarão respostas individuais conforme suas bagagens culturais, sociais e, educativas, dentre outras questões que viabilizam a interação comunicacional.

2 Segundo Daniel Galindo dos Santos bem traduz o processo comunicacional como sendo um local de interações, no qual o receptor também participa e, portanto, não deve ser excluído, conceito de comunicação que adotamos no presente estudo: "Comunicar é efetivamente promover participações comuns entre os envolvidos no processo comunicacional, participações essas carregadas de significações, afinal estabelecem-se os elementos vitais ao processo, ou seja: uma mensagem é distribuída por meio de um veículo, ambos necessariamente comuns aos pólos emissor/receptor, podendo, a partir deste processo simplificado, desencadear um processo de trocas, contínuas ou não, de informações/impressões/idéias/volições, caracterizando-se assim o fluxo comum ou o intercâmbio entre pólos em estado de interação.

com as consequências e com isso, excluindo dessa forma qualquer possibilidade de interação que fosse adequada dos receptores ou consumidores do processo comunicativo, pois os afastava de contexto que correspondesse à realidade fática.

Esse era o panorama constante apresentado à época acima citada, o que gerou uma movimentação da própria classe publicitária e demais agentes envolvidos com a publicidade[3] a adotarem modelo de atuação já existente em outros doze países, especialmente o Inglês, fenômeno que hoje se espalha pelo mundo ocidental capitalista e alguns países do oriente que adotam tal modelo econômico,[4] conhecido como autorregulamentação ou autodisciplina. Destaque-se que, havia uma movimentação no sentido de se legislar e restringir a atividade publicitária e com isso, mais uma liberdade, ainda que comercial, seria cerceada.

Diante desse panorama histórico, com o risco explícito do legislador interferir em atuação profissional que poderia trazer limitações tão profundas e autoritárias, típicas da época, fez com que a classe e todos os envolvidos com a publicidade assumissem o compromisso de elaborar um instrumento de autodisciplina, que irá não só cuidar das mensagens publicitárias, como também, dos publicitários e destinatários das mensagens.

Concomitante se criou a Organização não Governamental CONAR[5] – Conselho Nacional de Autorregulamentação Publicitária, para fazer cumprir as normas que foram criadas pela própria classe e zelar pela liberdade de expressão comercial.

A elaboração da Autorregulamentação Publicitária no Estado brasileiro, em um primeiro momento, consistiu na realização de pesquisas documentais, ou seja, buscar a experiência já vivida em outros países e dela retirar valores e fundamentos, por meio da comparação,[6] o que se somou às pesquisas de campo em cada um dos estados in-

---

3 Conforme história do Conar em www.conar.org.br: "Diante dessa ameaça, uma resposta inspirada: autorregulamentação, sintetizada num Código, que teria a função de zelar pela liberdade de expressão comercial e defender os interesses das partes envolvidas no mercado publicitário, inclusive os do consumidor. A idéia brotou naturalmente a partir do modelo inglês e ganhou força pelas mãos de alguns dos maiores nomes da publicidade brasileira. Com o risco de se cometer alguma injustiça, vale lembrar Mauro Salles e Caio Domingues, reconhecidos como principais redatores do Código, secundados por Petrônio Correa, Luiz Fernando Furquim de Campos e Dionísio Poli, representando respectivamente as agências, os anunciantes e os veículos de comunicação. Foram os três que articularam longa e pacientemente o reconhecimento do Código pelas autoridades federais, convencendo-as a engavetar o projeto de censura prévia e confiar que a própria publicidade brasileira era madura o bastante para se auto-regulamentar. A missão revelou-se um sucesso em Brasília e no resto do Brasil. Num espaço de poucos meses, anunciantes, agências e veículos subordinaram seus interesses comerciais e criativos ao Código, solenemente entronizado durante o III Congresso Brasileiro de Propaganda, em 1978. Nunca mais o abandonariam".

4 Podemos citar o Japão, Singapura, Filipinas e Índia, todos na Ásia.

5 Ver em www.conar.org.br em Código Brasileiro de Autorregulamentação Publicitária.

6 A experiência inglesa na autorregulamentação foi o principal instrumento de pesquisa e deu embasamento para a brasileira.

tegrantes da federação, nos quais se verificou, tanto no plano geral como no especial, o que se esperava da publicidade. Tudo se consolidou no III Congresso Brasileiro de Propaganda, em 1978 e essa adesão e respeito às normas éticas publicitárias,[7] permanece nos dias atuais.

Logo nos anos que se seguem, o processo de redemocratização foi se estabelecendo e, em 1988 foi promulgada a Constituição Cidadã, assim chamada pois, sua principal missão é a proteção dos direitos fundamentais e consequentemente a cidadania. Nos Estados Democráticos de Direito a razão principal de existir das Constituições é a guarida constitucional das normas definidoras dos direitos fundamentais e também sua aplicação que, nos termos expressos do art. 5º, § 1º, afirma ser imediata. Um dos seus preceitos expressos e que nos interessa no presente estudo, está inserido no artigo 5º, inc. XXXII, no qual "o Estado promoverá na forma da Lei a Defesa do Consumidor". Também na Constituição, há regra expressa no capítulo da Comunicação Social sobre a Publicidade Comercial e cuidados específicos com alguns produtos que são causadores de diversos malefícios,[8] e estabelece mecanismos legais para que as pessoas e as famílias possam se defender de práticas noviças à saúde e ao meio ambiente, além de todos os princípios fundamentais da ordem econômica e financeira, sustentam a existência de uma atenção, um Cuidado sendo delimitado tanto por normas éticas como por normas jurídicas no Estado brasileiro.

Podemos afirmar um sistema misto de regulação da publicidade comercial, com a convivência harmônica de normas éticas e normas jurídicas, sendo que a missão do CONAR é a promoção da liberdade de expressão publicitária e defesa das prerrogati-

7 Cf. site do Conar em "quem somos", são preceitos básicos que permeiam a ética publicitária:
- todo anúncio deve ser honesto e verdadeiro e respeitar as leis do país,
- deve ser preparado com o devido senso de responsabilidade social, evitando acentuar diferenciações sociais,
- deve ter presente a responsabilidade da cadeia de produção junto ao consumidor,
- deve respeitar o princípio da leal concorrência e
- deve respeitar a atividade publicitária e não desmerecer a confiança do público nos serviços que a publicidade presta.

8 A Constituição de maneira expressa enuncia cinco produtos que afetam a saúde das pessoas, são eles o tabaco, a bebida alcoólica, os medicamentos, as terapias e os agrotóxicos.

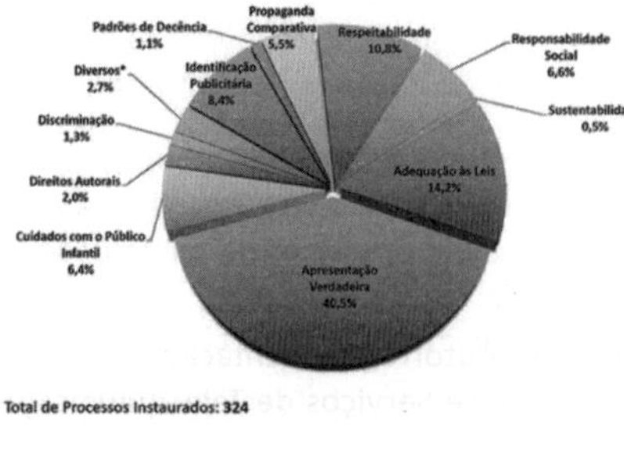

vas constitucionais e consequente respeito à autorregulamentação publicitária. Vale ressaltar que as decisões do CONAR em seus julgamentos éticos sobre o compromisso de cumprir e respeitar o Código Brasileiro de Autorregulamentação Publicitária, quando levadas ao judiciário, são confirmadas pois, a intenção é o respeito tanto aos consumidores como a todos os agentes envolvidos na publicidade.

Durante todo esse tempo de atuação do Conar, e consequente missão de zelar pelo cumprimento da Autorregulamentação como pela liberdade de expressão comercial, um dos principais motivos para sua criação, ainda se justifica, ou seja, apesar de toda maturidade alcançada pela publicidade no Brasil, ano a ano um grande percentual de reclamações éticas que se mantém desde o início de sua atuação nos anos 80, conforme dados recentes sobre estatísticas do julgamentos realizados, mostram como principal razão de instauração dos processos éticos o desrespeito pelo princípio da apresentação verdadeira, o que ratifica preceito primeiro e básico de comportamento esperado: todo anúncio deve ser honesto e verdadeiro.

As discussões têm ganhado outros contornos, pois uma análise dos mais recentes processos éticos vem em razão dos avanços científicos e tecnológicos, destaque-se que se repetem também no judiciário, decorrentes desses avanços, por exemplo, estão a telecomunicação, a utilização de blogueiros ou influenciadores digitais,[9] em espaços não tradicionais da propaganda comercial, e, especialmente no estudo em apreço, os Cuidados com o público infantil, o que têm determinado modificações e ampliações das normas do Código Brasileiro de Autorregulamentação Publicitária.[10]

Ressalte-se que, ainda hoje, as preocupações já existentes à época da Constituinte, que são os produtos que causam diversos malefícios à saúde das pessoas, tais como bebidas alcoólicas, medicamentos, cigarros, sendo que o último, por causar tantas doenças, o mundo se movimenta e orienta por medidas antitabagistas fundamentadas por protocolos médicos nada favoráveis à manutenção da forma de comunicar existente nos 80/90, o que gerou restrições muito contundentes no sentido de limitar essa comunicação aos pontos de venda e com várias informações que reiteram as consequências pelo fumar.

---

9 Há caso julgado pelo Conar em 2018 em processo ético instaurado por ofício do Ministério Público de São Paulo, pois a blogueira Julia Silva fica mais de 20 minutos apresentando sua coleção de "bonecas monster high" em desrespeito aos princípios da publicidade ética dirigida às crianças, especialmente à identificação publicitária.

10 Recentemente o Código Brasileiro de Autorregulamentação Publicitária foi modificado e recebeu um novo anexo, V, "Publicidade de Serviços de Telecomunicação Modalidade Internet Móvel".

3. O tratamento constitucional da Publicidade brasileira

A legislação que afeta e orienta a publicidade comercial no Brasil decorre de normas constitucionais inseridas em dois títulos distintos, que se interrelacionam e se complementam. É dessa junção dos locais variados e com classificação distinta na Constituição, que afirmamos a existência do Cuidado com a Publicidade. Explico. Tanto existe inserção constitucional da Publicidade no título que abarca os direitos e garantias fundamentais e consequente premissa de necessário estudo das liberdades de manifestação do pensamento e seus limites, como também, a ordem econômica e financeira é título de sua inserção, pois temos a proteção à liberdade de empresa ou de indústria e consequente oferta de produtos e serviços e influências dos princípios constitucionais ali descritos, destacadamente a defesa do consumidor.

Cabe a nós identificar na Constituição, especialmente no elenco dos direitos fundamentais, todo um microssistema da Comunicação Social, vez que a vivência humana e todas as experiências são sustentadas pelos processos comunicacionais que nos identificam e diferenciam dos demais seres vivos, e, sua existência, nos Estados Democráticos de Direito se mostra um imperativo de manutenção dessa condição e merece guarida e "status" constitucional. Portanto, estudar e abordar os direitos fundamentais relativos ao pensamento no presente artigo e reconhecer os limites constitucionais, integra o Cuidado com a Publicidade.

A Constituição de 1988 cuidou em capítulo próprio da Comunicação Social, sendo que a premissa para todas as discussões é a liberdade de manifestação do pensamento. Tal liberdade se mostra essencial e vem externada de várias formas e processos e por meio de inúmeros suportes. Ou seja, a criação, a expressão, a opinião decorrem de uma manifestação do pensamento e nas democracias possuem proteção constitucional e natureza jurídica de direitos fundamentais, elementares à manutenção da dignidade humana.

Existe a proteção dessa liberdade fundamental, a liberdade de manifestação do pensamento, e também os limites que são expressos ao exercício de tal liberdade e os que irão decorrer da Constituição.[11] Todos os limites que se aplicam à liberdade de in-

11 Art. 220. A manifestação do pensamento, a criação, a expressão e a informação, sob qualquer forma, processo ou veículo não sofrerão qualquer restrição, observado o disposto nesta Constituição.
§ 1º Nenhuma lei conterá dispositivo que possa constituir embaraço à plena liberdade de informação jornalística em qualquer veículo de comunicação social, observado o disposto no art. 5º, IV, V, X, XIII e XIV.
§ 2º É vedada toda e qualquer censura de natureza política, ideológica e artística.
§ 3º Compete à lei federal:
I - regular as diversões e espetáculos públicos, cabendo ao Poder Público informar sobre a natureza deles, as faixas etárias a que não se recomendem, locais e horários em que sua apresentação se mostre inadequada;
II - estabelecer os meios legais que garantam à pessoa e à família a possibilidade de se defenderem de programas ou programações de rádio e televisão que contrariem o disposto no art. 221, bem como da propaganda de produtos, práticas e serviços que possam ser nocivos à saúde e ao meio ambiente.

formação jornalística, direito preferencial nos Estados democráticos de direito, também são limites aplicáveis às demais formas de externação do pensamento, e consequentemente, devem ser limites à liberdade de expressão comercial,[12] ou seja, à Publicidade.

Especificamente, toda Publicidade deve se ater aos limites constitucionais expressos no microssistema da Comunicação Social, dentre eles, a vedação do anonimato que na publicidade comercial se traduz por Identificação Publicitária, o direito de resposta proporcional ao agravo, na publicidade apresenta-se como contrapropaganda e reparações de ordem material, moral e à imagem, a honra, imagem, privacidade e intimidade, também são cuidados na publicidade e o dever de informar nas publicidades das Empresas Estatais. Como limite implícito ou decorrente da Constituição, que nos interessa e afeta no presente estudo, se dá por meio da aplicação do mandamento constitucional da Proteção integral da Criança e do Adolescente.[13]

Vale destacar que, no elenco dos direitos fundamentais, existe mandamento expresso a afirmar que o Estado irá promover a proteção e defesa do Consumidor,[14] público a ser afirmado em nosso estudo, vez que todos são e serão atingidos pela publicidade. O atingimento individual na atualidade, com o advento dos veículos de comunicação de massa, abriu espaço para a comunicação coletiva, massiva, na qual todos tornam-se consumidores em potencial de informações.

Paralelo ao ambiente da comunicação, a publicidade encontra total guarida constitucional no Título VII, "Da Ordem Econômica e Financeira",[15] pois além de se

---

§ 4º A propaganda comercial de tabaco, bebidas alcoólicas, agrotóxicos, medicamentos e terapias estará sujeita a restrições legais, nos termos do inciso II do parágrafo anterior, e conterá, sempre que necessário, advertência sobre os malefícios decorrentes de seu uso.

---

12 Há vários autores que cuidam do tema, dentre eles, Adalberto Pasqualotto, Ingo Sarlet, Daniel Sarmento e Vidal Serrano Nunes Júnior.

13 Art. 227. É dever da família, da sociedade e do Estado assegurar à criança, ao adolescente e ao jovem, com absoluta prioridade, o direito à vida, à saúde, à alimentação, à educação, ao lazer, à profissionalização, à cultura, à dignidade, ao respeito, à liberdade e à convivência familiar e comunitária, além de colocá-los a salvo de toda forma de negligência, discriminação, exploração, violência, crueldade e opressão. (Redação dada Pela Emenda Constitucional nº 65, de 2010)

14 No Título II da Constituição, no elenco dos direitos fundamentais, há mandamento expresso sobre o tema: "XXXII - o Estado promoverá, na forma da lei, a defesa do consumidor".

15 Art. 170. A ordem econômica, fundada na valorização do trabalho humano e na livre iniciativa, tem por fim assegurar a todos existência digna, conforme os ditames da justiça social, observados os seguintes princípios:
I - soberania nacional;
II - propriedade privada;
III - função social da propriedade;
IV - livre concorrência;
V - defesa do consumidor;
~~VI - defesa do meio ambiente;~~
VI - defesa do meio ambiente, inclusive mediante tratamento diferenciado conforme o impacto ambiental dos produtos e serviços e de seus processos de elaboração e prestação; (Redação dada

estabelecer a liberdade de empresa e consequente oferta de produtos e serviços, há também todo um tratamento principiológico em destaque a influenciar e limitar a publicidade, o que demonstra o Cuidado com toda comunicação que decorre do modelo capitalista desde o início do século passado.[16] O Estado tem como uma de suas funções a reguladora, ou seja, a atuação do Estado voltada a disciplinar as relações econômicas e com isso as atividades particulares, que até então a preocupação era de garantidor de liberdade empresarial.[17]

O Estado brasileiro protege a liberdade de empresa, conforme previsão expressa do art. 170, parágrafo único da Constituição,[18] mas tal liberdade deve ser compatibilizada com diversos mandamentos descritos no próprio artigo retrocitado, dentre eles a existência digna e a justiça social. Portanto, o legislador constituinte teve o Cuidado de reconhecer que há limites à liberdade de empresa, e toda mercantilização, dela decorrente deverá ter como grandes balizadores a existência digna e a justiça social, como forma de se afastar as desigualdades ainda tão gritantes no nosso cotidiano. Destaque-se que o homem, nesse momento histórico, também se tornou uma mercadoria e tais limitações constitucionais são indispensáveis, daí a valorização do trabalho humano. O crescer a qualquer custo em 1988 encontra limites constitucionais.

Nesse contexto, aparecem os princípios da ordem econômica e, com destaque apontamos para a defesa do consumidor. A existência de mais um microssitema constitucional que irá permitir ao Estado parâmetros da sua intervenção regulatória com um olhar atento aos direitos fundamentais e existência digna.[19] A defesa do consumidor vem no elenco dos Direitos Fundamentais, no Ato das Disposições Constitucionais

pela Emenda Constitucional nº 42, de 19.12.2003)
VII - redução das desigualdades regionais e sociais;
VIII - busca do pleno emprego;
IX - ~~tratamento favorecido para as empresas brasileiras de capital nacional de pequeno porte.~~
IX - tratamento favorecido para as empresas de pequeno porte constituídas sob as leis brasileiras e que tenham sua sede e administração no País. (Redação dada pela Emenda Constitucional nº 6, de 1995)
Parágrafo único. É assegurado a todos o livre exercício de qualquer atividade econômica, independentemente de autorização de órgãos públicos, salvo nos casos previstos em lei.

16 Vidal Serrano Nunes Júnior em sua obra "Publicidade Comercial: proteção e limites na Constituição de 1988" narra evolução histórica do capitalismo e economia que, num primeiro momento era consequência do liberalismo num contexto de autorregulação. Com o passar dos tempos, houve a necessidade de uma ordem jurídica com normas específicas quanto à ordem econômica e as relações econômicas foram reguladas pelo Estado.

17 Nesse sentido: Maria Sylvia Zanella Di Pietro, Marçal Justen Filho, Irene Patrícia Nohara, Vidal Serrano Nunes Júnior, entre outros.

18 Parágrafo único. É assegurado a todos o livre exercício de qualquer atividade econômica, independentemente de autorização de órgãos públicos, salvo nos casos previstos em lei.

19 Vale referir que vários dos princípios nos remetem ao elenco dos direitos fundamentais e como consequência, da manutenção da dignidade humana. Portanto, os limites expressos e implícitos são dimensionados nessas correlações.

Transitórias e como Princípio da Ordem Econômica, em 11.09.1990, é regulamentado por meio do Código de Defesa do Consumidor, Lei 8078.

4. As normas de proteção e defesa do consumidor

Conforme contextualização histórica e jurídica acima resumida, o Estado por meio da Lei 8078 de 11.09.1990 promove a defesa e proteção do consumidor e, dentro do Capítulo V – Das Práticas Comerciais, há o tratamento da Publicidade Comercial. Inúmeras discussões e questões sociais passam a receber um tratamento infraconstitucional com inovações muito importantes para o Direito, pois aquela primeira classificação proposta por Ulpianus, estudada por todos os alunos dos cursos de Direito, vai receber uma modificação e inserção das relações de consumo, como integrante do ramo do Direito misto.[20] De um lado o fornecedor ou anunciante, aqueles que no exercício da liberdade de indústria ou empresa irão apresentar seus produtos ou serviços, e de outro lado o consumidor dessas mercadorias ou serviços.

Nesse contexto, de afastamento das influências do direito privado para relação jurídica de consumo, haverá uma política nacional das relações de consumo e também princípios[21] próprios que orientarão, a partir de 1990, a proteção e defesa do consumidor. Vale dizer que são direitos básicos dos consumidores, dentre outros, a informação clara e precisa sobre produtos e serviços, incluindo os riscos que possam causar à sua segurança e saúde e a proibição de toda forma de publicidade abusiva e enganosa.[22]

Em capítulo especialmente dedicado às práticas comerciais, dentre elas a Publicidade Comercial, haverá todos os parâmetros dessa expressão comer-

---

20 A proteção e defesa do consumidor no Brasil vem bastante atrasada em relação a outros países capitalistas, e, somente nos anos 90 que teremos uma atenção diferente das relações de direito privado até então utilizadas.

21 Reconhece como princípios a vulnerabilidade do consumidor e a boa fé objetiva que deve permear todo o agir dos fornecedores. Ressalte-se que ambos os princípios irão influenciar as práticas comerciais e consequentemente, toda publicidade comercial.

22 Art. 6º São direitos básicos do consumidor:

I - a proteção da vida, saúde e segurança contra os riscos provocados por práticas no fornecimento de produtos e serviços considerados perigosos ou nocivos;

II - a educação e divulgação sobre o consumo adequado dos produtos e serviços, asseguradas a liberdade de escolha e a igualdade nas contratações;

III - a informação adequada e clara sobre os diferentes produtos e serviços, com especificação correta de quantidade, características, composição, qualidade, tributos incidentes e preço, bem como sobre os riscos que apresentem; (Redação dada pela Lei nº 12.741, de 2012)

IV - a proteção contra a publicidade enganosa e abusiva, métodos comerciais coercitivos ou desleais, bem como contra práticas e cláusulas abusivas ou impostas no fornecimento de produtos e serviços;

cial das empresas que ficam proibidas de realizar publicidade enganosa e abusiva.[23]

O foco de nossa atenção vai para os anúncios que incidam na modalidade de publicidade abusiva, vez que uma delas é, se aproveitar da inexperiência e deficiência de julgamento da criança, e, portanto, essa prática comercial de forma expressa é proibida.bAqui nos posicionamos e apontamos para o Cuidado: a proibição é para a publicidade abusiva e não a qualquer publicidade infantil, pois tanto no ambiente do Código de Defesa de Consumidor, como também das normas éticas para a publicidade, o que se afasta é a publicidade que desrespeite esse público, sujeitos de direitos especiais que devem ser protegidos de maneira muito especial em nosso Estado, dentro da lógica de um sistema de proteção integral, que tem por base constitucional o artigo 227.

Publicidade que atenta para a missão educativa e informativa[24] deve acontecer e de forma a colaborar não só com os pais como também com o Estado nesse processo que é o educacional.

5. O Código Brasileiro de Autorregulamentação Publicitária

O Conar – Conselho Nacional de Autorregulamentação Publicitária, que tem por missões zelar pela liberdade de expressão comercial e pelo cumprimento do Código Brasileiro de Autorregulamentação Publicitária, atento a todas as questões que afetam o viver em sociedade e se relacionam com a Publicidade Comercial, desde 2012 vem promovendo não só debates como pesquisas sobre publicidade infantil no mundo e, também, alterações em seu código muito significativas, importantes manifestações de Cuidado.

Além das normas gerais sobre a publicidade que implicam no respeito às pessoas como às leis brasileiras, a afirmação de responsabilidade social que deixou de ser mera estratégia do marketing e se apresenta como compromisso de atuação profissional setorizada, há no Código Brasileiro de Autorregulamentação Publicitária, um princípio específico de cuidados com esse público que merece atenção diferenciada, ou seja, a Seção 12 da autorregulamentação, com as normas de conduta quando o público alvo forem crianças e os adolescentes.

---

23 Art. 37. É proibida toda publicidade enganosa ou abusiva.

§ 1° É enganosa qualquer modalidade de informação ou comunicação de caráter publicitário, inteira ou parcialmente falsa, ou, por qualquer outro modo, mesmo por omissão, capaz de induzir em erro o consumidor a respeito da natureza, características, qualidade, quantidade, propriedades, origem, preço e quaisquer outros dados sobre produtos e serviços.

§ 2° É abusiva, dentre outras a publicidade discriminatória de qualquer natureza, a que incite à violência, explore o medo ou a superstição, se aproveite da deficiência de julgamento e experiência da criança, desrespeita valores ambientais, ou que seja capaz de induzir o consumidor a se comportar de forma prejudicial ou perigosa à sua saúde ou segurança.

24 Reiteramos que são direitos básicos do consumidor a educação e a informação para o consumo adequado.

Esse cuidado será somado aos mandamentos dos anexos ou categorias especiais de anúncios, em especial o H - Alimentos, refrigerantes, sucos e outros, vez que os hábitos alimentares da atualidade foram intensamente modificados e trouxeram com essas alterações diversos transtornos alimentares, saúde nutricional em desequilíbrio e doenças que antes não eram experimentadas pelo público infantil ou jovens, mas sim por quem já estava na condição de idoso.[25]

O fato é que estatisticamente, as representações éticas ainda são em número bastante elevado quando o foco de atenção é direcionado ao público criança e adolescente e também aos produtos alimentícios. Sem falar que na atualidade a comunicação não está somente nos espaços tradicionais da Publicidade Comercial, o que tem dificultado e modificado o padrão das reclamações éticas, vez que inúmeros casos são infrações cometidas por influenciadores digitais, os "blogueiros", sendo muito deles crianças. As discussões estão longe de serem finalizadas pois, realmente precisamos cuidar das nossas crianças para que elas alcancem a vida adulta de forma responsável e saudável, sejam cidadãos e não só consumidores.

Chamo a atenção para o conceito que a autorregulamentação traz da publicidade e propaganda que se estende além da oferta de produtos e serviços com a intenção do consumo, que aqui repetimos para ratificar nosso posicionamento:

> Artigo 8º O principal objetivo deste Código é a regulamentação das normas éticas aplicáveis à publicidade e propaganda, assim entendidas como atividades destinadas a estimular o consumo de bens e serviços, bem como promover instituições, conceitos ou idéias. (grifo nosso)

Destacamos aqui, a promoção de instituições, conceitos ou idéias, o que permite aos publicitários e demais agentes envolvidos com a comunicação, inúmeros outros caminhos de se comunicar intencionalmente com as crianças de forma a trazer os tão esperados reforços positivos que afirmam e destacam os valores mais importantes de nosso Estado, o que sem dúvidas inclui o Cuidado e a dignidade humana.

O posicionamento aqui adotado se dá pela utilização do conceito de publicidade e propaganda em sentido amplo pela autorregulamentação publicitária, que vai além da oferta direcionada para o consumo dos produtos ou serviços, como também, pelo Código de Defesa do Consumidor que dentre os direitos básicos do consumidor, encontramos as práticas educacionais e a informação de valores que precisam ser retomados, até porque a atividade de empresa, conforme a Constituição, deverá sempre ser conciliada com a dignidade humanas e justiça social.

---

25 Cf. NUNES, Merces da Silva. *O Direito Fundamental à Alimentação e o Princípio da Segurança*. Rio de Janeiro, Campus Jurídico, 2008, p. 113 e ss. A autora colaciona diversos alimentos e efeitos na saúde humana, dentre eles a presença de osteoporose em crianças de 10 (dez) anos em razão da ingestão excessiva de coca-cola, entre outros diversos alimentos e malefícios do uso.

6. Conclusão

Todo esse instrumental ético e jurídico, em tempos de comunicação de massa e internet, com o consequente excesso de exposição que tal meio propicia, ou seja, as ofertas ficam disponíveis constantemente e afetam os consumidores em potencial, sejam eles crianças, adolescentes e adultos, trouxe na atualidade várias correntes de pensamento quanto à manutenção da publicidade infantil. A primeira corrente entende que o Código de Defesa do Consumidor quando proíbe toda publicidade abusiva, proíbe a publicidade, vez que se trata de um conceito vago. A segunda corrente, posição adotada pelo Conar, é a da manutenção da liberdade de expressão e consequente respeito aos preceitos éticos e jurídicos. Já a terceira afirma a necessidade de regulação, portanto, a publicidade deve ser regulada. Vale indicar que atualmente temos a Resolução do Conanda nº 163/2014.

O fato é que o mundo está atento às influências que a publicidade determina, pois estamos diante de uma comunicação intencional para o convencimento de consumo de produtos ou serviços, e que dentro da dinâmica dos processos comunicacionais que envolvem a publicidade comercial, quase sempre haverá alta carga de persuasão, o que muitas vezes acaba por trazer os maiores problemas para o público infantil que não tem condições de escolher sozinho diante das pressões pelo consumo, nem mesmo afastar qualquer forma de violência que possa ocorrer. Entendemos que tanto as normas éticas como as jurídicas sustentam o mesmo pensamento de Cuidados com esse público, sujeitos de direito em formação, e deverão ao realizar a publicidade, caminhar ao lado dos pais ou responsáveis e do Estado na missão educativa que sabidamente leva a todos à condição de cidadãos e não só consumidores.

Inexiste no sistema misto de regulação a proibição da publicidade infantil, o que existe é proibição legal e ética aos abusos que afrontem mandamento constitucional que afirma o sistema de proteção integral da criança e do adolescente. Há que se atentar para os cuidados jurídicos e éticos que afirmam a atividade publicitária como integrante do processo educativo, ao lado da família e Estado.[26] Especificamente para a primeira infância,[27] com a promulgação do Estatuto da Primeira Infância,[28] há cuidados

26 Art. 205. A educação, direito de todos e dever do Estado e da família, será promovida e incentivada com a colaboração da sociedade, visando ao pleno desenvolvimento da pessoa, seu preparo para o exercício da cidadania e sua qualificação para o trabalho.

27 A Lei 13.257 de 08.03.2016 que altera diversas leis, dentre elas, o Estatuto da Criança e do Adolescente, define o que é a primeira infância: Art. 2º Para os efeitos desta Lei, considera-se primeira infância o período que abrange os primeiros 6 (seis) anos completos ou 72 (setenta e dois) meses de vida da criança.

28 Há previsão expressa na Lei 13.257/16 sobre o tema e, essas políticas públicas precisam obrigatoriamente pensar nos pais ou responsáveis por essas crianças, pois eram as crianças de até pouco tempo atrás que hoje ainda repetem o que aprenderam que coloca foco no ter e não no ser em todos os aspectos do desenvolvimento integral da personalidade humana. Vale reproduzir o referido artigo da lei: "Art. 5º Constituem áreas prioritárias para as políticas públicas para a primeira infância a saúde, a

expressos com esse público no tocante à sua formação cultural e proteção nos meios de comunicação de massa e, por intermédio de políticas públicas, afastar esse público do consumismo e pressão mercadológica.

De fato, as discussões têm chegado ao Conselho de Ética do Conar e Judiciário com uma certa frequência, vez que, a utilização inclusive de crianças como influenciadores digitais, se apresenta como um conflito a ser resolvido. Ou seja, com a autorização dos pais ou responsáveis, muitas crianças são estimuladas a comunicar e a convencer outras crianças a também serem blogueiras, e, apresentam por horas como brincar, por exemplo, com uma coleção de bonecas, ou ainda super estímulo ao consumo na contramão de tudo o que se afirmou anteriormente. Espaço que não é tradicional comercial, comunicação feita por crianças e com anuência dos pais. A questão educacional aparece com destaque outra vez pois, adultos e crianças precisam ser educados para a cidadania e não simplesmente para o consumo que traz satisfação imediata e passageira.

Dentro dos espaços comerciais tradicionais, recentemente a mídia noticiou julgamento de publicidade infantil de alimentos e a chamada em matéria jornalística era que o STJ havia proibido a publicidade de alimentos. Trata-se de uma promoção de vendas, "a hora do Shrek", na qual com cinco embalagens dos biscoitos gulosos mais R$ 5,00(cinco reais) você adquire um relógio do personagem Shrek. Caso típico de publicidade abusiva que desrespeitou tanto os preceitos éticos como os jurídicos respectivamente, vez que no plano geral estimula o consumo excessivo de alimento que sabidamente não é a melhor fonte de nutrientes para crianças e também trazem apelos de consumo e utilizam de personagem para tal apelo, o que vem proibido de maneira expressa pela autorregulamentação publicitária, e também, à proibição de publicidade abusiva e venda casada proibidas de maneira expressa pelo Código de Defesa do Consumidor.

Em contrapartida, temos várias campanhas que são verdadeiras aulas de atuação profissional com o Cuidado, que apresentam seus produtos ou serviços até de forma secundária, mas no elemento persuasivo da comunicação, a intenção explícita de colaborar com os pais e responsáveis em diversas questões do cotidiano das famílias e missão educativa com as crianças, aparece com maior importância e Cuidado.

O caso escolhido é o da "Nescau" que assume além da responsabilidade social ambiental, também e educativa, com reflexos em sua política de comunicação[29] direciona-

alimentação e a nutrição, a educação infantil, a convivência familiar e comunitária, a assistência social à família da criança, a cultura, o brincar e o lazer, o espaço e o meio ambiente, bem como a proteção contra toda forma de violência e de pressão consumista, a prevenção de acidentes e a adoção de medidas que evitem a exposição precoce à comunicação mercadológica.

29 "Desde janeiro de 2009, reforçando seu compromisso com o respeito ao consumidor, a Nestlé passou a adotar diretrizes mais rígidas para a publicidade voltada ao público infantil. Alinhada ao Grupo mundialmente, a empresa se comprometeu a não dirigir nenhum tipo de comunicação ou atividade de marketing a crianças abaixo de 6 anos e, para a faixa etária entre 6 e 12 anos, restringir

da às crianças e adolescentes, portanto, com o respeito às normas éticas e jurídicas que dão sustentação à Publicidade Comercial no Brasil, incluindo a aplicação do Estatuto da primeira infância e alterações no Estatuto da Criança e do Adolescente, vez que a comunicação dirigida a esse público demanda cuidados especiais para sua proteção integral.

Recentemente assistimos diversos filmes publicitários da Nescau que demonstram essa missão educativa por meio do esporte,[30] vê-se atenção direcionada às crianças e adolescentes, mas também aos pais e responsáveis, com a delicadeza de ver o olhar dos pais com o crescimento dos filhos e todos os sentimentos e inseguranças que a paternidade e maternidade geram. Com sensibilidade e brilhantismo, cuidou-se do medo dos pais com a prática de esportes pelos filhos, que muitas vezes paralisa e impede o seguir em frente com afetação direta dos filhos, e o necessário enfrentamento por todos. A mesma campanha trouxe o filme "Meninas Fortes"[31] com o empoderamento feminino e a igualdade que dela decorre. São referências no Cuidado!

Acreditamos que mais filmes e campanhas voltadas para a missão educativa possam acontecer e a Publicidade comercial infantil se consolidar como uma referência educacional, com o resgate de valores hoje tão importantes para a vida de todos. Nossas crianças precisam crescer fortes em vários aspectos, físico, afetivo, psicológico, cultural, educativo, entre outros, de forma equilibrada, com condições de se tornarem adultos que vão assumir a condição de Cidadãos e não só consumidores. Todos devem colaborar com a família e Estado nessa missão, especialmente os agentes envolvidos com a publicidade pois, afetam número indeterminado de pessoas intencionalmente, e são coadjuvantes na educação das nossas crianças. A Publicidade Comercial pode e deve ser utilizada para a implementação das políticas públicas voltadas para as crianças e ser grande instrumental de educação dos pais, responsáveis e filhos.

a propaganda a produtos com perfil nutricional que auxiliem em uma dieta balanceada e saudável. Para os menores de 6 anos, a comunicação será sempre voltada aos pais, a quem cabe a decisão de compra. A Nestlé está entre as empresas pioneiras no mundo na adoção de parâmetros mais rigorosos para divulgar seus produtos ao público infantil". Disponível em: https://corporativo.nestle.com.br/aboutus/politicadecomunicacao.

30 NESCAU acredita que o Esporte Ensina. Ensina crianças. Ensina mães. Ensina pais. Ensina a todos. São lições sobre ganhar, perder, respeitar, não desistir, se concentrar e por aí vai. Sem falar que o Esporte Ensina a criança a se virar sozinha. E o melhor de tudo: os valores que o Esporte Ensina.

31 A chamada do filme demonstra bem esse empoderamento: "O Esporte faz dos meninos, Homens; O Esporte faz das meninas, Mulheres!".

Novas tecnologias, cidadania e o cuidado
Premissas para a regulação jurídica da inteligência artificial

Lucia Maria Teixeira Ferreira

1. Os dados são o petróleo da era digital: quem são os donos dos dados e quem detém o controle sobre esses dados?

A famosa frase "**os dados são o petróleo da era digital**", estampada constantemente nas capas de revistas de finanças e de tecnologia - como a "The Economist" e a "Wired.com",[1] leva-nos a importantes reflexões, notadamente diante da progressiva capacidade técnica de coleta e tratamento dos dados, conduzindo a um fluxo exponencial de informações pessoais que são utilizadas para diversas finalidades, propiciando inovação digital e desenvolvimento econômico e tecnológico.

Há diversos exemplos de como a tecnologia pode exercer um impacto positivo e servir melhor à sociedade, demandando inúmeros esforços para levar maior qualidade de vida e desenvolvimento econômico a comunidades que, infelizmente, não gozam desses benefícios. Tecnologias como a computação na nuvem, inteligência artificial (IA), aprendizagem automática (*machine learning*), análise avançada de dados, robótica, realidade virtual aumentada, internet das coisas, entre muitas outras, podem ser instrumentos fundamentais para transformar a saúde, a educação, o meio ambiente, os direitos humanos e a justiça.

No mundo do trabalho, algumas atividades repetitivas e/ou penosas para os seres humanos, como em fábricas e em instalações agropecuárias, estão sendo exercidas por robôs, drones e outras máquinas, algumas dotadas de IA, trazendo mais economia e ajudando a preservar o meio ambiente.

O surgimento da internet e a comunicação por redes despontaram como um novo modelo não só de comunicação, mas de interação social. Os entusiastas da década de noventa – conhecidos por *cyber-libertarians* – logo trataram de identificar

---

1 Disponível em: https://www.wired.com/insights/2014/07/data-new-oil-digital-economy/. Acesso em: 14 jan.2019.
Disponível em: https://www.economist.com/leaders/2017/05/06/the-worlds-most-valuable-resource-is-no-longer-oil-but-data. Acesso em: 14 jan. 2019.

na rede mundial de computadores um potencial de transformação semelhante a um novo humanismo, que seria livre das amarras de controles políticos e sociais, com um potencial de comunicação ilimitado no tempo e no espaço.

Ficou famosa a expressão "aldeia global", criada pelo filósofo canadense Herbert Marshal McLuhan, que indicava o potencial das novas tecnologias eletrônicas de encurtar as distâncias e interligar todos os seres humanos do planeta.

Essa visão exacerbada foi criticada por muitos cientistas sociais, que viram o potencial de autoritarismo, de expansão do poder econômico das grandes empresas transnacionais e de produção de maiores desigualdades socioeconômicas, com a ampliação das fraturas sociais.[2]

De fato, algumas inovações tornaram-se instrumentos de profunda fragmentação social, de escalada de novas formas de criminalidade (*cybercrimes*), de disseminação de discursos de ódio e de ascensão de movimentos populistas e antidemocráticos, com estratégias de manipulação que parecem ser direcionadas à sociedade do controle total orwelliana.[3]

Atualmente, fala-se muito nas "*fake news*" - ou notícias falsas -, tão disseminadas através das redes sociais durante as eleições presidenciais, tanto no Brasil quanto nos EUA. Uma nova modalidade de "*fake news*" - as "*deepfakes*" - tornou-se uma questão geopolítica.[4] Como as pessoas costumam acreditar naquilo que veem, especialmente vídeos, é difícil estabelecer o que é falso e verdadeiro ao olhar imagens tão perfeitas.

O STF - Supremo Tribunal Federal, em decisão que vem gerando inúmeras polêmicas, instaurou um inquérito policial com o escopo de apurar notícias fraudulentas ("*fake news*"), denunciações caluniosas, ameaças e infrações que atingem a honorabilidade e a segurança do Supremo, de seus membros e familiares. O caso pode, inclusive, avançar sobre uma questão estratégica: o financiamento de perfis nas redes sociais,

---

2 Entre tantos críticos, destaca-se o geógrafo brasileiro Milton Santos, que desenvolveu uma perspectiva crítica ideológica no livro: *Por uma outra globalização – do pensamento único à consciência universal*. 15. ed. Rio de Janeiro: Record, 2008.

3 A menção à sociedade de controle total orwelliana é relativa ao clássico romance distópico 1984, de autoria do escritor inglês George Orwell, publicado pela primeira vez em 1949. O romance é ambientado em uma província de um superestado, em um mundo de guerra perpétua, com uma supervigilância governamental onipresente e com total manipulação pública e histórica. Nesse estado totalitário, a liberdade de expressão é considerada "Crime de Pensamento" e a tirania é exercida pelo "Grande Irmão", o líder supremo do Partido que goza de um intenso culto de personalidade.

4 Ronaldo Lemos esclarece que o termo "*deepfake*" relaciona-se "à possibilidade de usar inteligência artificial e outras ferramentas para criar imagens ou vozes falsas, mas incrivelmente parecidas com a realidade". Disponível em: https://www1.folha.uol.com.br/colunas/ronaldolemos/2019/03/como-combater-deepfakes.shtml. Acesso em: 12 mar. 2019.

frequentemente através de *chatbots,*[5] e o impulsionamento de conteúdo com ofensas criminais contra a Corte.[6]

Todo esse panorama atingiu a comemoração dos 30 anos da World Wide Web.[7] O seu genial criador, Tim Berners-Lee, declarou que é necessária uma ação global para conter "**o mergulho (da Internet) rumo a um futuro disfuncional**". Em entrevista à BBC, o especialista disse que está muito preocupado com a proliferação de desinformação e sordidez na Internet.[8]

Berners-Lee defende que os princípios de uma rede aberta precisam ser salvaguardados e, por isso, divulgou uma carta aberta **apontando três áreas específicas de "disfunção" que estão prejudicando a Internet e que podem ser combatidas com novas legislações e sistemas que limitem o mau comportamento online**: atividades maliciosas, como *hacking* e assédio; projetos de design duvidoso, como modelos de negócios que recompensam cliques; consequências não intencionais, como discussões agressivas ou polarizadas.

A ascensão da globalização das comunicações – com o fomento da Internet livre e acessível - e o desenvolvimento da sociedade de informação eram avaliados, até recentemente, como o momento no qual os sistemas políticos poderiam finalmente realizar a admirada democracia direta. Nada mais enganador!

O tenebroso e obscuro cenário traçado por George Orwell em 1984, por vezes, parece assustadoramente iminente ou ameaçadoramente próximo. Estaríamos a caminho de uma sociedade totalitária, numa simbiose entre Estado e grandes corporações, embora formalmente vivendo em um regime democrático?

O panorama traçado por Frank Pasquale, no ambicioso livro *"The Black Box Society – The Secret Algorithms that control Money and Information"*,[9] demonstra que

---

5 *Chatbot* é um programa de computador que simula uma conversa humana e interage com usuários e consumidores. Geralmente utiliza inteligência artificial. Um exemplo de *chatbot* que ficou conhecido mundialmente foi a TAY, chatbot de conversa de IA que foi originalmente lançado pela Microsoft em 2016 no Twitter. Contudo, a Microsoft foi obrigada a suspender o programa porque, em menos de 24 horas, TAY passou de um inocente robô para um ícone de racismo, transfobia e outras características reprováveis porque foi programada para aprender e evoluir seus métodos de conversação conforme interagisse com as pessoas no Twitter. Certamente, a interação do *chatbot* TAY com os seres humanos não foi muito saudável. Disponível em: https://www.tecmundo.com.br/inteligencia-artificial/102782-tay-twitter-conseguiu-corromper-ia-microsoft-24-horas.htm. Acesso em: 28 jan. 2019.

---

6 Disponível em: https://www.jota.info/stf/do-supremo/aumenta-pressao-do-mp-questionando-inquerito-do-stf-contra-ataques-a-corte-16032019. Acesso em: 16 mar. 2019.

7 *World Wide Web* (www) é a estrutura que permitiu que se pudesse desfrutar do conteúdo transferido pela internet. Atualmente, os termos web e internet são usados como sinônimos.

8 Disponível em: https://www.bbc.com/portuguese/geral-47536362. Acesso em: 14 mar. 2019.

9 PASQUALE, Frank. *The Black Box Society – The Secret Algorithms That Control Money and Information.* Harvard University Press, 2015.

os dados pessoais dos cidadãos têm sido utilizados através de nebulosas parcerias de empresas com os governos para a criação do chamado *"One Way Mirror"*, possibilitando que esses agentes saibam tudo dos cidadãos, sem qualquer transparência, em um sistema obsessivo de monitoramento e vigilância de cada passo (físico ou digital), consolidando uma *sociedade de vigilância* (*"surveillance society"*).

Os estudos de Shoshana Zuboff sobre o *capitalismo de vigilância* (*"surveillance capitalism"*) analisam as alterações nos processos econômicos, com graves infrações ao direito de privacidade e com o uso antiético de instrumentos de Big Data. Em uma elogiada série de artigos iniciada em 2013, Zuboff apontou para um alarmante fenômeno: **a digitalização de tudo estava dando às empresas de tecnologia imenso poder social e condições de reestruturar o mundo que conhecíamos.**

O expressivo termo utilizado por Zuboff para essa nova ordem - **capitalismo de vigilância (*"surveillance capitalism"*)** -, de acordo com Evgeny Morozov, já havia sido utilizado pelos marxistas da Monthly Review, mas o trabalho de Zuboff difundiu amplamente o termo. O tão esperado livro de Zuboff, *"The Age of Surveillance Capitalism: The Fight for a Human Future at the New Frontier of Power"*[10], documenta exaustivamente as operações sinistras do capitalismo de vigilância, desde o *Pokemon Go* às *Smart Cities*, desde o *Amazon Echo* às *"smart dolls"*.[11]

Entretanto, a voracidade incessante das empresas e do Estado por informações pessoais costuma ser justificada e defendida por inúmeros argumentos, de cunho sociopolítico e econômico, como, por exemplo: a criação de melhores políticas de segurança pública e o combate à criminalidade (ex.: adoção de tecnologias de reconhecimento facial/biométrico); a implementação de medidas para uma administração pública mais eficiente (ex.: os modelos de cidades-inteligentes); a otimização e o barateamento dos produtos e dos serviços ofertados pelas empresas (ex.: e-commerce, plataformas digitais de *marketplace*); a interconexão digital dos objetos e a facilitação da vida contemporânea oferecidas pela Internet das Coisas, etc.

O incomensurável conflito entre os interesses do mercado e os direitos dos titulares de dados pessoais manifestou-se, com repercussão mundial, após a revelação do escândalo envolvendo o Facebook e a empresa britânica Cambridge Analytica – acusada de usar, para fins políticos, informações privadas de 87 milhões de usuários do Facebook - o que gerou inúmeras críticas e protestos, bem como, a abertura de investigações e processos contra o gigante da tecnologia nos EUA e em outros países.

No Brasil, o Departamento de Proteção e Defesa do Consumidor, órgão da Secretaria Nacional do Consumidor do Ministério da Justiça e Segurança Pública (Senacon/MJSP), instaurou, em março de 2019, dois processos contra as empresas

---

10 ZUBOFF, Shoshana. *The Age of Surveillance Capitalism – The Fight for a Human Future at the New Frontier of Power.* New York: Public Affairs, 2019.

11 Disponível em: https://thebaffler.com/latest/capitalisms-new-clothes-morozov. Acesso em: 15 fev. 2019.

Facebook Inc e Facebook Serviços Online do Brasil Ltda. O primeiro procedimento refere-se ao compartilhamento indevido de dados de usuários brasileiros extraídos da plataforma *Facebook Login,* por intermédio de um aplicativo, o que teria beneficiado a empresa Cambridge Analytica.[12]

Os impactos das novas tecnologias impõem delicados questionamentos éticos e jurídicos. Como discutir novas regulações pelo direito, considerando-se que as tecnologias, pela sua natureza, são imprevisíveis, complexas e praticamente irrefreáveis? Estas características nos mostram as imensas dificuldades e desafios que o discurso jurídico tem neste campo, notadamente quando tratamos da inteligência artificial.

Com efeito, debater a necessidade de regulação das novas tecnologias à luz dos direitos fundamentais e dos instrumentos e institutos jurídicos já existentes é um desafio intenso que não pode ser desconsiderado. Como afirma Danilo Doneda:

> A primeira consideração a ser explicitada é que o desenvolvimento da tecnologia cria novas relações a serem reguladas pelo direito; seu efeito é que a indiferença em relação ao desenvolvimento tecnológico deixa de ser sequer possível. A influência da tecnologia é certa, é um fato, e o problema passa a ser, segundo as palavras de Bernard Edelman, a forma como o direito absorve a tecnologia[13]: *'Se o direito não julga a ciência, ele também não questiona o fato de que ela existe e que produz efeitos na ordem jurídica. A biologia renovou a visão jurídica do homem e da natureza, a informática, a do direito de autor e dos direitos da personalidade, a pesquisa nuclear renovou a ideia de soberania e de responsabilidade... Dito de outra forma a evolução das ciências e das técnicas não é indiferente ao direito'.*[14]

Nesse cenário de revolução da biotecnologia e da tecnologia da informação, com inovações e transformações digitais em escala exponencial, muitos questionamentos se impõem.

Quem são os verdadeiros donos dos dados? Quem tem o controle real sobre os dados pessoais? Quais são os limites da coleta e do tratamento dos dados?

---

12 Disponível em: http://justica.gov.br/news/collective-nitf-content-1552418161.7. Acesso em: 15 mar. 2019. O caso corre em segredo de justiça e foi apurado que pode render até 18 milhões de reais de multa ao Facebook.
O segundo processo instaurado pelo DPDC refere-se à atuação de hackers, que teriam invadido contas de usuários brasileiros cadastrados na Plataforma Facebook e coletado dados pessoais, tais como: nome, e-mail, número de telefone, locais visitados e buscas realizadas pela Internet. Além da instauração dos dois processos, o DPDC notificou o Facebook a prestar esclarecimentos em um terceiro caso, que envolveria uma suposta prática da empresa de utilizar aplicativos para coletar dados sensíveis dos seus usuários, tais como ciclo menstrual e frequência cardíaca.

13 DONEDA, Danilo. *Da Privacidade à Proteção de Dados Pessoais*. Rio de Janeiro: Renovar, 2006. p. 40.

14 EDELMAN, Bernard. *La personne em danger.* Paris: Puf, 1999, p. 377, *apud* DONEDA, Danilo. *Da Privacidade à Proteção de Dados Pessoais*. Rio de Janeiro: Renovar, 2006. p. 39/40.

Qual seria o papel do Direito na garantia dos direitos fundamentais, que vêm sendo ameaçados tanto na esfera pública quanto privada pelo desenvolvimento da inteligência artificial?

Quais os desafios e riscos que essas atividades representam para os direitos fundamentais, para o exercício da cidadania e para a própria democracia?

É importante frisar que este artigo visa a apresentar um *limitado panorama* de assuntos muito polêmicos ligados às inovações tecnológicas e à inteligência artificial, sem, evidentemente, esgotar o tema. *O objetivo deste trabalho é tecer breves considerações sobre as conquistas e os desafios que essas novas tecnologias suscitam à luz da cidadania e dos direitos fundamentais, bem como, defender a proposta do* ***cuidado*** *como valor no ordenamento jurídico e como norteador dos critérios interpretativos de questões éticas e jurídicas tão intrigantes para o futuro da humanidade.*[15]

2. O direito à privacidade, a autodeterminação informacional e as leis gerais de proteção de dados como garantias ao exercício da cidadania

As advertências do historiador Yuval Noah Harari deveriam ser objeto de profunda reflexão,[16] mesmo para aqueles que não concordam com o tom sombrio do autor e com o viés de "singularidade tecnológica":[17]

> No presente, as pessoas ficam contentes de ceder seu ativo mais valioso – seus dados pessoais – em troca de serviços de e-mail e vídeos de gatinhos fofos gratuitos. É um pouco como as tribos africanas e nativas americanas que inadvertidamente venderam países inteiros a imperialistas europeus em troca de contas coloridas e bugigangas baratas. Se, mais tarde,

15 Apresentamos ao leitor um importante *disclaimer:* diariamente surgem dezenas de notícias sobre novidades e acontecimentos no campo das novas tecnologias e da inteligência artificial, sendo inviável, no âmbito limitado deste artigo, acompanhar todos os assuntos. Ademais, alertamos que o texto foi revisado no início de abril de 2019 e, na época da publicação do livro, prevista para outubro de 2019, certamente serão notadas desatualizações em relação às inovações tecnológicas e às novidades legislativas/normativas que vêm se sucedendo, especialmente no tocante à deliberação legislativa quanto à MP 869/2018, que cria a Autoridade Nacional de Proteção de Dados e altera diversos dispositivos da LGPD.

16 Lamentavelmente, muitos brasileiros não têm consciência do valor dos seus bens mais valiosos – os seus dados pessoais. Pior do que isso, não têm noção dos riscos envolvidos nessa entrega deliberada e inconsciente dos seus dados, muito menos dos prejuízos que incidentes e vazamentos de dados podem ocasionar aos seus titulares.

17 "Singularidade tecnológica" é uma teoria que prevê a criação de uma inteligência sobre-humana, fruto de tecnologias avançadas de IA, o que causaria mudanças irreversíveis na civilização humana. Um dos textos mais famosos e disseminados sobre este tema, datado de 1993, é o artigo intitulado "The Coming Technological Singularity: How to Survive in the Post-Human Era", de Vernor Vinge, que pode ser lido no link https://edoras.sdsu.edu/~vinge/misc/singularity.html.

> pessoas comuns decidirem tentar bloquear o fluxo de dados, podem descobrir que isso é cada vez mais difícil, especialmente se tiverem chegado a ponto de depender da rede para todas as suas decisões, até mesmo para sua saúde e sua sobrevivência física.
>
> Humanos e máquinas poderão se fundir tão completamente que os humanos não serão capazes de sobreviver se estiverem desconectados da rede. Estarão conectados desde o útero e, se em algum momento da vida você optar por se desconectar, as companhias de seguro talvez se recusem a lhe fazer um seguro de vida, empregadores talvez se recusem a empregá-lo, serviços de saúde talvez se recusem a cuidar de você. Na grande batalha entre saúde e privacidade, a saúde provavelmente vencerá sem muito esforço.
>
> À medida que, através de sensores biométricos, cada vez mais dados fluírem de seu corpo e de seu cérebro para máquinas inteligentes, será fácil para corporações e agências do governo conhecer você, manipular você e tomar decisões por você. Mais importante ainda, eles serão capazes de decifrar os mecanismos profundos de todos os corpos e cérebros, e com isso adquirir o poder de fazer a engenharia da vida. Se quisermos evitar que uma pequena elite monopolize esses poderes, que parecem divinos, e se quisermos impedir que a humanidade se fragmente em castas biológicas, a questão-chave é: quem é dono dos dados? Os dados de meu DNA, meu cérebro e minha vida pertencem a mim, ao governo, a uma corporação ou ao coletivo humano?[18]

Muito antes de Harari, há cerca de 50 anos, Alan Westin já destacava a estreita ligação entre privacidade, liberdade e democracia. O renomado professor da Universidade de Columbia identificou a relação entre a privacidade e o desenvolvimento da autonomia e do sentido de livre-arbítrio como requisitos fundamentais para a formação de uma sociedade democrática. [19]

Stefano Rodotà, um dos maiores juristas de todos os tempos, dedicou cerca de 40 anos aos estudos sobre os conceitos de privacidade e proteção dos dados pessoais.[20] Foi diretor da Autoridade Garante da Privacidade e dos Dados Pessoais na Itália e presidente do grupo de autoridades europeias sobre dados pessoais.

Em 2004, Rodotà, em posicionamento sempre atual sobre os riscos da desproteção dos dados pessoais, registrou a progressiva extensão das formas de controle social:

> Estamos assistindo a uma progressiva extensão das formas de controle social, motivadas sobretudo por razões de segurança. Trata-se de uma profunda mudança social. A vigilância passa de excepcional a quotidiana, das classes ´perigosas` à generalidade das pessoas, do interior dos Estados ao mundo global. A multidão não é mais ´solitária´ e anônima: está nua. A digitalização das imagens e as técnicas de reconhecimento facial consentem extrair o indivíduo da massa, identificá-lo e segui-lo. O *data mining*, a incessante pesquisa de informações sobre o comportamento de qualquer pessoa, gera uma

---

18 HARARI, Yuval Noah. *21 lições para o século 21*. São Paulo: Companhia das Letras, 2018. p. 109.

19 WESTIN, A.F. *Privacy and Freedom*. New York: Athenaeum, 1967.

20 O direito à privacidade tem como marco fundador o conceito ao direito à vida privada, o "direito a ficar só", formulação atribuída inicialmente à Samuel Warren e Louis Brandeis (The right to privacy, 4 *Harvard Law Review* 193, 1890).

> produção contínua de ´perfis` individuais, familiares, territoriais, de grupo. A vigilância não conhece fronteiras.[21]

Segundo Danilo Doneda, "sem perder de vista que o controle sobre a informação foi sempre um elemento essencial na definição de poderes dentro de uma sociedade, a tecnologia proporcionou a intensificação dos fluxos de informação e, consequentemente, a multiplicação de suas fontes e de seus destinatários". A mudança que é a princípio quantitativa, acaba sendo qualitativa, visto que cria uma estrutura de poder, ligada a esta nova arquitetura informacional: "mudam-se os eixos de equilíbrio na equação poder – informação – pessoa – controle".[22]

A garantia da cidadania depende que os cidadãos tenham efetivamente um poder social – o de controlar diretamente quem trata os dados pessoais – entidades públicas ou privadas:

> Assim, em uma sociedade na qual as informações se tornam a riqueza mais importante, a tutela da privacidade contribui de forma decisiva para o equilíbrio dos poderes. Eis porque o fim da privacidade não representaria somente um risco para as liberdades individuais: ele pode efetivamente conduzir ao fim da democracia.
>
> (...) Confirma-se assim que a privacidade, neste seu significado mais amplo, constitui um elemento fundamental da cidadania da nossa época, da "cidadania eletrônica". A sociedade da informação requer novos instrumentos, um novo quadro institucional.[23]

A primeira grande normatização sobre o tema da proteção de dados pessoais no direito comunitário europeu foi a Convenção 108, da década de 1980, de Strasbourg, do Conselho da Europa.[24] Esta norma de direito internacional foi atualizada em 2018.

Ao longo das últimas décadas, foi-se construindo, paulatinamente, a configuração do direito à proteção de dados como um novo direito fundamental, destacado e independente do direito à privacidade;[25] ou seja, o direito à privacidade não é a mesma coisa que o direito à proteção de dados. Há uma série de liberdades individuais, atreladas ao direito à proteção de dados pessoais, que não são abraçadas pelo direito

---

21 RODOTÀ, Stefano. Privacy, libertà, dignità. Discurso de encerramento proferido na 26ª Conferência Internacional sobre a Privacidade e a Proteção dos Dados Pessoais, em Wroclaw, Polônia, 16/09/2004.

22 DONEDA, Danilo. *Da Privacidade à Proteção de Dados Pessoais*. Rio de Janeiro: Renovar, 2006. p. 15/16.

23 RODOTÀ, Stefano. *A Vida na Sociedade da Vigilância – A privacidade hoje.* Tradução: Danilo Doneda e Luciana Cabral Doneda. Rio de Janeiro: Renovar, 2008. p. 144/145.

24 Disponível em: https://www.coe.int/en/web/conventions/full-list/-/conventions/treaty/108. Acesso em: 07 mar. 2019.

25 Destacamos que está fora do escopo deste artigo a discussão sobre eventuais equívocos na construção dogmática do direito à proteção de dados como **mera** evolução do direito à privacidade. Para maior aprofundamento, recomendo a obra de Bruno Bioni citada na N.R. seguinte.

à privacidade. E o "centro gravitacional da proteção dos dados pessoais é diferente do direito à privacidade – *i.e.*, a percepção de que a sua tutela jurídica opera fora da dicotomia do público e do privado". [26]

No direito brasileiro - antes da edição da Lei Geral de Proteção de Dados Pessoais (que será analisada abaixo) -, as bases principiológicas do direito à proteção de dados já poderiam ser encontradas, de acordo com Laura Schertel,[27] no Código de Defesa do Consumidor, na Lei do Cadastro Positivo, na Lei de Acesso à Informação e no Marco Civil da Internet. Este conjunto normativo cria uma obrigação positiva para o Estado, o qual deve agir para garantir a efetiva tutela do direito à proteção de dados.

Contudo, no tocante à lei específica de proteção de dados brasileira, houve uma longa espera. É certo que o Marco Civil da Internet – Lei 12.965/2014 – foi um tremendo avanço na proteção dos direitos relacionados à internet, mas o Brasil só passou a integrar o grupo de mais de 100 países que possuem sua própria lei de proteção dos dados pessoais em 2018, com a aprovação da Lei 13.709, de 14/08/2018, mais conhecida como LGPD - Lei Geral de Proteção de Dados Pessoais – e inspirada na GDPR,[28] regulação de proteção de dados da União Europeia. Trata-se de uma grande conquista, em que pese o veto presidencial quanto à criação da Autoridade Nacional de Proteção de Dados (ANPD) quando foi promulgada a LGPD.[29]

É importante destacar, também, que foi apresentada a Proposta de Emenda à Constituição nº 17/2019, que acrescenta o inciso XII-A ao artigo 5º, e o inciso XXX ao artigo 22, da Constituição Federal, para incluir a proteção de dados pessoais entre os direitos fundamentais do cidadão e fixar a competência privativa da União para legislar a matéria.[30]

No âmbito da LGPD, a Autoridade Nacional de Proteção de Dados é essencial para a sistemática de proteção de dados trazida pela lei geral, haja vista que deve estabelecer padrões técnicos para o cumprimento da lei, avaliar cláusulas e jurisdições

---

26 BIONI, Bruno Ricardo. *Proteção de Dados Pessoais – a função e os limites do consentimento.* Rio de Janeiro: Forense, 2019. p. 99.

27 MENDES, Laura Schertel. *Privacidade, Proteção de Dados e Defesa do Consumidor: Linhas Gerais de um Novo Direito Fundamental.* São Paulo: Saraiva, 2014.

28 A GDPR – General Data Protection Regulation – é a regulação de proteção de dados do direito comunitário europeu (da União Europeia) que regula a proteção dos dados pessoais e estabelece normas para que as empresas e os Estados atuem para atingir as finalidades da lei. A GDPR entrou em vigor em maio de 2018 e substituiu a Diretiva de Proteção de Dados Pessoais 95/46/CE.

29 No final de dezembro de 2018, foi publicada, no Diário Oficial da União, a Medida Provisória nº 869, que cria a Autoridade Nacional de Proteção de Dados e traz alterações à LGPD. Essa MP foi muito criticada pela comunidade jurídica e recebeu cerca de 176 emendas no Congresso Nacional. A MP 869 foi prorrogada por 60 dias através do Ato CN nº 17, de 27/03/2019, tendo sido instaurada uma Comissão Mista no Congresso para a apreciação da MP e das emendas, conforme se verifica em: https://www.legisweb.com.br/legislacao/?id=376020. Acesso em: 02 abr. 2019.

30 Disponível em: https://www25.senado.leg.br/web/atividade/materias/-/materia/135594. Acesso em: 02 abr. 2019.

estrangeiras no que tange à proteção de dados, determinar a elaboração de relatórios de impacto, fiscalizar e aplicar sanções, promover atividades de difusão e educação sobre a lei, bem como, demais atribuições que visam a correta aplicação da lei e os princípios da proteção de dados pessoais como um todo.

Uma importante resposta a algumas das angustiantes questões levantadas por Harari pode ser encontrada **na *autodeterminação informacional ou informativa***, um dos fundamentos das leis gerais de proteção de dados, que visa a conceder aos titulares dos dados pessoais um real poder sobre as suas próprias informações e um real controle sobre os seus dados, e que na lei brasileira, está prevista no art. 2º, inciso II.

O fenômeno da convergência em torno de leis gerais, na Europa e na América Latina, fundadas em direitos básicos concedidos aos titulares de dados e no conjunto de obrigações aos controladores e processadores de dados, vem trazendo também importantes reflexões acerca da (hiper) vulnerabilidade dos titulares dos dados pessoais.

Em profunda investigação doutrinária,[31] Bruno Bioni propõe a releitura do paradigma normativo da autodeterminação informacional e o consequente ressignificado do consentimento como o pilar normativo das leis gerais de proteção de dados, inclusive com a revisão da técnica tradicional da autodeterminação baseada na declaração de vontade do titular dos dados.

Veremos, nos tópicos seguintes, como o valor jurídico do cuidado deve ser adotado como critério interpretativo ao se tratar das questões relacionadas à inteligência artificial em confronto com o direito fundamental à proteção de dados, em face do caráter de hipervulnerabilidade do cidadão (titular dos dados pessoais) e da relação assimétrica deste com os detentores das tecnologias – empresas (sejam Big Techs ou não) e/ou Estados.

3. *Big Data* e inteligência artificial (IA)

Um dos mais importantes debates na atualidade refere-se ao *Big Data*[32] e aos serviços de IA desenvolvidos a partir desses dados: quem são os grandes competidores e quais serão os futuros embates geopolíticos no século XXI?

---

31 BIONI, Bruno Ricardo. *Proteção de Dados Pessoais – a função e os limites do consentimento.* Rio de Janeiro: Forense, 2019, p. 274: "Ao longo desse percurso, verificou-se que o *consentimento* do titular dos dados *continua a exercer um papel normativo de protagonismo, mas sob um novo roteiro que inclui a atuação de atores coadjuvantes importantes:* i) novas formas para operacionalizá-lo, levando-se em conta a arquitetura (de vulnerabilidade) da rede; ii) o relato normativo complementar da privacidade contextual que o limita e o readapta diante de um solo epistemológico que esfacela a técnica tradicional da autodeterminação baseada de declaração de vontade do titular dos dados; e iii) o cidadão também exerce domínio sobre seus dados, se estes forem tratados de forma previsível de acordo com suas legítimas expectativas. Portanto, o conteúdo jurídico-normativo de autodeterminação informacional vai além do consentimento".

32 O termo *Big Data* refere-se a um gigantesco conjunto de dados gerados e armazenados a cada minuto no mundo, cuja quantidade tem crescido exponencialmente. As ferramentas de Big Data são utilizadas para aumentar a produtividade, reduzir custos, para a tomada de decisões mais inteligentes, para a definição de estratégias de marketing, etc.

De acordo com Hannes Grassegger e Mikael Krogerus, "*Big Data* significa, em essência, que tudo o que fazemos, tanto *online* quanto *offline*, deixa vestígios digitais. Cada compra com nossos cartões, cada busca que digitamos no Google, cada movimento que fazemos quando nosso telefone celular está em nosso bolso, cada *like* é armazenado. Especialmente cada *like*".[33]

A inteligência artificial costuma ser definida como a tecnologia que surge para imitar o desempenho humano, em geral, pela aprendizagem, chegando às suas próprias conclusões. Pode travar diálogos normais com pessoas e chegar a entender conteúdos complexos, além de substituir seres humanos em tarefas não rotineiras. Uma outra aplicabilidade muito importante é a chamada computação cognitiva, que é a utilização da inteligência computacional para auxiliar na tomada de decisão humana.

Avanços na área da IA, através de técnicas de diagnóstico avançadas e coleta eletrônica de dados sensíveis, podem levar a uma revolução na área da saúde, com a detecção precoce de doenças e novos tratamentos médicos. Existem inúmeras aplicações de IA em que os algoritmos vasculham um enorme banco de dados de casos médicos anteriores para extrair uma conclusão a partir das informações que recebeu.

Todavia, críticas de vozes abalizadas vêm sendo feitas à supervalorização das funções dos algoritmos e dos softwares de IA. Recentemente, tais críticas atingiram o renomado programa da IBM, o Watson Health, particularmente o Watson for Oncology. Em julho de 2018, o portal de notícias de saúde Stat publicou um relatório afirmando que documentos internos da IBM mostravam que o supercomputador Watson prescreveu tratamentos equivocados e inseguros para pacientes de câncer no hospital americano M.D.Anderson.[34]

Na realidade, muitas promessas feitas pelas empresas de tecnologia ainda não são viáveis. Nas universidades, centros de pesquisas civis e militares e em empresas, a Inteligência Artificial é uma das áreas mais complexas e rarefeitas. Existem muitas linhas de estudo, porém com pouca integração umas com as outras e com pensamentos divergentes. Há muitos segredos nas pesquisas, especialmente devido ao imenso potencial da I.A. para aplicações militares, financeiras ou até na publicidade e varejo.

No plano internacional, os principais Estados competidores – Estados Unidos e China, países que possuem os setores tecnológicos mais conhecidos e desenvolvidos – vêm percorrendo uma corrida digital desenfreada e repleta de acusações de espionagem, de apropriações ilícitas de invenções tecnológicas, com ameaças mútuas de sanções e barreiras comerciais.

---

33 GRASSEGGER, Hannes; KROGERUS, Mikael. *The data that turned the world upside down.* Motherboard, 2017 *apud* MAGRANI, Eduardo. *A Internet das Coisas.* Rio de Janeiro: FGV Editora, 2018. p. 23 (tradução livre do autor).

34 Disponível em: https://www.statnews.com/2018/07/25/ibm-watson-recommended-unsafe-incorrect-treatments/. Acesso em: 07 jan. 2019.

Muitos cientistas concordam que surgirão sistemas altamente especializados, com algoritmos muito sofisticados e capazes de "parecer" inteligentes, em todos os aspectos práticos, mas divergem quanto à criação de uma consciência artificial completamente autônoma, capaz de exibir instintos, emoções ou sentimentos humanos. "Essa (im)possibilidade seria melhor debatida pela filosofia do que pela tecnologia".[35]

Outro ponto crucial na discussão sobre IA é a falta de transparência e o lado sombrio do Big Data. Rotineiramente, surgem acusações recorrentes de que os gigantes da tecnologia - como Facebook, Google e outros expoentes do Silicon Valley – estão usando indevidamente de dados pessoais, comercializando ilegalmente tais dados e sendo coniventes, corresponsáveis ou omissos em escandalosos episódios de vazamentos de dados ou uso ilegal dos dados pessoais, com consequências nefastas para os seus titulares.

As gigantes empresariais dominantes de tecnologia são mais poderosas do que muitos países, têm valor de mercado e faturamento maior do que o PIB de países desenvolvidos, e detêm um imenso poder político e uma decisiva influência na elaboração de leis e políticas governamentais.

Críticos ferrenhos das plataformas digitais como Facebook, Google, Uber e Airbnb questionam o uso indiscriminado de dados pessoais por empresas privadas, mostrando como a tecnologia pode se tornar uma ameaça à democracia.

A senadora americana Elizabeth Warren, pré-candidata à presidente dos EUA, em um blog intitulado "É hora de quebrar Amazon, Google e Facebook",[36] defendeu uma profunda mudança na legislação do seu país a fim de criar uma série de proibições às empresas com receita global anual superior a 25 bilhões de dólares que implicaria na mudança do seu atual modelo de negócios, na proibição de transferência ou compartilhamento de dados com terceiros, bem como, em regras que obrigariam à reversão de fusões e aquisições.

A Comissão Nacional de Proteção de Dados da França multou o Google em 50 milhões de euros por violação às regras de privacidade da União Europeia em janeiro de 2019. Esta é considerada a maior penalidade imposta contra uma companhia de tecnologia norte-americana.

Pela sua importância, a decisão da autoridade francesa ultrapassa os limites do caso, sendo extremamente oportuna a reflexão sobre as políticas de privacidade atu-

---

35 Disponível em: https://jornal140.com/2019/03/15/seremos-animais-de-estimacao-da-inteligencia-artificial/- Acesso em: 17 mar. 2019.

36 Disponível em: https://medium.com/@teamwarren/heres-how-we-can-break-up-big-tech-9ad9e-0da324c. Acesso em: 15 mar. 2019. Afirma a senadora norte-americana Elizabeth Warren que "as grandes empresas de tecnologia de hoje têm muito poder – poder demais sobre nossa economia, sociedade e democracia. Elas arrasaram a competição, usaram nossas informações privadas para lucro e manipularam o campo de jogo contra todos. E no processo, feriram pequenos negócios e prejudicaram a inovação" (Tradução livre).

almente existentes e como podem estas devem ser adaptadas para se tornarem compatíveis com o GDPR e a LGPD. Como destaca Ana Frazão:

> (...) a decisão da autoridade francesa, embora ainda não seja final, pode ser utilizada como importante referencial para analisarmos vários dos problemas relacionados às políticas de privacidade que atualmente imperam no mundo digital. A decisão chama a atenção para o fato de que os tratamentos de dados precisam respeitar o princípio da finalidade – que precisa ser legítima, clara, expressa e específica – e o princípio do acesso à informação – que impõe que a informação seja clara, fácil e acessível.
>
> Tais princípios não podem ser afastados pelo simples fato de que o usuário consentiu com determinada política de privacidade. Por mais que o GDPR, assim como a LGPD brasileira, tenha atribuído grande valor ao consentimento, é inequívoco que ele precisa ser entendido dentro do contexto maior da proteção de dados.
>
> Com efeito, ainda que se entendesse que os dados pessoais são meros bens patrimoniais, suscetíveis de amplas negociações pelos seus titulares, haver-se-ia que concordar que tal negociação, considerando os problemas de racionalidade limitada dos usuários e a sua vulnerabilidade e assimetria do ponto de vista técnico, apenas seria válida se baseada na ampla informação sobre os dados coletados e as finalidades específicas do tratamento desses dados. Tais requisitos seriam ainda mais necessários diante de serviços importantes para o usuário, em que não lhe resta outra opção, para ter acesso ao serviço, que não concordar com as cláusulas unilateralmente impostas pelo prestador – as chamadas cláusulas *take it or leave it*.[37]

4. A opacidade dos algoritmos - governança e prestação de contas

O exponencial desenvolvimento da sociedade tecnológica e de informação vem provocando reflexões críticas sobre a coleta e o processamento de dados pessoais em larga escala, bem como, o emprego de técnicas de IA que estão sendo cada vez mais utilizadas para auxiliar e substituir os seres humanos na tomada de decisões em praticamente todas as áreas do conhecimento, tanto na esfera privada quanto na esfera pública.

Algoritmos programados e não programados, *machine learning, deep learning,* redes neurais[38] e outras expressões que eram restritas ao mundo da ciência de dados e da engenharia da computação ganham destaque e geram inúmeros questionamentos:

> Paulatinamente os algoritmos estão adquirindo o poder de decodificar as pegadas digitais das pessoas, inferindo e predizendo até mesmo aquilo que ninguém revela e que muitas vezes não tem nem mesmo consciência. Por meio do aprendizado de máquina, os algorit-

---

37 Disponível em: https://www.jota.info/opiniao-e-analise/colunas/constituicao-empresa-e-mercado/a-recente-multa-que-a-autoridade-de-protecao-de-dados-francesa-aplicou-ao-google-07032019. Acesso em: 08 mar. 2018.

38 Para um completo entendimento sobre essas tecnologias, v.: FERRARI, Isabela; BECKER, Daniel; WOLKART, Erik Navarro. *Arbitrium ex machina: panorama, riscos e a necessidade de regulação das decisões informadas por algoritmos.* Revista dos Tribunais, vol. 995/2018, set. 2018. p. 635/655.

> mos ainda podem "aprender" e modificar sua própria estrutura e conduta, sem que haja propriamente controle ou mesmo previsibilidade sobre tais alterações e os resultados que daí decorrerão".
>
> Todas essas transformações têm ocorrido em ritmo acelerado, sem que haja maior reflexão sobre as questões éticas e jurídicas envolvidas na utilização cada vez mais abrangente desses algoritmos. Pelo contrário, em muitos casos, parece haver a aceitação implícita de uma ética puramente utilitarista, justificada a partir de estatísticas. (...)
>
> Entretanto, ainda que tais estatísticas estejam corretas, certamente que não resolvem os problemas éticos e jurídicos daí decorrentes. Imagine-se o caso em que um carro autônomo atropelasse uma pessoa em hipótese absolutamente injustificável, diante de erro manifestamente grosseiro. Certamente que a estatística não poderia ser utilizada como excludente de responsabilidade nem no plano ético nem no plano jurídico.[39]

As críticas à falta de transparência e à opacidade desses processos vêm se aprofundando, especialmente em um ambiente rarefeito de normas, em combinação com a quase completa ausência de controle desses procedimentos, muitas vezes sob o manto das estratégias jurídicas que impedem a revelação dos "segredos dos negócios", em nome, por exemplo, das regras de propriedade industrial.

É voraz a capacidade dos agentes governamentais e econômicos nas estratégias que contribuem para o avanço no recolhimento de dados, sempre com justificativas nobres, como o intuito de proporcionar maior progresso, segurança e confiança à vida em sociedade, mas tendo como efeito colateral a progressiva diminuição da nossa esfera de liberdade e privacidade.

Alguns estudos apontam inúmeros benefícios das novas tecnologias de IA em todos os setores fundamentais para a sociedade - como saúde, educação e justiça -, mas alertam para diversos riscos, notadamente quanto aos problemas ligados à proteção de dados pessoais.

Outros aspectos muito preocupantes relacionam-se a situações em que o uso inadequado da IA resulte na tomada de decisões equivocadas e discriminatórias, razão pela qual muitos especialistas defendem a regulação jurídica de aspectos cruciais relativos às decisões formadas por algoritmos.

É fundamental, para a sociedade, que sejam criados canais interdisciplinares de reflexão, crítica e controle social sobre essas tecnologias que, cada vez mais, são utilizadas nas nossas vidas.

Vivemos na era dos algoritmos. Cada vez mais, decisões que afetam as nossas vidas – desde a obtenção de uma vaga para um emprego até o valor do nosso seguro do carro – não são tomadas mais por seres humanos, mas por máquinas. São as decisões automatizadas.

À primeira vista, há que se perguntar: mas essas decisões automatizadas não deveriam ser precisas e guiadas por um extremo senso de justiça, visto que todos estão

39 Artigo de Ana Frazão. Disponível em: https://www.jota.info/opiniao-e-analise/colunas/constituicao-empresa-e-mercado/algoritmos-e-inteligencia-artificial-15052018. Acesso em: 15 jan. 2019.

sendo avaliados pelas mesmas regras e padrões, baseados em modelos matemáticos infalíveis?

Frank Pasquale[40] expõe como são poderosos e abusivos os interesses por lucros que regem os algoritmos secretos. Explica detalhadamente importantes questões sobre a regulação jurídica dos mercados, especialmente nos setores de tecnologia e finanças. Defende que a transparência é o primeiro passo e salienta que as principais decisões devem ser justas, não-discriminatórias, abertas a críticas, devendo ser regidas por regras de *"accountability"*.

Cathy O´Neil, matemática e cientista de dados, denuncia situações em que o uso de algoritmos tem sido um instrumento para aumentar as desigualdades socioeconômicas inerentes aos sistemas capitalistas, reforçar a discriminação social derivada da raça e da classe social, bem como, para ameaçar a democracia.[41]

Entretanto, salienta Ana Frazão, "é difícil julgar ética e juridicamente algo que pouco se conhece. Nesse sentido, os algoritmos têm se mostrado verdadeiras caixas pretas, pois, salvo seus desenvolvedores, normalmente ninguém sabe ao certo como funciona o seu poder de ação e predição: nem os usuários nem aqueles que sofrerão as consequências da referida decisão".[42]

5. O *cuidado* e as premissas para a regulação jurídica da inteligência artificial

Estamos delegando cada vez mais tarefas a algoritmos que, avaliando os resultados de tarefas anteriores, se reajustariam e revisariam suas regras de funcionamento. O controle sobre os *inputs* e *outputs* dos sistemas torna-se ainda mais precário, tendo em conta que, se o próprio código está em constante mutação, não se sabe em que medida será possível compreender a relação entre *inputs* e *outputs*, mesmo que existam auditagem e transparência.

Os riscos cada vez maiores no tratamento de dados pessoais, em particular por processos automatizados, vêm sendo ressaltados constantemente pelos doutrinado-

---

40 PASQUALE, Frank. *The Black Box Society – The Secret Algorithms That Control Money and Information.* Harvard University Press, 2015.

41 O'NEIL, Cathy. *Weapons of Mass Destruction: How Big Data Increases Inequality and Threatens Democracy.* Denver: Crown, 2016.

42 Disponível em: https://www.jota.info/opiniao-e-analise/colunas/constituicao-empresa-e-mercado/algoritmos-e-inteligencia-artificial-15052018-. Acesso em: 07 jan. 2019. Ana Frazão analisa as repercussões que a transferência de decisões para algoritmos apresenta no âmbito da responsabilidade civil e punitiva, ressaltando que "a delegação das decisões e escolhas para as máquinas não pode ser vista como uma alternativa isenta de responsabilidades no plano jurídico, dando ensejo ao processo que alguns já chamam de *mathwashing*. A questão a ser enfrentada aqui é saber em que medida podemos terceirizar nossas responsabilidades para máquinas e quais as repercussões jurídicas disso".

res - riscos que se concretizam "na possibilidade de exposição e utilização indevida e abusiva de dados pessoais; na eventualidade de esses dados não serem corretos e representarem erroneamente seu titular; na utilização por terceiros sem o conhecimento ou autorização de seu titular; na eventualidade de eles serem utilizados para fins discriminatórios, somente para citar algumas hipóteses concretas".[43]

Todos esses fatores demandam a formulação de políticas públicas que possibilitem às pessoas o aumento da conscientização sobre o conhecimento e o controle dos seus próprios dados, que vêm a ser, no fundo, expressão direta de sua própria personalidade.

Programas educativos específicos destinados às crianças, adolescentes e jovens são indispensáveis. Como esta parcela da população é considerava nativa digital e conta com um microssistema protetivo específico devido ao seu grau de vulnerabilidade e ao seu estágio de desenvolvimento – o Estatuto da Criança e do Adolescente - com muito maior ênfase deve ganhar consciência dos riscos e abusos na coleta e no tratamento dos seus dados.

No atual contexto tecnológico, Renato Opice Blum afirma que a LGPD promete impulsionar nível aprofundado de proteção da infância e adolescência, naquilo que concerne aos seus dados:

> De fato, o inegável desleixo no tratamento de informações de crianças e adolescentes – principalmente no cenário de expansão de objetos infantis com tecnologia de Internet das Coisas e brinquedos conectáveis em geral – precisava ser corrigido.
>
> Assim, felizmente, seja no acesso a aplicativos de games, uso de brinquedos conectáveis, participação em redes sociais ou em qualquer outra hipótese, havendo coleta ou tratamento de dados de menores, determinações contundentes trazidas pela LGDP deverão ser atendidas.[44]

Os relatórios de impacto de risco previstos na LGPD devem se tornar uma fundamental política de prevenção, especialmente em cenários nos quais as pessoas podem se tornar vítimas de novos tipos de opressão e discriminação. Além disso, como ressalta Harari, além das discriminações coletivas, no século XXI talvez deparemos com um crescente problema de discriminação individual: "Mas agora um algoritmo seria capaz de discriminar você individualmente, sem que você saiba por quê. Talvez o algoritmo tenha encontrado alguma coisa da qual não gostou em seu DNA, em sua história pessoal ou em sua conta no Facebook".[45] Estas reflexões acabam reforçando a importância da norma que regulamenta o direito à revisão das

---

43 DONEDA, Danilo. O Direito Fundamental à Proteção de Dados Pessoais. *In:* MARTINS, Guilherme Magalhães (Coord.). *Direito Privado e Internet*. São Paulo: Atlas, 2014. p. 61/62.

44 Disponível em: http://portaldaprivacidade.com.br/2018/12/19/polemica-na-protecao-de-dados--de-criancas-e-adolescentes/. Acesso em: 25 fev. 2019.

45 HARARI, Yuval Noah. *21 Lições para o Século 21*. São Paulo: Companhia das Letras, 2018. p. 96.

decisões automatizadas, prevista na LGDP, e que agora se encontra no centro de uma grande polêmica.[46]

Diante do que dispõe o art. 5º da LINDB- Lei de Introdução às Normas do Direito Brasileiro, tanto a doutrina como a jurisprudência vêm adotando o *cuidado* como fundamento para a solução de inúmeras questões jurídicas, com fulcro no princípio constitucional da dignidade da pessoa humana, cujo espectro de interpretação é o cerne das discussões trazidas por este artigo no âmbito do direito à privacidade e proteção de dados.

A todos os indivíduos e grupos sociais que a doutrina e a jurisprudência brasileiras vêm contemplando com a adoção do dever de cuidado, devem integrar esse conjunto os cidadãos e usuários de sistemas que usem tecnologias de IA, haja vista o grau de vulnerabilidade e a assimetria do ponto de vista técnico, em razão do desconhecimento e dos problemas de racionalidade limitada dos usuários em face do caráter quase impenetrável e incompreensível de certas tecnologias.

Com muita propriedade, Danilo Doneda evidencia que, "na perspectiva da proteção da pessoa humana como valor máximo do ordenamento jurídico, não levar em conta essas variáveis significa subtrair o direito ao seu próprio tempo, tornando-o incapaz de conciliar os interesses da pessoa com a velocidade característica da tecnologia, o que é fundamental".[47]

Nas lições de Heloisa Helena Barbosa,[48] ao identificar graus específicos de vulnerabilidade e adotar as práticas de cuidar adequadas a cada caso, o direito brasileiro oferece proteção, senão de todo satisfatória, bastante razoável, de dois modos: a) através da cláusula geral de tutela abstrata da pessoa humana em sua vulnerabilidade inerente, em todas as suas relações existenciais e patrimoniais (consumidores); b) pela tutela específica e concreta daqueles que se encontrem em situação de desigualdade.

Acrescenta, ainda, Heloisa Helena, que "aspecto que não deve ser preterido é o reconhecimento, por parte da doutrina, do cuidado como valor implícito do ordenamento jurídico". Citando Guilherme Calmon Nogueira da Gama, ressalta o cuidado com função de "informador da dignidade da pessoa humana e da boa-fé objetiva nas

---

46 No texto original da LGDP, era prevista a revisão das decisões automatizadas por seres humanos, no art. 20, caput: "O titular dos dados tem direito a solicitar revisão, por pessoa natural, de decisões tomadas unicamente com base em tratamento automatizado de dados pessoais que afetem seus interesses, inclusive de decisões destinadas a definir o seu perfil pessoal, profissional, de consumo e de crédito ou os aspectos de sua personalidade". A Medida Provisória 869/2018 deu nova redação ao art. 20 da LGPD, suprimindo a exigência de revisão de decisões automatizadas por pessoa natural, o que gerou inúmeras críticas.

47 DONEDA, Danilo. *Da Privacidade à Proteção de Dados Pessoais*. Rio de Janeiro: Renovar, 2006. p. 40.

48 BARBOZA, Heloisa Helena. Perfil Jurídico do Cuidado e da Afetividade nas Relações Familiares. *In: PEREIRA*, Tania da Silva; OLIVEIRA, Guilherme de; COLTRO, Antônio Carlos Mathias (org.). Cuidado e Afetividade – Projeto Brasil/Portugal – 2016-2017. São Paulo: Editora Atlas, 2017. p. 181/182.

situações existenciais", com importante papel na interpretação e aplicação das normas jurídicas.[49]

Com a aprovação da LGPD, que disciplina uma série de princípios, direitos e regras na coleta e no tratamento dos dados pessoais, tendo como alguns dos seus fundamentos a autodeterminação informacional e o respeito à privacidade, finalmente ingressa no ordenamento jurídico brasileiro um robusto sistema de proteção dos titulares de dados pessoais. Este sistema não pretende travar o desenvolvimento econômico e o fluxo informacional, mas sim organizá-lo e discipliná-lo em face de uma lógica de sustentabilidade, com o uso de importantes recursos de conformidade com a lei, como o mapeamento de dados e os relatórios de impacto à proteção de dados - medidas necessárias para evitar coletas de dados desnecessárias e vazamentos catastróficos que geram prejuízos e multas milionárias.[50]

No nosso entendimento, na interpretação e na aplicação desse novo microssistema deverá ser considerado o dever do cuidado, levando-se em conta a hipervulnerabilidade do titular dos dados pessoais, haja vista que, como defende Bruno Bioni, deve existir uma "maior intervenção na economia da informação, seja para reduzir a assimetria existente entre seus agentes econômicos, seja para limitar a autonomia da vontade de quem é a sua parte (hiper) vulnerável – o titular dos dados pessoais".[51]

6. Como compatibilizar a inteligência artificial e os direitos fundamentais: debates atuais sobre as tecnologias de reconhecimento facial na esfera pública e privada

Vivemos na sociedade da informação, que se transforma na sociedade de dados e na qual impera a cultura dos algoritmos: nós somos as informações e passamos a ser tratados como mercadorias. Ao mesmo tempo em que a tecnologia nos traz imensas conquistas em áreas fundamentais como saúde e educação, ela também nos aprisiona.

Yuval Harari, ao analisar o modelo de negócio dos "**mercadores da atenção**", explica que "eles capturam nossa atenção fornecendo-nos gratuitamente informação, serviços e entretenimento, e depois revendem nossa atenção aos anunciantes...E sim, ao captar nossa atenção, eles conseguem acumular imensa quantidade de dados so-

---

49 GAMA, Guilherme Calmon Nogueira da. Paternidade responsável e o cuidado: algumas reflexões. *In:* FERREIRA, Fernando G. de Andréa; GALVÃO, Paulo Braga (org.). *Direito Contemporâneo*: estudos em homenagem a Sergio de Andréa Ferreira. Rio de Janeiro: De Andréa & Morgado, 2009. p. 322/324.

50 Sugiro a leitura do artigo de Bruno Bioni no Jornal Valor Econômico. Disponível em: https://www.valor.com.br/opiniao/6187847/regulacao-de-dados-e-uma-janela-de-oportunidade. Acesso em: 04 abr. 2019.

51 BIONI, Bruno Ricardo. *Proteção de Dados Pessoais – a função e os limites do consentimento.* Rio de Janeiro: Forense, 2019. p. 274.

bre nós, o que vale mais do que qualquer receita de publicidade. Nós não somos seus clientes – somos seu produto".[52]

Entendemos que não é possível entregar-se cegamente ao progresso tecnológico, renunciando ao controle contínuo e cuidadoso das inovações tecnológicas, sob pena de nos tornarmos meros **"produtos do mercado da atenção"**. Nem tudo que é tecnicamente possível é social e politicamente aceitável. Nem todos os "progressos científicos e tecnológicos" são eticamente admissíveis e juridicamente lícitos.

É impressionante o ponto de vista que evita as dicotomias habituais que contrapõem o apoio às novas tecnologias contra a sua recusa, como podemos verificar no desenvolvimento de novos mecanismos e institutos que procuram construir o espaço de coexistência e de colaboração com os "vários interesses em jogo incorporando o respeito aos direitos fundamentais; e os mais interessantes destes não são propriamente 'revolucionários', porém os que privilegiam uma abordagem mais pragmática e consciente tanto das limitações quanto das diversas possibilidades do ordenamento jurídico para tratar a matéria".[53]

No campo da propriedade intelectual, um caso paradigmático de desenvolvimento de um padrão de licenciamento de direitos autorais foi elaborado pelo grupo *Creative Commons*, que visa a equilibrar o interesse dos autores com as amplas possibilidades de distribuição das suas obras em meio digital.[54]

Trata-se de uma mudança de "mindset", de mentalidade: temos que enfrentar e superar as frequentes divisões categorizadas que embasam os argumentos contrários à regulação jurídica: *segurança pública* contra *privacidade*; *autorregulamentação* contra *lei*; *inteligência artificial* contra *participação e controle da sociedade*; *proteção do segredo industrial* contra *entendimento dos algoritmos e revisão das decisões automatizadas*.

Essas dicotomias acabam sendo uma "cortina de fumaça" que pretende desviar o debate daquilo que é mais relevante: os valores fundamentais da sociedade e a proteção da pessoa como valor máximo do ordenamento jurídico e em torno do qual ele se estrutura.

Na atual perspectiva mercadológica de monetização dos dados e de todas as informações que forem extraídas dos indivíduos em quaisquer esferas (*online* e *offline*) - perspectiva esta que considera os dados pessoais como meras *commodities* (mercadorias) que podem ser objeto de livre negociação -, é fundamental destacar que o GDPR europeu e a LGPD brasileira são paradigmas legais que resguardam a dimensão existencial dos dados pessoais e a sua direta vinculação com os valores extrapatrimoniais mais importantes do ser humano: a dignidade, a privacidade, a liberdade, a igualdade e a cidadania.

---

52 HARARI, Yuval Noah. Op. cit., p. 107.

53 DONEDA, Danilo. *Da Privacidade à Proteção de Dados Pessoais.* Rio de Janeiro: Renovar, 2006. p. 22/23.

54 Disponível em: https://br.creativecommons.org. Acesso em: 07 jan. 2019.

No Brasil, está bastante intenso o avanço dos sistemas que usam IA nos setores privado e público, inclusive no Poder Judiciário. O Supremo Tribunal Federal anunciou, em agosto de 2018, que já se encontrava em funcionamento o Projeto VICTOR, desenvolvido em parceria com a UnB – Universidade de Brasília, e considerado o mais relevante projeto no âmbito acadêmico brasileiro relacionado à aplicação de IA no Direito[55].

Na discussão que envolve o desenvolvimento de tecnologias em parcerias do poder público com as entidades privadas, existe um crucial debate em torno do desenvolvimento das tecnologias de reconhecimento facial e o uso dessas tecnologias, pelo Estado e pelas empresas privadas, tanto para incrementar políticas de segurança pública, como para beneficiar o desenvolvimento das atividades econômicas.

Em 2018, o Governo de São Paulo começou a oferecer a empresas privadas, mediante o pagamento de um pacote no valor de R$ 23 mil (que daria direito a 50 mil consultas), um serviço de certificação que usaria informações sigilosos do RG, incluindo dados sensíveis (biométricos), de cerca de 30 milhões de pessoas, com o objetivo principal de evitar fraudes nas transações comerciais e bancárias.

A oferta do serviço, inédito no país e capitaneado pela Imprensa Oficial do Estado de São Paulo, foi questionada pelo Idec (Instituto Brasileiro de Defesa do Consumidor) por entender que não havia amparo legal para uso de dados sigilosos do RG e por apontar incertezas sobre os sistemas de segurança usados.

Após as ponderações supracitadas, o Governo de São Paulo resolveu revogar a portaria que criou o programa.[56] Não obstante, existem argumentos favoráveis ao remodelamento desse tipo de serviço e à implantação futura de um novo sistema em moldes semelhantes, com as adequações necessárias, o que pode acontecer de forma idêntica em outros estados da federação.

Outra questão intrigante relativamente ao reconhecimento facial: está em andamento, no Tribunal de Justiça de São Paulo, uma ação civil pública proposta pelo mesmo instituto (Idec) que questiona um sistema de leitura facial no metrô de SP que reconheceria a emoção dos cidadãos, usuários do metrô.[57]

Outrossim, um dos casos mais comentados sobre o uso de reconhecimento facial pelo Estado, em parceria com empresas privadas, foi a implantação de câmeras e o

55 O Projeto VICTOR destina-se a aumentar a eficiência e a velocidade de avaliação judicial dos processos que chegam ao tribunal e será utilizado na execução de quatro atividades: conversão de imagens em textos no processo digital, separação do começo e do fim de um documento (peça processual, decisão, etc.) em todo o acervo do Tribunal, separação e classificação das peças processuais mais utilizadas nas atividades do STF e a identificação dos temas de repercussão geral de maior incidência nos recursos extraordinários. Disponível em: http://www.stf.jus.br/portal/cms/verNoticiaDetalhe.asp?idConteudo=388443. Acesso em: 07 jan. 2019.

56 Disponível em: https://idec.org.br/noticia/vitoria-sistema-biometrico-de-sp-e-revogado. Acesso em: 07 jan. 2019.

57 Disponível em: https://www1.folha.uol.com.br/tec/2018/08/idec-pede-indenizacao-de-r-100-mi-a-empresa-que-identifica-emocoes-no-metro.shtml. Acesso em: 07 jan. 2019.

uso de softwares de reconhecimento facial durante o carnaval de 2019 na cidade do Rio de Janeiro e em Salvador. Milhões de foliões foram identificados pelas câmeras chinesas da empresa Huawei,[58] em convênio com a empresa de telefonia Oi. O objetivo do sistema é o reconhecimento de criminosos em meio a multidões de pessoas. A IA do software identifica o rosto de pessoas que já cometeram algum crime a partir de uma base de dados.

Trata-se de um projeto implantado pela Polícia Militar e pela Polícia Civil do Estado e, no caso do Rio de Janeiro, vale-se do trabalho do Instituto Felix Pacheco, que é um órgão submetido à Polícia Civil e responsável pelo registro criminológico. Apenas durante o período de Carnaval, foram presas quatro pessoas e foi apreendido um adolescente (que descumpriu uma medida socioeducativa).

Inegáveis benefícios para a segurança pública são exaltados, mas especialistas em proteção de dados e privacidade argumentam que os direitos e os princípios de proteção de dados devem ser levados em conta. O uso de um sistema como esse para fins preditivos é um outro questionamento, visto que o monitoramento de indivíduos "perigosos" pode levar a prisões antes do cometimento do crime, o que violaria o princípio constitucional da presunção de inocência.[59]

Como ainda não temos Autoridade Nacional de Proteção de Dados no Brasil, uma iniciativa do Ministério Público do Distrito Federal e Territórios – MPDFT deve ser louvada: foi convocada uma audiência pública, designada para o dia 16/04/2019, para debater o uso de ferramentas de reconhecimento facial por parte de setores empresariais e governamentais. Segundo o Promotor de Justiça Frederico Meinberg Ceroy, coordenador da Unidade Especial de Proteção de Dados e Inteligência Artificial do MPDFT, a expectativa é que a audiência fomente o debate sobre os benefícios e riscos à privacidade, decorrentes do uso massificado da tecnologia de reconhecimento facial. "A participação da população e de todos os setores que se beneficiem dessa tecnologia é de extrema importância para respaldar futuras decisões dos órgãos reguladores", explica Frederico.[60]

7. Considerações Finais

Enfatizamos que a inteligência artificial e as inovações tecnológicas são necessárias e não são incompatíveis com o controle social, com a democracia e com os direitos fundamentais, devendo ser objeto de regulação jurídica.

---

58 A empresa chinesa Huawei é famosa por distribuir 1,3 milhão de lentes na cidade de Shenze, onde fica a sua sede. Quem atravessa a rua fora da faixa em Shenze é imediatamente identificado e recebe uma multa em 20 segundos no seu celular, graças à tecnologia de reconhecimento facial implantada.

59 Disponível em: https://tab.uol.com.br/noticias/redacao/2019/03/11/carnaval-abre-alas-para-o--escaner-facial-reconhece-milhoes-e-prende-seis.htm. Acesso em: 15 mar. 2019.

60 Disponível em: https://lnkd.in/e_2fgEf. Acesso em: 16 fev. 2019.

Defendemos que, sob a premissa do dever de cuidado, as novas tecnologias digitais sejam aliadas da cidadania, devendo ser utilizadas para muitas funcionalidades: ampliar a autonomia dos cidadãos; potencializar instrumentos de participação popular e de controle social do uso dos recursos públicos; combater a criminalidade (no mundo físico e cibernético) e aperfeiçoar técnicas de investigação penal[61]; aumentar a transparência na esfera pública e privada; criar novos instrumentos que contribuam para o acesso à ordem jurídica justa[62]; contribuir para a valorização da vida humana e da sustentabilidade ambiental.

Os nossos fundamentos para a defesa da regulação jurídica da IA baseiam-se no que Vittorio Frosini já chamava de *"consciência informática": um senso de responsabilidade sobre os novos problemas propostos pela tecnologia.*[63]

Consideramos que o princípio jurídico do cuidado contribui para a construção desse senso de responsabilidade e para um novo quadro institucional, através de uma construção ética e jurídica com ênfase no princípio da prevenção e precaução para a tutela dos hipervulneráveis e com fundamento no princípio constitucional da dignidade da pessoa humana, especialmente no âmbito dos direitos à privacidade e proteção de dados.

Audiências públicas, relatórios de impacto de risco, programas destinados à conscientização e ao controle sobre o uso dos nossos dados pessoais, abordagens de *"Privacy by Design"* e *"Privacy by Default"* [64] previstas tanto no GDPR e na LGPD, outros instrumentos importantes disciplinados na LGPD e no Código de Defesa do Consumidor, bem como, todos os demais dispositivos que priorizem o exercício da cidadania, serão conquistas para o ambiente institucional democrático, mas principalmente, constituirão mecanismos jurídicos fundamentais *para frear a concentração de*

61 Disponível em: https://g1.globo.com/economia/tecnologia/noticia/2019/03/12/investigacao-hi-tech-como-a-policia-fucou-buscas-e-localizacao-de-celular-para-chegar-aos-suspeitos-de-matar-marielle.ghtml. Acesso em: 14 mar. 2019.

62 Disponível em: https://www.jota.info/opiniao-e-analise/artigos/acesso-a-ordem-juridica-justa-nas-relacoes-de-consumo-e-a-tecnologia-15032019. Acesso em: 16 mar. 2019.

63 FROSINI, Vittorio. Informatica e diritto. *In: Il diritto nella società tenologica.* Milano: Giuffrè, 1981. p. 270, *apud* DONEDA, Danilo. *Da Privacidade à Proteção de Dados Pessoais*. Rio de Janeiro: Renovar, 2006. p. 40.

64 *"Privacy by Design"* e *"Privacy by Default"* são conceitos introduzidos pela LGPD e oriundos do GDPR. O 1º consiste em aplicar as regras e princípios da legislação de proteção de dados desde os momentos iniciais de criação de uma nova tecnologia, de modo que os engenheiros e a equipe de criação integrem tais conceitos à funcionalidade dessa nova tecnologia. O 2º conceito exige que os criadores e controladores da tecnologia de dados implementem medidas apropriadas, tanto em nível técnico, quanto organizacional, de forma a coletar e processar apenas o mínimo de dados pessoais necessários para cumprir seu propósito específico, o que visa a evitar o processamento excessivo de dados e auxiliar no controle sobre seu armazenamento e acessibilidade. Disponível em: http://www.mondaq.com/brazil/x/747808/Data+Protection+Privacy/A+Nova+Lei+Geral+De+Proteo+De+Dados+E+Seus+Impactos. Acesso em: 15 fev. 2019.

poderes e todos os malefícios que sistemas desregulados de decisões automatizadas podem causar.

No contexto mundial, relevantes orientações foram consignadas através das Diretrizes da União Europeia sobre Inteligência Artificial e Proteção de Dados,[65] no âmbito do Comitê Consultivo da Convenção 108 do Conselho da Europa. Estas preconizam que o desenvolvimento e o uso da IA devem respeitar os direitos humanos e as liberdades fundamentais, em especial os direitos à privacidade e à proteção dos dados pessoais.

Várias instituições, como a UNESCO, e centros de pesquisa na Europa e nos EUA, como o MIT- Massachusetts Institute of Technology – vêm promovendo seminários globais para debater como serão estabelecidos princípios éticos e jurídicos para a IA.[66] Muitos especialistas acreditam que um senso de incerteza pode tornar os algoritmos mais éticos, o que torna o desafio verdadeiramente maior, tendo em vista que os algoritmos são construídos para seguir uma fórmula matemática. Como lidar com valores intangíveis, como bem-estar e liberdade, que não permitem uma satisfatória solução matemática?[67]

As iniciativas mundiais envolveram a Organização para a Cooperação e o Desenvolvimento Econômico (OCDE), que constituiu um grupo de trabalho multidisciplinar visando à definição de princípios éticos aplicáveis à inteligência artificial. As conclusões deverão ser apresentadas nas reuniões do G7 e do G20 ainda em 2019.[68]

Neste cenário, ganham relevância os oito princípios desenvolvidos no Reino Unido por um grupo multidisciplinar de profissionais liderados pelo *The Institute for Ethical AI & Machine Learning*.[69] Profissionais da área técnica, líderes da indústria, formuladores de políticas públicas e professores de ciências humanas e exatas reuniram-se para estabelecer um código de ética para o desenvolvimento de algoritmos, com o objetivo de minimizar os riscos associados à IA e permitir o seu melhor uso através de modelos que garantam o desenvolvimento ético e consciente de projetos, em diversas indústrias e setores produtivos.

Os oito princípios básicos oferecem um modelo prático que os profissionais da tecnologia podem utilizar ao desenhar, desenvolver e manter sistemas e algoritmos que aprendam - e tomem decisões - com base em dados.

---

65 Consultative Committee of the Convention for the Protection of Individuals with Regard to Automatic Processing of Personal Data (Convention 108). Disponível em: https://rm.coe.int/guidelines-on-artificial-intelligence-and-data-protection/168091f9d8. Acesso em: 20 fev. 2019.

66 Disponível em: https://events.technologyreview.com/emtech/digital/. Acesso em: 15 mar. 2019.

67 Disponível em: _https://www.technologyreview.com/s/612764/giving-algorithms-a-sense-of-uncertainty-could-make-them-more-ethical/. Acesso em: 15 fev. 2019.

68 Disponível em: https://www.mobiletime.com.br/noticias/25/02/2019/ocde-quer-definir-principios-eticos-para-inteligencia-artificial/. Acesso em: 14 mar. 2019.

69 Disponível em: https://ethical.institute/principles.html (The 8 principles for responsible development of AI & Machine Learning systems). Acesso em 15 mar. 2019.

Como analisa a jornalista especializada em comunicação digital, Jacqueline Lafloufa, os oito "princípios são simples, mas levam a diversas reflexões",[70] como se vê a seguir:

1 - Humanidade aumentada *(Human augmentation)*: sugere a reflexão sobre os impactos de predições incorretas, incluindo um ser humano na revisão dos processos sempre que isto for possível.

2 - Avaliação de vieses *(Bias evaluation)*: os profissionais devem se dedicar a desenvolver processos que permitam compreender, documentar e monitorar quaisquer vieses dos seus códigos e sistemas.

3 - Explicabilidade *(Explainability by justification)*: é preciso utilizar ferramentas e processos que continuamente melhorem a transparência e a explicabilidade das decisões tomadas pelos sistemas de *machine learning*.

4 - Operações reproduzíveis *(Reproducible operations)*: desenvolver estruturas que possibilitem, em um nível razoável, a reprodução dos resultados obtidos pelo sistema de *machine learning*.

5 - Estratégia para lidar com o desemprego *(Displacement strategy):* se a automação puder deixar trabalhadores sem função, os desenvolvedores devem se esmerar em identificar e documentar informações que permitam aos negócios afetados fazer ajustes para minimizar os impactos entre os trabalhadores que serão dispensados.

6 - Precisão prática *(Pratical accuracy):* é dever dos desenvolvedores entender quais os impactos práticos que a falta de precisão de seus sistemas pode causar, bem como, devem estar cientes disso para avaliar a melhor forma de lidar com potenciais imprecisões.

7 - Proteção da privacidade *(Trust by privacy):* proteger os dados de serem acessados por lideranças ou interessados que possam querer interferir com o sistema, seja direta ou indiretamente.

8 - Consciência dos riscos associados aos dados manipulados *(Data risk awareness)*: cuidar e aperfeiçoar processos e infraestrutura que garantam a segurança dos dados em uma estrutura que envolve aprendizado de máquina.

Existem, por conseguinte, inúmeras propostas e iniciativas que oferecem inovadoras abordagens acerca da regulação ética e jurídica da inteligência artificial, bem como, sugerem mecanismos que minimizem os seus "*bias*" - desvios" e preconceitos -, com o intuito de que a IA traga muito mais benefícios do que riscos e malefícios.

Não sabemos se o futuro se encaminha para o desenvolvimento de uma espécie super-humana, resultado da junção da cognição do ser humano com a inteligência artificial, em um cenário de "singularidade tecnológica". Todavia, apesar das ameaças

70 Disponível em: https://tab.uol.com.br/noticias/redacao/2019/03/15/desenvolvedores--criam-mandamentos-do-algoritmo-etico-contra-desvios-da-ia.htm. Acesso em: 16 mar. 2019.

apresentadas pela *"Black Box Society"*, pela *"surveillance society"* e pelo *"surveillance capitalism"*, inúmeras iniciativas comentadas neste artigo nos dão indicativos resilientes e positivos do imenso potencial de solidariedade, fraternidade e criatividade da civilização humana.

Por derradeiro, identificamos, nas diretrizes sobre inteligência artificial e proteção de dados do Conselho Consultivo da Convenção 108 do Conselho da Europa, alguns tópicos essenciais que devem ser seguidos para que o cuidado, como valor do ordenamento jurídico, seja contemplado: *ter a privacidade por design como padrão; respeitar os fundamentos legais para os casos de coleta e tratamento de dados pessoais; adotar técnicas de consentimento "granular",*[71] *por meio das quais o cidadão pode emitir autorizações fragmentadas no tocante ao fluxo de seus dados; demonstrar de forma transparente os métodos de processamento e de tomada das decisões automatizadas; monitorar, controlar e corrigir inputs, processos e outputs que resultem em discriminação e outros resultados injustos; estar sempre em conformidade com as normas técnicas e legais; garantir a revisão de decisões automatizadas por humanos, sempre que necessário; adotar robustos sistemas de prevenção para garantir a segurança de dados e o gerenciamento de riscos em todos os contextos.*

71 O conceito de *granularidade* do consentimento é muito bem analisado por Bruno Bioni na obra já citada: BIONI, Bruno Ricardo. *Proteção de Dados Pessoais – a função e os limites do consentimento.* Rio de Janeiro: Forense, 2019.

Famílias multiespécie o reconhecimento jurídico de uma realidade fática

Marcelo Santoro Pires de Carvalho Almeida

"A grandeza de um país e seu progresso podem ser medidos pela maneira como trata seus animais".

- Mahatma Gandhi

Sumário: 1. A Família multiespécie. **2.** A família multiespécie na ordem jurídica brasileira. **3.** Animais como sujeito de direito. Os efeitos jurídicos dos atos que envolvem animais. **4.** Considerações finais.

1. A família multiespécie

Nem sempre o homem se distanciou dos animais, como simples objeto de estimação, fonte de subsistência ou problema de saúde pública. No Egito Antigo, a relação homem e animal era envolta por uma aura de religiosidade. A arte egípcia representava o politeísmo cultivado na sociedade milenar pela figura de deuses formada pela combinação do corpo humano com a cabeça de algum animal. O Deus Rá-Atum, *e.g.*, primeiro do panteão, responsável pela criação do mundo, é identificado pelo Sol e por uma cabeça de ave de rapina sobre um corpo humano.

Além dessa representação artística, os vários cadáveres de animais mumificados indicam o desiderato de se conservar o corpo físico para o retorno do espírito. Os egípcios acreditavam na reencarnação, no retorno de uma alma que sairia de um corpo para habitar outro, e a prova inolvidável desse respeito do homem pelo animal também jaz nos cadáveres de felinos, aves e insetos mumificados.

Esta crença de reencarnação no Antigo Egito pode ter sido fonte de inspiração para os gregos que acreditavam no retorno da alma do animal ao corpo humano e vice-versa, e o principal exemplo possivelmente devoto da proteção ao animal como sede de um espírito que outrora reencarnou é Pitágoras. Os registros históricos sobre a vida de Pitágoras e seu apreço pelos animais eventualmente se contradizem, sem deixar totalmente claro se o Filósofo era defensor da vida animal e do vegetarianismo ou partidário de sacrifícios animais. Segundo Catherine Osborne,

> [a]lguns textos indicam que Pitágoras foi um defensor do vegetarianismo por motivos éticos, por causa da transmigração das almas para outros animais; outros textos sugerem que o sacrifício não só era parte do modo de vida dos pitagóricos como uma parte de extrema importância.[1]

---

1 OSBORNE, Caterine. *Filosofia pré-socrática*. Trad. Márcio Hack. Porto Alegre: L&M Pocket, 2013. p. 120.

Apesar da aparente divergência entre dos parcos registros sobre o apreço ou não de Pitágoras pelos animais, esse possível contrassenso indica que já circulava também na Grécia Antiga uma relação de respeito e proximidade entre homens e animais. Essa relação, no entanto, modifica-se completamente durante a Idade Média, notadamente no período em que a Europa sofria com peste bubônica, acreditando-se, mesmo sem prova inequívoca, de que cães e gatos de rua poderiam ser transmissores e causadores dos males sofridos pela população. Como observa Maria Helena Costa Carvalho de Araújo Lima,

> [a] ideia de que cães e gatos são companhias agradáveis e adequadas à convivência íntima na família pode ser desnaturalizada se observarmos os documentos históricos da Idade Média ao início da Idade Moderna, nos quais são recorrentes as representações de cães e gatos como seres bestiais, perigosos, agressivos, ligados à feitiçaria e transmissores de doenças. A convivência humana com cães e gatos e o surgimento da categoria 'animal de estimação' são fruto de um processo histórico, marcado por ambiguidades.[2]

Esse distanciamento é mitigado a partir do século XVII, quando "o impulso civilizador impôs padrões de higiene, organização e distinção. Mais que diferenciar as classes altas das baixas, as regras de etiqueta distinguiam humanos de animais, atribuindo aos pobres um estigma de animalidade".[3] Esses impulsos de civilização a partir da relação entre humanos e animais a que se refere a socióloga Maria Helena Costa Carvalho de Araújo Lima pode ser encontrado na Inglaterra do século XVIII, quando a domesticação de cães e gatos, por exemplo, passou a ser encarada pelo poder público como fato gerador para tributação.

Visto num primeiro momento como tema curiosamente divertido pela *House of Commons*, Adam White conta que o Parlamento britânico, por volta de 1796, discutiu as situações em que se poderia passar a tributar o dono de um cão:

> Depois de entreter a Casa com algumas histórias sobre cães enfurecidos, passando a discursar sobre os cães em geral, ele [Mr. Wright] indagou: "desde que haja exceção em favor dos filhotinhos, em que idade podem ser tributados e como a idade exata pode ser averiguada?". O Secretário de Guerra, que rejeitava a proposta legislativa, disse que "seria errado destruir na pobreza aqueles que expressam virtuosos sentimentos pelos seus cães". No Comitê, Mr. Lechmere chamou atenção da Casa para as senhoras que carregam seus cãezinhos no colo. Ele conhecia uma dama que possuía dezesseis cães de colo, e quem os permitia desfrutar de vitela assada no jantar todos os dias, enquanto muitas pessoas morriam de fome; não seria, portanto, correto tributar acentuadamente cães de colo?[4]

---

2 LIMA, Maria Helena Costa Carvalho de Araújo. *Considerações sobre a família multiespécie*. Disponível em: http://eventos.livera.com.br/trabalho/98-1020766_01_07_2015_11-07-22_5164.PDF. Acesso em: 08 fev. 2018. p. 2.

3 Ibidem, p. 3.

4 No original: *"After having entertained the House with some stories about mad dogs, and giving a discourse upon dogs in general, he* [Mr. Wright] *tasked, 'Since there was an exception in favour of puppies, at what age they were to be taxed, and how the exact age was to be ascertained?' The*

Esse ligeiro escorço histórico demonstra sucintamente a relação entre homem e animal ao longo dos séculos, indicando-se, nesse contexto, a tentativa de se atribuir efeitos jurídicos a essa relação, a exemplo da tributação dos animais domésticos na Inglaterra. Com efeito, essa relação entre homem e animal ganhou novas conotações na pós-modernidade do século XXI, marcada por uma trajetória de intensa proteção à fauna e à flora que também atinge os animais no âmbito doméstico.

Hodiernamente, a ordem jurídica brasileira posta desde 1988 é propícia ao que estudiosos e ambientalistas denominam de "ecocentrismo",[5] é dizer, perspectiva voltada aos interesses da natureza, não à vontade única e exclusiva de Deus, vigente na época do teocentrismo, nem aos desejos do homem, que define o antropocentrismo marcado, *v.g.*, na Inglaterra dos Tudor e dos Stuart, quando predominava a visão de que "o mundo fora criado para o bem do homem e as outras espécies deviam se subordinar a seus desejos e necessidades".[6]

Essa visão ecocêntrica, evidentemente semelhante à ética dos estoicos, de que a virtude humana se perfaz em viver em conformidade com a natureza, talvez seja plenamente implantada num futuro distante, pois ainda há dificuldades para tamanha ruptura de costumes, e mal se alcançou ainda o tão almejado desenvolvimento sustentável, isto é, a contínua realização de bens e serviços de consumo que não prejudiquem a fauna nem a flora.

Mas a passos largos na direção da harmônica convivência entre homens e animais, surge, dos costumes das famílias brasileiras pós-modernas, o desejo de agregar formalmente ao núcleo familiar o animal de estimação.

No Brasil, o cuidado com os animais mudou radicalmente nos últimos dez anos. O advento das redes sociais, que interconectou milhões de pessoas e viabilizou o compartilhamento de interesses e a troca de experiências entre proprietários de animais, somado à força do mercado consumidor *pet* brasileiro, provocou postura mais humanizada na relação entre indivíduos e animais.

Secretary at War, who spoke against the bill, said, 'It would be wrong to destroy in the poor that virtuous feeling which they had for their dog'. In committee, Mr. Lechmere called the attention of the House to ladies` 'lap-dogs'. He knew a lady who had sixteen lap-dogs, and who allowed them a roast shoulder of veal every day for dinner, while many poor persons were starving; was it not, therefore, right to tax lap-dogs very high?". WHITE, Adam. *Heads and tales*. Disponível em: https://books.google.com.br/books?id=13tB7eSK2E8C&pg=PT119&lpg=PT119&dq=taxes+dogs+tales&source=bl&ots=6AO9PIz_C2&sig=ACfU3U28xFYp62-UXeljUtJIBNaYlInsfw&hl=pt-BR&sa=X&ved=2ahUKEwiJ_rGl8qrgAhVbH7kGHQpECtMQ6AEwBnoECAIQAQ#v=onepage&q=taxes%20dogs%20tales&f=false. Acesso em: 08 fev. 2019. Tradução livre.

5 STONE, Christopher. Should threes have standing? Towards legal rights for objects. *Southern California Law Review*, nº 45, 1972, p. 450-501. Disponível em: https://iseethics.files.wordpress.com/2013/02/stone-christopher-d-should-trees-have-standing.pdf. Acesso em: 14 fev. 2019.

6 THOMAS, Keith. *O homem e o mundo natural*: mudanças de atitude em relação às plantas e aos animais. Tradução de João Roberto Martins Filho. São Paulo: Companhia das Letras, 2010. p. 21.

Segundo pesquisa realizada pelo IBGE em 2013, o Brasil, em comparação com outros países, é o 4º (quarto) lugar em número de animais de estimação (132 milhões); o 2º (segundo) em número de cães, gatos e aves canoras e ornamentais; 9º (nono) em número de répteis e pequenos mamíferos e 10º (décimo) em número de peixes ornamentais. Nesse cenário, 44,3% dos domicílios brasileiros acolhem pelo menos um cachorro, e 17,7%, abriga, ao menos, um gato.[7]

Muitos fatores contribuíram para essa guinada, desde a modificação e pluralização das formas de relação familiar à conscientização e propagação, sobretudo nas metrópoles brasileiras, de novos hábitos alimentares dos seres humanos, com ascensão do vegetarianismo, que rejeita ingestão de carne, e do veganismo, que rechaça consumo de qualquer produto ou alimento de origem animal.

Todas essas modificações, suscitadas ou não por interesses da sociedade de consumo, revelam que os brasileiros adotaram o cuidado com os animais como princípio ético, consectário da dignidade da pessoa humana.

Naturalmente, essas mudanças de comportamento social provocam efeitos jurídicos, exigindo que o sistema de Direito acompanhe o ritmo da sociedade para se adaptar às constantes alterações.

Nesse ritmo, a família multiespécie se manifesta no interesse da pessoa natural de obter reconhecimento jurídico de seus semoventes como membros integrantes da entidade familiar. Esse reconhecimento pode se exteriorizar tanto na lavratura de registro público do animal de estimação como membro da família quanto nos atos jurídicos que envolvam a separação de um casal.

Apesar do louvável apego e afeto que se observa na sociedade ocidental contemporânea pelos animais, notadamente na sociedade brasileira, a família multispécie não passa a existir pela simples integração de algum animal ao seio familiar. Razão assiste a socióloga Maria Helena Costa Carvalho de Araújo Lima, quando adverte que o emprego de termos "familistas" não é suficiente para que se configure a família multispécie. Ou seja, não basta chamar o cachorro de filho ou o gato de neto para que se caracterize família multiespécie, sendo necessário, na visão dessa socióloga, a verificação de, pelo menos, três dentre cinco requisitos aferíveis nesses vínculos entre pessoas e animais.

O primeiro desses requisitos[8] é o *reconhecimento familiar*, que se manifesta na referência ao animal como "bebê", "filho", ou mesmo "lindinho da mamãe". Esta é a indicação mais evidente de relação familiar entre o animal e a pessoa, mas ainda não o bastante para se afirmar como família multispécie, pois a simples menção do apelido não necessariamente exprime o afeto que a pessoa nutre pelo animal.

---

7 INSTITUTO BRASILEIRO DE GEOGRAFIA E ESTATÍSTICA (IBGE). População de animais de estimação no Brasil em 2013. Disponível em: http://www.agricultura.gov.br/assuntos/camaras-setoriais-tematicas/documentos/camaras-tematicas/insumos-agropecuarios/anos-anteriores/ibge-populacao-de-animais-de-estimacao-no-brasil-2013-abinpet-79.pdf. Acesso em: 17 fev. 2019.

8 LIMA, Maria Helena Costa Carvalho de Araújo. Op. cit., p. 11.

Não por acaso, termos como "pai" e "mãe" são empregados pelo mercado de consumo como forma de sensibilizar o consumidor, e não necessariamente denotam amor do indivíduo pelo animal, pois poderia, na verdade, representar o que Zygmunt Bauman denominou de "substituto moral", isto é, o consumo como forma de substituição do ato moral:

> Comprar torna-se, assim, uma espécie de ato moral (e vice-versa: os atos morais nos levam pelo caminho das compras). Esvaziar a carteira ou debitar no cartão de crédito assume o lugar do desprendimento e do autossacrifício que a responsabilidade moral pelo Outro exige. O efeito colateral, claro, é que, ao anunciar e entregar analgésicos morais comercializados, os mercados de consumo só facilitam (em vez de prevenir) o esvanecer, o definhar e a desintegração dos vínculos inter-humanos. Em vez de ajudar a resistir às forças que reduziram esses vínculos a cinzas, eles colaboram na tarefa de debilita-los e aos poucos destruí-los.[9]

O segundo requisito é a *consideração moral*, que não se resume à mera convivência respeitosa, pois se perfaz na preocupação com as consequências das ações e omissões em relação ao animal: "[u]m indicador importante de consideração moral numa relação é a capacidade de fazer sacrifícios em prol do animal, a começar pelo gasto de tempo e dinheiro quando adoecem",[10] renúncias essas que nem sempre os donos mais afetuosos de animais cultivam.

O terceiro requisito é o *apego,*[11] que se exterioriza pela proximidade entre indivíduo e animal na relação familiar, evidenciada, por exemplo, por levar consigo fotos do bichinho, referindo-se a ele como parte importante da vida.

O quarto requisito é a *convivência íntima na rotina familiar,*[12] elementar para se superar a tradicional visão do animal como "propriedade da família", alçando-o à qualidade de efetivo membro familiar. Considerá-lo como parte da família significa integrá-lo à convivência com todos os membros, adaptá-lo à rotina familiar, que inclui a hora de acordar e a de dormir. A costumeira expressão "é como se fosse da família" não se adequa ao animal da família multiespécie, pois significaria exatamente o oposto do que se pretende, ou seja, que ele não integra o núcleo, figurando como simples acessório.

O quinto requisito é a *inclusão em rituais,*[13] que consiste na participação dos animais das atividades que a família desfruta em conjunto, tais como festividades, viagens, fotos de família, troca de presentes.

---

9 BAUMAN, Zygmunt. *Danos colaterais*: desigualdades sociais numa era global. Tradução de Carlos Alberto Medeiros. Rio de Janeiro: Zahar, 2013, p. 100.

10 LIMA, Maria Helena Costa Carvalho de Araújo. Op. cit., p. 12.

11 Ibidem, p. 12.

12 LIMA, Maria Helena Costa Carvalho de Araújo. Op. cit., p. 13.

13 Ibidem, p. 14.

Reunidos esses requisitos, resta aferir a classificação e os efeitos jurídicos dos atos relacionados à família multiespécie.

2. A família multiespécie na ordem jurídica brasileira

O conceito de família tem se modificado ao longo dos anos, na medida em que o contexto sociocultural se altera com o passar do tempo. Durante a vigência do Código Civil de 1916, o conceito de família não se dissociava rigorosamente do de casamento, de arte que a Constituição de 1934 assentava: "[a] família, constituída pelo casamento indissolúvel, está sobre a proteção especial do Estado". A proteção estatal conferida à família era de índole normativa, consectária do casamento indissolúvel. Sem casamento, não havia família.

Esse cenário mudou radicalmente com o advento da Constituição Federal de 1988, que ampliou consideravelmente o conceito de família. Tamanha a ruptura com a estrutura normativa pretérita, que a Constituição chega a determinar que se facilite o reconhecimento do relacionamento de união estável ao casamento. Família, desde 1988, não mais distingue filhos havidos fora do casamento nem se imiscui na relação entre genitores e a prole.

Tradicionalmente, a doutrina classificava o conceito jurídico de família em sentido amplíssimo, constituída pelo vínculo da consanguinidade (ascendentes, descendentes e colaterais), da afinidade, da união estável, da adoção; em sentido amplo, alcançando as pessoas que residam sob o mesmo teto, ligadas pelo vínculo do casamento, da consanguinidade e afins (filhos, parentes em linha reta, colaterais e afins); e em sentido restrito, em que família seria a relação de união entre os cônjuges e a prole, bem como a comunidade formada pela união estável ou qualquer dos pais e seus filhos.

As mudanças socioculturais sobre a formação familiar foram tão eloquentes e intensas nas últimas décadas, que reconfigurou os elementos constitutivos da família. Normalmente, dir-se-ia que família é o agrupamento humano a que o Direito reconhece como tal, legitimando as relações e os efeitos entre certas pessoas unidas por critérios de sangue, afinidade, matrimônio e proximidade.

O núcleo familiar, unido sempre pelo afeto, manifesta-se de diversas formas (família monoparental, por exemplo), mas, na acepção hodierna, derivada dos novos costumes e vindicações populares, não mais se resume a mera união entre pessoas naturais. A família brasileira do século XXI é formada por casais de idêntico ou distinto sexo, com tendência à superação da monogamia, e crescente interesse pela adoção e registro de animais domésticos como integrantes desse núcleo familiar.

A composição da família pós-moderna não mais se resume à formalização do casamento, pois requer, além dos aspectos formais que gravitam em torno das regras de união e de composição da entidade familiar, o afeto nas relações, como expressão da dignidade da pessoa humana. Segundo Pietro Perlingieri,

> [a] família é valor constitucionalmente garantido nos limites de sua conformação e de não contraditoriedade aos valores que caracterizam as relações civis, especialmente a dignidade humana: ainda que diversas possam ser as suas modalidades de organização, ela é finalizada à educação e à promoção daqueles que a ela pertencem. O merecimento de tutela da família não diz respeito exclusivamente às relações de sangue, mas, sobretudo, àquelas afetivas, que se traduzem em uma comunhão espiritual e de vida.[14]

A Constituição de 1988 acolhe essa vertente de formação familiar pela afetividade à luz da dignidade da pessoa humana. Nesse diapasão, a Carta Magna não apenas ampliou as formas de constituição de família pela eliminação de regras restritivas, como empregou o termo "família" sem traçar detalhada definição, silêncio que traduz, notadamente pela natureza aberta das normas constitucionais, a amplitude de proteção estatal à família, transmitindo ao intérprete a tarefa de declarar a existência e a configuração do núcleo familiar pela experiência.

Nesse sentido, pontua poucos limites à formação da família, estabelecendo três categorias distintas que abrangem, inclusive, uma forma monoparental e eudemonista de entidade familiar. Nesse cenário, embora o conceito de família comporte inúmeras definições admissíveis em Direito, Pablo Stolze e Rodolfo Pamplona Filho sugerem que se entenda como família "o núcleo existencial integrado por pessoas unidas por vínculo socioafetivo, teleologicamente vocacionada a permitir a realização plena de seus integrantes".[15]

Esses renomados civilistas têm razão: o conceito de família é vastamente amplo e constantemente dúctil, de maneira que qualquer definição jurídica que se lhe atribua torne-se rapidamente desatualizada. Em que pese a apurada definição proposta pelos autores, convém avaliar em que medida a locução "pessoas unidas" abrange a família multiespécie, se quisermos incorporar à entidade familiar também os animais.

Para se aquilatar a efetiva adequação do fenômeno da família multiespécie à proteção jurídica que a ordem jurídica confere à família *lato sensu*, é preciso avaliar os costumes na formação de núcleos de afeto entre pessoas e animais, porque representativos da realidade empírica exigível para a definição. Aponta-se, ao depois, o respaldo que a ordem jurídica positiva deve providenciar para não desproteger esses interesses legítimos, que nitidamente exteriorizam o valor da dignidade da pessoa humana.

Nesse sentido, é importante, em primeiro lugar, a verificação dos requisitos apontados por Maria Helena Costa Carvalho de Araújo para configuração da família multiespécie, bastando a reunião de pelo menos três das cinco condições elencadas por essa socióloga em sua pesquisa acadêmica: *reconhecimento familiar, consideração moral, apego, convivência íntima, inclusão em rituais.*[16]

---

14 PERLINGIERI, Pietro. *Perfis do Direito Civil*. Tradução de Maria Cristina de Cicco. 2ª ed. Rio de Janeiro: Renovar, 2002. p. 243.

15 GAGLIANO, Pablo Stolze. PAMPLONA FILHO, Rodolfo. *Manual de direito civil*: volume único. São Paulo: Saraiva, 2017. p. 1.123.

16 LIMA, Maria Helena Costa Carvalho de Araújo. Op. cit., p. 11/14.

À semelhança da aferição material da configuração de união estável, que não se esgota em mero relacionamento formalmente duradouro por determinado tempo e seja confirmado por terceiros, exigindo-se um convívio efetivo, com participação de ambas as partes no cotidiano e na vida familiar do companheiro, a família multiespécie também não se cristaliza pelo simples registro do nome familiar na notas fiscais de aquisição do animal, pois dependerá, sempre, da efetiva e verdadeira integração do animal ao convívio familiar, aferição esta que depende de prova e deve ser avaliada casuisticamente pelo julgador.

Em verdade, a aquisição do animal para mero divertimento dos filhos, ou mesmo a interação eventual da família com o animal em breves períodos de tempos, separando-o de todos os demais momentos dos familiares, deixando-o circular pelo quintal ou preso no canil, equivale a relegar o animal à condição de bem, em detrimento da necessária entronização com núcleo familiar na convivência íntima da rotina familiar que a configuração de família multispécie exige.

A classificação da família multiespécie requer do exegeta, assim, uma visão holística da ordem jurídica. Apesar de ainda a Lei Civil ainda não regular os efeitos das relações entre seres humanos e animais para fins de arranjo familiar, a solução para os conflitos familiares ainda se conduz, contrariamente aos pressupostos da família multiespécie, pela acepção do animal como propriedade, e não membro.

Na hipótese de duas pessoas casadas pelo regime de separação de bens que comprarem um gato com nota fiscal no nome da esposa, é possível, por esse vértice patrimonialista que não se coaduna com os pressupostos da família multiespécie, que, em caso de separação, essa esposa fique com a guarda do animal. Por outro lado, pela óptica multiespécie, se houvesse registro público, com eficácia real, de que os cônjuges são tutores do felino que eventualmente tenham adotado (*i.e.*, adquirido gratuitamente), ambos poderiam postular a convivência ou compartilhamento da guarda/responsabilidade.[17]

Enquanto neste exemplo o instituto da família multiespécie permite que se identifique o animalzinho como filho do casal, poder-se-á, igualmente, na hipótese de alguém que adquira ou adote um cachorro para viver sozinho consigo, considerar-se formada a entidade familiar monoparental, nos termos do art. 226, § 4º, CFRB. Afinal, se a Constituição já admitia a formação de família a partir de apenas duas pessoas, por que não se iniciar pelo enlace afetuoso entre um ser humano e um animal de estimação?

Firme nesta premissa, conclui-se que a relação entre homem e animal pode ser reconhecida como entidade familiar multiespécie pela ordem jurídica posta, à míngua

17 Entendemos que a palavra "guarda" não expressa adequadamente o significado que a Lei lhe imprime, motivo pelo qual preferimos o emprego do termo "responsabilidade". Para maior aprofundamento sobre esta crítica, cf. ALMEIDA, Marcelo Santoro Pires de Carvalho. O cuidado e o uso das palavras: assumindo compromissos pelos termos escolhidos. *In:* PEREIRA, Tânia da Silva; OLIVEIRA, Guilherme de; COLTRO, Antônio Carlos Mathias Coltro. *Cuidado e o direito de ser*: respeito e compromisso. Rio de Janeiro: GZ, 2018.

de prévia reforma legislativa, pois, parafraseando Stolze e Pamplona Filho, esse enlace afetivo, que preencha os requisitos sociológicos, é capaz de formar um núcleo existencial animado por vínculo socioafetivo com vocação para a realização de seus integrantes.

Mas o assunto é mais complexo do que parece. Porém, se o tema já parece suficientemente espinhoso no âmbito do Direito Privado, será ainda mais delicado de se lidar no Direito Público.

Imagine-se, a título de ilustração, que determinada pessoa idosa acolha, como se filho ou neto fosse, um pássaro da raça trinca-ferro (*saltator maximus*), ave silvestre protegida pela Instrução Normativa nº 5/2001 do Ibama, que subsidiaria a acusação da pessoa idosa pelo crime tipificado no art. 29 da Lei nº 9.605/1998: seria o afeto da pessoa idosa pela ave, caracterizador da relação jurídica familiar, suficiente para se obter licenciamento ambiental ou, em sua ausência, absolvição do crime contra a fauna?

Retornando ao Direito Privado e reunindo essas situações já lançadas de modo seminal, é possível perguntar, embora não seja ainda tão simples de se responder: os animais podem ser considerados sujeito de direito na ordem jurídica brasileira, ou permanecerão *ad eternum* restritos à condição de semoventes?

A simples formulação desta pergunta já denota que a tradicional classificação de *coisa* aquilo que é dotado de *alma* (*anima*) não satisfaz mais os anseios dos indivíduos nem da estrutura de sentido produzida por grandes defensores dos direitos animais e plasmada na Declaração Universal de Direitos dos Animais.

A resposta àquela questão, no entanto, ainda é peremptoriamente negativa, se fundamentada no direito positivo brasileiro (Código Civil, art. 82, *initio*), cuja doutrina os mantém sob o rótulo de semoventes porque suscetíveis de movimento próprio, sem emprestar validade jurídica à expressão deles emanada, pois não expressa em linguagem humana cognoscível pelo Direito.

Essa resposta, porém, já despertava insatisfação em muitos amantes de animais, e, doravante, não se pode negar a tendência de que se modifique a lei, para reconhecer que os animais fazem jus à mesma proteção conferida às pessoas naturais. Seria juridicamente possível, a despeito do texto clarividente do Código Civil, conferir tratamento jurídico a um animal doméstico, por exemplo? Os defensores da denominada família multiespécie responderiam afirmativamente.

O Brasil já oferece proteção à integridade física e psíquica dos animais desde a década de 1930, quando editado o Decreto nº 24.645, de 10.07.1934, segundo o qual os animais existentes no país serão *tutelados* pelo Estado, prevendo-se multa e prisão simples de 2 (dois) a 15 (quinze) dias àquele que maltratá-los. Na mesma linha, a Lei de Contravenções Penais tipifica, no art. 64, a infração de submeter de tratar animais com crueldade ou submetê-los a trabalho excessivo. A Lei nº 9.605/1998 contempla crimes ambientais, dentre os quais os maus-tratos aos animais.

Além desses diplomas jurídicos de proteção aos animais, tramitam no Congresso os Projetos de Lei nº 6.799/2013 e 3.835/2015. O PL 6.799/2013 acrescenta parágrafo único ao art. 82 do Código Civil, para excluir da classificação doutrinária de semoventes os animais domésticos e silvestres, com vistas à superação da "coisificação" dos animais. Já o PL nº 3.835/2015 regulamenta a guarda dos animais de estimação nos casos de dissolução litigiosa da união estável hetero ou homoafetiva e do vínculo conjugal entre seus possuidores, fixando como critério determinante da guarda ou da posse responsável a demonstração de maior vínculo afetivo.

Na órbita internacional, a Declaração Universal de Direitos dos Animais reconhece que os animais nascem iguais perante à vida e têm os mesmos direitos à existência,[18] em harmonia com a tradição brasileira de garantir a integridade física dos animais. No entanto, o Tratado de Lisboa, ou Tratado Reformador, de 13.12.2007, inseriu emenda no Tratado de Maastricht, que constitui a União Europeia, para assentar que a definição e aplicação das políticas europeias observarão o bem-estar dos animais enquanto *seres sensíveis*

> Artigo 13º: Na definição e aplicação das políticas da União nos domínios da agricultura, da pesca, dos transportes, do mercado interno, da investigação e desenvolvimento tecnológico e do espaço, a União e os Estados-Membros terão plenamente em conta as exigências em matéria de bem-estar dos animais, enquanto seres sensíveis, respeitando simultaneamente as disposições legislativas e administrativas e os costumes dos Estados-Membros, nomeadamente em matéria de ritos religiosos, tradições culturais e patrimônio regional.[19]

Percebe-se, pela redação da regra agregada ao Tratado, que a União Europeia adotou a linha de pensamento do bem-estar dos animais, que se traduz no reconhecimento relativo da proteção dos animais, concedendo-lhes *status* moral inferior em relação aos seres humanos, na medida em que o uso dos animais para atender aos interesses humanos seria lícito, desde que evitado sofrimento desnecessário.

Por outro lado, Peter Singer, pensador australiano, defende a teoria da libertação animal, segundo a qual os animais deteriam o mesmo *status* moral das crianças e das pessoas com deficiência mental, visto que a ciência já demonstrara em certos animais o uso da racionalidade e da autoconsciência semelhantes ao de criança de dois anos de idade.[20]

Sem dúvida, a proteção jurídica conferida pelo direito nacional e estrangeiro, condensadas pelo efeito *cliquet*, conduzem à conclusão de que os animais, como seres sensíveis e conscientes, portanto seres *sencientes*, são titulares de direitos fundamen-

---

18 DECLARAÇÃO UNIVERSAL DE DIREITOS DOS ANIMAIS. Disponível em: http://portal.cfmv.gov.br/uploads/direitos.pdf. Acesso em: 07 fev. 2019.

19 REPÚBLICA DE PORTUGAL. Ministério dos Negócios Estrangeiros. *Tratado de Lisboa*: versão consolidada. Lisboa: Assembleia da República, 2008. Disponível em https://www.parlamento.pt/europa/Documents/Tratado_Versao_Consolidada.pdf. Acesso em: 20 fev. 2019.

20 GORDILHO, Heron José de Santana. COUTINHO, Amanda Malta. Direito animal e o fim da sociedade conjugal. *Revista de Direito Econômico e Socioambiental*, Curitiba, v. 8, nº 2, p. 257-281, mai./ago. 2017.

tais, a começar pela existência, o que implica dizer, inexoravelmente, que o Direito concede-lhes *pretensão*, ou seja, a possibilidade de "submeter o interesse alheio ao próprio", na clássica definição de Carnelutti. Mas quais atos jurídicos seriam imputáveis a um animal?

3. Animais como sujeito de direito. Os efeitos jurídicos dos atos que envolvam animais

Suponha-se que determinada *pet shop* anuncie produtos e serviços de tratamento e divertimento dos animais e os promova por mala direta, via Correios, em nome do animal, sinalizando "A/C" (aos cuidados de) com o nome e endereço da pessoa natural dona do animal, *exempli gratia*, "Destinatário: Totó A/C João da Silva. Remetente: *Pet Shop*. Endereço, CEP".

Nesta situação, se a correspondência foi emitida em favor do animal, não é forçoso afirmar que os Correios reconheceram-no como destinatário legítimo para receber a carta e aceitaram efetuar o transporte. Esta prestação de serviço implica, necessariamente, o reconhecimento tácito de que Totó exerceu domicílio, praticando, assim, ato jurídico lícito *stricto sensu*.

Ao mesmo tempo, a *Pet Shop* remetente, mesmo consciente de que o animal não é plenamente capaz para exercer totalmente a vontade com vistas à prática dos atos da vida civil, emitiu, em nome do bichinho, declaração receptícia de vontade, como se oblato fosse, em evidente expectativa de contratar, ainda que entre ausentes.

Essa hipótese, ao tempo em que evidencia a possibilidade de reconhecimento dos animais como membros da família, revelam também a necessidade de se repensar a classificação dos semoventes à luz dos sujeitos e objetos das relações jurídicas, exigindo-se novas reflexões sobre a exteriorização da vontade para produção de efeitos jurídicos.

A família multiespécie, como nova modalidade de família formada pelo afeto, também denota que os animais, porque também manifestam interesse em pertencer àquele núcleo familiar de pessoas naturais, sejam considerados sujeitos de direito.

Afinal, embora ainda prevaleça a ideia de que os animais sejam, aos olhos do direito objetivo brasileiro, meros semoventes, ninguém ousa sustentar que um cachorro ou um gato pertencente a determinada família e tratado como propriedade, verdadeiro bem de família, corra o risco de sofrer penhora. Esta hipótese soa absurda a qualquer intérprete que a contrasta ao princípio da dignidade humana, afigurando-se como argumento válido à assertiva de que os animais não mais se resumem a simples semoventes, pois são aptos a praticar *fatos* jurídicos.

Diz-se *fatos* jurídicos porque a estrutura biológica do instinto e da linguagem do animal, mesmo que considerados seres sencientes, *i.e.*, capazes de sentir e demonstrar sensações com pequena aptidão de compreensão, entendimento e significação de ações volitivas, ainda são insuficientes para serem considerados manifestação ou mesmo declaração de vontade para exercício de atos da vida civil. Por outro lado, não seria incorreto deduzir que os animais podem praticar aquilo que Pontes de Miranda considerou como atos que a ordem jurídica recebe como fatos: *atos-fatos jurídicos*.

Segundo José Maria Leoni Lopes de Oliveira, "atos-fatos jurídicos são atos lícitos que por sua natureza dão vida a um resultado de fato, que não pertence à esfera jurídica, mas que determinam efeitos jurídicos"[21]. Atos-fatos situam-se, na classificação dos fatos jurídicos *lato sensu*, entre atos lícitos e os negócios jurídicos.

Repousam neste limiar porque os efeitos que produzem repercutem na órbita do Direito, mas a causa independe da manifestação de vontade que o Direito exija para validar o ato. Ainda no magistério de Leoni,

> Os exemplos de atos-fatos jurídicos são, quase todos, os mesmos apresentados por Enneccerus: negócios existenciais praticados por pessoa incapaz (compra de objetos de pequeno valor para sua sobrevivência, utilização de transporte público etc.); tomada de posse; abandono da posse; descoberta de tesouro; fixação de domicílio; casos de indenização sem ilicitude (responsabilidade objetiva), como, por exemplo, o dano ocasionado pelo incapaz; a criação artística por menor absolutamente incapaz.[22]

Observe-se como os exemplos de atos-fatos jurídicos subsumem-se à hipótese de que os animais praticam fatos jurídicos. Exatamente por aquela ausência de razão suficiente, linguagem e compreensão necessária à prática de certos atos, a classificação de animais como sujeito de direito não inteiramente adequada nem completa. No entanto, isto não significa dizer que não possam exercer certos atos que a ordem jurídica chancele como fatos jurídicos válidos.

O gradativo reconhecimento que os Registros Civis vêm conferindo ao nome da família na certidão correspondente ao animal avança na superação de classifica-los como propriedades da família ao atribuírem-lhes direito da personalidade: nome. Ora, qual coisa, na sistemática dos bens, faria jus a direito da personalidade?

Assim, da mesma maneira que um agente incapaz poderá adquirir objetos comezinhos à sua sobrevivência sem que a ordem jurídica invalide ou negue efeitos ao ato, o animal doméstico poderá, sobretudo se imbuído de legitimidade conferida pelos familiares como seus representantes, exercer alguns fatos juridicamente válidos.

Atualmente, tem sido comum observar-se, sobretudo nas grandes capitais do país, que muitas pessoas viajam de transporte público carregando um animal de estimação. Desse ponto de vista, a cobrança de tarifa aos animais de grande porte ou sua isenção àqueles carregados no colo — à semelhança do que se confere às crianças de colo — seria negócio jurídico praticado pelo animal, mas classificado como ato-fato porque dispensada a declaração de vontade.

---

21 OLIVEIRA, José Maria Leoni Lopes de. *Curso de direito civil*: parte geral. São Paulo: Atlas, 2015, v. 1. p. 595, grifos do autor.

22 Ibidem, p. 595.

A tolerância da ordem jurídica com os atos praticados por animais é tão evidente, que já se exibiu, em programa jornalístico nacional de televisão, o caso do cachorro que vive em Curitiba/PR que tomou sozinho o ônibus para buscar seu dono.[23] A Rodoviária Novo Rio[24] e a Aviação 1001[25] já até publicaram regras mínimas para o transporte de animais de estimação. No mesmo diapasão, o Ministério da Agricultura, Pecuária e Abastecimento já publicou regras para elaboração de passaporte para o animal, com documento semelhante ao dos passageiros pessoas naturais que substituiu o Certificado Veterinário Internacional (CVI).[26]

Nada impede, assim, que sejam praticados atos-fatos por animais no Direito brasileiro. Todavia, para evitar certos embaraços e prejuízos às partes envolvidas nesses atos, prudente seria que os familiares do animal atuassem como representantes de seu bichinho, solução esta que já permite concluir que o animal, semovente ou não, só praticaria esses atos-fatos como agente absolutamente incapaz, de maneira que as regras pertinentes à curatela seriam plenamente aplicáveis. Por conseguinte, permanece plenamente vigente, para fins de responsabilidade civil, o disposto no art. 936 do Código Civil, que impõe ao responsável pelo animal o dano por este praticado, salvo na hipótese de culpa exclusiva da vítima ou força maior.

Desse ponto de vista, poder-se-ia, ademais, considerar como termo inicial e fundamento para a prática de pequenos atos-fatos jurídicos o registro civil do animal doméstico, consignando-se, por exemplo, o domicílio necessário, ao lado do nome civil.

Nesse sentido, a prevalecer a tese ora defendida, de que os animais, como seres sencientes capazes de praticar atos-fatos jurídicos, estar-se-ia a abrir a possibilidade de se adotar juridicamente a teoria da libertação animal, de Peter Singer, de modo a conferir aos animais *status* moral, e doravante também jurídico, de crianças, para validar alguns dos atos que praticarem sem qualquer prejuízo da ampla malha de proteção que a ordem jurídica lhes confere.

4. Considerações finais

A família multiespécie surge como fenômeno pós-moderno de intensa proteção da fauna como extensão da dignidade da pessoa humana. Esse escopo de proteção se

---

23 Disponível em: https://globoplay.globo.com/v/5898531/.

24 RODOVIÁRIA NOVO RIO. Saiba como funciona o transporte de animais de estimação nos ônibus! Disponível em: https://www.novorio.com.br/blog/transporte-de-animais-de-estimacao-nos-onibus/. Acesso em: 17 fev. 2019.

25 AUTOAVIAÇÃO 1001. Embarque com animal de estimação. Disponível em: http://www.autoviacao1001.com.br/embarque-com-animal-de-estimacao/. Acesso em: 17 fev. 2019.

26 PASSAPORTE PARA CÃES E GATOS COMEÇA A SER EMITIDO NO PAÍS. *G1*, São Paulo, 24.02.2014. Disponível em: http://g1.globo.com/turismo-e-viagem/noticia/2014/02/passaporte-para-caes-e-gatos-comeca-ser-emitido-no-pais.html. Acesso em: 17 fev. 2019.

materializa pelo costume das famílias contemporâneas em acolher, por aquisição ou adoção, animais de estimação, integrando-os ao contexto familiar.

Mas abrigar um animal doméstico não é suficiente para se falar em família multiespécie. É necessário demonstrar apego e cultivar consciência moral pelo animal, inseri-lo no convívio e na rotina familiar, de modo que participe e integre rituais de família. O animal na família multiespécie é, sim, membro integrante, e não "como se fosse da família", simbolizando mero acessório.

Essa integração de animais ao seio familiar pode se exteriorizar pelo registro civil de nome familiar ao animal, conferindo-lhe direito da personalidade ao nome, ou mesmo por decisão judicial que reconheça a existência dos vínculos e imponha guarda compartilhada, fixando responsabilidades aos parentes afetivos do animal.

Ademais, a participação do animal na família multiespécie implica no reconhecimento de que a classificação de semoventes tende a ser superada, conduzindo à conclusão de que os animais podem praticar atos-fatos jurídicos na qualidade de sujeitos de direito por ficção e absolutamente incapazes, elegendo seus parentes, ou um deles, como representante para defesa de outros interesses.

Da bancada ao leito: os impactos da pesquisa translacional nos cuidados de saúde

Maria de Fátima Freire de Sá
Ana Carolina Brochado Teixeira
Andreza Cássia da Silva Conceição

1. A pesquisa translacional no cenário científico: conceito e pressupostos

A pesquisa científica sempre teve grande importância para os cuidados em saúde, isso porque, ela é capaz de proporcionar a criação e o desenvolvimento de novos testes de diagnóstico, drogas e técnicas de intervenção junto aos pacientes.

Nesse sentido, a realização de pesquisas com a participação de seres humanos desponta como elemento essencial para o avanço do tratamento de doenças, sendo requisito fundamental para o progresso da prática clínica. Essencialmente, as investigações científicas na área da saúde, tem por finalidade responder questões e gerar conhecimento com potencial de beneficiar pacientes, auxiliando no aperfeiçoamento dos cuidados médicos.

Diante desse cenário, o cientista – por dominar o saber técnico-científico – ocupa posição de destaque na sociedade, tornando-se uma figura detentora de autoridade. Com o desenvolvimento do conhecimento científico, das boas práticas clínicas e de novas tecnologias, surgiu a preocupação em relação aos limites éticos e jurídicos de sua atuação. Na história recente, é possível rememorar situações nas quais a imposição de limites biojurídicos se justifica. Alguns episódios marcantes podem ser citados como "a utilização bélica da energia atômica e a experimentação médica nos campos de concentração nazista".[1]

Tais fatos podem ser relacionados ao surgimento da bioética e do biodireito,[2] importantes instrumentos de análise e controle dos limites da atividade científica. Mas afinal, como podemos definir bioética e biodireito? E qual a sua importância no âmbito da pesquisa científica? A bioética se caracteriza como a "disciplina que estuda os aspectos éticos das práticas dos profissionais da saúde e da Biologia, avaliando suas implicações na sociedade e relações entre os homens e entre esses e outros seres

---

1 SÁ, Maria de Fátima Freire de; NAVES, Bruno Torquato de Oliveira. *Bioética e biodireito*. 4. ed. Belo Horizonte: Del Rey, 2018. p. 5.

2 Para saber mais sobre o surgimento da bioética, recomendamos o livro de: GRACIA, Diego. *Pensar a bioética*: metas e desafios. São Paulo: São Camilo; Loyola, 2010.

vivos".[3] Já o biodireito, pode ser conceituado como o conjunto de normas jurídicas destinadas a regular os conflitos que passaram a surgir em face do progresso técnico-científico, ou as regras necessárias que venham de encontro às ciências naturais e da vida, entre elas, medicina, biomedicina, biotecnologia e as novas tecnologias, avaliando-se os riscos que o uso destas tecnologias podem causar aos seres vivos e ao meio ambiente.[4] Verifica-se, portanto, que tanto a bioética quanto o biodireito possuem estrita ligação com o desenvolvimento científico, visto que seus avanços demandam imposição de controle na atuação de pesquisadores, principalmente quando suas pesquisas envolvem seres humanos.

É nesse contexto de avanço do conhecimento científico e suas aplicações tecnológicas que as técnicas e métodos de pesquisa, ganham relevo, uma vez que elas determinam quais padrões e condutas que a investigação científica deve adotar em seu desenvolvimento. Por esse motivo, a compreensão dos novos métodos de investigação científica, resultante da evolução em pesquisa médica, se torna crucial para a compreensão dos cuidados de saúde. Portanto, cuidaremos de compreender um novo método de pesquisa científica, qual seja a pesquisa translacional.

Essa modalidade de pesquisa surge no meio científico a partir da publicação de um editorial americano do *Journal of the American Medical Association (JAMA)* em 2002, no qual se discutia a necessidade de aplicar de maneira prática os avanços adquiridos por meio da pesquisa básica com o objetivo de melhorar os cuidados em saúde mediante novidades na área de prevenção, diagnóstico e tratamento das doenças.

Inaugurou-se assim a busca por parte dos pesquisadores em saúde para criar mecanismos capazes de favorecer a translação do conhecimento entre os dois meios: a bancada e a clínica. E foram os Estados Unidos os precursores no desenvolvimento desses estudos, por meio da criação de grupos de trabalhos, fomento e financiamento da pesquisa translacional.[5] Ela envolve um processo denominado translação do conhecimento, que consiste em traduzir as descobertas científicas, iniciadas nos laboratórios de pesquisa, em aplicações práticas que melhoram a saúde humana.

A pesquisa translacional representa um desejo geral de testar novas ideias geradas a partir de investigação básica com a esperança de transformá-las em aplicações clínicas úteis, ela também responde à necessidade de identificar novas hipóteses científicas relevantes para a cura de patologias humanas através da observação direta dos seres humanos e suas doenças. Para as pessoas mais envolvidas diretamente na prática clínica (médicos, clínicos profissionais de laboratório e pacientes), translação/tradução do conhecimento responde à necessidade de acelerar a aplicação de benefí-

3 SÁ, Maria de Fátima Freire de; NAVES, Bruno Torquato de Oliveira. Op. cit., p. 8.

4 MATIAS, Fernanda; TEIXEIRA, Carine. As externalidades brasileiras para o desenvolvimento da biotecnologia nacional. *Revista Direito e Justiça*, v. 9, n. 13, p. 131-146, 2009.

5 GUIMARÃES, Reinaldo. *Pesquisa translacional: uma interpretação*. Revista Ciência e Saúde Coletiva. v. 8, p. 1731-1744, 2013.

cios da pesquisa, diminuindo a distância entre "o que se conhece e o que se pratica". Isso significa que a transferência de avanços diagnósticos e terapêuticos, comprovadamente eficazes, podem proporcionar grandes benefícios para a prática médica diária.

Esse método ainda possui como característica a adoção de um fluxo de informação bidirecional, entre as pesquisas básica e clínica, promovendo uma aplicabilidade real do conhecimento e de novas tecnologias, melhorando a prática clínica e desenvolvendo novos conceitos terapêuticos, com a finalidade de proporcionar benefícios diretos aos pacientes.

Desta forma, incorpora valor científico, baseado em evidências, para o direcionamento de estratégias terapêuticas, monitoramento e cura de doenças, e também para a criação e implementação de políticas, abordagens preventivas e de prestação de cuidados de saúde.

A despeito de sua nomenclatura recente, a pesquisa translacional guarda semelhança – em alguns aspectos – com práticas já conhecidas de investigação científica, notadamente ao método multidisciplinar, que tem por fundamento a colaboração mútua de diferentes áreas em busca de um mesmo objetivo, aliando resultados experimentais em bancadas de laboratório a propostas para avaliações clínicas, embora não no nível de aplicação direta como pretende a pesquisa translacional. Contudo, o que se percebe é que a pesquisa translacional inova em alguns aspectos, pois possui uma sistematização própria, com uma metodologia de trabalho, considerada mais eficaz, que é a utilização do sistema em rede.

Em outras palavras, a pesquisa translacional, consegue envolver não só o cientista de laboratório mas toda a cadeia produtiva, alcançando inclusive o médico em sua prática clínica e, por conseguinte, os pacientes. Assim, seu diferencial está na efetiva integração de processos e personagens que, nos métodos tradicionais, atuavam isoladamente. Por essa razão também é designada pela expressão "da bancada ao leito".

Tem por objetivo redução do tempo entre descoberta, desenvolvimento, produção e aplicação de algum tratamento, fármaco ou mesmo novas práticas terapêuticas, fornecendo conhecimento necessário para extrair conclusões importantes de testes clínicos sobre doenças e a viabilidade de novos mecanismos farmacológicos.

A pesquisa translacional tem o potencial de fornecer variados recursos práticos que podem beneficiar os pacientes, o que justifica o amplo investimento realizado pelos setores público e privado em pesquisa biomédica. Por englobar uma complexidade científica, ela apresenta alguns obstáculos éticos, regulatórios, legislativos e práticos que precisam ser abordados em vários níveis para tornar o processo eficiente.

Assim sendo, sua maior inovação pode ser sua maior problemática, haja vista que seu desenvolvimento integrado pode provocar uma colisão entre avanço científico *versus* proteção da pessoa humana. Para além disso, outras questões podem surgir da relação, pesquisador/pesquisa/objeto, como por exemplo, aquelas atinentes ao consentimento informado, a exposição de seres humanos a condições experimentais sem potencial demonstração de seus benefícios, o aumento da vulnerabilidade dos participantes dos estudos científicos causados pela inobservância de princípios bioéticos e biojurídicos, como autonomia, precaução e dignidade.

Em face da preocupação com as prováveis consequências decorrentes da aplicação desse novo método científico, passamos a investigar os argumentos preventivos capazes de limitar possíveis problemáticas envolvendo a pesquisa translacional.

2. A BIOBIO CNS n. 466/2012 como referência normativa envolvendo pesquisa com seres humanos no Brasil

A credibilidade que hoje é dada à ciência é fruto das muitas respostas por ela apresentadas, a partir de argumentos racionais, devidamente comprovados nos limites do seu alcance.[6] Entretanto, tal credibilidade não permite que a ciência avance, sem observar as normas éticas que regulamentam as pesquisas envolvendo seres vivos, principalmente os seres humanos.

Sendo assim, no âmbito brasileiro, vigora a Resolução n. 466 de 2012,[7] editada pelo Conselho Nacional de Saúde – CNS, que tem por fundamento normas internacionais como o Código de Nuremberg, de 1947, e a Declaração Universal dos Direitos Humanos, de 1948; o Pacto Internacional sobre os Direitos Econômicos, Sociais e Culturais, de 1966; o Pacto Internacional sobre os Direitos Civis e Políticos, de 1966; a Declaração Universal sobre o Genoma Humano e os Direitos Humanos, de 1997; a Declaração Internacional sobre os Dados Genéticos Humanos, de 2003; e a Declaração Universal sobre Bioética e Direitos Humanos, de 2004.

Esta Resolução incorpora, sob a ótica do indivíduo e da coletividade quatro princípios básicos da bioética: autonomia, não-maleficência, beneficência e justiça, visando à proteção dos participantes de pesquisa no Brasil, determinando que todos eles devem ser esclarecidos sobre a natureza da pesquisa, seus objetivos, métodos, benefícios previstos, potenciais riscos e o incômodo que esta possa lhes causar, na medida de sua compreensão e respeitados em suas singularidades.

Tanto ensaios clínicos, quanto qualquer pesquisa envolvendo seres humanos, devem ser aprovadas e acompanhadas por autoridades éticas e regulatórias para garantir que a conduta ética e os aspectos técnicos das pesquisas estejam em conformidade com os padrões estabelecidos.

Dessa forma, a Resolução CNS n. 466/2012 determina que as instituições responsáveis pelo desenvolvimento de pesquisas envolvendo seres humanos deverão constituir um Comitê de Ética em Pesquisa-CEP, ou utilizar algum preexistente de outra

6 SÁ, Maria de Fátima Freire de; MOUREIRA, Diogo Luna. Marcos normativos para a preservação da integridade na pesquisa. *Revista Direito e Justiça*, v. 9, n. 13, p. 75-99, 2009.

7 CONSELHO NACIONAL DE SAÚDE. Resolução CNS n. 466, de 12 de dezembro de 2012. Disponível em: http://conselho.saude.gov.br/resolucoes/2012/reso466.pdf. Acesso em: 28 fev. 2019.

instituição, sendo este o responsável por analisar o aspecto ético da pesquisa e emitir parecer de análise, além de ter papel educativo e consultivo para pesquisadores, comunidade institucional, participantes da pesquisa e comunidade em geral como agente corresponsável pelo desenvolvimento do estudo.

O CEP deverá atender a condições mínimas de funcionamento, como: a) envio semestral de relatórios sobre os projetos aprovados; b) existência de espaço físico exclusivo e adequado, de forma que mantenha o sigilo das documentações, entre outras medidas.

A Resolução CNS n. 466/2012 demonstra grande preocupação com a possibilidade de autodeterminação do participante de pesquisa ao determinar o respeito por sua dignidade e autonomia, reconhecendo sua vulnerabilidade e assegurando sua vontade de contribuir e permanecer, ou não, na pesquisa, por intermédio de manifestação expressa, livre e esclarecida, aqui subentendido como consentimento informado. Neste ponto, a autonomia representa a autodeterminação individual da pessoa de fazer escolhas diante de uma intervenção.[8]

Há também uma preocupação com a ponderação entre riscos e benefícios, tanto conhecidos como potenciais, individuais ou coletivos, comprometendo-se com o máximo de benefícios e o mínimo de danos e riscos. Esta previsão está diretamente ligada ao princípio bioético da beneficência e não-maleficência, pois determina que o profissional da saúde deverá concentrar esforços para beneficiar o ser envolvido na pesquisa.

Ademais, a Resolução prevê a garantia que danos previsíveis sejam evitados, invocando o princípio biojurídico da prevenção, que importa na adoção de medidas que evitem a ocorrência de dano conhecido e calculado. Atendendo aos fundamentos éticos e científicos, a Resolução também prevê que a pesquisa deve apresentar pertinente relevância social, o que garante igual consideração dos interesses envolvidos, sem perder o sentido de sua destinação sócio humanitária.

O **tópico III.** 2, da Resolução CNS 466/2012, traz importantes diretrizes que devem ser observadas em toda pesquisa, independente da área do conhecimento, desde de que envolva seres humanos, a saber:

a) ser adequada aos princípios científicos que a justifiquem e com possibilidades concretas de responder a incertezas;

b) estar fundamentada em fatos científicos, experimentação prévia e/ou pressupostos adequados à área específica da pesquisa;

c) ser realizada somente quando o conhecimento que se pretende obter não possa ser obtido por outro meio;

---

8 SOUZA, Iara Antunes de; SOUZA, Josiene Aparecida de. Comitês de bioética em pesquisa e institucionais (de hospitais ou estabelecimentos de saúde: campo de atuação diante de conflitos éticos). In: SÁ, Maria de Fátima Freire de; NAVES, Bruno Torquato de Oliveira; SOUZA; Iara Antunes de (Coord.). *Direito e medicina*: autonomia e vulnerabilidade em ambiente hospitalar. São Paulo: Editora Foco, 2018. p. 25.

d) buscar sempre que prevaleçam os benefícios esperados sobre os riscos e/ou desconfortos previsíveis;

e) utilizar os métodos adequados para responder às questões estudadas, especificando-os;

f) se houver necessidade de distribuição aleatória dos participantes da pesquisa em grupos experimentais e de controle, assegurar que, *a priori* não seja possível estabelecer as vantagens de um procedimento sobre outro, mediante revisão de literatura, métodos observacionais ou métodos que não envolvam seres humanos;

g) *obter consentimento livre e esclarecido do participante da pesquisa* e/ou seu representante legal, inclusive nos casos das pesquisas que, por sua natureza, impliquem justificadamente, em consentimento posterior;

h) contar com os recursos humanos e materiais necessários que garantam o bem-estar do participante da pesquisa, devendo os pesquisadores possuir capacidade profissional adequada para desenvolver sua função no projeto proposto;

i) *prever procedimentos que assegurem confidencialidade e privacidade, a proteção da imagem e a não estigmatização dos participantes da pesquisa*, garantindo a não utilização das informações em prejuízo das pessoas e/ou das comunidades, inclusive em termos de autoestima, de prestígio e/ou de aspectos econômico-financeiros;

j) ser desenvolvida *preferencialmente em indivíduos com autonomia plena;* Indivíduos ou grupos vulneráveis não devem ser participantes de pesquisa quando a informação desejada possa ser obtida por meio de participantes com plena autonomia, a menos que a investigação possa trazer benefícios aos indivíduos ou grupos vulneráveis;

k) respeitar sempre os valores culturais, sociais, morais, religiosos e éticos, como também os hábitos e costumes, quando as pesquisas envolverem comunidades;

l) garantir que as pesquisas em comunidades, sempre que possível, traduzir-se-ão em benefícios cujos efeitos continuem a se fazer sentir após sua conclusão. Quando, no interesse da comunidade, houver benefício real em incentivar ou estimular mudanças de costumes ou comportamentos, o protocolo de pesquisa deve incluir, sempre que possível, disposições para comunicar tal benefício às pessoas e/ou comunidades;

m) comunicar às autoridades competentes, bem como aos órgãos legitimados, os resultados e/ou achados da pesquisa, sempre que estes puderem contribuir para a melhoria das condições de vida da coletividade, preservando, porém, a imagem e assegurando que os participantes da pesquisa não sejam estigmatizados;

n) assegurar aos participantes da pesquisa os benefícios resultantes do projeto, seja em termos de retorno social, acesso aos procedimentos, produtos ou agentes da pesquisa;

o) assegurar aos participantes da pesquisa as condições de acompanhamento, tratamento, assistência integral e orientação, conforme o caso, enquanto necessário, inclusive nas pesquisas de rastreamento;

p) utilizar o material e os dados obtidos na pesquisa exclusivamente para a finalidade prevista no seu protocolo, ou conforme o consentimento do participante;

q) levar em conta, nas pesquisas realizadas em mulheres em idade fértil ou em mulheres grávidas, a avaliação de riscos e benefícios e as eventuais interferências sobre a fertilidade, a gravidez, o embrião ou o feto, o trabalho de parto, o puerpério, a lactação e o recém-nascido;

r) considerar que as pesquisas em mulheres grávidas devem ser precedidas de pesquisas em mulheres fora do período gestacional, exceto quando a gravidez for o objeto fundamental da pesquisa;

s) garantir, para mulheres que se declarem expressamente isentas de risco de gravidez, quer por não exercerem práticas sexuais ou por as exercerem de forma não reprodutiva, o direito de participarem de pesquisas sem o uso obrigatório de contraceptivos.

Notadamente a Resolução CNS n. 466/2012 se concretiza como importante marco normativo no que diz respeito às problemáticas decorrentes da aplicabilidade das novas tecnologias a vida dos seres humanos e as possibilidades daí decorrentes, não restando dúvidas quanto a seu valor no contexto da eticidade.

Nesse sentido, ainda apresenta uma significativa contribuição nas diretrizes das pesquisas que utilizam metodologias experimentais na área biomédica, preconizado a segurança dos participantes. À vista disso, estipula que as pesquisas envolvendo seres humanos devem: a) estar fundamentadas na experimentação prévia, realizada em laboratórios, utilizando-se animais ou outros modelos experimentais e comprovação científica, quando pertinente; b) ter plenamente justificadas, quando for o caso, a utilização de placebo, em termos de não maleficência e de necessidade metodológica, sendo que os benefícios, riscos, dificuldades e efetividade de um novo método terapêutico devem ser testados, comparando-o com os melhores métodos profiláticos, diagnósticos e terapêuticos atuais. Isso não exclui o uso de placebo ou nenhum tratamento em estudos nos quais não existam métodos provados de profilaxia, diagnóstico ou tratamento; c) *utilizar o material biológico e os dados obtidos na pesquisa exclusivamente para a finalidade prevista no seu protocolo, ou conforme o consentimento dado pelo participante da pesquisa*; d) assegurar a todos os participantes ao final do estudo, por parte do patrocinador, acesso gratuito e por tempo indeterminado, aos melhores métodos profiláticos, diagnósticos e terapêuticos que se demonstraram eficazes: d.1) o acesso também será garantido no intervalo entre o término da participação individual e o final do estudo, podendo, nesse caso, esta garantia ser dada por meio de estudo de extensão, de acordo com análise devidamente justificada do médico assistente do participante.

Por certo que, qualquer método ou pesquisa científica, que desrespeitar as balizas estabelecidas pela Resolução CNS n. 466/2012, estará desrespeitando a esfera de existência individual da pessoa humana (dignidade, autonomia e autoconsciência) deflagrando irregularidade que deve ser rechaçada.

Assim, é pertinente investigar os possíveis problemas que a pesquisa translacional pode apresentar em contraposição às diretrizes éticas estabelecidas pela Resolução CNS n. 466/2012. Deste modo, temas como exposição de seres humanos a condições experimentais, confidencialidade de dados clínicos, vulnerabilidade e segurança de participantes de estudos científicos serão levantados a fim de fornecer subsídios ao debate sobre a relação da pesquisa translacional e cuidados de saúde.

3. Os desafios éticos no desenvolvimento da pesquisa translacional e seus impactos nos cuidados de saúde

Já vimos que as pesquisas no Brasil devem ser submetidas às normas de regulamentação específicas, a fim de propiciar aos envolvidos uma efetiva proteção. Dessa maneira, a pesquisa translacional, como método recente de experimentação científica, apresenta alguns desafios adicionais, que merecem atenção especial.

Um dos objetivos da pesquisa translacional é acelerar a transferência de novos *insights* e conhecimento em prática clínica para melhorar os cuidados em saúde. Todavia, a preocupação com a celeridade na translação do conhecimento não pode deixar de observar os parâmetros éticos estipulados pela norma que regulamenta a pesquisa com seres humanos. Daí se pode inferir que os princípios da precaução e da prevenção devem ser observados em todo processo, assegurando a integridade e segurança das pessoas envolvidas nesse processo.

Além disso, quando se fala em "dar um salto da bancada ao leito", deve-se considerar a forma utilizada nesse procedimento. No âmbito da pesquisa translacional, adota-se o método do trabalho em rede, a fim de possibilitar a redução de tempo entre a descoberta e a aplicação de algum método terapêutico ou mesmo um novo fármaco. No entanto, esse trabalho integrado, pode desencadear outros problemas que acabam por comprometer as diretrizes éticas estabelecidas pela Resolução CNS n. 466/2012. Especialmente, a confidencialidade, a privacidade e o consentimento livre e esclarecido do participante da pesquisa.

Isso porque, a confidencialidade dos dados fornecidos pelo participante da pesquisa translacional pode ser consideravelmente comprometida, quando exposta a terceiros sem o necessário consentimento do sujeito, uma vez que no ato do recrutamento para a pesquisa, pode não haver o devido esclarecimento a respeito da forma pela qual se desenvolve esse método de investigação científica.

Considerando que ele adota um fluxo de informação bidirecional entre as pesquisas básica e clínica, ou seja, desde o cientista do laboratório até o médico atuante na prática clínica, há um exponencial aumento de pessoas envolvidas e, consequentemente, uma maior exposição dos dados às pessoas que nem sempre estarão diretamente ligadas aos participantes da pesquisa, além de, potencialmente, não estarem relacionadas no termo de consentimento livre e esclarecido.

A complexidade do trabalho em rede, adotado na pesquisa translacional, dificulta a compreensão de como se dará o processo de investigação científica, prejudicando especialmente o participante no que tange a proteção de sua privacidade. Não podemos deixar de observar que tanto a confidencialidade quanto a privacidade são direitos assegurados aos participantes das pesquisas e consistem no controle do acesso às informações pessoais dos sujeitos, preservando-lhes o direito à saúde e impedindo que tais dados sejam utilizados de forma diferente do que foi previamente autorizado. Nesse aspecto, ressaltamos que o dever de informação e transparência imposto aos cientistas, no ato de elaboração do termo de consentimento, também deve ser observado, já que o respeito à dignidade humana deve ser o norteador de toda e qualquer pesquisa, sempre considerando que a anuência do colaborador deve ser manifestada de forma autônoma, consciente, livre e esclarecida.

Para tanto, o pesquisador, no processo de concessão do consentimento livre e esclarecido, deverá: a) buscar o momento, condição e local mais adequados para que o esclarecimento seja efetuado, considerando, para isso, as peculiaridades do convidado a participar da pesquisa e sua privacidade; b) prestar informações em linguagem clara e acessível, utilizando-se das estratégias mais apropriadas à cultura, faixa etária, condição socioeconômica e autonomia dos convidados a participar da pesquisa; e c) conceder o tempo adequado para que o convidado a participar da pesquisa possa refletir, consultando, se necessário, seus familiares ou outras pessoas que possam ajudá-los na tomada de decisão livre e esclarecida. Somente com a observação desse procedimento será possível a elaboração do termo de consentimento livre e esclarecido, que ainda deve ser lido e compreendido, antes de sua concessão.

Há, ainda, exigência que tal termo contenha elementos mínimos[9] para que seja considerado válido, como: justificativa, objetivos e os procedimentos que serão utilizados na pesquisa, com o detalhamento dos métodos a serem utilizados. Somente com tais informações o candidato a participar da pesquisa translacional poderá exercer sua autonomia. Percebe-se que, todas as diretrizes normativas visam preservar a

---

9 André Gonçalo Dias Pereira lista quais são – no seu entendimento – os requisito mínimos para validade do consentimento livre e esclarecido, quais sejam: a) Que o paciente tenha capacidade para consentir, cabendo apelar, neste caso, não necessariamente para o sentido da capacidade civil, adquirida, em geral, a partir dos 18 anos completos, mas ao discernimento do paciente (leia-se participante da pesquisa), o que poderá implicar o reconhecimento da plena validade do consentimento prestado por pessoas menores de idade, desde que gozem de maturidade bastante para compreender e aceitar ou recusar a prática do ato médico. b) Que o paciente tenha recebido informação suficiente sobre o tratamento proposto. Somente cabe falar em um autêntico consentimento esclarecido se o paciente puder absorver as informações que lhe forem transmitidas, sendo imprescindível, assim, sua compreensão. É inegável que o paciente ocupa posição desfavorável nas relações travadas com os médicos, por ser ele presumivelmente lei- go, desconhecendo os meandros do tratamento e sentindo-se fragilizado pela dor e pela doença de que padece. Apenas haverá manifestação deliberada de vontade se houver, por parte do paciente, o devido entendimento acerca dos termos contidos no Termo de Consentimento Informado, que devem se revestir da máxima transparência possível. c) Finalmente, que o paciente tenha liberdade de manifestar sua vontade, livre de quaisquer vícios que a maculem. PEREIRA, André Gonçalo Dias. *O consentimento informado na relação médico-paciente*. Faculdade de Direito da Universidade de Coimbra — Centro de Direito Biomédico. Coimbra: Ed. Coimbra, 2004.

integridade da pessoa humana a partir da manutenção da sua dignidade, autonomia e autoconsciência. Assim, a liberdade do pesquisador, tratada como direito pelo nosso ordenamento jurídico, garantida no inciso IX da Constituição Federal de 1988, encontra limite no consentimento do sujeito.

4. Considerações finais

Diante das reflexões ora expostas, infere-se que a pesquisa envolvendo seres humanos deve ser conduzida em observância as disposições éticas contidas – no âmbito brasileiro – essencialmente, na Resolução CNS n. 466/2012.

Sendo assim, não há dúvidas que a pesquisa translacional – apesar de representar uma evolução tecno-científica no âmbito dos cuidados em saúde – deve ser interpretada à luz dos princípios bioéticos e biojurídicos, considerando suas particularidades.

No que tange às suas inovações, a pesquisa translacional apresenta três características que lhe são próprias, a integração do processo de investigação científica com a adoção do trabalho em rede, o fluxo bidirecional de informação e a busca da celeridade dos resultados práticos em pesquisa médica. Tais características, demandam uma atenção especial no que diz respeito as diretrizes éticas que devem ser observadas no desenvolvimento de uma pesquisa científica. Notadamente nas questões relativas a confidencialidade de dados, privacidade e o consentimento livre e esclarecido do participante da pesquisa.

Vimos que o método adotado na pesquisa translacional pode acarretar um aumento exponencial da vulnerabilidade do participante, motivo pelo qual o uso dessa técnica de investigação científica impõe um nível maior de zelo por parte dos cientistas e médicos envolvidos nesse contexto.

Nesse sentido, alguns princípios do biodireito e da bioética ganham maior relevância, como a prevenção, precaução, autonomia e beneficência. Pois a despeito da contribuição da pesquisa translacional no desenvolvimento técnico-científico, a evolução em pesquisa não pode deixar de lado a ideia de que o respeito a dignidade humana deve ser preservado quando em conflito com os interesses da ciência.

A questão proposta como fundamental para a compreensão da problemática envolvendo a pesquisa translacional e o avanço da tecnologia – e, portanto, do agir técnico – pressupõe a superação da ideia de que os interesses científicos devem se sobrepor aos interesses individuais do ser humano participante da pesquisa. Ainda que, certas descobertas científicas representem um avanço considerável para a sociedade, o cuidado com a dignidade individual do sujeito deve ser mantido, na verdade buscado.

Pesquisadores translacionais precisam compreender que a complexidade dessa nova tecnologia, perpassa pelos limites éticos, quando o avanço em pesquisa científica envolve seres humanos. Com isso, aprendemos que, o ser humano não deve ser "objeto" de experiência da ciência, mas partícipe do processo de conhecimento, como ser racional que é, capaz de fazer suas escolhas e determinar seus interesses.[10]

A credibilidade que hoje é dada à ciência é fruto das muitas respostas por ela apresentadas, a partir de argumentos racionais, devidamente comprovados nos limites do seu alcance. Entretanto, tal credibilidade não autoriza que as respostas e as possibilidades, buscadas e dadas pela ciência, sejam impostas como verdades absolutas. Ao se falar em pesquisas envolvendo seres humanos, importante ter em mente que os pesquisadores não estão diante de algo sólido, mas de alguém, capaz de pensar, de agir, de fazer escolhas e, o mais importante, autoconstruir-se, independentemente das respostas científicas que estejam ao seu alcance. Essa responsabilidade do pesquisador deve ser entendida como uma obrigação de cuidado em relação ao sujeito da pesquisa, o dever de se preocupar diante da vulnerabilidade do outro.

Dessa forma, qualquer pesquisa que conte com a participação de seres humanos deve ter como primazia o direito à segurança das informações, a preservação da privacidade e da intimidade dos participantes, assim como a própria imagem do sujeito, sob pena de violação dos direitos personalíssimos.

10 SÁ, Maria de Fátima Freire de; MOUREIRA, Diogo Luna. Op. cit.

Desarrollo Sostenible, en el que cada Estado miembro se compromete a una cooperación internacional fortalecida para facilitar las migraciones ordenadas, seguras, regulares y responsables.

El gran desafío para la Europa del siglo XXI: La migración y el ¿deber de cuidado?[1]

Nuria Belloso Martín

Sumario: 1. Premisas. **2.** El estrecho vínculo entre cuidado y ciudadanía. **3.** Estado de la cuestión: La llegada de inmigrantes como la principal preocupación para la Unión Europea. **3.1.** "Los de dentro y los de fuera". **3.2.** La Europa fortaleza. **4.** Diversas proyecciones del deber de cuidado con respecto a los inmigrantes. **4.1.** Ofrecer un puerto seguro: del deber jurídico al deber moral. **4.2.** Los Centros de Internamiento de Extranjeros – CIES-: ¿lugar donde se expresa el cuidado?. **4.3.** El papel de las mujeres en las migraciones transnacionales: la perpetua ética del cuidado. **5.** Reflexiones finales.

1. Premisas

Los hondureños que intentan llegar a Estados Unidos; los venezolanos que cada día cruzan las fronteras de Colombia y de Brasil; los subsaharianos que intentan llegar a Europa, todos ellos son sólo algunos ejemplos de un fenómeno que conlleva que millones de personas, cada año, salgan de su país y transiten hacia otros. Las razones son variadas (desde razones ambientales como terremotos o inundaciones, a otras como pobreza y miseria, dictaduras políticas y tantas otras).

La mayoría de los Estados que integran la ONU adoptaron el día 10 diciembre de 2018 un Pacto Mundial[2] no vinculante que busca dar una respuesta coordinada a los problemas que surgen de los flujos masivos de migrantes que se están viviendo en

---

1 El presente trabajo se inscribe en el marco del Proyecto de Investigación "Fundamentos teóricos del constitucionalismo: un modelo jurídico para la sociedad global" – Convocatoria 2016- Proyectos I + D. Código: DER2016-76392-P.

2 Conferencia Intergubernamental encargada de Aprobar el Pacto Mundial para la Migración Segura, Ordenada y Regular. Marrakech (Marruecos), 10 y 11 de diciembre de 2018. A/CONF.231/3. Distr. General 30 de julio de 2018. Disponible en: http://undocs.org/es/A/CONF.231/3.
El antecedente de este Pacto se remonta al 19 de septiembre, de 2016, en la Asamblea General de Naciones Unidas en Nueva York, cuando Jefes y Jefas de Estado y de Gobierno, se reunieron para discutir temas relacionados con la migración y los refugiados. Este fue un importante reconocimiento de que los temas migratorios y de refugiados se han convertido en un asunto de gran peso en la agenda internacional. A través de la adopción de la Declaración de Nueva York para Refugiados y Migrantes, los 193 países miembros de la ONU reconocieron la necesidad de un abordaje integral a la movilidad humana y fortalecieron la cooperación a nivel global mediante la creación de mecanismos que protegen a las poblaciones migrantes. La Declaración de Nueva York, en su Anexo II, inició un proceso de consulta y negociación intergubernamental con el objetivo de adoptar un Pacto mundial para una migración segura, regular y ordenada, en el marco de una conferencia intergubernamental sobre migración internacional.
El Pacto mundial sobre migración se desarrollaría en el marco de la meta 10.7 de la Agenda 2030 para el Desarrollo Sostenible, en el que cada Estado miembro se compromete a una cooperación internacional fortalecida para facilitar las migraciones ordenadas, seguras, regulares y responsables.

diversas regiones del planeta. No obstante, a pesar de la urgencia, participaron menos países que en previas cumbres sobre migraciones. El "Pacto Mundial para la Migración Segura, Ordenada y Regular", de las Naciones Unidas, ha sido aprobado en Marrakech ante unos 150 países, por el que se comprometen "a proteger las fronteras, expedir documentos convenientes para las personas y ayudar a la readmisión de los emigrantes".

Sin embargo, no han participado en el mismo varias naciones europeas,[3] ni tampoco Estados Unidos, Chile, ni Australia. Brasil, en enero de 2019, acaba también de comunicar que se retira del Pacto.[4] El acuerdo tuvo como objetivo fortalecer la cooperación internacional para lograr que la migración se produzca de una forma "segura, ordenada y regular", además de instar a los países a afrontar los fenómenos migratorios de forma conjunta. El texto garantiza "el derecho soberano de los Estados a determinar sus políticas de migración y su prerrogativa para gobernar la migración dentro de su jurisdicción, en conformidad con el derecho internacional", según ha insistido el secretario general. Se ha recalcado que la soberanía de los Estados no se verá de ningún modo disminuida y que, puesto que la migración plantea problemas globales, también requiere soluciones globales.

El texto ha sido blanco de críticas, principalmente de políticos europeos de derecha, que advierten un aumento de la inmigración de países africanos y árabe. Para los defensores de los derechos humanos, el Pacto resulta insuficiente, en particular en lo relativo al acceso de las personas migrantes a la ayuda humanitaria, a los servicios básicos o a los derechos de los trabajadores migrantes.

Todo ello permite entender que el "deber" de cuidado con respecto a los migrantes constituye uno de los temas que son objeto de encendidos debates y con respecto al que no se consigue llegar a un consenso. A lo largo del presente estudio, nos proponemos tomar como punto de partida el estrecho vínculo entre cuidado y ciudadanía para centrarnos, seguidamente, en el análisis de la cuestión en el ámbito de la Unión Europea, sobre la que se suele resaltar la idea de "Europa fortaleza". Por último, haremos una breve referencia a las proyecciones del cuidado con respecto a los inmigrantes, tales como si hay un deber de ofrecer un puerto seguro a los que llegan por mar, los Centros de Internamiento de Extranjeros – CIES- y el deber de cuidado que recae sobre las mujeres en las migraciones transnacionales.

---

3 Al menos seis países de la Unión Europea se han desmarcado del acuerdo. Entre estos figuran Austria, República Checa, Hungría, Letonia, Polonia y Eslovaquia. Con todo, si bien el tema migratorio tiene detractores a nivel mundial, también hay líderes que defienden la importancia de trabajar para que se produzca en mejores condiciones.

4 El Ministro de Asuntos exteriores de Brasil há apontado que: "A imigração não deve ser tratada como questão global, mas sim de acordo com a realidade e a soberania de cada país". Por su parte, el presidente do Brasil ha subrayado. "Não somos contra os imigrantes. Mas, para entrar no Brasil, tem de ter um critério bastante rigoroso. Caso contrário, no que depender de mim enquanto chefe de Estado, não entrarão". Revista "Veja", 08/01/2019). Disponible en: https://veja.abril.com.br/mundo/brasil-se-retira-do-pacto-global-sobre-migracao/.

2. El estrecho vínculo entre cuidado y ciudadanía

Aunque la formulación de la ciudadanía date de siglos atrás, en el inicio de este tercer milenio estamos asistiendo a un resurgir de la "ciudadanía". La razón hay que buscarla en el hecho de que esta realidad debe ubicarse en un contexto cada vez más amplio pues lo que hoy predomina ya no son los Estados nacionales sino los órganos e instituciones supra-nacionales, es decir, nos hallamos inmersos en lo que se conoce como la globalización o la mundialización, lo que incide significativamente en la concepción de la ciudadanía y en el flujo de personas que se mueven –en tránsito o permanentes- de un país a otro.

Una de las mayores dificultades con que tropieza el estudio de una teoría de la ciudadanía es la falta de certeza acerca del significado del término "ciudadanía". En general, las personas no suelen considerar que la ciudadanía esté definida exclusivamente por sus derechos y obligaciones sino que reconocen también un elemento ético en la misma. A ello hay que sumar que existe un desacuerdo sustancial acerca del contenido de la ciudadanía. Unos la entienden en términos de noción liberal de derechos cívicos, mientras que otros tienen una comprensión más comunitaria que implica la responsabilidad de promover el bien común por medio de la participación activa en la vida de la comunidad. También hay otros sectores que son partidarios de una concepción republicana de la ciudadanía, tomando como modelo de convivencia las comunidades políticas de siglos atrás, como la griega o la república florentina.

Todo ello acaba desembocando en una reivindicación de la ciudadanía pero utilizando diversas fórmulas: ciudadanía política, por parte de los miembros de un Estado nacional; ciudadanía transnacional, por parte de las comunidades supraestatales, como pueda ser la Unión Europea o el Mercosur; ciudadanía cosmopolita, por parte de quienes pretenden presentar la ciudadanía en un marco de referencia mundial o universal. En lo que sí parece haber consenso es que la ciudadanía es un estatus.

Actualmente, la mundialización, el multiculturalismo y la globalización han sido el caldo de cultivo para que el concepto de ciudadanía se vea inmerso en numerosas polémicas. Siempre ha sido un concepto controvertido pero hoy en día adquiere tintes de mayor complejidad. El significado moderno de ciudadanía ha estado vinculado a la aparición del Estado-nación y, de ahí que durante largo tiempo se haya equiparado con la posesión de una determinada nacionalidad. Sin embargo, la aparición de realidades emergentes como la de "ciudadano", "extranjero" e "inmigrante" reenvía a un significado de la ciudadanía en clave "cosmopolita".

Ello nos hace remontarnos al concepto originario de ciudadano en Grecia y Roma, donde no podía haber ciudadanía sin determinar quién estaba incluido y quién quedaba excluido de ese ámbito. El "otro", el "extranjero", el "inmigrante", es el que queda fuera del manto protector de la ciudadanía que, en principio, viene dado por la nacionalidad, pues el "inmigrante" y el "extranjero" son los "no-nacionales". Y a la luz de estas discusiones, se está empezando a redescubrir un nuevo concepto de ciudadanía. Eso sí, con muy diversas lecturas lo que acaba provocando no una consolidación del concepto sino un mayor debilitamiento del mismo. Algunos autores promueven una "ciudadanía diferenciada o multicultural" (I. M. Young, W. Kylimcka); otros defienden una "ciudadanía republicana (B. Barber, J. Habermas, D. Zolo); otros una "ciudadanía cosmopolita" (L. Ferrajoli); otros, una "ciudadanía compleja" (J. Rubio Carracedo);[5] otros autores preconizan una "ciudadanía económica" (S. Sassen) e incluso, una "ciudadanía dinámica y contextual" (G. Rocher), y otras más.[6]

Algunos autores califican a la ciudadanía de "fragmentaria, limitada e ilusoria". Califican de "fragmentaria" a la ciudadanía en la medida en que, si bien tradicionalmente se sustentaba sobre la base del Estado nación, éste se encuentra ahora sometido a una doble presión por movimientos centrípetos –aparición de entidades supranacionales- y de movimientos centrífugos – nuevo resurgir de los nacionalismos y particularismos-.[7] En ambos casos la consecuencia es la de una cesión de soberanía estatal que claramente, va a exigir un nuevo concepto de ciudadanía.

Esta situación se agudiza aún más en el contexto actual en el que puede constatarse un importante incremento de la inmigración en nuestras fronteras, que acaba provocando una reafirmación de la nacionalidad que se esgrime frente al inmigrante y al extranjero. Esta situación puede acabar derivando en un aumento exacerbado de la identidad que termine en sentimientos racistas y xenófobos peligrosos. La quiebra del Estado del bienestar da lugar a mirar con sospecha al "otro", es decir, al extranjero, a quien consideramos que se está llevando parte de nuestros derechos sociales y está disfrutando de unos derechos (sanidad, educación, servicios sociales) que se sufragan a costa de los impuestos que pagan los nacionales. La ciudadanía compleja está pues

---

5 Por nuestra parte, nos adherimos al concepto de "ciudadanía compleja" que propone J. Rubio Carracedo, como explicamos en páginas siguientes.

6 *Vid.* MARTÍNEZ DE PISÓN, J. Ciudadanía e inmigración. En: Mª. J. BERNUZ BENEÍTEZ; R. SUSÍN BETRÁN (Coordinadores). *Ciudadanía. Dinámicas de pertenencia y exclusión*. Servicio de Publicaciones de la Universidad de La Rioja, 2003. p. 79.

7 El movimiento independentista de Cataluña y sus aspiraciones a ser una República independiente constituye un ejemplo en España. Pero hay otros nacionalismos en Europa, principalmente de aquellos grupos –como la Liga norte en Italia- cuyo principal objetivo, a larguísimo plazo, es convencer al Norte de Italia, en base a unos principios propios de la extrema derecha xenófoba, de que siempre merece más que el resto de los italianos, sobre todo los del Sur, concretamente los de Roma hacia abajo. Coincidiendo con el auge de los movimientos antieuropeos en Reino Unido, Francia y Alemania –sin olvidar la victoria del estadounidense Donald Trump–, ya ahora en el Gobierno, desde la colación con M5S, vienen propugnando controles de las fronteras y expulsiones de los (inmigrantes) ilegales. Su discurso es duro contra la inmigración y Salvini –Ministro del Interior- ha llegado a calificarla de "invasión", y también ha atacado al islam, al que ha considerado "una ley, no una religión", contraria a los "valores, derechos y libertades" de los países occidentales. "La Liga Norte espera "tener pronto el poder" para expulsar a migrantes ilegales", El *Diario.es* (28.03.2018). Disponible en: https://www.eldiario.es/internacional/Liga-Norte-expulsar-migrantes-ilegales_0_754875079.html. Lo que sí ha hecho el nuevo gobierno italiano es prohibir la entrada de inmigrantes ilegales en sus puertos y no ha dado autorización para que ninguno de los barcos de las ONG que recogen pateras en el Mediterráneo puedan atracar en ningún puerto italiano.

en íntima relación con la ciudadanía política (¿tienen los extranjeros derecho al voto en las mismas condiciones que los nacionales?) y también con la ciudadanía social (¿tienen los extranjeros el derecho a la asistencia sanitaria, por ejemplo, en las mismas condiciones que los nacionales?).[8]

Vamos a referirnos exclusivamente a las dificultades de acceder a la ciudadanía de los inmigrantes ilegales. Los inmigrantes legales – la mayoría, los que provienen de Latinoamérica, ya que deben entrar en España por vía aérea y el control de pasaporte en el aeropuerto de Barajas facilita un control de las entradas de los extranjeros en territorio español y, por consiguiente, también de la Unión Europea. La inmigración ilegal ha dado lugar a encendidos debates y polémicas doctrinales. Entre los defensores, J. de Lucas defiende que se debe evitar la "ruptura del vínculo social" y que hay que luchar por configurar una ciudadanía que admita el pluralismo.[9] Entre quienes ven con pesimismo la situación de los flujos migratorios en Europa se encuentra el politólogo Sartori. Desde hace más de veinte años ya viene advirtiendo que el problema no se puede resolver acogiendo más inmigrantes porque su presión no es coyuntural ni cíclica. Los que han entrado no sirven para reducir el número de los que pueden entrar, sino más bien para "llamar a otros nuevos". Tampoco cabe tratar igual a todos los inmigrantes: no es lo mismo uno del Este que un subsahariano. Y advierte que el

---

8 Real Decreto-ley 7/2018, de 27 de julio, sobre el acceso universal al Sistema Nacional de Salud (SNS). El Ejecutivo del PSOE ha modificado la normativa anterior y ha regulado el acceso al Sistema Nacional de Salud en condiciones de equidad y de universalidad es un derecho primordial de toda persona y la garantía del ejercicio de este derecho y la protección efectiva de la salud de la ciudadanía cobra aún mayor importancia cuando quienes se ven privados de una asistencia sanitaria normalizada son colectivos de una especial vulnerabilidad, amenazados por la exclusión social, como es el caso de la población extranjera no registrada ni autorizada a residir en España. La titularidad del derecho a la asistencia en el SNS se desliga, por tanto, de la condición de asegurado.

9 En países como Brasil, receptor de inmigrantes provenientes de muy diversos países, puede resultar un tanto difícil entender los problemas que plantean actualmente la convivencia de culturas diferentes. En España, conforme va creciendo el número de inmigrantes, también aumentan las quejas de los ciudadanos: "acaparan todos las ayudas sociales", "son los causantes del alto incremento de la inseguridad ciudadana", "nos quitan nuestro puesto de trabajo", y tantos otros. "Mientras haya una amenaza (la presencia de inmigrantes como riesgo en el mercado de trabajo, en la seguridad de nuestras vidas y nuestras propiedades, en la continuidad de nuestro modo de vida y nuestra cultura (¿suena esta cantinela?) hay una buena coartada para transmitir a los ciudadanos (nacionales), sobre todo a los más castigados por el paro, por las medidas de ajuste, por las privatizaciones de los servicios sociales, por los fenómenos de exclusión, que el Estado les reconoce y protege, que tener un pasaporte marca la diferencia, que nosotros, ciudadanos españoles -¡europeos!- somos el primer mundo: los verdaderos excluidos son esos otros, y lo son razonablemente porque constituyen una amenaza". LUCAS, J. (de). Las condiciones de un pacto social sobre inmigración. En: N. FERNÁNDEZ SOLA y M. CALVO GARCÍA (Editores). *Inmigración y Derecho*. Zaragoza, Mira Editores, 2001. p. 44.
A los últimos años, Brasil también está experimentando la llegada de inmigrantes ilegales provenientes de países como Haití y, principalmente, Venezuela. De este modo, el presidente de Brasil, Michel Temer, mediante un decreto que estará vigente desde el 29 de agosto hasta el 12 de septiembre de 2018, autorizó **el** uso de tropas del Ejército en el estado de Roraima, fronterizo con Venezuela, para garantizar la seguridad ante la llegada de miles de inmigrantes venezolanos en los últimos meses.

factor más diferenciador es el de la religión, factor que no parece haber sido advertido por los políticos. De ahí que Sartori advierta que conceder la ciudadanía a todos con el ánimo de homogeneizarlos (en este caso, españolizarlos) es un error que agrava todavía más el problema.

> La experiencia dice que conceder la ciudadanía no equivale a integrar (...) Lo más probable es que la concesión de ciudadanía de fuerza y peso a agrupaciones de contraciudadanos. [...] conceder (a los islámicos) el derecho al voto servirá para hacerles intocables en las aceras, para imponer sus fiestas religiosas, e incluso (son problemas en ebullición en Francia) el chador a las mujeres, la poligamia y la ablación del clítoris.[10]

Parece que con el pluralismo cabe convivir en la diversidad, en la mezcla enriquecedora. En cambio, con el multiculturalismo se acaba desembocando en el enfrentamiento. Por ello, señala Sartori que los extranjeros que no estén dispuestos a conceder nada a cambio de lo que obtienen, que se proponen permanecer como extraños a la comunidad en la que entran hasta el punto de negar, al menos en parte, sus principios mismos, son extranjeros que inevitablemente suscitan reacciones de rechazo, de miedo y de hostilidad. Y es que no puede haber una ciudadanía gratuita, concedida a cambio de nada. "*Porque el ciudadano 'contra', el contraciudadano es inaceptable. Eso crearía un problema de racismo*", y no tanto provocado por los "de dentro" sino más bien por los "que vienen de fuera" que no desean integrarse.[11] Y es que no puede olvidarse que los problemas que se presentan no son sólo económicos sino fundamentalmente sociales y ético-políticos y que lo que se trata de lograr es la "buena convivencia pluralista".

Aunque sobre el fenómeno migratorio haya un amplio sistema normativo que lo regula, debe considerarse que, junto a la ley y la justicia, en este tema gravitan los principios de solidaridad y humanidad junto a la noción de deber (moral y jurídico). Es decir, además de la ética de la justicia, la ética del cuidado está también presente.

10 Cfr. SARTORI, G. *Pluralismo, multiculturalismo e stranei*. Trad. de M.A. Ruíz de Azúa, *La sociedad multiétnica. Pluralismo, multiculturalismo y extranjeros*. Madrid, Taurus, 2001. p. 52.

11 Cfr. SARTORI, G. *Pluralismo, multiculturalismo e stranei*. Op. cit., p. 55.
Advierte Sartori que la xenofobia europea se concentra en los africanos y en los árabes, sobre todo si son y cuando son islámicos. Incluso cuando no hay fanatismo sigue siendo verdad que la visión del mundo islámico es teocrática y que no acepta la separación entre Iglesia y Estado, entre política y religión. Y en cambio, sobre esa separación se basa hoy la ciudad occidental. Del mismo modo, la ley coránica no reconoce los derechos del hombre (de la persona) como derechos individuales universales e inviolables (Cfr. SARTORI, G. Op. cit., p. 53). Sartori se interroga acerca de si la política del reconocimiento es algo más que una política de "trato preferencial". Este tratamiento se concibe como una política correctora y de compensación capaz de crear, o recrear, "iguales oportunidades", o sea, iguales posiciones de partida para todos. El objetivo parece ser el del "ciudadano indiferenciado". Pero aquí aparecerían entonces las discriminaciones, al objeto de "borrar las diferencias" existentes entre unos y otros. Pero aparece otro problema: las discriminaciones crean desfavorecidos que protestan y demandan contrafavores. Otro problema derivado de ese "trato preferencial" es porqué una diferencia llega a ser importante y otras no. "¿Por qué al reconocer sólo algunas diferencias escogemos precisamente las que escogemos?" (Ibidem, p. 83/86).

Victoria Camps resume las características de la ética del cuidado en contraposición a la ética de la justicia de la siguiente manera: 1) Se trata de una ética relacional, donde lo que importa más que el deber es la relación con las personas. 2) No se limita a concebir la ley, sino que le interesa su aplicación situacional. 3) Considera que la racionalidad debe mezclarse con la emotividad. 4) Se centra en la implicación y compromiso directo y casi personal con los otros. 5) Añade un enfoque particularizado al enfoque abstracto y general de la ética de la justicia.[12] La justicia está conectada con el cuidado, la solidaridad, la compasión y la empatía. A su vez el cuidado nos ayuda a reconocer las obligaciones de justicia que tenemos con otros (independientemente de si se encuentran cerca o lejos de nosotros). El cuidado como práctica democrática ofrece un programa político que puede equilibrar los derechos y las responsabilidades.

La ética del cuidado apoya claramente el Derecho internacional, pero también se sustenta en otras nociones que no deben ser exclusivamente jurídicas. Las razones humanitarias; el deber de ayudar a quienes están en una situación de vulnerabilidad; el concepto de ciudadanía *glocal*, que hace referencia al lema ecologista pensar global, actuar local. El cuidado contribuye en el delineamiento del ejercicio de la ciudadanía como acción. Las democracias no se pueden reducir a su dimensión legal o al juego de mayorías y minorías. Al igual que se ha señalado, entre las diversas tipologías de ciudadanía está la cosmopolita. ¿podría hablarse de un cuidado cosmopolita?.[13]

Deben esclarecerse los vínculos entre ciudadanía y cuidado. Se podría definir la ciudadanía como el proceso en el que los ciudadanos se comprometen e involucran un proceso de cuidado. Una definición de ciudadanía que puede transformar el modo en que pensamos la vida pública y privada, el modo en que entendemos la participación política. De ahí la importancia de facilitar espacios, y tiempos, para las prácticas de una *ciudadanía cuidadora y responsable*: prácticas en donde las personas pueden manifestarse a sí mismas como cuidadoras y/o receptoras del cuidado, en diálogo unas con otras, preocupadas por el bienestar propio, el de los otros y otras, y el de la naturaleza. Asistiendo así a nuevas formas de acción democrática que integran el cuidado como eje vectorial, convirtiéndose el cuidado en una práctica de política democrática participativa y global. En este sentido, la teórica política Sevenhuijsen – siguiendo el trabajo de Joan Tronto -, propone el concepto de *ciudadanía cuidadora* y argumenta que el cuidado debe reconciliarse con la justicia y las preocupaciones democráticas, por ello propone el cuidado como un tema de ciudadanía con importantes implicaciones prácticas y políticas.[14]

---

12 Cfr. CAMPS, V. *El siglo de las mujeres*. Madrid, Ediciones Cátedra. p. 69/81.

13 COMINS MINGOL, I. La ética del cuidado en sociedades globalizadas: hacia una ciudadanía cosmopolita. *Thémata. Revista de Filosofía*, nº 52, julio-diciembre 2015, p. 159/178. Disponible en: institucional.us.es/revistas/themata/52/9.%20Irene%20Comins.pdf.

14 SEVENHUIJSEN, S. The place of care. The relevance of the feminist ethic of care for social policy. *Feminist Theory* 4, nº 2, 2003, p. 179/197. [Cita extraída de: COMINS MINGOL, I. *La ética del cuidado en sociedades globalizadas*: hacia una ciudadanía cosmopolita, p. 161, nota 10].

Según Miller, estamos moralmente obligados a responder a las necesidades fundamentales, tenemos el deber de cuidar. La conclusión de que tenemos un deber de cuidar descansa tanto sobre una ética kantiana y una ética del cuidado, de hecho Miller defiende una especie de hibridez entre la ética kantiana y la ética feminista del cuidado. La ética kantiana, y en concreto la idea del deber de ayudar, el principio de beneficencia, provee la fundamentación moral a la obligación de cuidar. Por otro lado, la ética del cuidado revela el contenido de esa obligación y la forma en la que debe llevarse a cabo. Miller establece un vínculo interesante entre el concepto kantiano de dignidad humana y el cuidado, un cuidado que refuerza la dignidad de las personas necesitadas. Según Miller se precisa una combinación de la ética kantiana y de la ética del cuidado para dar una explicación completa del deber de cuidar. [15] En lugar de centrarse en las normas a seguir o en las violaciones a la norma que deben penalizarse, la ética del cuidado atendería los problemas políticos, sociales y económicos que hacen que esas normas sean tantas veces inadecuadas en la protección de personas y grupos concretos.

De las muchas críticas a la modernidad occidental que se han realizado, Bauman nos ayuda a tomar conciencia de los «residuos humanos» que estamos creando en el orden mundial tal como lo estamos configurando: vidas desperdiciadas, basura, parias. Sólo tenemos que pensar en la gente que muere en las pateras o en los inmigrantes que consideramos ilegales. Tódorov, en *El miedo a los bárbaros,* nos advierte del peligroso lugar al que nos conducen las políticas del miedo, a convertirnos en bárbaros, siguiendo el dicho «ya hemos encontrado al enemigo. Somos nosotros mismos».[16]

3. Estado de la cuestión: La llegada de inmigrantes como la principal preocupación para la Unión Europea

Europa, casi desde sus inicios, ha sido un continente de recepción de inmigrantes y refugiados. En los tres últimos años Europa ha vivido la peor crisis migratoria desde el fin de la Segunda Guerra Mundial. En el verano de 2015, la cifra de inmigrantes y

---

15 Cfr. CLARK MILLER, S., *The Ethics of Need: Agency, Dignity, and Obligation*. New York, Routledge, 2012.

16 TODOROV, T. *El miedo a los bárbaros: más allá del choque de civilizaciones*, trad. de Noemí Sobregués, Galaxia Gutenberg/Círculo de Lectores, Barcelona, 2008. Se trata de un libro de reacción, una réplica sagaz a otra obra que ha despertado tantas adhesiones como rechazos desde que fuera publicada a mediados de los años 90: *El choque de civilizaciones*, de Samuel P. Huntington (*El choque de civilizaciones y la reconfiguración del orden mundial*, Paidós, Barcelona, 2006 [publicación original de 1996]. Huntington ya vaticinaba que, tras el fin de la guerra fría, los conflictos que marcarían los comienzos del siglo XXI serían de carácter civilizatorio, con un claro protagonismo de las diferencias religiosas. TODOROV no comparte esa idea y su tesis fundamental es: que *el miedo a los bárbaros es lo que nos hace bárbaros.* Defiende una idea de «identidad europea» como estrategia de convivencia y unidad entre naciones, más que como unidad nacional basada en rasgos culturales compartidos.

solicitantes de asilo había superado las 350.000 personas.[17] En 2017 llegaron 171.635 inmigrantes a Europa, especialmente a Italia, Grecia y España, como ha señalado la Organización Internacional para las Migraciones (OIM). [18] Sin embargo, la llegada de inmigrantes a España –a diferencia de Italia y Grecia- va incrementándose cada año. Donde más inmigrante perdieron la vida fue en la ruta del Mediterráneo central, que une Libia con Italia en la que murieron 2.832, seguida de la occidental que lleva a España, en las que se contaron 223 y la oriental entre Turquía y Grecia que registró 61 decesos.

Para afrontar los retos que genera este tipo de movilidad internacional, la Unión Europea (UE) debería de haber desarrollado un enfoque común en materia de inmigración y un sistema europeo común de asilo para proteger a los que buscan refugio en Europa por persecución o riesgo de daños graves en su país de origen. [19] La falta de una verdadera política común de asilo ha desembocado en que cada país aplique su normativa. Hablar de asilo y refugio equivale a reivindicar la protección del género humano en la que encontramos una estricta vinculación entre los derechos humanos y la dignidad humana,[20] entendiendo ésta como "el portal a través del cual el contenido universal igualitario de la moral se importa el derecho".[21]

La responsabilidad en lo que respecta a la protección de los refugiados y de todas las poblaciones desplazadas recae principalmente en el gobierno del país de acogida. La combinación entre un incremento notable del número de desplazados en los dos últimos años –principalmente motivado por guerras y conflictos en sus países de origen-, unido a la crisis económico-financiera de una buena parte de Estados, ha provocado que numerosos países de la Unión Europea, no sólo se hayan negado a recibir refugiados sino que incluso se está cuestionando la libre circulación de personas en el

---

17 *Vid.* EUROPOP2013 (European Population Projections, base year 2013). Disponible en: http://ec.europa.eu/eurostat/data/database. http://ec.europa.eu/eurostat/web/population-demography-migration-projections. También, *vid*: http://ec.europa.eu/eurostat/statistics-explained/index.php/File:Immigration_by_citizenship,_2014_(%C2%B9)_YB16.png. Acceso el: 02.01.2017; también: http://ec.europa.eu/eurostat/statistics-explained/index.php/Migration_and_migrant_population_statistics.

18 Disponible en: https://www.iom.int/es. Los factores que han contribuido a la disminución de llegadas es el apoyo de la Unión Europea (UE) a la Guardia Costera libia y los esfuerzos internacionales por proteger mejor a los migrantes en ese país africano y por organizar retornos voluntarios a las naciones de origen de inmigrantes atrapados en Libia. "muchos de los somalís, sudaneses, etíopes y eritreos que antes pasaban por Sudán para llegar a Libia optan ahora por ir a Alejandría, en Egipto" para cruzar desde allí a territorio libio.

19 KAELBLE, H. *Caminos hacia la democracia. Los déficits democráticos de la Unión Europea*, Madrid, Biblioteca Nueva, 2005.

20 DE LUCAS, J. Fundamentos filosóficos del derecho de asilo, *Derechos y libertades: Revista del Instituto Bartolomé de las Casas*, nº 4, 1995, p. 23/56; y, del mismo autor, *Puertas que se cierran. Europa como fortaleza*, Barcelona, Icaria, 1996.

21 HABERMAS, J. La idea de dignidad humana y la utopía realista de los derechos humanos. *Anales de la Cátedra Francisco Suárez*, nº 44, 2010. p. 111.

marco del territorio de la UE. La libre circulación de personas que permite el Tratado Schengen[22] no se puede mantener si no se controlan las fronteras exteriores.

Como apunta la Federación Internacional de Sociedades de la Cruz Roja y de la Media Luna Roja,[23] las poblaciones desplazadas abandonan su lugar de residencia habitual en movimientos colectivos, debido por lo general a un desastre repentino – como un terremoto o una inundación –, a una amenaza o a un conflicto armado, como mecanismo para hacer frente a la situación y con la intención de regresar. Si bien la migración y el desplazamiento están interrelacionados, deben distinguirse. La situación de las poblaciones desplazadas, ya sea a través de fronteras (por ejemplo, afluencia de refugiados) o dentro de sus países, debido a un desastre o un conflicto armado, requiere por lo general la puesta en marcha de operaciones de socorro conjuntamente con una labor orientada a brindar soluciones duraderas colectivas. La migración, a su vez, suele requerir asistencia social, protección jurídica y apoyo a las perspectivas futuras más individualizadas.

Inmigrantes y refugiados son dos realidades distintas, pero comparten un objetivo común: emprender una nueva vida en un lugar mejor. Los "migrantes" son quienes eligen trasladarse no a causa de una amenaza directa de persecución o muerte, sino principalmente para mejorar sus vidas al encontrar trabajo o educación, por reunificación familiar, o por otras razones. A diferencia de los refugiados, quienes no pueden volver a su país, los migrantes continúan recibiendo la protección de su gobierno.[24] Un

22 El espacio y la cooperación Schengen se basan en el Tratado Schengen de 1985. El espacio Schengen representa un territorio donde está garantizada la libre circulación de las personas. Los Estados que firmaron el Tratado han suprimido todas las fronteras interiores y en su lugar han establecido una única frontera exterior. Dentro de esta se aplican procedimientos y normas comunes en lo referente a los visados para estancias cortas, las solicitudes de asilo y los controles fronterizos. Al mismo tiempo, se han intensificado la cooperación y la coordinación entre los servicios policiales y las autoridades judiciales para garantizar la seguridad dentro del espacio Schengen. La cooperación Schengen se integró en el Derecho de la Unión Europea por el Tratado de Ámsterdam en 1997. No obstante, todos los países que participan en la cooperación Schengen no son miembros del espacio Schengen, bien porque no deseaban suprimir los controles en sus fronteras, bien porque no reúnen todavía las condiciones requeridas para aplicar el acervo Schengen. Las principales normas aprobadas dentro del marco Schengen incluyen: i) la supresión de los controles de personas en las fronteras interiores; ii) un conjunto de normas de común de aplicación a las personas que cruzan las fronteras exteriores de los Estados miembros de la UE; iii) la armonización de las condiciones de entrada y de visados para las cortas estancias; iv) una mejora de la coordinación policial (incluidos los derechos de vigilancia y persecución transfronterizas); v) el refuerzo de la cooperación judicial a través de un sistema de extradición más rápido y una mejor transmisión de la ejecución de sentencias penales; vi) la creación del Sistema de Información Schengen (SIS). Disponible en: http://eur-lex.europa.eu/legal-content/ES/TXT/?uri=URISERV%3Al33020.

23 Disponible en: http://www.cruzroja.es/portal/page?_pageid=174,12048652&_dad=portal30&_schema=PORTAL30. Acceso: 02.01.2017.

24 EDWARDS, A. ¿'Refugiado' o 'Migrante'? ACNUR insta a usar el término correcto". Disponible en: http://www.acnur.org/t3/noticias/noticia/refugiado-o-migrante-acnur-insta-a-usar-el-termino-correcto/.

«inmigrante» es aquella persona que «inmigra», es decir, que llega a otro país para establecerse en él. Muchos de estos inmigrantes –los que no tienen documentación en regla–, pueden ser deportados y transportados de nuevo hacia su país de origen. Las causas de esta huida pueden ser muchas y variadas: desde pobreza a falta de empleo o búsqueda de otro futuro. Si optan por volver seguirán contando con la protección de su Gobierno.

Para los gobiernos esta distinción es importante. Los países tratan a los migrantes de conformidad con su propia legislación y procedimientos en materia de inmigración, mientras tratan a los refugiados aplicando normas sobre el derecho de asilo y la protección subsidiaria,[25] que están definidas tanto en su legislación nacional, como en el Derecho internacional. Los países tienen responsabilidades específicas hacia cualquier persona que solicite asilo en su territorio o en sus fronteras.

Una de las cuestiones problemáticas de la inmigración es que a veces se produce de forma irregular. Hay personas que entran legalmente con un visado de corta duración y a continuación alargan su estancia más allá de lo permitido. También puede ocurrir que otras entren y residan en un Estado miembro de la UE sin autorización, a veces incluso en contra de su voluntad. Las redes de y trata de seres humanos pueden explotar fácilmente a las personas sin papeles. El mercado del trabajo no declarado también atrae a la inmigración irregular. Para proteger a los más vulnerables y mantener la confianza de los ciudadanos en las políticas de inmigración hay que combatir la inmigración irregular en todas sus modalidades.

3.1. *"Los de dentro y los de fuera"*

Peter Singer, en el capítulo titulado "Los de dentro y los de fuera", de su obra *Ética Práctica*,[26] presenta la siguiente situación hipotética: Se ha producido una guerra nuclear y el nivel global de radioactividad en la actualidad y durante los próximos ocho años es tan alto que sólo las personas que viven en refugios atómicos pueden confiar en sobrevivir con un estado de salud aceptable. Para el resto, que se ven obligados a respirar aire sin filtrar y consumir agua y alimento con altos niveles de radiación, las perspectivas son sombrías (enfermedades, muerte). Los afortunados, por supuesto, son los que fueron lo suficientemente precavidos como para comprar una participación en los refugios nucleares construidos por los especuladores inmobiliarios. La mayoría de estos refugios fueron diseñados como pueblos subterráneos, cada uno de los cuales podía alojar a 10.000 personas y satisfacer sus necesidades durante veinte

25 Vid. *Ley 12/2009*, de 30 de octubre, reguladora del derecho de asilo y de la protección subsidiaria. Disponible en: https://www.boe.es/buscar/act.php?id=BOE-A-2009-17242&p=20140326&tn=2&lang=en. Acceso: 2.01.2017.

26 SINGER, P. Ética práctica. 2. ed. Cambridge, 1995. Disponible en: https://www.utilitarian.net/es/singer/de/1995----03.htm.

años. Los pueblos tienen autogobierno y cuentan con constituciones democráticas que fueron aprobadas con antelación. También cuentan con sofisticados sistemas de seguridad que les permiten dejar entrar en el refugio a cualquier persona que elijan, dejando fuera al resto. El alojamiento presenta problemas sólo ligeramente mayores: Puerto Seguro fue diseñado para funcionar como un retiro de lujo en caso de no tener que ser usado en una emergencia real, y estaba equipado con pistas de tenis, piscinas, y un gran gimnasio. Si todos estuviesen de acuerdo en mantenerse en forma haciendo aeróbic en el salón de su casa, sería posible proporcionar un espacio adecuado para dormir, aunque algo primitivo, para todos a los que se puede alimentar repartiendo las provisiones.

Los que están fuera, desean entrar en el refugio y llaman y suplican. Ante ese clamor lastimero, hay tres posiciones. La primera, la de los denominados "corazones sensibles" proponen que el refugio admita a otras diez mil personas, tantas como sea razonablemente posible alimentar y alojar hasta que sea seguro salir, lo cual significaría abandonar todo lujo en cuanto a la comida y las instalaciones; sin embargo, los Corazones Sensibles indican que el destino de los que se queden fuera será mucho peor. En una posición extrema a los Corazones Sensibles, se encuentran quienes que preconizan que los de fuera son normalmente personas de una clase inferior, ya que, o no fueron lo suficientemente previsores, o no eran lo suficientemente ricos, para invertir en un refugio; por esta razón añaden que provocarán problemas sociales en el refugio, suponiendo una carga adicional para los servicios educativos, sociales y sanitarios y contribuyendo a un aumento del número de delitos y de la delincuencia juvenil. Se oponen a dejar entrar a nadie de fuera; en tercer lugar, se encuentra un grupo moderado: los que piensan que, como acto excepcional de caridad y benevolencia, podría dejarse entrar a algunos, pero no a tantos como para que la calidad de vida del refugio cambie de forma significativa.

El interrogante que plantea Singer es: Se celebra un referéndum y hay tres propuestas: dejar entrar a 10.000; dejar entrar a 500 y no dejar entrar a nadie. ¿Por cuál de ellas votarías?

Si trasladamos este planteamiento a nuestros días, la situación de migrantes y desplazados la podemos encontrar por doquier: en Brasil, que recibe, entre otros, principalmente a Haitianos, venezolanos y colombianos. En España, Grecia e Italia, que recibimos de toda África, de Siria, Libia, ya que nuestras fronteras son la entrada para acceder a los demás países de la Unión Europea.

3.2. La Europa fortaleza

Para "defenderse" de los inmigrantes se erigido la Europa fortaleza, que alza muros y vallas para preservar la calidad de vida de sus ciudadanos. La Europa defensora de los derechos humanos se pone en cuestión. Precisamente, el reforzamiento de las fronteras puede ser el primer síntoma de esta nueva fase.

La respuesta europea frente a quienes entran en Europa –refugiados y migrantes- ha sido dejar que los países con fronteras externas construyan vallas o utilicen otros medios. Así, en el caso español, se ha reforzado la valla de Melilla, enclave español en el norte de Marruecos,[27] y se han llevado a cabo las denominadas "devoluciones en caliente" – expulsión inmediata de los migrantes en el momento en que intentan cruzar y sin aplicarles las protecciones de la legislación de extranjería-.[28]

Cada vez surgen más iniciativas de cierre de fronteras y políticas migratorias restrictivas, acompañadas de un rechazo de ideologías de derechas. Las políticas de austeridad han alimentado discursos populistas antieuropeos. A esto hay que añadir "la alarma social del terrorismos islamista, que trata de vincular la identidad musulmana con una inmigración excesiva por culpa, precisamente, de la apertura de fronteras".[29] El miedo al extranjero, por temor a una supuesta pérdida de identidad europea, el auge de partidos extremistas se acaba traduciendo en una Europa xenófoba y racista.

La lucha contra la inmigración ilegal es un pilar muy relevante en estas políticas

---

27 FIBLA, C. Huyen del horror y acaban en el infierno. *El Notario del siglo XXI*, Revista del Colegio Notarial de Madrid, nº67, mayo-junio 2016. p. 35. Entre 2007 y 2013, Europa gastó 4.000 millones de euros en inmigración y refugio, de los cuales, sólo un 17% se empleó en atención al asilo. En el caso de España, también hay un claro contraste entre el presupuesto empleado en proteger las fronteras en lugar de a las personas: 290.000 millones destinados a las fronteras y 9.000 millones de euros destinados a la atención de personas refugiadas. La instalación y mantenimiento de vallas en Ceuta y Melilla se ha llevado una buena parte de ese presupuesto.

28 Según el Tribunal Europeo de Derechos Humanos –TEDH- las devoluciones en caliente vulneran los derechos humanos. El 3 de octubre de 2017, el TEDH reconoció, de forma unánime, que hubo una infracción de la Convención Europea de Derechos Humanos en la decisión de las autoridades españolas de expulsar de forma inmediata a dos personas en Melilla. Los hechos sucedieron el 31 de agosto de 2014 cuando dos personas originarias de África Sub-Sahariana fueron detenidas por la policía española tras ingresar en el país en su frontera con Marruecos (Melilla). El entendimiento de la Corte fue que, al detener directamente a los migrantes tras su llegada al territorio europeo sin solicitar identificación y sin tratar los casos de forma individual, se configura en efecto una expulsión colectiva sin base legal prohibida por el artículo 4 del Protocolo nº4 que se refiere a la interdicción de la expulsión colectiva de extranjeros. Complementariamente, según la decisión también se ha violado el artículo 13 de la Convención, referente al derecho a la asistencia jurídica y recursos efectivos. Ante la alegación del Estado Español de que el caso se había desarrollado fuera de territorio español y era un "rechazo en frontera" y no una "devolución en caliente", la Corte evidencia que desde el momento en que se saltó la valla, las víctimas entraron en jurisdicción española y estuvieron bajo el control continuo y exclusivo de las autoridades españolas. Tras la decisión, el gobierno español tendrá que pagar una suma de 5.000 euros a cada una de las víctimas. TEDH. "The immediate return to Morocco of sub-Saharan migrants who wereattempting to enter Spanish territory in Melilla amounted to a collective expulsion of foreign nationals, in breach of the Convention". ECHR 291 (2017). (03.10.2017). Disponible en: www.statewatch.org/.../echr-judgment-N.D--and-N.T-v-Spain-%. Actualmente, el Gobierno español tiene recurrida esta sentencia.

29 ONGHENA, Y., "La crisis de valores: la propia Unión Europea en tela de juicio", en MORILLAS, P; SÁNCHEZ-MONTIJANO, E; SOLER, E (Coords.) Europa ante la crisis de los refugiados. 10 efectos colaterales, Barcelona, CIDOB, 2015. p. 8. Disponible en: https://www.cidob.org/.../07-10_YOLANDA%20ONGHENA_C...

de la UE, como pone de manifiesto la actuación de EUROPOL,[30] aunque, hubiera sido deseable que la UE, en su política de emigración, hubiera actuado con más dureza frente a las mafias.

Desde hace años se lleva reclamando a la UE una verdadera política común de inmigración y de asilo porque la idea de la "Europa fortaleza" se resquebrajaba ante la llegada cada vez más numerosa de emigrantes derivada de la globalización, los desastres naturales y las hambrunas. Como era un problema que afectaba casi en exclusiva a los países de entrada en Europa, los países del sur (Grecia, Italia y también España), la UE no se había preocupado de establecer esa política común europea. La propuesta de una política común de inmigración y asilo, sostenible y solidaria, es uno de los grandes retos que tiene ante sí la UE del siglo XXI. [31]

A falta de esa política común europea, se trabaja con la agenda sobre migración. La Comisión Europea ha planteado, para 2018, una respuesta inmediata a la crisis en el Mediterráneo y contempla medidas a más largo plazo para gestionar la migración en todos sus aspectos. Cabe destacar cuatro objetivos: 1) *Reducir los incentivos a la migración irregular*: Investigar, desarticular y llevar ante la justicia a las redes de traficantes y contribuir a alinear las prácticas de retorno que aplican los países de la UE. La Comisión también intentará crear asociaciones más sólidas con países clave de fuera de la UE; 2) *Salvar vidas y proteger las fronteras exteriores*: Garantizar una gestión enérgica y común de las fronteras exteriores gracias a la plena operatividad de la Guardia Europea de Fronteras y Costas, nuevas propuestas sobre fronteras inteligentes y la financiación de iniciativas en el Norte de África para ayudar a la región a

---

30 Europol es la agencia de la Unión Europea en materia policial. Nuestro principal objetivo es contribuir a la consecución de una Europa más segura para beneficio de todos los ciudadanos de la UE. Entre sus diversas líneas de actuación se encuentra la lucha contra el contrabando de personas, por lo que la inmigración ilegal. Disponible en: https://www.europol.europa.eu/es/about-europol.

31 Ban Ki-moon, secretario general de Naciones Unidas, en su Informe, titulado 'In Safety and Dignity: Addressing Large Movements of Refugees and Migrants' de 9 de Mayo de 2016, presenta algunas recomendaciones para llevar a cabo una acción colectiva más eficaz a nivel mundial. Entre estas recomendaciones destaca la conveniencia de prestar mayor atención a los factores que impulsan los desplazamientos forzados. Naciones Unidas sigue intensificando su labor para prevenir los conflictos, resolver disputas en forma pacífica y hacer frente a las violaciones de los derechos humanos antes de que las situaciones se agraven. Para ello, disponemos ahora de un instrumento nuevo y poderoso, la Agenda 2030 para el Desarrollo Sostenible, un plan de acción acordado el año pasado por los 193 miembros de Naciones Unidas en que se hace especial hincapié en la justicia, las instituciones y las sociedades pacíficas. KI-MOON, B. Informe 'In Safety and Dignity: Addressing Large Movements of Refugees and Migrants' Disponible en: https://refugeesmigrants.un.org/secretary-generals-report. Acceso el: 31.08.2016.
La relevancia que tiene actualmente esta temática para la UE queda reflejada en que la UE ha fijado la crisis de refugiados y el crecimiento económico como prioridades en la cumbre del G20, que se celebrará los próximos días 4 y 5 de septiembre. "Han asegurado que pedirán un incremento para la ayuda humanitaria y apoyo para refugiados y sus comunidades de acogida a través de las instituciones financieras internacionales y combatiendo la migración irregular".

reforzar sus actividades de búsqueda y rescate; 3) *Una sólida política común de asilo*: Completar la reforma del Sistema Europeo Común de Asilo para garantizar una política de asilo plenamente eficiente, justa y humana, con una serie de normas comunes y armonizadas a escala de la UE, incluido un sistema más sostenible para la asignación de las solicitudes de asilo entre Estados miembros; 4) *Una nueva política de migración legal:* Mantener a Europa como destino atractivo para los migrantes en un periodo de declive demográfico a través de medidas como revisar el sistema de la tarjeta azul, reorganizar las prioridades de las políticas de integración y hacer que la migración funcione mejor para los países de origen, por ejemplo, facilitando las remesas.[32]

4. Diversas proyecciones del deber de cuidado con respecto a los inmigrantes

El deber de cuidado con relación a los inmigrantes tiene diversas manifestaciones. Entre ellas, el ofrecer un puerto seguro por parte de capitales europeas que ha dado lugar a un intenso debate jurídico-político; los Centros de Internamiento de Extranjeros – CIES- como lugar donde se expresa el cuidado; el papel de las mujeres en las migraciones transnacionales: la perpetua ética del cuidado en la medida en que son cuidadoras de los hijos aunque estén a distancia.

4.1. Ofrecer un puerto seguro: del deber jurídico al deber moral

A partir de las consideraciones indicadas, cabe plantear si hay un "deber de cuidado" con respecto a quienes no han tenido la fortuna de nacer en un país desarrollado, en que vive en condiciones pacíficas. ¿Debemos acoger y cuidar a todos los inmigrantes que lleguen? O bien, se puede justificar un límite para "nuestros cuidados" a los inmigrantes? ¿Hay diferencia entre los inmigrantes que llegan por el mar –procedentes del continente africano- y aquéllos que llegan por vía terrestre, cruzando la valla de Melilla o escondidos en los camiones que provienen de Marruecos?

---

32 Disponible en: https://ec.europa.eu/home-affairs/what-we-do/policies/asylum_en. Para más detalles, puede consultarse la web de la Dirección General de Migración y Asuntos de Interior. Para atender a una emergencia sin precedentes en la ruta del Mediterráneo Oriental y los Balcanes Occidentales, la UE y los países más afectados de la región acordaron un plan de acción de 17 puntos. Entre las medidas figuran:

- intercambiar permanentemente la información
- limitar los movimientos secundarios
- apoyar a los refugiados y proporcionarles alojamiento y descanso
- gestionar en común los flujos migratorios
- medidas de gestión de fronteras
- luchar contra el contrabando y la trata de seres humanos.

Para responder a estos interrogantes hay que clarificar que aquí cuidado lo estamos interpretando como un derivado de la solidaridad. Pero el interrogante se puede repetir también con la solidaridad y deber humanitario. ¿Hasta dónde debe llegar el deber? Un ejemplo lo tenemos en la nave *Aquarius,* de una ONG (barco de bandera de Gibraltar, propiedad de una ONG francesa), que se dedica a recoger a inmigrantes que van a la deriva en sus barcas por el Mediterráneo. A raíz de que Italia, desde que en mayo, con el nuevo Gobierno de coalición entre la liga Norte y Movimiento 5 estrellas, haya decidido cerrar sus puertos los inmigrantes, – cada año llegaban a las costas italianas casi 200.000 inmigrantes irregulares- las mafias que trafican con estos inmigrantes, les dirigen hacia el sur de España. El *Aquarius*, entonces tenía 630 personas, por encima de la capacidad del barco [que puede albergar unos 550] (mujeres, niños, menores no acompañados). El gobierno español alegó razones humanitarias y el Presidente del Gobierno, Sánchez – que acaba de llegar a la presidencia del Gobierno, mediante una moción de censura- decidió asumir el rescate del barco y poner en marcha una compleja operación para llevarlo hasta el puerto de Valencia. No tenía obligación legal de hacerlo ya que no era el puerto más cercano, pero ante la negativa de Italia a recibirlo, se acogió por parte de España.

Esta decisión fue muy controvertida, ya que para algunos sectores significaba un "efecto llamada" (dirigiros a España, que alguno de sus puertos os acogerá). Además, entre las críticas, se encontraba la falta de previsión de una política migratoria por parte del Gobierno español, más interesado en la foto del "buenismo y de la humanidad" que en coordinar una planificación. Por otro lado, las mafias que llevan a cabo desde las cotas de Libia, Marruecos y tantos otros países, el tráfico de personas, exigiendo importantes sumas de dinero a cambio, se ven favorecidas por la actividad de estas ONG, que acaban fomentando este traslado de personas.

Un mes después, el *Aquarius* de nuevo pide a Europa un puerto seguro para los 141 migrantes que tiene a bordo. Esta vez, España se niega a recibirlos.[33] De nuevo, se criticó la decisión, preguntándose qué había cambiado en el plazo de un mes, ya que incluso en esta ocasión, el barco estaba incluso más cercano a la costa española que en la anterior vez. Finalmente, Francia se ha ofrecido a acogerles.[34]

---

33 "Aquarius. El Gobierno no asume el 'Aquarius' por ahora: "España no es el puerto más seguro según la ley", Diario *El país*, 13.08.2018. Disponible en: https://elpais.com/politica/2018/08/13/actualidad/1534159904_160925.html.

34 Los episodios sobre la entrada de inmigrantes ilegales se repiten casi cada día. El 23 de agosto de 2018, 116 inmigrantes asaltaron de forma violenta la valla de Melilla e, hiriendo a siete Guardia civiles (utilizando incluso cal viva y ácido) entraron ilegalmente en Ceuta (ciudad española en el norte de África). Inmediatamente, se dirigieron al Centro de Estancia Temporal de Inmigrantes, que triplica el número de usuarios que puede acoger. Los saltos a la valla son cada vez más violentos. De unos 300 inmigrantes que lo intentaron, los 116 que consiguieron pasarla han sido detenidos por la Guardia Civil y han sido entregados a Marruecos para que el país africano los devuelva a sus países. Ello ha dado lugar a una controversia, entre quienes lo califican de "devolución en caliente", prohibida por la ley de Extranjería española, frente a aquéllos otros que sostienen que no puede

Lo que trasluce esta situación es que la mayoría de los países europeos se resisten a aceptar ningún tipo de cuota de recepción de inmigrantes – ya lo hicieron también en el caso de los refugiados- y que no parece haber interés en diseñar una política común de inmigración.

Ahora bien, las culpas no pueden hacerse recaer exclusivamente en los países de acogida sino en los de salida. Marruecos ha relajado el control de sus costas, alegando que la UE debe proporcionarle un aumento del importe que hasta ahora venía recibiendo para que pudiera dotarse de los medios suficientes. Una vez más, es una medida de presión y todo parece que se acaba resumiendo en una cuestión monetaria.

4.2. Los Centros de Internamiento de Extranjeros - CIES-: ¿lugar donde se expresa el cuidado?

En España hay siete Centros de Internamiento de Extranjeros, CIES, repartidos en varias ciudades. Para evitar entrar en estos centros, los inmigrantes deben ser considerados refugiados. Entonces serían enviados a centros o pisos de acogida con libertad de entrada y salida. El problema, denuncian, es que no hay plazas suficientes.

Un total de 8.814 inmigrantes en situación irregular ingresó en los centros de internamiento de extranjeros (CIE) durante el año pasado, 1.200 personas más que el año anterior. Pueden estar aquí un máximo de dos meses, hasta que se tramiten los papeles para la expulsión a su país. Por eso, muchos de ellos tratan de escaparse. Los que lo consiguen acaban vagando por el país sin papeles.

El 62% (4.284) fueron puestos en libertad sin ser enviados de vuelta a su país. Es decir, la mayoría de 'sin papeles' que ingresan en ellos no son devueltos a su país. Ello ha provocado que se cuestione la finalidad de un internamiento que genera "un sufrimiento inútil" a miles de personas: si la única finalidad legal que tienen los CIE es custodiar a los *sin papeles* mientras se tramitan todos los papeles para realizar su expulsión, ¿por qué se les encierra hasta 60 días cuando ya por adelantado se tiene la certeza de que va a ser imposible hacer efectiva su repatriación en la mayoría de los casos?

---

admitirse inmigrantes ilegales que utilizan la violencia para traspasar las fronteras españolas. Para justificar legalmente tal actuación, La operación, de carácter extraordinario, se basa en un pacto que España y Marruecos firmaron en 1992y que contemplaba la expulsión en menos de 10 días de los ciudadanos de terceros países que entraran ilegalmente en España desde Marruecos. En sus 26 años, el acuerdo solo se había aplicado de manera excepcional. LÓPEZ-FOSECA, O. El Gobierno desempolva un convenio de hace 26 años para expulsar a 116 migrantes, Diario *El País*, (24.08.2018). Disponible en: https://elpais.com/politica/2018/08/23/actualidad/1535027599_502354.html. Legalmente, su situación es muy distinta de los que se les rescata en el mar. En el caso del auxilio de las pateras, la normativa internacional establece la obligación de los servicios de salvamento de llevar a los rescatados al puerto seguro más cercano. La Unión Europea va a repartir a Marruecos 130 millones de euros para blindar sus fronteras, tanto terrestres como marítimas. Se impone un control desde los países de entrada.

Los datos por nacionalidades son muy llamativos: fueron puestos en libertad el 100% de los inmigrantes de la República del Congo, República Democrática del Congo y Burkina Faso; el 99% de los de Costa de Marfil, Gambia, Camerún y Guinea Bissau; el 96% de los de Sierra Leona y Mauritania; el 94% de los de Mali y Senegal...

Sólo los marroquíes, los rumanos, los colombianos y, en menor medida, los argelinos son repatriados. El motivo, dice el informe, es que en la población marroquí existe "una mayor facilidad para la identificación" de los recién entrados y también para su devolución. A cambio, a los subsaharianos no queda otra que ponerlos en libertad "dada la dificultad para comprobar la nacionalidad declarada".

Por eso plantea que, de forma alternativa a los CIE, se aloje temporalmente en recursos abiertos de acogida humanitaria a los inmigrantes que entran irregularmente en España por las costas canarias o andaluzas, mientras se tramita su documentación.

El sistema de acogida a inmigrantes en nuestro país es insuficiente por la falta de recursos y la ineficacia de un modelo basado en la represión policial y el ingreso en Centros de Internamiento (CIE) que las asociaciones de derechos humanos no dudan en tildar como "cárceles opacas" donde quedan desatendidos. Uno de los desafíos es introducir un nuevo paradigma en términos de acogida, recepción e integración" en el que se implique la UE. "Hoy por hoy los países del Sur están enfrentando el problema y los del Norte están contemplándolo como si no fuera con ellos". Asimismo, hay que destacar el Aumento, en un 60%, del número de menores migrantes tutelados en España.

España es el tercer país en número de llegadas. En 2017, 119.369 personas llegaron a Italia, 29.718 lo hicieron a Grecia y 28.349 a España. De los que atravesaron nuestras fronteras – la mayoría en una patera -, el 14% eran menores aunque se desconoce cuántos lo hicieron sin el acompañamiento de un adulto.

Las denominadas "devoluciones en caliente", las ineficaces pruebas de verificación de menores que provocan que muchos niños terminen en centros de adultos, la sobresaturación de los centros y las continuas situaciones violentas son sólo algunos de los obstáculos a los que se enfrentan los menores.

En el Informe Anual 2017,[35] el Defensor del Pueblo pone de manifiesto las quejas recibidas al respecto.[36] En el Informe también se cuestiona la "idoneidad" de usar cár-

---

35 Disponible en: https://www.defensordelpueblo.es/informe-anual/informe-anual-2017/.

36 En el citado Informe anual del Defensor del Pueblo, correspondiente a 2017, en relación a las Migraciones y protección internacional se señala lo siguiente:
"En 2017, en el ámbito de la gestión de la inmigración y de la protección internacional, se han detectado numerosas carencias estructurales en la gestión de los procedimientos que afectan a un importante número de ciudadanos extranjeros. En opinión del Defensor, gran parte de las deficiencias detectadas están provocadas por la ausencia de una política común. Un año más, la Institución reclama coordinación entre los distintos organismos de las administraciones públicas con competencias en la materia y la exigencia de una política migratoria que contemple el fenómeno en su totalidad. Se han recibido numerosas quejas por deficiencias en el acceso al procedimiento

celes vacías en algunas ciudades como sustitutivo de los Centros de Internamiento de Extranjeros (CIES) para millares de inmigrantes llegados en patera a España.[37]

4.3. El papel de las mujeres en las migraciones transnacionales: la perpetua ética del cuidado

Los procesos de emigración corresponden especialmente a la movilidad de personas de escasos recursos (sectores pobres y medios), que salen de sus países por factores económicos, sociales y políticos, y de los cuales, las mujeres (jefas de hogar, madres solteras o proveedoras económicas) conforman un importante grupo. Los movimientos migratorios se producen en varias direcciones. Desde América Latina hacia América del Norte y España. Pero también, hay movimientos entre los propios países latinoamericanos. Argentina, Brasil y Chile constituyen los países con mayor recepción de inmigrantes en la región – por ejemplo, haitianos, venezolanos y colombianos en Brasil.

La migración forzada y la dependencia de las remesas, constituyen detonantes de los flujos migratorios, siendo la pobreza, la desigualdad, la violencia y la miseria, factores que llevan a muchas personas a salir de sus países de origen buscando nuevas oportunidades laborales y económicas. En esta migración hay un predominio de hombres pero también la feminización de la migración se convierte en una tendencia sobre todo en desplazamientos desde países "subdesarrollados" "del tercer mundo" o "en vías de desarrollo".

La explotación laboral y la exclusión social, junto a la globalización neoliberal originan la economía del trabajo barato y aumenta la demanda de trabajadores baratos; una gran proporción de los trabajos disponibles es ocupada por mujeres inmigrantes. Ello deriva en que mujeres latinoamericanas, africanas y asiáticas son las protagonistas en la globalización de los servicios de cuidado.[38] Tareas como cuidado y limpieza de

de asilo, en la gestión y tramitación de las solicitudes, así como en el sistema de acogida a solicitantes de asilo y refugiados. Para el Defensor, la situación en la que se encuentra la Oficina de Asilo y Refugio, con más de 40.000 nuevas solicitudes de protección internacional presentadas en 2017 y más de 30.000 pendientes de resolver de años anteriores es "insostenible". Para la Institución también es "incomprensible" la demora en la publicación del Reglamento de Asilo que afecta gravemente a las personas solicitantes de protección internacional en cuestiones tan importantes como la reagrupación familiar. Más de 29.000 personas fueron interceptadas en 2017 intentando acceder de manera irregular a España. A juicio de la Institución, ha llegado el momento de analizar la experiencia acumulada, aprender de los errores cometidos y planificar de una forma ordenada la atención a las personas que seguirán intentando alcanzar Europa a través de las costas españolas."

37 LÓPEZ FONSECA, O. El Defensor del Pueblo cuestiona que se recluya a los inmigrantes en la cárcel de Archidona, Diario *El País*, 01.12.2017. Disponible en: https://elpais.com/politica/2017/12/01/actualidad/1512121347_302423.html.

38 LÓPEZ-MONTAÑO, L. Mª; ZAPATA-MARTÍNEZ, A. Abordajes investigativos del cuidado familiar en la migración internacional paterna/materna: la omisión del lugar de los hombres, *Papeles de Poblaci-*

las casas y, principalmente, cuidado de niños, personas mayores y personas enfermas son las tareas que principalmente realizan estas mujeres migrantes. Podría hablarse de una especie de "organización del cuidado", habiéndose convertido estas mujeres migrantes en instrumentos imprescindibles para un adecuado funcionamiento de la ciudadanía en el país receptor.[39] A su vez, el desarrollo de un trabajo – aunque en ocasiones no se les haya regularizado y estén trabajando sin seguro sanitario y pagándoseles su salario en negro – les permite acceder al status de ciudadanas, pasando de una situación irregular a otra legal.

Por otro lado, las tareas de cuidado que realizaban estas mujeres en sus países de origen, suelen ser asumidas por sus madres, principalmente si han dejado hijos pequeños a su cargo. Con las remesas de dinero que remiten a la familia, intentan compensar la distancia geográfica que los separa, procurando que sus hijos reciban los cuidados y atenciones que necesitan.[40] Una minoría de hombres (padres, tíos, hermanos) son los que se ocupan del cuidado del núcleo familiar que ha quedado en el país de origen cuando es la mujer la que ha emigrado.

> La práctica de la proveeduría del cuidado a cargo de una figura femenina. Ello se confirma no sólo en el hecho de que las madres desde la distancia perpetúan su papel como cuidadoras de los hijos o hijas, sino también que en todos los casos una mujer participa de esta tarea. Es decir, no obstante que en algunas familias la migración de la madre implicó para los padres asumir el cuidado de su prole, siempre una mujer colaboró con ellos en el ejercicio de esta tarea.[41]

Como explican López-Montaño y Zapata-Martínez, con la internacionalización de los cuidados, se genera una transferencia y cadenas de cuidado feminizadas que entrecruzan hogares ubicados en distintas partes del mundo, denominados por algunos como *cadenas globales de cuidado* o *cadenas mundiales de afecto y asistencia.* Es el caso de las mujeres mexicanas que trabajan en California como niñeras, las mujeres peruanas que trabajan en Chile o las mujeres ecuatorianas que trabajan en España

ón, vol. 22, núm. 87, enero-marzo, Universidad Autónoma del Estado de México, 2016. p. 233/263. Disponible en: http://www.redalyc.org/articulo.oa?id=11244805010.

39 En otros casos, las corrientes migratorias están compuestas en gran parte por mujeres, acompañadas por sus hijos o hijas. En esos casos, deben desdoblar su función de cuidado entre la atención a sus propios hijos y el trabajo de cuidados que vayan a desempeñar en el país receptor.

40 En otras ocasiones podrán recurrir a la agrupación familiar, tanto de su cónyuge como de sus hijos, para que se reúnan con la mujer en el país receptor en el que debe tener regularizada su situación para poder cursar la solicitud. *Vid*. Portal de inmigración. Disponible en: extranjeros.empleo.gob.es/es/InformacionInteres/.../index.html.

41 LÓPEZ-MONTAÑO, L. Mª; ZAPATA-MARTÍNEZ, A. Abordajes investigativos del cuidado familiar en la migración internacional paterna/materna: la omisión del lugar de los hombres. Op. cit., p. 243.

cuidando per personas mayores.[42] Es decir, una de las principales salidas laborales para las mujeres inmigrantes en Europa es el cuidado de familiares.

5. Reflexiones finales

La categoría de ciudadanía – derechos y deberes jurídicos – constituye una expresión de la soberanía nacional. En el caso de la Unión Europea, de una soberanía suprancional. Los inmigrantes ilegales quedan fuera del sistema de cobertura legal de la ciudadanía –lo cual no significa que no tengan acceso a derechos –tales como la sanidad universal en España-. Esta entrada ilegal en las fronteras les coloca fuera del acceso al mercado de trabajo, precisamente la razón por la que la mayoría – inmigrantes económicos – han salido de sus países.

El cuidado impregna todo este proceso: desde la llegada a las fronteras – sea terrestre o marítima- su recepción en los Centros de Internamiento – CIES – e incluso el trabajo que van a desarrollar después –los hombres, en los invernaderos y en cultivos o vendiendo productos falsificados como manteros; las mujeres, en labores domésticas en los hogares de los ciudadanos europeos y en cuidados de familiares de esos mismos ciudadanos-. Como una gran paradoja, se plantea en su llegada la necesidad de que reciban cuidados para, una vez que han conseguido insertarse de alguna forma en el sistema, al menos, en el caso de las mujeres, ser quiénes proporcionan cuidados.

La ética kantiana, la ética feminista del cuidado, el deber moral – y jurídico – de solidaridad se proyectan sobre nociones como la inmigración ilegal y la ciudadanía, provocando encendidos debates sobre el deber de cuidado con respecto a los inmigrantes. La Unión Europea, hasta ahora, no ha sido capaz de llegar a unos acuerdos mínimos al respecto, más allá de una distribución por cuotas asignadas a cada país de los refugiados – sistema de asignación que no se ha cumplido -. Los demandantes de asilo cada año aumentan. Los inmigrantes ilegales también y cabe pronosticar que cada año serán más quienes deseen llegar a Europa, como la panacea del bienestar y del desarrollo.

La categoría de ciudadanía no sólo no se amplía sino que se alzan voces nacionalistas, que claman cada vez más alto, a favor de los ciudadanos nacionales con lemas de "fuera los extranjeros". El cuidado que se viene dispensando a los inmigrantes ilegales también se cuestiona ya que las ayudas y subvenciones que se les da no van para ciudadanos que se encuentran en situación de necesidad. Como en Italia defiende el Ministro del Interior, M. Salvini: "prima gli italiani". Las actuaciones de una buena par-

---

42 Los cuidados domésticos en el domicilio se encuadran en un sector laboral precario, invisible, femenino, poco dignificado y profesionalizado, quedando relegado a los grupos de población con menos recursos. El cuidado de personas mayores dependientes realizado por ciudadanos inmigrantes, principalmente por mujeres, es cada vez más amplio. *Vid. Cuidado a la dependencia y a la inmigración. Informe de Resultados*, Madrid, Ministerio de Trabajo y Asuntos Sociales, Imserso, 2005. Disponible en: www.imserso.es/InterPresent2/groups/imserso/documents/.../cuidadodepinmi.pdf.

te de las ONG –algunas de ellas excesivamente vinculadas a las mafias y que acaban favoreciendo el tráfico de personas humanas- también se cuestiona.

Resulta urgente acabar con el tráfico de personas que conlleva la inmigración ilegal, atajando los problemas en los países de origen. África es uno de los continentes más olvidados, donde el tráfico de seres humanos queda en manos de mafias que mercadean con la inmigración ilegal; donde, empresas multinacionales negocian con gobiernos corruptos y la riqueza de minerales y otros recursos naturales se reparte entre unos pocos, dejando a la población en la miseria.

En definitiva, uno de los grandes retos de este siglo XXI es el de la inmigración y sus cuidados. Defensores de derechos humanos, Universidades, politólogos, economistas, éticos, juristas, Ministerios de Defensa de cada país, tienen ante sí el desafío de garantizar la seguridad de los ciudadanos, protegiendo sus fronteras, pero sin descuidar los deberes humanitarios de acogida y cuidado hacia otros seres humanos en situación de necesidad. Difícil tarea de equilibrio.

O Cuidado e a empatia com o cidadão na envelhescência e longevidade

Pedro Caetano de Carvalho

SUMÁRIO: 1. Introdução. **2.** Envelhescência e longevidade. **3.** empatia. **4.** Pais órfãos de filhos. **5.** Conclusão.

1. Introdução

O artigo pretende promover uma reflexão sobre a dimensão do Cuidado como valor e como subprincípio da dignidade humana ao adentrar na envelhescência e seguir adiante na longevidade. Buscará conectar a abordagem com a empatia não apenas como a capacidade de se colocar no lugar do outro, mas de compreender melhor o comportamento e a forma como o outro toma as decisões em determinadas circunstâncias, saber ouvir o outro, compreender os seus problemas e emoções. Com efeito, quando um indivíduo consegue sentir a dor ou o sofrimento do outro ao se colocar no seu lugar, desperta a vontade de ajudar e de agir seguindo princípios morais e de cidadania.

O conceito de dignidade humana não é algo contemporâneo. É tema corriqueiro em debates e pesquisas de largo período. São muitas as abordagens da dignidade da pessoa humana como princípio absoluto. A dignidade da pessoa humana está prevista no artigo 1º, inciso III da Constituição Federal e constitui um dos fundamentos do Estado Democrático de Direito, inerente à República Federativa do Brasil.

De forma resumida é possível dizer que a dignidade se baseia no reconhecimento da pessoa digna de respeito. É uma necessidade emocional que todos nós temos de reconhecimento público de se ter feito bem as coisas, em relação a autoridades, amigos, círculo familiar, social, entre outros.

Como amplamente referido em diversos textos, inicialmente, a dignidade era centrada em Deus, sendo, portanto, externa ao homem; depois, migra para o interior do ser humano, associando-se à racionalidade e liberdade como atributos exclusivos da pessoa natural; por fim, brutais atentados contra a humanidade demonstraram a necessidade de situar a dignidade como princípio constituinte do Estado Democrático de Direito.

Assim, temos num primeiro momento, a ideia do indivíduo como pessoa e, por consequência, como portador de dignidade, que foi concebida pelo Cristianismo e divulgada especialmente por São Tomás de Aquino (1225-1274). Para ele, a dignidade é própria do homem e "existe in actu só no homem como indivíduo, passando dessa forma a residir na alma de cada ser humano, sendo que a natureza humana é submissa às leis Naturais, emanadas diretamente da autoridade divina".[1]

---

1 MONDIN, Batista. O humanismo filosófico de Tomás de Aquino Trad. de A. Angoese. São Paulo: Edusc, 1998. *In:* SARLET, Ingo Wolfgang. *Constituição:* Direitos Fundamentais e Direito Privado. 2. ed. Porto Alegre: Livraria do Advogado, 2006. p. 113.

São Tomás de Aquino foi tema de estudos em mais de um semestre na nossa Faculdade de Filosofia, principalmente pela sua grande contribuição para a filosofia, para a igreja católica e para a humanidade.

Para Bruno Miola da Silva e o sacerdote José Raimundo de Carvalho,

> A imposição do regime nazifascista e as barbaridades cometidas em nome dessa ideologia deixaram clara a necessidade de se inserir o conceito de dignidade da pessoa humana como princípio constitucional de um Estado Democrático. Isso ocorreu logo após a guerra, em 1949, na Alemanha, por exigência dos países vencedores: a Lei Fundamental de Bonn[2], em seu artigo 1º, estabelece que a 'dignidade da pessoa humana é intangível. Respeitá-la e protegê-la é obrigação de todos os poderes estatais'.[3]

No ano de 1948 ocorre a proclamação da Declaração Universal dos Direitos Humanos pelas Nações Unidas, a qual enfatiza, em seu artigo 1º: 'Todas as pessoas nascem livres e iguais em dignidade e direitos. São dotadas de razão e consciência e devem agir em relação umas às outras com espírito de fraternidade'".[4]

Não podemos olvidar que o desempregado, o deficiente, a criança de rua, o preso, o analfabeto, o sem-teto, o idoso tema do nosso enfoque aqui, entre tantos outros, que fazem parte da legião dos excluídos, são também vítimas de preconceitos e se tornam invisíveis aos olhos do Estado e dos próprios cidadãos. Consequentemente, tornam-se fantasmas também para si próprios, pois se habituam e aceitam o padrão de vida no qual falta o respeito à sua dignidade. Nesse sistema, a dignidade da pessoa humana é atingida duplamente: não apenas a do excluído, mas também a daquele que não enxerga o seu próprio semelhante ou que aceita a sua exclusão.

Quanto ao cuidado, reconhecido cada vez mais em nosso país como valor jurídico, na forma já assentada nas muitas decisões dos tribunais, e também nas reflexões filosóficas no campo da humanização vem adquirindo grande importância, principalmente, diante do princípio da responsabilidade científica e social e da aparente impotência da ética frente ao ser humano tecnológico, capaz de organizar, desorganizar e mudar, radicalmente, os fundamentos da vida, ou seja, de criar e/ou destruir a si mesmo.

SILVA, Bruno Miola da; CARVALHO, José Raimundo de. *O princípio da dignidade humana e o direito à inclusão social*. Disponível em: http://periodicos.unievangelica.edu.br/index.php/revistajuridica/article/view/41 1/410. Acesso em: 01 mar. 2019.

---

2 Lei Fundamental da República Federal da Alemanha, 1975. p. 6. Tradução publicada pelo Departamento da Imprensa e Informação do Governo da República Federal da Alemanha, 1975.
SILVA, Bruno Miola da; CARVALHO, José Raimundo de. Op. cit.

3 SILVA, Bruno Miola da; CARVALHO, José Raimundo de. Op. cit.

4 ONU. Declaração universal dos direitos humanos. Disponível em: https://nacoesunidas.org/wp-content/uploads/2018/10/DUDH.pdf. Acesso em: 16 fev. 2019.

> O crescente desenvolvimento das ciências e sua aplicabilidade à vida humana, conduzem o ser humano a uma infinidade de questionamentos, perplexidades e incertezas e que, frequentemente, provocam profunda crise de valores no sentido de desafiar a postura ética dos profissionais e a capacidade de conciliar nova demanda e competências. Mesmo com os indiscutíveis benefícios advindos do progresso tecnológico, mais especificamente associado à resolutividade das descobertas terapêuticas e à qualificação dos profissionais da saúde, urge discutir e redefinir/ reorientar os limites que estabelecerão até onde o ser humano poderá ou deverá chegar.[5]

Importante atentar que quando a gente modifica o modo de ser, acaba modificando também os outros. "Com o trabalho de humanização, conseguimos passar para os outros a importância das pequenas expressões de cuidado. A humanização fez a gente pensar mais. É que estas questões nunca foram trabalhadas, você agia isoladamente, mecanicamente, sem pensar. A humanização já existia no hospital, só que cada um fazia do seu jeito e trabalhava de forma muito isolada. A humanização veio como um 'chamamento' para uma integração maior".[6] O mesmo se aplica a todo trabalho com pessoas de uma maneira geral.

Focando na nossa temática do idoso, é muito comum ouvirmos falar dos tantos programas exitosos para o segmento que convencionou-se chamar de terceira idade, recheados de danças, passeios, palestras e os ditos serviços de apoio assistencial e psicológico.

Contudo, "é preciso distinguir que essas atividades são, por vezes, programadas dentro de uma rotina de ativismo, de não deixar o idoso parado, sem um sentido de adequação, de opção e de construção de atitudes cooperativas e adaptativas por parte dos idosos, uma vez que representam excelente oportunidade de aprendizagem social e afetiva".[7]

Enquanto conseguem se locomover são muitas as opções, mas quando a mobilidade e debilidade alcançam as pessoas com mais idade os ditos serviços públicos chegam cada vez menos a este segmento.

Como observa Maria Helena Novaes,

> há instituições que não dão a devida importância ao atendimento do idoso, nem aos profissionais que lá trabalham, justificando: para os velhinhos já está bom... não precisam de muita coisa... estão sempre acomodados... vão reclamar sempre... para a situação deles já é um ganho estar aqui... dão muito trabalho... as pessoas que trabalham com eles ficam muito cansadas... é tudo muito igual e monótono, não há interesse por esse trabalho... Nesse caso,

---

5 BACKES, Dirce Stein; KOERICH, Magda Santos; ERDMANN, Alacoque Lorenzini. Humanizando o cuidado pela valorização do ser humano: re-significação de valores e princípios pelos profissionais da saúde. *Rev. Latino-Am. Enfermagem*, Ribeirão Preto, v. 15, n. 1, p. 34-41, Feb. 2007. Disponível em: http://www.scielo.br/scielo.php?script=sci_arttext&pid=S0104-11692007000100006&lng=en&nrm=iso. Acesso em: 13 fev. 2019.

6 BACKES, Dirce Stein; KOERICH, Magda Santos; ERDMANN, Alacoque Lorenzini. Op. cit.

7 NOVAES, Maria Helena. *Conquistas Possíveis e Rupturas Necessárias*. Rio de Janeiro: NAU, 1995. p. 86.

> o clima institucional é desanimador, os profissionais não são incentivados, nem respeitados e os próprios idosos refletem nas suas atitudes a ideologia dessa instituição.[8]

Em minha atuação de magistrado lembro que pelo menos por duas vezes decretei intervenção e posterior fechamento de instituições voltadas para o idoso, com as características antes descritas, as quais detinham, inclusive, registro nas Prefeituras. Naqueles casos tinham mais um agravante que era a exploração financeira dos internos que eram obrigados a entregar para as ditas entidades assistenciais os seus cartões de aposentadoria ou pensão, com as senhas ou procuração para saque. Os serviços eram extremamente precários e em lugares de difícil acesso, com quase nenhuma fiscalização. Fechava na Comarca, migravam para outros municípios.

Muitas pessoas são abandonadas ou esquecidas pela família, e passam o final de suas vidas sozinhos, em asilos. Essa é uma realidade muito triste. Felizmente existem iniciativas que buscam amenizar a solidão dessas pessoas através de diferentes estratégias de integração.

Algumas iniciativas são simples como a *Adopta um Abuelo* (Adote um Avô, em português), por exemplo, que é "uma ONG espanhola que tem um objetivo muito especial, aproximar jovens de idosos que vivem em asilos promovendo a interação entre gerações e permitindo que compartilhem experiências, façam amizade, e aprendam um com o outro, diminuindo a solidão dos idosos e incentivando os mais jovens a valorizar as pessoas mais velhas".[9]

As políticas para este segmento precisam ir além, pois precisam ter em conta que esta geração deve ser entendida por todos para ser aceita e respeitada nas suas características, motivações, expectativas, sonhos personalidades.

Hoje temos várias leis para proteger os idosos que nem sempre são respeitadas. Antigamente eles não precisavam de leis, por exemplo, para terem preferência, pois a educação das pessoas já era suficiente. No meu caso, aprendi desde criança com meu saudoso pai, homem analfabeto até eu ingressar na escola, quando ele se matriculou no MOBRAL para acompanhar minha escolarização. Ele me ensinou que se eu estivesse andando na calçada, ou na rua, e se aproximasse uma pessoa de mais idade ou com dificuldade de locomoção deveria me afastar para ela passar pelo melhor lugar. Estando sentado no trem lotado ou na jardineira (ônibus da época), no caso de embarcar um idoso(a), ou uma grávida, deveria oferecer meu lugar. Aprendi essas coisas em casa e hoje precisamos de leis para determinar preferência de assento no transporte público...

---

8 NOVAES, Maria Helena. Op. cit., p. 86.

9 Disponível em: https://osegredo.com.br/campanha-adote-um-avo-esta-unindo-jovens-e-idosos--que-vivem-em-asilos-emocionante/?fbclid=IwAR0nI8agF5H8NIlqX9sHR6Fj_nk8X8Zvi8iM1FIBbrbToWdQ6QwRMMqV Rm. Acesso em: 01 mar. 2019.

2. Envelhescência e longevidade

Quando vemos o idoso apenas sob o ângulo de custo para o poder público vão aparecendo situações como a dos médicos italianos que recentemente decidiram recalcular a idade a partir da qual uma pessoa é considerada idosa. Um país que rejuvenesceu com uma notícia: na Itália, 63 milhões de habitantes, uma das nações mais longevas do mundo, um italiano agora só é oficialmente idoso depois dos 75 anos de idade.

Para eles o

> conceito da velhice aos 65, está definitivamente ultrapassado. A Sociedade Italiana de Gerontologia e Geriatria decidiu adiar a velhice em 10 anos, porque hoje, uma pessoa de 65 anos de idade, possui as condições físicas e cognitivas de uma de 40 ou 45, 30 anos atrás. O representante da Sociedade Italiana de Geriatria Roberto Bernabei diz que uma pessoa de 70 anos hoje, faz aquilo que fazia quando tinha 50, só que com mais experiência e capacidade intelectual. A incapacidade, que é a verdadeira marca do envelhecimento, é muito baixa. Para retardar isso é preciso tomar iniciativas que produzam riqueza, cultura e vida social. (...) Os idosos mais independentes e autônomos são um sinal de que a boa nutrição e os exercícios físicos proporcionam uma expectativa de vida maior. No país, é de 83 anos para os homens e 86 para as mulheres. O cálculo dos geriatras: uma pessoa pode ser considerada velha 10 anos antes da sua expectativa de vida.[10]

O governo italiano reagiu a essa postura assegurando novas garantias aos aposentados daquele país conhecido pela longevidade dos seus habitantes.

Já no Brasil a fase da velhice, que cada vez se alonga mais, compreende os idosos a partir de 60 anos, de acordo com a definição da Lei nº 10.741, de 1º/10/2003 (Estatuto do Idoso). Nesse grande e emergente grupo, estão compreendidas as pessoas da terceira idade, de 60 a 80 anos, e também da recentemente chamada quarta idade, a partir de 81 anos.

Segundo a Assistente Social Maria Aparecida Costa, temos também a fase da

> Envelhescência – termo adotado por Manoel Berlinck – é a fase da vida entre os 45 e 65 anos. É o momento em que nos preparamos para a velhice e também obervamos mudanças em nosso corpo: surgimento de cabelos brancos, rugas, redução no desejo sexual, menor capacidade de digestão de alguns alimentos, aparecimento de doenças crônicas. Diferente dos adolescentes, as mudanças que ocorrem entre os com mais idade são vistas de forma negativa na sociedade em que vivemos. Quem nunca ouviu uma frase parecida com essa: `Faz um tempo que não via minha amiga... fiquei assustada com o tanto de rugas que ela ganhou... coitada!` Então, é preciso coragem para encarar a envelhescência, por que não é só lidar com as transformações físicas e mentais, mas também lutar contra o preconceito e a desvalorização que envolvem as questões do idoso.[11]

---

10 Disponível em: https://g1.globo.com/jornal-nacional/noticia/2018/12/04/italia-muda-conceito-de-idoso-para-75-anos.ghtml. Acesso em: 01 mar. 2019.

11 Disponível em: http://viverdepoisdos50.com/2014/05/envelhescencia/. Acesso em: 2 abr. 2018.

Na envelhescência o sujeito se percebe diante de um futuro desconhecido e assustador, se surpreende pensando na proximidade da morte, a inseparável companheira da vida. Os projetos já não podem ser pensados a longo prazo, pois este se reduz a dez ou vinte anos, no máximo. Além disso, o corpo já não responde a certos estímulos do desejo, levando alguns que não querem aceitar suas limitações a se valeram de fármacos nem sempre compatíveis com sua idade e que mais fazem mal do que ajudam. Esforços prolongados são inviáveis, pois a resistência necessária a qualquer trabalho mais intenso e prolongado fica reduzida. O sujeito se vê, então, muitas vezes, na contingência de recriar sua rotina diária e repensar seu trabalho, adaptando-os às novas exigências corporais.

Manoel Berlinck traz à reflexão que

> a envelhescência é um momento muito específico, tal como a adolescência, que pode ser vivida de múltiplas maneiras. Esse encontro da alma sem idade com o corpo que envelhece só compõe a envelhescência se for vivido de forma a mais natural possível. Nada de lamentações, nada de ações reativas, nada de operações plásticas, nada de ginásticas, de alongamentos, de caminhadas diárias. Tudo isso compõe outros momentos que, muitas vezes, fazem parte do envelhecer. A envelhescência, por sua vez, é puro reconhecimento desse estranho encontro que adquire um efeito de significante. A envelhescência é um significante como o ato falho, o sonho ou o dito espirituoso. Talvez seja até mais do que isso, pois supõe, necessariamente, um trabalho do eu, enquanto o sonho, o ato falho, o dito espirituoso podem se resumir num sintoma que se repete interminavelmente sem produzir, jamais, um efeito de subjetivação. A envelhescência é um ato de subjetivação![12]

Quando menos se espera, a vista não mais alcança, o ouvido não mais ouve, a pele enruga, os órgãos sexuais passam por mudanças significativas, os cabelos caem, o peso aumenta para uns e diminui sensivelmente para outros, a memória recente passa a pregar várias peças embaraçosas ao seu usuário que chega a se irritar com a sua dificuldade em lembrar de pequenas coisas do cotidiano enquanto fatos longínquos ocorridos muito tempo atrás lembra com detalhes. Isso leva a servir de chacota de familiares e cuidadores que dizem "quando quer ele lembra tudo" causando muita mágoa ao envelhescente. Eu que o diga... Aliás, essa bendita frase 'eu que o diga', segundo Alexandre Grenfell "tem o poder de tornar extremamente claro a nossa insignificância no mundo, que o sol não gira em torno do nosso umbigo, mas sim em torno de bilhões de outros umbigos. Você não está só no mundo, e existem pessoas igualmente ferradas, ou pior. Então de que adianta ficar parado, vendo a vida passar e reclamando dos problemas?".[13]

Apesar destes tantos relatos de pessoas na envelhescência ou já na longevidade, que reportam situações de dificuldade, por outro lado há pessoas que também estão

---

12 Disponível em: http://www.academia.edu/2012952/A_envelhescencia. Acesso em: 2 abr. 2018.

13 Disponível em: https://alexandregrenfell.wordpress.com/2015/08/23/eu-que-o-diga/. Acesso em: 23 ago. 2015.

nesta mesma fase da vida, mas com outra concepção encarando tudo em alto estilo, tendo uma nova perspectiva sobre o significado do envelhecimento, como por exemplo, registra o documentário "Envelhescência", dirigido pelo gaúcho Gabriel Martinez. O filme relata a história de seis pessoas que reinventaram a sua velhice, descartando totalmente as limitações impostas pelo avanço da idade e pelas convenções sociais.

"Além dos perfis inspiradores de quatro paulistas e um catarinense – plenamente ativos após os 60 anos -, o filme discute os desafios e possibilidades dessa nova geração de idosos. São entrevistados no documentário o filósofo Mario Sergio Cortella, o médico gerontologista Alexandre Kalache e a antropóloga Mirian Goldenberg".[14]

Este filme "Envelhescência"[15] merece ser assistido e debatido além do mundo acadêmico, facilitando o combate ao preconceito, mas principalmente para trazer uma nova visão aos cuidadores de idosos, médicos e familiares e aos próprios envelhescentes.

Para a psicóloga Ane Caroline Janiro

> o longa brasileiro 'Envelhescência' é uma discussão e reflexão sobre a imagem do 'envelhecer' e vem quebrar os paradigmas de que esta fase da vida seja incapacitante ou sem perspectivas. Pelo contrário, através de seis histórias reais, o filme evidencia o que de fato tem se notado de forma cada vez mais comum: um novo olhar acerca da velhice. Levando em conta o aumento da população da terceira idade no país e no mundo, é de extrema importância não só refletirmos, mas nos darmos conta dessa nova participação do idoso na sociedade e dos papéis que ele hoje assume. Assim estaremos mais preparados não só para compreender o outro que envelhece e seus anseios, mas estaremos também prontos a compreendermos o nosso próprio processo de envelhecer.[16]

Sem adentrar nas estatísticas e as tantas teorias que envolvem os idosos é de se observar que para muitos estudiosos, entre o nascimento e a morte, o indivíduo passa por diferentes fases que determinam o ciclo da vida. De acordo com os costumes, convenções e legislação específica, o humano experimenta os estágios de bebê, criança (fase infantil), adolescente, jovem, chega à segunda idade, alcança a terceira idade e, atualmente, já atinge um estágio máximo da sua condição de idoso, em especial com a elevação da longevidade, que é a recém denominada quarta idade.

Cada uma dessas fases da vida apresenta aspectos físicos e psicológicos distintos, decorrentes da transformação biológica, do envelhecimento e também da formação de personalidade e caráter.

---

14 Disponível em: https://catracalivre.com.br/entretenimento/conheca-envelhescencia-e-mais-5-titulos-que-propoem-um-novo-olhar-sobre-a-terceira-idade/. Acesso em: 01 mar. 2019.

15 Disponível em: https://www.youtube.com/watch?v=i4cLyLdK5EA. Acesso em: 01 mar. 2019.

16 Disponível em: https://psicologiaacessivel.net/2016/04/28/dica-de-filme-envelhescencia/. Acesso em: 01 mar. 2019.

Conforme anotou Clovis Dattoli que é Consultor, Palestrante e Coach, com experiência executiva e de liderança, atuando no desenvolvimento de pessoas e organizações:

> Ser idoso e ser velho, por exemplo, são conceitos com valorações bem distintas e que fazem enorme diferença até mesmo na maneira como se encara a vida. Assim, existem três principais medidores para análise da verdadeira idade de uma pessoa: idade cronológica, idade biológica e idade psicológica (ou mental).
>
> A idade cronológica, considerada para todos os efeitos formais e legais, é ditada pelo contar do tempo conforme o calendário, a partir da data de nascimento, independentemente de como esteja o indivíduo em termos físicos e psicológicos. Portanto, aqui se encaixam os ciclos etários antes comentados.
>
> A idade biológica, entretanto, leva em consideração o estado físico, sendo vista pela aparência e pelos sinais do indivíduo. Como observamos na prática, alguém com 50 aniversários, por exemplo, pode demonstrar um estado bem mais jovem e apresentar forma física de 40 anos ou até menos. E o contrário também pode acontecer.[17]

Lembro que com quarenta e seis anos, depois de duas décadas trabalhando na FUCABEM[18] e no Tribunal de Justiça de SC, iniciei minha carreira na magistratura, época que me achava com uma saúde de ferro como se costuma dizer, uma boa memória que me orgulhava e sempre me acompanhou, inclusive para palestras, aulas, redação de textos, realização de mais de uma atividade ao mesmo tempo.

De repente, nas minhas primeiras férias, num exame médico de rotina, recebi o diagnóstico de tumor hipofisário anaplásico, que junto com a malignidade exigiu uma série de tratamentos que incluíram dois procedimentos cirúrgicos, trinta e duas sessões de radioterapia, esta encerrada com uma radiocirurgia, sendo estas duas últimas em uma clínica especializada, pois a medicina nuclear necessária ainda não estava disponível em todos os Estados.

Afora isso, surgiu na primeira cirurgia de hipófise a fibrilação cardíaca nas formas fibrilação atrial e flutter atrial, exigindo quatro ablações cardíacas, que resolveram apenas a fibrilação flutter. Acredito que minha capacidade de resiliência, bons médicos, família, amigos e muita fé me ajudaram a dar a volta por cima, embora tenham ficado as sequelas, principalmente da radioterapia em área muito próxima do cérebro, cuja parte óssea abaixo desse órgão havia sido perfurada pelo tumor.

Tudo isso para dizer que sem a hipófise de múltiplas funções e as sequelas referidas, passei a entrar possivelmente num envelhecimento precoce de dez anos como

---

17 Disponível em: https://books.google.com.br/books?id=U41FDwAAQBAJ&pg=PT59&lpg=PT59&dq=http://www.clovisdattoli.com.br++%E2%80%93&source=bl&ots=32CQAJgL9K&sig=ACfU3U1gnrhdgJk9GSwlNKGORHSvLdSXvQ&hl=pt-BR&sa=X&ved=2ahUKEwjP69C05eHgAhU7JrkGHZ7hAoc4ChDoATAHegQIBxAB#v=onepage&q=http%3A%2F%2Fwww.clovisdattoli.com.br%20%20%E2%80%93&f=false. Acesso em: 06 mar. 2019.

18 Fundação Catarinense do Bem Estar do Menor

gostava de se referir minha endocrinologista, especialista em pacientes que se submeteram a extração da hipófise. Como achei que me encontrava em boas condições, voltei a trabalhar em menos de seis meses, ao tempo que fazia minhas caminhadas junto a natureza, viajava, dava aulas na Escola Superior da Magistratura, escrevia artigos sobre Família, Criança e Adolescente para jornais, revistas, livros, fazia inúmeras palestras, além de realizar meus exames médicos e comparecer nas consultas de controle.

Quando menos eu esperava, passados seis anos aproximadamente após meu retorno às atividades na magistratura, me flagrei entrando numa fase que entendi ser de emburrecimento, pois não conseguia me lembrar de coisas que acabei de fazer, lia uma página e ao chegar ao final não lembrava mais, fazia audiência de conciliação, por exemplo, que sempre tive facilidade de conduzir e quando chegava ou não ao acordo, no momento de efetuar o registro não lembrava mais.

Procurei meu cirurgião neurologista que me ouviu pacientemente, pediu exames, inclusive neuropsicológico, e com eles em mãos, me chamou para o retorno quando apresentou o diagnóstico de perda da memória recente, que até então eu nem sabia que existia. Meu médico explicou que demorei para apresentar sintomas que dificultassem minha atividade profissional, mas talvez eu só não havia notado antes. Saí de lá com o laudo para requerer aposentadoria por invalidez o que me aborreceu, pois tinha toda uma carreira pela frente e financeiramente teria muitas perdas. Contudo, em respeito principalmente ao jurisdicionado que minhas limitações poderiam prejudicar, entrei com o pedido no Tribunal, me submeti as Juntas Médicas do Estado e aos demais tramites necessários. Concluído o processo fui aposentado por invalidez.

Não foi fácil me adaptar a vida de aposentado, mas alguns dos meus amigos agiram imediatamente e com maestria, não me deixando vivenciar a imprestabilidade de ser aposentado (como se referiu um ex-presidente da república). Os amigos me ocuparam com inúmeros pedidos que atendi prazerosamente e de forma gratuita as suas solicitações que normalmente tratavam de revisão de textos, pedido de artigos, consultorias diversas, palestras nas quais passei a usar texto escrito ou "PowerPoint", participação em reuniões, escrever apresentação de livros etc. Talvez estes amigos a quem sou muito grato não façam ideia do quanto me ajudaram a passar esta fase difícil com a sua empatia. Fui até onde foi possível, pois hoje me encontro mais limitado.

Não demorei a perceber que adentrando a envelhescência passei a enfrentar problemas como, por exemplo, conseguir quem queira ouvir gente velha, mesmo a nível familiar. Muitos dos amigos ou parentes com quem gostava de conversar foram morrendo, ou foram acometidos de doenças incapacitantes e progressivas como Alzheimer. Outros tantos eu mesmo os excluí por se revelarem relacionamentos apenas interesseiros do período em que estava na ativa, ou para consulta profissional sem nada acrescer para minha qualidade de vida.

Aos poucos percebi que é muito chato a gente se dar conta que com a memória recente limitada, quando lembramos de algo que precisamos falar, nos intrometemos na conversa dos outros para não esquecer.

Hoje digito com dificuldade, pulo as letras, muitas vezes não sei como escrever ou misturo as palavras, pulo frases, mas não desisto. De releituras tantas vezes repetidas e ajuda de familiares e amigos chego a algo parecido com o que gostaria. Quanto a outra memória, "vai bem, obrigado". Pelo menos eu acho.

Atualmente quando pesquiso algum tema me valho mais do mundo online, salvando tudo que posso. Demoro muito, mas minha resiliência não me deixa desistir.

Talvez eu esteja num envelhecimento precoce, ou mais velho do que reconheço, mas concordo com o articulista Clovis Dattoli, antes referido, para quem

> já a idade psicológica (ou idade mental), é na verdade a idade que acaba prevalecendo no viver do dia a dia, pois é aquela que a pessoa sente que tem, representada pelo seu estado de espírito, pela sua mentalidade, ou seja, pela forma como pensa e age. A realidade nos mostra que pessoas ainda jovens demonstram estar envelhecidas precocemente. Por outro lado, o número de pessoas idosas, com mais de 60 anos de vida, que demonstram idades biológica e psicológica menores (aparentam ser mais jovens) vem crescendo continuamente, em virtude de uma série de fatores, entre os quais a elevação do nível de consciência a respeito de qualidade de vida. Para essas pessoas, há uma condição de idoso que não significa velhice. A idade psicológica, portanto, é na essência a que tem maior peso real no cotidiano e a que exerce importante influência no processo de envelhecimento ativo e saudável.[19]

A envelhescência e as demais formas da velhice não são o fim, mas podem ser o início de novas descobertas.

No tocante a longevidade, é importante lembrar que esta tem merecido estudos e pesquisas tanto acadêmicas quanto empresariais, com o anúncio de várias descobertas publicadas nos diversos meios de comunicação, em escala nacional e internacional. O desejo inerente no ser humano em prolongar a vida tem seduzido muita gente que se deixa levar por promessas ainda sem comprovação científica.

Do trabalho acadêmico sobre "O segredo da longevidade segundo as percepções dos próprios longevos", que não dá para contextualizar aqui na sua totalidade, extrai-se, em sua fundamentação que

> em um cenário de envelhecimento populacional e aumento da expectativa de vida, aliados à motivação instintiva humana de preservar a vida ao máximo quando se pode usufruí-la com qualidade, gerou a necessidade de se estudar quais os fatores reais que interferem ou que promovem aumento da longevidade. A questão alimentar tem sido bastante enfatizada. Sabe-se que a ingestão excessiva de alimentos pode estar associada à obesidade e a outras doenças que acabam por encurtar o tempo de vida. (...) Já o papel desempenhado

19 Disponível em: https://books.google.com.br/books?id=U41FDwAAQBAJ&pg=PT59&lpg=PT59&dq=http://www.clovisdattoli.com.br++%E2%80%93&source=bl&ots=32CQAJgL9K&sig=ACfU3U1gnrhdgJk9GSwlNKGORHSvLdSXvQ&hl=pt-BR&sa=X&ved=2ahUKEwjP69C05eHgAhU7JrkGHZ7hAoc4ChDoATAHegQIBxAB#v=onepage&q=http%3A%2F%2Fwww.clovisdattoli.com.br%20%20%E2%80%93&f=false. Acesso em: 06 mar. 2019.

> pela genética é fato verificado e, cada vez mais, tenta-se identificar genes responsáveis pela longevidade. A maioria dos estudos, com enfoque genético, tem demonstrado que, aproximadamente, 25% do tempo de vida das pessoas são determinados por componente genético. Uma das dificuldades metodológicas em se estudar estes fatores é que a longevidade envolve um complexo fenômeno. Paralelamente à procura dos genes, existem estudos que analisam a contribuição da hereditariedade. Observou-se que os filhos dos centenários tinham riscos reduzidos para as doenças associadas com a idade, como infarto, hipertensão e diabetes. Além disso, percebeu-se que eles apresentavam um processo de envelhecimento mais lento e que as doenças, quando se manifestavam, ocorriam em idade bem avançada.[20]

Importante registrar que a evolução da medicina e maior acesso das medicações têm contribuído sobremaneira para a manutenção da vida também dos envelhecidos.

Há casos inexplicáveis de algumas pessoas com idade bastante avançada e alquebradas fisicamente, mas com a cabeça a mil. Exemplo disso é o de um dos maiores juristas brasileiros, Caio Mario da Silva Pereira, que até o final da vida, com todas as suas limitações físicas, continuou extremamente produtivo, inclusive empenhado em atualizar suas obras no que contou muito com a ajuda da sua douta filha e também sua cuidadora, Tânia da Silva Pereira.

Outro caso é o que relata sobre seu pai o romancista, cantor e compositor Francisco Buarque de Holanda, o popular Chico, filho do renomado sociólogo Sérgio Buarque de Holanda, em manifestação que fez antes do prólogo da segunda edição no Dicionário Analógico de Francisco Ferreira Azevedo, que pouco antes de morrer seu pai, exímio escritor, lhe chamou ao escritório e lhe entregou um livro de capa preta que ele nunca havia visto. Era o dicionário analógico antes referido.

> Isso pode te servir, foi mais ou menos o que ele então me disse, no seu falar meio grunhido. Era como se ele, cansado, me passasse um bastão que de alguma forma eu deveria levar adiante. E por um bom tempo aquele livro me ajudou no acabamento de romances e letras de canções, sem falar das horas em que eu o folheava à toa; o amor aos dicionários, para o sérvio Milorad Pavic, autor de romances-enciclopédias, é um traço infantil no caráter de um homem adulto. Palavra puxa palavra, e escarafunchar o dicionário analógico foi virando para mim um passatempo desenfado, espairecimento, entretém, solaz, recreio, filistria.[21]

Ele ainda relata: "Com esse livro escrevi novas canções e romances, decifrei enigmas, fechei muitas palavras cruzadas".[22]

---

20 Disponível em: https://www.scielosp.org/article/csc/2008.v13n4/1189-1198/. Acesso em: 06 mar. 2019.

21 Disponível em: https://www.academia.edu/6027851/Dicionario_Analogico_FRANCISCO_FERREIRA_AZEVEDO. Acesso em: 06 mar. 2019.

22 Disponível em: https://www.academia.edu/6027851/Dicionario_Analogico_FRANCISCO_FERREIRA_AZEVEDO. Acesso em: 06 mar. 2019. p.V

Como sempre gostei de analogia não pude deixar de buscar do dicionário Analógico de Francisco Ferreira Azevedo entre algumas expressões interessantes, a palavra "velho", tema do nosso estudo, que lá é correlacionada a "ancião, vetusto, senil, caduco, cadivo, decrépito, tarouco, valetudinário, envelhecido, anoso; avançado, entrado em anos; quinquagenário, sexagenário, setuagenário, octogenário, nonagenário, macróbio, revelho, velhusco, revelhusco, chegado à idade provecta, carifranzido, anodonte, trôpego, trêmulo, alquebrado, quebrantado, abatido, infracto, longevo, reumático, rabugento, ancestral, sênior, pai climatérico".[23] Diversas dessas expressões são utilizadas no linguajar jurídico, que é normalmente rebuscado.

3. A empatia

A empatia é a capacidade de compreender, compartilhar e levar em consideração os sentimentos dos outros, ou seja, se colocar no lugar de alguém. Como bem resumiu Antônio Gabriel Araújo de Medeiros, Psicólogo, Membro do Grupo de Estudos sobre Saúde Mental do Idoso da Universidade de Pernambuco, em sua tese "Empatia em idosos como processo multifacetado":

> Na terceira idade, a empatia é diretamente responsável pela manutenção das redes de apoio e preservação da cognição. Déficits cognitivos e isolamento são os principais responsáveis por baixos níveis de empatia em idosos e são ponto de partida para o desenvolvimento de doenças como demências e depressão. Algumas alternativas como o desenvolvimento de habilidades sociais e a reabilitação neuropsicológica podem devolver ao idoso a autonomia necessária para retomar parte de atividades antes realizadas por estes, e com isso abrir caminho para o fortalecimento da habilidade empática. Apesar disso, a presença das redes de apoio ainda são o principal aliado na preservação da empatia na terceira idade, pois é no dia a dia que os ganhos e perdas se dão. Concluímos que a empatia é fundamental na preservação da reserva cognitiva e do bem-estar da população idosa, sendo preventora de doenças e seu baixo nível porta de entrada para as mesmas.[24]

Embora muito interessante a tese a qual me reportei, não cabe aqui aprofundá-la, mas aproveito para registrar a forma elucidativa com que aborda a empatia nas fases do desenvolvimento. A empatia está presente em todas as fases da vida.

> A literatura nos mostra indícios de comportamentos empáticos desde os primeiros meses de vida. O estudo de Hatzinikolaou (2005), duplas mãe-bebê mostrou, através da análise de filmagens, que, em bebês com idade entre oito e dezoito semanas, mudanças de expressão facial e no tom de voz, por exemplo, provocavam reações congruentes a essas. Na infância,

23 Disponível em: https://www.academia.edu/6027851/Dicionario_Analogico_FRANCISCO_FERREIRA_AZEVEDO. Acesso em: 06 mar. 2019. p. 46

24 Disponível em: https://www.researchgate.net/publication/320284680_EMPATIA_EM_IDOSOS_COMO_PROCESSO_MULTIFACETADO. Acesso em: 06 mar. 2019.

> estudos como o de Motta et al. (2006), mostram a importância de práticas educativas focadas na sensibilidade, afetividade e responsividade para o desenvolvimento da empatia, que em contraposição às práticas punitivas e competitivas, propiciam comportamentos adaptativos. A revisão realizada por Justo et al. (2014) aponta que o estímulo à expressão emocional e a tomada de perspectiva por parte dos pais auxilia no desenvolvimento da empatia dos filhos. Seja por parte dos pais, dos educadores, ou de alguma outra referência para a criança, o encorajamento à empatia proporciona um desenvolvimento saudável para ela. "O desenvolvimento de empatia e consideração pelo outro se mostra como um fator de proteção contra problemas de comportamento". (JUSTO ET AL. 2014, p. 511).[25]

É importante percebermos que a empatia pode ser ensinada desde criança pelos vários segmentos que lidam com ela pela vida afora, o que vai transforma-la num adulto com facilidade para exercer a empatia como forma preventiva de problemas de comportamento. Contudo, é necessário se ater ao que ensina Borys Cyrulnik, neurologista e psiquiatra, numa entrevista televisiva argentina em espanhol "as crianças privadas de afeto e as crianças isoladas sensorialmente se não têm ninguém não podem aprender a empatia. Há uma pedagogia da empatia se criarmos um entorno seguro para a criança aprender a descobrir o outro. Porem só pode ocorrer se ela se sentir segura".[26]

Em Curitiba funciona o Hospital do Idoso Zilda Arns tido como referência de empatia como aponta uma pesquisa de satisfação aplicada entre pacientes ou familiares de usuários entrevistados após internação. Para a gerente de hospitalidade Edinalva Ferreira de Carvalho "o resultado reflete o modelo de atendimento, que se diferencia por enfatizar o acolhimento e incentiva o funcionário a se colocar no lugar do outro". É um conceito amplo, que vai desde oferecer um ambiente limpo, seguro e organizado até enxergar as dificuldades da pessoa para entendê-la e ajudá-la.

Ela ressalta que um ambiente saudável também cura e ações de cordialidade transformam pessoas. "São valores que não se ensinam, as pessoas têm de sentir", diz.[27]

Se o atendimento das pessoas nos muitos programas deste segmento fosse como gostariam de serem atendidos, se estivessem no lugar do idoso ou qualquer outra pessoa, prevalecendo a empatia, a vida seria melhor.

---

25 Disponível em: https://www.researchgate.net/publication/320284680_EMPATIA_EM_IDOSOS_COMO_PROCESSO_MULTIFACETADO. Acesso em: 06 mar. 2019.

26 BBVA, de El País, Facebook. Disponível em: https://www.facebook.com/celso.gutfreind?__tn__=%2CdCH-R-R&eid=ARDTWMcmuAVopuaVP6wVBAcdP2eJaWiaTgHFNiMmwXNd-5vPq2xOyUnPEnTPcdp82WguBiVWBZoriiOuh&hc_ref=ARTr_jQ5xq5-gM4Lsx44FP6I3SS_Nt-E1ymA5capyBSTzmVbTzkFIP6pJLsYocF4Ft4&fref=nf. Acesso em: 06 mar. 2019. Tradução nossa.

27 Disponível em: http://portalamigodoidoso.com.br/2013/11/25/acolhimento-e-empatia-auxiliam-tratamento-de-idosos/. Acesso em: 06 mar. 2019.

4. Pais órfãos de filhos

Nestas últimas décadas surgiu uma geração de pais sem filhos presentes, por força de uma cultura de independência e autonomia levada ao extremo, que impacta negativamente no modo de vida de toda a família. Tenho observado em clínicas, locais de reabilitação, laboratórios e outros espaços dedicados a saúde, que muitos filhos adultos ficam irritados por precisarem acompanhar, por exemplo, os pais idosos ao médico, aos laboratórios. Com raras exceções, irritam-se pelo seu andar mais lento, demora de sair e entrar do veículo ou elevador, suas dificuldades de se organizar no tempo, sua incapacidade crescente de serem ágeis nos gestos e decisões.

A Psicóloga Ana Fraiman traz um ensaio muito interessante sobre os pais idosos sem os filhos presentes. Ela observa algo que muito me entristece:

> Nas salas de espera veem-se os idosos calados e seus filhos entretidos nos seus jornais, revistas, tablets e celulares. Vive-se uma vida velocíssima, em que quase todo o tempo do simples existir deve ser vertido para tempo útil, entendendo-se tempo útil como aquele que também é investido nas redes sociais. (...) Nasceu uma geração de 'pais órfãos de filhos'. Pais órfãos que não se negam a prestar ajuda financeira. Pais mais velhos que sustentam os netos nas escolas e pagam viagens de estudo fora do país. Pais que cedem seus créditos consignados para filhos contraírem dívidas em seus honrados nomes, que lhes antecipam herança. Mas que não têm assento à vida familiar dos mais jovens, seus próprios filhos e netos, em razão – talvez, não diretamente de seu desinteresse, nem de sua falta de tempo – mas da crença de que seus pais se bastam.[28]

No meu caso, embora já com as pernas trôpegas e o fôlego cansado, eu ainda consigo me locomover com meu carro e cuidar dos meus assuntos médicos, participar da reabilitação cardíaca, fazer pequenas viagens dirigindo, e até acampando quando estou bem. Já para algumas atividades que requerem precisão e não pode haver erro, tenho necessitado cada vez mais dos meus filhos para os casos bancários, para pagamentos, controle de conta ou cartão, para compra online e para digitação de texto destinado a publicação. Como eles possuem as suas rotinas e responsabilidades, percebo quanto estou incomodando, pois o tempo deles não é o mesmo do meu. O problema está em eu esperar, pois sei que vou esquecer, minha memória recente me atrapalha. O pior é quando ouço "por que não faz você"? Embora eu os considere ótimos filhos e procure entender suas dificuldades em assumir minhas atribuições me pego pensando: "já fiz tanto quando podia, mas às vezes preciso de ajuda..." No que se refere a arrumar os textos que digitei, sem dúvida seria mais fácil contratar alguém, mas eu estaria perdendo o que ainda consigo de interação com meus filhos, o que me agrada muito.

Espero continuar tendo uma visão positiva da velhice como tenho atualmente. O registro feito pela psicóloga Maria Helena Novaes, de saudosa memória, sintetiza:

28 Disponível em: http://www.gilbertogodoy.com.br/ler-post/idosos-orfaos-de-filhos-vivos---ana-fraiman. Acesso em: 06 mar. 2019.

"Existem pessoas idosas para as quais cada dor, mal-estar ou declínio físico representa um ultraje, uma humilhação, contudo, há os que conseguem ter uma visão mais positiva, chegando a dizer como o escritor francês Paul Claudel: Oitenta anos - sem olhos, sem ouvidos, sem dentes, sem pernas e sem fôlego. E no final das contas, é espantoso: como se pode viver bem sem eles".[29]

Venha o que vier, vamos em frente, inclusive não esquecendo que os preconceitos contra as pessoas mais velhas, têm consequências sociais, culturais e econômicas, que não ajudam à sua integração na vida ativa e, mais do que isso, as marginalizam.

O futuro passa por desenvolver empatia nas gerações mais novas e por clarificar algumas prioridades no desenvolvimento inclusive das novas tecnologias. Nesse sentido, Jose Baldaia lembra que

> as pessoas menos novas, não são todas pessoas inativas e precisam de usar as novas tecnologias por duas razões de fundo que são:
> – Satisfazer as suas necessidades enquanto destinatários finais e,
> – Satisfazer as suas necessidades enquanto prestadores de serviços às gerações mais novas."[30]

Ele também se refere que

> As novas tecnologias podem contribuir para a melhoria da qualidade de vida (ativa) dos idosos, mas para isso é preciso combater duas frentes:
> – Combater os preconceitos e estereótipos em relação aos idosos que incluem as imagens ridicularizadoras no uso de tecnologia pelos idosos e que acabam por inibir a sua utilização.
> – Combater a tendência para vocacionar as novas tecnologias exclusivamente para a velocidade e quantidade de informação.[31]

Felizmente já são muitos os envelhecidos que estão deixando de ser analfabytes,[32] aderindo as novas tecnologias que podem ajudar a tornar a vida dos idosos em vida

---

29 NOVAES, Maria Helena. Op. cit., p. 9.

30 Disponível em: http://www.josebaldaia.com/intuinovare/tag/empatia-e-idosos/. Acesso em: 06 mar. 2019.

31 Disponível em: http://www.josebaldaia.com/intuinovare/tag/empatia-e-idosos/. Acesso em: 06 mar. 2019.

32 A geração dos "analfabytes" estas dominam perfeitamente a arte de ligar o computador e navegar pela internet e redes sociais. Em sua maioria se perguntadas ao menos qual navegador de internet utilizam, as mesmas sequer sabem responder, mas com a facilidade de acesso aos computadores, acabou descartando a possibilidade de cursar informática básica de maneira que podem aprender simplesmente na prática do dia a dia, sendo que a grande maioria utiliza apenas internet e redes sociais. Porém, quando necessitam utilizar um editor de textos, planilhas eletrônicas ou demais recursos básicos, desconhecem 95% dos recursos destes softwares e ao adentrarem ao mercado de trabalho acabam enfrentando dificuldades ao lidarem com tais tarefas rotineiras.
Disponível em: http://observatoriodeourofino.com.br/2017/03/02/descomplicando-a-informatica-a-era-dos-analfabytes/. Acesso em: 06 mar. 2019.

ativa e de bem-estar, através das redes sociais, grupos de interesses, serviços etc. Desta forma reduzem a sua dependência de terceiros.

Como enfrentar a difícil tarefa de sermos pais dos nossos pais?

Há um outro aspecto sobre a velhice e longevidade que não podemos esquecer. Ser pai é conter, apoiar, acompanhar o crescimento, ser fiador dos nossos filhos. Somos crianças quando nascemos e voltamos a ser quando envelhecemos. Nesta curva, nós filhos deixamos de sermos cuidados e passamos a ser cuidadores. Esta temática debatemos muitas vezes em eventos da Escola de Pais do Brasil que participamos por mais de 30 anos.[33] Na teoria as coisas parecem bem mais simples.

O psicólogo Alejandro Schujman, em interessante artigo para o jornal Clarin, realça que

> criar nossos filhos é acompanhar com alegria, medo, sucessos e erros o começo da vida. E pensar no declínio e na morte de nossos próprios pais nos deixa tristes, irritados e confusos. Isso nos angustia, nos irrita e nos confronta com o filme de nossa própria finitude. Ver nossos idosos envelhecendo é testemunhar um lento declínio dos guerreiros. A expectativa de vida é muito maior hoje do que há décadas, devido aos avanços da medicina, às políticas de vida mais saudáveis e à evolução das espécies. Isso é fantástico, mas tudo tem prós e contras. Nossos pais terão mais chances de chegarem a ser idosos, mas... Cuidar deles é também dizer adeus. É relembrar a nossa relação, os desafios, os carinhos, as tristezas e alegrias. A morte existe e entristece, e se é de nossos pais mais ainda.[34]

Faço minhas as palavras pertinentes do mesmo psicólogo Alejandro Schujman para concluir esta etapa:

> Ser pai é conter, apoiar, acompanhar o crescimento, ser fiador dos nossos filhos. Somos crianças quando nascemos e voltamos a ser quando envelhecemos. Nesta curva, nós filhos deixamos de sermos cuidados e passamos a ser cuidadores. A equação de proteção é invertida, aqueles que antes nos vigiavam passam a precisar da nossa proteção. E homens e mulheres estão preparados – embora muitas vezes não saibamos como – administrar a educação de nossos filhos. Mas não estamos em condições de fazer isso com nossos pais. Podemos nos questionar e perguntar por que isso nos custa tanto.[35]

---

33 Disponível em: escoladepais.org.br/. Acesso em: 06 mar. 2019.

34 Extraído do texto de tradução adaptada do site Psicologias do Brasil do texto original: "Cómo afrontar la difícil tarea de ser padres de nuestros padres" do psicólogo *Alejandro Schujman para o Clarin* Disponível em: https://www.contioutra.com/como-enfrentar-dificil-tarefa-de-sermos-pais-dos-nossos-pais/?fbclid=IwAR1JoQr49-cu2t9Z7eJdsPm6CG7g1TKrBHBtD40A6pZqPcc1WE8ePn-V3fM. Acesso em: 06 mar. 2019.

35 Ibidem.

5. Conclusão

Valendo-se da empatia, cabe a todos que de alguma forma possuem responsabilidade com cidadãos que ingressaram na envelhescência, ou já na longevidade, se aperceber da dimensão do cuidado como valor e como subprincípio da dignidade humana.

O cuidado já é reconhecido como valor jurídico, na forma já assentada nas muitas decisões dos tribunais. No tocante aos operadores do direito, além da percepção antes referida, cabe a eles o papel de transformação imbuídos também da empatia e utilizando a dignidade da pessoa humana como hermenêutica, a partir da Constituição Federal, atuando sempre pela ampliação do princípio da solidariedade humana para além das fronteiras das palavras, reconhecendo que a civilização só evoluiu e evoluirá quando todos, juntos, pudermos assumir um projeto de vida também para os idosos, que leve em consideração nossa essência: seres sociais que somos, a caminho de um mundo sempre melhor e que sigamos em busca do maior direito de todos: o direito à felicidade. Que assim seja.

3. KELSEN, Hans. *Jurisdição constitucional*. [illegible] São Paulo: Martins Fontes, [illegible]

Jurisdição e os limites do controle de políticas públicas

Rennan Thamay
Carlos Alberto Ferri

SUMÁRIO: 1. Introdução. **2.** Ativismos e judicialização. **3.** O ativismo judicial como meio realizador de políticas públicas. **4.** O ativismo judicial realizado pelo Supremo Tribunal Federal. **5.** Conclusões.

1. Introdução

Antes de uma imersão no conteúdo proposto, faz-se necessário tentar entender alguns conceitos, que, ao longo do trabalho, ajudar-nos-ão a entender melhor a temática apresentada, uma vez que o trabalho não é conclusivo, e, portanto, abre campo para a discussão jurídica.

Quando se fala em jurisdição, podemos pensar em atividade, função e poder, contudo, a jurisdição vai muito além; na verdade, seu conceito varia muito "conforme se pretenda ou não abranger", porém, uma coisa é inegável, todas as "tentativas de se conceituar jurisdição" não estão "imune à crítica".[1]

Segundo TESHEINER e THAMAY, temos que:

> Na modernidade, concebeu-se a jurisdição como um dos Poderes do Estado e mais: a afirmação do indivíduo frente ao Estado levou ao alargamento da concepção de direito subjetivo, que passou a compreender também direitos em face do Estado: direitos subjetivos públicos, também tutelados pelo Poder Judiciário.[2]

No campo Constitucional, ou seja, da jurisdição Constitucional, Hans Kelsen apresenta a jurisdição Constitucional como sendo "um elemento do sistema de medidas técnicas que têm por fim garantir o exercício regular das funções estatais".[3]

Recentemente vem ganhando espaço, no debate jurídico, a figura do ativismo judicial, que se caracteriza a partir da atuação ativa do magistrado, buscando, por meio de sua condução processual, realizar a jurisdição de forma efetiva e comprometida com a realização das políticas públicas.

---

1 TESHEINER, José Maria Rosa; THAMAY, Rennan Faria Krüger. *Teoria geral do processo*: em conformidade com o novo CPC. 2. ed. Rio de Janeiro: Forense, 2016. p. 117 e ss. Conferir também: TESHEINER, José Maria Rosa; THAMAY, Rennan Faria Krüger. *Pressupostos processuais e nulidades no novo processo civil*. Rio de Janeiro: Forense, 2016. p. 88 e ss. Ver também a explicação de Eduardo Arruda Alvim em: ALVIM, Eduardo Arruda. *Direito processual civil*. 5. ed. São Paulo: RT, 2013. p. 46.

2 TESHEINER, José Maria Rosa; THAMAY, Rennan Faria Krüger. Ativismo judicial e judicialização da política: determinação judicial de políticas públicas. *Revista Brasileira de Direito Processual – RBDPro*, Belo Horizonte, ano 23, n. 92, p. 129-143, out./dez. 2015. p. 130.

3 KELSEN, Hans. *Jurisdição constitucional*. 3. ed. 2. tir. São Paulo: Martins Fontes, 2016. p. 123/124.

O ativismo judicial é caracterizado pela postura mais ativa do Poder Judiciário, que busca, diante da falta de solução legislativa adequada para determinado caso, criar soluções para a implementação, sobretudo, de políticas públicas.

Segundo consta, em 1803, nos Estados Unidos,

> na discussão sobre o empossamento de Willian Marbury como juiz de paz, de acordo com a designação feita pelo então presidente John Adams às vésperas de deixar seu cargo, a Suprema Corte, por decisão do *Chief Justice* Marshall, afirma que, embora a nomeação de Marbury fosse irrevogável, o caso não poderia ser julgado pela Corte. É *declarada inconstitucional*, portanto, a seção 13 do *Judiciary Act* – que atribuía competência originária à Suprema Corte para tanto –, sob o fundamento de que tal disposição legislativa ampliava sua atuação para além do que havia sido previsto constitucionalmente, no *Article III*. Com isso, *por uma decisão judicial* no julgamento de um caso, surgiu o controle de constitucionalidade (*judicial review*) norte-americano. Refira-se: a Constituição não conferia expressamente este poder de revisão dos tribunais sobre a legislação do Congresso. Dá-se início, assim, às discussões sobre *ativismo judicial* em solo norte-americano.[4]

Para o Ministro do STF, Luís Roberto Barroso, o ativismo judicial veio implementado pela Suprema Corte Americana para manter a segregação racial. Para o autor, "foi na atuação proativa da Suprema Corte que os setores mais reacionários encontraram amparo para a segregação racial".[5]

Continua o Ministro Barroso:

> a ideia de ativismo judicial está associada a uma participação mais ampla e intensa do Judiciário na concretização dos valores e fins constitucionais, com maior interferência no espaço de atuação dos outros dois Poderes. A postura ativista se manifesta por meio de diferentes condutas, que incluem:
>
> (i) a aplicação direta da Constituição a situações não expressamente contempladas em seu texto e independentemente de manifestação do legislador ordinário;
>
> (ii) a declaração de inconstitucionalidade de atos normativos emanados do legislador, com base em critérios menos rígidos que os de patente e ostensiva violação da Constituição;
>
> (iii) a imposição de condutas ou de abstenções ao Poder Público.[6]

---

4 TASSINARI, Clarissa. *Jurisdição e ativismo judicial*: limites da atuação do judiciário. Porto Alegre: Livraria do Advogado, 2013. p. 23. Ver também André Ramos Tavares em: TAVARES, André Ramos. *Paradigmas do judicialismo constitucional*. São Paulo: Saraiva, 2012. p. 60.

5 BARROSO, Luís Roberto. *Judicialização, ativismo judicial e legitimidade democrática*. Disponível em: http://www.plataformademocratica.org/biblioteca/12685. Acesso em: 23 out. 2017.

6 BARROSO, Luís Roberto. *Judicialização, ativismo judicial e legitimidade democrática*. Disponível em: http://www.plataformademocratica.org/biblioteca/12685. Acesso em: 23 out. 2017.

Na doutrina brasileira há autores que defendem o emprego do ativismo judicial,[7] uma vez que pode contribuir para o aprimoramento da democracia,[8] "especialmente quando aplica toda a extensão dos efeitos dos direitos fundamentais aos excluídos dos seus efeitos",[9] assim como já consagrada essa tese no Supremo Tribunal Federal, em diversos julgados.

Algumas advertências foram feitas por Ronald Dworkin, vejamos:

> O ativismo é uma forma virulenta de pragmatismo jurídico. Um juiz ativista ignoraria o texto da Constituição, a história de sua promulgação, as decisões anteriores da Suprema Corte que buscaram interpretá-la e as duradouras tradições de nossa cultura política. O ativista ignoraria tudo isso para impor a outros poderes do Estado seu próprio ponto de vista sobre o que a justiça exige. O direito como integridade condena o ativismo e qualquer prática de jurisdição constitucional que lhe esteja próxima.[10]

O ativismo judicial[11] tem sido estudado, e agora, compreendido pelos juristas,

---

7 Segundo Vanice Regina Lírio do Valle, "a consulta a duas fontes elementares – ainda que prestigiadas – de conceituação no Direito norte-americano, *Merriam-Webster's Dictionary e Black's Law Dictionary*, evidencia que, já de origem o termo 'ativismo' não encontra consenso. No enunciado da primeira referência, a ênfase se dá ao elemento finalístico, o compromisso com a expansão dos direitos individuais; no da segunda, a tônica repousa em um elemento de natureza comportamental, ou seja, dá-se espaço à prevalência das visões pessoais de cada magistrado quanto à compreensão de cada qual das normas constitucionais. A dificuldade ainda hoje subsiste, persiste o caráter ambíguo que acompanha o uso do termo, não obstante sê-lo um elemento recorrente tanto da retórica judicial quanto de estudos acadêmicos, adquirindo diversas conotações em cada qual desses campos". VALLE, Vanice Regina Lírio do (org.). *Ativismo jurisprudencial e o Supremo Tribunal Federal*. Laboratório de análise jurisprudencial do STF. Curitiba: Juruá, 2009. p. 21.

8 Conforme Gilmar Ferreira Mendes, "muitas vezes temos a tendência de criticar a atividade política e dizer que ela é muito lenta. É muito lenta porque é complexa. É difícil produzir o consenso. Mas quando perde um critério de razoabilidade, muito provavelmente vamos ser demandados e o tribunal poderá se pronunciar" (*Revista Consultor Jurídico*, 24.04.2008. Disponível em: http://www.conjur.com.br/2008-abr-24/gilmar_rebate_criticas_ativismo_stf_materia_politica?pagina=6. Acesso em: 23 out. 2017).

9 DELGADO, José Augusto. Ativismo judicial: o papel político do Poder Judiciário na sociedade contemporânea. In: JAYME, Fernando Gonzaga; FARIA, Juliana Cordeiro de; LAUAR, Maira Terra. *Processo civil*: novas tendências – homenagem ao professor Humberto Theodoro Júnior. Belo Horizonte: Del Rey, 2008. p. 322.

10 DWORKIN, Ronald. *O império do direito*. Trad. Jefferson Luiz Camargo. São Paulo: Martins Fontes, 1999. p. 451/452.

11 Assim, podem-se observar as cinco principais conceituações do termo ativismo judicial, de uso corrente na atualidade: "a) prática dedicada a desafiar atos de constitucionalidade defensável emanados de outros poderes; b) estratégia de não aplicação dos precedentes; c) conduta que permite aos juízes legislar 'das salas das sessões'; d) afastamento dos cânones metodológicos de interpretação; e) julgamento para alcançar resultados predeterminados". VALLE, Vanice Regina Lírio do (org.). *Ativismo jurisprudencial e o Supremo Tribunal Federal*. Laboratório de análise jurisprudencial do STF. Curitiba: Juruá, 2009. p. 21.

já se pode encontrar produção científica sobre o tema, mas, ao que tudo indica, em breve se terá muito mais reflexão do que se tem hoje, especialmente pelos recentes casos em que o Judiciário tem sido o protagonista.

Vejamos algumas razões pelas quais o ativismo tem se implementado em nosso sistema normativo.

Primeira, pelo fato de haver clara e evidente omissão dos demais Poderes, por exemplo, do Executivo, que deveria implementar e realizar políticas públicas. Diante da omissão desse Poder nesse contexto, tem-se que cada vez mais os cidadãos têm recorrido ao Judiciário na busca da solução adequada para o seu caso.

Segunda, sustenta-se que não é dado ao Judiciário simplesmente se furtar ao julgamento de ação que a ele tenha sido submetida sob o fundamento de que não pode se imiscuir na esfera de outros Poderes. Enfim, não cabe ao Judiciário lavar as mãos, sobretudo, diante da falta de solução legislativa adequada ou de omissão do Executivo quanto à implementação de direitos fundamentais.

Terceira, em decorrência da necessidade de implementar e realizar políticas públicas que são direitos dos cidadãos que contribuem e não têm a respectiva e adequada contraprestação do Poder Público.

Pode-se ver que, em várias decisões do STF, vem sendo aplicado o ativismo judicial de forma variada, como, por exemplo, no julgamento da ADI 2.530, de 24.04.2002, que se prestou a declarar a inconstitucionalidade do § 1º do art. 8º da Lei 9.504/1997.[12]

Segundo o Min. Celso de Mello, na ADPF 45/DF, percebe-se que

> [...] não pode demitir-se do gravíssimo encargo de tornar efetivos os direitos econômicos, sociais e culturais – que se identificam, enquanto direitos de segunda geração, com as liberdades positivas, reais ou concretas [...] –, sob pena de o Poder Público, por violação positiva ou negativa da constituição, comprometer de modo inaceitável, a integridade da própria ordem constitucional.[13]

---

12 "Direito constitucional e eleitoral: candidatura nata. Princípio da isonomia entre os pré-candidatos. Autonomia dos partidos políticos. Ação direta de inconstitucionalidade do parágrafo 1.º do artigo 8.º da Lei nº 9.504, de 30 de setembro de 1997, segundo o qual: '§ 1.º Aos detentores de mandato de Deputado Federal, Estadual ou Distrital, ou de Vereador, e aos que tenham exercido esses cargos em qualquer período da legislatura que estiver em curso, é assegurado o registro de candidatura para o mesmo cargo pelo partido a que estejam filiados'. Alegação de ofensa aos artigos 5.º, 'caput', e 17 da Constituição Federal. Pedido de medida cautelar de suspensão da norma impugnada. Plausibilidade jurídica da ação, reconhecida, por maioria (8 votos *x* 1), sendo 3, com base em ambos os princípios (da isonomia – art. 5.º, 'caput' e da autonomia partidária – art. 17) e 5, apenas, com apoio nesta última. 'Periculum in mora' também presente. Cautelar deferida".

13 Nesse sentido também refere o STF: "Ampliação e melhoria no atendimento à população no Hospital Municipal Souza Aguiar. Dever estatal de assistência à saúde resultante de norma constitucional. Obrigação jurídico-constitucional que se impõe aos municípios (CF, ART. 30, VII). Configuração, no caso, de típica hipótese de omissão inconstitucional imputável ao município. Desrespeito à Constituição provocado por inércia estatal (*RTJ* 183/818-819). Comportamento que transgride a autori-

Além dos casos acima referidos, vejamos outras decisões em que é perceptível a importância do ativismo judicial em algumas outras decisões proferidas pelo STF.[14]

dade da lei fundamental da República (*RTJ* 185/794-796). A questão da reserva do possível: reconhecimento de sua inaplicabilidade, sempre que a invocação dessa cláusula puder comprometer o núcleo básico que qualifica o mínimo existencial (*RTJ* 200/191-197). O papel do Poder Judiciário na implementação de políticas públicas instituídas pela Constituição e não efetivadas pelo Poder Público. A fórmula da reserva do possível na perspectiva da teoria dos custos dos direitos: impossibilidade de sua invocação para legitimar o injusto inadimplemento de deveres estatais de prestação constitucionalmente impostos ao Poder Público. A teoria da 'restrição das restrições' (ou da 'limitação das limitações'). Caráter cogente e vinculante das normas constitucionais, inclusive daquelas de conteúdo programático, que veiculam diretrizes de políticas públicas, especialmente na área da saúde (CF, arts. 6.º, 196 e 197). A questão das 'escolhas trágicas'. A colmatação de omissões inconstitucionais como necessidade institucional fundada em comportamento afirmativo dos juízes e tribunais e de que resulta uma positiva criação jurisprudencial do direito. Controle jurisdicional de legitimidade da omissão do Poder Público: atividade de fiscalização judicial que se justifica pela necessidade de observância de certos parâmetros constitucionais (proibição de retrocesso social, proteção ao mínimo existencial, vedação da proteção insuficiente e proibição de excesso). Doutrina. Precedentes do Supremo Tribunal Federal em tema de implementação de políticas públicas delineadas na Constituição da República (*RTJ* 174/687 – *RTJ* 175/1212-1213 – *RTJ* 199/1219-1220). Existência, no caso em exame, de relevante interesse social. 2. Ação civil pública: instrumento processual adequado à proteção jurisdicional de direitos revestidos de metaindividualidade. Legitimação ativa do Ministério Público (CF, art. 129, III). A função institucional do Ministério Público como 'defensor do povo' (CF, art. 129, II). Doutrina. Precedentes. Recurso extraordinário improvido" (STF, AI 759.543/RJ, Rel. Min. Celso de Mello, j. 28.10.2013).

14 Outros casos que se pode referir de típica atuação ativista são: a) uso de salário mínimo como indexador (Súmula Vinculante 4); b) defesa técnica por advogado em processo disciplinar (Súmula Vinculante 5); c) remuneração de praças no serviço militar (Súmula Vinculante 6); d) não autoaplicabilidade do art. 192, § 3.º, da Constituição enquanto vigorou (juros reais de 12%) (Súmula Vinculante 7); e) prescrição e decadência do crédito tributário (Súmula Vinculante 8); f) reserva de Plenário para afastar incidência de lei ou ato normativo (Súmula Vinculante 10); g) taxa de matrícula em universidade pública (Súmula Vinculante 12); h) vedação do nepotismo nos três Poderes (Súmula Vinculante 13); i) a ADPF 54, em que se requereu interpretação, conforme a Constituição, dos artigos do Código Penal que tratam do aborto, para declarar que eles não incidem na hipótese de interrupção da gestação de fetos anencefálicos; j) constitucionalidade das pesquisas com células-tronco embrionárias (ADI 3.510/DF, rel. Min. Carlos Britto); k) vedação do nepotismo nos três Poderes (ADC 12, rel. Min. Carlos Britto; l) RE 579.951/RN, rel. Min. Ricardo Lewandowski); m) prisão por dívida. Virada na jurisprudência (HC 87.585/TO, rel. Min. Marco Aurélio, e 92.566, rel. Min. Marco Aurélio; n) RE 349.703, rel. p/ ac. Min. Gilmar Mendes, e 466.343, rel. Min. Cezar Peluso); o) demarcação de terras indígenas na área conhecida como Raposa Serra do Sol (Pet 3.388/RR, rel. Min. Carlos Britto); p) inelegibilidade e vida pregressa de candidatos a cargos eletivos (ADPF 144/DF, rel. Min. Celso de Mello); q) restrições ao uso de algemas (HC 91.952/SP, rel. Min. Marco Aurélio); r) passe livre para deficientes no transporte coletivo (ADI 2.649/DF, rel. Min. Carmen Lúcia); s) suspensão da Lei de Imprensa do regime militar (ADPF 130/DF, rel. Min. Carlos Britto); t) sigilo judicial e Comissões Parlamentares de Inquérito (MS 27.483/DF, rel. Min. Cezar Peluso); u) isenção da Cofins sobre sociedades profissionais e revogação por lei ordinária (RE 377.457/PR e 381.964/MG, Min. Gilmar Mendes).

2. Ativismos e judicialização

Durante o absolutismo, o juiz não foi senão um delegado do rei. A situação não mudou muito com a Revolução Francesa: consagrou-se a separação dos poderes, mas reservando-se para o juiz o papel, politicamente nulo, de "boca da Lei",[15] o que foi mudando com o passar do tempo.

Superados os pontos iniciais, outro ponto que merece destaque é a problemática existente em torno do conflito entre judicialização da política e ativismo judicial, por serem institutos que, para alguns, se confundem.

Alguns defendem que a judicialização é menos prejudicial, sendo ela o mecanismo de que se pode valer o STF, o que para outros, o ativismo pode e deve ser utilizado pelo STF.

Antes de debater qual dos dois institutos se realiza frente ao STF, é relevante perceber que

> "a judicialização e o ativismo judicial são primos. Vêm, portanto, da mesma família, frequentam os mesmos lugares, mas não têm as mesmas origens. Não são gerados, a rigor, pelas mesmas causas imediatas. A judicialização, no contexto brasileiro, é um fato, uma circunstância que decorre do modelo constitucional que se adotou, e não um exercício deliberado de vontade política. Em todos os casos referidos acima, o Judiciário decidiu porque era o que lhe cabia fazer, sem alternativa. Se uma norma constitucional permite que dela se deduza uma pretensão, subjetiva ou objetiva, ao juiz cabe dela conhecer, decidindo a matéria. Já o ativismo judicial é uma atitude, a escolha de um modo específico e proativo de interpretar a Constituição, expandindo o seu sentido e alcance. Normalmente ele se instala em situações de retração do Poder Legislativo, de um certo descolamento entre a classe política e a sociedade civil, impedindo que as demandas sociais sejam atendidas de maneira efetiva. A ideia de ativismo judicial está associada a uma participação mais ampla e intensa do Judiciário na concretização dos valores e fins constitucionais".[16]

Para Lenio Luiz Streck, a "judicialização é contingencial. Num país como o Brasil, é até mesmo inexorável que aconteça essa judicialização (e até em demasia). Mas não se pode confundir aquilo que é próprio de um sistema como o nosso (Constituição analítica, falta de políticas públicas e amplo acesso à Justiça) com o que se chama de ativismo".

Continua em sua indagação o autor ao dizer: "O que é ativismo? É quando os juízes substituem os juízos do legislador e da Constituição por seus juízos próprios, subjetivos, ou, mais que subjetivos, subjetivistas (solipsistas). No Brasil esse ativismo

---

15 TESHEINER, José Maria Rosa; THAMAY, Rennan Faria Krüger. *Ativismo judicial e judicialização da política*: determinação judicial de políticas públicas. *Revista Brasileira de Direito Processual – RBDPro*, Belo Horizonte, ano 23, n. 92, p. 129-143, out./dez. 2015. p. 134.

16 BARROSO, Luís Roberto. Fundamentos teóricos e filosóficos do novo direito constitucional brasileiro (pós-modernidade, teoria crítica e pós-positivismo). *In:* BARROSO, Luís Roberto (org.). *A nova interpretação constitucional*: ponderação, direitos fundamentais e relações privadas. 2. ed. Rio de Janeiro: Renovar, 2006. p. 27/28.

está baseado em um catálogo interminável de 'princípios', em que cada ativista (intérprete em geral) inventa um princípio novo. Na verdade, parte considerável de nossa judicialização perde-se no emaranhado de ativismos".[17]

Com efeito,

> "esse processo de ampliação da ação judicial pode ser analisado à luz das mais diversas perspectivas: o fenômeno da normatização de direitos, especialmente em face de sua natureza coletiva e difusa; as transições pós-autoritárias e a edição de constituições democráticas – seja em países europeus ou latino-americanos – e a consequente preocupação com o reforço das instituições de garantia do estado de direito, dentre elas a magistratura e o Ministério Público; as diversas investigações voltadas para a elucidação dos casos de corrupção a envolver a classe política, fenômeno já descrito como 'criminalização da responsabilidade política'; as discussões sobre a instituição de algum tipo de poder judicial internacional ou transnacional, a exemplo do tribunal penal internacional; e, finalmente, a emergência de discursos acadêmicos e doutrinários, vinculados à cultura jurídica, que defendem uma relação de compromisso entre Poder Judiciário e soberania popular".[18]

O que se pode verificar é que a crítica inicial ao ativismo judicial está consubstanciada na afirmação de que o Poder Judiciário não possui legitimidade democrática para, por meio de suas decisões, combater os atos instituídos pelos Poderes Legislativo e Executivo, pois eleitos pelo povo.

De igual modo, Daniel Sarmento, criticando o ativismo, refere que "acontece que muitos juízes, deslumbrados diante dos princípios e da possibilidade de, através deles, buscarem a justiça – ou que entendem por justiça –, passaram a negligenciar no seu dever de fundamentar racionalmente os seus julgamentos".

Continua o autor a dizer que esta 'euforia' com os princípios abriu um espaço muito maior para o decisionismo judicial. Um decisionismo travestido sob as vestes do politicamente correto, orgulhoso com seus jargões grandiloquentes e com a sua retórica inflamada, mas sempre um decisionismo. Os princípios constitucionais, neste quadro, converteram-se em verdadeiras 'varinhas de condão': com eles, o julgador de plantão consegue fazer quase tudo o que quiser. Esta prática é profundamente danosa a valores extremamente caros ao Estado Democrático de Direito. Ela é prejudicial à democracia, porque permite que juízes não eleitos imponham as suas preferências e valores aos jurisdicionados, muitas vezes passando por cima de deliberações do legislador. Ela compromete a separação dos poderes, porque dilui a fronteira entre as funções judiciais e legislativas. E ela atenta contra a segurança jurídica, porque torna o direito muito menos previsível, fazendo-o dependente das idiossincrasias do juiz de

---

17 STRECK, Lenio Luiz; MORAIS, José Luis Bolzan de. *OAB in foc*, Uberlândia, ano 4, n. 20, ago.-set. 2009, p. 15.

18 CITTADINO, Gisele. Poder Judiciário, ativismo judiciário e democracia. *Revista Alceu*, n. 9, vol. 5, jul.-dez. 2004, p. 105-113. Disponível em: http://revistaalceu.com.puc-rio.br/media/alceu_n9_cittadino.pdf.

plantão, e prejudicando com isso a capacidade do cidadão de planejar a própria vida com antecedência, de acordo com o conhecimento prévio do ordenamento jurídico".[19]

Os críticos dessa atuação proativa realizada pelo Judiciário destacam que estaria ocorrendo, ademais, violação da separação dos poderes, visto que, por vezes, age o Poder Judiciário como Executivo, fazendo aquilo que caberia a este Poder. Igualmente vislumbram os críticos que o Judiciário age como verdadeiro legislador, normatizando, por meio de decisão judicial, sem levar em conta a vontade do legislador.

Para Lenio Luiz Streck,

> os juízes (e a doutrina também é culpada), que agora deveriam aplicar a Constituição e fazer filtragem das leis ruins, quer dizer, aquelas inconstitucionais, passaram a achar que sabiam mais do que o constituinte. Saímos, assim, de uma estagnação para um ativismo, entendido como a substituição do Direito por juízos subjetivos do julgador. Além disso, caímos em uma espécie de pan-principiologismo, isto é, quando não concordamos com a lei ou com a Constituição, construímos um princípio. (...) Tudo se judicializa. Na ponta final, ao invés de se mobilizar e buscar seus direitos por outras vias (organização, pressões políticas, etc.), o cidadão vai direto ao Judiciário, que se transforma em um grande guichê de reclamações da sociedade. Ora, democracia não é apenas direito de reclamar judicialmente alguma coisa. Por isso é que cresce a necessidade de se controlar a decisão dos juízes e tribunais, para evitar que estes substituam o legislador. E nisso se inclui o STF, que não é – e não deve ser – um superpoder.[20]

Diversamente dessas posições que criticam o ativismo, há, de outro lado, parcela da doutrina defensora do ativismo.[21] Segundo essa última corrente, o Poder Judiciário possui legitimidade para invalidar decisões daqueles que exercem mandato popular.

Segundo Hart o juiz deve atuar e, em casos bem definidos, pode até criar direitos. Para o autor:

> o conflito direto mais agudo entre a teoria jurídica deste livro e a teoria de Dworkin é suscitado pela minha afirmação de que, em qualquer sistema jurídico, haverá sempre certos casos juridicamente não regulados em que, relativamente a determinado ponto, nenhuma decisão em qualquer dos sentidos é ditada pelo direito e, nessa conformidade, o direito apresenta-se como parcialmente indeterminado ou incompleto. Se, em tais casos, o juiz tiver de proferir

19 SARMENTO, Daniel. Ubiquidade constitucional: os dois lados da moeda. *In:* SOUZA NETO, Cláudio Pereira de; SARMENTO, Daniel (Org.). *A constitucionalização do direito*: fundamentos teóricos e aplicações específicas. Rio de Janeiro: Lumen Juris, 2007. p. 144.

20 STRECK, Lenio Luiz. *Ativismo judicial não é bom para a democracia*. Disponível em: http://www.conjur.com.br/2009-mar-15/entrevista-lenio-streck-procurador-justica-rio-grande-sul.

21 Dentre os defensores do ativismo judicial, Ana Paula Barcellos levanta os principais fundamentos para a viabilidade sistêmica do ativismo. BARCELLOS, Ana Paula de. Constitucionalização das políticas públicas em matéria de direitos fundamentais: o controle político-social e o controle jurídico no espaço democrático. *In:* SARLET, Ingo Wolfgang; TIMM, Luciano Benetti (org.). *Direitos fundamentais, orçamento e reserva do possível*. Porto Alegre: Livraria do Advogado, 2008. p. 118/128.

> uma decisão, em vez de, como Bentham chegou a advogar em tempos, se declarar privado de jurisdição, ou remeter os pontos não regulados pelo direito existente para a decisão do órgão legislativo, então deve exercer o seu *poder discricionário* e *criar* direito para o caso, em vez de aplicar meramente o direito estabelecido preexistente. Assim, em tais casos juridicamente não previstos ou não regulados, o juiz cria direito novo e aplica o direito estabelecido que não só confere, mas também restringe os seus poderes de criação do direito.[22]

Ademais, a legitimidade dos membros do Poder Judiciário decorreria da própria Constituição Federal, já que os juízes não atuam em nome próprio, mas, sim, em conformidade com esta.

Destarte, ao aplicar a Constituição e as próprias leis, os julgadores estão, na realidade, fortalecendo a vontade da maioria, ou seja, a própria vontade majoritária, sendo, assim, o ativismo judicial seria um instrumento promotor da democracia.

Defendendo o ativismo judicial, há eloquente decisão do STF, no AI 759.543/RJ, rel. Min. Celso de Mello, j. 28.10.2013:

> Reconhecida, assim, a adequação da via processual eleita, para cuja instauração o Ministério Público dispõe de plena legitimidade ativa (CF, art. 129, III), impõe-se examinar a questão central da presente causa e verificar se se revela possível ao Judiciário, sem que incorra em ofensa ao postulado da separação de poderes, determinar a adoção, pelo Município, quando injustamente omisso no adimplemento de políticas públicas constitucionalmente estabelecidas, de medidas ou providências destinadas a assegurar, concretamente, à coletividade em geral, o acesso e o gozo de direitos afetados pela inexecução governamental de deveres jurídico-constitucionais.

Continua o Ministro dizendo que:

> Observo, quanto a esse tema, que, ao julgar a ADPF 45/DF, Rel. Min. Celso de Mello, proferi decisão assim ementada (Informativo/STF n.º 345/2004):
>
> Arguição de descumprimento de preceito fundamental. A questão da legitimidade constitucional do controle e da intervenção do Poder Judiciário em tema de implementação de políticas públicas, quando configurada hipótese de abusividade governamental. Dimensão política da jurisdição constitucional atribuída ao Supremo Tribunal Federal. Inoponibilidade do arbítrio estatal à efetivação dos direitos sociais, econômicos e culturais. Caráter relativo da liberdade de conformação do legislador. Considerações em torno da cláusula da 'reserva do possível'. Necessidade de preservação, em favor dos indivíduos, da integridade e da intangibilidade do núcleo consubstanciador do 'mínimo existencial'. Viabilidade instrumental da arguição de descumprimento no processo de concretização das liberdades positivas (direitos constitucionais de segunda geração).
>
> Salientei, então, em referida decisão, que o Supremo Tribunal Federal, considerada a dimensão política da jurisdição constitucional outorgada a esta Corte, não pode demitir-se do gravíssimo encargo de tornar efetivos os direitos econômicos, sociais e culturais que se

---

22 HART, Herbert L. A. *O conceito de direito*. 3. ed. São Paulo: Fundação Calouste Gulbenkian, 2001. p. 335.

> identificam – enquanto direitos de segunda geração (ou de segunda dimensão) – com as liberdades positivas, reais ou concretas (*RTJ* 164/158-161, Rel. Min. Celso de Mello – *RTJ* 199/1219-1220, Rel. Min. Celso de Mello, v.g.).

É que, se assim não for, restarão comprometidas a integridade e a eficácia da própria Constituição, por efeito de violação negativa do estatuto constitucional, motivada por inaceitável inércia governamental no adimplemento de prestações positivas impostas ao Poder Público, consoante já advertiu, em tema de inconstitucionalidade por omissão, por mais de uma vez (*RTJ* 175/1212-1213, Rel. Min. Celso de Mello), o Supremo Tribunal Federal:

> Desrespeito à Constituição. Modalidades de comportamentos inconstitucionais do Poder Público.
>
> O desrespeito à Constituição tanto pode ocorrer mediante ação estatal quanto mediante inércia governamental. A situação de inconstitucionalidade pode derivar de um comportamento ativo do Poder Público, que age ou edita normas em desacordo com o que dispõe a Constituição, ofendendo-lhe, assim, os preceitos e os princípios que nela se acham consignados. Essa conduta estatal, que importa em um 'facere' (atuação positiva), gera a inconstitucionalidade por ação.
>
> Se o Estado deixar de adotar as medidas necessárias à realização concreta dos preceitos da Constituição, em ordem a torná-los efetivos, operantes e exequíveis, abstendo-se, em consequência, de cumprir o dever de prestação que a Constituição lhe impôs, incidirá em violação negativa do texto constitucional. Desse 'non facere' ou 'non praestare', resultará a inconstitucionalidade por omissão, que pode ser total, quando é nenhuma a providência adotada, ou parcial, quando é insuficiente a medida efetivada pelo Poder Público.
>
> (...)
>
> A omissão do Estado – que deixa de cumprir, em maior ou em menor extensão, a imposição ditada pelo texto constitucional – qualifica-se como comportamento revestido da maior gravidade político-jurídica, eis que, mediante inércia, o Poder Público também desrespeita a Constituição, também ofende direitos que nela se fundam e também impede, por ausência de medidas concretizadoras, a própria aplicabilidade dos postulados e princípios da Lei Fundamental.' (*RTJ* 185/794-796, Rel. Min. Celso de Mello, Pleno)" (STF, AI 759.543/RJ, rel. Min. Celso de Mello, j. 28.10.2013).

Ainda no referido julgado, Celso de Mello afirma que

> é certo – tal como observei no exame da ADPF 45/DF, Rel. Min. Celso de Mello (Informativo/STF n.º 345/2004) – que não se inclui, ordinariamente, no âmbito das funções institucionais do Poder Judiciário – e nas desta Suprema Corte, em especial – a atribuição de formular e de implementar políticas públicas (José Carlos Vieira de Andrade, 'Os Direitos Fundamentais na Constituição Portuguesa de 1976', p. 207, item n. 05, 1987, Almedina, Coimbra), pois, nesse domínio, o encargo reside, primariamente, nos Poderes Legislativo e Executivo. Impende assinalar, contudo, que a incumbência de fazer implementar políticas públicas fundadas na Constituição poderá atribuir-se, ainda que excepcionalmente, ao Judiciário, se e quando os órgãos estatais competentes, por descumprirem os encargos político-jurídicos que sobre eles incidem em caráter vinculante, vierem a comprometer, com tal comportamento,

> a eficácia e a integridade de direitos individuais e/ou coletivos impregnados de estatura constitucional, como sucede na espécie ora em exame.[23]

Com efeito, assim também pensa André Ramos Tavares, aduzindo que

> modernamente têm sido propostas novas classificações das funções do Estado, com bases mais científicas e tendo em vista a realidade histórica em que cada Estado se encontra. A realidade já se incumbe de desmistificar a necessidade de poderes totalmente independentes, quanto mais numa distribuição tripartite. Ademais, a tese da absoluta separação entre os poderes os tornaria perniciosos e arbitrários.[24]

Assim,

> mais do que nunca, é preciso enfatizar que o dever estatal de atribuir efetividade aos direitos fundamentais, de índole social, qualifica-se como expressiva limitação à discricionariedade administrativa. Isso significa que a intervenção jurisdicional, justificada pela ocorrência de arbitrária recusa governamental em conferir significação real ao direito à saúde, tornar-se-á plenamente legítima (sem qualquer ofensa, portanto, ao postulado da separação de poderes), sempre que se impuser, nesse processo de ponderação de interesses e de valores em conflito, a necessidade de fazer prevalecer a decisão política fundamental que o legislador constituinte adotou em tema de respeito e de proteção ao direito à saúde.[25]

Por fim, nesse contexto, o Min. Celso de Mello afirma que

> "essa relação dilemática, que se instaura na presente causa, conduz os Juízes deste Supremo Tribunal a proferir decisão que se projeta no contexto das denominadas 'escolhas trágicas' (Guido Calabresi e Philip Bobbitt, 'Tragic Choices', 1978, W. W. Norton & Company), que nada mais exprimem senão o estado de tensão dialética entre a necessidade estatal de tornar concretas e reais as ações e prestações de saúde em favor das pessoas, de um lado, e as dificuldades governamentais de viabilizar a alocação de recursos financeiros, sempre tão dramaticamente escassos, de outro. Mas, como precedentemente acentuado, a missão institucional desta Suprema Corte, como guardiã da superioridade da Constituição da República, impõe, aos seus Juízes, o compromisso de fazer prevalecer os direitos fundamentais da pessoa, dentre os quais avultam, por sua inegável precedência, o direito à vida e o direito à saúde".[26]

Assim, os defensores do ativismo judicial afirmam que esse fenômeno se presta a uma verdadeira concretização dos direitos fundamentais previstos na Constituição

---

23 STF, AI 759.543/RJ, Rel. Min. Celso de Mello, j. 28.10.2013.

24 TAVARES, André Ramos. *Curso de direito constitucional*. 6. ed. rev. e atual. São Paulo: Saraiva, 2008. p. 1.027.

25 STF, AI 759.543/RJ, Rel. Min. Celso de Mello, j. 28.10.2013.

26 STF, AI 759.543/RJ, Rel. Min. Celso de Mello, j. 28.10.2013.

Federal, sendo necessária a participação do Poder Judiciário como realizador e implementador das políticas públicas descumpridas.

O que não se pode esquecer é o limite para tais intervenções, pois, em prol da aplicação de um direito, desrespeitar outro direito igualmente constituído pela Constituição Federal de 1988.

3. O ativismo judicial como meio realizador de políticas públicas

Seja por compreender que a figura adequada venha a ser a judicialização da política ou o ativismo judicial, que tanto contendem doutrinadores e jurisprudência, o fato é que a implementação das políticas públicas descumpridas pelo Poder Estatal vem sendo produzida pelo Poder Judiciário.

Tanto é que, com base em decisões do STF, o Judiciário brasileiro vem realizando, implementando e concretizando políticas públicas. Nesse sentido, o STF já firmou entendimento no sentido de que "não ofende o princípio da separação de poderes a determinação, pelo Poder Judiciário, em situações excepcionais, de realização de políticas públicas indispensáveis para a garantia de relevantes direitos constitucionais".[27]

O que merece destaque é que o judiciário não pode atuar em qualquer demanda, somente naquelas em que sejam relevantes a garantia de direitos fundamentais constitucionais.

Destarte, em um "verdadeiro Estado Democrático de Direito, imprescindível se mostra a existência e utilização de meios que permitam que o Estado-juiz assegure efetivamente a tutela de direitos".[28]

Assim, reconhece o STF a possibilidade de intervenção excepcional do Poder Judiciário na implementação de políticas públicas, fazendo-se aqui presente aquilo que chamamos de participação do Judiciário nas políticas públicas. Nesse sentido, confira-se a ementa do julgado do STF, *vide*:

> Agravo regimental no recurso extraordinário com agravo. Administrativo e constitucional. Possibilidade de intervenção excepcional do Poder Judiciário na implementação de políticas públicas. Precedentes. Agravo regimental ao qual se nega provimento.[29]

Com efeito, "o Poder Judiciário, em situações excepcionais, pode determinar que a Administração pública adote medidas assecuratórias de direitos constitucionalmen-

27 STF, 2ª Turma, RE 634.643/RJ, Rel. Min. Joaquim Barbosa, j. 26.06.2012, *DJe*-158, Divulg. 10.08.2012, Publ. 13.08.2012.

28 TJSP, 9.ª Câm. de Direito Público, Ap 1336613720078260000/SP (0133661-37.2007.8.26.0000), Rel. Des. Sérgio Gomes, j. 05.10.2011, Publ. 06.10.2011.

29 STF, 2ª Turma, ARE 679.616/RS, Rel. Min. Cármen Lúcia, j. 19.11.2013, *DJe*-232, Divulg. 25.11.2013, Publ. 26.11.2013.

te reconhecidos como essenciais, sem que isso configure violação do princípio da separação dos poderes".[30]

Pode-se dizer que

> o controle judicial das políticas públicas é vedado quando o pleito deduzido em sede de ação civil pública reveste-se de caráter genérico, inespecífico e abstrato, hipótese inocorrente na espécie. Quando, porém, da execução de determinada política pública, seja por ação ou omissão, decorre prejuízo concreto a interesses individuais homogêneos, difusos ou coletivos, nasce a pretensão ao controle judicial de tais políticas por meio de ação coletiva. O ativismo judicial, no Brasil, é fruto da ineficiência dos órgãos de execução legislativa na concretização de direitos fundamentais, especialmente nos casos em que sequer há previsão orçamentária para o atendimento de necessidades primárias da população, sem que daí se possa inferir qualquer vulneração ao princípio da Tripartição dos Poderes da República.[31]

O TJSP também, ao analisar a questão do elevado número de presos no cárcere, aplicou, por meio do ativismo, o controle e a implementação de políticas públicas. Veja-se:

> Ação civil pública. Preliminares afastadas. Superpopulação carcerária. Pretensão de remoção de presos com condenações definitivas, transitadas em julgado, das Cadeias Públicas dos Distritos Policiais e das Delegacias de Polícia Especializadas, para estabelecimentos prisionais adequados. Possibilidade. Conselho Nacional de Justiça. 'Meta Zero'. Política pública. Ativismo judicial. Direitos fundamentais do preso. Princípio da dignidade da pessoa humana. Inteligência dos arts. 5.º, XLIX e LXIII, da Constituição Federal e arts. 40, 41, 42 e 43, da Lei de Execução Penal. Precedentes do Tribunal de Justiça do Estado de São Paulo. Sentença mantida. Recurso da Fazenda não provido.[32]

Assim, não é novidade que venha sendo aplicado o ativismo judicial na jurisprudência que tem se preocupado muito com a realização das políticas públicas, pois "é dever, não somente, mas, principalmente, do Órgão Governamental a realização de políticas públicas".[33]

Há muitos julgados em que o ativismo judicial fica bem caracterizado, e com essa prática o judiciário tenta fazer valer os direitos fundamentais garantidos constitucionalmente, contudo a crítica ainda é forte; para muitos, ofende a separação dos poderes; para outros, não ofende, já alguns atacam apenas o limite da decisão.

---

30 STF, 1ª Turma, ARE 654.823/RS, Rel. Min. Dias Toffoli, j. 12.11.2013, *DJe*-239, Divulg. 04.12.2013, Publ. 05.12.2013.

31 TJSC, 3ª Câm. de Direito Público, AC 20120916487/SC (2012.091648-7) (Acórdão), Rel. Des. Pedro Manoel Abreu, j. 26.08.2013.

32 TJSP, 3ª Câm. de Direito Público, Ap 00002623020108260444/SP (0000262-30.2010.8.26.0444), Rel. Des. Marrey Uint, j. 14.05.2013, Publ. 15.05.2013.

33 TJSP, 5ª Câm. de Direito Público, Ap 90909900620088260000/SP (9090990-06.2008.8.26.0000), Rel. Des. Francisco Bianco, j. 02.12.2013, Publ. 07.12.2013.

4. O ativismo judicial realizado pelo Supremo Tribunal Federal

O principal órgão do Poder Judiciário a realizar o ativismo judicial, como visto, é o próprio Supremo, que, com frequência, tem utilizado seu poder para, em tese, fazer valer a realização, a implementação e, por vezes, até a criação de políticas públicas.

Nesta parte do trabalho, busca-se evidenciar o ativismo judicial, assim, confiram-se, portanto, algumas situações de ocorrência que marcarão de forma indelével as decisões da corte.

A primeira, destacada na Súmula Vinculante 4, estatui que, "salvo nos casos previstos na Constituição, o salário mínimo não pode ser usado como indexador de base de cálculo de vantagem de servidor público ou de empregado, nem ser substituído por decisão judicial".

A segunda vem destacada na Súmula Vinculante 5, que determina que "a falta de defesa técnica por advogado no processo administrativo disciplinar não ofende a Constituição".

A terceira está disposta na Súmula Vinculante 6, dispondo que "não viola a Constituição o estabelecimento de remuneração inferior ao salário mínimo para as praças prestadoras de serviço militar inicial".

A quarta vem ligada à não autoaplicabilidade do art. 192, § 3.º, da Constituição, enquanto vigorou (juros reais de 12%), assim como dispõe a Súmula Vinculante 7, que refere que "a norma do § 3.º do artigo 192 da Constituição, revogada pela Emenda Constitucional n.º 40/2003, que limitava a taxa de juros reais a 12% ao ano, tinha sua aplicação condicionada à edição de lei complementar".

A quinta é referente à prescrição e decadência do crédito tributário, destacada na Súmula Vinculante 8, que assim é reproduzida: "São inconstitucionais o parágrafo único do artigo 5.º do Decreto-Lei n.º 1.569/1977 e os artigos 45 e 46 da Lei n.º 8.212/1991, que tratam de prescrição e decadência de crédito tributário".

A sexta diz respeito à reserva de Plenário para afastar incidência de lei ou ato normativo, presente na Súmula Vinculante 10, ao determinar que "viola a cláusula de reserva de plenário (CF, artigo 97) a decisão de órgão fracionário de tribunal que, embora não declare expressamente a inconstitucionalidade de lei ou ato normativo do poder público, afasta sua incidência, no todo ou em parte".

A sétima está ligada à taxa de matrícula em universidade pública, disposta na Súmula Vinculante 12, determinando que "a cobrança de taxa de matrícula nas universidades públicas viola o disposto no art. 206, IV, da Constituição Federal".

A oitava veio na vedação do nepotismo nos três Poderes, estando descrita na Súmula Vinculante 13, que determina que "a nomeação de cônjuge, companheiro ou parente em linha reta, colateral ou por afinidade, até o terceiro grau, inclusive, da autoridade nomeante ou de servidor da mesma pessoa jurídica investido em cargo de direção, chefia ou assessoramento, para o exercício de cargo em comissão ou de confiança ou, ainda, de função gratificada na administração pública direta e indireta em qualquer dos Poderes da União, dos Estados, do Distrito Federal e dos Municípios, compreendido o ajuste mediante designações recíprocas, viola a Constituição Federal".

A nona vem afirmada na ADPF 54, na qual se pretendeu a interpretação, conforme a Constituição, dos artigos do Código Penal que tratam do aborto, para, então, declarar que eles não incidem na hipótese de interrupção da gestação de fetos anencefálicos. Nesse caso, o julgado foi assim ementado:

> Estado. Laicidade. O Brasil é uma república laica, surgindo absolutamente neutro quanto às religiões. Considerações. Feto anencéfalo. Interrupção da gravidez. Mulher. Liberdade sexual e reprodutiva. Saúde. Dignidade. Autodeterminação. Direitos fundamentais. Crime. Inexistência. Mostra-se inconstitucional interpretação de a interrupção da gravidez de feto anencéfalo ser conduta tipificada nos artigos 124, 126 e 128, incisos I e II, do Código Penal (STF, ADPF 54, Tribunal Pleno, Rel. Min. Marco Aurélio, j 12.04.2012).

A décima resta realizada em relação à investigação da constitucionalidade das pesquisas com células-tronco embrionárias (ADI 3.510/DF, Rel. Min. Ayres Britto), sendo assim ementada:

> Constitucional. Ação direta de inconstitucionalidade. Lei de Biossegurança. Impugnação em bloco do art. 5.º da Lei n.º 11.105, de 24 de março de 2005 (Lei de Biossegurança). Pesquisas com células-tronco embrionárias. Inexistência de violação do direito à vida. Constitucionalidade do uso de células-tronco embrionárias em pesquisas científicas para fins terapêuticos. Descaracterização do aborto. Normas constitucionais conformadoras do direito fundamental a uma vida digna, que passa pelo direito à saúde e ao planejamento familiar. Descabimento de utilização da técnica de interpretação conforme para aditar à Lei de Biossegurança controles desnecessários que implicam restrições às pesquisas e terapias por ela visadas. Improcedência total da ação[34].

---

34 I – O conhecimento científico, a conceituação jurídica de células-tronco embrionárias e seus reflexos no controle de constitucionalidade da Lei de Biossegurança. As 'células-tronco embrionárias' são células contidas num agrupamento de outras, encontradiças em cada embrião humano de até 14 dias (outros cientistas reduzem esse tempo para a fase de blastocisto, ocorrente em torno de 5 dias depois da fecundação de um óvulo feminino por um espermatozoide masculino). Embriões a que se chega por efeito de manipulação humana em ambiente extracorpóreo, porquanto produzidos laboratorialmente ou 'in vitro', e não espontaneamente ou 'in vida'. Não cabe ao Supremo Tribunal Federal decidir sobre qual das duas formas de pesquisa básica é a mais promissora: a pesquisa com células-tronco adultas e aquele incidente sobre células-tronco embrionárias. A certeza científico-tecnológica está em que um tipo de pesquisa não invalida o outro, pois ambos são mutuamente complementares. II – Legitimidade das pesquisas com células-tronco embrionárias para fins terapêuticos e o constitucionalismo fraternal. A pesquisa científica com células-tronco embrionárias, autorizada pela Lei n.º 11.105/2005, objetiva o enfrentamento e cura de patologias e traumatismos que severamente limitam, atormentam, infelicitam, desesperam e não raras vezes degradam a vida de expressivo contingente populacional (ilustrativamente, atrofias espinhais progressivas, distrofias musculares, a esclerose múltipla e a lateral amiotrófica, as neuropatias e as doenças do neurônio motor). A escolha feita pela Lei de Biossegurança não significou um desprezo ou desapreço pelo embrião 'in vitro', porém u'a mais firme disposição para encurtar caminhos que

possam levar à superação do infortúnio alheio. Isto no âmbito de um ordenamento constitucional que desde o seu preâmbulo qualifica 'a liberdade, a segurança, o bem-estar, o desenvolvimento, a igualdade e a justiça' como valores supremos de uma sociedade mais que tudo 'fraterna'. O que já significa incorporar o advento do constitucionalismo fraternal às relações humanas, a traduzir verdadeira comunhão de vida ou vida social em clima de transbordante solidariedade em benefício da saúde e contra eventuais tramas do acaso e até dos golpes da própria natureza. Contexto de solidária, compassiva ou fraternal legalidade que, longe de traduzir desprezo ou desrespeito aos congelados embriões 'in vitro', significa apreço e reverência a criaturas humanas que sofrem e se desesperam. Inexistência de ofensas ao direito à vida e da dignidade da pessoa humana, pois a pesquisa com células-tronco embrionárias (inviáveis biologicamente ou para os fins a que se destinam) significa a celebração solidária da vida e alento aos que se acham à margem do exercício concreto e inalienável dos direitos à felicidade e do viver com dignidade (Ministro Celso de Mello). III – A proteção constitucional do direito à vida e os direitos infraconstitucionais do embrião pré-implanto. O Magno Texto Federal não dispõe sobre o início da vida humana ou o preciso instante em que ela começa. Não faz de todo e qualquer estádio da vida humana um autonomizado bem jurídico, mas da vida que já é própria de uma concreta pessoa, porque nativiva (teoria 'natalista', em contraposição às teorias 'concepcionista' ou da 'personalidade condicional'). E quando se reporta a 'direitos da pessoa humana' e até dos 'direitos e garantias individuais' como cláusula pétrea está falando de direitos e garantias do indivíduo-pessoa, que se faz destinatário dos direitos fundamentais 'à vida, à liberdade, à igualdade, à segurança e à propriedade', entre outros direitos e garantias igualmente distinguidos com o timbre da fundamentalidade (como direito à saúde e ao planejamento familiar). Mutismo constitucional hermeneuticamente significante de transpasse de poder normativo para a legislação ordinária. A potencialidade de algo para se tornar pessoa humana já é meritória o bastante para acobertá-la, infraconstitucionalmente, contra tentativas levianas ou frívolas de obstar sua natural continuidade fisiológica. Mas as três realidades não se confundem: o embrião é o embrião, o feto é o feto e a pessoa humana é a pessoa humana. Donde não existir pessoa humana embrionária, mas embrião de pessoa humana. O embrião referido na Lei de Biossegurança ('in vitro' apenas) não é uma vida a caminho de outra vida virginalmente nova, porquanto lhe faltam possibilidades de ganhar as primeiras terminações nervosas, sem as quais o ser humano não tem factibilidade como projeto de vida autônoma e irrepetível. O Direito infraconstitucional protege por modo variado cada etapa do desenvolvimento biológico do ser humano. Os momentos da vida humana anteriores ao nascimento devem ser objeto de proteção pelo direito comum. O embrião pré-implanto é um bem a ser protegido, mas não uma pessoa no sentido biográfico a que se refere a Constituição. IV – As pesquisas com células-tronco não caracterizam aborto. Matéria estranha à presente ação direta de inconstitucionalidade. É constitucional a proposição de que toda gestação humana principia com um embrião igualmente humano, claro, mas nem todo embrião humano desencadeia uma gestação igualmente humana, em se tratando de experimento 'in vitro'. Situação em que deixam de coincidir concepção e nascituro, pelo menos enquanto o ovócito (óvulo já fecundado) não for introduzido no colo do útero feminino. O modo de irromper em laboratório e permanecer confinado 'in vitro' é, para o embrião, insuscetível de progressão reprodutiva. Isto sem prejuízo do reconhecimento de que o zigoto assim extracorporalmente produzido e também extracorporalmente cultivado e armazenado é entidade embrionária do ser humano. Não, porém, ser humano em estado de embrião. A Lei de Biossegurança não veicula autorização para extirpar do corpo feminino esse ou aquele embrião. Eliminar ou desentranhar esse ou aquele zigoto a caminho do endométrio, ou nele já fixado. Não se cuida de interromper gravidez humana, pois dela aqui não se pode cogitar. A 'controvérsia constitucional em exame não guarda qualquer vinculação com o problema do aborto.' (Ministro Celso de Mello). V – Os direitos fundamentais à autonomia da vontade, ao planejamento familiar e à maternidade. A decisão por uma descendência ou filiação exprime um tipo de autonomia de vontade individual que a própria Constituição rotula como 'direito ao planejamento familiar', fundamentado este nos princípios igualmente constitucionais da 'dignidade da pessoa humana' e da 'paternidade responsável'. A conjugação constitucional da laicidade do Estado e do primado da autonomia da vontade privada, nas palavras do Ministro Joaquim Barbosa. A opção do casal por um processo 'in vitro' de fecundação artificial de óvulos é implícito direito de idêntica matriz constitucional, sem acarretar para esse casal o dever jurídico do aproveitamento reprodutivo de todos os embriões eventualmente formados e que se revelem geneticamente viáveis. O princípio fundamental da dignidade da pessoa humana opera por modo binário, o que propicia a base constitucional para um casal de adultos recorrer a técnicas de reprodução assistida que incluam a fertilização artificial ou 'in vitro'. De uma parte, para aquinhoar o casal com o direito público subjetivo à 'liberdade' (preâmbulo da Constituição e seu art. 5.º), aqui entendida como autonomia de vontade. De outra banda, para contemplar os porvindouros componentes da unidade familiar, se por eles optar o casal, com planejadas condições de bem-estar e assistência físico-afetiva (art. 226 da CF). Mais exatamente, planejamento familiar que, 'fruto da livre decisão do casal', é 'fundado nos princípios da dignidade da pessoa humana e da paternidade responsável' (§ 7.º desse emblemático artigo constitucional de n.º 226). O recurso a processos de fertilização artificial não implica o dever da tentativa de nidação no corpo da mulher de todos os óvulos afinal fecundados. Não existe tal dever (inciso II do art. 5.º da CF), porque incompatível com o próprio instituto do 'planejamento familiar' na citada perspectiva da 'paternidade responsável'. Imposição, além do mais, que implicaria tratar o gênero feminino por modo desumano ou degradante, em contrapasso ao direito fundamental que se lê no inciso II do art. 5.º da Constituição. Para que ao embrião 'in vitro' fosse reconhecido o pleno direito à vida, necessário seria reconhecer a ele o direito a um útero. Proposição não autorizada pela Constituição. VI – Direito à saúde como corolário do direito fundamental à vida digna. O § 4.º do art. 199 da Constituição, versante sobre pesquisas com substâncias humanas para fins terapêuticos, faz parte da seção normativa dedicada à 'saúde' (Seção II do Capítulo II do Título VIII). Direito à saúde, positivado como um dos primeiros dos direitos sociais de natureza fundamental (art. 6.º da CF) e também como o primeiro dos direitos constitutivos da seguridade social (cabeça do artigo constitucional de n.º 194). Saúde que é 'direito de todos e dever do Estado' (*caput* do art. 196 da Constituição), garantida mediante ações e serviços de pronto qualificados como 'de relevância pública' (parte inicial do art. 197). A Lei de Biossegurança como instrumento de encontro do direito à saúde com a própria Ciência. No caso, ciências médicas, biológicas e correlatas, diretamente postas pela Constituição a serviço desse bem inestimável do indivíduo que é a sua própria higidez físico-mental. VII – O direito constitucional à liberdade de expressão científica e a Lei de Biossegurança como densificação dessa liberdade. O termo 'ciência', enquanto atividade individual, faz parte do catálogo dos direitos fundamentais da pessoa humana (inciso IX do art. 5.º da CF). Liberdade de expressão que se afigura como clássico direito constitucional-civil ou genuíno direito de personalidade. Por isso que exigente do máximo de proteção jurídica, até como signo de vida coletiva civilizada. Tão qualificadora do indivíduo e da sociedade é essa vocação para os misteres da Ciência que o Magno Texto Federal abre todo um autonomizado capítulo para prestigiá-la por modo superlativo (capítulo de n.º IV do título VIII). A regra de que 'O Estado promoverá e incentivará o desenvolvimento científico, a pesquisa e a capacitação tecnológicas' (art. 218, *caput*) é de logo complementada com o preceito (§ 1.º do mesmo art. 218) que autoriza a edição de normas como a constante do art. 5.º da Lei de Biossegurança. A compatibilização da liberdade de expressão científica com os deveres estatais de propulsão das ciências que sirvam à melhoria das condições de vida para todos os indivíduos. Assegurada, sempre, a dignidade da pessoa humana, a Constituição Federal dota o bloco normativo posto no art. 5.º da Lei 11.105/2005 do necessário fundamento para dele afastar qualquer invalidade jurídica (Ministra Cármen Lúcia). VIII – Suficiência das cautelas e restrições impostas pela Lei de Biossegurança

A décima primeira veio no sentido de vedar o nepotismo nos três Poderes (ADC 12, rel. Min. Carlos Britto). Veja-se a ementa:

> Ação declaratória de constitucionalidade, ajuizada em prol da Resolução n.º 07, de 18.10.2005, do Conselho Nacional de Justiça. Medida cautelar. Patente a legitimidade da Associação dos Magistrados do Brasil – AMB – para propor ação declaratória de constitucionalidade. Primeiro, por se tratar de entidade de classe de âmbito nacional. Segundo, porque evidenciado o estreito vínculo objetivo entre as finalidades institucionais da proponente e o conteúdo do ato normativo por ela defendido (inciso IX do art. 103 da CF, com redação dada pela EC 45/04). Ação declaratória que não merece conhecimento quanto ao art. 3.º da resolução, porquanto, em 06.12.05, o Conselho Nacional de Justiça editou a Resolução n.º 09/05, alterando substancialmente a de n.º 07/2005. A Resolução n.º 07/05 do CNJ reveste-se dos atributos da generalidade (os dispositivos dela constantes veiculam normas proibitivas de ações administrativas de logo padronizadas), impessoalidade (ausência de indicação nominal ou patronímica de quem quer que seja) e abstratividade (trata-se de um modelo normativo com âmbito temporal de vigência em aberto, pois claramente vocacionado para renovar de forma contínua o liame que prende suas hipóteses de incidência aos respectivos mandamentos). A Resolução n.º 07/05 se dota, ainda, de caráter normativo primário, dado que arranca diretamente do § 4.º do art. 103-B da Carta-cidadã e tem como finalidade debulhar os próprios conteúdos lógicos dos princípios constitucionais de centrada regência de toda a atividade administrativa do Estado, especialmente o da impessoalidade, o da eficiência, o da igualdade e o da moralidade. O ato normativo que se faz de objeto desta ação declaratória densifica apropriadamente os quatro citados princípios do art. 37 da Constituição Federal, razão por que não há antinomia de conteúdos na comparação dos comandos que se veiculam pelos dois modelos normativos: o constitucional e o infraconstitucional. Logo, o Conselho Nacional de Justiça fez adequado uso da competência que lhe conferiu a Carta de Outubro, após a Emenda 45/04. Noutro giro, os condicionamentos impostos pela Resolução em foco não atentam contra a liberdade de nomeação e exoneração dos cargos em comissão e funções de confiança (incisos II e V do art. 37). Isto porque a interpretação dos mencionados incisos não pode se desapegar dos princípios que se veiculam pelo *caput* do mesmo art. 37. Donde o juízo de que as restrições constantes do ato normativo do CNJ são, no rigor dos termos, as mesmas restrições já impostas pela Constituição de 1988, dedutíveis dos

---

na condução das pesquisas com células-tronco embrionárias. A Lei de Biossegurança caracteriza-se como regração legal a salvo da mácula do açodamento, da insuficiência protetiva ou do vício da arbitrariedade em matéria tão religiosa, filosófica e eticamente sensível como a da biotecnologia na área da medicina e da genética humana. Trata-se de um conjunto normativo que parte do pressuposto da intrínseca dignidade de toda forma de vida humana, ou que tenha potencialidade para tanto. A Lei de Biossegurança não conceitua as categorias mentais ou entidades biomédicas a que se refere, mas nem por isso impede a facilitada exegese dos seus textos, pois é de se presumir que recepcionou tais categorias e as que lhe são correlatas com o significado que elas portam no âmbito das ciências médicas e biológicas. IX – Improcedência da ação. Afasta-se o uso da técnica de 'interpretação conforme' para a feitura de sentença de caráter aditivo que tencione conferir à Lei de Biossegurança exuberância regratória, ou restrições tendentes a inviabilizar as pesquisas com células-tronco embrionárias. Inexistência dos pressupostos para a aplicação da técnica da 'interpretação conforme a Constituição', porquanto a norma impugnada não padece de polissemia ou de plurissignificatidade. Ação direta de inconstitucionalidade julgada totalmente improcedente".

republicanos princípios da impessoalidade, da eficiência, da igualdade e da moralidade. É dizer: o que já era constitucionalmente proibido permanece com essa tipificação, porém, agora, mais expletivamente positivado. Não se trata, então, de discriminar o Poder Judiciário perante os outros dois Poderes Orgânicos do Estado, sob a equivocada proposição de que o Poder Executivo e o Poder Legislativo estariam inteiramente libertos de peias jurídicas para prover seus cargos em comissão e funções de confiança, naquelas situações em que os respectivos ocupantes não hajam ingressado na atividade estatal por meio de concurso público. O modelo normativo em exame não é suscetível de ofender a pureza do princípio da separação dos Poderes e até mesmo do princípio federativo. Primeiro, pela consideração de que o CNJ não é órgão estranho ao Poder Judiciário (art. 92, CF) e não está a submeter esse Poder à autoridade de nenhum dos outros dois; segundo, porque ele, Poder Judiciário, tem uma singular compostura de âmbito nacional, perfeitamente compatibilizada com o caráter estadualizado de uma parte dele. Ademais, o art. 125 da Lei Magna defere aos Estados a competência de organizar a sua própria Justiça, mas não é menos certo que esse mesmo art. 125, *caput*, junge essa organização aos princípios 'estabelecidos' por ela, Carta Maior, neles incluídos os constantes do art. 37, cabeça. Medida liminar deferida para, com efeito vinculante: a) emprestar interpretação conforme para incluir o termo 'chefia' nos inciso II, III, IV, V do artigo 2.º do ato normativo em foco; b) suspender, até o exame de mérito desta ADC, o julgamento dos processos que tenham por objeto questionar a constitucionalidade da Resolução n.º 07/2005, do Conselho Nacional de Justiça; c) obstar que juízes e Tribunais venham a proferir decisões que impeçam ou afastem a aplicabilidade da mesma Resolução n.º 07/2005, do CNJ e d) suspender, com eficácia *ex tunc*, os efeitos daquelas decisões que, já proferidas, determinaram o afastamento da sobredita aplicação.

A décima segunda, também no mesmo sentido da anterior, veio fixada no RE 579.951/RN, Rel. Min. Ricardo Lewandowski, afirmando que

> I – Embora restrita ao âmbito do Judiciário, a Resolução 7/2005 do Conselho Nacional da Justiça, a prática do nepotismo nos demais Poderes é ilícita.
>
> II – A vedação do nepotismo não exige a edição de lei formal para coibir a prática.
>
> III – Proibição que decorre diretamente dos princípios contidos no art. 37, *caput*, da Constituição Federal.
>
> IV – Precedentes.
>
> V – RE conhecido e parcialmente provido para anular a nomeação do servidor, aparentado com agente político, ocupante, de cargo em comissão.

A décima terceira veio nos RE 349.703, rel. p/ ac. Min. Gilmar Mendes, e 466.343, Rel. Min. Cezar Peluso), tratando do tema da prisão civil do depositário infiel, sendo assim ementada:

> Prisão civil do depositário infiel em face dos tratados internacionais de direitos humanos. Interpretação da parte final do inciso LXVII do art. 5.º da Constituição Brasileira de 1988. Posição hierárquico-normativa dos tratados internacionais de direitos humanos no ordenamento jurídico brasileiro. Desde a adesão do Brasil, sem qualquer reserva, ao Pacto Internacional dos Direitos Civis e Políticos (art. 11) e à Convenção Americana sobre Direitos Humanos – Pacto de San José da Costa Rica (art. 7.º, 7), ambos no ano de 1992, não há mais base legal para prisão civil do depositário infiel, pois o caráter especial desses diplomas

> internacionais sobre direitos humanos lhes reserva lugar específico no ordenamento jurídico, estando abaixo da Constituição, porém acima da legislação interna. O *status* normativo supralegal dos tratados internacionais de direitos humanos subscritos pelo Brasil torna inaplicável a legislação infraconstitucional com ele conflitante, seja ela anterior ou posterior ao ato de adesão. Assim ocorreu com o art. 1.287 do Código Civil de 1916 e com o Decreto-Lei n.º 911/69, assim como em relação ao art. 652 do Novo Código Civil (Lei n.º 10.406/2002). Alienação fiduciária em garantia. Decreto-lei n.º 911/69. Equiparação do devedor-fiduciante ao depositário. Prisão civil do devedor-fiduciante em face do princípio da proporcionalidade. A prisão civil do devedor-fiduciante no âmbito do contrato de alienação fiduciária em garantia viola o princípio da proporcionalidade, visto que: a) o ordenamento jurídico prevê outros meios processuais-executórios postos à disposição do credor-fiduciário para a garantia do crédito, de forma que a prisão civil, como medida extrema de coerção do devedor inadimplente, não passa no exame da proporcionalidade como proibição de excesso, em sua tríplice configuração: adequação, necessidade e proporcionalidade em sentido estrito; e b) o Decreto-Lei n.º 911/69, ao instituir uma ficção jurídica, equiparando o devedor-fiduciante ao depositário, para todos os efeitos previstos nas leis civis e penais, criou uma figura atípica de depósito, transbordando os limites do conteúdo semântico da expressão 'depositário infiel' insculpida no art. 5.º, inciso LXVII, da Constituição e, dessa forma, desfigurando o instituto do depósito em sua conformação constitucional, o que perfaz a violação ao princípio da reserva legal proporcional. Recurso extraordinário conhecido e não provido.

A décima quarta trata da demarcação de terras indígenas na área conhecida como Raposa Serra do Sol (Pet. 3.388/RR, Rel. Min. Carlos Britto), sendo assim ementada:

> Ação popular. Demarcação da terra indígena Raposa Serra do Sol. Inexistência de vícios no processo administrativo- demarcatório. Observância dos arts. 231 e 232 da Constituição Federal, bem como da Lei n.º 6.001/73 e seus decretos regulamentares. Constitucionalidade e legalidade da Portaria n.º 534/2005, do Ministro da Justiça, assim como do decreto presidencial homologatório. Reconhecimento da condição indígena da área demarcada, em sua totalidade. Modelo contínuo de demarcação. Constitucionalidade. Revelação do regime constitucional de demarcação das terras indígenas. A Constituição Federal como estatuto jurídico da causa indígena. A demarcação das terras indígenas como capítulo avançado do constitucionalismo fraternal. Inclusão comunitária pela via da identidade étnica. Voto do relator que faz agregar aos respectivos fundamentos salvaguardas institucionais ditadas pela superlativa importância histórico-cultural da causa. Salvaguardas ampliadas a partir de voto--vista do Ministro Menezes Direito e deslocadas para a parte dispositiva da decisão.[35]

---

35 Segue detalhes do voto.
1. Ação não conhecida em parte. Ação não conhecida quanto à pretensão autoral de excluir da área demarcada o que dela já fora excluída: o 6.º Pelotão Especial de Fronteira, os núcleos urbanos dos Municípios de Uiramutã e Normandia, os equipamentos e instalações públicos federais e estaduais atualmente existentes, as linhas de transmissão de energia elétrica e os leitos das rodovias federais e estaduais também já existentes. Ausência de interesse jurídico. Pedidos já contemplados na Portaria n.º 534/2005 do Ministro da Justiça. Quanto à sede do Município de Pacaraima, cuida-se de território encravado na 'Terra Indígena São Marcos', matéria estranha à presente demanda. Pleito, por igual, não conhecido. 2. Inexistência de vícios processuais na ação popular. 2.1. Nulidade dos atos, ainda que formais, tendo por objeto a ocupação, o domínio e a posse das terras situadas na área indígena Raposa Serra do Sol. Pretensos titulares privados que não são partes na presente

ação popular. Ação que se destina à proteção do patrimônio público ou de entidade de que o Estado participe (inciso LXXIII do artigo 5.º da Constituição Federal), e não à defesa de interesses particulares. 2.2. Ilegitimidade passiva do Estado de Roraima, que não foi acusado de praticar ato lesivo ao tipo de bem jurídico para cuja proteção se preordena a ação popular. Impossibilidade de ingresso do Estado-membro na condição de autor, tendo em vista que a legitimidade ativa da ação popular é tão somente do cidadão. 2.3. Ingresso do Estado de Roraima e de outros interessados, inclusive de representantes das comunidades indígenas, exclusivamente como assistentes simples. 2.4. Regular atuação do Ministério Público. 3. Inexistência de vícios no processo administrativo demarcatório. 3.1. Processo que observou as regras do Decreto n.º 1.775/96, já declaradas constitucionais pelo Supremo Tribunal Federal no Mandado de Segurança n.º 24.045, da relatoria do ministro Joaquim Barbosa. Os interessados tiveram a oportunidade de se habilitar no processo administrativo de demarcação das terras indígenas, como de fato assim procederam o Estado de Roraima, o Município de Normandia, os pretensos posseiros e comunidades indígenas, estas por meio de petições, cartas e prestação de informações. Observância das garantias constitucionais do contraditório e da ampla defesa. 3.2. Os dados e peças de caráter antropológico foram revelados e subscritos por profissionais de reconhecida qualificação científica e se dotaram de todos os elementos exigidos pela Constituição e pelo Direito infraconstitucional para a demarcação de terras indígenas, não sendo obrigatória a subscrição do laudo por todos os integrantes do grupo técnico (Decretos n.º 22/91 e 1.775/96). 3.3. A demarcação administrativa, homologada pelo Presidente da República, é 'ato estatal que se reveste da presunção *juris tantum* de legitimidade e de veracidade' (RE 183.188, da relatoria do ministro Celso de Mello), além de se revestir de natureza declaratória e força autoexecutória. Não comprovação das fraudes alegadas pelo autor popular e seu originário assistente. 4. O significado do substantivo 'índios' na Constituição Federal. O substantivo 'índios' é usado pela Constituição Federal de 1988 por um modo invariavelmente plural, para exprimir a diferenciação dos aborígenes por numerosas etnias. Propósito constitucional de retratar uma diversidade indígena tanto interétnica quanto intraétnica. Índios em processo de aculturação permanecem índios para o fim de proteção constitucional. Proteção constitucional que não se limita aos silvícolas, estes, sim, índios ainda em primitivo estádio de habitantes da selva. 5. As terras indígenas como parte essencial do território brasileiro. 5.1. As 'terras indígenas' versadas pela Constituição Federal de 1988 fazem parte de um território estatal-brasileiro sobre o qual incide, com exclusividade, o Direito nacional. E como tudo o mais que faz parte do domínio de qualquer das pessoas federadas brasileiras, são terras que se submetem unicamente ao primeiro dos princípios regentes das relações internacionais da República Federativa do Brasil: a soberania ou 'independência nacional' (inciso I do art. 1.º da CF). 5.2. Todas as 'terras indígenas' são um bem público federal (inciso XI do art. 20 da CF), o que não significa dizer que o ato em si da demarcação extinga ou amesquinhe qualquer unidade federada. Primeiro, porque as unidades federadas pós-Constituição de 1988 já nascem com seu território jungido ao regime constitucional de preexistência dos direitos originários dos índios sobre as terras por eles 'tradicionalmente ocupadas'. Segundo, porque a titularidade de bens não se confunde com o senhorio de um território político. Nenhuma terra indígena se eleva ao patamar de território político, assim como nenhuma etnia ou comunidade indígena se constitui em unidade federada. Cuida-se, cada etnia indígena, de realidade sociocultural, e não de natureza político-territorial. 6. Necessária liderança institucional da União, sempre que os Estados e municípios atuarem no próprio interior das terras já demarcadas como de afetação indígena. A vontade objetiva da Constituição obriga a efetiva presença de todas as pessoas federadas em terras indígenas, desde que em sintonia com o modelo de ocupação por ela concebido, que é de centralidade da União. Modelo de ocupação que tanto preserva a identidade de cada etnia quanto sua abertura para um relacionamento de mútuo proveito com outras etnias indígenas e grupamentos de não índios. A atuação complementar de Estados e Municípios em terras já demarcadas como indígenas há de se fazer, contudo, em regime de concerto com a União e sob a liderança desta. Papel de centralidade institucional desempenhado pela União, que não pode deixar de ser imediatamente coadjuvado pelos próprios índios, suas comunidades e organizações, além da protagonização de tutela e fiscalização do Ministério Público (inciso V do art. 129 e art. 232, ambos da CF). 7. As terras indígenas como categoria jurídica distinta de territórios indígenas. O desabono constitucional aos vocábulos 'povo', 'país', 'território', 'pátria' ou 'nação' indígena. Somente o 'território' enquanto categoria jurídico-política é que se põe como o preciso âmbito espacial de incidência de uma dada Ordem Jurídica soberana, ou autônoma. O substantivo 'terras' é termo que assume compostura nitidamente sociocultural, e não política. A Constituição teve o cuidado de não falar em territórios indígenas, mas, tão só, em 'terras indígenas'. A traduzir que os 'grupos', 'organizações', 'populações' ou 'comunidades' indígenas não constituem pessoa federada. Não formam circunscrição ou instância espacial que se orne de dimensão política. Daí não se reconhecer a qualquer das organizações sociais indígenas, ao conjunto delas, ou à sua base peculiarmente antropológica a dimensão de instância transnacional. Pelo que nenhuma das comunidades indígenas brasileiras detém estatura normativa para comparecer perante a Ordem Jurídica Internacional como 'nação', 'país', 'pátria', 'território nacional' ou 'povo' independente. Sendo de fácil percepção que todas as vezes em que a Constituição de 1988 tratou de 'nacionalidade' e dos demais vocábulos aspeados (país, pátria, território nacional e povo) foi para se referir ao Brasil por inteiro. 8. A demarcação como competência do Poder Executivo da União. Somente à União, por atos situados na esfera de atuação do Poder Executivo, compete instaurar, sequenciar e concluir formalmente o processo demarcatório das terras indígenas, tanto quanto efetivá-lo materialmente, nada impedindo que o Presidente da República venha a consultar o Conselho de Defesa Nacional (inciso III do § 1.º do art. 91 da CF), especialmente se as terras indígenas a demarcar coincidirem com faixa de fronteira. As competências deferidas ao Congresso Nacional, com efeito concreto ou sem densidade normativa, exaurem-se nos fazeres a que se referem o inciso XVI do art. 49 e o § 5.º do art. 231, ambos da Constituição Federal. 9. A demarcação de terras indígenas como capítulo avançado do constitucionalismo fraternal. Os arts. 231 e 232 da Constituição Federal são de finalidade nitidamente fraternal ou solidária, própria de uma quadra constitucional que se volta para a efetivação de um novo tipo de igualdade: a igualdade civil-moral de minorias, tendo em vista o proto-valor da integração comunitária. Era constitucional compensatória de desvantagens historicamente acumuladas, a se viabilizar por mecanismos oficiais de ações afirmativas. No caso, os índios a desfrutar de um espaço fundiário que lhes assegure meios dignos de subsistência econômica para mais eficazmente poderem preservar sua identidade somática, linguística e cultural. Processo de uma aculturação que não se dilui no convívio com os não índios, pois a aculturação de que trata a Constituição não é perda de identidade étnica, mas somatório de mundividências. Uma soma, e não uma subtração. Ganho, e não perda. Relações interétnicas de mútuo proveito, a caracterizar ganhos culturais incessantemente cumulativos. Concretização constitucional do valor da inclusão comunitária pela via da identidade étnica. 10. O falso antagonismo entre a questão indígena e o desenvolvimento. Ao Poder Público de todas as dimensões federativas o que incumbe não é subestimar, e muito menos hostilizar comunidades indígenas brasileiras, mas tirar proveito delas para diversificar o potencial econômico-cultural dos seus territórios (dos entes federativos). O desenvolvimento que se fizer sem ou contra os índios, ali onde eles se encontrarem instalados por modo tradicional, à data da Constituição de 1988, desrespeita o objetivo fundamental do inciso II do art. 3.º da Constituição Federal, assecuratório de um tipo de 'desenvolvimento nacional' tão ecologicamente equilibrado quanto humanizado e culturalmente diversificado, de modo a incorporar a realidade indígena. 11. O conteúdo positivo do ato de demarcação das terras indígenas. 11.1. O marco temporal de ocupação. A Constituição Federal trabalhou com data certa – a data da promulgação dela própria (5 de outubro de 1988) – como insubstituível referencial para o dado da ocupação de um determinado espaço geográfico por essa ou aquela etnia aborígene; ou seja, para o reconhecimento, aos índios, dos direitos originários sobre as terras que tradicionalmente ocupam. 11.2. O marco da tradicionalidade da ocupação. É preciso que esse estar coletivamente situado em certo espaço fundiário também ostente o caráter da perdurabilidade, no sentido anímico e psíquico de continuidade etnográfica. A tradicionalidade da posse nativa, no entanto, não se perde onde, ao tempo da promulgação da Lei Maior de 1988, a reocupação apenas não ocorreu por efeito de renitente esbulho por parte de não índios. Caso das 'fazendas' situadas na Terra Indígena Raposa Serra do Sol, cuja ocupação não arrefeceu nos índios sua capacidade de resistência e de afirmação da sua peculiar presença em todo o complexo geográfico da 'Raposa Serra do Sol'. 11.3. O marco da concreta abrangência fundiária e da finalidade prática da ocupação tradicional. Áreas indígenas são demarcadas para servir concretamente de habitação permanente dos índios de uma determinada etnia, de par com as terras utilizadas para suas atividades produtivas, mais as 'imprescindíveis à preservação dos recursos ambientais necessários a seu bem-estar' e ainda aquelas que se revelarem 'necessárias à reprodução física e cultural' de cada qual das comunidades étnico-indígenas, 'segundo seus usos, costumes e tradições' (usos, costumes e tradições deles, indígenas, e não usos, costumes e tradições dos não índios). Terra indígena, no imaginário coletivo aborígine, não é um simples objeto de direito, mas ganha a dimensão de verdadeiro ente ou ser que resume em si toda ancestralidade, toda coetaneidade e toda posteridade de uma etnia. Donde a proibição constitucional de se remover os índios das terras por eles tradicionalmente ocupadas, assim como o reconhecimento do direito a uma posse permanente e usufruto exclusivo, de parelha com a regra de que todas essas terras 'são inalienáveis e indisponíveis, e os direitos sobre elas, imprescritíveis' (§ 4.º do art. 231 da Constituição Federal). O que termina por fazer desse tipo tradicional de posse um heterodoxo instituto de Direito Constitucional, e não uma ortodoxa figura de Direito Civil. Donde a clara intelecção de que os artigos 231 e 232 da Constituição Federal constituem um completo Estatuto Jurídico da Causa Indígena. 11.4. O marco do conceito fundiariamente extensivo do chamado 'princípio da proporcionalidade'. A Constituição de 1988 faz dos usos, costumes e tradições indígenas o engate lógico para a compreensão, entre outras, das semânticas da posse, da permanência, da habitação, da produção econômica e da reprodução física e cultural das etnias nativas. O próprio conceito do chamado 'princípio da proporcionalidade', quando aplicado ao tema da demarcação das terras indígenas, ganha um conteúdo peculiarmente extensivo. 12. Direitos 'originários'. Os direitos dos índios sobre as terras que tradicionalmente ocupam foram constitucionalmente 'reconhecidos', e não simplesmente outorgados, com o que o ato de demarcação se orna de natureza declaratória, e não propriamente constitutiva. Ato declaratório de uma situação jurídica ativa preexistente. Essa a razão de a Carta Magna havê-los chamado de 'originários', a traduzir um direito mais antigo do que qualquer outro, de maneira a preponderar sobre pretensos direitos adquiridos, mesmo os materializados em escrituras públicas ou títulos de legitimação de posse em favor de não índios. Atos, estes, que a própria Constituição declarou como 'nulos e extintos' (§ 6.º do art. 231 da CF). 13. O modelo peculiarmente contínuo de demarcação das terras indígenas. O modelo de demarcação das terras indígenas é orientado pela ideia de continuidade. Demarcação por fronteiras vivas ou abertas em seu interior, para que se forme um perfil coletivo e se afirme a autossuficiência econômica de toda uma comunidade usufrutuária. Modelo bem mais serviente da ideia cultural e econômica de abertura de horizontes do que de fechamento em 'bolsões', 'ilhas', 'blocos' ou 'clusters', a evitar que se dizime o espírito pela eliminação progressiva dos elementos de uma dada cultura (etnocídio). 14. A conciliação entre terras indígenas e a visita de não índios, tanto quanto com a abertura de vias de comunicação e a montagem de bases físicas para a prestação de serviços públicos ou de relevância pública. A exclusividade de usufruto das riquezas do solo, dos rios e dos lagos nas terras indígenas é conciliável com a eventual presença de não índios, bem assim com a instalação de equipamentos públicos, a abertura de estradas e outras vias de comunica-

A décima quinta cuida da inelegibilidade e vida pregressa de candidatos a cargos eletivos (ADPF 144/DF, Rel. Min. Celso de Mello), sendo trabalhada da seguinte forma:

> Arguição de descumprimento de preceito fundamental. Possibilidade de ministros do STF, com assento no TSE, participarem do julgamento da ADPF. Inocorrência de incompatibilidade processual, ainda que o presidente do TSE haja prestado informações na causa. Reconhecimento da legitimidade ativa 'ad causam' da Associação dos Magistrados Brasileiros. Existência, quanto a ela, do vínculo de pertinência temática. Admissibilidade do ajuizamento de ADPF contra interpretação judicial de que possa resultar lesão a preceito fundamental. Existência de controvérsia relevante na espécie, ainda que necessária sua de-

---

ção, a montagem ou construção de bases físicas para a prestação de serviços públicos ou de relevância pública, desde que tudo se processe sob a liderança institucional da União, controle do Ministério Público e atuação coadjuvante de entidades tanto da Administração Federal quanto representativas dos próprios indígenas. O que já impede os próprios índios e suas comunidades, por exemplo, de interditar ou bloquear estradas, cobrar pedágio pelo uso delas e inibir o regular funcionamento das repartições públicas. 15. A relação de pertinência entre terras indígenas e meio ambiente. Há perfeita compatibilidade entre meio ambiente e terras indígenas, ainda que estas envolvam áreas de 'conservação' e 'preservação' ambiental. Essa compatibilidade é que autoriza a dupla afetação, sob a administração do competente órgão de defesa ambiental. 16. A demarcação necessariamente endógena ou intraétnica. Cada etnia autóctone tem para si, com exclusividade, uma porção de terra compatível com sua peculiar forma de organização social. Daí o modelo contínuo de demarcação, que é monoétnico, excluindo-se os intervalados espaços fundiários entre uma etnia e outra. Modelo intraétnico que subsiste mesmo nos casos de etnias lindeiras, salvo se as prolongadas relações amistosas entre etnias aborígines venham a gerar, como no caso da Raposa Serra do Sol, uma condivisão empírica de espaços que impossibilite uma precisa fixação de fronteiras interétnicas. Sendo assim, se essa mais entranhada aproximação física ocorrer no plano dos fatos, como efetivamente se deu na Terra Indígena Raposa Serra do Sol, não há como falar de demarcação intraétnica, menos ainda de espaços intervalados para legítima ocupação por não índios, caracterização de terras estaduais devolutas, ou implantação de Municípios. 17. Compatibilidade entre faixa de fronteira e terras indígenas. Há compatibilidade entre o usufruto de terras indígenas e faixa de fronteira. Longe de se pôr como um ponto de fragilidade estrutural das faixas de fronteira, a permanente alocação indígena nesses estratégicos espaços em muito facilita e até obriga que as instituições de Estado (Forças Armadas e Polícia Federal, principalmente) se façam também presentes com seus postos de vigilância, equipamentos, batalhões, companhias e agentes. Sem precisar de licença de quem quer que seja para fazê-lo. Mecanismos, esses, a serem aproveitados como oportunidade ímpar para conscientizar ainda mais os nossos indígenas, instruí-los (a partir dos conscritos), alertá-los contra a influência eventualmente malsã de certas organizações não governamentais estrangeiras, mobilizá-los em defesa da soberania nacional e reforçar neles o inato sentimento de brasilidade. Missão favorecida pelo fato de serem os nossos índios as primeiras pessoas a revelar devoção pelo nosso País (eles, os índios, que em toda nossa história contribuíram decisivamente para a defesa e integridade do território nacional) e até hoje dar mostras de conhecerem o seu interior e as suas bordas mais que ninguém. 18. Fundamentos jurídicos e salvaguardas institucionais que se complementam. Voto do relator que faz agregar aos respectivos fundamentos salvaguardas institucionais ditadas pela superlativa importância histórico-cultural da causa. Salvaguardas ampliadas a partir de voto-vista do Ministro Menezes Direito e deslocadas, por iniciativa deste, para a parte dispositiva da decisão. Técnica de decidibilidade que se adota para conferir maior teor de operacionalidade ao acórdão".

monstração apenas nas arguições de descumprimento de caráter incidental. Observância, ainda, no caso, do postulado da subsidiariedade.[36]

A décima sexta tratou do passe livre para deficientes no transporte coletivo (ADI 2.649/DF, Rel. Min. Carmen Lúcia), sendo assim ementada:

> Ação direta de inconstitucionalidade: Associação Brasileira das Empresas de Transporte Rodoviário Intermunicipal, Interestadual e Internacional de Passageiros – ABRATI. Constitucionalidade da Lei n. 8.899, de 29 de junho de 1994, que concede passe livre às pes-

---

36 Mérito: relação entre processos judiciais, sem que neles haja condenação irrecorrível, e o exercício, pelo cidadão, da capacidade eleitoral passiva. Registro de candidato contra quem foram instaurados procedimentos judiciais, notadamente aqueles de natureza criminal, em cujo âmbito ainda não exista sentença condenatória com trânsito em julgado. Impossibilidade constitucional de definir-se, como causa de inelegibilidade, a mera instauração, contra o candidato, de procedimentos judiciais, quando inocorrente condenação criminal transitada em julgado. Probidade administrativa, moralidade para o exercício do mandato eletivo, 'vita anteacta' e presunção constitucional de inocência. Suspensão de direitos políticos e imprescindibilidade, para esse efeito, do trânsito em julgado da condenação criminal (CF, art. 15, III). Reação, no ponto, da Constituição Democrática de 1988 à ordem autoritária que prevaleceu sob o regime militar. Caráter autocrático da cláusula de inelegibilidade fundada na Lei Complementar n.º 5/70 (art. 1.º, I, 'n'), que tornava inelegível qualquer réu contra quem fosse recebida denúncia por suposta prática de determinados ilícitos penais. Derrogação dessa cláusula pelo próprio regime militar (Lei Complementar n.º 42/82), que passou a exigir, para fins de inelegibilidade do candidato, a existência, contra ele, de condenação penal por determinados delitos. Entendimento do Supremo Tribunal Federal sobre o alcance da LC n.º 42/82: necessidade de que se achasse configurado o trânsito em julgado da condenação (RE 99.069/BA, rel. Min. Oscar Corrêa). Presunção constitucional de inocência: um direito fundamental que assiste a qualquer pessoa. Evolução histórica e regime jurídico do princípio do estado de inocência. O tratamento dispensado à presunção de inocência pelas declarações internacionais de direitos e liberdades fundamentais, tanto as de caráter regional quanto as de natureza global. O processo penal como domínio mais expressivo de incidência da presunção constitucional de inocência. Eficácia irradiante da presunção de inocência. Possibilidade de extensão desse princípio ao âmbito do processo eleitoral. Hipóteses de inelegibilidade. Enumeração em âmbito constitucional (CF, art. 14, §§ 4.º a 8.º). Reconhecimento, no entanto, da faculdade de o Congresso Nacional, em sede legal, definir 'outros casos de inelegibilidade'. Necessária observância, em tal situação, da reserva constitucional de lei complementar (CF, art. 14, § 9.º). Impossibilidade, contudo, de a lei complementar, mesmo com apoio no § 9.º do art. 14 da Constituição, transgredir a presunção constitucional de inocência, que se qualifica como valor fundamental, verdadeiro 'cornerstone' em que se estrutura o sistema que a nossa carta política consagra em respeito ao regime das liberdades e em defesa da própria preservação da ordem democrática. Privação da capacidade eleitoral passiva e processos, de natureza civil, por improbidade administrativa. Necessidade, também em tal hipótese, de condenação irrecorrível. Compatibilidade da Lei n.º 8.429/92 (art. 20, 'CAPUT') com a Constituição Federal (art. 15, V, c/c o art. 37, § 4.º). O significado político e o valor jurídico da exigência da coisa julgada. Releitura, pelo Tribunal Superior Eleitoral, da Súmula 01/TSE, com o objetivo de inibir o afastamento indiscriminado da cláusula de inelegibilidade fundada na LC 64/90 (art. 1.º, I, 'g'). Nova interpretação que reforça a exigência ético-jurídica de probidade administrativa e de moralidade para o exercício de mandato eletivo. Arguição de descumprimento de preceito fundamental julgada improcedente, em decisão revestida de efeito vinculante.

soas portadoras de deficiência. Alegação de afronta aos princípios da ordem econômica, da isonomia, da livre-iniciativa e do direito de propriedade, além de ausência de indicação de fonte de custeio (arts. 1.º, inc. IV, 5.º, inc. XXII, e 170 da Constituição da República): improcedência.[37]

A décima sétima tratava da suspensão da Lei de Imprensa do regime militar (ADPF 130/DF, Rel. Min. Carlos Britto).

Arguição de descumprimento de preceito fundamental (ADPF). Lei de Imprensa. Adequação da ação. Regime constitucional da 'liberdade de informação jornalística', expressão sinônima de liberdade de imprensa. A 'plena' liberdade de imprensa como categoria jurídica proibitiva de qualquer tipo de censura prévia. A plenitude da liberdade de imprensa como reforço ou sobretutela das liberdades de manifestação do pensamento, de informação e de expressão artística, científica, intelectual e comunicacional. Liberdades que dão conteúdo às relações de imprensa e que se põem como superiores bens de personalidade e mais direta emanação do princípio da dignidade da pessoa humana. O capítulo constitucional da comunicação social como segmento prolongador das liberdades de manifestação do pensamento, de informação e de expressão artística, científica, intelectual e comunicacional. Transpasse da fundamentalidade dos direitos prolongados ao capítulo prolongador. Ponderação diretamente constitucional entre blocos de bens de personalidade: o bloco dos direitos que dão conteúdo à liberdade de imprensa e o bloco dos direitos à imagem, honra, intimidade e vida privada. Precedência do primeiro bloco. Incidência *a posteriori* do segundo bloco de direitos, para o efeito de assegurar o direito de resposta e assentar responsabilidades penal, civil e administrativa, entre outras consequências do pleno gozo da liberdade de imprensa. Peculiar fórmula constitucional de proteção a interesses privados que, mesmo incidindo *a posteriori*, atua sobre as causas para inibir abusos por parte da imprensa. Proporcionalidade entre liberdade de imprensa e responsabilidade civil por danos morais e materiais a terceiros. Relação de mútua causalidade entre liberdade de imprensa e democracia. Relação de inerência entre pensamento crítico e imprensa livre. A imprensa como instância natural de formação da opinião pública e como alternativa à versão oficial dos fatos. Proibição de monopolizar ou oligopolizar órgãos de imprensa como novo e autônomo fator de inibição de abusos. Núcleo da liberdade de imprensa e matérias apenas perifericamente de imprensa. Autorregulação e regulação social da atividade de imprensa. Não recepção em bloco da Lei n.º 5.250/1967 pela nova ordem constitucional. Efeitos jurídicos da decisão. Procedência da ação.[38]

---

37 1. A Autora, associação de associação de classe, teve sua legitimidade para ajuizar ação direta de inconstitucionalidade reconhecida a partir do julgamento do Agravo Regimental na Ação Direta de Inconstitucionalidade n. 3.153, rel. Min. Celso de Mello, *DJ* 09.09.2005. 2. Pertinência temática entre as finalidades da Autora e a matéria veiculada na lei questionada reconhecida. 3. Em 30.03.2007, o Brasil assinou, na sede das Organizações das Nações Unidas, a Convenção sobre os Direitos das Pessoas com Deficiência, bem como seu Protocolo Facultativo, comprometendo-se a implementar medidas para dar efetividade ao que foi ajustado. 4. A Lei n. 8.899/94 é parte das políticas públicas para inserir os portadores de necessidades especiais na sociedade e objetiva a igualdade de oportunidades e a humanização das relações sociais, em cumprimento aos fundamentos da República de cidadania e dignidade da pessoa humana, o que se concretiza pela definição de meios para que eles sejam alcançados. 5. Ação Direta de Inconstitucionalidade julgada improcedente.

38 1. Arguição de descumprimento de preceito fundamental (ADPF). Lei de Imprensa. Adequação da ação. A ADPF, fórmula processual subsidiária do controle concentrado de constitucionalidade, é via

adequada à impugnação de norma pré-constitucional. Situação de concreta ambiência jurisdicional timbrada por decisões conflitantes. Atendimento das condições da ação. 2. Regime constitucional da liberdade de imprensa como reforço das liberdades de manifestação do pensamento, de informação e de expressão em sentido genérico, de modo a abarcar os direitos à produção intelectual, artística, científica e comunicacional. A Constituição reservou à imprensa todo um bloco normativo, com o apropriado nome 'Da Comunicação Social' (capítulo V do título VIII). A imprensa como plexo ou conjunto de 'atividades' ganha a dimensão de instituição-ideia, de modo a poder influenciar cada pessoa de *per se* e até mesmo formar o que se convencionou chamar de opinião pública. Pelo que ela, Constituição, destinou à imprensa o direito de controlar e revelar as coisas respeitantes à vida do Estado e da própria sociedade. A imprensa como alternativa à explicação ou versão estatal de tudo que possa repercutir no seio da sociedade e como garantido espaço de irrupção do pensamento crítico em qualquer situação ou contingência. Entendendo-se por pensamento crítico o que, plenamente comprometido com a verdade ou essência das coisas, se dota de potencial emancipatório de mentes e espíritos. O corpo normativo da Constituição brasileira sinonimiza liberdade de informação jornalística e liberdade de imprensa, rechaçante de qualquer censura prévia a um direito que é signo e penhor da mais encarecida dignidade da pessoa humana, assim como do mais evoluído estado de civilização. 3. O capítulo constitucional da comunicação social como segmento prolongador de superiores bens de personalidade que são a mais direta emanação da dignidade da pessoa humana: a livre manifestação do pensamento e o direito à informação e à expressão artística, científica, intelectual e comunicacional. Transpasse da natureza jurídica dos direitos prolongados ao capítulo constitucional sobre a comunicação social. O art. 220 da Constituição radicaliza e alarga o regime de plena liberdade de atuação da imprensa, porquanto fala: a) que os mencionados direitos de personalidade (liberdade de pensamento, criação, expressão e informação) estão a salvo de qualquer restrição em seu exercício, seja qual for o suporte físico ou tecnológico de sua veiculação; b) que tal exercício não se sujeita a outras disposições que não sejam as figurantes dela própria, Constituição. A liberdade de informação jornalística é versada pela Constituição Federal como expressão sinônima de liberdade de imprensa. Os direitos que dão conteúdo à liberdade de imprensa são bens de personalidade que se qualificam como sobredireitos. Daí que, no limite, as relações de imprensa e as relações de intimidade, vida privada, imagem e honra são de mútua excludência, no sentido de que as primeiras se antecipam, no tempo, às segundas; ou seja, antes de tudo prevalecem as relações de imprensa como superiores bens jurídicos e natural forma de controle social sobre o poder do Estado, sobrevindo as demais relações como eventual responsabilização ou consequência do pleno gozo das primeiras. A expressão constitucional 'observado o disposto nesta Constituição' (parte final do art. 220) traduz a incidência dos dispositivos tutelares de outros bens de personalidade, é certo, mas como consequência ou responsabilização pelo desfrute da 'plena liberdade de informação jornalística' (§ 1.º do mesmo art. 220 da Constituição Federal). Não há liberdade de imprensa pela metade ou sob as tenazes da censura prévia, inclusive a procedente do Poder Judiciário, pena de se resvalar para o espaço inconstitucional da prestidigitação jurídica. Silenciando a Constituição quanto ao regime da internet (rede mundial de computadores), não há como se lhe recusar a qualificação de território virtual livremente veiculador de ideias e opiniões, debates, notícias e tudo o mais que signifique plenitude de comunicação. 4. Mecanismo constitucional de calibração de princípios. O art. 220 é de instantânea observância quanto ao desfrute das liberdades de pensamento, criação, expressão e informação que, de alguma forma, se veiculem pelos órgãos de comunicação social. Isto sem prejuízo da aplicabilidade dos seguintes incisos do art. 5.º da mesma Constituição Federal: vedação do anonimato (parte final do inciso IV); do direito de resposta (inciso V); direito a indenização por dano material ou moral à intimidade, à vida privada, à honra e à imagem das pessoas (inciso X); livre exercício de qualquer trabalho, ofício ou profissão, atendidas as qualificações profissionais que a lei estabelecer (inciso XIII);

direito ao resguardo do sigilo da fonte de informação, quando necessário ao exercício profissional (inciso XIV). Lógica diretamente constitucional de calibração temporal ou cronológica na empírica incidência desses dois blocos de dispositivos constitucionais (o art. 220 e os mencionados incisos do art. 5.º). Noutros termos, primeiramente, assegura-se o gozo dos sobredireitos de personalidade em que se traduz a 'livre' e 'plena' manifestação do pensamento, da criação e da informação. Somente depois é que se passa a cobrar do titular de tais situações jurídicas ativas um eventual desrespeito a direitos constitucionais alheios, ainda que também densificadores da personalidade humana. Determinação constitucional de momentânea paralisia à inviolabilidade de certas categorias de direitos subjetivos fundamentais, porquanto a cabeça do art. 220 da Constituição veda qualquer cerceio ou restrição à concreta manifestação do pensamento (vedado o anonimato), bem assim todo cerceio ou restrição que tenha por objeto a criação, a expressão e a informação, seja qual for a forma, o processo, ou o veículo de comunicação social. Com o que a Lei Fundamental do Brasil veicula o mais democrático e civilizado regime da livre e plena circulação das ideias e opiniões, assim como das notícias e informações, mas sem deixar de prescrever o direito de resposta e todo um regime de responsabilidades civis, penais e administrativas. Direito de resposta e responsabilidades que, mesmo atuando *a posteriori*, infletem sobre as causas para inibir abusos no desfrute da plenitude de liberdade de imprensa. 5. Proporcionalidade entre liberdade de imprensa e responsabilidade civil por danos morais e materiais. Sem embargo, a excessividade indenizatória é, em si mesma, poderoso fator de inibição da liberdade de imprensa, em violação ao princípio constitucional da proporcionalidade. A relação de proporcionalidade entre o dano moral ou material sofrido por alguém e a indenização que lhe caiba receber (quanto maior o dano maior a indenização) opera é no âmbito interno da potencialidade da ofensa e da concreta situação do ofendido. Nada tendo a ver com essa equação a circunstância em si da veiculação do agravo por órgão de imprensa, porque, senão, a liberdade de informação jornalística deixaria de ser um elemento de expansão e de robustez da liberdade de pensamento e de expressão *lato sensu* para se tornar um fator de contração e de esqualidez dessa liberdade. Em se tratando de agente público, ainda que injustamente ofendido em sua honra e imagem, subjaz à indenização uma imperiosa cláusula de modicidade. Isto porque todo agente público está sob permanente vigília da cidadania. E quando o agente estatal não prima por todas as aparências de legalidade e legitimidade no seu atuar oficial, atrai contra si mais fortes suspeitas de um comportamento antijurídico francamente sindicável pelos cidadãos. 6. Relação de mútua causalidade entre liberdade de imprensa e democracia. A plena liberdade de imprensa é um patrimônio imaterial que corresponde ao mais eloquente atestado de evolução político-cultural de todo um povo. Pelo seu reconhecido condão de vitalizar por muitos modos a Constituição, tirando-a mais vezes do papel, a Imprensa passa a manter com a democracia a mais entranhada relação de mútua dependência ou retroalimentação. Assim visualizada como verdadeira irmã siamesa da democracia, a imprensa passa a desfrutar de uma liberdade de atuação ainda maior que a liberdade de pensamento, de informação e de expressão dos indivíduos em si mesmos considerados. O § 5.º do art. 220 apresenta-se como norma constitucional de concretização de um pluralismo finalmente compreendido como fundamento das sociedades autenticamente democráticas; isto é, o pluralismo como a virtude democrática da respeitosa convivência dos contrários. A imprensa livre é, ela mesma, plural, devido a que são constitucionalmente proibidas a oligopolização e a monopolização do setor (§ 5.º do art. 220 da CF). A proibição do monopólio e do oligopólio como novo e autônomo fator de contenção de abusos do chamado 'poder social da imprensa'. 7. Relação de inerência entre pensamento crítico e imprensa livre. A imprensa como instância natural de formação da opinião pública e como alternativa à versão oficial dos fatos. O pensamento crítico é parte integrante da informação plena e fidedigna. O possível conteúdo socialmente útil da obra compensa eventuais excessos de estilo e da própria verve do autor. O exercício concreto da liberdade de imprensa assegura ao jornalista o direito de expender críticas a qualquer pessoa, ainda que em tom áspero ou contundente, especialmente contra as autoridades e os agentes do Estado. A crítica jornalística, pela sua relação de inerência com o interesse público, não é aprioristicamente suscetível de censura, mesmo que legislativa ou judicialmente intentada. O próprio das atividades de imprensa é operar como formadora de opinião pública, espaço natural do pensamento crítico e 'real alternativa à versão oficial dos fatos' (Deputado Federal Miro Teixeira). 8. Núcleo duro da liberdade de imprensa e a interdição parcial de legislar. A uma atividade que já era 'livre' (incisos IV e IX do art. 5.º), a Constituição Federal acrescentou o qualificativo de 'plena' (§ 1.º do art. 220). Liberdade plena que, repelente de qualquer censura prévia, diz respeito à essência mesma do jornalismo (o chamado 'núcleo duro' da atividade). Assim entendidas as coordenadas de tempo e de conteúdo da manifestação do pensamento, da informação e da criação *lato sensu*, sem o que não se tem o desembaraçado trânsito das ideias e opiniões, tanto quanto da informação e da criação. Interdição à lei quanto às matérias nuclearmente de imprensa, retratadas no tempo de início e de duração do concreto exercício da liberdade, assim como de sua extensão ou tamanho do seu conteúdo. Tirante, unicamente, as restrições que a Lei Fundamental de 1988 prevê para o 'estado de sítio' (art. 139), o Poder Público somente pode dispor sobre matérias lateral ou reflexamente de imprensa, respeitada sempre a ideia-força de que quem quer que seja tem o direito de dizer o que quer que seja. Logo, não cabe ao Estado, por qualquer dos seus órgãos, definir previamente o que pode ou o que não pode ser dito por indivíduos e jornalistas. As matérias reflexamente de imprensa, suscetíveis, portanto, de conformação legislativa, são as indicadas pela própria Constituição, tais como: direitos de resposta e de indenização, proporcionais ao agravo; proteção do sigilo da fonte ('quando necessário ao exercício profissional'); responsabilidade penal por calúnia, injúria e difamação; diversões e espetáculos públicos; estabelecimento dos 'meios legais que garantam à pessoa e à família a possibilidade de se defenderem de programas ou programações de rádio e televisão que contrariem o disposto no art. 221, bem como da propaganda de produtos, práticas e serviços que possam ser nocivos à saúde e ao meio ambiente' (inciso II do § 3.º do art. 220 da CF); independência e proteção remuneratória dos profissionais de imprensa como elementos de sua própria qualificação técnica (inciso XIII do art. 5.º); participação do capital estrangeiro nas empresas de comunicação social (§ 4.º do art. 222 da CF); composição e funcionamento do Conselho de Comunicação Social (art. 224 da Constituição). Regulações estatais que, sobretudo incidindo no plano das consequências ou responsabilizações, repercutem sobre as causas de ofensas pessoais para inibir o cometimento dos abusos de imprensa. Peculiar fórmula constitucional de proteção de interesses privados em face de eventuais descomedimentos da imprensa (justa preocupação do Ministro Gilmar Mendes), mas sem prejuízo da ordem de precedência a esta conferida, segundo a lógica elementar de que não é pelo temor do abuso que se vai coibir o uso. Ou, nas palavras do Ministro Celso de Mello, 'a censura governamental, emanada de qualquer um dos três Poderes, é a expressão odiosa da face autoritária do poder público'. 9. Autorregulação e regulação social da atividade de imprensa. É da lógica encampada pela nossa Constituição de 1988 a autorregulação da imprensa como mecanismo de permanente ajuste de limites da sua liberdade ao sentir-pensar da sociedade civil. Os padrões de seletividade do próprio corpo social operam como antídoto que o tempo não cessa de aprimorar contra os abusos e desvios jornalísticos. Do dever de irrestrito apego à completude e fidedignidade das informações comunicadas ao público decorre a permanente conciliação entre liberdade e responsabilidade da imprensa. Repita-se: não é jamais pelo temor do abuso que se vai proibir o uso de uma liberdade de informação a que o próprio Texto Magno do País apôs o rótulo de 'plena' (§ 1.º do art. 220). 10. Não recepção em bloco da Lei 5.250 pela nova ordem constitucional. 10.1. Óbice lógico à confecção de uma lei de imprensa que se orne de compleição estatutária ou orgânica. A própria Constituição, quando o quis, convocou o legislador de segundo escalão para o aporte regratório da parte restante de seus dispositivos (art. 29, art. 93 e § 5.º do art. 128). São irregulamentáveis os bens de personalidade que se

A décima oitava trabalhou a questão do sigilo judicial e Comissões Parlamentares de Inquérito (MS 27.483/DF, Rel. Min. Cezar Peluso), sendo assim ementada:

> 1. Comissão Parlamentar de Inquérito. Interceptação telefônica. Sigilo judicial. Segredo de justiça. Quebra. Impossibilidade jurídica. Requisição de cópias das ordens judiciais e dos mandados. Liminar concedida. Admissibilidade de submissão da liminar ao Plenário, pelo Relator, para referendo. Precedentes (MS n.º 24.832-MC, MS n.º 26.307-MS e MS n.º 26.900-MC). Voto vencido. Pode o Relator de mandado de segurança submeter ao Plenário, para efeito de referendo, a liminar que haja deferido. 2. Comissão Parlamentar de Inquérito – CPI. Prova. Interceptação telefônica. Decisão judicial. Sigilo judicial. Segredo de justiça. Quebra. Requisição, às operadoras, de cópias das ordens judiciais e dos mandados de interceptação. Inadmissibilidade. Poder que não tem caráter instrutório ou de investigação. Competência exclusiva do juízo que ordenou o sigilo. Aparência de ofensa a direito líquido e certo. Liminar

---

põem como o próprio conteúdo ou substrato da liberdade de informação jornalística, por se tratar de bens jurídicos que têm na própria interdição da prévia interferência do Estado o seu modo natural, cabal e ininterrupto de incidir. Vontade normativa que, em tema elementarmente de imprensa, surge e se exaure no próprio texto da Lei Suprema. 10.2. Incompatibilidade material insuperável entre a Lei n.º 5.250/67 e a Constituição de 1988. Impossibilidade de conciliação que, sobre ser do tipo material ou de substância (vertical), contamina toda a Lei de Imprensa: a) quanto ao seu entrelace de comandos, a serviço da prestidigitadora lógica de que para cada regra geral afirmativa da liberdade é aberto um leque de exceções que praticamente tudo desfaz; b) quanto ao seu inescondível efeito prático de ir além de um simples projeto de governo para alcançar a realização de um projeto de poder, este a se eternizar no tempo e a sufocar todo pensamento crítico no País. 10.3 São de todo imprestáveis as tentativas de conciliação hermenêutica da Lei 5.250/67 com a Constituição, seja mediante expurgo puro e simples de destacados dispositivos da lei, seja mediante o emprego dessa refinada técnica de controle de constitucionalidade que atende pelo nome de 'interpretação conforme a Constituição'. A técnica da interpretação conforme não pode artificializar ou forçar a descontaminação da parte restante do diploma legal interpretado, pena de descabido incursionamento do intérprete em legiferação por conta própria. Inapartabilidade de conteúdo, de fins e de viés semântico (linhas e entrelinhas) do texto interpretado. Caso-limite de interpretação necessariamente conglobante ou por arrastamento teleológico, a pré-excluir do intérprete/aplicador do Direito qualquer possibilidade da declaração de inconstitucionalidade apenas de determinados dispositivos da lei sindicada, mas permanecendo incólume uma parte sobejante que já não tem significado autônomo. Não se muda, a golpes de interpretação, nem a inextrincabilidade de comandos nem as finalidades da norma interpretada. Impossibilidade de se preservar, após artificiosa hermenêutica de depuração, a coerência ou o equilíbrio interno de uma lei (a Lei federal n.º 5.250/67) que foi ideologicamente concebida e normativamente apetrechada para operar em bloco ou como um todo *pro indiviso*. 11. Efeitos jurídicos da decisão. Aplicam-se as normas da legislação comum, notadamente o Código Civil, o Código Penal, o Código de Processo Civil e o Código de Processo Penal às causas decorrentes das relações de imprensa. O direito de resposta, que se manifesta como ação de replicar ou de retificar matéria publicada é exercitável por parte daquele que se vê ofendido em sua honra objetiva, ou então subjetiva, conforme estampado no inciso V do art. 5.º da Constituição Federal. Norma, essa, 'de eficácia plena e de aplicabilidade imediata', conforme classificação de José Afonso da Silva. 'Norma de pronta aplicação', na linguagem de Celso Ribeiro Bastos e Carlos Ayres Britto, em obra doutrinária conjunta. 12. Procedência da ação. Total procedência da ADPF, para o efeito de declarar como não recepcionado pela Constituição de 1988 todo o conjunto de dispositivos da Lei federal nº 5.250, de 9 de fevereiro de 1967.

> concedida e referendada. Voto vencido. Inteligência dos arts. 5.º, X e LX, e 58, § 3.º, da CF, art. 325 do CP, e art. 10, c/c art. 1.º da Lei federal n.º 9.296/96. Comissão Parlamentar de Inquérito não tem poder jurídico de, mediante requisição, a operadoras de telefonia, de cópias de decisão nem de mandado judicial de interceptação telefônica, quebrar sigilo imposto a processo sujeito a segredo de justiça. Este é oponível a Comissão Parlamentar de Inquérito, representando expressiva limitação aos seus poderes constitucionais.

A décima nona observou a questão da isenção da Cofins sobre sociedades profissionais e revogação por lei ordinária (RE 377.457/PR e 381.964/MG, Rel. Min. Gilmar Mendes), com a seguinte ementa:

> 1. Contribuição social sobre o faturamento – Cofins (CF, art. 195, I). 2. Revogação pelo art. 56 da Lei 9.430/96 da isenção concedida às sociedades civis de profissão regulamentada pelo art. 6.º, II, da Lei Complementar 70/91. Legitimidade. 3. Inexistência de relação hierárquica entre lei ordinária e lei complementar. Questão exclusivamente constitucional, relacionada à distribuição material entre as espécies legais. Precedentes. 4. A LC 70/91 é apenas formalmente complementar, mas materialmente ordinária, com relação aos dispositivos concernentes à contribuição social por ela instituída. ADC 1, Rel. Moreira Alves, *RTJ* 156/721. 5. Recurso extraordinário conhecido, mas negado provimento.

Esses são alguns dos casos, dentre muitos, em que se pode perceber a forma de atuação do STF, realizando ativismo judicial, com maior ou menor intensidade, dependendo do caso, mas assumindo postura que, em sua origem, não é do Poder Judiciário e muito menos do próprio STF.

5. Conclusões

Como se pode ver, os desafios são grandes, e o embate entre os poderes, de um lado, o Executivo e, do outro, o Judiciário, sempre permeados por grandes discusões e atuações dos entes envolvidos, especialmente pelo poder judiciário que tem se destacado mais.

Esta atuação ativista, como se pôde ver, vem sendo implementada tanto no controle de constitucionalidae abstrato quanto no difuso, pois, em ambas as vertentes de controle, o STF tem agido com a mesma forma de julgar, tornando-se, por vezes, protagonista em face da provocação e necessidade do caso.

Talvez esse modelo não seja o modelo ideal, necessitando de alguns ajustes para que o relacionamento entre os poderes possa ser mais harmônico e para que se evitem desgastes desnecessários.

Um olhar para novos horizontes, com medidas mais dialogadas, poderá ser a solução para o futuro, levando em conta que a solução de conflitos seja uma constante entre os poderes Legislativo, Executivo e Judiciário.

Cidadania e família: vínculos socioafetivos e acesso ao registro da filiação

Ricardo Calderón
Gabriele Bortolan Toazza

"Bem no fundo
no fundo, no fundo,
bem lá no fundo,
a gente gostaria
de ver nossos problemas
resolvidos por decreto
a partir desta data,
aquela mágoa sem remédio
é considerada nula
e sobre ela — silêncio perpétuo
extinto por lei todo o remorso,
maldito seja quem olhar pra trás,
lá pra trás não há nada,
e nada mais
mas problemas não se resolvem,
problemas têm família grande,
e aos domingos saem todos passear
o problema, sua senhora
e outros pequenos probleminhas."
- Paulo Leminski

1. Introdução

O presente estudo tem como objetivo analisar os contornos da filiação nas formações familiares contemporâneas, em particular discorrer sobre o acesso ao registro formal dos chamados vínculos socioafetivos. Até pouco tempo esses registros exigiam uma intervenção jurisdicional (via uma ação judicial), entretanto, recentemente passou-se a permitir tal registro extrajudicialmente, o que tem gerado reflexões e debates.

Os líquidos, complexos e fragmentados relacionamentos que se apresentam na sociedade estão a desafiar os conceitos clássicos de diversos institutos jusfamiliares, dentre eles os relacionados ao parentesco. Na história recente, o direito de filiação esteve vinculado a presunções atreladas ao matrimônio, aos elos biológicos e aos vínculos registrais formais, sendo a adoção uma forma de exceção do parentesco civil. Estas categorias bem atenderam a diversos momentos pretéritos.

Entretanto, o que se percebe neste início de século é que a pulsante realidade está a exigir outras respostas para o novo cenário fático que se está a apresentar. A força construtiva dos fatos sociais[1] passa a tensionar muitos dos consagrados significantes do direito de família, que podem estar a merecer alguma ressignificação. As características atuais dos relacionamentos filiais exigem que as normas registrais a eles relacionadas se amoldem às suas vicissitudes.[2]

A eleição da afetividade como grande vetor dos relacionamentos familiares reflete nas categorias que estão a regular estas situações jurídicas. Prova disso, é que passa a ser vista também como princípio jurídico. Os vínculos afetivos possuem sutilezas e peculiaridades com as quais muitas categorias jurídicas não estão aptas a laborar. Isto se reflete, também, na dificuldade do regramento sobre o registro formal de muitos destes relacionamentos.

Isto porque, os vínculos socioafetivos passaram a ser reconhecidos como passíveis de consagrar tanto uma relação de conjugalidade como uma de parentalidade (exemplo disso a consagrada filiação socioafetiva). Em regra, os elos socioafetivos primeiro se estabelecem faticamente, antes de qualquer reconhecimento formal e, posteriormente, poderão gerar algum registro subsequente. Em vista disso, estas situações muitas vezes exigem antes uma análise concreta da realidade em pauta para que primeiro seja constatada e, a partir de então, possa ser formalizada e registrada.

Este caminho "inverso" não deixa de ser peculiar, pois estamos habituados a primeiro ter o registro formal de um ato jurídico para, a partir de então, ver produzidos os seus efeitos fáticos (vide o matrimônio). Com os vínculos socioafetivos percebemos o inverso: primeiro as relações se efetivam na realidade concreta para depois ver a sua formalização jurídica (vide a união estável e a filiação socioafetiva).

---

1 Locução desenvolvida por Luiz Edson Fachin, citada em várias de suas obras, por todas indica-se a sua mais recente. Cf. FACHIN, Luiz Edson. *Direito Civil*: sentidos, transformações e fim. Rio de Janeiro: Renovar, 2015.

2 Desde a permissão do divórcio no Brasil aumentaram os términos formais de matrimônios, com um número significativo de desenlaces conjugais. Ao lado disso, o que se percebeu foi que as pessoas divorciadas passaram a estabelecer outras relações de conjugalidade de forma subsequente, o que se comprova pelo aumento crescente no número de famílias recompostas. Este dinamismo fático das relações familiares se projeta em várias frentes. Concomitantemente, o que também ganhou corpo foi a eleição da união estável como forma de convivência por um grande número de pares, que optaram por viver em família sem o vínculo formal do matrimônio. Esta informalidade é um facilitador para o término destes vínculos e, ao mesmo tempo, para o estabelecimento de uma nova união. A ausência de um rigor formal na formação da conjugalidade é acompanhada de uma redução da formalidade também no estabelecimento da parentalidade. Outra das principais características percebida nas últimas décadas é a duração mais curta dos relacionamentos, sendo a liquidez uma característica marcante destas uniões. Como não poderia deixar de ser, esta fugacidade também reflete nas relações de filiação e parentesco. Todo este cenário foi propício para que houvesse um conjunto de combinações e recombinações dos relacionamentos familiares, representados por diversas entidades familiares, por muitos descritos como um verdadeiro mosaico. Relacionamentos mais curtos, com maior informalidade, permeados por algumas relações vivenciadas – muitas vezes – de forma subsequente, são novos fatores que alteram significativamente o tabuleiro com o qual os juristas laboravam até então.

Esta característica, aliada a subjetividade inerente a estes vínculos socioafetivos, exige que diversos institutos jusfamiliares levem isso em conta quando da sua regularização, em especial quando da regulação da forma de registro desta filiação. Exemplifica-se: enquanto a filiação matrimonial possui a prova de um casamento prévio, o que facilita o registro da prole; já nos casos de filiação socioafetiva a situação é mais complexa e desafiadora, pela ausência de um registro formal prévio que demonstre esse elo afetivo.

Obviamente que todas estas nuances acabam por influenciar o conceito de família, o sentido de parentesco, a própria noção de filiação e estes aspectos devem ser levados em conta quando da formalização do respectivo registro civil. Em consequência, muitas dessas definições passam a exigir uma releitura para que acolham também os já consagrados vínculos socioafetivos.

Pari passu com esta nova realidade, alterou-se também a forma de compreensão e realização do direito. O século XX viu o desabrochar do novo constitucionalismo, a consagração da teoria dos princípios e a edificação dos chamados direitos fundamentais.

Como não poderia deixar de ser, o processo de ressignificação do direito de família sofre o influxo dessas teorias jurídicas contemporâneas. Não por outro motivo, o ponto de partida da análise ora proposta é a consideração da incidência dos princípios constitucionais e, a partir disso, a busca por traduções adequadas da forma de registro da filiação socioafetiva.

Nesse percurso, não se pode perder de vista as características dos relacionamentos familiares que se pretendem tutelar, de modo a evitar que o direito de família reste, mais uma vez, anacrônico. Em outras palavras, é possível dizer que o jurista do presente deve manter um olho no modo de tradução atual do direito e outro na realidade que está a se apresentar.

Importa perceber que o quadro presente exige não apenas o reconhecimento discursivo de muitos direitos, mas deve priorizar a viabilização da sua concretização, na esteira do que sustenta Stefano Rodotà.[3] Ou seja, a meta deve ser por facilitar o acesso efetivo das pessoas a estes direitos já reconhecidos pelo discurso jurídico, o que é uma consequência decorrente da sua própria cidadania.[4]

É a partir desta perspectiva de facilitação do acesso e concretização desses direitos que se passará a discorrer sobre a filiação e sobre a forma de registro dos vínculos socioafetivos, especialmente após a edição do Provimento nº 63 do Conselho Nacional de Justiça.

---

3 RODOTÀ, Stefano. *Il diritto di avere diritti*. Bari: Laterza, 2015.

4 TORRES, Ricardo Lobo. *In:* BARRETO, Vicente de Paulo (Org.). *Dicionário de Filosofia do Direito*. Rio de Janeiro: Renovar, 2006. p. 128.

2. Princípios constitucionais da família

A partir da Constituição de 1988 a visão de família passa a ser eudemonista,[5] com a função de permitir a cada um dos seus membros a realização dos seus projetos pessoais, a família existe em função daqueles que a compõem.[6] O grupo familiar começa a ser percebido como um espaço para a livre realização pessoal dos seus membros, local para o desenvolvimento da personalidade individual, no qual cada um busca a sua realização afetiva.[7]

O texto constitucional está repleto de princípios que incidem no direito de família. O artigo 226 diz que a família é base da sociedade e tem proteção especial do Estado e, de forma exemplificativa, dispõe expressamente sobre três formas de constituição de família: casamento, união estável e família monoparental, sem embargo de também acolher outras entidades familiares.[8]

Para o direito de família assume especial relevo os princípios da dignidade da pessoa humana, solidariedade, igualdade, liberdade e responsabilidade, previstos expressamente na Carta de 1988.[9]

A dignidade da pessoa humana está prevista no artigo 1º, inciso III da Constituição como fundamento da República, conferindo amplo valor a proteção da pessoa. Desta forma, a dignidade humana é por ela protegida e respeitada, quando reconhece que o ser humano é sujeito de direitos e detentor de uma dignidade própria, com base no direito universal da pessoa humana ter direitos, o que foi consagrado em diversos ordenamentos jurídicos.[10]

Esse princípio é o núcleo essencial e comum a todas as pessoas, como membros iguais, assim impõe o dever geral de respeito, proteção e intocabilidade. Portanto, toda conduta ou atitude que coisifique a pessoa, que a equipare a um objeto, está violando o princípio da dignidade da pessoa humana.[11]

A família é o espaço comunitário para uma existência digna e uma vida em comunhão com os outros. Na atualidade, deve ser garantido o pleno desenvol-

---

5 MICHEL, Andrèe. Modèles sociologiques de la famille dans le societés contemporaines. *In: Archives de philosophie du droit:* reforme du droit de la famille. Paris: Sirey, 1975.

6 GAGLIANO, Pablo Stolze; PAMPLONA FILHO, Rodolfo. *Novo Curso de Direito Civil*: Direito de Família – As famílias em perspectiva constitucional. São Paulo: Saraiva, 2011. v. VI. p. 61/62.

7 LÔBO, Paulo. *Direito Civil: Famílias*. 7. ed. São Paulo: Saraiva, 2017. p. 33.

8 LÔBO, Paulo Luiz Netto. Entidades familiares constitucionalizadas: para além do *numerus clausus*. *Revista Brasileira de Direito de Família*. Porto alegre, Síntese. Belo Horizonte: IBDFAM. v. 3. n. 12. Jan./mar. 2002.

9 CARVALHO, Dimas Messias de. *Direito das famílias*. 4. ed. São Paulo: Saraiva, 2015. p. 80.

10 MORAES, Maria Celina Bodin de. *Na medida da pessoa humana:* estudos de direito civil-constitucional. Rio de Janeiro: Renovar, 2010. p. 82/83.

11 LÔBO, Paulo. Direito de Família e os Princípios Constitucionais. *In:* PEREIRA, Rodrigo da Cunha (Org.). *Tratado de Direito das Famílias*. Belo Horizonte: IBDFAM, 2015. p. 109.

vimento da dignidade das pessoas que integram a família, e para proteger todos os seus membros, principalmente os em estágio de desenvolvimento, ou seja, as crianças e os adolescentes, a Constituição determina no artigo 227 que é dever da família assegurar "com absoluta prioridade, o direito à vida, à saúde, à educação, ao lazer, à profissionalização, à cultura, à dignidade, ao respeito, à liberdade e à convivência familiar e comunitária (...)", ou seja, é um direito que deve ser assegurado pelo Estado, pela sociedade, mas também pelos membros da família. A entidade familiar é tutelada como "instrumento de realização existencial dos seus membros".[12]

O princípio da dignidade da pessoa humana é preservado quando garante o respeito no nível existencial do indivíduo, não somente na sua esfera pessoal, mas também nas suas relações sociais, ou seja, na perspectiva familiar na qual está inserido. Portanto, só será respeitado plenamente e efetivamente esse princípio se ele também for observado dentro das relações familiares.[13]

O princípio da dignidade da pessoa humana é uma das bases de sustentação dos ordenamentos jurídicos contemporâneos, não é possível pensar em direitos sem a ideia e o conceito de dignidade, que é um macroprincípio sob o qual irradiam os outros princípios e valores essenciais: liberdade, autonomia privada, cidadania, igualdade, alteridade e solidariedade.[14]

É também em razão do valor e princípio jurídico da dignidade da pessoa humana que o direito de família passa a incluir todas as categorias de filhos e famílias no ordenamento jurídico brasileiro, pois "em nome da dignidade da pessoa humana todos os filhos e famílias são legítimos e devem receber proteção do Estado".[15]

O princípio da solidariedade foi acolhido no artigo 3º, inciso I da Constituição. Surge pela superação do pensamento que predominou no início da modernidade, da necessidade de viver em sociedade para obtenção de interesses individuais, pois com a evolução dos direitos humanos, os direitos individuais passaram a estar lado a lado com os direitos sociais, dentre eles o direito de família. O indivíduo, no mundo contemporâneo, deve buscar um equilíbrio entre os espaços privados e públicos e a interação entre os sujeitos, assim a solidariedade é um "elemento conformador dos direitos subjetivos".[16]

O princípio da solidariedade familiar tem por base a solidariedade social, portanto enfatiza a ajuda mútua entre os membros da família, tendo base não apenas

---

12 LÔBO, Paulo. Direito de Família e os Princípios... Op. cit., p. 109/110.

13 GAGLIANO, Pablo Stolze; PAMPLONA FILHO, Rodolfo. *Novo Curso de Direito Civil*... Op. cit., p. 76.

14 PEREIRA, Rodrigo da Cunha. *Dicionário de Direito de Família e Sucessões*: Ilustrado. 2. ed. São Paulo: Saraiva, 2018. p. 255.

15 PEREIRA, Rodrigo da Cunha. *Dicionário de Direito de Família*... Op. cit., p. 256.

16 LÔBO, Paulo. *Direito Civil: Famílias*... Op. cit., p. 56.

patrimonial, mas afetiva e psicológica também, pois implica respeito e consideração mútua entre os componentes da família.[17]

Na legislação civil, um exemplo, do princípio da solidariedade familiar está no artigo 1.513 do Código Civil que tutela "a comunhão de vida instituída pela família", que somente é possível com a cooperação dos seus membros.[18] Mas esse princípio, dentro do núcleo familiar, também incide pela reciprocidade de assistência moral e material dos cônjuges e companheiros, com o dever de cuidado dos pais em relação aos filhos até atingirem a idade adulta, devendo ser mantidos, instruídos e educados. A solidariedade no âmbito das relações de família gera deveres recíprocos entre seus integrantes.

A solidariedade é princípio de todas as relações familiares e afetivas, pois são vínculos que se sustentam e se desenvolvem apenas em um ambiente recíproco de compreensão e cooperação, um ajudando ao outro sempre que se fizer necessário.[19]

O direito tem o papel de assegurar a liberdade, assim deve coordenar, organizar e limitar as liberdades, para poder garantir a liberdade individual.[20] O homem só consegue desenvolver todas as suas potencialidades, fazendo ou deixando de fazer algo por vontade própria, se possui liberdade. Mas, a liberdade precisa respeitar o direito alheio, caso contrário gerará abuso, arbitrariedade e prepotência. Desta forma, a liberdade comporta restrições, até mesmo imposta por outros princípios.[21]

O princípio da liberdade dentro do direito de família está presente na livre decisão sobre o planejamento familiar, que deve ser fundada na afeição. Assim, passaram a ser previstas na Constituição outras formas de constituição de família, não mais exclusivamente a formada pelo casamento. Além disso, a liberdade e a dignidade da pessoa estabelecem que a busca da família deve ser para a plena realização dos seus membros.

No Brasil, os pais têm liberdade para planejar a filiação, tanto na quantidade como na origem. Desta forma, os filhos podem ser de escolha afetiva, do casamento, da união estável, de família monoparental ou de qualquer forma de entidade familiar. A Constituição, no artigo 226, § 7º, estipulou o planejamento familiar como de livre decisão. Isto acolhe inclusive os filhos decorrentes de processos de reprodução assistida com origem genética não identificada (doadores anônimos).

Em muitas situações jurídicas é um desafio encontrar o equilíbrio entre os princípios da liberdade e da solidariedade, sendo necessário em muitos casos concretos

---

17 PAIANO, Daniela Braga. *A Família Atual e as Espécies de Filiação*: da possibilidade jurídica da multiparentalidade. Rio de Janeiro: Lumen Juris, 2017. p. 34/35.

18 LÔBO, Paulo. *Direito Civil: Famílias*... Op. cit., p. 57.

19 MADALENO, Rolf. *Direito de Família*. 8. ed. Rio de Janeiro: Forense, 2018. p. 94.

20 DIAS, Maria Berenice. *Manual de Direito das Famílias*. 4. ed. São Paulo: Revista dos Tribunais, 2007. p. 60/61.

21 MADALENO, Rolf. *Direito de Família*... Op. cit., p. 93.

mensurar ou qualificar cada um desses valores.[22] A compreensão de alteridade auxilia na busca por um dominador comum entre os sentidos modernos desses dois princípios.

Pode-se perceber uma aparente tensão entre a liberdade e a solidariedade em diversos institutos jurídicos, como na dimensão funcional da família contemporânea, "isso é revelador da dialética a que a própria dimensão funcional da expressão jurídica da família se submete: é na tensão entre liberdade(s) e autoridade que se desenvolvem as prestações que a família pode oferecer aos seus integrantes quando se trata da relação entre pais e filhos".[23]

A liberdade não possui um conceito singular, nem um único perfil, pois o direito geral de liberdade compreende, dentre outros, uma liberdade negativa e uma liberdade positiva. No assunto em pauta, assume relevo o significado de liberdade positiva que é a *"que se exerce fora do negócio jurídico, aquela que é vivida como liberdade, em que a intersubjetividade concreta revela autodeterminação"*.[24] Esta perspectiva de liberdade positiva pode exigir uma atividade estatal efetiva no sentido de pavimentar o acesso a determinados direitos. No que refere ao registro da filiação socioafetiva, esta matiz da liberdade assume especial relevo, pois *"o papel do Estado é o de auxiliar na criação das condições necessárias para que cada um realize livremente as suas escolhas e possa agir de acordo com elas, e não o de orientar as vidas individuais para alguma direção que se repute mais adequada"*.[25]

Outro princípio jurídico que é norteador das relações familiares e está atrelado à liberdade é o princípio da responsabilidade. A ideia de democracia está interligada à liberdade e à responsabilidade, uma não existindo sem a outra, pois quanto mais liberdade se conquista, mais responsabilidade se impõe a quem a exerce. Assim, "se é mais livre na medida em que se é mais responsável pelos atos praticados". O princípio da responsabilidade se faz presente nas relações parentais, uma vez que os pais são responsáveis pela criação, educação e sustento material e afetivo dos filhos.[26]

---

22 HIRONAKA, Giselda Maria Fernandes Novaes. Responsabilidade Civil: Estado da Arte no Declínio do Segundo Milênio e Alguns Sabores de Um Novo Tempo. *In:* NERY, Rosa Maria de Andrade; DONINI, Rogério (Orgs.). *Responsabilidade Civil*: Estudos em Homenagem ao Professor Rui Geraldo Camargo Viana. São Paulo: Revista dos Tribunais, 2009. p. 193.

23 RUZYK, Carlos Eduardo Pianovski. *Institutos Fundamentais de Direito Civil e Liberdade(s)*: Repensando a Dimensão Funcional do Contrato, da Propriedade e da Família. Rio de Janeiro: GZ, 2011. p. 325.

24 RUZYK, Carlos Eduardo Pianovski. *Institutos Fundamentais...* Op. cit., p. 323.

25 "Por outro lado, é de capital importância assentar que as restrições à autonomia privada, numa ordem constitucional tão ciosa com o respeito à autonomia privada e à privacidade individuais, não podem ser movidas por propósitos perfeccionistas. Deve caber sempre às pessoas a eleição dos seus objetivos e planos de vidam que têm de ser respeitados, desde que não violem direitos de terceiros". SARMENTO, Daniel. *Direitos Fundamentais e Relações Privadas*. 2. ed. Rio de Janeiro: Lumens Juris, 2006. p. 157/158.

26 PEREIRA, Rodrigo da Cunha. *Dicionário de Direito de Família...* Op. cit., p. 637/638.

Além disso, a responsabilidade e os deveres dos pais derivam dos direitos dos filhos à igualdade, pois essa igualdade gera o dever para os pais de responsabilidade igualitária para com todos os filhos.[27]

Portanto, também tem grande importância para o direito de família o princípio da igualdade, as diferenças devem ser resguardadas, mas deve haver igualdade entre homem e mulher e isonomia entre os filhos, independentemente de serem de origem biológica ou não.

O princípio da igualdade jurídica entre os filhos está previsto no artigo 227, §6º da Constituição e no art. 1.596 do Código Civil, por meio dele o ordenamento não admite discriminação e categorização dos filhos, não se pode falar de filhos adulterinos, adotivos, ilegítimos, filho é filho, todos são iguais.[28]

Além da igualdade entre os filhos, a lei reconhece a igualdade entre homens e mulheres na sociedade conjugal, posição exposta no artigo 1.511 do Código Civil quando enuncia que "o casamento estabelece comunhão plena de vida, com base na igualdade de direitos e deveres conjugais", e essa igualdade prevista para o casamento também deve existir na união estável, entidade familiar prevista pelo artigo 226, § 3º da Constituição Federal.[29] Isso demonstra que o sistema jurídico atual divide as responsabilidades entre ambos os pais.

Importante frisar que o princípio da igualdade não é de aplicação absoluta, ele admite limitações desde que não seja violado seu núcleo essencial. A igualdade não pode desconsiderar as diferenças naturais e culturais entre as pessoas e entidades, mas as diferenças não podem legitimar tratamentos jurídicos desiguais na base comum dos direitos e deveres ou no núcleo intangível da dignidade de cada pessoa.[30]

Portanto, a partir das diferenças, mas sem a hegemonia de um sobre o outro, que é construída uma sociedade igualitária, em que é possível o justo e verdadeiramente existe a noção de sujeito de direito.[31]

Por fim, um princípio central das relações familiares na atualidade é o da afetividade.[32] Está implícito nas normas constitucionais, com seus fundamentos essenciais extraídos a partir dos princípios da dignidade humana, solidariedade, igualdade entre os filhos, da previsão da adoção como escolha afetiva, da proteção da família monoparental, união estável, convivência familiar assegurada à criança e ao adolescente.[33]

---

27 LÔBO, Paulo. *Direito Civil: Famílias*... Op. cit., p. 213.

28 PAIANO, Daniela Braga. *A Família Atual e as Espécies de Filiação*... Op. cit., p. 36.

29 TARTUCE, Flávio. *Manual de Direito Civil*: Volume único. 9. ed. São Paulo: Método, 2019. p. 1062.

30 LÔBO, Paulo. Direito de Família e os Princípios... Op. cit., p. 114/115.

31 PEREIRA, Rodrigo da Cunha. *Direito de Família:* uma abordagem psicanalítica. 4. ed. Rio de Janeiro: Forense, 2012. p. 99.

32 TARTUCE, Flávio. *Manual de Direito Civil*... Op. cit., p. 1.065.

33 PEREIRA, Rodrigo da Cunha. *Dicionário de Direito de Família*... Op. cit., p. 609/610.

A afetividade emerge a partir de uma atividade concreta exteriorizada de uma manifestação de afeto, quando alguém nutre afeto perante outrem os atos que demonstram esse sentimento evidenciam a afetividade passível de gerar efeitos jurídicos. Ela passa a ser o grande vetor dos relacionamentos contemporâneos e, assim, paralelamente assume o perfil de princípio jurídico do direito de família.[34]

Os laços de afeto e de solidariedade surgem da convivência familiar. A família, na atualidade, é unida pelos laços afetivos, pela comunhão de vida, é formada pela complexidade das relações afetivas, na comunhão de afeto, não importando o seu modelo.

O princípio da afetividade é bem representado pela parentalidade socioafetiva, na qual resta possível compreender e considerar a família além dos laços jurídicos e da consanguinidade.[35] Assim, nem sempre é adequado levar em conta apenas a verdade biológica nas questões relacionadas à filiação, pois muitas vezes a paternidade foi constituída na convivência duradora com pais socioafetivos. Deste modo, a concepção plural de família e filiação tem sua fundamentação fortemente calcada na afetividade.[36]

Os princípios e as regras informam os direitos individuais, em torno dos quais as pessoas e a sociedade assimilam o direito de família. Na atualidade, os princípios são verdadeiras diretrizes de orientação para a aplicação das regras aos casos concretos.[37] Esta perspectiva deve ser observado na interpretação das regras que cuidam do registro da filiação. O mesmo deve valer para a compreensão e interpretação de disposições administrativas proferidas, por exemplo, pelo Conselho Nacional de Justiça (CNJ), que incidam nos laços familiares.

O ordenamento jurídico é uno e complexo, tendo os princípios constitucionais o papel central de articular e harmonizar as diversas fontes do direito.[38] No caso da filiação, não podemos interpretar as diversas normativas envolvidas olvidando dos vetores da Constituição. Em consequências, tanto as regras como os provimentos administrativos relativos ao registro das filiações socioafetivas devem ser interpretadas sempre à luz destes cânones constitucionais.

---

34 CALDERON, Ricardo. *Princípio da Afetividade no Direito de Família*. 2. ed. Rio de Janeiro: Forense, 2017.

35 Luiz Edson Fachin vê a transformação da família tradicional para a família contemporânea como "(...) o transcurso apanha uma "comunidade de sangue" e celebra, ao final deste século, a possibilidade de uma "comunidade de afeto". Novos modos de definir o próprio direito de família. Direito esse não imune à família como refúgio afetivo, centro de intercâmbio pessoal e emanador da felicidade possível". Cf. FACHIN, Luiz Edson. *Direito de família:* elementos críticos à luz do novo código civil brasileiro. 2. ed. Rio de Janeiro: Renovar, 2003. p. 317/318.

36 LÔBO, Paulo. Direito de Família e os Princípios... Op. cit., p. 118/120.

37 PAIANO, Daniela Braga. *A Família Atual e as Espécies de Filiação...* Op. cit., p. 30/31.

38 PERLINGIERI, Pietro. A Doutrina do Direito Civil na Legalidade Constitucional. *In:* TEPEDINO, Gustavo (Org.). *Direito Civil Contemporâneo*: Novos problemas à luz da legalidade constitucional. São Paulo, Atlas, 2008. p. 2.

3. Filiação na perspectiva civil-constitucional

No passado recente a filiação esteve atrelada aos vínculos biológicos, registrais ou a presunções legais (vínculos presuntivos), mas, nas últimas décadas, os vínculos socioafetivos ganharam corpo no direito de família brasileiro. Estas relações socioafetivas são ligações concretas de filiação, vivenciadas na realidade fática por longo tempo, mesmo que ausentes elos biológicos ou registrais.

Parentesco e filiação são dois conceitos que estão intimamente ligados, pois o parentesco é o vínculo entre os membros de uma família e estabelece a filiação, que relaciona uma pessoa com seus pais.[39] Como não poderia deixar de ser, estas noções sofreram os influxos decorrentes das formas de convivência das famílias contemporâneas, exemplo disso, são as definições de parentesco e filiação que devem passar a levar em conta os vínculos socioafetivos, que até pouco tempo não eram expressamente considerados.

Paulo Lôbo define parentesco como a relação jurídica estabelecida pela lei ou por decisão judicial entre uma pessoa e as demais do seu grupo familiar. Assim, a relação de parentesco identifica a pessoa como pertencente a um grupo e gera um conjunto de direitos e deveres, a qualidade de parente. O mais importante parentesco é formado pela relação entre pais e filhos, a filiação.[40] Este conceito é amplo o suficiente para comportar também os vínculos socioafetivos.

Já a filiação é o vínculo entre ascendentes e descentes de primeiro grau – pais e filhos, e deve observar o princípio da igualdade entre os filhos, que é estabelecido no artigo 227, § 6º da Constituição e no artigo 1.596 do Código Civil. Portanto, os descendentes não devem ser discriminados e tratados de forma diferente, sejam eles oriundos ou não do casamento, por adoção, por reprodução assistida, por filiação socioafetiva, biológicos ou registrais.[41]

O Código Civil de 2002 passou a prever diversas origens para a filiação, no artigo 1.593 determina que o parentesco é natural, quando presente a consanguinidade, ou civil, quando presente a adoção. Entretanto, o mesmo artigo legal indica expressamente na sua parte final que o vínculo pode ser "de outra origem", assim, ampliou essa hipótese de modo a permitir reconhecimento das relações socioafetivas, das reproduções assistidas heterólogas, das gestações por substituição e tantas outras.[42]

---

39 PAIANO, Daniela Braga. *A Família Atual e as Espécies de Filiação*... Op. cit., p. 45/46.

40 LÔBO, Paulo. *Direito Civil: Famílias*... Op. cit., p. 201.

41 TEPEDINO, Gustavo. O Direito Civil-Constitucional e suas Perspectivas Atuais. *In:* TEPEDINO, Gustavo (Org.). *Direito Civil Contemporâneo*: Novos problemas à luz da legalidade constitucional. São Paulo, Atlas, 2008. p. 361-362.

42 SCHREIBER, Anderson. *Manual de Direito Civil Contemporâneo*. São Paulo: Saraiva, 2018. p. 842.

A filiação vai além dos vínculos biológicos, ela é um dado cultural, realizado na convivência familiar, assim é possível que alguém, independentemente da sua origem biológica, seja tratado como filho de forma contínua e notória.[43]

Os vínculos socioafetivos, assim como a adoção, cada vez estão mais presentes na nossa sociedade. Desta forma, deve ocorrer uma paulatina facilitação do registro desses vínculos fáticos, que são vivenciados concretamente. As regras devem se amoldar a realidade, inclusive no aspecto registral.

A paternidade socioafetiva é a relação entre pai e filho que se constrói pela afetividade, cuidado,[44] carinho e atenção ao longo da convivência familiar (comportamento social típico, convivência familiar duradoura e relação de afetividade familiar).[45]

Nos últimos 30 anos a doutrina e jurisprudência edificaram a categoria da filiação socioafetiva. Somos vanguardistas mundialmente na construção doutrinária, jurisprudencial e até mesmo legislativa dos vínculos socioafetivos na filiação. Logo, as nossas regras registrais não podem deixar de levar isso em conta e, assim, devem espelhar estas situações nos seus respectivos assentos.

O reconhecimento do vínculo da filiação é um macrodireito, pois dele surgem outros direitos dos filhos em relação aos pais, como o de receber educação básica, vida em sociedade, de serem sustentados enquanto não tiverem condições para garantir sua independência econômica, receberem afeto e estímulos para um desenvolvimento equilibrado da sua personalidade. O filho não é propriedade do pai, ele é um sujeito capaz de emoções e decisões que serão tomadas na sua autonomia crescente a partir do seu desenvolvimento físico e emocional.[46]

O reconhecimento da filiação socioafetiva teve como precursor João Baptista Villela no artigo chamado "Desbiologização da Paternidade", datado de 1979.[47] E, desde então, impulsionados pela noção da posse de estado de filho,[48] a doutrina[49]

---

43 SCHREIBER, Anderson. *Manual de Direito Civil Contemporâneo*... Op. cit., p. 852.

44 PEREIRA, Tânia da Silva; OLIVEIRA, Guilherme de Oliveira (Coord.). *O cuidado como valor jurídico*. Rio de Janeiro: Forense, 2008.

45 LÔBO, Paulo. *Direito Civil: Famílias*... Op. cit., p. 228.

46 GOMES, Carla Amado. Filiação, adopção e protecção de menores – quadro constitucional e notas de jurisprudência. *In: Lex Familiae – Revista Portuguesa de Direito de Família*, Coimbra: Coimbra, ano 4, n. 8, p. 15-39, julho/dezembro 2007. p. 24.

47 VILLELA, João Baptista. Desbiologização da Paternidade. *Revista da Faculdade de Direito*, Belo Horizonte, ano XXVII, n. 21, p. 400-418, maio 1979.

48 A posse de estado significa se encontrar em uma situação equivalente à de filho, assim estabeleceu-se como critério: o nome paterno (nomen), o tratamento (tractatus) e o conceito (fama). A paternidade socioafetiva, sob a noção da posse de estado de filho, ocorre por um ato de vontade, da afetividade para o estabelecimento da filiação, indo no sentido contrário da verdade jurídica e da certeza científica. Cf. PEREIRA, Caio Mario da Silva. *Instituições de direito civil:* Direito de Família. 26.ed. Rio de Janeiro: Forense, 2018. v.5. p. 419/420.

49 VELOSO, Zeno. *Direito Brasileiro da Filiação e Paternidade*. São Paulo: Malheiros, 1997.

e a jurisprudência avançaram no que se denomina como vínculo socioafetivo da filiação.[50],[51]

A ampliação das hipóteses de filiação aproxima o direito da realidade, que é complexa e plural. Assim, à luz dos princípios constitucionais e desta nova matiz do direito de família brasileiro, com a ampliação das espécies de vínculos passíveis de gerar o liame filial tem-se melhores condições de fazer justiça no caso concreto.

Outro avanço nesse caminhar foi o reconhecimento da multiparentalidade, que envolve o reconhecimento simultâneo de mais de um pai ou mais de uma mãe (em cumulação, por exemplo, de uma filiação biológica e de outra socioafetiva). Ou seja, ocorre quando um filho possui dois pais e/ou duas mães, de forma concomitante, sem exclusão de nenhum deles.[52] Este acolhimento é mais um reflexo do avanço da trajetória da afetividade no direito de família brasileiro.

Nesse sentido, em 2016 o Supremo Tribunal Federal[53] aprovou a tese que "a paternidade socioafetiva, declarada ou não em registro público, não impede o reconhecimento do vínculo de filiação concomitante baseado na origem biológica, com os efeitos jurídicos próprios". Essa decisão do STF reconheceu expressamente a possibilidade da paternidade socioafetiva, assim como autorizou o registro concomitante de mais de um pai e/ou mãe no registro de nascimento, sendo um vínculo de origem biológica e outro formado pela afetividade, não existindo hierarquia entre as diversas

---

50 Além de João Batista Villela, Zeno Veloso, Paulo Lobo e Luiz Edson Fachin contribuíram significativamente para a aceitação da afetividade no direito de família brasileiro. Este último autor já em 1992, no livro "Estabelecimento da filiação e paternidade presumida", questionou as presunções fictícias da legislação e o crescente biologismo, sustentando que deveria ocorrer uma abertura no sistema para o reconhecimento da paternidade fundada na posse de estado de filho, uma paternidade baseada na realidade concreta, afirmando que "a posse de estado serve para revelar a face socioafetiva da filiação". Cf. FACHIN, Luiz Edson. *Estabelecimento da filiação e paternidade presumida.* Porto Alegre: Fabris, 1992. p. 160.

51 É necessária a convivência entre as esferas biológica e afetiva no sistema de filiação, de modo que a filiação corresponda com as transformações implementadas pela Constituição de 1988, em especial com a nova noção de família. Cf. FACHIN, Luiz Edson. *Da paternidade*: relação biológica e afetiva. Belo Horizonte: Del Rey, 1996. p. 55.

52 A multiparentalidade é um fenômeno jurisprudencial e doutrinário, surgiu de uma interpretação integrativa e expansiva para permitir o reconhecimento de mais de um pai e/ou mãe a uma mesma pessoa, sem a prevalência de uma paternidade sobre a outra, para que conste no seu registro de nascimento e gere as consequências desse reconhecimento. Cf. PAIANO, Daniela Braga. *A Família Atual e as Espécies de Filiação*... Op. cit., p. 153.

53 STF/RG622. O tema de Repercussão Geral 622 analisava uma eventual "prevalência da paternidade socioafetiva em detrimento da paternidade biológica". O caso paradigma, RE 898060/SC, discutia o reconhecimento tardio de uma paternidade biológica, que não foi vivenciada, em substituição a uma paternidade socioafetiva e registral, efetivamente vivenciada. O STF não afirmou pela prevalência de nenhum dos vínculos parentais, determinando a coexistência de ambas as paternidades. Cf. CALDERÓN, Ricardo. *Princípio da Afetividade*... Op. cit., p. 219.

formas de paternidade. Esse julgado foi o paradigma no reconhecimento da possibilidade jurídica da multiparentalidade no sistema jurídico brasileiro.

A filiação não decorre apenas do vínculo biológico, ela é um elemento cultural, constituído no dia-a-dia, na convivência familiar. Desta forma, se existe mais de um vínculo, ele também deve poder ser registrado, ou seja, a realidade jurídica registral pode corresponder com a realidade fática, com a possibilidade da inclusão no registro de nascimento de dois pais e/ou duas mães (se a situação assim indicar).

Importa consignar a relevância do direito de filiação, que é consubstanciado pela formalização registral no assento de nascimento junto ao Cartório de Registro Civil. Em vista disso, resta patente que não se podem criar obstáculos incompatíveis com a relevância dos valores envolvidos para a formalização e registro deste vínculo filial. Ao contrário, a perspectiva que se extrai dos supracitados princípios constitucionais é justamente no sentido de facilitar o registro de todas as formas de filiação, sejam elas biológicas, presuntivas ou socioafetivas.[54]

Corolário disso, *grosso* modo, é possível afirmar que devem ser viabilizados os mesmos acessos que são conferidos aos vínculos biológicos aos socioafetivos, o que se mostra adequado ao princípio da igualdade. Assim, se é permitido o reconhecimento consensual da filiação biológica diretamente no Cartório de Registro Civil, *mutatis mutandis*, a mesma oportunidade deve ser conferida ao registro consensual da filiação socioafetiva.

A partir destas diretrizes, não parece razoável manter a exigência de uma ação judicial prévia para o reconhecimento de qualquer vínculo filial socioafetivo.[55] Como visto, atualmente o registro consensual dos vínculos biológicos são realizados extrajudicialmente, diretamente no Cartório de Registro Civil. Desta forma, ainda que a filiação socioafetiva possua distinções em face da biológica, não parece razoável que, nos dias de hoje, ainda seja inviabilizado o registro consensual dos elos socioafetivos diretamente nas serventias de registro civil.[56]

---

54 Obviamente que sempre de acordo com as cautelas e a segurança que estas situações, que envolvem crianças e adolescentes, exigem. É necessário estipular critérios e formalidades para evitar fraudes e o uso indevido desta via por pessoas mal intencionadas, mas ainda assim nada disso parece indicar pelo não uso da via extrajudicial para a consagração destes registros quando consensuais.

55 "Assim, propor a intervenção desmesurada do ente estatal na ambiência familiar, espaço onde deve ocorrer o livre desenvolvimento da personalidade humana, importa inevitavelmente em aceder ao cerceamento da construção dessa personalidade própria das pessoas que pretendem se realizar, em coexistencialidade, naquele espaço familiar". FACHIN, Luiz Edson. Famílias - entre o público e o privado. Problematizando Espacialidades à Luz da Fenomenologia Paralática. *Revista de Direito das Famílias e Sucessões*. v. 23. Porto Alegre: Magister; Belo Horizonte: IBDFAM, 2007. p. 163/164.

56 Em atenção ao princípio da igualdade, é possível desigualar a forma de registro de acordo com as distinções fáticas que cada uma dessas formas de filiação possui. Isto realmente permite impor requisitos distintos para cada uma delas. Ainda assim, nada indica que as distinções sejam de

Estamos a vivenciar a era de desjudicialização, com a retirada da exigência de intervenção do Poder Judiciário quando as questões possam ser resolvidas por outras vias mais singelas e céleres. Este parece ser o caso do registro consensual das filiações socioafetivas.

A filiação é vista como um direito personalíssimo, com guarida constitucional, devendo o seu reconhecimento consensual, seja do vínculo biológico ou afetivo, ser facilitado junto às respectivas serventias.

4. Acesso ao registro da filiação

A filiação teve sua moldura jurídica profundamente alterada nos últimos tempos, tanto pelo acolhimento dos vínculos socioafetivos como pelo avanço científico das técnicas de reprodução assistida. Também os filhos de casais homoafetivos passam a exigir regramentos para situações antes não pensadas, desde logo se apresentando como os nossos desafios atuais do presente e do futuro.

Exemplos claros são os avanços das técnicas de fertilização *in vitro* (o que deu a oportunidade a pessoas com dificuldades de gerar filhos poderem realizar esse desejo) e dos testes genealógicos de DNA (que resultaram na possibilidade de confirmação da ascendência biológica). Ao lado dos progressos científicos as relações filiais também sofreram os influxos do acolhimento da afetividade, conforme anteriormente exposto, sendo que estas também possuem particularidades que devem ser levadas em conta quando do seu respectivo registro.

A filiação resta comprovada com o assento de nascimento realizado no Cartório de Registro Civil de Pessoas Naturais, conforme o artigo 1.603 do Código Civil. Entende-se, que os filhos concebidos durante o matrimônio são presumidamente dos cônjuges (art. 1.597), não necessitando da presença do pai para a comprovação da paternidade. Porém, se o descendente for de uma relação extramatrimonial só poderá ser registrado o nome do pai se ele expressamente autorizar ou comparecer para o registro, conforme o art. 59 da Lei nº 6.015/1973.[57] Bastando, assim, o comparecimento do pai no Cartório para a declaração e obtenção do assento com a formalização da filiação declarada biológica.

Todos os filhos podem ser reconhecidos, independentemente do estado civil dos seus ascendentes, e serão registrados de forma igual, não podendo haver nenhum

tal monta de modo a enviar todos os registros de filiação socioafetivos para a justiça, enquanto as filiações de declaração biológica são realizadas diretamente no registro civil. Elas possuem similitudes que permitam que, ainda que com peculiaridades, ambas sejam realizadas diretamente no Registro Civil, quando consensuais e presentes mais alguns requisitos.

57 Art. 59. Quando se tratar de filho ilegítimo, não será declarado o nome do pai sem que este expressamente o autorize e compareça, por si ou por procurador especial, para, reconhecendo-o, assinar, ou não sabendo ou não podendo, mandar assinar a seu rogo o respectivo assento com duas testemunhas.

tipo de discriminação, conforme estabelece o artigo 5º da Lei 8.560/1992[58] e o princípio da igualdade, anteriormente exposto.

Como dispõe o artigo 27 da Lei 8.069/1990 – Estatuto da Criança e do Adolescente (ECA),[59] o reconhecimento da filiação é um direito personalíssimo, indisponível e imprescritível, podendo ser realizado até mesmo contra os pais ou seus herdeiros.

Portanto, o reconhecimento da paternidade é voluntário ou compulsório, ocorrendo espontaneamente pelas formas expostas no artigo 1.690 do Código Civil. A Lei 8.560/1992 regulou a investigação de paternidade dos filhos nascidos fora do casamento, criando o instituto da averiguação oficiosa de paternidade,[60] sendo da mãe a iniciativa para promover a ação de investigação de perfilhação paterna, prática regulamentada pelos Provimentos nº 12/2010 e nº 16/2012 do Conselho Nacional de Justiça.[61]

O reconhecimento do filho pode ser feito a qualquer momento, antes do seu nascimento, durante a sua vida ou depois da sua morte, com as ressalvas trazidas pelo parágrafo único do artigo 1.609 do Código Civil.[62]

Pelo exposto, é direito de toda e qualquer pessoa ver sua filiação reconhecida. Ocorrendo através de um ato declaratório, pois quem assume uma paternidade declara o fato e não cria a paternidade, assim estabelece no campo do direito o parentesco entre o pai/mãe e o filho. Além disso, conforme o artigo 1.609 do Código Civil é um ato irrenunciável e formal, pois deve ocorrer: no registro de nascimento; por escritura pública ou escrito particular arquivado no cartório; por testamento, legado ou codicilo; ou por manifestação direta e expressa ao juiz.[63]

---

58 Art. 5º. No registro de nascimento não se fará qualquer referência à natureza da filiação, à sua ordem em relação a outros irmãos do mesmo prenome, exceto gêmeos, ao lugar e cartório do casamento dos pais e ao estado civil destes.

59 Art. 27. O reconhecimento do estado de filiação é direito personalíssimo, indisponível e imprescritível, podendo ser exercitado contra os pais ou seus herdeiros, sem qualquer restrição, observado o segredo de Justiça.

60 Com a averiguação oficiosa, o oficial do Registro Civil é obrigado a enviar ao juiz a certidão integral do registro e a identidade do suposto pai, para averiguar oficiosamente a procedência da alegação de paternidade, é um procedimento administrativo, mas que tem interesse em complementar a certidão de nascimento do filho com todos os seus dados, inclusive a identidade do pai. Cf. MADALENO, Rolf. *Direito de Família*... Op. cit., p. 607.

61 A partir da Lei 8.560/1992 o Ministério Público passou a ter legitimidade processual ativa para propor a ação de investigação de paternidade, e essa lei ampliou as formas de reconhecimento espontâneo de filiação pelo pai.

62 Não é possível o reconhecimento após a morte do filho se ele não deixou descendentes, pois a lei quer evitar o interesse patrimonial na perfilhação póstuma.

63 O reconhecimento da filiação produzirá efeitos retroativos à data do nascimento e gerará como consequências: relação de parentesco entre o filho, seus pais e seus parentes; direito à assistência e alimentos ao filho que não reside com o pai; o genitor tem poder familiar sob o filho menor e se os pais não vivem juntos, deverá ser determinada a guarda; todos os filhos têm o mesmo direito sucessório.

Para o reconhecimento da filiação o direito de família brasileiro admite uma série de vínculos como suficientes para o seu estabelecimento, elos biológicos, afetivos, presuntivos, registrais, adotivos ou decorrentes de reprodução assistida perfilam lado a lado no nosso sistema jurídico, todos passíveis de consagrar uma relação de parentesco.[64]

O Superior Tribunal de Justiça teve um papel central para densificar a socioafetividade no âmbito das relações paterno-filiais, uma vez que em diversas decisões esta Corte afirmou que a relação filial pode se estabelecer exclusivamente por intermédio do vínculo afetivo. Também o Supremo Tribunal Federal proferiu recentes decisões nesse sentido, como o paradigmático caso que balizou a Repercussão Geral 622.

A partir deste cenário não restam dúvidas de que deve ser viabilizado e facilitado também o registro destes vínculos socioafetivos de filiação. No atual estágio do direito de família brasileiro não parece adequado exigir uma declaração jurisdicional para todo e qualquer caso de registro consensual de um vínculo socioafetivo de filiação. Esta exigência afasta da formalização grande parte da população brasileira (seja pelos custos, seja pelo desconhecimento e burocracia envolvida em qualquer demanda judicial).

É notória a capilaridade e maior facilidade de acesso da população aos Cartórios de Registro Civil, de modo que esse parece ser o local adequado para formalização e registro também dos vínculos consensuais socioafetivos de filiação. Tanto é verdade que há campanhas de incentivo ao reconhecimento voluntário da paternidade biológica diretamente nestas serventias extrajudiciais. Parece que essa mesma facilitação deve, com alguma adaptação, também ser ofertada para as filiações socioafetivas. Esta é, sem sombra de dúvidas, uma medida que deve ser atingida pela chamada desjudicialização.

Em outras palavras, parece que soa anacrônico e despropositado, atualmente, se exigir uma ação judicial homologatória para o registro de todo e qualquer vínculo socioafetivo de filiação. Na esteira dos princípios e diretrizes antes descritos, parece possível extrair a diretriz de facilitação também para o registro filial socioafetivo, ainda que com algumas particularidades.

5. Provimento nº 63 do Conselho Nacional de Justiça - CNJ

Até pouco tempo, o reconhecimento e registro de uma relação filial socioafetiva somente poderia se dar por intermédio de uma intervenção do Poder Judiciário. Os Cartórios de Registro Civil registravam de forma direta apenas filhos de pessoas que se declaravam ascendentes genéticas de quem pretendiam reconhecer ou, então, nos casos que incidiam as respectivas presunções legais (por exemplo, art. 1.597, CC).[65]

64 FACHIN, Luiz Edson. *Da Paternidade*... Op. cit., p. 97.

65 Capítulo IV da Lei 6.015/73 que dispõe sobre os registros públicos.

Até que em 2017 o Conselho Nacional de Justiça editou o Provimento nº 63[66] para regular, em todo território nacional, o reconhecimento extrajudicial da filiação socioafetiva, entre outras deliberações. Assim, as categorias da socioafetividade e da multiparentalidade, que são uma realidade no direito de família brasileiro, foram agasalhadas pelas medidas administrativas deste Provimento.

Este regramento é mais uma medida no caminho da chamada extrajudicialização, pois deixa a cargo do Cartório de Registro Civil estes reconhecimentos, o que deve ser de grande utilidade principalmente para as pessoas mais necessitadas, aquelas que não têm condições de buscar uma tutela jurídica para o reconhecimento desses vínculos.

Conforme dados informados pelo CNJ, com base no Censo Escolar de 2011, há 5,5 milhões de crianças brasileiras sem o nome do pai na certidão de nascimento.[67] Esse é um contexto que não pode ser ignorado, pois é um número muito grande de pessoas sem um pai registral no assento de nascimento e a realidade tem insinuado que muitas dessas crianças podem possuir um pai socioafetivo não registrado.

Nesse contexto, é preciso atentar para as diretrizes dos princípios constitucionais incidentes no direito de família também no momento de interpretar as regras administrativas do CNJ sobre o registro da filiação. Este proceder permitirá perceber o comando que está a indicar que estas situações também tenham seu registro facilitado, de modo a viabilizar inclusive o reconhecimento dos vínculos socioafetivos pelas medidas de desjudicialização que se estão a empreender.[68]

O Provimento nº 63 do CNJ vem no sentido de desjudicializar e facilitar o reconhecimento dos vínculos socioafetivos, o que, como anteriormente exposto, parece estar adequado às diretrizes postas pelos princípios constitucionais que orientam a temática, principalmente o da igualdade na filiação.

A partir do Provimento nº 63 do CNJ, os vínculos consensuais socioafetivos de filiação também passam a poder ser registrados voluntária e diretamente nas serventias de registro civil de pessoas, sem a necessidade de intervenção do Poder Judiciário (tal qual já ocorria com o vínculo de declaração biológica).[69]

A possibilidade de registro extrajudicial da paternidade ou maternidade socioafetiva facilita o acesso a um direito já reconhecido e aceito na realidade jurídica brasileira

---

66 CONSELHO NACIONAL DE JUSTIÇA. Provimento nº 63, de 14 de novembro de 2017. Disponível em: http://www.cnj.jus.br/busca-atos-adm?documento=3380. Acesso em: 05 mar. 2019.

67 CNJ. *Averbação de paternidade é gratuita para todos, diz CNJ*, 17 de maio de 2018. Disponível em: http://www.cnj.jus.br/noticias/cnj/86827-averbacao-de-paternidade-e-gratuita-para-todos-diz-cnj. Acesso em: 02 out. 2018.

68 Repita-se: ainda que isto exija cautelas e requisitos específicos, de acordo com as peculiaridades destas relações, mesmo levando em conta perigos que se devem evitar nos casos que envolvem registro de crianças e adolescentes, parece possível impor tais salvaguardas nas serventias de registro civil, quando consensuais.

69 Desde que preenchidos alguns requisitos.

há muitos anos. A filiação, qualquer que seja sua origem, possui a mesma importância e deve receber igual respeito e consideração.[70]

Para que seja possível o reconhecimento extrajudicial da filiação socioafetiva o Provimento traz alguns requisitos específicos, que parecem condizentes com a realidade que pretende tutelar.[71] Caso algum dos requisitos expressamente postos não possa ser atendido, o registro não poderá se dar pela via extrajudicial, devendo as partes, então, recorrer ao Poder Judiciário para pleitear o reconhecimento.

Em casos de dúvida, suspeita ou inconsistência, o registrador deve fundamentar a recusa e enviar o pedido para o juiz competente, o que permite evitar fraudes e burlas. Além disso, o reconhecimento voluntário será irrevogável, somente podendo ser desconstituído judicialmente e desde que tenha havido vício de vontade, fraude ou simulação.

Outro aspecto tratado foi o registro de filhos havidos por técnicas de reprodução assistida,[72] o que até então apresentava grandes obstáculos. Muitos casais que tinham filhos por tais métodos encontravam dificuldades no respectivo registro em nome de ambos. O Provimento nº 63 passa a suprir uma lacuna da lei, a partir dele os filhos decorrentes de técnicas de reprodução assistida podem ser registrados independentemente de prévia autorização judicial, ou seja, podem obter a certidão de nascimento diretamente no Cartório de Registro Civil.[73]

Em relação a filhos de casais homoafetivos, que se utilizaram da reprodução assistida, a novidade está na certidão de nascimento, que fará constar os nomes dos ascendentes sem referência a distinção quanto à ascendência paterna ou materna. Essa regra também contribui para que os filhos reconhecidos de casais homoafetivos não sofram discriminações.

Nas situações de filhos que nasceram por essas técnicas, resta expresso que o conhecimento da ascendência biológica passa a não resultar no vínculo de parentesco entre o doador ou a doadora e o filho gerado, o que se mostra adequado e diferencia essas categorias. A distinção entre filiação e descendência genética segue sendo de

70 VELOSO, Zeno. *Direito Civil – Temas*. Belém: ANOREG/PA, 2018. p. 216.

71 Que o requerente seja maior de 18 anos (independente do estado civil); não seja ascendente ou irmão do pretenso filho; que a diferença de idade entre o requerente e o filho tem que ser igual ou maior que 16 anos; o pedido pode ser realizado em localidade diversa de onde foi lavrada a certidão de nascimento; deve haver consentimento expresso e pessoal da mãe e do pai; se o filho for maior de 12 anos também é necessário o seu consentimento; exige-se a coleta pessoal das assinaturas; e, ainda, faz-se necessária uma declaração das partes de desconhecimento de discussão judicial sobre a referida filiação.

72 Reprodução assistida é um conjunto de técnicas que tem como principal objetivo tentar viabilizar a gestação sem relações sexuais, sendo que a fecundação pode ocorrer dentro ou fora do corpo da mulher dependendo da técnica adotada.

73 Nestas hipóteses, caso os pais sejam casados ou convivam em união estável, poderá somente um deles comparecer para realizar o ato.

grande relevância em muitos casos concretos, visto que nem todo ascendente genético será pai.[74]

Quanto à multiparentalidade, situação na qual há uma pluralidade de pais ou mães de forma concomitante, como anteriormente apresentado, o Provimento também inova. Com ele, passa a ser possível o registro multiparental diretamente na serventia extrajudicial, sem necessidade de se recorrer à via jurisdicional.

O art. 14 do Provimento dispõe que "o reconhecimento da paternidade ou maternidade socioafetiva somente poderá ser realizado de forma unilateral e não implicará o registro de mais de dois pais e de duas mães no campo filiação no assento de nascimento". Esta regra determina que o reconhecimento seja sempre unilateral, o que significa que deverá se dar ou do lado paterno ou do lado materno (nunca de ambos). Ou seja, o reconhecimento extrajudicial não permite o registro de uma paternidade e de uma maternidade socioafetiva ao mesmo tempo. Portanto, quando acionada, esta via permite apenas o registro unilateral apenas de um ascendente.[75]

A multiparentalidade é a circunstância existencial na qual uma pessoa possui vínculo de filiação com dois pais e/ou com duas mães, concomitantemente.[76] Nestes casos, haverá uma igualdade das parentalidades biológica e socioafetiva, pois entre elas não há hierarquia.[77] Pela decisão do STF, é possível a manutenção de ambas as filiações de forma simultânea. Em vista disso, compreende-se a permissão para o registro extrajudicial de relações pluriparentais.

Este Provimento facilita o acesso ao registro da filiação socioafetiva para um grande contingente de pessoas, o que parece estar de acordo com a realidade brasileira os nossos cânones constitucionais. Ainda que possa merecer um ou outro ajuste, o que é natural, o caminho aberto com este Provimento deve ser uma via sem volta. Ou seja, o reconhecimento consensual de vínculos socioafetivos de filiação deve, sim, restar atrelado a procedimentos junto ao Cartório de Registro Civil.[78] Como visto, o registro da filiação é um macrodireito do qual decorrem diversos outros (convivência familiar, alimentos, sucessão, etc.), de modo que o seu registro não pode ser injustificamente obstacularizado, principalmente para a parcela mais frágil da população, que são as pessoas pobres e sem assistência jurídica.

---

74 CALDERÓN, Ricardo Lucas. Socioafetividade na filiação: análise da decisão proferida pelo STJ no REsp 1.613.641/MG. *Revista Brasileira de Direito Civil* – RBDCivil, Belo Horizonte, v. 13, p. 141-154, jul./set. 2017.

75 Em 2016 o Supremo Tribunal Federal, como exposto, reconheceu a possibilidade jurídica da multiparentalidade, a partir da tese aprovada na Repercussão Geral 622, em que afirma que a paternidade socioafetiva não impede o reconhecimento concomitante do vínculo de filiação baseado na origem biológica. Esta deliberação do STF tem efeito vinculante e abrangência nacional.

76 CASSETTARI, Christiano. *Multiparentalidade e parentalidade socioafetiva*: efeitos jurídicos. São Paulo: Atlas, 2014. p. 138.

77 CALDERÓN, Ricardo. *Princípio da Afetividade*... Op. cit., p. 213.

78 Ou seja, em regra sem necessitar de uma demanda judicial para tanto (ainda que se imponham condições e requisitos específicos para estes atos).

Os detalhes e requisitos do Provimento podem sofrer alguma modificação ou alteração, o que é normal em casos do estilo e a experiência indicará, mas não se deve permitir um retrocesso ao momento anterior, com a exigência de intervenção do Poder Judiciário para todo e qualquer registro de vínculo socioafetivo consensual.

6. Conclusão

Conforme preconiza o artigo 50 da Lei 6.015/1973[79] todo nascimento em território nacional deve ser registrado, e é partir deste registro que decorrem o exercício de diversos outros direitos. Portanto, é dever dos pais, em razão do poder familiar, realizar o registro do filho. Mas muito mais que isso, é um direito daquele que nasceu, pois ele só assim passa a existir juridicamente e pode realizar outros atos e a usufruir de diversos aspectos da sua cidadania.[80]

Muitos dos direitos decorrentes do nosso reconhecimento como cidadão exigem a formalização adequada do registro de nascimento para que as pessoas possam, então, concretizá-los. O campo da filiação possui um papel central neste registro e também gera uma projeção para outro conjunto de direitos.[81]

Como a realidade tem mostrado, muitos vínculos de filiação se estabelecem socioafetivamente, no decorrer da vida das pessoas, o que passa a exigir uma complementação subsequente no assento de nascimento. Inequívoco que esta filiação socioafetiva existente, seja de paternidade ou de maternidade, também deve ser

79 Art. 50. Todo nascimento que ocorrer no território nacional deverá ser dado a registro, no lugar em que tiver ocorrido o parto ou no lugar da residência dos pais, dentro do prazo de quinze dias, que será ampliado em até três meses para os lugares distantes mais de trinta quilômetros da sede do cartório.

80 Como emitir outros documentos, ser atendido em postos de saúde, hospitais e escolas, etc. Sem a certidão de nascimento a pessoa não consegue realizar nenhum dos documentos necessários ao longo da vida, ou seja, não é considerado cidadão. As informações constantes nesse documento lhe acompanharão pelo resto da sua vida, pois trazem suas primeiras informações, como nome, pais, local e horário de nascimento.

81 Exemplo disso pode ser percebido em recente caso de repercussão nacional noticiado pelo programa Fantástico no ano de 2018, em situação ocorrida no Estado do Rio Grande do Sul. Nesta situação, um bebê recém nascido, filho de um casal homoafetivo feminino, não conseguia ver formalizado o seu assento de nascimento com o nome das duas mães como ascendentes. Ante essa recusa tanto dos registradores como do juiz da Vara de Registro Civil competente o recém nato ficou alguns dias sem obter este registro. A criança existia na realidade, mas juridicamente não. Em consequência, ela não conseguia ser incluída no plano de saúde de uma das mães e, assim, não tinha acesso ao tratamento médico que necessitava, pois nasceu com um problema clínico e se encontrava na UTI Neonatal. Cf. G1. *Casal luta na Justiça para conseguir registrar bebê com duas mães*. Disponível em: https://g1.globo.com/fantastico/noticia/2018/09/02/casal-luta-na-justica-para-conseguir-registrar-bebe-com-duas-maes.ghtml. Acesso em: 02 out. 2018.

averbada e registrada para que produza todos os seus efeitos jurídicos. Este acesso ao registro deve, inexoravelmente, ser facilitado e incentivado.[82]

O assento da filiação é de especial relevo para o pleno exercício da cidadania, pois a partir dela decorrem diversos outros diretos e deveres de especial consideração no nosso ordenamento jurídico, "a cidadania é o pertencer à comunidade jurídica, que assegura ao homem a sua constelação de direitos e o seu quadro de deveres".[83] A partir da formalização dos vínculos familiares, estes passam a ser de conhecimento público, associando-se a outros direitos da pessoa, como o direito à identidade, ao nome, a nacionalidade, ao conhecimento da sua ancestralidade.[84]

A formalização da filiação socioafetiva no assento de nascimento deve restar disponível apenas para casos nos quais a situação fática que já está constituída há muito tempo dentro da família, ou seja, existe por vários anos,[85] nos quais seja vislumbrada pela sociedade no dia-a-dia e tenha a anuência de todos os atores envolvidos. Nestas hipóteses, seu registro deve ser facilitado, ainda que mediante requisitos específicos.

Com a tendência de desjudicialização do direito e a busca pela consagração da verdade fática, deve-se encorajar o registro da filiação socioafetiva consensual, situações nas quais voluntariamente um ascendente socioafetivo assume um filho, com todas as consequências jurídicas. Essa linha é a que parece ter trilhado o Provimento nº 63 do CNJ, acertadamente.[86]

Como exposto anteriormente, pai é pai, não importa se ele é biológico, presuntivo ou socioafetivo. O Brasil ainda tem um número muito grande de certidões de nascimento sem a inclusão do nome do pai, portanto deve ser incentivado o reconhecimento de qualquer filiação regularmente existente, independente de como surgiu o laço entre ele e o filho.

A forma mais singela e de maior efeito para ocorrer esses reconhecimentos de filiação sociafetiva é através do procedimento extrajudicial, pois isso facilita e desburocratiza, fazendo com que as pessoas mais simples tenham acesso a esse direito básico, que – em muitos casos – poderá ser a porta de entrada para o exercício efetivo da sua cidadania.

---

82 Obviamente que aqui falamos dos casos nos quais esta relação socioafetiva é *inconteste*, está presente na realidade fática por vários anos, com ampla comprovação e ciência da comunidade, consenso de todos os envolvidos e ainda atende ao melhor interesse da criança e do adolescente.

83 TORRES, Ricardo Lobo. *In:* BARRETO, Vicente de Paulo (Org.). *Dicionário de Filosofia*... Op. cit., p. 126.

84 "O conceito hodierno de cidadania, em suma, compreende os direitos fundamentais, os políticos, os sociais e econômicos e os difusos, em constante tensão com as ideias de liberdade, de justiça política, social e econômica, de igualdade de chances, de resultados e de solidariedade a que se vinculam.". Cf. TORRES, Ricardo Lobo. *In:* BARRETO, Vicente de Paulo (Org.). *Dicionário de* Filosofia... Op. cit., p. 127.

85 Com bebês e crianças de tenra idade não parece indicado se falar em relação socioafetiva consolidada.

86 Ainda que algumas críticas possam ser feitas e alguns ajustes devam ser realizados, se pode louvar a ideia geral constante da iniciativa do Provimento 63 do CNJ.

Antes do Provimento nº 63, com a possibilidade de reconhecimento da filiação socioafetiva apenas na Justiça, poucas pessoas ingressavam com uma ação (pela complexidade que ela envolve). A partir do momento que é possibilitado fazer o reconhecimento extrajucialmente, diretamente nos Cartórios, os custos são minimizados e o procedimento é simplificado. Todos esses pontos positivos impulsionam as pessoas para que tomem iniciativa e busquem o registro formal de situações fáticas já existentes.

Não se ignora que todas as regulações envolvendo o registro de crianças e adolescentes devem possuir salvaguardas e cautelas para evitar o uso indevido destas vias por terceiros com interesses escusos. Ainda assim, é importante assimilar que deve ser mantida a possibilidade de registro de vínculos socioafetivos diretamente na serventia extrajudicial, ainda que com algumas adaptações.

Inequivocamente esta facilitação da formalização das filiações socioafetivas permitirá que muitas pessoas venham, a partir de então, ter melhores condições de exercer a plenitude da sua cidadania que, sem sombra de dúvidas, passa pela formação plena da família.[87]

Stefano Rodotà, em uma de suas últimas obras, *Il Diritto de Avere Diritti,*[88] sustenta uma *constitucionalização da pessoa*, proposta pela qual a pessoa concreta deve passar a ser o centro de referência com vistas à materialização dos direitos. Para tanto, defende como necessária uma redução da abstração das categorias jurídicas para que se busque uma aproximação com a realidade fática. Seguindo as lições o mestre italiano, ousamos afirmar que é necessário atentar para o *direito* de ver registrada uma filiação existente.

---

87 "A noção de cidadania, resgatada pelos juristas e pela Constituição, pode contribuir extraordinariamente para o equilíbrio entre valores e princípios e para a sua concretização na era dos direitos". Cf. TORRES, Ricardo Lobo. *In:* BARRETO, Vicente de Paulo (Org.). *Dicionário de Filosofia*... Op. cit., p. 128.

88 RODOTÀ, Stefano. *Il diritto di avere diritti*. Bari: Laterza, 2015. p. 140.

Direito de Família e urbanismo: um diálogo entre cuidado e cidadania

Rosângela Maria de Azevedo Gomes

Sumário: 1. Introdução. **2.** Dicotomia público e privado: superação dos conceitos. **3.** Direito de Família e urbanismo. **3.1.** Modelo de família e a tutela dos seus interesses pelo Estado. **3.2.** O urbanismo: origem, conceito e sua relação com a família. **4.** Cuidado e cidadania: dever jurídico do Estado. **5.** Conclusão.

1. Introdução

A Constituição Federal de 1988 introduziu os primados da função social da cidade (art. 182) e o da tutela integral da família pelo Estado (art. 226, caput), tais dispositivos, para sua efetividade plena, exigem um diálogo permanente. Entretanto, como tradicionalmente o Direito de Família é matéria de direito privado e o urbanismo encontra abrigo no direito público, os olhares dos estudiosos não se cruzam para trazer uma abordagem mais voltada à realidade social, especialmente no que tange à regularização fundiária e tutela da moradia digna. O Poder Público ao implementar programas habitacionais ou em atendimento às demandas coletivas de regularização fundiária, efetivando a cidade funcionalizada a partir da função social da propriedade (Lei nº 10.257/2001) urbana, não atenta para a necessidade de solucionar, concomitantemente, questões relativas à tutela de relações familiares e existenciais que impactam à curto e médio prazo na forma como a demanda por moradia será atendida.

A matéria relativa a questões do urbanismo tem, historicamente, um elo com a família. Assim, se pretende com esse texto demonstrar o quão próximos estão os dois temas (Família e Urbanismo) e a necessária abordagem conjunta para atender, com cuidado, o exercício pleno da cidadania.

2. Dicotomia público e privado: superação dos conceitos

Em 1625, o filósofo, teólogo e jurista holandês Hugo Grotius publicou "O Direito da Guerra e da Paz", obra que se tornou um marco jurídico, pois foi a partir dessa publicação que surgiu uma nova linguagem da paz: a busca da prevenção e da extinção de conflitos armados através das regras jurídicas. É o direito que passa a determinar as "regras do jogo" da paz burguesa. A guerra ceifa vidas e viola a propriedade. O Direito legitima atitudes de quem detém o poder e protege a propriedade privada fundada no Direito Natural, pois, *"si l'on peut échapper à une autorité sacerdotale, on ne le peut à la Nature"*.[1] Eis a diferença.

---

1 Cf. ARNAUD, André-Jean. *Essai d'analyse structurale du Code Civil français*: la règle du jeu dans la paix bourgeoise. Paris: Librairie Générale de Droit et de Jurisprudence, 1973. p. 4.

Assim, há uma predominância do privado em detrimento do público.[2] Surgem as dicotomias: paz/guerra – civilização(civil)/barbárie. O individualismo pacífico é calcado no humanismo jurídico – liberdade, igualdade e fraternidade – embasado na Declaração Universal dos Direitos do Homem e do Cidadão, fruto da Revolução Francesa (1789).

> (...) O futuro pertenceu, antes de tudo, a forças que estavam ligadas de forma mais íntima e mais geral com a história da cultura e da sociedade política: a evolução da tradição do direito natural no sentido de uma filosofia jurídica e social e a renovação do direito romano a partir do espírito do historicismo e do segundo humanismo. Só da ligação destas correntes surgiu directamente a ciência jurídica moderna.[3]

Como ainda ressalta Nelson Saldanha, o "crescimento do pensar secularizado, com o racionalismo e o iluminismo (que inclusive delineou com nitidez a diferença entre política antiga e moderna), consolidou dentro do liberalismo uma visão renovada da antiga dicotomia, vindo a Revolução Francesa a configurar em seus resultados legislativos uma duplicidade de planos: no plano do direito público as constituições, no do direito privado as codificações".[4]

O ordenamento jurídico privado, centrado no indivíduo, tem na liberdade (autonomia da vontade) o seu centro nevrálgico. A ficção rousseauniana do contrato social se revela na submissão voluntária do indivíduo às normas de direito privado. A dicotomia público/privado pode ser resumida na fórmula kantiana, quanto à diversidade de fontes: "Direito Privado reside nos princípios da razão, no Direito Público, na vontade do legislador",[5] ou ainda na distinção clássica: Direito Privado como sendo o inato aos indivíduos em suas relações sociais e o Direito Público emanado do Estado, voltado para o interesse geral. Importante é determinar que cada categoria reste em seu próprio campo de atuação, como se o universo jurídico estivesse dividido em duas esferas que não se permeiam. A divisão é total e exaustiva.

---

2 O *Corpus Iuris Civilis* introduziu na história do pensamento político e social do Ocidente a dicotomia público e privado. Na célebre fórmula de Ulpiano: público era o que fosse do interesse do Estado, o que dizia respeito ao estado da coisa romana, à *polis* ou *civitas* – *quod ad statum rei romanae spectat* – e privado referente ao interesse individual, à utilidade dos particulares – *quod ad singulorum utilitatem* (*Digesto*, 1.1.1.2). "Quando Ulpiano, pois, distinguia entre *jus publicium* e *jus privatum* certamente tinha em mente a distinção entre a esfera do público, enquanto lugar da ação, do encontro dos homens livres que se governam, e a esfera do privado, enquanto lugar do labor, da casa, das atividades voltadas à sobrevivência". Cf. FERRAZ JÚNIOR, Tércio Sampaio. *Introdução ao Estudo do Direito*: técnica, decisão, dominação. São Paulo: Atlas, 1994. p. 134/135.

3 Cf. WIEACKER, Franz. *História do direito privado*. Lisboa: Calouste Gulbenkian, 1967. p. 24.

4 SALDANHA, Nelson. *O jardim e a praça*. São Paulo: Edusp, 1993. p. 42.

5 GIORGIANNI, Michele. O direito privado e as suas atuais fronteiras. *Revista dos Tribunais*, ano 87, vol. 747, p. 39.

Com o nascimento da economia política, houve uma releitura da dicotomia clássica entre esfera pública e privada. Os sujeitos tornam-se desiguais por conta da divisão laboral, mas iguais no mercado competitivo. Assim, ao cidadão cabe o campo de atuação do direito público (esfera política) e ao burguês (esfera econômica), nas relações individuais em que prepondera o interesse privado, cabe a proteção de seus interesses no direito privado. Este é o sentido da codificação civil.

O direito é feito pelo homem e para o homem contra a injustiça, o erro, a desordem e a violência. O Código Civil, fruto do modelo liberal de organização do direito, confirma, como ressalta Karl Larenz, a "posição largamente dominante de que o Direito seria quando não exclusivamente, pelo menos preponderantemente, identificável na lei".[6]

A quebra da dicotomia clássica público/privado pelo *Code* afirmou a preponderância do aspecto privado sobre o público. O direito privado romano, na Era Moderna, através do trabalho dos glosadores, juristas, sistematizadores e comentadores adquiriu o valor de direito da razão, ou seja, sua validade passa a ser reconhecida independente dos fatores históricos e sociais que lhe deram origem, abstrai-se o tempo e lugar, pois seu fundamento passa a ser a natureza dos institutos que por ele são traçados.

A esfera privada, com o crescimento do comércio e o início da industrialização, passa a identificar a ideia de riqueza com a de propriedade. Desta forma, a necessidade de proteção do patrimônio contra a ingerência desmedida do Estado (administrador, cobrador de tributos e aplicador de penas) torna-se necessária e vai se refletir nas grandes codificações do século XIX.

A partir desse momento, o direito privado se transforma no direito positivo, cuja validade absoluta se funda na razão; o direito privado passa a ser o direito da razão, seguindo a linha filosófica kantiana de justiça.[7] A partir do *Code* o direito civil passa a ser identificado com a codificação que o regula e o direito como um sistema, ou seja, um conjunto unitário e coerente de princípios e normas jurídicas.

---

6 LARENZ, Karl. *Metodologia da Ciência do Direito*. Lisboa: Calouste Gulbenkian, 1983. p. 2.

7 "(...) todo o pensamento jurídico de Kant visa a teorizar a justiça como liberdade. É talvez a expressão mais característica e conseqüente desta teoria; certamente, a mais respeitável. E se pensamos no fato que a teoria da justiça como liberdade é aquela da qual nasce a inspiração para a teoria do estado liberal, devemos concluir que a teoria do direito de Kant deve ser considerada como um dos fundamentos teóricos do estado liberal (...) o conceito de liberdade próprio à teoria liberal do Estado é o conceito de liberdade como não-impedimento. (...) E a justiça a que visa é somente o conjunto das garantias por meio das quais posso expressar a minha liberdade externa não impedida pela não-liberdade dos outros". Para Kant, agir de forma injusta é colocar obstáculos ao exercício da liberdade dos outros com os quais devo conviver. Cf. BOBBIO, Norberto. *Estado, governo e sociedade*: para uma teoria geral da política. São Paulo: Paz e Terra, 1992. p. 74.

No Brasil, a importância do Código Civil centralizando as regras a serem aplicadas às relações privadas persistiu até o advento da Constituição Federal de 1988. Evidente que o Código Civil de 1916[8] sofreu duros impactos com o advento de importantes leis especiais,[9] que, a seu turno, adequaram o direito vigente a realidade social do século XX. Entretanto, foi com os princípios constitucionais garantidores de direitos fundamentais, aportados pela ordem constitucional de 1988, que a necessidade de releitura das normas de direito Código Civil,[10] faz-se imperiosa a interpretação e valoração da regra a ser aplicada ao caso concreto à luz dos ditames principiológicos constitucionais.[11]

Nas palavras de Guilherme Calmon Nogueira da Gama:[12]

> Não houve, no evolver do século XX, mera publicização do Direito Civil com a paulatina intervenção do Estado na economia. Operou-se uma transformação e mudança interna na própria estrutura do Direito Civil com reflexos de alteração das relações entre as esferas pública e privada. Devem-se, especialmente, destacar, nesse contexto, a constitucionalização do Direito Civil com a perda de sentido do antagonismo público-privado, a despatrimonialização e repersonalização do Direito Privado, a natureza normativa dos enunciados constitucionais inclusive - e, principalmente – no âmbito das relações intersubjetivas, a releitura das normas infraconstitucionais sob a ótica dos valores e princípios constitucionais.

3. Direito de Família e urbanismo

3.1. Modelo de família e a tutela dos seus interesses pelo Estado

O Direito de Família é um dos ramos do direito privado, que constitui o complexo de normas que disciplinam as relações intersubjetivas no universo de indivíduos que se relacionam com a intenção de formar uma família.

O conceito fluido da família contemporânea: plúrima, isonômica, despatrimonializada e pautada no afeto entre seus componentes (não mais apenas no vínculo

---

8 O Código Civil brasileiro de 1916, com vigência a partir de 1917, é considerado a última codificação do século XIX.

9 A título de exemplo, podem ser mencionadas: Lei do Divórcio (Lei nº 6.515/77); Lei de Alimentos (Lei nº 5.478/68); Estatuto da Mulher Casada (Lei nº 4121/62). Após o advento da Constituição de 1988 o Estatuto da Criança e do Adolescente (Lei nº 8.069/90) e o Código de Proteção e Defesa do Consumidor (Lei nº 8.078/90) são dois importantes exemplos da descentralização do Código Civil no universo do Direito Privado.

10 Ressalte-se que com o advento do código Civil de 2002, no ordenamento brasileiro, a centralidade da codificação civil não foi recuperada.

11 PERLIGIERI, Pietro. *Perfis do Direito Civil:* Introdução ao Direito Civil constitucional. Tradução de Maria Cristina de Cicco. 3. ed. Rio de Janeiro: Renovar, 1997. p. 5.

12 GAMA, Guilherme Calmon Nogueira da (coord.). *Função social no Direito Civil.* São Paulo: Atlas, 2007. p. xii.

consanguíneo) –, impõe ao Direito de Família nova dinâmica, que permita alcançar a plena tutela dos valores sociais retratados na família atual.[13]

Nessa nova ordem familiar a importância dos princípios constitucionais é de extrema relevância, pois é na família que os impactos inovadores da sociedade primeiro reverberam. O interprete da lei deverá se socorrer da modelagem principiológica para tornar efetiva a norma familiar, que, certamente, não possui a mesma celeridade da família para absorver as mudanças sociais.

A tutela integral do Estado em prol da família é um ditame constitucional, também é um princípio norteador - art. 226, *caput*, CF – de liberdade para constituir família[14] e sua proteção (e de seus membros) pelo Estado.

Portanto, o primordial para o Estado, enquanto promotor de regras jurídicas para condução do modelo constitucional de sociedade digna e igualitária, é o interesse da família.

3.2. O urbanismo: origem, conceito e sua relação com a família

O urbanismo é matéria transdisciplinar. Surge como ciência no século XIX, a partir do estudo, por diversos ramos do conhecimento, dos dilemas negativos aportados pela Revolução Industrial nos centros urbanos da Europa Ocidental. Foi considerado como ciência dos estabelecimentos humanos.

As cidades inglesas do século XVIII receberam um contingente humano, a população operária, sem estar preparadas para tanto. O resultado foi a proliferação de moradias insalubres e epidemias que geraram o conceito de cidade doente. O século XIX, embasado na filosofia iluminista, vai se voltar para a valorização do homem; em consequência, há uma preocupação maior com as desigualdades sociais e seus efeitos perversos, sendo a questão da habitação nos centros urbanos primordial. Os higienistas desenvolvem programas para erradicar doenças e minimizar a insalubridade urbana.

Nessa toada, o Direito fez-se necessário para gerar normas urbanísticas que limitassem o exercício de direitos e assim surgiram novas áreas de estudo para analisar o crescimento das cidades, expor e sistematizar as normas e princípios que direcionam a organização do espaço urbano. Em regra, portanto, o Direito Urbanístico é indicado como área do Direito Público, entretanto, o Código Civil tem normas de caráter urbanístico, como por exemplo, a expropriação social (art. 1.228, §§4º e 5º).

Portanto, a privatização de um ramo do Direito Público é realidade presente, assim como a publicização do Direito Privado, no que concerne à família.

---

13 Nesse sentido, ver por todos, PEREIRA, Caio Mário da Silva. *Instituições de direito civil*. Vol. V: Direito de Família. Rio de Janeiro: Forense, 2018.

14 Qualquer modelo, desde que pautado no afeto e na intenção de gerar um núcleo familiar é reconhecido como família. Não há um rol estanque. Os modelos indicados na Constituição Federal são exemplificativos e não esgotam as possibilidades de outras formas de família.

Curioso notar que, segundo Jurandir Freire Costa[15] as primeiras normas urbanísticas brasileiras foram para organizar a conduta da família: a família higiênica. O impacto da chegada da Corte portuguesa ao Rio de Janeiro, início do século XIX, e a necessidade de adequar os hábitos da aristocracia às construções coloniais, bem como adequar a cidade e sua população ao novo perfil de cidade/capital do Reino. Isso o representava a implantação de um polo comercial e industrial relevante internacionalmente, consequentemente, a visibilidade da cidade (e suas mazelas).

As moradias, hotéis/albergues, casas comerciais, deveriam estar compatíveis com as regras de higiene e imagem de desenvolvimento que a cidade deveria imprimir ao visitante. A meta dos higienistas do século XIX e início do XX foi a conversão do universo familiar à ordem urbana com a europeização dos costumes, estendendo-se, inclusive, à área rural.

Note-se que o Rio de Janeiro do final do século XIX e início do XX, com sua estrutura colonial e insalubre era o retrato das cidades industriais inglesas no apogeu da revolução industrial. Assim, o urbanismo surge no Brasil como medida profilática, política e econômica, pois, com o fito de solucionar a falta de infraestrutura urbana e seus efeitos, transforma o perfil da cidade, capital do Reino, e posteriormente da República, viabilizando sua apresentação como grande centro econômico e cultural do país. As famílias deveriam estar adaptadas à essa nova realidade.

Portanto, associar o Direito de Família ao Direito Urbanístico não é novidade. O ponto inovador é o foco: o prisma com que se unem essas regras para não gerar as distorções sociais que foram identificadas historicamente e geram, ainda hoje, efeitos sociais cruéis.

4. Cuidado e cidadania: dever jurídico do estado

Conceituar o *cuidado* é tarefa que envolve análise de conteúdo multidisciplinar. Segundo Marília Campos Oliveira e Telles e Antônio Carlos Mathias Coltro, "cuidar é um processo que envolve desenvolvimento; cuidar é ajudar a crescer e a se realizar e, para isso, existe um padrão comum: ao cuidar, experiencia-se o outro ser de forma a considerá-lo com capacidades e necessidades de crescer".[16]

Assim sendo, o legislador constitucional, ao afirmar no art. 3º da Constituição Federal que os objetivos fundamentais da República brasileira, dentre outros mencionados, é construir uma sociedade livre, justa e solidária (inciso I), com a promoção do bem de todos, sem preconceitos de origem, raça, sexo, cor, idade e quaisquer outras

15 COSTA, Jurandir Freire. *Ordem Médica e norma familiar.* Rio de Janeiro: Edições Graal, 1989. p. 52/65.

16 TELLES, Marília Campos Oliveira e Telles; COLTRO, Antônio Carlos Mathias. Cuidando do cuidado. *In:* PEREIRA, Tânia da Silva; OLIVEIRA, Guilherme de (coord). *Cuidado e vulnerabilidade.* São Paulo: Atlas, 2009. p. 41.

formas de discriminação (inciso IV), gera para o Poder Público um dever de promover a vida digna dos seus cidadãos, observado o dever de cuidado como promoção e valoração da cidadania.

Tal assertiva está patente no art. 182, CF como definição da política urbana a ser adotada nas cidades, inclusive para garantir o cumprimento da sua função social:

> Art. 182. A política de desenvolvimento urbano, executada pelo Poder Público municipal, conforme diretrizes gerais fixadas em lei, tem por objetivo ordenar o pleno desenvolvimento das funções sociais da cidade e garantir o bem-estar de seus habitantes.

Denota-se, portanto, a preocupação com a melhoria da qualidade de vida, visando o cumprimento das diretrizes determinadas conforme as peculiaridades locais. Será a lei municipal, o plano diretor, que determinará as prioridades, formas de expansão e desenvolvimento dos núcleos urbanos à luz do interesse social.

José Afonso da Silva[17] esclarece que são normas gerais as de Direito Urbanístico que visam disciplinar o planejamento urbano. Acrescenta ainda, que:

> O *desenvolvimento urbano* consiste na ordenada criação, expansão, renovação e melhoria dos núcleos urbanos. Não é objeto das normas gerais promover em concreto esse desenvolvimento, mas apenas apontar o rumo geral a ser seguido, visando orientar a adequada distribuição espacial da população e das atividades econômicas com vistas à estruturação do sistema nacional de cidades e a melhoria da qualidade de vida da população.[18]

Assim sendo, para a promoção efetiva dos valores constitucionais há a necessidade de associar à regra urbanística com outras do ordenamento jurídico para a tutela dos direitos subjetivos envolvidos. Logo, o papel do interprete da norma é gerar a plenitude da qualidade de vida para os cidadãos. Normalmente, a técnica adotada, sobretudo, em se tratando de situações que envolvam Direito Administrativo e Direito Urbanístico é a aplicação da lei como limitação do exercício pleno do direito privado.

Tal ocorre no exercício do direito de construir, por exemplo, em relação ao direito de propriedade privada. Outra limitação, em se tratando do Direito de Família, é observada diante dos preceitos de ordem pública estatuídos no Código Civil sobre a matéria.

Portanto, o Estado é reconhecido como limitador do exercício de direitos pelo cidadão. Porém, o olhar deve ganhar outro viés, ou seja, ao efetivar a regra constitucional há que se ter a verdadeira noção do papel do poder público como promotor das capacidades de crescimento e desenvolvimento dos indivíduos na esfera social. Isso é cuidar, que não é uma forma de limitação do exercício de direitos, muito ao contrá-

---

17 SILVA, José Afonso da. *Direito Urbanístico Brasileiro*. São Paulo: Malheiros Editores, 1995. p. 32.

18 Ibidem, p. 58.

rio, é, na verdade, a única maneira que o Estado/ Poder Público tem de exercer o seu dever de gerar a sociedade digna e igualitária proclamada no texto constitucional.

Limitar o exercício do direito impõe ao seu titular uma obrigação de *não fazer*. O cuidado gera a obrigação de *fazer*. Ou seja, o poder público para promover as suas atividades em prol do interesse comum dos cidadãos só poderá impor limitações ao exercício de direitos quando estiver agindo com cuidado.

Ao se deparar com o caso concreto o poder público tem que se colocar no lugar do outro. Infelizmente, a dinâmica administrativa apresenta outra realidade. Interesses políticos ou limites orçamentários levam ao descaso e abandono, gerando problemas que se arrastam no tempo e reverberam na sociedade em sua totalidade.

Ao tratar da regularização fundiária, o legislador constitucional, no capítulo da política urbana, introduziu o modelo da usucapião especial pró-moradia. Esta modalidade de usucapião está reproduzida no art. 9º da Lei nº 10.257/2001 (Estatuto da Cidade), no art. 1.240, CC. Foi a base legal para o art. 10 do Estatuto da Cidade; art. 1.240-A, CC e art. 25 e seguintes, da Lei nº 13.465/2017 (legitimação de posse).

O cuidado está presente no texto constitucional ao associar o Urbanismo e Família, pela norma fundiária, a saber:

> Art. 183. Aquele que possuir como sua área urbana de até duzentos e cinqüenta metros quadrados, por cinco anos, ininterruptamente e sem oposição, utilizando-a para sua moradia ou de sua família, adquirir-lhe-á o domínio, desde que não seja proprietário de outro imóvel urbano ou rural.
>
> § 1º O título de domínio e a concessão de uso serão conferidos ao homem ou à mulher, ou a ambos, independentemente do estado civil.

O dever de cuidado se revela quando o legislador constitucional, e, consequentemente o infraconstitucional, possibilita que a titularidade do domínio seja conferida "ao homem ou à mulher, ou à ambos", ou seja, à família. A decisão do magistrado[19] terá por parâmetro aquele componente do núcleo familiar que melhor representar os interesses da família.

Na mesma diretriz o legislador especial, infraconstitucional, ao tratar da usucapião coletiva (art. 10, Lei nº 10.257/2001, alterada pela Lei nº 13.465/2017), prestigiou a família e a forma de ocupação em favor da moradia e composse.[20]

---

19 Imperiosa a observação sobre a usucapião extrajudicial. Nessa hipótese o pedido a ser encaminhado para lavratura da ata notarial e, consequente, registro junto ao Registro de Imóveis, já terá a indicação do pretendente à titulação. Isso não ocorre na via judicial, na qual o juiz, com liberdade de modelação da matéria à norma, livre convencimento, poderá adequar a decisão à melhor modelagem em prol dos interesses da família.

20 Art. 10. Os núcleos urbanos informais existentes sem oposição há mais de cinco anos e cuja área total dividida pelo número de possuidores seja inferior a duzentos e cinquenta metros quadrados por possuidor são suscetíveis de serem usucapidos coletivamente, desde que os possuidores não

O direito à moradia digna prestigia a família. O olhar é o da tutela integral. Trata-se um direito fundamental (art. 1º, II e III, c/c 3º; art. 5º, XXIV, e art. 6º da CF), pois protege, principalmente, o direito à vida humana digna, com o acesso à habitação, o direito de ocupar um espaço urbano sem fragmentação, em que os frutos das políticas públicas sejam distribuídos de forma equânime, favorecendo o aparecimento de um novo cidadão, mais próximo do citadino[21]. Deve-se ressaltar que, mesmo antes de a Emenda Constitucional nº 26/2000 inscrever, expressamente, o direito de moradia no rol dos direitos sociais, ele já tinha essa dimensão desde a Declaração dos Direitos Humanos (1948).

A questão da regularização fundiária nos centros urbanos brasileiros é um ponto de conflito permanente. Ainda não foi encontrada uma solução que atenda os interesses políticos e sociais envolvidos. Muitas vezes a propriedade desfuncionalizada acaba sendo prestigiada em detrimento da posse funcionalizada. Essa é uma infeliz realidade que se constata diante da morosidade dos pleitos, judiciais ou extrajudiciais.

A solução está no ordenamento jurídico. Temos regras suficientes para dirimir os conflitos gerados com a ocupação informal da cidade, seja de baixa ou alta renda.

Entretanto, o ponto crucial está quando o Poder Público determina políticas públicas de regularização fundiária sem observar questões que tangenciam o Direito de Família.

A realidade social é rica em exemplos. Tal qual, uma casa que é ocupada pelo casal cuja união estável ou casamento foi dissolvido, porém, a renda de cada um não permite a moradia em outro local. A solução para ambos é colocar um pano dividindo o único cômodo, cada um ocupa o seu espaço. Diante desse cenário, comum em áreas de baixa renda, o critério a ser adotado para regularizar a titulação deverá priorizar não apenas o tempo de posse ou sua comprovação, mas sobretudo outros fatores, tais como:

Tempo de união estável;

Regime de bens. Existe composse do casal ou o bem é incomunicável?

Em caso de dissolução da união estável ou casamento, anterior à regularização fundiária, houve acordo? Cabe ao Poder Público prestigiar uma mediação para a parti-

---

sejam proprietários de outro imóvel urbano ou rural.;§ 1º O possuidor pode, para o fim de contar o prazo exigido por este artigo, acrescentar sua posse à de seu antecessor, contanto que ambas sejam contínuas.;§ 2º A usucapião especial coletiva de imóvel urbano será declarada pelo juiz, mediante sentença, a qual servirá de título para registro no cartório de registro de imóveis.;§ 3º Na sentença, o juiz atribuirá igual fração ideal de terreno a cada possuidor, independentemente da dimensão do terreno que cada um ocupe, salvo hipótese de acordo escrito entre os condôminos, estabelecendo frações ideais diferenciadas.; § 4º O condomínio especial constituído é indivisível, não sendo passível de extinção, salvo deliberação favorável tomada por, no mínimo, dois terços dos condôminos, no caso de execução de urbanização posterior à constituição do condomínio.

---

21 Na ótica da dimensão participativa do cidadão na *polis* grega.

lha amigável, tutelando direitos patrimoniais, que representam a possibilidade de vida digna para a família;

Na hipótese de desapropriação ou deslocamento de área de risco ou proteção ambiental. O reassentamento é imperioso, nesse caso haverá o reassentamento de duas moradias distintas para respeitar a dissolução do vínculo, mas sobretudo, em caso de existir prole, tutelar o direito dos filhos à convivência e prestigiar a guarda compartilhada. Como já, certamente, havia de fato.

Tantas são as questões que podem ser apresentadas, como em outro exemplo, o casal fez o divórcio com "partilha" de bens de um imóvel com dois pavimentos. Na sentença foi reconhecida a posse sem comunhão de bens, pois havia sido adquirida por sucessão hereditária dos genitores do varão. Entretanto, a laje foi edificada com a verba indenizatória da mulher, que na sentença teve seu direito à laje reconhecido, e está morando no segundo andar do imóvel. Qualquer um diante da sentença reconhecendo essa situação possessória peculiar deve cuidar para que seja essa diretriz para a aquisição da propriedade. Inclusive, caso não houvesse sentença judicial, diante da realidade fática, a diretriz a ser adotada deve ser a mais próxima do fato, ainda que o Poder Público tenha determinado outro critério geral.

Assim sendo, o que deve ser proposto ao Poder Público como diretriz é prestigiar os acordos, tentar com cuidado e zelo, promover a tutela incondicional da família, resguardar direitos e valorizar as situações sociais estabelecidas.

O Estado não pode sobrepor suas regras aos interesses dos cidadãos.

A coerência do ordenamento jurídico não é condição de validade da norma, mas critério de justiça.[22]

5. Conclusão

A dicotomia público/privado encontra-se superada. O século XXI presencia a consolidação de valores herdados do século anterior. Nessa diretriz não há como negar a necessidade de dialogo permanente entre o Direito Civil e outras áreas do Direito, sobretudo em se tratando de situações que tangenciam o Direito de Família e a cidade.

A compatibilização de normas ocorre pela interpretação conforme a Constituição Federal, priorizando valores existenciais, como a vida digna da pessoa humana. Tais valores estão esculpidos em princípios constitucionais.

Ponto relevante é o conflito, ou seja, qual o critério diante da realidade de comandos contrapostos. No que se refere aos princípios jurídicos, as soluções apontadas podem ser diametralmente opostas, quer dizer, as antinomias são inadmissíveis entre as regras jurídicas, uma vez que o sistema impede a oposição de comandos. Mas

22 BOBBIO, Norberto. *Teoria do Ordenamento Jurídico*. São Paulo: Polis; Brasília: Editora Universidade de Brasília, 1989. p. 113.

os princípios são mandamentos com uma dimensão maior que a da norma jurídica. Eles direcionam o sistema jurídico, podendo existir conflito em sua aplicação. A solução é a ponderação de interesses e nesse ponto prepondera as questões protetivas da família, haverá a priorização dos valores relevantes para as relações familiares, na hipótese de regularização fundiária urbana.

O Estado tem o dever de cuidar, impondo uma obrigação de promover a tutela integral da família (art. 226, *caput*, CF), pois qualquer política pública somente será legítima observando o cuidado e promovendo a cidadania.

Natureza jurídica da responsabilidade civil entre família, sociedade e Estado, na proteção integral da criança, do adolescente e do jovem[1]

Rosângela Martins Alcantara Zagaglia Paiva
Osório Corrêa de Paiva Filho

1. Introdução

Trata-se da responsabilidade civil constitucional à luz do artigo 227 da Constituição Federal de 1988, para analisar qual é a figura jurídica da responsabilidade civil da família, da sociedade e do Estado em relação à proteção integral das crianças, dos adolescentes e dos jovens, vale dizer, se é objetiva, subjetiva, solidária, conjunta, sucessiva, mista, ou trata-se de outra modalidade ainda não explorada.

Muito embora já existam importantes estudos sobre o tema, o que se percebe é que, de um modo geral, grande parte da comunidade acadêmico-jurídica brasileira permanece alheia à discussão sobre a incidência da Constituição Federal de 1988 no direito privado em geral, e nas relações entre os particulares em especial, que já alcançou grande desenvolvimento científico.

Elege-se como propósito familiarizar o leitor com uma série de estruturas argumentativas que poderão servir de importante referencial, não apenas para o aprofundamento e enriquecimento do debate acadêmico, mas também, e sobretudo, para a difícil tarefa de obter soluções constitucionalmente adequadas e juridicamente consistentes aos conflitos regidos pelo direito civil. E isto é, sem dúvida, de particular relevância em ordens jurídicas, como a brasileira, cuja Constituição Federal de 1988 fornece, pela sua extensão e pelo seu conteúdo, grande potencial para a aplicação dos seus preceitos no domínio do direito privado.

Com efeito, no desenvolvimento do tema enfatiza-se a necessidade da promoção concreta do diálogo entre o Código Civil de 2002 e a Constituição Federal de 1988, desenvolvido por meio da unidade hermenêutica, alocando a Constituição Federal de

---

1 Lei nº 12.852/13, Estatuto da Juventude art. 1º, §§1º e 2º de acordo com a faixa etária fixada entre 15 (quinze) e 18 (dezoito) anos.

1988 como fonte e suporte à elaboração, à interpretação e à aplicação do direito civil, sobrepondo-se ao entendimento secular que priorizava a delimitação dos espaços distintos e contrapostos entre direito público e direito privado.

O que se quer ressaltar é que as mudanças sociais contemporâneas vêm desencadeando a ascensão dos institutos de direito civil à classe de normas constitucionais, promovendo uma transformação na tônica interpretativa do direito privado, sem, contudo, desprezar a utilidade do Código Civil. Como decorrência, impõe-se uma postura dialógica entre direito constitucional e direito civil, cenário onde impera a mudança de paradigma interpretativo.

Assim, se antes o Código Civil brasileiro era definido como "norma máxima dos direitos", fundamentado no princípio da autonomia da vontade, com a chamada "socialização do direito civil" perdeu o caráter patrimonial e individualista, passou a tutelar o indivíduo integrado na sociedade e assumiu a plenitude ético-jurídica de ordenamento, elegendo como pedra angular a pessoa humana, sobrepondo-a ao patrimônio.

O que instigou o estudo foi o desejo de angariar conhecimentos a respeito e ressaltar a importância, para a sociedade atual, não apenas da busca, mas da efetividade de valores sociais, enfatizando a necessidade da releitura de direitos, principalmente no que diz respeito ao direito privado.

Como a doutrina não estabelece qual, especificamente, é o tipo de responsabilidade civil entre os três entes, é indispensável estabelecê-la e apresentar suas características essenciais e diferenças entre os demais tipos. A doutrina apresenta quais os deveres, mas não indica o tipo de responsabilidade civil.

Para atender ao objetivo de estabelecer o tipo de responsabilidade civil constitucional que está previsto no artigo 227 da Constituição Federal de 1988 entre a família, a sociedade e o Estado, entende-se importante estabelecer os vários tipos de responsabilidade que existem na visão do Código Civil, conceituando e estabelecendo suas características e diferença com os demais para ao final concluir a nominação da responsabilidade existente entre os três segmentos: família, sociedade e Estado.

Defende-se que os conceitos seculares de direito civil precisam ser reconstruídos e estruturados sobre o pilar seguro da legislação civil, porém, conformados e interpretados a partir dos princípios constitucionais fundamentais.

No âmbito metodológico de pesquisa, optou-se pelo método dedutivo, eis que se busca nas teorias e entendimentos doutrinários a identificação da essência da constitucionalização do direito civil e sua aplicação prática nas relações privadas da ordem civil contemporânea, na análise específica da natureza jurídica da responsabilidade civil entre família, sociedade e estado, na proteção integral da criança, do adolescente e do jovem.

2. Constitucionalização do direito civil

O sistema jurídico adotado no Brasil é o sistema romano-germânico. Porém não se trata de uma livre escolha, mas de um legado histórico, já que os portugueses implantaram esse sistema no território brasileiro desde seu descobrimento, permanecendo até os dias de hoje.

Justamente pelas fortes raízes que se formaram desde sempre é que se torna difícil promover mudanças no direito positivo brasileiro. No embate entre as teorias, é mais comum a opção pelas teses mais conservadoras. No âmbito do direito privado a situação é ainda mais complicada, posto que a cultura brasileira secular formada pelo costume é machista, individualista e fortemente influenciada pelo catolicismo, permanecendo ainda atrelada ao conceito de direito privado liberal, isto é, ao ideário comum generalizado de que o Estado não pode intervir nesse setor.

A constitucionalização do direito civil é o maior exemplo disso. Implantada no Brasil desde a Constituição Federal de 1988, apenas em 2002 o legislador conseguiu modificar o Código Civil para adequá-lo aos novos preceitos, e ainda sofre resistências quando da sua aplicação à *fatispecie*. Para que este cenário se modifique no sentido da concretização da função social da família, do contrato e da propriedade, é preciso mudança de postura social e jurídica, muito mais do que legislativa. Não é fácil comprar e pagar uma gleba de terra, por exemplo, e "abrir-mão" de parte dela para preservar a flora e a fauna, patrimônio de toda a humanidade.

Daniela Vasconcellos Gomes retrata as dificuldades de se romper as barreiras socioculturais para a implantação das novidades trazidas à ordem civil brasileira pela Constituição Federal de 1988 e pelo Código Civil de 2002, nos seguintes termos:

> O direito exerce e sofre influência da sociedade, especialmente em razão dos valores por ela considerados relevantes, dignos de tutela. Diante de tal característica, é natural que sofra mudanças no decorrer dos tempos, de acordo com a realidade social. No direito civil, essa transformação é significativa. Seu eixo central foi modificado: atualmente importa a tutela da pessoa humana, em detrimento do patrimônio. Mas por se tratar de uma mudança recente (e complexa), ainda não conseguimos assimilar a sua amplitude. Vivemos em uma época de transição, pois, ao mesmo tempo em que o direito positivo inova com dispositivos que tentam impor uma nova concepção jurídica, mais social e menos individualista, em nossa sociedade ainda percebe-se arraigado o espírito individualista e patrimonialista (o mesmo predominante na época oitocentista). O centro do ordenamento jurídico, desde a Constituição Federal de 1988, é a dignidade da pessoa humana. Até hoje [...] não conseguimos nos adaptar a essa realidade. Nosso jovem país, desde o seu descobrimento, recebe influência da Europa burguesa. Desse modo, não é difícil entender o porquê há certa relutância em abandonar velhos valores, essencialmente patrimonialistas, para primar pela proteção da pessoa concretamente considerada, seus anseios, seus sentimentos. Essa confusão axiológica, em que há a imposição de certos valores, mas que não conseguem se sobrepor aos já estabelecidos em nossa sociedade, só colabora com os problemas jurídicos e hermenêuticos que viemos nos deparando. A Constituição Federal de 1988 foi um marco revolucionário, trazendo a repersonalização ao nosso ordenamento jurídico, mas até hoje não é eficazmente aplicada.[2]

---

2 GOMES, Daniela Vasconcellos. A noção de propriedade no direito civil contemporâneo. *Revista Jus Navigandi*, ano 11, nº 1014. Teresina, 11 abr. 2006. Disponível em: https://jus.com.br/artigos/8233. Acesso em: 01 jun. 2016. p. 5.

Os doutrinadores têm manifestado esforços, como se passa a observar, contudo, as construções teórico-doutrinárias encontram dificuldades para transpor as barreiras socioculturais e atingir a esperada proteção concreta dos valores sociais. Ademais, as discussões, na maioria das vezes, cingem-se às questões terminológicas, quando deveriam voltar-se à idealização de instrumentos eficazes à concretização dos direitos.

2.1. Constitucionalização dos direitos

A constitucionalização dos direitos é o processo de transformação de um ordenamento jurídico para que resulte totalmente impregnado pelas normas (leis e princípios) constitucionais.

Sua compreensão depende da análise prévia das teorias que tentam explicar a constitucionalização dos direitos e das principais vias de realização do processo de constitucionalização do direito civil.

2.1.1. Teorias da constitucionalização do direito privado

As principais teorias que tentam explicar as relações entre o direito constitucional e o direito privado são três: a teoria da constitucionalização do direito civil; a teoria da publicização do direito civil; e a teoria da despatrimonialização do direito civil.

Pela teoria da constitucionalização do direito civil, o direito positivo deve submeter-se aos fundamentos de validade estabelecidos na Constituição Federal de 1988.

Para a teoria da publicização do direito civil, existe um crescente processo de intervenção do Estado no direito civil por meio de leis infraconstitucionais ensejando, destarte, a redução do espaço da autonomia privada.

Por fim, a teoria da "despatrimonialização do direito civil" visualiza uma personalização do direito privado, vez que o processo de constitucionalização do direito privado substitui o direito individual e absoluto por um direito mais flexível e submetido a certas limitações ou obrigações em benefício dos interesses sociais.

Essas teorias decorrem do tratamento dado ao direito público e ao direito privado ao longo de sua história, uma dicotomia que vem sendo combatida, dominando, atualmente, a opinião de que o dirieto público e o direito privado já não são mais dois campos opostos, sendo que:

> [...] um dos fatores responsáveis pela diluição das fronteiras tradicionais nesta matéria é, precisamente, o movimento de publicização do próprio direito privado, que se verifica à medida que se ultrapassam os princípios liberais na sua pureza inicial.[3]

3 ESTORNINHO, Maria João. *A fuga para o direito privado:* contribuindo para o estudo da actividade de direito da Administração Pública. Coleção Teses. Coimbra: Almedina, 1999. p. 154/155/157.

Especialmente no século XX é que são verificadas as maiores mudanças do direito privado napoleônico; à perspectiva liberal das relações jurídico-prívadas sucedeu-se uma postura cada vez mais intervencionista por parte do Estado. O direito privado foi perdendo sua originalidade e sua posição de supremacia, sendo que sob a égide dos princípios inspiradores do Estado Social de Direito, acabou socializando-se.[4]

Ressalte-se que ao lado desta tendência de progressiva invasão dos mais variados setores da vida privada pelo direito público, não faltaram influências no sentido contrário, isto é, de ingerência do direito privado no direito público. Ao tratar do tema Marcelo Rebelo de Sousa (*apud* ESTORNINHO) orevê que as influências entre direito público e direito privado tendem a acentuar-se e que "o direito público está a privatizar-se ao introduzir esquemas conceituais do direito privado e este a publicizar-se, por força do alargamento dos fins do Estado e da sua intervenção na vida econômica, social e cultural". Porém, "o progresso não está na absorção dum pelo outro, mas na sua coordenação em fórmulas sucessivamente mais perfeitas".[5]

Destarte, mais importante do que digladiar sobre a questão dos critérios diferenciadores dos direitos privado público, de utilidade apenas no campo científico-pedagógico, é promover a efetivação desses direitos, no sentido de duscutir e idealizar mecanismos capazes de conduzir à paridade não apenas formal, mas também substancial entre as partes. A diluição das fronteiras tradicionais entre direito público e direito privado nãos e traduz só na publicização do direito privado nem só na privatização do direito público. Certamente o Estado vem intervindo cada vez mais no direito privado, mas também existem situações de ingerência do direito privado no direito público.[6]

Por isso da preferência pela expressão "constitucionalização dos direitos", sem referência à classificação desses direitos: "a constitucionalização é o processo de elevação ao plano constitucional dos princípios fundamentais do direito civil, que passam a condicionar a observância pelos cidadãos, e a aplicação pelos tribunais, da legislação infraconstitucional".[7]

Não se trata, portanto, apenas da publicização do direito privado, que compreende o processo de crescente intervenção estatal, especialmente no âmbito legislativo, mas da constitucionalização dos direitos que tende pela redução do espaço de autonomia privada, para a garantia da tutela jurídica da pessoa humana. Neste sentido, Paulo Luiz Netto Lôbo informa que:

> Durante muito tempo, cogitou-se de publicização do direito civil, que para muitos teria o mesmo significado de constitucionalização. Todavia, são situações distintas. A denominada publicização compreende o processo de crescente intervenção estatal, especialmente no

4 Ibidem.

5 ESTORNINHO, Maria João. Op. cit.

6 LÔBO, Paulo Luiz Netto. Constitucionalização do direito civil. *Revista de Informação Legislativa*, ano 36, nº 141, p. 99-109. Brasília, jan./mar. 1999. p. 100.

7 Ibidem.

> âmbito legislativo, característica do Estado Social do Século XX. Tem-se a redução do espaço de autonomia privada, para a garantia da tutela jurídica dos mais fracos. A ação intervencionista ou dirigista do legislador terminou por subtrair do Código Civil matérias inteiras, em alguns casos transformadas em ramos autônomos, como o direito do trabalho, o direito agrário, o direito das águas, o direito da habitação, o direito de locação de imóveis urbanos, o estatuto da criança e do adolescente, os direitos autorais, o direito do consumidor.[8]

O citado autor prefere a expressão "constitucionalização do direito civil", argumentando que:

> Se se entende como publicização a submissão dessas matérias ao âmbito do direito público, então é incorreto tal enquadramento. O fato de haver mais ou menos normas cogentes não elimina a natureza originária da relação jurídica privada, vale dizer, da relação que se dá entre titulares de direitos formalmente iguais; não é este o campo próprio do direito público. É certo que o Estado Social eliminou o critério de distinção tradicional, a saber, o interesse; o interesse público não é necessariamente o interesse social e os interesses públicos e privados podem estar embaralhados, tanto no que se considerava direito público, quanto no direito privado.[9]

Apesar de a parte da doutrina advogar no sentido da superação da dicotomia entre direito público e direito privado, o fato é que ela persiste, na falta de outra mais convincente e em decorrência de sua utilidade plano didático. A caracterização do direito como público ou como privado não depende da "quantidade" de intervenção do Estado. Ademais, é a constitucionalização e não a publicização que tem por escopo submeter o direito positivo aos fundamentos de validade constitucionalmente estabelecidos.[10] Em termos gerais:

> As mudanças das relações entre o direito privado e o direito constitucional expressam uma transformação nas tarefas, na qualidade e nas funções de cada um dos setores jurídicos. A relação entre ambos os ramos do direito alterou-se de uma inicial autonomia para uma complementaridade e dependência.[11]

A constitucionalização dos direitos não subtraiu a importância do direito privado, ao contrário, promoveu sua reconstrução para assegurar a função social de dois dos princi-

---

8 Ibidem.

9 Ibidem.

10 "Em suma, para fazer sentido, a publicização deve ser entendida como o processo de intervenção legislativa infraconstitucional, ao passo que a constitucionalização tem por fito submeter o direito positivo aos fundamentos de validade constitucionalmente estabelecidos. Enquanto o primeiro fenômeno é de discutível pertinência, o segundo é imprescindível para a compreensão do moderno direito civil". LÔBO, Paulo Luiz Netto. Op. cit., p. 101.

11 SAMPAIO, Marília Ávila e Silva. *A aplicação dos direitos fundamentais nas relações privadas e a boa-fé objetiva*. Rio de Janeiro: Lumen Juris, 2006.

pais institutos do direito civil: a propriedade e o contrato. É imperioso, portanto, que se faça análise das acepções de cada um dos referidos institutos pelos povos em cada época.

2.1.2. Constitucionalização do direito civil versus publicização do direito privado

A intervenção estatal no direito civil decorre das novas perspectivas asseguradas na Constituição Federal de 1988, que se traduzem, basicamente, na dignidade da pessoa humana e na consequente despatrimonialização ou "direito patrimonial mínimo", que significa a substituição do patrimônio pelo indivíduo, isto é, a priorização da pessoa humana face ao seu patrimônio ou, nas palavras de Leonardo Brandelli "a relativização do direito de propriedade diante da sua superação pelos valores que regem a dignidade humana", levando em consideração que "sem um mínimo de bens postos à disposição exclusiva de cada um, as hipóteses de autorrealização e de livre escolha ficarão submetidas às graças do poder estabelecido".

No mesmo sentido é a opinião de Paulo Luiz Netto Lôbo, quando lembra que "durante muito tempo cogitou-se de publicização do direito civil, que para muitos teria o mesmo significado de constitucionalização. Todavia, são situações distintas". Nas suas palavras:

> [...] para fazer sentido, a publicização deve ser entendida como o processo de intervenção legislativa infraconstitucional, ao passo que a constitucionalização tem por fito submeter o direito positivo aos fundamentos de validade constitucionalmente estabelecidos. Enquanto o primeiro fenômeno é de discutível pertinência, o segundo é imprescindível para a compreensão do moderno direito civil.

Segundo essa tese, a constitucionalização do direito civil não significaria, de modo algum, a transformação do direito civil em direito público. Desta feita, a nomenclatura "publicização do direito civil" serve apenas para indicar que o Estado pode regular as relações privadas, interferindo na ceara antes individualista para garantir a proteção dos valores sociais inseridos nos direitos subjetivos. Pode-se até admitir a publicização do direito civil, mas apenas como uma das possíveis vértices da constitucionalização do direito civil, já que o legislador infraconstitucional não pode seguir caminho contrário aos princípios e regras constitucionalmente assegurados.

Já Maria Celina Bodin de Moraes prefere utilizar a expressão "direito civil constitucionalizado", argumentando que o direito civil foi transformado pela normativa constitucional, recebendo como "fundamentos a superação da lógica patrimonial (proprietária, produtivista, empresarial) pelos valores existenciais da pessoa humana, que se tornam prioritários no âmbito do direito civil, porque privilegiados pela Constituição Federal de 1988".[12]

---

12 MORAES, Maria Celina Bodin de. A caminho de um direito civil constitucional. *Revista de Direito*, 1993, n. 65, Rio de Janeiro, p. 21/32.

De modo similar, José Camacho Santos se refere à nomenclatura "direito civil constitucional" no sentido de "diferente forma de releitura do direito civil, calcada em uma nova ordem de ideias nos campos filosófico, científico e político". O citado autor compreende esse novo paradigma do direito civil como uma forma de interpretação científico-filosófica, direcionada à consideração das normas (regras e princípios) constitucionais, com o escopo de realizar o direito justo, funcionando como instrumento político de proteção do indivíduo integrado na sociedade, de promoção da paz social e de garantia da preservação do Estado Democrático de Direito.

Ressalte-se que o fato de a Constituição Federal de 1988 regulamentar interesses de ordem privada, não significa que veio a substituir o Código Civil. O direito civil continua sendo um direito autônomo, de natureza privada, porém, dada à unicidade hermenêutica, deve "ocorrer à interpretação das regras de direito civil, de acordo com os princípios constitucionais, sem que isto retire a autonomia desse ramo do direito".[13]

Em sentido inverso, Francisco Amaral afirma que:

> [...] as matérias tratadas pelos civilistas entraram na Constituição [...] representando a substituição dos fundamentos constitucionais do direito civil pelos fundamentos civis do direito constitucional, tudo isso traduzindo, de imediato, a superação da clássica dicotomia direito público e direito privado. Na verdade, o direito civil constitucional é materialmente direito civil contido na Constituição e só formalmente direito constitucional.

Porém, Francisco Amaral reconhece que "a Constituição Federal preside, por sua própria natureza, a ordem jurídica brasileira".[14]

A teoria da constitucionalização do direito civil, embasada nos critérios e características da interpenetração do direito constitucional e do direito civil, da interferência do Estado nas relações privadas e dos vários dispositivos da Constituição Federal de 1988 que regulam relações entre particulares, vem ganhando cada vez mais adeptos, sendo que:

> [...] a corrente de pensamento que defende a ideia de um direito civil constitucionalizado tem embasamento na nova posição que assumiu o direito constitucional, com vistas à defesa da posição do indivíduo não só frente ao Estado, mas também, frente a outros indivíduos, inclusive em suas relações familiares.[15]

De qualquer modo, independentemente da expressão empregada, o analista deve partir do pressuposto hermenêutico de que a Constituição Federal de 1988 in-

13 SANTOS, José Camacho. O novo Código Civil brasileiro em suas coordenadas axiológicas: do liberalismo à socialidade. *Revista Jus Navigandi*, ano 06, nº 59, Teresina, 01 de outubro de 2002. Disponível em: http://jus2.uol.com.br/doutrina/texto.asp?id=3344. Acesso em: 01 jun. 2016.

14 AMARAL, Francisco. *Direito Civil*: introdução. 3. ed. Rio de Janeiro: Renovar, 2000. p. 146.

15 SILVA, Roberto de Abreu e. Responsabilidade civil constitucional. *Revista da EMERJ*, vol. 04, nº 16, p. 60-72. Rio de Janeiro: EMERJ, 2001.

seriu em seu texto os fundamentos de validade jurídica das relações civis. Trata-se da constitucionalização do direito civil, que tende pela funcionalização social dos direitos, notadamente quanto aos contratos e à propriedade. Destarte, já não é mais suficiente defender a personalização do direito civil, ou seja, "a prevalência dos interesses da personalidade no direito privado". É preciso que se promova uma verdadeira "reconstrução do direito civil, pelo qual não se vislumbra uma maior ou menor tutela das situações patrimoniais, mas se busca, sim, uma tutela qualitativamente diversa, tendo por centro a dignidade da pessoa humana".[16]

De fato, "a moderna constitucionalização do direito civil prescreve o reconhecimento dos direitos fundamentais no âmbito das relações jurídicas privadas".[17]

Do exposto, infere-se que a constitucionalização do direito civil, compreendida como a inserção dos fundamentos de validade jurídica das relações privadas no texto constitucional, caracteriza o ápice do processo de mutação sofrido pelo direito civil em decorrência da substituição do Estado Liberal pelo Estado Social e Democrático de Direito. Destarte, os valores transformados em normas (princípios e regras) constitucionais pela modificação da realidade social, devem nortear a concretização do direito civil em todas as suas manifestações. Porém, muito ainda precisa ser feito até se chegar à efetividade concreta da constitucionalização do direito civil.

2.1.3. Vias de operação do processo de constitucionalização do direito civil

Para entender como se opera a constitucionalização do direito privado, em particular o direito civil, segundo Hernán Corral Talciani é preciso examinar o processo dentro de três vias: da reforma legal, da interpretação conforme a Constituição e da aplicação direta da norma constitucional.

O primeiro caminho, e talvez o mais efetivo, à constitucionalização do direito civil, é a via reformadora, por meio da modificação das leis infraconstitucionais para adaptá-las ao texto constitucional. É o que aconteceu, por exemplo, com o Código Civil de 2002, que deixou de ser individualista, quando adotou princípios norteadores, como a sociabilidade, a eticidade e a operabilidade, respeitando os direitos fundamentais das pessoas, a começar pela dignidade humana, além de fazer prevalecer os valores coletivos aos individuais.

O caminho hermenêutico ou de aplicação indireta é menos invasivo que a reforma normativa, porém, tem maior amplitude já que permite a atualização de textos normativos sem a necessidade de reforma; comporta uma releitura interpretativa de textos legais antigos e ultrapassados a partir dos preceitos constitucionais.

---

16 VETTORI, Flavio Meirelles. Constitucionalização do direito civil. 2005. Disponível em: http://direito.newtonpaiva.br/revistadireito/docs/convidados/008.doc. Acesso em: 01 jun. 2016.

17 SOUZA, Artur César de. *Direito de empresas*: artigo 1.085. *In: Jornada de Direito Civil*. Organização Ministro Ruy Rosado de Aguiar Júnior. Brasília: Conselho da Justiça Federal, 2007.

A manifestação das vias interpretativa de constitucionalização do direito civil pode se dar de modo moderado ou radical. A moderada contempla a Constituição como o marco dentro do qual devem mover-se os operadores do direito privado, na hora de compreender os textos legais.

Exemplo dessa forma de constitucionalização do direito civil é a interpretação conforme a Constituição, onde se privilegia a leitura normativa que privilegie sua compatibilidade com os valores e normas constitucionais.

Em sua versão mais radical, a via interpretativa passa por uma mudança de perspectiva metodológica e na compreensão do direito privado. O direito civil é todo interpretado como um conjunto de critérios e conceitos que assumem os valores e princípios constitucionais como próprios.[18] As normas civis são tratadas como instrumentos de atuação dos princípios constitucionais, ou seja, as normas constitucionais não operam no direito civil a partir do lado de fora (normas de interpretação), mas incidem dentro do próprio direito civil (normas de direito substancial).

Pela via da aplicação direta, o processo de constitucionalização do direito civil acontece quando o juiz é autorizado a resolver um caso de direito privado invocando as disposições constitucionais, sem esperar que elas sejam adotadas e desenvolvidas num texto legal infraconstitucional específico. Entra em cena quando se aplica Constituição para resolver uma situação de fato ainda não disciplinada em lei (lacuna da lei), ou quando mesmo existindo uma lei, a constituição oferece uma proteção alternativa para os direitos da personalidade ou das pessoas. Desse modo os particulares podem conseguir uma proteção mais eficaz do exercício legítimo de um direito civil também amparado por uma Constituição.

Dentro dessa linha da aplicação direta da norma constitucional, tem-se também a regra da aplicação da Constituição *contra legem*, ou seja, mesmo quando existe uma lei disciplinando a matéria sob apreciação e que seja capaz de resolver o conflito civil, o aplicador do direito pode descartar a referida norma preferindo aplicar diretamente uma norma constitucional que contenha critérios diferentes, mas efetivos justos que os consagrados pelo legislador infraconstitucional.

Essencialmente, a aplicação da Constituição nas relações de direito privado pode ser de forma direta, sem a necessidade de que exista uma lei ordinária que concretize o texto constitucional; e de forma extensiva ou horizontal, eis que os direitos e princípios constitucionais oponíveis aos órgãos estatais também o são em relação aos particulares, que também estão obrigados a cumprir os preceitos constitucionais.

As normas constitucionais podem ser aplicadas de forma direta, na conformação do sistema de direito privado, em diversas matérias, a exemplo: no direito da personalidade, com base na dignidade humana; nos contratos e limites da autonomia privada;

18 TALCIANI, Hernán Corral. *Constitucionalización del derecho civil*: reflexiones desde el sistema jurídico chileno. p. 01-16. *In*: ARMENGOL, Carlos Villabella. *Derecho civil constitucional*; *et alli* (Coord.). Puebra - México: Instituto de Ciências Jurídicas de Puebla; Grupo Editorial Mariel, 2014.

nas sucessões, principalmente quanto à liberdade de testar, tendo como fundamento o princípio da função social da propriedade manifestada no interesse do Estado em proteger a família; na família, tratada como núcleo fundamental da sociedade, sendo que o Estado tem frente a ela especial dever de proteção e fortalecimento; e na responsabilidade civil, numa postura inovadora de integração dos critérios da responsabilidade por danos com as normas constitucionais.

Independentemente da via utilizada, a aplicação das normas constitucionais nas relações privadas é uma realidade incontestável.

2.2. Novos conteúdos dos direitos privados a partir dos fundamentos constitucionais

O objetivo deste tópico é perquirir o desenvolvimento dos elementos fundantes dos institutos jurídico-privados da família, da propriedade e do contrato no processo histórico. Para tanto, por primeiro optou-se por analisar os fundamentos do instituto jurídico da família, para depois tratar da propriedade na história e, em seguida, apresentar, em linhas gerais, o percurso histórico do tratamento legislativo dado aos contratos, notadamente ao princípio da autonomia da vontade.

No Brasil, o sistema jurídico brasileiro, primeiro regido pelas Ordenações do Reino, que vigoraram no Brasil, na parte que tratava do direito privado, até 1917, e depois pelo Código Civil de 1916, foi essencialmente codificado, na medida em que o referido Código, por longo período, foi o único regulador de toda a realidade jurídica.[19]

Ao desenvolver seu estudo sobre "descodificação, constitucionalização e reprivatização no direito privado", Luciano Benetti Timm, constatou que não existem registros a respeito, porém, identificou como "início do período descodificatório no Brasil" o número 17, do artigo 113, da Constituição da República dos Estados Unidos do Brasil, de 16 de julho de 1934. Porém, a doutrina, via de regra, destaca como marco da descodificação do direito civil a Constituição Federal de 1988, e "é nesse contexto de descodificação ou de constitucionalização que se insere o Código Civil de 2002".[20]

A Constituição Federal de 1988 foi a primeira Constituição brasileira a ser colocada no topo da pirâmide do sistema jurídico, figurando como referência hermenêutica de todos os ramos do direito brasileiro. No entanto, essa constitucionalização do direito privado e a decorrente descodificação da legislação civil não significa que Código Civil perdeu sua utilidade, ao contrário, permanece firme em seu papel de "eixo fundamental do direito privado". O que o Legislador Constituinte fez foi impor a reformu-

19 TIMM, Luciano Benetti. "Descodificação", constitucionalização e reprivatização no direito privado: o Código Civil ainda é útil?. *The Latin American and Caribbean Journal of Legal Studies,* vol. 03, Issue 01, Article 01. Rio Grande do Sul: Pontifícia Universidade Católica do Rio Grande do Sul, 2008. Disponível em: http://www.estig.ipbeja.pt/~ac_direito/Timm.pdf. Acesso em: 01 jun. 2016.

20 Ibidem.

lação de seus institutos e a utilização de novos critérios interpretativos, tendo como fundamento o princípio da função social de todos as instituições de direito privado.

Inegavelmente a família é uma das instituições jurídicas que mais sofre transformações, sendo difícil identificar quando influencia e quando é influenciada pela realidade externa. Nas palavras de Orlando Gomes, as mudanças mais evidentes aconteceram: "na organização, na função, na composição, no governo e no comportamento dos membros da família moderna e contemporânea com significativa repercussão na própria *ratio* (razão) do matrimônio".

Hoje as famílias são cada vez menos numerosas, e, pelo menos no mundo ocidental, tradicionalmente reduzem-se aos cônjuges e à prole, sendo que muitas vezes existem apenas um dos pais e seus filhos. Essa transformação estrutural que representa a passagem da grande família para a família nuclear teve repercussões importantes na sua unidade e no próprio comportamento dos membros do grupo, não somente se restringindo ao número de seus componentes, mas ao tipo de relação que passou a estabelecer entre seus membros. Fator importante relativo a essas mudanças foi à permissão da prática da dissolução do vínculo matrimonial.[21]

A família nuclear quase nada tem em comum com a família patriarcal: "sua função econômica perdeu o sentido e a organização interna não se estrutura em rígida hierarquia, mas na coordenação e comunhão de interesses e de vida".[22]

São evidentes as modificações do comportamento dos membros da família contemporânea. Na constatação de José Lamartine Corrêa Oliveira e Francisco José Ferreira Muniz, a família contemporânea se preocupa mais com a satisfação de suas necessidades pessoais, transformando-se em uma instituição voltada para o desenvolvimento pessoal e na felicidade de cada um de seus membros.

Fora da proteção patriarcal, a família precisou ser tutelada pelo Estado. Exemplo disso se extrai da Organização das Nações Unidas - ONU de 1989 sobre os direitos da criança,[23] que cuidou, sobretudo, da família, considerando-a elemento natural e fundamental da sociedade, conferindo-lhe, como se tratasse de uma pessoal moral distinta dos indivíduos que a integram, um direito subjetivo à proteção da sociedade e do Estado.[24] Consta no preâmbulo da Convenção sobre os Direitos da Criança o que segue:

---

21 CERDEIRA, Ângela Cristina da Silva. *A responsabilidade civil dos cônjuges entre si*. Coimbra: Coimbra Editora, 2000.

22 LÔBO, Paulo Luiz Netto; BITTAR, Carlos Alberto (Coord.). *O direito de família e a Constituição de 1988*. São Paulo: Saraiva, 1989.

23 A Convenção sobre os Direitos da Criança foi adotada pela Assembleia Geral nas Nações Unidas, em 20 de novembro de 1989 e promulgada no Brasil pelo Decreto nº 99.710, de 21 de novembro de 1990.

24 VENOSA, Sílvio de Salvo. *Direito civil:* responsabilidade civil. 13. ed. vol. 04. São Paulo: Atlas / Grupo GEN, 2013.

> Considerando que, de acordo com os princípios proclamados na Carta das Nações Unidas, a liberdade, a justiça e a paz no mundo se fundamentam no reconhecimento da dignidade inerente e dos direitos iguais e inalienáveis de todos os membros da família humana; [...]; Convencidos de que a família, como grupo fundamental da sociedade e ambiente natural para o crescimento e bem-estar de todos os seus membros, e em particular das crianças, deve receber a proteção e assistência necessárias a fim de poder assumir plenamente suas responsabilidades dentro da comunidade; [...] (Convenção sobre os Direitos da Criança, de 1989).

Desde então o direito de família passou a ser cuidado com mais carinho pelo legislador, com a finalidade de amparar cada um dos membros inseridos no seio da família. Com a instituição do divórcio, por meio da Emenda Constitucional nº 09, de 28 de junho de 1977, surgiu às famílias formadas pelas mães e seus filhos, e mais recentemente a sociedade passou a aceitar a guarda dos filhos aos pais. A evolução da raça humana ocidental, decorrência de novos estudos e pesquisas, permitiu o desenvolvimento da ideia de que também o pai, embora não gere um filho em seu corpo, pode ser o guardião de seus filhos. Surgem, então, famílias formadas pelo pai e seus filhos. Esses e muitos outros fatores influenciaram ao Legislador Constituinte brasileiro de 1988, o qual consagrou a igualdade plena do homem e da mulher para exercer os direitos e obrigações referentes à sociedade conjugal e equalizou todos os filhos, vedando qualificações discriminatórias.

Sob a égide do direito, o conceito de família assume sentido mais complexo dependendo dos diferentes modos pelos quais se podem estabelecer as relações entre os cônjuges e os filhos. Segundo Evandro Luís Silva:

> No direito de família as normas doutrinárias e jurisprudenciais, em geral, são rígidas e baseadas numa forma de organização da família na qual pai e mãe tinham papéis definidos e distintos: ao pai cabia o sustento da prole e, à mãe, o cuidado, a educação e o afeto, como se esta fosse a única forma de a família se organizar.

No entanto, "emergiram novas representações sociais da família, fruto, entre outros aspectos, da reconfiguração da posição social da mulher e das modificações ocorridas na tradicional divisão sexual do trabalho", sendo que "a distinção entre os papéis de pai e mãe tornou-se menos clara na medida em que ambos contribuem para o sustento da família e dividem os cuidados com os filhos".[25]

Atualmente o casamento deixou de ser a única opção para a constituição da família e a instituição "família" passou a se assentada em princípios democráticos direcionados ao aperfeiçoamento e à dignificação da pessoa humana.

---

25 SILVA, Evandro Luís. *Os efeitos do tipo de guarda, compartilhada ou exclusiva - legal ou de fato - na dinâmica da criança:* estudos de casos. Dissertação (mestrado). Universidade Federal de Santa Catarina, Centro de Filosofia e Ciências Humanas - Programa de Pós-Graduação em Psicologia, orientadora Maria Juracy Filgueiras Toneli. Florianópolis: UFSC, 2003. 129 p. Disponível em: http://www.tede.ufsc.br/teses/PPSI0113.pdf. Acesso em: 01 jun. 2016.

O Supremo Tribunal Federal adota a constitucionalização do direito de família ao afirmar que "a Constituição Federal de 1988 adota a família como base da sociedade a ela conferindo proteção do Estado":

> Recurso extraordinário. Constitucional. Processual civil. [...]. 1. A Constituição Federal de 1988 adota a família como base da sociedade a ela conferindo proteção do Estado. Assegurar à criança o direito à dignidade, ao respeito e à convivência familiar pressupõe reconhecer seu legítimo direito de saber a verdade sobre sua paternidade, decorrência lógica do direito à filiação (Constituição Federal de 1988, artigos 226, parágrafos 3º, 4º, 5º, e 7º; e 227, parágrafo 6º). [...] (STF, RE 248869/SP, 2004, p.00038).

Conforme Paulo Luiz Netto Lôbo são três os "mais importantes princípios constitucionais regentes das relações familiares: o da dignidade da pessoa humana, o da liberdade e o da igualdade.

O princípio da dignidade humana fundamenta a estrutura e impõe a conformação de todos os direitos, uma vez que a Constituição Federal de 1988, em seu artigo 1º, o consagra como um dos fundamentos da organização social e política do país. Especificamente sobre a família, o princípio vem expresso no parágrafo 7º, do artigo 226.

Na família patriarcal, a cidadania plena concentrava-as no pátrio poder (poder do homem enquanto chefe da família), eis que apenas o cônjuge masculino era dotado de direitos, ou seja, a dignidade humana não era partilhada na igual medida entre pai, mãe e filhos. Ademais, o Estado não intervinha no ambiente familiar privado, tolerando-se, desse modo, todo tipo de subjugação e abusos contra os mais fracos (mulheres economicamente dependentes e filhos desprotegidos, vítimas de abusos inclusive sexuais). A partir da Constitucionalização da instituição familiar:

> [...] o equilíbrio do privado e do público é matrizado exatamente na garantia do pleno desenvolvimento da dignidade das pessoas humanas que integram a comunidade familiar, ainda tão duramente violada na realidade social, máxime com relação às crianças.[26]

De acordo com esse princípio constitucional, "as relações jurídicas privadas devem sempre se orientar pela proteção da vida e da integridade biopsíquica dos membros da família, consubstanciada no respeito e asseguramento dos seus direitos da personalidade".[27]

A consagração do princípio da dignidade humana significou uma grande vitória dos defensores dos direitos humanos, porém, sua concretização continua sendo um desafio, em decorrência da cultura secular e resistente. De qualquer modo, trata-se de uma mudança de paradigmas inédita do Brasil e sua implementação depende do ama-

---

26 LÔBO, Paulo Luiz Netto. *Constitucionalização do direito civil. Revista de Informação Legislativa*, ano 36, nº 141, p. 99-109. Brasília, jan./mar. 1999. p. 100.

27 LISBOA, Roberto Senise. *Direito civil*: direito de família e das sucessões. Vol. 5. São Paulo: RT, 2002.

durecimento da consciência coletiva, eis que não se trata de "um direito oponível apenas ao Estado, à sociedade ou a estranhos, mas a cada membro da própria família".[28]

O princípio da liberdade, ao seu turno, relaciona-se à liberdade para, dentre outras ações, escolher e ter autonomia para a constituição, a realização e a extinção de entidade familiar, sem qualquer imposição ou restrições externas, inclusive do Estado; liberdade para adquirir e administrar o patrimônio familiar; liberdade para planejar o número de filhos que o casal pretende ter; liberdade para definir os modelos educacionais e os valores culturais e religiosos; liberdade para a formação dos filhos, "desde que respeite suas dignidades como pessoas humanas"; e "liberdade de agir, assentada no respeito à integridade física, mental e moral".[29]

O princípio da igualdade diz respeito à "paridade de direitos entre os cônjuges ou companheiros e entre os filhos". Desde a Constituição federal de 1988 não tem mais como fazer distinção entre home e mulher e quanto á filiação. Essa igualdade "não apaga as diferenças entre os gêneros, que não pode ser ignorada pelo direito", mas "enquanto pessoa humana" os direitos são os mesmos entre homem e mulher e entre os filhos.[30]

Ao tratar do tema, Roberto Senise Lisboa identifica como princípios civis constitucionais relacionados à família, os seguintes: a) o princípio da dignidade da pessoa humana (objetivo fundamental da República brasileira que deve ser cumprido em todas as relações jurídicas públicas e privadas); b) o princípio da solidariedade familiar (derivado do princípio constitucional da solidariedade social, segundo o qual cada membro da família tem o dever de cooperação para que o outro consiga concretizar o mínimo necessário para o seu desenvolvimento físico e psíquico - alimentos, educação, profissão, lazer, afeto, cuidados com a saúde); c) o princípio da erradicação da pobreza (também decorrente da solidariedade social, implica na assistência material, necessária sempre que um membro da família necessite, observada a possibilidade de atendimento por parte daquele que estiver melhor situado); d) o princípio da igualdade entre o homem e a mulher na constância do casamento; e) o princípio da isonomia de tratamento aos filhos, pouco importando a sua procedência; e f) o princípio do reconhecimento de entidades familiares além do casamento (união estável e relações monoparentais).

Em suma, verifica-se que na atualidade o direito de família recebeu nova roupagem, bem como novas teorias que possibilitam uma prática judicial mais flexível e ampla, fundamentada num tipo de julgamento jurídico que reconhece e aceita a pluralidade dos modelos de família e dos padrões de conduta, encarando-os, "por um lado, num sentido garantista e, por outro, como manifestação da variedade dos valores e das relações humanas".[31] As leis infraconstitucionais aos poucos vêm sendo adequadas pelo legislador ordinário ao texto constitucional.

---

28 LÔBO, Paulo Luiz Netto. Op. cit.

29 Ibidem.

30 Ibidem.

31 LISBOA, Roberto Senise. Op. cit., p. 40.

3. Responsabilidade civil constitucional

Para o debate sobre a natureza jurídica da responsabilidade civil entre família, sociedade e Estado, na proteção integral da criança, do adolescente e do jovem, é preciso ter em conta o estado atual do instituto da responsabilidade civil em matéria de direito de danos na ordem jurídica brasileira.

Não se pode negar que a responsabilidade civil tem cobrado um transcendental desenvolvimento nas últimas décadas, e dentro da teoria dos danos em geral a responsabilidade civil constitucional vem acompanhando essa realidade.

Neste momento da pesquisa abordam-se: a origem e a construção histórica da responsabilidade civil, a definição doutrinária, as espécies e os pressupostos do referido instituto.

3.1. Responsabilidade civil na Constituição Federal de 1988

Pela constitucionalização dos direitos, cujo marco normativo no Brasil é a Constituição Federal de 1988, todas as regras e princípios que regulam a vida privada no que diz respeito às pessoas foram incorporados pelo texto constitucional, assim, os fundamentos de validade jurídica das leis civis estão no corpo da Constituição Federal de 1988. Desse modo a afetividade esponta como valor superior nas relações de família; a autonomia da vontade é substituída pelo princípio da equivalência contratual; e a propriedade privada recebe com conteúdo fundamental função social. Nas palavras de Karina Vieira:

> [...] é de extrema necessidade à releitura dos conceitos e institutos do direito civil à luz da Constituição Federal de 1988, interpretar a lei civil sob a visão constitucional, redefinindo as categorias jurídicas civilistas a partir dos fundamentos constitucionais da dignidade da pessoa humana, da solidariedade social e da igualdade substancial, uma nova compreensão a partir dos valores e da legalidade constitucionais.[32]

Com o advento da Constituição Federal de 1988, o ser humano foi colocado no centro das atenções do direito, na medida em que estabelece a dignidade humana como direito fundamental a nortear todas as ações e relações jurídicas (inciso III, do artigo 1º, da Constituição Federal de 1988). A pessoa humana deixa de ser apenas sujeito para se tornar o centro do direito, tendo com o objetivo máximo sua dignidade.

Desse modo a dignidade humana representa, desde então, para a ordem jurídica brasileira, "uma exigência de respeito para com a pessoa no exercício da liberdade com responsabilidade por cada um". Trata-se de uma mudança de paradigma que

---

32 VIEIRA, Karina. *A constitucionalização da responsabilidade civil*. Artigo publicado em 06 de junho de 2005. Disponível em: http://www.odireito.com/default_m.asp?t=direito-direito-a-constitucionalizacao-da-responsabilidade-civil.html&s1=2&s2=1&s3=1&c1=277. Acesso em: 04 jun. 2016. p. 01.

"deve nortear toda interpretação jurídica em sede de responsabilidade civil", ou seja, não se pode mais praticar nenhum ato interpretativo, dentro do direito, sem levar em consideração o respeito à dignidade humana, e isso inclui, naturalmente, as questões que envolvem a prática da responsabilização civil.[33]

Com efeito, levando-se em conta o paradigma maior da dignidade humana, no caso de colisão de princípios ou de direitos dentro do corpo constitucional, prevalecerá sempre a norma que garante a integridade corporal e moral das pessoas.[34]

Em matéria de responsabilidade civil, o reconhecimento da dignidade humana como princípio fundamental de todos os membros da família humana, teve uma evolução extraordinária. Não bastasse isso, a própria responsabilidade civil, dada a sua importância, veio a ser constitucionalizada, isto é, prevista no texto constitucional e "por normas autoaplicáveis e não por normas programática".[35]

Com o estabelecimento do dever de reparar o dano para além do limite da conduta culposa do indivíduo, o texto constitucional prevê a responsabilidade objetiva e de seguro social[36], além da cumulação de danos morais e materiais.[37] Isso tudo denota a grande preocupação do Legislador Constituinte de 1988 na tutela das vítimas.[38]

Ao dissertar sobre o assunto, Gustavo Tepedino explica que a Constituição Federal de 1988, ao capitular os princípios da solidariedade social e da justiça distributiva, transformou-os em objetivos fundamentais do Estado brasileiro e, como consequência, esses princípios também moldam os contornos da responsabilidade civil.

A estrutura interna da responsabilidade civil sofreu mudanças pelo processo de constitucionalização de seus antigos preceitos, sendo que seu conceito, suas características e sua finalidade foram redefinidos com a consagração constitucional de novos princípios como o da dignidade humana, reconhecido como valor supremo da democracia; o princípio da solidariedade social, cuja missão é reduzir a pobreza, a marginalização e as desigualdades sociais e regionais; e no princípio da igualdade substancial, que busca tratar igualmente os iguais, respeitando as desigualdades.

A essência do novo conceito de responsabilidade civil constitucional está na substituição da técnica individualista da reparação civil por dano pelo modelo de responsabilidade civil baseado na solidariedade social e na justiça distributiva, tratando com reverência à tutela da pessoa humana e, consequentemente, também as situações jurídicas extrapatrimoniais. Destarte, os institutos de direito civil, inclusive o da

33 SILVA, Roberto de Abreu e. *Responsabilidade civil constitucional. Revista da EMERJ*, vol. 04, nº 16, p. 60-72. Rio de Janeiro: EMERJ, 2001. p. 61.

34 Ibidem.

35 Ibidem.

36 Vide inciso XXVIII, do artigo 7º; alínea "c", do inciso XXIII, do artigo 21; e parágrafo 6º, do artigo 37, todos da Constituição Federal de 1988.

37 Vide incisos X e V do artigo 5º, da Constituição Federal de 1988.

38 VIEIRA, Karina. Op. cit.

responsabilidade, precisam ser tratados como institutos jurídicos que regem condutas e tutelam a pessoa humana.

Tudo isso leva ao conceito valorativo dado ao direito civil pela constitucionalização da tutela da dignidade humana, segundo o qual as pessoas que mais precisam da proteção da ordem jurídica, a exemplo das crianças, dos adolescentes e jovens, dos idosos, das pessoas com algum tipo de necessidade especial, os consumidores, os membros da família, "devem ser meios (ou fins?) referenciais para promover o valor máximo do nosso ordenamento jurídico". É a partir desse conceito constitucionalista de proteção prioritária à pessoa humana que devem ser tuteladas as pessoas das crianças, dos adolescentes, dos idosos, dos consumidores, e das vítimas de danos à personalidade jurídica.[39]

O dano moral passou a ser definido como o dano contra a dignidade humana. Assim, para saber se houve dano moral indenizável, é preciso saber se ocorreu agressão à dignidade humana, expressão essa que engloba o conjunto de bens que integra a personalidade. Como decorrência, é forçoso reconhecer que a Constituição Federal de 1988 promoveu ampliação no conceito de responsabilidade civil, que agora não só abraça como se fundamenta no princípio da dignidade humana, por isso é que se chama a responsabilidade civil contemporânea de "responsabilidade civil constitucional".

Nos novos moldes da responsabilidade civil constitucional, resulta imperioso proteger a pessoa da vítima, ainda mais no cenário contemporâneo em que o ser humano é cada vez mais exposto a atividades perigosas, que podem causar danos não apenas materiais, mas também pessoais, físicos e emocionais, que necessitam de reparação.

A partir do reconhecimento da responsabilidade civil constitucional, a realização da dignidade humana pressupõe, também, a inclusão social das pessoas e a garantia aos direitos à educação, saúde, trabalho, moradia, lazer, enfim a todos os direitos tidos como essenciais à vida digna.[40]

Neste contexto, tutelar a pessoa da vítima das atividades de risco, significa fazer com que o ser humano ocupe o centro da ordem jurídica, e seus interesses devem ser priorizados em relação aos demais, reafirmando, desse modo, o princípio da dignidade da pessoa humana, valor máximo expresso na Constituição Federal de 1988.

3.2. Espécies de responsabilidade civil

Depois de apresentada a responsabilidade civil constitucional, passa-se a abordar a espécies de responsabilidade civil.

As ideias que tentam explicar a responsabilidade civil são agrupadas em duas teorias: a teoria da responsabilidade civil subjetiva e a teoria da responsabilidade civil objetiva.

---

39 VIEIRA, Karina. Op. cit.

40 Ibidem.

Já os tipos de responsabilidade civil dependem da ótica da análise[41]: quanto ao fato gerador, tem-se a responsabilidade civil contratual ou extracontratual, atualmente considerada superada; quanto ao fundamento, existem duas modalidades de responsabilidade civil: a subjetiva e a objetiva; em relação à pessoa que pratica a ação, a responsabilidade poderá ser direta ou indireta; e quanto aos pressupostos, com a redução do papel da culpa a responsabilidade civil passou a assentar-se em quatro pressupostos fundamentais, com caráter objetivo e comum a qualquer espécie de responsabilidade civil: o dano, a contrariedade ao direito, a imputabilidade e o nexo de causalidade.[42]

4. Responsabilidade civil da família, da sociedade e do Estado na proteção integral das crianças, adolescentes e jovens

Quando se fala em responsabilidade civil no campo das relações familiares, a alusão é àquelas condutas antijurídicas de um dos membros da família que ocasionam um dano a outro de seus integrantes, quer seja o cônjuge, o pai, a mãe, o convivente, ou outro membro do núcleo familiar, ou seja, a visão é direcionada à responsabilidade individual.

A responsabilidade civil nas relações de família está submetida às regras gerais do instituto civil. Os critérios de aplicação devem levar em conta as características da responsabilidade civil constitucional em geral, vinculando-as aos interesses superiores de uma família e em sua estabilidade e com o sentimento de justiça na comunidade onde vive.

---

41 Sintetizando a doutrina de Carlos Alberto Bittar (*apud* DINIZ, 2005, p. 122), a responsabilidade civil é assim classificada: a) quanto ao seu fato gerador: a.1) responsabilidade contratual (oriunda de inexecução contratual, ou seja, de negócio jurídico bilateral ou unilateral. Resulta de ilícito contratual e baseia-se no dever de resultado, o que acarretará a presunção da culpa pela inexecução previsível e evitável da obrigação nascida da convenção prejudicial à outra parte; a.1) responsabilidade extracontratual ou aquiliana (resultante da violação de um dever geral de abstenção pertinente aos direitos gerais ou de personalidade - a fonte desta responsabilidade é a lesão a um direito, sem que entre o ofensor e o ofendido preexista qualquer relação jurídica); b) em relação ao seu fundamento: b.1) responsabilidade subjetiva (nos casos em que encontrar sua justificativa na culpa ou dolo por ação ou omissão, lesiva a determinada pessoa. Deste modo, a prova da culpa do agente será necessária para que surja o dever de reparar); b.2) responsabilidade objetiva (fundada no risco, que explica esta possibilidade no fato de haver o agente causado prejuízo à vítima ou a seus bens. É irrelevante a conduta culposa ou dolosa do causador do dano, pois bastará a existência do nexo causal entre o prejuízo sofrido pela vítima e a ação do agente para ensejar o dever de reparação); c) relativamente ao agente: c.1) direta (proveniente da própria pessoa imputada, o agente responderá por ato próprio); c.2) indireta ou complexa (promana de ato de terceiro, com o qual o agente tem vínculo legal de responsabilidade de fato de animal e de coisas inanimadas sob sua guarda).

42 GAGLIANO, Pablo Stolze; PAMPLONA FILHO, Rodolfo. Novo Curso de direito civil contemporâneo. *Revista Jus Navegandi*, ano 11, n. 1014, Teresina, 2006. Disponível em: https://jus.com.br./artigos/8233. Acesso em: 01 jun. 2016.

Os direitos subjetivos familiares são as faculdades outorgadas às pessoas como meio de proteção de interesses legítimos determinados pelas relações jurídicas familiares, que podem ser de característica patrimonial ou extrapatrimonial.

Esses direitos subjetivos familiares podem servir para a satisfação de interesses próprios do titular do direito, a exemplo do direito de reclamar alimentos. Porém, também os direitos subjetivos familiares podem ser reconhecidos como faculdades outorgadas para a proteção de interesses alheios como é o caso do exercício do poder familiar.

Normalmente a responsabilidade civil nas relações familiares é definida como responsabilidade civil extrapatrimonial ou moral.

O não cumprimento dos direitos e deveres subjetivos do direito de família são fatos ilícitos na medida em que violam obrigações nascidas do vínculo familiar. São, portanto, fatos antijurídicos, por meio dos quais deve responder seu autor.

Existem entendimentos de que as antijuricidades familiares são estranhas à sanção patrimonial, merecendo apenas sanções específicas do direito familiar. Contudo, parece mais sensato o entendimento de que a reparabilidade dos prejuízos sofridos por alguém figura como princípio geral do direito. Além disso, os danos avançam em todos os extremos da vida em sociedade, sem deixar de fora nenhum setor, sendo a sanção patrimonial uma consequência que nasce dos efeitos laterais ou conexos à violação de deveres.

A questão central em toda responsabilidade civil é a atinente aos danos. O direito moderno tende à reparação integral, porém nem todo dano é ressarcível. Para tanto, é preciso que reúna uma série de requisitos tais como ser certo, subsistente e que lesione um direito subjetivo o um interesse legítimo.

De um lado identifica-se o entendimento de que os danos derivados do não cumprimento dos direitos familiares emergentes das relações familiares seriam apenas danos morais porque o direito lesado tem caráter essencialmente extrapatrimonial, independentemente de que tenha repercussões patrimoniais. De outro a tese que centra sua atenção nos efeitos da ação antijurídica, chegando à conclusão de que se o direito de família lesionado ocasiona algum comprometimento no patrimônio, é dano material, mas se o dano se reduz ao sofrimento, dores íntimas, sem repercussão no patrimônio, o dano é moral.

Aplicando-se a teoria da causalidade adequada, o descumprimento dos deveres familiares é causa jurídica de dano e deve proceder-se sua reparação sempre e quando dito descumprimento seja apto a produzir um resultado danoso.

Apesar da existência de uma corrente de ideias segundo a qual é possível falar em uma imputação objetiva nas relações familiares, fundada não nos riscos nem na garantia, mas no abuso de direito, a doutrina majoritária tende para o reconhecimento da responsabilidade civil subjetiva nas relações de família. Segundo Selva Mônica Toledo e Silvia Cristina Gabriel:

> [...] participando de los caracteres del derecho de familia y recibiendo por ende la influencia directa y profunda en la etica y de la moral la responsabilidad será siempre

> subjetiva. No habría, para tal corriente, terreno para la imputación objetiva, para los riesgos o la garantía.[43]

A responsabilidade civil nas relações familiares está submetida às regras gerais, sem perder de vista sua especialidade de composição baseada no afeto mais do que no contrato. O princípio segundo o qual quem causa culpavelmente um dano injusto deve repara-lo, não é absoluto. Existem casos nos quais se nega a ação ressarcitória, se exige um fator de atribuição especial (dolo, culpa grave), se modula a culpa ou se pondera o dano com referência individuada aos sujeitos da relação.

Os critérios de aplicação da responsabilidade civil devem levar em conta essas características do sistema vinculando-as com os interesses superiores na constituição da família, em sua estabilidade e com o sentimento de justiça da comunidade.

A aplicação indiscreta de critérios indenizatórios alheios às circunstâncias próprias das relações de família arrasta o perigo de desalenta-las, ao ponto de colocar em crise esse importante núcleo social.

A responsabilidade civil da família perante a criança, o adolescente e o jovem é reconhecida universalmente como dever moral, na medida em que decorre da afetividade, pois é da família as primeiras pessoas de contato de um indivíduo. É a família que primeiro conhece as necessidades da criança, bem como as deficiências, os riscos e as ameaças e, portanto, está mais preparada para dar a primeira proteção.

A família é a primeira responsável juridicamente perante a criança, o adolescente e o jovem. No entanto, a sociedade também é solidária nessa responsabilidade, sempre que a família for omissa no cumprimento de seus deveres, ou apresentar alguma ação inadequada, que venha a causar risco ou dano à criança, ao adolescente e ao jovem.

Sobre o assunto assim escrevem Jurandir Norberto Maçura, Munir Cury e Paulo Afonso Garrido de Paula "a sociedade é uma exigência humana",[44] e que as crianças precisam da família para sobreviver seus primeiros anos de existência. Além disso, "existem necessidades espirituais, afetivas que a pessoa humana só satisfaz na convivência com outras pessoas", incluindo "a necessidade de expor os pensamentos e de dialogar, que, com maior ou menor intensidade, é sentida por todas as pessoas". Conforme João Gilberto Lucas Coelho:

> Aí está o fundamento da solidariedade e da responsabilidade. Como as crianças e os adolescentes são mais dependentes e mais vulneráveis a todas as formas de violência, é justo que toda a sociedade seja legalmente responsável por eles. Além de ser um dever moral, é da conveniência da sociedade assumir essa responsabilidade, para que a falta

---

43 TOLEDO, Selva Mônica; GABRIEL, Silvia Cristina. La responsabilidad civil en el derecho de familia. *Ensayos*, p. 95-145. Argentina: UBA. 1991.

44 MAÇURA, Jurandir Norberto; CURY, Munir; PAULA, Paulo Afonso Garrido de. *Estatuto da Criança e do Adolescente comentado*. 9. ed. São Paulo: Malheiros Editores, 2008.

> de apoio não seja fator de discriminações e desajustes, que, por sua vez, levarão à prática de atos antissociais.[45]

Esse dever obrigatório de proteção integral da criança, do adolescente e do jovem se estende aos governantes. Neste momento o interesse deste estudo centra atenções na responsabilidade civil do Estado, que pode ser sujeito passivo de ações ressarcitórias quando algum dos integrantes dos poderes públicos, órgãos ou funcionários públicos realizam atos ou omitem medidas capazes de lesionar o núcleo familiar ou os direitos de um de seus membros.

No caso de institucionalização de crianças, adolescentes e jovens, o Estado pode ser civilmente responsabilizado, com a consequente reparação dos danos provocados aos menores de idade e seus familiares por atuações impróprias ou omissões dos funcionários públicos com o dever de cuidado.

A criança, o adolescente e o jovem carecem de tratamento prioritário por parte da família, da sociedade e do Estado. Figuram, portanto, como sujeitos de direitos com prioridade nacional.

Embora a reparação das perdas de ordem material, moral ou psicológica, sofridas pelas crianças, adolescentes, jovens e seus familiares, nunca vão compensar o abortamento de um projeto de vida, de todo modo as ações nesse sentido funcionam como uma mensagem clara de alerta à sociedade sobre a necessidade de uma gestão pública responsável e eficiente que assegure o efetivo cumprimento das normas constitucionais.

É insuficiente resolver a responsabilidade do Estado mediante ressarcimentos, sendo indispensáveis ações preventivas destinadas à promoção e proteção integral das crianças e dos adolescentes, a exemplo de: políticas universais de trabalho, saúde, educação, moradia; estratégias de revinculação familiar específicas para cada caso concreto a partir de diagnósticos que avaliem de modo idôneo as potencialidades da família e os segmentos que necessariamente requerem operadores capacitados; desenvolvimento de programas de caráter voluntário direcionados ao fortalecimento da autonomia pessoal e os ajude a avançar na formação de seus projetos de vida; coordenação institucional; criação de banco de dados de caráter nacional com o registro obrigatório completo de todas as crianças, adolescentes e jovens internados em instituições ou famílias acolhedoras; formação e atualização permanente dos juízes, funcionários, técnicos e profissionais especializados.

É escassa e falha a criação normativa se não é concretizada em políticas públicas e práticas institucionais, pois de nada serve recitar os direitos das crianças, adolescentes e jovens e os discursos inflamados em sua defesa se na hora da ação o Estado esquece ou priva essas pessoas de seus direitos fundamentais.

---

45 COELHO, João Gilberto Luvas. *Fundamentos internacionais e constitucionais. Estatuto da Criança e do Adolescente comentado*: comentários jurídicos e sociais. 3. ed. São Paulo: Malheiros, 2000. p. 25.

Quando os direitos humanos são apenas proclamados, começam a se debilitar e só se pode restaurar sua força pela ação da justiça.

O emérito Professor Caio Mário da Silva Pereira, na sua obra sobre Responsabilidade Civil, 1995 resgata a antevisão do insígne Pontes de Miranda, sobre a forma de ser vista a responsabilidade civil, na ótica de serem fatos sociais, de relações da vida, os quais estão sujeitos aos erros biológicos, à ignorância humana, ou ao despotismo dos formuladores das regras, dizendo:

> "Num maior aprofundamento, Pontes de Miranda considera, no conceito de responsabilidade civil, um "aspecto da realidade social, enxergando nela "um processo de adaptação", que mais se corporifica nas sanções. No entanto à indagação que ele mesmo formula – Como então caracteriza-se a responsabilidade?" – responde que aí intervém o apriorismo que o leva a mudar a pergunta: "Cientificamente cumpria perguntar-se como se explica a reparação? "Desloca o raciocínio para o princípio geral da "proibição de ofender – *neminem laedere,* que sintetiza a realidade formal do direito". Incursiona pelos diversos sistemas jurídicos, consulta Códigos, envereda pelo casuísmo dos diversos tipos concretos de responsabilidade, mas, a rigor, deixa sem resposta a indagação básica do em que consiste a responsabilidade civil (Tratado de Direito Privado, vol 53, §5.498, p.1 e segs.).

5. Conclusão

Com a humanização dos direitos pela sua constitucionalização, o direito civil foi gradativamente perdendo sua essência individualista para proteger a pessoa humana enquanto membro integrado na sociedade, exigência dos novos tempos à promoção da pacificação social, objeto último do direito. O indivíduo passa a ser valorizado enquanto ser humano e não enquanto possuidor de riquezas. A constitucionalização do direito civil impõe a interpretação dos institutos do direito privado a partir de outros valores, que integram os fundamentos constitucionais.

Por exemplo, a família passa a reger-se pelos princípios constitucionais da dignidade humana, da liberdade e da igualdade. Prevalece o caráter afetivo ao biológico.

No Brasil, esse processo é recente e ainda não concluiu seu desenvolvimento, tendo como ápice a Constituição Federal de 1988, cujas atenções mudam de direção: substitui o patrimônio pela pessoa em si mesma, à tutela de sua personalidade, de sua dignidade. A Constituição Federal de 1988 passou a figurar como norma máxima do direito brasileiro, regulando, por conseguinte, também matéria de direito privado, eis que, além de estabelecer a dignidade da pessoa humana como fundamento da República, traz princípios que asseguram e protegem várias relações de direito privado.

Mister se faz que se considere efetivamente que a natureza jurídica da responsabilidade civil entre a família, a sociedade e o Estado, é eminentemente SOCIAL, haja vista que "os fatos sociais são relações, e são as relações o que os julgamentos traduzem". Esse é destaque que Pontes de Miranda em seu Tratado de Direito Privado, Parte Especial, Tomo III, Direito das Obrigações, p. 52 estabelece.

O Preâmbulo da Constituição da República Federativa do Brasil, promulgada em 05.10.1988, tem o seguinte enunciado:

> Nós, representantes do povo brasileiro, reunidos em Assembléia Nacional Constituinte, para instituir um Estado Democrático, destinado a assegurar o exercício dos direitos sociais e individuais, a liberdade, a segurança, o bem-estar, o desenvolvimento, a igualdade e a justiça como valores supremos de uma sociedade fraterna, pluralista e sem preconceitos, fundada na harmonia social e comprometida, na ordem interna e internacional, com a solução pacífica das controvérsias, promulgamos, sob a proteção de Deus, a seguinte Constituição da República Federativa do Brasil.

Assim, desde o momento de gerar uma nova vida (desde a concepção venha a ocorre na forma que dispõe o art. 226, § 7º da CRFB) haja vista que o preceito referido constitucional é o corte transversal das questões de Direitos Fundamentais seguindo-se da estrutura política do Estado e posteriormente é a política macro do reordenamento de todo o tecido social o qual visa garantir não métodos contraceptivos e sim uma reestruturação do todo um contexto civilizatório de relações sociais dignas.

Quando pessoas/instituições se esquivam da responsabilidade maior, com a dignidade da vida e em família, na cidade, no país, no continente e no mundo, possibilitando a melhoria do Ser Humano e da Natureza causa a dissociação da essência.

No entanto, mais de duas décadas se passaram desde o advento da Constituição Federal de 1988 e apenas nos últimos anos atenta-se, na prática, para a constitucionalização do direito civil, mesmo assim, esbarrando constantemente em obstáculos cotidianamente levantados pelos pensamentos conservadoras, o que demonstra a atualidade do tema e a importância de sua constante discussão.

Mas a realidade não é desalentadora. Graças à ousadia incansável dos juristas contemporâneos, novos caminhos são abertos na busca de uma unidade hermenêutica, que eleva a Constituição Federal de 1988 ao grau de fundamento conformador e vinculante da elaboração e aplicação da legislação civil. Nesse contexto, labuta-se por uma transformação no processo de criação e interpretação do direito civil, segundo a Constituição Federal de 1988 e não o contrário como, grosso modo, sempre aconteceu, eis que nenhum ramo do direito se prostrou mais distante do direito constitucional do que o direito civil, que em contraposição à Constituição política, era cogitada como "Constituição das relações privadas".

Contudo, para se alcançar à transformação necessária do direito, para que este consiga oferecer o mínimo de garantias que a sociedade necessita, é preciso rever todos os seus institutos, principalmente os de direito privado. Esse processo só será implementado por meio da releitura do Código Civil sob os ditames dos princípios humanistas e democráticos do direito constitucional hodierno, representado, no Brasil, pela Constituição Federal de 1988, posta no centro do ordenamento jurídico pátrio.

A tarefa é árdua e os dados empíricos comprovam as dificuldades, eis que o ideal democrático ainda não atingiu a concretude mínima necessária para caracterizar um efetivo Estado Democrático e Social de Direito. É preciso romper culturas, paradigmas e costumes, enfim, promover uma inversão de valores.

Do apadrinhamento afetivo ao apadrinhamento civil: subsídios para a construção de uma nova política pública de acolhimento no Brasil

Sávio Bittencourt

Sumário: 1. Introdução. **2.** Caráter geral do apadrinhamento civil no direto português. **3.** O mosaico de direitos dos sujeitos do apadrinhamento civil em Portugal. **4.** Considerações sobre o apadrinhamento no direito brasileiro. **5.** Considerações finais.

1. Introdução

Recentemente a figura do apadrinhamento foi incluída no Estatuto da Criança e do Adolescente, ainda de forma incipiente, já que se prevê apenas a possibilidade de seu estabelecimento para atender crianças e adolescentes institucionalizados, sem delineamento mais concreto de sua configuração jurídica. Contudo, se verificam na prática diversas iniciativas bem-sucedidas do denominado apadrinhamento afetivo, construídas voluntariamente nas áreas de atuação de alguns Juizados da Infância e Juventude, que vem suscitando a atenção dos estudiosos dos temas da infância e atendendo a necessidade de estabelecimento de relações afetivas positivas por parte dos infantes institucionalizados nestas localidades. Decerto, se verifica a falta de regulamentação mais pormenorizada sobre o apadrinhamento, sendo interessante trazer ao debate acadêmico a discussão sobre quais os contornos devam ser consagrados em nome da proteção dos envolvidos nesta relação, mormente o interesse das crianças e adolescentes. Além disso, é importante se pensar a vocação do apadrinhamento. Deve ele ser uma política pública a ser nacionalmente aplicada? Em se pretendendo que todas as crianças e adolescentes institucionalizados no País possam usufruir seguramente de seus benefícios, com uniformidade e regularidade, se faz mister que, além de uma regulação mais esmiuçada, se assuma que o apadrinhamento deve ser oferecido em todo o território nacional. São estas questões que motivam a produção deste trabalho.

Para tal fim, se faz uma breve análise da regulamentação do denominado apadrinhamento civil em Portugal, cuja aparição completa uma década em 2019, para que o precedente luso possa ser inspirador, no que houver de bom, para a criação de um instituto jurídico do apadrinhamento no Brasil. É oportuno perceber como caminhou o Direito Português e os resultados que foram obtidos para que seja possível discernir sobre quais opções seriam viáveis na realidade brasileira, a título de preospecção de possibilidades como contributo a um debate que é necessário e já se faz tardio. Não se trata obviamente de um estudo de direito comparado porque, neste caso, a disparidade de previsão legal sobre o apadrinhamento nas legislações portuguesa e brasileira é abissal, não permitindo a formação de um quadro comparativo entre institutos semelhantes. Na verdade, no Brasil do século XXI, passadas quase duas décadas deste novo tempo, não existe um instituto jurídico do apadrinhamento, mas apenas iniciativas isoladas que esboçam o que venha a ser o apadrinhamento "afetivo" para algumas crianças, de alguns municípios, sem que saiba oficialmente nem mesmo quantos (e exatamente quais) são tais projetos.

Já em Portugal, o instituto do apadrinhamento civil tem despertado o interesse dos juristas, desde seu surgimento, com a edição da Lei nº 103/2009, de 11 de setembro, em primeiro lugar pela natural necessidade de compreensão e desvelamento de uma nova forma de se acolher crianças e jovens, com suas consequências no âmbito do Direito e, em segundo lugar, por força da necessidade de se perceber a abrangência social do referido instituto, considerado em sua aplicabilidade concreta. Importa, assim, para uma compreensão jurídica de seu arcabouço legal propriamente dita e também para a percepção de sua utilidade social.

Com efeito, um elemento indicador da utilidade de uma norma – no caso em tela, de um instituto – é a análise de sua *ratio legis*, da razão de ser de sua criação. O Direito tem a missão social de compor os conflitos sociais e minimizar seus efeitos deletérios. O surgimento da norma jurídica planeja atender a uma necessidade e regulação da vida social para proteger bens jurídicos que, diante da ausência da proteção jurídica, estariam expostos ao risco de afronta ou aniquilamento. É fundamental, então, se propor um diálogo com a necessidade social que, reclamando por proteção do direito, deu ensejo ao surgimento da norma, residindo este esforço na seara da serventia social da mesma.

Desta forma, para se realizar uma reflexão crítica sobre o instituto do apadrinhamento civil em Portugal e suas possibilidades de eficácia social, se faz mister que um duplo esforço seja realizado: de uma mão, uma análise dos contornos jurídicos do instituto e, de outra, uma contundente indagação do papel social que seria destinado a ele, com o fito de levantar hipóteses sobre seu sucesso no cumprimento de sua *ratio*.

Além disso, após a apresentação do modelo português, será oportuno também se tratar da aparição da figura do apadrinhamento no Brasil que, a par de sua imensa timidez, passa a figurar no estatuto da criança e do adolescente como uma *possibilidade*, devendo, portanto, também ser compreendido em sua dimensão jurídica. Algumas iniciativas de programas e projetos de apadrinhamento afetivo poderão também servir de inspiração para a evolução da figura do apadrinhamento e, quiçá, para a criação de um instituto jurídico mais bem delineado, motivo pelo qual devem ser mencionadas.

Para atender a estas pretensões, opta-se pela exposição do apadrinhamento civil português em sua fisionomia jurídica, relativamente às normas de direito material inseridas no diploma legal já mencionado, com um olhar especial sobre o mosaico de direitos dos sujeitos do apadrinhamento civil, ponto nodal para a compreensão do instituto e para algumas conjecturas sobre sua eficácia, o que permitirá uma reflexão sobre os avanços possibilitados pela edição da norma e dificuldades a serem enfrentadas no campo de sua aceitação social.[1] Ato contínuo, terá lugar uma apreciação da

---

1 Note-se que, *in casu*, a utilidade da norma estará, em certa medida, vinculada a adesão das pessoas ao apadrinhamento, já que se trata de uma faculdade atribuída a quem preencha os requisitos legais exigidos, sendo desta aceitação social que se está a tratar.

experiência brasileira do apadrinhamento, com a abordagem de sua escassa regulamentação e menção de experiências locais de interesse, para que se aduzam, ao final, algumas conclusões e sugestões para o incremento do debate sobre o tema.

2. Caráter geral do apadrinhamento civil no direto português

A Lei nº 103/2009, de 11 de setembro, surgiu para criar uma alternativa para colocação de crianças e jovens em ambiente familiar para complementar as opções então existentes: a medida de confiança judicial a pessoa idônea (art. 43º da Lei 147/99, de 1º de setembro), a tutela (arts. 143º/146º do Código Civil Português) e a adoção (arts. 1973º/1991º do mesmo diploma). Percebe-se, *ab initio,* que a intenção do legislador foi criar uma forma de garantir o direito à família que não fosse apenas uma medida de proteção, como a confiança judicial a pessoa idônea (semelhante à guarda no direito brasileiro), nem tivesse o peso jurídico de criar um vínculo de parentalidade eterno, com todas as suas consequências familiares e sucessórias, como o da adoção. Foi, por assim dizer, um instituto concebido nem tanto ao mar, nem tanto à terra[2]. Destarte, o apadrinhamento civil foi configurado como uma relação jurídica tendencialmente de caráter permanente, entre uma criança ou jovem e uma pessoa ou família que exerça os poderes e deveres próprios dos pais e que estabeleçam com ele vínculos afetivos que permitam o seu bem-estar e desenvolvimento, constituída por homologação ou decisão e sujeita a registo civil.[3]

Desta redação se percebe que, ao contrário da adoção, que lega ao adotado o *status* de filho para todos os fins de direito, estabelecendo um vínculo permanente e eterno, o apadrinhamento se constrói com base numa expectativa de que seja uma relação permanente, mas que eventualmente possa não ser. Não só as consequências sucessórias que advêm da adoção não se encontrarão presentes no apadrinhamento, mas também uma nota de diferença definitiva entre os dois institutos jurídicos: a revogabilidade deste novel modelo em face da estabilidade da relação filial trazida pelo vínculo adotivo.

Com este formato jurídico, o apadrinhamento civil se assemelha com a extinta adoção restrita, tendo sido já questionado pela doutrina se o novel instituto veio para substituí-la.[4] Na verdade, o apadrinhamento pretendeu cumprir um pa-

---

2 BOLIEIRO, Helena; GUERRA, Paulo. *A criança e a família – uma questão de direito(s)*: uma visão prática dos principais institutos do direito da família e das crianças e jovens. Coimbra: Coimbra Editora, 2009. p. 555.

3 Art. 2º da Lei 103/2009, de 11 de setembro. PORTUGAL. PGDL – Procuradoria-Geral Distrital de Lisboa. *Lei 103/2009, de 11 de setembro.* Regime jurídico do apadrinhamento civil. Disponível em: http://www.pgdlisboa.pt/leis/lei_mostra_articulado.php?nid=1128&tabela=leis. Acesso em: 17 jan. 2019.

4 CAMPOS, Diogo L.; CAMPOS, Mónica M. *Lições de Direito da Família.* 3. ed. Coimbra: Almedina, 2016. p. 419.

pel intermediário, optando por soluções tendentes ao consenso e à convivência equilibrada entre o núcleo acolhedor e os pais do afilhado, para que alcançasse casos não atendidos pela adoção, nem pela reintegração familiar, significando um "recomeço"[5] para a garantia do direito à família. A preocupação dos que militam na área da infância em Portugal, neste momento, é a possibilidade do apadrinhamento ter recebido o legado de (im)popularidade da adoção restrita, como se verá à frente.[6]

Outra observação exordial, advinda da definição legal do apadrinhamento civil é que seu exercício é facultado a pessoa singular ou "uma família", desde que cumpridos os requisitos trazidos no mesmo diploma, procedendo uma abertura de possibilidades de acolhimento para além dos formatos admitidos para a adoção, atrelada a existência de casamento ou união estável entre os adotantes. Dispondo explicitamente que uma família pode apadrinhar civilmente uma criança ou jovem, a lei pode ter aberto um leque de possibilidades de apadrinhamento concomitante por membros de uma mesma unidade familiar, sem impor restrições. Assim, pode se discutir juridicamente a possibilidade de estabelecimento da relação jurídica do apadrinhamento civil, ainda que não subsista uma relação conjugal ou entre companheiros naquela unidade familiar, por mais de uma pessoa integrante da mesma família. Ressalte-se que tal inovação não conta ainda com uma ampla discussão no Direito Português, sendo esta menção apenas um chamamento para esta possibilidade de interpretação.

Destarte, como o instituto em comento não se destina a ser um simulacro de adoção, não se faz necessário que siga o mesmo modelo parental para ela disposto. Com isso abre-se a possibilidade para que parentes em relação de coabitação possam apadrinhar uma criança sem serem casados entre si ou viverem em união estável, sendo viável, em tese, o estabelecimento de tal relação jurídica entre uma criança e um grupo de dois ou mais irmãos adultos, ou ainda entre uma mãe e um filho adulto e um jovem, por exemplo. O fato notável é que, admitida esta possibilidade de interpretação, não há tipologia exigível em nível infralegal que possa condicionar a concessão do apadrinhamento aos interessados, desde que presen-

---

5 CARMO, Rui do. Apadrinhamento civil: um recomeço? *In*: I CONGRESSO DE DIREITO DA FAMÍLIA E DAS CRIANÇAS: a criança e a família no colo da lei: as causas não se medem aos palmos. 2016, Coimbra. *Anais* [...]. Coimbra: Almedina, 2016. p. 197/213.

6 Segundo dados do Ministério da Justiça, em 2013 teriam ocorrido apenas 14 processos de adoção restrita em face de 407 processos de adoção plena. PORDATA – Base de Dados Portugal Contemporâneo. Processos Findos de Adoção. 2018. Disponível em: https://www.pordata.pt/Portugal/Processos+findos+de+adop%C3%A7%C3%A3o-1426. Acesso em 17 jan. 2019. Este tipo de adoção vigorou até a edição da Lei n.º 143/2015, de 8 de setembro, que a extinguiu. Nela o adotado mantinha direitos e deveres em relação à família natural, além de haver possibilidades de revogação. No Brasil também existiu até 5 de outubro de 1988 uma adoção semelhante: a denominada adoção simples, prevista do código civil de 1916, que também era revogável em algumas hipóteses, não foi recebida pela atual Constituição da República.

tes os requisitos outros exigidos pela lei e, principalmente, o estabelecimento do vínculo atenda ao melhor interesse da criança.[7]

Outrossim, ainda é útil a definição legal do instituto em Portugal para uma outra digressão importante. O apadrinhamento civil é, de um lado, a assunção dos poderes e deveres parentais por parte dos padrinhos, e, de outro, a projeção legal de uma relação afetiva entre esses e o apadrinhado que ampare o seu bem-estar e propicie seu satisfatório desenvolvimento emocional, físico, cognitivo e social. Abrem-se assim duas novas vertentes: a primeira, de aspecto operacional, já que os padrinhos devem ter nas mãos os poderes inerentes à gestão da vida dos apadrinhados que terão sob sua guarda e cuidado, e, a segunda, a via afetiva a ser tangida pelos sujeitos daquela relação humana a qual a lei empresta sua juridicidade.

Em relação a substituição dos pais no exercício dos poderes e deveres que lhes são inerentes, ela pode se estabelecer de forma consensual, com a anuência dos progenitores, conforme celebrado no compromisso de apadrinhamento civil ou, não consensual, hipótese que implica em uma das situações seguintes: os pais estarão inibidos das responsabilidades parentais, descumprindo seus deveres, mortos ou incógnitos.[8] O fato é que o apadrinhamento é viável com a consensualidade, pela a qual os pais abrem mão voluntaria e precariamente do exercício dos poderes-deveres (que lhes são atribuídos em função de sua condição de pais e que são irrenunciáveis),[9] como também é constituível por decisão judicial quando não há acordo ou aceitação por parte dos genitores, além dos casos em que são falecidos ou desconhecidos. A dispensa do consentimento paterno e materno se dará principalmente na hipótese de inibição do exercício de suas responsabilidades ou, ainda, no evidente descumprimento destas.

Quanto à pretensão legal de estabelecimento de vínculo de afeto entre os conviventes do apadrinhamento civil, parte-se do pressuposto de que um ambiente carinhoso é o meio ideal para que o ser humano em formação desenvolva com plenitude suas potencialidades. No enlace deste raciocínio, se pode dizer que o apadrinhamento civil é, sobretudo, um apadrinhamento afetivo. É de domínio comum a ideia de que o direito não pode obrigar afetos, o que decorre menos da ciência jurídica do que

---

7 O DL n.º 121/2010, de 27 de outubro, que regulamenta a Lei do Apadrinhamento Civil em Portugal. PORTUGAL. PGDL – Procuradoria-Geral Distrital de Lisboa. *DL n° 121/2010*, de 27 de outubro. Regulamentação do regime jurídico do apadrinhamento civil. Disponível em: http://www.pgdlisboa.pt/leis/lei_mostra_articulado.php?nid=1287&tabela=leis&ficha=1&pagina=1&so_miolo=&. Acesso em: 17 jan. 2019.

8 Artigo 7º da Lei 103/2009, de 11 de setembro. PORTUGAL. PORTUGAL. PGDL – Procuradoria-Geral Distrital de Lisboa. *Lei 103/2009, de 11 de setembro.* Regime jurídico do apadrinhamento civil. Disponível em: http://www.pgdlisboa.pt/leis/lei_mostra_articulado.php?nid=1128&tabela=leis. Acesso em: 17 jan. 2019.

9 Artigo 1882º do Código Civil Português. PORTUGAL. PGDL – Procuradoria-Geral Distrital de Lisboa. DL n° 47344/66, de 25 de novembro. *Código Civil Português.* Disponível em: http://www.pgdlisboa.pt/leis/lei_mostra_articulado.php?nid=775&tabela=leis. Acesso em: 17 jan. 2019.

da própria natureza humana. Mas é essencial que tenha a capacidade de reconhecê-los, incentivá-los e protegê-los. Este é, talvez, o maior desafio do Direito de Família hodierno: deitar sobre os afetos humanos sua manta protetiva, na difícil arte de fazer escolhas sobre a realidade alheia.

Com efeito, a escolha do apadrinhamento civil pode ser feita para preservar e robustecer juridicamente uma relação de afeto pré-existente, sendo nesta hipótese um acoroçoamento instrumental para um cuidado já posto a serviço da criança ou do jovem. Pode, contudo, ser utilizado em casos nos quais as relações afetivas ainda estão por construir, assumindo a lei um aspecto promocional de afetividades até então inexistentes, cujos frutos serão apropriados ao desenvolvimento do afilhado. Nesta última hipótese, o instituto se direciona claramente às crianças e jovens cujo perfil não se coaduna com os desejos de pretendentes à adoção e que estão irremediavelmente (ou quase isso) afastados de sua família de origem. Baldos de carinho e de aconchego familiar, estes sujeitos de direito, que devem ter seus interesses atendidos com prioridade, não têm seu projeto de vida atendido pela via da adoção, nem pela reintegração à família de origem e ganham com o apadrinhamento uma chance de convívio afetivo e proteção.[10] O desafio aqui é dar dimensão social ao instituto, popularizando-o, com o desenvolvimento de estratégias para que as pessoas se disponham a estabelecer tais relações jurídicas, arcando com seus encargos.

Nesta linha, podem ser padrinhos os maiores de 25 anos que se habilitem para tal fim,[11] comprovando requisitos subjetivos e objetivos próprios para cuidar de criança ou jovem, exercendo as responsabilidades parentais. Os apadrinhados serão crianças e jovens que não estejam no perfil de adotabilidade, menores de 18 anos.[12] Vale dizer, a lei portuguesa expressa que os dois institutos não são concorrentes: para adoção devem ser encaminhados os que possuem os pressupostos da confiança compatíveis com esta colocação, mais assentada e enraizada em um núcleo familiar. Assim é, porque a adoção é uma forma de vinculação parental extremamente protetiva, tanto do ponto de vista de constituição de direitos plenos de filho, quanto à expectativa legal de criação de afetividade.

Com efeito, o perfil da criança ou jovem para o apadrinhamento civil descrito na legislação é daquele que foi e está ainda exposto a perigo, ressalvada a exceção daquele que poderá contar com o estabelecimento voluntário desta relação jurídica pela pré-existência de alguma proteção de fato.[13] Fora desta hipótese, cuja relação socialmente construída precede o estabelecimento do apadrinhamento, o instituto se

---

10 PASSINHAS, Sandra. O apadrinhamento civil: uma nova figura no Direito Português. *Revista Fórum de Direito Civil – RFDC*, v. 1, n. 1, p. 167-185, 2012. p. 168.

11 Artigo 4º da Lei 103/2009, de 11 de setembro.

12 Artigo 5º, n. 1 da Lei 103/2009, de 11 de setembro.

13 Na hipótese de crianças que já estejam sob a guarda de fato do futuro padrinho, por exemplo. Ou que sejam por ele acompanhadas em sua vida, de alguma maneira, mesmo antes do estabelecimento do apadrinhamento civil.

destina aos que estão institucionalizados, se beneficiam de outra medida protetiva, estejam em situação de perigo ou sejam encaminhadas pelas entidades com legitimidade para iniciativa do procedimento.[14] Esta relação de apadrinhamento se estabelece como uma verdadeira colocação em família substituta, porque importará na guarda e cuidado do padrinho com a criança, sendo vedada a concessão de mais de uma relação jurídica desta natureza para a mesma criança, salvo quando os padrinhos "viverem em família".[15] Há ínsito aqui o princípio da unicidade da família, que traz para o instituto uma configuração amistosa com a realidade social, sendo razoável que o modelo de família substituta assuma, com as liberdades e modos democráticos destes tempos, um núcleo de afeto dotado de uma coerência sistêmica interna e vivido em situação de proximidade afetiva.[16]

Outrossim,[17] é certo que a designação de padrinhos se faz mediante prévia habilitação.[18] E assim é, tanto para o apadrinhamento de crianças e jovens em situação de perigo, quanto para o apadrinhamento *intuito personae*, quando a iniciativa é dos pais, de representante legal ou de pessoa que detenha a guarda de fato. A escolha dos padrinhos poderá ser feita, inclusive, pela instituição de acolhimento, evidenciando o desiderato de ampliar a captação de interessados nesta modalidade de recepção de crianças em família.[19] Essa facilitação é acoroçoada pela permissão de terceirização da atividade de habilitação de padrinhos, que administrativamente pertence ao órgão competente da segurança social. As instituições devidamente apetrechadas para fazê-lo poderão receber esta delegação, mediante acordo de cooperação regularmente celebrado.[20]

O vínculo de apadrinhamento é constituído obrigatoriamente pela autoridade judicial:[21] deve o Tribunal[22] decidir nas hipóteses de litígio ou de alguma controvérsia

---

14 Idem.

15 Artigo 6º, da Lei 103/2009, de 11 de setembro.

16 No sentido evolutivo do Direito, à guisa de exemplo, a Lei 2/2016, de 29 de fevereiro eliminou anterior restrição discriminatória, permitindo o acesso ao apadrinhamento de casais do mesmo sexo. PORTUGAL. PGDL – Procuradoria-Geral Distrital de Lisboa. *Lei 2/2016, de 29 de fevereiro.* Elimina as discriminações no acesso à adoção, apadrinhamento civil e demais relações jurídicas familiares. Disponível em: http://www.pgdlisboa.pt/leis/lei_mostra_articulado.php?nid=2515&tabela=leis&ficha=1&pagina=1&so_miolo=&. Acesso em: 17 jan. 2019.

17 Aqui, por opção metodológica, saltamos a análise de dispositivos que tratam dos poderes-deveres de pais e padrinhos para que sejam objeto de consideração em capítulo próprio.

18 Artigo 11º da Lei n. 103/2009, de 11 de setembro.

19 Idem.

20 Artigo 12º da Lei n. 103/2009, de 11 de setembro.

21 Artigo 13º da Lei n. 103/2009, de 11 de setembro.

22 A expressão Tribunal é utilizada em Portugal para designar o poder judiciário incluíndo a atuação do juiz de direito de primeira instância. No Brasil a referência está associada à segunda instância ou aos tribunais superiores. Dizer-se que uma atuação cabe ao Tribunal, em Portugal, significa que é de competência do órgão jurisdicional designado por lei.

subjacente ao caso, seja pela existência de um processo judicial relativo à criança, seja por falta de algum consentimento necessário[23] ou discordância da concelho de família. Na hipótese de consenso no estabelecimento da relação, o Tribunal também é competente para homologar o acordo celebrado, sendo sua chancela essencial para legar efeitos constitutivos ao pactuado.

Vistos esses contornos essenciais do apadrinhamento civil, passar-se-á ao exame da atribuição de deveres e direitos aos pais, aos padrinhos e aos apadrinhados, questões que de certo não foram tratadas pelo direito brasileiro e podem impactar fortemente as chances de sucesso do apadrinhamento como forma de diminuir a institucionalização em Portugal a partir da adesão de interessados ao projeto pessoal de apadrinhar.

3. O mosaico de direitos dos sujeitos do apadrinhamento civil em Portugal

A lei portuguesa que estabelece o regime jurídico do apadrinhamento civil tenta estipular um quadro de direitos articuladamente distribuídos, alternando aqui e acolá a consideração de pais, padrinhos, crianças e jovens. Aparentemente, como se verá a frente, tentou "agradar a gregos e troianos", constituindo-se este notável esforço de considerar interesses multifacetados o seu ponto mais delicado e, talvez, definidor de eventuais dificuldades de sua implantação concreta como um fazer social mais comum.

Os padrinhos entram na relação com maiores e graves atribuições. Incumbe-lhes em apertada síntese criar o apadrinhado, com todos os fazeres inerentes à criação de um filho.[24] Desta maneira, eles exercem na integralidade as responsabilidades parentais, em regra. A exceção prevista é a diminuta possibilidade de se pactuar alguma limitação a este exercício, pressupondo-se neste caso um compartilhamento de tarefas entre padrinhos e genitores. Estar-se-á provavelmente, nessa hipótese excepcional, na vertente do apadrinhamento *intuito personae* ou, ao menos, na do consentido pelos genitores. Contudo, a regra geral será aquela a assunção dos poderes-deveres do pai pelo padrinho, numa sub-rogação familiar na qual a única diferença concreta é que não se estabelece através do apadrinhamento um vínculo de parentalidade estável. Destarte, nada mais natural que a atribuição das condições necessárias para atuação dos padrinhos como se pais fossem concedendo-se lhes, a capacidade factual (e jurídica) para atuar na proteção dos afilhados.

Todavia, são os direitos reconhecidos aos pais que chamam mais a atenção, já que esta atribuição foi uma opção política do legislador. Os pais continuam pais[25] do afilhado e isso atende ao reclame dos que defendem a manutenção dos vínculos de paternidade, mesmo que haja alguma lesão ao interesse dos filhos. Vale dizer que, en-

23 Artigo 14º da Lei n. 103/2009, de 11 de setembro.

24 Artigo 7º da Lei n. 103/2009, de 11 de setembro.

25 ALFAIATE, Ana Rita; RIBEIRO, Geraldo R. Reflexões a propósito do apadrinhamento civil. *Revista do CEJ*, v. 1, p. 117-142, 2013. p. 132.

quanto os direitos dos padrinhos estão articulados diretamente com sua vasta gama de deveres, no caso dos progenitores parece haver um deliberado descompasso entre tais atribuições. Embora os deveres inerentes à paternidade sejam irrenunciáveis, permite-se sua delegação voluntária nas hipóteses consensuais ou tolera-se seu descumprimento nos casos de ausência de consentimento. A inspiração de tal construção é, certamente, uma consideração da realidade social, demonstrando-se uma preocupação com a situação de vulnerabilidade desta família de origem.

O fato é que os pais, ao passo que podem dever alimentos - se houver quem os reclame em nome da criança - acabam por receber da lei apenas direitos, considerando-se que a obrigação alimentar decorre de outro diploma.[26] Apesar da privacidade familiar ser um princípio explícito que deve orientar as soluções oriundas da intervenção estatal,[27] ele não se opõe aos pais da criança ou do jovem apadrinhado. Eles têm o poder de conhecer a identidade dos padrinhos, contactá-los, serem informados sobre o desenvolvimento, o desempenho escolar e fatos relevantes da vida do filho, bem como receber registros da imagem e realizar visitas.[28] Em uma palavra, os pais são credores. Credores emocionais da gestão da vida do filho, terceirizada na parte trabalhosa das tarefas aos padrinhos.

Para tentar amenizar tal distribuição de direitos e deveres, há na mesma disposição uma limitação que pode ser imposta aos progenitores: ela se cinge aos direitos de obter informações e de fazer visitas, quando seu exercício puser em risco a segurança, a saúde ou a estabilidade da relação de apadrinhamento. Nestas ocorrências gravíssimas, poderá o tribunal impedir apenas informações e visitas, mantendo-se, contudo, a integral possibilidade de conhecimento da identidade, morada e contatos dos padrinhos que desempenham graciosamente funções que lhes pertencem, ainda que reconhecidamente sejam pais geradores de risco.[29]

Milita em favor do instituto a vedação de tais direitos aos pais inibidos das responsabilidades parentais que tenham infringidos seus deveres de forma a provocar "grave prejuízo" para o filho.[30] Mas aqueles que, a despeito de terem comportamento inadequado ou não cumprirem condizentemente sua função parental, não tendo sido inibidos de suas responsabilidades parentais, terão direito de conhecer aspectos relevantes da intimidade da família apadrinhadora. Neste caso, pode haver um pai que atrapalhe, que gere prejuízo, mas continua pai perante a ordem jurídica e possua

26 Artigo 21º da Lei n. 103/2009, de 11 de setembro e Artigo 1874º do Código Civil Português.

27 Artigo 4º, b, da Lei n. 147/99, de 1 de setembro. PORTUGAL. PGDL – Procuradoria-Geral Distrital de Lisboa. *Lei 147/99, de 01 de setembro.* Lei de proteção de crianças e jovens em perigo. Disponível em: <http://www.pgdlisboa.pt/leis/lei_mostra_articulado.php?nid=545&tabela=leis&ficha=1&pagina=1&so_miolo=>. Acesso em: 17 jan. 2019.

28 Artigo 8º da Lei n. 103/2009, de 11 de setembro.

29 Artigo 8º, n. 2, da Lei n. 103/2009, de 11 de setembro.

30 Artigo 8º, n. 1, c/c com artigo 14, n. 3, da Lei n. 103/2009, de 11 de setembro.

plenas possibilidades factuais de intervir na vida de padrinhos e criança.[31] O princípio da privacidade falha ao núcleo familiar do apadrinhamento, numa ponderação de direitos que parece ter sido parida a fórceps, expondo a família a um contato gerador de intromissão, risco e talvez perigo, ainda que aplicadas as restrições judiciais já explanadas.

Somem-se a estes vultosos direitos paternos a possibilidade de indicação dos padrinhos no caso de consenso,[32] a necessidade de autorização para a colocação da criança ou jovem em apadrinhamento[33] e a legitimidade para iniciar o procedimento para o estabelecimento desta relação.[34] Nota-se que fora das hipóteses de existência de relação de fato prévia entre pais e padrinhos, a ideia principiológica de cooperação entre os mesmos na criação adequada ao bem-estar e desenvolvimento do afilhado, parece desfocada da realidade. Num juízo de probabilidade, considerando-se que devem se tratar de crianças e jovens institucionalizados e impossibilitados de retornar a suas famílias de origem por motivos que afetam ou afetariam seus interesses, não é de se supor que, na generalidade dos casos, haverá maturidade e a adesão voluntária a uma conduta socialmente adequada por parte de quem não consegue manter os filhos em sua guarda. O risco de conturbação na relação entre padrinhos e pais não é desprezível diante das circunstâncias sociais que cercam o abandono, os maus-tratos e o descuido que justificaram a institucionalização da criança.

O apadrinhado ou afilhado, por sua vez, destinatário principal do instituto, tem direitos que devem ser supridos por padrinhos e pais, mais por aqueles do que por estes como já se viu. Veja-se que aqui está o principal sujeito de direitos das relações que vivencia, sendo que os interesses dos adultos devem, na forma da lei, se submeter aos seus em caso de conflito.[35] Pois este sujeito, o principal desta relação jurídica, terá no apadrinhamento civil a oportunidade supletiva do que já era seu por direito no seio de sua família de origem. É, desta forma, uma forma de família substituta que pretende repor parte do que foi lesado no núcleo natural.

Tais direitos correspondem aos inerentes à filiação, à exceção da condição legal definitiva de filho estando, portanto, excluídas as referências relativas ao nome e à sucessão. Mas um arremedo de parentalidade é criado entre padrinho e afilhado, ao se estabelecer uma similitude de parentesco de primeiro grau,[36] os direitos sociais e

31 AMARAL, Jorge Augusto Pais. *Direito da família e das sucessões*. 4. ed. Coimbra: Almedina, 2017. p. 246. Destaca-se o trecho: "Trata-se dos casos em que a conduta do progenitor põe em risco a saúde, a formação moral ou a educação do filho, embora se não justifique a inibição do exercício das responsabilidades parentais".

32 Artigo 11º, n.2 da Lei 103/2009, de 11 de setembro.

33 Artigo 14 da Lei 103/2009, de 11 de setembro.

34 Artigo 10º da Lei 103/2009, de 11 de setembro.

35 Se está aqui a referir a interesses juridicamente protegidos e não à mera vontade pessoal. Aqueles podem existir contra esta última.

36 Artigo 21º da Lei n. 103/2009, de 11 de setembro.

previdenciários (incluindo os denominados direitos bifrontes, com as licenças),[37] direitos a alimentos recíprocos (neste caso a ser primeiramente cobrado aos pais em relação ao filho, mas subsidiariamente atribuído ao padrinho). Além destes, o principal escopo da lei e principal direito por ela atribuído é o de crescer num ambiente familiar seguro e protetivo, no qual o afeto se transforme em cuidado efetivo com a criança ou jovem.

Por fim, é marcante o fato de a possibilidade de revogação do apadrinhamento conviver com a aspiração de sua constituição como vínculo permanente.[38] Mais um encargo aqui pode surgir para o padrinho. Na hipótese do encerramento desta relação se der sem acordo ou não puder ser atribuída ao comportamento do afilhado, à míngua de outra causa que possa justificá-lo, estar-se-á diante de um rompimento que poderá trazer responsabilidade civil por danos ao afilhado, interpretação subjacente ao disposto na lei. A enumeração das causas que legitimam a revogação do instituto, adidas à norma em *numerus clausus*, acaba por colocar os padrinhos numa situação de inferioridade jurídica: suas hipóteses de extinguir a relação sem risco de responsabilidade adjacentes são extremamente reduzidas, cingindo-se ao acordo e à culpa grave a ser atribuída (e comprovada) ao afilhado.

Quanto à dimensão social do apadrinhamento civil, sua utilização mais efetiva pelos portugueses foi muito acanhada. Segundo o relatório CASA (caracterização anual da situação de acolhimento das crianças e jovens) de 2016, apenas 0,5% das crianças e adolescentes institucionalizados do País tiveram seu projeto de vida dirigido ao apadrinhamento civil.[39] Embora existam conjecturas sobre a falta de divulgação do apadrinhamento civil em Portugal como motivo da baixíssima adesão de interessados, o formato jurídico escolhido para moldá-lo pode ter influência neste aludido desestímulo, por tudo que aqui já se sustentou.[40]

Neste sentido, uma conjectura interessante é de que o modelo legal de apadrinhamento obedeça a uma lógica incomum na sociedade. Há padrinhos, pessoas que auxiliam os pais na criação das crianças e jovens, sendo essa relação de compadrio bastante enraizada na sociedade portuguesa, inclusive devido sua forte dimensão religiosa. Porém, apesar de serem um suporte para o afilhado, não costumam assumir todos os deveres concernentes à paternidade, ao contrário do que se concebeu no diploma legal estudado. Existem sim pessoas que desejam assumir a integralidade desta

37 Artigo 23º da Lei n. 103/2009, de 11 de setembro.

38 Artigos 24º e 25º da Lei n. 103/2009, de 11 de setembro.

39 INSTITUTO DA SEGURANÇA SOCIAL – I.P. *CASA 2016* – Relatório de Caracterização Anual da Situação de Acolhimento das Crianças e Jovens. 2017. Disponível em: http://www.seg-social.pt/documents/10152/15292962/Relatorio_CASA_2016/b0df4047-13b1-46d7-a9a7-f41b93f3eae7. Acesso em: 17 jan. 2019.

40 ORDEM DOS ADVOGADOS DE PORTUGAL. *Há 320 crianças e jovens que vivem com padrinhos civis.* 2017. Disponível em: https://portal.oa.pt/comunicacao/imprensa/2017/01/16/familias-ha-320-criancas-e-jovens-que-vivem-com-padrinhos-civis-paginas-4-e-5/. Acesso em: 17 jan. 2019.

responsabilidade, mas ao fazê-lo, pretendem mais do que um relacionamento revogável e menos consistente do ponto de vista humano e jurídico. Esta maior pretensão é acolhida pela adoção. De forma geral, as relações humanas afetivas necessitam do maior enraizamento possível, sendo razoável supor que não se contentem as pessoas com um quase-filho ou um filho-compartilhado. A vida comum não é assim. Esta é, ao nosso sentir, a maior fragilidade do instituto do apadrinhamento civil e a principal causa de sua falta de abrangência social em Portugal.

Sendo estas as características do instituto do apadrinhamento civil em Portugal, em apertada síntese aqui posta como perspectiva sugestiva de regulamentação futura do mesmo tipo de colocação em família substituta no Brasil. Passa-se agora a tratar da atual configuração do apadrinhamento no Estatuto da Criança e do Adolescente, Lei 8.069/90 no capítulo que se segue.

4. Considerações sobre o apadrinhamento no direito brasileiro

O surgimento do apadrinhamento no cenário legislativo nacional brasileiro se deu com edição da Lei nº 13.509, de 22 de novembro de 2017, cujo processo de criação contou com vetos da Presidência da República posteriormente derrubados pelo Congresso Nacional. Esse fato gerou uma inclusão de dispositivos no Estatuto da Criança e Adolescente (ECA) em duas etapas: o grosso dos dispositivos foram publicados no Diário Oficial da União em 23 de novembro de 2017 e as partes anteriormente vetadas e depois convalidadas e promulgadas pelo Congresso Nacional em 23 de fevereiro de 2018. O fato é que o conjunto de alterações foi introduzido no ECA como aprovado pelas casas legislativas, dispondo sobre entrega voluntária, destituição do poder familiar, acolhimento, apadrinhamento, guarda e adoção, além de estender algumas garantias trabalhistas aos adotantes.[41]

Com esta modificação legal o ECA passou a tratar do "apadrinhamento", sem outras designações qualificativas, adjetivos ou complementos nominais. A escolha deste substantivo isolado, apadrinhamento, pode ter sua razão de ser no fato de que a lei acabou por englobar nesta mesíssima designação a prática afetiva de convívio de adultos e crianças e a colaboração financeira de empresas com a mantença de infantes e adolescentes. Daí parecer ser inconveniente qualificar o apadrinhamento como afetivo, financeiro ou mesmo civil, como fizeram os Portugueses. Tornou-se apenas e tão somente "apadrinhamento" e engloba o exercício de convivência afetiva, de um lado, e a ajuda financeira empresarial destinada a crianças e adolescentes institucionalizados, de outro.

Em primeiro lugar, deve-se registrar que a designação única para coisas absolutamente distintas é potencialmente causadora de confusão interpretativa, sendo repro-

41 Artigo 1º da Lei nº 13.509, de 22 de novembro de 2017. BRASIL. Casa Civil. *Lei n° 13.509, de 22 de novembro de 2017*. Dispõe sobre a adoção. Disponível em: http://www.planalto.gov.br/ccivil_03/_Ato2015-2018/2017/Lei/L13509.htm. Acesso em: 17 jan. 2019.

vável pela técnica de redação legislativa, justamente por desobedecer ao princípio da clareza que norteia a criação de normas. Por outro lado, é imperioso reconhecer que, como práticas sociais, a designação "apadrinhamento" foi comumente utilizada para esses diversos fins: o afetivo (que pode incluir a mantença da criança ou adolescente) ou o financeiro (meramente relacionado com custeio de suas despesas ou com a prestação de serviços voluntários). Para o objeto deste artigo tratar-se-á aqui apenas da vertente afetiva do apadrinhamento, entendida como o estabelecimento de vínculos emocionais entre adultos e criança ou adolescente. A princípio, o apadrinhamento é afetivo porque "é oportunidade de proporcionar convivência familiar a crianças e adolescentes abrigados que não têm família".[42]

Destarte, como a expressão "apadrinhamento" aparece no ECA apenas seis vezes e todas elas no novel artigo 19-B, vale aqui reproduzi-lo para se engendrar considerações essenciais em seguida. Sua redação em vigor é a transcrita abaixo:

> Art. 19-B. A criança e o adolescente em programa de acolhimento institucional ou familiar poderão participar de programa de apadrinhamento.
>
> § 1º O apadrinhamento consiste em estabelecer e proporcionar à criança e ao adolescente vínculos externos à instituição para fins de convivência familiar e comunitária e colaboração com o seu desenvolvimento nos aspectos social, moral, físico, cognitivo, educacional e financeiro.
>
> § 2º Podem ser padrinhos ou madrinhas pessoas maiores de 18 (dezoito) anos não inscritas nos cadastros de adoção, desde que cumpram os requisitos exigidos pelo programa de apadrinhamento de que fazem parte.
>
> § 3º Pessoas jurídicas podem apadrinhar criança ou adolescente a fim de colaborar para o seu desenvolvimento.
>
> § 4º O perfil da criança ou do adolescente a ser apadrinhado será definido no âmbito de cada programa de apadrinhamento, com prioridade para crianças ou adolescentes com remota possibilidade de reinserção familiar ou colocação em família adotiva.
>
> § 5º Os programas ou serviços de apadrinhamento apoiados pela Justiça da Infância e da Juventude poderão ser executados por órgãos públicos ou por organizações da sociedade civil.
>
> § 6º Se ocorrer violação das regras de apadrinhamento, os responsáveis pelo programa e pelos serviços de acolhimento deverão imediatamente notificar a autoridade judiciária competente.

Pois bem. Os programas de apadrinhamento existem no Brasil há décadas[43] e o que a nova legislação parece ter, foi tentar abraçá-los como foram criados, sem lhes embaraçar o funcionamento, ao optar claramente para uma regulamentação rarefeita, muito pouco restritiva. Se por um lado a opção não asfixiou as iniciativas exis-

---

42 ANGAAD – Associação Nacional de Grupos de Apoio à Adoção. *Apadrinhamento Afetivo*. 2016. Disponível em: http://www.angaad.org.br/apadrinhamento-afetivo/. Acesso em: 16 jan. 2019.

43 A título de exemplo, o Projeto Padrinho foi implantado pela Vara de Infância de Juventude de Campo Grande-MS em 26 de junho de 2000. Atualmente contempla opções de convivência familiar e ajuda material, laborativa e financeira. PROJETO PADRINHO. 2000. Disponível em: https://www.tjms.jus.br/projetopadrinho/index.html. Acesso em: 16 jan. 2019.

tentes, por outro, acabou por perder duas oportunidades muito interessantes para a defesa dos direitos dos infantes: não criou um instituto jurídico bem delineado e capaz de ser equiparado às outras formas de colocação em família substituta e, mais grave, deixou de impor o apadrinhamento como uma verdadeira política pública universal, uniforme e nacional.

Nesta linha, é de fulcral importância tal constatação: o apadrinhamento no Brasil não é uma política pública nacional, nem estadual. Em alguns casos, poderia ser considerada uma política pública municipal porque há destes entes federados que possuem, à mercê do voluntarismo de profissionais da área da infância e de organizações não-governamentais (leia-se: os grupos de apoio à adoção), projeto desenvolvido que trabalha de forma perene e igualitária a aproximação de adultos com as crianças e adolescentes institucionalizados para propiciar algum tipo de convívio afetivo.[44] Mas existem municípios que, apesar de contarem com algum projeto de apadrinhamento em andamento, não têm cobertura de todo o território, sendo atendidos apenas os infantes abrigados nas zonas abrangidas pela competência territorial da Vara de Infância e Juventude que mantém ou autoriza o respectivo projeto de apadrinhamento.[45]

Em rudes e simples palavras: o apadrinhamento existe onde há autorização e vontade do poder judiciário local, ainda que possa ser gerido por alguma outra instituição e apoiado pela sociedade civil organizada e pelo executivo. O quadro de oferecimento deste tipo de serviço localizado não foi estudado, pelo que se sabe, por nenhuma instituição ou órgão público para que se tenha uma compreensão do fenômeno no nível nacional. Não são conhecidos o número de projetos de apadrinhamento, as características particulares de cada um, nem o número de crianças e adolescentes atendidos no Brasil. A questão assume maior relevância no trato da convivência afetiva de crianças e adolescentes abandonados em instituições e a cargo da tutela do Estado e não dos "apadrinhamentos" financeiros e de oferecimento de serviços, que vêm quase sempre atrelados, que podem ter uma abordagem mais descentralizada pelo controle público.[46]

---

44 A título de exemplo, a Comarca de Niterói-RJ tem um projeto de apadrinhamento para todo o território do município. QUINTAL DE ANA. *Apadrinhamento afetivo.* Disponível em: https://www.quintaldeana.org.br/apadrinhamento-afetivo. Acesso em: 17 jan. 2019.

45 Existem louváveis esforços de uniformização, como o empreendido pelo Tribunal de Justiça do Estado do Rio de Janeiro, com a edição do Ato Normativo Conjunto 08/2017. Contudo, há adoção ou oferecimento do serviço dependerá da vontade política de cada Juiz de Direito titular da Vara de Infância e Juventude. PJERJ – Poder Judiciário do Estado do Rio de Janeiro. *Programa de Apadrinhamento.* Disponível em: http://infanciaejuventude.tjrj.jus.br/informacoes/apadrinhamento.html. Acesso em: 17 jan. 2019.

46 Art. 2º do Ato Normativo Conjunto 08/2017, a seguir reproduzido com destaques nossos: Art. 2º São modalidades de Apadrinhamento: I - Apadrinhamento afetivo: é aquele em que o padrinho visita regularmente a criança ou o adolescente, buscando-o para passar finais de semana, feriados ou férias escolares em sua companhia, proporcionando-lhe a promoção social e afetiva, revelando

A realidade que surge desta desregulamentação e desinformação é a cruel situação de falta de isonomia entre crianças e adolescentes que, na mesma condição de carência afetiva e material, podem ter ou não o oferecimento de um apadrinhamento – e da convivência amorosa que se supõe existente nesta relação – dependendo exclusivamente da sorte: se estiverem institucionalizadas numa área em que houve vontade política de se ter um projeto desta natureza, ótimo; se forem abrigadas em locais desprovidos deste serviço, paciência, que fiquem sem afeto. Note-se que o critério de distribuição deste serviço não obedece a qualquer lógica de interesse público, mas apenas a existência de vocacionados ou militantes em determinado sítio, que deflagraram e mantiveram o projeto de apadrinhamento com todos os seus fazeres.

Destarte, a primeira contundente afirmação que se pode lançar sobre o modelo brasileiro é que, lidando apenas com projetos "pilotos", que podem ser muito bem sucedidos em suas localidades, é que o artigo 19-B, em seu *caput*, deveria determinar a implementação do apadrinhamento como política pública obrigatória, decidindo a quem caberia o dever-poder de seu oferecimento a todas as crianças e adolescentes institucionalizados que dela carecessem. É preciso deixar claro que não é interessante uma unificação ou centralização desta política pública, mas apenas a afirmação da existência e a sua regulamentação de forma a não asfixiar "as galinhas dos ovos de ouro", que são os projetos apadrinhamento em andamento. Como o princípio da municipalização é um dos pilares da política de atendimento à cidadania, inclusive e principalmente na seara dos direitos infanto-juvenis, o caminho mais óbvio é atribuir-se ao município – leia-se ao executivo municipal – mais esta tarefa (ao lado dos serviços de acolhimento familiar e institucional).[47]

Neste diapasão, caberia ao judiciário a definição, mediante as demandas processual ou procedimental previstas no ECA, da necessidade do apadrinhamento por

possibilidades de convivência familiar e social saudáveis que gerem experiências gratificantes; II - Apadrinhamento prestador de serviços: é aquele em que o padrinho, pessoa natural ou jurídica, por meio de ações de responsabilidade social junto às instituições, cadastra-se para atender às crianças e adolescentes participantes do projeto, conforme sua especialidade de trabalho ou habilidade, apresentando um plano de atividades, devendo seguir as regras para o voluntariado (Lei nº 9.608/1998); III - Apadrinhamento provedor: é aquele em que o padrinho, pessoa natural ou jurídica, dá suporte material ou financeiro à criança ou ao adolescente, seja com a doação de materiais escolares, vestuário, brinquedos, seja com o patrocínio de cursos profissionalizantes, reforço escolar, prática esportiva, idiomas ou contribuição financeira para alguma demanda específica da criança ou adolescente. BRASIL. *Ato Normativo Conjunto 8/2017.* Dispõe sobre a institucionalização e disseminação do Projeto "Apadrinhar – Amar e Agir para Realizar Sonhos", criando o Programa de Apadrinhamento do Tribunal de Justiça do Estado do Rio de Janeiro. Disponível em: http://abraminj.org.br/Painel/arquivos/programa_de_apadrinhamento_afetivo_pdf.pdf. Acesso em: 16 jan. 2019.

47 AMIM, Andréa Rodrigues. Doutrina da proteção integral. *In:* MACIEL, Kátia Regina Ferreira Lobo Andrade (Coord.). *Curso de Direito da Criança e do Adolescente*: aspectos teóricos e práticos. 10. ed. São Paulo: Saraiva, 2017. p. 76-78.

parte da criança ou do adolescente, instruir e julgar as "habilitações" (ou outro nome para a autorização para que alguém se torne padrinho) e decidir eventuais incidentes processuais ou pedidos que sejam formulados, com base na lei que regulamentará o futuro instituto jurídico. O papel primacial de oferecimento da política pública, incluindo sua descentralização administrativa através de convênios (gratuitos ou onerosos) com organizações da sociedade civil ou contratações públicas, é do poder executivo municipal, sem prejuízo da solidariedade do estado-membro (ou do Distrito Federal) e da União, conforme prevê o artigo 100, inciso III, do ECA.[48]

Ainda que se ressinta de outros avanços, já mencionados alhures, há definição do apadrinhamento pelo parágrafo primeiro do dispositivo em comento pode ser bastante útil para delimitar seu alcance, no que tange à modalidade mais importante que é a afetiva. Consistindo em "estabelecer e proporcionar à criança e ao adolescente vínculos externos à instituição para fins de convivência familiar e comunitária", ressalta claro que a ideia do apadrinhamento é estabelecer um grau de relacionamento que tenha um *locus* comum, um lar, que tendencialmente venha substituir a instituição como residência permanente da criança ou adolescente. Como se convencionou – inclusive legalmente – chamar de "apadrinhamento" as várias formas de ajuda possíveis ao institucionalizado, é necessário que se esclareça que, o embrionário instituto do apadrinhamento nasceu principalmente para dar corpo ao exigido na Constituição da República quando estipula, no artigo 227, *caput*, ser direito da criança e do adolescente à convivência familiar e comunitária.

Numa escala de importância, a necessidade do afeto, precede as necessidades materiais do institucionalizado, até porque o sustento deste, cabe ao Estado (sem prejuízo dos deveres inerentes ao poder familiar) e que carinho, aconchego, bem-querer, são termos que refletem ações incompatíveis com a atuação direta do poder público e estão sediados na seara familiar. Em outras palavras: as modalidades materiais puras de "apadrinhamento" são importantes, como custeio de melhoria das condições de vida do institucionalizado, mas não resolvem seu maior problema que é o abandono afetivo.

Desta maneira, o apadrinhamento afetivo previsto na lei pressupõe a convivência familiar do padrinho com o afilhado, sendo razoável se interpretar que a ação concreta para sua consolidação tenda à concessão da guarda judicial para que este viver em comum, se dê da forma mais natural possível. Por óbvio, tal concessão poderá ser antecedida de visitas ao afilhado na instituição, autorizações para saídas e pernoite, de modo a gradativamente se estabelecer a confiança mútua para um convívio mais alongado ou, quem sabe, definitivo. Tudo isso para se concluir que o apadrinhamento afetivo poderá se constituir numa modalidade nova de colocação em família substituta, formalizada através de guarda judicial, mas com características próprias condizentes com as peculiaridades do caso concreto.

48 Além da competência executiva municipal, deve ser observada a função do Conselho Municipal de Direitos da Criança e do Adolescente, como forma essencial de descentralização das decisões administrativas.

Além disso, o modelo de apadrinhamento mais flexível, permite também a adoção do afilhado pelo padrinho, desde que existam os pressupostos legais para tal fim. Ressalte-se que as crianças e adolescentes alvo do apadrinhamento, são aquelas para as quais, a princípio, não há probabilidade de reintegração familiar ou adoção. Afasta-se, em função disto, as chances de que o apadrinhamento seja um mero *test-drive* para pretendentes à adoção hesitantes ou uma forma de burla ao cadastro nacional de adoção e sua lista de espera. A adoção é uma forma de filiação, juridicamente instituída, que preserva (estabelecendo novo vínculo com os pais adotivos) todos os direitos do filho adotivo. O apadrinhamento é um paliativo para o total abandono afetivo, menos protetivo que a adoção, a ser aplicado apenas quando a criança não tem chance de ter uma família integral. Essa conclusão é fruto de uma interpretação sistemática do ECA, norma que regulamenta a Constituição, esmiuçando os direitos tutelados por cada uma das formas de acolhimento previstas.

Por fim, uma nota especial de apreensão pela exclusão dos habilitados para adoção, inscritos no cadastro nacional de adoção, que não poderão apadrinhar, segundo a disposição do parágrafo segundo do artigo 19-B do ECA. Quais as razões teriam levado o legislador a tal descarte? Talvez uma legítima preocupação com o futuro do apadrinhado, caso o padrinho venha futuramente adotar uma criança de outro perfil e diminuir a intensidade da relação com o afilhado ou mesmo encerrá-la. Ou a pretensão ascética de se separar as coisas hermeticamente, adoção e apadrinhamento, por rigor metodológico. A primeira objeção parece ter alguma densidade argumentativa, embora seja muito pouco útil a perda de um contingente de pessoas que se familiarizaram com o tema, através da preparação para adoção exigida legalmente no período de habilitação e que poderiam se interessar em conhecer crianças e adolescentes de perfis diferentes para possível apadrinhamento.

Mesmo com a proibição estatuída, e sem se fazer neste momento qualquer conjectura sobre sua constitucionalidade questionável, nada impede que um padrinho venha a adotar seu afilhado, comprovando suas condições objetivas e subjetivas no próprio processo de adoção, dispensada a prévia habilitação. Aliás, essa evolução é a melhor solução para a criança ou o adolescente que, aos poucos, na sua velocidade emocional, foi transformando aquele cuidador amoroso de padrinho (madrinha) em pai (mãe). O que se opera em seu querer íntimo (e no do padrinho, igualmente) acaba por encontrar na ordem jurídica uma resposta mais protetiva e adequada: a paternidade-maternidade-filiação. Esta surge pela adoção e concede ao afilhado, que se transforma em filho, o *status* integral da filiação. É uma evolução protetiva que acresce direitos.

No mais, a lei brasileira se limitou a fixar uma idade mínima para os padrinhos: 18 anos, exatamente como para os pretendentes à adoção. À mingua de regulamentação, o dispositivo da adoção relacionado à diferença de idade entre adotante e adotado (art. 42, § 3º, do ECA) pode ser aplicado por analogia, não de forma peremptória como regra cogente de proibição para o apadrinhamento em caso de inexistência de diferença de 16 anos entre o pretenso padrinho e afilhado, mas apenas para balizar as indicações, as avaliações e, sobretudo, as decisões judiciais. Isso porque ainda que não haja esta diferença de idade, no exame do caso concreto, o desejo de apadrinhamento pode ser sincero, além de se constatar real vantagem para o institucionalizado no estabelecimento do vínculo. A diferença de idade pode ser indicativa de uma margem de segurança para evitar que a aproximação se dê para outros fins ou que haja risco de desvirtuação do propósito inicial dos interessados, mas a ausência dela não é impeditiva do estabelecimento de uma relação sincera de afeto entre padrinho e afilhado que seja profícua para ambos.

Por fim, registre-se que os demais requisitos para o apadrinhamento devem ser estabelecidos pelo respectivo programa. É óbvio que não são oponíveis cerceamentos que não sejam legalmente previstos, como estado civil, orientação sexual, religião ou outros atributos da personalidade que sejam desassociados da análise subjetiva específica para o bem-estar do afilhado. Deve ser exigível do interessado, comportamentos, condições de autonomia e cuidado que serão imprescindíveis para assegurar os diretos da criança e do adolescente, aferidos no caso concreto, tão somente.

No mesmo esforço sintético despendido para a análise do apadrinhamento civil em Portugal, aqui se encerra esta perfunctória apreciação da criação da figura do apadrinhamento no Brasil. É o suficiente para suscitar discussões mais profundas, no futuro próximo, com a doutrina especializada e com os movimentos socias de defesa da infância no Brasil.

5. Considerações finais

À guisa de conclusões sobre esse tema e, reafirmando que os subsídios aqui trazidos não permitiriam a formação de um quadro comparativo entre o apadrinhamento civil português e o apadrinhamento afetivo brasileiro, algumas colocações podem servir para incentivar o debate sobre a evolução deste modelo de acolhimento no ordenamento jurídico brasileiro. Seguem, desta maneira, organizadas topicamente, centradas na modalidade do apadrinhamento afetivo, como forma de colocação em família substituta e diminuição da institucionalização:

1. O instituto nasceu em Portugal para resolver situações nas quais a manutenção dos vínculos com a família biológica ao lado de outros vínculos de afeto se revela como a melhor solução para a criança ou jovem.[49] Contudo, a excessiva regulação do apadrinhamento civil e, sobretudo, a colocação do padrinho em situação jurídica que requer extrema abnegação, assunção de demasiados encargos e extraordinária capacidade relacional pode ser uma das causas para o insucesso do instituto como forma de desinstitucionalização.

---

49 OLIVEIRA, Guilherme. *Regime jurídico do apadrinhamento civil anotado*. Número especial do Observatório Permanente da Adopção. Faculdade de Direito da Universidade de Coimbra. Coimbra: Coimbra Editora, 2011. p. 14.

2. A criação de uma norma que garanta abrangência nacional de uma determinada inovação na área da infância, como ocorrido em Portugal, com a aparição do apadrinhamento civil, tem um duplo efeito: cria efetivamente um instituto jurídico e, paralelamente, uma política pública dotada de universalidade, uniformidade e acessibilidade, de forma a se constituir numa evolução concreta no caminho da plena cidadania. A discussão sobre a efetividade não embarga o avanço jurídico alcançado em terras lusas, que poderá ser aperfeiçoado com a correção dos exageros protetivos da norma e com campanhas de informação da população.

3. A modelagem atual de apadrinhamento no Brasil não o transformou num instituto jurídico, nem deflagrou uma política pública nacional, porque não tornou explicitamente mandatória a sua observância pelo poder público. Contudo, esboça um perfil descentralizado de gestão do apadrinhamento afetivo que pode ser aperfeiçoado para assegurar a uniformidade e a acessibilidade em todo o território nacional, sem engessá-lo (Neste ponto o modelo português é interessante pela forte descentralização da execução da política).

4. No quadro brasileiro atual, a ausência de paralelismo entre a adoção e o apadrinhamento afetivo permite a designação mais ampla de padrinhos e madrinhas, sem necessidade de se seguir às tipologias determinadas para a adoção. Neste ponto, é possível que integrantes de um mesmo núcleo familiar exerçam o cuidado e a convivência com o afilhado, independentemente de serem casados ou viverem em união estável. Outras soluções atípicas, como a apadrinhamento conjunto por pessoas integrantes de núcleos familiares diferentes, proibida no modelo português, devem seguir no Brasil o mesmo caminho, em regra, por não proporcionarem a unicidade familiar propícia à adaptação do afilhado. Contudo, não é razoável a interpretação de que seja vedada de forma absoluta eventual solução desta natureza, quando claramente representar uma vantagem para a criança ou adolescente e se justificar pelas circunstâncias de fato que antecedem o apadrinhamento.

5. A despeito da escassa regulamentação do apadrinhamento afetivo e ainda que não haja a correção deste fato por nova lei, poderão os entes federados dar continuidade ao desenvolvimento de sua criação, devendo a União regulamentar a legislação federal, disciplinado a sua atuação para este mister. Estados e Municípios têm também competência legislativa e regulamentar para assistência social e devem ser chamados a assumir as suas responsabilidades com a universalização do apadrinhamento. O chamamento mencionado poderá ser fruto da participação democrática da sociedade civil, dos conselhos de direitos respectivos e, principalmente, do Ministério Público como ator jurídico privilegiado por instrumentos de investigação, negociação e judicialização.[50]

50 A despeito das considerações de ordem administrativa feitas, a manutenção dos projetos de apadrinhamento no âmbito do judiciário parece indicar que a evolução da regulamentação possa vir pelo Conselho Nacional de Justiça, com a fixação de parâmetros e atribuição de tarefas aos Tribunais de Justiça, bem como a centralização de dados nacionais sobre a apadrinhamento, incluindo

6. A existência do apadrinhamento afetivo como alternativa para crianças e adolescentes que têm poucas chances de adoção e de reintegração familiar, não deve provocar o relaxamento da solução rápida de eficaz da institucionalização, em função de uma fatídica zona de conforto dos atores jurídicos responsáveis, por existir solução futura e incerta consistente no apadrinhamento. O apadrinhamento é um paliativo para amenizar toda a incapacidade de as instituições garantirem uma família estável e integral para a criança, em curto espaço de tempo. Apenas isso.

Ex positis, no âmbito delicado do cuidado humano, o apadrinhamento afetivo é um alento para a ausência total de carinho que crianças e adolescentes institucionalizados experimentam por anos a fio, após intervenções ineficazes e incapacidade do poder público para encontrar soluções para seus projetos de vida. Resiste a esperança na evolução desta ideia para que crianças e adolescentes abandonados em instituições no Brasil tenham uma real possibilidade de afeto. Para tal fim, se faz mister que o apadrinhamento seja finalmente erigido de forma responsável como um verdadeiro instituto jurídico e implementado por uma abrangente, uniforme, universal e acessível política pública.

o controle dos projetos, como ocorre com o cadastro nacional da adoção, o cadastro nacional de crianças e adolescentes institucionalizados e na estruturação das varas de infância e juventude no território nacional.

Cidadania e administração pública

Sérgio Roxo da Fonseca

1. Introdução

Estuda-se com brevidade a história do *ser* e do *cuidar*, como resultado da atual concepção da cidadania e do Estado. Tem-se como referência o texto bíblico do Êxodo, o legado deixado pelos gregos e romanos, como a cristalização fixada pela Revolução Francesa. Finalmente são destacadas as dificuldades semiológicas encontradas nas normas legislativas colocando ou não em crise o Estado e por consequência a forma e o fundo de sua convivência com a cidadania.

Durante toda a redação registra-se a proximidade do conceito de cidadania com a necessidade de dar atendimento à substituição do Estado de Polícia pelo Estado de Direito.

Percebe-se a necessidade de um programa legislativo instalado para o desenvolvimento do trabalho público destinado não só a manter disciplina social, como também definidor da prestação de serviços à comunidade.

O Estado de Direito está sob a lei posta pela cidadania ou pelos seus representantes, valendo-se de uma linguagem escrita consagrada há séculos. No entanto, ainda que haja uma antiquíssima elaboração, a linguagem normativa submetida, nos dias de hoje, a uma constante intervenção eletrônica, apresenta-se com um padrão inconstante e muitas vezes indeterminado, exigindo perene elaboração doutrinária, sempre destinada a aperfeiçoar os elementos do cuidado, como a identificação do ser.

O projeto de Estado de Direito, cristalizado pela Revolução Francesa e pelos iluministas, tem como alicerce os postulados de legalidade, da igualdade e da fraternidade. O princípio da legalidade preserva a liberdade individual e social. A Administração tem o dever de tratar com igualdade todo e qualquer cidadão. A imposição do convívio social revela que o ambiente social é de ser inspirado na fraternidade entre os homens.

STASSINOPOULOS,[1] em irretocável síntese, esculpiu a regra básica do Estado de Direito: o cidadão é livre para fazer o que quiser, salvo as proibições da lei; reversamente, o Estado e seus servidores estão proibidos de tomar qualquer iniciativa, salvo se autorizados pela lei. *Il en rèsulte que les organes administratif, obligès en raison de leur compètence d'appliquer la loi ne sauraient agir* ***contra legem*** *ni* ***praeter legem*** *mais toujours* ***secundum legem****, c'est-à-dire conformèment à loi et dans le cadre de*

---

1 STASSINOPOULOS, M. *Traité des actes administratif*. Atenas: Librarie Générale de Droit et de Jurisprudence, 1954. p. 18/19.

celle-ci. Ce phénomène que l'on a appelé la soummission de l'administration à la loi, est, au point de vue pratique, le trait le plus manifeste da la notion de l'État de droit.

O registro, por mais repetitivo, merece ser formulado porque a aplicação dos postulados envolve, como se sabe, inúmeras distorções e até mesmo supressões. Por tradição secular, muitas e importantíssimas leis brasileiras são promulgadas formalmente sem que incidam sobre as relações jurídicas. São leis denominadas feitas para "não valer". Uma delas não só exemplifica o fenômeno, como também documenta aberrantemente o que agora é afirmado.

O Reino Unido, depois de muito sequestrar africanos,[2] muito pressionou os governos brasileiros a estancar a escravidão. O governo brasileiro foi levado a promulgar em 1831 a Lei Feijó, proibindo o escravismo e reconhecendo o direito à liberdade aos escravos. A lei não foi aplicada.[3]

A escravidão tornou-se formalmente proibida em 1888 pela promulgação da Lei Áurea, 57 anos depois da Lei Feijó que disciplinava a mesma conduta! Contudo os fatos não se definiram até hoje tanto que o art. 149 Código Penal ainda prevê a punição dos criminosos que submetem pessoas ao trabalho degradante ou análogo ao dos escravos.

2. Cuidar e ser

O tema *cuidar* e *ser* convoca o exame das raízes etimológicas e históricas destas palavras. O verbo *cuidar*, com mais de uma significação, tem origem latina, descendente do verbo *cogitare*,[4] gerando como resultado *pensar*. O vocábulo *ser*, também descendente da língua latina, deriva do verbo *ser,* que, por sua vez descende do infinito do verbo latino *esse* que assim é pai tanto do verbo e do vocábulo *ser*, como também do importantíssimo substantivo que é *essência*, ou seja a *qualidade do ser.*

Preocupou-se Moisés em conhecer o nome de Deus, recebendo como a resposta do Senhor: *eu sou Aquele que sou.* Se Deus é aquele que é, indicando a ascendência do infinito do verbo ser em latim (*esse*) daí se aproxima da ideia segundo a qual: todo ser para *ser* tem que ser dotado de uma *essência*, porque todo *ser necessariamente é*, nada restando que se possa acrescentar para ser naturalmente identificado. O Senhor é dotado de sua essência porque ele é: Aquele que é. O homem é dotado de sua es-

2 O quadro denominado Navio Negreiro, de W. Turner, registra o episódio no qual em 1783 os tripulantes do navio inglês Zong acorrentaram homens, mulheres e crianças escravizadas e os lançaram no mar do Caribe. O comandante do Zong, com as mortes por afogamento, buscava receber maior indenização securitária. O quadro é preservado até hoje na Inglaterra muito embora o seu pintor tenha sido qualificado na sua época como panfletário. Turner é considerado o principal pintor inglês do século XIX e um dos precursores da pintura moderna.

3 SILVA, J. M. S. *Raízes do conservadorismo brasileiro*: a abolição na imprensa e no imaginário social. São Paulo: Civilização Brasileira, 2017. p. 223 e ss.

4 SILVEIRA BUENO, F. *Grande dicionário etimológico e prosódico da língua portuguesa*. São Paulo: Saraiva, 1968, v. 2. p. 862.

sência porque ele também é, ou em outras palavras, porque todo homem também existe, tem em si as características da sua *essência.*

Cuidar do ser é refletir sobre algo dotado da sua própria essência do seu próprio ser (*esse*). No caso, é concluir que o homem merece ser cuidado por ser dotado da essência humana – o que insinua um exagero vocabular - o que não ocorre no cotidiano. Inúmeras vezes registra-se o não reconhecimento da essência humana no homem, negando-se a alguns e às vezes a muitos a sua identificação como parte da humanidade, desmerecedor da fraternidade universal.

Cuidar do ser é trabalhar com a essência do ser, como verbo ou como substantivo, olhando-os através de muitas janelas. Uma delas é aquela aberta pela ciência jurídica, o que exige do pesquisador tentar descrever um ou alguns dos caminhos normativos que ensejam pensar no que é o ser ou o que é a sua essência. Permita-se a forma exagerada e necessária de encontrar um desses caminhos: cuidar juridicamente do ser, por meio dos caminhos normativos, é trabalhar com a essência do ser sob o prisma do direito. Mas é possível afirmar que o ser pode ser olhado como aquele que contém uma essência especial, uma essência de sua espécie?

Necessário repetir a resposta de Deus à indagação mosaica: *eu sou aquele que é*;[5] tanto que Moisés comunicou ao seu povo que havia recebido o decálogo de alguém denominado *Eu sou.*

A afirmação não contém nenhuma negação, mas, sim, uma afirmação. Do fato do Senhor ser ou existir, daí não é possível extrair que logicamente a sua existência nega a existência do homem. A frase bíblica confirma a essência do Senhor mas nunca proclamou a inexistência do homem e de sua humanidade.

O homem também é aquele que é dentro de suas limitações biológicas e históricas, pois, dentro de suas características também é dotado de uma essência que não é negada pela identificação daquela que qualifica o Senhor.

Como quase sempre, são plurissignificativas as palavras cidadania e Estado.

Na área jurídica e política a raiz histórica do conceito de cidadania surge na Grécia com o reconhecimento de direitos em favor dos habitantes das várias cidades de seu território. A cidadania mantinha o Estado como o complexo de normas e serviços criados pelos seus habitantes.

Desta forma, a cidadania antecede cronologicamente o Estado devendo estar sobre ele e não sob ele. Esta é a visão de BUZAID,[6] mestre de direito, ministro da Justiça e membro do Supremo Tribunal Federal.

No âmbito da política a posição contrária ganhou importância com a visão absurda de Adolf Hitler ao consagrar a frase: a Alemanha acima de todos (*Deutchsland uber alles*), que se converteu num dos principais lemas para os horrorosos crimes

---

5 Êxodo, 3-14.

6 BUZAID, M. *Do mandado de segurança*. São Paulo, Saraiva, 1989.

cometidos durante a II Grande Guerra, quer contra o Estado de Direito, quer contra a cidadania, quer contra a humanidade.

Geneticamente o povo criou historicamente o seu Estado na confirmação feita pela mais aplaudida doutrina.[7] E não o contrário disso, ainda que se possa e se deva confirmar um número muito grande de distorções.

Cidadão, juridicamente considerado, é o indivíduo dotado da amplitude de direitos e deveres definidores do âmbito de sua liberdade de agir no contexto do direito ou fora dele.[8]

Muito bem desenhou esta hipótese a lição de MORENA Y DE LA MORENA,[9] abrindo espaço para projetar a raiz do Estado de Direito como resultado do reconhecimento da cidadania: *El Estado, y por extensión también la Administración de ese Estado, fue concebido desde la Antiguidad hasta la Revolución Francesa, como um aparato de poder no vinculado al Derecho y superior a él por cuanto que ese Derecho lo ponia y lo quitaba libremente el Estado:* ***Rex est lex,*** *por lo que* ***quod príncipe placuit, legis habet valorem****. No era pues el Estado del Derecho, sino el Derecho del Estado. Y en este contexto político, un Derecho de garantias para los súbditos no era posible e ni pensable.*

No mundo considerado civilizado, a lei é a rainha das relações jurídicas porque foi posta em vigor pelo povo ou por seus representantes. Significando dizer que só e somente só o povo tem o poder de restringir a sua própria liberdade, no Estado de Direito. Esta foi a lição de MONTESQUIEU[10] (1689/1755) ao examinar a essência do governo republicano e das leis relativas à democracia: *Quando na república, o povo tem o poder soberano, eis uma democracia. Quando o poder soberano está nas mãos duma parte do povo, chama-se isto uma aristocracia. O povo, na democracia, é, sob certo aspecto, o monarca; sob outros, o súdito. Não pode ele ser monarca senão por seus sufrágios, que são suas vontades. A vontade do soberano é o próprio soberano.*

O exame do conteúdo histórico e jurídico tanto do cuidado como da cidadania convida o estudioso a mergulhar na antiguidade e até mesmo na modernidade, batendo na porta das palavras. Ou transformando as palavras na aldabra de sua porta.

No princípio as tribos eram nômades, como aquela liderada por Moisés, enquanto atravessava a península arábica em busca da Terra Prometida.

Os nômades sobreviviam da caça e, seguramente, não conheciam, em toda a extensão, o direito de propriedade. O parentesco era um vínculo fixado quase sempre pela maternidade.

---

7 BASTOS, C. R. et MARTINS, I. G.. *Comentários à Constituição Brasileira*. São Paulo, Saraiva, 1988, v. 1. p. 115

8 CALDAS AULETE. *Dicionário contemporâneo da língua portuguesa*. Rio: Editora Delta, 1958, v. 1. p. 957.

9 MORENA Y DE LA MORENA, I. *Curso de derecho administrativo*. Madri: Ciprés-Flavian, 1989. p. 58.

10 MONTESQUIEU, C. *Do espírito das leis*. São Paulo, Edições Cultura, 1945, 1 v. p. 31.

Perpassados caminhos e datas, seus membros foram atraídos para a agricultura. O parentesco passou a ser definido pela paternidade. A propriedade privada foi constituída. As palavras escritas e orais converteram-se em réguas de conduta. Os nômades foram historicamente convertidos em sedentários.

3. Os judeus

A história bíblica registrou que Deus criou a terra e o universo elegendo os sucessores de Israel como o seu povo, deferindo a eles o direito sobre a área denominada Terra Prometida. No início de seu afastamento do Egito, o local era desconhecido pelo povo de Israel.

A Terra Prometida era então habitada por sedentários que já construíam casas e muralhas, aplicando até mesmo relações pecuniárias. Segundo o texto bíblico, em Jericó já havia prostituta.[11] A Bíblia foi convertida também num minucioso documentário sobre a antiguidade. Documenta o aparecimento de um direito escrito, no âmbito das relações sociais e familiares de um povo nômade que atravessava, com grande dificuldade, uma região desértica, em busca da prometida Terra Prometida e a sua conversão em sedentário.

Como antes anotado, outros povos, antes dos judeus, já cuidavam das relações jurídicas, muitos dos quais examinavam a questão do ponto de vista estritamente abstrato até mesmo anotando as datas desses acontecimentos.

Basta ver que os judeus conheceram um Jesus, filho de Sirah, nascido 200 anos antes de Cristo. Assim o primeiro Jesus demonstrou contato com a filosofia grega ao escrever o livro denominado Eclesiástico que compõe a Bíblia.

4. Os gregos

Antecipando a reflexão de seus grandes filósofos, os gregos receberam as leis de Drácon[12] (sec. VII a. C.), cancelando a solidariedade familiar, substituindo-a por decisões dos tribunais, competentes para a solução de conflitos. Estas leis foram denominadas draconianas. Sólon (594/593) instalou a democracia, que deu notabilidade a Atenas, impondo o princípio da igualdade civil.

Para o direito ocidental, a filosofia e a literatura grega deixaram exemplos decisivos para o seu ordenamento. Entre os quais a tragédia de Antígona, escrita por Sófocles (497 a. C.), que trata: a) das relações jurídicas mantidas entre Antígona com seu irmão Polinice, com seu pai Édipo e com seu tio Creonte; b) a aplicação da norma de Creonte condenando Antígona à morte por ter dado sepultura a Polinice, cujo cor-

11 Josué, 6,17.

12 GILISSEN, J. *Introdução histórica do direito*. 2. ed. Lisboa: Fundação Calouste Gulbenkian, p. 74 e ss.

po deveria ser devorado pelos animais, em conformidade com a norma editada pelo imperador; c) a desobediência de Antígona que desobedeceu à lei dos homens, afirmando estar submetendo seus atos a um conjunto de normas superiores não escritas; d) Antígona optou por obedecer às normas não escritas (e para ela superiores) do que cumprir as normas escritas impostas pelo imperador. Os temas sobrevivem até hoje.

Surpreendentemente, Sófocles coloca na boca de Antígona o registro da existência de um direito não escrito empostado acima do direito do Estado, merecendo ser obedecido se em conflito com as normas subalternas escritas: se houver um conflito normativo entre os postulados não escritos e aqueles outorgados pelo Estado, os primeiros devem ser obedecidos, ainda que Antígona, na antiga Grécia, tenha que morrer por isso. O parágrafo segundo do artigo 5º., da Constituição de 1988, reflete, de alguma maneira, a obra de Sófocles.

Os trabalhos publicados principalmente por Platão (428/347) e Aristóteles (385/322) são âncoras poderosíssimas da literatura jurídica de hoje.

Platão dividiu a sociedade em três classes: a) governantes; b) militares; c) povo. A sua cidade seria governada pelos melhores da comunidade, tanto possível pelos aristocratas. Para ele, a democracia, o governo do povo, ficaria em plano inferior. Os governos seriam classificados em monarquia (o governo de uma única autoridade), a oligarquia (o governo de poucos) e a democracia (o governo do povo).

Platão proferiu suas aulas na escola, denominada Academia, instalada por volta de 584, a. C., que teve seu fechamento em 529, d. C., por ordem do imperador romano Justiniano que imputava então à Academia o defeito de pugnar pelo paganismo contra o cristianismo.

Aristóteles, discípulo de Platão, adotou a mesma divisão formal: a) monarquia, b) aristocracia e b) democracia. Se porventura os modelos fossem corrompidos passariam a ser nominados como: a) tirania, b) oligarquia e c) demagogia. Coube a ele projetar a divisão dos poderes do Estado em três planos: o executivo, o legislativo e o judiciário.

A condenação de Sócrates ao suicídio, por ele obedecida, documenta o grande relevo dado pelos gregos ao Direito Público. Ingeriu um veneno extraído da cicuta.

Por séculos a filosofia grega foi afastada do conhecimento europeu. Durante a Idade Média, textos foram destruídos tendo em conta o seu hipotético choque com as regras do cristianismo.

Ao revés, os judeus e os muçulmanos mantiveram estes estudos. Em Córdoba, então sob o domínio árabe, o muçulmano Averrois, o Comentador, (1126/1198), foi responsável pela elaboração dos mais notáveis trabalhos da época sobre a literatura aristotélica. Também nascido em Córdoba, o judeu Maimônides (1136/1204), conhecido como Rambam, deixou trabalhos de grande valor tanto para a filosofia, como para a religião e até mesmo para a medicina. Era aristotélico.

O persa Ibn Sina, filho de Sina (988/1037), também islamita, deixou um grande número de obras dedicadas à filosofia grega e à medicina. Teria inaugurado a primeira escola de medicina conhecida, que, por tal razão recebeu o seu sobrenome na pia batismal: "Medicina" é palavra derivada de Ibn Sina.

A filosofia grega, em parte sufragada pelos muçulmanos e judeus, foi ressuscitada na Europa cristã pelas obras de Santo Agostinho, Santo Alberto Magno e principalmente por São Tomás de Aquino.

5. Os romanos

Se o direito público atraiu o pensamento e a ação dos principais pensadores gregos, o direito privado foi a marca digital dos romanos.

Os historiadores dividem a história do direito romano nos seguintes estágios: a) a realeza; b) a república, 509 a. C.; c) o alto império, próximo da era cristã; c) o baixo império, durante os séculos IV e VI, d. C.; d) o direito bizantino que perdurou até o XV.

No passado, pouco documentado, as tribos latinas não detinham um poder fortemente constituído. Eram reunidas em clãs, dirigidas por um "pater". O *pater* era o ascendente masculino mais velho e tinha sobre todos os seus parentes o direito de vida e morte (*ius vitae et mortis*).

A reunião dos *patres*, ao se dar os primeiros passos para a constituição do Estado, era composta, portanto, pelos mais velhos da comunidade. Como o vocábulo "velho" em latim é *senex*, o local destinado para essas reuniões recebeu o nome de *senatus (*senado), expressão consagrada como um dos mais antigos modelos do órgão do Legislativo. Até hoje, os bens públicos do Roma exibem as letras S.P.Q.R. - *senatus populusque romanus* - (Senado e Povo de Roma).

A Lei das XII Tábuas converteu o direito costumeiro em conjunto de normas escritas. O texto original perdeu-se. Alguns excertos foram resgatados pelas referências dos juristas, como pelos discursos de Cícero.

Nos primeiros tempos, a cidadania foi reconhecida apenas em favor dos romanos. Somente eles podiam invocar o direito em favor dos seus direitos e interesses.

Tanto os romanos como os estrangeiros podiam invocar o *ius gentium*, ou seja, o direito de todas as pessoas ou de todas as gentes, estrangeiros ou romanos. Os estrangeiros podiam invocar apenas o *ius gentium*. Mas os estrangeiros, não nascidos em Roma, não podiam suscitar a incidência da norma romana em seu favor.

Com a expansão territorial do império romano, o imperador Caracala (186/217), pela Constituição Antonina ou Édito de Caracala (212), outorgou a cidadania romana a todas as pessoas residentes no território imperial.

Durante o período clássico, os escritos dos jurisconsultos foram considerados fonte primária do Direito Romano, destacando-se Papiniano, Ulpiano e Modestino.

Coube a Justiniano coligir as muito extensas elaborações de direito, já então em Constantinopla. Nomeou para tanto juristas do império oriental como Triboniano e Teófilo. A obra recebeu o nome de Corpus Iuris Civilis, assim configurada: o Codex

Justiani publicado em 1529; o Digesto, contendo o trabalho de cerca de 1500 livros deixados pelos jurisconsultos, especialmente Gaio, Papiniano, Paulo, Ulpiano e Modestino; as Instiuições, convertidas em lei por Justiniano em 533; e as Novelas.

Com o advento do cristianismo, o Direito Romano sofreu profundas modificações, dando-se em seguida o fracionamento do território imperial, inaugurando-se a Idade Média.

O pensamento grego exerceu fortíssima influência no âmbito do Direito Público. Roma converteu-se na rainha do Direito Privado: estes direitos representam em seu conjunto um dos mais profundos alicerces da cidadania e do Estado moderno.

6. Revolução Francesa

Durante a Idade Média, a sucessão do poder estatal foi regida pelo Direito Privado. Henrique, rei de Navarra (1553/1610), herdou o trono francês devido a morte de seu primo Henrique III, rei da França. Avisado que não poderia herdar o trono francês por ser luterano, converteu-se imediatamente ao catolicismo, pronunciando a frase histórica: *Paris vale uma missa*. Atribui a ele uma boa administração. Foi assassinado. *Rex est lex.* As regras disciplinadoras da sucessão imperial eram próprias do Direito Privado, das relações de parentesco com forte qualificação religiosa.

A relação jurídica convolada entre o homem e o Estado foi redefinida pela Revolução Francesa, inspirada no Iluminismo. Ocorreu assim a substituição do rei pelo povo no exercício da soberania da Pátria, exteriorizada a sua vontade na lei e somente na lei.

Tal passou a ser o novo conceito de soberania, e, consequentemente de cidadania. Registre-se que até hoje os fundamentos básicos do Estado de Direito são atacados por todos os lados com o firmíssimo e inconfessável propósito de mais e mais restringir a liberdade do cidadão.

O conceito de Estado de Direito refletiu suas marcas na convivência social. A história sempre registra a influência dos franceses até mesmo sobre a guerra da independência dos norte-americanos, que, escusado dizer, adotaram o modelo republicano de Paris e não o monárquico de Londres. O grande chefe militar Lafaiete lutou na América ao lado de Washington.

A lei trilhou o caminho aberto pelos costumes e pelas regras religiosas para chegar onde se encontra. A história da aplicação da norma como manifestação da vontade popular gerou muitas e enormes dificuldades.

A França, consagrando o princípio da tripartição de poderes, teve dificuldades técnicas para outorgar ao Poder Judiciário competência para controlar especialmente os atos editados pelo Poder Executivo. Instalou-se então o chamado "Contencioso Administrativo", cuja jurisprudência passou a fiscalizar a aplicação da lei. Formalmente os franceses entendiam (como entendem) ocorrer um insulto ao princípio da tripartição de poderes outorgar ao Judiciário competência para controlar a conduta do

Executivo. No Brasil não se teve no passado o temor desta confusão. Até hoje não se registra sinal profundo deste temor.

Mas outras dificuldades surgiram tanto na interpretação quanto na aplicação da norma legal especialmente no controle das leis celeradas e na aplicação da denominada competência discricionária.

A emanação das ordens legislativas tem como curso a linguagem consagrada pelo costume de um povo. A liberdade da linguagem enseja o aparecimento de uma ordem de múltipla significação, abrindo espaço para a sua interpretação muitas vezes indicando uma única ordem, outras vezes indicando várias hipóteses.

Quando e como ocorrerá desvirtuamento? Poderá o intérprete entender que a indeterminação do sentido da linguagem indica outorga de competência do legislador ao administrador para colmatar as lacunas encontradas? As respostas ainda são várias.

7. Normas celeradas

Há normas constitucionais inconstitucionais? No âmbito da lógica um ser pode ser verdadeiro e falso ao mesmo tempo? Não. Se *a* é verdadeiro não pode ser falso no mesmo enunciado. Portanto, se a norma é inconstitucional não pode ser logicamente considerada constitucional.

O grande mestre QUEIRÓ[13] condenou as denominadas "normas celeradas" que planejam um universo simplesmente prevalecendo um juízo político contrariando muitas vezes a intenção axiológica universal e verdadeiramente fundamentante do direito. A sua cátedra, neste ponto, ecoa Antígona.

Indaga o mestre: os tribunais deverão aplicar as normas celeradas somente porque são normas? Cabe ao tribunal recusar a aplicação das normas celeradas da constituição escrita, no caso de existirem, considerando-as, contrárias à constituição material, perfilhada pela comunidade jurídica?

Disse ele: *Uma já longa lista de autores consagrados (Coing, Lunz, H. Kaufmann, Bachof e outros da área cultural germânica) a que se associa a já grande autoridade e prestígio de Castanheira Neves, é no sentido positivo. Bachof, designadamente, insiste em que o perigo de os tribunais usarem, no exercício de sua competência de controle desta forma de inconstitucionalidade intrínseca, é infinitamente menor do que o perigo que para o homem resulta da autonomia e do arbítrio do legislador constituinte.*

Os constituintes brasileiros de 1988 fixaram – com seus votos – um sistema possível de controlar a constitucionalidade das normas (inclusive as normas constitucionais). Assim exposto: a) pelo preâmbulo; b) pelo art. 5º, parágrafo segundo, da Constituição de 1988.

---

13 QUEIRÓ, Afonso Rodrigues. *Lições de direito administrativo*. Coimbra: João Abranches, 1976, v. 1. p. 296/298.

O preâmbulo, *aquele que vem adiante*, com certeza é norma coercitiva porque foi debatido e votado e outorgado pelos membros do Poder Constituinte. A sua existência, desprovida de força coercitiva, configuraria uma inaceitável quixotada.

Frente à possibilidade de ser identificado um conflito normativo (ou um aparente conflito normativo) o preâmbulo constitucional apresenta-se como primeiro e mais augusto obstáculo para a condenação de uma norma celerada. Merece ser anotado que grandes autores brasileiros, curiosamente, negam caráter impositivo à norma preambular,[14] sustentando a sua inutilidade jurídica.

A segunda abertura para o controle da juridicidade das normas celeradas encontra-se no parágrafo segundo, do art. 5º, da Constituição: *Os* direitos e *garantias expressos nesta Constituição não excluem outros decorrentes do regime e dos princípios por ela adotados*. A redação autoriza afirmar que o texto da atual constituição é aberto, autorizando encontrar solução técnica de conflitos normativos, mesmo constitucionais, pela invocação e pela aplicação dos princípios gerais de direito escritos ou não escritos. O texto ainda ecoa a voz de Antígona!

Queiró,[15] com sua autoridade, concluiu profeticamente, que a vocação e a responsabilidade do jurista consegue transformar a interpretação na régua a ser utilizada para medir a significação normativa: *A atividade do jurista é, assim, ao menos em certo aspecto, destinada a captar o sentido cultural das normas jurídicas. Nessa reelaboração espiritual realizada na sua mente, é que consiste, fundamentalmente, a interpretação.*

8. Conceitos jurídicos indeterminados

Para uma perfeita aplicação da norma legal, impõe-se que os cidadãos recebam um tratamento isonômico do Estado e de seus servidores.

A dificuldade apontada pela doutrina tem como fonte a flexibilidade contida nos conceitos linguísticos que até mesmo no campo específico podem conter e contém vocábulos de limites indefinidos que ensejam o aparecimento da discricionariedade. A questão foi primeiramente revelada por BERNARTZIK.[16]

Uma posição doutrinária afirma que a discricionariedade – que não pode ser confundida com a arbitrariedade – nasce do discurso ambíguo do contido na norma. Há preceitos de aplicação rígida outros de aplicação "nem tanto rígida".

São mencionados dois exemplos, entre vários, contidos na Constituição brasileira de 1988: a desapropriação de bens privados deve ser antecedida do pagamento

14 BASTOS, C. R.; MARTINS, I. G. *Comentários à Constituição Brasileira*. São Paulo, Saraiva, 1988, v. 1. p. 408.

15 QUEIRÓ, A. R. *Estudos de direito público*. Coimbra: Acta Universitatis Conimbrigensis, 1989, v. 1. p. 15.

16 BERNARTZIK, A. R. *Os limites do poder discricionário das autoridades administrativas*. Coimbra: Boletim da Faculdade de Direito, 1965, v. XLI. p. 84.

de uma *justa* (CF, art. 5, XXIV). O adjetivo *justa* expressa um discurso indeterminado, gerando discricionariedade.

Ao contrário, somente os cidadãos maiores de *35 anos* podem exercer a presidência da República (CF, art. 14, parágrafo terceiro, inciso VI). Aqui não há indeterminação normativa. Os candidatos necessariamente deverão demonstrar o cumprimento aritmético do nível da idade para a sua qualificação constitucional qualificando-o a concorrer ao pleito presidencial. Aqui a competência é vinculada e não discricionária.

Invocamos novamente q cátedra de QUEIRÓ:[17] *Se a lei recorre a estes conceitos (conceitos teoréticos) não deixa qualquer vestígio de discricionariedade à Administração. Pode deixar margem a dúvidas, que, porém, o intérprete tem sempre meio de desfazer, utilizando os processos de hermenêutica administrativa. A discricionariedade surge, assim, circunscrita aos conceitos de valor utilizados na norma jurídica, aos conceitos práticos.*

Esta corrente denominada reducionista foi em parte abandonada por QUEIRÓ.[18]

Numa posição discordante, está GARCIA DE ENTERRIA[19] que sustentou que todo o discurso normativo está sob o controle do Judiciário, mesmo quando expressado pela indeterminação do seu sentido: se há discurso normativo, não há discricionariedade, há vinculação. Todas as expressões normativas refletem competência vinculada e não discricionária. A discricionariedade reside nos conceitos da Ciência da Administração, residente além dos limites da Ciência Jurídica.

Para STASSINOPOULOS,[20] o administrador, frente a um conceito jurídico indeterminado, está autorizado a criar a premissa maior do silogismo que enseja a operação subsuntiva, como, por exemplo: a) a norma diz que o servidor público deve ter boa conduta; b) cabe ao administrador revelar antecipadamente o que significa "boa conduta", indicando os pressupostos do conceito que hipoteticamente seria *a, b* ou *c*; em seguida afere se a conduta examinada tem as características por ele apontadas. A conclusão daí extraída é que o legislador teria outorgado ao administrador preencher o vazio do discurso administrativo *discricionariamente* com o seu livre convencimento.

---

17 QUEIRÓ, A. R. *Reflexões sobre a teoria do desvio de finalidade em direito administrativo*. Coimbra: Coimbra Editora Ltda., 1940. p. 27.

18 QUEIRÓ, A. R. *Os limites do poder discricionário das autoridades administrativas*. Coimbra: Boletim da Faculdade de Direito, 1965, v. XLI. p. 84.

19 GARCIA DE ENTERRIA, E. *Curso de derecho administrativo*. 4. ed. Madrid, 1968. p. 449; *Una nota sobre el interés general como concepto jurídico indeterminado*. Madrid: Revista Espanhola de Derecho Administrativo, 1995, v. 8. p. 5; *La lucha contra las inmunidades del poder*. 3. ed. Madrid: Civitas. p. 75.

20 STASSINOPOULOS, M. *Traité des actes administratifs*. Atenas: Librarie Générale de Droit e Jurisprudence, 1954. p. 141/2.

O espanhol RAMON FERNANDES[21] encurta a discricionariedade administrativa. Sustenta que o julgamento judicial contribui decisivamente para o aperfeiçoamento dos serviços administrativos, reduzindo ao máximo a discricionariedade, mesmo quando sua posição se contrapõe à posição daqueles que sustentam a necessidade de livrar a Administração desse controle. Se cabe ao Judiciário controlar a competência administrativa resultante de um conceito teorético-verdade, tem também os mesmos poderes para controlar a discricionariedade administrativa.[22]

Para KLEIN[23] não há entre o âmbito legal e o âmbito discricionário qualquer liberdade para a Administração intervir no halo da cidadania. Refuta BACHOF, na mesma publicação mencionada, afirmando que a questão é de consequências jurídicas e não de dificuldade de realizar um diagnóstico diferencial semântico entre margem de livre apreciação e discricionariedade.

OSSENBÜHL[24] lançou-se eloquentemente contra o reconhecimento de uma margem de discricionariedade administrativa não controlada pelo Judiciário, negando, pois, a existência de uma terceira área instalada entre conceitos indeterminados e a discricionariedade. Sustentou que a margem de livre exame – se admitida sua existência – deveria permanecer no mesmo campo dos conceitos indeterminados, daí derivando que tanto numa hipótese, quanto na outra, o procedimento de aplicação seria sempre por intermédio de uma operação subsuntiva.

9. Contencioso administrativo

Conforme antes anotado, a doutrina francesa encontrou obstáculos para reconhecer ao Poder Judiciário competência para controlar a validade dos atos administrativos. Se consagrado o princípio da tripartição de poderes, impossível e inadequado seria outorgar competência para o Poder Judiciário controlar o Poder Executivo, sem violar o postulado básico.

Se os poderes são três autônomos, independentes e harmônicos, como implantar tal sistema se um dos puder, o Poder Judiciário passasse a empolgar o controle dos atos editados pelo Poder Executivo? A solução encontrada foi implantar o "Contencioso Administrativo" que gerou jurisprudência de fortíssima influência no direito de hoje.

---

21 RAMON FERNÁNDEZ, T. *Discrecionalidad y jurisdición revisora*. Madrid: Revista Española de Derecho Administrativo, v. 2, jul./set. 1974. p. 285.

22 MOREIRA, F. Conceitos indeterminados: sua sindicabilidade contenciosa. *Revista de Direito Público*. Lisboa, v. 1, nov. 1985. p. 38.

23 KLEIN, R. *Emessen und Sprachen Tübigen*. Juristen-Zeitung, 1956, n. 19. p. 588.

24 OSSENBÜHL, F. *Do conceito jurídico indeterminado à decisão última obrigatória da administração pública*. Berlim-Colônia: Deutsches Verwawaltungsblatt, n. 8/9, p. 209/313, abr/mai 1974; *Zur Renaissance der administrativen Beurtelungermachtgung*. StutgartDie Offentliche Verwaltung, n 12, 1972. p. 101.

No primeiro plano a decisão administrativa mereceria ser controlada pelos seus a) pressupostos fáticos e b) pelo seu conteúdo.

Examina-se a relação de causalidade necessária existente entre os fatos enunciados pela norma de competência com a decisão administrativa editada. No segundo plano analisa-se o conteúdo do ato com os pressupostos normativos.

Waline[25] indica os caminhos. Tendo em conta a dificuldade ficaram definidos os seguintes limites do exercício da discricionariedade: a) vício de incompetência; b) vício de forma; c) vício de norma de fundo; d) inexistência ou inadequação dos pressupostos normativos; e) desvio de finalidade.

Toda a decisão que implica constrangimento da liberdade do cidadão deve estar revestida da competência do servidor do Estado responsável pela sua edição. Desobedecida a regra, presente estará o vício de incompetência.

O ato deve estar revestido de toda e qualquer formalidade exigida pela norma de competência para que seu efeito possa atingir o direito do cidadão. Sua desobediência resultará no vício de forma.

O vício referente à norma de fundo aponta para a desobediência à redação do dispositivo definidor do um ou dos poderes administrativos.

A norma atributiva de poder define quais os acontecimentos devem anteceder o constrangimento contido no ato administrativo. Tais acontecimentos são conhecidos como *motivos do ato administrativo*. Na sua ausência ou na sua inadequação com os pressupostos autorizadores da edição do ato administrativo ocorrerá o vício de ausência ou da inadequação de motivos.

Finalmente a jurisprudência apontou como defeito do ato o *desvio de finalidade*. Há duas hipóteses. A primeira surge quando expressamente a norma indica um ou mais de um fim a ser alcançado pelo ato em busca de satisfazer o interesse público. Na segunda hipótese, a norma não indica qualquer finalidade a ser perseguida. Na primeira hipótese o ato será perfeito de satisfizer o fim ou um dos fins indicados pela norma atributiva de poder. Na segunda hipótese, a norma não explicita qualquer fim a ser alcançados pelos efeitos do ato. Neste caso o administrador tem liberdade para editar o ato desde que satisfaça qualquer interesse público, mas, como se vê, o fim do ato – repita-se - será necessariamente a satisfação de um interesse público. Qualquer desvio, implicará a nulidade do ato. O defeito é conhecido como desvio de finalidade, consagrado pelo Contencioso como *détournement de pouvoir*.

10. Conclusão

O Estado de Direito encaminha-se para controlar a aplicação do princípio da igualdade e da fraternidade, procurando sempre igualar os desiguais – que desigua-

25 WALINE, M. *Droit administratif*. 9 ed. Paris: Sirey, 1963. p. 451.

lados economicamente, jamais estarão despidos de sua essência humana. O regime constitucional trata o princípio da igualdade no mesmo plano do princípio da legalidade: descabida reconhecer a violação de um dos postulados para a satisfação do outro.

A norma preambular, de escassa relevância até hoje, proclama que os constituintes, em nome do povo brasileiro, instituíram um Estado Democrático para assegurar o exercício de direitos sociais e individuais, *a igualdade e a justiça como valores supremos de uma sociedade fraterna, pluralista e sem preconceitos, comprometida com a solução pacífica das controvérsias*, o que, com firmeza impõe os padrões civilizados de um Estado de Direito, comprometido com a satisfação das questões sociais, na construção de uma convivência fraterna.

As dificuldades são muitas e variadas direções: o que confere ao esforço de seu cumprimento um dever primário. Ou é ele trabalhado, ou o postulado básico constitucional perde o seu sentido, fracionando os alicerces do Estado de Direito, fazendo ressuscitar o Estado de Polícia, no qual o Estado, posto acima de todos, converte-se no monarca, valendo-se das palavras já registradas de MONTESQUIEU e de MORENA Y DE LA MORENA: *Rex est lex.*

O operador dos instrumentos sociais e constitucionais vê o seu trabalho engrandecido se, anonimamente, se consegue cumprir o padrão normativo, operando o princípio da legalidade como instrumento de satisfação dos postulados da igualdade e da fraternidade, sem preconceitos. Assim ordena o preâmbulo.

Desde o momento em que BERNARTZCK revelou a existência da competência discricionária – afastando-a da arbitrariedade foi gerado um grande trabalho, chamado "reducionista" em busca de submeter a Administração ao máximo para impedir que fosse lançado freios à liberdade do cidadão fora ou além do discurso normativo. Registra-se aqui uma parte relevante da pesquisa que, muito embora não tenha encontrado o seu ponto final, com certeza, deu largos passos para o aprofundamento dos ideais da civilização, apontando sempre no sentido de preservar a cidadania. Desnecessária a referência constante ao magistério de QUEIRÓ já registrado. E mais GARCIA DE ENTERRIA E RAMON FERNANDES,[26]

---

26 GARCIA DE ENTERRIA E.; RAMON FERNANDES, T. *Curso de derecho administrativo*. 4. ed. Madrid: Civitas, 1983. p. 449: *No consisten, pues, en una abstrata y indeterminada invocación de justicia o de la consciência moral o de la discreción del juez, sino, más, bien, en la expressión de una justicia material especificada tenicamente en función de los problemas juridicos concretos y objetivada de los problemas jurídicos concretos y objetivada en la lógica misma de las instituiciones, El control de la discrecionalidad a través de los princípios generales no consiste, por tanto, en que el Juez substituya el critério de la Administración por su própio y subjetivo critério. Si asi fuese, todo se reduciria a substituir una discrecionalidad (la administrativa) por otra (la judicial) sin avanzar um solo passo en el problema. De lo que se trata realmente es de penetrar en la decisión enjuiciada hacia encontrar una explicación objetiva en que se expresse um principio general.*

PEREZ FERNANDEZ,[27] GAMBIER,[28] COMANDIRA e CANDA,[29] MARTIN GONZALEZ,[30] BIDART CAMPOS,[31] FIGUEIRAS[32] e o notabilíssimo BANDEIRA DE MELLO.[33]

Não são poucas vezes em que os padrões consagrados para o reconhecimento do Estado de Direito são subvertidos, costumeiramente, pelo alargamento despropositado das competências discricionárias, transformando-as no exercício do poder arbitrário exercido pela Administração, retornando para o padrão espelhado na locução absolutista inspirado na falsamente falecida proposta do Estado de Polícia: "rex est lex".

Somente tem cabida a conduta de cuidar livremente do ser, se consagrada a parêmia: ninguém será obrigado a fazer ou deixar de fazer alguma coisa, senão em virtude de lei, ou seja, em virtude de uma ordem decisivamente originária direta ou indiretamente do povo e somente do povo.

Defronte da presença frequente dos conceitos indeterminados na linguagem normativa, a ciência moderna afastou-se dos primeiros trabalhos. No passado supunha-se que a discricionariedade representaria a outorga do legislador ao operador da norma de poderes suficientes para preencher o vazio da lei, atribuindo a este competência para legislar, não aqui e ali, mas a toda hora, lançando no abismo a limitação constitucional. Repita-se por necessário: ninguém será obrigado a fazer ou deixar de fazer alguma coisa, senão em virtude de lei formal e materialmente considerada. Onde houver conceitos determinados ou indeterminados na norma atributiva de poder, presente se torna a competência para controlar a sua legalidade pelo Poder Judiciário.

Se, porventura, os conceitos indeterminados estão nas normas legais – para gerar a discricionariedade – jamais poderão escapar do controle do Poder Judiciário, enquanto mantidos os padrões do Estado de Direito.

---

27 PEREZ FERNANDEZ, V. *Los limites de la discrecionalidad administrative*. Buenos Aires: La Ley, 1994. p. 1071: *La revisión de la calificación jurídica de los hechos por la Justicia, es uma herramienta imprescindible a la hora de fiscalizar la adecuación de lacto administrativo a los hechos que conforman su elemento causa y son mencionados en la motivación.*

28 GAMBIER, B. *El concepto oferta mas eficiente en el procedimento licitatório público*. Buenos Aires: 1988. p. 744.

29 COMANDIRA, J. R.; CANDA, F. O. *Responsabilidad del estado por omissión: actos interorgânicos y conceptos jurídicos indeterminados en un fallo de la Camara Contenciosoadministrativa*. Buenos Aires: La Ley, 1996. p. 600.

30 MARTIN GONZALEZ. *El grado de indeterminación de los conceptos jurídicos*. Madrid: Revista Española de Derecho Administrativo, 1967, v. 54. p. 197.

31 BIDART CAMPOS, G. *Razonalidad, arbitrariedad y contralor judicial*. Mar del Plata: Revista del Colegio de Abogados de La Plata, 1961. p. 343.

32 FIGUEIRAS, M. S. *Os empréstimos compulsórios e os conceitos jurídicos indeterminados*. Franca, Revista de Estudos Jurídicos UNESP, jul/dez 1996. p. 25.

33 BANDEIRA DE MELLO, C. A. *Controle judicial dos limites da discricionariedade administrative*. São Paulo, nov/dez 1974, v. 32. p. 18.

Assim o reducionismo doutrinário alinha-se à cátedra de Kant:[34] *Este direito se funda, na verdade na consciência da obrigação de todos, segundo a lei, porém para determinar o arbítrio em consequência desta obrigação, o direito estrito ou puro não pode nem deve se referir a essa consciência como* móvel, *pelo contrário, deve se apoiar no princípio da possibilidade de uma força exterior conciliável com a liberdade de todos, segundo leis gerais.*

Os dias de hoje tornaram-se palcos de seguidos ataques aos elementos básicos do Estado de Direito que, de maneira bastante suscinta, pretendeu-se registrar neste trabalho. Arbitrárias condutas administrativas, muitas vezes identificadas como ditaduras, põem por terra, durante vários anos, as estratificações construídas pela civilização. Impõe-se a regra segundo a qual *rex est lex* mesmo em Estados formalmente reconhecidos como república.

O trabalho a ser realizado pelo jurista, bastante árduo, ao menos neste espaço de tempo, é demonstrar que o Estado foi construído historicamente pela sociedade civil (não o contrário disso) razão pela qual a sua Administração está sob e não sobre a lei proibindo que se afaste da legalidade, da igualdade e da fraternidade, contribuindo assim para a edificação de uma sociedade aberta a todos tendo como um dos seus postulados básicos impor o dever jurídico de cuidar do ser, identificando nele a essência da humanidade.

---

34 KANT, I. *Doutrina do direito*. São Paulo: Ícone, 2013. p. 51.

A igualdade como cuidado às mulheres para consolidação da cidadania

Sofia Miranda Rabelo

Sumário: 1. Um giro pela igualdade. **2.** Arcabouço jurídico: princípio constitucional da igualdade. **3.** A busca da igualdade pelas mulheres. **4.** O reconhecimento da igualdade nas Constituições. **5.** O feminismo e a mulher como sujeito. **5.1.** O que é o feminismo. **5.2.** A evolução do feminismo: ondas e conquistas. **5.3.** Mulher como sujeito reivindicado. **6.** Conclusão.

1. Um giro histórico pela igualdade

> "Decerto, uma das máximas políticas mais carregadas de significado emotivo é a que proclama a igualdade de todos os homens, cuja formulação mais corrente é a seguinte: **todos os homens são (ou nascem) iguais**".[1]

No pensamento ocidental, esta máxima aparece e reaparece, desde os estoicos ao cristianismo primitivo, para renascer com novo vigor durante a Reforma, assumindo dignidade filosófica em Rousseau e nos socialistas utópicos, e finalmente, no século XVIII tornando-se norma jurídica nas Declarações de Direito.[2]

O ideal da igualdade, entendido como a equalização dos diferentes, foi perseguido e tem se desenvolvido na história da civilização sob diferentes dimensões, raça: (etnias ou grupos nacionais), gênero e classe social.

Lutas, revoluções e guerras ocorreram ao longo da história envolvendo o valor da igualdade, sob o aspecto político, filosófico, sociológico e religioso, que demonstraram uma indignação da sociedade mundial.

As doutrinas igualitárias têm como fundamento maior a natureza comum dos indivíduos. São teorias que representam uma tendência de modificar o status quo, ou seja, doutrinas reformadoras.

Com o surgimento do Estado Liberal, no século XVIII, nascia um novo ideal, expressado por Kant, de um Estado no qual todos os cidadãos gozassem de uma igual liberdade.

Entretanto, o liberalismo não pretendia alcançar uma "igualdade real", pois protegia a liberdade de possuir e acumular riquezas sem limite algum. Isso deu origem às desigualdades sociais, existentes em todo o capitalismo.

O socialismo foi o grande defensor das sociedades economicamente igualitárias, opondo-se veementemente à proposta liberal da não ingerência do Estado na sociedade.

---

1 BOBBIO, Norberto. *Igualdade e liberdade*. 3. ed. Rio de Janeiro: Ediouro, 1997. p. 23.

2 Ibidem, p. 25.

O Estado Social nasceu com a Primeira Guerra, propondo um modelo assistencialista, garantindo novos direitos, além dos individuais consagrados pelo liberalismo, os direitos sociais.

A evolução dos Estados Nacionais fortaleceu as Constituições contemporâneas, consagrando a "igualdade jurídica" como fundamento de todos os direitos individuais.

O Estado Constitucional assegura a igualdade como norma jurídica no ápice da pirâmide normativa. A igualdade remete à ideia de justiça e ordem social, podendo ser observado na importância dada ao "Princípio da Isonomia" nas Constituições.

Bandeira de Mello elucida:

> A Lei não deve ser fonte de privilégios ou perseguições, mas instrumento regulador da vida social que necessita tratar equitativamente todos os cidadãos. Este é o conteúdo político-ideológico absorvido pelo princípio da isonomia e juridicizado pelos textos constitucionais em geral, ou de todo modo assimilado pelos sistemas normativos vigentes.[3]

A igualdade dos sujeitos na ordem jurídica, garantida pelas Constituições, não significa que estes devam ser tratados de modo idêntico, mas que sejam respeitadas as diferenças individuais e sociais. A notória afirmação de Aristóteles, repetida por Rui Barbosa, traduz com propriedade a compreensão da igualdade: *a igualdade consiste em tratar igualmente os iguais e desigualmente os desiguais, na medida em que se desigualam.*[4] O filósofo grego Aristóteles foi o primeiro a considerar o conteúdo ético-jurídico da igualdade, vinculando à ideia de justiça.

Os critérios de discriminação devem ser justificados de maneira clara para que se possa atingir o ideal da igualdade. A igualdade deve ser tratada em uma perspectiva histórica, pois seu significado requer um elemento relacional, ou seja, comparação entre situações. As exigências na seleção e os critérios de diferenciação impõem uma análise complexa da sociedade.

A primeira discussão que se enfrenta na efetivação da igualdade é a *igualdade na lei ou perante a lei.* Com efeito, Kelsen demonstrou que a *igualdade perante a lei* não possuiria significado algum, pois o sentido relevante está na obrigação da igualdade *na* própria lei, entendida como limite para a lei.[5] No Direito brasileiro esta distinção é irrelevante.

A segunda questão gira em torno da diferença de igualdade formal e substancial. A igualdade formal significa que todos os cidadãos são iguais, sem distinção de sexo, de raça, de religião e de condições pessoais e sociais. Já a igualdade substancial consiste nas diversas políticas públicas desenvolvidas pelo Estado para a remoção dos obstáculos que impedem o alcance da igualdade.

---

3 BANDEIRA DE MELO, Celso Antônio. *Conteúdo jurídico do Princípio da Igualdade*. 3. ed. São Paulo: Malheiros, 1999. p. 10.

4 BARBOSA, Rui. *Oração aos moços*. 3. ed. Rio de Janeiro: Simões, 1949. p. 26.

5 KELSEN, Hans. *Teoria pura do Direito*. 3. ed. São Paulo: Martins Fontes, 1991.

A igualdade formal teve seu berço no Iluminismo francês, permanecendo em todos os ordenamentos jurídicos das sociedades atuais. A igualdade substancial concretiza-se na exigência de uma justiça social, tentativa de harmonização entre o interesse individual e geral.

Independente de terminologias teóricas, o certo é que, para se chegar ao ideal de igualdade é necessária a criação, no mundo fático, de possibilidades comuns a todos. O convívio social dos indivíduos de uma nação depende de sua organização, do modelo político-econômico adotado e, sobretudo, do contexto cultural. A norma declaratória e abstrata, por si só, não basta.

O objetivo a ser alcançado pela igualdade deve ser feito não só por regras jurídicas, mas também pela implementação de políticas e programas de ação estatal.

2. Arcabouço jurídico: princípio constitucional da igualdade

A Constituição Federal de 5 de outubro de 1988 consagrou no título "Dos Direitos e Garantias Fundamentais", no capítulo "Dos Direitos e Deveres Individuais e Coletivos", art. 5°, *caput*, o Princípio da Igualdade, estabelecendo:

> Art. 5° - Todos são iguais perante a lei, sem distinção de qualquer natureza, garantindo-se aos brasileiros e aos estrangeiros residentes no País a inviolabilidade do direito à vida, à liberdade, à igualdade, à segurança e a propriedade, nos termos seguintes:
>
> I – homens e mulheres são iguais em direitos e obrigações, nos termos desta Constituição; (...)

Refere-se ainda à igualdade o art. 3°, inciso IV, determinando que o objetivo da República é promover o bem a todos, sem preconceito de origem, raça, sexo, cor, idade e quaisquer formas de discriminação. No art. 7°, incisos XXX, XXXI e XXXII, proíbem a diferença salarial por gênero, idade, cor ou estado civil.

Nas palavras de Quadros de Magalhães, tem-se a dimensão do princípio em relação aos Direitos Fundamentais:

> O princípio da igualdade jurídica é, como vimos, o alicerce dos direitos individuais, que os transforma de direitos de privilegiados em direitos de todos os seres humanos; entretanto, **a igualdade jurídica não fundamenta só os direitos individuais, mas todos os direitos humanos.**[6] (grifos nossos)

Segundo o jurista, a igualdade também é a base dos direitos políticos e da cidadania plena, pois assegura no art. 14 da Constituição o exercício da *soberania popular pelo sufrá-*

6 MAGALHÃES, José Luiz Quadros de. *Direito Constitucional, Tomo I.* Belo Horizonte: Mandamentos, 2000. p. 90.

gio universal e pelo voto direto e secreto, com valor igual para todos.[7] Tem-se a igualdade como fundamento para a democracia, sendo imprescindível para a sua implantação.

Canotilho ensina que, o princípio da igualdade é *um dos princípios estruturantes do regime geral dos direito fundamentais;* é o grande informador de toda a Constituição, expressa ou implicitamente contido, como pressuposto indispensável às determinações constitucionais.[8]

No Brasil, o princípio da isonomia adentrou à ordem jurídica pela primeira vez na Constituição Republicana de 1891, considerado como simples vedação formal a privilégios individuais.

A Constituição Federal de 1988 revolucionou o sistema jurídico brasileiro, reconhecendo a igualdade como alicerce para consolidação da cidadania.

A análise da igualdade não pode ser encarada de maneira simplista *"todos são iguais perante a lei"*, pois demanda um cuidadoso confronto histórico e sociológico das várias situações determinadas pela Lei Maior.

Focalizando especialmente a isonomia de gêneros contemplada pela atual Constituição brasileira, o presente trabalho passa pela história de lutas das mulheres contra as discriminações, preconceitos, violência de gênero para a concretização do princípio da igualdade e os reflexos na consolidação da cidadania.

3. A busca da igualdade pelas mulheres

O lugar da mulher na sociedade sempre objeto de investigação. Na Grécia antiga Pitágoras disse: *"Uma mulher em público está sempre deslocada".* Na civilização ocidental, a mulher sempre foi criada para a família, para os filhos e para dedicar-se à vida doméstica. Os papéis na sociedade sempre foram divididos pelo gênero sexo.

Em Roma, somente os homens eram titulares de direitos, as mulheres, os escravos e os estrangeiros dependiam da vontade de um homem, o *pater familias.*

Na Idade Média, a Igreja transformou a mulher em *símbolo do pecado*, uma "quase-escrava" do marido, com funções de reprodução e afazeres domésticos.

No século XVIII surgiram as primeiras reivindicações a respeito da igualdade entre homens e mulheres. Em 1787, Condorcet, filósofo iluminista, publicou artigo sobre o direito das mulheres. O filósofo inglês, John Locke, foi um dos primeiros estudiosos dos tempos modernos a se ocupar com a questão dos papéis sexuais. Ele defendia a liberdade de opinião e a tolerância, e considerava que a posição de inferioridade das mulheres havia sido criada pelos homens.

John Stuart Mill foi uma personalidade importante na luta pela igualdade. Em 1869 ele publicou sua obra, *The subjection of women,* e descreveu a situação de infe-

7 MAGALHÃES, J. L. Q. Op. cit., p. 91.

8 CANOTILHO, J.J. Gomes. *Direito Constitucional.* 4ª ed. Coimbra: Almedina, 1989. p. 574.

rioridade das mulheres na sociedade como verdadeiras *escravas domésticas.*[9] Os intelectuais impressionados com a linguagem de Stuart Mill, compararam a importância que tiveram os tratados *"A riqueza das nações"* para a construção da teoria liberal e *"O Capital"* para o socialismo, com o clássico *The subjection of women* para a estruturação dos direitos das mulheres.

A Revolução Francesa teve um papel essencial na conquista dos direitos das mulheres. Durante a Revolução muitas mulheres participaram da luta contra a aristocracia e o Antigo Regime. As reivindicações eram para o reconhecimento dos direitos de voto, melhores condições de vida, mudanças na legislação, entre outros.

Olympe de Gouges liderou as mulheres na Revolução Francesa, reivindicando os mesmos direitos dos homens. Em 1791, ela publicou a "Declaração dos Direitos da Mulher e da Cidadã", que sintetiza seu pensamento. Dois anos depois *Olympe de Gouges* foi condenada a morte por haver *"esquecido as virtudes de seu sexo e intrometer-se em assuntos da República".*

A Revolução Industrial trouxe mudanças significativas para as mulheres na sociedade. Devido aos baixos salários dos chefes de família, as mulheres tiveram que contribuir no sustento da família. Pouco a pouco as mulheres foram inseridas no trabalho remunerado.

Com o surgimento do capitalismo, no século XIX, os burgueses assumem o poder político-econômico, passando a valorizar o trabalho como um todo. Desta forma, a mulher que vivia para o lar e a família, passou a exercer um trabalho fora de casa.[10]

No Brasil, até o século XX, a história da mulher se passa em um contexto rural-escravocrata. As mulheres eram divididas entre livres e escravas e seus papéis diferiam muito.

Foi importante a participação das mulheres nos movimentos abolicionistas. Paralelamente, elas demandavam os seus direitos e um lugar "útil" na sociedade.[11] Algumas mulheres contribuíram para a mudança da história nesta época. Amélia Carolina da Silva Couto publicou *Echo das Damas,* em 1880, defendendo a igualdade e o direito de uma educação melhor. Em 1882, Idalina d'Alcantara Costa publicou no Rio de Janeiro, *O Direito das Damas.* Josefina Alvares de Azevedo publicou o jornal *A família,* sobre o movimento de emancipação feminina, em 1889.

No início do século XX, as mulheres reivindicavam pelo direito de voto. Sufragistas francesas e inglesas lutaram com todas as forças que possuíam, editaram jornais, fizeram manifestações, painéis e *slogans*.

---

9 STUART MILL, John. *The subjection of women.* 14ª ed. Cambridge: MIT Press, 1995.

10 PERROT, Michelle. *Mulheres Públicas*. São Paulo: UNESP, 1998.

11 Pioneers for Women's Rights. *In: Emancipating the Female Sex.* Studies in Comparative International Development, Princeton, v. 26, fall, 1991, nº 3.

Em 1920, nos Estados Unidos, após 72 anos de lutas, as mulheres obtiveram o Direito ao voto com a décima nona emenda constitucional. No Brasil, as mulheres conquistaram o voto em 1934.

Florisa Verucci, explicou a importância das Declarações de Direitos no século XX:

> Duzentos anos depois (da Revolução Francesa), o tema da igualdade de direitos para homens e mulheres tornou-se paradigma do século XX em decorrência da reflexão sobre os temas que concernem aos direitos de toda a humanidade, oficializada na Declaração Universal de Direitos Humanos, de 1948, nas Nações Unidas, originalmente denominada de Declaração Universal de Direitos dos Homens.[12]

As Declarações de Direitos surgiram após a Segunda Grande Guerra. O mundo sentiu a necessidade do reconhecimento dos direitos fundamentais no ordenamento jurídico de todas as nações.

A Declaração Universal dos Direitos Humanos foi um *marco absoluto na democracia moderna,*[13] promovendo o respeito e observação universal dos direitos humanos e das liberdades fundamentais para todos, sem distinção de raça, sexo, língua e religião. É a determinação da igualdade para todos os povos.

A busca pela igualdade continuou com mais força na segunda metade do século XX. Cerca de trinta anos após a conquista do direito ao voto, os movimentos feministas se reorganizaram em reação a uma enorme indignação à desigualdade e opressão à mulher.

A sociedade atravessou um momento inédito. O pós-guerra, a revolução sexual, o declínio do patriarcalismo, o acesso da mulher no mercado de trabalho, popularizou a questão feminina. Os modelos tradicionais de *mulher-mãe-esposa* submissas ao poder machista estavam se deteriorando com as transformações mundiais.

O movimento de liberação da mulher foi encabeçado por estudiosas que mostraram uma inusitada coragem e capacidade de superar os padrões socioculturais. Alguns nomes da época são Virginia Woolf, Betty Friedan, Kate Millett, Germaine Greer, Juliett Mitchell, Evelyn Reed, Gloria Steinem, entre outras.

Neste período proliferaram-se os Grupos e Frentes de Libertação da Mulher, nos Estados Unidos, conhecidos como *Woman's Lib*. Eram movimentos radicais que pretendiam alertar a sociedade das condições das mulheres.

O mundo socialista também lutou para a emancipação feminina. O maior teórico foi *Friedrich Engels,* que atribuiu a inferioridade das mulheres ao surgimento da pro-

---

12 VERUCCI, Florissa. *O direito da mulher em mutação*, Belo Horizonte: Del Rey, 1999. p. 18.

13 VERUCCI, Florissa. Op. cit., p. 19.

priedade privada e da família monogâmica, ambas ideais do capitalismo. Para ele, o casamento era uma forma de escravização de um sexo pelo outro e o primeiro conflito de classes foi do homem e da mulher no casamento monogâmico.[14]

Duas grandes correntes do pensamento feminista se formaram, uma que caracterizava o capitalismo, o feminismo reformista e outra que foi denominada feminismo socialista. A primeira visava aperfeiçoar o regime capitalista, permitindo a emancipação da mulher e a igualdade jurídica entre os sexos. A segunda pretendia uma substituição do regime capitalista, causador da situação de inferioridade feminina.[15]

A conquista da igualdade, independente de ideologias, está ligada à história cultural e socioeconômica que existe independente do regime adotado. Para a sua realização são necessários o amadurecimento da sociedade e a criação de condições para que todos possam exercer direitos e deveres igualmente.

Na década de setenta, a comissão de Direitos Humanos da ONU, iniciou um trabalho intervencionista, utilizando mecanismos de controle. As Organizações não Governamentais assumiram a função de "fiscais" das ações da sociedade e do Estado, promovendo e incentivando o cumprimento do que foi estabelecido na Carta das Nações Unidas.[16] As ONGs, em conjunto com movimentos sociais, exerceram um papel importante na luta contra a discriminação da mulher e das minorias. O tema da igualdade ultrapassou a preocupação dos Estados, criando-se uma visão "transgovernamental" com vistas para uma sociedade mais justa.

Em 1995, aconteceu em Pequim a Conferência Mundial da Mulher que reuniu cerca de 180 países e 3000 ONGs. Foram discutidos os principais problemas relativos à mulher. A maior inovação foi a obtenção do "compromisso" dos representantes dos Estados-membros na efetiva implantação daquilo que foi acordado na Conferência.

Para Florisa Verucci a ascensão da questão da mulher ocorreu em nível global:

> O Brasil segue a corrente jurídica segundo a qual o Direito Internacional e o Direito Interno são dois ramos de um mesmo sistema jurídico, segundo o axioma A lei internacional é a parte da lei do país.[17]

As Declarações de Direito e as convenções internacionais foram verdadeiras integrações dos Direitos Humanos na comunidade mundial. A consequência jurídica mais relevante foi o alcance do *status* constitucional adquirido pelos direitos fundamentais na maioria dos Estados de Direito.

---

14 ENGELS, Friedrich. *A origem da família, da propriedade privada e do Estado*. Trad. Leandro. Rio de Janeiro: Bertrand Brasil, 1995. p. 70.

15 CASTRO, Carlos Roberto Siqueira. *O princípio da isonomia e a igualdade da mulher no Direito Constitucional.* Rio de Janeiro: Forense, 1983. p. 184.

16 VERUCCI, Florissa. Op. cit., p. 19.

17 VERUCCI, Florissa. Op. cit., p. 31.

Em sintonia com a evolução do Direito, o *princípio da isonomia* foi reconhecido por quase todas as Constituições contemporâneas, refletindo-se na doutrina e jurisprudência.

Relevante destacar os efeitos das conquistas decorrentes da igualdade entre homens e mulheres na esfera privada. Mudaram as mulheres, os papéis e a família; *"Filha", "esposa", "mãe" há muito tempo deixaram de ser as únicas identificações valorizadas da mulher na sociedade.*[18]

A estrutura patriarcal rompeu-se dando novos rumos às relações familiares e interpessoais, ultrapassando os espaços tradicionalmente reservados ao dito "sexo frágil", como leciona a historiadora, Ana Silvia Scolt:

> Na ordem patriarcal, a mulher deveria obedecer a pai e marido, passando da autoridade de um para a do outro através de um casamento monogâmico e indissolúvel. O domínio masculino era indiscutível. Os projetos individuais e as manifestações de desejos e sentimentos particulares tinham pouco ou nenhum espaço quando o que importava era o grupo familiar e, dentro dele, a vontade do seu chefe, o patriarca, era soberana. Sob a égide do patriarcado, o amor conjugal, por exemplo, não era considerado uma meta, nem mesmo um ideal. O sexo (tolerado) no matrimônio tinha o fim precípuo da procriação, sendo o desejo e o prazer vetados às esposas. Aos maridos, tais limites não eram aplicados, vigorando uma dupla moral que possibilitava que eles exercessem sua sexualidade como bem entendessem, inclusive, buscando satisfação fora do leito matrimonial. A partir da virada para o século XX, entretanto, tais valores começaram a ser colocados em causa, muito embora a subalternidade e a dependência das mulheres em relação ao "sexo forte" na família se mantivessem ainda por um longo tempo, mesmo que disfarçadas sob um verniz de modernidade.[19]

Com a luta pela igualdade, tem-se a oportunidade de verificar profundas e sucessivas mudanças na realidade social, com suas contradições, suas ambiguidades e seus questionamentos evidentes na estrutura familiar.

A partir de novos paradigmas, a família reivindicou direitos, prerrogativas e diversas obrigações que devem ser protegidas e asseguradas pelo Estado através, principalmente, da interpretação de princípios consagrados na Constituição Federal.

É interessante notar que as mudanças ocorridas nos anos 60, 70 e 80 manifestaram-se através de novos valores e comportamentos que influenciaram a vida afetiva e familiar. A tão falada *revolução dos costumes*[20] representou formas inéditas de relacionamentos para homens e mulheres, especialmente na classe média

---

18 SCOLT, Ana Silvia. O caleidoscópio dos arranjos familiares. *In:* PINSK, Carla Bassanezi; PEDRO, Joana Maria. *Nova História das Mulheres*. São Paulo: Contexto, 2012. p. 16.

19 Ibidem.

20 ALMEIDA, Maria Hermínia Tavares de, WEIS, Luiz. Carro-zero e pau de arara: o cotidiano da oposição de classe média ao regime militar. *In:* SCHWARCZ, Lilia Moritz (org.). *História da vida privada no Brasil; contrastes da intimidade contemporânea*. São Paulo: Companhia das Letras, 1998. p. 398-409, v. 4. p. 399.

brasileira, em que, apesar do processo de modernização socioeconômico do país, caminhou-se na contramão da ordem política, buscando-se oportunidades para questionar as relações emocionais.

Naquele contexto, o casamento civil era considerado o *supra-sumo*[21] da hipocrisia e da desigualdade de experiências eróticas entre homens e mulheres. A contestação da moralidade sexual acontecia também nos Estados Unidos da América e na Europa, como forma de expressão de identidade política.[22] O desejo de romper com o modelo de família socializada surge com a participação de mulheres envolvidas na luta contra o regime militar, o que influenciou diretamente na ordem familiar brasileira.

A contestação dos modelos estabelecidos fez com que emergissem reivindicações como da homoafetividade, até então tratados clandestinamente.[23] Os relacionamentos afetivos e sexuais buscavam incorporar novos padrões de comportamento e contrariar os valores "caretas" das famílias pequeno-burguesas.

A rejeição dos costumes foi direcionada também para as práticas religiosas ensinadas no âmbito familiar, implicando na não obrigatoriedade dos ritos e cultos cristãos. A possibilidade de uso das drogas, as novas 'visões de mundo', a influência da psicanálise e da psicologia como ciência atribuíram à sociedade um caráter cada vez mais dessacralizado.[24]

A hegemonia católica já não mais prevalecia, até porque nas décadas de 60 e 70 pretendia-se o alcance do hedonismo. Já no final dos anos 80, houve uma retomada dos cultos religiosos paradoxalmente ao que tinha ocorrido nos últimos anos, refletindo em toda a ordem social:

> Na verdade, nestes novos tempos de globalização, num mundo que se pensaria a religião em declínio, e quando a civilização ocidental parecia testemunhar seu triunfo definitivo, assiste-se ao que se pudesse chamar de vingança da pós-modernidade, numa espécie de retorno ao recalcado. Em todo o planeta, os países desenvolvidos do Ocidente hoje testemunham os efeitos da exportação de suas formas de organização social, seus regimes políticos, seus padrões e hábitos de consumo e suas religiões dominantes, com seus modos de regulação da vida privada, do cuidado do corpo à intimidade da alma, do estreitamento do círculo de relações do indivíduo à desagregação e reordenação das estruturas familiares.[25]

O campo religioso refletiu diretamente na vida privada, posto em que passaram a surgir novas formas de manifestação da fé e de instituições religiosas. As mais varia-

---

21 ALMEIDA, WEIS. Op. cit., p. 399.

22 ALMEIDA, WEIS. Op. cit., p. 400.

23 ALMEIDA, WEIS. Op. cit., p.400.

24 MONTES, Maria Lucia. As figuras do sagrado: entre o público e o privado. *In:* SCHWARCZ, Lilia Moritz (org.). *História da vida privada no Brasil*; contrastes da intimidade contemporânea. São Paulo: Companhia das Letras, 1998. p. 64-72, v. 4, p. 72.

25 MONTES, Maria Lucia. Op. cit., p. 186.

das religiosidades — orientais, esotéricas, arcaicas, inovadoras ou recém-inventadas — difundiram-se em escala significativa, criando e recriando um contexto ao qual foi necessário se adaptar.[26]

O Brasil passou a vivenciar uma verdadeira "guerra santa"[27] na busca de novos fiéis para expandir o campo de atuação. A importância do 'sagrado' reafirma que a religião permanece demarcando as fronteiras entre as esferas públicas e privadas, demonstrando alguns dos reflexos sociais ocorridos na família em todas as classes sociais.

Outro acontecimento que refletiu de forma evidente na família foi o avanço científico dos recursos e domínios dos meios anticoncepcionais. Indubitavelmente, uma das maiores consequências foi a liberação da mulher em relação à sua posição exclusivamente materna, permitindo o ingresso em outras formas de manifestação da sexualidade sem tantas culpas e traumas, a maior dedicação à vida profissional e o planejamento de vida sem estar obrigada ao casamento.

A divulgação da ciência pelos novos meios de comunicação trouxe a possibilidade de organização diferente da vida familiar e social. Passaram-se a vislumbrar formas de controle da natalidade, apresentando a maternidade e a paternidade como opção pessoal.

A família e as questões que importam para ela sempre foram relevantes, e a história da humanidade revela que há uma interligação que chega a confundir a história da família com a própria história da civilização. Portanto, conhecer o perfil das modificações na esfera familiar é refletir sobre a evolução da cultura.

Passaram a não ser mais aceitos conceitos decorrentes somente do modelo tradicional e cristalizado de família — como o modelo patriarcal —, tendo o pai como a figura central, na companhia da mulher e dos filhos. A família ocidental apresenta-se com um formato mais democrático e plural.

A igualdade foi o grito de libertação na esfera pública e privada.

4. O reconhecimento da igualdade nas Constituições

Pesquisas realizadas nas últimas décadas revelam a tendência de mais de 150 Constituições, em vigor de apresentarem um dispositivo legal específico sobre a isonomia entre os gêneros.[28]

Considerando algumas Constituições, comprovar-se-á a intenção mundial.[29] A Constituição da República Federal da Alemanha, de 1949, já no art. 3°, exibe o princípio da igualdade, com expressa menção aos sexos:

---

26 MONTES, Maria Lucia. Op. cit., p. 169.

27 MONTES, Maria Lucia. Op. cit., p.64.

28 CAIRUS, Gail S.; HECKEL, Nancy T. *Development Law and Policy Programme of the Columbia University Center for Populatin and Family Health*. Citado por Florissa Verucci em Obra citada, p. 35.

29 Ver também. CASTRO, C. R. S. Obra citada, p. 205-248, rol das Constituições modernas e a igualdade.

> Todos são iguais perante a lei. Homens e mulheres têm direitos iguais. Ninguém poderá ser prejudicado por causa do seu sexo, da sua descendência, da sua raça, do seu idioma, da sua pátria, e origem, da sua crença, ou das suas convicções religiosas ou políticas.

O Direito alemão inaugurou a adotação de princípios e garantias de igualdade na Constituição de Weimar de 11 de agosto de 1919. As inovações introduzidas foram significativas e refletiram em todo continente europeu.

A Constituição portuguesa de 1976 traz no art. 13° o princípio da igualdade. Vários dispositivos apresentam caráter isonômico e proíbem as discriminações e privilégios.

Na França, a Constituição de 1958 garante no art. 2° o princípio da igualdade de todos os cidadãos na República. Porém, a Lei Maior não contém uma norma específica em relação isonomia entre homens e mulheres. Mas a interpretação constitucional, em conjunto com os Tratados Internacionais firmados, faz com que os franceses tenham acesso a plena igualdade de direitos.

A Constituição da Espanha dispõe no art. 15 que os espanhóis são iguais perante a lei, sem que possa prevalecer qualquer discriminação.

Na Europa a discriminação é muito combatida.[30] Algumas das perspectivas pretendidas pela União Europeia é a formação de uma política de promoção da igualdade de oportunidades entre homens e mulheres. Com base nas Constituições e nos tratados foram criados "Ministérios da Igualdade". São instituições que visam o combate efetivo de qualquer forma de discriminação e obedecem a diretivas comunitárias.

No Brasil, a Secretária Especial de Direitos Humanos ligada a Presidência da República inaugurou timidamente em 1997 políticas públicas dirigidas às mulheres.[31] O combate à violência contra a mulher passou a ser pauta de leis, buscando a efetiva proteção e alcance da igualdade.[32]

Em 2015, foi criado o Ministério das Mulheres, da Igualdade Racial e dos Direitos Humanos (MMIRDH), com a extinção e fusão das Secretarias de Políticas para as Mulheres da Presidência da República, de Políticas de Promoção da Igualdade Racial, e de Direitos Humanos da Presidência da República, criada em 17 de abril de 1997. Após a posse de Michel Temer em 2016 foi extinta a pasta e recriada como Ministério dos Direitos Humanos em 2017.

---

30 DAHL, Tove Stang. *O direito das mulheres: uma introdução do Direito Feminista*. Trad. Teresa Beleza *et al*. Lisboa: Fundação Calouste Gulbenkian, 1993.

31 PINTO, Lucielma Salmito Soares et al. Políticas públicas de proteção à mulher: avaliação do atendimento em saúde de vítimas de violência sexual. *Ciênc. saúde coletiva* [online]. 2017, vol. 22, nº 5, pp. 1501-1508. ISSN 1413-8123. Disponível em: http://dx.doi.org/10.1590/1413-81232017225.33272016. Acesso em: 04 out. 2018.

32 O Ministério da Saúde publicou em 1999, a primeira edição da Norma Técnica Prevenção e Tratamento dos Agravos Resultantes da Violência Sexual contra Mulheres e Adolescentes, contendo recomendações gerais de atendimento e apoio psicossocial e protocolos de procedimentos profiláticos. Em 2005 e 2012 novas edições da referida norma foram revistas e publicadas.

Em 2019, no governo de Jair Bolsonaro, criou-se o Ministério da Mulher, da Família e dos Direitos Humanos, englobando políticas indígenas, anteriormente vinculada ao Ministério da Justiça.[33]

A Constituição dos Estados Unidos, promulgada em 1787 na Filadélfia, reconhece a igualdade dos cidadãos na 14° Emenda Constitucional. Esta emenda refere-se expressamente sobre a *Equal Protection of Law*, "igual proteção das leis". Não há dispositivo específico sobre a igualdade entre homens e mulheres, mas a interpretação constitucional e a jurisprudência construíram, ao longo dos anos, um vasto trabalho de luta contra discriminações.

Em 1972 foi proposta pelo Congresso americano a 27° Emenda, que assegurava a igualdade de direitos entre homens e mulheres. Entretanto, a emenda não foi aprovada por todos os Estados.

Mesmo sem uma cláusula explícita sobre a isonomia entre gêneros na Constituição Americana, a análise da jurisprudência e dos precedentes reflete as conquistas e progressos obtidos.

O primeiro caso a respeito de direitos da mulher foi *BRADWELL v. STATE*[34], a Suprema Corte dos Estados Unidos considerou válida a lei estadual que proibia o exercício da advocacia pelas mulheres.

Em 1875, ao julgar o caso *MINOR v. HAPPERSETT,*[35] a Suprema Corte declarou constitucional outra lei estadual que impedia as mulheres de votar. Esta decisão só foi revogada em 1920, com a Emenda Constitucional n° 19, que reconheceu o direito de voto a todos os cidadãos, sem qualquer distinção.

Em 1908, no caso *MULLER v. OREGON,* [36] a Suprema Corte considerou válida a lei do Estado de Oregon, que vedava o trabalho feminino por mais de dez horas.

Vários outros casos envolvendo a igualdade de direitos chegaram até a Suprema Corte. Mas foi nas décadas de 60 e 70, com a revolução dos costumes e os movimentos feministas, que as decisões repercutiram nos direitos da mulher.

No ano de 1971, ocorreu o clássico caso *REED v. REED,*[37] no qual a Suprema Corte declarou a inconstitucionalidade de uma lei discriminatória. Invocando a "Igual Proteção das Leis", a Suprema Corte, pela primeira vez, considerou a lei do Estado de Idaho inconstitucional, por estabelecer a preferência legislativa em relação ao homem

---

33 Disponível em: http://www2.planalto.gov.br/conheca-a-presidencia/ministros - https://www.mdh.gov.br/. Acesso em: 01 mar. 2019.

34 LOCKHART, Wiliam B., YALE, Kamisar, CHOPER, Jesse H., SHIFFRIN, Steve H. FALLON JR., Richard H. *The American Constitution*. 8 ed. Saint Paul: West Publisher Co., 1996.

35 Ibidem.

36 Ibidem.

37 Ibidem.

na administração dos bens deixados pelo filho falecido. O órgão máximo do Judiciário decidiu que a determinação da lei era discriminatória.

Este caso passou a ser precedente básico *(leading cases)* na solução de controvérsias subsequentes. Foram julgados diversos outros casos, que favoreceram a concretização da igualdade entre os sexos em todos os âmbitos da sociedade; trabalho, educação, família, serviços militares, etc.

Na década de sessenta, surgiu nos Estados Unidos o movimento da Ação Afirmativa *(Affimative action)*, que propunha ações de iniciativa pública e privada, como forma de interpretar o Princípio da Isonomia. A Suprema Corte passou a adotar esta forma de proteção às minorias, o que representou um avanço significativo na consolidação dos direitos.

A Teoria Constitucional norte-americana considera essencial a consolidação dos *"civil rights"*, e tem utilizado de modo exemplar a cláusula da *Equal Protection* na interpretação da Constituição. Baracho pontua:

> A 'equal protection' propiciou classificações acerca da sua tradicional proteção e o relacionamento de temas referentes a: discriminação contra minorias raciais, direito a frequentar escolas, tratamentos preferenciais sobre minorias raciais, discriminação sexual, direitos familiares, saúde e legitimidade.[38]

O amadurecimento da doutrina constitucional é de suma importância na concretização da igualdade assegurada pela Constituição. A interpretação deve ser de acordo com os Direitos Fundamentais, respeitando o que foi estabelecido pela Lei Suprema.

A questão da igualização de direitos não se resolve somente com modificações legislativas empíricas, *há uma distância entre o fato e o Direito.*

O Superior Tribunal de Justiça tem feito um trabalho inédito para concretização da igualdade de direitos e deveres consagrados na Constituição de 1988. Embora muitas decisões enfoquem as relações familiares, há evolução da igualdade refletida nas relações trabalhistas, no contexto social, na exigência de respeito e consolidação do princípio da dignidade da pessoa humana.

No Brasil, as ações afirmativas enfrentam críticas, mas os resultados têm corroborado com a consolidação da igualdade como relata Schreiber:

> No Rio de Janeiro, por exemplo, que foi um dos maiores portos negreiros do mundo, tendo recebido mais de um milhão de escravos na região do Cais do Valongo, foram promulgadas, nos últimos anos, diferentes leis implementando ações afirmativas. A pioneira dentre essas leis, a Lei nº 3.708, de 2001, instituiu cotas para o acesso às universidades estaduais. Editou-se, em 2008, nova lei que vigorou por dez anos. Sua constitucionalidade foi contestada no

---

38 BARACHO, José Alfredo de Oliveira. *Direitos Civis: Retórica ou Realidade – O Direito de Igualdade e a Ação Afirmativa*. O sino de Samuel, Belo Horizonte, maio de 1999. p. 4.

> Tribunal de Justiça, que, em 2009, confirmou, por maioria de votos, a validade da lei. No ano passado, o prazo foi renovado por mais dez anos. Tive a honra de participar da comissão de avaliação do impacto da lei de cotas no ensino público fluminense e as conclusões alcançadas no âmbito das diferentes universidades envolvidas desmontam mitos habituais, como a crença de que alunos cotistas têm pior desempenho que não-cotistas ou que a evasão dos bancos universitários seria maior entre os alunos cotistas. Os dados e estatísticas mostram o oposto: *"Os dados analisados evidenciaram que, ao contrário do que sugeriam os críticos do sistema de cotas, temerosos de uma queda generalizada da qualidade do ensino público universitário no Estado, o desempenho dos cotistas é praticamente igual ao desempenho dos não-cotistas. (...) Outra ideia que não foi confirmada pela análise dos dados é a de que a evasão seria maior entre os cotistas (...) Os dados analisados revelam, muito ao contrário, que a taxa de evasão é maior entre os não-cotistas que entre os cotistas."* (disponível no site da PGE-RJ: www.pge.rj.gov.br). De fato, a experiência diária na Universidade do Estado do Rio de Janeiro – UERJ, pioneira na implantação do sistema de cotas no país, mostra como ações afirmativas podem ser transformadoras da realidade social e contribuir para que a Universidade pública assuma o papel que lhe é próprio: a democratização do ensino e da pesquisa.[39]

O caminho para o alcance da igualdade real ainda é longo. A luta contra os preconceitos culturais deve estar sempre ventilando novos debates e questionamentos que serão apreciados pela ciência do Direito.

5. O feminismo e a mulher como sujeito

5.1. O que é o feminismo?

Uma das problemáticas mais constantes ao abordar o feminismo está em sua própria definição. Trata-se de um vocábulo que denota um significado compreendido socialmente de maneiras diversas. Nos grupos envolvidos com pautas identitárias, a conotação da palavra ganha leituras individuais, já àqueles contrários ao movimento, logo o identificam como conflito de gêneros.

Ao longo da construção do movimento feminista, autoras de variadas vertentes e compreensões intersecionais do feminismo procuraram dá-lo significado objetivo, que compreendesse uma pretensa pauta universal.

> Desse modo, o feminismo pode ser definido como a tomada de consciência das mulheres como coletivo humano, da opressão, dominação e exploração de que foram e são objeto por parte do coletivo de homens no seio do patriarcado sob suas diferentes fases históricas, que as move em busca da liberdade de seu sexo e de todas as transformações da sociedade que sejam necessárias para este fim. Partindo desse princípio, o feminismo se articula como filosofia política, e, ao mesmo tempo, como movimento social.[40]

---

39 SCHREIBER, Anderson. *Direito Civil, igualdade racial e o samba da Mangueira.* Disponível em: http://www.cartaforense.com.br/m/conteudo/colunas/direito-civil-igualdade-racial-e-o-samba--da mangueira/18339. Acesso em: 16 mar. 2019

40 GARCIA, Carla Cristina. *Breve história do feminismo.* São Paulo: Claridade. p. 16

Para Bell Hooks o feminismo é "um movimento para acabar com o sexismo, exploração sexista e opressão".[41] Não há definição universal para o conceito, muito menos a explicação do vernáculo sob uma lógica incontroversa.[42]

Um dos conceitos mais reconhecidos do feminismo é atribuído à Chimamanda Ngozi Adichie, escritora nigeriana que definiu o movimento a partir do "feminista", como sendo "ther person who belevies in the social, political and economic equality of the sexes",[43] o que implica em uma concepção aberta, independente do gênero, cuja máxima é a igualdade.

Convergem-se, contudo, o diagnóstico de que o feminismo, em sua evolução histórica, e, principalmente, em sua identificação como movimento social, deve compreender as especificidades de cada mulher, de seus marcadores sociais e de sua posição na sociedade. Assim, o feminismo deixa de ser encarado tão somente como um movimento unitário, e passa a conotar "feminismos", englobando vertentes, vieses e posições de cada nicho social.

O gênero não pode ser analisado como um marcador separadamente, uma vez que perpassa relações diversas, complexas, tendo, portanto, um caráter eminentemente transversal. Há que se conjugar com tantos outros que influenciam as relações de gênero e que – de igual forma – não podem ser isoladas em análise. É o que se passa com a sexualidade, raça e classe.

A composição dos "feminismos" existentes, portanto, está alicerçada na composição de fatores e contextos diversos, tais como a abordagem do movimento feminista de mulheres negras, ampliando a pausa de reivindicações de direitos fundamentais. Por outro viés, na metade do século passado, o feminismo pleiteado por mulheres brancas tinha como base a possibilidade de exercer atividade laborativa fora do âmbito familiar, lançando a luz a uma pauta na qual as mulheres negras não participavam. Isto porque, a história da escravidão brasileira, e mesmo após sua abolição, as mulheres negras sempre estiveram envolvidas no trabalho – ainda que em condições sempre precárias e vulneráveis.

A investigação histórica traz à baila a necessidade de críticas frente à ausência de registros e informações que possibilitem traduzir o feminismo no Brasil:

> A abordagem da condição feminina, agora que existe uma mobilização feminista em quase todo o território nacional, nos remete à necessidade de investigar como a mulher tem vivido nesses quinhentos anos de história brasileira. Deixemos de fora a cultura anterior ao descobrimento, de tal forma esmagada, que se torna extremamente difícil seu resgate. A história

41 Hooks, Bell.. *Feminism is for everybody: Passionate politics.* Cambridge: South End Press. 2000. p. 1.

42 Bell Hoocks revela que quando definiu feminismo tinha esperança de que seu conceito se tornaria comum, especialmente porque não deixava implícito que homens eram inimigos.

43 ADICHIE, Chimamanda Ngozi. *We should all be feminists.* TED Talks. Disponível em: https://www.ted.com/talks/chimamanda_ngozi_adichie_we_should_all_be_feminists/transcript. Acesso em: 02 fev. 2019.

> do nosso país tem sido interpretada quase que somente do ponto de vista das classes dominantes. Não se mencionam fatos ocorridos no relacionamento dos brancos com os índios e escravos negros ou mesmo nas ações de exploração e devastação da natureza, determinantes na constituição da história brasileira.
>
> Ao abordar o desenvolvimento da condição da mulher na sociedade brasileira através dos tempos, sua vida, seus anseios, sua maneira de pensar e participar dos acontecimentos culturais e políticos, na família ou no trabalho, verificamos a necessidade de reconstruir a história do Brasil. Começaríamos por uma apreciação crítica da visão estabelecida pelos nossos historiadores e observadores políticos, que se omitem quanto ao tema. E o pouco que se fala da mulher brasileira não foge ao princípio universal denunciado por Simone de Beauvoir em 1949: "Toda a história das mulheres foi escrita pelos homens". E, portanto, podemos acrescentar: está sob suspeição.[44]

Embora a história "oficial", reiterada e contada sob o espectro masculino, as mulheres sempre estiveram nas trincheiras da luta, das reinvindicações e na vanguarda das mudanças sociais. Ainda que silenciadas, esquecidas pela historiografia machista e colocadas à penumbra do protagonismo, há exemplos fortes e simbólicos de como as mulheres sempre estiveram representadas em figuras relevantes e também históricas.

Schreiber faz um paralelo entre a história *não contada* e a construção dos direitos fundamentais, destacando o papel de mulheres brasileiras que lutaram pela igualdade e alcance da cidadania:

> Em 4 de março deste ano, a Estação Primeira de Mangueira, uma das escolas de samba mais tradicionais do país, apresentou na Marquês de Sapucaí o enredo "*História para ninar gente grande*", em que homenageou diferentes heróis brasileiros "esquecidos" por nossa historiografia oficial. Ganharam vida na Avenida mulheres que foram exemplos de luta e resistência em diferentes momentos da história do Brasil, desde Dandara – guerreira negra do período colonial brasileira, mãe de três filhos e esposa de Zumbi dos Palmares, que se suicidou em fins do século XVII, atirando-se a um abismo para não voltar à condição de escrava – até Marielle Franco, socióloga, ex-ambulante, "*cria da Maré*" (como ela gostava de dizer), mãe de Luyara e vereadora eleita pelo Rio de Janeiro, executada a tiros no bairro do Estácio em 14 de março de 2018. Separadas por um longo arco temporal, ambas as mulheres, negras, lutaram pela efetiva proteção de direitos fundamentais e da igualdade racial, outrora negados até mesmo pela ordem jurídica formal e, hoje, reconhecidos formalmente, mas ainda distantes de efetiva proteção na realidade cotidiana das camadas economicamente mais pobres da população brasileira.[45]

Os cientistas políticos, Flávia Biroli e Luis Felipe Miguel, lecionam que "a teoria política feminista é uma corrente profundamente plural e diversificada, que

---

44 TELES, Maria Amélia Almeida de. *Breve História do Feminismo no Brasil e outros ensaios.* São Paulo: Editora Alameda, 2017. Edição do Kindle. Retirado de www.amazon.com.

45 SCHREIBER, Anderson. *Direito Civil, igualdade racial e o samba da Mangueira.* Disponível em: http://www.cartaforense.com.br/m/conteudo/colunas/direito-civil-igualdade-racial-e-o-samba-da-mangueira/18339. Acesso em: 16 mar. 2019

investiga a organização social tendo como ponto de partida as desigualdades de gênero".[46]

> Nas lutas pelo voto feminino e pelo acesso das mulheres à educação, assim como na exigência de direitos iguais no casamento e do direito ao divórcio, do direito das mulheres à integridade física e a controlar sua capacidade reprodutiva, *o feminismo pressionou os limites da ordem estabelecida, é claro, mas também das formas de pensar o mundo que a legitimavam. No processo de suas próprias lutas, o feminismo foi capaz de transformar sua agenda e também sua reflexão sobre o mundo social.*
>
> A pífia presença feminina nos espaços de poder após a obtenção desse direito indicou a necessidade de identificar os mecanismos de exclusão mais profundos, além da restrição consignada em lei. O mesmo se pode dizer das reformas dos códigos civis ou do acesso à educação. Cada vez mais, em vez da incorporação das mulheres à ordem existente, tornava-se clara a necessidade de uma transformação profunda dessa ordem. Em muitas das frentes das lutas feministas, a exigência foi a cidadania igual para mulheres e homens. Mas o *deciframento do sentido dessa igualdade implicava ir além da isonomia legal e inquirir as condições reais de existência delas e deles, questionando premissas básicas das hierarquias sociais e do funcionamento das instituições.*
>
> Nas correntes mais próximas do socialismo e do marxismo, o feminismo tematizou, ao mesmo tempo, as relações de gênero e a estrutura de classes das sociedades contemporâneas. Isso significou um debate sistemático com outros movimentos políticos e correntes teóricas, numa reinterpretação da prioridade das desigualdades de gênero e dos interesses das mulheres nas estratégias políticas, nas análises e, de modo amplo, nos ideais e nos referenciais normativos que orientam os combates por justiça social. A luta feminista foi e, segundo acreditamos, deve ser também por transformações que levem a sociedades mais justas do ponto de vista de suas estruturas econômicas, sem perder de vista as especificidades de gênero.[47] (grifos nossos)

Em um debate contemporâneo, o movimento feminista de mulheres transexuais traz pautas que nem sequer foram objeto de reclames feministas de outras vertentes, pelo simples fator de que estes marcadores sociais delimitam necessidades e consequentes pleitos. É o objeto do Recurso Extraordinário nº 845779, que tramita no Supremo Tribunal Federal sob a relatoria do Ministro Luiz Roberto Barroso, com repercussão geral reconhecida. No recurso, julga-se o caso de uma transexual barrada no banheiro feminino de um shopping em Santa Catarina, com discussão de fundo sobre o reconhecimento social do gênero autodeterminado.[48]

Em suma, enquanto movimentos feministas de mulheres cisgênero estão pautando o fim da cultura patriarcal, o direito ao aborto, a autonomia plena e ao respeito,

---

46 BIRIOLI, Flávia. MIGUEL, Luis Felipe. *Feminismo e política: Uma introdução*. São Paulo: Boitempo Editorial. 2015. Edição do Kindle. Retirado de www.amazon.com.

47 BIRIOLI, Flávia. MIGUEL, Luis Felipe. Op. cit.

48 O julgamento do Recurso já teve votos favoráveis dos Ministros Luis Roberto Barroso e Luiz Edson Fachin, mas foi interrompido por um pedido de vista do Ministro Luiz Fux. O caso orientará o julgamento de outros 778 processos.

o movimento transfeminista luta pela utilização de espaços predeterminados por uma lógica que já não atende à atualidade.

5.2. A evolução do feminismo: ondas e conquistas

Na historiografia do movimento feminista, é comum que as fases reivindicatórias e as pautas travadas em um dado momento sejam divididas em "ondas". Trata-se, a bem verdade, de um recorte temporal de lutas, e de uma equivalência de pleitos que são colocados em um dado momento da história. A criação do termo é atribuída à escritora Martha Winman Lear, quando, em 1968, escreveu o texto "A Segunda Onda do Feminismo", publicado no jornal "The New York Times Magazine".

Não há, contudo, uma divisão incontroversa destes períodos, e, muito menos, não se trata de um recorte estanque do movimento feminista, que já se demonstrou plural e em disputa, recusando homogeneidades que estabelecem padrões ou que se impõe à própria história. No entanto, com o fito de demonstrar a evolução das pautas reivindicatórias e a própria evolução de um movimento, as "ondas do feminismo" tem evidente caráter didático, e servem à demonstração de que um dado momento histórico é reflexo da conjuntura político social vigente naquele quadrante.

É assim que a primeira onda do feminismo é comumente identificada nos meados do século XIX e início do século XX, quando os direitos civis e políticos começaram a ser objeto reivindicações por parte das mulheres em uma busca por reconhecimento formal ao seu status de sujeito de direitos. Repetindo um padrão histórico, que se observa até os dias de hoje, aos homens já era ofertado o direito à vida pública, ao seu papel enquanto sujeito social e político, margeando as mulheres a centralidade da vida privada.

É neste contexto que o movimento sufragista se impõe como uma pauta central, que pleiteava pela participação das mulheres no curso decisório da vida política, a partir do direito ao voto. Neste momento, os reclames feministas da primeira onda relacionam-se ao rompimento da vida privada imposto às mulheres, para que o direito à educação, ao voto e à vida pública pudesse também contemplá-las, equivalendo-se aos homens que já gozavam desta faculdade.

O exercício pleno da cidadania era visto como uma primeira medida a ser alcançada, para que o posicionamento equânime de mulheres e homens pudesse ser a primeira pedra jogada ao vidro que blindava os corpos mulheris da vida pública. No Brasil, este movimento alcançou resultado em 1934, durante o governo de Getúlio Vargas, quando as restrições ao pleno exercício do voto feminino foram retiradas do Código Eleitoral.

A insuficiência desta conquista para a garantia da igualdade material entre homens e mulheres, no entanto, catalisou a busca feminista por novas conquistas – não mais vinculadas necessariamente à vida pública, mas sim ao exercício da autonomia e do direito ao corpo e à sexualidade. Neste contexto, a partir da segunda metade do século XX, a segunda onda feminista pautou a centralidade da não discriminação de gênero, em uma luta que perpassava a garantia de mulheres serem vistas socialmente com a mesma relevância que os homens.

No Brasil, o contexto histórico-social da época remontava a um momento de recrudescimento da ditadura militar, em um panorama mundial pós-segunda guerra mundial e em plena vigência da Guerra Fria. O movimento feminista, contudo, rompia a simbologia de um governo dominantemente masculino e colocava nas ruas as pautas culturais pelo direito à sexualidade.

Como já abordado, foi revolucionário o surgimento do anticoncepcional, permitindo à mulher conhecer uma autonomia inédita, que impactou nos mais variados setores da sociedade.

O papel imposto à mulher de vincular sua vida sexual à maternidade, à procriação e a serventia à vida familiar ganhou a uma primeira rusga, que permitiu a possibilidade de se relacionar sexualmente sem a compulsoriedade da reprodução.

Tratava-se, assim, da conquista pelo direito à liberdade sexual, que intimamente se relacionava à própria autonomia feminina e da autodeterminação de seu corpo, antes vinculado aos quereres e imposições sociais masculinas, especialmente no âmbito privado.

A segunda onda do feminismo propôs o rompimento da dominação masculina sobre a mulher em todos os seus sentidos, não mais apenas em relação à vida pública – objeto dos pleitos da primeira onda do feminismo – mas em todos os âmbitos, inclusive nos relacionamentos interpessoais e nas relações sexuais. Foi neste período, que o direito ao aborto passou a ser uma discussão centralizada na autonomia da mulher em relacionar-se com o seu próprio corpo, inclusive diante de uma gravidez indesejada.

Inegável os avanços da segunda metade do século XX, especialmente em relação à liberdade sexual feminina, entretanto muitas pautas permanecem, como o direito ao aborto, a isonomia salarial, o combate à violência contra a mulher e uma mudança de cultura frente à diversidade de gêneros.

No contexto da segunda onda feminista, contudo, surgiu um importante conceito que desvelou uma estrutura social enraizada, que traduzia a relegação dos corpos feminismo e um sistema político social de dominação masculina, presente no significado do "patriarcado". As conquistas havidas até então, como o direito ao voto, passavam assim a não denotar a resolução de uma problemática social complexa, que se revelava no conceito de patriarcado e no diagnóstico de um sistema misógino e discriminatório.

Em síntese, o direito ao voto revela-se como um triunfo importante, mas pontual, que não detinha a capacidade de engendrar uma mudança sistêmica capaz de resolver um sistema histórico e socialmente complexo. Era preciso, portanto, primeiramente descortinar a existência de marcadores sociais muito bem delimitados, e a existência de uma conjuntura milenar que precisaria ser combatida em violências muito mais sutis, ordinárias e reincidentes, que não apenas seriam resolvidas com o reconhecimento de uma igualdade formal através do voto.

A segunda onda do feminismo, portanto, teve um caráter eminentemente denunciativo, que buscou trazer a lume a pauta de que o "privado é político", e da existência de um patriarcado que continuava a perpetrar discriminações constantes, ainda que disfarçadas ou socialmente desapercebidas.

Há, por fim, aquelas que identificam a existência, nos dias atuais, de uma terceira onda do feminismo, que teria se iniciado nos anos 80, e que teria como pauta central a concretização da igualdade e da liberdade. Veja-se:

> Por fim, a terceira e última onda do feminismo está em vigor nos dias atuais. Como vimos, a segunda onda ocorreu entre os anos 60 e 70, durou por um período mais curto que a primeira, que permaneceu por aproximadamente um século. Já a terceira onda iniciou nos anos 80 e prevalece até os dias atuais. O movimento contemporâneo busca a concretização dos direitos formalmente consolidados (igualdade e liberdade), mas também busca direitos que abrangem a sociedade como um todo. A terceira onda retira do seu foco central a esfera individual para enfatizar toda a coletividade. Busca-se os direitos transindividuais, ou seja, direitos difusos que atingem as mulheres em todos os lugares, tanto na esfera pública como privada.[49]

Pontua-se que no novo milênio, a pauta feminista ganhou relevância social a partir de um movimento de conscientização social – que, ainda que muito longe de resolver a problemática das violências de gênero – passou a engajar mulheres das mais variadas idades em uma busca constante por sentimento de classe e pela clara noção da necessidade de se autoafirmarem enquanto feministas.

Atualmente, tem-se a proclamação do feminismo como uma pauta prioritária, a permear questionamentos de violências sexuais, psicológicas e emocionais. Há, incontestavelmente, uma generalização da incorporação de um sentimento insurgente, inconformista, que transborda uma indignação histórica por uma insistência discriminatória, que não mais é acatada ou silenciada.

Um dos marcos mais significativos na história brasileira acerca da pauta feminista – pelo menos se analisada do ponto de vista eminentemente positivista, e não apenas em seu espectro social – foi a edição da Lei nº 11.340/2006, a chamada Lei Maria da Penha. O diploma, que busca combater a violência doméstica e familiar, remonta a existência não apenas da violência física, mas também psicológica, sexual, patrimonial e moral.[50]

Em julgamento da Ação Direta de Constitucionalidade nº 19, o Supremo Tribunal Federal manifestou-se sobre o conteúdo dos arts. 1º, 33º e 41º da Lei nº 11.340/2006, para declará-los harmônicos com a ordem constitucional. Na votação – unânime – foi simbólico o discurso da Ministra Cármen Lúcia – que, afora das discussões

---

49 PETER, Christiane. *Constitucionalismo Feminista ressoa no Supremo Tribunal Federal*. https://www.conjur.com.br/2018-dez-29/observatorio-constitucional-constitucionalismo-feminista-ressoa-supremo-tribunal-federal.

50 Nos termos do art. 7ª da Lei nº 11.340/2006.

eminentemente jurídicas que permeiam os julgamentos da Suprema Corte – denotou a profunda especificidade das violências de gênero.

Assim se manifestou:

> Tenho absoluta convicção ou convencimento, pelo menos, de que um homem branco, médio, ocidental, jamais poderá escrever ou pensar a igualdade ou a desigualdade como uma de nós, porque o preconceito passa pelo e no olhar. Uma de nós, ainda que dispondo de um cargo, titularizando um cargo, que nos dá, às vezes, até a necessidade de uso de um carro oficial, vê o carro de quem está ao lado, um olhar diferenciado do que se ali estivesse sentado um homem. (...)
>
> Eu conto aqui, e o Ministro Luiz Fux acaba de dizer, que há uma diferença entre mulheres violentadas ou não violentadas. Acho que não, Ministro. Onde houver, enquanto houver, uma mulher sofrendo violência neste momento, em qualquer lugar deste Planeta, eu me sinto violentada. Enquanto houver situações de violência, temos de ter o tratamento para fazer leis como essa, que são políticas afirmativas, que fazem com que a gente supere – não para garantir a igualdade de uma de nós: juízas, advogadas, senadoras, deputadas, servidoras públicas -, mas a igualação, a dinâmica da igualdade, para que a gente um dia possa não precisar provar que nós precisamos estar aqui porque, sendo mulher, tanto não seria o "normal". E digo isso, porque alguém acha que, às vezes, uma juíza deste Tribunal não sofre preconceito. Mentira! Sofre! Não sofre igual a todas as mulheres, outras sofrem mais do que eu. Mas, sofrem. Há os que acham que isto aqui não é lugar de mulher, como uma vez me disse uma determinada pessoa sem saber que eu era uma dessas: «Mas, também, lá agora tem até mulher».[51]

Denota-se, portanto, que permanecessem em disputa os direitos das mulheres, em suas mais variadas vertentes, espectros, a partir da individualidade e identificação de opressões, violências e marcadores sociais.

É fundamental, contudo, que se compreenda que o movimento feminista coloca em disputa o próprio sujeito mulher, que reclama a significação de suas próprias características, sem que estas possam ser universalizadas em um projeto político neutro – que, ao final, apenas contemplará uma categoria de sujeitos já demarcados socialmente em seus privilégios – os homens.

5.3. A mulher como sujeito reivindicado

O processo de reconhecimento dos direitos das mulheres e da proposição de uma sociedade igualitária não pode ser encarado tão somente como um movimento social. Isto porque, antes de tudo, embora as ondas do feminismo estivessem a reivindicar o reconhecimento de pautas eleitas, o que se colocava em disputa era o próprio papel da mulher como sujeito, em uma disputa eminentemente política.

---

51 BRASIL, Supremo Tribunal Federal. Ação Direta de Inconstitucional nº 19, 2012. Voto da Ministra Cármen Lúcia.

O que se compreende, portanto, como homem e mulher, antes de conceitos ontológicos, é uma conclusão social e politicamente construída, a partir de um campo epistemológico em disputa, que não comporta visões estanques e deterministas, como se estas fossem categorias universais e dadas.

> São os processos políticos que vão determinar o resultado de quem vencerá – político no sentido de que vários atores e várias significações se enfrentam para conseguir o controle. A natureza desse processo, dos atores e das ações, só pode ser determinada especificamente se situada no espaço e no tempo. Só podemos escrever a história desse processo se reconhecermos que "homem" e "mulher" são ao mesmo tempo categorias vazias e transbordantes; vazias porque elas não têm nenhum significado definitivo e transcendente; transbordantes porque mesmo quando parecem fixadas, elas contêm ainda dentro delas definições alternativas negadas ou reprimidas. Em certo sentido a história política foi encenada no terreno do gênero. É um terreno que parece fixado, mas cujo sentido é contestado e flutuante.[52]

A categoria do ser mulher, portanto, comporta um conceito que, embora vazio, foi preenchido historicamente com uma série de marcadores sociais e submetidas a violências e predeterminações.

O campo político, antes de ser apontado pelas lutas feministas, foi, desde o início, o responsável por categorizar homens e mulheres e dar-lhes os significados que, dentro de uma conjuntura de tempo e espaço, vem surtindo efeitos conhecidos. Trata-se, assim, da verdadeira criação de um sistema de gênero, que categoriza e divide corpos a partir de sua performance e dos símbolos a eles atrelados, a fim de servir a uma conjuntura patriarcal e capitalista que perpetua opressões bem demarcadas.

É esta repetição histórica, insistente e culturalmente entranhada que marca mulheres como símbolos que lhe são atribuídos: a afetividade, o cuidado, a vida familiar, a maternidade, além da feminilidade, da sensibilidade e vaidade. Aos homens, estes mesmos marcadores são colocados, mas em uma posição de privilégio que lhes permitem a conquista da vida pública, da renda, da virilidade, da força.

Sobre o tema, anota-se:

> As concepções culturais de masculino e feminino como duas categorias complementares, mas que se excluem mutuamente, nas quais todos os seres humanos são classificados, formam, dentro de cada cultura, um sistema de gênero, um sistema simbólico ou um sistema de significações que relaciona o sexo a conteúdos culturais de acordo com valores e hierarquias sociais. Embora os significados possam variar de uma cultura para outra, qualquer sistema de sexo-gênero está sempre intimamente interligado a fatores políticos e econômicos em cada sociedade.[53]

---

52 SCOTT, SCOTT, Joan W. *Gênero:* Uma Categoria Útil para a Análise Histórica. São Paulo: Columbia University Press, n 4, 1989. p. 16.

53 LAURETIS, Teresa. A tecnologia do Gênero. *In:* HOLLANDA, HB (Org.). *Tendências e Impasses.* RJ: Rocco, 1994. p. 211

Neste sentido, identifica-se que a história é contada e recontada pelo mesmo ponto de vista, sob o olhar desta divisão social e política que coloca a visão tradicional por um espectro eminentemente masculino. Reconhecer a existência de um sistema de gênero, e dentro dele, a existência de opressões específicas a cada uma das mulheres é entender que é necessário recontar cada uma das vivências, das lutas e dos movimentos existentes, grafando a história não mais sob o ponto de vista do opressor.

> (...) inscrever as mulheres na história implica necessariamente a redefinição e o alargamento das noções tradicionais do que é historicamente importante, para incluir tanto a experiência pessoal e subjetiva quanto as atividades públicas e políticas. Não é exagerado dizer que por mais hesitante que sejam os princípios reais de hoje, tal metodologia implica não só em uma nova história das mulheres, mas em uma nova história.[54]

Lançar luz ao movimento feminista, ou aos movimentos feministas, e à existência de uma multiplicidade de sujeitas mulheres, é o questionamento inaugural do que é dado, do que é contado pela história tradicional e o que é repassado por um sistema de gênero culturalmente enraizado.

Da mesma forma, é primordial que se reconheça a quem esta visão conservadora serve, quais são os tipos de violência que ela perpetua, e qual o verdadeiro protagonismo que está sendo contemplado. Sob toda história, existe uma variedade de perspectivas, de olhares, de antagonismos e de papéis principais. Identificar o lócus que cada um desses sujeitos ocupa, e questionar o lugar que sempre lhes coube traz a conclusão que o *ser mulher* está em constante processo de resistência, de insurreição, de rompimento com realidades dadas e com destinos já grafados.

6. Conclusão

A concepção de cidadania abordada a partir da igualdade e da luta pela concretização da isonomia remete ao "cuidado" como norteador das relações sociais, prevendo a construção de um discurso que atenda as demandas do século XXI.

Vivencia-se o papel das mulheres na sociedade em todas as esferas: social, política, cultural. Depara-se com figuras emblemáticas que representam o poder da mulher, tais como Angela Merkel, Michelle Obama, Carmen Lucia, Christina Lagarde, Marielle Franco, Glória Maria, Michelle Bachelet, Janet Yellen e surpreende-se com novos (velhos) combates ao assédio, à violência, à discriminação contra a mulher.

Assiste-se à cultura de reivindicações por um lugar de respeito às mulheres[55] e, paradoxalmente, encontra-se *hits* propagados pelas diversas mídias, nos quais tem-se

---

54 SCOTT, SCOTT, Joan W. Op. cit., p. 3/4.

55 EEKELAAR, John. *Family Law and Personal Life*. Oxford: Oxford University Press, 2008.

mulheres, homens e crianças divertindo e repetirem a letra de alguma música que coloca a mulher no lugar de objeto sexual do homem.

No início do século XX, Freud descreveu em "O mal estar da civilização", o papel da mulher representando os interesses da família e da vida sexual; e o trabalho cultural dever dos homens, assim como tarefas mais difíceis, obrigando-os a efetuar sublimações pulsionais, às quais as mulheres seriam menos aptas.

Antes de Freud, no século XVI, Shakespeare escreveu "A megera domada". Na obra, há a personagem Catarina, uma mulher feroz que nenhum homem conseguia "domá-la", até que Petruquio surge e ela é "salva" pelo amor e se casa.

Em 2019, muito tempo depois, a mulher atingiu lugar no mercado de trabalho, continua sendo a base do interesse familiar, permanece busca por um lugar de equilíbrio frente ao homem na sociedade. Entretanto, o lugar de objeto sexual permanece inserido no inconsciente coletivo de tal forma que não existe estranhamento algum às letras *machistas* que surgem a cada instante.

Vive-se um desafio, uma contradição na era do politicamente correto. O "fiu-fiu" pode ser considerado um insulto, assim como a liderança feita por mulher é classificada como fálica ou como aquela que ocupa o lugar do *homem.*

Campanhas e movimentos exigindo respeito e cuidado com a mulher no exercício profissional são lançadas e divulgadas nos mais diversos ambientes. Cita-se o movimento *#MeToo* que combate o assédio sexual no mundo e a campanha*"#DeixeElaTrabalhar"*, oriunda da reivindicação de jornalistas desportivas assediadas durante o trabalho, e apoiadas por outras profissionais, determinando-se o comportamento adequado no ambiente de trabalho no século XXI.

Ao receber o prêmio de mulher do ano concedido pela Billboard em 2016, Madonna se definiu uma *feminista má* após ter sido criticada por Camille Paglia, escritora feminista, que atribuiu à artista um retrocesso do papel da mulher ao apresentar-se sempre como objeto sexual. Em um discurso autobiográfico, a artista relata que na juventude pretendia ser como David Bowie, para ela, "a personificação do espírito masculino e feminino". Entretanto, a artista deparou-se com a descoberta que não há regras para os homens e, para a mulher permite-se apenas, ser bela, doce e sexy, sem ser inteligente ou sem ter opinião, sem demonstrar o desejo sexual para o mundo e, finalmente, perante a "lei" que a mulher não envelheça!

Os Estados Unidos que se orgulham da *liberdade*, assistem no novo milênio o presidente eleito, Donald Trump, atribuir à mulher um lugar que definitivamente não mais corresponde à realidade. Onde se gritava *Freedom*, hoje a incoerência ecoa.

No Brasil vivencia-se a busca pela cidadania plena feminina e assiste-se retrocessos inimagináveis expostos pelos representantes dos Poderes Legislativo e Executivo, comprovando a complexidade do pensamento atual.

Pensar em feminismo hoje, não é mais exigir o direito ao voto, o contexto que se presencia é outro e, extremante complexo exigindo reflexões verticalizadas frente ao antagonismo do *empoderamento e retrocesso*.

O papel da mulher descrito por Freud há um século coincide com as exigências culturais, trazendo à tona a incoerência do feminismo frente à sexualidade e indagações: *Ser feminista é perder o desejo? Ser desejada é se submeter ao machismo? São questões postas na ordem do dia, que inevitavelmente dependem de amadurecimento sociocultural no século XXI.*

Há um esforço da sociedade, das mulheres e da própria contingência social em tornar possível o empoderamento feminino, incoerentemente, há um boicote dessa mesma sociedade em derrubar essa ideia e (re)colocar a mulher de volta no lugar, onde a cultura a trata desde os primórdios.

A reflexão cultural, política e individual sobre o que cada um faz pela mudança ou permanência do lugar da mulher na sociedade.

A consagração do princípio constitucional da igualdade convive com uma realidade sociocultural de desigualdade, cuja remuneração da mulher é 30 (trinta) por cento menor no mercado, dentre outras tantas desigualdades, que a regulamentação por si só não resolverá. A igualdade há que ser construída com cuidado.

Indubitavelmente, afirmação de que as mulheres ganham cada vez mais espaço e, simultaneamente, continuam submetidas à velha lógica sexista, é quase *clichê*. Indaga-se, então, como as mulheres poderão alcançar a efetiva a emancipação feminina e, consequentemente, a consolidação da real cidadania.

Uma das respostas é o acesso à educação e instrução aos brasileiros, seja nas grandes cidades ou no interior. Para tanto, urge políticas públicas eficazes para a construção de uma sociedade democrática.

Somente com liberdade e autonomia a mulher poderá ter possibilidade de construção de seu próprio caminho e de suas escolhas: Somente em uma perspectiva de consolidação dos direitos fundamentais, neste caso, a educação digna e de qualidade, poderá contribuir para o processo de construção da cidadania plena.

Há muito a ser debatido, mas é certo que o tão propagado empoderamento das mulheres acontecerá em um espaço que propicie lucidez, inovando assim as melodias das futuras gerações.

Equilibrar a igualdade frente à diversidade, respeitando a autonomia é o desafio para debater a cidadania, elencada como fundamento da República Federativa do Brasil (art. 1º, II, CF/88). As conquistas feministas brindam a todos a partir da concepção de uma sociedade mais justa.

Diálogo entre "Estatutos": o *cuidado* e a tutela das vulnerabilidades

Tânia da Silva Pereira

Sumário: 1. Do princípio da dignidade humana e das vulnerabilidades. **2.** Do diálogo das fontes, das codificações e dos microssistemas. **3.** Dos microssistemas de proteção da infantoadolescência, do idoso e da pessoa com deficiência. **4.** Do Cuidado como denominador comum de proteção especial de "vulnerados". **5.** Conclusão.

1. Do princípio da dignidade humana e das vulnerabilidades

O reconhecimento de Direitos Fundamentais no nosso sistema jurídico decorre do art. 1º, inciso III da Constituição Federal de 1988, ao declarar que o Estado Democrático de Direito tem como fundamento a dignidade da pessoa humana, o que representou um novo cenário, no qual a mesma é reconhecida nas relações patrimoniais e extrapatrimoniais.

A dignidade humana neste contexto deve prevalecer diante da vulnerabilidade humana ou colisão de direitos fundamentais. Seus reflexos atingem todas as áreas de direito público e de direito privado. Além disso, o princípio da dignidade humana, como regra fundamental, deve servir como diretriz na interpretação e na aplicação das leis, "sempre considerado na proteção e na tutela dos direitos da personalidade do homem e nas suas relações jurídicas".[1]

Ingo Sarlet refere-se à dupla função do princípio da dignidade humana. Em sua função defensiva, encerra normas que outorgam direitos subjetivos de cunho negativo (não violação da dignidade); em sua função prestacional, o princípio impõe condutas positivas no sentido de proteger e promover a dignidade.[2]

Para Maria Celina Bodin de Moraes a dignidade humana encontra expressão jurídica nos princípios da igualdade, da tutela da integridade psicofísica, da liberdade e da solidariedade. Segundo a autora, é possível haver conflitos entre duas ou mais situações subjetivas, amparadas por esses princípios, que deverão ser ponderados, tomando a dignidade da pessoa humana como objetivo a ser alcançado, a qual é, por conseguinte, a "medida de ponderação".[3]

---

1 MULHOLLAND, Caitlin Sampaio. Interdisciplinaridade no ensino jurídico: a experiência do Direito Civil. *In: Diálogos sobre Direito Civil:* construindo uma racionalidade contemporânea. Rio de Janeiro: Renovar, 2002. p. 467.

2 SARLET, Ingo Wolfgang. *Dignidade da Pessoa Humana e Direitos Fundamentais na Constituição Federal.* Porto Alegre: Livraria do Advogado, 1988. p. 73.

3 MORAES, Maria Celina Bodin de. *Danos à Pessoa Humana:* uma leitura civil-constitucional dos danos morais. Rio de Janeiro: Renovar, 2009. p. 81/115 *apud* BARBOZA, Heloisa Helena. Vulnerabilidade e cuidado: aspectos jurídicos. *In:* PEREIRA Tânia da Silva; OLIVEIRA, Guilherme de. *Cuidado e vulnerabilidade*. São Paulo: Atlas, 2009. p. 108.

A mesma autora destaca que "a igualdade é a manifestação primeira da dignidade; deve ser considerada, contudo, não em sua formulação inicial, traduzida na afirmativa de que" todos são iguais perante a lei", mas em sua forma mais avançada, denominada "igualdade substancial, que leva em conta as desigualdades de fato existentes entre as pessoas, em decorrência de suas distintas condições psicofísicas, sociais e econômicas".[4]

O art. 1º da Constituição Federal de 1988 prevê como fundamentos da República Federativa do Brasil a cidadania e a dignidade da pessoa humana, tendo, ainda, como objetivos fundamentais a *construção de uma sociedade livre, justa e solidária, e a promoção do bem de todos, sem qualquer tipo de discriminação* (nos termos do art. 3º).

Dentre os objetivos fundamentais da República Federativa do Brasil destaca-se, ainda, no art. 3º a *"promoção do bem de todos, sem preconceitos de origem, raça, sexo, cor, idade e quaisquer formas de discriminação".*

Para os estudos sobre vulnerabilidade é preciso estar atento para "situações substanciais específicas", para que seja dado o tratamento adequado a cada uma delas. Não basta portanto afirmar a vulnerabilidade que tem por conceito todas as pessoas humanas e que se encontram protegidas pela cláusula geral de tutela implícita na Constituição da República. É indispensável verificar as peculiaridades das diferentes situações de cada grupo, como vem sendo feito com as crianças e os adolescentes, com os consumidores e com o idoso.[5]

Alguns grupos têm "vulnerabilidade potencializada" por sua situação fática e técnica. Buscando subsídios na diferença entre vulnerabilidade e hipossuficiência própria dos estudos dos direitos do consumidor, destaca Heloisa Helena Barboza que "todo consumidor é vulnerável (art. 4º, I, CDC). (...) Na verdade, o conceito de vulnerabilidade (do latim *vulnerabilis*) "que pode ser ferido", de *vulnerare*, "ferir", de *vulnus*, "ferida") refere-se a qualquer ser vivo, sem distinção, que pode eventualmente ser *"vulnerado"*, em situações contingenciais. A vulnerabilidade trata-se, portanto, de situação ontológica de todos os seres vivos. Contudo, determinados seres vivos podem ser circunstancialmente afetados, fragilizados, desamparados ou vulnerados".[6]

A mesma autora, buscando subsídios nos estudos de Fermin Roland Schramm, indaga quem são, de fato, os suscetíveis ou vulnerados, uma vez que a tendência dominante é definir a pessoa a partir do seu pertencimento geográfico ou cultural. Afastando os riscos de estigmatização, paternalismo e autoritarismo (dentre outros elementos), a questão reside em como fazer para focalizar os indivíduos vulnerados e lhes fornecer a proteção necessária para desenvolver as suas po-

---

4 MORAES, Maria Celina Bodin de. Op. cit., p. 108.

5 BARBOZA, Heloisa Helena. Vulnerabilidade e cuidado: aspectos jurídicos. *In:* PEREIRA Tânia da Silva; OLIVEIRA, Guilherme de. *Cuidado e vulnerabilidade*. São Paulo: Atlas, 2009. p. 111/112.

6 BARBOZA, Heloisa Helena. Op. cit., p. 110.

tencialidades e sair da condição de vulneração e, paralelamente, respeitar a diversidade de culturas, as visões de mundo, hábitos, e moralidades diferentes que integram suas vidas.[7]

Também é certo afirmar que o reconhecimento da dignidade humana não se concebe sem referência ao poder de autodeterminação que assegura o *status* constitucional do princípio da autonomia individual.[8] Este último reflete o poder das partes de estipular livremente o que melhor lhe convier, através de um acordo de vontades, buscando efeitos tutelados pela ordem jurídica.

De um modo geral, a Constituição Federal determinou tutela qualitativa e quantitativamente diferenciada para as pessoas que têm algum tipo de vulnerabilidade. No âmbito familiar, essa proteção se dirige para a criança, o adolescente, o idoso e o deficiente. Isso porque tais pessoas não teriam condições, sozinhas, de exercer sua subjetividade e de assumir de forma integral e responsável as consequências de seus atos, seja por um déficit de discernimento, seja por alguma fragilidade física. Diante disso, em situações como esta, a intersubjetividade se torna mais acentuada e necessária, ou seja, a incidência do princípio da solidariedade, fonte de deveres, deve incidir no caso concreto. Embora liberdade e solidariedade sejam corolários da dignidade, a incidência dessa principiologia está atrelada à vulnerabilidade ou à hipossuficiência da pessoa humana concreta.[9]

Seja no âmbito familiar ou social, há uma íntima relação entre a vulnerabilidade e dependência. Todo ser humano depende de outro(s) em algum momento de sua vida, sobretudo no início e no final do ciclo vital ou quando adoece ou falece. Alerta Maria Tereza Martín Palomo, "a forma como se concebe o cuidado prestado a si ou a outras pessoas está intimamente relacionada com os conceitos de independência e autonomia".[10] Estas devem compor o processo pedagógico desde a primeira infância, refletindo um incentivo para preparar as pessoas em processo de desenvolvimento para uma convivência saudável e produtiva, o que pressupõe também alertá-las para as dificuldades que podem ocorrer.

A título de exemplo de *autonomia existencial*, entendeu a 3ª Turma do STJ, tendo como Relator o Ministro Marco Aurélio Bellizze, ao julgar o REsp 1315822/RJ em 24.03.2015 (DJe 16.04.2015) que, "ainda que não houvesse, como de fato há, um sistema protetivo específico das pessoas de deficiência, a obrigatoriedade da utilização do método *braille* nas contratações bancárias estabelecidas com pessoas com defici-

---

7 BARBOZA, Heloisa Helena. Op. cit., p. 111.

8 BRANCO, Paulo Gustavo Gonet. Aspectos da Teoria Geral dos Direitos Fundamentais. *In: Hermenêutica Constitucional e direitos fundamentais.* Brasília Jurídica, 2002. p. 172.

9 TEIXEIRA, Ana Carolina Brochado. Autonomia existencial. *In:* TEPEDINO, Gustavo; OLIVA, Milena Donato (coord.). *Teoria Geral do Direito Civil.* Belo Horizonte: Fórum, 2019. p. 157.

10 PALOMO, Maria Tereza Martín. *Cuidado, vulnerabilidade e interdependência. Nuevos retos políticos.* Madrid: Centro de Estudios Políticos Y Constitucionales. 2016. p. 152.

ência visual encontra lastro, para além da legislação consumerista 'in totum' aplicável à espécie, no próprio princípio da Dignidade da Pessoa Humana".[11]

A *integração intergeracional* apresenta-se como elemento fundamental nas situações humanas que envolvem vulnerabilidades. Neste momento em que se propõe a valorização da convivência familiar dos idosos e pessoas com deficiência entre si e também com crianças e jovens, este convívio representa uma troca de experiências entre gerações e referencial importante, incentivando a construção de uma cultura solidária.

Evitando o isolamento das gerações e neutralizando tensões, desacertos e conflitos, destaca Maria Helena Novaes a importância de se respeitar as características de cada geração. Alerta a autora referindo-se aos idosos (mas aplicáveis a todas as formas de vulnerabilidades) que muito frequentemente, elas se confundem: "sem dúvida, envelhecer é mudar e as atitudes básicas que interferem são muito similares àquelas que atuam em qualquer outra idade, envolvendo áreas vitais, quais sejam, a corporal e física, a intelectual e mental e a interpessoal e relacional".[12]

Esta integração, se priorizada no âmbito familiar, permite à pessoas serem aceitas, acolhidas e amadas, encontrando assim força para enfrentar inseguranças e possibilitando um relacionamento mais prazeroso e gratificante, numa visão ampla de tempo, na qual todos encontram seu lugar e compreendem as peculiaridades de cada geração. Conclui a mesma autora: "a troca intergeracional, além de neutralizar a tendência de afastamento dos contextos sociais, prepara crianças, jovens, adultos e idosos a conviverem numa sociedade solidária, validando estratégias sociais e comunitáriass jovens, adultos e idosos (e pessoas com deficiência) a conviverem numa sociedade solidária, validando estratégios sociais e comunitárias, com mensagens de tolerância e de harmonia relacional.[13] O contato dos mais idosos com os mais jovens renova pensamentos, levando à aceitação do outro, o que contribui para uma maior compreensão da realidade, por meio da comunicação e da expressão criativa".[14]

A preservação dos vínculos familiares e a desinstitucionalização da *população infanto-juvenil e* do *idoso* fazem parte de um contexto maior de diretrizes a serem adotadas nas políticas públicas de proteção. (...) A falta de identificação com alguma pessoa de forma continuada e afetuosa conduz ao desenvolvimento de um quadro identificado como *hospitalismo*, manifestadas em crianças abrigadas em instituições, sem afastar a possibilidade de desenvolver um *quadro psicotizante* pela falta de uma segura referência materna e familiar.[15]

---

11 STJ, 3ª Turma, REsp nº 1315822/RJ, Rel. Min. Marco Aurélio Bellizze, j. 24.03.2015, DJe 16.04.2015.

12 NOVAES, Maria Helena. *Psicologia da terceira idade:conquistas possíveis e rupturas necessárias.* Rio de Janeiro: NAU, 2000. p. 162.

13 NOVAES, Maria Helena. Op. cit., p. 127

14 NOVAES, Maria Helena. Op. cit., p. 131.

15 ZAGAGLIA, Rosângela Alcântara; PEREIRA, Tânia da Silva. O Estatuto do Idoso e os desafios da modernidade. *In:* LEMOS, Maria Tereza Toríbio Brittes; ZAGAGLIA, Rosangela Alcântara (org.). *A arte de*

No que tange aos *idosos,* a marginalização e a violência simbólica que contra eles é exercida se operam por meio de processos complexos, nem sempre visíveis. Sabe-se que, com o passar dos anos as pessoas vão assumindo diferentes modos de se exprimirem. Ignorar estes fatos ou exigir que os idosos se comportem e se comuniquem de acordo com os modelos atualizados é uma forma de exercício de violência simbólica, que muitas vezes dificulta as relações intergeracionais e conduz à exclusão dos idosos da vida familiar e social.[16]

Tratando-se de *pessoa com deficiência*, suas condições pessoais e sua autonomia existencial poderão ser avaliadas biopsicossocialmente por equipe multiprofissional e interdisciplinar (parágrafo 1º do art. 2º do Estatuto da Pessoa com Deficiência), sendo certa a preocupação do legislador em estender a proteção, não apenas ao deficiente físico, mas também, àquele que, embora preservado o seu estado físico, apresenta algum problema de ordem psicológica, merecendo especial proteção do Estado vinculadas às suas vulnerabilidades.

Da mesma forma que o vínculo afetivo ganhou espaço no Direito, sobretudo no âmbito das relações familiares, devemos reconhecer a presença de outros valores e paradigmas, a exemplo do *cuidado,* da *solidariedade*, da *liberdade* e da *autonomia*; esta última torna-se fundamental quando debatemos as vulnerabilidades protegidas nos "Estatutos". O grande desafio é identificá-los numa dimensão objetiva, através de ações concretas e interpretação sistemática, baseadas em princípios jurídicos e constitucionais.

2. Do diálogo das fontes, das codificações e dos *microssistemas*

Para uma melhor compreensão do que significa "diálogo entre Estatutos", é prioritário conhecer o que representa a "Teoria do Diálogo das Fontes", introduzida no Brasil pela ilustre jurista brasileira Claudia Lima Marques, que teve o privilégio de realizar o seu doutoramento na Alemanha, na Universidade de Heidelberg, tendo como Mestre o Professor Erick Jayme, um dos juristas mais brilhantes de nossos tempos e autor desta teoria.

Para Claudia Lima Marques, "o diálogo das fontes é uma expressão simbólica de um novo paradigma de coordenação de coerência restaurada de um sistema legal, sistema hoje de fontes plúrimas, com diversos campos de aplicação, a criar na era da pós-descodificação uma grande complexidade no antes simples fato – ou ato – de o aplicador da lei "escolher" entre as fontes (em aparente conflito) a lei

envelhecer: saúde, trabalho, afetividade e o Estatuto do Idoso. Aparecida-SP: Ideias e Letras, 2004. p. 179.

16 HESPANHA, M.J.F. *Violência contra os idosos.* Disponível em: http://www.violencia.online.pt. Acesso em: 12 nov. 2018.

ou leis a serem aplicadas no caso concreto. No direito internacional, onde foi criada, simboliza a passagem do conflito de leis à coordenação de leis ou de ordens jurídicas".[17]

Buscando subsídios em Erick Jayme, afirma a mesma autora que o fenômeno mais importante nesta nova teoria dos conflitos de leis emerge agora de um diálogo entre as fontes as mais heterogêneas. Explica a autora: "os direitos humanos, os direitos fundamentais e constitucionais, os tratados e as leis e códigos, estas fontes todas não mais se excluem, ou não mais se revogam mutuamente; ao contrário, elas 'falam' umas às outras e os juízes são levados a coordenar estas fontes 'escutando' o que as fontes dizem". (...) "E parece a muitos que os critérios tradicionais da *Lei de Introdução de 1942* não são mais exclusivos e suficientes, ainda mais frente a constitucionalização do Direito Privado".[18]

Conclui a autora: "a teoria do diálogo das fontes é, em minha opinião, um método da nova teoria geral do direito muito útil e pode ser usada na aplicação de todos os ramos do direito, privado e público, nacional e internacional, como instrumento útil ao aplicador da lei no tempo, em face do pluralismo pós-moderno de fontes, que não parece diminuir no Século XXI".(...) E conclui: "método é caminho, metodologia é um processo, uma técnica que generosamente nos guia, nos ajuda a avançar de forma segura, neste esforço de acertar e alcançar uma decisão justa".[19]

Um exemplo da aplicação da referida teoria indica Flávio Tartuce: "a primeira tentativa se dá com a possibilidade de subsunção concomitante tanto do Código de defesa do consumidor quanto do Código Civil a determinadas relações obrigacionais, sobretudo aos contratos. Isso diante da já conhecida aproximação principiológica entre os dois sistemas, consolidada pelos princípios sociais contratuais, sobretudo pela boa-fé objetiva e pela função social dos contratos". (...) O mesmo autor refere-se ainda à possibilidade do NCPC intensificar o diálogo com a legislação material, em especial por ter adotado um sistema aberto e constitucionalizado. Ademais a valorização da boa-fé objetiva processual possibilita aplicação concomitante do CPC/2015 e do CC/2002, com o intuito de valorizar a conduta de lealdade das partes durante o curso de uma demanda judicial. Sendo assim, acredita-se que muitos julgados surgirão, nos próximos anos, fazendo incidir a teoria do diálogo das fontes".[20] Conclui finalmente:""a constitucionalização do Direito Civil, nada mais é do que um *diálogo entre o Código Civil e a Constituição* (Direito

---

17 MARQUES, Claudia Lima (coord.). O diálogo das fontes como método da nova teoria do direito: um tributo a Erik Jayme. *In: Diálogo das Fontes: do conflito à coordenação do direito brasileiro.* São Paulo: Revista dos Tribunais, 2012. p. 27.

18 MARQUES, Claudia Lima (coord.). Op. cit., p. 18/19.

19 MARQUES, Claudia Lima (coord.). Op. cit., p. 20/21.

20 TARTUCE, Flavio. *Manual de Direito Civil - volume único.* São Paulo: GEN/Forense, 2018. p. 67/68.

Civil Constitucional). Com isso se vai até a Constituição onde repousa a proteção da pessoa como máxime do nosso ordenamento jurídico (personalização)".[21]

Para se conhecer melhor a evolução do nosso sistema legislativo, necessário se faz compreender o que representou o fenômeno da codificação, que se insere num processo histórico cultural, cujo desdobramento adquiriu grande operacionalidade e ressonância com a publicação na aurora e no crepúsculo do Século XIX, com três grandes monumentos legislativos: o "Código Napoleão" (Código Civil Francês) o B.G.B. (Código Civil Alemão) e o Código Civil Italiano de 1942.

Orientada especialmente pelo Código Civil Francês, a nossa codificação representou a referência normativa das relações de direito privado no Brasil até o início do Século XX, quando, sobretudo a partir da década de 30, nossa legislação foi marcada pela maciça intervenção do Estado na economia, impondo efetivos desdobramentos.

Ao nos reportarmos ao Código Civil de 1916 devemos reconhecer que sua preceituação e sua filosofia seguiu por décadas bem definido. Acompanhando o desenvolvimento de cada instituto, vê-se que, embora estanques, os segmentos constituíram uma unidade orgânica, obediente no seu conjunto, a uma sequência evolutiva uniforme.[22]

Esclarece Caio Mário da Silva Pereira no Prefácio das *Instituições* no início do novo Século: "nas últimas décadas marcadas pela redemocratização e pela entrada em vigor da nova Constituição deflagraram mudanças profundas no nosso sistema jurídico, especialmente, no Direito Privado" (...) "Diante de tantas transformações passei a rever a efetiva função dos Códigos não mais lhes reconhecendo a missão tradicional dos poderes adquiridos, tampouco seu valor histórico de 'Direito Comum". Se eles uma vez representaram a consagração da previsibilidade, hoje exercem diante da nova realidade legislativa, um papel residual".[23] Conclui o autor: "devo reconhecer que, na atualidade, os princípios constitucionais se sobrepõem à posição anteriormente ocupada pelos princípios gerais de direito".[24] (...) "No âmbito dos direitos subjetivos, destaca-se o princípio constitucional da tutela da dignidade humana, como princípio ético-jurídico capaz de atribuir unidade valorativa e sistemática ao Direito Civil, ao contemplar espaços de liberdade no respeito à solidariedade social".[25]

Nesta mesma linha de orientação entende Ricardo Luís Lorenzetti que "o Direito Civil atual não se funda em uma só lei codificada; ao contrário. Há muitas leis para distintos setores de atividade e de cidadãos. (...) O Código divide sua vida com outros Códigos, com microssistemas jurídicos e com subsistemas. O Código perdeu a cen-

---

21 TARTUCE, Flavio. Op. cit., p. 73.

22 PEREIRA, Caio Mário da Silva. *Instituições de Direito Civil. Vol. I – Prefácio*. Atualizado por Maria Celina Bodin de Morais. Rio de Janeiro Forense, 2018. p. XXIX.

23 PEREIRA, Caio Mário da Silva. Op. cit., p. XXV.

24 PEREIRA, Caio Mário da Silva. Op. cit., p. XXVIII.

25 PEREIRA, Caio Mário da Silva. Op. cit., p. XXIX.

tralidade, porquanto ela se desloca progressivamente. O Código é substituído pelas normas fundamentais."[26]

O reconhecimento do *Direito Civil Constitucional* representou um passo importante para um novo caminho metodológico. Coube ao Professor italiano Pietro Perlingieri a disseminação do estudo do direito civil na legalidade constitucional desde a década de setenta do século passado.

Reportando-se ao seu direito pátrio, pontua Pierlingieri: "a norma constitucional, no ápice da hierarquia das fontes pode ser modificada somente por maioria qualificada do Parlamento, diversamente do previsto para as normas ordinárias (art. 138-Const) e o que mais importa, a Corte constitucional tem o poder de declarar a eliminação de todos aqueles 'atos que têm força de lei' que estiverem em contraste com os princípios constitucionais. Daí a obrigação - não mais livre escolha - imposta aos juristas de levar em consideração a prioridade hierárquica das normas constitucionais, sempre que se deva resolver um problema concreto". (...) "A solução para cada controvérsia não pode mais ser encontrada levando em conta simplesmente o artigo de lei que parece contê-la e resolvê-la, mas, antes, à luz do inteiro ordenamento jurídico, e, em particular, de seus princípios fundamentais, considerados com opções de base que o caracterizam.[27]

No ordenamento jurídico brasileiro o mesmo ocorre com a arguição de inconstitucionalidade das leis e atos normativos do Poder Público, previsto no art. 97 da Constituição Federal, para a qual exige voto da maioria absoluta de seus membros ou dos membros do respectivo órgão especial. Os incidentes de arguição de inconstitucionalidade também estão previstos nos arts. 948/950 do NCPC, sendo certo que no julgamento do incidente o órgão competente apenas aprecia a questão de direito suscitada, ou seja, a constitucionalidade ou não da norma. Não há a apreciação do mérito da causa de onde se originou o incidente.

Para Ricardo Lucas Calderón "as normas de direito privado devem necessariamente ser lidas e interpretadas em harmonia com a Constituição, em face de sua posição superior hierárquica (ou seja, a Constituição está no vértice do ordenamento jurídico e isto não pode ser relegado)". Reportando-se também a Perlingieri, afirma que "a Constituição ocupa o lugar mais alto na hierarquia das fontes".[28]

Esclarece, ainda, Flávio Tartuce: "como uma mudança de postura, o *Direito Civil Constitucional* representa uma atitude bem pensada que tem contribuído para a evolução do pensamento, para a evolução dos civilistas contemporâneos e para um sadio diálogo entre os juristas das mais diversas áreas. Essa inovação reside no fato de que,

---

26 LORENZETTI, Ricardo Luís. *Fundamentos do Direito Privado.* São Paulo: RT, 1998. p. 44/45.

27 PERLINGERI, Pietro. *Perfis do Direito Civil. Introdução ao Direito Civil Constitucional.* Rio de Janeiro: Renovar, 2007. p. 5.

28 CALDERÓN, Ricardo Lucas. *Princípio da Afetividade no Direito de Família.* Rio de Janeiro: Renovar, 2013. p. 181.

há uma inversão na forma de interação dos dois ramos do direito – o público e o privado – interpretando o Código Civil segundo a Constituição Federal e substituição do que se acostumava fazer, isto é, exatamente o inverso".[29]

Completa Paulo Luiz Netto Lobo: "de tudo resulta que o Direito Civil Brasileiro atual integra sistema hipercomplexo, com constante interação com a mutabilidade social, tendo como ápice a Constituição, que inspira a interpretação do Código Civil, e sua interlocução com a legislação especial e os microssistemas jurídicos".[30]

Interessa-nos especificamente o estudo sobre os *microssistemas*, os quais representam no nosso ordenamento jurídico uma inquestionável conquista, não só como "tutela geral (abstrata) da pessoa humana, ontologicamente vulnerável (não só nas relações econômicas, como as de consumo mas em todas as suas relações especialmente as de natureza existencial), como também, representam a tutela específica (concreta) de todos que se encontram em situação de desigualdade, por força de circunstâncias que potencializem a sua vulnerabilidade, ou já os tenha vulnerado como forma de assegurar a igualdade e a liberdade, expressões, por excelência da dignidade humana".[31]

João de Matos Antunes Varela, ilustre jurista português, em seus estudos sobre a descodificação alerta para um novo cenário legislativo referindo-se aos *microssistemas*, os quais, segundo ele, "são satélites autônomos que procuram regiões próprias na órbita incontrolada da ordem jurídica e reivindicam áreas privativas e exclusivas de jurisdição e que tendem a reger-se por princípios diferentes dos que inspiram a restante legislação".[32]

A demonstrar a evolução do cenário econômico e social, sobretudo a partir dos anos 60, Gustavo Tepedino indica a existência de "leis que regulamentam exaustivamente extensas matérias e passam a ser designadas como estatutos, veiculando não apenas normas de direito material mas também processuais, de direito administrativo, regras interpretativas e mesmo direito penal. Anuncia-se em doutrina a *era dos estatutos"* (...) "Tais leis desafiam os civilistas já que possuem características inteiramente diversas da legislação codificada, a começar pela técnica peculiar, por meio de expressões setoriais não guardando o caráter universal e a precisão linguística de outrora". Assim é que surgiram, ao longo do tempo, numerosos *estatutos*, no Brasil e alhures, bastando indicar, a título de exemplo, as sucessivas leis de locação predial urbana, o Estatuto da Criança e do Adolescente".[33]

---

29 TARTUCE, Flavio. Op. cit., p. 59.

30 LOBO, Paulo Luiz Netto. Direito Civil contemporâneo: novos problemas à luz da legalidade constitucional. *In: Anais do Congresso Internacional de Direito-Civil Constitucional da cidade do Rio de Janeiro.* São Paulo: Atlas, 2008. p. 28.

31 BARBOZA, Heloisa Helena. Op. cit., p. 111.

32 ANTUNES VARELA, João de Matos. O movimento da descodificação do Direito Civil. *In: Estudos Jurídic.*

33 TEPEDINO, Gustavo. O Código Civil, os chamados microssistemas e a Constituição: premissas para uma reforma legislativa. *In: Problemas de Direito civil-constitucional.* Rio de Janeiro: Renovar, 2000. p. 4.

Caio Mário, citando como exemplos o *Código de Defesa do Consumidor*, o *Estatuto da Criança e do Adolescente* e a *Lei de Diretrizes e Base da Educação*, refere-se aos *microssistemas*, como "polos autônomos dotados de princípios próprios, unificados somente pelo valores e princípios constitucionais, impondo-se, assim, o reconhecimento da inovadora técnica interpretativa".[34]

Os *microssistemas* enfrentam desafios em sua aplicação não só no que concerte à sua temporariedade, como também relativa à sua especialidade, buscando coerência com o ordenamento jurídico vigente. Além de enfrentar a regra tradicional da "lei posterior revoga a anterior", maior dificuldade se apresenta quanto ao princípio da hierarquia das leis.

Pretendemos demonstrar a efetiva correlação entre os *microssistemas,* na certeza de que eles se complementam, permitindo subsídios significativos de interpretação jurídica, fundados no princípio da dignidade humana e buscando a proteção do ser humano com suas vulnerabilidades, nas diversas etapas de suas vidas.

Claudia Lima Marques, identificando crianças e adolescentes, os idosos e as pessoas com necessidades especiais como *"pessoas hipervulneráveis"*, reporta-se ao voto do Ministro Hermann Benjamin no REsp nº 931513/RS, julgado em Seção especial realizada em 25.11.2009, quando o Ilustre Julgador ressaltou: "a rigor quem verdadeiramente acaba beneficiada é a própria sociedade porquanto espera o respeito ao pacto coletivo de inclusão social imperativa, por abraçar a dimensão intangível e humanista dos princípios da dignidade humana e da solidariedade".[35]

Nestes estudos interessam especialmente os *microssistemas* de proteção da Infantoadolescência, conhecido como "Estatuto da Criança e do Adolescente" (Lei nº 8.069/90), dos maiores de 60 anos conhecido como "Estatuto do Idoso" (Lei nº 10.741/2003) e finalmente, a proteção especial de pessoas com deficiência, reconhecida também como *microssistema*, decorrente da ratificação da Lei nº 13.146/2015, conhecido como "Estatuto da Pessoa com Deficiência".

3. Do diálogo entre os *microssistemas* de proteção da infantoadolescência, do idoso e da pessoa com deficiência

O ***Estatuto da Criança e do Adolescente*** (Lei nº 8.069/80) nasceu da declaração de direitos fundamentais da criança e do adolescente enumerados no art. 227 da Constituição Federal, fruto de uma mobilização social em prol da emenda à Constituição que incorporou no texto constitucional os princípios básicos da Convenção Internacional sobre os Direitos da Criança, os quais já eram discutidos na ONU. A referida convenção veio a ser aprovada em novembro de 1989 e ratificada pelo Brasil

34 SILVA PEREIRA, Caio Mário. Op. cit., p. XXXII.

35 STJ, 1ª Seção, REsp 931513/RS, voto proferido pelo Ministro Hermann Benjamin, j. 25.11.2009, DJe 27.09.2010.

através do Decreto 99.710, de 21.11.1990. O art. 227 da Constituição Federal é reconhecido como a síntese da referida Convenção. A Lei nº 8.069 foi publicada em 13 de julho de 1990 e entrou em vigor em 12 de outubro do mesmo ano.

O ***Estatuto do Idoso*** (Lei nº 10.741 de 10/10/2003) nasceu do art. 230 da Constituição Federal ao fixar os princípios básicos para a proteção e atendimento do idoso, determinando especialmente a defesa de sua dignidade e bem-estar, garantindo o direito à vida e a participação na comunidade. Atente-se para o fato de que a Assembleia Geral das Nações Unidas aprovou em dezembro de 2012 a Resolução nº 67/139, que criou um grupo de trabalho de elaboração do projeto de Convenção Interamericana sobre os Direitos Humanos das Pessoas Idosas.

O ***Estatuto da Pessoa com deficiência*** (Lei nº 13.146/2015), conhecida como *Lei brasileira de Inclusão da pessoa com deficiência*, tem como base a Convenção sobre os direitos das pessoas com deficiência e o seu Protocolo Facultativo, ratificados pelo Congresso Nacional por meio do Decreto Legislativo nº 186 de 09.07.2008, em conformidade com o procedimento previsto no § 3º do art. 5º da Constitituição Federal.

Perceba-se que os referidos *microssistemas* têm em comum situações específicas, que não devem ser hierarquizadas em razão de suas fontes. Busca-se uma harmonia entre eles, construindo um sistema que protege seus destinatários e se complementam.

Diante da necessidade de se integrar os diversos *microssistemas* decorrentes do processo de descodificação, busca-se na Constituição da República o eixo norteador que será capaz de promover o diálogo entre as leis especiais de proteção de grupos vulnerados. Nesse contexto, será o princípio da dignidade humana o balizador dessa interpretação sistemática, devendo o intérprete, reconhecendo as especiais necessidades e potencialidades de cada indivíduo, buscar a solução que melhor proteja o desenvolvimento individual deste. Não é por outra razão que se busca o melhor interesse dos grupos vulnerados quando se está diante de situações que os envolvam.

O *princípio do melhor interesse da criança* é extraído do art. 3.1, Convenção Internacional sobre os Direitos da Criança – Decreto nº 99.710/90, de acordo com o qual "Todas as ações relativas às crianças, levadas a efeito por instituições públicas ou privadas de bem estar social, tribunais, autoridades administrativas ou órgãos legislativos, devem considerar, primordialmente, o *interesse maior da criança*".

No caso dos *idosos*, também é reconhecida a necessidade de uma discriminação positiva para resguardo de sua dignidade. Como assevera Heloisa Helena Barboza, "constata-se implícito no preceito constitucional (art. 230-CF) o princípio do melhor interesse do idoso, como expressão da proteção integral que lhe é devida com absoluta prioridade. Tal princípio de inegável valia como critério hermenêutico, diante da complexidade da situação existencial do idoso, revela-se instrumento hábil na efetivação da tutela da dignidade das pessoas que se encontram em um estágio mais avançado da existência humana".[36]

---

36 BARBOZA, Heloisa Helena. O princípio do Melhor Interesse do Idoso. *In:* PEREIRA, Tânia da Silva; OLIVEIRA, Guilherme de (coord.). *O Cuidado como valor jurídico*. Rio de Janeiro: Forense, 2008. p. 71.

Há, ainda, a preocupação com o resguardo do melhor interesse da *pessoa com deficiência.* A Lei nº 13.146/2015, em seu art. 13, ao tratar do direito à saúde, determina que a pessoa com deficiência "somente será atendida sem seu consentimento prévio, livre e esclarecido em casos de risco de morte e de emergência em saúde, *resguardado seu superior interesse* e adotadas as salvaguardas legais cabíveis". Na determinação da curatela também devem ser preservados os *interesses do curatelado,* por força do art. 85, §2º da Lei nº 13.146/2015.

O Estatuto da Criança e do Adolescente apresenta, ainda, identidade com o art. 2º do Estauto do Idoso ao determinar o gozo dos direitos fundamentais inerentes à pessoa humana também no art. 3º a *prioridade absoluta* no atendimento dos seus "vulnerados". Ambos os diplomas legais preveem a aplicabilidade *prioridade absoluta* para seus destinatários. Da mesma forma o *Estatudo da pessoa com deficiência* assegura a efetivação de direitos e o *atendimento prioritário* nas situações especiais previstas no art. 9º da Lei nº 13.146/2015.

O Brasil ratificou a *Convenção dos Direitos da Criança* em setembro de 1990, tendo ela sido promulgada internamente pelo Decreto Executivo nº 99.710, em 21.11.90, com força de lei ordinária e apta a revogar o ECA naquilo que com ele conflitasse, a partir da aplicação do princípio segundo o qual norma posterior revoga anterior.

Indaga-se como conciliar esses princípios quando se configurar o conflito de interesses, considerando que ambos os diplomas legais convocam a família, a comunidade e o Poder Público sendo certo que o art. 1696-CC fixou a obrigação recíproca entre pais e filhos e estendido a todos os ascendentes.

Diante de conflitos de interesses que envolvam políticas públicas, a exemplo da destinação de recursos financeiros, a utilização do princípio da proporcionalidade parece razoável mas, nem sempre, coerente com as situações práticas e emergenciais. Alerta Patricia Albino Galvão Pontes: "a compatibilização dessas prioridades não implica dispensar e despender a mesma quantia para a criança e o adolescente e para o idoso, pois, apesar do tratamento prioritário que todos merecem, devem existir critérios de razoabilidade para a elaboração e execução das políticas públicas". (...) "Na verdade, é a realidade do Município, do Estado e da União que vai dizer como se dará a efetivação dessas prioridades. O ideal é que, na elaboração da proposta orçamentária exista um diagnóstico local, a fim de se constatar quais as ações que se fazem mais necessárias naquele momento para que o orçamento contemple as principais demandas locais".[37]

O *atendimento prioritário* previsto no art. 9º da Lei nº 13.146/2015 significa a preferência a ser concedida *à pessoa com deficiência* nas hipóteses indicadas no mesmo artigo, sem afastar possíveis dificuldades decorrentes de diferentes graus de vulnerabilidade, ou mesmo, nos casos de dupla prioridade, a citar crianças, adolescentes e idosos com deficiência.

---

37 PONTES, Patrícia Albino Galvão. Comentando o art. 3º do Estatuto do Idoso na obra *Estatuto do Idoso Comentado* (coord. Naide Maria Pinheiro). Campinas /SP: Servanda. p. 54/55.

Atente-se para o o parágrafo único do art. 5º da Lei nº 13.146 de 2015, ao estabelecer que "para fins de proteção mencionada no caput deste artigo, são considerados *especialmente vuneráveis* a criança, o adolescente, a mulher e o idoso, com deficiência".

Também o art. 15 do Estatuto do Idoso ao prevê o "atendimento especializado aos idosos portadores de deficiência ou com limitação incapacitente", considerando também que o art. 11, §§ 1º e 2º - ECA (com a nova redação da Lei nº 13.257/2016) prevê expressamente o "atendimento de criança e adolescente com deficiência e fornecimento gratuito de medicamentos, órteses e próteses e outras tecnologias assistivas relativas ao tratamento". Lembre-se que a norma constitucional do art. 227 §1º- CF determina a "criação e promoção de programas de prevenção e atendimento especializado para os portadores de deficiência física, sensorial ou mental, bem como, de integração social do adolescente portador de deficiência".

Esta relação entre os microssistemas reforça a preferência no atendimento a estes "vulnerados", impondo ao Poder Publico e ao Sistema de Justiça a efetiva *prioridade absoluta* prevista nos respectivos "Estatutos" da Criança e Adolescente e do Idoso.

Observe-se também que a proteção da pessoa com deficiência contra formas de tratamento desumano ou degradante, perpassa, sobretudo, pela garantia de que sua vontade será respeitada no âmbito das escolhas referente aos tratamentos e intervenções médicas aos quais será submetida. Nesse sentido, o art. 15.1 da Convenção Internacional sobre os Direitos das Pessoas com Deficiência (Decreto nº 6.949/2009) estabelece que nenhuma pessoa deverá ser sujeita à experimentos médicos ou científicos sem seu livre consentimento.[38]

Para o diálogo das fontes, é importante, ainda, observar como o Estatuto da Pessoa com Deficiência remodelou o tratamento jurídico direcionado à capacidade civil, proporcionando significativas discussões que se relacionam à prática dos atos da vida civil também por crianças, adolescentes e idosos.

O discernimento do menor de idade (ou seja, daqueles que tem "capacidade para compreender o ato praticado e suas consequências") , está ligado diretamente à sua maturidade, o que demonstra a impossibilidade de se estabelecer *a priori* critérios rígidos de incapacidade, em especial, diante de situações subjetivas existenciais. Desta forma, "a noção jurídica de capacidade deve estar atrelada ao discernimento e à responsabilidade que dele advém, mas não necessariamente à idade, pois a maturidade pode ser alcançada independentemente da faixa etária, porque é adquirida a partir da manifestação de vontade dos menores", a exemplo das situações que envolvem as demandas litigiosas que versam sobre a guarda e convivência com os filhos.

Concluem Ana Carolina Teixeira Brochado e Renata de Lima Rodrigues: "O desafio é garantir à criança e ao adolescente liberdade de expressão e sentimento de

38 PEREIRA, Tânia da Silva. *In:* BARBOZA, Heloisa Helena. ALMEIDA,Vitor (coord.). *Comentários ao Estatuto da Pessoa com deficiência à luz da Constituição Federal da República*. Belo Horizonte: Fórum, 2018. p. 60.

segurança em suas manifestações no âmbito dos processos judiciais dessa natureza, sendo salutar que, nesses casos, haja uma interação multidisciplinar para atender o melhor interesse do menor." [39]

Excluiu o legislador do rol dos absolutamente incapazes (art. 3º, II do Código Civil) aqueles que "por enfermidade ou deficiência mental" não tivessem o necessário *discernimento* para a prática desses atos, e do rol dos relativamente incapazes aqueles que "por deficiência mental" tivessem o *discernimento* reduzido (art. 4º, II do Código Civil). Cabe ressaltar que, antes mesmo do advento do EPD, a doutrina já apresentava críticas em relação à utilização do critério do discernimento para a restrição do exercício de atos existenciais.

Na realidade, estabelecia o legislador uma espécie de *presunção de ausência de discernimento* por parte das pessoas com deficiência intelectual ou psíquica, impondo uma restrição quase absoluta à autonomia dessas pessoas, o que contrariava frontalmente os preceitos da mencionada Convenção.

Não se pode ignorar que a manutenção de um sistema estanque de determinação da capacidade civil, embora proporcione maior segurança jurídica, deixa de considerar as diferentes realidades individuais existentes, de modo que questionamentos similares surgem em relação aos menores de 16 anos, ainda considerados absolutamente incapazes pelo art. 3º do Código Civil. Sob esse aspecto, vem a doutrina sinalizando a necessidade de se avaliar o discernimento e a maturidade em concreto da criança e do adolescente, em detrimento de critérios rígidos de incapacidade.[40]

O discernimento, nesse contexto, passa a ser um fator a ser considerado individualmente, de modo a impor ao intérprete a necessária avaliação das limitações e necessidades específicas de cada pessoa, sem que se estabeleça de forma abstrata uma restrição de direitos. Isso porque o estabelecimento de restrições à autonomia decorrentes da ausência de discernimento para a prática de algum ato só se justifica para que sejam adotadas medidas de apoio e auxílio à própria pessoa sujeita à barreira.

Nesse sentido, também o avançar da idade não pode ser considerado, por si só, causa de redução ou ausência de discernimento, não podendo o idoso, simplesmente pelo fator etário, ter a sua autonomia reduzida.

Tratando-se de *maiores incapazes*, em especial quanto às "situações subjetivas existenciais que repercutem em sua personalidade", observam Ana Luiza Nevares e Anderson Schreiber: "o Código Civil estabeleceu limites à Curatela (art. 1782) circunscrevendo-a aos atos patrimoniais, nos casos dos deficientes mentais, dos ébrios

---

39 BROCHADO, Ana Carolina Teixeira; RODRIGUES, Renata de Lima. *O Direito das Famílias entre a norma e a realidade*. São Paulo: Atlas, 2010. p. 48.

40 NEVARES, Ana Luiza Maia; SCHREIBER, Anderson. Do sujeito à pessoa: uma análise da incapacidade civil. *In:* TEPEDINO, Gustavo; TEIXEIRA, Ana Carolina Brochado; ALMEIDA, Vitor. *O direito civil entre o sujeito e a pessoa*: estudos em homenagem ao professor Stefano Rodotà. Belo Horizonte: Fórum, 2016. p. 44.

habituais, dos viciados em tóxico e daqueles excepcionais sem desenvolvimento mental completo". Alertam os autores que também ficaram de fora os enfermos que não tenham o necessário discernimento para a vida civil e aqueles que por causa duradoura não puderem exprimir sua vontade. E concluíram: "tratou-se de restrição injustificável na medida em que é evidente que as patologias psíquicas têm gradações e podem ser controladas com remédios e terapias, sem contar na sua total heterogeneidade, demonstrando que é preciso empreender uma análise mais casuística da enfermidade apresentada.[41]

Observa, também, Célia Barbosa Abreu: "o critério do discernimento é essencial para situações patrimoniais, porém não é decisivo quando se trata de um valor indisponível como a personalidade humana". E conclui: "não é plausível aceitar que, baseado apenas na saúde mental de uma pessoa, se pretenda intervir em seus direitos fundamentais, nas suas liberdades individuais, privacidade, intimidade, honra, imagem, entre tantos aspectos da sua personalidade".[42]

Desses exemplos acima podemos concluir com Claudia Lima Marques que "o diálogo das fontes pode ser usado em várias áreas e disciplinas jurídicas, onde os direitos fundamentais e os valores constitucionais iluminarem a aplicação - simultânea e coerente – de várias fontes. O domínio do método do diálogo das fontes ajuda na escolha das leis a aplicar, na sua ordem e na interpretação delas conforme a Constituição".[43]

4. Do *Cuidado* como denominador comum de proteção especial de "vulnerados"

No convívio desses sujeitos marcados pela vulnerabilidade com as demais pessoas, na vida em sociedade, essa comunicação entre os microssistemas protetivos vai adquirir um caráter relacional, devendo-se buscar no *cuidado* o dever de solidariedade que vai direcionar a interpretação das normas de proteção.

Da mesma forma que o afeto e as relações socioafetivas foram reconhecidos no Direito de Família, devemos admitir a possibilidade de também incluir o *cuidado* no âmbito do Direito. Podemos mesmo afirmar que "cuidado e afetividade se complementam, formando o substrato daquilo que nos torna humanos, e vêm integrar as relações jurídicas, para que o Direito possa contemplar os indivíduos em sua completude, nas diversas etapas de sua vida".[44]

---

41 NEVARES, Ana Luiza Maia; SCHREIBER, Anderson. Op. cit., p. 46/47.

42 ABREU, Célia Barbosa. Capacidade Civil, Discernimento e Dignidade do Portador de Transtorno Mental. *Revista Brasileira de Direito das Famílias e Sucessões*. v. 8, fev./mar. 2009. Porto Alegre: Magister; Belo Horizonte: IBDFAM, 2007. p. 13.

43 MARQUES, Claudia Lima. Op. cit., p. 30.

44 PEREIRA,Tânia da Silva; OLIVEIRA, Guilherme de; COLTRO, Antônio Carlos Mathias (coord.). Prefácio da obra *Cuidado e Afetividade*. São Paulo: Grupo GEN, 2017. p. XVIII.

É significativa a contribuição da jurista Heloisa Helena Barboza aos estudos sobre o *cuidado* ao reconhecê-lo como "valor implícito do ordenamento jurídico vinculado às relações de afeto, de solidariedade, de responsabilidade do ser humano como pessoa e como cidadão". Nesse sentido, explica a autora: "o cuidado conduz a compromissos efetivos e ao envolvimento necessário com o outro, como norma ética de convivência".[45] A mesma autora, referindo-se ao cuidado nas relações familiares, indica suas diretrizes: "o conjunto de atos que devem ser praticados pelos integrandes da família para a proteção daqueles que são suscetíveis de vulneração, em razão de suas circunstâncias individuais".[46]

Ao reconhecer que "o cuidado nasce do afeto e está intimamente ligado à preservação da vida",[47] a Ministra Nancy Andrigui do Superior Tribunal de Justiça, discorrendo sobre "alimentos transitórios sob a perspectiva do cuidado", explicou: "o ser humano precisa revelar sua essência como criatura nascida do cuidado e que apresenta, como necessidade básica, a busca de um relacionamento pautado no cuidado recíproco" (...) "Nessa ordem de ideias, para que a humanidade não seja despida do seu elemento de identidade, o cuidado inerente ao estabelecimento de laços afetivos aproxima o indivíduo de sua motivação humana básica e faz com que persiga o ideal de amar o próximo como a si mesmo".[48]

Coube também à Ministra Nancy Andrighi o pionerismo de reconhecer o cuidado como valor jurídico em duas decisões paradigmáticas junto ao Superior Tribunal de Justiça.

No REsp. nº 1.106.637/SP, julgado em 1º.07.2010, foi confirmada a decisão de Segundo Grau (TJ/SP) ao reconhecer a legitimidade ativa e interesse de agir do padrasto para promover ação de destituição do poder familiar visando a adoção da enteada. Afirma o Acórdão: "O alicerce, portanto, do pedido de Adoção reside no estabelecimento de relação afetiva mantida entre o padrasto e a criança em decorrência de ter formado verdadeira entidade familiar com a mulher e a adotanda, atualmente composta também por filha comum do casal. Desse arranjo familiar sobressai o cuidado inerente aos cônjuges, em reciprocidade e em relação aos filhos, seja a prole comum, seja ela oriunda de relacionamentos anteriores de cada consorte, considerando a família como espaço para dar e receber cuidados".

---

45 BARBOZA, Heloisa Helena. Paternidade Responsável: o Cuidado como dever jurídico. *In:* PEREIRA, Tânia da Silva; OLIVEIRA, Guilherme de (coord.). *Cuidado e Responsabilidade*. São Paulo: Atlas, 2011. p. 88.

46 BARBOZA, Heloisa Helena. Perfil jurídico do cuidado e da afetividade nas relações familiares. *In:* PEREIRA, Tânia da Silva; OLIVEIRA,Guilherme de. COLTRO, Antônio Carlos Mathias (coord.). *Cuidado e Afetividade*. São Paulo: Atlas, 2017. p. 184.

47 ANDRIGHI, Fátima Nancy. KRUGER, Cátia Denise Gress. Alimentos Transitórios sob a perpectiva do Cuidado. *In:* PEREIRA, Tânia da Silva; OLIVEIRA, Guilherme de (coord.). *Cuidado e Responsabilidade*. São Paulo: Atlas, 2011. p. 68.

48 ANDRIGHI, Fátima Nancy; KRUGER, Cátia Denise Gress. Op. cit., p. 71/72.

A Ilustre Relatora, buscando subsídios no pensamento de Heidegger, identifica no cuidado "uma atitude de ocupação, preocupação, responsabilização e envolvimento com o outro; entra na natureza e na constituição do ser humano. O modo de ser cuidado revela de maneira concreta como é o ser humano. Sem cuidado ele deixa de ser humano. Se não receber cuidado desde o nascimento até a morte o ser humano desestrutura-se, definha, perde sentido e morre. Se, ao largo da vida, não fizer com cuidado tudo o que empreender, acabará por prejudicar a si mesmo por destruir o que estiver a sua volta. Por isso o cuidado deve ser entendido na linha da essência humana".

Concluindo que "amar é faculdade, cuidar é dever", a Ministra Nancy Andrigui, ao julgar, em 24.04.2012, o REsp nº 1.159.242/SP, concedeu reparação por dano moral na hipótese de abandono afetivo da filha pelo genitor. A Relatora se utiliza como fundamento da decisão o *cuidado como valor jurídico,* distinguindo-o do *amar*, "pela possibilidade de verificação e comprovação do seu cumprimento, que exsurge da avaliação das ações concretas: presença; contato, mesmo que não essenciais; ações voluntárias em favor da prole". (...) "O cuidado como valor jurídico objetivo está incorporado ao nosso ordenamento jurídico brasileiro, não na essa expressão, mas com locuções e termos que manifestam suas diversas desinências, como se observa no art. 227-CF". Ao comentar este acórdão do STJ, Ricardo Calderón alerta para a "estreita imbricação entre *cuidado* e *afetividade*, tornando possível afirmar que efetivamente o cuidado é uma das expressões da afetividade".[49]

Argumenta Heloisa Helena Barboza: "é no dever do cuidado que a afetividade pode se manifestar objetivamente, sendo possível a constatação de sua existência ou não". (...) "Do mesmo modo que o descomprimento do dever de cuidado permite inferir a ausência de afeto, o exercício zeloso e dedicado das práticas de cuidado permite 'apreender' a presença da afetividade. À evidência, o cuidar por si só não implica a presença de laços de afeto, mas será elemento robusto para a comprovação objetiva desses vínculos, conforme se constata na jurisprudência".[50] Conclui a mesma autora: "O dever de cuidado, juridicamente configurado, assume papel de todo relevante, na medida em que as práticas de cuidar, melhor do que qualquer outra ação ou conduta, podem traduzir objetivamente a afetividade".[51]

No ordenamento jurídico brasileiro, o marco para a consagração do cuidado como um valor norteador de todo o sistema é, sem dúvida, o advento da Constituição Federal de 1988, a partir da qual o cuidado passa a ser visto como *uma das dimensões do princípio da dignidade da pessoa humana,*[52] consubstanciado pelo art. 1º, III da Carta Magna.

---

49 CALDERÓN, Ricardo. *Princípio da Afetividade no Direito de Família.* Rio de Janeiro: Forense, 2017. p. 179.

50 BARBOZA, Heloisa Helena. Op. cit., p. 186.

51 BARBOZA, Heloisa Helena. Op. cit., p. 190.

52 TUPINAMBÁ, Roberta. "O cuidado como princípio jurídico nas relações familiares". *In:* PEREIRA, Tânia da Silva; OLIVEIRA, Guilheme de (coord.). *O Cuidado como valor jurídico.* Rio de Janeiro: Forense, 2008. p. 361.

O desenvolvimento doutrinário do *cuidado* como subprincípio da dignidade humana faz com que ele adquira importante função hermenêutica, de integração e complementação das normas jurídicas, quando as previsões legais não sejam suficientes para atender de forma plena às peculiaridades dos casos concretos. Ademais, a "abordagem do cuidado como princípio jurídico atende à valorização preponderante do homem face aos demais seres e coisas, culminando-se no entendimento de que o homem é valor originário de todos os demais valores, que seriam, portanto, valores derivados".[53]

E mais. Dispõe o parágrafo 2º do art. 5º da Constituição Federal sobre a existência de *outros direitos e garantias decorrentes do regime e dos princípios por ela adotados, ou dos tratados internacionais em que a República Federativa do Brasil seja parte.* Considerado cláusula aberta, este parágrafo encerra a não tipicidade dos direitos fundamentais, de forma a confirmar o não congelamento destes direitos naqueles determinados no processo constituinte. E, ainda, como leciona Sarlet, os direitos fundamentais "podem ter acento em outras partes do texto constitucional ou residir em outros textos legais nacionais e internacionais."[54]

Oportuna, portanto, a defesa do cuidado como princípio constitucional implícito no ordenamento jurídico. Trata-se de um dos significados ocultos, uma das dimensões da dignidade da pessoa humana, razão pela qual deve ser abordado, *a priori,* como subprincípio e, *a posteriori,* como princípio jurídico propriamente dito, a almejar patamar de direito fundamental.[55]

Em suma, conclui Roberta Tupinambá: "o cuidado recria o conceitos de dignidade da pessoa humana, uma vez que o direito é sempre obrigado a virar-se para todos os lados para preencher seu papel regulador no conflito dos mais diveros discursos existentes em uma sociedade globalizada, fazendo-se necessária, muitas vezes, a consideração de valores maiores, que são utilizados não só para fazer valer o bom e o justo, mas, sobretudo, para fazer valer o próprio intuito de um ordenamento jurídico.[56]

Alerte-se também para o *princípio da solidariedade* previsto na Carta Magna que busca garantir qualidade de vida ao *idoso*, assegurando sua autonomia e independência. É por meio do cuidado que se pode alcançar o livre exercício do direito ao envelhecimento , reconhecido pelo art. 8º do "Estatuto" como uma direito personalíssimo. [57]

---

53 Ibidem, p. 357.

54 SARLET Ingo. *A eficácia dos direitos fundamentais*. Porto Alegre: Livraria do Advogado, 1998, p. 85. O mesmo autor alerta para as circunstâncias de que, na esfera do direito constitucional interno, esta evolução se processa habitualmente não tanto por meio da positivação de "novos" direitos fundamentais nos textos constitucionais, mas principalmente em nível de uma transmutação hermenêutica e da criação jurisprudencial, no sentido do reconhecimento de novos conteúdos e funções de alguns direitos tradicionais". Op. cit. p. 54.

55 TUPINAMBÁ, Roberta. Op. cit., p. 361.

56 TUPINAMBÁ, Roberta. Op. cit., p. 364.

57 PEREIRA, Tânia da . Comentando o art. 129-CF *In: Consttuição Federal Comentada.* Rio de Janeiro: Forense, 2018. p. 1.550.

A partir da Lei nº 12.010/2009, que introduziu substanciais mudanças no Estatuto da Criança e do Adolescente, o *acolhimento familiar* recebeu novos parâmetros de garantia da convivência familiar, visando à proteção de crianças e adolescentes que vivenciam a violação de direitos e fixando novas diretrizes para as políticas públicas pertinentes.

A prioridade para *o acolhimento na família extensa ou ampliada* condicionada à prévia convivência e comprovados vínculos de afinidade e afetividade (parágrafo único do art. 25 ECA) desvincula-se da simetria com o parentesco consanguíneo previstas na lei civil e representa a possibilidade do acolhimento, não só por familiares, mas por terceiras pessoas com quem a criança e/ou o adolescente mantenha vínculo afetivo, marcado pelo carinho e pela efetiva identificação pessoal.

A afinidade existente entre a criança e seu familiar próximo pode surgir independentemente do parentesco consanguíneo (avós/tios/irmãos) ou desta relação afim (enteado/padrasto/madrasta), mas ser oriunda de uma identidade de sentimentos, semelhanças no pensar e agir que tornam as pessoas unidas em razão do próprio conviver diário. Completa Kátia Regina Ferreira Lobo Andrade Maciel: "nessa linha de pensar, na falta dos pais ou quando estes não possam garantir o direito à convivência familiar, a busca pela família extensa deve estar pautada em dois aspectos da relação: a afinidade e o afeto, sob pena de ser imposto o convívio com pessoas estranhas à criança ou ao adolescente".[58]

Merece destaque, também, o Art. 19-B e respectivos parágrafos do Estatututo da Criança e do Adolescente (introduzidos pela Lei nº 13.509/2017), ao prever o *Apadrinhamento* como modalidade de *Programa de Acolhimento Familiar.* "Consiste em estabelecer e proporcionar à criança e ao adolescente vínculos externos à instituição para fins de convivência familiar e comunitária e colaboração com o seu desenvolvimento nos aspectos social, moral, físico, cognitivo, educacional e financeiro".

Neste programa (como política pública) o acolhimento é temporário de crianças e adolescentes na residências de famílias capacitadas e acompanhadas, que não estejam em programa de adoção. Sempre sob o regime de *Guarda*, permite que famílias da comunidade, previamente selecionadas recebam em suas casas, por um período determinado, crianças, adolescentes ou grupos de irmãos em situação de risco pessoal e social, dando-lhes acolhida, amparo, aceitação, amor e a possibilidade de convivência familiar e comunitária.

Prevê, ainda, o acompanhamento por uma equipe técnica do Serviço de Acolhimento, em ambiente sadio para a criança ou adolescente. Nesses programas, a família de apoio assume o papel de parceira no atendimento e na preparação para o retorno à família biológica ou substituta.[59]

---

58 MACIEL, Kátia Regina Ferreira Lobo Andrade. Direito Fundamental à Convivência Familiar. *In: Curso de direito da Criança e do Adolescente: aspectos teóricos e práticos.* São Paulo: Saraiva, 2017. p. 145/146.

59 Disponível em: http://www.padrinhonota10@.com.br/default.asp?Pag=17. Acesso em: 18 jan. 2019.

Os diversos programas de acolhimento familiar conduzem à essência do cuidado; cuidar é criar laços, é cativar, é assumir compromissos e responsabilidades; é saber conviver com situações limites; é ver nas diferenças uma conquista, não uma ameaça; é trazer um olhar novo para a realidade de crianças e adolescente em nosso país. [60]

O *Apadrinhamento afetivo*, como programa de acolhimento familiar (§§ 1º, 2º e 3º do art. 34, ECA) , já anteriormente desenvolvido em algumas Comarcas por iniciativa do Juizo da Infância e Juventude, visa propiciar o direito à convivência familiar às crianças e aos adolescentes institucionalizados que não têm mais contato com a família de origem ou pouco contato com seus familiares. Neste programa se inclui, também, aqueles que apresentam dificuldades de inclusão em famílias substitutas por meio de adoção ou guarda, por serem maiores, ou comporem grupo de irmãos ou portador de necessidades especiais, entre outras..[61] Esta nova figura jurídica revela a essência do *cuidado*, cujas diretrizes deverão ser difundidas também para o acolhimento e cuidados com idosos e pessoas com deficiência.

Devemos reconhecer também que na *autoridade parental* existe um *cuidado compartilhado* entre os genitores, independentemente da coabitação sob o mesmo teto. "O acolhimento dos filhos como projeção do cuidado, é também assumir compromisso, é ajuda-los a serem capazes de satisfazer as próprias necessidades e tornarem-se aptos a responder por suas vidas. Para aquele que acolhe, o cuidado é, sobretudo, dar atenção integral, amparar e aceitar o filho de maneira absoluta, é ouvir sem julgamento, mesmo que discorde, é estar presente com generosidade e compreensão".[62]

O *compartilhamento de responsabilidades* está presente nas *famílias reconstituídas* formadas com os novos casamentos ou uniões de fato, trazendo ao cotidiano dos Tribunais o reconhecimento da parentalidade socioafetiva e prevalecendo o vínculo afetivo que se forma entre a criança e a pessoa que lhe dispensa o cuidado e afeto. Esta renovada relação de parentesco por afinidade assume, muitas vezes, as funções e cuidados próprios da família biológica, destacadamente na separação conjugal. Nesta hipótese, os genitores afins, quase sempre, participam do processo de socialização, do sustento material e educação. Neste núcleo familiar o diálogo, o afeto e a solidariedade podem ajudar nos conflitos que se apresentam diversificados em cada configuração familiar.

Como nas inúmeras relações familiares, o *compartilhamento de responsabilidades* serve de base no instituto da *guarda*, da *tutela*, da *curatela das pessoas com*

---

60 PEREIRA, Tânia da Silva. Desvendando o cuidado como valor jurídico: abrigo e alternativas de acolhimento familiar. *In: Família e Solidariedade: Teoria e Prática do Direito de Família*. Rio de Janeiro: IBDFAM/Lumen Juris, 2008. p. 477.

61 ROSA, Elizabete Terezinha Silva. Apadrinhamento Afetivo. *In: 101 perguntas e respostas sobre alternativas de convivência familiar (família de apoio, guarda e apadrinhamento afetivo)*. São Paulo: CeCIF, 2002. p. 65/66.

62 PEREIRA, Tânia da Silva. Prefácio da obra *Autoridade Parental: dilemas e desafios contemporâneoos* (coord. TEIXEIRA, Ana Carolina Brochado e DADALTO, Luciana). Indaiatuba, SP: Editora Foco, 2019.

deficiência e no atendimento ao *idoso,* refletindo também a essência do cuidado. A parceria dos responsáveis deve abranger o compromisso no atendimento específico nas suas respectivas vulnerabilidades.

No que concerne à *guarda,* trata-se de medida de acolhimento, em princípio, temporária, destinada e regularizar a posse de fato de criança/adolescente, ou liminar nos procedimentos de tutela e adoção (§1º do art. 33, ECA) e excepcionalmente, para atender situações peculiares ou suprir a falta dos pais ou responsável (§2º do art. 33, ECA).

A Lei nº 11.698/2008, alterando a lei civil (arts. 1583/1584, CC), introduziu entre nós a *guarda compartilhada,* preferencialmente entre os genitores, nos casos de separação dos pais, sendo certo que a guarda com terceiros nesta modalidade de acolhimento tem sido autorizada pelos Tribunais desde que exista, entre os adultos e a criança ou adolescente, uma relação de afinidade, afetividade.

Assim entendeu a 4ª Turma do STJ ao julgar, em 11.05.2010, o REsp 1.147.138/SP, concedendo o Ilustre Relator a guarda compartilhada ao tio e à avó, sendo certo que "a criança já vinha sendo criadas por ambos, havendo anuência dos genitores para a medida e a manifestação de vontade da própria criança. Entendeu-se que *a guarda compartilhada* apenas consolidaria legalmente uma situação que já existia no mundo dos fatos, na medida em que a criança já vivia com avó e com o tio desde quatro meses de idade".

Esboça-se no nosso sistema jurídico a possibilidade da *tutela compartilhada,* lembrando que a tutela estatutária é uma das três formas de família substituta no ECA. Foi mantida, no entanto, a concessão da medida como um munus individual. Cabe lembrar que o Código Civil de 2002 introduziu a figura do Protutor no art. 1.742 como um auxiliar do juiz na fiscalização do tutor, no exercício de suas funções, respondento solidariamente por eventuais danos causados ao pupilo.

Observa, neste sentido, Rolf Madaleno: "Veja-se que o próprio Código Civil brasileiro admite a administração por uma terceira pessoa de certos bens dos filhos que seguem sob o poder familiar (CC, art. 1.693), havendo, em tese, a conveniência da aplicação de uma tutela conjunta não somente nessas hipóteses referidas no artigo 1.693 do Código Civil, mas, também, sempre que o juiz não encontrasse no tutor unipessoal as características necessárias para a administração dos bens do pupilo, (...) podendo, na atualidade, ser aplicado por analogia à curatela o artigo 1.775-A do Código Civil, acrescido ao sistema jurídico brasileiro pelo Estatuto da Pessoa com Deficiência".[63]

Esta mesma orientação é adotada por Maria Berenice Dias: "A concepção do ECA faz com que o critério tradicional seja revisto, até porque, em muitos casos, melhor atende aos interesses do tutelado passar a conviver com um casal, sejam seus membros casados, vivam em união estável hétero ou homoafetiva. Não admitir tal possibildade, além de afrontar toda uma nova concepção calcada no pricípio do melhor

---

63 MADALENO, Rolf. *Direito de Família.* 7. ed. Rio de Janeiro: Forense, 2017. p. 1.217.

interesse de crianças e adolescentes, escancara o fato de a preocupação da tutela ser exclusivamente com bens do tutelado e não com a sua pessoa".[64]

Atente-se para o fato de que o legislator civil incluiu o art. 1.775-A nas disposições do Código Civil atinentes à curatela, destacando de forma expressa a possibilidade da curatela compartilhada, já consolidada na nossa Jurisprudência. Nesse sentido, dispõe o referido dispositivo: "na nomeação de curador para a pessoa com deficiência, o juiz poderá estabelecer curatela compartilhada a mais de uma pessoa".

Considerando o reconhecimento legal da curatela compartilhada e também os ditames legais dos arts.1774-CC e 1781-CC, os quais autorizam a aplicação das regras da tutela à curatela, é oportuno admitir a tutela compartilhada em situações especiais onde, além do tutor, outra pessoa seja também nomeada como tutora auxliando nos cuidados do (s) tutelado(s) em suas necessidades pessoais, sem prejuízo de uma eventual participação do Protutor, cuja função legal se restringe a "fiscalizar os atos do tutor" (art. 1742-CC) nas atribuições previamente estabelecidas pelo Juiz.

O *compartilhamento de responsabilidades* também pode ser verificado na obrigação alimentar em benefício do idoso, que, por força do art. 12 da Lei nº 10.741/03, é solidária, podendo o idoso optar entre os prestadores.

O exercício da *autonomia* encontra seu alicerce e seu limite no *respeito* e na *responsabilidade* perante os demais, que se revelam como condições para o livre desenvolvimento da personalidade. Heloisa Helena Barboza, reportando-se ao *idoso*, alerta para a importância de manter a *autonomia* e a *independência*, o que se aplica também aos demais vulnerados desafiados por suas fragilidades A autora atribui efetivo destaque ao *cuidado como valor* 'tanto ou mais importante que a solidariedade', o qual assegura, em toda a sua dimensão, o livre exercício do envelhecimento".[65]

O *direito ao respeito*, garantido nos instrumentos normativos nacionais e internacionais, constitui importante instrumento na tutela de vulnerabilidades e, em última análise, da própria dignidade da pessoa humana. A partir do reconhecimento da necessidade de um tratamento diferenciado a grupos especialmente vulneráveis, é possível estabelecer uma efetiva consideração em relação ao outro, identificada em sua singularidade.

O *abandono afetivo dos idosos* representa uma hipótese de diálogo entre leis de Direito de Família, tendo como fundamento o art. 229 da Constituição Federal ao consubstanciar o dever jurídico do cuidado não só dos pais em relação aos filhos menores como também o compromisso dos filhos maiores com o "dever de ajudar e amparar os pais na velhice, carência e enfermidade" .

---

64 DIAS, Maria Berenice. *Manual de direito das famílias*. 8. ed. São Paulo: Revista dos Tribunais, 2011. p. 612.

65 BARBOZA, Heloisa Helena. O Princípio do melhor interesse do Idoso. *In:* PEREIRA, Tânia da Silva; OLIVEIRA, Guilherme de (coord.). *O cuidado como valor jurídico*. Rio de Janeiro: Forense, 2008. p. 69/70.

Cabe aos pais a responsabilidade no atendimento aos filhos menores, o que se traduz na "assistência, criação e educação" (parágrafo único do art. 22, ECA), indicando os pressupostos do poder familiar exercidos igualmente pelo homem e pela mulher sob o comando constitucional do § 5º do art. 226 da Constituição Federal, sem excluir a obrigação de sustento e guarda compartilhada dos filhos com os genitores e, caso necessário, com a família extensa, se existir vínculo de afinidade e carinho.

Conclui-se, portanto que o abandono afetivo deve ser enxergado como uma via de mão dupla, podendo repercutir tanto para os pais - sobretudo na infância e juventude dos filhos – quanto aos filhos em relação aos pais, especialmente na velhice.[66]

A tese do abandono afetivo inverso ganhou reconhecimento na Doutrina e na Jurisprudência na hipótese em que o filho abandona o pai ou a mãe, sobretudo na velhice.

A *afetividade,* reconhecida como princípio jurídico e como vetor das relações familiares, convoca os operadores do Direito um novo tratamento jurídico à temática da *responsabilidade*, envolvendo outras dimensões que não a mera responsabilidade civil. Para Ricardo Calderón, "interessa sobremaneira sua dimensão ética". O mesmo autor reporta-se a aos estudos de Paulo Luiz Netto Lobo ao afirmar que "na relação dos pais para com os filhos, em que aqueles têm deveres para com estes, independente de uma prévia exigência, ou de se saber se, na vida adulta os filhos retribuirão os cuidados dos pais".[67]

Completa Ricardo Calderón: "a responsabilidade que decorre para os genitores com a prole não se restringe à mera responsabilidade civil voltada ao passado com finalidade reparadora, mas envolve também a dimensão ética da responsabilidade voltada a uma conduta futura desejável, dirigida para a criação e cuidados dos filhos. Esta dimensão ética de responsabilidade deve orientar o tratamento a ser conferido aos casos de abandono afetivo, constituindo-se em força motriz na busca da conscientização quanto as consequências do comportamento omisso parental nas relações familiares. Muito mais do que reparar o dano, há que se empreender esforços na tentativa de procurar evitar a ocorrência de dano existencial".[68]

Esta mesma dimensão ética da responsabilidade tem sido objeto de efetivos debates diante da possibilidade de reparação civil pelo abandono afetivo dos idosos, sendo certo que o art. 230-CF determina uma obrigação solidária da família, da sociedade e do Estado de amparar as pessoas idosas, assegurando sua participação na comunidade, defendendo sua dignidade e bem-estar e garantindo-lhes o direito à vida.

---

66 BARRETTO, Fernanda Carvalho Leão. Abandono Afetivo e Alienação Parental podem ser causa de deserdação?. *In:* PEREIRA, Rodrigo da Cunha; DIAS, Maria Berenice (coord.). *Família e Sucessões: polêmicas, tendências e inovações.* Belo Horizonte: IBDFAM, 2018. p. 652.

67 CALDERÓN, Ricardo. *Princípio da Afetividade no Direito de Família.* Rio de Janeiro: GEN/ Forense, 2017. p. 267.

68 CALDERÓN , Ricardo. Op. cit., p. 268.

Da mesma forma que o afeto e as relações socioafetivas foram reconhecidos de forma significante no Direito de Família, não se pode afastar a possibilidade de também incluir o *cuidado* no âmbito do Direito.[69]

O dever do cuidado se estende na solidariedade e amparo dos pais idosos pelos filhos maiores permanecendo ligado à ideia de solidariedade, sempre vinculado à noção de responsabilidade, a gerar direitos e deveres não só familiares como aqueles de âmbito social.

As múltiplas relações afetivas construídas no cotidiano da vida que caracterizam a família contemporânea passam a ser reconhecidas e protegidas pelo ordenamento. Essa visão constitucionalizada dos vínculos familiares encontra respaldo na consagração do princípio da dignidade da pessoa humana, no art. 1º, inciso III, da CF/1988, e do princípio da solidariedade, consubstanciado pelo art. 3º, inciso I, da Carta Magna.[70]

A visão de que o indivíduo é um fim em si mesmo possibilita que cada um tenha liberdade e autonomia para buscar sua própria felicidade. No entanto, essa liberdade deve ser exercida de acordo com a possibilidade de os demais buscarem também a promoção de seus projetos de vida. É nesse sentido que o princípio da dignidade humana dialoga com a solidariedade, de modo que o sistema constitucional acaba por construir uma teia de direitos e deveres objetivando a proteção do homem, tanto de forma individualizada quanto de forma coletiva. Essa é a essência do cuidado.[71]

O dever dos pais de sustento dos filhos é assegurado por meio das disposições da Lei 5.478/1968, que regula o rito especial da ação de alimentos, e da Lei 11.804/2008, que disciplina o direito aos alimentos gravídicos. De outro lado, o art. 12 do Estatuto do Idoso determina a solidariedade da obrigação alimentar referente ao idoso, podendo este optar entre os prestadores. O art. 1.566 do Código Civil de 2002, em seu inciso IV, prevê o sustento, guarda e educação dos filhos como deveres de ambos os cônjuges, estabelecendo o art. 1.634, inciso I, que compete a ambos os pais, qualquer que seja a sua situação conjugal, o pleno exercício do poder familiar, cabendo-lhes dirigir a criação e a educação dos filhos.

Essa responsabilidade é fundamental, sobretudo para a garantia efetiva dos direitos da criança, do adolescente e do idoso, amparados pela legislação especial. Isso porque a família constitui o principal núcleo de proteção e acolhimento, não obstante o Estatuto do Idoso e o Estatuto da Criança e do Adolescente estabeleçam a corresponsabilidade da Família, da Sociedade e do Poder Público quanto à efetivação dos direitos fundamentais desses grupos.

---

69 PEREIRA, Tânia da Silva. Prefácio. *In:* PEREIRA, Tânia da Silva, OLIVEIRA, Guilherme de (coord.). *O cuidado como valor jurídico.* Rio de Janeiro: Forense, 2018.

70 PEREIRA, Tânia da Silva. Comentando o art. 229-CC. *In: Constituição Federal Comentada.* Rio de Janeiro: Forense, 2018. p. 1.546.

71 7 Ibidem.

Merece referência especial nestes estudos o acórdão da 3ª Turma do STJ ao julgar o REsp 1.159.242/SP, no qual a violação do dever de cuidado foi reconhecida como ato ilícito, possibilitando-se a aplicação das regras concernentes à responsabilidade civil e o consequente dever de indenizar. No caso, a ministra Nancy Andrighi ressaltou que "o cuidado como valor jurídico objetivo está incorporado no ordenamento jurídico brasileiro não com essa expressão, mas com locuções e termos que manifestam suas diversas desinências, como se observa do art. 227 da CF/1988".De acordo com a Relatora, "o *non facere*, que atinge um bem juridicamente tutelado, leia-se, o necessário dever de criação, educação e companhia – de cuidado –, importa em vulneração da imposição legal, exsurgindo, daí, a possibilidade de se pleitear compensação por danos morais por abandono psicológico".[72]

Ao idoso também subsiste o direito de ser cuidado e amparado por seus familiares, de modo que a Lei, buscando assegurar os direitos dos mais velhos, determina a responsabilização civil para aqueles que se omitem quanto a essa obrigação, o que está consubstanciado no art. 2º do Estatuto do Idoso ao determinar que a pessoa idosa goza de todos os direitos fundamentais inerentes à pessoa humana, devendo ser asseguradas, "por lei ou por outros meios, todas as oportunidades e facilidades para preservação de sua saúde física e mental e seu aperfeiçoamento moral, intelectual, espiritual e social, em condições de liberdade e dignidade".

Todas estas reflexões nos conduzem a assumir os estudos sobre os conteúdos do cuidado, sem prejuízo de outros valores também usados como suporte para sua identificação no universo jurídico. Interessam-nos diretamente a *dedicação,* a *tolerância*, a *paciência*, o *compromisso,* convocando os operadores do Direito e o Sistema de Justiça a incorporá-los no seu cotidiano.

Vera Regina Waldow, reportando-se a Roach (1993), inclui também *a confiança* dentre os atributos do cuidar, como "qualidade que se desenvolve através de relações de respeito, segurança e honestidade. A insegurança e a decepção destroem a confiança". Alerta a autora para que essa qualidade não se desenvolva através de relações paternalísticas que provoquem dependência".[73]

Diante da vulnerabilidade humana e da necessidade de se garantir especialmente aos "vulnerados" condições mínimas para defesa de sua autonomia, o cuidado deve permear as vivências interpessoais e as relações institucionais, sempre sob a ótica da responsabilidade e do compromisso perante os demais.

---

72 STJ, 3ª Turma, REsp 1159242/SP, Rel. Min Nancy Andrighi, j. 24.04.2012, *DJe* 10.05.2012.

73 WALDOW, Vera Regina. *Cuidado na saúde: as relações entre o eu e os outros e o cosmos.* Perópolis: 2005, p. 28.

5. Conclusão

O cuidado tem se revelado importante fator de norte e integração para o Direito, prevendo a responsabilização mútua dos indivíduos e estabelecendo uma cadeia de solidariedade recíproca, na medida em que a construção de uma sociedade livre, justa e solidária constitui objetivo fundamental da República Federativa do Brasil, conforme determina a Constituição, em seu art. 3º, inciso I. [74]

Como *modo-de-ser essencial* preconizada por Leonardo Boff,[75] o cuidado constitui a própria essência humana, que não pode ser ignorada, sob pena deterioração contínua das relações. O ordenamento jurídico é reflexo da busca do homem pela harmonia social através da garantia de direitos e do estabelecimento de deveres, o que demanda uma postura ativa dos personagens responsáveis por essa concretização.[76]

Foi significativo o reconhecimento do cuidado como valor jurídico, inclusive nos Tribunais Superiores brasileiros. Reforçado por decisões judiciais como aquelas acima indicadas sempre sob a liderança da Ministra Nancy Andrighi, temos que reconhecer que o cuidado representa o denominar comum do sistema geral de proteção. Mais do que isso: "o cuidado com a natureza, com os outros seres vivos, com seus pares e com o próprio corpo, permite ao homem a plena consciência de sua vida, do seu papel no planeta, na sociedade e na família". [77]

É no âmbito das relações familiares que o cuidado vai exercer o seu papel fundamental, na medida em que as normas jurídicas não conseguem acompanhar a dinâmica das transformações que ocorrem na realidade, fazendo com que seja imperioso buscar na própria essência humana a finalidade da vida em família e sociedade.[78]

Neste aspecto a Constituição determina o dever dos pais de criar e educar os filhos menores, e dos filhos maiores de ajudar e amparar os pais na velhice, carência ou enfermidade (art. 229).

Essa responsabilidade é fundamental, sobretudo, para a garantia efetiva dos direitos da criança, do adolescente e do idoso e das pessoas com deficiência, amparados pela legislação especial. Isso porque a família constitui o principal núcleo de proteção e acolhimento, não obstante o Estatuto do Idoso e o Estatuto da Criança e do Adolescente estabeleçam a corresponsabilidade da Família, da Sociedade e do Poder Público quanto à efetivação dos direitos fundamentais desses grupos.

---

74 Nesse sentido, ver: PEREIRA, Tânia da Silva; LEAL, Livia Teixeira. "Cuidado, Ética, Responsabilidade e Compromisso: Famílias possíveis". *In:* ZAGAGLIA, Rosângela Alcantara *et al.* (Org.). *Coleção Direito UERJ 80 Anos* - Vol. 10: Criança e Adolescente. Rio de Janeiro: Freitas Bastos, 2015.

75 BOFF, Leonardo. *Saber cuidar: ética do humano, compaixão pela terra.* Petrópolis: Vozes, 2004. p. 34.

76 PEREIRA, Tânia da Silva; LEAL, Livia Teixeira. Op. cit.

77 PEREIRA, Tânia da Silva. O cuidado como valor jurídico. *In:* PEREIRA, Tânia da Silva. PEREIRA, Rodrigo da Cunha (coord.). *A Etica da Convivência Familiar: sua efetividade no cotidiano dos Tribunais.* Rio de Janeiro: Forense, 2006. p. 256.

78 PEREIRA, Tânia da Silva. Comentando o art. 229-CF. *In: Constituição Federal Comentada.* Rio de Janeiro: Forense, 2018. p. 1546.

Não podemos esquecer que o Direito deve ser interpretado de forma sistemática e coordenada. Pela teoria do diálogo das fontes as normas não se excluiriam mas se complementariam, ou seja, "uma norma jurídica não exclui a aplicação de outra, como acontece nos critérios clássicos para a solução de conflitos de normas idealizado por Norberto Bobbio". Conclui Sergio Malta Prado: "o diálogo entre as fontes se dará através da aplicação conjunta de duas normas ao mesmo tempo, ora mediante complementação de uma norma à outra, ora pela aplicação subsidiária de uma norma à outra" (...) "As leis surgem para ser aplicadas e não excluídas umas pelas outras, mormente quando possuem campos de aplicação convergentes".[79]

Mais uma vez, a Ministra Nancy Andrighi em primoroso julgado na Terceira Turma do STJ, ao julgar o REsp 1009591/RS, esclarece: "o direito contemporâneo se orienta no sentido da busca pela efetividade. Para isso, não basta interpretar as normas de forma isolada, senão identificar sua finalidade e relacionar seu sentido e alcance com outras normas do sistema jurídico. Neste sentido, não bastam leis bem elaboradas e que resultem das melhores intenções do legislador. É preciso interpretá-las e aplicá-las concretamente o que exige não apenas prudência, mas a visão do conjunto de outras normas, possíveis contradições que possam existir entre elas, e o sentido constitucionalmente adequado à aplicação ao caso concreto, a reconstrução da coerência que os valores constitucionais impõem".[80]

Ao buscar na Teoria do Diálogo das Fontes a possibilidade de identificar aspectos comuns nos três "Estatutos", reporto-me às considerações de Heloisa Helena Barboza: "a conceituação e identificação dos vulnerados, o quanto possível, não devem ficar submetidas a avaliações subjetivas, muito menos a vinculações ideológico-políticas. Deve haver especial cautela para se evitar que as definições sejam feitas, exclusivamente com o pertencimento geográfico ou cultural das pessoas, de modo a impedir a estigmatização, o paternalismo e o autoritarismo, riscos sempre presentes, como alerta Schramm. A percepção ampla e reflexiva da vulnerabilidade e do cuidado representa um importante passo na produção de um conhecimento interdisciplinar, que deve informar a elaboração de normas e a tomada de medidas que possam efetivamente cuidar da pessoa humana em sua "vulnerabilidade certa" e, especialmente, em "certas vulnerabilidades".[81]

Sob essa perspectiva, a tutela das vulnerabilidades envolve tanto uma discriminação positiva por parte do legislador na elaboração dos estatutos protetivos quanto uma postura ativa do intérprete no sentido de identificar as peculiaridades de cada indivíduo, com o fito de garantir o efetivo exercício de seus direitos. Além disso, é

---

79 PRADO, Sergio Malta. Da teoria do diálogo das fontes. *Migalhas.* Disponível em: www.migalhas.com.br/dePeso/16,MI171735,101048-+teoria+do+dialogo+das+fontes. Acesso em: 21 ago. 2018.

80 STJ, 3ª Turma, REsp 1009591/RS, Rel. Min. Nancy Andrighi, j. 13.04.2010, DJe 23.08.2010.

81 BARBOZA, Heloisa Helena. Vulnerabilidade e cuidado: aspectos jurídicos. *In:* PEREIRA Tânia da Silva; OLIVEIRA, Guilherme de. *Cuidado e vulnerabilidade*. São Paulo: Atlas, 2009. p. 118.

preciso que se considere o fundamento constitucional que vai nortear a proteção dos grupos vulnerados nesse processo, compreendendo-se os microssistemas não de forma isolada, mas em um contexto macro.

Inquestionável o reconhecimento do cuidado como subprincípio do princípio da dignidade humana. É oportuno lembrar que foi o próprio texto constitucional que previu a possibilidade de se cogitar novos direitos que decorrem dos direitos e garantias preceituados em sua própria sistemática, ou dos princípios, sendo certo que a partir da vigência da Constituição Federal de 1988 todas as atenções se voltaram para o estudo da real dimensão e do significado do princípio da dignidade da pessoa humana. Como bem avaliou Rodrigo da Cunha Pereira "a dignidade é um macroprincípio sob o qual irradiam e estão contidos outros princípios e valores essenciais".[82]

Compartilhamos com essa premissa doutrinária e com base nesse entendimento é que, justamente encontramos abrigo ao cuidado no bojo dos direitos fundamentais, pois se o cuidado é subprincípio da dignidade da pessoa humana, em última análise, nele se concretiza e não há como afastar sua dimensão de direito fundamental.

Podemos afirmar, finalmente, que o cuidado configura-se como denominador comum dos "Estatutos" de proteção dos vulnerados, na medida em que é a partir do reconhecimento de uma necessária proteção especial direcionada a alguns grupos que se pode garantir a plena participação de todos na sociedade. Desta forma, seja no cumprimento dos deveres familiares, seja na aplicação de medidas de proteção aos idosos, ou mesmo, no atendimento prioritário às pessoas com deficiência, a legislação vigente e as decisões judiciais contribuem para a concretização do dever de cuidado.

Diante do reconhecimento da vulnerabilidade do humano e da necessidade de se garantir a defesa de sua autonomia, sempre sob a ótica do compromisso e da responsabilidade, nota-se a firme e necessária presença do cuidado, que se fortalece nos mais variados setores da vida e fornece subsídios para a sua aplicabilidade nas situações concretas que desafiam o Direito, demandando soluções que considerem sobretudo as condições individuais dos sujeitos envolvidos.

A teoria do diálogo das fontes como método de interpretação permite ao operador do Direito coordenar as normas jurídicas em vez de priorizar o conflito entre elas. Considerando as condições pessoais dos "hipervulneráveis", esta teoria permite uma visão unitária dos "Estatutos", orientados pelos Direitos Fundamentais Constitucionais o que permite unir esforços em benefício dos seus destinatários, oferecendo soluções que conduzam à sua efetividade.

Finalmente, buscando subsídios nos ensinamentos de Leonardo Boff podemos afirmar que *"o cuidado serve de crítica à nossa civilização agonizante e também de princípio inspirador de um novo paradigma de convivialidade"*.[83]

---

82 PEREIRA, Rodrigo da Cunha. *Principios fundamentais norteadores do direito de família.* Belo Horizonte: Del Rey, 2008. p. 94.

83 BOFF, Leonardo. *Saber cuidar: ética do humano, compaixão pela terra.* Petrópolis: Vozes, 2004. p. 33.

O direito à alteração do registro civil de transgêneros, e como alguns estados adiantaram-se normalizando as regras para a efetivação deste direito, reconhecido na ADI 4275 e o Provimento 73 de 2018 do CNJ

Tatiana Rocha Seixas
Rodrigo Cardoso Fernandes

1. Introdução

Mais do que nunca continua importante o debate sobre direitos relacionados à Homoafetividade e Identidade de Gêneros, não à toa, a criminalização da homofobia e da transfobia (ou homotransfobia) é objeto de uma Ação Direta de Inconstitucionalidade por Omissão (ADO nº 26) e de um Mandado de Injunção Coletivo (MI nº 4733).

O MI nº 4733 foi impetrado pela Associação Brasileira de Gays, Lésbicas e Transgêneros – ABGLT e a ADO nº 26 tem como autor o Partido Popular Socialista – PPS, e de maneira geral questionam a omissão do Congresso Nacional na edição de lei específica que Criminalize todas as formas de homofobia e transfobia.

Embora sejam temas do interesse do mesmo grupo de cidadãos, a criminalização específica desta conduta de racismo (nas palavras do Advogado que representa a ABGLT)[1] e o pleno exercício ao uso do nome que melhor expresse o gênero adotado (nome social) tratam de momentos diferentes da mesma luta, mas guardam relação no mesmo princípio constitucional para baseá-la.

Porém, devemos destacar que, lamentavelmente, o Princípio da Dignidade da Pessoa Humana foi muito mal usado nos últimos anos, muitas vezes só para glorifi-

---

1 "(...) o racismo tem que ser entendido como um conceito político-sociológico... se o racismo é a interiorização de um grupo social relativamente a outro, como o STF já afirmou (no HC 82.424/RS), então homotransfobia é o crime de discriminação por raça (...)". Disponível em: http://www.ibdfam.org.br/noticias/6810/STF+julgará+pedido+de+criminalização+da+homofobia. Acesso em: 25 fev. 2019.

car uma retórica, fazendo com que, por muitas vezes, direitos com fundamentação em outros princípios, fossem sustentados com base no da Dignidade só por achá-lo mais "nobre".

Atento a este mau uso do Princípio da Dignidade da Pessoa Humana, em seu voto, o Ministro Edson Fachin, relator do MI nº 4733, asseverou: (...) "A dignidade da pessoa humana não pode ser invocada de forma retórica, como grande guarda-chuva acolhedor de qualquer argumento em razão de sua amplitude ou comprimento. É preciso ser exato: a dignidade da pessoa humana não é vagueza abarcadora de argumentos e posições de todo lado. Ao contrário, e por refutação a isso, é preciso dar sentido e concretude a esse princípio inerente aos sujeitos e fundante de nosso Estado (...)".[2]

Não há como negar a estrema felicidade da colocação do Min. Edson Fachin, não só pela percepção do mau uso do referido princípio em muitos casos, mas pelo arremate em sua conclusão do porquê da fundamentação do direito desta parcela da sociedade a ser protegida com um importante princípio constitucional: (...) "O princípio constitucional da dignidade da pessoa humana é aqui conclamado porque, mais do que fonte e fundamento de outros direitos fundamentais (como, por exemplo, o direito fundamental à igualdade), tem seu conteúdo nitidamente violado e, portanto, torna-se passível de aplicação direta ao caso em análise. Frise-se que a dignidade da pessoa humana é elemento ínsito, constitutivo do sujeito; vale dizer, é o reconhecimento do seu próprio valor moral, idêntico ao valor moral das demais pessoas. O princípio da dignidade da pessoa humana busca, assim, proteger de forma integral o sujeito na qualidade de pessoa vivente em sua existência concreta. O princípio é, portanto, uma imposição obrigativa no presente, mas também sempre um norte futuro, um vetor interpretativo (...)".[3]

Importante destacar que, embora o voto supracitado tenha origem em análise de questão criminal sobre homotransfobia, o raciocínio para a aplicação do princípio para a garantia da troca do nome perante o Registro Civil ao Transgênero, pois nas palavras do Min. Edson Fachin ele "é elemento ínsito, constitutivo do sujeito; vale dizer, é o reconhecimento do seu próprio valor moral, idêntico ao valor moral das demais pessoas".

Inegavelmente, a luta desta parcela da sociedade para ver seus direitos intrínsecos reconhecidos está diretamente ligada à sua dignidade (ou a busca por tê-la plenamente), à sua autoimagem e ao seu bem-estar. Desta maneira, parece adequada que a proteção deste grupo de cidadãos seja sempre ponderada com fundamento neste caro princípio constitucional, sem prejuízo da aplicação de outros princípios, de maneira subsidiária.

---

2 Trecho do Voto do Min. Edson Fachin no MI nº 4733. Disponível em: http://www.ibdfam.org.br/noticias/6862/STF+adia+votação+de+criminalização+da+homofobia%3B+quatro+ministros+já+votaram+pela+procedência+do+pedido. Acesso em: 25 fev. 2019.

3 Trecho do Voto do Min. Edson Fachin no MI nº 4733. Disponível em: http://www.ibdfam.org.br/noticias/6862/STF+adia+votação+de+criminalização+da+homofobia%3B+quatro+ministros+já+votaram+pela+procedência+do+pedido. Acesso em: 25 fev. 2019.

2. O Provimento 73/2018 do CNJ

2.1. Os fundamentos jurídicos para sua elaboração

Avançando na análise destas lutas por respeito e dignidade, agora mudando o foco da área penal, para cível, vemos que o princípio da dignidade da pessoa humana continua servindo de base para outras conquistas, desta vez, para as pessoas transgêneros.

Outra importante luta para os transgêneros é a possibilidade de alteração do prenome e do gênero extrajudicialmente, atinge, até com maior alcance do que o reconhecimento da necessidade de um tipo penal para punir a transfobia, pois, embora, lamentavelmente, grande parcela deste grupo de cidadãos seja atingido de alguma forma por este tipo de crime/preconceito, não são todos que necessitam desta "proteção" da legislação penal, mas, a possibilidade deste tipo de alteração diretamente no Registro Civil de Pessoas Naturais – RCPN, atinge, positivamente, todos os transgêneros.

E, como podemos ver nas considerações para a edição do Provimento 73 de 28 de junho de 2018,[4] do CNJ, o Princípio da Dignidade da Pessoa Humana, art. 1º, III da CRFB, serviu como base para a sua edição.

Claro que por maior forca que tenha o Princípio da Dignidade não foi a única base para tão relevante mudança de postura do nosso poder público, ele fortaleceu esta decisão quando ponderado conjuntamente com outros princípios norteadores de direitos e legislações internacionais, como o Pacto de San Jose da Costa Rica, a Convenção Interamericana de Direitos Humanos e a Opinião Consultiva n. 24/17 da Corte Interamericana de Direitos Humanos.

Em nossa própria Constituição foram buscados outros princípios para fundamentar a normativa trazida pela portaria, dentre eles o direito "à vida privada, à honra, à imagem (art. 5º, X, da CF/88), à igualdade (art. 5º, caput, da CF/88), à identidade ou expressão de gênero sem discriminações".

Importante destacar que os ditames constitucionais acima estão em perfeita harmonia, por exemplo, com as disposições do Pacto de San Jose da Costa Rica invocadas no provimento já que estas eram "referentes ao respeito ao direito ao nome (art. 18), ao reconhecimento da personalidade jurídica (art. 3º), à liberdade pessoal (art. 7º.1) e à honra e à dignidade (art. 11.2)".

2.2. A decisão da OMS de retirar transexualidade da CID – fundamento não jurídico para a Portaria 73/2018 do CNJ

Mas os fundamentos para a edição do Provimento 73/2018 não estão restritos ao "mundo jurídico", devemos destacar a mudança de enquadramento da Organização

---

4 Publicado no Diário de Justiça Eletrônico do CNJ, 29 jun. 2018. Disponível em: http://www.cnj.jus.br/files/conteudo/arquivo/2018/06/434a36c27d599882610e933b8505d0f0.pdf. Acesso em: 25 fev. 2019.

Mundial da Saúde – OMS, que excluiu a transexualidade (transexualismo) do capítulo de doenças mentais da Classificação Estatística Internacional de Doenças e Problemas Relacionados à Saúde – CID (a vigorar a partir de maio de 2019), antes o transgênero (transexualismo) constava do capítulo sobre problemas mentais do código da OMS, como um «distúrbio de identidade de gênero".

Na edição anterior a questão, que era tratada como uma doença, aparecia com o nome Transexualismo (o sufixo "ismo", de origem grega, e atribuía à condição um caráter de patologia). Era tratado como "um desejo de viver e ser aceito como um membro do sexo oposto", relacionado a um "desconforto" com o próprio órgão genital e à vontade de se submeter a cirurgia ou tratamento hormonal para a adequação do corpo à percepção pessoal.

Congruentemente agora a transexualidade passa a ser chamada "incongruência de gênero", passando a integrar um novo capítulo sobre condições relacionadas à saúde sexual, o novo CID trata a transgeneridade (ou transexualidade) como uma "persistente incompatibilidade na percepção de um indivíduo de seu próprio gênero e o sexo designado".

A transgeneridade mesmo não sendo uma patologia, ainda consta no guia de doenças pois necessita de cuidados ligados à saúde, como apoio psicológico tratamento hormonal, e, até, intervenções cirúrgicas, não há mais o foco no tratamento e cura de uma patologia (como quando era empregado o sufixo ismo), e sim a compreensão e o respeito a uma característica (expressada pelo sufixo 'dade').

Assim, mantém-se o cuidado com a pessoa no nível de atendimento médico que ela precisar, mas, com a mudança de enquadramento, despatologiza-se a condição de quem é assistido, passando de doente para alguém com uma "incongruência de gênero".

Para a OMS o diagnóstico não pode ser feito antes da puberdade, e esta incongruência deve se manifestar por vários meses ao menos, destacando-se que preferências e comportamentos que destoam do esperado para o sexo biológico não servem a identificação do transexualismo (ou transgeneridade).

Porém, muito embora a OMS recomende que a manifestação desta incongruência entre o sexo do nascimento e o auto-percebido esteja manifestando-se, ao menos, a vários meses, para a retificação do nome (prenome) ou do gênero basta que o transgênero afirme tal condição perante o Registrador, sem a necessidade de apresentação prévia de "autorização judicial ou da comprovação de realização de cirurgia de redesignação sexual e/ou de tratamento hormonal ou patologizante, assim como de apresentação de laudo médico ou psicológico" (parágrafo 1º do art. 4º do Provimento 73/2018 do CNJ).

Logo, por estar fundamentada na autonomia da vontade, a adequação da identidade mediante a averbação do prenome, do gênero ou de ambos, ocorrerá se o requerente declarar esta intensão perante o registrador do RCPN (caput do art. 4º do Provimento 73/2018 do CNJ).

2.3. *Das regras do Provimento do CNJ*

Mas dois pontos devem ser destacados, o primeiro é que o fato de não ser obrigatória a apresentação prévia de qualquer tipo de documento que comprove a incongruência de gênero, não torna impossível que o requerente produza prova neste sentido (art. 4º, §7º e seus incisos), até por causa do segundo ponto a ser destacado, já que, havendo dúvida justificada, por suspeita de "fraude, falsidade, má-fé, vício de vontade ou simulação quanto ao desejo real da pessoa requerente", o Registrador pode recusar, fundamentadamente, o requerimento, devendo encaminhar o mesmo ao juiz corregedor (art. 6º do Provimento 73/2018 do CNJ).

Desta forma percebe-se que, sem violar a autonomia nem a função pública do registrador,[5] o provimento traz claros elementos de que vale, como regra, a boa-fé do requerente, já que no mundo jurídico esta é sempre presumida, e a má-fé deve ser comprovada, havendo, desta forma, um grande acerto na norma editada ao ter deixado tal condição de forma bem clara.

Nem poderia ser diferente, pois não adiantaria criar uma norma para alteração extrajudicial de assentamento se criássemos verdadeira *via crucis* para que o requerente pudesse valer-se da mesma, mas isto também está longe de criar um procedimento capaz de violar direitos de terceiros, já que, muito embora o requerente possa livremente requerer a alteração do seu assentamento de nascimento, a alteração dos assentamentos de descendentes ou do seu casamento depende da concordância dos demais envolvidos (§§ 2º e 3º do art. 8º do Provimento 73/2018 do CNJ).

Havendo a discordância das pessoas mencionadas acima, a questão deverá ser levada à Justiça, para que um Juiz supra judicialmente o consentimento (§4º do art. 8º).

Outrossim, outras pessoas (ou direito destas) poderiam ser afetadas pela alteração do prenome, para evitar tal possibilidade, mesmo que sem esta intensão pelo requerente, é que entre os documentos obrigatórios (§8º do art. 4º do Provimento 73/2018 do CNJ) a serem acostados com o requerimento padrão estão certidões dos distribuidores Cíveis, Criminais/Execução Criminal, dos Tabelionatos de Protestos e da Justiça do Trabalho (art. 4º, §6º, incisos XI, XII, XII, XIV e XVI), entre outros.

Assim, muito embora não precise provar sua "condição", a alteração pretendida não pode trazer prejuízos a terceiros, então para evitar tal possibilidade há a obrigação de montar uma documentação, que, mesmo existindo apontamento, não impede o registro da alteração, mas traz para o registrador (§9º do art. 4º) a obrigação de co-

---

5 LOUREIRO, Luis Guilherme *apud* CAMPOS, Débora. Disponível em: https://www.megajuridico.com/notario-e-registrador-sao-funcionarios-publicos/. Acesso em: 25 fev. 2019. "O notário e o registrador são profissionais de Direito, dotados de fé-pública, a quem é delegado o exercício da atividade notarial e de registros. Estes profissionais gozam de independência no exercício de suas atribuições e só perderão suas atribuições nas hipóteses previstas em Lei. Como titulares de uma função pública, delegada pelo Estado, os notários e registradores têm suas atividades fiscalizadas pelo poder judiciário".

municar aos Juízos onde tramite alguma demanda envolvendo a parte ou aos órgãos competentes (em caso de dívidas) a realização da alteração, muito embora trate-se de procedimento sigiloso (art. 5º do Provimento 73/2018 do CNJ).

2.4. A aplicação, por analgia, do Benefício da Assistência Judiciária da Lei 1.060/50 e do CPC/2015

Analisando, ainda, a questão do acesso ao procedimento extrajudicial disciplinado no Provimento 73/2018 do CNJ, muito embora a todo momento haja a determinação de que o processamento do requerimento e a sua instrumentalização correrão às expensas do requerente, no parágrafo único do artigo 9º há a ressalva que nos casos de requerentes com direito a gratuidade para o ato, devem ser observadas as regras referentes às gratuidades dos atos registrais.

Por mais que o assunto seja espinhoso, havendo uma forte resistência entre os Notários e Registradores à "Gratuidade de Justiça" ou "JG" (Benefício da Assistência Judiciária),[6] a verdade é que, em se tratando de procedimento que vise garantir o acesso à dignidade prevista no inciso III do art 1º da CRFB, creio que a melhor leitura do parágrafo único do art. 9º seja que, por analogia, embora estejamos em um procedimento extrajudicial, deveríamos garantir aos que declarassem necessitar desta gratuidade, a concretização do procedimento sem custo, o que é muito mais amplo que a gratuidade do ato, é defender a observância da regra da lei nº 1.060/1950 c/c os arts. 98/102 do CPC/2015.

Só com as certidões do §6º do art. 4º do provimento 73/2018 do CNJ, alcançamos um valor próximo a R$ 400,00 (levantamento realizado no Estado do Rio de Janeiro), mais o custo da averbação, de xerocopiar documentos, deslocamento e etc., o requerente gastaria bem mais de meio salário-mínimo. Seria mais caro, demorado, ineficiente e angustiante, fazê-lo ajuizar uma demanda para ter direito ao Benefício da Assistência Judiciária (gratuita), a popularmente chamada "JG", onde o Juízo determinaria que os Cartórios distribuidores entregassem as certidões, e o Registrador do RCPN fizesse a alteração gratuitamente.

Notemos que no caso de judicializar o procedimento, além de envolver todos os cartórios citados no Respectivo Procedimento do CNJ, teríamos que movimentar a já assoberbada máquina do Estado, através do Poder Judiciário e da Defensoria Pública (na maioria dos casos o Requerente Transgênero não teria acesso a um advogado), para alcançar o mesmo resultado de fazer o procedimento extrajudicialmente, só que muito mais demorado e caro.

---

6 ASSUMPÇÃO, Letícia Franco Maculan. *A gratuidade e os serviços notariais e de registro*. Disponível em: http://blog.notariado.org.br/notarial/gratuidade-e-os-servicos-notariais-e-de-registro. Acesso em: 25 fev. 2019. (...) "A gratuidade vem sendo imposta de forma desarrazoada e inconstitucional aos serviços notariais e de registros. A questão essencial é a sustentabilidade da prestação em caráter privado dos referidos serviços, por meio do sistema consagrado pela Constituição da República".

Como no presente artigo não temos pertinência temática para discutir a constitucionalidade ou os efeitos da "JG" junto aos serviços notário e registral, mas não poderíamos defender a aplicação de tal isenção em procedimento extrajudicial sem garantir "ampla defesa e contraditório" aos Registradores, quando a gratuidade fosse requerida por analogia ao disposto nos artigos 98/102 do CPC/2015 c/c Lei nº 1.060/1950, estaria garantido ao Registrador que, após a efetivação da alteração do registro (prática do ato), pudesse abrir o procedimento para comprovação do preenchimento dos requisitos da "JG" perante o "Juízo competente para decidir questões notariais e registrais", como previsto no §8º do art. 98 do CPC/2015.[7]

Para a "concessão da JG" no início do procedimento de alteração de assentamento bastaria que o interessado requeresse uma declaração junto ao órgão estadual de assistência social ou à Defensoria Pública da região.

2.5. Da existência de Ação judicial, anterior com o mesmo requerimento – efeitos da ADI 4275

Um outro ponto que deve ser discutido é se o arquivamento de processo judicial anterior, sobre o mesmo objeto do requerimento extrajudicial, referido no §5º do art. 4º do Provimento 73/2018 do CNJ, é um arquivamento simples, ou seja, o processo está no arquivo por inércia ou requerimento de sobrestamento, mas sem decisão final (contrária neste caso, pois se fosse pela procedência do pedido não haveria a necessidade do procedimento extrajudicial), ou se seria necessário que este arquivamento fosse definitivo, ou seja, houve uma extinção do feito sem o exame do mérito, ou no caso de improcedência do pedido.

Pelo tempo verbal utilizado, no referido parágrafo, parece que se trata de demanda judicial já extinta, mas pouco importa se com ou sem resolução do mérito,

---

7 Art. 98. A pessoa natural ou jurídica, brasileira ou estrangeira, com insuficiência de recursos para pagar as custas, as despesas processuais e os honorários advocatícios tem direito à gratuidade da justiça, na forma da lei.
§ 1º A gratuidade da justiça compreende:
Incisos I a VIII omitidos
IX – os emolumentos devidos a notários ou registradores em decorrência da prática de registro, averbação ou qualquer outro ato notarial necessário à efetivação de decisão judicial ou à continuidade de processo judicial no qual o benefício tenha sido concedido.
§§1º a 5º omitidos.
§ 6º Conforme o caso, o juiz poderá conceder direito ao parcelamento de despesas processuais que o beneficiário tiver de adiantar no curso do procedimento.
§ 7º omitido.
§ 8º Na hipótese do § 1o, inciso IX, havendo dúvida fundada quanto ao preenchimento atual dos pressupostos para a concessão de gratuidade, o notário ou registrador, após praticar o ato, pode requerer, ao juízo competente para decidir questões notariais ou registrais, a revogação total ou parcial do benefício ou a sua substituição pelo parcelamento de que trata o § 6o deste artigo, caso em que o beneficiário será citado para, em 15 (quinze) dias, manifestar-se sobre esse requerimento.

ou seja, p. ex., pouco importa se o Juízo negou o requerimento ou se o processo foi extinto sem analisar o pedido de alteração, pois, não há uma condicionante na regra de que o objeto não tenha sido apreciado anteriormente.

Porém, havendo um processo judicial anterior com este mesmo objeto (causa de pedir), o que constará da certidão apresentada no procedimento extrajudicial (art. 4º, §6º, XI), onde houve sentença de mérito julgando o pedido improcedente, e não haja maiores explicações sobre o porquê desta decisão, nem novos documentos que permitam inferir a decisão em tela, poderíamos, em tese, estar diante de um caso de negativa do requerimento pelo Registrador do RCPN, com a remessa do requerimento para o Juiz Corregedor (art. 6º do Provimento 73/2018 do CNJ).

Claro que este procedimento, de negativa do requerimento, é para o caso de suspeita de fraude, não sendo adequado aos casos de improcedência do pedido com base na interpretação literal do art. 58 da lei nº 6.015/1973 antes da decisão da ADI 4275.[8]

> AÇÃO DIRETA DE INCONSTITUCIONALIDADE. DIREITO CONSTITUCIONAL E REGISTRAL. PESSOA TRANSGÊNERO. ALTERAÇÃO DO PRENOME E DO SEXO NO REGISTRO CIVIL. POSSIBILIDADE. DIREITO AO NOME, AO RECONHECIMENTO DA PERSONALIDADE JURÍDICA, À LIBERDADE PESSOAL, À HONRA E À DIGNIDADE. INEXIGIBILIDADE DE CIRURGIA DE TRANSGENITALIZAÇÃO OU DA REALIZAÇÃO DE TRATAMENTOS HORMONAIS OU PATOLOGIZANTES. 1. O direito à igualdade sem discriminações abrange a identidade ou expressão de gênero. 2. A identidade de gênero é manifestação da própria personalidade da pessoa humana e, como tal, cabe ao Estado apenas o papel de reconhecê-la, nunca de constituí-la. 3. A pessoa transgênero que comprove sua identidade de gênero dissonante daquela que lhe foi designada ao nascer por autoidentificação firmada em declaração escrita desta sua vontade dispõe do direito fundamental subjetivo à alteração do prenome e da classificação de gênero no registro civil pela via administrativa ou judicial, independentemente de procedimento cirúrgico e laudos de terceiros, por se tratar de tema relativo ao direito fundamental ao livre desenvolvimento da personalidade. 4. Ação direta julgada procedente. *Ementa também disponível no link da nota de rodapé nº 10.

Isto porque, a partir deste julgamento, houve uma alteração completa na regra legal, antes era "impossível" a alteração (salvo através de decisões em casos, específicos e restritos, de controle difuso[9]), agora ela não só é possível como é a regra e acessível extrajudicialmente. Assim, não haveria lógica em obrigar quem já havia buscado o Poder Judiciário para tal alteração a um procedimento mais lento e burocrático, bem

---

8 Disponível em: http://www.stf.jus.br/portal/peticaoInicial/verPeticaoInicial.asp?base=ADIN&s1=4275&processo=4275. Acesso em: 25 fev. 2019.

9 Disponível em: https://lucianarusso.jusbrasil.com.br/artigos/112019691/a-diferenca-entre-os-efeitos-da-decisao-proferida-no-controle-difuso-e-no-controle-concentrado-de-constitucionalidade. Acesso em: 25 fev. 2019. RUSSO, Luciana. "O controle difuso é aquele que pode ser feito por todos os juízes, mas sempre quando estiverem analisando um caso concreto. O questionamento sobre a constitucionalidade da norma é feito via defesa ou exceção e acarreta uma questão incidental".

como mais caro, para a obtenção de um direito da personalidade sob uma nova regra, oriunda da reinterpretação da lei pela ótica constitucional.

Em resumo, seria prudente que todo requerente que já tiver uma demanda judicial anterior, extinta por sentença transitada em julgado, apresentasse informações e documentos referentes a mesma, como um complemento aos documentos obrigatórios citados no Provimento 73/2018 do CNJ (§6º do art. 4º).

Até o presente momento abordamos o que parecia ser o mais importante sobre o tema, que era a regulamentação da alteração do prenome e ou do gênero no assentamento de pessoa transgênero pelo CNJ, o que possibilitou a plena efetivação deste direito em todo território nacional, a partir desta normatização, e sua origem, que foi o julgamento procedente da ADI 4275.

3. Da edição de provimentos estaduais regulamentando o procedimento extrajudicial antes da publicação do Provimento do CNJ

Mas, com relação à padronização de critérios para a alteração extrajudicial do prenome e gênero, temos a destacar que antes mesmo da edição do Provimento 73/2018 do CNJ, alguns Estados normatizaram o procedimento.

Dentre estes Estados analisaremos os provimentos das Corregedorias de Justiça dos Estados de São Paulo e Santa Catarina.

3.1. O Provimento 16/2018 de São Paulo

O Provimento CGJ nº 16/2018[10] é editado 18 de maio de 2018, e publicado no D.J.E. dos dias 21, 23 e 25/05/2018, ou seja, entrou em vigor mais de um mês antes do provimento do CNJ.

O Ilmo. Sr. Desembargador Corregedor do TJ/SP, Dr. Geraldo Francisco Pinheiro Franco, observou na edição do provimento enunciado que, àquela época, embora o acórdão do julgamento da ADI 4275 não houvesse sido publicado, era notória a recorrência de pedidos de "alterações do prenome e sexo diretamente aos Oficiais de Registro Civil das Pessoas Naturais", e por tal motivo, e no uso de suas atribuições, era necessária a normalização do procedimento.

No geral este provimento da CGJ do TJ/SP trata da mesma forma a regulamentação do tema, sendo mais minucioso em alguns pontos, como, p. ex., normatizando o procedimento quando a pessoa transgênero é analfabeta, já que trata da identificação de quem "assinar a rogo" (arts. 3º, 4º e 5º do Provimento CGJ 16/2018).

Outra diferença nas regras entre os dois provimentos, está na adoção de prazo mais dilatado para as certidões dos distribuidores que devam ser apresentadas, en-

10 Disponível em: https://www.extrajudicial.tjsp.jus.br/pexPtl/visualizarDetalhesPublicacao.do?cdTipopublicacao=3&nuSeqpublicacao=243. Acesso em: 25 fev. 2019.

quanto no provimento do CNJ fala em certidões dos últimos 5 anos, o provimento paulista fala em prazo mínimo de 10 anos, salvo se entre completar a maioridade e o requerimento de alteração tiver decorrido menos de 10 anos, quando a certidão deverá "retroagir" até a data do natalício de 18 anos.

A se registrar, sobre estas certidões (dentre outras exigências), que o IBDFAM, em sua manifestação[11] (em 16/04/2018) no PP 0005184-05.2016.2.00.0000, posicionou-se contrário a esta exigência formulando assim sua contrariedade:

> Art. 4º § 4º – Surpreendente o número de certificações e negativas exigidas, o que praticamente inviabiliza que alguém consiga obter o direito à própria identidade. Cabe atentar que a alteração é somente do prenome, continuando o requerente com os mesmos números das várias identidades, como CPF, RG, passaporte etc. Ora, no casamento, quando qualquer dos noivos adota o sobrenome do cônjuge, suprimindo, inclusive, seu patronímico, nunca houve exigência de tal ordem.

Importante explicar que a manifestação do IBDFAM refere-se às exigências de certidões no §4º do "Provimento" (sua minuta, na verdade) e durante o presente artigo tratamos das certidões exigidas no §6º do Provimento 73/2018 do CNJ. Isso se deve pelo fato que aquela era a estrutura do "provimento" (ou da sua minuta) naquele momento, e quando da sua edição, p. ex., a obrigação de certidão do SPC e do Serasa haviam sido retiradas.

3.1.2. *A atuação do IBDFAM no CNJ – questionamentos sobre o texto da minuta do seu provimento*

Mas, mesmo saindo da análise comparativa dos provimentos do CNJ e da CGJ do TJ/SP, e focando, nova e momentaneamente, no "provimento" do CNJ (na verdade na sua minuta à época da manifestação do IBDFAM) é importante destacar a oposição do Instituto com a obrigatoriedade da apresentação de "laudo médico atestando a transexualidade/travestilidade, se o caso; "parecer psicológico atestando a transexualidade/travestilidade, se o caso;" "laudo médico atestando a realização de cirurgia de redesignação de sexo, se o caso", previstos na referida minuta,[12] sendo bem verdade que, segundo o §5º do art. 4º daquela versão, a falta destes laudos médicos e do parecer psicológico não impediam a "alteração pretendida" tendo "o fim de conferir segurança ao procedimento".

Porém, ao contrário da regra do provimento 73/2018 do CNJ, a minuta analisada pelo IBDFAM em abril de 2018, trazia a vedação da alteração do prenome ou gênero

---

11 Disponível em: http://ibdfam.org.br/assets/img/upload/files/Manifesta%C3%A7%C3%A3o%20do%20IBDFAM%20%20sem%20assinatura.pdf. Acesso em: 25 fev. 2019.

12 Disponível em: http://www.casadamaite.com/novodrupal/files/blog/1/despacho.pdf. Acesso em: 22 mai. 2019.

se houvesse apontamento nas certidões exigidas, vejamos os parágrafos 6º e 7º daquela versão do art. 4º:

> §6º A existência de ações em andamento ou débitos pendentes, nas hipóteses dos incisos VIII, IX, X, XI e XIII, do §4º, impedem a alteração pretendida.
>
> §7º Nos casos indicados nos incisos XII e XIV, do § 4º, a pendência de regularidade impedem a alteração pretendida.

Sobre estes impedimentos o IBDFAM assim se manifestou:

> Art. 4º, §§ 6º e 7º – Mais uma vez se mostra injustificável condicionar o direito à identidade à inexistência de algum procedimento ou ação contra o requerente, uma vez que a alteração do nome e da identidade de sexo não fará a pessoa desaparecer, livrar-se de suas obrigações ou gerar impunidades.

Como podemos ver, por mais que a redação final dos provimentos, ora comparados, não fosse a buscada pelo IBDFAM (que desejava, dentre outras mudanças, que não houvesse a fixação da maioridade civil como o mínimo para o requerimento), o Provimento 73/2018 do CNJ chegou a ter uma proposta de redação muito mais excludente, pois, em regra, bastaria que o requerente "processasse alguém" (nem precisaria ser réu ou ter contra si uma reconvenção ou pedido contraposto em ação que ele propusesse) para ter o requerimento negado.

Assim, em que pese tenha sido necessária forte oposição a alguns pontos da redação "original" do provimento do CNJ, mesmo que nem todas as adequações necessárias tenham sido realizadas, o texto final (o publicado no D.J.E. do CNJ em 29/06/2018) viabiliza muito melhor o direito reconhecido pelo STF na ADI 4275.

3.1.3. O requerimento de dúvida inversa – especificado no provimento de São Paulo

Retornando à análise do Provimento 16/2018 da CGJ do TJ/SP, chama a atenção da inclusão de uma regra existente nas normas da CGJ do TJ/SP não existente em outros Tribunais Estaduais, denominada na doutrina jurídica de "dúvida inversa" (matéria de acalorados debates em se tratando de registros imobiliários – art. 198 da lei nº 6.015/1973), prevista no art. 14 do seu provimento, que assim dispôs:

> Art. 14 – A parte autora do requerimento poderá requerer a suscitação de dúvida ao Juiz Corregedor Permanente, em caso de recusa da averbação da substituição do prenome, sexo, ou ambos.

Ou seja, ao contrário da dúvida (espécie de pedido de natureza administrativa) formulada pelo Oficial Registrador ao Juízo competente para decidir sobre registros públicos, estaríamos diante de pedido de dúvida feito diretamente pela parte interessada.

Talvez pela inexistência deste procedimento nas normas específicas de outros Tribunais Estaduais, o provimento do CNJ não tenha tratado do tema.

Sobre dúvida, vejamos a posição do Jurista Walter Ceneviva[13]

> dúvida é pedido de natureza administrativa, formulado pelo oficial, a requerimento do apresentante de título imobiliário, para que o juiz competente decida sobre a legitimidade da exigência feita, como condição de registro pretendido.

Esta posição é sustentada pela redação do art. 198 da Lei nº 6.015/1973, que assim prevê:

> Havendo exigência a ser satisfeita, o oficial indicá-la-á por escrito. Não se conformando o apresentante com a exigência do oficial, ou não a podendo satisfazer, será o título, a seu requerimento e com a declaração de dúvida, remetido ao juízo competente para dirimi-la, obedecendo-se ao seguinte: (...)

Com relação ao Registro Civil de Pessoas Naturais – RCPN, e a "dúvida" em sua "área" de atuação, destacamos os arts. 46 e 296 da Lei nº 6.015/1973.

O art. 46 trata de quando o Oficial do Registro Civil (RCPN), suspeitar da falsidade da declaração no registro de assentamento de nascimento levado após o decurso do prazo legal. No seu § 4º temos previsão semelhante a do Provimento do CNJ, onde nos casos de suspeita o Oficial encaminhará o pedido ao Juízo competente.

Já o art. 296 do mesmo diploma legal, prevê:

> Aplicam-se aos registros referidos no art. 1°, § 1º, incisos I, II e III, desta Lei, as disposições relativas ao processo de dúvida no registro de imóveis.

Os RCPN estão citados no inciso I do §1º art. 1º, citado no caput do art. 296.

> Art. 1º Os serviços concernentes aos Registros Públicos, estabelecidos pela legislação civil para autenticidade, segurança e eficácia dos atos jurídicos, ficam sujeitos ao regime estabelecido nesta Lei.
>
> § 1º Os Registros referidos neste artigo são os seguintes:
>
> I – o registro civil de pessoas naturais;

13 CENEVIVA, Walter. *Lei dos Registros Públicos*. 20. ed. São Paulo: Saraiva, 2010. f. 507, *apud* ZOCRATO, Moema Campos de Oliveira. Disponível em: https://www.migalhas.com.br/dePeso/16,-MI187650,31047-Aspectos+procedimentais+da+suscitacao+de+duvida. Acesso em: 25 fev. 2019.

Assim, salvo se houver nas normas que disciplinam a atuação dos Cartórios de Registro daquele Estado a previsão do próprio requerente levantar "dúvida" com relação à negativa ou exigência do registrador (a chamada dúvida inversa), a doutrina e jurisprudência firmaram entendimento majoritário sobre a necessidade da dúvida ser arguida pelo requerente (do registro), e remetida ao Poder Judiciário pelo Registrador (respeitando as regras dos incisos I a IV do art. 198 da Lei nº 6.015/1973).

3.2. O Provimento 9/2018 de Santa Catarina

Passando para o Provimento 9/2018 da Corregedoria-Geral de Justiça do Estado de Santa Catarina (CGJ do TJ/SC), regulamentando a alteração extrajudicial do prenome e do gênero, no seu art. 1º, ao criar o art. 550-A do código de normas daquela CGJ,[14] previu que o procedimento estaria regulamentado não só aos maiores de 18 anos, mas também aos "emancipados".

Muito embora não fosse uma ampliação "tão curta" como esta que defendesse IBDFAM,[15] a possibilidade do "emancipado" poder requerer a alteração, na visão defendida institucionalmente pelo Instituto, traria uma regra mais coadunada com a decisão do STF na ADI 4275.

Destaque-se a possibilidade, expressa, do requerimento ser apresentado por procurador habilitado com poderes específicos para tal ato, previsto no §1º do art. 550-A, acrescido às normas da CGJ.

Assim como previsto nas regras da CGJ do Estado de São Paulo, as certidões "de praxe" devem ser dos últimos dez anos, salvo a do Tabelionato de Protesto (período de cinco anos), mas sem regra igual a daquela outra UF se a "maioridade" tenha sido alcançada há menos tempo.

Por fim, dentre os pontos que gostaríamos de destacar sobre a regra de Santa Catarina, trata, expressamente, da possibilidade do requerimento ser apresentado a um RCPN de outro Estado, via Central de Registro Civil – CRC ou por malote digital, parecendo, que o Provimento 9/2018 está mais alinhado ao mundo "digital e globalizado" em que vivemos, e ao previsto na regra editada pelo CNJ.[16]

---

14 Disponível em: https://www.tjsc.jus.br/documents/728949/1312406/C%C3%B3digo+de+Normas+CGJ/9fd74fde-d228-4b19-9608-5655126ef4fa. Acesso em: 25 fev. 2019.

15 Nas razões requerendo a não fixação de idade mínima (ou seja, muito mais abrangente que "emancipados", que tem regra específica com menor abrangência), ponderava que muitas crianças já identificavam-se como transgêneras por volta dos doze anos, e este é um período muito conturbado e difícil, o que justificaria a mudança em idades mais tenras. Vide documento disponível no sítio da internet apontado na nota de rodapé 13.

16 O provimento do CNJ trata somente em "RCPN diverso do que lavrou o assento" sem especificar se do mesmo Estado ou não, enquanto o provimento da CGJ de São Paulo trata expressamente da possibilidade de apresentar o requerimento em RCPN de município distinto ao do assentamento de nascimento, dentro do Estado de São Paulo

Assim, somente a título de conhecimento, são estas as regras específicas que dois Estados de Federação editaram sobre o tema, e devem ser interpretadas da maneira mais abrangente possível, e nunca restritivamente, principalmente quando mais "duras" que as do provimento do CNJ.

4. Conclusão

Muito embora não tenhamos a normatização ideal na visão do IBDFAM (considerando sua manifestação enunciada), resta claro que os provimentos tratados aqui, principalmente por terem regulamentado o tema na pendência da publicação do acórdão do STF na ADI 4275, que só ocorreu em março deste ano de 2019, mesmo que com regras "não previstas no referido julgamento da ADI"[17] é inegável o avanço no tema, assim como a própria procedência da referida ADI, que possibilitou a edição destes provimentos, deve ser motivo de celebração para aqueles que veem no Poder Judiciário a opção para salvaguardar direito negligenciado nas leis infraconstitucionais.

Não se defende aqui a usurpação da competência do "CN pelo STF", p. ex., mas em casos como este (ADI 4275) e doMI e da ADO referidos no início do presente artigo, havendo grave e prolongado prejuízo de determinado grupo de cidadãos pela inércia em adequar ou legislar sobre determinada questão, decisões como estas são alentos a quem sofre.

Assim, o indicado a todos que pretendem ver a ampliação do direito à alteração extrajudicial do prenome e gênero nos assentamentos é o trabalho político de base, junto aos seus representantes no Congresso Nacional – CN, para, após grande e democrático debate nacional, as regras para estas mudanças sejam, ao máximo, estendidas, cotejando as posições dos grupos interdisciplinares envolvidos.

Em breve síntese, eram estes os pontos que gostaríamos de destacar e debater, no momento, sobre este relevante tema, sem a pretenção de ver esgotado o assunto.

---

17 Conforme argumentação constante da manifestação do IBDFAM (nota de rodapé 13), elaborada com base nos votos já disponibilizados àquela época, inclusive do Ministro escolhido novo relator, prolator do voto condutor da divergência.